1 MONTH OF
FREE
READING

at

www.ForgottenBooks.com

By purchasing this book you are eligible for one month membership to ForgottenBooks.com, giving you unlimited access to our entire collection of over 1,000,000 titles via our web site and mobile apps.

To claim your free month visit:

www.forgottenbooks.com/free725722

ISBN 978-0-666-92183-3
PIBN 10725722

This book is a reproduction of an important historical work. Forgotten Books uses
state-of-the-art technology to digitally reconstruct the work, preserving the original format
whilst repairing imperfections present in the aged copy. In rare cases, an imperfection in
the original, such as a blemish or missing page, may be replicated in our edition. We do,
however, repair the vast majority of imperfections successfully; any imperfections that
remain are intentionally left to preserve the state of such historical works.

Die Aufgabe, die Meyer sich stellte, zwingt zu persönlichen Bekenntnissen. Meyers Naturell neigt von vornherein zu Betonung der eigenen Persönlichkeit und ihres Urteils. Viele seiner vielen Leser entdecken in solcher starken Subjektivität sicher den Hauptreiz seiner Schriften. Im Gespräch ist Neigung zu Paradoxen persönlichster Prägung willkommen. Sie regt an und führt zu weiteren Ausblicken, zu strengerer Begründung der Ansichten des Mitunterredners. Wenn ich Meyers Schriften lese, glaube ich ihn reden zu hören und nehme dankbar aus dem Gedruckten die Anregungen mit, ebenso wie aus seinen mündlichen Äußerungen. Allerdings läßt sich Gedrucktem nicht Satz für Satz die eigene abweichende Meinung gegenüberstellen. Man müßte gleich ausführlich, ja ausführlicher werden, neben einen Bogen Meyers einige Bogen Antwort und Widerlegung stellen. Selten empfand ich bei seinen Schriften so viel Neigung zum Widerspruch wie diesmal. Das ist begreiflich, wenn man das Verhältnis betrachtet, das zwischen diesem Buch und älteren Arbeiten Meyers besteht. Ich glaube beobachten, ja angeben zu können, wie die Gedanken, die er jetzt vorträgt, ihm etwa bei wiederholter Neubearbeitung seiner Geschichte der deutschen Literatur des XIX. Jahrh. aufgegangen sind. Sie tragen durchaus die Züge von Einfällen, die aus einer gewissen Entfernung von dem besprochenen Gegenstand sich erklären. Eine reiche Erfahrung, eine umfängliche Belesenheit will zur Geltung bringen, was leicht unter den Tisch gerät, wenn ängstlich in immer wieder erneuter Betrachtung von Gegenstand zu Gegenstand weitergeschritten wird. Nicht so sehr Gedanken über die Dinge, als Gedanken über diese Gedanken werden daher vorgeführt. Aus eigener Erfahrung weiß ich, wie leicht bei diesem Brauch die Dinge selber ihre wahre Gestalt verlieren. Im Gespräch, überhaupt bei mündlicher Erörterung, wird dieser Abweg kaum zu meiden sein. Meyer beschreitet ihn zuweilen und besonders in dem vorliegenden Werk. Einmal behauptet er, England habe sich am konsequentesten gegen die Demokratisierung der Stoffwahl gewehrt; Lessing habe den Deutschen und der Welt das erste moderne Schauspiel geschenkt, indem er die Technik des alten Lustspiels auf tragische Motive anwandte. Tatsächlich ruht 'Miß Sara Sampson' auf der Verbürgerlichung der Dichtung, die im Anfang des XVIII. Jahrh. in England sich vollzog, und ist unmittelbar angeregt von dem Engländer Lillo. Freilich kleidete Lessings erstes bürgerliches Drama das alte tragische Motiv der Medea in modernes Kostüm, aber nicht die Technik des alten Lustspiels, sondern die Technik des englischen bürgerlichen Dramas nahm er zu Hilfe. Ein andermal wird Lessing zugeschrieben, er habe den an Leib und Seele verwundeten Philoktet des Sophokles in seinen Major Tellheim umgeschaffen. Warum wählt statt dieser schielenden Vergleichung Meyer nicht lieber die gesicherte Verknüpfung der Marwood mit Medea, der Sara mit Kreusa? Ist, wie Meyer behauptet, Ernst Zahns Thema wirklich die brückenlose Scheidung zweier Generationen, die zugleich die zweier sozialer Stile sei, oder scheidet Zahn nicht vielmehr zwei gesellschaftliche Schichten, den Schweizer Patrizier und den Schweizer Kleinbürger? Warum wiederholt Meyer zweimal die alte, von Ibsen schroff abgelehnte Behauptung, daß Ibsen von Sardou gelernt habe? Heißt es nicht, Peter Altenberg ganz verkennen, wenn er in einer Reihe mit den Dandies Brummel, Wilde und Schaukal aufmarschieren muß? Daß Hofmannsthal sein 'Gestern' mit vierzehn Jahren geschrieben haben soll, mag auf einem Druckfehler beruhen. Druckfehler sind besonders in dem bibliographischen Anhang reichlich vorhanden. Ein Druckfehler macht wohl auch eine Äußerung über Hofmannsthals 'Elektra' und 'Ödipus' unverständlich. Ratlos stehe ich vor dem Satz: 'Grillparzer verschloß sich eigensinnig in eine nur dem Österreicher ganz verständliche Chiffrensprache.' Epigrammatisch geformt ist auch das anfechtbare Paradoxon: 'Der Schönheitsbegriff der französischen Klassiker beruht, um es knapp auszudrücken, auf der Anerkennung der Natur.' Alles Folgende, was von Meyer über die französischen Klassiker gesagt wird, widerspricht dem Satz.

Solchen Bemerkungen, die im Gespräch dem raschen Denker leicht unterlaufen können, Bemerkungen, die schon durch ihre

NEUE JAHRBÜCHER

FÜR DAS KLASSISCHE ALTERTUM
GESCHICHTE UND DEUTSCHE LITERATUR
UND FÜR PÄDAGOGIK

HERAUSGEGEBEN VON

JOHANNES ILBERG und PAUL CAUER

DREIUNDDREISSIGSTER BAND

𝔅𝔊

DRUCK UND VERLAG VON B. G. TEUBNER LEIPZIG · BERLIN 1914

NEUE JAHRBÜCHER

FÜR DAS KLASSISCHE ALTERTUM
GESCHICHTE UND DEUTSCHE LITERATUR

HERAUSGEGEBEN VON

JOHANNES ILBERG

SIEBZEHNTER JAHRGANG 1914
MIT 8 TAFELN UND 5 ABBILDUNGEN
IM TEXT

DRUCK UND VERLAG VON B.G.TEUBNER LEIPZIG · BERLIN 1914

PA
3
N664
Bd.33

VERZEICHNIS DER MITARBEITER VON BAND XXI (1908), XXIII (1909), XXV (1910), XXVII (1911), XXIX (1912), XXXI (1913) UND XXXIII (1914)

Thomas Otto Achelis in Bremen (XXVII 384)

Wolf Aly in Freiburg i. B. (XXXI 169)

Otto Apelt in Jena (XXI 73)

Hans von Arnim in Frankfurt a. M. (XXV 241)

Paul Joh. Arnold in Hamburg (XXXIII 262)

Thomas Ashby in Rom (XXIII 246)

Rudolf Asmus in Freiburg i. B. (XXI 634, XXV 504)

Hermann Barge in Leipzig (XXVII 277)

Adolf Bauer in Graz (XXXIII 110)

Bruno Baumgarten (†) (XXIII 574)

Otto Behaghel in Gießen (XXIX 157, XXXI 527)

Ludwig Bellermann in Berlin (XXIX 367)

Ernst Bergmann in Leipzig (XXVII 120)

Erich Bethe in Leipzig (XXXIII 362)

Max Bienenstock in Stryj (XXIX 443)

Theodor Birt in Marburg i. H. (XXVII 336. 596)

Friedrich W. von Bissing in München (XXIX 81)

Hugo Blümner in Zürich (XXIII 457, XXXI 738)

Gottfried Bohnenblust in Zürich (XXVII 296)

Paul Bolchert in Straßburg (XXVII 150)

Franz Boll in Heidelberg (XXI 103, XXV 72. 168, XXXI 89)

Georg Brandes in Kopenhagen (XXVII 186, XXIX 140)

Otto H. Brandt in Dresden (XXXIII 507)

Alfred Brueckner in Berlin-Schöneberg (XXV 26)

Ewald Bruhn in Berlin (XXI 254, XXIII 540)

Reinhard Buchwald in Jena (XXXIII 273)

Richard Büttner in Gera (XXVII 241)

Wilhelm Capelle in Bergedorf b. Hamburg (XXI 603, XXV 681, XXVII 314. 386, XXXIII 317)

Georg Caro (†) (XXVII 67, XXIX 50)

Paul Cauer in Münster i. W. (XXI 574, XXIX 98. 312, XXXI 685)

Heinrich Christensen (†) (XXIII 107)

Otto Clemen in Zwickau (XXV 378. 458)

Peter Corssen in Berlin-Grunewald (XXI 401, XXIX 379, XXXI 226)

Franz Cramer in Münster i. W. (XXXIII 210)

Otto Crusius in München (XXV 81)

Franz Cumont in Brüssel (XXVII 1)

Adolf Deissmann in Berlin (XXIII 99, XXXI 452)

Ludwig Deubner in Königsberg i. Pr. (XXVII 321)

Hermann Dibbelt in Dortmund (XXXI 356)

Franz Dibelius iu Berlin-Lichterfelde (XXXIII 57)

Hermann Diels in Berlin (XXV 1, XXXIII 1)

Karl Dieterich in Leipzig (XXV 279)

Karl Dissel in Hamburg (XXIII 65)

August Doering in Berlin (XXIII 510)

Wilhelm Dörpfeld in Berlin-Friedenau (XXIX 1)

Johannes Dräseke in Wandsbeck (XXVII 102. 561, XXIX 343. 542, XXXI 476, XXXIII 489)

Gottlob Egelhaaf in Stuttgart (XXI 299, XXIII 159. 461, XXV 303, XXVII 527, XXIX 240)

Theodor Eisele in Stuttgart (XXIII 620)

Ludwig Enthoven in Straßburg i. E. (XXVII 319, XXIX 205)

Franz Erhardt in Rostock (XXV 232)

Emil Ermatinger in Zürich (XXI 208. 264. 300, XXXI 194)

Johannes Ferrer in Berlin (XXXI 338)

Otto Fiebiger in Dresden (XXIII 209)

Diedrich Fimmen in Athen (XXIX 521)

Georg Finsler in Bern (XXI 196, XXIX 441)

Ottokar Fischer in Prag (XXVII 506)

Richard Foerster in Breslau (XXXIII 686)

Jakob Freudenthal (†) (XXIII 724, XXVII 48)

Gustav Friedrich in Jena (XXXI 261)

Victor Gardthausen in Leipzig (XXV 376, XXXIII 248)

Johannes Geffcken in Rostock (XXI 161, XXVII 393. 469, XXIX 593)

Alfred Gercke in Breslau (XXXI 617)

Ernst Gerland in Homburg v. d. H. (XXIII 388, XXV 735, XXVII 238)

Fritz Gerlich in München (XXI 127)

Otto Gilbert (†) (XXIII 161)

Alfred Götze in Freiburg i. B. (XXI 440, XXIII 72. 525, XXV 382. 738, XXVII 526. 670. 721, XXIX 78, XXXI 85. 86. 284. 306. 307, XXXIII 295. 646)

Wolfgang Golther in Rostock (XXV 610)

Eugen Grünwald in Friedeberg i. N. (XXIII 69)

INHALT

Inhalt IX

VERZEICHNIS DER ABBILDUNGEN

REGISTER
DER IM JAHRGANG 1914 BESPROCHENEN SCHRIFTEN

WISSENSCHAFT UND TECHNIK BEI DEN HELLENEN[1])

Von Hermann Diels

Die deutsche Philologenversammlung hat vor allem den Zweck, die Männer der Forschung und der Lehre zusammenzuführen, um ihnen eindringlich dadurch zur Anschauung zu bringen, wie sich Theorie und Praxis verbinden müssen, wenn das gemeinsame Ziel unserer Jugendbildung erreicht werden soll, die werdende Generation mit dem Geiste der Wahrheit zu erfüllen, der in Wissenschaft und Kunst, in Religion und Sittlichkeit gleichmäßig walten muß, wenn wir unsere Kultur wirklich weiter und höher führen wollen.

Indem sich also in diesen festlichen Tagen Lehre und Leben, Erfinden und Anwenden, gelehrtes Wissen und pädagogische Kunst enger als sonst verbinden, erscheint es nicht unangemessen zum Beginn dieser Tagung an dem Bilde der griechischen Kultur, die wohl noch immer in unseren Philologenversammlungen als paradigmatisch vorgeführt werden darf, die wohltätige Beeinflussung aufzuzeigen, durch die Wissenschaft und Praxis sich gegenseitig befruchten. Ich denke dabei nicht vornehmlich an Schulwissenschaft und Schulpraxis, obgleich ich zum Schlusse auch diese wichtigen Beziehungen berühren werde, sondern ich fasse das ganze Gebiet der Wissenschaften und Techniken ins Auge, ohne jedoch die unendliche Vielgestaltigkeit der Erscheinungen auch nur andeutungsweise erschöpfen zu wollen. Denn es wäre übel, in oberflächlicher Polymathie über Dinge reden zu wollen, die einiges Sachverständnis voraussetzen, und durch geistreiche Allgemeinheiten die Einsicht in die Einzelheiten ersetzen zu wollen, ohne die es kein wahres Wissen gibt. Ich werde daher das Thema mit absichtlicher Unvollständigkeit so behandeln, daß ich einzelne Streiflichter auf bestimmte Gebiete und Stadien der Entwicklung fallen lasse, die meinen besonderen Studien näher liegen und als lehrreiche Beispiele dienen können.

*

Unter den alten Kulturvölkern ist das Hellenentum so spät hervorgetreten, daß die meisten technischen Erfindungen, deren man sich in Krieg und Frieden bediente, schon lange gemacht und überallhin verbreitet waren. Längst hatten

---

[1]) Vortrag, gehalten in der Eröffnungssitzung des Marburger Philologentages am 30. September 1913. Dem Wunsche mehrerer Teilnehmer entsprechend werden einige auf die Literatur verweisende Anmerkungen zugefügt.

die Jägervölker Speer, Pfeil und Bogen erfunden, längst hatte der Ackerbau
Wagen und Pflug zu bauen gelehrt, längst durchfuhren raubende und handelnde
Schiffer die weiten Meere, ehe der Hellene in die Geschichte eintrat. Ich muß
auch die mykenische Kultur übergehen. Denn so hochbedeutsam auch in technischer Beziehung diese Blüteperiode der vorhellenischen Geschichte sich erweist, mit der hellenischen Wissenschaft hat weder diese Kultur selbst noch
die poetische Verklärung, welche später die homerische Poesie dieser Heroen-
zeit widmete, irgend etwas zu tun. Man spürt höchstens in dem selbstbewußten,
freien Tone, den gegenüber Gott und der Welt das heroische Epos anschlägt,
den autonomen Herrengeist, der den Griechen zum Philosophen, zum Mann der
Wissenschaft κατ' ἐξοχήν gemacht hat. Man spürt ferner in dem Einheitsdrange,
mit dem Homer die politischen und religiösen Sonderanschauungen der verschiedenen Griechenstämme zusammenschaut und künstlerisch darstellt, etwas
von dem rationalistischen Trieb nach Vereinheitlichung und Verallgemeinerung,
den die griechische Naturwissenschaft von ihren ersten Anfängen an gezeigt
hat. In Hesiods Muse ist sogar dieser halbphilosophische Drang nach Systematik
teilweise bereits zu äußerlichem Schematismus erstarrt.

Wir richten vielmehr unseren Blick auf die ehrwürdigen Inkunabeln griechischer Wissenschaft, die das sterbende Ionien im VI. Jahrh. als teuerstes
Vermächtnis der Welt hinterlassen hat. An der Spitze steht der Milesier Thales,
den die Legende bald als weltvergessenen Sterngucker darstellt, der bei seinen
nächtlichen Himmelsbeobachtungen in den Brunnen fällt, bald als berechnenden
Kaufmann, der die Ölkonjunktur schlau auszunützen versteht. Die ernste
Historie aber kennt ihn als Techniker. Der älteste Zeuge zwar, der ihn erwähnt, Xenophanes bewunderte seine astronomische Kunst, durch die es ihm
gelang Sonnenfinsternisse vorauszusagen. Aber Herodot, der über diesen Triumph
der Astronomie uns die genaueste, wenn auch chronologisch falsch orientierte,
Nachricht überliefert hat, deutet doch für den Eingeweihten vernehmlich genug
an[1]), daß nicht etwa bereits wissenschaftliche Einsicht in die Bewegung der
Gestirne den Milesier zur Vorhersage befähigt hatte, sondern eine empirisch er-
probte, vermutlich von den Chaldäern entlehnte Wahrscheinlichkeitsrechnung.
Er war also auf dem Gebiete der Sternkunde wohl kein Mann der Wissen-
schaft, sondern ein Technite, freilich einer, der mehr weiß und kann als seine
Landsleute und die umwohnenden Barbaren. Wenigstens erhielt sich bis zu
Herodots Zeit das Gerücht, er sei von Kroisos vor der Schlacht am Halys zur

---

[1]) I 74: τὴν δὲ μεταλλαγὴν ταύτην τῆς ἡμέρης Θαλῆς ὁ Μιλήσιος τοῖσι ῎Ιωσι προηγόρευσε
ἔσεσθαι οὖρον προθέμενος ἐνιαυτὸν τοῦτον, ἐν τῷ δὴ καὶ ἐγένετο ἡ μεταβολή. Thales kannte
die von den Chaldäern gefundene Sarosformel, nach der die Finsternisse in einem Zyklus
von 18 Jahren 11 Tagen (die Tage sind ungenau) sich wiederholen. Da er nun die am
18. Mai 603 eingetretene große Sonnenfinsternis wahrscheinlich in Ägypten beobachten
konnte, durfte er rechnen, daß nach 603 + 18 Jahren, also etwas nach dem 18· Mai 585,
aber vor Ablauf des ἐνιαυτός (d. h. genauer des Sommersolstitiums nach der einleuchtenden
Etymologie von C. Brugmann, Idg. Forsch. XV 87), d. h. vor Ablauf des Juni 585 die Finsternis
stattfinden würde. In der Tat fand die Finsternis am 22. Mai dieses Jahres statt. Das Jahr
war den antiken Chronologen, wahrscheinlich aus Xanthos, bekannt. S. Vorsokratiker 1 A 5.

Ableitung des Stromes herangezogen worden.[1]) Der Historiker verwirft freilich diese Erzählung und läßt das lydische Heer auf den gewöhnlichen Brücken über den Halys rücken. Wenn er damit recht hat, so muß die Legende im V. Jahrh. jedenfalls solche Künste der Wasserbautechnik dem berühmten Astronomen zugetraut haben. In der Tat wissen wir jetzt, daß Xerxes die berühmten Schiffsbrücken über den Hellespont, die dem Strom und dem Sturme besser standhielten als die vorher von den ägyptischen und phönikischen Ingenieuren erbauten[2]), durch Harpalos[3]) herstellen ließ, der doch wohl mit Recht mit dem Astronomen identifiziert worden ist, der zwischen Kleostratos von Tenedos und Meton, d. h. zwischen der zweiten Hälfte des VI. und der zweiten Hälfte des V. Jahrh., gelebt haben muß. Er hat sich durch die Verbesserung der Oktaëteris des Kleostratos einen Namen gemacht. Da die babylonische Astronomie bis tief in das VI. Jahrh. hinein weder den achtjährigen, noch den neunzehnjährigen Schaltzyklus kennt[4]), so darf man diese Kalenderordnung, die auf dem Festlande sicher bis in das VII. Jahrh. hinaufreicht, als eine echt hellenische Observation betrachten, der die ionischen Astronomen immer mehr wissenschaftliche Sicherheit und praktische Brauchbarkeit zu geben suchten. Da die milesische Schule des Thales durch Kleostratos auf Tenedos fortgesetzt worden zu sein scheint[5]), der auf dem Ida sein Observatorium errichtet hatte[6]), so gehört vielleicht auch Harpalos, der seinen Kalender rektifizierte, in diese Reihe. Dann begriffe man, wie ein in Tenedos lebender Techniker, der die schwierigen Flutverhältnisse in den Dardanellen aus der Nähe beobachtet hatte (die ionische Astronomie dient ja von Thales und Kleostratos her den praktischen Aufgaben des milesischen Handels, der das Schwarze Meer als seine Domäne ansah), seine Brückenkonstruktion mit besserem Erfolge einrichten konnte als die fremden Ingenieure.

Aber das großartige Werk des Harpalos steht nicht allein da. Schon vor Xerxes hatten ionische Techniker ähnliches geleistet. Herodot sah in seiner Jugend im Heratempel zu Samos ein Bild, das die für Dareios im Feldzug gegen die Skythen bei Byzanz über den Bosporos geschlagene Schiffsbrücke darstellte. Er berichtet darüber[7]): 'Dareios war über den Brückenbau sehr erfreut und beschenkte den Architekten Mandrokles aus Samos über und über. Von diesen Geschenken stiftete Mandrokles als Weihgabe ein Bild, das die Überbrückung des Bosporos und den König Dareios auf seinem Throne und sein Heer, wie es hinüberzieht, darstellte. Dieses Bild, das er in dem Heratempel stiftete, trug folgende Inschrift:

---

[1]) Herod. I 75.
[2]) Herod. VII 34. Die Überreste der ungeheuren Taue sah Herodot wohl in Athen (IX 21).
[3]) Laterculi Alexandrini 8, 8 (Abh. d. Berl. Ak. 1904 S. 8), von Rehm, P.-W., Realenz. VII 2401 und Ginzel, Chronologie II 386 übersehen.
[4]) Boll, Entwicklung d. astron. Weltbildes (Kultur d. Gegenw. III 3, Sonderabdr.) S. 27.
[5]) Vorsokr. I[3] 8, 40 Note; II[3] 197.
[6]) Theophr. De sign. 4 (Vors. II[3] 197, 8).
[7]) IV 87. 88.

> Der die Brücke gebaut jüngst über des Bosporos Fluten,
> Mandrokles hat geweiht Hera zu Ehren das Bild.
> Für sich selber gewann er den Kranz, für die Samier Weltruhm,
> Und das vollendete Werk ward auch vom König belobt.

Dieser samische Ingenieur, der sich durch seine Weihinschrift die Unsterblichkeit gesichert hat, ist ein Landsmann und Zeitgenosse des Pythagoras,
der freilich damals bereits seine Heimat verlassen hatte. Wenn Heraklit der
Ephesier, der doch wohl hauptsächlich durch das Wirken des Philosophen in
Samos Kunde von ihm erhalten hat, ihn gerade wegen seiner Polymathie tadelt[1]),
so muß er sich doch wohl in seiner Heimat nicht bloß durch seine Zahlen-
theorie und seine Metempsychose bekannt gemacht haben. Wir dürfen vielmehr
vermuten, daß dieser eminente Mathematiker wie Thales, Anaximander und die
anderen Astronomen dieser Zeit auch ein hervorragender, auf vielen Gebieten
beschlagener Praktiker war, der seine Anregung und Ausbildung einer damals
ungewöhnlich hohen technischen Kultur seiner Heimatsinsel verdankte. Der
Heratempel in Samos galt Herodot als eines der ersten Bauwerke der Welt.
Die neuen Ausgrabungen Wiegands haben eine durch die Eurhythmie der Verhältnisse bewundernswerte Schönheit des alten, nach dem Sturz des Polykrates
zerstörten Tempels herausgestellt.[2]) Ob das Schema nach dem Hexagramm entworfen ist, das jüngst Odilo Wolff als die Norm der antiken Tempel hat erweisen wollen[3]), wage ich nicht zu behaupten. Aber auch die einfachen Proportionen, die Wiegand festgestellt hat, zeigen, daß der Architekt, mag es
Theodoros oder Rhoikos sein, seinen Grundriß mathematisch durchdacht hat.
Noch weiter führt das andere von Herodot[4]) gepriesene Wunderwerk von
Samos, die ebenfalls durch deutsche Ausgrabungen wiederaufgedeckte Wasserleitung des Eupalinos[5]), die durch den über Samos sich erhebenden Berg
Kastro vermittelst eines kilometerlangen Tunnels aus der jenseits des Berges
liegenden Quelle in die Stadt geführt wurde. Uns interessiert an diesem Werke
besonders die Frage, wie die von beiden Seiten zugleich in Angriff genommene
Durchbohrung wissenschaftlich vorbereitet wurde d. h. wie die Richtungslinie
des Tunnels geometrisch festgestellt werden konnte. Auch heute noch ist ein
solches Nivellement keine ganz einfache Aufgabe der Ingenieurkunst. Glücklicherweise hat uns Heron[6]) in seiner Dioptra eine schematische Bearbeitung
dieses Nivellements gegeben, das durch eine Reihe von rechtwinkligen Koordi-
naten und Dreieckskonstruktionen festgelegt wird. Er schließt mit den sieges-
gewissen Worten: 'Wird der Tunnel auf diese Weise hergestellt, so werden
sich die Arbeiter (von beiden Seiten) treffen.'

---

[1]) Vors. 12 B 40.
[2]) Wiegand, I. Bericht über die Ausgrab. in Samos (Abh. d. Berl. Ak. 1911) S. 19.
[3]) O. Wolff, Tempelmaße, Wien 1912.   [4]) III 60.
[5]) Fabricius, Athen. Mitt. IX (1884) S. 165 ff.
[6]) Heron, Dioptr. 15 (III 238 W. Schmidt): ὅρος διορύξαι ἐπ' εὐθείας τῶν στομάτων
τοῦ ὀρύγματος ἐν τῷ ὄρει δοθέντων. Erläutert von W. Schmidt in der Bibl. math. III. Folg.
IV (1903) S. 7 ff.

Dies ist auch in Samos geschehen, wenn auch nicht ganz genau, wie das
auch heute noch trotz der Verfeinerung der Instrumente und Methoden vorkommt. Jedenfalls gestattet diese Leistung des Eupalinos einen Schluß auf den
hohen Stand der technisch-mathematischen Bildung jener Zeit und auf die Einsicht des Polykrates, der die großen Mittel zur Durchführung des Projekts
gewiß nicht bewilligt hätte, wenn die leitenden Kreise in Samos damals um
die Mitte des VI. Jahrh. nicht von der Möglichkeit eines solchen Werkes überzeugt gewesen wären. Daraus darf man schließen, daß die Kultur von Samos,
in der Pythagoras aufwuchs, die wissenschaftliche Grundlage lieferte, die dem
Eupalinos, der aus dem durch die Wasserleitung des Theagenes berühmten
Megara stammte, gestattete, seine Wasserleitung mitten durch den Berg zu
legen. Denn daß Megara selbst, das damals längst in seiner Blüte geknickt
war, diese hohe geodätische Leistung hätte hervorbringen können, ist sehr unwahrscheinlich. Freilich weder das Festland noch Samos, sondern Milet ist der
eigentliche Ausgangspunkt für die wissenschaftliche Bewegung geworden, ohne
die auch Pythagoras nicht zu denken ist. Ich gehe nicht so weit wie Häckel,
der jüngst auf dem Monistenkongreß in Düsseldorf in der Weltgeschichte überhaupt nur drei große Philosophen (abgesehen von sich selbst) anerkannt hat[1]:
Anaximander und Anaximenes von Milet und als dritten Wilhelm Ostwald von
Riga. Allein auch mir steht fest, daß ohne Anaximanders geniale Intuition
weder Pythagoras noch Heraklit denkbar sind. Aber dieser außerordentliche
Mann war kein Stubengelehrter. Er ist groß geworden in der frischen Seeluft
Milets, dessen überseeische Handelspolitik ihn auch zu praktischem Eingreifen
veranlaßte. Er leitete die Kolonisation von Apollonia am Pontos, er gab seinen
Landsleuten zur Orientierung die erste Weltkarte in die Hand, die dann erweitert durch Hekataios lange Zeit maßgebend blieb, er entwarf ihnen auch
eine Himmelskarte zur Orientierung der Schiffer bei Nacht. Nach solchen unmittelbar der Praxis dienenden Leistungen versteht man, warum die Milesier
ihrem Mitbürger eine Ehrenstatue errichteten, die bei den deutschen Ausgrabungen sich gefunden und im Berliner Museum nunmehr ihren Ehrenplatz
erhalten hat.[2]

Allein in diesen praktischen Betätigungen setzt Anaximander nur das Werk
des Thales fort. Weit über ihn hinaus schritt er durch seine philosophischen
und astronomischen Spekulationen. Nicht ein sinnlich wahrnehmbarer Urstoff
liegt dem Universum zugrunde, sondern das in ewiger Bewegung, in wechselnder
Ausgestaltung und Rückbildung befindliche Unendliche. Unsere Erde und der
sie umgebende Kosmos ist nur ein vorübergehender Spezialfall der Emanation
des Unendlichen. Vor uns, nach uns, neben uns werden unzählige Welten aus
dem Ἄπειρον ausgeschieden. Aber sosehr diese Aussonderungen mit dem Stempel
der Vernichtung, wie alles Irdische, versehen sind, sie tragen doch die Spuren
des höheren, ewigen Ursprungs in sich, in ihrer Wohlordnung. Der Hellene de-

---

[1] Bericht der Tägl. Rundschau 12. Sept. 1913.
[2] Die Zeugnisse über Anaximandros stehen Vors. I³ 14—21.

finiert die Schönheit als das richtige Verhältnis der Proportionen. So faßt Anaximander die regelmäßige Bewegung der Gestirne, deren kreisförmige Bahnen er zuerst aus seinen astronomischen Beobachtungen erschlossen hatte, als eine Harmonie der Sphären auf, die er durch die symmetrisch geordneten Abstände dieser Gestirnbahnen verdeutlichte. Dabei spielt die uralte heilige Dreizahl und ihre Vielfachen eine geheimnisvolle Rolle. Die Erde selbst ist für Anaximander noch eine flache Walze im Zentrum der Bewegung. Ihre Höhe steht zur Breite in dem Verhältnis von $1:3$. Drei Gestirnsphären umkreisen sie: der Sternkreis, der Mondkreis und der Sonnenkreis, deren Abstände, wie es scheint, auf 9, 18 und 27 Erddurchmesser angenommen wurden. So kindlich diese Zahlen einer fortgeschritteneren Wissenschaft erscheinen müssen, der Grundgedanke einer in Zahlen ausdrückbaren Harmonie unseres Weltsystems war richtig. Wer Anaximanders Sphärentheorie betrachtet, wird an die Worte Schillers erinnert, mit denen er das Erwachen der hellenischen Wissenschaft in den 'Künstlern' feiert:

> In selbstgefälliger, jugendlicher Freude
> Leiht er den Sphären seine Harmonie,
> Und preiset er das Weltgebäude,
> So prangt es durch die Symmetrie.[1])

Gewiß, die Symmetrie ist es, die Platon wiederholt als das Kennzeichen der Schönheit und Wahrheit angibt.[2]) Die μέτρα sind es, welche die Bahnen der Sonne und nicht minder die Grenzen des menschlichen und des kosmischen Lebens bei Heraklit bestimmen. Die Proportion, der Logos ist es, der dem pendelnden Wechsel von Entstehen und Vergehen seine unüberschreitbaren Grenzen setzt. Wie Heraklit in dieser Anerkennung des mathematischen Gesetzes sich als Schüler Anaximanders ausweist, so hat sich Pythagoras durch seine exakten Beobachtungen z. B. der musikalischen Intervalle und durch seine Fortschritte in der eigentlichen Mathematik und Himmelskunde noch enger an die milesische Schule angeschlossen. Leider ist das einzelne seiner persönlichen Tätigkeit schwer abzutrennen von der außerordentlichen Rührigkeit der durch ihn gegründeten italischen Schule. Durch die Erfolge dieser Schule hat sich im V. Jahrh. die Meinung in weite Kreise verbreitet, das ganze physische und geistige Leben des Menschen lasse sich wie ein Rechenexempel mit Zahlen begreifen. Das Rechnen, die *ratio*, ergreift die Menschheit und der Kampf mit dem Irrationellen wird auf der ganzen Linie aufgenommen. Die hervorragendsten Köpfe zermartern sich an der Quadratur des Zirkels, alles soll mit Richtscheit und Lineal geordnet, alles mit der Zahl gemeistert werden. Der Paroxysmus des Rationalismus ergriff vor allem die Technik. Ich begnüge mich, an zwei Beispielen aus der zweiten Hälfte des Jahrhunderts der Aufklärung zu erinnern: an Hippodamos von Milet und Polykleitos von Argos.

Hippodamos, der Landsmann Anaximanders, hat sich zwar auch der alt-

---

[1]) S. Archiv f. Gesch. d. Philos. X (1897) S. 237.
[2]) Phileb. 640. S. Kalkmann, 53. Winckelmannsprogr., Berl. 1893, S. 4 ff.

ionischen Naturwissenschaft gewidmet[1]), bekannt geworden aber ist er als Architekt im großen Stile. Perikles, der ja die modernen Rationalisten liebte, ließ durch ihn einen neuen Plan des Piräeus entwerfen. Rechtwinklig sich kreuzende Straßen, nach den Himmelsrichtungen orientiert, sollen zugleich der mathematischen Regelmäßigkeit wie der Hygiene dienen. So sind von ihm auch Thurioi und Rhodos neu angelegt worden. Sein System hat auch noch im folgenden Jahrhundert bei allen Neuanlagen den Sieg davongetragen. Alexandreia und vor allem das von uns ausgegrabene Priene, dessen Plan im IV. Jahrh. entworfen und mit unerhörter Willkür der widerstrebenden Natur aufgezwungen ist, künden den nachwirkenden Einfluß des Hippodamos, dessen italische Gründung wohl nicht ohne Einfluß auf das langweilige italische Schema gewesen ist, wie es der römische Lagerplan und Pompeji aufweist.[2]) Freilich fehlte es dem Baumeister nicht an Widerspruch. Aristophanes hat ihn in den 'Vögeln' unter der Maske des mit dem Lineal bewaffneten Meton, 'den Hellas und Kolonos kennt', verspottet.[3]) Aber der Ehrgeiz des Hippodamos reicht weiter. Er entwarf nicht nur Stadtpläne, sondern auch Staatsverfassungen, in denen wieder die übliche Dreizahl eine beherrschende Stellung einnimmt. Drei Stände: Bauern, Handwerker, Krieger; dreierlei Grundbesitz: Staatsland, Tempelland, Privatland; dreierlei Klageformen: Injurienklage, Schadenklage, Mordklage; dreierlei Abstimmung der Richter: Verurteilung, Freispruch, keins von beiden mit Motivierung. Natürlich ist diese dreieckige Verfassung Papier geblieben.[4]) Eine noch verhängnisvollere Rolle spielte der Mißbrauch der mathematischen Wissenschaft damals in der Plastik. Diese feinste Blüte der hellenischen Kunst ist auch von dem Meltau des arithmetischen Rationalismus befallen worden. Auch der bildende Künstler sollte jetzt wissenschaftlich arbeiten. Der dies verlangte, war einer der hervorragendsten Meister, der Argiver Polyklet[5]), dessen Werke auch jetzt noch das Auge des Kunstfreundes entzücken. Aber wie Lionardo, Dürer und neuere Meister verfiel er ins Grübeln. Und als das Ergebnis seines Nachdenkens veröffentlichte er ein Buch in dem krausen Stile, den die Künstler lieben. Es trug den ominösen Namen Κανών, Lineal! Die Einzelheiten dieser Kunstlehre sind nicht mehr kenntlich.[6]) Nur sieht man, daß auch hier in den normalen Proportionen des Gesichtes und des übrigen Körpers die heilige Dreizahl und daneben die Dekas bevorzugt wird. Glücklicherweise hat sich der Künstler in seinem Doryphoros, den er als Beispiel seiner Theorie aufstellte, nicht streng an sein System gehalten, und die Kunst des IV. Jahrh. hat sich in bewußten Gegensatz zu dieser Pseudowissenschaft gesetzt. Lysippos verlangte

---

[1]) Hesych. s. v. Ἱπποδάμου νέμησις nennt ihn μετεωρολόγος. S. Vors. I³ 193 c. 27.

[2]) Wilamowitz, Staat u. Gesellsch. d. Griech. (Kultur d. Gegenw. II, IV 1) S. 121.

[3]) Arist. Vög. 992.

[4]) Ein letzter Ausläufer dieser pythagoreischen Staatsmathematik sind Platons Gesetze. S. Zeller, Ph. d. Gr. IIa 956 f.

[5]) Vors. I³ 294 c. 28.

[6]) Trotz der mühsamen Messungen A. Kalkmanns im 53. Winckelmannsprogr. (Die Proportionen des Gesichts in der gr. Kunst). Vgl. auch Kalkmanns Nachgelassenes Werk herausgeg. v. N. Voß, S. 5.

eine moderne Symmetrie, die nicht die Wirklichkeit, sondern den Schein der
Wirklichkeit zu berücksichtigen habe.[1])

Aber die Symmetrie des Polykletischen Kanons, die für die Darstellung des
Menschen so wenig paßte, hat sich dauernd in einer anderen Technik bewährt,
wo sie in der Tat angebrachter war, in dem Bau der antiken Geschütze. Der
Mechaniker Philon[2]), der älteste uns erhaltene Artillerieschriftsteller, beginnt
seine Anweisung mit dem etwas dunkeln Leitsatz des Polykletischen Kanons:
τὸ εὖ παρὰ μικρὸν διὰ πολλῶν ἀριθμῶν γίνεται, d. h. 'Die Schönheit des Werks
ergibt sich um ein kleines aus vielen Zahlen.' Viele voneinander abhängige
Zahlenverhältnisse, will er sagen, bedingen die wichtige Proportion eines Werkes.
Ein kleiner Fehler im Anfang zerstört beim Fortschreiten der Arbeit das Ganze.
Die Proportion setzt also ein Grundmaß voraus, das in richtig abgestuften
Vervielfachungen das ganze Bildwerk symmetrisch gestaltet. So ist's auch, fährt
Philon fort, mit den Geschützen. Ein kleiner Fehler am Anfang rächt sich durch
Fehlerhaftigkeit des ganzen Werkes.

Das Einheitsmaß, das die antiken Ingenieure beim Bau von Wurfmaschinen
zugrunde legen, besteht in dem Kaliber, d. h. in dem Durchmesser des Lochs,
in dem die elastischen Spannerven laufen, durch welche das Geschütz gespannt und entspannt, d. h. abgeschossen wird. Die Größe des ganzen Ge-
schützes und die Spannkraft der Stränge muß also dem Gewicht der Steinkugel oder des Pfeils, die man abschießen will, entsprechend gebaut werden.
Die alexandrinischen Ingenieure hatten nach Philon als beste Formel für die
Feststellung der Kalibergröße gefunden:

$$\delta = 1,1 \sqrt[3]{100\,\mu},$$

d. h. der Durchmesser des Spannloches muß so viel Daktylen (δ) betragen, als
die Kubikwurzel aus der mit 100 multiplizierten Anzahl attischer Minen (μ)
beträgt, welche die Steinkugel wiegt, wozu dann noch der zehnte Teil dieses
Betrages hinzuzurechnen ist. Auf diese Maßeinheit werden dann alle Teile der
Wurfmaschine zurückgeführt.

Philon sieht von der Höhe der alexandrinischen Technik, die in der Erfindung des Polybolon, der antiken Mitrailleuse, durch Dionysios von Alexandreia[3]) allerdings ein Wunderwerk der Präzisionsmechanik geschaffen hat,
etwas geringschätzig auf die alten Ingenieure herab. Allein es ist wohl nicht
zweifelhaft, daß das mathematische Prinzip der Konstruktion auf die alten
Meister der Artillerie zurückgeht, die um das Jahr 400 dem älteren Dionysios
die erste kriegstüchtige Artillerie bauten und die dadurch mit zu den großen

---

[1]) Plin. XXXIV 65: symmetria, quam diligentissime custodiit nova intactaque ratione
quadratas veterum staturas permutando, volgoque dicebat ab illis factos quales essent homines,
a se quales viderentur esse.

[2]) Mech. Synt. IV S. 50, 6 Theo.

[3]) Der 'Mehrlader' des Dionysios ist rekonstruiert von Generalmajor Schramm, Jahrb.
d. Ges. f. lothr. Gesch. XVIII (1906) S. 279, Taf. II. Vgl. R. Schneider, Geschütze, in Pauly-
Wiss., R.-E. VII 1320, 33 ff. Ders. Die antiken Geschütze der Saalburg (Berl. 1910)² S. 30.

Erfolgen des genialen Fürsten beitrugen. Seiner wissenschaftlich-technischen Einsicht und seiner rücksichtslosen Tatkraft haben wir es zu verdanken, daß Sizilien und Italien damals nicht karthagisch wurden. Philistos[1]) hat als Augenzeuge in seinem Geschichtswerk eine lebhafte Schilderung dieser artilleristischen Tätigkeit des Dionys gegeben, und Diodor[2]) hat uns diesen, vermutlich durch Timaios vermittelten, Bericht erhalten. Man ersieht daraus die fieberhafte Anspannung aller verfügbaren geistigen und finanziellen Kräfte, um Heer und Flotte auf den höchsten Stand zu bringen. Statt der Trieren ließ er zwei neue Typen, Tetreren und Penteren, bauen, vor allem aber veranlaßte er die Ingenieure, die er von allen Seiten berief und glänzend honorierte, neue Geschütze zu konstruieren, bei denen das Prinzip des alten Handbogens zu riesigen Maschinen ausgestaltet wurde.[3]) Bei der Belagerung von Motye an der Westküste Siziliens (397 v. Chr.) spielten zum ersten Male auf den Strandbatterien die neugebauten Geschütze, welche die angreifende gewaltige Flotte des Himilko völlig zurückschlugen.

Aus welchen Kreisen stammen nun wohl die Mechaniker, welche diese neue furchtbare Waffe schufen? Da, wie wir sahen, zur Konstruktion dieser Maschinen eine tüchtige mathematische Vorbildung erforderlich war, die sich mit technischer Durchbildung vereinigen mußte, so denken wir an die pythagoreische Schule[4]), vor allem an den berühmten, auch mit Dionys selbst in Verbindung getretenen Zeitgenossen Archytas aus Tarent. Er war aus der Schule der Pythagoreer hervorgegangen und vereinigte epochemachende mathematische Forschung mit erfolgreichster praktischer Tätigkeit zum Wohle seiner Vaterstadt. Siebenmal trat er als Stratege an die Spitze des Staates, und niemals erlitt er, wie Aristoxenos[5]) bezeugt, eine Niederlage. Er war der erste Mathematiker, der speziell die Mechanik wissenschaftlich ausbaute[6]) und der auch praktisch sich mit mechanischen Problemen beschäftigte. Es wird erzählt[7]), daß er als großer Kinderfreund eine Klapper erfunden und eine fliegende Taube konstruierte, die durch einen verborgenen pneumatischen Mechanismus die Flügel regen und emporflattern konnte. Es ist selbstverständlich, daß ein solches mathematisch-technisches Genie als Stratege sein Talent auch in den Dienst des Vaterlandes stellte. Doch ist uns darüber leider nur eine allgemein gehaltene Nachricht

---

[1]) Fr. 34 (F. H. G. I 188).   [2]) Diodor XIV 41 ff.

[3]) Diod. a. a. O. S. 42: καὶ γὰρ τὸ καταπελτικὸν εὑρέθη κατὰ τοῦτον τὸν καιρὸν ἐν Συρακούσαις ὡς ἂν τῶν κρατίστων τεχνιτῶν πανταχόθεν εἰς ἕνα τόπον συνηγμένων. Ephoros erwähnt zwar die Flut. Per. 27 neue 'Maschinen', die der Klazomenier Artemon dem Perikles bei seiner Belagerung von Samos geliefert habe. Allein Diodor XII 28, 3 führt bei dieser Gelegenheit nur Widder an, die als karthagische Erfindung galten und längst im Gebrauch waren, und Schutzdächer (κριοὺς καὶ χελώνας). Die Neuerungen des Artemon mögen sich also auf das letztere beziehen. Vgl. Plin. VII 201.

[4]) Diodor nennt XIV 41, 3 unter den von allen Seiten berufenen Ingenieuren auch τοὺς ἐξ Ἰταλίας.

[5]) Diog. VIII 82 (Vors. 35 A 1, I[3] 322, 21).

[6]) Diog. a. a. O. S. 83 (Vors. I 322, 23).

[7]) Aristot. Pol. Θ 8. Gell. X 12, 8 (Vors. 35 A 10. 11; I[3] 325, 18 ff.).

überliefert.[1]) Allein die Heimat des Archytas und seine Zugehörigkeit zum pythagoreischen Bunde erinnert an einen andern Mechaniker Zopyros, der durch die Konstruktion des sogenannten Bauchgewehrs, die mit seinem Namen verbunden wird, in eine nähere Beziehung zu den Neuerungen des Dionys gesetzt werden muß.

Seit Urzeiten war in Griechenland der Bogen bekannt, und die Bogenschützen spielen in allen Kämpfen eine Rolle, wenn sie auch nicht als die rühmlichste Waffe galten. Beim Bogen verbindet sich die Elastizität des Bogenarms mit der der Tiersehne, um den aufgelegten Pfeil abzuschießen. Aber je stärker Bogen und Sehne werden, um so schwieriger wird für die menschliche Hand die Spannung.[2]) So kam man auf die Erfindung der Armbrust, welche gleichsam zwischen Bogen und Katapulte die Mitte hält. Freilich kannte das Altertum nicht die im Mittelalter gebräuchliche Form dieses Schießzeuges. Aber man hatte ein armbrustähnliches Gewehr unter dem Namen γαστραφέτης (wörtl. Bauchabschießer) konstruiert, das die Kraft des ganzen Körpers zur Spannung benutzte und ein ruhiges Zielen und Abdrücken gestattete. Sie werden am nächsten Freitag in der Saalburg ein Modell dieser Waffe, wie es Heron beschrieben und Generalmajor Schramm rekonstruiert hat, sehen und sich überzeugen können, daß der Schritt von diesem Bauchgewehr zu den verschiedenen Arten von Wurfmaschinen, die Sie dort auch sehen werden, nur ein kleiner ist. Auch Heron, der in der Einleitung seiner Lehre vom Geschützbau die Entwicklung vom Handbogen zu der großen Artillerie verfolgt, gibt dem Gastraphetes diese Mittelstellung. Nun überliefert uns der alexandrinische Kriegsschriftsteller Biton[3]) zwei etwas kompliziertere Modelle des Gastraphetes, die Pfeile von 6—7 Fuß abzuschießen gestatteten und mit einem Haspel gespannt wurden, wobei freilich der Name γαστραφέτης seinen ursprünglichen Sinn eingebüßt hat. Das größere Modell wird als Gebirgsgeschütz (ὀρεινοβάτης γαστραφέτης) bezeichnet.[4]) Die maschinellen Verbesserungen dieser Handwaffe werden von Biton dem Tarentiner Zopyros zugeschrieben, der sowohl für Milet wie für Cumä gearbeitet habe. Wenn nun in dem Pythagoreerkatalog des Iamblichos[5]), der auf Aristoxenos zurückgeht, ein Zopyros aus Tarent erscheint, der spätestens um die Mitte des IV. Jahrh. gelebt haben muß, darf man nicht diesen Landsmann und Bundesbruder des Archytas mit dem Mechaniker des Gastraphetes identifizieren? Sollte nicht seine Verbesserung der Handwaffe mit der großartigen, durch Dionys ins Leben gerufenen artilleristischen Tätigkeit dieser Zeit zusammenhängen? Endlich: wird nicht durch solche Zusammenhänge mit der mathematisch-pythogoreischen Schule das früher berührte, bei Philon, Vitruv,

---

[1]) Vitr. VII Praef. 14 u. S. 55 Anm. 17.

[2]) Vgl. Heron, Belopoiika 5 (Poliorcet. S. 75, 8 Wescher); Köchly-Rüstow, Kriegsschriftst. I 205 ff.

[3]) Poliorc. S. 61 ff. Wescher.

[4]) A. a. O. S. 64. Die Erscheinung, daß alte Namen sinnlos fortgeführt werden, wiederholt sich beim Euthytonon und Palintonon, die nur Sinn haben für den gewöhnlichen und skythischen Bogen, nicht für die Katapulte.

[5]) Vit. Pyth. 267 (Vors. I[3] 344, 31).

Heron festgehaltene wissenschaftliche Fundament der antiken Geschütztechnik auf das einfachste erklärt?

Die pythagoreische Anschauung von der Allmacht und Herrlichkeit der Zahl und von ihrer fundamentalen Wichtigkeit für die exakte Wissenschaft hat damals niemand eindringlicher gepredigt als Philolaos. 'Die Natur der Zahl', heißt es Fr. 11, 'ist kenntnisspendend, führend und lehrend für jeglichen in jeglichem Dinge, das ihm zweifelhaft oder unbekannt ist.'[1]) Auch dieser Pythagoreer, den wir nur als einen fast mystischen Theoretiker kennen, muß seine mathematischen Kenntnisse praktisch-technisch verwertet haben. Denn Vitruv[2]) nennt ihn an der Spitze der großen Meister, die Theorie und Praxis ähnlich wie Archimedes zu verbinden gewußt hätten.

Am deutlichsten schien den Anhängern des Pythagoras die Macht der Zahl sich in der Welt der Töne zu offenbaren. In einer Zeit, wo die althellenische Musik bereits im Absterben begriffen war, hat Philolaos die Entdeckungen des Pythagoras und seiner Schüler über die physikalisch-mathematische Grundlage des Tonsystems niedergeschrieben. Die Harmonie der Intervalle wurde ihnen zum unmittelbarsten Zeugnis der unsichtbaren kosmischen Harmonie und Symmetrie. Ein unzweifelhaft echtes Fragment des Archytas leitet aus den drei Proportionen der Musik, der arithmetischen, geometrischen und harmonischen, die gesamte mathematische Proportionslehre ab, die das Fundament der voreuklidischen Geometrie ist.[3])

Diese Harmonielehre zeigt sich nun auch bei dem ältesten Arzte, von dem es Bücher gab, bei Alkmaion von Kroton, der schon durch seine Heimat mit der ältesten Schule des Pythagoras zusammenhängt, und der sein Buch drei Schülern des Meisters gewidmet hat. Seine Lehre gipfelt in dem Satze, daß Gesundheit die Symmetrie der bedingenden Qualitäten Warm, Kalt, Trocken, Feucht, Süß, Bitter usw. sei und daß Krankheit mithin die Störung dieser Harmonie bedeute.[4]) Wenn die Medizin des V. Jahrh. nach pythagoreischem Vorbild die Hebdomadentheorie bis ins Abenteuerliche verfolgte, wenn Empedokles und die von ihm abhängige sizilische Ärzteschule die pythagoreische Tetraktys in der Humoralpathologie zu jahrtausendjähriger Herrschaft brachte, so sieht man auch hier wieder, wie der mathematische Rationalismus von den Pythagoreern aus sich allmählich der ganzen Technik bemächtigt.

Denn nach antiker Auffassung ist auch die Medizin eine τέχνη und der Arzt ein δημιουργός.[5]) Aus dieser Auffassung erklärt sich auch die ungewöhnliche Ausdehnung, welche selbst die Hippokratischen ἰητρεῖα den zum Teil

---

[1]) Vors. 32 B 11 (I³ 313, 10).   [2]) I 1, 17.

[3]) Nach Vitruv I 1, 8 hat man sogar von dem Artillerieoffizier, der die gleichmäßige Bespannung der Katapulte mit den Spannerven zu überwachen hat, musikalische Bildung verlangt, damit er durch den Ton, den die gespannten Stränge rechts und links beim Anschlagen von sich geben, die Gleichmäßigkeit der Spannung feststellen und abstimmen könne.

[4]) Aet. Plac. V 30, 1 (Vors. 14 B 4; I³ 136).

[5]) Hipp. De prisc. medic. 1 (1, 17 Kühlew.): ὥσπερ καὶ τῶν ἄλλων τεχνέων πασέων οἱ δημιουργοὶ πολλὸν ἀλλήλων διαφέρουσιν κατὰ χεῖρα καὶ κατὰ γνώμην, οὕτω δὲ καὶ ἐπὶ ἰητρικῆς.

recht künstlichen chirurgischen Maschinen bei der Einrenkung von Gliedern
eingeräumt haben.[1])

Auf der anderen Seite aber hat sich diese Technik seit dem Anfang des
V. Jahrh. eng mit den Fortschritten der Wissenschaft und Philosophie ver-
schwistert. Das Hippokratische Corpus ist mit den mannigfachsten Versuchen
angefüllt, ältere und neuere Systeme medizinisch auszunutzen. Pythagoras, Empedokles, Anaxagoras, Diogenes von Apollonia, selbst die Eleaten werden herangezogen, um phantastische Systeme dieser Ärzte zu stützen oder zu widerlegen.
Es fehlt freilich auch nicht an nüchternen Köpfen, die wie der ehrliche Verfasser von 'De prisca medicina' die 'neumodische Medizin' auf das heftigste bekämpfen.[2]) Doch würde es in diesem Zusammenhange zu weit führen, diese
Verbindung der ärztlichen Technik mit der Philosophie, die in Galen den
engsten Bund schloß, durch alle Jahrhunderte zu verfolgen. Ich will hier nur
eins erwähnen. Der Peripatetiker Straton, der Aristoteles und Demokrit, Athen
und Alexandreia miteinander verbindet, ist auch derjenige Philosoph, der durch
seine modern anmutende Experimentalphysik in gleicher Weise die Ärzte und
die Mechaniker seiner Zeit angeregt hat.[3]) Der große Arzt Erasistratos baut
seine Physiologie auf Stratons *horror vacui* auf, und die Mechaniker Ktesibios,
Philon und später Heron stellen ihre mechanischen Kunstwerke nach den Grundsätzen der modernen peripatetischen Experimentalphysik her. Wie sehr dann
wiederum die Mechanik der ärztlichen Wissenschaft entgegenkam, sieht man an
den wundervoll gearbeiteten ärztlichen Bestecken, die uns zahlreich aus dem
Altertum erhalten sind.[4]) Stellte doch die Feinmechanik damals eine Taschen-
wasseruhr her, mit der Herophilos, einer der bedeutendsten Ärzte aller Zeiten,
die Fiebertemperatur seiner Kranken maß.[5])

Auch die astronomische Wissenschaft dieser Zeit erzog die alexandrinische
Mechanik zu außerordentlichen Leistungen. An den wissenschaftlichen Entdeckungen des größten antiken Astronomen Hipparchos hat die Konstruktion
des Astrolabs, das die Sternbeobachtung so sehr erleichterte, einen großen Anteil. Auch die Zeitmessung wurde durch die erstaunlich hohe Stufe der damaligen Technik wesentlich verfeinert und verbessert. Die rohe Weise, die
Tagesstunden nach der Schattenlänge zu messen, macht schon im V. Jahrh. der
Wassermessung mit der Klepsydra Platz. Im IV. baut man damit bereits
Weckeruhren, wie nach Aristoxenos Platon eine solche Nachtuhr (νυκτερινὸν

---

[1]) Vgl. die im 2. Bande der Kühleweinschen Hippokrates-Ausgabe abgedruckten Texte;
Faust, De machinamentis ab antiquis medicis ad repositionem articulorum luxatorum adhibitis. Greifsw. Diss. 1912.

[2]) Hipp. D. pr. med. 1 (S. 2, 1 Kühlew.): διὸ οὐκ ἠξίουν αὐτὴν ἔγωγε καινῆς ὑπο-
θέσιος δεῖσθαι, ὥσπερ τὰ ἀφανέα τε καὶ ἀπορεόμενα ... οἷον περὶ τῶν μετεώρων ἢ τῶν
ὑπὸ γῆν.

[3]) Diels, Über das phys. System des Straton, Berl. Sitz.-Ber. 1893 S. 101 ff.

[4]) Milne, Surgical Instruments in Greek and Roman Times, Aberdeen 1907.

[5]) Marcell. De pulsibus c. 11, ed. H. Schoene (Basler Festschr. 1907) S. 463. Max
Schmidt, Kulturhist. Beitr. II (Leipzig 1912) S. 45. 101. Am Schluß Z. 265 ergänze ich
ἐκπλήρωσιν ⟨τοῦ χρόνου⟩ und 266 πυκνότερον ⟨ἢ βραδύτερον⟩.

ὡρολόγιον) mit Pneumatik konstruiert haben soll.[1]) Seit dieser Zeit beginnt ὥρα die Bedeutung 'Stunde' anzunehmen, die sich bei Aristoteles in seinen Homerischen Problemen wohl zuerst findet.[2]) Seitdem ist es den Astronomen erst möglich gewesen, genauere Zeitbestimmungen aufzunehmen. Die von den Alten mehrfach beschriebenen Uhrwerke[3]), die sogar die Verschiebung der Stundenlänge nach den Jahreszeiten anzeigten, zeigen wohl den Höhepunkt der wissenschaftlich organisierten Technik der Hellenen. In Rom stellte im Jahre 159 P. Cornelius Scipio Nasica Corculum als Censor eine Wasseruhr auf öffentlichem Platze auf.[4]) Ebenso errichtete etwa ein Jahrhundert später Andronikos aus Kyrrhos in Athen den 'Turm der Winde', in welchem eine Sonnenuhr mit einer Wasseruhr zusammen angebracht war.[5])

Erstaunlich ist es, daß das Interesse des Altertums an den technischen Erfindungen und an der Persönlichkeit der Erfinder außerhalb der Fachwissenschaft recht gering ist. Der Glanz, der in der Renaissance und Neuzeit in immer steigendem Maße auf die Techniker fällt, fehlt der Antike fast ganz, wenn man von der Medizin und Militärtechnik absieht. Und selbst auf diesen Gebieten ist es geschehen, daß große Namen spurlos verschwunden sind, wie es bei dem früher erwähnten Erbauer der Brücke des Xerxes geschehen ist, dessen Namen nur ein zufällig erhaltener Papyrusfetzen uns kürzlich enthüllte. Die darauf stehende Schrift enthält u. a. eine Tabelle der wissenswertesten Dinge in kürzester Form aus guter alexandrinischer Zeit. Diese Laterculi Alexandrini, wie ich sie getauft habe[6]), verzeichnen die berühmtesten Maler, Bildhauer, Architekten, und vor dem Kapitel über die sieben Weltwunder eine Heptas berühmter Mechaniker. Von diesen sieben im II. vorchristl. Jahrh. anerkannten Berühmtheiten der Technik sind uns vier vollständig unbekannt, und über die drei übrigen wissen wir nur ganz Oberflächliches. Unter den letzteren hebe ich Diades hervor, von dem Paulys Reallexikon in der ersten Auflage sagte: 'Von Vitruv unter denen genannt, welche über Maschinen geschrieben hatten, im übrigen uns aber völlig unbekannt.' Die neue Auflage (1905 erschienen) fügt aus den Kriegsschriftstellern hinzu, daß Diades ein Schüler des Polyeidos ist,

---

[1]) Athen. S. 174 c. Der unmittelbar vor der Erwähnung Platons genannte Aristoxenos scheint der Gewährsmann für diese Nachricht, die nichts Unglaubliches hat, wenn man an ähnliche πάρεργα des Archytas denkt (s. S. 9 Anm. 7). Über das Technische s. Max Schmidt, Kulturhistor. Beitr. II 38. 98, der freilich die Pneumatik des Apparates nicht erklärt (ἐμπνευστον ἂν ἴσως ῥηϑείη διὰ τὸ ἐμπνεῖσϑαι τὸ ὄργανον ὑπὸ τοῦ ὕδατος). Das pneumatische Prinzip, das an die Taube des Archytas erinnert, wird durch die Vergleichung des Ath. mit der Wasserorgel sichergestellt. Vgl. Heron, Pneum. 42 (I 192 ff. W. Schmidt). Eine militärische Wächteruhr beschreibt Aeneas Tacticus 22, 24 (S. 55, 977 R. Schöne); s. Bilfinger, Zeitmesser der ant. Völker (Stuttg. Progr. 1886) S. 8, der auch über die Weckeruhr des Platon daselbst handelt S. 9 f. Ebenda über das Schattenmaß S. 10 ff.

[2]) Bilfinger, Antike Stundenzählung (Stuttg. Progr. 1883) S. 4. 'Der Gebrauch dieser Stundeneinteilung in der griechischen Literatur tritt erst seit der Zeit Alexanders auf.' Max Schmidt, Kulturhist. Beitr. II 44; Aristot. Fr. 161 (ed. Rose S. 129, 16 ff., Lips. 1886).

[3]) S. Bilfinger, Zeitmesser S. 23 ff.; Max Schmidt a. a. O. und S. 105.

[4]) Varro bei Plin. N. h. VII 215 und Censor. D. d. n. 23, 7.

[5]) Varro, De r. r. III 17; Vitr. I 6, 4 ff.   [6]) Abh. d. Berl. Ak. 1904.

der Philipps Belagerungsgeschütze baute, und daß er selbst an Alexanders Feldzügen teilgenommen habe. Aus den Laterculi nun erfahren wir erst[1]), daß
Diades der leitende Ingenieur der denkwürdigen Belagerung von Tyros ist,
über welche die Historiker seitenlang zu berichten wissen.[2]) Die Einzelheiten
des hin und her schwankenden Kampfes werden sorgfältigst geschildert, der
Soldat, der die Mauer zuerst erstiegen, wird in die Tafeln der Geschichte ein-
getragen. Aber von dem Ingenieur, der diese und alle übrigen Städtebelagerungen
Alexanders leitete, der ein Lehrbuch seiner Kunst schrieb, in dem seine Erfindungen: die fahrbaren Belagerungstürme, neuartigen Widder, Fallbrücken und
sonstigen Kriegsmaschinen beschrieben waren[3]), wissen die Historiker nichts.
Sie mißachteten eben, wie die ganze Antike, den Techniten.

Nur ein Name macht eine Ausnahme: Archimedes von Syrakus. Sein Leben,
sein Tod, seine Hauptwerke sind jedem Schulknaben bekannt und seine Aussprüche 'Εὕρηκα' und 'Δός μοι πᾶ βῶ καὶ κινῶ τὰν γᾶν' stehen im Büchmann.
Wenn Heiberg, der Biograph und Herausgeber des Archimedes, betont[4]), er sei
der einzige Mathematiker, um den die nichtfachwissenschaftliche Literatur sich
gekümmert habe, so ist das richtig. Höchstens könnte man Archytas um Horazens
willen hinzufügen. Aber wenn er nun den Grund dieser außergewöhnlichen
Berühmtheit in seiner Tätigkeit bei der Belagerung von Syrakus erblickt, so
bedarf dies, wie das Beispiel des Diades lehrt, der Ergänzung. Die Syrakusaner
haben sich über hundert Jahre lang um ihren berühmten Landsmann so wenig
bekümmert, daß erst Cicero den dortigen *principi* sein völlig überwuchertes und
vergessenes Grabmonument zeigen mußte. Das Interesse also, das die Römer
und die römische Historie an ihrem hartnäckigen Widersacher nahmen, hat
auch die späteren Griechen veranlaßt, des genialen Mannes zu gedenken und
seine Schriften zu erhalten. Archimedes stellt die Vereinigung theoretischer und
praktischer Begabung in idealster Weise dar. Sein Leben wie seine Schriften
erfüllen uns auch heute noch mit Bewunderung und Sympathie!

Von seinem Vater, dem Astronomen Pheidias, in die wissenschaftliche

---

[1]) Laterc. Alex. 8, 12: Διάδης ὁ μετ' Ἀλεξάνδρου τοῦ βασιλέως Τύρον καὶ τὰς λοιπὰς
πόλεις πολιορκῶν.

[2]) Z. B. Arrian. Anab. II 16—24.

[3]) Vitr. X 13, 3: *Diades scriptis suis ostendit se invenisse turres ambulatorias, quas
etiam dissolutas in exercitu circumferre solebat, praeterea terebram et ascendentem machinam,
qua ad murum plano pede transitus esse posset, etiam corvum demolitorem, quem nonnulli
gruem appellant. non minus utebatur ariete subrotato, cuius rationes scriptas reliquit.* Folgen
Maßangaben für die Türme und andere seiner Konstruktionen. Athen. Mech. S. 10, 10
Wescher: Διάδης μὲν οὖν αὐτός φησιν· ἐν τῷ Μηχανικῷ συγγράμματι εὑρηκέναι τούς τε
φορητοὺς πύργους καὶ τὸ λεγόμενον τρύπανον καὶ τὸν κόρακα καὶ τὴν ἐπιβάθραν· ἐχρᾶτο δὲ
καὶ τῷ ὑποτρόχῳ κριῷ. Folgt die Beschreibung im einzelnen.

[4]) In Gercke-Nordens Einl. in die Altertumsw. II² 395. Derselbe Gelehrte hat eine
populäre Darstellung in Archenholds Weltall IX (1909) S. 161 ff. veröffentlicht, auf die ich
für das Folgende verweise. Ob Archimedes ein Verwandter des Königs Hieron war (Plut.
Marc. 14, 7: συγγενὴς καὶ φίλος), ist zweifelhaft. Wenn Th. Gomperz, Hellenica II 302 die
beiden Ausdrücke als Hoftitel faßt, so traut dies Plutarch eine starke Flüchtigkeit zu.
Denn der eine Titel schließt den andern aus.

Sternkunde eingeführt, hat er schon früh nicht nur astronomische Beobach-
tungen, z. B. über die Jahreslänge, gemacht, sondern auch ein kunstvolles, mit
Wasserkraft betriebenes Planetarium verfertigt, das bewies, wie er seine theo-
retischen Kenntnisse in die mechanische Praxis umsetzen könne. Auch in anderer
Weise betätigte sich sein praktischer Sinn. Die rechnerischen Bedürfnisse des
Astronomen fanden ein Hindernis in der kleinen Zahlenreihe, die das griechische
Ziffernsystem umfaßte. So legte er in dem Arenarius eine neue Methode vor,
unendliche Ziffernreihen sicher zu klassifizieren und zu bezeichnen. Auch die
Erfindung der Archimedischen Schraube und der Flaschenzüge, durch die er
den Stapellauf des Hieronschen Riesenschiffes bewirkte, gebören wohl noch in
seine Jugendperiode. Die intensive Beschäftigung mit den mechanischen Problemen ermunterte ihn nun auch dazu, in seiner vor sieben Jahren von Heiberg wiedergefundenen, Eratosthenes gewidmeten Schrift 'Methodenlehre der
mechanischen Lehrsätze'[1]) wichtige mathematische Aufgaben mit Hilfe der
Mechanik zu lösen. Diese Methode betrachtete er allerdings nur als eine vor-
läufige Feststellung. Er hat in seinen späteren Schriften die exakten Beweise
für die wichtigsten Sätze nachgeliefert. Aber bewundernswürdig ist doch in
jener Schrift die Kühnheit, mit der er auf den Spuren des Archytas[2]) weiter-
gehend die Mathematik mechanisch behandelt und den Begriff des Unendlichen,
dem die antike Mechanik ängstlich aus dem Wege geht, in ganz moderner
Weise handhabt. Auch seine Arbeiten über die Statik scheinen noch in diese
erste Periode zu fallen.

Die zweite Periode seines Schaffens war, wie es scheint, rein mathematischer Tätigkeit gewidmet, deren Resultate in dem Hauptwerk 'Über Kugel und
Zylinder' zusammengefaßt sind. Nachdem er dann diese theoretischen Unter-

---

[1]) Ἀρχιμήδους Περὶ τῶν μηχανικῶν θεωρημάτων πρὸς Ἐρατοσθένην ἔφοδος gefunden
und publiziert von Heiberg, Herm. XLII 243. Jetzt in Heibergs neuer Ausgabe des Archimedes (1913) II 427 mit lateinischer Übersetzung. Deutsche Übersetzung gab er (mit Zeuthen)
Bibl. Math. III. Folge VII (1907) S. 322 ff.

[2]) Archytas 35 A 14 (Vors. I³ 326, 10). Archimedes nennt freilich als seine Vorgänger
nur Demokrit und Eudoxos. Aber dieser ist Schüler des Archytas (Diog. VIII 86. Theorie
der Schwingungen: Theo Smyrn. S. 61, 11 Hiller = Archyt. 35 B 1. Vors. I³ 332, 9 ff., =
Platon Tim. S. 67 B). Andererseits sind die Beziehungen des Demokrit zur pythagoreischen
Mathematik bekannt, wenn auch im einzelnen nicht faßbar. Vgl. Vors. II³ 11, 34 ff. Sehr
wichtig ist die auf einen Fachmann, wahrscheinlich den Schüler und Biographen des
Archimedes Herakleides zurückgehende Darlegung bei Plut. Marc. 14: τὴν γὰρ ἀγαπωμένην
ταύτην καὶ περιβόητον ὀργανικὴν (Konstruktion der ὄργανα d. h. Kriegsmaschinen) ἤρξαντο
μὲν κινεῖν οἱ περὶ Εὔδοξον καὶ Ἀρχύταν ποικίλλοντες τῷ γλαφυρῷ (d. h. Mechanik) γεω-
μετρίαν, καὶ λογικῆς καὶ γραμμικῆς ἀποδείξεως οὐκ εὐπορούντα προβλήματα δι' αἰσθητῶν καὶ
ὀργανικῶν παραδειγμάτων ὑπερείδοντες, ὡς τὸ περὶ δύο μέσας ἀνὰ λόγον πρόβλημα καὶ στοι-
χεῖον ἐπὶ πολλὰ τῶν γραφομένων ἀναγκαῖον εἰς ὀργανικὰς ἐξῆγον ἀμφότεροι κατασκευάς,
μεσογράφους τινὰς ἀπὸ καμπύλων γραμμῶν καὶ τμημάτων μεθαρμόζοντες· ἐπεὶ δὲ Πλάτων
ἠγανάκτησε καὶ διετείνατο πρὸς αὐτούς, ὡς ἀπολλύντας καὶ διαφθείροντας τὸ γεωμετρίας
ἀγαθόν, ἀπὸ τῶν ἀσωμάτων καὶ νοητῶν ἀποδιδρασκούσης ἐπὶ τὰ αἰσθητὰ καὶ προσχρωμένης
αὖθις αὖ σώμασι πολλῆς καὶ φορτικῆς βαναυσουργίας δεομένοις, οὕτω διεκρίθη γεωμετρίας
ἐκπεσοῦσα μηχανική, καὶ περιορωμένη πολὺν χρόνον ὑπὸ φιλοσοφίας μία τῶν στρατιωτίδων
τεχνῶν ἐγεγόνει. Vgl. Sympos. VIII 2, 7 S. 718 F.

suchungen durch das Buch 'Von den Konoïden und Sphäroïden' zum Abschluß
gebracht, verarbeitete er seine schon früher bei Untersuchung der verfälschten
Krone Hierons gemachte Entdeckung über das spezifische Gewicht zu dem
grundlegenden Werke 'Über die schwimmenden Körper'. Ich erwähne kurz seine
feinen Ausführungen über die Zahl π, über die kürzlich eine genauere Berechnung zutage gekommen ist, und über die Spirale, Arbeiten, die dann von Apollonios, dem Meister der Kegelschnitte, weitergeführt wurden.

Der Abend seines Lebens zeigt uns den Greis wieder als Mechaniker. Er
ist zu der Liebe seiner Jugend zurückgekehrt und ist nun im Dienste des
Vaterlandes unermüdlich tätig, gegen die Angriffe der Römer Abwehrmaßregeln
zu organisieren, Wurfgeschütze zu bauen, die feindlichen Schiffe durch wuchtige
Balken oder hakenförmige Krane in den Grund zu bohren oder in die Höhe
zu heben und an den schroffen Klippen von Syrakus zu zerschellen. Schließlich
kam es so weit, daß sobald nur ein Strick oder eine Stange über der Stadtmauer erschien, ein panischer Schrecken die Römer ergriff und Marcellus fast
zur Verzweiflung gebracht wurde. Die späten Nachrichten über die berühmten
Brennspiegel, mit denen Archimedes die feindlichen Schiffe in Brand gesteckt
habe, werden freilich durch die maßgebenden Quellen Polybios, Livius, Plutarch
nicht bestätigt.[1] Sein letztes Wort, als nach der Eroberung der römische Soldat
auf ihn eindrang: '*Noli turbare circulos meos*' ist des großen Gelehrten würdig.
Cicero[2] urteilt über ihn, er habe mehr Genie besessen, als mit der menschlichen Natur verträglich scheine, und Heiberg[3] nennt ihn den 'genialsten Mathematiker des Altertums und den größten der Neuzeit ebenbürtig'. In der Tat,
ich wüßte nur etwa Gauß, den großen Mathematiker, Astronomen, Physiker, den
Entdecker der Methode der kleinsten Quadrate, den Erfinder des Heliotrops
und des Nadeltelegraphs, ihm an die Seite zu stellen.

Was bei diesen großen Männern uns entgegentritt: die fruchtbare Vereinigung von Theorie und Praxis, das hat seine Bedeutung für die Wissenschaft
überhaupt. Nur da, wo die wissenschaftliche Forschung mit dem wirklichen
Leben im Bunde bleibt, werden die großen Fortschritte der Kultur gewonnen.
Die Technik kann der Wissenschaft nicht entbehren, und umgekehrt wird die
reine Spekulation in der Wissenschaft, wenn sie nicht immer und immer wieder
von dem frischen Hauche des Lebens berührt wird, steril und stirbt ab. Vitruv[4],
der in einer Zeit lebt, wo der wissenschafliche Sinn bereits zu erlöschen droht,
sagt am Eingang seines Werkes wie zur Warnung seiner jüngeren Fachgenossen
folgendes: 'Die Baumeister, die ohne Wissenschaft nur nach mechanischer Fertig-

---

[1] Daß eine Wirkung, wie sie von der späteren Überlieferung erzählt wird, durch eine
Kombination von Hohlspiegeln erzielt werden kann, hat Anthemios, der Erbauer der Sophien-
kirche und große Bewunderer des Archimedes, theoretisch (Westermann, Paradoxogr.
152, 20 ff.) und Buffon 1747 praktisch erwiesen. Vgl. Berthelot, Journal des Savants 1899
S. 253. Über die Frage, die nur die Quellenkritik, nicht die Technik angeht, s. Heiberg,
Quaest. Archimed. Haun. S. 41; H. Thiersch, Pharos S. 93 f.

[2] De rep. I 21: *plus in illo Siculo ingenii, quam videretur natura humana ferre potuisse, iudicabam fuisse.*

[3] Gercke-Norden, Einl. II² 394.   [4] I 1, 2.

keit strebten, haben sich durch ihre Arbeiten niemals maßgebenden Einfluß erwerben können. Umgekehrt scheinen diejenigen Architekten, die sich lediglich
auf das Rechnen und die Wissenschaft verlassen haben, dem Schatten, nicht
der Wirklichkeit nachgejagt zu haben. Nur die, welche Theorie und Praxis sich
gründlich aneignen, haben die volle Rüstung, um das Ziel, das sie sich gesteckt,
unter allgemeiner Anerkennung zu erreichen.'

Auch heute noch sind die Worte des alten Praktikers Goldes wert. Der
hohe Stand unserer heutigen Kultur wird nur durch die innige Durchdringung
von Wissenschaft und Technik gewährleistet. Das Ausland erkennt an, daß
Deutschland seinen Aufschwung zumeist dieser gesunden Verbindung von Theorie
und Praxis zu verdanken hat. Für die Schulen, die niederen sowohl wie die
höheren, ergibt sich daraus die Aufgabe, in der Jugend weltoffene Anschauung
und praktische Fertigkeit verbunden mit Wissen und wissenschaftlicher Einsicht zu erwecken.

Dies ist der archimedische Punkt unserer Pädagogik, die auch eine Kunst
ist und zwar die erste und wichtigste im Staate.[1]) Auch für diese Technik gilt
der Satz, den der historische Überblick der antiken Verhältnisse uns gelehrt
hat, daß Empirie und Theorie Hand in Hand gehen müssen. Heutzutage, wo
die Technik des Unterrichtens auf einer hohen Stufe steht und der Lehrer zum
Virtuosen einer rein formalistischen Kunst zu werden droht, tut es not, daran
zu erinnern, daß der beständige Zusammenhang mit der Wissenschaft für ihn
unerläßlich ist, wenn die Jugend für die Aufgaben unserer Zeit richtig vorgebildet werden soll. Auch hier darf ich an ein antikes Analogon zur Warnung
am Schlusse kurz erinnern, an das Beispiel der griechischen Sophistik, welche
die τέχνη des höheren Unterrichts zuerst berufsmäßig ausgeübt hat. Ihr Wirken,
das auf die Ergründung der Wahrheit verzichtete und fertige Schablonen den
Schülern in den Kopf hämmerte, zeigt deutlich, wohin eine lediglich formale
Technik den Jugendbildner führt. Wehe dem Lehrer der Jugend, der mit dem
Fortschritt der Wissenschaft nicht mehr Schritt halten will und den äußerlichen
Drill für eine genügende Art der Geistesbildung hält, wehe dem Erziehungs-
künstler, der in banausischer Selbstbeschränkung nicht jeden Tag der Wahrheit
selbst näher zu kommen und die Jugend der Wahrheit näher zu führen sucht!
Bei diesem unerschlafften Wahrheitsuchen möge uns Platon, der die βάναυσος
παιδεία[2]) der sophistischen Virtuosen siegreich überwunden, als Vorbild voran-
leuchten! Möge wie bei ihm Praxis und Theorie, Kunst und Wissenschaft, Denken
und Handeln immerdar im Einklang bleiben, und alles im Dienste der einen
Göttin, der wir unser Leben weihen, der Wahrheit!

---

[1]) Vgl. Platon, Legg. I 644 A B: δεῖ τὴν παιδείαν μηδαμοῦ ἀτιμάζειν, ὡς πρῶτον τῶν
καλλίστων τοῖς ἀρίστοις ἀνδράσιν παραγιγνόμενον.

[2]) A. a. O. S. 644 A.

ZWEI RÖMISCHE KOLOSSALSTATUEN
UND DIE HELLENISTISCHE KUNST SYRIENS[1])

Von WILHELM SCHICK

(Mit drei Tafeln)

Die Kunstgeschichte des Hellenismus kennt eine pergamenische, eine rhodische, eine alexandrinische Kunstübung, die jeweils in mehr oder minder organischem Verhältnis stehen zu der Bedeutung, die die betreffenden Kulturkreise auch für andere Gebiete hellenistischen Kulturlebens hatten. Anders verhält es sich für unser jetziges Wissen mit den der Hellenisierung am meisten geöffneten Teilen der Seleukidenherrschaft, mit Syrien und dem wenigstens kulturell dazu gehörigen Phönikien: der politischen Machtstellung der Dynastie, der wachsenden Bedeutung des Landes für das religiöse Leben erst des Ostens, dann der ganzen römischen Welt, dem Anteil seiner Stadtbevölkerung an Literatur und Philosophie bis in späte römische Zeit — ihnen scheint in der bildenden Kunst nicht die gleiche Regsamkeit zu entsprechen. Für die Plastik zum mindesten fehlen bis jetzt so gut wie jegliche Spuren intensiveren Betriebes, geschweige denn einer Schule mit ausgebildetem Stilcharakter. Man mag das erklären aus der semitischen Verpönung von Götterbild und Bilderdienst und mit dem damit zusammenhängenden unentwickelten Sinn für bildende Kunst, Umstände, die sich naturgemäß auch unter den Makedonen bis zu einem gewissen Grad negativ geltend gemacht haben müssen.[2]) Aber diese Erwägung muß im Ernst nur davor bewahren, einen starken nationalen Einschlag, eine odenständige Entwicklung in dieser Seleukidenkunst zu erwarten. Andrerseits: ist schon vom VI. vorchristlichen Jahrhundert ab der Prozeß der Angleichung phönikischer Götter, Kulte, Göttertypen an griechische ein ziemlich allgemeiner, so bleibt es für die Diadochenzeit erst recht außer allem Zweifel, daß auch Syrien mit dem Küstenland eine Provinz hellenistischer Kunstübung war, auch wenn von der Tätigkeit griechischer Künstler in Antiocheia nichts überliefert wäre.[3]) Ist dem aber so, so müssen sich unter den Beständen unserer Museen

---

[1]) Der I. und II. Teil dieses Aufsatzes einschließlich der Exkurse ist Mai 1912, Teil III Januar 1913 im Manuskript abgeschlossen worden, beides von kleineren Nachträgen abgesehen.

[2]) Übrigens erklärt sich schon für die ältere phönikische Kultur die Spärlichkeit der plastischen Funde zum Teil wenigstens daraus, daß wie die Heiligtümer so auch die Götterbilder vielfach aus Zedernholz waren. Es ist anzunehmen, daß man es in diesem weicheren Material zu gefälligeren, weniger rohen Leistungen brachte, als die erhaltenen Steinmonumente sind.

[3]) Michaelis, Handb. S. 342 und 395.[9] Syrische und kilikische Künstler in Rhodos tätig: Löwy, Inschr. griech. Bildh. S. 184—187 (Antiochien), 188. 189 (Laodikeia), 190. 191

1—3. Bronzestatue eines Herrschers im Nationalmuseum, Rom.

auch Überreste dieser Kunst befinden. Gerade für die beiden letzten Jahrhunderte vor Beginn unserer Zeitrechnung müßte es, betrachtet man Stand und Wege der Kulturbeziehungen zwischen Rom und den Diadochenländern, in der Tat wundernehmen, wenn der rege kommerzielle und kulturelle Austausch, der seit dem ausgehenden II. Jahrh. zwischen Rom und Syrien mit seinen Hinterländern sich angebahnt und — zuerst durch Vermittlung westgriechischer, besonders sizilischer Städte, dann immer umfangreicher direkt — entfaltet hatte, nicht seine Spuren im Kunsttreiben Roms auch uns, sei es in importierten syrischen Kunstwerken selbst, sei es in deren römischen Nachbildungen hinterlassen hätte. Hat doch erst die Forschung der letzten Jahre den Nachweis erbracht, daß die römische Architektur der späten Republik, auf der doch die Entwicklung der kaiserzeitlichen basiert, als in hohem Maße abhängig von der südosthellenistischen, in erster Linie seleukidischen Baukunst gelten darf, deren Charakteristikum ihrerseits wieder die Aufnahme orientalischer Kunstformen und Techniken ist.[1]) Indes konnten auch diese Erkenntnisse nur auf Umwegen gewonnen, mußte eine seleukidische Baukunst, für die zunächst fast alle sicheren Daten zu fehlen schienen, erst indirekt erschlossen werden. Sollte uns das nicht dazu berechtigen, auch für die Skulptur jenes Kulturkreises — mit den Quellen unserer Erkenntnis ist es hier schließlich nicht mehr und nicht weniger trostlos bestellt als auf architektonischem Gebiet — von unserer fortschreitenden Kenntnis hellenistischer und römischer Kunstentwicklung, zumal von der erst angebahnten Einsicht in die Differenzierungen, in denen uns die Barockplastik entgegentritt, mancherlei zu erhoffen? Wenn ich im folgenden versuche, eine Gruppe von erhaltenen Denkmälern der Großplastik, deren stilistische Zusammengehörigkeit zunächst zu begründen ist, in das Syrien des II. vorchristl. Jahrh. zu setzen, so verhehle ich mir keineswegs, daß solche Zuweisung leicht die Gefahr voreiliger Verallgemeinerung in sich birgt. Indes mangelt es ja noch immer gänzlich an Grabungen im syrischen Boden, die uns allein vor jener Gefahr bewahren könnten, wollen wir uns nicht überhaupt lieber bis zu ihrem Einsetzen bei einer Lücke in unserem Wissen bescheiden.

I. KOLOSSALSTATUE EINES DIADOCHEN IM THERMENMUSEUM[2])

Eine eingehendere Besprechung in kunstgeschichtlicher Hinsicht hat diese vielgedeutete Statue noch nicht erfahren; sie verdient sie aber schon darum, weil wir andere Originalbronzen aus dieser Zeit und von dieser Größe nicht

---

(Soloi), 360 (Seleukeia, Kaiserzeit). Noch aus römischer Zeit kennen wir eine ganze Künstlerfamilie von Tyros (Charmides, Menodotos, Artemidoros), die sogar für athenische Aufträge arbeiteten: Löwy a. a. O. S. 308 und 309. — Allgemein über den Hellenismus in Syrien Mommsen, Röm. Gesch. V 449 f.

[1]) R. Delbrück, Hellenistische Bauten in Latium I und II, Straßb. 1907 und 1912. Die Ergebnisse werden zusammengefaßt II 44 f. 111 f. und namentlich 174 f.

[2]) Helbig, Führer II[2] Nr. 1114; Ant. Denkm. I Taf. 5; Brunn-Bruckmann 246; Brunn-Arndt 358—360; Bulle, Der schöne Mensch[2] S. 141 (Rückenansicht), Taf. 75; Collignon, Hist. II 493 Fig. 257; Klein, Gesch. d. gr. K. III 437. Weitere Literatur bei Helbig und in Paribenis Katalog des römischen Nationalmuseums S. 71. Die einzige Profilaufnahme von

2*

besitzen und weil sie zudem von hervoragender Arbeit und Erhaltung ist. Es gilt die Bronze zunächst stilistisch zu interpretieren. Wenn ich dabei das mir für das Gesamtergebnis Wichtige von vornherein etwas ausführlicher hervorhebe, so glaube ich mir dadurch späterhin Weitschweifigkeiten eher ersparen zu können.

Das Schema ist kontrapostisch: das rechte Standbein mit stark durchgedrücktem Knie trägt die Last des nach vorn wuchtenden Körpers; das linke Spielbein hat etwa die Stellung des hinteren Beines beim Schreiten. Der linke Arm ist hoch erhoben und umfaßt Zepter oder Lanze, der rechte ist nach hinten gedreht und in der Weise von Lysipps ausruhendem Herakles mit der Handfläche nach außen auf das Gesäß gelegt.

Die Hüftenlinie ist stark nach links unten geneigt, die rechte Körperhälfte infolgedessen außergewöhnlich ineinandergeschoben, die linke gedehnt, ein Motiv, das weit über das sonst geläufige Maß gesteigert wird dadurch, daß die hängende rechte Schulter der höheren rechten Hüfte genähert ist, umgekehrt die gehobene linke Schulter die größere Länge des linken Körperkonturs ins Auge fallen läßt. Ein Vergleich mit dem Rumpf des Apoxyomenos zeigt, wie das — schon von Polyklet übernommene — Kontrastmotiv dort noch diskret, hier in einer nicht mehr wirklichen Übersteigerung angewendet ist.

Der kleine Kopf sitzt auf einem ziemlich langen nach rechts gewendeten Hals, der auffallend weit nach vorn in den Rumpf eingesetzt ist, auch dies ähnlich dem Apoxyomenos: es ist nötig, beide Figuren einmal von der Seite oder halb von hinten aufzunehmen, um zu konstatieren, daß die vordere Fläche des Halses ungefähr in der vorderen Ebene des Rumpfes liegt, trotz der großen Tiefendimensionen desselben.[1]) Der Kopf selbst blickt bei nahezu senkrechter Axe nach rechts, also nach der Seite der gesenkten Schulter, nicht — wie statuarisch nahe verwandte Alexanderdarstellungen, von denen noch zu reden sein wird — in der Richtung des Zepters; das gibt der Statue etwas Keckes, Posiertes.

Was die Proportionen im ganzen anlangt, so scheinen sie sich auf den ersten Eindruck von denen nackter Statuen des ausgehenden IV. Jahrh., auch von dem Lysippischen 'Kanon' zu entfernen: dieser Eindruck beruht auf der muskulösen Fleischigkeit, um Einzelheiten hervorzuheben: auf der Wölbung des Rückens, den Wülsten der Achseln, dem starken Gesäß, den fetten Muskeln der Brust. Tatsächlich finde ich aber sowohl in den Gesamtverhältnissen wie in den Einzelformen starke Verwandtschaften mit Lysippischer Kunstweise. Auf diese wurden wir schon gewiesen: die Zusammenpressung der Körperhälfte des Standbeins ist auch beim Apoxyomenos sehr stark, wenn man bedenkt, daß hier beide Schultern ungefähr in gleicher Höhe stehen. Auch der breite und tiefe

---

rechts bringt die Compagnia rotografica 409, nach der unsere Abbildung Fig. 2; leider ist die Statue so aufgestellt, daß diese Hauptansicht nie das Licht hat, so daß auch die Photographie nur den allgemeinen Konturenfluß wiedergeben kann.

[1]) Vom Apoxyomenos existiert m. W. überhaupt keine Rückenaufnahme. Ein unvollkommenes Bild mag man sich einstweilen aus der Vergleichung von Fig. 2 mit der nach dem Gips gefertigten Profilansicht des Apoxyomenos Röm. Mitt. 1901 XVI Taf. 16 machen.

Brustkasten, zu dem sich etwas hängende nach vorn gerückte Schultern gesellen, wodurch die Rückenfläche und die hinteren Konturen besonders ausdrucks-
voll werden, sind ein Charakteristikum dieser Kunst. Die Gliedmaßen, die bei
der Bronze sehr gedrungen gebildet sind, waren bei Lysipp bei aller scheinbaren
Schlankheit schwer und wuchtig.[1]) Diese ist eine Folge der relativen Länge der
Glieder: auch bei der Bronze ist die Hüfte sehr hoch; auch bei ihr resultiert
der Eindruck einer gewissen jugendlichen Elastizität in erster Linie daraus,
daß der Schwerpunkt der Gestalt sehr hoch liegt und stark akzentuiert ist.[2])

Die Einzelformen zeigen absolute anatomische Meisterschaft, ja ein über
Lysippischen 'Realismus' hinausgehendes Sichvordrängen des Virtuosen, wie wir
es — mit einem ganz andersartigen Gefühl für den nackten Körper — in der
pergamenischen und rhodischen Schule ausgebildet finden. Der Kopf stimmt in
den Proportionen *en face* wie vom Profil mit dem des Apoxyomenos überein; er
hat das Charakteristische Lysippischer Köpfe, daß sie von vorn und hinten gesehen runde Formen haben, aus dem Profil dagegen das Gesicht lang und fast
schmal erscheint.[3]) Ziehen wir bei beiden Köpfen eine wagrechte Linie vom
Einzug des Hinterhaupts über dem Nackenhaar zum Vorderprofil, so schneidet
sie über dem Ohrlappen durch und ungefähr die Mitte der Nasenlinie (vgl.
Brunn-Br. 323 und Brunn-Arndt 359 und 360).

Der Mund ist klein, ebenso haben die Augen das leicht Zusammengekniffene
und liegen dicht unter dem Stirnknochen. Die fehlenden Augäpfel waren wohl
in farbigem Material eingesetzt. Die Stirn zeigt die Besonderheiten des Apoxyomenos in eine aufgeregtere Vortragsweise übersetzt: die zurückweichende Ober-
stirn, von der vordrängenden Unterstirn durch eine tiefe Rille getrennt, die Art,
wie die Knochen über und vor der Schläfe vorgewölbt sind. Es ist auch dieselbe trockene Klarheit der Hauptformen, dieselbe Rücksicht auf die Lichteffekte
bei Bronzetechnik, die hier wiederum nur gesteigert begegnen.

Auch der Ausdruck ist durch echt Lysippische Mittel in die Züge gebracht:
durch die Mischung von Spannung und Entspannung, auf der ja überhaupt die
sogenannte Bewegtheit ruhiger Statuen zum großen Teil beruht. Der Blick ist
ohne eigentliches Pathos ins Weite gerichtet.

Wenn man dann noch die Verwandtschaft der Haarbehandlung dazunimmt,

---

[1]) Man sehe den Apoxyomenos von der Seite, wo man das Gefühl bekommt, daß das
Blut, wie nach sportlichen Leistungen der Fall ist, nach den Armen drängt und sie ordentlich schwer macht. Vgl. die Schilderung des sitzenden Herakleskolosses Lysipps, der lange
in Rom aufgestellt war und später nach Konstantinopel übergeführt wurde, bei Niketas
Chon. De sign. Constantinop. 5.

[2]) Vgl. Wölfflin, Klass. Kunst[1] S. 64, der für eine dekorative Figur der Sixtinischen
Decke, die man ruhig als eine eminent plastische Konzeption in Anspruch nehmen darf,
eine ähnliche Wirkung bemerkt.

[3]) Das Profil beider Köpfe läßt sich in einen quadratischen oder rhombischen Rahmen
einbeziehen, was bei Köpfen attischer Kunst bis auf Praxiteles nicht geht. Der Typus des
Skopas steht hier am nächsten, scheint sich jedoch von dem Lysippischen durch größere
Kürze des Schädels zu unterscheiden.

so muß man sich wundern, wie verhältnismäßig wenig der ausgesprochene Porträteharakter bei unserer Bronze den Typus in seinen traditionellen Hauptformen alteriert hat.

Der schwache Flaumbart (hier an Wange und Kinn durch Gravierung angedeutet) begegnet häufig bei hellenistischen Köpfen. Überhaupt galt das ἄρτι γενειάζειν, der sprossende Flaum um Kinn und Lippen, in der Zeit, in der die kokette Unordnung der Haare Mode war, für ein Zeichen vollsaftiger Jugendlichkeit, und so ließen sich junge Männer mit noch weichem Bart nicht rasieren. Das Vorbild für diese Mode wird vielleicht Alexander gewesen sein.[1])

Die Schlüsselbeine, Halsgrube und die von da ausgehenden großen Halsmuskeln sind klar herausmodelliert. Eine sehr ähnliche Bildung zeigt wieder der Apoxyomenos, bei dem auch die Querfalten nicht fehlen und bei dem der Hals ebenfalls die erwähnte für die Vorderansicht berechnete merkwürdige Einsetzung hat (vgl. auch den Ares Ludovisi). Dabei ist er bei beiden nicht etwa nach vorn gesenkt, sondern ziemlich steil.

Am Rumpf hat die Statue einen auffallenden Zug mit dem Apoxyomenos gemein, der meines Wissens in der attischen Plastik nicht begegnet und den wohl Lysipp von Polyklet übernommen hat, die unrealistische Herausmodellierung des Hüftbeins zwischen dem Oberschenkel und dem Muskelwulst über der Hüfte. Der Knochen ist nicht angedeutet auf der Spielbeinseite bei beiden Statuen.[2]) Eine sehr ähnliche anatomische Eigentümlichkeit, die zwar nicht ganz so vereinzelt in der antiken Plastik ist, die aber schon als eine Stilbesonderheit für Polyklet und Lysipp in Anspruch genommen wurde, ist das starke Hervortreten des Muskels über dem Knie. Die Füße sind groß und lang mit eher niederem Spann, doch fällt hier der Naturalismus, das Knochige auf, während die Lysippischen Füße, so sehr sie für die individuelle Formensprache des Meisters charakteristisch sind, etwas Allgemeineres haben.

Besonderes Eingehen verlangt der Rücken mit seiner auffallend übersteigerten Modellierung, seiner Ausgestaltung nach der dritten Dimension, seinem deutlichen Bestreben, die Formen zu outrieren und kontrastieren und dadurch eine barocke Wirkung zu erzielen. Erstaunter ist man, wenn man um den Apoxyomenos herumgeht und bei dieser elastischen Gestalt einen richtigen Buckel konstatiert, der den Eindruck der Profilkonturen (besonders der linken Seite), für unser Gefühl zunächst sehr wenig schön, bestimmt. Diese Erscheinung bedarf aber dringend einer kunstgeschichtlichen Erklärung: sie ist bisher vernachlässigt worden, ja es fehlt trotz ihrer stilgeschichtlichen Bedeutung noch am nötigsten Arbeitsmaterial, solange es nicht eine größere Anzahl von Rücken-

---

[1]) Schreiber, Bildn. Alex. d. Gr. S. 133. Die Mode des Backenbartes dauert bis in die Zeit der Claudier: s. z. B. den Tiberius auf dem Cameo des Herophilos (Arch. Jahrb. 1888 [III] Taf. 11), ganz noch in der Auffassung der Diadochenkunst.

[2]) Sehr instruktiv ist die Abbildung (nach Gips) bei Gardner, The Apoxyomenos of Lysippus in Journ. Hell. Stud. 1905 S. 238, die mit der Profilansicht unserer Bronze von der Standbeinseite zu vergleichen ist, wie sie unsere Abb. 2 gibt.

und Seitenaufnahmen der wichtigsten Statuen gibt. Ich komme, um den Gang der Untersuchung nicht zu unterbrechen, in einem Exkurs auf das Problem zurück.[1])

Alles in allem kann von Flauheit der Behandlung, wie Helbig meint, nicht die Rede sein. Es ist eben im Unterschied vom Apoxyomenos ein Mann dargestellt, dessen Körperformen fleischig waren, der in Wirklichkeit vielleicht untersetzt war, während die Statue gerade durch Anwendung Lysippischer Verhältnisse das Athletenhafte erhält.

Man könnte nun vielleicht finden, daß manches, was für Lysipp ins Feld geführt wurde, ebensogut pergamenisch sein könnte. Dem ist aber nicht so: eine Vergleichung im selben Museum mit dem Ares Ludovisi einerseits, der Galliergrupppe andrerseits entscheidet unbedingt zugunsten der Annahme, daß der Stil unserer Bronze auf der Lysippischen Tradition allein beruht. Die pergamenische Kunst hat grundverschiedene Stilmittel und einen grundverschiedenen Ausdruck; das Gefühl für das Anatomische des Körpers, die Proportionen, das Spiel der Haut ist ein anderes hier wie dort.[2]) Man könnte bei den Galliergruppen von wirklichem Realismus reden, hier mehr von Illusionismus, den ja auch die antike ästhetische Überlieferung über Lysipp andeutet.[3]) Alles ist dort außerdem den Möglichkeiten der Marmorbehandlung entsprechend ausgebildet, hier denen der Bronze. Die pergamenische Kunst und unsere Erzstatue liegen nicht in der gleichen Richtung hellenistischer Kunstentwicklung.

Lysipps Alexander und die Bronze

Die Ähnlichkeit unserer Statue mit Alexanderdarstellungen ist mehrfach betont worden und ist in Verbindung mit der überlieferten Notiz, die Diadochen hätten es geliebt, sich in der Attitude des Lysippischen Alexander mit der Lanze porträtieren zu lassen, bestimmend dafür gewesen, in dem Dargestellten einen Nachfolger des großen Königs zu sehen. Wir dürfen eine Bestätigung des in der Stilanalyse Gewonnenen darin erblicken, daß unter den erhaltenen, Alexander in heroischer Nacktheit darstellenden Statuetten diejenigen in erster Linie zum Vergleich sich bieten, für deren Originale mit Wahrscheinlichkeit Lysipp in Anspruch genommen werden darf. Ich lasse eine Aufzählung derselben nach der Verwandtschaft der Motive folgen, die zugleich ungefähr den Grad der Ähnlichkeit mit unserer Bronze bezeichnet. Bekanntlich gab es von Lysipp viele

---

[1]) Nachträglich sehe ich, daß Bulle in der zweiten Auflage des Schönen Menschen die Rückenmodellierung unserer Statue auch würdigt und eine gute Rückenaufnahme wiedergibt.

[2]) Man vergleiche vor allem die Bildung der Extremitäten. Die Torsen der früheren pergamenischen Marmorstatuen haben erheblich längere Proportionen. Was die Skulpturen des pergamenischen Altars anlangt, so steht ihre 'malerische' Manier (s. v. Salis, Der Altar von Pergamon S. 161 f.) geradezu im Gegensatz zu der klaren trockenen Modellierung bei unserer Statue.

[3]) So verstehe ich Plin. N. h. 34, 65.

Bildnisse des großen Königs; wo indes das Lanzenmotiv gesichert ist, darf an das gefeiertste und darum gewiß auch in Nachbildungen und Varianten einmal verbreitetste, den Alexander mit der Lanze, gedacht werden.[1])

1. Die schon von Helbig (Führer[2], Nr. 1114; unsere Taf. III 1 u. 2) herangezogene und ebenda abgebildete Nelidowsche Bronze. Ich rechne sie ebenso wie den an zweiter Stelle aufzuführenden Berliner Marmortorso trotz Schreiber (Stud. üb. d. Bildnis Al. d. Gr. S. 84 f.) und Bernoulli (D. erhalt. Darstell. Al. d. Gr. S. 59 f. und 106 f.) unter die sichersten Alexanderdarstellungen. Beanstandet sind sie, weil ihnen das Stirnlockenmotiv fehlt, in dem Schreiber — nicht ohne etwas gewaltsame oder pedantische Interpretation der Schriftstellen — ein Hauptkriterium sieht. Die Statuette Nelidow ist fast im gleichen Schema aufgebaut wie unsere Statue. Das Standmotiv ist dasselbe, der linke Arm rund um die Lanze herumgeführt, auf die der etwas nach vorn gelegte Körper sich stützt. Abweichend blickt der Kopf in Richtung der Lanze und bestimmt dadurch den energischen Gesamtausdruck. Eine nur geringe Verschiedenheit haben wir im Motiv des rechten Armes: er stützt sich bei der Statuette mit der Innenfläche der Hand in die Hüfte. Helbig, der die direkte Deszendenz unserer Bronze von dem Alexander mit der Lanze anzunehmen scheint, hält das Motiv der ersteren für eine unglückliche Abweichung von dem ursprünglichen, das nach seiner

---

[1]) Thiersch hat kürzlich im Jahrb. 1908 XXIII 162 f. die Vermutung vorgetragen, in dem Berliner Goldmedaillon aus Abukir (abgeb. a. a. O.), das Alexander en face in reichgeschmücktem Panzer, mit Schild und Speer darstellt, sei eine Nachbildung des Alexander mit der Lanze erhalten. Ich halte diese Vermutung aus verschiedenen Gründen für unhaltbar. Zunächst eine allgemeine Erwägung: in der Entwicklung der Herrscherstatue tritt, soweit wir sehen, die Darstellung des Herrschers (und selbst Feldherrn) im Panzer zurück hinter dem nackten oder mit einem idealen Gewandstück bekleideten heroisierten Bildnis, das noch in der früheren Kaiserzeit neben der Togastatue vorherrscht. Und doch müßte es umgekehrt sein, stände am Anfang der hellenistischen Tradition ein gefeierter Alexander in der Rüstung. Vor allem aber: der Meister des Apoxyomenos, der so genial das Haupthaar auf das illusionistisch gerade ausreichende Maß zu reduzieren weiß und dabei ebenso die Symmetrie des V. Jahrh. wie die liebevoll herausgemeißelte Fülle, wie sie noch Praxiteles eigen ist, vermeidet, um keinen fremden Ton in die bewegten Harmonien des nackten Körpers hineinklingen zu lassen, sollte bei seinem berühmtesten Werk seine eigenste Errungenschaft des reinen plastischen Stils zugunsten dekorativer Ziselierkünste geopfert haben? Schließlich wird es kaum gelingen, das Motiv des Medaillons ins Freiplastische umzudenken, zum mindesten wird das Bild, das man sich machen könnte, mit dem, was wir von Lysipps Kunst wissen, nicht vereinbar sein. Gerade die Lanze ist es, die, wie man auch das keineswegs klare Motiv des Medaillons deute, in einer Weise die. Linien der Gestalt geschnitten haben müßte, wie sie überhaupt in griechischer Plastik unerhört ist. Daraus ist zu schließen, daß der Schöpfer des Alexandermedaillons als ein — allerdings hochbegabter — Vertreter hellenistischer Kleinkunst (am wahrscheinlichsten, wie Dressel sah, ein alexandrinischer Gemmenschneider) zu gelten hat, der mit feiner Anwendung dekorativer Mittel größte Schönheit und Ausdrucksfülle verband. Die τόλμα aber und das λεοντῶδες spiegelt nicht nur das Medaillon, sondern — in anderer Weise und durch andere Kunstmittel erreicht — auch die drei besten Statuetten wieder, nicht allein in der Majestät des Hauptes (Bernoulli Fig. 15), sondern vor allem in der großen freien Geberde des Stand- oder Schreitmotivs.

Ansicht die Nelidowsche Statuette bewahrt hätte.[1]) Aber abgesehen davon, daß auf die Genauigkeit einer so kleinen Bronze natürlich nicht gebaut werden darf, würde ja das Motiv des eingestützten Armes in Verbindung mit der Rechtswendung des Kopfes einen unerträglich posierten Anblick gewähren. Arm- und Kopfmotiv läßt sich hier gar nicht trennen und bestimmt zusammen sehr wesentlich den Gesamteindruck. Daß die Nelidowsche Bronze wirklich auf den Alexander mit der Lanze Lysipps zurückgeht, halte ich für sehr wahrscheinlich; ich möchte den von Wulf (Alexander mit der Lanze) angeführten Gründen noch die Ähnlichkeit hinzufügen, die der Rumpf (vor allem auch Rücken- und Gesäßlinie) mit dem des Apoxyomenos und unserer Bronze zeigt (vgl. das oben Gesagte).

2. Die halblebensgroße Marmorstatue aus Priene im Berliner Museum (Inv. 1500; Bernoulli Fig. 15), über deren Lysippischen Stil siehe Kekule, Sitzgsber. d. B. A. 1890, 280 f. (vgl. auch Jahrb. d. Inst. 1898 Anz. S. 185; Griech. Skulptur S. 225). 'Das Bruchstück macht den Eindruck einer sehr lebhaften Bewegung'; die Statue braucht aber nicht in wirklicher Aktion gewesen zu sein, so wenig wie unsere Erzstatue. Mit dieser stimmt das Erhaltene, das nicht zur Feststellung des Gesamtschemas ausreicht, in der energischen Rechtswendung des Kopfes in ihrer Verbindung mit dem zurückgenommenen Arm der gleichen Seite überein. Der Arm selbst war eher eingestützt als auf den Rücken gelegt, soweit sich urteilen läßt. Über den linken Arm läßt sich nur sagen, daß wenn die gefundene Hand mit dem Schwertgriff zugehörig ist, die Statue freilich keine Replik oder Variante des Alexander mit der Lanze sein kann.

3. Als Nachahmung eines Lysippischen Werkes und für den Alexander mit der Lanze in erster Reihe in Betracht kommend gilt die kleine Bronze im Louvre (Bernoulli Fig. 31, S. 102; Schreiber Taf. VI).[2]) Der Kopf soll größte Ähnlichkeit mit der Azaraherme haben, 'das Motiv ist von Lysippischer Lebendigkeit und Beweglichkeit und zugleich von machtvoller Wirkung'. Das Standmotiv ist das umgekehrte wie bei der Bronze der Thermen, sonst entspricht sich das Schema bis auf den rechten Arm, der bei der Statuette fast gestreckt herabhängt.[3]) Ein wesentlicher Unterschied in der Auffassung bei dieser und der Nelidowschen Bronze besteht in der verschiedenen Art, wie die Lanze zum Körper steht. Hier ist der Arm fast gestreckt, die Lanze weit entfernt gewesen; das Schreiten der Gestalt bekommt so etwas überaus Grandioses[4]), und darin liegt wohl der eigentliche Grund, weshalb viele gerade in dieser Statuette den berühmten Alexander mit der Lanze zu erblicken geneigt sind. Umgekehrt gibt

---

[1]) Wenn andrerseits Bernoulli dieses als unedel empfindet und nebst dem 'Mangel an Würde' als Gründe anführt, die Alexanderdeutung für die Statuette abzulehnen, so bedenkt er eben nicht, daß das Motiv ebenso wie das andere des hinten aufgelegten Armes schon für Götterbilder des IV. Jahrh. vorkommt.

[2]) Vgl. Arch. Jahrb. 1895 X, Arch. Anz. S. 1627 (Winter). Unsere Taf. III 3 nach Bernoulli.

[3]) Der Arm scheint nach Winter a. a. O. abgebrochen und wieder eingesetzt zu sein, doch kann er — vorausgesetzt, daß es der zugehörige Arm noch ist — keine von der jetzigen wesentlich abweichende Haltung gehabt haben.

[4]) Sie erinnert geradezu an Porträts der französischen Könige und ihrer kleineren Nachäffer im Barockzeitalter.

die Nelidowsche Bronze die Gestalt in ruhigem Stand, und die Lanze hat wirklich mit an der Last des Körpers zu tragen. Noch in höherem Grad lehnt sich die Bronze der Thermen auf den Schaft, aber dieses Motiv steht hier in Widerspruch zu der Schreitstellung der Beine. Offenbar hat unser Künstler in dem Bestreben zu variieren das Schema der Nelidowstatuette, das er im wesentlichen beibehält, dadurch — nicht gerade einheitlich — zu modifizieren gesucht, daß er die Bewegung nach vorwärts und die Kopfwendung nach der von der Lanze freien Seite, wie sie die Pariser Bronze vertritt, damit verband.

Es versteht sich von selbst, daß wenn ich die Herrscherstatue des Thermenmuseums an den Lysippischen Alexanderbildern messe, ich mir dabei wohl bewußt bin, daß zwischen dem Urbild — als solches muß der Lysippische Alexandertypus für die Entwicklung des Herrscherporträts der folgenden Jahrhunderte angesehen werden — und unserem Standbild eine Anzahl von Zwischengliedern lag, die sich geltend machen müßten auch in dem besonderen Fall oder Zufall, daß der Künstler hier direkt auf ein Lysippisches Vorbild zurückgegangen wäre. Als solche Zwischenglieder kommen natürlich in erster Linie Standbilder von Diadochen selbst in Betracht; in deren Ermangelung lasse ich der Aufzählung der drei meines Erachtens auf Lysippische Originale zurückgehenden Alexanderdarstellungen noch die Erwähnung solcher folgen, die offenkundig jene Lysippischen Statuenmotive weiterbilden.

4. Vollkommen gleiches Schema wie die Pariser Erzstatuette zeigt eine kleine Londoner Bronze (Cat. of the bronzes Nr. 799 Pl. 24, 1; Schreiber Taf. XI R; Bernoulli Fig. 36), der der linke Arm fehlt. Sie ist schon stark pathetisch und barock und gestattet nicht mehr, an Lysipp selbst zu denken, erinnert vielmehr an die uns beschäftigende Denkmälergruppe und ihren Lysippisches im Geschmack einer späteren Zeit weiterbildenden Stil.[1]

5. Das gleiche gilt auch für die behelmte halblebensgroße Marmorstatuette aus Gabii im Louvre (Schreiber Taf. VII; Bernoulli Fig. 36). Im Statuarischen steht sie der Bronze Nelidow nahe: denn der falsch ergänzte rechte Arm hielt wahrscheinlich die Lanze, wenn auch nicht so hoch wie die übrigen Statuetten. Der Lysippische Charakter dieses 'Alexander' ist mehrfach behauptet worden: man könnte sich auf die Schiebung des Rumpfes und das Standmotiv berufen, das unter allen genannten Denkmälern, die Alexander darstellen, vielleicht die meiste Ähnlichkeit mit unserer großen Bronze hat. Indes möchte ich dem Lysipp weder das bimmelnde Pathos des Gesichts noch vor allem die künstlerisch hilflosen Armmotive zutrauen: die Lanze in der einen, das Schwert in der anderen Hand, und in dieser Weise, das schmeckt nach der Erfindung eines Hand-

---

[1] Die recht ähnliche Statuette des Berliner Antiquariums, die Schreiber auf den weltberühmten Helios-Alexander des Chares zurückführen will (S. 124, Taf. XI), lasse ich beiseite, ebenso den im Schema ungefähr der Winterschen Statuette des Louvre entsprechenden Torso aus Alexandrien, jetzt ebenfalls im Louvre, in dem Schreiber (S. 41, Taf. VI M) Lysipps Jugendbildnis Alexanders erkennen möchte. Beide Deutungen stehen auf gar zu schwachen Füßen, und selbst der Stilcharakter, wenn bei dem Maßstab und der schlechten Erhaltung davon geredet werden darf, scheint nicht gerade stark für Lysipp ins Gewicht zu fallen.

werkers, nicht nach der großzügigen Art des Lysipp, der nicht in Verlegenheit war, wie er die Extremitäten seiner Werke schicklich ausstaffieren solle. Auch die Alexanderdeutung scheint mir mehr als fraglich. Nach den Abbildungen wenigstens ist von Individuellem keine Spur in den Gesichtszügen, und wenn Bernoulli S. 84 Anm. 4 die Deutung auf einen pathetischen Ares mit dem Hinweis auf einen sicherlich nichtpathetischen des britischen Museums (Walters, Cat. of the bronzes Nr. 1077, Pl. 24) ablehnt, so ist das eine sehr wenig plausible Beweisführung.[1] Mit einer bestimmten Art unzweifelhaft pathetischer Götterbilder werden wir es im zweiten Teil unserer Untersuchung zu tun haben, und naturgemäß ist für den pathetischen Stil der ideale Gegenstand ein geeigneteres Feld als das Porträt: zwischen beiden steht seinem Wesen nach das Herrscherbildnis.

'Das majestätische Motiv des Zepteraufstützens der großen Götter erhielt wie es scheint durch Lysipp einen pathetischen Charakter dadurch, daß die Hand nun ganz hoch um den Stab faßte' (Furtwängler, Meisterw. S. 597 Anm. 3, wo auch Beispiele angeführt sind).[2] Als Lysipp mit seinen heroisierten und mythologisierten Alexander- und Feldherrnstatuen eine neue Gattung in der griechischen Plastik schuf, die zwischen Götterbild, Porträt- und Athletenstatue in der Mitte steht, bevorzugte er dieses Motiv. Sei es nun, daß — nach der literarischen Überlieferung — ein besonders berühmtes und weiterhin vorbildliches Werk den Alexander mit dem Speere darstellte, sei es, daß das Motiv in verschiedenen Variationen aus seiner Werkstatt hervorging, jedenfalls machte er damit Schule, und die Diadochen, die wenigstens in ihren Standbildern dem großen Vorgänger zu ähneln wünschten, werden gewiß auch das Motiv der pathetisch umgefaßten Lanze bevorzugt haben. Es war das gegebene Motiv für den in heroischer oder göttlicher Nacktheit dargestellten König, soweit er nicht unter der Hypostase und mit den Attributen eines bestimmten Gottes dargestellt wurde.[3] Das Athletenhafte in den Körperformen unserer Statue berechtigt noch

---

[1] Die Aresstatuette des Brit. Museums ist eine klassizistische Arbeit und kopiert bis auf die Einzelheiten genau den Polykletischen Doryphoros. Aber auch an Porträt- und besonders Kaiserstatuen ist bekanntlich kein Mangel, die ein älteres griechisches Schema variieren.

[2] S. auch Collignon, Gesch. d. gr. Plast. übers. v. Baumgarten II 532. Ein weiteres schönes Beispiel gibt die Bronzestatuette des Poseidon aus Dodona (Kekule v. Stradonitz u. Winnefeld, Bronzen aus Dodona in den Kgl. Mus. zu Berlin S. IV u. 26 f.), deren Schema große Ähnlichkeit mit unserer Statue hat. Nur zeigt sie bei allem Lysippischen eine große Gehaltenheit und ist lehrreich zu vergleichen mit dem bewegten pathetischen Poseidon mit Zepter von Melos (jetzt in Athen), der zeitlich und in der Auffassung den von uns betrachteten Werken nahesteht (Collignon a. a. O. II 517; Bulle, D. schöne Mensch Taf. 74.

[3] Für die letztere Art, den Herrscher darzustellen, gibt außer Ägypten Syrien einige Beispiele: Antiochos von Kommagene auf dem Nemrud-Dagh mit den Abzeichen des Zeus-Oromasdes und des Herakles-Artagnes: Humann-Puchstein, Reise in Kleinasien und Nordsyrien S. 326 f. (vgl. auch ebd. S. 329 f. über die Form der Apotheose bei Antiochos); Antiochos II Θεός auf Münzen (Seleukid Kings of Syria Pl. V 1) und in der neapolitanischen Erzstatue (Guida Nr. 208) als Hermes Σωτήρ, wie ich glaube (nach Hauser, Berl. Phil. Woch. 1903 S. 137 f.; vgl. Schreiber a. a. O. S. 272 f.; Wace, Journ. of Hellenic studies 1905 S. 98;

nicht zu der Vermutung, wir hätten es mit einem Athleten zu tun[1]), erklärt
sich vielmehr aus dem übertreibenden Stil der Zeit und überhaupt daraus, daß
eben das idealisierende Athletenbildnis, welches Lysipp, treu der sikyonischen
Schule, bezeugtermaßen besonders gepflegt hat, an der Genese der hellenistischen Königsstatue mitbeteiligt ist.

Zeitliche und örtliche Begrenzung

Haben wir den verhältnismäßig engen stilistischen Anschluß an die Lysippische Schule festgestellt, so ergibt sich eine gewisse Schwierigkeit für die
Datierung der Statue. Daß wir durch jene Feststellung an sich noch nicht genötigt sind, sie zeitlich nahe an das Ende des IV., den Anfang des III. Jahrh. zu
rücken, dafür spricht zunächst ganz allgemein die Erwägung, daß die durch
Lysipp und seine nächsten Schüler für das Herrscherporträt geschaffene Tradition sich sicherlich durch die ganze Zeit des Hellenismus hindurch (wenn auch
natürlich nicht als alleinige Richtung) lebendig erhielt: das bezeugen nicht nur
die literarischen Angaben aus dem Altertum, die allgemein von dem Einfluß
des Lysippischen Alexander auf die Diadochenbildnisse berichten[2]), dafür zeugen
auch — bei dem gänzlichen Mangel an erhaltenen authentischen Königsstatuen
— einzelne römische Standbilder der ausgehenden Republik, ja auch in der
früheren Kaiserzeit läßt sich neben der neuen (augusteischen) Kunstweise, die
eine gewisse bürgerliche Schlichtheit im Anschluß meist an ältere ruhigere
Typen anstrebt, immer noch der bewegte hellenistische Stil verfolgen.[3]) Andrer-

---

s. jetzt über die Apotheose seleukidischer Könige unter Gleichsetzung mit den großen
Göttern: Kaerst, Gesch. des Hellenismus II 1 S. 419 f., der sich mit der weiteren Literatur
auseinandersetzt).

[1]) Nach andern zuletzt von Wace, Journ. of Hellen. stud. 1905 XXV 97 vertreten.

[2]) Plut. Alex. 4; Pyrrh. 8.

[3]) Als bestes Beispiel kann gelten der bekannte kolossale Agrippa Grimani, der
schon direkt für ein griechisches Werk erklärt wurde; von heroischen Kaiserstatuen
sei besonders genannt die Neapler Bronze des Augustus mit dem Zeptermotiv (Mus.
Naz. Nap. S. 199 Nr. 802), der ganzen Auffassung nach an die Diadochenkunst anschließend (man vergleiche damit den auch heroisierten, aber schon ganz andern Claudius
desselben Museums Nr. 796). Der Kunsthistoriker, der für den Hellenismus die Material-
lücke wohl oder übel mit Rekonstruktion ausfüllen muß, wird mit einiger methodischer
Vorsicht Statuen wie diese heranziehen dürfen, ähnlich wie die Philologie Terenz und
Properz für neue Komödie und alexandrinische Dichtung benutzt. Ich glaube, daß hier
einmal eine durch Klassizismus und Archaismus nicht unterbrochene, sondern neben diesen
herlaufende Entwicklung vorliegt, die auch in Rom dominierte, solange die Gebildeten noch
vorwiegend hellenistisch empfanden, d. h. ehe in augusteischer Zeit der neue Geist einen
neuen Stil schuf. — Es ist nicht zufällig, wenn Six, Röm. Mitt. 1898 S. 77 f. unsere Statue
in die Zeit zwischen Pompeius und Agrippa und nach Rom setzen wollte: so hinfällig
seine Gründe sind, die sich auf einige sehr äußerliche ikonographische Kriterien stützen,
so liegt dieser Ansetzung doch wohl das richtige Gefühl zugrunde, daß in der Bronze ein
ähnlicher Kunstgeist herrscht, wie in einigen römischen Bildnisstatuen. Nur ist es kein
römischer Geist, sondern der des hellenistischen bewegten Porträtstils, ebenso wie die von
Six angezogene Mode, das Haupthaar in künstlicher Unordnung zu tragen, aus dem Osten
nach Rom kam.

seits widerrät eine frühe Ansetzung der Bronze ihr Gesamteindruck, der durch die Übertreibung und Veräußerlichung der von Lysipp immer noch höchst maßvoll gehandhabten Stilmittel .bestimmt wird und sich im einzelnen im Betonen anatomischer Finessen, daneben allerdings auch in einer etwas derben Behandlung des Nackten äußert. Es ist die Zeit eher nach als vor dem pergamenischen Altar, die Zeit, für die die *maniera grande*, das äußerliche massige Pathos wohl für alle Diadochenkunst, zumal in Asien, charakteristisch ist. Von einer feinen, das Geistige diskret herausarbeitenden Porträtkunst, wie sie im Lysippischen Stil noch möglich war, kann hier keine Rede mehr sein. Wir kommen also auf die erste Hälfte des II. Jahrh. als frühsten Zeitansatz, es besteht aber stilistisch kein Hindernis, eventuell auch weiter hinabzugehen, besonders da mit der Möglichkeit zu rechnen ist, daß der Künstler hier einfach auf ein Lysippisches Original mehr oder minder selbständig zurückgegriffen hat. Mit diesem Ansatz steht in Einklang das Ergebnis, zu dem die ikonographische Beschäftigung mit unserer Statue geführt hat; danach ist die Persönlichkeit des Dargestellten mit großer Wahrscheinlichkeit unter den Herrschern Syriens um die Mitte des II. vorchristl. Jahrh. zu suchen.[1]) Damit ist nicht nur für die Datierung, sondern auch für die Lokalisierung der Statue und ihres Stils ein Anhaltspunkt gewonnen. Wir wissen, daß Lysipps Schule in Syrien Wurzel gefaßt hat, abgesehen von der Statue des Seleukos, die die Überlieferung dem Meister selbst zuschreibt. Auf Syrien werden wir im weiteren bei der Behandlung stilistisch nahe verwandter Denkmäler gewiesen werden.

÷ * ‡
*

II. DIE HERAKLESBRONZE IM KONSERVATORENPALAST UND IHRE VARIANTEN

Michaelis (Handb.[9] S. 395) tut in einem kurzen Abschnitt über syrische Skulptur der Diadochenzeit der bronzenen Heraklesstatuette des britischen Museums (Anc. Marbles III Pl. 2; Clarac 785, 1966) Erwähnung; sie verdiene um ihres protzigen und trotzigen Auftretens willen Beachtung, weil sie hierin und im Standmotiv völlig mit der Herrscherstatue des Thermenmuseums übereinstimme. Die Statuette stammt aus einer Tempelruine des alten Byblos (Gebal) und stellt den Herakles dar vor einem ihn überragenden Baum, an dem die Schlange hängt.[2]) Die Ähnlichkeit mit der römischen Erzstatue ist tatsächlich

---

[1]) Die Beantwortung der ikonographischen Frage verweise ich in einen Exkurs II, aus der Erwägung heraus, daß stilanalytische und ikonographische Methode so verschiedener Natur sind, daß ihre Vermengung in den meisten Fällen die Klarheit der Ergebnisse beeinträchtigen muß, während beide Untersuchungsreihen, getrennt geführt, sich betätigen müssen.

[2]) Die Schlange, die um den Stamm des Apfelbaumes geringelt ist, wie es scheint mit leblos herabhängendem Kopf, erinnerte den ersten Beschreiber (Anc. Marbles a. a. O.) an die Erzählung des Hesperidenabenteuers bei Apoll. Argon. IV 1400 f., und tatsächlich gewinnen wir aus der Stelle einen sehr wahrscheinlichen *terminus post quem*: die schon in älterer Zeit vorhandene Fassung der Hesperidensage, wonach H. den Drachen selbst getötet und die Äpfel gepflückt habe, scheint in hellenistischer Zeit eben durch Apollonios all-

in Stand- und Rumpfmotiv recht groß, und auch die Proportionen und die
Muskelbildung bezeugen die stilistische Verwandtschaft. In der Linken hält Herakles die Äpfel, der Unterarm steht rechtwinklig zu dem ruhig herabhängenden
wuchtigen Oberarm. Der rechte Arm ist höher eingesetzt — man beachte die
ungleiche Höhe der stark entwickelten Schultern, von d:nen die linke (wie bei
der Bronze der Thermen die rechte) stark abfällt —; er ist nur wenig gebogen
und hielt in der ziemlich auffallend mit den Knöcheln nach vorn gerichteten
Faust sicher die Keule mit schief nach rechts unten gerichtetem Ende. Ein
Stück des Keulengriffs scheint noch vorhanden zu sein. Hals und Kopf sind
nach der Seite der höheren Schulter gedreht. Der Kopf ist bartlos bis auf einen
kurzen lockigen Backenbart, der Blick geht nach rechts oben. Die Proportionen
des Kopfes sind klein, seine Formen scheinen aber allerdings den Lysippischen
Typus nicht rein wiederzugeben. Dank der freundlichen Vermittlung von Frau
Strong in Rom sind wir in der Lage, an Stelle des alten Stichs zum erstenmal
die Statuette nach Photographie abzubilden (Taf. II 1). Die sehr scharfe Aufnahme bestätigt in allen Einzelheiten die von Michaelis vermutete Stilzugehörig-
keit und wird auch die folgende Untersuchung erleichtern.

Mit der phönikischen Statuette nämlich stimmt im gesamten Schema die
kolossale vergoldete Herkulesbronze überein, die unter Sixtus IV. in der
Nähe des Circus maximus gefunden und jetzt im Konservatorenpalast aufgestellt
ist (Taf. II 2).[1] Verschieden ist allein das Motiv des rechten Beines: dieses ist
bei der Kolossalstatue, kühn und schwungvoll die Richtung der Keule ver-
stärkend, halbrechts nach vorn gesetzt und steht mit der ganzen Fußsohle auf,
während das rechte Bein der Statuette nach dem Kupferstich ungefähr dem
linken der Seleukidenstatue zu entsprechen scheint.[2] Dieser alleinige Unterschied
— schwerwiegend genug, wenn ihm nicht die große Übereinstimmung in allem
übrigen entgegenstünde — darf der Erkenntnis nicht im Wege stehen, daß wir

gemein herrschend geworden zu sein. Die Münzbilder mit dem Hesperidenabenteuer zeigen
ausschließlich diese Version: s. Bräuer, Die Heraklestaten auf antiken Münzen, in Zeitschr.
f. Numism. 1910 XXVIII 84 ff.; unter ihnen begegnen Typen, auf denen die um den Hes-
peridenbaum geringelte Schlange augenscheinlich den Kopf schlaff herabhängen läßt (s. auch
Furtwängler bei Roscher M. L. I 2. 2204. 2228. 2244). Die Art der Stilisierung des Baumes
mit dem Drachen ist freilich aus viel älteren Darstellungen übernommen, die teilweise die
andere Fassung wiedergeben, in der Herakles sich die Äpfel bringen läßt (s. z. B. die Arche-
morosvase in Neapel bei Gerhard, Ges. ak. Abh. Taf. II und Roscher, M. L. Sp. 2599).

[1] Helbig, Führer[3] Nr. 1005, wo weitere Literatur; Röm. Mitt. VI 17 Fig. 3; Clarac
802 E, 1969 B. Sie ist m. W. noch nirgends nach einer Photographie publiziert, sosehr sie
es verdiente. Sie stammt mit Sicherheit aus einem der Herkulesheiligtümer bei der Ara
maxima, wahrscheinlich dem des H. invictus (s. Roscher, M. L. Sp. 2906). Unsere Abbildung
wird ebenfalls Frau Strong-Rom verdankt, unter deren Anleitung die Aufnahme für den
von ihr vorbereiteten Katalog des Konservatorenpalastes hergestellt ist (Photogr. Faraglia).

[2] Freilich zeigt die Abbildung, deutlicher noch der Stich (s. dessen Wiedergabe bei
Michaelis Fig. 671), unterhalb der Hüfte eine zackige Linie, die wohl nur eine Bruchlinie
bedeuten kann; die Beschreibung erwähnt indes von einer Ergänzung nichts, und da eine
solche sich an die Spuren auf der erhaltenen Basis hätte halten müssen, so ist kaum damit
zu rechnen, daß das Bein anders eingesetzt war.

es mit mehr oder minder freien Wiedergaben ein und desselben Originals zu tun haben. Auch fällt, wenn man von Einzelheiten in der bronzetechnischen Ausführung absieht und die aus der Verschiedenheit des Gegenstandes resultierenden notwendigen Abweichungen mit in Rechnung zieht, die Verwandtschaft des Stils zwischen der Herrscherbronze und dem Herakleskoloß jetzt erst recht in die Augen. Mit Lysipp ist letzterer schon mehrmals zusammengebracht worden[1]); richtiger ist es, auch bei ihm im gleichen Sinne von einer Weiterbildung der Lysippischen Kunstweise zu reden, wie sie sich uns aus der stilistischen Analyse der Seleukidenstatue ergeben hat: es ist die gleiche Richtung auf das Kontrastisch-Bewegte, zugleich Massige und Theatralische, die sich im Nackten durch eine hyperathletische Formensprache[2]), inhaltlich durch eine Art schwungvoller Leere kennzeichnet. Wie weit sich eine solche Kunst schon von der ursprünglichen Gehaltenheit Lysipps und seiner Zeitgenossen entfernt hat, zeigt für unsern Koloß der Vergleich mit dem Lansdowneschen Herakles, dem Jüngling von Antikythera und dem Apoxyomenos, an die er wenigstens im Beinmotiv anklingt.

Ich muß es der Kürze zuliebe den Abbildungen überlassen, diejenigen, denen die Nachprüfung vor den Originalen nicht möglich ist, von der Richtigkeit des Ausgeführten durch die Einzelheiten zu überzeugen. Alles, was uns als Stilbesonderheiten der Thermenbronze entgegentrat, gilt auch für die Heraklesrepliken, und eine Reihe von Einzelzügen jener kehrt bei diesen wieder — am augenfälligsten an Hals, Brust, Beinen und Füßen, vom Rücken abgesehen, den unsere Abbildungen nicht zeigen. Nur in einem Punkte glaube ich auch auf die Einzelform etwas näher eingehen zu müssen.

Merkwürdigerweise stellt Gräf in dem schönen Aufsatz über den Herakles des Skopas und Verwandtes (Röm. Mitt. 1889 IV 212 Anm.) die Bronzestatuette des britischen Museums zu den dem Herakles des Skopas nahestehenden Statuentypen, trotzdem schon Furtwängler richtig unsere beiden Heraklesbronzen derselben Gruppe bewegter Darstellungen des Gottes aus hellenistischer Zeit zugewiesen hatte, mit ausdrücklicher Betonung der Lysippischen Stilweise bei der einen.[3]) Der Irrtum erklärt sich wohl einmal daraus, daß bei dem Mangel einer guten Abbildung die Statuette überhaupt nicht die nötige Beachtung fand; dann aber mußte allerdings ihr Kopf — nach dem Eindruck des alten Stiches wenig-

---

[1]) Furtwängler bei Rosch. M. L. Sp. 2172e, der auch die Londoner Statuette zu den Typen mit 'bewegtem Standmotiv Lysippischer Art' rechnet. Er sagt über letztere: 'Die bewegte in den Hüften sich wiegende Stellung ist durchaus charakteristisch für Lysipp; auch der unbärtige Kopf mit etwas Wangenflaum ist bedeutend.' — Gräf in Röm. Mitt. 1889 IV 214 Anm. 2. Danach auch noch Helbig[3] a. a. O.

[2]) S. die Heemskerksche Skizze (Röm. Mitt. VI 17 Fig. 3), die die charakteristische rechte Profilansicht festhält. Sie ist mit unserer Abb. 5 zu vergleichen. Eine photographische Profil- oder Rückenaufnahme des Kolosses macht seine jetzige Aufstellung unmöglich.

[3]) Ihre nahe Verwandtschaft freilich auch Furtwängler, dem zur Unterstützung seines Gedächtnisses hier wohl nur Clarac (785, 1966; 802 E, 1969 B) zu Gebote stand, entgangen. Gräf hält die Londoner Statuette für eine Wiederholung einer Pariser Statue (Clarac 301, 1968), eine unhaltbare Ansicht.

stens —, Gräf, der von den bekannten Herakleshermen und verwandten Schöpfungen ausging, deutlich an diese erinnern. So viel hätte immerhin bei genauerer
Analyse klar sein müssen, daß im Statuarischen die Bronzestatuette mit keiner
einzigen der Statuen zusammengeht, deren Kopf einen Zusammenhang mit
jenem besonders in eklektisch arbeitenden Werkstätten überaus beliebten Skopasischen Typus aufweist; dabei ist es von vornherein wahrscheinlich, daß einige
unter diesen letzteren sich auch im Statuarischen mehr oder minder treu an
das berühmte Skopasische Original angeschlossen haben werden. Methodisch ist
es aber nach diesen Erwägungen vorsichtiger, wenn wir bei der starken Verkleinerung des Originalmaßstabs, um den es sich ja bei dem Herakles von
Byblos handelt, mehr Gewicht auf das allgemeine Statuenschema legen als auf
Einzelformen des Kopfes. Jenes gehört in die Richtung, die Lysipp und seine
Schüler für die Bronzegroßplastik der Diadochenzeit angegeben haben und die
in vielem über das hinausgeht, was wir von Skopas erwarten dürfen[1]); diese
scheinen sich einem Skopasischen Idealtypus zu nähern. Aber dasselbe gilt auch
für die Kolossalstatue im Konservatorenpalast: eine genauere Untersuchung des
Kopfes — auf die Verschiedenheiten in den beiden Heraklesköpfen werden wir
noch eingehen müssen — bestätigt, daß es sich auch bei ihr um eine Kreuzung
des Lysippischen und des Skopasischen Typus handelt, und damit muß auch das
letzte Bedenken schwinden, daß wir es nicht mit Repliken desselben Originals
zu tun haben. Ich hebe nur hervor das breite Gesicht mit der platten Stirn,
über der der Ansatz der kurz aufstrebenden Haare im Halbkreis verläuft.[2]) Der
Haarreif liegt in derselben schmiegsamen Weise um den Kopf wie der Pappel-
kranz bei jenen Herakleshermen. Besonders erinnert das vordere Profil, die Stirn-
und Nasenlinie an die Skopasischen Köpfe; Schädelformen und namentlich
Hinterkopf werden schwer verglichen werden können, da hier augenscheinlich
starke Verbeulungen vorliegen. Augen und Augenknochen haben zwar nicht
rein die charakteristische Skopasische Bildung, zeigen aber durch ihre Größe
und tiefe Lage, das Pathetische des Blicks, daß sie von dieser eher abstammen
als von Lysippischen Idealtypen. In den Einzelformen des Gesichts herrscht indes
eine realistischere, Lysipp verwandtere Auffassung und Durchbildung, anatomische
Unmöglichkeiten, wie sie bei Skopas dazu dienen, die Hauptakzente herauszuarbeiten, sind vermieden, Mund und Kinn haben überhaupt nichts von dem
Stil dieses Künstlers. So erinnert der Gesamteindruck wenigstens der Vordersicht des Kopfes kaum an Skopasisches, paßt vielmehr ganz organisch zu dem
bewegten, keck schwungvollen Stil der gesamten Statue.

Die Erklärung dafür, daß ein ziemlich selbständiger, gar nicht eklektischer
oder klassizistischer Vertreter nachlysippischer Barocktoreutik seinem Herakles
Skopasische Gesichtszüge gibt, ist nicht schwer zu geben. Der bewegte Stil des

---

[1]) Nach dem Meleager und den tegeatischen Resten zu schließen, haben Skopasische
Körper noch mehr von der vollen, weichen, romantischen Formenbehandlung Praxitelischer
Kunst als von der trockenen, statuarisch bewegten Manier Lysipps.

[2]) Unsere sonst vortreffliche Abbildung läßt den Kopf viel zierlicher erscheinen als er
ist; in Wirklichkeit ist er von dem Kopf der Statuette gar nicht so sehr verschieden.

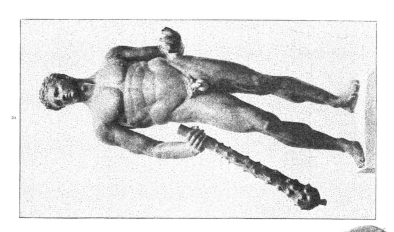

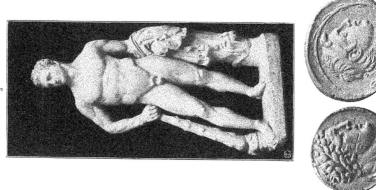

Hellenismus hat zwar von Lysipp seinen Ausgang genommen, doch ist es klar, daß die individuelle Sprache des Meisters nicht in allen Dingen eine Steigerung vertrug: übertreiben und übersteigern ließen sich Stand- und Bewegungsmotive, die Maße, die Virtuosität im Anatomischen, die überraschende Mannigfaltigkeit der Konturenführung: aber wie sollten damit die Beseelung und der Ausdruck des Gesichts Schritt halten? Die trockene, formenklare, diskret porträthafte Stilweise, die der Kopf des Apoxyomenos mit den leicht nervösen Zügen zeigt, ließ sich wohl noch in der Porträtkunst, auch der monumentalen, weiterentwickeln: wir haben gute Beispiele für die frühere Zeit im Demosthenes, dem Neapler Erzkopf des Seleukos Nikator u. a., eine letzte Entwicklungsmöglichkeit stellt der Kopf unseres Herrschers im Thermenmuseum dar. Anders steht es mit dem Götterbild. Der Geschmack der Zeit mit ihrer zunehmenden Orientalisierung des religiösen Kultus verlangte imposantere Götterbilder mit derberem und allgemeinerem Ausdruck, anspruchsvoll und summarisch zugleich. Ein berühmter Heraklestypus des Skopas — Gräf denkt an das sikyonische Kultbild — entsprach dem, er wurde von einem Vertreter der Lysippischen Manier für eine berühmte Kultstatue Syriens rezipiert, doch mit freierer Anpassung an den eigenen Stil, so daß die Wirkung nicht unorganisch ausfiel, wie bei so vielen eklektischen Götterstatuen späterer Zeit; die nahen historischen Beziehungen, die zwischen Skopasischer und Lysippischer Kunstweise bestehen, erleichterten die Anleihe.[1]

Es existiert nun noch eine dritte Variante desselben Herakles (Taf. II 3) in der Marmorstatuette der Sammlung Ludovisi (Schreiber Nr. 45; Rein. Rép. II 209, 1). Auch Gräf a. a. O. stellt sie schon mit der Kolossalstatue des Konservatorenpalastes zusammen unter die Lysippischen Typen, an der Identifikation konnte indes eine zunächst wesentlich erscheinende Verschiedenheit hindern. Während nämlich sonst Aufbau und Auffassung der Statuette ganz mit der Goldbronze übereinstimmen, hält ihr linker Arm nicht die Äpfel, sondern ist ziemlich ausgestreckt, die Hand, um die sich das Löwenfell wie ein Handschuh schmiegt, stützt sich auf einen Stamm, den das Fell fast ganz verdeckt. Dieses sehr nach Arrangierung schmeckende Motiv paßt aber recht schlecht zu dem Schwung und der Kontrastierung der Extremitäten, die der unfähige Kopist über alles Maß gesteigert hat[2], so daß Ramdohr einen trunkenen Herakles dargestellt glaubte,

---

[1] Furtwängler, Meisterw. S. 520. 597; Collignon, Gesch. d. griech. Skulptur übers. von Baumgarten II 474. Eine vergleichende Analyse des Skopasischen und Lysippischen Kopftypus, wonach die Unterschiede scharf hervortreten, gibt Graef, Strena Helbigiana S. 108 f. Danach kann kein Zweifel sein, daß unsere Heraklesköpfe (nicht nur der stark retouchierte der gleich zu erwähnenden Ludovisischen Statuette) doch im ganzen Lysipp näher stehen.

[2] Es ist nach dem Ausgeführten klar, daß diese Eigentümlichkeiten nicht, wie Schreiber meint, dem Kopisten allein zur Last fallen. Dieser hat zweifellos Treue angestrebt, soweit es die Verschiedenheit des Maßstabes, des Materiales und sein mäßiges Können ermöglichten: das zeigt sein Streben nach Bestimmtheit der Formen. Die 'schiefe Stellung' haben auch die beiden Bronzen, nur daß hier das Motiv des linken Armes, bes. das sicher weit herabhängende Löwenfell das nötige Gegengewicht zu der zentrifugalen rechten Körperhälfte abgab.

und legt es nahe, an eine freie Abänderung durch den Kopisten zu denken. Er sparte Material und Kopfzerbrechen, wenn er davon absah, den linken Unterarm in der Weise des Originals mit den Äpfeln und dem übergehängten Löwenfell[1]) in Marmor zu hauen, was ohnehin auf keinen Fall ohne Stütze und ohne Abweichung vom Original gegangen wäre, und wobei dessen leichte elastische Wirkung verloren gehen mußte. 'Der Kopf' — ich zitiere Schreiber — 'mit schwachem Backenbart und kurz gelocktem Haar, welches von einer schmalen Binde[2]) umwunden ist, ist nach der rechten Schulter gewendet, der Blick ... in die Ferne gerichtet', der Mund ist leicht geöffnet, alles Züge, die auch der Kopf des Kolosses aufweist und die sich noch vermehren ließen (z. B. 'Pankratiastenohren'). Mit beiden anderen Köpfen verglichen zeigt dieser am wenigsten von den Skopasischen Formen. Die Proportionen der Statuette sprach Welcker für 'Lysippisch' an; versteht man darunter, daß ein Originalwerk Lysipps zugrunde läge, so muß man sie allerdings mit Schreiber für 'mißraten' halten. Für uns ist die Statuette trotz der erörterten durch den Marmor bedingten Abweichung eine zwar schlechte, aber allen Anzeichen nach nicht ungenaue Replik eines Werkes, das seine stilistische Abkunft von Lysipps Kunst nicht verleugnet, an Originalwerken Lysipps gemessen aber als barocke Entartung gelten mag. Die Absicht des Steinmetzen war augenscheinlich, Zug für Zug des Originales wiederzugeben[3]), wenn man auch über das Maß, mit dem es ihm gelungen ist, die Proportionen und das Stellungsmotiv ohne Verschiebungen herauszubringen, sich streiten kann. Jedenfalls darf uns die Statuette dazu dienen, zur Bildung unserer Vorstellung von dem Original herangezogen zu werden: zunächst bestätigt sie für den römischen Koloß, was vermutet war, daß dessen Linke die Keule nicht 'wie eine Reitpeitsche schwenkte', wie es jetzt den Anschein hat, sondern daß ihr dickes Ende, an dem noch der Bleizapfen vorhanden ist, auf einem Felsstück aufgesetzt war. Die Keule der Marmorstatuette ist am dünnen Ende, da wo die Hand sie faßt, gebrochen und ganz gedankenlos geflickt; das mit der Hand zusammengearbeitete Stück zeigt, daß ihre urspüngliche Richtung nicht dem rechten Bein parallel lief, wie jetzt, sondern mehr schräg nach außen.

Wiewelt ist es nun bei den recht beträchtlichen Abweichungen der Varianten untereinander möglich, eine Vorstellung von dem ihnen zugrunde liegenden Original wiederzugewinnen? Zur Beurteilung des Verhältnisses der Varianten untereinander haben wir nur die Fingerzeige, die uns der Fundort der Statuette

---

[1]) Das Fell war beim Koloß wie bei der Loudoner Statuette für sich gegossen, Spuren seiner Befestigung am Arm sollen bei beiden vorhanden sein (bei ersterem fehlt die Vergoldung an den betreffenden Flächen des linken Unterarmes).

[2]) Vielmehr ist es wie bei der Erzstatue ein dünner runder Reif, der auch sonst bei Götterstatuen begegnet, ohne daß seine Bedeutung m. W. bekannt wäre. Der Herkuleskoloß in der Sala rotonda des Vatikan und der neuerdings auf Antiochos II. Theos gedeutete erzene Hermes in Neapel (s. oben S. 27 Anm. 3) tragen eine besondere Art desselben Reifes, von Heraklesbildern noch von Lansdowne House.

[3]) Gelungen ist es ihm am besten bei den Muskeln der Beine — hier sind genaue Entsprechungen aller Einzelheiten zwischen der Erzstatue und der Marmorstatuette. Vieles ist polykletisiert, so die Leistenlinie und das Schamglied.

und ihre Stilähnlichkeit mit dem Herrscher der Thermen gaben. Jener weist auf Syrien oder genauer Phönikien, diese gestattet außerdem einen ungefähren Zeitansatz für das Original, insofern wir es aus denselben Gründen, die für den Herrscher bestimmend waren, ungern später als in das II. vorchristl. Jahrh. setzen werden (vgl. auch S. 29 Anm. 2). In beiden Dingen gibt uns die bestätigende Entscheidung ein schöner tyrischer Münztypus (Taf. II 4) mit dem Kopfe des Melkart-Herakles. Der nach rechts blickende Kopf, der von 126/5 v. Chr. (d. h. nachdem Tyrus autonom geworden war) mit abnehmender Feinheit der Prägung bis 195/6 n. Chr. den Avers tyrischer Silbermünzen schmückt, wurde schon in den Ancient Marbles wegen seiner Ähnlichkeit mit dem Kopf der Erzstatuette zum Beweis herangezogen, daß es sich auch bei dieser um eine Darstellung des Melkart handle. Kaum geringer erscheint die Ähnlichkeit, wenn wir eine der frühen Typen dieser Münzserie (besonders Coins of Phoenicia Pl. XXIX 18 f.; Head, Hist. Num.² S. 800 Fig. 353) mit dem unverkürzten Profil des Kopfes der römischen Goldbronze vergleichen. Alles was oben über den Kopftypus des Herakles in seiner Vermischung Lysippischen Stils mit Skopasischen Formen gesagt wurde, gilt auch für das Münzbild.[1] In Profillinie, Auge, Mund, Anordnung der Haare, Backenbart, nirgends ein abweichender Zug; die feste, klare, etwas allgemeine und derbe Modellierung des Münzstempels stimmt überein mit dem, was wir über den Stil der Statue erkannten.[2] Zur Charakterisierung sind auf den meisten Münzen Keule und Löwenfell (angedeutet am Hals) angebracht; außerdem sind die Haare von einem Lorbeer- (oder Öl- ?) zweig bekränzt. Kranz wie Löwenfell dürfen kaum gegen die Identität des zugrundeliegenden Originals ins Feld geführt werden: denn wenn der Kopf der Münze wie die Köpfe sämtlicher drei statuarischer Repliken nur einen dünnen Reif getragen hätte[3], so wäre er nicht genügend als Herakles gekennzeichnet gewesen, zumal da alle früheren Heraklesdarstellungen auf Münzen den Heros bärtig oder mit über den Kopf gestülptem Löwenfell zeigten und dies letztere Motiv auf Münzen sonst auch beibehalten wurde, nachdem es in der Großplastik selten geworden war.

Ist so das Original unserer Heraklesdarstellungen identisch mit dem Vorbild der tyrischen Münzbilder, so werden wir es mit einer in Tyrus aufgestellten Kultstatue zu tun haben. Herodot (II 44) erwähnt in dem dortigen Haupttheiligtum nur die beiden Säulenfetische, noch kein Götterbild. Vielleicht

---

[1] Besonders charakteristisch ist die kurze viereckige Schädelform; auch das Profil ist noch der Skopasischen Herme ähnlich, die Nase dagegen, wie bei der Statue, leicht geschwungen und spitz.

[2] Nach Furtwängler 'gibt der Ausdruck in erster Linie den rohen Kraftmenschen wieder'. Er denkt dabei an den Koloß, über dessen Kopf wegen seiner verhältnismäßigen Kleinheit unsere Abbildung leicht täuscht.

[3] Dieser mag beim Original aus Gold gewesen sein und hatte meiner Ansicht nach irgendeine religiös-kultliche Bedeutung (vgl. auch Lydus, De mens. IV 67 S. 121 W.). — Schon die älteren bärtigen Typen des Melkartkopfes auf Münzen von Tyrus und Aradus tragen den Kranz, von ihnen überkam er wohl dem unbärtigen Typus. — Auf dem frühesten bei Head a. a. O. abgebildeten Typus des letzteren fehlt noch jede Andeutung des Löwenfells.

gab es in den tyrischen Tempeln des Melkart bis auf die Zeit nach Alexander, ja bis auf die Aufstellung unseres Herakles keine Kultstatue oder doch keine von hervorragender Bedeutung: dafür scheint auch die Tatsache zu sprechen, daß der neue unbärtige athletische Typus des Gottes gar nicht an die älteren bärtigen Darstellungen anknüpft.[1]) Wäre ein durch Kulttradition geheiligter Typus für das Aussehen des Gottes vorhanden gewesen, so hätte der Künstler sein Werk an ihn angeschlossen. Es wäre denkbar, daß erst die fortgeschrittene Hellenisierung des II. Jahrh. zur Einführung eines Kultbildes in einen bisher bilderlosen Kult kam. Dann wird dieses aber auch nicht in den alten Melkart-heiligtümern seine Aufstellung gefunden haben, sondern wohl in einem damals neuerrichteten, wie ich glaube, jenem Tempel des Κοινὸν Φοινίκης, der auf dem Revers tyrischer Münzen mit unserem Herakleskopf erscheint[2]) und in dem neben dem Hauptgott wahrscheinlich noch andere Götter, vielleicht eine Trini-tät ähnlich der karthagischen, mit Melkart-Herakles an der Spitze, verehrt wurde.[3]) War überhaupt das Κοινὸν Φοινίκης, wie der Name sagt, in helle-nistisch-römischer Zeit ein Nationalheiligtum für ganz Phönikien, so war in seinem Kult zweifellos ein gewisses Maß von syrisch-phönikischem Synkretis-mus zugelassen, der umgekehrt wiederum der Ausbreitung der höchsten Gott-heit, des Baal von Tyros, Melkart-Herakles, und der Berühmtheit seiner neuen Bildstatue zugute kam. Aus By blos, der Stadt des Adonis und der Aphrodite, stammt die Erzstatuette des britischen Museums; sie ist, wie schon erwähnt, unter den Überresten eines nicht mehr bestimmbaren Heiligtums gefunden, doch wohl einer dem Herakles befreundeten oder verbundenen Gottheit.

Damit der negative Beweis nicht fehle, daß unser Heraklestypus nicht ein beliebiger hellenistischer, sondern wirklich seinem Ursprung nach tyrisch-phö-nikisch ist: die einzigen außerhalb Phönikiens geschlagenen Münzen, auf denen er begegnet, sind wiederum solche, auf denen mit Sicherheit Melkart dargestellt ist, Prägungen der numidischen Könige Micipsa und Iugurtha. Von den beiden bei Müller, Numism. de l'ancienne Afrique III Fig. 16 u. 17 abgebildeten Münztypen, die den Kopf des Gottes im Profil nach links mit dem Lorbeer-zweig und der Keule, ohne Andeutung des Löwenfells geben, haben wir auf dem letzteren den Kopf des tyrischen Münztempels zu erblicken, während das

---

[1]) Über diese und das Wechselverhältnis, das zwischen phönikisch-rohen Götterbildern und archaisch-griechischen Bildungen des Herakles besteht und in dem der Anteil der letzteren vorwiegt, findet sich bekanntlich das Beste bei Furtwängler in Roschers M. L. I 2, Sp. 2143 f. Man hatte sich also schon früh gerade in dem phantasiearmen Phönikien an griechische Göttergestalten gewöhnt, während hier zu allen Zeiten Kult und Wesen der einheimischen Götter weniger wie irgendwo sonst hellenisiert wurde (vgl. jetzt Baudissin, Adonis und Esmun S. 235 f.).

[2]) Coins of Phoenicia Pl. XXXII 5. 6. 12. 14. 15 (vom II. Jahrh. ab). Das Κοινὸν Φοινίκης läßt sich nicht wohl mit einem der sonst bekannten (älteren) Heiligtümer der Stadt identifizieren (in die Berichte über diese sucht Klarheit zu bringen Hill in der Vor-rede zu Coins of Phoen. S. CXXIII f.); es ist ein Tempel in ganz griechischen Formen, verschieden von dem auch auf Münzen abgebildeten Astarteheiligtum der Stadt.

[3]) Astarte, Harpokrates, Dionysos, Hermes Toth lassen sich vom II. nachchristl. Jahrb. ab auf den Münzen sicher erkennen (vorher neben Melkart nur Tyche!).

auf Fig. 16 reproduzierte bärtige Münzbild, wie alle Einzelheiten verraten, aus jenem nur variiert ist.· Auch eine Münze des Iugurtha (Head, Hist. Num. S. 885[2] Fig. 395) geht auf den gleichen tyrischen Typus zurück; darüber läßt trotz der herrschenden Ansicht, man habe es mit dem Porträt des Königs selbst zu tun, die außerordentliche Ähnlichkeit der Stirn und Stirnhaare des Münzkopfes mit den entsprechenden Teilen der Kolossalbronze keinen Zweifel zu. Auch daran, es sei etwa der Numidierkönig als Melkart-Herakles abgebildet, mag ich angesichts des Mangels an individueller Bildung der Züge nicht glauben. Der bartlose tyrische Typus hatte sich also gegen Ende des II. Jahrh. v. Chr. auch im punischen Westen verbreitet und war teilweise an die Stelle des auch hier ursprünglich allgemeinen bärtigen Typus[1]) getreten; keine der hierher gehörigen Münzen gehört einer früheren Zeit an als die ist, auf die uns die stilistische Analyse der Statuen geführt hatte. In späterer Zeit, von Hadrian ab, erscheint dann unser Herakles auf Münzen von Philadelphia in der syrischen Dekapolis, teils nach dem tyrischen Münzbild (Mionnet, Descr. de Méd. ant. T. V 332), teils *en face* als Brustbild (De Saulcy, Numismat. de la Terre Sainte S. 389 ff.; Head, Hist. Num. S. 787[2]).

Wir kehren nach diesen Ausführungen zu der Frage nach dem Aussehen der Originalstatue, wie wir jetzt sagen dürfen, des tyrischen Heraklesbildes zurück. Daß die Statuette aus dem benachbarten Byblos dem Original an Treue der Wiedergabe näher steht als die beiden römischen Varianten, daß also namentlich das der Herrscherbronze so ähnliche Beinmotiv der Statuette das Ursprüngliche gibt, davon wird jetzt als dem Wahrscheinlichen auszugehen sein. Denn etwa in der Goldbronze das nach Rom überführte Original selbst sehen zu wollen, davon muß die Unfrischheit und Ungleichheit der Ausführung abhalten; man vergleiche z. B. die fleischigen Teile (Bauch, Weichen) hier und bei der Thermenbronze, einem zweifellosen Originalwerk. Eine andere Frage ist freilich, ob auch zeitlich die phönikische Statuette in die Nähe des Originals gerückt werden darf. Ich möchte das verneinen und sie in römische Zeit setzen, der wahrscheinlich auch das Heiligtum angehörte, aus dem sie stammt. So erklären sich am besten ihre Eigentümlichkeiten: die bei aller Treue (namentlich in der Modellierung des Rumpfes) erschreckende Roheit der Auffassung, zu der das äußerliche Pathos des Originals in dem brutalen Gesicht und den gedrückten Proportionen weitergesteigert ist. In dieser untersetzten Gestalt ist in der Tat kein Funke griechischen Geistes mehr: es ist der Geschmack des wiedererstarkenden Orients, der aus ihr spricht. Offen möchte ich die Frage lassen, ob der Baum mit der Schlange schon dem Original eigen war oder ob er Zutat des Verfertigers der Statuette ist. Doch scheint mir die Erwägung für das erstere zu sprechen, daß gerade im Gegenständlichen kleine Wiedergaben berühmter Heiligen- und Götterbilder treu zu sein pflegen und Zutaten dem Zwecke derselben widersprechen. Gerade in Tyrus, wo˙ leblose Gegenstände, Säulen, Bätyle

---

[1]) S. Catal. of Greek coins, Sicily Pl. X 16 (Kephaloedium); Head, Hist. Num. S. 886[2] und Müller a. a. O. III 53 (Hippo Regius); Heiss, Monnaies ant. de l'Espagne Pl. LI 1—4.

verehrt wurden und Objekte ältester Kunstübung waren und wo andrerseits in
Verbindung mit Melkart-Herakles ein heiliger Baum erscheint[1]), dürfte außerdem ein Götterbild mit Baum nichts Befremdliches gehabt haben. Schließlich
wäre noch zu erwähnen, daß ein vom II. nachchr. Jahrh. ab vorwiegend in asiatischen Städten vorkommender Münztypus den Herakles neben dem Baume mit
der Schlange darstellt[2]): die Vermutung drängt sich auf, daß der, wie angenommen wurde, diesen Münzen zugrunde liegende statuäre Typus — mindestens
teilweise — auf unsere tyrische Statue zurückgeht, um so mehr als sich auch
sonst nachweisen läßt, wie ich glaube, daß der semitische Herakles in der
Kaiserzeit zu einer nicht geringen, bisher nicht beachteten Bedeutung im religiösen Synkretismus des Ostens gelangt ist, die ihren Höhepunkt unter den
Severen und deren unmittelbaren Nachfolgern erreichte. Ich muß es mir hier
versagen, diese Behauptung zu begründen, hoffe dies aber nächstdem an anderem
Orte zu tun.

Was die beiden römischen Repliken betrifft, so müssen sie auf den nämlichen, wahrscheinlich römischen Archetypus zurückgehen, da sie in der Variie-
rung des Beinmotivs übereinstimmen. Denn daß etwa die Marmorstatuette, die
aus italischem Marmor gearbeitet ist, ein direkter Abkömmling der Goldbronze
wäre, ist zwar möglich, erscheint aber doch angesichts mancher Verschiedenheiten — von der willkürlichen Abänderung des linken Armes der Statuette
abgesehen — nicht wahrscheinlich. Was den Schöpfer dieses Archetypus freilich dazu veranlaßt hat, die Schrittstellung des Originals in den Stand umzu-
ändern, läßt sich schwer sagen: wahrscheinlich sein klassizistischer Kopisten-
geschmack, dem das schleppende ursprüngliche Motiv anstößig war. Übrigens
ist die Wirkung der Abänderung nicht gerade unorganisch oder unkünstlerisch
zu nennen: einmal besteht sie lediglich in der Streckung des Unterschenkels
und ändert an der Ponderation der Statue nichts, dann aber verträgt sie sich
auch aufs beste mit dem 'Lysippischen' Stil des Ganzen. Dem schärferen Beobachter kann es freilich nicht entgehen, daß bei der Goldbronze ein Mißverhältnis besteht zwischen dem spontan Bewegten in Kopf und Oberkörper und
andrerseits dem festen Stand der Beine; namentlich die kräftige Anspannung
des rechten Armes ist jetzt ganz sinnlos, die Richtung der Keule mindestens
auffallend, wenn sie, was die Änderung der Beine mit sich brachte, auf einem
Felsblock ruht. Das muß auch der Ergänzer in der Renaissance empfunden
haben, als er die Keule, wie es bei der tyrischen Statue gewesen sein muß,

---

[1]) S. die tyrischen Münzen der Kaiserzeit mit ihren mannigfachen religiösen Gegenständen. Zum Baum vgl. noch den Mythus bei Nonn. Dionys. XL 429 ff. Melkart-Herakles
im Kampfe mit einem Drachen zeigt ferner Coins of Phoen. Pl. XXXIII 12 und XXXIV 17:
die frühere Deutung des Drachentöters auf Kadmos, der übrigens nie ein phönikischer Gott
war (Ed. Meyer, Gesch. d. Altertums II 94, 95[1]), schließt das Vorkommen ganz ähnlicher
Darstellungen auf nichttyrischen Münzen, die nachweislich das Hesperidenabenteuer wiedergeben, aus (Bräuer in Zeitschr. f. Numism. 1910 S. 87 und Taf. IV 10 und 13).

[2]) Bräuer a. a. O. Taf. 16 u. 17; wenn Typus 5a, wie Bräuer vermutet, durch Verkürzung aus 5b entstanden wäre, so hätte man sich das plastische Vorbild mit Baum und
Schlange zu denken.

frei gehalteń sein ließ, obwohl er den Zapfen an ihrem dicken Ende nicht miß-
deuten konnte. Alle diese Beobachtungen zeigen, daß wir nicht fehlgingen,
das Motiv der Statuette von Byblos für das urspr͗gliche zu halten.

Die ludovisische Statuette kann uns für das Original nichts mehr lehren;
sie ist das Werk eines recht handwerksmäßigen Steinmetzen, der alle Einzelformen mittels klassizistischer Reminiszenzen verflachte, und der, wie wir sahen,
für die marmortechnischen Schwierigkeiten bei Wiedergabe des linken mit
Äpfeln und Löwenfell beschwerten Armes dadurch einen Ausweg fand, daß er
für diesen Arm eine Anleihe bei einem ruhig stehenden Heraklestypus, wohl
eklektischer Herkunft, machte.[1])

Nachträglich wird mir noch eine weitere Replik des Herakles bekannt, eine
halbmeterhohe Marmorstatuette aus Delos (Bull. de corresp. Hellén. 1895,
S. 477 Fig. 4; Reinach, Rép. II 215, 8). Auch hier hat das ·Material dazu ge-
geführt, daß der Steinmetz den linken Arm vermittels des Löwenfells in die
Stütze übergehen ließ, ohne daß die Stelle, wo die Hand unter dem Fell sich
befindet, klar würde. Man sieht, mit welcher gedankenlosen Routine diese Ver-
vielfältiger von beliebten Götterbildern zu Werk gingen. Der vom rechten Arm
erhaltene Stumpf genügt gerade, um zu zeigen, daß er nicht anders verlaufen sein
und die Keule gehalten haben kann, als es bei unserem Herakles sonst übereinstimmend der Fall ist.[2]) Leider ist der Kopf, wie es nach der Abbildung scheint,
stark abpoliert, so daß er nicht herangezogen werden kann. Bemerkenswert ist
noch der Fundort der Statuette: es ist bekannt, daß auf Delos sich das ganze
Altertum hindurch eine reiche tyrische Kolonie gehalten hat, und der Kult des
tyrischen Herakles mit seinem Kultverein ist inschriftlich bezeugt. Wegen des
Ausdrucks brutaler Kraft bei der delischen Statuette wird Bull. de Corresp.
Hell. a. a. O. an den Herakles von Äquum erinnert (Österr. Mitt. IX Taf. I und
S. 55). Ich habe dieses schönen Kopfes bisher keine Erwähnung getan, weil
ich, obschon von seiner Verwandtschaft mit den besprochenen Denkmälern überzeugt, doch außerstande bin, ₍seı̯n historisches Verhältnis zu diesen bestimmen
zu können.[3]) Schmaler, länger, edler geformt als die Köpfe dieser, zeigt er in
den meisten Zügen und in der Auffassung unverkennbare Ähnlichkeit mit ihnen.
Er ist noch Lysippischer wie sie, der Skopasische Einschlag fehlt. Der Ausführ-
rung nach· — ich kenne den Kopf von einem Abguß der römischen Mostra
archeologica 1911/2 — möchte ich auf ein Bronzeoriginal schließen, spätestens

---

[1]) Ein ganz ähnliches Motiv zeigt z. B. der Herakles im Museo Chiaramonti (Helbig [3]
Nr. 77; Amelung, Vatikankatal. I 506 Nr. 294 Taf. 52), der einen Lysippischen Kopf mit
einem Polykletischen Körper verbindet. Der in den Armmotiven höchst geistlose und doch
im ganzen nicht unimposante Mischtypus scheint dem Geschmack der früheren Kaiserzeit
entsprochen zu haben.

[2]) Die Beschreibung im Bull. de corresp. a. a. O.: ʻde la main droite s'appuyant sur
la massue' ist falsch.

[3]) Er ist schon von Gräf, Herakles des Skopas und Verwandtes S. 214, 2 unter den
Typen Lysippischen Stils aufgezählt, während Furtwängler (bei Roscher a. a. O) dazu zu neigen
scheint, ihn für vorhellenistisch zu halten. Das Richtige gibt jetzt Bulles Charakteristik
(Der schöne Mensch S. 486 Abb. 147 [2]).

aus dem III. Jahrh. Dann wäre dieses wohl als ein Zwischenglied zwischen
Lysipps eigenen Schöpfungen und unserem Herakles des II. Jahrh. zu betrachten,
das auf letzteren vielleicht nicht ohne direkten Einfluß gewesen ist.

*   *   *

III. DIE HELLENISTISCHE PLASTIK IN DEN SYRISCHEN LÄNDERN

Ich versuche das Ergebnis zusammenzufassen. Wir haben die nahe stilistische Zusammengehörigkeit zweier Erzwerke festgestellt, deren eines zweifellos
im Original erhalten, von denen das andere in Nachbildungen oder Varianten
von verschiedener Treue und sicherlich auch aus verschiedener Zeit auf uns gekommen ist. Was die zeitliche und örtliche Eingrenzung des Kunstkreises anlangt, dem diese Werke angehören, so ergab sich — für die Statue der Thermen
aus der stilistischen Analyse und aus der historisch-ikonographischen Deutung
des Dargestellten, für den Herakles aus dem Nachweis, daß er identisch mit
einer tyrischen, vom ausgehenden H. Jahrh. ab auch auf Münzen wiedergegebenen Kultstatue des dortigen Stadtgottes ist — das übereinstimmende Resultat, daß beide Werke dem II. vorchristl. Jahrh. und dem seleukidischen Syrien bezw. Phönikien zugewiesen werden dürfen.

Als gemeinsame Charakteristika für den Stil der gewonnenen Denkmälergruppe ergaben sich einerseits die noch unverkennbaren Lysippischen
Traditionen, die sich hier in gewissem Sinn reiner und von neuen Elementen
freier gehalten zu haben scheinen als anderswo. Auf der anderen Seite macht
sich auch hier der zeitgenössische Barock bemerkbar[1]), freilich in einer anderen
Richtung als in den benachbarten Kunstzentren. Mit den pergamenischen Skulpturen, deren stilistische Analyse wir jetzt Arnold v. Salis' feinsinnigem Buch[2])
verdanken, ist den besprochenen Werken gemeinsam die Steigerung der Bewegung, ferner die von Salis als Reaktion auf die frühere Weichheit verstandene
Schärfe der Einzelformen, die Gebrochenheit und Vielseitigkeit der Linienfüh-
rung im allgemeinen. Verschieden hier und dort ist vielfach die Art, wie diese
Mittel gebraucht werden. Die Behandlung der Einzelformen ist bei den syrischen Bronzen ganz die trockene, klare des Meisters von Sikyon; nichts von
malerischen Wirkungen im Sinne der pergamenischen Skulpturen. Grundverschieden sind auch die Körperproportionen, ist auch das dem Schaffen zugrunde
liegende Gefühl für das Gewächs des nackten Körpers. Während ferner die pergamenisch-rhodische Kunst in erster Linie in Marmor arbeitete, scheint man in
Syrien die hier uralte Erztechnik bevorzugt zu haben.[3]) Vor allem aber fehlt

---

[1]) Klein, Gesch. d. gr. Kunst III 43, übersieht den ganz verschiedenen Geist, der in
den Lysippischen Schöpfungen selbst und in unseren Kolossalbronzen lebt, wenn er bei der
Herrscherstatue für die zweite Generation nach Lysipp eintritt. Kleins Datierung basiert
auf einer — sicher nicht haltbaren — ikonographischen Deutung (auf Antiochos II. Theos).

[2]) Der Altar von Pergamon, Berlin 1912.

[3]) Michaelis, Handb. S. 65 f. u. 138; s. Ed. Meyer, Gesch. d. Altert. I 2. 356 [2] u. II 91.
98. 249; Sittl, Archäol. d. Kunst in Iw. v. Müllers Handb. d. klass. Altertumsw. S. 684.
Noch in römischer Zeit standen z. B. um die Tempel von Baalbek hauptsächlich Bronze-
statuen: Puchstein im Arch. Jahrb. 1901 XVI 153 u. 155. — Auch die Technik des Ver-

hier das Nervös-Erregte; an dessen Stelle tritt ein leeres Pathos ohne geistigen Gehalt, erzielt durch die gesteigerte Formensprache, der keine seelische Erregtheit entspricht, wie in Pergamon, und die darum für unser Empfinden fast brutal wirkt. Das Protzige dieser Kunst stimmt gut zu den pomphaften Titeln, in denen die syrischen Könige die anderen Dynastien überboten; ihre Gehaltlosigkeit, gepaart mit formaler Virtuosität, hat eine Analogie in der uns wohlbekannten syrisch-phönikischen Epigrammatik des II. und I. Jahrh.[1]) Träger der pergamenischen und rhodischen Kultur waren Griechen, der Boden griechischer Kulturboden; die innere Erregtheit der griechischen Welt in den ersten beiden Jahrhunderten nach Alexander fand in dem kurzen Aufflackern und Ausleben dieser Kunst ihren produktiven Ausdruck.[2]) Anders im semitischen Syrien, wo die Seleukidenherrschaft eine überreife Kunstblüte in ein künstlerisch rohes, ja von Natur unfruchtbares Volk — es ist hier nur von bildender Kunst die Rede — verpflanzte. Verfiel die pergamenisch-rhodische Kunst, nachdem sie ihre Blüte hinter sich hatte, ins Akademische und Klassizistische, so schützten die lange festgehaltenen Lysippischen Traditionen die syrische Plastik nicht vor der Verrohung, wie sie sich schon bei den besprochenen Erzwerken ankündigt. Das Gesteigerte in der Bewegung, das stereotyp Athletische der Formen, das dem Geschmack des Orients für starke Muskeln, zur Schau getragene Kraftentfaltung entgegenkam, konnte der Entwicklungsfähigkeit dieser Kunst nicht günstig sein.

Das Bild, das wir so gewinnen, findet seine Bestätigung, kaum in einigen Punkten Ergänzung, wenn wir jetzt die wenigen sonst bekannt gewordenen Denkmäler, die für Syriens Plastik noch in Betracht kommen, herbeiziehen; immerhin scheint es auf Grund dieser und der neu dazugewonnenen Werke möglich, den Entwicklungsgang der hellenistischen syrischen Kunst wenigstens in seinen Hauptzügen zu überblicken.

Sieht man ab von den älteren mehr zufälligen, weil in Import bestehenden Kunstbeziehungen einzelner Küstenstädte zur griechischen Welt, wie sie sich z. B. für Sidon in der Reihe der Sarkophage spiegeln, so beginnt die hellenistische Kunsttradition Syriens mit der Tätigkeit der Bryaxis, Lysipp, Aristodemos und Eutychides für die neue Königsstadt Antiocheia. An Aufträgen in den beiden Hauptgattungen der hellenistischen Großplastik, dem Herrscherporträt und namentlich der Kultstatue, mangelte es nicht; bezüglich der letzteren kam es, wo es sich vielfach wie im Ptolemäerreich um Neuschöpfungen (Eutychides' Stadtgöttin) oder — worin die phönikischen Städte schon seit dem V. Jahrh. vorangegangen waren — um Hellenisierung altheimischer Gottheiten handelte, mehr auf Erfindung bedeutungsvoller Attribute und Symbole als auf

---

goldens von Erzwerken scheint in Syrien besonders beliebt gewesen zu sein. Schon die altphönikischen Silberschalen zeigen Vergoldung; vergoldet war auch die Antiocheia des Eutychides (Malalas S. 276, 6) und der Apollon des Bryaxis zu Daphne, aus alter Zeit vielleicht die von Lukian, De dea Syria 33 erwähnte goldene 'Semiramis'.

[1]) v. Wilamowitz-Möllendorff, Kult. d. Gegenw. I 8 ¹ S. 143.
[2]) v. Salis a. a. O. S. 154 u. passim.

mythologische Interpretation an.[1]) Von den beiden Hauptwerken dieser ersten
Zeit, dem Apollonkoloß des Bryaxis zu Daphnai und der Tyche-Antiocheia
des Lysippschülers Eutychides, können wir uns bekanntlich von der letzteren
ein Bild machen.[2]) Als der gleichen Künstlergeneration angehörig darf wohl
das Original des schönen herkulanensischen Kopfes des Dynastiegründers Seleukos Nikator angesehen werden; er atmet noch ganz den vornehmen Porträtstil des ausgehenden IV. Jahrh. Von den weiteren Werken, die man auf
Grund äußerer (ikonographischer) Indizien für Bildnisse von Seleukiden erklärt
hat, scheinen mir einigermaßen sicher nur die auf Antiochos II. Theos (als
Hermes dargestellt!) gedeutete Bronzestatue in Neapel[3]) und der Kopf Antiochos' III. des Großen im Louvre (Arndt-Bruckmann Taf. 103/4). Der letztere
fällt besonders durch seinen ruhigen, unpathetischen Stil auf. Es handelt sich
eben um Erzeugnisse der Hofkunst, die bei der Büste konservativ den vornehmen Stil beibehält, während sie die bewegte pathetische oder idealisierende
Auffassung für Ganzstatuen vorgezogen zu haben scheint; beide Porträtarten
gehen seit Alexander bis in die erste Kaiserzeit nebeneinander her (s. oben
S. 28 mit Anm.). Die zweite Manier vertritt in eigenartiger Weise, wie wir
sahen, für die erste Hälfte oder Mitte des II. Jahrh. der Demetrios I. des
Thermenmuseums, dessen hochfahrendes und stolzes Wesen sie gut zum Ausdruck bringt.[4])

In die zweite Hälfte des II. Jahrh. kamen wir dann mit dem tyrischen
Herakles. Zwischen ihm und jenen ersten Götterbildern fehlen leider alle
Zwischenglieder, wir wollten denn ein solches in der Gruppe des einen Gegner
niederringenden Hermes Enagonios oder Palaistrites erblicken, die uns,
von einigen schlechteren Varianten abgesehen, in einem antiochenischen
Tafelaufsatz aus Bronze erhalten ist und für deren Ansatz in gute hellenistische
Zeit alle Anzeichen sprechen.[5]) Tatsächlich zeigt das Figürliche der kleinen

---

[1]) Nirgendwo spielte der Mythus eine so geringe Rolle wie in den syrischen und
phönikischen Kulten. Wo uns noch irgendwo eine alte Kultlegende erhalten zu sein scheint,
da ist es entweder offenkundige späte Erfindung (wie die Übertragung des Attismythus auf
Adonis), oder der Wust synkretistischer Spekulation hat sich so dick um den dürftigen echten
Kern angesetzt, daß die Wissenschaft daran verzweifeln muß, ihn herauszuschälen.

[2]) Literatur über die Tyche im Literaturnachweis zum Handb. von Springer-Michaelis
S. 31[9].

[3]) Die Deutung stammt von Hauser (Berl. Phil. Woch. 1903 S. 137 f.; s. oben S. 27, 3);
sie stützt sich auf die Ähnlichkeit mit den Münzporträts und auf das Attribut, die Flügel-
schuhe, während Flügel am Diadem auf den Münzen begegnen. Man könnte noch auf den
uns gleich beschäftigenden Hermestypus hinweisen und auf die göttliche Verehrung des
Königs bei Lebzeiten (Kaerst, Gesch. d. hellenist. Zeitalters II 1 S. 422).

[4]) Weitere vorgeschlagene Identifizierungen syrischer Könige, von denen ich keine
annehmen kann, findet man bei Wace, Journ. Hell. Stud. 1905 S. 95 ff. Die dort versuchte Deutung eines sehr interessanten Kopfes des Thermenmuseums (abgeb. Fig. 1) auf
Antiochos VI. Epiphanes ist, worauf mich Herr Dr. Nachod hinweist, schon darum gänzlich
unmöglich, weil dieser König schon als sechsjähriger Knabe starb, der Marmor aber einen
jungen Mann von etwa zwanzig Jahren wiedergibt.

[5]) Foerster, Skulpturen v. Antiocheia, Arch. Jahrb. 1898 XIII 177 ff. und Taf. XI und
Furtwängler, Bonn. Jahrb. 1901 CVII 45 f. stimmen darin überein. — Die Gruppe befindet

Statuette, die von guter Arbeit ist, unverkennbar die Hauptmerkmale des an dem Herakles und der Herrscherstatue beobachteten Stils: Lysippische Formen, wie schon der erste Veröffentlicher sah, namentlich des Kopfes, dabei die gleiche athletische Behandlung des ganz nackten Körpers — man beachte den starken Hals, die wuchtigen Schultern, das für einen Hermes auffallend Gedrungene des Rumpfes. Besonders gelobt wird die Modellierung von Rücken- und Brustmuskulatur, die von der Photographie nicht in ihrer Vortrefflichkeit wiedergegeben werde. Die Augen sind eingesetzt. Da man einwenden könnte, der Hermes dürfe nicht für Syrien geltend gemacht werden, weil er das Attribut des hellenistisch-ägyptischen Hermes-Thot, ein Lotosblatt oder eine Feder, zwischen den Flügeln über der Stirn trägt, scheint es am Platze, etwas näher auf ihn einzugehen.[1]

Keineswegs darf nämlich das fragliche Attribut, das zudem das Original nicht gehabt zu haben braucht, dazu verführen, die Gruppe selbst für ägyptisch zu halten. Denn der ägytische Gott, sicher eine der frühesten Mischschöpfungen der Ptolemäerzeit, hatte sich bald auf dem Wege über das infolge politischer Zugehörigkeit und überhaupt uralter Kulturbeziehungen stark von Ägypten beeinflußte phönikische Küstenland über ganz Syrien verbreitet. Seine Erzfigürchen, die ihn jugendlich nackt und schlank, ruhig stehend zeigen, in römischer Zeit über alle Provinzen verbreitet, finden sich in frühen Exemplaren gerade auf syrischem Boden.[2] Aber es ist nicht bloß dieser gewöhnliche Typus, der sich

---

sich jetzt mit den Resten des Aufsatzes (wohl nicht Kandelabers) in Konstantinopel: Mus. Imp. Ottom. Bronzes et bijoux 1898 Nr. 29 (hier Herkules und Antäus genannt). Unsere Abb. Taf. III 5 nach dem Jahrbuch.

[1] Die Frage, ob Feder oder Blatt, ist für uns unwesentlich: s. Foerster im Archäol. Jahrb. 1898 XIII 177 f.; ebd. 1901 XVI 49 u. 1904 XIX 137 f. und Furtwängler, Bonner Jahrb. 1898 CIII 8 f.; 1901 CVII 45 f.; 1902 CVIII/IX 242 f.; 1906 CXIV/XV 193 f. Dem hier gesammelten Material füge ich die in Caylus' Recueil d'antiquités etc. tom. V Pl. 67, 1 abgebildete Statuette bei. Von nichtplastischen Darstellungen scheint mir der Euangelus-Hermes der Vibiakatakombe einmal das Attribut zu tragen (s. Maaß, Orpheus Fig. I).

[2] Furtwängler spricht selbst gelegentlich von einem syrisch-ägyptischen Typus. Hermes-Thot auf syrischen Münzen der Kaizerzeit nach einem alexandrinischen Typus: Brit. Mus. Catal. S. CXL 286. 288. 295 u. Pl. XXXIV. — Es sei hier auch an die hervorragende Rolle erinnert, die Tauthos oder Taautos, 'den die Ägypter Thot, die Griechen Hermes nennen' (Eusch. Praep. Evang. I 9, 24 ed. Dind.), in der phönikischen Theologie des sogenannten Sanchuniathon (Philons von Byblos) spielt. Zunächst bezeugt sie zwar nur die Existenz einer phönikischen hermetischen Literatur (s. Reitzenstein, Poimandres S. 160 f.); aber diese läßt den Schluß auf eine vorhergehenden Kult des Thot-Hermes in Phönikien zu, an den sich erst die sich bildende religiöse Literatur und Spekulation angeschlossen haben wird. Immerhin waren Philon von Byblos ebenso wie Porphyrius, der dem Kirchenvater die angebliche 'Urväterweisheit' vermittelt, Phöniker; das verbürgt die Berücksichtigung der phönikisch-syrischen Religion der damaligen Zeit, soweit es die spekulativen Tendenzen auf eine Uroffenbarung eben zuließen. — Anhaltspunkte in der Frage, ob Thot-Hermes einem altheimischen Gott gleichgesetzt war, wie es in Syrien sonst in hellenistischer Zeit mit ägyptischen Göttern in der Tat geschah (z. B. mit dem verwandten Offenbarungsgott Chnum: Reitzenstein a. a. O. S. 133 Anm. 2), fehlen, soviel ich sehe, in der literarischen und monumentalen Überlieferung. Über die staatliche Rezeption des Isisdienstes im Seleukidenreich s. Art. Isis bei Roscher und Reitzenstein a. a. O. S. 44. Isissymbole begegnen auf Münzen von Byblos, der Stadt der phönikischen Aphrodite.

hier findet. Der auch im Seleukidenreich unter den ersten Göttern des Landes verehrte Hermes[1]) hat das Attribut des mächtigen Nachbargottes übernommen. So hat es nichts Befremdliches, daß ein syrischer Künstler von gutem Können seiner durchaus selbständigen Schöpfung, die den Gott, an griechische Anschauung anknüpfend, als athletischen Ringer, als Sieger im Wettkampf bildete, dieses Attribut gab, um auch auf die geistige Bedeutung des Gottes hinzuweisen. Entlehnt hat er nur das Attribut, in allem übrigen ist die antiochenische Gruppe unabhängig von dem gewöhnlichen ägyptischen Typus.[2]) Ich möchte sie nicht viel später als ihr Original setzen, das mit Foerster die meisten Gelehrten für zweifellos hellenistisch halten und mit dessen Ansetzung ich nicht über das II. Jahrh. heruntergehen möchte. Gegen Foersters Vermutung, das Original sei in Ägypten entstanden, entscheidet die Tatsache, daß unzweifelhafte Abkömmlinge desselben in weiteren Hermesdarstellungen syrischer oder benachbarter Herkunft wiederzuerkennen sind, die auch darum von Interesse sind, weil sie uns den raschen Verfall der syrischen Plastik nach dem II. Jahrh. spiegeln können. Der früheste dieser Hermesköpfe, die alle mit dem Thotattribut geschmückt sind, ist der von Loeschcke (Bonn. Jahrb. 1901 S. 48 f.) veröffentlichte Marmorkopf in Bonn. 'Was Foerster mit Recht', sagt Loeschcke, 'vom Original der Ringergruppe aus Antiochien ausgesprochen hat, das gilt nach Kopfform, Haarbehandlung und Stirnbildung auch von dem Original des Bonner Hermes: es ist unter dem lebendigen Einfluß der Lysippischen Schule entstanden.' Die

---

[1]) O. Müller, Kunstarchäol. Werke V 70; Pauly-Wissowa VIII 1 Sp. 751 f.

[2]) Über die ägyptisch-synkretistischen Hermes-Thotdarstellungen gedenke ich bald im Zusammenhang zu handeln. Erwähnt sei, daß neben dem genannten häufigen Statuettentypus auch in Ägypten Hermes-Thot mit den Attributen der Palaistra begegnet, aber diese Darstellungen haben nichts mit dem oben besprochenen und den noch zu besprechenden gemein. Die recht entfernten Varianten der Ringergruppe endlich, die aus Ägypten stammen (s. die Zusammenstellung bei Foerster, Arch. Jahrb. 1901 a. a. O. und Perdrizet, Syriaca III in Rev. Arch. 1903 I 392 f.), zeigen nur, daß auch dieses Motiv, das sich übrigens an keines der sonst üblichen Ringerschemata anlehnt, in Alexandrien, wie alle skurril-brutalen Athletenmotive, sich einer gewissen Beliebtheit erfreute. Die der antiochenen Gruppe am nächsten stehende Replik, die Petersburger Bronzestatuette (Cont. Rend. de la Comm. Imp. Archéol. 1867 Taf. I; Reinach, Rép. II 538, 1 u. 3), stammt aus Südrußland. Leider hat gerade der Kopf stark gelitten, so daß sich weder über seinen Stil noch etwaige Attribute — nach Foerster scheint das Vorhandensein des Hermes-Thotattributes nicht ausgeschlossen — etwas sagen läßt. Auf die Frage, weshalb Hermes in Syrien als gewaltiger Ringer und göttlicher Sieger dargestellt worden sei, kann ich nur anführen, daß auch die alten semitischen Götter gern als Kämpfer gedacht wurden und daß ferner von den Seleukiden bis in die Zeit der Serere palaistrische Agone — jedenfalls von heimischen Berufsathleten ausgefochten — in Blüte standen (z. B. Ἡράκλεια Κομμόδεια in Tyrus CIG. 4472; s. Coins of Phoen. S. CXLII). Stammt unser Hermestypus wirklich aus Syrien, so versteht man auch am ehesten, wie in einzelnen Fällen das Thotattribut auf den andern siegreichen Kämpfer, der dem Hermes hier allein so verwandt ist, auf Herakles übertragen werden konnte. Eine Heraklesstatuette des Louvre mit diesem Attribut könnte nach der Beschreibung (Arch. Jahrb. 1901 XVI 49) sogar den tyrischen Typus wiedergeben. Und es fehlt auch das Mittelglied dieser Übertragungskette nicht: der Louvre besitzt auch eine Variante der Ringergruppe, in der Herakles an Hermes' Stelle getreten ist (Reinach, Rép. de la stat. II 234), wie es scheint, ohne das Thotattribut.

Ähnlichkeit dieses Kopfes einerseits mit dem Herakles, andrerseits mit dem Kopf der Antiochener Gruppe ist nicht gering.[1]) Der Ausführung nach gehört er wohl noch in vorrömische Zeit. — Schon recht roh ist ein kleiner Bronzekopf aus Syrien (aus Sidon oder vom Libanon), den Furtwängler (Bonn. Jahrb. 1906 CXIV/V 193 u. Fig. 1) veröffentlicht hat, und dessen athletische Formen und kurze Löckchen gestatten, ihn dem syrischen Palaistritentypus zuzusprechen. Das beste Beispiel aber, wie das Athletische allmählich bis zum Brutalen vergröbert wurde, gibt die Doppelherme der Sammlung Sobernheim, die aus Kypern stammt (Foerster, Arch. Jahrb. 1904 XIX 137 f. Taf. VIII; besser abgebildet Bonn. Jahrb. 1906 CXIV/V Taf. VI). Die Nase des männlichen Kopfes, der wieder Hermes darstellt, ist falsch ergänzt und gibt dem Gesicht das Faunische; die Lippen sind überschmiert. Sieht man von diesen irreführenden Teilen ab, so findet man in den Hauptformen der Profilansicht (Haar, Backenbart, Stirn, den quellenden, ausdruckslosen Augen, dem derben Kinn und dicken Hals) eine ganz frappante Ähnlichkeit mit den späten Wiedergaben des tyrischen Herakles, den Münzköpfen und der Erzstatuette. Wie diese letztere gehört auch die Kalksteinherme der Kaiserzeit (etwa dem II. Jahrh. n. Chr.) an; wie dort werden wir auch hier annehmen dürfen, daß die römische Arbeit den ursprünglichen Typus in hohem Grade vergröbert und dem rohen Zeitgeschmack Zugeständnisse macht. Zieht man dies in Rechnung, so steht der Vermutung nichts im Wege, daß auch der Hermeskopf der Doppelherme letztlinig auf dasselbe Original zurückgeht, das die antiochenische Gruppe in einer guten, ungefähr zeitgenössischen Kopie wiedergibt: das Gesicht ist breiter, brutaler, ausdrucksloser geworden, aber die Hauptzüge sind die nämlichen, der halbkreisförmige Haaranwuchs über der zweigeteilten, unten vorgewölbten Stirn, die Lage der Augen, der kleine kaum geöffnete Mund, die etwas kurze runde Kopfform (vgl. die Vorderansichten nach Arch. Jahrb. 1898 S. 182 und Bonn. Jahrb. CXIV/V 1906 Taf. VIa).[2])

_____

[1]) Dürften wir in ihm eine Kopie desselben Werkes sehen, auf das auch die Gruppe zurückgeht, so wäre auch für das Original das Lotosblatt beziehungsweise die Feder anzunehmen. — Der Bonner Kopf stammt aus Privatbesitz und ist auf einer Reise in Ägypten und Palästina erworben.

[2]) Neben den rein ägyptischen und rein syrischen Hermes-Thottypen wird es auf syrischem Boden natürlich auch Vermischungen beider gegeben haben, namentlich in den handwerksmäßig hergestellten kleinen Weihfigürchen: die mir nur aus Furtwänglers Schilderung bekannte Bronzefigur d. akad. Kunstsammlung zu Bonn aus Syrien oder Alexandrien (Bonn. Jahrb. 1902 CVIII/IX 242 f.) 'mit derbem plumpem Gesicht und etwas pathetischer Stellung' scheint mir hierher zu gehören. — Eine lokale Weiterbildung durch späte orientalisch-ornamentale Stilisierung, in der vielleicht beide Typen nachklingen, sehe ich in dem Reliefbild des Gottes von einer Kassettendecke aus Askalon (Bonn. Jahrb. 1906 CXIV/V 193). Was Furtwängler für die geraden Hörner des Chnum hält, sind doch wohl nur die Flügel in steifer Stilisierung. Zudem wird, wie ich sehe (Pauly-Wissowa Art. Chnubis), der ursprüngliche Kataraktengott Chnum in hellenistisch-römischer Zeit entweder mit Widderhörnern dargestellt oder, namentlich in Mysterienkreisen, als Schlange mit Sperber- oder Löwenkopf. In letzterer Gestalt hat der Gott auch außerhalb Ägyptens, wohl durch die Hermetik, die größte Verbreitung gefunden (s. Reitzenstein, Poim. S. 126 f.; Drexler, Mythol.

Gleich roh wie der Hermes Enagonios-Thot der späten Doppelherme ist auch der mit ihm verbundene weibliche Kopf, aber auch er geht auf einen in Syrien beliebten statuären hellenistischen Typus zurück, den Tychetypus, der sein Urbild in der Antiocheia des Eutychides hat, neben die später die stehende vatikanische Tyche (Michaelis, Handb. Fig. 729[9]) trat, und der auf zahllosen Städtemünzen Phönikiens und Syriens vertreten ist. Für Tyche - Fortuna entscheidet sich auch Foerster bei unserem Hermenkopf, indes wird mit der Wahrscheinlichkeit gerechnet werden müssen, daß der Tychetypus in Syrien auch die Bildung anderer weiblicher Gottheiten beeinflußt hat.[1]) Das, anders wie beim männlichen Kopf, gut erhaltene Profil zeigt einen für den syrischen Stil, wie es scheint, sehr charakteristischen Zug, den wir z. B. bei den besprochenen Heraklesrepliken, den tyrischen Münzköpfen des Herakles und der Tyche, auch den späteren Seleukidenmünzbildern beobachten, und der einem einheimischen Schönheitsideal entsprochen haben mag: der leichte konvexe Winkel fast ohne Einsattelung, den Stirn- und Nasenlinie bilden. Der Zug tritt naturgemäß bei den künstlerisch undifferenzierten Arbeiten stärker hervor, und solche scheinen allerdings vom Ende des II. Jahrh. an vorgewogen zu haben.

Konnten wir nämlich mit dem Hermes, der Bildnisstatue und dem Herakles den syrisch-phönikischen Zweig der Lysippschule bis in diese Zeit hinabverfolgen[2]),

Beitr. I). So wird das Relief von Askalon eher einen an Hermes-Thot angeglichenen einheimischen Gott darstellen als Chnum-Agathodaimon, wenn auch dieser als großer Offenbarungsgott in den hermetischen Schriften und wohl im Kult in Verbindung, ja gelegentlich Gleichsetzung mit Hermes erscheint (Reitzenstein a. a. O.). Gerade für Phönikien bezeugt Philons Sanchuniathon die Verehrung des Kneph-Agathodaimon in Schlangengestalt: Euseb. Praep. ev. I 10 S. 41.

[1]) Mit der stehenden Tyche der Antiochener und manchen Münzen gemeinsam ist dem Hermenkopf das aufgewellte, die Ohren halbbedeckende Haar mit den auf die Schultern herabfallenden freien Locken. Das Fehlen der Krone und des Schleiers ließe sich aus der Hermenkomposition, die zu glattem Zusammenschluß der beiden Hinterköpfe nötigte, zurnot erklären. Man müßte dann annehmen, daß die Mauerkrone oder das als Krone geformte Diadem aus Bronze eingelassen war. Die Möglichkeit zu dieser Annahme scheint gegeben: 'am weiblichen Kopf ist das Haar hoch aufgenommen; ein tiefer Einschnitt dahinter war für ein — nicht zur Ausführung gelangtes — Band bestimmt' (Foerster a. a. O.). Ein gewöhnliches 'Band' wäre aber hier gar nicht zur Geltung gekommen, zudem würde man jedes charakterisierende Attribut vermissen.

[2]) Daß der uns beschäftigende Stil tatsächlich in der Diadochenzeit der herrschende war, bezeugen auch die in nicht geringer Zahl auf syrischem Boden zutage kommenden Bronzestatuetten, von denen gerade die künstlerisch bedeutenderen und früheren Stücke ihn aufweisen. Obschon in unserer Untersuchung sonst davon abgesehen wurde, Werke dieses kleinsten Maßstabes heranzuziehen, seien hier doch als Beispiele zwei Statuetten genannt, von denen man annehmen darf, daß ihnen großplastische Originale zugrunde liegen, da sie sich in Gesamtkonzeption und Ausführung über die Durchschnittsmanier erheben: de Ridder, Collection De Clercq, Tome III Pl. XII Nr. 72: sich spiegelnde Aphrodite (Kontrastierung der Gliedmaßen, Formenfülle mit sehr sicherem Konturenspiel, bühnenhaftes Pathos, Geschlossenheit der Komposition, lauter Eigenschaften, die man an der Masse der alexandrinischen und syrischen Aphroditestatuetten vermißt); aus der gleichen Sammlung fast ausschließlich syrischer Funde, in der sich auch eine gute Replik der Tyche des Eutychides befindet, Tome III Pl. 38 Nr. 235: Hermes, wieder mit Lotosblatt und

so fehlen von da ab für unsere Kenntnis alle Spuren einer irgendwie beträchtlichen Kunsttätigkeit auf plastischem Gebiet. Es scheint, daß schon vom II. Jahrh. die Verrohung des Stils, die sich in jenen technisch hochstehenden Werken ankündigt, allgemein Platz gegriffen habe; sie äußerte sich in Brutalität des Ausdrucks, in stereotyp athletischen Formen, deren Wirkung auf Orientalen berechnet ist und die von griechischer Geistigkeit nichts bewahrt haben, in übermäßiger Herausarbeitung der ausdrucksfähigsten Gesichts- und Körperteile nach altasiatischer Manier. In ununterbrochener Reihe spiegeln die Münzbildnisse der syrischen Könige seit etwa Alexander Balas diese Wandlung, so treffliche Porträts die früheren Seleukidenmünzen geben. Die Muskelwülste an den Extremitäten der Heraklesstatuette von Byblos (sicher nicht des Originals!) oder gar die des Heraklesreliefs vom Nemrud-Dagh[1]) können sich mit denen mancher assyrischen Könige messen. Was den Gesichtstypus anlangt, so haben wir bereits bei der Besprechung des Hermes Enagonios verschiedene Grade der Vergröberung verfolgt, und es wäre unnütz, wenn auch bei der bisherigen Unergiebigkeit des syrischen Bodens nicht schwer, die Beispiele zu vervollständigen.[2]) In Wirklichkeit war in diesen Ländern der altvorderasiatische Geschmack niemals von der griechischen und hellenistischen Gemeinkunst (eine *κοινή* in verschiedenen Färbungen ist schließlich auch sie) ganz verdrängt worden. Wie ausgesprochen stark, weil tief in Rasseninstinkten wurzelnd, namentlich dieses menschliche Schönheitsideal war mit der Vorliebe für die großen quellenden Augen, den kleinen, aber vollen Mund, die ornamentale Löckchenzier von Haar und Bart, mit seiner steifen Gebundenheit, aber auch Monumentalität der Auffassung, zeigt die Tatsache, daß es bei aller sonstigen Abhängigkeit der syrischphönikischen Kunst von den jeweils herrschenden Stilen im Grunde immer und überall dasselbe blieb. Es lebte in der kulturellen Unterschicht oder in örtlicher Entrücktheit weiter (z. B. auf Kypern, wo die Statuenreihen von Golgoi die Kontinuierlichkeit des Gesichtsstils veranschaulichen), ging aber selbst in der Diaspora der Kolonien nicht unter, wie die karthagischen Funde zeigen, bis es

---

Kopfflügeln, mit knapp um den Oberkörper geraffter Chlamys, in flugartigem Laufe, der an den Merkur des Giovanni da Bologna erinnert. — Daß trotz der gewiß gesteigerten Produktion der ersten Seleukidenzeit nur so wenige großplastische Beispiele unseres Barockstils erhalten sind, wird in erster Linie darin seinen Grund haben, daß unter der Herrschaft des Klassizismus diese Werke erbarmungslos dem Untergang preisgegeben waren, während die früheren Jahrhunderte auch in der Provinz in immer neuen Kopien ihre Auferstehung feierten. Vielleicht ist die aus Tarsos stammende Statue eines Redners (?) in Konstantinopel, die ich nur aus der Beschreibung Joubin, Bronzes et bijoux Nr. 3 kenne, noch hellenistisch und unserem Kunstkreis zuzuzählen; wesentliche Züge — sie ist nackt, überlebensgroß, von lebhafter, deklamatorischer Geberde, mit stark zurückgesetztem rechten Bein, graviertem Bart, 'd'un style réaliste et précis' — scheinen dafür zu sprechen.

[1]) Humann und Puchstein, Reis. in Kleinasien und Nordsyrien S. 327 und 368 Abb. 52.

[2]) Teilweise aus römischer Zeit sind die von Renan, Miss. de Phénicie veröffentlichten Stücke des geschilderten Stils, namentlich Pl. IV u. VI (auch die Sphinx Pl. LIV; von stärker epichorischem Charakter Pl. XXXVIII, XXXIV u. LIX; ägyptisierend Pl. XXXII). — Ein Hermeskopf en face im Relief mit kurzen Löckchen und rohen Formen auf einem römischen Sarkophag aus der Nähe von Antiochien: Bull. Corresp. Hell. 1902 XXVI 162f., Abb. 1.

in der letzten Kaiserzeit mit Kunst und Religion des Orients wieder siegreich
vordrang und sich im nachkonstantinischen Porträtstil an die Stelle der auf
einer grundverschiedenen Auffassung beruhenden griechisch-römischen Bildnis-
kunst setzte. Es ist die im Archaisch-Ornamentalen stehengebliebene Kunst der
syrischen Länder, deren letzte monumentale Möglichkeiten die spätrömische und
frühe byzantinische Porträtplastik entwickelte. Unter diesem Gesichtspunkt bekommt die Geschichte dieser an sich wenig reizvollen Kunst während der
hellenistischen und römischen Jahrhunderte ein weiteres, allgemeineres Interesse.[1]

Auch die kolossalen, Fels und Berg benutzenden Skulpturen der vorgriechischen semitisch-hetitischen Kunst leben jetzt, in griechischer Formensprache,
wieder auf. Schon aus des Antiochos Epiphanes Zeit stammen nach einer glaub-
würdigen Notiz, wie es scheint, die riesenhaften Felsenreliefs vom Charonion
in Antiocheia, die über 4 m hohe Büste einer Frau mit einem Kopfschleier,
daneben eine etwas kleinere Gestalt in voller Figur, diese fast völlig verwittert.[2]
Völlig künstlerisch unbekümmert sind hier in der Weise jener altorientalischen
Denkmäler die beiden Relieffiguren in ganz verschiedenem Maßstab nebeneinander
aus dem Felsen gehauen, ohne auch nur den Versuch, die inhaltliche Beziehung,

---

[1] Golgoi: Cesnola, Cypern (deutsche Bearbeitung) Taf. 20 f. (s. auch de Ridder, Coll.
De Clercq T. V). Man vergleiche mit archaischen Weihstatuen (z. B. Cesnola T. 21; Michaelis,
Handbuch S. 82⁹, Fig. 194) solche des IV. Jahrh. oder späterer Zeit (wie Cesnola T. 25;
Gaz. Arch. 1878 Pl. 36; Froehner, Mus. de France Pl. 29). — Die folgenden Beispiele sind
mehr zufällig zusammengestellt; im Louvre, dem Musée Napoléon III und dem Ottomani-
schen Museum in Konstantinopel mögen sich leicht instruktivere finden. Karthago: punische
Maske Cagnat, Carth. Timgad, Tébessa usw. S. 4. — Phönikische Gemme des Lykomedes
(Kopf einer mit Isis identifizierten Königin, doch nicht, wie Furtwängler meint, Berenike):
Arch. Jahrb. 1889 IV 80 Taf. 32; Furtw., Gemmen I Taf. 32, 31; der Stein mag aus dem
III. oder II. Jahrh. stammen und steht auf sehr hoher künstlerischer Stufe. Das letzte gilt
auch in einem für die Spätzeit erstaunlichen Grade noch für die Gemme des Sassaniden
Schapur I, mit ihrer bewußten Vermischung griechischen und asiatischen Stils: Furtw. I
Taf. 50, 50 u. 61, 57; II S. 245; III S. 459. — Als Beispiel für den letzten römischen Porträtstil
diene der bekannte Kolossalkopf des Konstantin im Konservatorenpalast. Aus Athribis im
Delta stammt die merkwürdige Porphyrbüste eines Kaisers etwa diokletianischer Zeit in
Kairo: Cat. gén. du Mus. du Caire; kopt. Kunst von Strzygowski S. 6 f. Taf. 2; Borchardt,
Kunstw. aus d. Äg. Mus. z. Kairo S. 9 Taf. 18); sie scheint mir ebenso sicher mit dem
syrisch-phönikischen Gesichtsstil zusammenzuhängen, wie ihre Zugehörigkeit zur koptischen
Kunst fraglich ist. (Auch in der Gewandbehandlung äußert sich die Tendenz zu ornamen-
taler Stilisierung, teils in recht preziöser Weise, teils durch Vereinfachung des Formen-
reichtums bei harter Technik, manchmal nicht ohne die Wirkung einer gewissen monumentalen Geschlossenheit. Ein Meisterwerk in seiner Art ist die streng frontal und symmetrisch liegende karthagische Priesterin von einem Sarkophagdeckel: Michaelis, Handb.
Abb. 953⁹ nach Monum. Piot; in Farben b. Moore, Carthage of the Phoenicians, Titelbild.
Vgl. auch die oben erwähnte Priesterstatue Gaz. Arch. a. a. O.; aus römischer Zeit eine
thronende Göttin aus Baalbeck [im Ottom. Mus.] ohne Kopf, die durch ihre eigenartig
minutiöse und zugleich harte Gewandstilisierung und eine gewisse Brutalität der Körperformen [Büste] charakteristisch von ihrem Vorbild, einem verbreiteten griechischen Mutter-
gottheittypus, absticht.)

[2] Abbild. im Bull. Corresp. Hell. 1897 XXI Pl. II; etwas weniger gut Arch. Jahrb.
1898 XIII. 108; s. Malalas S. 205, 8.

1 u 2. Bronzestatuette der Sammlung Nelidow. 3. Bronzestatue e im

die man zwischen ihnen doch annehmen muß (Göttin und Orant?), zum Ausdruck zu bringen. Schon dieses wegen seiner schlechten Erhaltung, die auch ein Urteil über den Stil unmöglich macht, wenig beachtete Denkmal weist in der Richtung der Nemrud-Dagh-Skulpturen, die man ohne es und Verwandtes[1] vielleicht allzu geneigt ist lediglich als Erzeugnisse eines isolierten Kulturkreises an der Peripherie des Hellenismus zu betrachten. Gewiß wäre es unrichtig, die Nemrud-Dagh-Skulpturen auf irgendeinem anderen als künstlerischen Gebiet für Syrien ins Feld zu führen — sie gehören, namentlich nach ihrer religiösen Bedeutung, in einen anderen Kulturkreis —; aber die einheimischen Steinmetzen, die dort gearbeitet haben, konnten die hellenistischen Formen und Typen, deren sie sich bedient haben, nur vom Seleukidenreich her empfangen haben.[2] Auf der anderen Seite dürfte man freilich diese rohen Denkmäler nicht im Zusammenhang mit den Kolossen der ersten Diadochenzeit nennen, jenen künstlerisch vielleicht monströsen Schöpfungen, die aber ein Ausdruck des leidenschaftlichen Lebensgefühls sind, das in der ersten Periode nach Alexander die griechische Welt durchpulste und sich in der ihrer Höhe bewußten griechischen Kunst in Werken von gesteigerter Repräsentation auslebte. Nichts von diesem Geist, der noch einmal, neu angefacht, in Pergamon Großes schuf, in Syrien: dessen nüchterner Boden war von sich aus außerstande, das auch ihm aufgepflanzte Reis griechischer Kunst, wenn auch nur zu einer exotischen Treibhausblüte wie das phantasiereichere Ägypten, zu entfalten. So hat sich hier weit früher als in irgendeiner Hauptprovinz des Hellenismus der handwerklich rohe Betrieb, von lokalen, recht sterilen Schönheitsbegriffen und vielleicht altorientalischen Handwerkstraditionen beeinflußt, eingestellt. Was zumal die Göttertypen anlangt, so unterliegen sie in besonderem Grade der Tendenz, vergröbert zu werden.[3] In der Tat mußte die gefühls- und phantasiereiche Menschlichkeit der hellenischen Götter der orientalischen und namentlich semitischen Religiosität fast anstößig sein, die in ihren Götterbildern die übermenschliche Schrecklichkeit in ihrer nüchternen Brutalität ausgedrückt sehen wollte und die ja jetzt wieder im Vordringen begriffen war. Charakteristisch aber für viele dieser Arbeiten mit einheimischer Note ist bis in späte Zeit das Fortwuchern der auf die syrische Lysippschule zurückgehenden Manier. Von dieser frei sind, von

[1] Die von Macrobius, Sat. 1, 21, 5 erwähnte trauernde 'Aphrodite' auf dem Libanon mögen wir uns ähnlich vorstellen, wenn es nicht eine sitzende Ganzfigur im Relief war, wie sie Renan, Miss. en Phén. Pl. XXXIV u. XXXVIII zeigen, Skulpturen von einem fast zeitlosen Stil (s. Renan, Text S. 284 ff.). — Einen Kopfschleier ähnlich dem des Felsenhauptes von Antiocheia hat der Kopf Renan a. a. O. Pl. IV 3.

[2] Über den Stil der Nemrud-Dagh-Skulpturen: Puchstein a. a. O. S. 345 ff. — Wie sich auch im entlegenen Kommagene bis weit in die Kaiserzeit in den Städten (Samosata) Bildhauerfamilien — sei es ursprünglich zugewanderter Griechen, sei es völlig hellenisierter Eingeborenen — hielten, die schlecht und recht ihre handwerksmäßigen Gotterstatuetten (θεούς τε γλύφων καὶ ἀγαλμάτιά τινα μικρὰ κατασκευάζων) herstellten, liest sich hübsch im Anfang von Lukians 'Traum'.

[3] Über die Entwicklungsunfähigkeit der durch Göttermischung entstandenen neuen hellenistischen Typen im allgemeinen s. Winter bei Gercke-Norden, Einl. in die Altertumsw. II 138².

wenigen im Wesen der Darstellung begründeten Ausnahmen abgesehen[1]), nur klassizistische Skulpturen, die schon früh auch in Syrien neben jener Richtung in Mode gekommen zu sein scheinen und die wohl namentlich in der wieder stärker nivellierenden Römerzeit die höheren Kunstansprüche der noch immer großen und reichen Städte befriedigten.[2]) Wir mögen uns denken, daß der Bedarf an derartigen Erzeugnissen eines immerhin noch verfeinerteren Geschmackes vielfach von unter den Seleukiden angesiedelten Bildhauerfamilien griechischer Herkunft, wie wir sie aus einigen Inschriften kennen lernen, gedeckt und auf einer gewissen handwerklich-technischen Höhe gehalten wurde. Aber auf ein irgendwie selbständiges Kunstleben, das mit der bis in die letzten Zeiten des Altertums fortwährenden sonstigen Regsamkeit des Landes und seinen beträchtlichen architektonischen Leistungen Schritt gehalten hätte, deuten auch diese Werke nicht.

So spiegelt unsere Untersuchung in besonderer Weise das, was wir sonst von syrischer Kultur wissen. Das III. und noch II. Jahrh. sind Zeiten fortschreitender Hellenisierung, erst um die Wende des II. und I. Jahrh., nachdem die den Stempel des Hellenismus tragende kulturelle Nivellierung an Umfang und Intensität ihren Höhepunkt erreicht hat, macht sich allmählich immer stärker die orientalische Reaktion geltend, zunächst sicher unbewußt und nur insofern, als unter den hellenisierten Barbaren jetzt selbst Kulturträger heran-

---

[1]) Vor allem sind dies naturgemäß Porträts, vielfach vom gewöhnlichen römischen Porträtstil in nichts abweichend, in einzelnen Gegenden aber auch, wie z. B. in Palmyra, eine weitvorgeschrittene Orientalisierung (in Tracht und Stilisierung des Gesichts) bei realistisch nüchterner Auffassung zeigend: Arch. Anz. des Jahrb. 1891 VI 164 mit Abb.; Arndt-Bruckmann Taf. 59 und 60; ein kapadokischer Kopf ebenda Taf. 50. Auszuscheiden sind auch die ägyptisierenden Denkmäler der Küstenstädte, die ja seit ältester Zeit dem Einfluß Ägyptens offenstehn. Doch scheinen sie in hellenistisch-römischer Zeit weniger häufig zu sein, als man nach den politischen Verhältnissen erwarten sollte. Abgebildet ist einiges bei Renan a. a. O. Vgl. auch Sittl, Arch. d. Kunst S. 684.

[2]) Die Münzen zeigen mehrfach Wiedergaben von Statuentypen klassischer Zeit (Beispiele bei Sittl a. a. O.; Michaelis, Handb. S. 353[6]), doch werden nicht allen derartigen Münzdarstellungen Statuen entsprochen haben, die ein älteres berühmtes Werk kopierten oder variierten. Zu den frühesten Werken, in denen der klassizistische Geschmack aussprach, gehört jedenfalls die schon erwähnte stehende Tyche der Antiocheer, die es eben ihrem ruhigen Stil verdankt, daß sie in römischer Zeit an Beliebtheit das geniale Werk des Eutychides ausstach. Eine gewisse Ähnlichkeit in der Kompositionstechnik zeigen zwei eklektische Marmorstatuen oder besser -gruppen, von denen die eine in Berytos gefunden ist, die andere, angeblich aus Alexandrien stammend, ebenfalls nach Syrien weist. Die erstere von Dümmler, Ath. Mitt. 1885 X 27 f. Taf. I beschriebene (kaum noch aus dem III. Jahrh., doch wohl hellenistisch!) stellt zu Phidiasischen Parthenostypus, dem ein hellenistischer Eros beigegeben ist, die phönikische Aphrodite Urania dar. Wie dieser der Eros, so ist der anderen Statue, einer nackten Aphrodite von sehr schönen Formen, deren Prototyp wohl noch ins IV. Jahrh. gehört, ein Triton gesellt, dessen Abkunft von dem Orontes der Tychegruppe keinem Zweifel unterliegt (Arch. Anz. 1894 S. 29); den für die Ähnlichkeit mit dem Orontes geltend gemachten Argumenten möchte ich noch die große Verwandtschaft des Tritonkopfes mit dem des Alexandertorso von Priene (s. oben) und der Azaraherme des Louvre fügen, die beweist, wie genau die Nachahmung sich an das Vorbild hält. Denn an ein besonderes Werk des Eutychides wird niemand denken wollen.

gereift sind, die den Hellenismus umsomehr färben, als sie dem Geburtshellenentum an biologischer Zähigkeit überlegen sind und als andrerseits die Grenzen ihrer natürlichen Begabung zugleich die ihrer Rezeptivität dem Fremden gegenüber sind. Denn dieser — in den syrischen Ländern überwiegend semitische — Orient ist seiner Natur nach ohne frei schöpferische Phantasie und hat es ja weder vor noch nach hellenistischer Zeit zu selbständigen Leistungen in den freibildenden Künsten gebracht. Diese eigene Unproduktivität, früher die Ursache des künstlerischen Synkretismus, erklärt jetzt einerseits das lange Festhalten an der Lysippischen Tradition, die trotz aller barocken Steigerung selbst in so vortrefflichen Arbeiten, wie es die Herrscherbronze ist und die Originale des Herakles und Hermes zweifellos waren, nicht eigentlich weiterentwickelt erscheint. Sie erklärt es andrerseits, wenn früher als in irgendeinem hellenistischen Land die Formen nicht mehr den Abglanz griechischer Geistigkeit, wie ihn doch noch die meisten späten Kopien spiegeln, tragen und anstatt dessen ein fremder, starrer Geist entgegentritt. Dieser fremde Geist ist es, der, sosehr auch der virtuose Formenvortrag die Sinne auf sich lenkt, vom Betrachter der Werke, von denen wir ausgegangen sind, empfunden wird, der einen abstößt und wieder reizt, der eine Erklärung heischt, die nicht, wie für jedes ganz große Kunstwerk, genießende Versenkung, sondern nur geschichtliches Verstehen geben kann.

EXKURS I

Der Rücken des Apoxyomenos

Was den S. 22 f. erwähnten, stark nach der Tiefe ausgebauten Rücken griechischer Skulpturen, insbesondere des Apoxyomenos, anbelangt, so hilft man sich hier meist mit der Erklärung, daß diese Eigentümlichkeit eben nicht gesehen werden solle und von vorn den Linienkontur nicht beeinträchtige; der Bildhauer erleichtere sich durch den 'Buckel' anatomisch die Möglichkeit, den Kopf weit nach vorn zu rücken. Das letztere ist zweifellos ein richtig beobachteter Trick und gilt auch für den Apoxyomenos und unsere Heraklesbronze, erklärt aber unmöglich die Tatsache, daß die griechischen Künstler eine von uns als häßlich empfundene Linie immer und immer wieder gezeigt haben. Hierfür gibt es nur eine methodische Erklärung: aus dem Kunstwollen der Bildhauer: sie müssen diese Rücken für schön gehalten haben: Die obige Erklärung könnte man noch allenfalls für die Zeit vor Lysipp gelten lassen, wo die Statuen im allgemeinen auf eine Hauptansicht gearbeitet waren. Eingefallenes Kreuz und runde Schulterblätter haben schon viele Statuen reifarchaischer Zeit; die runde Modellierung des Rückens fällt indes zuerst auf bei Polykletischen Gestalten (Amazone im Vatikan!), also Werken der Toreutik, während die attische Kunst zwar fein gegliederte Rücken, aber keinen 'Buckel' bildet, obwohl der Leib meist längere Verhältnisse hat wie dort. Ein Bronzewerk, wie das Original des Thermenapollon, das zwischen attischer und peloponnesischer Kunstweise etwa die Mitte zu halten scheint, zeigt eine im Vergleich zu der ruhigen Vorderfläche sehr lebendige Rückenmodellierung, aber

doch keinen 'Buckel' (überdies sind hier Kopf und Hals wirklich vornüber-
geneigt). Überhaupt ist also schon für die ältere griechische Plastik das Bestreben deutlich, dem Rücken eine der Vorderseite entsprechende Gliederung
und Belebung zu geben. Man scheute sich offenbar schon früh, den Rücken
kahler und weniger durchgebildet zu lassen als die übrigen Körperflächen.
Immerhin mag man hierzu noch sich bewußt halten, daß das Spiel nackter
Schultern und Rücken, wie es in der Palaistra zu sehen war, nichts zu tun
hat mit dem Ideal unserer Grenadiererziehung.

In der Lysippischen und nachlysippischen Kunst nun ist eine noch
weiter gesteigerte Rückenbehandlung zum charakteristischen Stilmittel ausgebildet. Der Rücken des Apoxyomenos frappiert von allen
Seiten, nicht nur weil er zu dem senkrechten Hals befremdet, sondern auch
wegen seiner im Verhältnis zur Vorderseite so erheblichen Länge. Anatomisch
ermöglicht ist das nur dadurch, daß die breite und tiefe Brust[1]) durch das
Vornehmen der Achseln hineingedrängt wird, so daß die Tiefendimension des
Rückens davon profitiert. (Dasselbe Motiv zeigen bei ganz verschiedenem Ge-
samtschema auch der Ares Ludovisi und der sandalenbindende Hermes,
bei denen der Rücken ebenfalls ungewöhnlich gelängt erscheint: ich halte diese
Vereinigung für ein unbedingt sicheres Charakteristikum Lysippischer Kunstweise.) Von rechts wie von links gesehen zeigt das Rückenprofil so verschiedene,
von jedem Standort wechselnde Züge, daß das Bestreben, hier ein Äußerstes
an Bewegtheit, Kontrastierung, plastischer Gliederung selbst auf Kosten
anatomischer Wahrscheinlichkeit zu leisten, schon für Lysipp konstatiert werden
muß. Für seine dreidimensionale Plastik schließt sich jede andere Erklärung
aus als die, daß die geschwungene Rückenlinie als Reiz empfunden werden
sollte, und dasselbe gilt für alle Statuen, die, wenn auch nur entfernt, zu Lysipp und seiner Schule in Beziehung gesetzt werden dürfen (z. B. auch für das
Mädchen von Antium).[2]) Alle diese Werke bieten im Gegensatz zu der griechischen Plastik bis Praxiteles von allen Seiten reizvolle, häufig überraschende
oder sich geradezu widersprechende[3]) Konturlinien, ein barockes Stilmittel, für
das in erster Linie Lysipp verantwortlich gemacht werden muß. Daß es bei
seinen Nachfolgern immer mehr zum Hauptstilprinzip wurde, dafür zeugen u. a.
die besprochenen Erzwerke.[4])

---

[1]) Loewy in Röm. Mitt. 1901 XVI 391 in einer Charakteristik von Lysipps Stil: 'la
caratteristica rotondità del tronco.'

[2]) Das Mädchen von Antium ist nur insoweit 'nachlysippisch', als seine langen, kräftigen Extremitäten, die weite Schrittstellung und die damit zusammenhängende kräftig-
leichte Dynamik allerdings etwas wie den Apoxyomenos voraussetzen.

[3]) So sind die beiden Profilansichten der Thermenbronze (unsere Tafel I Abbild. 2 u. 3)
ästhetisch unvereinbar und können im Beschauer nie eine Gesamtimpression zustande
kommen lassen. Vielmehr wird man die in Formen und Linien auffallend häßliche linke
Profilansicht gegenüber dem ungebrochenen Konturenfluß der übrigen Seiten, die überdies eine ganz verschiedene Sprache reden, vergessen müssen.

[4]) Sehr charakteristisch ist, daß selbst die Erzgepanzerten des pergamenischen Altar-
frieses das nämliche belebte, durch die Bewegung des Moments bedingte Muskelspiel des

Zum Schluß eine kunstgeschichtliche Analogie: wenn man das Entstehen des Barock in der Renaissanceplastik verfolgt, so findet man bei dem mittleren und späten Michelangelo in der Rückenbehandlung auffallend ausladende Formen, stark ins Gewicht fallende Linien und unerwartete Ansichten. Als zum Vergleich geeignetstes, weil ganz freiplastisch konzipiertes Werk, bietet sich der Christus in S. Maria sopra Minerva: man ist überrascht, wenn man nach dem Eindruck der Vordersicht von der Seite den viel gedrungeneren Kontur betrachtet. Auch hier suchte der Künstler zunächst wohl nur ein gleichwertiges Gegengewicht gegen die Entwicklung der Statue nach vorn (der übergreifende Arm![1])); bald dient das Motiv aber auch zum Herausarbeiten von allerlei Kontrastwirkungen. In der Antike hat sich glücklicherweise barockes Empfinden nie über die im Christus Michelangelos vertretene Stufe hinausentwickelt, hat es nie die Geschlossenheit der Form in Gezappel aufgelöst, das nur durch eine gewisse malerische Einheitlichkeit einen künstlerischen Sinn erhält; aber auch der Hellenismus erstrebt das Kolossale, Auffallende, im Ausdruck Gesteigerte.[2]) Ein bewußtes, ja verächtliches Lossagen von der Tradition wie in der Renaissance existiert eben hier nicht, und gerade die beiden römischen Bronzen können als Beispiele dienen, wie die schon zum Bombast gesteigerte Bewegtheit nur mit Mitteln erzielt wird, die noch in der Richtung des Lysippischen Kunstwollens bleiben.

EXKURS II

Die Statue des Thermenmuseums ist zuletzt für ein Porträt des falschen Seleukiden Alexander Balas gehalten worden, der im Jahre 152 den syrischen Thron usurpierte und, von Pergamon und Rom unterstützt, Demetrius I. stürzte.[3]) Von der Unsicherheit dieser wie — in noch höherem Grade — aller übrigen bisherigen Identifizierungsversuche überzeugt habe ich das für Diadochen in Betracht kommende ikonographische Material, soweit es mir in der Bibliothek des römischen Instituts zugänglich war, eingehend geprüft und bin dabei zu der Ansicht gelangt, daß für die Persönlichkeit des Dargestellten nur einige der Zeit nach nicht weit voneinander entfernte Seleukiden in Betracht kommen können.[4])

Rückens aufweisen wie nackte Gestalten: Pergamon III 2 Taf. XVII und VII 142 Fig. 129 a (Tropaion).

[1]) Vgl. das bei Wölfflin, Klass. Kunst[1] S. 177 über den Christus Gesagte.

[2]) Das gilt in vollem Umfang auch von den pergamenischen Altarskulpturen, von deren 'malerischem' oder barockem Stil man daher nur mit Vorbehalt reden sollte. Sie sind — im Prinzip — genau so streng im Sinne der Reliefplastik komponiert wie beispielsweise die Reliefs der Nikebalustrade — nichts von Verstößen gegen Grundgesetze der Plastik wie im Barock Berninis —; 'malerisch' ist nur die Flächenbehandlung, für die im Vergleich zu früherer Kunst Licht- und Schattenwirkungen in höherem Grade und mit erstaunlicher Virtuosität zugelassen sind.

[3]) Roßbach, Jahrb. 1891 S. 69; Helbig[2] 1114; Michaelis, Handb.[9] S. 395. Vgl. aber Wace, Journ. Hell. stud. 1905 S. 96 f.

[4]) Prof. Delbrueck in Rom bin ich zu Dank verpflichtet für das persönliche Interesse, mit dem er mich in die ikonographischen Hilfsmittel eingeführt und mein Urteil durch seinen erfahrenen Rat unterstützt hat.

Der Kopf unserer Statue weist nämlich mit den Münzbildern ganzer drei seleukidischer Könige, so verschieden diese voneinander erscheinen, in der Tat keine geringe Ähnlichkeit auf:

1. mit denen des Seleukos IV. Philopator, des wenig kraftvollen Sohnes Antiochos' des Großen, 187—175 v. Chr. (Catal. Brit. Mus. Seleukid Kings Pl. X Nr. 5 u. 6; Imhoof-Blumer, Porträtköpfe Taf. III 20);

2. des Demetrios I., Sohnes des vorigen, der sich 162 trotz Rom den durch Antiochos' IV. Epiphanes Ermordung freigewordenen Thron gewann und bis 150 behauptete (Sel. Kings Pl. XIV Nr. 1 f.; Imhoof-Blumer Taf. III 23);

3. des schon genannten Usurpators Alexander Balas, der nach des vorigen Sturz bis 144 regierte (Sel. Kings Pl. XV Nr. 4—6, XVI 2 f.; Imhoof-Blumer Taf. III 24).

Daß unser Kopf Züge von allen drei genannten Herrschern zeigt, kann nur darüber beruhigen, daß wir auf richtiger Fährte sind: denn die beiden ersten sind Vater und Sohn eines Geschlechts von recht ausgeprägten Familienmerkmalen, von dem letzten weiß die Überlieferung, daß seine auffallende Ähnlichkeit mit den syrischen Königen ihn bei dem Volk Anhang und Glauben finden ließ, als er sich für den Sohn des Antiochos Epiphanes ausgab. Gemeinsam ist den Münzen der drei Herrscher sowie unserer Statue außer der allgemeinen Kopfform nur eine fein gebogene, nicht zu große Nase und ein weder besonders schmaler noch voller Mund; aber trotz aller Verschiedenheiten der Münzbilder fehlen stark sprechende individuelle Züge, die die unzweifelhafte Entscheidung unter ihnen ermöglichen könnten. Wir müssen also sehen, ob sich aus dem, was wir noch über diese Seleukiden wissen, nicht sicherere Kriterien ergeben, die zugunsten eines von ihnen den Ausschlag geben könnten.

Am wenigsten Aussicht schien mir von Anfang an Alexander Balas zu haben, auf den unsere Bronze, wie gesagt, mit ziemlicher Bestimmtheit gedeutet worden ist. Man hat wohl gemeint, daß der Usurpator, der — als erster — den Namen Alexander annahm, sich eher vielleicht als ein echter Seleukide in der Geberde des großen Königs und seiner berühmten Standbilder gefallen habe. Aber wenn auch Alexanderdarstellungen häufig das Diadem nicht trugen, so ließ sich doch schwerlich der Balas ohne Diadem darstellen. Als Orientale, der er war — Syrer aus dem Volk —, wird gerade er nicht darauf verzichtet haben, die Prätention des Gottkönigtums — wir sind im II. Jahrh. und in einem Lande, in dem der Herrscherkult schon früh und in sehr konsequenter Form Gestalt gewonnen hatte — zur Schau zu tragen. Aber auch seine besten Münzbilder (besonders a. a. O. Pl. XV 4) lassen sich, sieht man aufs Ganze, schwer mit dem Kopf der Bronze vereinigen: sie zeigen übereinstimmend einen runderen höheren Kopf mit sehr langem Kinn und Unterkiefer. Vor allem scheint mir der Gesamtausdruck hier und dort grundverschieden, auf dem Münzkopf insbesondere die semitische Herkunft des Dargestellten nicht zu verkennen. Leider helfen uns hier die Gemmen nicht, da die von Furtwängler (Gemmen, Taf. XXXII Nr. 12) aufgestellte Vermutung der Prüfung nicht standhält.

Es bleiben Seleukos Philopator und sein Sohn Demetrios I.

Der erstere, auf dessen Münzen die Kopfform und die Proportionen des Gesichts im Profil zu dem Herrscher des Thermenmuseums zu passen scheinen, war, bevor er zur Regierung kam, Feldherr und inoffizieller Mitregent seines Vaters Antiochos III.; es ließe sich also denken, daß er damals ohne Diadem, aber mit der Lanze, als Eroberer des Ostens wie Alexander, dargestellt worden wäre. Die Verschiedenheit zwischen Bronze und Münzbild würde sich dann aus dem Altersunterschied erklären. Mit den Römern wußte er sich — vielfach durch Nachgiebigkeit — gut zu stellen; es wäre also nicht ganz ausgeschlossen, daß sein Standbild auf irgendeine Weise nach Rom gekommen wäre, etwa als Weihgeschenk.[1]

In viel höherem Grad gilt diese Möglichkeit allerdings für Demetrios I. Dieser wurde nämlich 175 v. Chr. von seinem Vater als Geisel nach Rom geschickt, blieb auch nach dessen Ermordung dort, wo er frei lebte und freundschaftlich mit der römischen Jugend verkehrte: er war der Jagdgenosse des jüngeren Scipio und des Polybios, der ihn mehrmals nicht ohne Sympathie erwähnt. Nachdem sein Gesuch, nach des Epiphanes Tod auf den Thron zu kommen, vom Senat abschlägig beschieden war, handelte er im Einverständnis mit der Scipionenpartei auf eigene Faust, floh mit Polybios' Hilfe aus Rom, gewann in Syrien Anhang und bemächtigte sich der Herrschaft. Doch gelang es ihm nicht, Roms offizielle Anerkennung zu erlangen, weil ihn die Senatspartei als energischen, tatendurstigen Charakter von eigenem Willen fürchtete. Diese Eigenschaften brachten ihn dann auch zu Fall, als die Römer Pergamon und Ägypten gegen ihn ins Feld zu stellen wußten, und schließlich Alexander Balas gegen die μέτριοι τῶν ἀνθρώπων, d. h. die Scipionenpartei, in Rom anerkannt wurde. 150 fand er in der Schlacht gegen diesen den Tod, verlassen von den Syrern wegen seines Stolzes und seiner Strenge. Zweifellos war er einer der befähigtsten Seleukiden.[2]

Münzbilder besitzen wir eine ganze Reihe von ihm, sie lassen sich nach dem Haar in zwei Typen trennen: solche, auf denen das lange, über der Stirn etwas aufstrebende Stirnhaar nach der rechten (Bild-) Seite gestrichen ist (Cat. Brit. Mus. Sel. Kings Pl. XIV 1. 2. 4 u. a.), und andere, auf denen es nach der andern Seite gelegt zu sein scheint, die Teilung der Strähnen also auf der rechten Seite ist (z. B. Regling, Samml. Warren, Berl. 1906, Nr. 1301 Taf. XXX; Kat. Samml. Hoskier, München 1907, Nr. 438[3]); Kat. Hirsch XIX, München 1907,

---

[1] Auch die Tatsache, daß in der Kaiserzeit der klassizistische Geschmack so sehr vorherrschte, daß das Vorhandensein und somit die Erhaltung hellenistischer Werke in Rom fast stets als zufällig und von außerästhetischen Ursachen bedingt erscheint, spricht dafür, daß unsere Statue früh nach Rom gekommen ist.

[2] Näheres über ihn (wie den Balas) bei Pauly-Wissowa.

[3] Danach die Abb. Taf. II 5. Obschon diese Münze einige Eigentümlichkeiten (des Stirn- und Nasenprofils, des Gurgelknopfes) weniger ausgeprägt zeigt als andere Münzen, habe ich sie gewählt, weil sie, obgleich eine besonders frühe Prägung (aus dem Jahr 158), doch schon den Naturscheitel rechts hat und ihn mit jugendlich vollen Gesichtsformen verbindet. Die Münzbilder dieses Herrschers sind überhaupt auffallend verschieden untereinander, doch spricht es für ihre relative Güte und Treue, daß man trotz dieser Verschiedenheiten

Nr. 599; Auktion Egger, Wien 1908, Nr. 596 u. 598 Taf. XVIII). Davon stimmt der letztere Typus in der Haartracht mit dem Kopf der Bronze völlig überein. In den Zügen des Gesichts scheint ihr durchweg der erstere, der, soviel ich sehe, auch der frühere ist, näher zu stehen: die Ähnlichkeit der zweigeteilten, schiefen, unten vorgewölbten und ziemlich niedrigen Stirn, der Nase, des Mundes, des Kinns ist hier groß. Etwas stutzig macht nur die auf fast allen Münzen wiederkehrende niedrige, unschöne Kopfform mit dem platten Wirbel. Indes kommt man über diese Schwierigkeit hinweg durch den Hinweis darauf, wie stark die Bronze in der Behandlung der Proportionen sich nach unserer Analyse an einen gegebenen Kunsttypus anschließt. Ein Altersunterschied muß ohnehin angenommen werden. Die Bronze stellt nach aller Wahrscheinlichkeit den Prinzen dar, wie er in seiner römischen Zeit aussah: die überlieferte Tatsache, daß er die Würde des hellenistischen Fürsten in Rom sehr gut zu wahren wußte, paßt zu der Porträtauffassung der Statue. Demetrius war ungefähr 24 Jahre alt, als er Rom verließ: das gleiche Alter zeigen die Züge und der weiche Bart der Bronze an. Das Entscheidende aber ist meines Erachtens die Übereinstimmung des Haares, dessen Wuchs und Tracht ganz individuell ist und so sonst nicht vorkommt. Man vergleiche die Münzen mit dem Profil des Kopfes der Bronze bei Brunn-Arndt Nr. 360[1]) und neben beiden dann die konventionellen Lockenköpfe auf den Münzen der meisten syrischen Könige, besonders später Zeit. Ganz individuell ist auch der hier wie dort stark hervortretende Kehlkopf. So werden wir in dem Dargestellten unbedenklich den jugendlichen Demetrius vor seiner Thronbesteigung erblicken. Dann wird die Statue, das Werk eines seleukidischen Künstlers, aber auch wohl von vornherein für Rom bestimmt gewesen sein, wo eben damals eine gesteigerte Rezeptivität für Kultur und Kunst des griechischen Ostens sich geltend zu machen anfing. Fehlten nicht alle entsprechenden Attribute, so könnte man sich denken, sie solle ihn im Geschmack des Hellenismus, der mehrfache Beziehungen ja liebte, als jugendlich idealen Jäger, den Genossen des Scipio, darstellen, zugleich solle das Speermotiv und der anspruchsvolle Gestus an des Dargestellten hohe Herkunft erinnern.

---

doch sogleich dieselbe Persönlichkeit erkennt. Zur Ergänzung unserer Abb. nehme man die leichter zugänglichen bei Imhoof-Blumer und im britischen Münzkatalog hinzu, die das tief beschattete Auge, den individuellen Mund, die sprechende Linie von Nase und Stirn besser und unserer Statue entsprechender wiedergeben.

[1]) Namentlich das lange Nackenhaar, dessen Strähnen wagrecht nach vorn gestrichen sind, kommt ähnlich in dieser Zeit m. W. nur noch bei dem Dresselschen (Alexander-?)kopf in Dresden (Bernoulli, Darstell. Al. d. Gr. Taf. IV) vor und in der Kaiserzeit nur ohne den starken durch die Haartracht betonten Hinterhaupteinzug.

ZUR GESCHICHTE DER BLAUEN GROTTE AUF CAPRI

Von FRANZ DIBELIUS

Die blaue Grotte auf Capri verdankt ihre Weltberühmtheit bekanntlich dem Dichter und Maler August Kopisch. Wie er dazu kam, die Grotte zu finden, hat er selbst kurzweilig beschrieben in der Erzählung 'Entdeckung der blauen Grotte auf der Insel Capri', die zuerst in der von Alfred Reumont herausgegebenen Sammlung 'Italia' (1838) erschien, später in Kopischs gesammelten Werken wiederabgedruckt wurde und jetzt in Reclams Universalbibliothek und Meyers Volksbüchern jedermann zugänglich ist.

Im Sommer des Jahres 1826 kam Kopisch nach Capri, um dort mit Muße zu verweilen und die Felseninsel, die ihn schon in der Fernsicht von Neapel aus wunderbar angezogen hatte, gründlich kennen zu lernen. Mit ihm kam der Landschaftsmaler Ernst Fries (der später badischer Hofmaler wurde und 1833 in jungen Jahren starb; in Heidelberg in den Anlagen unter der Molkenkur hat er ein Denkmal). Die beiden Freunde kehrten in dem Gasthause des Don Giuseppe Pagano ein; das war damals anscheinend das einzige Gasthaus in dem selten von Fremden besuchten Städtchen Capri.[1] Sie überzeugten sich bald, daß ihr Wirt ein gebildeter Mann war. Er war zugleich Notar des Ortes, besaß eine Büchersammlung und beschäftigte sich besonders gern mit der Geschichte seiner Heimat. So war er seinen Gästen, die alsbald die Insel nach allen Richtungen zu durchstreifen und zu durchforschen anfingen, viel durch sachkundigen Rat nützlich. Auch als sie sich zum Abschluß 'ihrer Ausflüge eine Rundfahrt um ganz Capri vornahmen, besprach er mit ihnen alles, was es an den Ufern Beachtenswertes zu sehen gäbe. Dabei merkte Kopisch, wie er noch etwas auf dem Herzen hatte, aber nicht recht mit der Sprache heraus-

---

[1] Wie wenig man noch gegen Ende des XVIII. Jahrh. in Capri auf Fremdenbesuch eingerichtet war, ergibt sich aus den Briefen Hadravas (die noch heute zu dem Lehrreichsten und Unterhaltsamsten gehören, was es über Capri zu lesen gibt). 'An der Küste ist noch eine elende Hütte, die den Namen eines Wirtshauses hat, wo nichts, auch nicht einmal ein Bette zu bekommen ist. Ein Reisender, der die Insel besehen und alle Unbequemlichkeit vermeiden will, muß sich wenigstens auf drei Tage mit Lebensmitteln versorgen oder geradezu beim Gouverueur wohnen, der jeden Fremden mit Vergnügen aufnimmt und, wenn sein Haus schon besetzt wäre, eine bequeme Wohnung im Canalischen Hause verschaffen wird' (Norbert Hadravas freundschaftliche Briefe über verschiedene auf der Insel Capri entdeckte und ausgegrabene Altertümer, aus dem Italienischen übersetzt, Dresden 1794, S. 84). — In der Voyage pittoresque ou description des royaumes de Naples et de Sicile, 3. Volume, Paris 1783, heißt es S. 173: 'Nous logeâmes chez un Batelier, dans une des maisons qui sont sur les bords de la Mer.' — Bezeichnend ist auch, daß Goethe, der sich im ganzen mehr als sieben Wochen in Neapel aufgehalten hat, nie nach Capri gekommen ist.

rücken wollte. Als er neugierig nachforschte, vertraute ihm Pagano endlich an,
es sei auf der Nordseite der Insel eine Grotte mit ganz kleinem Eingang, nur
Schwimmern zugänglich, die im Volke als Wohnung des Teufels und vieler
bösen Geister verrufen sei und von den Schiffern ängstlich gemieden werde.
Es sei von Jugend auf sein sehnlicher Wunsch gewesen, in die Grotte zu
schwimmen, um zu sehen, was es für eine Bewandtnis damit habe; aber allein
habe er sich nicht getraut, und trotz wiederholter Bemühungen habe er nie
einen Menschen gefunden, der bereit gewesen sei, mit hineinzuschwimmen. Die
Spukgeschichten von der Grotte seien den Leuten von Capri zu bedenklich.
Ihn trieben besonders seine archäologischen Neigungen, die Grotte zu erforschen;
denn er vermute, daß sie mit den hoch darüber bei Anacapri liegenden Trümmern eines Palastes des Tiberius in Verbindung stünde. Sie könnte ein Tempel
der Meeresgottheiten gewesen sein und zugleich als heimlicher Ausgang aus
jenem Palaste gedient haben. Kopisch, der Dichter, dessen ganze Liebe immer
den volkstümlichen Überlieferungen von den Geistern in der Natur, von Zauber
und Wundern gegolten hat, war gleich Feuer und Flamme dafür, das Geheimnis
des verrufenen Ortes zu untersuchen. Fries ließ sich nach einigem Zögern auch
für das Unternehmen gewinnen. Der Notar war glücklich, endlich jemand gefunden zu haben, der das Abenteuer mit ihm wagen wollte, und ließ sich durch
die ängstlichen Mienen seiner Frau und seiner Töchter ebensowenig irre machen
wie durch die christlichen Abmahnungen eines priesterlichen Bruders. Auch
sein zwölfjähriger Sohn Michele erklärte mitfahren zu wollen, und nun fanden
sich auch zwei beherzte Männer aus Capri, der Schiffer Angelo Ferraro und
der Eseltreiber Michele Furerico, die es übernahmen, die Gesellschaft am
nächsten Morgen nach der Teufelsgrotte zu rudern. Da man annahm, daß es
drinnen ganz finster sei, wurde in einer Kufe ein Pechfeuer angemacht, und
Angelo, in einer zweiten Kufe kauernd und rudernd, trieb das Feuer vor sich
her in die enge Öffnung der Grotte hinein. Es folgten schwimmend Kopisch,
dann Pagano, dem im letzten Augenblick wieder die Angst angekommen war,
so daß ihn Kopisch mit scherzhafter Gewalt hatte aus dem Boot ins Wasser
werfen müssen, zuletzt Fries. Sie fanden zwar nicht die Tritonen, Sirenen und
ähnlichen Gespenster, von denen das Volk zu erzählen wußte, auch nicht die
römischen Bildsäulen, auf die der Notar gehofft hatte. Wohl aber erwartete sie
ein Naturschauspiel, das alle Phantasie übertraf: die ganze weite Felsengrotte
war erfüllt von einem märchenhaften blauen Licht, das aus dem klaren Wasser
kam und von Wänden und Decke der Grotte wiedergestrahlt wurde. Michele
Pagano hat noch im späteren Alter nicht genug erzählen können, wie die
Maler überwältigt waren von der unbeschreiblichen Schönheit: besonders Fries
sei wie von Sinnen gewesen, sei bald heraus-, bald hineingeschwommen und
immer mit Jubeln und mit Jauchzen.[1]) Sie zeichneten nun die Grotte und
untersuchten den Gang, der im Hintergrunde in den Felsen führt, soweit sie
vordringen konnten. Nachdem sie dann die Rundfahrt um die Insel vollendet

---

[1]) Ferdinand Gregorovius, Wanderjahre in Italien, 1. Band, Leipzig 1874, S. 383.

hatten, kehrten sie in die Stadt Capri zurück, wo inzwischen der Priester
Pagano eine Messe für das Seelenheil seines tollkühnen Bruders gelesen hatte.[1]

Kopisch hat auch weiterhin das meiste dafür getan, daß die blaue Grotte
bekannt wurde und immer neue Bewunderer fand. Nicht nur, daß er ins
Fremdenbuch des Hauses Pagano zu Nutz und Frommen späterer Gäste den
kurzen Bericht über seine Entdeckung schrieb, den Gregorovius in seinen
'Wanderjahren in Italien' veröffentlicht hat.[2] Er ist auch, wie sich Gregorovius
von Michele Pagano erzählen ließ, sofort nach Neapel geeilt, um seine Freunde
zu rufen, und hat das mehrfach wiederholt. So kam es, daß die Grotte zunächst in Künstler- und Dichterkreisen berühmt wurde, und es hängt damit zusammen, daß bis auf den heutigen Tag Capri ein Lieblingsaufenthalt deutscher
Maler geblieben ist. Die große Öffentlichkeit freilich hat von dem neuentdeckten
Naturwunder nicht zuerst durch Kopisch erfahren; Kopischs Erzählung ist, wie
erwähnt, erst zwölf Jahre später erschienen. Soviel ich sehe, ist der erste, der
die Entdeckung schriftstellerisch verwertete, der Schwabe Wilhelm Waiblinger
gewesen. Er, der anscheinend auch zu den Freunden gehörte, die Kopisch von
Neapel herüberholte, brachte in seinem 'Taschenbuch aus Italien und Griechenland auf das Jahr 1830' ein von buntem Geisterspuk und Feenzauber erfülltes
'Märchen von der blauen Grotte'. Einige Jahre später hat Christian Andersen
die Entdeckung der Grotte in seinen 'Improvisator' verwoben. Unter den vielen
wunderbaren Begegnissen, die dem Helden dieses Romans widerfahren, ist das
wunderbarste dies, wie er, durch eine Wasserhose ohnmächtig in die Grotte
geworfen, hier in der fremden und unbegriffenen Umgebung seine Geliebte erscheinen sieht, die ein Traum veranlaßt hat, in die verrufene Teufelsgrotte ein-
zufahren. Am Schlusse der Geschichte, wie der Improvisator mit seiner jungen
Frau wieder nach Capri kommt, ist inzwischen die blaue Grotte durch Kopisch
entdeckt worden. Als Kopisch für Reumonts Sammelwerk seine Erzählung
schrieb, konnte er sie schließen mit den Worten: 'Seit jener Zeit wird die
Grotte mehr und mehr von Einheimischen und Fremden besucht. Manchem erzählenden Dichter hat sie die Szenerie zu Episoden und Märchen geliehen; ich
begnügte mich hier, einiges von dem zu schildern, was ich darin wirklich erlebt und erblickt habe.'

Nach den Erzählungen Paganos, die Kopisch mitteilt, wird man es glauben
dürfen, daß es zu damaliger Zeit niemand auf Capri gab, der in der Grotte gewesen war. Das einzige, was man von ihr zu sagen wußte, waren altüberlieferte
Gespenstergeschichten. Natürlich aber hätten die Gespenstergeschichten nicht

---

[1] Bei dieser Darstellung Kopischs wird es wohl bleiben müssen, trotz Martorana, der
behauptet: 'Der wahre Entdecker der blauen Grotte war ein von der Insel gebürtiger Fischer
mit dem Spitznamen (*soprannominato*) «*il Riccio*» («der Krauskopf» oder «der Igel»), der
beim Muschelsammeln durch das kleine Loch, das später vergrößert worden ist, hineinfuhr.
Kopisch war der erste, der schwimmend in die Grotte kam, geführt von dem Einheimischen,
der eine Rente von der Regierung bekam und als Führer das Recht erhielt, eine Uniform
zu tragen.' (Pietro Martorana, Notizie biografiche e bibliografiche degli scrittori del dialetto
Napolitano, Napoli 1874, S. 442.)

[2] Gregorovius a. a. O. S. 384.

entstehen können, wenn die Grotte nicht in früheren Zeiten hin und wieder
besucht worden wäre. Pagano wußte auch von einem solchen Fall in der Vergangenheit zu erzählen. 'Ich vernahm vor etwa dreißig Jahren von einem uralten Fischer, daß vor zweihundert Jahren ein paar Geistliche den Spuk haben
bestehen wollen. Dieselben sind auch ein Stück in die Grotte hineingeschwommen,
aber gar bald wieder umgekehrt, indem sie eine grauliche Furcht angekommen.
Nach der Aussage dieser Priester soll die Grotte inwendig aussehen wie ein
sehr großer Tempel mit einem Hochaltar, rings herum aber alles voll von
Götzenbildern sein, und das Wasser innen so wunderlich beschaffen, daß die
Angst darin zu schwimmen ganz unbeschreiblich sei.' Auf die Zeitangabe des
uralten Fischers wird man ebensowenig bauen wie auf die übrigen Einzelheiten
seines Berichtes. Aber der eine Satz, daß 'das Wasser innen so wunderlich beschaffen sei, daß die Angst darin zu schwimmen ganz unbeschreiblich sei', paßt
so gut zu dem zauberhaften Eindruck, den die himmlische Bläue in der Grotte
macht, daß man hier doch wohl den Nachklang einer geschichtlichen Überlieferung erkennen muß.

Weiter führt uns eine Bemerkung, die Pagano zu seiner Erzählung hinzusetzt. 'In älteren Büchern stehe auch eine Nachricht davon, die ein Schriftsteller immer von dem andern abgeschrieben; seit vielen hundert Jahren aber
sei niemand eigentlich daringewesen.'

'Eine Nachricht davon.' Mit diesem unbestimmten Ausdruck soll wohl
nicht gesagt sein, daß das Abenteuer jener Geistlichen in den Büchern beschrieben sei, sondern nur, daß sie irgend etwas über die Wunder der Grotte
enthielten. Eine kurze Nachricht dieser Art findet sich in der Tat in einem
alten Buche, nämlich in der Geschichte Neapels von Julius Cäsar Capaccio, erschienen 1607. Kopisch erwähnt einmal, daß er in Paganos Büchersammlung
mehrere Werke, lateinische und italienische, gefunden habe, die teilweise von
Capri handelten. Daß Capaccios Buch dabei war, ist nicht unwahrscheinlich.
Von jener Nachricht läßt sich auch sagen, daß sie ein Schriftsteller vom anderen
abgeschrieben habe. Denn sie kehrt fast wörtlich wieder in dem etwa hundert
Jahre später geschriebenen 'Neuen Führer' von D. A. Parrino, und wird noch
einmal angeführt in der 'Malerischen Reise' vom Ende des XVIII. Jahrh.

Capaccio schreibt in seinem Kapitel über Capri: 'Unter den Höhlen ist
eine übrig, die beim Eintritt ganz finster aussieht; dann endet sie in eine
leuchtende Ausbuchtung, in der, während von oben Wasser tröpfelt, das Meer
ganz herrlich wird.'[1] Wer einmal, im Boote niedergeduckt, durch den niedrigen
Durchschlupf in die blaue Grotte eingefahren ist, wird sich erinnern, daß ihn
einen Augenblick lang Finsternis umgab, bis sich die schimmernde Wölbung

---

[1] Neapolitanae historiae a Iulio Caesare Capacio eius urbis a secretis et cive con-
scriptae tomus primus, Neapoli 1607, S. 545: *Inter speluncas, una reliqua est, quam ingressu
valde obscuram cernes, in lucidum deinde sinum desinit, in quem superne aquarum stillicidiis,
mare nimis delectabile redditur.* — Das Werk Capaccios ist noch einmal abgedruckt worden
in Raccolta di tutti i più rinomati scrittori dell'istoria generale del regno di Napoli, tomo 23,
Napoli 1772.

des Innern vor ihm auftat. Das liegt an der Enge des Einganges, durch die
sich die blaue Grotte von allen anderen Meergrotten Capris unterscheidet. Und
wer nur ein wenig mit Aufmerksamkeit in der Grotte verweilt hat, wird auch
das Tröpfeln des Wassers beobachtet haben. Es läßt sich nicht schöner beschreiben, als es Kopisch bei der Erzählung von seinem zweiten Besuch in der
Grotte tut: 'Ich ließ die Ruder einziehen; da ruhte das liebliche Element beinahe völlig, und man hätte es für den blauen Himmel selbst ansehen können,
wären nicht bald hier bald da silberne Tropfen von der Decke herabgefallen,
die es, melodisch tönend und blaue Funken stiebend, mit einem anmutigen
Spiel von wallenden Ringen schmückten.' Es kann kein Zweifel sein, daß Capaccio
von der blauen Grotte redet (die ja erst durch Kopisch den Namen *grotta
azzurra* bekommen hat). Seine Schilderung ist so gut, wie sie nur einer geben
kann, der dringewesen ist.

Wie schon gesagt, hat sich später Parrino diese Sätze Capaccios angeeignet. Aber er hat sie nicht ganz wörtlich abgeschrieben; eine kleine Änderung will beachtet sein. 'Von den Höhlen ist eine übrig, die am Eingang ganz
dunkel ist; aber sie endet in eine leuchtende Ausbuchtung, sehr lieblich d u r c h
den W i d e r s c h e i n des W a s s e r s.'[1] Für die Worte Capaccios *superne aquarum
stillicidiis* hat er eingesetzt *per la riflessione dell' acqua*. Dieser neue Zug aber
ist nicht minder zutreffend; das Farbenspiel kommt in der Tat daher, daß die
Bläue des Wassers auf die Felsenwände scheint. Mitten in den abgeschriebenen
Sätzen verrät sich selbständige Beobachtung.

Von den Zutaten, mit denen der Verfasser der 'Malerischen Reise' den
knappen Bericht Capaccios ausgestattet hat, läßt sich nicht dasselbe sagen. Er
hat offenbar nur seine Phantasie spielen lassen.[2]

'Seit vielen hundert Jahren sei niemand eigentlich darin gewesen', sagte
Pagano, und er meinte das wohl behaupten zu können, weil nach der Erzählung des Fischers die Geistlichen vor zweihundert Jahren nur ein Stück hineingeschwommen und aus Angst, wieder herauszukommen, gleich wieder umgekehrt
waren. Aber die treffenden Beschreibungen bei Capaccio und Parrino beweisen,
daß die blaue Grotte in den früheren Jahrhunderten doch nicht so vollständig vergessen gewesen ist, wie es nach Kopischs Darstellung scheinen kann.

Pagano hat die Geschichte der Grotte noch weiter zurückzuverfolgen gesucht und sie mit dem Kaiser Tiberius in Verbindung gebracht. Von ihm hat
Kopisch diesen Gedanken übernommen, und seitdem hat er sich in den meisten

---

[1] Dom. Ant. Parrino, Nuova guida de' forastieri per l'antichità curiosissime di Poz-
zuoli, dell' isole aggiacenti d'Ischia, Procida, Nisida e Capri, Napoli 1709, S. 238: *Delle
spelonche una ve ne resta; c'ha l'entrata molto oscura, ma in un lucido seno per la riflessione
dell' acqua termina molto dilettevole.*

[2] Voyage pittoresque ou description des royaumes de Naples et de Sicile, 3. Volume,
Paris 1783, S. 176: *L'on voit encore, dit Capaccio, une de ces Cavernes dont l'entrée est fort
sombre et fort étroite, mais qui s'élargit et acquiert même un peu plus de clarté, à mesure
que l'on avance dans l'intérieur du Rocher. Son voisinage de la Mer, et les suintemens des
eaux qui en ont couvert et comme tapissé toute la voûte de brillans stalactites, en rendent le
séjour d'une fraîcheur surprenante.*

Reisebüchern und Beschreibungen Capris weitergeerbt. Seine Gründe hat Pagano seinen Gästen schon am Abend vor der Entdeckungsfahrt auseinandergesetzt: 'Ich für mein Teil halte die Ruinen darüber durchaus für ein Tiberschloß, und da Tiber keinen Palast ohne heimlichen Ausgang gehabt, behaupte ich und versichere euch: der heimliche Ausgang jener Ruine geht durch diese Grotte! So könnte die Grotte, die inwendig weit gewölbt ist, gar wohl ein Tempel des Nereus und der Nymphen sein, um so mehr, da man aus den alten Klassikern weiß, daß Tiberius die Höhlen von Capri vielfach benutzt und in seinem Sinn ausgeziert hat.'

Es gibt in den alten Klassikern nur eine Stelle, wo Tiberius und die Höhlen von Capri zusammen genannt werden. Das ist die Erzählung Suetons, der Kaiser habe überall auf der Insel in Wäldern und Hainen sogenannte Venusplätze anlegen lassen, wo in Grotten und hohlen Felsen junge Menschen beiderlei Geschlechts, als Faune und Nymphen verkleidet, bereitstanden (Sueton, Tib. 43, 2). Da ist erstens nichts von vielfacher Benutzung der Höhlen und nichts von Auszierung gesagt. Zweitens läßt sich diese Stelle nicht auf die blaue Grotte beziehen. Der Ausdruck 'in Wäldern und Hainen' und der Umstand, daß die Knaben und Mädchen Faune und Nymphen, die Gottheiten der Wälder und Bergwässer, darstellen mußten, läßt an eine ganz andere Örtlichkeit denken als eine einsame Grotte in nackter Felswand, in die die Meeresbrandung wogt. Die Venusplätze werden in den Parkanlagen der kaiserlichen Villen gewesen sein; die blaue Grotte dazuzurechnen ist kein Anlaß.

Noch schlechter steht es um die andere Voraussetzung: Tiberius habe keinen Palast ohne heimlichen Ausgang gehabt. Sueton schildert wohl, wie Tiberius, als er den Befehl zum Sturze Sejans gegeben hatte, von der Spitze des Felsens — wohl des Monte Tiberio — unverwandt nach den verabredeten Zeichen auf dem Festlande gespäht habe, während unten Schiffe bereitlagen, um ihn, falls der Streich mißlungen wäre, sofort zu fremden Legionen zu führen (Sueton, Tib. 65); daß er aber zu dieser Flucht einen heimlichen Ausgang benutzen wollte, wird nicht gesagt. Auch die Erzählung von dem Fischer, dem der erzürnte Kaiser mit dem gefangenen Fische das Gesicht bearbeiten ließ, weil er vom Rücken der Insel her durch unwegsames Gelände einen Zugang zu ihm gefunden hatte (Tib. 60), läßt sich natürlich nicht so verstehen, als ob Tiberius selber solche heimlichen Pfade angelegt hätte. Die Geschichte von dem Sterndeuter Thrasyllus schließlich, der auf heimlichem Felsweg zu Tiberius geführt wurde und dabei ins Meer gestürzt werden sollte (Tacitus, Ann. VI 21), spielt nicht auf Capri, sondern auf Rhodus. Aus den alten Klassikern ist die Behauptung, die Pagano mit solcher Selbstverständlichkeit vortrug, nicht zu begründen. Vermutlich hatte er sie aus ganz anderer Quelle. Es gibt eine Beschreibung der Insel Capri von dem Grafen Torre Rezzonico, die damals, als Kopisch bei Pagano war, zu den neuesten Erscheinungen über Capri gehörte. Der Verfasser ergeht sich in lauter Bewunderung über die verschwenderische Großartigkeit der Bauanlagen auf dem Monte Tiberio, bei denen alle Hindernisse der Natur wie spielend überwunden sind. 'Daher trage ich kein Bedenken zu behaupten, daß die unterirdischen Bogengänge in langen Schlingen bis zum

Strande hinuntergingen, damit der mißtrauische Tiberius unbemerkt herauf-
kommen und ebenso den Palast verlassen und Truppen und Verbrecher zur
Sicherheit, zur Rache mit sich führen konnte.'[1]) Was hier als kühne Vermutung
auftritt, ohne Spur von Beweis, hat sich bei Pagano bereits zur Tatsache und
zum Gesetz verwandelt: kein Palast des Tiberius ohne heimlichen Ausgang.
Und es ist nur spaßhaft, daß Kopisch bei seiner einleitenden Beschreibung der
Insel die Behauptung Paganos schon wieder etwas reicher ausgestaltet weiter-
gibt: 'Aus seinen Palästen führten überall heimliche Gänge durch die Felsen
bis in die See hinab, wobei er die vorgefundenen Höhlen vielfach benutzte.' Auf ähnliche Weise mögen so manche Legenden über Capri entstanden
sein, deren Herkunft man heute so schwer auf die Spur kommt.

Wenn sich die Vermutung, daß Tiberius etwas mit der blauen Grotte zu
tun gehabt habe, auf keine besseren Gründe stützt, als sie Pagano und Kopisch
vorbringen, so ist sie nichts wert. Aber es scheint, daß sie doch etwas mehr
für sich hat. Beachtenswert ist zunächst die Volksüberlieferung auf Capri.
Pagano ist nicht der erste gewesen, der die blaue Grotte mit dem Kaiser
Tiberius in Zusammenhang brachte. Lange vor ihm findet sich dieser Gedanke
bei dem vorhin erwähnten Capaccio. Capaccio sagt, nach dem Zeugnis des
Tacitus habe Tiberius zwölf Villen auf Capri gehabt und 'Höhlen vieler Lust'.[2])
Darauf bezieht es sich zurück, wenn er nachher fortfährt, wie vorhin angeführt
wurde: 'Unter den Höhlen ist eine übrig usw.' Er bezeichnet damit die blaue
Grotte als eine Höhle des Tiberius. Das tut er ohne ein Wort der Begründung.
Das deutet darauf hin, daß er nicht eine eigene Schlußfolgerung wiedergibt,
sondern eine Tatsache, die ihm überliefert ist. Zu seiner Zeit muß man auf
Capri die blaue Grotte unter die Erinnerungen an Tiberius gerechnet haben.

Daß es eine solche Überlieferung gegeben hat, dafür spricht doch auch
die Erzählung des uralten Fischers bei Kopisch. Wenn die Phantasie der Geistlichen, die in die Grotte geschwommen waren, oder die Phantasie der Späteren,
die ihr Abenteuer weitererzählten, die Grotte mit einem Hochaltar und Götzenbildern ausstattete, so ist doch Voraussetzung gewesen, daß sie in heidnischer
Zeit, das heißt aber in römischer Zeit, benutzt worden sei. Paganos Meinung
stützte sich nicht ·nur auf die Gründe, die er Kopisch und Fries darlegte; er
ließ sich, vielleicht unbewußt, von heimischer Überlieferung leiten.

---

[1]) Isola di Capri. Manoscritti inediti del Conté della Torre Rezzonico, del Professore
Breislak e del Generale Pommereul, pubblicati dall'abate Domenico Romanelli con sue
note, Napoli 1816, S. 22: *Quindi non dubito affermare, che i criptoportici con larghi avvol-
gimenti non discendessero fino alla spiaggia, affinchè potesse il sospettoso Tiberio salire inos-
servato e partirsene dalla regia in egual modo, e soldatesche e deliquenti trar seco a sicurezza,
a vendetta.*

[2]) Capaccio a. a. O.: [*Tacitus*] *addidit praeterea duodecim ibi fuisse villas et multae
libidinis speluncas* (das letzte stammt freilich nicht aus Tacitus, sondern aus Sueton, vgl.
oben). *Eas villas Lipsius deorum censet ex Suetonio, qui Capreis adsignat villam, cui nomen
Iovis. Duo habuisse oppida Capreas scribit Strabo, post modum unicum. Et cum Neapolitani
quoque Capreas occupassent belloque amissent Pithecusas, has iis Augustum Caesarem red-
didisse. Inter speluncas una reliqua est* . . . usw., wie vorhin angegeben (S. 60 Anm. 1).

Diese aber stimmt zu einigen Beobachtungen, die man an Ort und Stelle macht. Die blaue Grotte liegt am Fuße der Hochebene von Anacapri. Fährt man von der großen Marina zur blauen Grotte, so geht es vom Ende der Landsenkung, die die Stadt Capri trägt, also etwa von den 'Bädern des Tiberius' an, wohl eine gute Viertelstunde lang an einer riesenhaften, unersteiglich schroffen Felswand vorüber. Allmählich beginnt sich dann die Hochfläche näher zum Meere zu senken. Dicht hinter der blauen Grotte fällt sie in einer schmalen Zunge bis zum Meeresspiegel herab; gleich danach hebt sich die Felsenwand aufs neue. An der blauen Grotte ist also eine Landungsstelle, die einzige der ganzen Gegend; die wenigen neben dem Grotteneingang in den Fels gehauenen Stufen genügen, daß man aus dem Boote steigen und nach Anacapri hinaufgehen kann. Freilich darf man sich die Verhältnisse in der römischen Zeit nicht genau so denken wie heute. Geologische und archäologische Beobachtungen haben ergeben, daß der Meeresspiegel im Altertum tiefer lag als jetzt; Oppenheim[1]) berechnet den Unterschied auf 6 m. Das ändert aber nichts an den allgemeinen Eigentümlichkeiten des Ortes; dann wird man die Felsentreppe eben entsprechend länger gemacht haben. Wenn hier die Natur zwischen steilen Bergeswänden einen zum Landen einladenden Raum geschaffen hat, so wird dieser Platz auch benutzt worden sein, solange Menschen auf der Hochebene von Anacapri wohnten, d. h. wahrscheinlich schon seit phönizischer Zeit. Wenn sich dicht daneben eine weite Höhle aufs Meer hinaus öffnete, so wird auch diese nicht unbenutzt geblieben sein. Sie muß ja damals auch viel leichter zugänglich gewesen sein als heute. Wenn der Meeresspiegel mehrere Meter tiefer lag, so war das Loch, durch das man jetzt einfährt, ein Fenster in der Höhe, und die große Öffnung schräg darunter, die jetzt unter Wasser liegt und, indem sie das blaue Meer hineinscheinen läßt, das Farbenspiel zustandebringt, stand beträchtlich aus dem Wasser hervor. Damals brauchte man sich also nicht mit Schwierigkeit hineinzuzwängen, sondern fuhr durch ein stattliches Tor in die Grotte. Sie war wohl nicht so schön wie heute, aber sie war praktisch benutzbar. Als Badeplatz, als Bootshafen, als Aufbewahrungsort für Fischereigeräte muß diese neben der Landestelle gelegene weiträumige Höhle sehr bequem gewesen sein.

Es haben sich auch Spuren menschlicher Tätigkeit erhalten. Meißelarbeit erkennt man an dem Gange, der sich rechts im Hintergrunde der Grotte in den Felsen erstreckt, besonders an der fast regelmäßig viereckigen Öffnung vorn, die dem Eingangsloch, dem ehemaligen Fenster, gerade gegenüberliegt, so daß das Tageslicht in das Innere jener Höhlung fällt. Pagano und Kopisch fanden hier natürlich den vermuteten unterirdischen Gang des Tiberius. Allein schon der Umstand, daß der Gang sich allmählich verengert und schließlich so schmal wird, daß kein Mensch mehr hindurchkann, beweist, daß es keine künstliche Anlage ist, sondern eine natürliche Auswaschung im Kalkstein, wie sie in fast

---

[1]) Paul Oppenheim, Beiträge zur Geologie der Insel Capri und der Halbinsel Serrent, Zeitschrift der deutschen geologischen Gesellschaft, 41. Band, Berlin 1889, S. 475. — Derselbe, Die Insel der Sirenen von ihrer Entstehung bis zur Gegenwart, Berlin 1890, S. 17 f.

allen Grotten vorkommt. Daß man diese hintere Höhlung leichter zugänglich gemacht, vielleicht auch etwas erweitert hat, um im Innern der Grotte Land zu gewinnen, ist ohne weiteres verständlich.

Wie gesagt, sind außen unmittelbar rechts neben der Einfahrt in die Grotte ein paar Stufen in den Fels gehauen; sie setzen sich fort in einem steinigen Engpaß, der dann zu dem Fußpfade nach Anacapri führt. Diese Stufen, wohl-geglättet und bequem, sind so wie sie sind wohl moderne Arbeit; doch könnten sie aus antiken Stufen hergerichtet sein. Die holperige Steinbahn dahinter könnte wohl der Rest einer antiken Treppe sein. Denn im allgemeinen sind in Capri die Überbleibsel antiker Treppen daran zu erkennen, daß sie — eine schwierige, aber dauerhafte Arbeit — ganz aus dem Stein gehauen sind; die modernen Treppen werden aus Bruchsteinen aufgemauert. Geht man die Stufen hinauf, so hat man gleich dahinter zur linken Hand über sich senkrecht an der Wand ein kleines Stück römisches Mauerwerk. Es ist *opus reticulatum*: man sieht die wohlerhaltene Mörtelbettung mit den vielen viereckigen Öffnungen für die aufs Eck gestellten kleinen Steine. An zwei Stellen hängt auch noch etwas vom Bewurf. Das Stück ist zu klein, als daß sich das Bauwerk, zu dem es ge-hörte, ergänzen ließe. Immerhin ist es ein Beweis, daß in römischer Zeit in der unmittelbaren Nachbarschaft der blauen Grotte gebaut worden ist.

Das heißt freilich noch nicht, daß die blaue Grotte gerade dem Kaiser Tiberius gehört hätte. Aber auch dafür läßt sich noch etwas geltend machen. Es war die wachsende Verbitterung und Menschenscheu des alternden Kaisers, die ihn bestimmte, Capri zum Wohnort zu wählen. Auf der kleinen Felseninsel wollte er sich gegen alle Welt verschließen. 'Ihre Einsamkeit zog ihn an', er-zählt Tacitus (Ann. IV 67), 'denn das Meer ringsherum hat keine Häfen, höchstens für kleinere Fahrzeuge gibt es einige Zufluchtsstellen; und es kann keiner landen, ohne daß es der Wächter merkt'. Wie strenge er die Absperrung durchführte, zeigt die vorhin erwähnte Geschichte mit dem Fischer, der dafür gepeinigt wurde, daß er auf geheimem Pfade vom Meere herkommend den Kaiser in seiner Einsamkeit überrascht hatte. War es ihm so darum zu tun, daß niemand unbemerkt auf die Insel gelangen könnte, so mußte er alle Stellen besetzen und bewachen lassen, wo eine Landung möglich war, also auch den Platz an der blauen Grotte. Daß jemand, der die Insel unersteiglich machen will, auch diese Stelle schützen muß, dafür ist der sprechendste Beweis die halbzerfallene Befestigungsmauer, die sich noch heute dort befindet. Sie um-gibt die ganze Stelle und läßt nur eine enge Pforte für die Stufen. Sie stammt allem Anschein nach von den Engländern, die in den Jahren 1806—1808 die Insel besetzt hielten und daran waren sie zu einem kleinen Gibraltar zu be-festigen. Auch Tiberius muß hier eine Wache gehabt haben. So läßt sich das römische Mauerwerk mit einiger Wahrscheinlichkeit auf Tiberius zurückführen. Mit der Landestelle aber wird auch die dazu gehörige Grotte kaiserliches Eigen-tum gewesen sein. Es scheint, daß die Volksüberlieferung, die die blaue Grotte eine Grotte des Tiberius nannte, eine richtige Erinnerung bewahrte.

GOETHES NOVELLE 'DER MANN VON FUNFZIG JAHREN'

Von Gustav Kettner

Als Goethe den Plan zu der Novelle 'Der Mann von funfzig Jahren' faßte, stand er selbst in diesem Alter. Es waren persönliche Stimmungen, aus denen sie hervorging: das wehmütige Gefühl der schwindenden Jugend, das sich durchgerungen hat zu gelassener, ja heiterer Entsagung. Aber nur diese Grundstimmung floß aus dem eigenen Erleben in die Dichtung. Mit ruhigem Humor, der gelegentlich in Ironie übergeht, schuf er sich in dem alternden Manne, der noch von der Liebe eines jungen Mädchens träumt und erst in schmerzlicher Erfahrung zu verzichten und der Jugend den Platz zu räumen lernen muß, ein komisches Gegenbild; der Charakter selbst und die Lebensverhältnisse haben nichts mehr mit dem Dichter selbst gemein, wie weit er dabei ein Modell benutzte, wissen wir nicht. Vollends bei dem jugendlichen Paare, das in umgekehrter Weise in seiner anfangs in die Irre gehenden Neigung die unüberschreitbaren Grenzen des Alters zeigen soll, hat er sich wohl frei dem kombinierenden Spiel seiner Phantasie überlassen.

Auch literarische Einflüsse lassen sich bei diesem Plane kaum nachweisen. Der Titel erinnert und sollte wohl erinnern an Kotzebues kleines Lustspiel 'Der Mann von vierzig Jahren', eine Bearbeitung von Fagans 'Le Pupil', die auch in Weimar von 1795 bis 1801 mehrfach gespielt war.[1] Aber nur die Voraussetzungen erinnern zum Teil an dieses Stück. Auch der Vierzigjährige sucht in selbstloser Sorge sein Mündel mit einem jungen Manne zu verheiraten, ohne zu ahnen, daß er selbst der Gegenstand ihrer aus dankbarer Verehrung erwachsenen Liebe ist. In der Entwicklung der Fabel stellt sich Goethe in scharfen Gegensatz zu Kotzebue-Fagan: wenn bei diesen der ältere Mann über die jüngeren Bewerber siegt und die Hand des Mädchens gewinnt, erscheint bei Goethe eine solche Liebe sehr bald als ein Irrtum des Mädchens und als ein Wahn des Mannes.

Dagegen gab das Kotzebuesche Stück wohl den Anlaß, daß auch Goethe anfangs den Plan für ein Schauspiel entwarf.[2] Erhalten hat sich ein sehr flüchtiges Schema der ersten vier Akte.[3] Die Gestaltung befindet sich hier offenbar

---

[1] Den Inhalt des Originals habe ich kurz angegeben in diesen Jahrbüchern 1910 XXV 596 A. 1; die Bearbeitung hat ihn nur in deutsches Kostüm gekleidet.

[2] Böttigers Angabe, Goethe habe Herrmann und Dorothea 'zuerst als Drama versucht' (Literar. Zustände und Zeitgenossen I 74) erhält dadurch eine Parallele und immerhin eine gewisse Stütze.

[3] Die Weimarer Ausgabe bringt es am Schluß der Paralipomena XXV 2, 246.

noch in ihren Anfängen, den Dichter beschäftigt mehr der Aufbau der Handlung, als die Ausführung im einzelnen. Ihr ganzer Verlauf beschränkt sich streng auf den engsten Kreis des Familienlebens; der 'Hauskauf' zu Anfang scheint auf jene einfachen bürgerlichen Verhältnisse hinzudeuten, in denen gewöhnlich das Familienschauspiel sich bewegte.

Erich Schmidt[1]) wollte die Notiz des Tagebuchs vom 25. Januar 1806 'Entwurf einer Erzählung in einen tragischen Entwurf verwandelt' auf dies Schema beziehen. Es ist aber doch wenig wahrscheinlich, daß Goethe erst von dem Plan einer Novelle zu dem einer Tragödie übergegangen und dann wieder zu einer nicht tragischen Novelle gelangt sein sollte; auch ist in jenem Schema von einer tragischen Anlage nichts zu erkennen. Noch weniger wahrscheinlich ist Suphans Annahme[2]), der sich die Weimarer Ausgabe XXV 2, 245 anzuschließen scheint, Goethe habe noch nach 1823 den Stoff dramatisieren wollen, um darin die schmerzlichen Marienbader Erlebnisse widerzuspiegeln. Einem solchen Vorhaben stand doch das schon 1817 veröffentlichte erste Stück der Novelle entgegen; um eine schon halb fertige, in ihrer Form festgelegte Dichtung in dieser Weise umzugestalten, hätte Goethe etwas von der bequemen künstlerischen Praxis moderner Dramatiker wie Dumas oder Ohnet haben müssen. Nur gewaltsam läßt sich aus der Äußerung, die er nach der Trennung von Ulrike v. Levetzow gegen den Kanzler v. Müller tat, auf eine solche Absicht schließen: 'Es ist ein Hang, der mir noch viel zu schaffen ·machen wird, aber ich werde darüber hinauskommen. Iffland könnte ein charmantes Stück daraus fertigen: ein alter Onkel, der seine junge Nichte allzu heftig liebt.' Ich meine, schon der Hinweis auf Iffland sollte jeden Gedanken an eine ·eigene Dramatisierung Goethes ausschließen! Mit bitterer Ironie scheint er hier anzudeuten, daß die Rolle, die er gespielt habe, an die eines alternden Liebhabers aus einem altmodischen Familienschauspiel erinnere.[3])

Ich versuche nun, den Inhalt jenes ersten, dramatischen Entwurfs, soweit es die sehr kurzen Notizen gestatten, zu rekonstruieren.

Der 1. Akt wird eröffnet durch ein Gespräch eines ältlichen Geschwisterpaares. Wie es scheint, ist der Bruder soeben nach längerer Trennung wieder mit der Schwester zusammengetroffen. Er berichtet von einem jüngst abgeschlossenen Hauskauf. Mit Sorgen denkt man an die Zukunft der Kinder, eine

---

[1]) Festschrift zu Spielhagens 70. Geburtstag 1899 S. 7 (Graef, Goethe über seine Dichtungen II 1107).

[2]) Goethe-Jahrbuch XXI 40.

[3]) Ebensowenig darf man sich zum Beweise für jene Annahme auf eine (später ·gestrichene) Stelle in der Hs. der Wanderjahre berufen (W. A. XXV 2, 102): 'Wie sehr hätte ich gewünscht, diese Szene' — gemeint ist der Seelenkampf Hilariens Buch 2 Kap. 5 — 'dramatisch auszuführen, sie ist von der Art, daß der stille Buchstabe wie die laute Schaubühne ... auf Gemüt und Geist durchaus wirken ... müsse. Indem wir aber gegenwärtig darauf Verzicht tun, überlassen wir die Ausführung einem jüngeren Dichter.' Daß endlich der Tagebucheintrag vom 5. August 1823 'Erfindung gewisser Szenen ... Der Mann von 50 Jahren' nichts beweist, da Goethe den Ausdruck Szenen auch bei epischen Dichtungen gebraucht, bemerkt schon Graef II 1002 A.

Verbindung beider scheint das beste Mittel, das Vermögen zusammenzuhalten. Der Bruder hofft, daß die unmittelbar bevorstehende Ankunft seines Sohnes zur Verwirklichung dieses Planes führen werde. Da tritt (Sz. 2) die Tochter der Schwester herein und 'manifestiert zierlich Neigung zu dem Alten'. Als sie das Zimmer wieder verlassen hat, muß (Sz. 3) ihre Mutter bestätigen[1]), daß sie in der Tat mehr als bloße verwandtschaftliche Liebe zu dem Onkel empfinde. Dieser äußert seine Zweifel und Bedenken und 'lehnt alle Gedanken' an eine Verbindung mit der Nichte ab. Aber als er dann (Sz. 4) allein zurückbleibt, beschäftigt ihn diese Vorstellung doch lebhaft, und das Bild der Möglichkeit steigt vor ihm auf. In dieser Stimmung empfängt er (Sz. 5) ein Billet seines Sohnes[2]), das dessen Ankunft meldet und um eine heimliche Zusammenkunft bittet; die Nachricht ruft in ihm eine leidenschaftliche Verwirrung hervor.

Beim Beginn des 2. Aktes finden wir den Sohn im Posthause des Ortes, wie er ungeduldig auf das Eintreffen eines Briefes wartet und voll Verlegenheit dem Eintreten seines Vaters entgegensieht. Offenbar handelt es sich darum, daß er eine andere als die ihm bestimmte Braut liebt, der Brief soll die Entscheidung auf seine Werbung bringen. In der nun folgenden Szene (2) mit dem Vater entdeckt er seine Lage und erfährt von diesem, wie es zwischen ihm und seiner Nichte steht. Rasch kommt es zwischen beiden zur 'Übereinkunft'. Der Sohn, allein zurückgeblieben, verzehrt sich in banger Erwartung der Antwort seiner Geliebten. Endlich bringt (Sz. 4) ein Bedienter den Brief: er enthält ihre Absage und stürzt ihn in Verzweiflung.

Im 3. Akte sehen wir den Alten in einem Saal, den eine Statue der Venus ziert, von 'frohem Jugendgefühl' erfüllt gleichsam in einer 'Liebesatmosphäre' sich bewegen. Seine Schwester, die sich (Sz. 2) zu ihm gesellt, bestärkt ihn in seinen Empfindungen, und beide entwerfen hoffnungsvoll Pläne für die Zukunft. Nach dem Eintritt der Tochter entfernt sich die Mutter, um eine Aussprache zwischen ihr und dem Onkel herbeizuführen (Sz. 4). In diesem *tête-à-tête* erfolgt das offene Geständnis der Liebe; der Alte bleibt (Sz. 5) von 'höchstem Glück' beseelt zurück; eine 'augenblickliche Bedenklichkeit' wird 'durch die Leidenschaft hinweggeräumt'. Unklar ist die Bedeutung des Porträts, das in Sz. 4 vorkommen sollte. Vermutlich stellte es, wie in der späteren Novelle, den Onkel in jugendlichem Alter dar; vielleicht hatte es die Nichte aufbewahrt?

Der Inhalt des 4. Aktes läßt sich nur ungefähr erraten. Er sollte den Umschwung bringen. Der Vater findet den Sohn im Garten, verloren in bittere Selbstanklagen, und wird von seinem Schmerz aufs tiefste bewegt. Dann sollte er in der daran sich schließenden Begegnung mit der Nichte durch die Schil-

---

[1]) In den Worten des Schemas 'Bekenntniß der Frauen, daß es so sey' ist 'Frauen' natürlich die bei Goethe nicht seltene schwache Form des Gen. sing.

[2]) Es fällt auf, daß Goethe in dem sonst durchaus namenlosen Schema ein 'Ännchen' als Überbringerin nennt, nachdem er ursprünglich 'Bedienter' geschrieben hatte. Es ist wenig wahrscheinlich, daß er in diesem flüchtigen Entwurf die Korrektur vorgenommen hätte, wenn er damit nur eine Zofe bezeichnen wollte. Eher möchte ich annehmen, daß er damit die Nichte meint. Ihr Erscheinen würde dann den 'leidenschaftlichen Schluß' noch besser erklären.

derung der 'Hilfsbedürftigkeit des Sohnes', wie es scheint, ihr Herz zunächst dem Mitleid öffnen, aus dem dann am Schluß, wenn sie mit dem Vetter selbst zusammentraf, ein innigeres Gefühl erwachsen sollte.

Damit bricht der Entwurf ab. Goethe mochte bald erkennen, daß der Stoff durch das Singuläre des Falls, die komplizierten Seelenvorgänge mehr für eine Novelle als für ein Drama sich eigne. Das in der Weimarer Ausgabe XXV 2, 245 dem bisher besprochenen Schema fälschlich vorangestellte Paralipomenon zeigt, wie er die Voraussetzungen und die Anfänge der Handlung zu diesem Zweck spezieller ausgestaltet hat.[1]) Die Verwicklung ist dieselbe wie in dem geplanten Drama, die handelnden Personen sind dieselben vier Verwandten, aber sie sind hier in ganz eigentümliche und genau angegebene Familienverhältnisse hineingestellt und mit anderen Personen umgeben; die Hauptfigur, der Vater, ist hier bereits schärfer herausgearbeitet.

Goethe hat hier die Handlung in die Kreise des Adels gehoben, in die er uns auch sonst in den 'Wanderjahren' einführt. Deutlich erkennen wir auf dieser Stufe der Dichtung bereits die Verhältnisse und Personen der späteren Novelle. Die Voraussetzungen sind verschlungener gedacht als im dramatischen Schema. Wir haben hier zwei verwitwete Brüder, den Hofmarschall und den Major (ursprünglich Obrist) und ihre unverheiratete Schwester Emilie. Abweichend von der früheren und späteren Fassung macht Goethe hier das Mädchen, Antonie, zur mutterlosen Tochter des Hofmarschalls, die unter der Hut ihrer Tante Emilie aufgewachsen ist — wie mir scheint, ein glücklicher Gedanke: wir verstehen es besser, daß die von keiner Mutter Beratene der eingebildeten Neigung zum Onkel folgen konnte. Um alle Glieder der Familie an einem Ort zu vereinigen, nimmt Goethe an, daß der Major bereits, nachdem er seinen Dienst aufgegeben, die Verwaltung der von seinem Bruder verwahrlosten Güter übernommen hat. Er hofft, sie durch die Verheiratung seines Sohnes Franz[2]) mit seiner Nichte Antonie der Familie zu erhalten. Dadurch daß Goethe den Major schon seit längerer Zeit auf dem Gute weilen läßt, gewinnt er zugleich die Möglichkeit, die Entstehung der Liebe Antoniens zu ihrem Onkel — besser als in der späteren Novelle — zu motivieren: da er in ihr die künftige Gattin seines Sohnes sieht, sucht er ihre Erziehung zu vollenden, so bildet sich zwischen beiden ein vertrauteres Verhältnis. Das Zeichen des Zusammenfühlens, das Goethe hier verwendet, das Takthalten beim gemeinsamen Musizieren, kehrt auch in den

---

[1]) Die Weimarer Ausgabe möchte in diesem Entwurf 'nach dem voranstehenden Personenverzeichnis zu schließen einen Versuch zu dramatischer Gestaltung des Stoffes der Novelle' sehen. Aber dieses Verzeichnis der wenigen Personen in Form eines Stammbaums beweist gar nichts, findet sich doch sogar der Name einer Verstorbenen darunter. Und der Entwurf selbst ist entschieden auf eine allmähliche Entwicklung aus zum Teil sehr undramatischen Momenten angelegt; wie hätte z. B. das Takthalten beim gemeinsamen Klavierspiel, das Eintreten der Gicht bei dem Major u. a. dramatisch zur Wirkung gebracht werden sollen?

[2]) Es ist zu beachten, daß Goethe hier durchweg noch gewöhnliche Namen und nicht, wie später, die auch sonst in den Wanderjahren angewandten fremdartigen, ja zum Teil seltsamen, verwendet.

im Sommer 1809 vollendeten 'Wahlverwandtschaften' (Buch 1, Kap. 8) wieder; daraus scheint mir hervorzugehen, daß unser Entwurf vorher verfaßt ist, denn schwerlich hätte Goethe ein solches Motiv in einer späteren Dichtung wiederholt. — Die Entdeckung der Liebe des Mädchens erfolgt dann auch hier durch die (Pflege-)Mutter. Wie in der späteren Novelle sollte dann das Auftreten des Schauspielers mit seinen 'Drogues' die Hoffnungen des Majors auf eine neue Jugend beleben. Für die Szene der Liebeserklärung ist auch hier schon die Natur symbolisch verwendet, aber bezeichnender als später: statt des prangenden Frühlingstages bildet ein klarer Herbsttag den Hintergrund. — Der weitere Gang der Handlung ist erst ganz flüchtig angedeutet und läßt sich aus den abgerissenen Notizen nur im allgemeinen erkennen. Der nächste Schritt ist die 'notwendige Erklärung mit dem Sohne, der anderwärts engagiert ist' — man sieht, es fehlt für Goethe noch der Anreiz, sich ihn und seine Lage lebendiger und anschaulicher vorzustellen, seine Phantasie beschäftigt hier wesentlich der Vater. Er folgt ihm auf seiner Reise, bei der allerhand körperliche Beschwerden, besonders die Gicht, ihn an sein Alter mahnen, erwähnt das Zusammentreffen mit dem Schauspieler (beim 'Gebrauch des Bades'?), der ihn belehrt, daß er die 'Drogues' falsch gebraucht habe und daß der 'Hauptpunkt' der Verjüngungskur die 'Meidung der Weiber' sei· So sind hier, im Unterschiede zur späteren Fassung, alle Motive, die ihn zur Entsagung treiben müssen, bereits vor dem Zusammentreffen mit seinem Sohne gegeben und alles offenbar auf eine viel einfachere und raschere Entwicklung angelegt. Jenes Zusammentreffen sollte dann wohl ihren Abschluß bringen: er findet ihn 'entstellt'; die 'Konfidenz', die er macht, endet aber mit der 'Zufriedenheit des Vaters'. Man erkennt wohl, daß eine unglückliche Liebe des Sohnes vorliegt, aber ihr Gegenstand scheint in Goethes Phantasie noch keine feste Gestalt gewonnen zu haben. Die endgültige Lösung der Verwicklung ist noch nicht angedeutet.

Das erste sichere Zeugnis, das wir über die Arbeit am 'Mann von funfzig Jahren' haben, die Tagebuchnotiz vom 3. Juni 1807, bezieht sich unzweifelhaft auf die Novelle, denn gerade damals beschäftigten ihn die Novellen für die 'Wanderjahre'. Er hat mehrere Tage des Juni in Karlsbad daran diktiert; am 4. August kann er eintragen: 'Der Mann von funfzig Jahren bis zu einer gewissen Epoche' und zu der Geschichte des 'nußbraunen Mädchens' und der Übersetzung der 'Folle en pélerinage' sich wenden. Aber von diesem Zeitpunkte zieht sich die Arbeit an der Novelle bis zu ihrer völligen Vollendung noch über zwanzig Jahre hin.

Am 11. April 1808 hat er daran zugleich mit den ebenfalls zunächst als Novelle für die 'Wanderjahre' bestimmten 'Wahlverwandtschaften' wieder 'schematisiert', und schon am 22. April kann er das Vollendete im Zirkel der Herzogin vorlesen. Am 9.—11. Juli 1810 ist er dann mit Riemer, während er an dem 1. Teil der Wanderjahre arbeitete, auch 'den Mann von funfzig Jahren durchgegangen'. Es war wohl derselbe Teil der Erzählung, den er dann im Mai 1817 an Cotta für das Damentaschenbuch sandte und in den 1821 erschienenen ersten Teil der 'Wanderjahre' als 11. Kapitel aufnahm. (In der zweiten Bearbei-

tung von 1829 wurde daraus das 3. Kapitel des 2. Buches.) Dieser Teil bricht
ab mit dem Abendbesuch des Majors und seines Sohnes bei der schönen Witwe.
Das folgende 12. Kapitel versetzt uns dann sogleich an den Lago maggiore und
schildert die Begegnung Wilhelms mit der Witwe und Hilarien; die Überleitung bildet ein Brief Hersiliens, der die Reise der beiden ankündigt.

Volle zehn Jahre nach der ersten Veröffentlichung ließ Goethe das Publikum auf die Fortsetzung warten. Nur flüchtig beschäftigte ihn ihr Plan ein
paar Tage im November 1820; das damals niedergeschriebene Schema ist das
älteste uns erhaltene. Ebenso flüchtig griff er Anfang August 1823 in Marien-
bad während der glücklichen Tage, die er dort zum letzten Male mit Ulrike
von Levetzow verlebte, auf den Plan zurück. Erst im Oktober 1826 nahm er
die Arbeit ernstlich wieder auf. Am 22. erweitert er das alte, vor sechs Jahren
entworfene Schema[1]), an den folgenden Tagen arbeitet er es noch mehrfach um.
Die Ausführung aber zog sich noch bis in den Frühling des nächsten Jahres
hin. Am 11. März 1827 liest er Ovids Metamorphosen; aus ihnen entnimmt er
die Verse, die er im 5. Kapitel nachbildet. Im April wurde die Dichtung wohl
im wesentlichen abgeschlossen; Ende Juni und Anfang Juli ging er sie noch
einmal mit Riemer durch. Die Fortsetzung erschien zu Ostern 1829 als 4 und
5. Kapitel des ersten Teils der 'Wanderjahre'; Kapitel 3 enthielt, wie erwähnt,
das alte Stück (natürlich jetzt ohne den Brief Hersiliens).

So zerfällt die Entstehungsgeschichte der Novelle in zwei durch eine zehn-
jährige Pause getrennte Abschnitte. Die lange Unterbrechung der Arbeit macht
es begreiflich, daß zwischen dem zuerst veröffentlichten Teile (jetzt Kap. 3)
und seiner späten Fortsetzung (jetzt Kap. 4 und 5) erhebliche Unterschiede sich
zeigen. Zwar hat Goethe den Plan in seinen Grundzügen, die er schematisch
festgelegt hatte, unverändert beibehalten, aber die Ausführung hat einen wesentlich anderen Charakter angenommen.

Der erste Teil war noch durchaus in der älteren einfachen Novellentechnik
gehalten. Eine seltsame Begebenheit[2]) sollte in raschem Verlauf und doch mit
einer gewissen epischen Ruhe dargestellt werden. Die Handlung ist durchaus
das Wesentliche, die Personen sind ganz flach gehalten, ihr Charakter ist nur
so weit angedeutet, als er unmittelbar für die Handlung in Betracht kommt.
Auch auf die Szenerie, die häusliche Umgebung, die Natur fällt nur ein flüchtiges Licht; wie knapp und allgemein ist z. B. der Frühlingstag geschildert,
der das Liebespaar umgibt! Über dem Ganzen liegt ein leicht-ironischer Ton,
der das Komische der Verwicklung unaufdringlich und behaglich hervorhebt.

Die Voraussetzungen erinnern an die, aus denen die jüngere französische
Komödie gern die Verwicklung ableitet: aus Familieninteresse haben die Eltern
in geschäftsmäßiger Berechnung über die Herzen der Kinder verfügt. Die Exposition ist auffallend rasch und kurz: sogleich bei seiner Ankunft teilt der
Bruder seiner Schwester den glücklichen Abschluß der Verhandlungen über die

---

[1]) Vgl. die Notiz in Paralip. XXXI (W. A. XXXV 2, 229).
[2]) 'Was ist die Novelle anders als eine sich ereignete unerhörte Begebenheit?', so
definiert Goethe im Gespräch mit Eckermann 22. Jan. 1827.

Güter mit, sogleich jetzt muß er hören, daß Hilarie statt seines Sohnes einen
andern liebt. Die Nennung des Namens wird zwar etwas retardiert, um seine
und unsere Neugierde zu spannen, aber rasch löst sich diese Spannung und
macht der heiteren Überraschung Platz: der Onkel selbst ist der Gegenstand
ihrer Neigung! Mit komischer Schnelligkeit entwickelt sich nun die Liebe des
Alten. Seine verständigen Zweifel an der Echtheit der Liebe eines jungen Mädchens zu einem alternden Manne werden von der Mutter durch den Hinweis
auf ähnliche Fälle oberflächlich zurückgewiesen; nur zu gern glaubt der Major,
was er plötzlich als wünschenswert empfindet; kein Gedanke an den Sohn, dem
er die Braut wegnimmt, regt sich. Ein komischer Zufall will, daß gerade jetzt
ein Freund des Majors, ein alter, aber noch immer jugendlicher Schauspieler
zum Besuch erscheint und durch seine Künste auch ihn zu verjüngen verheißt;
wir belächeln die Geduld, womit der an rasche Tätigkeit gewöhnte Mann sich
allen Graden ihrer Anwendung unterzieht. Nun folgt sofort die Szene der Liebeserklärung; Goethe hat sie durchaus auf komische Wirkung angelegt. Schon die
äußere Situation ist zu diesem Zwecke seltsam genug geschaffen: vor dem
Stammbaum führt er das Paar zusammen. Und seltsam ist auch das Geplauder,
bei dem die Herzen sich öffnen sollen: der Major macht den Erklärer und charakterisiert die älteren Familienglieder, die er noch gekannt hat, ohne zu fühlen,
wie alt er selbst dabei erscheint. Den Ausgang hat Goethe mit sichtlicher Ironie
ganz nach der Schablone der Komödie herbeigeführt: auf das erste Wort, womit Hilarie ihre Neigung leise andeutet, fällt ihr der Onkel zu Füßen, und in
demselben Augenblick muß die Mutter eintreten.[1])

Den komischen Abschluß bringt dann die Reise des Majors zu seinem
Sohne. Wo wir einen schweren Konflikt befürchten, finden wir überrascht alle
Schwierigkeiten im voraus durch eine wunderbare Fügung schon gehoben: der
Sohn liebt statt Hiliariens eine ältere Witwe; die Umkehr des natürlichen Liebes-
verhältnisses wiederholt sich, aber in entgegengesetzter Weise. Auch die weitere
Entwicklung vollzieht sich mit überraschender Leichtigkeit und Schnelligkeit.
Ohne zu stutzen oder zu warnen vernimmt der Vater das Geständnis des Sohnes;
dieser selbst muß mit pathetischer Beschwörung unter Berufung auf das jugendliche Wesen des Vaters in ihn dringen, seine Braut zu heiraten, er 'läßt ihn
keinen Raum gewinnen', sondern führt ihn sogleich zu seiner geliebten Witwe,
die Persönlichkeit des Vaters scheint sie, wenn auch in uns einige Bedenklich-

---

[1]) Riemann, Goethes Romantechnik S. 281 möchte 'hier einen höchst ungünstigen Einfluß der Bühne konstatieren'. Er erinnert daran, daß Kotzebue im 'Mann von vierzig
Jahren' den Vormund bei dem Kniefall des Kammerjunkers sagen läßt: 'Pfui, mein Herr,
wir stehen ja nicht auf dem Theater', und er findet es 'seltsam, daß G. von einem Effekte
Gebrauch machte, der dem größten Theatermacher unnatürlich schien'. Aber erstens ist
die Situation bei Kotzebue doch eine ganz andere: der Vormund ist ärgerlich über die
täppische Werbung des albernen Kammerjunkers um das von ihm selbst geliebte Mündel.
Sodann hätte gerade der Umstand, daß Goethe in einer Dichtung, deren Titel schon den damaligen Leser auf Kotzebues Stück hinwies, sich einer darin verpönten pathetischen Geste
bediente, im Urteil vorsichtiger machen und auf die komische Absicht des Dichters hin-
führen sollen.

keiten zurückbleiben, günstig für den Sohn zu stimmen, so daß sie beim Scheiden seine Liebeserklärung anhört und seine Umarmung duldet.

Damit endet der erste Teil der Novelle. Man wird zugeben, daß hier auf eine tiefer eindringende psychologische Motivierung mit Rücksicht auf die komische Wirkung verzichtet ist. Wie der Major im wesentlichen die Rolle des komischen Vaters spielt, so ist auch die Witwe ganz als die typische Lustspielwitwe gezeichnet ohne individuellere Züge.

Als Goethe nach zehn Jahren den Bau der Fortsetzung auszuführen unternahm, stand er dem Stoff innerlich als ein anderer gegenüber. Der Siebzigjährige hatte noch einmal die leidenschaftliche Liebe zu einem jüngeren Mädchen durchlebt, das in ihm doch nur den väterlichen Freund sehen wollte; die Trennung hatte ihn bis in die Wurzeln seines Wesens erschüttert; wie hätte er da die Novelle, die so verwandte Situationen berührte, in dem alten leichten Tone fortführen können? Und auch sein künstlerisches Verhältnis zu dem Gegenstande wandelte sich in der langen Zeit, während der er ihn mit sich herumtrug. Er lebte sich immer mehr in seine Gestalten ein, ihr Seelenleben vertiefte sich ihm, die Handlung wurde innerlicher und gleichzeitig reicher, die einzelnen Momente erweiterten sich zu lebensvollen Bildern. Wir sind in der glücklichen Lage, dieses Ausreifen der Dichtung an der Hand der zahlreichen Entwürfe, die unter dem Paralipomena der Weimarer Ausgabe abgedruckt sind, verfolgen zu können. Sie sind ein lebendiges Zeugnis für das bewußte künstlerische Schaffen des alten Dichters. Wir bewundern den künstlerischen Ernst, der selbst bei einem kleineren Werke den Stoff immer aufs neue durchkomponiert und nicht eher ruht, bis er alle darin liegenden Motive vollkommen herausgearbeitet hat.

Die Fortsetzung beginnt in der abschließenden Fassung in Kap. 4 mit dem Morgenbesuch des Majors bei der Witwe. Durch die lebendige Anschaulichkeit, in der ihre reizvolle Koketterie und ihre Wirkung auf den Gast uns vor Augen treten, sticht dieses Kapitel scharf von dem Schluß des vorhergehenden ab, wo ihr Spiel etwas abstrakt in ganz allgemeinen Zügen beschrieben wird. Diese ganze Szene ist dem Dichter erst spät aufgegangen. Hätte er sie von Anfang an geplant, so hätte er sie sicher wohl schon dem vorigen Kapitel angeschlossen, mit dem sie eigentlich eng zusammengehört; jetzt trennt sie der Kapiteleinschnitt etwas störend davon ab. Ursprünglich sollte das neue Kapitel sogleich mit der Reise des Majors auf das Stammgut beginnen; von dem Abschiedsbesuch bei der Witwe sollte ein Brief an seine Schwester berichten. Natürlich konnte ein solcher Bericht nur einseitig und kurz sein, eine so überlegene Schilderung weiblicher Koketterie, wie sie jetzt die direkte Darstellung durch den Dichter bietet, war ausgeschlossen. Dann sollte die Erzählung wiedereinsetzen; die Last der Geschäfte, die körperlichen Anstrengungen, welche die Übernahme der Güter mit sich bringt, das Auftreten der Altersbeschwerden, die Verabschiedung des 'kosmetischen Kammerdieners' und die unbehagliche Stimmung[1]) des Majors

---

[1]) Die dabei eingeschobenen Worte 'anni demunt' sind wohl ein ungenaues Zitat aus Horaz, Ars poet. 175:

schildern, die er in jenem Briefe verschwiegen hat. Als Goethe im Oktober
1826 das Schema wieder vornahm, beschloß er dieses ganze Stück in einen
förmlichen Briefwechsel zu verwandeln: nach jenem Brief des Majors schob er
eine Antwort der Schwester ein, die durch eine mit weiblichem Scharfblick
verfaßte Kritik der Witwe die Charakteristik des Bruders ergänzen sollte; ein
zweiter Brief des Bruders brachte dann die Schilderung seiner äußeren Lage,
nur das Intimere, Persönliche blieb der direkten Erzählung vorbehalten. Nachdem er so zunächst das Bild der schönen Witwe in doppelter Spiegelung gezeigt hatte, entschloß er sich endlich, in einer selbständigen Szene ihr rätsel-
haftes Wesen uns unmittelbar vorzuführen, jenen Brief der Baronin an ihren
Bruder verwandelte er in einen solchen an Makarie und verknüpfte dadurch die
Geschichte mit dem Gewebe der 'Wanderjahre', die Schilderung der Reiseerleb-
nisse des Majors wurde nun durchweg für die Erzählung bestimmt.

Auch dieser letzte Teil erhielt jetzt eine größere Breite und Tiefe als in
der ursprünglich geplanten brieflichen Form möglich gewesen wäre. Die Verhandlungen wegen der Übernahme der verwahrlosten Güter wurden nun mit
einer so sehr bis ins einzelne gehenden Sorgfalt ausgemalt, daß wir darüber
fast das eigentliche Ziel der Novelle aus den Augen verlieren. Nicht bloß der
Charakter des Hofmarschalls, der für die Haupthandlung doch gar keine Bedeutung hat, gewinnt hierbei ein stärkeres Interesse, auch zahlreiche an sich
ganz unwesentliche Momente, von dem Eingreifen der Advokaten, der Bestechung
des Kammerdieners an bis auf die 'gewisse Sorte grauer Äpfel', die dabei für
die Fürstin ausbedungen werden, müssen uns die Schwierigkeiten und das kleinliche Getriebe der Geschäfte vor Augen führen. Mag sein, daß die 'Lust zu fa-
bulieren' Goethe hier weiter trieb, als nötig war, wobei vielleicht auch Erinnerungen an manche Verdrießlichkeiten, die er selbst einst in Gutsangelegenheiten
erlebt hatte, mitwirkten — der Hauptzweck dieses fast zur Episode erweiterten
Abschnittes war doch wohl der, daß bei dieser geschäftlichen Tätigkeit die triviale Wirklichkeit derb in das Gefühlsleben des Majors eingreifen sollte. Dagegen wird sein körperliches Unbehagen nur kurz, wohl so wie es ursprünglich
geplant war, geschildert. Völlig neu hinzugefügt ist dann die Fortführung seiner
Beziehungen zu der schönen Witwe. So wuchs sich die Parallelhandlung weiter
aus, die zu Anfang dieses Kapitels durch die weitere Ausgestaltung des Ab-
schiedsbesuches eine bedeutendere Stelle in der Novelle gewonnen hatte. Die
Jugendgedichte aber, die der Major für sie aussucht, besonders die Übersetzung
aus Horaz, dienen dazu, ein wehmütiges Gefühl des Alters in ihm wachzurufen.

Von dem Major wendet sich die Novelle nun zu Hilarie und ihrer Mutter.
Für diesen Abschnitt enthielt der älteste Entwurf zunächst nur die themati-

---

Multa ferunt anni venientes commoda secum,
  multa recedentes adimunt.
Eine ähnliche Stelle, Ep. II 2, 55:
    Singula de nobis anni praedantur euntes,
      eripuere iocos versus convivia ludum,
hat Goethe im Westöstlichen Divan 1818 (W. A. VI 83) variiert.

schen Andeutungen: 'Zustand der Frauenzimmer — liebevolles Hoffen und Erwarten — Vorbereitungen zum Empfang'. Auch hier gewannen die Szenen erst
allmählich festere Gestalt. Anfangs notiert er sich noch zweifelnd 'Lektüre zur
Unterhaltung? Ausstattung. Vorbereitung zu einem zärtlichsten Empfang'. Dann
aber malt er sich die Szene in den hellsten Farben aus, um sie aufs schärfste
mit dem folgenden 'schauderhaften Eintritt des Sohnes' zu kontrastieren: in
blendender Beleuchtung strahlt das Schloß; um sie herzustellen, muß ein Diener
— so peinlich motiviert Goethe hier selbst Nebensächliches — ein früherer
'Mechanicus' sein (238, 12). Und von dieser Situation aus vertieft sich ihm
nachträglich das Bild der Baronin, das im ersten Teil noch flach und farblos
gehalten war, ihr Vorleben als Hofdame wird herangezogen, um ihre Neigung
zu glänzender Einrichtung zu erklären.

Es folgt dann das Auftreten des Sohnes und die allmählich aufkeimende
Neigung zwischen ihm und Hilarie. Wir bewundern die Sorgfalt, mit der Goethe
in den verschiedenen Skizzen die Entstehung der Liebe immer tiefer und zwingender zu motivieren sucht. Anfangs schien ihm das Mitleid mit dem Schicksal Flavios, die Teilnahme an seiner Krankheit und der Vergleich mit seinem
Vater, der durch dessen jugendliches Porträt hervorgerufen wird, ausreichend zu
sein. Dazu fügte er dann die 'dichterische Gabe des Sohnes'. Die weitere Entwicklung sollte zunächst durch die plötzliche Ankunft des Vaters unterbrochen
werden, die Hilarien rasch aus dem glücklichen Traume wecken und zu dem
Entschlusse bestimmen sollte, ihm treu zu bleiben. Wieviel reicher und ver-
wickelter hat Goethe den Konflikt später gestaltet! Er mochte fühlen, daß auf
diese Weise die schließliche Lösung, die Hilarien mit dem Sohne vereinigen
sollte, nicht genügend vorbereitet sei. So notierte er sich die weitere Motivierung ihrer Liebe zunächst als Postulat: 'Schwierigkeit des Loslassens — Steigerung durch Natur und Zufall'. Als Mittel, diese Steigerung zu bewirken,
stellte dann der nächste Entwurf die Lektüre der beiden aus einem Buche,
wobei die Hände sich berühren, und die gemeinsame Eisfahrt auf. Aber diese
Weiterentwicklung des Verhältnisses sollte auf dieser Stufe erst nach der Ankunft des Majors, in seiner Gegenwart erfolgen; allmählich sollte dem Vater
dabei die schmerzliche Erkenntnis sich aufdrängen, daß Hilarie für ihn verloren
sei. An dieser Anordnung hielt Goethe auch in den nächsten Entwürfen fest.
Erst als er sich der Ausarbeitung zuwandte und dafür den Inhalt sich noch
einmal im Detail schematisierte, verlegte er diese Szenen, in denen die Liebe
des jungen Paares sich entfaltet, vor die Ankunft des Vaters. Auf diese Weise
wurde nicht bloß das Peinliche, das in der ursprünglichen Situation lag, vermieden, auch das Verhalten der Liebenden wurde unbefangener und natürlicher.
Ihr Eislauf rief nun in der Phantasie des Dichters rückwirkend die Vorstellung
einer vorangegangenen Überschwemmung wach. Auch hier sieht man in den
Entwürfen, wie er dieses neue Bild mit epischem Behagen zu einer fast aus
dem Rahmen des Ganzen heraustretenden Episode ausmalt, wobei aber dann
doch die gemeinsame Hilfeleistung des Paares wieder zu einem neuen Motiv
der Liebe wird. Der Eislauf selbst wird nun erst zu einem ergreifenden Höhe-

punkt, wo auf das höchste und reinste Liebesglück plötzlich die Peripetie durch das rätselhafte Erscheinen des Vaters folgt. In der Szenerie hat Goethe hier die reifste Kunst seiner Naturmalerei entfaltet; wie karg wirkt dagegen die Schilderung des Frühlingstages in der parallelen Szene des ersten Teiles.

Der hier beginnende Konflikt sollte ursprünglich tragikomisch enden. Die Weigerung der Nichte, das dem Major gegebene Wort zu brechen, scheint den Vater doch noch zum Sieger über den Sohn zu machen. Da trifft der Schauspieler ein. Er, der den Major zu Anfang mit der Hoffnung auf eine neue Jugend erfüllt und dadurch zu der Werbung um Hilarie ermutigt hatte, sollte nun durch eine 'heitere Enthüllung' des 'letzten kosmetischen Mittels' die 'Auflösung' bringen[1]): Das beste Mittel, sich die Jugend zu erhalten, ist der Verzicht auf Frauenliebe. Der Liebestraum des Mannes von funfzig Jahren ist damit ausgeträumt.

Dieser komische Ausgang paßte natürlich nicht mehr zu der Umgestaltung, die die Novelle erfahren hatte. Eine tiefgreifende Änderung leitete Goethe dadurch ein, daß er die beiden Momente, die Weigerung Hilariens und die 'Enthüllung des Geheimnisses der Konservation' umstellte. Das persönliche Auftreten des Schauspielers ersetzte er dabei durch einen Brief. Dadurch wurde nicht bloß eine komische Szene vermieden, sondern vor allem wurde die äußere Begebenheit in ein inneres Erlebnis des Majors verwandelt. Zart und tief ist die wehmütige Klarheit und Milde, die ihn jetzt beherrscht, geschildert. Aber der Humor des Dichters verbindet doch auch hier mit dem Seelischen das Körperliche: der Verlust eines Zahnes gewinnt in dieser Stimmung eine schmerzliche Bedeutung. Wenn nun erst, nachdem ihr Liebhaber zur Entsagung durchgedrungen ist, Hilarie sich weigert, ihn aufzugeben, so gewinnt damit der Ausgang für ihn etwas Tröstliches; es bleibt ihm die Beschämung erspart, seine Liebe leichten Herzens der des Sohnes geopfert zu haben. Zugleich spitzt sich so am Schluß das Dilemma zu, dessen Lösung dann durch das überraschende Erscheinen der Witwe angebahnt werden sollte.

Wie Goethe auch in den nach so vielen Vorarbeiten hergestellten Text noch neue Züge hineintrug, dafür bietet ein hübsches Beispiel die geistreiche Verwendung der Verse Ovids Metam. VI 17. 18. Er hatte am 11. März 1827 'bey Gelegenheit des Mannes von funfzig Jahren' in den 'Metamorphosen' gelesen; die Stelle, wo die Arbeit der Arachne beschrieben wird, mochte ihm nachträglich eingefallen sein und ihn dazu veranlaßt haben; er verwendete sie jetzt, um in die Übersetzung den Dank des Majors für die Stickerei der Witwe zu kleiden. Das Stück 306, 24—308, 24 wurde in die fertige Handschrift eingeschoben[2]); als 'Verzahnung' wurde ferner vorher bei der Überreichung der

---

[1]) W. A. 235, 13; das Paral. XXXIII f. zeigt dieselbe Folge der Szenen wie XXXI und ist daher unmittelbar hinter dieses zu stellen, der vom 30. Aug. 1827 datierte Briefentwurf auf der anderen Seite ist selbstverständlich erst später — nach Vollendung der Novelle — dort niedergeschrieben und gibt keinen Anhalt für die Entstehung.

[2]) Vgl. die Beschreibung der Handschrift in der W. A. XXXV 2, 86. 90. Ich möchte hier beiläufig in dem mit bewundernswerter Sorgfalt gearbeiteten, den Zusammenhang der

Gabe auf einem eingelegten Blatt der Zusatz gemacht (299, 15—28), daß dem
Major schon damals diese Stelle durch den Sinn gegangen, aber nicht genau er-
innerlich gewesen sei. Dabei übersah Goethe, daß er bereits 295, 20 ganz ebenso
den Major sich 'einiger hierher gar wohl passender Verse' hatte erinnern lassen.

Die Entwicklung der Novelle zeigt einen bemerkenswerten Parallelismus
zu der der 'Wahlverwandtschaften'. Der Plan zu beiden ist ungefähr zu derselben Zeit entstanden; im April 1808 (oben S. 70) arbeitet er an ihnen gleichzeitig; auch die 'Wanderjahre' waren damals noch als Novelle für die 'Wahlverwandtschaften' bestimmt.[1]) Beide waren wohl ursprünglich als Gegenstücke gedacht.[2]) In beiden werden zwei Paare einander gegenübergestellt, die kreuzweise
von der Liebe zueinander gezogen werden; in der einen Erzählung überspringt
sie die natürlichen Schranken des Alters, in der anderen die sittlichen der Ehe.
Der leichteren Verwicklung dort entspricht die komische Behandlung; der schwere
Konflikt in den 'Wahlverwandtschaften' bedingte einen tragischen Ausgang. Auch
sie 'sollten kurz behandelt werden'; allein der Stoff war allzubedeutend und zu
tief im Dichter gewurzelt, als daß er ihn auf eine so leichte Weise [in der
Form der Novelle] hätte beseitigen können. ... Die Ausführung erweiterte, ver-
mannigfaltigte sich immerfort und drohte die Kunstgrenze zu überschreiten'.[3])
Das leise Keimen und Reifen der Leidenschaft konnte nur in ruhig verweilender
Erzählung zu überzeugender Wahrheit erhoben werden. Wenn auch diese Erzählung selbst frei aus der Phantasie des Dichters geschaffen und zu vollkommener Gegenständlichkeit ausgestaltet war, die schmerzlichen Seelenkämpfe,
in die ihn jüngst die Liebe zu Minna Herzlieb[4]) gestürzt hatte, spiegelten sich

Handschriften mit aller wünschenswerten Klarheit entwickelnden Apparat Eugen Josephs
ein kleines Versehen berichtigen: XXXV 1, 130 ist in dem Text der ersten Ausgabe 'gäh-
stotzige Felsen' statt 'gählstolzige' zu lesen; vgl. Schiller Tell 2195 (nach Scheuchzer).
    [1]) Das geht schon aus der Zusammenstellung im Tagebuch hervor: 'an den kleinen
Erzählungen schematisiert, besonders den Wahlverwandtschaften und dem Mann von
50 Jahren; abends St. Joseph der zweite.' Dazu vgl. die Tag- und Jahreshefte zu 1807
(W. A. XXXVI 28).
    [2]) Vgl. über den Parallelismus der jetzt in dem Roman vereinigten Novellen M. Wundt,
Goethes W. Meister und die Entwicklung des modernen Lebensideals S. 445 f.
    [3]) Tag- und Jahreshefte 1807 und 1809 (W. A. XXXVI 28. 44).
    [4]) Seit François-Poncet, Les affinités électives (Paris 1910) gegen die Annahme einer
Einwirkung dieses Erlebnisses auf den Roman erklärt hat (S. 49): 'Il faut décidément re-
noncer à cette histoire', scheint man auch bei uns vielfach dahin zu neigen, dieses Moment
in der Entstehungsgeschichte auszuschalten. Und doch sollte man sich von der blendenden
Rhetorik Poncets nicht darüber hinwegtäuschen lassen, mit wie schwachen Gründen er die
eigenen Geständnisse des Dichters zu entkräften sucht. Unbegreiflich ist mir dabei, wie er
von dem Brief an Christiane, in dem Goethe bekennt 'Minchen einmal mehr als billig geliebt zu haben', sagen kann: 'Elle ne se trouve pas dans l'édition de Weimar, elle est rap-
portée par M. Geiger sans référence, mais on doit lui faire crédit' (!!), während dieser Brief,
als sein Buch erschien, schon seit 10 Jahren XXIII 126 gedruckt vorlag. — Auch sonst sind
die Angaben Poncets mit Vorsicht zu benutzen. Über den 'Mann von fünfzig Jahren' sagt
er S. 23, er sei 'ébauché en 1803, repris en 1808, en juillet 1810, publié partiellement en 1817
et n'est terminé que dans l'édition de 1823'. Von allen diesen Daten ist nur 1817 richtig,
die übrigen sind teils ganz willkürlich, teils (wie 1823) falsch. Vgl. oben S. 71.

hier wider. Zugleich führte ihn die tiefer eindringende Motivierung der Charaktere und ihres Handelns dazu, auch die Verhältnisse, in denen sie wurzeln, das ganze Stück Welt, das sie umgibt, uns in voller Anschaulichkeit vorzuführen. So erwuchs die Novelle zum Roman.

Ebenso weitete sich die anfangs nur auf einen geringen Umfang und eine knappe Darstellung berechnete Novelle 'Der Mann von funfzig Jahren' in der Fortsetzung immer mehr aus. Auch hier wirkten wohl schmerzliche Erlebnisse dazu mit, daß der Dichter den anfangs leicht aufgefaßten Stoff ernster und tiefer nahm, die früher nur skizzierten Charaktere etwas reicher ausführte, die Handlung verinnerlichte und sorgsamer motivierte. Auch hier zog er später das äußere Leben der Personen, weit mehr als es die Erzählung erforderte, mit hinein: die geschäftliche Tätigkeit des Majors, das behagliche und umsichtige Walten seiner Schwester als Gutsherrin. Doch wurde dies alles nicht soweit ausgedehnt, daß dadurch der Rahmen der Novelle gesprengt wäre und der Unterschied zwischen dem älteren und dem jüngeren Stück die künstlerische Einheit zerstört hätte.

Der nachstehende Brief Ritschls an den Gießener Physiker **Buff** — einen Neffen von Charlotte Kestner — befindet sich jetzt im Besitze von dessen Enkel, des Chemikers Dr. Max Buff in Elberfeld, und ist uns durch Dr. Paul Alpers in Hannover zum Abdruck übermittelt worden.

Du hast Recht, theurer Freund, jetzt ist der Zeitpunkt — oder er kömmt vermuthlich nie — wo es gilt die Gießener Philologie aus der Stagnation herauszureißen, der sie doch unleugbar verfallen war. Das müßte doch mit dem T. zugehen, wenn eine sonst so schöne Universität nicht sollte dahin gebracht werden können, auch unter den besten philologischen Bildungsstätten Deutschlands mitzuzählen. Alle sonstigen Bedingungen sind ja vorhanden; es kömmt einzig und allein auf den richtigen Griff an in der Wahl der Persönlichkeit, die den Neubau kräftig beginnen und beharrlich durchführen muß. Wo etwa andere meinen mögen diese zu finden weiß ich nicht, ich für meinen Theil — und ich habe in Folge Deiner Aufforderung mit rechter Gewißenhaftigkeit darüber nachgedacht — bin keinen Augenblick im Zweifel, was das Richtige wäre für Gießen, und würde als Curator von Gießen, oder als Darmstädtischer Minister mit voller Zuversicht und Seelenruhe dem Erfolg entgegensehen. Ehe ich aber meinen Mann nenne, deute ich nur noch ein paar allgemeine Gesichtspunkte an, von denen ich ausgehe, und die Du gewiß theilst. Der Philolog einer Universität hat allerdings auch die praktische Aufgabe, tüchtige Schulmänner zu ziehen; es gibt aber keinen größern Irrthum, als zu wähnen, daß dazu der vorwiegende Pädagog am geschicktesten sey. Im Gegentheil, die möglichst strenge wißenschaftliche Durchbildung ist es (wenn sie

nur keine todte und vom Leben abführende ist), die auch die besten Praktiker macht. Also selbst darum thut ein Mann Noth, der durch seine Stellung und Leistungen in der Wißenschaft der Universität auch an seinem Theile einen gewißen Glanz zu verleihen geeignet ist. Und noch jung und rührig genug muß er sein, um eine gewiße Continuität seines Wirkens vor sich zu haben. Doch zur Sache. Ich weiß nicht nur keinen beßern, sondern im Grunde wirklich nur den Einen: Prof. *Ribbeck in Bern*. Früher selbst mehrere Jahre Schulmann, weiß er was der Schule noth thut. Als Docent hat er — was viel sagen will, in wenigen Jahren wieder Lust und Liebe zu philologischen Studien auf einem Boden zu pflanzen gewußt, der philologisch so verrottet war, daß selbst der Begriff deutscher Philologie abhanden gekommen war. In dem auf seinen Betrieb dort gegründeten philol. Seminar hat er eine so gedeihliche Wirksamkeit entwickelt, daß er sich als *natus factusque* für diese Seite, in der ich eigentlich den Schwerpunkt der Thätigkeit eines Professors der Philologie erkenne, in trefflichster Weise bewährt hat. Seine Bildung ist eine so gründliche wie vielseitige. Neuere Sprachen und Litteraturen mit Liebe umfaßend und mit einem phantasiereichen Gemüthe pflegend, vereinigt er in Beziehung auf das klassische Alterthum mit absoluter Tactfestigkeit im Grammatisch-Kritischen die lebendigste Kenntniß des Historischen. [*Am Rande:* Griechisch und Lateinisch beherrscht er mit völliger Gleichmäßigkeit.] Einen einjährigen Aufenthalt in Italien hat er wesentlich dazu angewendet, um durch eifriges Studium der alten Kunstwerke sich auch archäologische Bildung anzueignen. Seine litterarischen Leistungen (namentlich die Bearbeitung der *Tragoediae* und der *Co-*

moediae latinae reliquiae) sind als musterhaft allgemein anerkannt worden, und haben ihm einen Platz in der Reihe der Besten unter unsern heutigen Philologen gesichert. Gelehrsamkeit (die sich eigentlich von selbst versteht), productiver Scharfsinn und kritische Besonnenheit gehen darin Hand in Hand und legen Zeugniß ab für einen eben so glücklich begabten wie methodisch geschulten Kopf. Persönlich ist R. ein durchaus ehrenhafter Charakter, rein und treu und nobel; von feinem Wesen im Umgange, aber überall energisch, wo's die Sache fordert. Kurz, ich würde Gießen aufrichtigst gratulieren, wenn es sich diese tüchtige Kraft anzueignen wüßte.

Du fragst nach einem Philologen *Lutterbeck*? Das ist mir eine vollkommen unbekannte Größe. Weder irgend eine litterarische Exhibition noch auch nur der Name ist mir jemals vorgekommen. Wo soll er denn stehen? Ich muß vermuthen, daß das irgend ein *quid pro quo* sei; denn etwas nur einiger Aufmerksamkeit Werthes entgeht einem doch nicht leicht in der philologischen Litteratur so. ganz u. gar.

Nimm vorlieb mit meinen flüchtig hingeworfenen, aber ehrlich überlegten *Sentiments*.

totus tuus

B. 14./12. 58.   *F. Ritschl*

Es handelt sich bei dieser Berufungsangelegenheit um die Nachfolge des 30. November 1858 verstorbenen Gießener Philologen F r i e d r i c h O s a n n. Der zuletzt erwähnte (Anton Bernhard) L u t t e r b e c k

(geb. 1812 in Münster) gehörte ursprünglich der katholisch-theologischen, nach deren Aufhebung (1854) der philosophischen Fakultät der Universität Gießen an, hatte bereits seit 1851 philologische Vorlesungen gehalten und war dann 1859—1877 ordentlicher Professor der klassischen Philologie, ohne jedoch am Seminar beteiligt zu werden (s. O. Immisch, Geschichte des Großherz. hess. Philol. Seminars in Gießen S. 10 ff.). Osanns Nachfolger wurde nicht O t t o R i b b e c k, den die Berner Regierung zu halten wußte, sondern L u d w i g L a n g e, späterhin sein Kollege in Leipzig. Zum Professor ordinarius ernannt, von der Hälfte seiner bisherigen Schulstunden entlastet und im Gehalte erhöht, schreibt Ribbeck am 21. April 1859 aus Bern an die Eltern (Ein Bild seines Lebens aus seinen Briefen S. 141 f.): 'Ich bin also sehr zufrieden mit dieser glücklichen und anständigen Lösung der seit Weihnachten brennenden Frage und bitte Euch, in unsere Freude nach Kräften mit einzustimmen. Ihr könnt denken, daß ich nun mit doppelter Lust mein Stückchen Land hier pflegen werde und Du, liebste Mutter, kannst ja nun auch versichert sein, daß wir der von dir so geliebten Schweiz nicht so bald untreu werden. Im Frühling ist gut Liebesbünde zu schließen, und so hilft er mir auch jetzt, meinen Pakt mit den Alpen und ihrer Freiheit aus vollem Herzen neu zu besiegeln. Es arbeitet sich noch einmal so lustig, wenn man eine klare Zukunft vor sich hat und einen soliden Boden unter den Füßen.'   J. I.

(7. Dezember 1913)

Von Emanuel Löwy

(Mit einer Doppeltafel)

1

Unsere Kenntnis des Stoffes der Aithiopis beruht, bei der Knappheit des Auszugs des Proklos, für einige Episoden ausschließlich auf den Bildwerken. Über eines der wichtigsten darunter herrscht noch andauernd Streit. Es ist die eine Seite der Schale des Pamphaios im Britischen Museum, als deren Ab Zeichner Klein nicht unwahrscheinlich Euphronios vermutet.[1]) Zwar daß das Bild die Heimbringung Sarpedons darstelle[2]), wozu die Beischrift Ὕπνος in der sehr ähnlichen Szene auf einem Krater der Sammlung Campana[3]) im Verein mit Π 666 ff. der Ilias den Anhalt gab, darf man heute wohl als aufgegeben betrachten; und gewiß mit Recht. Nicht nur hätte die Überbringung der Leiche an die Angehörigen durch einfaches Niederlegen und die Bezeichnung dieser Angehörigen durch eine einzige Frau, Gattin oder Mutter des Verstorbenen, nach meinem Empfinden etwas Anstößiges, sondern die, merkwürdigerweise zu Fuß den Geflügelten nacheilende, Iris, auch wenn man sie als Ersatz für Apollon hinnehmen wollte, wäre nun, da der Wille des Zeus erfüllt ist, nicht mehr am Platze. Vor allem aber wird der Leichnam nicht niedergelegt, sondern aufgehoben. Das hat der Zeichner trotz der Gebundenheit des Stiles durch eine Reihe von Zügen deutlich gemacht, wie das Umfassen des Oberkörpers durch den einen Träger von oben mit fest verschlungenen Händen, den starr nach aufwärts gerichteten Kopf des Toten und das Nachschleifen seines mit dem Handrücken auf den Boden stoßenden rechten Armes. Sonach spielt der Vorgang nicht in der Heimat des Toten, sondern fern auf dem Kriegsschauplatz, und dort ist für irgendwelchen weiblichen Angehörigen Sarpedons keine Stelle. Diese Annahme beseitigt, ergibt sich die Deutung auf Memnon[4]) aus einer Schale des Varvakion, wo (und ähnlich, nur abgekürzt, auf

---

[1]) Catal. of Vases in Brit. Mus. III, E 12 (C. Smith); vgl. Klein, Meistersign.[2] S. 88. 94 f. Nr. 20. Neuere Abbildung: Benndorf, Vorlegebl. D, 3; Klein, Euphron.[2] S. 272 ff.

[2]) Robert, Thanatos S. 14 ff.; ders. Bild u. Lied S. 104 ff. Zugestimmt hat nur Luckenbach, Verb. d. Vasenb. z. d. Ged. d. ep. Kykl. (Jahrb. f. kl. Phil. Suppl. XI) S. 618 ff.

[3]) Mon. d. Ist. VI. VII Tf. XXI, dazu Brunn, Ann. d. Ist. XXX (1858) S. 370 ff. und Troische Miszellen III (= Kl. Schr. III 43 ff. 104 ff. Abb. 28); Pottier, Catal. d. Vases ant. III 1011 ff. G 163.

[4]) So zuerst Brunn (Anm. 3); weitere Literatur bei Holland, Roschers Lex. d. Myth. II 2, 2676 ff.; dazu Romagnoli, Proclo e il Ciclo epico, in Studi ital. di Filol. cl. IX (1901) S. 66 ff.; Ubell, Vier Kapitel vom Thanatos S. 41 ff.; Immisch, Lex. d. Myth. IV 1, 411 f.; Steinmetz, Jahrb. d. Inst. XXV (1910) S. 43 ff. Während des Druckes erschienen: Lung, Memnon; K. Heinemann, Thanatos in Poesie u. Kunst d. Griechen (letzteres mit Abbildungen, deren Einzelanführung nicht gut mehr anging).

einem geschnittenen Steine) ein ganz ebenso von Geflügelten aufgehobener
Leichnam durch das Beisein der beide Male geflügelten Eos als Memnon be-
zeichnet wird[1]), und dazu fügen dann die sich rüstenden Amazonen auf der
Gegenseite der Schale des Pamphaios eine willkommene Bestätigung.

Hingegen ist die Benennung der beiden Träger des Toten als Hypnos und
Thanatos, die durch die Inschrift auf dem erwähnten Krater Campana gegeben
schien, kürzlich wieder angefochten und dafür die Deutung auf die Winde vertreten worden.[2]) Aber Quintus Smyrnaeus[3]) läßt sich für letztere nicht als
Stütze heranziehen, denn bei ihm ist der ganze Schluß der Memnonepisode von
dem, was für die Aithiopis durch Proklos bezeugt ist, gründlich verschieden.
In der Aithiopis erhält Memnon die Unsterblichkeit, bei Quintus bleibt er tot
und wird begraben, seine Gefährten in die Memnonsvögel verwandelt. Es leuchtet
ein, daß für diese Version das Motiv von Hypnos und Thanatos, wenn es ursprünglich da war, nicht paßte und durch ein anderes ersetzt werden mußte[4]),
für das genealogische Gründe bestimmend waren. Dafür aber, daß überhaupt
den Winden dieser Dienst der Wegführung der Toten nach Anschauung der
Griechen regelmäßig zukäme, scheint mir der, wesentlich mit Hilfe weiß-
grundiger Lekýthen[5]) versuchte, Beweis nicht gelungen. Denn die fast regelmäßige Anbringung der Stele, bisweilen auch aufgeschütteter Erde[6]) in diesen
Bildern, die Haltung der Geflügelten und namentlich die Art, wie immer mindestens der eine den Leichnam nur ganz sacht mit der Hand berührt[7]), beweisen, daß hier überall Hinabsenken in die Grube gemeint ist, und die in
einem Londoner Exemplar dem einen der Geflügelten gegebene dunkle Farbe[8])

---

[1]) Varvakion, jetzt Nationalmuseum: Collignon-Couve, Vases d. Mus. Nat. Nr. 1093;
Robert, Than. 17 f. m. Abb., danach Lex. d. Myth. II 2, 2677 f. Abb. 5; IV 1, 409 f. Abb. 2. —
Skarabäus, früher Sammlung Tyszkiewicz: P. J. Meier, Ann. d. Ist. LV (1883) S. 213 ff.;
Fröhner, Coll. Tyszkiewicz Tf. XXIV 8 S. 22; Furtwängler, Gemm. I Tf. XVI 22, II 77
('etruskisch').

[2]) Steinmetz, Jahrb. d. Inst. XXV (1910) S. 45 ff.. So schon früher Birch, Archaeologia
XXIX (1842) S. 139 ff. zu Tf. XVI; vgl. auch Benndorf, Griech. u. sic. Vasenb. S. 88 f.;
Fröhner, Coll. Tyszk. S. 22. Gegen Steinmetz Lung S. 62 ff.; Heinemann S. 63. 81 ff.

[3]) II 549 ff., wo übrigens nicht von zwei oder einigen, sondern von πάντες ἀῆται die
Rede ist.

[4]) Ansprechend erklärt Robert, Than. S. 11 f., daß Quintus sich Skrupel machte, Eos
von ihrem Dienst am Himmel abzurufen. Vgl. Holland, Lex. d. Myth. II 2, 2671; O. Gruppe,
Gr. Myth. u. Religionsgesch. II 836.

[5]) Aufzählung bei Steinmetz S. 52 Anm. 117; Heinemann S. 69 f.

[6]) So Steinmetz a, d, e. Die Grabstele ist Ausdruck für das Grab (ebenso Lung S. 74 f.;
Heinemann S. 88), ihr Vorhandensein schon bei der Bestattung also kein Widerspruch,
auch wenn nicht daran erinnert werden dürfte, wie oft eine Stele der Grabstätte von
Familien diente.

[7]) So auch Robert, Than. 19. 22. Das Berliner Fragment (Steinmetz g, vgl. S. 44)
haben schon Ubell a. a. O. S. 49 f.; Hauser, Öst. Jahresh. VI (1903) S. 106 Anm. 24; A. v. Salis in
Iuvenes dum sumus S. 64, wie ich glaube, richtig beurteilt. Desgleichen Heinemann S. 79 f. 87.

[8]) Catal. of Vases in Brit. Mus. III 405, D 58 (C. Smith); Steinmetz b. Daß die andere
Gestalt den Körper mit einem Federflaum bedeckt habe, wie wohl allgemein angenommen
wird, ist nach der photographischen Wiedergabe bei Murray-Smith, White Ath. Lekythoi

findet nur in dem, was wir von Hypnos und Thanatos wissen, ihre Erklärung.[1]) Wenn gegen die Übertragung dieser Benennung auf die Schale des Pamphaios die Rüstung der beiden Geflügelten geltend gemacht wird, welche bei Schlaf und Tod unbelegt sei, so gilt das letztere in ganz gleicher Weise auch für die Winde, und mit dem inneren Wesen von Hypnos und Thanatos steht die Rüstung nicht in einem solchen Widerspruch, daß nicht gelegentliche Umstände ihre Anbringung rechtfertigen konnten. Gründe der Typik kann man schwerlich gegen die Benennung anführen. Denn die Typik gerade dieser beiden Wesen gehört zu den unbeständigsten. Sie geht bei Hypnos vom Kind zum Jüngling und Greis, von Flügellosigkeit zu Schulter- und zu Kopf- oder Schläfenflügeln, von Nacktheit zur Bekleidung.[2]) Und von Thanatos haben wir, wenn wir eben von unserer Schale absehen, zwischen der Hypnos zwillingsgleich kindlichen Bildung auf der Lade des Kypselos[3]) und der vollreif männlichen der weißgrundigen Lekythen mit ihrem scharf zugespitzten Charaktergegensatz nur eine Darstellung, die des Kraters Campana: und von dieser wissen wir nicht mehr, als daß er hier über das Knabenalter hinaus erwachsen war und Schulterflügel trug.[4])

Doch spricht gerade das, was von Charakteristik auf der Pamphaiosschale gegeben ist, für Hypnos und Thanatos und gegen die Winde. Zunächst die Bartlosigkeit der beiden, die, als den Gewohnheiten dieses Stils entgegen und demgemäß bedeutsam, für die Winde um so auffälliger wäre, als Boreas, auch wo er auf Vasen allein erscheint, immer bärtig gebildet ist.[5]) Dem Künstler kam es also darauf an, beide als jugendlich und als gleichaltrig zu bezeichnen.[6]) Dabei besteht aber doch ein leichter Unterschied: der Träger rechts hat helles, der links dunkles Haar.[7]) Ersteres als bloßer Abwechslung dienend anzusehen[8]),

Tf. XI nicht richtig. Es sind lediglich einige Federn des Flügels über den Raum hinausgeführt, welchen der ausgezogene Kontur dann dem Flügel anwies. Ein ähnliches Pentimento findet sich an dem Ansatz des rechten Beins. Auch wenn übrigens die Gestalt mit dem Flaume bedeckt wäre, bliebe ein solcher Zug für Boreas unbezeugt. Der Boreas der ficoronischen Ciste, auf den sich Steinmetz S. 54 beruft, hat den Oberkörper ganz natürlich behaart (so auch Lung S. 76), ganz wie die links von ihm befindliche ungeflügelte Figur.

[1]) Paus. V 18, 1; Nonn. XXXIII 40; vgl. Robert, Than. S. 23 f.; Lung S. 76.

[2]) Vgl. Winnefeld, Hypnos S. 2 ff.; Sauer, Lex. d. Myth. I 2, 2848 ff.; Klein, Praxit. S. 148 f.   [3]) Paus. V 18, 1.

[4]) Antik sind nach Brunn (S. 81 Anm. 3) nur die Beine, die Arme auf dem Schenkel des Toten und ein Stück der Flügel.

[5]) Vgl. Steinmetz S. 52. Sichere Darstellungen des Zephyros, welche die Annahme unbärtiger Darstellung rechtfertigen (Steinmetz), sind mir aus jener Zeit nicht bekannt. Die Deutung der Schalen Hartwig, Meistersch. Tf. XXII 1; LXXII 1, S. 210 f. 659 f. (jünger ist der Krater Catal. of Vases Brit. Mus. IV, F 39) auf Zephyros und Hyakinthos bliebe bloße Vermutung, auch wenn der Mythos selber nicht allem Anscheine nach spät (so auch Preller-Robert, Gr. Myth.[4] I 248 Anm. 2) und überdies abweichend wäre. Ebenso Lung S. 67 f.

[6]) S. auch Robert, Than. S. 22; Lung S. 68; Heinemann S. 85 f.

[7]) Auch hiezu Robert a. a. O. S. 9 f. 13. Daß damit auf den χρυσοκόμας Ζέφυρος (Alc. fr. 13) angespielt sein wolle (Steinmetz S. 54), findet, abgesehen von der Anm. 5 Gesagten, in dem Brauch der Vasenmalerei keine Stütze. Dann müßte blondes Haar doch viel eher bei Apollon, Eros usw. die Regel sein, was nicht der Fall ist.

[8]) Steinmetz S. 44 Anm. 77; Heinemann S. 63.

hindert der im allgemeinen sparsame Gebrauch der blonden Farbe für Haar
sowie ihr Fehlen gerade im Haar, nicht aber im Bart der Hauptfigur unseres
Bildes.[1]) Der Abwechslung, könnte man meinen, genügten die Helme, der des
Trägers rechts von ungewöhnlicher Zierform: aber ist es absichtslos, wenn ihm
der Stirnschirm fehlt und durch Zurückschieben überdies das blonde Haar noch
sichtbarer wird? Ich glaube, wir werden nicht mehr daran zweifeln, daß hier
wirklich die Zwillinge Schlaf und Tod gemeint sind, und dürfen vielleicht auch
die nach meinem Eindruck knabenhaften Gesichter der beiden und ihre durch
den noch größeren Leichnam wie nicht voll erwachsen wirkende Gestalt im Sinne
der vorhin angedeuteten Entwicklung in der Darstellung ihres Alters verstehen.

Aber auch ohne dies letztere rechtfertigt der Zeichner unser Vertrauen in
die zurückhaltend bewußte Verwendung seiner Mittel. Er bewährt es noch an
einer anderen nicht gewöhnlichen Einzelheit: der Weglassung der Flügel bei
Eos und Iris. Alle vier Gestalten mit Flügeln versehen — das gäbe wohl auch
für das Auge zu viel des Geflatters, das hätte den Vorgang ganz in das Reich
übermenschlicher Wesen und darum von unserer menschlichen Teilnahme ab-
gerückt, hätte die Ausdruckskraft der Flügel selber gemindert, die an den
beiden Trägern bezeichnenden Dienst erfüllen.

Und die Rüstung von Hypnos und Thanatos? Nehmen wir an, sie fehlte.
Dann ließe nichts in dem Toten, selber der Rüstung Entbehrenden, den Krieger
erkennen.[2]) So wird er, wie sonst wohl Waffengefährten den gefallenen Helden
in die Heimat bringen, von, hier nur übernatürlichen, Kriegern fortgetragen.
Es wäre nicht das einzige Mal, daß die griechische Kunst, um die Charakteristik der Hauptfigur auf einen Punkt zu lenken, die ergänzenden Züge den
anderen Figuren überwies.[3])

Es bleibt also die Deutung des Leichnams auf Memnon und der Geflügelten
auf Hypnos und Thanatos für die Schale des Pamphaios und damit das ganze
Vorkommnis für die Sage gesichert. Dann aber entsteht eine neue Frage. Eine
Anzahl anderer Bildwerke, darunter eine Schale des Duris, zeigen, zum Teil
mit inschriftlicher Benennung, die gleichfalls nackte Leiche des Memnon von
Eos getragen.[4]) Dürfen wir beide Züge so für die Aithiopis in Anspruch

---

[1]) S. die Farbenangaben bei C. Smith, Catal. of Vases III 48.

[2]) Die Probe liefert der Krater Campana (S. 81 Anm. 3), wo die Bedeutung des Vorganges unsicher ist.

[3]) Genüge hier der Hinweis auf die Münchener Penthesileiaschale Furtwängler-Reichhold, Griech. Vasenmalerei Tf. 6 und dazu Westermanns Monatshefte XLVII (1903) S. 833
Abb. S. 830. Die abweichende Erklärung der Rüstung durch Steinmetz S. 52; Heinemann
S. 58 ff. setzt das nicht erweisliche Vorangehen des Typus mit menschlichen Kriegern voraus
und erklärt noch nicht die Beibehaltung auf unserer Vase.

[4]) Schwarzfigurige Amphora: Millingen, Anc. uned. Monum. I Tf. V; Overbeck, Heroen-
gal. Tf. XXII 11; Lex. d. Myth. II 2, 2676 Abb. 3. Schwarzfig. Amphora der Sammlung
Bourguignon: P. J. Meier, Ann. d. Ist. LV (1883) Tf. Q S. 208 ff. Schale des Duris: Fröhner,
Choix de Vases gr. Tf. II ff. S. 7 ff.; danach Conze, Vorlegebl. VI Tf. 7 u. a.; nach Photogr.
Pottier, Douris S. 41 Abb. 8; S. 67 ff. Vgl. Klein, Meistersign.[2] S. 160 Nr. 21; Pottier, Cat.
d. Vases III 954 f G 115. Rotfig. Amphora aus Chiusi: Heydemann, Gr. Vasenb. Hilfstaf. 1.

nehmen[1]) und muten wir ihr damit nicht eine Aufeinanderfolge zweier nahe
verwandter Situationen zu? Und wenn das nicht angeht, welche Fassung gehört der Aithiopis?

2

Sehen wir für kurze Zeit von den Bildwerken ab und gehen auf die Sarpedonepisode der Ilias[2]) etwas näher ein. Das Anstürmen des Patroklos läßt
Zeus für Sarpedon bangen und des letzteren Rettung erwägen. Hera aber hält
ihn davon zurück: man könne doch nicht alle Göttersöhne in den beiden Reihen
schützen. Ist dir, so spricht sie, um Sarpedon leid, so lasse ihn jetzt dem Patroklos erliegen. Dann aber lasse die Leiche durch Hypnos und Thanatos in
die Heimat zu den Seinigen bringen, damit diese ihm Bestattung und Toten-
feier erweisen. Zeus fügt sich und gibt dem Schicksal Sarpedons freien Lauf.
Um die Leiche wogt der Kampf. Erst als sie von den Achäern ergriffen und
der Waffen beraubt ist, erteilt Zeus Apollon den Auftrag, den Toten aus dem
Kampfgewühl zu retten, zu baden, salben und zu bekleiden und dann Hypnos
und Thanatos zur Überführung in die Heimat zu übergeben. Gehorsam erfüllt
Apoll den Befehl des Vaters. Es trägt die Leiche an das Ufer des Flusses,
badet, salbt und bekleidet sie, dann ruft er Hypnos und Thanatos und heißt
sie tun, was Zeus ihm geboten. Und damit verschwindet die Person Sarpedons
aus dem Gesichtskreis der Ilias.[3])

Des Auffälligen ist dabei doch mehr als eins. Ich verweile nicht bei der
eigentümlichen Logik von Heras Worten. Auch nicht bei der Art, wie sie von
Hypnos und Thanatos spricht, als wäre das Bergen von Kriegerleichen ihre
übliche Verrichtung, sie die dafür zuständigen Persönlichkeiten. Und doch ist
es etwas durchaus Singuläres, was weder aus dem Wesen der Brüder, noch aus
den besonderen Voraussetzungen sich ergibt.[4])

Nicht minder befremdend ist aber der Auftrag des Zeus an Apollon. Gewiß
retten in der Ilias öfter die Götter ihre Lieblinge aus dem Schlachtgewühl[5]):
aber dann tun sie es aus eigenem Antrieb. Als befohlen sinkt die Bergung
etwas unter Apollons Würde, noch mehr die Waschung und Salbung der Leiche.
Die war an Ort und Stelle auch gar nicht nötig, ja sie griff den der Familie
vorbehaltenen Totenehren vor. Und da es doch hauptsächlich auf die Heim-
führung ankommt, wozu überhaupt die zwei Etappen: braucht denn Zeus, um
Hypnos und Thanatos zur Stelle zu schaffen, der Vermittlung eines anderen
Gottes? Und ist Apollon dafür der berufenste?

---

[1]) So tun Meier a. a. O. S. 218 ff., A. Schneider, D. troisch. Sagenkr. S. 149. Doch beweist das Nebeneinander der zwei Szenen auf der Amphora Bourguignon (S. 84 Anm. 4),
wie auch Meier S. 210 ff. hervorhebt, noch nicht Gleichheit des Mythos, und die Flügellosigkeit der Träger der Leiche ließe dem (jetzt von Lung S. 56 f. tatsächlich erhobenen) Einwand Raum, es handle sich um einen ganz anderen Toten; s. unten S. 87 Anm. 2 und 5. Bloß
Entrückung durch Eos läßt für die Aithiopis gelten Heinemann S. 62. 65. 84.   [2]) Π 431 ff.

[3]) Nur nochmals wird die Preisgebung des Leichnams von Glaukos dem Hektor vorgeworfen P 150 und Sarpedons Rüstung als Kampfpreis erwähnt Ψ 800.

[4]) Das erkennt auch Robert, Than. S. 5 f. an.

[5]) Stellen bei Cauer, Grundfr.[3] S. 352; Finsler, Homer S. 411; Lung, Memnon S. 48 f. Anm. 4.

Suchen wir das Memnonlied der Aithiopis nach dem, was wir aus Proklos
und den Bildwerken lernen, in seinen Hauptzügen wiederzugewinnen. Deutlich
ist die Absicht des Dichters, diesen letzten Gegner Achills als ihm möglichst
ebenbürtig hinzustellen[1]): auch er ist Sohn eines Sterblichen und einer Göttin,
auch er von Hephaistos ausgerüstet.[2]) Und Zeus selber vermag keine Entscheidung zu treffen, da beide Göttinnen jede um den Sieg ihres Sohnes flehen;
nicht seine Wahl, das Los entscheidet gegen Memnon.[3]) Gleich ihrer glücklicheren Widersacherin ist Eos beim Zweikampf zugegen[4]), sie kann die Tötung
des Sohnes, die Beraubung der Leiche[5]) nicht hindern: da aber dieser Ent-
ehrung droht, springt sie — wie andere Gottheiten für ihre Lieblinge: dazu
bedarf es keiner Bewilligung durch Zeus — in das Getümmel und rafft den
Toten von der Walstatt auf[6]), ihn in Sicherheit zu bringen. Aber damit gibt
sie sich nicht zufrieden. Nun hat das Gleichgewicht sich zu gunsten Achills
verschoben, er ist der Sieger, sein das κῦδος: will Zeus die Unparteilichkeit
bewahren, so schuldet er Eos eine Gunst. Und er gewährt sie: καὶ τούτῳ
(Μέμνονι) μὲν Ἡὼς παρὰ Διὸς αἰτησαμένη ἀθανασίαν δίδωσι.[7]) Der Vorsprung ist jetzt auf Memnons Seite; doch auch Achill ereilt, unmittelbar
nachher, das Ende: in diesem Epos geht es ja Zug um Zug. Und auch Achill
erwartet ein weiteres Schicksal: von dem Scheiterhaufen nimmt ihn die Mutter
und führt ihn zu neuem Leben auf die Insel Leuke.[8]) Wo der Dichter Memnon
zur Unsterblichkeit auferstehen, wo er sie ihn dann genießen ließ, das sagt
kein Zeugnis. War aber bei Achill in der Dichtung das Ziel und wohl auch
die Art der Reise angegeben[9]), so ist es schwer zu glauben, daß sie bei Memnon
darüber gänzlich schwieg. Der Sohn der Nereide lebt in ewiger Seligkeit auf
dem meerumflossenen Eiland. Jener der Morgenröte wohnte wohl gleichfalls an
der Grenze der Erde, und dahin führt sein Weg, wenn er dem der Mutter

---

[1]) So auch Gerhard, Arch. Ztg. IX (1851) S. 346; Rohde, Psyche[2] I 87.

[2]) Proklos. S. Welcker, Ep. Cycl. II 173; Lung S. 55 und unten S. 89 f.

[3]) Robert, Bild u. Lied S. 145; A. Schneider, D. troische Sagenkr. S. 141 ff.; Holland,
Lex. d. Myth. II 2, 2674 ff.; Studniczka, Jahrb. d. Inst. XXVI (1911) S. 132 ff.; Lung S. 14 ff.

[4]) Kypseloslade: Paus. V 19, 1. Vasenbilder: Luckenbach, Verh. d. Vasenb. z. d. Ged.
d. Cycl. S. 616 f.; Schneider a. a. O. S. 143 f.

[5]) Das lassen die Nacktheit auf den Vasenbildern (Anm. 1 S. 81 und 4 S. 84) sowie
die Herkunft der Rüstung von der Hand des Hephaistos entnehmen. In der Berliner rotfigurigen Lekythos Arch. Anz. 1893 S. 85 f. Nr. 20 erblickt Heinemann, Thân. S. 62 wohl
zutreffend eine zu den Darstellungen der weißgrundigen Lekythen hinüberleitende Bestat-
tungsszene.

[6]) Amphoren Millingen und Bourguignou, Schale des Duris, Amphora aus Chiusi (oben
S. 84 Anm. 4).

[7]) Proklos.

[8]) Proklos. Eine vorangegangene Bitte der Thetis bei Zeus kennt Pindar Ol. II 89,
allerdings zu der, wie ich glaube, jüngeren Version des Aufenthalts auf der νᾶσος μακάρων
(vgl. unten S. 93 Anm. 4).

[9]) Das geht indirekt aus Proklos hervor. In der Gruppe des Skopas Plin. XXXVI 26
sind wegen der Beteiligung des Poseidon und der vielen Meerwesen die Hauptfiguren wohl
auf einem Wagen zu denken.

Abb. 1: Schale des Pamphaios
im Britischen Museum

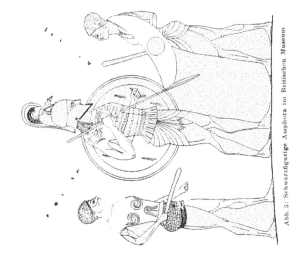

Abb. 3: Schwarzfigurige Amphora im Britischen Museum

Abb. 2: Schale des Duris im Louvre

gleicht, durch die Lüfte. Hätte Eos selber ihn die weite Strecke getragen? Da-
gegen sträubt sich wohl nicht bloß mein Empfinden.[1]) Hier war die geeignete
Stelle für das Eingreifen hilfreicher Wesen, wie wir es von Hypnos und
Thanatos kennen lernten.

In dieser Herstellung des Inhalts des Epos blieb eins Hypothese: die zwei-
fache Wegtragung des Leichnams, erst durch Eos vom Schlachtfeld, dann
durch die Flügelgestalten zur . dauernden Wohnstätte. Diese Doppelung der
Momente ergab sich uns aus dem genauen Anschluß an den Gang des Proklos.
Aber sie folgt auch aus innerer Logik: denn hätte Eos die Unsterblichkeit
Memnons und was mit ihr zusammenhängt, schon bei ihrem ersten Erscheinen
vor Zeus erbeten und erlangt, so wäre der ganze folgende Kampf ja nur ein
Scheingefecht, Zeus' Verhalten zweideutig, Thetis und Achill die Betrognen gewesen. Hier kommen nun bestätigend die Bildwerke hinzu. Ihre Auseinander-
haltung der beiden Momente[2]) bietet zu dem eben Erschlossenen die vollste
Parallele. Aber sie enthalten in sich noch sprechenderes Zeugnis. In der Schale
des Duris, wo Eos den Leichnam aufhebt, trieft dieser von Wunden: er ist ʌb
der eben den Feinden entrissene. Auf der Schale des Pamphaios suchen wir ʌb
vergebens nach einer Andeutung von Wunden, so freigebig diese Zeichner sonst
mit dem dafür dienenden Dunkelrot verfahren, dessen auch der unsrige für
mehrere Einzelheiten sich bedient.[3]) Und die Haare des Toten, dort lose herab-
hängend, sind hier geordnet und mit einem Bande umwunden: der Leichnam
wird also nicht unmittelbar vom Schlachtfeld aufgenommen, sondern ist ge-
badet und gesalbt. Auch Eos' Gehaben ist nicht das einer Mutter unter dem
ersten Eindruck der Hinmordung des Sohns — dafür geboten auch die Vasenmaler über ganz andre Akzente[4]) —; ihre Geberde und Aufmerksamkeit gilt
den Trägern, denen sie die Anordnungen erteilt. Und Iris, auf der anderen
Seite, herzueilend, bezeichnet die Gewährung des Zeus als eben erfolgt. Die
beiden Vasen[5]) schildern also nicht sich ausschließende Parallelversionen, son-

---

[1]) Auf das Tragen des lebenden Kephalos wird man sich nicht berufen wollen.

[2]) S. oben S. 84 Anm. 4 und S. 85 Anm. 1. Für das Gegenbild der Amphora Bourguignon (S. 84 Anm. 4) möchte ich soviel als wahrscheinlich annehmen, daß es gleich
dem ähnlichen der Pariser schwarzfigurigen Amphora Pottier, Vases ant. du Louvre II
Tf. 87 F 388 und Catal. d. Vases III 812 von dem Memnontypus angeregt ist, mag der
Weglassung der Flügel bei den Trägern auf der Vase Bourguignon bewußte Übertragung
auf einen anderen Toten oder bloß Unverstand zugrunde liegen. Die Rüstungen der Träger
in beiden Vasen würden sich zu dem S. 84 Dargelegten fügen.

[3]) S. die Angaben bei C. Smith, Catal. of Vases III 48.

[4]) Man sehe z. B. die Frau hinter Geryoneus auf der annähernd gleichzeitigen Schale
des Euphronios Conze, Vorlegebl. V Tf. 3; Klein, Euphron.[2] S. 54; Furtwängler-Reichhold,
Griech. Vasenmal. I Tf. 22.

[5]) Ganz ähnlich scheiden sich einerseits die oben S. 82 Anm. 1, andrerseits die
S. 84 Anm. 4 Z. 6 angeführten Vasen. Auch auf der Vase Bourguignon (S. 84 Anm. 4)
wäre, wenn wir die Szene auf Memnon deuten dürfen (S. 87 Anm. 2), die Unterscheidung
beobachtet. Auf der Schale des Varvakion (S. 82 Anm. 1) ist Hermes an Stelle der Iris
getreten. Kontaminierung der beiden Momente liegt, glaube ich, vor auf der Berliner Vase
Robert, Than. S. 14 Anm. 6; Furtwängler, Vasensamml. im Antiquar. Nr. 2318. Von einer

dern verschiedene Szenen desselben Mythos — wir dürfen jetzt sagen, derselben Dichtung, der Aithiopis.

Damit sind aber für diese eine Reihe von Motiven gewonnen, die wir vorhin in der Ilias auf Sarpedon angewandt fanden und die dort unser Befremden
erregten. Es braucht nicht gesagt zu werden, wo sie besser am Platze sind.
Wie das zweimalige Aufnehmen und Wegtragen der Leiche bei Memnon begründet und gefordert ist, sahen wir eben. Bei Sarpedon ist die Teilung der
Rettungshandlung überflüssig, da ja die Heimsendung der Leiche von Zeus von
vornherein beschlossen ist. Das Baden und Salben der Leiche[1]), für Apollon
unziemlich, wem käme es besser als der Mutter zu? Und während es bei Sarpedon müßig, ja der Ehrung des Toten in der Heimat vorgreifend erscheint,
hat es bei Memnon noch besondere Begründung: denn ihm steht nicht Bestattung, sondern Wiederkehr ins Leben bevor. Und für wessen Hinübertragen
ist das Eintreten von Hypnos und Thanatos sinnvoller: Sarpedons, des für
immer Toten, oder desjenigen, der von dem Tode wiedererwachen soll? Keiner
Voraussetzung entspricht die vereinte Handlung beider so treffend, sie ist gewiß
für eben diesen Fall ersonnen[2]), mit dem unser Dichter wohl zuerst den beiden
Wesen ihre volle mythologische Prägung gab. Vielleicht etwas ausgeklügelt,
man darf es zugeben. Aber ein starkes Verstandeselement durchzieht ja dieses
ganze Epos, haben wir seinen Aufbau richtig erfaßt, und wer die Penthesileia-
fabel gestaltete, dem dürfen wir das Hypnos- und Thanatosmotiv ruhig zumuten. Bei alledem war es ein echter Dichter; er hat mit beidem Unvergängliches geschaffen.

3

Die Folgerung scheint mir unausweichlich: die vielerörterte Episode der
Ilias ist in den besprochenen Zügen dem Memnonliede nachgedichtet.[3]) Der
Dichter, von dem die vorliegende Darstellung der letzten Tat des Patroklos her-
rührt, wollte sie durch Emporhebung des Gegners möglichst ruhmreich gestalten.
Und dafür bot sich seiner Erfindungsarmut der letzte Kampf von Patroklos'
größerem Gefährten als Vorbild. Nur fehlte Sarpedon die göttliche Mutter.
Sie wurde, mehr schlecht als recht, durch den Schutzgott Lykiens ersetzt.

Benutzung der Aithiopis in der Odyssee war schon lange bemerkt worden.
So zu den Erwähnungen des Antilochos und seines Endes in der Telemachie[4]),
des Memnon und des Waffenstreits in der ersten Nekyia[5]), so namentlich aber

---

Gattin Memnons, wie sie die genannten Autoren in der von rechts herbeieilenden Frau erkennen möchten, wissen wir nichts. Nur auf der Pariser Amphora (S. 87 Anm. 2) wären die
Wunden unüberlegt angebracht, so wie sie umgekehrt auf der Millingenschen (S. 84 A. 4) fehlen.

[1]) Daß die Entsprechung sich auch auf das Ankleiden erstreckte, darf man annehmen,
auch wenn der Zeichner der Pamphaiosschale Nacktheit vorzog.

[2]) Das nimmt auch Robert, Than. S. 6, nur mit Beziehung auf Sarpedon, an.

[3]) Ebenso urteilte P. J. Meier, Ann. d. Ist. LV (1883) S. 222 ff. und neuerdings Lung,
Memnon S. 70; entgegengesetzt Robert, Bild u. Lied S. 114 Anm. 46; Niese, Entw. d. hom.
Poesie S. 27 f.; Christ, Sitzungsber. bayr. Akad. 1884 S. 25; Heinemann, Than. S. 26. 65. 86.

[4]) γ 108 ff., vgl. δ 187 f. und Christ a. a. O. S. 29.

[5]) λ 522. 543 ff., vgl. Ed. Meyer, Gesch. d. Altert.¹ II 407.

auch für die ganze Erzählung von den Begebnissen nach Achills Tode in der zweiten Nekyia[1]): man glaubt, das von Proklos in knapper Prosa aus der Aithiopis Berichtete hier in Versen zu lesen. Beachten wir auch an allen diesen Stellen die Wiederkehr desselben Vereins befreundeter Helden, von denen drei eben die in der Aithiopis auf Seite der Griechen gefallenen: Antilochos, Achill und Aias sind, zu denen als vierter Patroklos gesellt wird, sowie in der ersten Nekyia die Bezeichnung Achills als Herrscher im Schattenreich, die ihm sowohl in der Anrede Odysseus', als in Achills Erwiderung beigelegt ist.[2]) Dafür fehlt in der Nekyia selber jede Begründung, mit keinem Wort ist vorher davon die Rede, so wenig als bei Agamemnon[3]), dem diese Stelle doch nicht minder zukäme. Herrscher ist Achill dort, wohin ihn die Aithiopis versetzt, auf Leuke.[4])

Aber auch in der Ilias sind die Ableitungen aus der Aithiopis nicht auf die Sarpedonepisode und nicht auf das anerkannt junge Ψ[5]) beschränkt. Ich möchte nur eins hervorheben: das Motiv der Kerostasie. Die Art, wie es in X[6]) vor Hektors Ende unvermittelt mit wenigen Versen eingeführt wird, steht nicht nur im Widerspruch mit der kurz vorher von Zeus der Athena erteilten Zusage[7]), sondern auch in Mißverhältnis zu der Wichtigkeit des Vorgangs an sich. Es ist also von anderen Voraussetzungen her entlehnt[8]), welche die Aithiopis in dem dort für die ganze Entwicklung wesentlichen Schwanken des Zeus zwischen Achill und Memnon bietet. Aus dieser Quelle schöpft das Θ, welches das Motiv plump vergrößernd auf beide Heere überträgt.[9]) Und es wird uns nicht überraschen, wenn gerade auch wieder das Π von den $\Delta\iota\grave{o}\varsigma$ $\iota\varrho\grave{\alpha}$ $\tau\acute{\alpha}\lambda\alpha\nu\tau\alpha$ als etwas auch dem Hörer Vertrautem spricht.[10])

Ist dann aber nicht kurzweg die Ilias überhaupt gegenüber der Aithiopis als jünger anzusehen? Das rührt an eine viel größere Frage, in der mir als Nichtphilologen eine Äußerung nicht ansteht. Nur einige Bedenken sei mir vorzubringen gestattet.

Würde wohl ein Dichter, falls kein Vorgänger ihm den Stoff einengte, von den Taten seines Helden gerade die letzten zu besingen wählen, wie es die Aithiopis mit Achilleus tut? Und die Gegner troischerseits aus weiter Ferne kommen lassen, wenn nicht die natürlichen Verteidiger Ilions schon dichterisch aufgebraucht waren?

Dem Dichter der Aithiopis lag also das Hauptgerüst der Ilias vor. Und das wird durch einiges Weitere bestätigt. Nach Proklos war in der Aithiopis

---

[1]) ω 35 ff., vgl. Christ a. a. O. S. 28 ff.; O. Gruppe, Gr. Mythol. usw. I 683 Anm. 3.

[2]) λ 485. 491.   [3]) λ 387 ff.

[4]) So schon Alc. fr. 48 B.; vgl. Pind. Nem. IV 49 (80) f.

[5]) Robert, Stud. z. Ilias S. 570.   [6]) X 209 ff.

[7]) X 182 ff. Auf Σ 96 will ich mich dabei nicht berufen.

[8]) Das hat auch Robert a. a. O. S. 240 f. (vgl. S. 397) erkannt, dessen Zurückführung des Motivs auf die hypothetische Urilias aber das zweite der obigen Bedenken nicht beseitigen würde. Richtig, wenn auch zögernd, urteilt Lung, Memnon S. 20.

[9]) Θ 69 f., vgl. Robert a. a. O. S. 164.

[10]) Π 658. Vgl. Robert a. a. O. S. 397; O. Gruppe unten S. 92 Anm. 1.

die Rüstung Memnons von Hephaist verfertigt.[1]) Von der Rüstung des Achill
der Aithiopis erfahren wir ausdrücklich nichts, aber die Bedeutung, die ihr im
späteren Verlauf als Ursache des Waffenstreits zuteil wird, läßt an der gleichen
Herkunft auch für sie nicht zweifeln. Ein solches Motiv kann aber nur für
einen Helden erfunden sein. In seiner Verdoppelung liegt ein Widerspruch, an
zwei sich bekämpfende Helden gegeben, heben die göttlichen Rüstungen sich
gegenseitig auf. Die Aithiopis hat also dieses Motiv nicht als erste verwendet.
Nun knüpfen sich an die Rüstung Memnons nach Beraubung der Leiche zum
mindesten keine erheblichen Schicksale. Weder Proklos noch sonstige Quellen
erwähnen solche, und nur das Ende der Rüstung Sarpedons in Ψ 800, wenn
wir hier wieder eine Spiegelung der Aithiopis annehmen dürfen, gestattet die
Vermutung, daß auch jene Memnons in den Spielen zu Ehren Achills als
Kampfpreis ausgesetzt war. Ganz anders die Rüstung Achills mit ihren weitreichenden Folgen. Der Zug der göttlichen Rüstung ist also bei Memnon unfruchtbar und danach von sekundärer Erfindung[2]), die ursprüngliche ist auf
seiten des Achill und demgemäß der Ilias.

Als nächster Freund Achills erscheint ferner in der Aithiopis Antilochos,
sein Tod bestimmt Achill zum Kampf gegen Memnon. Er spielt also annähernd
die Rolle, wie in der Ilias Patroklos. Nun könnte man sagen, daß der Dichter
der Aithiopis von Patroklos nichts wissen mußte und dieser erst später, durch
Ilias und Kyprien, die Bedeutung in bezug auf Achilleus gewann, die ihm dann
durch das ganze Altertum gewahrt blieb. Dann aber müßte man zugeben, daß
die Ilias mit sorgsamster und zugleich zurückhaltendster Bedachtnahme auf die
ältere Dichtung ihren Antilochos zunächst gegen Patroklos zurücktreten, dabei
aber doch allmählich zur nächsten Stelle am Herzen Achilleus' vorrücken ließ,
welche die Aithiopis ihm angewiesen hatte. Weit ungezwungener ist es, zu
denken, daß die Aithiopis sich der von der Ilias in P und Σ gegebenen Prä-
missen bediente.[3])

Wir haben hier also, sind die vorgetragenen Erwägungen richtig, ein gutes
Beispiel epischer Schichtung.

Irre ich nicht, so enthält unser Epos aber auch Elemente, um seine Entstehungszeit zu begrenzen.

Es gilt seit Letronne als ausgemacht, daß die Aithiopen der Sage mit den
in historischer Zeit so genannten Völkern ursprünglich nichts zu schaffen
haben, vielmehr im Osten, im Bereich von Syrien, Assyrien oder Persien, anzusetzen seien. Das kann ich so allgemein nicht für richtig halten; selbst in
den homerischen Erwähnungen sehe ich nichts, was die Anwendung des Be-
griffes auf die Bewohner der Länder im Süden Ägyptens hinderte.[4]) Daß die

---

[1]) S. auch oben S. 86 Anm. 2.

[2]) Auch die Urne mit Achills und Patroklos' Asche war von Hephaist gefertigt (ω 75):
solche Motivausnutzung verrät den Nachahmer.

[3]) P 651 ff. 679 ff.; Σ 2 ff.

[4]) Die Luftlinie zwischen dem geschichtlichen Aithiopien und dem westlichen Kleinasien (etwa Smyrna oder Milet) könnte selbst eine an Karten gebildete geographische Vor-

Aithioper Memnons mindestens sehr früh mit den letztgenannten identifiziert wurden, belegen die Bildwerke. Eine Amphora des Britischen Museums in der ΛΒΙ Art des Exekias[1]), also einige Jahrzehute vor 500 entstanden, zeigt, in ähnlicher Auswahl aus den zwei Elementen der Aithiopis, die wir an der Schale des Pamphaios gewahrten, und demgemäß offenbar von diesem Gedichte angeregt, auf der einen Seite Penthesileia unter der Lanze Achills zusammenbrechend, auf der anderen Memnon zwischen zwei gerüsteten Mohren.[2]) Als Mohren faßte auch Polygnot in der Nekyia der Lesche die Aithioper Memnons, wie gerade aus Pausanias' Berichtigungsversuch hervorgeht.[3]) Von diesen Zeugnissen ist jedenfalls das erstere älter als das älteste uns erreichbare für die Ansetzung der Aithioper in Asien[4]), und es erscheint nach allem eher berechtigt, diese Ansetzung als die jüngere, der ursprünglichen Vorstellung neuen Sinn unterlegende, anzusehen.

---

stellung kaum genauer ziehen als es ε 282 f. tut, wenn es Poseidon von den Aithiopen über die Solymerberge zurückkehren läßt. In ϑ 83 ff. eine örtliche Aufeinanderfolge zu finden, wird schwerlich gelingen. Immerhin ist der unmittelbare Anschluß der Aithiopen an die Ägypter bemerkenswert, und bei der oben ausgesprochenen Annahme brauchen wir uns nicht über die Küstenländer des Mittelländischen und Roten Meeres zu entfernen. Ψ 205 f. an ein über Thrakien (oder wo sonst die Winde wohnen) hinausliegendes Land zu denken hindert das αὖτις: Iris' Besuch bei den Winden ist danach nur ein Abstecher, nach dem sie wieder umkehrt. α 22 f. gibt unter unserer Voraussetzung einen guten Sinn, wenn man annimmt, daß der Verfasser irgendwelche Kunde von den Negerrassen im westlichen Afrika besaß, was ich für durchaus möglich halte (vgl. Strabon I c. 32 f.). Anstößig sind nicht diese Verse an sich, auch nicht die noch für lange Zeit hernach zutreffende Bezeichnung ἔσχατοι ἀνδρῶν, sondern die Hervorhebung des τοὶ διχϑὰ δεδαίαται anläßlich des Besuches Poseidons. Aber dieser Anstoß bleibt bei jedweder Lokalisierung der Aithioper bestehen. Δ 423 f. endlich enthält überhaupt keinen geographischen Hinweis, sowenig als der Name ὠκεανός, der für jedes Meer gebraucht wird (s. unten S. 93 Anm. 2). Die meisten dieser Stellen sind übrigens als jung anerkannt; ich halte es nicht für unmöglich, daß diese Aithiopier, und wohl auch die von ihnen hervorgehobene Frömmigkeit, aus der Aithiopis stammen.

[1]) Catal. of Vases in Brit. Mus. II, B 209 (Walters); Klein, Meistersign.² S. 43 f. Nr. 2; Wien. Vorlegebl. 1889 Tf. III 3, dazu Text von C. Smith; Loeschcke in Pauly-Wissowa, R.-E. I, 1748; Adamek, Unsig. Vasen d. Amasis S. 18 ff. (der S. 20 f. Anm. 1 auch auf die Münchener schwarzfigurige Amphora Nr. 541 verweist); Karo, Journ. Hell. Stud. XIX (1899) S. 140; Robert in Pauly-Wissowa VI 2, 1586.

[2]) So wird der Vorgang wohl allgemein erklärt. Nur Robert a. a. O. bezeichnet die Szene als 'König Amasis mit seiner aithiopischen Leibwache'. Aber so selber als Grieche erschien den Griechen der ägyptische φιλέλλην sicher nicht. Eher dürfte man dessen Leibwache griechisch, statt aithiopisch, erwarten. Zu den Inschriften s. Loeschcke, Arch. Ztg. XXXIX (1881) S. 31 Anm. 9.

[3]) Paus. X 31, 7. Vgl. auch die Lekythos aus Gela Benndorf, Gr. u. sic. Vasenb. Tf. XLII 2 S. 88 f.; Klein, Jahrb. d. Inst. VII (1892) S. 143; Holland, Lex. d. Myth. II 2, 2679. Noch anderes bei Lung, Memnon S. 10 f., welcher die Folgerung für die Aithiopis wenigstens fragweise andeutet.

[4]) Das ist neben einem angeblich simonideischen, jedenfalls nicht näher datierten Dithyrambos (Fr. 27: vgl. Wilamowitz, Textgesch. d. Lyr. S. 39), wo übrigens aus dem (bei Strabon XV c. 728) Angeführten nur Bestattung Memnons in Syrien zu entnehmen ist, Aischylos, der Memnon anscheinend aus Persien kommen ließ. Aber gerade Aischylos wäre

Nun hat schon Otto Gruppe[1]) ein Motiv des Memnonepos als von Ägypten
abhängig erkannt: die Wägung der Schicksalslose durch Hermes, eine Nachbildung der Wägung des Herzens, die nach ägyptischem Glauben Thoth bei
jedem Sterblichen vornimmt. Es ist schwer zu denken, daß die Kenntnis einer
solchen Einzelheit aus dem Zusammenhang ägyptischer Religionsanschauung
ohne sonstige Berührung mit den Ägyptern zu den Griechen gelangt sein soll:
und wer dies glauben will, dem gelte dieser Teil unserer Beweisführung nicht.
Nimmt man aber an, daß diese Bekanntschaft mit ägyptischem Totenglauben
überhaupt engeren Verkehr der beiden Völker voraussetzt, dann kann sie nur
zu einer Zeit erworben worden sein, in der das jahrhundertelang den Griechen
versperrte Nilland ihnen wieder eröffnet war, also von Psammetich I. (König
seit 663) ab.[2])

In dieser Zeit aber wendet sich der Blick der Griechen anhaltend auch
noch nach einer anderen Richtung, zu den Ländern des Pontos — der Heimat
der Amazonen, welche das andere tragende Element des Epos sind.[3]) Der
Dichter ruft also zur letzten Hilfe Ilions die Völker vom äußersten Norden
und Süden der ihm bekannten Erde herbei.

An keinem Punkte begegnete sich aber das Interesse an beiden Gebieten
so innig, wie dort, wo nach der Überlieferung der Dichter der Aithiopis zu
Hause war: Milet hat an der Besiedlung Ägyptens von Anfang an hervorragend, an jener der nördlichen Pontosländer lange Zeit ausschließlich Anteil.[4])
Nun ist mir selbstverständlich an Namen und Person des Arktinos wenig gelegen. Aber mindestens für Milet enthält unser Epos noch ein, wie ich glaube,
nicht zu umgehendes Zeugnis in der Rolle, die es Leuke als Aufenthalt des
verewigten Achilleus spielen läßt. Denn diese Insel war, soweit unsere Kenntnis
von ihr hinaufreicht, milesischer Besitz. Man nahm bisher wohl meistens an,
daß eine ursprünglich bloß mythologische Vorstellung[5]) hier später fixiert
worden sei. Aber diese nie stark begründete Annahme verliert ihre hauptsächliche Stütze mit der Erkenntnis der Abhängigkeit der zweiten Nekyia von der
Aithiopis. Denn danach ist die λευκὰς πέτρη von ω 11, ganz wie die φαεννὰ

<hr>

eine auf die Zeitgeschichte anspielende Neuerung sehr wohl zuzumuten: vgl. Welcker,
Aesch. Tril. S. 433; Holland a. a. O. Sp. 2655 f. 2683.

[1]) Gr. Mythol. I 681 Anm. 6. Der Widerspruch Lungs S. 20 enthält keinen Gegengrund.

[2]) Vgl. E. Meyer, Gesch. d. Altert.[1] I 564; Pietschmann in Pauly-Wissowa, R.-E. I 1000;
Busolt, Gr. Gesch.[2] I 478.

[3]) Auf die von W. Leonhard, Hettiter und Amazonen dargelegte Ansicht über den
Ursprung der Amazonenvorstellung überhaupt einzugehen, kann ich hier unterlassen. Für
die Amazonen der Aithiopis bezeugt jedesfalls Proklos Herkunft aus Thrakien, und daß sowohl hier als sonst im Epos nichts gegen eine solche Ansetzung Entscheidendes vorliegt,
bestätigt Leonhard selber S. 17. 25 f.

[4]) Ägypten: Wiedemann, Gesch. Aeg. v. Psamm. I. 132 f.; Busolt a. a. O. I 478; Beloch,
Gr. Gesch.[2] I 263. Pontosländer: E. Meyer a. a. O. II 450 ff.; Busolt a. a. O. II 481 ff.;
Beloch a. a. O. S. 257 f. 259.

[5]) Vgl. namentlich Rohde, Psyche[2] II 371 Anm. 2. Ausführlicher Kritik enthebt jetzt
Wilamowitz, Sappho und Simonides S. 25 ff.; s. auch Malten, Jahrb. d. Inst. XXVIII (1913)
S. 44 f. Das oben Vorgebrachte beseitigt wohl den von Wilamowitz S. 33 gemachten Rückhalt.

νᾶσος Pindars und die λευκὴ ἀκτή des Euripides[1]), nichts anderes, als umschreibender Ausdruck für eben unsere Pontosinsel, und sie hat ihr schlagendes geographisches Gegenstück in den Kimmeriern von λ 14: auch diese ganz realer Auffassung stichhaltend.[2]) Bestand ein zunächst rein ideales Leuke vorher, so wäre eins unerklärlich: der Mangel jedes konkurrierenden Ortes (und es gab doch mehrere des gleichen Namens), welcher die Ehre, das Leuke Achills zu sein, für sich beanspruchte. Denn alle Zeugnisse gehen mit seltener Einmütigkeit auf die Insel des Pontos.[3]) Die Sage und ihre Lokalisierung sind also zusammen entstanden.[4])

Die früheste griechische Besiedlung jenes Teils der Küste des Pontos wird selbst von der antiken Chronologie nicht früher als die Mitte des VII. Jahrh. angesetzt[5]): und daß vor der Besitzergreifung durch Milet Leuke schon bekannt

---

[1]) Pind. Nem. IV 49 (80) f.; Eurip. Androm. 1260 ff.; Iph. T. 435 ff., an allen drei Stellen mit ausdrücklicher Nennung des Pontos Euxeinos.

[2]) So Wilamowitz, Hom. Untersuch. S. 165; ebenso Preller-Robert, Gr. Myth.⁴ I 813. Nur über ihre Einfügung durch den Redaktor werden wir jetzt hier wie in anderen Fällen vorausgesetzter Interpolation anders urteilen dürfen. Th.-H. Martins vielzitierter Aufsatz Traditions homér. et hésiod. sur le séjour d. morts (in Annuaire Assoc. Ét. gr. XII 1878) trägt in die Homerstellen eigenmächtig hinein, wenn er sie den ὠκεανός und demgemäß den Aufenthalt der Verstorbenen im Westen ansetzen läßt. Das Wort bezeichnet aber das große Meer in jedwedem seiner Teile und in dem vorliegenden Falle eben das Schwarze Meer.

[3]) Vgl. die Anführungen bei H. Koehler, Mém. sur les iles et la course consacrées à Achille (Mém. Acad. St. Pétersbourg X (1826) S. 531 ff.), S. 542 ff. 727 ff. Anm. 132 ff.; Fleischer in Lex. d. Myth. I 1, 56 ff. 61 ff. Zu Pindar und Euripides s. oben S. 93 Anm. 1. Noch ältere Zeugnisse sind Alkaios (S. 89 Anm. 4) und das von Paus. III 19, 12 f. berichtete Begebnis (dazu aber Wilamowitz, Sappho u. Simon. S. 234). Wenn einzelne spätere, sich übrigens gegenseitig ausschreibende und auch sonst irrig berichtende Autoren (Koehler S. 545 f. 731 f. Anm. 164. 166—169) die vor der Borysthenesmündung gelegene Ἀχίλλειος νῆσος als Leuke bezeichnen, so beruht das nur auf ungenauer persönlicher Kenntnis (so urteilt auch Rohde, Psyche² II 372 Anm.) und bestätigt, wie ich meine, erst recht die ausschließliche Beziehung der Sage auf den Nordwesten des Schwarzen Meeres. Der gleichen Verwechslung unterliegt auch Escher in Pauly-Wissowa, R.-E. I 224.

[4]) Selbst an der Ursprünglichkeit und Allgemeinheit des Glaubens an Inseln als Aufenthalt von Seligen und an eine einzelne als Bevorsitz eines Bevorzugten unter ihnen darf man zweifeln, wenn man berücksichtigt, daß die beiden Nekyien der Odyssee trotz der sichtlichen Beeinflussung durch die Aithiopis doch sämtlichen Verstorbenen einen gemeinsamen Aufenthalt anweisen, dessen Inselnatur mindestens nicht hervorgehoben wird, wie auch die sonstigen Angaben über den Wohnort der Abgeschiedenen noch lange zwischen Festland, beziehungsweise Unterwelt, und Insel schwanken. Mir ist es wahrscheinlich, daß für die ganze Inselvorstellung eben Leuke und unsere Sage das Vorbild war. Was hier den Anstoß dazu geboten haben mochte, will ich nicht ergründen. Vielleicht spielte abermals Entlehnung aus der Fremde mit.

[5]) Istros 656, Olbia 647 v. Chr. (wegen Anführungen s. S. 92 Anm. 4). Wahrscheinlich sind beide Daten nur errechnet und hat eine Korrektur eher nach unten als nach oben stattzufinden. Die Besitzergreifung der nur im Hinblick auf das gegenüberliegende Festland wertvollen Insel wird man sich jedenfalls eher im Gefolge derjenigen der Küste als ihr vorausgehend vorzustellen haben. Auch die Funde auf Berezan enthalten nach dem, was ich darüber E. v. Stern, Klio IX (1909) S. 142 ff. entnehme, nichts, was zu einem früheren Ansatze nötigte. Die darunter befindlichen 'ägyptischen Skarabäen aus dem VII. Jahrh.'

und mit dem griechischen Namen belegt gewesen wäre, dafür spricht nichts.
Wir gelangen also auch von hier aus zu demselben terminus post, den wir
vorhin aus der genaueren Kenntnis Ägyptens entnahmen; und dieser terminus
bliebe aufrecht, welches immer die Heimat des Epos gewesen wäre. Eine
äußerste untere Grenze bietet das vorhin besprochene Vasenbild.[1]) Dieser Zeitansatz steht im Einklang mit dem erschlossenen Charakter der Dichtung, der
eine in klarer Folgerichtigkeit schaffende, an epischer Tradition geschulte und
sie durch Erweiterung des äußeren Horizonts, durch raffinierte seelische Motive
bewußt überbietende Persönlichkeit voraussetzt. Die Konsequenzen, welche sich
für die Datierung der auf der Aithiopis beruhenden Teile von Ilias und Odyssee
und damit des Abschlusses dieser beiden Epen[2]) ergeben, liegen in einer Richtung, der ein guter Teil der Homerforschung, soviel ich sehe, heute zustrebt.

---

sind naukratitische Fabrikate, wie bereits H. Prinz, Funde aus Naukratis (Klio, VII. Beiheft 1908) S. 104 im allgemeinen vermutete und Prof. B. Turajeff auf meine Anfrage freundlich bestätigt. Vgl. dessen Mitteilungen Rev. Arch. XVIII (1911) S. 20 ff. Auch E. H. Minns,
Scythians and Greeks (während des Druckes erschienen) weist der griechischen Besiedlung
der in Rede stehenden Gegenden kein älteres Datum an: S. 436 ff. 439. 451 ff. Diese Besiedlung umgekehrt wegen der Aithiopis in höhere Zeit zu rücken (E. Meyer a. a. O. S. 452;
Busolt a. a. O. S. 485) ginge nur dann, wenn das höhere Alter der Aithiopis anderweitig
feststünde. Dafür sind aber die Konstruktionen der antiken Chronologie wertlos.

[1]) S. 91 Anm. 1. Engere Begrenzung gestatten zurzeit weder die Kypseloslade, noch
der amykläische Thron (Paus. V 19, 1; III 18, 12).

[2]) Die Gürtung der Wettkämpfer ω 89 mit Christ, Sitzungsber. d. bayr. Akad. 1884 S. 43
als Beweis der Entstehung dieses Gesanges vor Ol. 15 und demnach als Hindernis für die
obige Chronologie anzusehen, vermöchte ich nur in dem Falle, wenn die Angaben über
olympische Einrichtungen für die ersten fünfzig Olympiaden mehr Glauben verdienten, als
ich ihnen, im wesentlichen in Übereinstimmung mit Mahaffy, Journ. Hell. Stud. II (1881)
S. 164 ff. (= Problems in Gr. Hist. S. 217 ff.; vgl. S. 57 ff.); Busolt a. a. O. I 586 ff.; A. Körte,
Hermes XXXIX (1904) S. 224 ff. und im besonderen Falle auch wegen Thuc. I 6, an dem
selbst Boeckhs Harmonisierungsversuch (CIG. I 553 ff. zu Nr. 1050) versagte, einräumen kann.
E. Meyers Folgerung aus der Bezeichnung der Kimmerier λ 14 als δειλοὶ βροτοί, daß der
Dichter von den Kimmeriereinfällen in Kleinasien noch nichts wisse (a. a. O. II 368), ließe
sich auch zugunsten eines längeren Zeitabstandes nach diesem Ereignis umkehren. Ich glaube
übrigens nicht, daß selbst akuter Nationalhaß einen solchen Ausdruck des Bedauerns ausschloß oder daß der Haß sich, wenn vorhanden, auf den Verkehr der griechischen An-
siedler mit den in der Heimat verbliebenen Kimmeriern übertrug.

Die Abb. 1 und 3 unserer Doppeltafel nach den von E. Reisch freundlich überlassenen
Originalzeichnungen für die 'Wiener Vorlegeblätter'; Abb. 3 nach der vom Verfasser freund-
lich überlassenen Originalaufnahme für Edmond Pottier, Douris, mit Genehmigung der
Verlagsbuchhandlung Henri Laurens in Paris.

DIE BÜRGERLICHE STELLUNG DER SCHAUSPIELER IM ALTEN ROM

Von Boris Warnecke

In seiner Sestiana erzählt Cicero, wie groß die Hilfe war, die ihm im schweren Augenblick der berühmte Tragöde Aesopus geleistet hatte (§ 119— 123): *histrio casum meum totiens conlacrimavit, cum ita dolenter ageret causam meam, ut vox eius praeclara lacrimis impediretur,* deshalb nennt er auch den Äsopus *fortissimus actor* (§ 122), aber bevor er diese Erzählung in seine Rede einflicht, bittet er seine Richter um Nachsicht, daß er vor dem Gerichtsforum über solche Sachen, wie szenische Spiele und Schauspieler, zu reden sich erlaube (§ 119). Das ist der erste Beweis, daß die Schauspieler noch gegen Ende der Republik selbst von so gebildeten Männern wie Cicero, der doch, wie wir noch sehen werden, selbst mit einzelnen Schauspielern in engem Verkehr stand, sehr gering geschätzt wurden. Und diese Verachtung der Schauspielkunst, die in Griechenland etwas ganz Unerhörtes und Befremdendes wäre, können wir durch die ganze Geschichte Roms ununterbrochen verfolgen. Schon aus der bekannten Livius-Erzählung über die Entstehung des römischen Theaters (VI I2, 12) ersieht man, wie feindlich die Stimmung der Römer den Schauspielern gegenüber war: der Schauspieler *movetur tribu et a militaribus stipendiis repellitur.*[1] Cornelius Nepos sagt in der Vorrede zu seinem Werke 'De excellentibus ducibus exterarum gentium': *in scaenam prodire et populo esse spectaculo nemini in eisdem gentibus fuit turpitudini: quae omnia apud nos partim infamia partim humilia atque ab honestate remota ponuntur* (§ 5). Woher stammt dieser Unterschied?

Das ganze Theaterwesen in Griechenland hatte seinen Ursprung in den ältesten einheimischen Kultusgebräuchen, und ein Teil des Nimbus, der die Religion umgab, kam auch den Schauspielern zugute. Wie konnte denn der fromme Grieche die Schauspieler verachten, welche auf der Bühne nicht in profaner Kleidung, sondern im feierlichen Ornate der Daduchoi und Hierophanten erschienen?[2] Darum nennt auch Demosthenes die Bühnentracht ἱεράν und erklärt diese Benennung auf folgende Weise: ἱερὰν γὰρ ἔγωγε νομίζω πᾶσαν (ἐσθῆτα), ὅσην ἄν τις εἵνεκα τῆς ἑορτῆς παρασκευάσηται, τέως ἄν χρησθῇ (Mid. 16). Außer

---

dieser sehr wichtigen Beziehung zum Kultus stand in Griechenland der Schauspieler auch deshalb in der öffentlichen Meinung hoch, weil er dort, freilich
nur der hervorragende, freien Zutritt zu den wichtigsten Staatshandlungen
hatte.[1]) So wurde im IV. Jahrh. der berühmte Aristodemos zweimal vom athenischen Staate als Gesandter zum Makedonierkönige Philipp geschickt (Demosth.
De corona, § 21; Aesch. De fals. leg., § 15 ff. 19). Und Äschines sagt, daß
diese Wahl auf ihn fiel διὰ τὴν γνῶσιν καὶ φιλανθρωπίαν τῆς τέχνης. Philipps
Sohn, der große Alexander, schickte den tragischen Schauspieler Thessalos zum
karischen Satrapen Pixodaros, dessen Wunsch es war, seine älteste Tochter mit
Arrhidaios, dem Bruder Alexanders, zu vermählen (Plut. Alex. 10). Freilich
wurden auch griechische Schauspieler nicht von allen so hoch geschätzt, wie es
Alexander Thessalos gegenüber tat (ebd. 29). So z. B. drängte sich der von
allen verehrte Tragöde Kallippides bei einer Begegnung mit Agesilaos durch die
ihn umringende Menge und suchte sich bemerkbar zu machen in der Hoffnung,
jener würde an ihn zuerst ein freundliches Wort richten. Aber der Spartaner
schien ihn nicht zu bemerken; schließlich sagte Kallippides: 'Kennst du mich
denn nicht, o König?' Jetzt erst erwiderte Agesilaos, ihn anblickend: ἀλλὰ
οὐ σύγε ἐσσὶ Καλλιππίδας ὁ δεικηλίκτας; (Plut. Ages. 21). Vielleicht wollte
eben Agesilaos auf solche Weise dem ehrgeizigen und arroganten[2]) Künstler
zeigen, daß nicht für alle sein Ruhm so unbestritten wäre. Jedoch wurde der
berühmte Schauspieler nicht von einem Athener, sondern vom Könige der rohen
Lakedämonier auf solche Weise abgefertigt, und diese Episode kann in keinem
Falle als eine regelmäßige Erscheinung betrachtet werden; sie ist eine Ausnahme und erklärt sich aus den persönlichen Eigenschaften des Agesilaos und
des Kallippides.

Livius erzählt, daß Themiston, der Schwager des Gelon, alle Geheimnisse
dem tragischen Schauspieler Ariston mitteilte, und fügt hinzu: *huic et genus et
fortuna honesta erant, nec ars, quia nihil tale apud Graecos pudori est, ea deformabat* (XXIV 24, 3). Man sieht gleich, daß er damit römische Angelegenheiten im Sinne hat, ebenso wie Cicero, wenn er hervorhebt, daß *cum mediocribus multis et aut nulla aut humili aliqua arte praeditis gratuito civitatem in
Graecia homines impetrabant, Reginos credo aut Locrenses aut Neapolitanos aut
Tarentinos, quod scaenicis artificibus largiri solebant, id huic* (d. h. *Archiae*) *summa ingenii praedito gloria noluisse* (Pro Archia 10). Hier sehen wir, daß auch
für Cicero selbst der Schauspieler viel weniger galt als der Dichter.

Was konnte aber in Rom den Schauspielerstand zu Ehren bringen? Hierher
waren ja die ersten Schauspieler aus Etrurien berufen[3]), und gerade dort wurde
alles, was mit der Kunst im Zusammenhang stand, sehr gering geschätzt.[4]) Und
es ist möglich, daß gerade von dort jene feindliche Stimmung stammt, unter
welcher in Rom auch spätere Schauspieler fast immer gelitten haben. Schon
bald kamen auch einheimische Künstler an die Reihe, das waren sog. *ludii*

---

[1]) O. Lüders, Die dionysischen Künstler, Berl. 1873, S. 55.   [2]) Xenoph. Conv. 3, 11.
[3]) Liv. VII 2; Tac. Ann. XIV 21; Val. Max. II 4, 4.
[4]) G. Koerte bei Pauly-Wissowa VI Sp. 769.

barbari[1]), unter welchen wahrscheinlich auch dramatische Schauspieler zu verstehen sind. Aber es waren größtenteils Sklaven.[2]) Es war für den Herrn sehr vorteilhaft, wenn sein Sklave ein schauspielerisches Talent besaß.[3]) So wissen wir aus Ciceros Rede Pro Q. Roscio comoedo, daß C. Fannius Chaerea einen Sklaven namens Panurgus hatte; als er bei ihm ein großes Talent zur Bühne entdeckte, übergab er ihn dem berühmten Schauspieler Roscius zur Ausbildung und schloß zugleich mit ihm einen Sozietätsvertrag, wonach die Einkünfte, welche Panurgus' Kunst einbringen würde, zwischen ihm und Roscius verteilt werden sollten. So wurde er *servus communis* ebenso wie des Fannius, so auch des Panurgus (10, 27; 11, 32). Und Cicero hebt ganz richtig hervor, daß dieser Sklave in seinem Werte sehr gestiegen sei, nachdem er diesen speziellen Unterricht genossen habe: wenn Panurgus vor seinem Tode so viel Geld wert war, so hing es nur von seiner Stellung unter den Schauspielern ab (10, 28 f.). Aus derselben Rede Ciceros erfahren wir, daß solche Sklaven, wenn sie auch auf der Bühne zu hohem Ansehen kamen, dennoch unter dem Joche der Sklaverei blieben; solche private Tätigkeit des Sklaven verschaffte dem Herrn größere Einkünfte, und darum eben wollte er ihn womöglich länger behalten. Einige Herren vermieteten solche Sklaven an verschiedene Unternehmer[4]), aber nicht selten verlangte das Publikum, daß der Schauspieler, welcher Beifall gefunden hatte, gleich im Theater als höchsten Preis die Freiheit erhalte. Da mußte man dem Herrn den Preis für den freigelassenen Sklaven auszahlen; in der Kaiserzeit tat es der Kaiser selbst. Darum liebte auch nicht, wer von den Kaisern geizig war, solchen Vorstellungen beizuwohnen. So erzählt Suetonius von Tiberius (47): *neque spectacula omnino edidit et iis quae ab aliquo ederentur, rarissime interfuit ne quod exposceretur, utique postquam comoedum Actium coactus·est manu mittere.*[5])

Wenn solche Sklaven eine Truppe bildeten, so durfte man sie nicht getrennt verkaufen.[6]) Daraus folgt, daß auch in Rom reiche Leute, wie englische Lords oder russische Bojaren, eigene Schauspielertruppen aus Sklaven für ihr persönliches Vergnügen besaßen. So kaufte der reiche Protz Trimalchio Schau-

---

[1]) Plaut. Curc. 150.

[2]) Plaut. Cist. 785; Cic. Pro Rosc. com. 10, 27 ff.; Sen. Ep. 47, 11; 80, 7; Plin. N. h. VII 39, 128; Dio LXXVII 21; Digesta III (32) 73 § 3; VII 4, 12 § 1; XXXVIII 1, 7 § 5; XL 12, 44 § 2; Instit. IV 3, 10. Der berühmte Äsopus war mit einem Sklaven sehr befreundet: Cic. Ad Quint. fr. II 14.

[3]) Plin. N. h. VII 39, 128.   [4]) Dig. XXXII 73 § 3.

[5]) Daß dieser Actius kein eigener Sklave des Tiberius war, erfahren wir aus Cassius Dio, der von Tiberius sagt, daß er οὕτω εἰς πάντα ἴσος καὶ ὅμοιος ἦν, ὥστ' ὀρχηστήν τινα τοῦ δήμου ἐλευθερωθῆναί ποτε βουληθέντος μὴ πρότερον συνεπαινέσαι, πρὶν τὸν δεσπότην αὐτοῦ καὶ πεισθῆναι καὶ τὴν τιμήν λαβεῖν (LVII 11). Solche Erzählungen schöpfen die Historiker nicht aus Staatsakten; darum konnte auch den Actius einer von ihnen *comoedum*, der andere aber ὀρχηστήν nennen. Dieser Unterschied ist, meiner Meinung nach, zu klein, daß wir seinetwegen diese Erzählungen nicht vereinigen könnten; es wird doch alles ganz klar, wenn wir Dions Stelle so interpretieren, daß der Herr des Actius seine τιμή vom Kaiser selbst bekommen habe.

[6]) Dig. XXI 38 § 44.

spieler.[1]) An dem Kaiserhofe agierten besondere Truppen der Hofschauspieler, und von einigen Kaisern, von Hadrianus z. B. oder Alexander Severus, wurden sie freigelassen und zu öffentlichen Vorstellungen gebraucht.[2]) Daß die Schauspieler nicht freie Leute, sondern oft Sklaven waren, veranlaßte, daß auch der Schauspielerstand selbst in schlechtem Ansehen war. Wie konnte ein echter römischer Bürger die Kunst in Ehren halten, die vielleicht jemand von seinen eigenen Sklaven ausübte? Hier liegt also auch der Grund dafür, weshalb so lange in Rom die Schauspieler der Schande der Infamie unterworfen waren. Außerdem zog der Schauspieler von seiner Kunst die Mittel zur Existenz: er trat auf der Bühne *quaestus causa* auf, aber *quaestus omnis patribus indecorus visus est*, sagt Livius (XXI 63, 3—4) am Ende seiner Erzählung von dem Gesetze des Volkstribunen Q. Claudius, wonach Senatoren oder ihre Söhne nur so viele Schiffe besitzen durften, wieviel sie nicht für den Handel, sondern nur *ad fructus ex agris vectandos* benötigten. Dionysios von Halikarnassos sagt (IX 25) ganz positiv, daß jedem freien Römer streng verboten war, sich mit Handel oder Industrie zu beschäftigen, aber am schärfsten wird dieser Standpunkt von Cicero betont; er sagt nämlich: *inliberales autem et sordidi quaestus mercennariorum omnium, quorum operae, non quorum artes emuntur: est enim in illis ipsa merces auctoramentum servitutis. sordidi etiam putandi, qui mercantur a mercatoribus, quod statim vendant: nihil enim proficiant, nisi admodum mentiantur, nec vero est quicquam turpius vanitate. opificesque omnes in sordida arte versantur: nec enim quicquam ingenuum habere potest officina. minime artes eae probandae, quae ministrae sunt voluptatum,*

cetarii, lanii, coqui, fartores, piscatores.

ut ait Terentius. adde huc, si placet, unguentarios, saltatores totumque ludum talarium.[3]) Die Schauspielerkunst wurde für Geld betrieben und diente nur zur Belustigung der Zuschauer, darum gehörte sie auch dieser Ansicht nach zu den unehrlichen Gewerben. Valerius Maximus sagt von den Darstellern der Atellanen: *Atellani autem ab Oscis acciti sunt, quod genus delectationis Italica severitate temperatum ideoque vacuum nota est, nam neque tribu movetur actor nec a militaribus stipendiis repellitur* (II 4, 4). Um den Grund dieser sehr wichtigen Ausnahme zu verstehen, müssen wir uns an ein viel späteres Gesetz wenden: Dig. III 2, 5 lesen wir: *eos enim, qui quaestus causa in certamina descendunt, ut omnes propter praemium in scaenam prodeuntes famosos esse Pegasus et Nerva felices responderunt.* Hier wird ganz deutlich hervorgehoben, daß die Bezahlung der Kunstleistungen die einzige Ursache sei, warum *prodeuntes in scaenam* zu denen, *qui notantur infamia,* gehören. Livius sagt aber von den Atellanen (VII 2, 12), daß diese Spiele *tenuit iuventus nec ab histrionibus pollui passa est.* Es war also eine Dilettantenkomödie, nicht von Berufsschauspielern aufgeführt, und diese Jüng-

---

[1]) Petron. 53; vgl. dazu L. Friedländers Anmerkungen auf S. 261 seiner Ausgabe.
[2]) Script. hist. Aug. I 19, 8; XVIII 34, 2.
[3]) De off. I 42, 150. Näheres bei Fr. Cauer, Die Stellung der arbeitenden Klassen in Hellas und Rom, N. Jahrb. 1899 III 682—702.

linge traten nur aus Liebhaberei auf, ohne irgendwelchen Nutzen davon ziehen zu wollen. Darum blieben sie auch von der Infamie frei, konnten ganz getrost in der Tribus bleiben und die Ehren des Militärdienstes genießen: *stipendia tamquam expertes artis ludicrae faciant* (Livius a. O.).[1]) Trefflich sagt Mommsen[2]): 'Zwischen dem Histrio und dem Atellanenspieler war der Unterschied ungefähr ebensogroß, wie heutzutage zwischen dem, der auf die Bühne, und dem, der auf den Maskenball geht.'[3]) Aber eben deshalb, weil diese Jünglinge keine Berufsschauspieler, sondern nur Liebhaber waren, mußten sie viel früher als die Schauspieler maskiert auf der Bühne erscheinen.[4])

Man hat lange über den Grund gestritten, warum gerade in den Atellanen die Maske zuerst eingeführt wurde[5]), aber derselbe Valerius Maximus hilft uns auch hier den richtigen Weg zur Erklärung dieser Erscheinung finden: er sagt nämlich (II 5, 4): *personarum usus pudorem circumventae temulentiae causam habet.* So unter der Maske auf der Bühne zu erscheinen war für den freien Römer nicht so beschämend wie unmaskiert. Darum haben auch diese Dilettanten so früh, noch ohne Berührung mit dem griechischen Theaterwesen, die Maske eingeführt.[6]) Diese Maske diente also nur dazu[7]), damit diese Dilettanten auf der Bühne inkognito erscheinen könnten.

Etwas ähnliches finden wir in der Geschichte des französischen Theaters. Im Jahre 1556 hat die Polizei in Rouen die Vorstellung des Stückes 'Vie de Job' unterbrochen. Der Direktor der Truppe, die nur aus fünf Schauspielern unter Mitwirkung von *trois petits enfants chantres* bestand, Pierre Lapardonneur, beklagte sich über diese Einmischung. Die Behörden erlaubten in Zukunft diese Vorstellungen nur unter der Bedingung, daß '*le Provincial des Carmes et le Pénitencier de Notre-Dame examineront préalablement le répertoire, comme c'est la première fois, qu'une troupe se présente et joue en public moyennant salaire.*' Dilettanten aber, welche in Rouen einen Bühnenverein *les conards* bildeten, konnten ganz frei von allen Bedingungen ihre Kunst ausüben.[8])

Jetzt wird uns leicht zu begreifen, warum Roscius, der durch seine Kunst

---

[1]) In der Kaiserzeit wurden auch Atellanen von Berufsschauspielern dargestellt: Tac. Ann. IV 14 (vgl. E. Munk, De fab. Atell. S. 72); Suet. Nero 39.

[2]) Röm. Gesch. II 445.

[3]) Vgl. D. A. H. van Eck, Quaestiones scenicae Romanae, Amstelodami 1892, S. 78—79. B. G. Niebuhr (R. G. I 577 Anm. 1150) meinte, daß auch Prätextaten von wohlgeborenen Römern aufgeführt wurden, ohne daß ihr Bürgerrecht gefährdet war. Aber alle Belege fehlen dafür. Vgl. E. Munk, De fab. Atell. S. 71.

[4]) Festus s. v. *personatus.*

[5]) E. Munk, De fabulis Atellanis S. 70 f.; Jac. van Wageningen, Scaenica Romana, Groningae 1907, S. 23 A.; Dieterich, Pulcinella S. 116; F. Marx, s. v. *Atellana* bei Pauly-Wissowa I 1916; G. Michaut, Histoire de la com. rom., Paris 1912, S. 248.

[6]) van Wageningen S. 38. Vgl. meinen Aufsatz 'Gebärdenspiel und Mimik d. röm. Schauspieler' N. Jahrb. 1910 XXV 585.

[7]) P. Olagnier, Les incapacités des acteurs en droit romain et en droit canonique, Paris 1899, S. 10.

[8]) L. Petit de Julleville, Les comédiens en France au moyen-âge, Paris 1889[2], S. 247. 342—345.

sehr viel verdiente[1]), am Abend seiner Tätigkeit unentgeltlich zu spielen beschloß. Cicero nämlich erwidert jenen, die den berühmten Schauspieler wegen seines Geizes verurteilten: *decem his annis proximis HS sexagiens honestissime consequi potuit, noluit. laborem quaestus recepit, quaestum laboris reiecit, populo Romano adhuc servire non destitit, sibi servire iam pridem destitit.* Das klingt sehr nobel, aber es ist fraglich, ob Roscius seinen großen Einkünften ganz frei entsagte. Aus Macrobius erfahren wir, daß Sulla dem Roscius einen goldenen Ring, also das Zeichen der Ritterwürde, schenkte.[2]) Sulla war sehr befreundet mit Roscius[3]), sowie auch mit vielen anderen Schauspielern, welchen er ein großes Grundstück geschenkt hatte[4]), aber einen Komöden, der von so wenig angesehener Kunst verdiente, in den Ritterstand zu erheben, fiel wahrscheinlich auch dem mächtigen Sulla zu schwer. Cicero sagt von Roscius, daß ihn *populus Romanus meliorem virum quam histrionem esse arbitratur, qui ita dignissimus est scaena per artificium, ut dignissimus sit curia propter abstinentiam*[5]), aber wir dürfen nicht vergessen, daß dies alles von dem Rechtsanwalt in einer Verteidigungsrede über seinen Klienten ausgesagt wurde. Fast dasselbe Urteil über den Roscius finden wir schon in der ersten Rede Ciceros (Pro Quinct. 25, 78): *[Roscius] cum artifex eius modi sit, ut solus dignus videatur esse, qui in scaena spectetur, tum vir eius modi est, ut solus dignus videatur, qui eo non accedat.* Hier ist die Ansicht über die Schauspieler viel klarer ausgesprochen, und so hat diese Stelle auch Augustinus richtig verstanden.[6]) Und wenn das Urteil des Cicero, der ja das Theater viel mehr als andere seiner Zeitgenossen schätzte[7]), so schlimm war, so können wir uns ganz leicht die Stimme des gemeinen Publikums vorstellen: Ciceros Bruder sagt, daß nur ganz verworfene Leute von den Schauspielern irgendwelche Hilfe annehmen konnten.[8])

Um die Aufnahme in den Ritterstand zu ermöglichen, entsagte auch Roscius seiner Gage. Diese ganze Geschichte erhält die rechte Beleuchtung nur im Zusammenhang mit dem, was Julius Cäsar mit Laberius tat. Macrobius erzählt[9]): *Laberium asperae libertatis equitem Romanum Caesar quingentis milibus invitavit, ut prodiret in scaenam et ipse ageret mimos, quos scriptitabat.* Aus dem, was dieser Erzählung unmittelbar folgt, gibt Macrobius zu verstehen, daß Laberius, obgleich er auch *asperae libertatis eques*[10]) und wahrscheinlich gerade darum dem Cäsar unangenehm war, sich dem Wunsche Cäsars fügen mußte: *potestas non solum si invitet, etiam si supplicet, cogit.*[11]) Also erschien Laberius auf der Bühne für Geld, und dadurch wurde er infam. Erst nachdem Cäsar ihn, noch dazu im Wettkampfe mit einem plumpen Syrer, Publilius, besiegt sah[12]) und dadurch sich an seiner Schande gesättigt hatte, schenkte er dem genug beschimpften Dichter wieder einen goldenen Ring.[13]) Wozu? Weil Laberius durch

---

[1]) Cic. Pro Rosc. com. 24; Macrob. Sat. III 14. 13.   [2]) III 14. 13.
[3]) Plut. Sulla 36.   [4]) Athen. VI 261c.   [5]) Pro Rosc. com. 17.
[6]) De consensu evang. I 33, 51.
[7]) E. Bertrand, Ciceron au théâtre, Annales de l'université de Grenoble 1897 IX 83—208.
[8]) Q. Cicero, De pet. cons. 3, 10.   [9]) II 7, 2.   [10]) Vgl. Cicero, Pro Planc. 13, 33.
[11]) Macrob. II 7, 2.   [12]) Ebd. § 8.   [13]) Ebd. II 7, 8.

das Erscheinen auf der Bühne für Geld seine Ritterwürde eingebüßt hatte und
sie nur auf solche Weise wiedererlangen konnte. Also jetzt verdankte der *eques
asperae libertatis* seine Ritterwürde dem Cäsar, und das immer zu fühlen war
für ihn wahrscheinlich nicht leicht. Jetzt erst konnte Laberius wieder in den
ersten vierzehn Sitzreihen der Orchestra, die nach der 'Lex Roscia theatralis'
den Rittern zugewiesen wurde, seinen Platz einnehmen.[1])

Etwas ganz ähnliches geschah ein wenig später in Cadix, wo der Quästor
Balbus damit prahlte, daß er alles dem Cäsar gleichtue.[2]) Bei den Spielen, die
er den Gaditanern gab, *Herennium Gallum histrionem summo ludorum die anulo
aureo donatum in XIV sessum deduxit: tot enim fecerat ordines equestris loci.*
Aus dem Cognomen des von Balbus beglückten Schauspielers, Gallus, können
wir entnehmen, daß dieser · aus dem Sklavenstande war. Ihm also widerfuhr
eine große Ehre von seiten des Balbus, der damit nichts anderes wollte, als
den großen Cäsar nachäffen; desto beleidigender war dasselbe für Laberius, der
seine Ritterwürde von demselben Cäsar wieder annehmen mußte, durch den er
sie verloren hatte.

Also sehen wir ganz klar, daß auch so hervorragende Schauspieler wie
Roscius nur ausnahmsweise und nicht ohne große Mühe und Entsagung von
der Infamie des Schauspielerstandes frei wurden, und daß der römische Staat
der Republik gegen die Schauspieler sehr feindlich gestimmt war. Das war die
Ursache, warum z. B. im Jahre 115 die Zensoren L. Metellus und Cn. Domitius
die Schauspieler aus der Stadt ausgetrieben haben.[3]) Hier ist nicht nur der Haß
gegen alles, was mit der griechischen Kultur im Zusammenhang stand[4]), sondern auch der gegen den Schauspielerstand zu sehen.

Aber so feindlich waren die Römer gegen die Schauspieler nur bei sich
zu Hause: den Schauspielerverbänden in Griechenland wurde nicht selten von
römischen Eroberern die größte Gunst und Hilfe erwiesen, wie es z. B. aus
einem SC. des Jahres 112 v. Chr. zu erschließen ist.[5])

Nur eine Tatsache macht eine Ausnahme von dem, was über die niedrige
Stellung der Schauspieler mitgeteilt wird. Sie gehört in die frühere Zeit, wo
von griechischen Einflüssen noch keine Rede sein konnte. Das ist nämlich die
Erzählung des Festus von den Ehren, die dem Livius Andronicus von Staats
wegen erwiesen wurden: *cum Livius Andronicus bello Punico secundo scripsisset
carmen, quod a virginibus est cantatum, quia prosperius res publica populi Romani
geri coepta est, publice ei attributa est in Aventino aedis Minervae, in qua liceret
scribis histrionibusque consistere ac dona ponere in honorem Livi, quia is et scri-
bebat fabulas et agebat.*[6]) Einzelne Züge dieser Erzählung sind sehr treffend gewählt. So paßte das Templum der Minerva am besten für solche Versammlungen,

---

[1]) Liv. Epit. 99; Cic. Phil. II 18, 44; Sen. De ben. VII 12 § 3, 4; Plin. N. h. VII 117.
[2]) Asinius Pollio im Briefe an Cicero Ad fam. X 32, 2.
[3]) Cassiod. Chron. unter dem Jahre 115: Monum. German. hist. XI 2 S. 131—132.
[4]) Fr. Bücheler, Rh. Mus. 1883 XXXVIII 478.
[5]) G. Colin, Sénatus consulte d'an 112 av. J.-C., Bullet. corr. hellen. 1899 XXIII 1—55.
[6]) S. 492 Thewrewk de Ponor.

wie wir aus Ovid, Fast. III 833 ersehen[1]); *consistere* wurde immer gebraucht für die regelmäßigen Versammlungen der Mitglieder eines Verbandes.[2]) Es ist auch ganz begreiflich, warum nach dieser Erzählung solche Kollegienverfassung zu Ehren des Andronicus für Dichter (*scriba*) sowie auch für Schauspieler eingerichtet wurde. Andronicus war ja nach der Tradition zugleich Dichter und Schauspieler: der Staat wollte dadurch beide Seiten seiner Tätigkeit hervorheben.

Von römischen Dichtervereinen erfahren wir aus Valerius Maximus (III 7,11) und Martial (III 20, 7; IV 61, 3). Aber Martial spricht von Einrichtungen seiner Zeit, bei Valerius Maximus wird die bekannte Anekdote vom Dichter Accius mitgeteilt.[3]) Es ist also unmöglich, diese Mitteilung mit der Nachricht des Festus in Zusammenhang zu bringen. Man vermutete[4]) Tatsächliches über solche Dichterklubs nicht nur bei Horaz (Ep. II 1,175), sondern auch in den Prologen des Terenz (Hec. 14, 22; Haut. 16 ff.), aber diese Deutung der betreffenden Stellen erscheint künstlich und unbegründet. Bei Terenz z. B. finden wir kein Wort darüber, daß zu einem solchen regelmäßig vom Staate anerkannten Verbande nicht nur seine Gegner gehörten, oder daß zu seinen Zeiten solche Verbände überhaupt existierten.

Von Schauspielerverbänden lesen wir in einigen Inschriften aus Rom und anderen Städten: CIL. III 3423, 3980; VI 10091, 10109, 10118; XII 1929, 2299, 2408. Die wichtigsten sind folgende: III 3423, wo wir lesen: *genio collegio* (?) *scaenicorum T. Flav.* und XIV 2299 (aus Albanum): *magister perpetuus corporis scaenicorum Latinorum.* Aber O. Hirschfeld hat schon früher nachgewiesen, daß diese Inschriften nur in die Kaiserzeit gehören könnten[5]): das wird auch durch die Namen einiger Mitglieder der Familia Augusta, welche hier erwähnt sind (VI 10091; XIV 2299), belegt.

Also gehört die früheste Nachricht von solchen Schauspieler- oder Dichterverbänden in die Zeit des Accius, wo der griechische Einfluß in Rom schon

---

[1]) Vgl. H. Peter zu dieser Stelle.

[2]) Ad. Schulten, De conventibus civium Romanorum, Berl. 1892, S. 102 ff.; J. Kornemann, De civibus Romanis in provinciis consistentibus 1891 S. 11; Th. Mommsen, Hermes VII 299. 326; Maue, Philologus XLVII 494.

[3]) W. Liebenam (Zur Geschichte und Organisation des römischen Vereinswesens, Leipzig 1890, S. 64, wo auch die ganze frühere Literatur zusammengestellt ist) meint, daß hierher auch solche Stellen gehören, wie Ovid Ex Ponto II 10, 17; III 4, 67; IV 8, 81; Trist. IV 10, 19: die dort erwähnten *communia sacra poetarum*, *musarum sacra* seien den σύνοδοι der Philologen im Museum zu Alexandrien zu vergleichen (vgl. Kornemann bei Pauly-Wissowa IV 397). Mir scheint aber, daß hier bei Ovid keine regelmäßigen Dichterverbände, sondern nur gemeinsame Beschäftigung mit der Poesie gemeint ist. Wenn diese von Ovid heilig genannt wird, so ist diese Benennung ebenso bei den Griechen, wie bei den Römern beliebt: [Plato] Ion 634 B, 533 D E; Theocr. XVI 29; Cic. Pro Arch. § 18; Prop. III 1, 1—4; 9, 46; IV 6. 11. Ovid nennt oft die Dichter heilig: Am. III 9, 17; Ars III 405—408. 539—549; Rem. 813.

[4]) E. C. Sihler, The collegium poetarum at Rome, Amer. Journ. of Philology 1905 S. 1—21.

[5]) Untersuchungen I 177.

sehr bedeutend war.[1]) Aber zu Livius Andronicus' Zeiten waren in Rom zu
wenig Dichter und Schauspieler zur Bildung eines Klubs vorhanden. Außerdem
war damals der Schauspielerstand zu gering geachtet und konnte kaum zu Ehren
und staatlicher Anerkennung gelangen. Also nur Festus, oder richtiger Verrius
Flaccus, bleibt für uns als einzige Quelle dieser unglaubwürdigen Tatsache. Es
ist erwiesen, daß Verrius Flaccus sehr vieles aus Varro geschöpft hat[2]), Varros
Arbeit aber ging die Wege der alexandrinischen Philologie, die im Gebiete der
Biographie den Peripatetikern folgte.[3]) Peripatetiker aber liebten in ihren historischen Arbeiten spätere Erscheinungen in viel frühere Zeit zu verlegen, um
ihnen dadurch Ansehen und Ehre zu verleihen. So versetzt Chamaeleon Ponticus[4]) (bei Athen. IX 407 bc) in seinem Berichte über den Hegemon das Auftreten
der dionysischen Künstler in eine Zeit, wo dort noch niemand von ihnen hören
konnte, wie O. Lüders nachgewiesen hat.[5]) Schon Fr. Ritschl bemerkte[6]) sehr
richtig, daß in die römische Theatergeschichte einiges aus der späteren Zeit
hineingetragen wurde. Jetzt, nach den Untersuchungen Fr. Leos über die Arbeitsweise des Varro, sind wir imstande, den Weg zu zeigen, auf dem römische
Theaterhistoriker dazu gekommen sind. Wahrscheinlich erzählte Varro die ganze
Geschichte über das Schauspielerkollegium, das zu Ehren des Livius Andronicus
gestiftet sei, in seiner Schrift 'De originibus scaenicis', wo, wie es scheint, von
den ersten Dramatikern Roms die Rede war. Schon im ersten Buche, woraus
Censorinus (17, 8) uns ein sehr wichtiges Bruchstück über die ersten *ludi sae-
culares* des Jahres 505 erhalten hat[7]), war dafür eine sehr geeignete Stelle.

Über dasselbe Fest, wofür Andronicus seinen Hymnus verfaßt hatte, haben
wir außer dem des Festus noch einen Bericht bei Livius (XXVII 37, 7): *de-
crevere item pontifices, ut virgines ter novenae per urbem euntes carmen canerent;
id cum in Iovis Statoris discerent conditum ab Livio poeta carmen, tacta de caelo
aedis in Aventino Iunonis Reginae.* Aber über das Entstehen eines Dichter- und
Schauspielerkollegiums zu Ehren des Livius Andronicus finden wir bei T. Livius
kein einziges Wort. Er erzählt hier von Andronicus nur das, was ganz unanfecht-
bar ist. Daß Andronicus Verfasser dieses Hymnus war, ist sehr glaubwürdig:

---

¹) Was R. Büttner (Porcius Licinus und der literarische Kreis des Q. Lutatius Catulus,
Leipzig 1893, S. 200) über die Freundschaft des Accius mit Iulius Caesar Strabo ausführt,
bleibt ganz unbegründet.

²) Fr. Ritschl, Opuscula III 458; O. Gruppe, Die Überlieferung der Bruchstücke von
Varros Antiquitäten (Comment. in honorem Mommseni S. 547—549); R. Reitzenstein, Verr.
Forsch. (Bresl. phil. Abh. 1887); P. Mirsch, De M. Terenti Varronis antiquitatum rerum
human. libris XXV (Leip. Stud. 1882 V 49—52. 60—63); R. Agahd, M. Terenti Varronis
antiquitatum rerum divinarum libri I, XIV, XV, XVI (Fleckeis. Jahrbücher Suppl. XXIV
1898 S. 134).

³) Fr. Leo, Plautin. Forschungen S. 56—57.

⁴) O. Lüders, Die dionysischen Künstler, Berl. 1873, S. 63.

⁵) H. Sauppe hebt hervor, daß auch in Griechenland die Schriftsteller von diesen Ver-
bänden nur sehr selten sprechen: Ausgew. Schriften 1896 S. 703.

⁶) Parerga S. 216; vgl. J. Sommerbrodt, Scaenica, Berlin 1876, S. 3.

⁷) C. Cichorius, Über Varros libri de scaenicis originibus, Commentationes Ribbeckianae,
Leipz. 1888, S. 417 ff.

wer konnte denn im damaligen Rom außer Andronicus, der aus einem Haus-
lehrer zum Übersetzer der Odyssee und nachher auch zum Übersetzer griechischer Dramen wurde, ein solches Stück verfassen? Dieselbe Arbeit, die viel
später einem Horatius anvertraut wurde, fiel damals dem Andronicus zu, nicht
weil er der beste, sondern weil er der einzige Dichter im damaligen Rom war.
Aber der Unterschied zwischen diesen Berichten des Titus Livius und des Festus
besteht nicht nur darin, daß Livius knapper, Festus ausführlicher dieselbe Tatsache behandelt. Um ihn zu begreifen, müssen wir uns an das 'unglückliche'[1]
Theaterkapitel des Livius (VII 2) wenden. Der Vergleich dieses Kapitels mit
Horazens Vorgeschichte des römischen Dramas zeigt, daß Livius dort alles
Griechische ausschaltet und nur die Komödie in Betracht zieht, so daß aus
seiner ganzen Erzählung nicht ein Wort auf die Tragödie bezogen werden kann.
Fr. Leo, der das alles scharf und überzeugend nachgewiesen hat, kommt auch
das Verdienst zu, gezeigt zu haben[2]), daß des Livius Erzählung mit Varros
Untersuchungen nichts zu tun hat.

Im I. Jahrh. v. Chr. konnten die Schauspielerverbände unter griechischem
Einfluß auch in Rom eingeführt worden sein. Ihr Entstehen konnte Varro freilich, durch seine griechischen Vorlagen irregeführt, mit dem ersten Dramatiker
Roms in Verbindung bringen: der von Andronicus verfaßte Hymnus, über den
er aus öffentlichen Akten erfahren konnte[3]), gab dazu den besten Grund; von
Varro gelangte der Bericht durch Verrius Flaccus an Festus. Livius aber, der
in seiner Theatergeschichte von den Annalen beeinflußt wurde[4]), weiß davon
nichts. Also kurz gesagt: ein Schauspielerkollegium konnte zur Zeit des Andronicus nicht entstehen. Der Staat durfte nicht einen Stand ehren, der noch viel
später so wenig Geltung hatte. Aber wir haben noch einen Grund, um zu bezweifeln, daß im III. Jahrh. in Rom zu Ehren des Andronicus ein Schauspielerverband eingerichtet wäre. Sein Entstehen wäre nur dann begreiflich, wenn
Andronicus selbst wirklich zum Schauspielerstande gehörte, wie es die Alten
meinten. Aber nach Leo[5]) ist auch diese Nachricht nichts als freie biographische
Erfindung nach dem, was bei Aristoteles, Rhet. I 403 b 23 über die Vereinigung
von Dramatiker und Schauspieler in einer Person überliefert war. Wäre dieser
Schulmeister wirklich ein Schauspieler gewesen, wie konnte er damals der
Atimie entgehen, unter der noch später jeder Schauspieler zu leiden hatte?
Aber bei den Späteren wurde die Person des Andronicus von vielen Fabeln
umgeben; dazu gehört die bekannte Erzählung[6]) über die von ihm eingeführte

---

[1]) Vgl. Skutsch bei Pauly-Wissowa s. v. *exodium* VI 1686—1689.

[2]) Livius und Horaz über die Vorgeschichte des römischen Dramas, Hermes 1904
XXXIX 63—77.

[3]) Fr. Schoell, Varro und die römischen Didaskalien, Rhein. Mus. 1876 XXXI 469.

[4]) A. a. O. S. 73.

[5]) Ebd. S. 67—68.

[6]) Liv. VII 2, 9—10; Val. Max. II 4, 4; Isid. Orig. XVIII 44; E. Reisch (bei Pauly-
Wissowa s. v. *canticum* Sp. 1497) fügt noch Lucian, De salt. 30 hinzu, aber diese Stelle
scheint mir nichts mit Andronicus zu tun zu haben.

Verteilung von Deklamation und Mimik zwischen den singenden Knaben und den Histrionen.[1])

Diese Erzählung scheint sehr dem zu ähneln, was wir in der Sophoklesvita lesen: πολλὰ ἐκαινούργησεν ἐν τοῖς ἀγῶσι πρῶτον μὲν καταλύσας τὴν ὑπόκρισιν τοῦ ποιητοῦ διὰ τὴν ἰδίαν μικροφωνίαν (vgl. Livius VII 2, 9: *cum saepius re-vocatus vocem obtudisset*), aber in derselben Biographie werden auch die Erzäh-lungen des Satyros über viele Neuerungen und Erfindungen des Sophokles im Theaterwesen mitgeteilt.[2]) Desto leichter konnte man gerade darum zum Ver-gleiche des ersten römischen Dramatikers Andronicus mit Sophokles kommen. Hätten wir diese Biographie, welche im II. Jahrh. stark verkürzt wurde[3]), in vollständiger Form, so könnten wir vielleicht noch mehr Übereinstimmungen finden, aber auch in der heutigen Gestalt finden wir dort die Nachricht über Sophokles, ταῖς Μούσαις θίασον ἐκ τῶν πεπαιδευμένων συναγαγεῖν.[4]) Um eine römische Replik dazu zu finden, konnte auch Varro oder ein anderer Gewährs-mann des Festus die viel später in Rom gebildeten Schauspielerverbände mit der Geschichte des Andronicus, dieses εὑρετής des römischen Theaters, zu-sammenstellen. Wir müssen aber das alles ausscheiden, um von der Notwendig-keit frei zu sein, in der Stellung der Schauspieler in der römischen Republik eine unbegreifliche Wendung von Gunst zu Verachtung vorauszusetzen. Was konnte denn zu solcher Wendung führen? Ohne diesen Schauspielerverband er-hält die ganze Geschichte des römischen Schauspielerstandes die notwendige Klarheit und Konsequenz.

Auch in der Kaiserzeit vollzogen sich keine großen Veränderungen in der bürgerlichen Lage der Schauspieler, obgleich einzelne Kaiser den Schauspielern sehr günstig gestimmt waren. Aber das hing nur von persönlichen Stimmungen und sehr oft auch von der Laune des Herrschers, nicht von einer Gesetzgebung ab, und darum fehlte hier die notwendige Sicherheit.

Unter den Kaisern, die für den Schauspielerstand sorgten, ist zuerst Augustus selbst zu nennen. Er liebte die Schauspieler[5]): *divus Augustus immunes verbe-rum histriones quondam responderat*[6]) (Tac. Ann. I 77): zur Zeit der Republik wurde also der Schauspieler z. B. im Falle, wenn er in seinem Vortrage einen Fehler beging[7]), auch der körperlichen Strafe unterworfen. Als im Jahre 15 im Theater große Unruhen ausbrachen, und der Senat beschloß, *ut praetoribus ius virgarum in histriones esset*, rettete die Schauspieler der Volkstribun Haterius

---

[1]) Vgl. Neue Jahrb. 1910 XXV 586. Was darüber H. Kaffenberger in seiner Disser-tation 'Das Dreischauspielergesetz in der griechischen Tragödie', Darmstadt 1911, S. 25, ausführt, scheint mir nicht überzeugend.

[2]) Fr. Leo, Die griechisch.-röm. Biographie, Leipzig 1901, S. 22—24.   [3]) Ebd.

[4]) Wie diese Nachricht zu deuten sei, zeigte schon J. Sommerbrodt, Der Musenverein des Sophokles = Scaenica S. 291—294.

[5]) Suet. Aug. 74.

[6]) Suet. Aug. 45. Mit dieser Handlung ist zu vergleichen das Gesetz vom Jahre 386: Cod. Instit. XI 41, 2.

[7]) Plaut. Trin. 990; Novius 44 (Ribbeck S. 317); vgl. Lucian, Pisc. 33; Adv. indoctum 9.

Agrippa durch den eben erwähnten Erlaß des Augustus.[1]) Aber Augustus selbst ließ den Darsteller der Togata Stephanio körperlich züchtigen, weil er auf der Bühne mit einer römischen Dame auftrat, die als Knabe aufgeputzt war.[2]) Also auch seine Gunst war nicht ohne Ausnahmen: nach Cassius Dio verbot er den Rittern, die Bühne zu betreten[3]), ebenso wie den Abkömmlingen von Senatoren. Aber das half·nicht[4]), und zu Vitellius' Zeiten mußte dieses Verbot wiederholt werden.[5])

Tiberius verbot den Senatoren, die Schauspieler in ihrem Hause zu besuchen[6]); das hängt wahrscheinlich damit zusammen, daß gerade damals die jungen Leute so für das Theater schwärmten, daß sie, um nur auf der Bühne auftreten zu können, auch der Infamie sich zu unterwerfen bereit waren.[7]) Tacitus sagt darüber[8]): *non nobilitas cuiquam, non aetas aut acti honores impedimento, quominus Graeci Latinive histriones artem exercerent usque ad gestus modosque haud viriles.* Juvenal findet das ganz in Ordnung, wenn der Kaiser selbst die Bühne betrat.[9])

Caligula war im allgemeinen den Schauspielern sehr gewogen[10]), darum erlaubte er ihnen nicht nur freie Ansiedelung in Rom, sondern gab einigen von ihnen sogar Zutritt zu höheren Staatsämtern[11]), was früher ganz unerhört gewesen war, aber später sich wiederholte.[12]) Er küßte seinen Mignon Mnester sehr inbrünstig während der Vorstellung[13]), aber den Tragöden Apelles, der ihn nicht über Zeus stellen wollte, ließ er vor seinen Augen totschlagen[14]), und als feiner Kenner der Schauspielkunst hatte er sein Vergnügen an der schönen Stimme des unter den Schlägen Wimmernden. Er hat nicht nur selbst griechische Komödien geschrieben[15]), sondern wollte auch mit den Schauspielern in der Kunst zu singen und zu tanzen wetteifern.[16])

Neros Politik war auch Schauspielern gegenüber sehr unbeständig: das Haus, das auf der Bühne zur Vorstellung von Afranius' 'Incendium'[17]) eingerichtet war, schenkte er den Schauspielern[18]), aber den Paris, in welchem er einen gefährlichen Nebenbuhler sah, ließ der kaiserliche Komöde ermorden.[19]) Datus, der über die Handlungsweise des Nero seinen Eltern gegenüber von der Bühne Andeutungen machte, wies er nur aus Italien.[20])

Alle Geschenke Neros an Schauspieler wurden von Galba zurückgefordert, nicht nur von den Empfängern, sondern auch von den Käufern.[21])

Vitellius stand unter solchem Einflusse einzelner Schauspieler, daß sie auch auf die Staatsangelegenheiten wirken konnten[22]); Juvenal beklagt das sehr heftig.[23])

---

[1]) Tac. Ann. I 77.   [2]) Suet. Aug. 45.
[3]) LIV 2, anders Suet. Aug. 43; vgl. Cass. Dio LIII 31.   [4]) Cass. Dio LV 10.
[5]) Tac. Hist. II 62.   [6]) Tac. Ann. I 77.   [7]) Suet. Tib. 35.
[8]) Tac. Ann. XIV 15.   [9]) VIII 198. 223—226.   [10]) Cass. Dio LIX 5.
[11]) Cass. Dio LIX 2.   [12]) Ebd. LXXVII 21; Suet. Vitell. 12.   [13]) Suet. Calig. 36.
[14]) Ebd. 33.   [15]) Ebd. 3.   [16]) Ebd. 10, 54.   [17]) CRF.³ S. 223 R.
[18]) Tac. Ann. XIII 19, 22; Suet. Nero 11.   [19]) Cass. Dio LXIII 9. 10. 23.
[20]) Suet. Nero 39.   [21]) Suet. Galba 15; Tac. Hist. I 20; Plut. Galba 16.
[22]) Suet. Vitell. 12.   [23]) VII 90—93; vgl. Ammian Marcell. XIV 6, 16.

Ebenso freundlich den Schauspielern gesinnt waren Otho, Hadrianus, Caracalla und Traianus.[1])

Domitianus verbot den Schauspielern, irgendwo, außer in Privathäusern, ihre Kunst auszuüben[2]), und in seinem Streben, das Theaterleben in Ordnung zu bringen, mußte er die 'Lex Roscia theatralis' wiederholen.[3]) Die Schauspieler, die von ihm verwiesen waren, hatte Traianus zurückrufen lassen wegen seiner Liebe zum Schauspieler Pylades.[4])

Alexander Severus liebte die Schauspieler nicht, und gab ihnen keine Geschenke an Gold oder Silber.[5]) Statt mit Schauspielern amüsierte er sich bei seinen Gelagen mit dressierten Tieren[6]), aber die Schauspieler, die sich von ihrer Kunst nicht mehr ernähren konnten, ließ er von einzelnen Staatsgemeinden unterhalten.[7]) Das war der wichtigste Erlaß in der ganzen Geschichte des Schauspielerstandes in Rom. Alles, was die Schauspieler vordem von den Kaisern erhalten hatten, hing von deren persönlicher Neigung ab. Solche Gönner gab es ja auch zur Zeit der Republik: so A. Catulus[8]), Sulla[9]), Antonius[10]) und andere. Schon damals gab es Leute, welche den Schauspieler mehr als den Verwalter schätzten, was auch von Marius verspottet wurde.[11]) Diese Gunst mußte oft auf eine niedrige und beschämende Weise erworben werden. Es waren keine gesetzlich bestimmten Ehren, sondern rein persönliche Gaben, die der hochmütige Herr seinem Spaßmacher hinwerfen ließ, und auch diese waren fast ebenso beschimpfend wie die Mißhandlungen einzelner Theaterfeinde, wie Galba. Jetzt zeigte der römische Kaiser, daß er für die Schauspieler auch dann sorgen wolle, wenn sie nicht mehr ihn zu belustigen imstande seien, und es ist zu bedauern, daß Aelius Lampridius diesen Erlaß nur oberflächlich erwähnt und wir nicht imstande sind, zu entscheiden, ob etwas ähnliches nicht auch früher vorgekommen ist, ob es ein persönlicher Erlaß des Kaisers oder ob es eine gesetzliche Vorschrift für längere Zeit war. Das alles zu wissen wäre sehr wichtig, um den Schritt richtig beurteilen zu können.

Die Schauspieler selbst hatten keine geringe Schuld daran, daß ihre Lage so schlimm war: obgleich auf einer Inschrift (CIL. III 375) auch ein Schauspieler wegen *morum probitas* gepriesen wird[12]), es bleibt doch eine seltene Aus-

---

[1]) Tac. Hist. II 87; Plut. Otho 6; Script. h. Aug. I 16, 8; Cass. Dio LXVIII 10; LXXVII 21.

[2]) Suet. Dom. 7.

[3]) Quint. III 6. 18. 19; Suet. Dom. 8; Cebet, Mnem. 1861 X 342.

[4]) Cass. Dio LXVIII 10.   [5]) Script. h. Aug. XVIII 338, 2; 736, 1.

[6]) Script. h. Aug. XVIII 41, 5. Durch Schauspieler sich beim Gelage amüsieren zu lassen, war schon zur Zeit der Republik gebräuchlich, Liv. XXXIX 6.

[7]) Script. hist. Aug. XVIII 34, 2.

[8]) Cic. De nat. deor. I 28; R. Büttner, Porcius Licinus und der literarische Kreis des Lutatius Catulus S. 107—108.

[9]) Athen. VI 261 c; vgl. oben S. 100.   [10]) Q. Cicero, De petit. cons. 10.

[11]) Sall. B. Iug. 85, 39.

[12]) Ebenso sagt Latinus in seiner Grabschrift bei Martial (IX 28, 7): *nec poteram gratus domino sine moribus esse.*

nahme. Schon Aristoteles fragt: διὰ τί οἱ Διονυσιακοὶ τεχνῖται ὡς ἐπὶ πολὺ
πονηροί εἰσιν; ἢ ὅτι ἥκιστα λόγου καὶ φιλοσοφίας κοινωνοῦσι διὰ τὸ περὶ τὰς
ἀναγκαίας τέχνας τὸ πολὺ μέρος τοῦ βίου εἶναι, καὶ ὅτι ἐν ἀκρασίαις τὸν πολὺν χρόνον εἰσίν, ὁτὲ δὲ ἐν ἀπορίαις; ἀμφότερα δὲ φαυλότητος παρασκευαστικά[1]),
und auch in Rom werden die Sitten der Schauspieler viel öfter scharf getadelt.
So fanden die römischen Damen hauptsächlich unter den Schauspielern ihre
Verführer.[2]) In diesem Falle war es nach den römischen Gesetzen erlaubt, den
Verführer zu töten.[3]) Über die Schauspielerinnen, die am Ende der Kaiserzeit
auf der Bühne nicht nur an der niedrigeren Theaterkunst, sondern auch an Vorstellungen der Komödie teilnahmen[4]), urteilt Isidorus so: *idem vero theatrum
idem et prostibulum, eo quod post ludos exactos meretrices ibi prostarent.*[5]) Freilich kann dieses Urteil nicht ernst genommen werden, aber es wäre ganz unerklärlich, wenn ihm jedwede Grundlage fehlen sollte. Dem Isidorus steht auch
der Gesetzgeber selbst nicht fern, wenn er im 'Edictum perpetuum praetoris
urbani' unter denen, *qui nisi pro certis personis ne postulent*, diejenigen anführt,
qui artis ludicrae pronuntiandive causa in scaenam prodirent, daneben, *qui
lenocinium fecerit ... qui furti, vi bonorum captorum, iniuriarum, de dolo malo
et fraude suo nomine damnatus pactusve erit*[6]); dieselbe sehr beachtenswerte Zusammenstellung ist schon in der 'Lex Iulia Municipalis' vom Jahre 45 vorhanden: *queive corpore quaestum fecit fecerit; queive lanistaturam artemve ludicram
fecit fecerit; queive lenocinium faciet.*[7]) Auch im Codex Theodosianus folgt dem
Kapitel De scaenicis (XV 7, 1—13) unmittelbar der Abschnitt De lenonibus
(XV 8, 1—2). Auch Seneca (De ben. VII 20, 2) nennt die Schauspieler neben
den Dirnen. Schon in der Lex Iulia[8]) lesen wir: *qui senator est, quive filius
neposve ex filio proneposve ex filio nato, cuius eorum est, erit, ne quis eorum sponsam uxoremve sciens malo dolo habeto libertinam aut eam quae ipsa cuiusve pater
materve artem ludicram facit, fecerit; neve senatoris filia neptisve ex filio pro-
neptisve ex nepote filio nato nata libertino eive qui ipse cuiusve pater materve
artem ludicram facit fecerit, sponsa nuptave sciens dolo malo esto; neve quis eorum
dolo malo sciens sponsam uxoremve eam habeto.* In den Briefen des Aristaenetus
finden wir Dirnen, welche zugleich Schauspielerinnen waren (I 19 und 24).

Im Jahre 396 wurde auch den Bäckern verboten, eine Schauspielerin zu
heiraten.[9]) Nach Codex V 5,7 wurden überhaupt die Schauspielerinnen ebenso
wie *tabernaria, tabernarii vel lenonis aut arenarii filia* als *humiles abiectaeque*

---

[1]) Probl. 30, 10 = Gellius, N. A. XX 4; O. Lüders, Die dionysischen Künstler S. 58.
[2]) Ovid, Ars III 351; Juven. VI 63—113. 379. 395; vgl. R. Schultze, Iuvenalis ethicus
S. 36 f.; Martial VI 6; Cass. Dio LVII 21; LX 28; Tac. Ann. XI 4, 36; Suet. Dom. 3 und 10;
Script. hist. Aug. M. Aurel. 23; Seneca, Nat. Quaest. VII 32, 3; Tertull. De spect. 22;
S. Aurel. Victor, De Caesar. 11, 7; Incerti auct. de Caes. 11, 11; Dig. XLVIII 5, 10 § 2.
[3]) Dig. XLVIII 5, 24 § 3.
[4]) Donat zu Ter. And. 716; CIL. VI 10096; Fr. Bücheler, Carmina lat. epig. 55, 11.
[5]) Orig. XVIII 42, 2.   [6]) VI 3; Bruns, Fontes[7] S. 214.
[7]) § 122—123; Bruns, Fontes[7] S. 108.   [8]) Vom Jahre 736; Bruns S. 115.
[9]) Codex Theodos. XIV 3, 21.

personae erklärt, und kein Senator durfte seine Kinder von solch einer Frau für legitim erklären.

Auch aus anderen Stellen des römischen Codex ist zu ersehen, wie abfällig die Ansichten des Gesetzgebers über das Theater waren. So wurde ein Soldat, welcher die Bühne betrat, mit dem Tode bestraft.[1] Nach dem Gesetz des Arcadius und Honorius vom Jahre 396 wurde den Schauspielern verboten, unter dem Publikum im Theater Platz zu nehmen.[2] Sie hatten auch ins Kloster als Mönche keinen Zutritt.[3] Im Codex Theodosianus wurden strenge Bedingungen gestellt, unter welchen eine Schauspielerin sich von ihrem Fache lossagen (§ 2, 8) oder den Segen der christlichen Kirche empfangen konnte (§ 9). Es wurde auch verboten (§ 12), Bildnisse der Schauspieler an öffentlichen Plätzen neben den Kaiserbildern aufzustellen, *neque umquam liceat in loco honesto inhonestas adnotare personas.*

Diese Ansichten über den Schauspielerstand galten nicht nur in Byzanz[4] und im mittelalterlichen Europa, sondern blieben in ihren Hauptzügen bis zum XIX. Jahrh. unverändert, wo auch dieser Stand eine gesetzliche Anerkennung erfuhr.

---

[1] Dig. XLVIII 19. 44.   [2] Cod. Theod. XV 7. 8.

[3] Nov. 123 c. 44; Cod. Theod. XV 7. 8.

[4] Alb. Müller, Das Bühnenwesen in der Zeit von Constantin d. Gr. bis Justinian, Neue Jahrb. 1909 XXIII 36—55. Joseph S. Tumson, Dramatic traditions of the dark ages, Chicago-London 1907, S. 26.

HIPPOLYTOS VON ROM,
DER HEILIGE UND GESCHICHTSCHREIBER[1])

Von Adolf Bauer

Die Verfolgungen des Christentums durch die römische Staatsgewalt brachten die theologischen Streitigkeiten innerhalb der Kirche nicht durchweg und stets nur vorübergehend zur Ruhe. Seit der Glaube feststand, daß literarisch überlieferte Schriften göttlich geoffenbarte Wahrheit und die Grundlage des Christentums seien, ist die Zahl der ketzerbestreitenden Werke reichlich ebenso groß wie derjenigen, die den Ruhm der Märtyrer verkündeten. Mit jugendlicher Unduldsamkeit verbindet sich maßlose Heftigkeit, die sachliche Gegnerschaft wird durch persönliche Feindseligkeiten verschärft, obwohl es sich im Grunde doch nur um Verschiedenheiten der Auffassung und Auslegung der 'Schrift' handelte.

Aus der Zeit eines solchen erbitterten, in der römischen Kirche ausgekämpften Streites stammen der Autor und das Werk, die uns beschäftigen sollen: die Chronik des Hippolytos. Sie war gleich seinen vielen und sehr umfangreichen theologischen Schriften und gleich den sonst aus dieser Zeit erhaltenen, in der römischen Kirche enstandenen Werken in griechischer Sprache geschrieben, während Hippolyts Zeitgenosse Laktantius in Afrika schon lateinisch schreibt.

Der Anlaß des Streites war, daß ein aus Byzanz nach Rom übersiedelter Laie, Theodotos, seinem Beruf nach Schuster oder, wie andere übersetzen, Lederarbeiter, Ansichten über die göttliche Natur Christi und ihr Verhältnis zu Gott vertrat, die der offiziellen Lehre der römischen Kirche widersprachen, und daher von dem 198 oder 199 verstorbenen römischen Bischof Victor aus der Kirchengemeinschaft ausgeschlossen wurde. Unter dem Bischof Zephyrinus führten diese Meinungsverschiedenheiten sogar zum Schisma. Zwei Schüler des Theodotos bestimmten einen gewissen Natalis an die Spitze der Sondergemeinde zu treten, die sich zu den Ansichten des gemaßregelten Theodotos bekannte, daß Jesus nicht selbst Gott gewesen sei, sondern bloß göttliche Kraft besessen habe. Diese seltsame Erscheinung, daß theologische Lehrmeinungen eines Mannes, dessen Herkunft aus dem Gewerbestand feststeht, ein Schisma in Rom hervorrufen konnten, ist uns nur in ihren äußersten Umrissen aus den Schriften des Hippolytos, Eusebios und Epiphanios bekannt, allein sie hat auch in der Geschichte anderer Religionsgenossenschaften ihre Parallele. So hat noch jüngst E. Meyer an der Geschichte der Mormonen auf Grund eines viel reichhaltigeren und urkundlichen Materials gezeigt, daß in solchen Zeiten, in denen die Glaubensstärke

---

. [1]) Vortrag, gehalten auf dem deutschen Historikertage in Wien, September 1913.

alles vermag, ganz ungebildete, in niederster sozialer Stellung befindliche Menschen sich nicht nur religiös schöpferisch betätigen, sondern sogar in den
subtilsten theologischen Streitfragen gegen die kirchliche Autorität sich durch-
zusetzen vermögen.

In Rom kam es damals vorübergehend noch einmal zu einer Versöhnung
der beiden Parteien. Aber schon gegen Ende des Episkopats des Zephyrinus
und unter seinem Nachfolger Kallistus lebte der christologische Streit wieder
auf und griff nun auch auf andere Gebiete über. Diesmal stand Hippolytos, ein
äußerst temperamentvoller theologischer Schriftsteller, der wahrscheinlich aus
dem griechischen Orient stammte, jedenfalls seiner Bildung nach von diesem
abhängt, an der Spitze der Oppositionellen.

Über die Gegenstände und den Verlauf des Streites sind wir nur durch ihn
selbst unterrichtet. Er hat in seinem umfangreichen, nach dem Vorbilde und
mit Benutzung des Irenäus von Lyon abgefaßten, 'Wider alle Häresien' be-
titelten Werke auch die Irrlehren seiner päpstlichen Gegner, besonders des
Kallistus, mit einseitiger Heftigkeit an den Pranger gestellt. Hippolytos erklärte
die Gemeinde, an deren Spitze er selbst im Jahre 217 als Bischof getreten war,
für die wahre katholische Kirche, den weit zahlreicheren Anhang seiner Gegner
bezeichnet er geringschätzig als eine 'Schule', die ihr Dasein und den Zulauf
nur der Weltlichkeit und Laxheit ihrer Grundsätze zu danken habe. Zephyrinus
nennt er einen idiotischen, ungebildeten, der wahren Lehre unkundigen Mann,
einen gewissenlosen Geldnehmer, einen Christusschacherer, der sich für die Taufe
bezahlen ließ und sich fälschlich Bischof nannte. Kallistus vollends, der den
Zephyrinus schon übel beraten habe, war nach seiner Darstellung ein Bank-
unternehmer, der Bankrott machte, dann entfliehen wollte, aber eingefangen
und als Sklave zur Tretmühle verurteilt wurde. Er verstand es jedoch seinen
Herrn zu beschwindeln, so daß dieser ihn freigab. Als aber seine Lügen auf-
kamen und er abermals Strafe zu befürchten hatte, wollte er sich einen guten
Abgang machen und beschloß freiwillig aus dem Leben zu scheiden. Unter dem
Vorwand seine Gläubiger aufzusuchen, drang er am Sabbat in die Synagoge,
erregte dort einen Tumult, wurde geprügelt und vor den Stadtpräfekten gebracht. Hier beschuldigten ihn die Juden, daß er unter dem Vorwand ein
Christ zu sein während des Gottesdienstes bei ihnen eingedrungen sei, sein Herr
aber sagte aus, Kallistus sei überhaupt gar nicht Christ, und er wurde deshalb
vom Stadtpräfekten in die Bergwerke nach Sardinien verbannt. Unter dem Bischof Victor begnadigt kehrte er, mit der Gloriole des Martyriums umgeben,
nach Rom zurück, aber Bischof Victor, der ihn kannte, war darauf bedacht, ihn
von der Hauptstadt ferne zu halten; er schickte ihn nach Antium und zahlte
ihm sogar ein Monatgeld, um ihn dort festzuhalten.

Diese Schilderung arbeitet, um den Gegner zu verunglimpfen, mit denselben persönlichen Gehässigkeiten, wie sie die attischen Redner gegeneinander
vorgebracht haben; waren es bei diesen die politischen Gegensätze, die so un-
erfreuliche Erscheinungen gezeigt hatten, so sind es hier der rigoristische
Standpunkt des Hippolytos und die verständigere, weltläufigere Praxis des Kal-

listus, die so hart aneinanderprallen. Kallistus suchte durch mildes Verfahren
den Verhältnissen der Weltstadt Rom und ihrer Gesellschaft so weit als tun-
lich Rechnung zu tragen, während Hippolytos dieselbe unerbittliche altchrist-
liche Strenge übte wie unter anderen Vertretern der orientalischen Kirche z. B.
auch Origenes, der ebenfalls Kallistus als einen Ignoranten in kirchlichen Dingen
brandmarkt. Mit gleicher Heftigkeit trat Hippolyt auch sonst gegen Kallistus
auf. Er schilt ihn, daß er nicht nur Laien sondern sogar Klerikern die Ab-
schließung einer zweiten Ehe gestatte; wenigstens den Klerikern müsse diese unbedingt untersagt werden. Er tadelt ihn, daß er Frauen den vom römischen Staat
tolerierten Konkubinat gestatte, d. h. eine eheliche Verbindung mit gesellschaft-
lich unebenbürtigen Männern, wodurch sie ihren Rang beibehalten konnten —
dadurch lehre er die Frauen Ehebruch und Mord —, und vor allem wirft er
Kallistus vor, daß er auch solchen Christen, die sich des Götzendienstes, Mordes
und der Unzucht, also der Todsünden des sogenannten Aposteldekretes, schuldig
gemacht hätten, nach vollzogener Buße die Wiederaufnahme in die kirchliche
Gemeinde gewähre, statt sie für immer auszuschließen. Hippolyt sieht darin
eine verwerfliche Rücksichtnahme auf die menschliche Fleischeslust, die Kallistus nur darum übe, um seiner 'Schule' den Zulauf zu sichern. Tertullian
drückt sich freilich noch etwas kräftiger aus, wenn er sagt, daß diese Indulgenz
dort angeschlagen zu werden verdiene, wo die Plakate der Dirnen angebracht seien.

Dieser heftige Gegner der offiziellen römischen Kirche seiner Zeit ist nun
gleichwohl schon früh einer der höchstverehrten Heiligen derselben Kirche geworden und bis auf den heutigen Tag geblieben. Hippolytos gehört zu den
ganz wenigen Märtyrern, deren Beisetzung in römischen Gräbern in dem Verzeichnis im Anhang zu dem Kalender vom Jahre 354 erwähnt wird. Auf der
Tiberinsel bei Ostia, in Fossombrone in Umbrien, in Piacenza, in Cambrai in
Frankreich, in St. Pilt am Fuße der Hochkönigsburg im Elsaß, in Blexen in
Niedersachsen, auf dem Pöltenberge in Mähren und in St. Pölten in Nieder-
österreich wird Hippolytos, freilich nicht überall der Heilige von Rom, als
Kirchenpatron verehrt. Die orientalische Kirche zählte ihn zu allen Zeiten um
seiner theologischen Schriften willen neben Origenes und Eusebios zu ihren
Leuchten. Auffälliger aber als all dieses ist, daß ihm schon bald nach seinem
Tode in Rom selbst eine ganz einzige Ehre zuteil wurde. Im Jahre 1551 ist in
dem Coemeterium an der Via Tiburtina, wo Hippolytos beigesetzt war, eine
marmorne, noch aus dem III. Jahrh. stammende Statue gefunden worden, die
sich heute im Lateranischen Museum befindet; sie stellt, ein ganz vereinzelter
Fall, den Heiligen auf einem Thronsessel sitzend dar, dessen Seitenlehnen und
Rückseite das Verzeichnis seiner Schriften und den von ihm aufgestellten Zyklus zur Berechnung des Osterfestes enthalten.

Dieser Wandel, durch den aus dem argen Widersacher ein Heros der Kirche
wurde, ist durch die späteren Schicksale wie der Kirche so des Hippolytos bewirkt worden.

Hippolyts Gegnerschaft gegen das offizielle Haupt der römischen Kirche
dauerte allerdings noch über den Tod des von ihm am meisten gehaßten Kallistus

hinaus; auch unter Urbanus' Episkopat 222—230 und unter Pontianus 230—235 verharrte er noch in der Opposition. Das war die Zeit des Alexander Severus, dessen Wohlwollen gegen das Christentum so groß war, daß von ihm die Rede ging, er sei selber Christ gewesen. Seine Regierung war aber nur die Ruhe vor einem neuen Sturme: unter Maximinus Thrax setzten 235 die Verfolgungen wieder ein, und zu ihren ersten Opfern zählten die beiden Männer, die als Häupter der römischen Gemeinde sich gegenseitig ihre Ansprüche bestritten; Pontianus und Hippolytos wurden beide nach Sardinien verbannt. Dieses Urteil kam wegen des auf der Insel herrschenden Fiebers nahezu einem Todesurteil gleich. Dort entsagten beide ihren Ansprüchen auf das römische Bistum; nach 18jähriger Dauer war das Schisma beendet, am 21. Nov. 235 wurde Anteros zum römischen Bischof ordiniert. Bald danach starben Pontianus und Hippolytos auf Sardinien; sie galten daher mit Fug als Märtyrer. Der Nachfolger des Anteros ließ ihre Leichname nach Rom überführen, Pontianus wurde in der Papstkrypta des Kallistus, Hippolytos dagegen in dem Coemeterium an der Straße nach Tivoli außerhalb S. Lorenzo fuori le mura beigesetzt; beide am 13. November.

Von dieser Grabstätte an der Via Tiburtina ging die Legende aus, die vom 'Heiligen' Hippolytos erzählt. Die ergreifenden geschichtlichen Tatsachen, die die Versöhnung der beiden Gegner und ihren Verzicht auf den römischen Episkopat bewirkt hatten, und ihr echtes Martyrium am Malariafieber auf der Todesinsel Sardinien genügten der wunder- und effektsüchtigen Nachwelt nicht. Die schlichte, beim Chronographen von 334 berichtete Tatsache, daß Pontianus seiner Würde entsagte, wird schon im 'liber pontificalis' dahin ausgeschmückt, Pontianus sei mit Knütteln geschlagen worden, so daß er starb. Weit stärker noch weicht von der geschichtlichen Wahrheit ab, was die Legende von Hippolytos berichtet. An der Wende des IV. zum V. Jahrh. schon läßt der Dichter Prudentius den christlichen Blutzeugen bei Ostia an der Tiber denselben Tod finden, den sein Namensbruder Hippolytos, der Sohn des Theseus, in der griechischen Sage erleidet. Wie der unglücklich liebende Stiefsohn der Phädra von seinen Rossen am Meeresufer zu Tode geschleift wird, so soll der christliche Hippolytos in Portus von der heidnischen Behörde zum Tode verurteilt und von Pferden zu Tode geschleift worden sein. Die Phädra des Seneca ist das unmittelbare Vorbild, dem Prudentius die Einzelzüge seines Gedichtes entlehnte. Noch spätere Darsteller des Martyriums machen den schismatischen Papst zum rechtmäßigen Bischof von Portus und lassen ihn als Haupt der dortigen Gemeinde die Krone des Martyriums gewinnen. Der Streit des rigoristischen Kirchenlehrers gegen alle Päpste seiner Zeit ist völlig vergessen worden, und an Stelle der historischen Persönlichkeit lebte im Gedächtnis der Kirche nur mehr der 'Heilige' fort. Die wirksamen Einzelheiten aber, die in der Legende enthalten sind und dem Hippolytos zahlreiche Verehrer gewannen, stammen aus dem unversieglichen Schatz der griechischen Sage. —

Das auf der Kathedralinschrift der lateranischen Statue abgekürzt als Χρονικῶν nämlich βίβλοι bezeichnete historische Werk des Hippolytos hatte den Titel: Συναγωγὴ χρόνων καὶ ἐτῶν ἀπὸ κτίσεως κόσμου ἕως τῆς ἐνεστώσης ἡμέρας,

'Zusammenstellung der Zeiten und Jahre von der Erschaffung der Welt bis auf
den heutigen Tag'. Entsprechend diesem Titel wird viermal im Verlaufe des
Buches angegeben, wieviel Jahre von der Erschaffung der Welt bis zu dem
gegenwärtigen, dem 13. Jahre des Alexander Severus verstrichen sind. Wie ein
Kalender ging diese Chronik, auf ein bestimmtes Jahr gestellt, aus der Hand des
Verfassers hervor, das Jahr ihrer Veröffentlichung ist also das vom 18. oder
19. März 234 bis zum gleichen Datum des Jahres 235 reichende Jahr unserer
Zeitrechnung.

Über dieses Werk ist ebenso wie über die Person seines Verfassers eine
Legende im Umlauf. Hippolytos soll wie die beiden anderen ältesten christlichen Chronisten, wie sein älterer Zeitgenosse, Sextus Julius Africanus, der sein
Buch im Jahre 221/2 herausgab, und wie Eusebios, der im Jahre 325 schrieb,
ein chronologisches System geschaffen haben, das ihn neben den beiden Genannten als einen der drei Begründer der christlichen Chronographie und Uni-
versalgeschichte erscheinen läßt. Diese Ansicht hält der Kritik so wenig stand,
wie die Legende vom heiligen Hippolytos. Sein Werk ist uns allerdings in ähnlicher Weise überliefert wie die Chroniken des Africanus und Eusebios. Vollständige Handschriften des griechischen Originaltextes sind nicht auf uns gekommen sondern nur Bruchstücke von solchen und Übersetzungen einzelner
Teile in die verschiedenen Literatursprachen des Christentums, ins Lateinische,
Syrische und Armenische, und ferner sind die Werke dieser drei Autoren in
späten bis ins XIII. Jahrh. herabreichenden Chroniken mehr oder minder eingehend benutzt. Damit sind aber die Übereinstimmungen erschöpft.

Es handelt sich also auch bei Hippolytos für die moderne Forschung vor
allem darum, den ursprünglichen Text aus den sehr zahlreichen und sehr ver-
schiedenwertigen Ableitungen zu rekonstruieren. Für Eusebios bieten dazu
außer ziemlich umfangreichen griechisch erhaltenen Stücken die Übersetzung
des Hieronymus und eine armenische Übersetzung eine willkommene Grundlage.
Ihr eindringliches Studium und der Vergleich mit dessen Kirchengeschichte hat
gleichwohl gelehrt, daß das gewöhnlich Kanon genannte zweite Buch seiner
Chronik in der Form kaum zu rekonstruieren sein wird, in der es aus des
Eusebios Hand hervorging. Hippolytos' Werk ist, von einem Abschnitt abgesehen, nicht so unendlich viel benutzt worden wie die Chronika des Eusebios;
es ist daher auch in den späteren Ableitungen nicht so stark überarbeitet und
entstellt worden wie diese.

Am längsten bekannt sind zwei lateinische Übersetzungen der Συναγωγὴ
χρόνων des Hippolyt; sie werden nicht zutreffend aber ganz allgemein als der
'liber generationis' I und II bezeichnet. Sie beginnen mit einer 'capitulatio',
einer Inhaltsübersicht, auf die erst die Vorrede folgt; daran schließen sich die
fälschlich als Titel angesehenen Anfangsworte des Textes: *Liber generationis
hominum* in der einen, *Lib. gen. mundi* in der anderen der beiden Übersetzungen.

Der 'liber gen. I' existiert sowohl selbständig in einer Anzahl von Handschriften, als auch ist er in der 613 entstandenen Kompilation des sogenannten
'Fredegar' enthalten.

Der 'liber gen. II', eine in Einzelheiten sich unterscheidende, kürzende, aber unabhängig von der ersten entstandene Übersetzung, ist als Anhang zu dem römischen Kalender des Jahres 354 erhalten. Diese schon einmal erwähnte, von dem Kalligraphen und Maler Furius Dionysius Filocalus angefertigte, mit Bildern geschmückte Prachthandschrift enthält unter anderem auch eine Weltchronik, die ursprüglich bis zum Jahre 334 reichte; bei ihrer Aufnahme in das Kalenderwerk des Dionysius wurde sie bis zum Jahre 354 ergänzt. Der Chronist vom Jahre 334 nun hat seinerseits die als 'lib. gen. II' bezeichnete lateinische Übersetzung der genau 100 Jahre älteren Συναγωγή des Hippolytos in sein Werk übernommen.

Die Vorlage des Hippolytos bei diesen beiden Lateinern hatte schon Ducange daraus erschlossen, daß bei ihnen wiederholt Berechnungen auf das 13. Jahr des Alexander Severus gestellt waren. Zuletzt noch hat Mommsen im IX. Bande 'Chronica minora' in den 'Monumenta Germaniae historica' die Gründe für diese Annahme zusammengestellt, vermehrt und gezeigt, daß wir noch eine dritte, freilich mit allerlei Zutaten versehene lateinische Fassung der Chronik des Hippolytos in dem sogenannten Barbarus des Scaliger besitzen. Dieser Barbarus, von dem wir nur eine einzige Handschrift kennen, ist eine in merowingischer Zeit in Frankreich entstandene vulgärlateinische Übersetzung einer reich mit Bildern ausgestatteten alexandrinischen Weltchronik aus dem Anfang des V. Jahrh. Auch ihr Verfasser nahm im Anfange seines Werkes vieles wörtlich aus Hippolytos auf, wie die Nebeneinanderstellung der Texte der beiden 'libri generationis' und des Barbarus in Mommsens Ausgabe lehrt.

Während nun aber auf Grund dieses Materials v. Gutschmid, H. Gelzer, Mommsen, A. Harnack und andere Forscher die Ansicht vertraten, daß besonders der 'liber gen. I', die ausführlichere der beiden Fassungen, eine im Ganzen getreue Übersetzung des griechischen Originals sei, sind andere Gelehrte, wie C. Wachsmuth und Frick, die Ansicht, daß wir bei diesen Lateinern nur Auszüge aus der Chronik des Hippolytos besäßen. Man wollte nicht glauben, daß ein Schriftsteller, der zu Anfang seiner Chronik in dem als Diamerismos bezeichneten Teile eine sehr eingehende Geographie und Ethnographie der damals bekannten Erde gab, den geschichtlichen Teil so kurz abgetan hätte, man wollte diese dürftigen Listen dem berühmten Kirchenlehrer nicht zutrauen und nahm daher an, daß die Übersetzer in den späteren Abschnitten arg gekürzt hätten, während Hippolytos ein ausführliches, womöglich gelehrtes Werk geboten habe. Diese Ansicht hat auch jetzt noch viele Anhänger.

Seit Mommsens und Fricks Veröffentlichungen dieser lateinischen Texte hat sich das Material zur Wiederherstellung des griechischen Originals sehr erheblich vermehrt, und die Streitfrage darf heute im Sinne Mommsens als entschieden gelten. Was Hippolytos als christlicher Weltchronist geleistet hat, darf nicht mehr nach einer vorgefaßten Meinung über die Kenntnisse der Profangeschichte und über die Bildung des berühmten Theologen gewertet werden, sondern die seither erschlossenen Hilfsmittel beweisen, daß die Συναγωγὴ χρόνων wirklich nur das dürftige Kompendium gewesen ist, das der 'lib. gen. I' uns schon längst

kennen gelehrt hatte. Denn diese neuen Materialien, ein Papyrus, eine Madrider
Handschrift und orientalische Chroniken, so verschiedener Herkunft sie sind,
bieten dennoch immer wieder nur dieselben aus den drei Lateinern schon bekannten Tatsachen, meist in der wörtlich gleichen Form. Von diesen neuen
Hilfsmitteln soll nun die Rede sein.

Auf mit Bildern ausgestatteten griechischen Papyrusfragmenten der Sammlung Goleniševs konnte ich eine der Vorlage des Barbarus sehr nahe verwandte
alexandrinische Chronik nachweisen, deren Verfasser ebenso wie die Vorlage des
Barbarus aus Hippolytos geschöpft hatte. Ferner ergab mir die Untersuchung
der griechichen Handschrift Nr. 121 der Madrider Nationalbibliothek, daß in
dieser, anonym überliefert, der Anfang der Chronik des Hippolytos im griechischen Originaltexte enthalten sei. Daraus ergab sich vor allem die Erkenntnis,
daß ein aus eben dieser Handschrift schon lange veröffentlichter geographischer
Traktat, den man bisher für ein selbständiges Werk gehalten hatte, vielmehr
nur ein Bestandteil der Chronik des Hippolytos gewesen ist. Es handelt sich
um die als Stadiasmus des Mittelländischen Meeres bezeichnete, am Ende un-
vollständige Schrift. Sie war ursprünglich ein Schiffahrtsbuch für den praktischen Gebrauch, dem 'Mediterranean Pilot' unserer Zeit vergleichbar, das der
für geographische Dinge lebhaft interessierte Hippolytos irgendwie aufgetrieben
und in den Diamerismos seiner Chronik eingelegt hatte, um in diesem an die
Völkerzertreuung anknüpfenden Abschnitt ein möglichst ausführliches Bild der
zu seiner Zeit bekannten Erde zu geben.

Zugleich mit meiner Veröffentlichung der Madrider Handschrift wurde auf
dem Hamburger Orientalistenkongreß von einer armenischen Chronik berichtet,
von der eine Handschrift in Etschmiadsin und eine zweite in San Lazzaro bei
Venedig lagen; sie sollte nach der Angabe von Chalatiantz eine Übersetzung
der Chronik des Hippolytos enthalten. Bald danach erschien ein Abdruck der
Venezianer Handschrift von Sargisean, der die Richtigkeit dieser Angabe bestätigte. Die an mich ergangene Aufforderung, die Chronik des Hippolytos für
die Sammlung der christlich-griechischen Schriftsteller der ersten drei Jahrhunderte herauszugeben, war mir der willkommene Anlaß, diesen neuen Er-
kenntnisquellen nachzugehen. Dabei hatte ich mich der für Orientalia unentbehrlichen Unterstützung durch die Kirchenväterkommission der Berliner Akademie zu erfreuen, die auch J. Marquart als Mitarbeiter für die Herausgabe des
armenischen Textes gewann. Nachdem festgestellt war, daß die Venezianer Handschrift eine 1836 angefertigte Abschrift des Etschmiadsiner Kodex sei, besorgte
Dr. Khostikian in Etschmiadsin eine Kollation der dortigen Handschrift, die eine
Anzahl Verbesserungen des Venezianer Textes ergab.

Der Etschmiadsiner Kodex, der also allein in Betracht kommt, ist im Jahre
981 geschrieben und enthält eine bis 635 reichende anonyme, wahrscheinlich
von Ananias von Schirak verfaßte Chronik. Durch Titelüberschriften sind die
Quellen dieser Kompilation bezeichnet. Der Anfang, die Erschaffung der Welt
und die Patriarchen vor der Flut, sind nach Moses von Chorene behandelt; von
Noe und der Flut angefangen bezeichnet hingegen der Verfasser als seine Quelle

einen Andreas. Zeit und Persönlichkeit dieses Autors läßt sich nicht mit Sicherheit feststellen; es kann an einen um 350 lebenden armenischen Schriftsteller
dieses Namens oder, was wahrscheinlicher ist, an den im V. Jahrh. lebenden
Andreas von Taron gedacht werden. Doch kommt auf den Vermittler wenig an,
da sich feststellen läßt, daß der ganze von Noe bis zur Liste der Perserkönige
reichende Abschnitt des Etschmiadsiner Textes, abgesehen von kurzen Zusätzen
aus Moses von Chorene und Eusebios, im letzten Ende auf die Chronik des
Hippolytos zurückgeht und diese meist wörtlich wiedergibt. Es läßt sich ferner
nachweisen, daß der armenische Chronist Andreas nicht Hippolytos selbst benutzte, sondern aus einer ähnlichen alexandrinischen Chronik schöpfte, wie sie
uns im Barbarus und im Papyrus Goleniŝev erhalten sind.

Ferner haben Brooks, Guidi und Chabot in dem Corpus scriptorum Chri-
stianorum orientalium in der Serie der Syrer unter dem Titel Chronica minora
eine Anzahl von syrischen Texten veröffentlicht und übersetzt, die ebenfalls
wenigstens teilweise auf Hippolyts Chronik zurückgehen. Dies gilt besonders
von dem früher liber Calipharum genannten Chronikon aus den Jahren 724
—743 und von einem zweiten in dieser Sammlung zum erstenmal publizierten
Chronikon, in dem sich außer der Vorrede auch sonst noch vieles aus Hippolytos erhalten hat. Diesen Syrern ist die Bekanntschaft mit Hippolytos ebenfalls
durch Alexandrien vermittelt: die zuletzt genannte Chronik ist in einer Handschrift des X. Jahrh. erhalten, die von dem koptischen oder jakobitischen Patriarchen Abraham von Alexandrien dem syrischen Kloster in der sketischen Wüste
geschenkt wurde. Endlich kommen zu diesen orientalischen Chroniken noch
einige griechisch erhaltene Stücke geringeren Umfanges: Berg- und Flußver-
zeichnisse, Listen der Patriarchen, Richter und Könige hinzu, die einer der
Herausgeber der theologischen Werke des Hippolyt, Hans Achelis, in den Bibliotheken Italiens, Frankreichs und Englands abgeschrieben und mir zur Verfügung gestellt hat. Der am häufigsten benutzte Abschnitt der Chronik, der
Diamerismos, ist auch von den Byzantinern in der Osterchronik und bei
Georgios dem Synkellos, ferner bei Mar Michael und Samuel von Ani, bei dem
Barhebraeus, von den arabisch schreibenden Christen bei Eutychios oder Said-
ibn-Batrik und den Moslims z. B. bei Tabari, al-Jakub und al-Masudi benutzt,
deren Angaben jedoch nur akzessorisch in Betracht kommen.

Mit Hilfe dieser Textesquellen, deren Niederschrift sich über ein Jahrtausend
erstreckt, ist es nun möglich die Chronik des Hippolytos auch für die Abschnitte wiederherzustellen, die in dem am Ende verstümmelten Matritensis nicht
mehr erhalten sind. Ihre Vergleichung lehrt zunächst eine Tatsache kennen, die
öfter in der Überlieferung der christlichen Literatur, u. a. auch bei Eusebios,
beobachtet worden ist. Die ältesten für uns noch erkennbaren Fassungen des
Textes des Hippolytos gehen nicht auf eine Handschrift des Originals zurück,
sondern sie erweisen das Vorhandensein zweier, für uns nebeneinanderstehender,
als gleichwertig zu betrachtender Rezensionen. Die eine dieser beiden Rezensionen
liegt dem Texte des Matritensis und des Barbarus zugrunde, die zweite wird
durch die beiden libri generationis und den Armenier vertreten. Die westlichen

und orientalischen Textesquellen scheiden sich also für Hippolytos in gleicher
Weise wie in der Überlieferung der Evangelien, in der gleichfalls die Syrer
(Syr. Sinaiticus, Curetonianus und Peschita) mit dem Kodex D und den alten
lateinischen Übersetzungen gegen die griechischen Unzialen (Sinait., Alex. und
Vatic.) meist übereinstimmen.

Die naheliegende Vermutung, daß bei Hippolytos diese Erscheinung mit
einer zweifachen Ausgabe der Chronik durch den Autor selbst zu erklären sei,
erweist sich als hinfällig. Denn die Chronik ist auf das 13. Jahr des Alexander
Severus 234/5 gestellt, also in diesem Jahre von ihrem Verfasser herausgegeben
worden, noch im selben Jahre 235 erfolgte seine Verbannung nach Sardinien
und bald darauf sein Tod. Für zwei Editionen bleibt also nicht genug Zeit übrig;
es muß daher angenommen werden, daß die eine der beiden Rezensionen von
einem Bearbeiter herrührt, dessen Tätigkeit sich übrigens auf geringfügige Zusätze, kleine Auslassungen und unwesentliche Änderungen beschränkte.

Am ärgsten haben natürlich in dieser vielsprachigen Überlieferung die
Namen und die Zahlen gelitten; die Zahlen sind sogar vielfach willkürlich nach
der Septuaginta oder nach Africanus geändert worden. Erst jetzt wird es in
fast allen Fällen möglich festzustellen, welche Gesichtspunkte die Übersetzer
und Benutzer bei ihren Änderungen geleitet haben, wo bloße Verschreibungen
vorliegen, und so gelingt es die ursprünglichen Zahlen zu ermitteln.

Vor allem aber kann man jetzt erst von der Anlage, dem Zweck und der
Besonderheit dieses Werkes, das bisher immer mit Africanus' und Eusebios'
Chronographien aufs engste zusammengestellt wurde, eine richtigere Anschauung
gewinnen. Dies war bisher dadurch erschwert, weil das umfängliche, von Hippolytos selbst verfaßte Inhaltsverzeichnis und die Vorrede Erwartungen erweckten,
die das Buch selbst nicht erfüllte; eben deshalb glaubten viele bisher, daß uns
nur Auszüge erhalten seien. Von dem, worauf es Hippolytos eigentlich ankam,
enthält aber diese Vorrede nichts, der Zweck seines Buches muß vielmehr aus
dessen Inhalt erschlossen werden.

Die Chronik beginnt mit der Angabe der Lebensjahre, in denen die Patriarchen von Adam bis Sem ihre ältesten Söhne erzeugten. So rechnet Hippolytos wie Africanus von Adam bis zur Flut, die er hundert Jahre nach Sems
Geburt ansetzt, seit Adam 2242 Jahre. Gleich darauf datiert er aber die Geburt
des Arphaxad 100 Jahre nach der Geburt Sems und zugleich auf das zweite
Jahr nach der Flut, rechnet aber, um mit seiner Generationenreihe nicht in
Unordnung zu kommen, nicht vom Jahre 102 sondern vom Jahre 100 des Sem
weiter. Damit verstößt er ein erstes Mal gegen die primitivsten Forderungen
des Rechnens, weil es ihm um die Generationen und nicht so sehr um das Datum der Flut zu tun ist. Bis zur Generation Phaleks, unter dem der Turmbau
und die Völkerzerstreuung stattfand, rechnet er ferner seit Adam 2767 Jahre.
Wiederum gibt er an, daß die Völkerzerstreuung im Jahre 2800, also in Phaleks 33. Jahre stattfand; er zählt aber im folgenden wiederum nicht vom Jahre
2800 sondern vom Anfang der Generation Phaleks, von 2767 weiter.

Darauf folgt eine nur in der Madrider Handschrift erhaltene Anrede an

den Leser, daß in anderen Chroniken dieser erste Teil viel ausführlicher behandelt sei, er dagegen habe nur den Diamerismos ἐν συντόμῳ besprochen.
Das bedeutet, wie der folgende Abschnitt lehrt, in dem vertrackten Stil des
Hippolyt nicht wie sonst: in Kürze, sondern vielmehr das Gegenteil. Denn es
werden in sehr ausführlicher Weise die Erdteile begrenzt, die den drei Sem-
söhnen zufielen, dann ihre Nachkommen, die von ihnen stammenden Völker,
die schriftkundigen unter diesen, die von ihnen bewohnten Länder und die ihnen
zugefallenen Inseln aufgezählt. Darauf folgt ein Verzeichnis der 72 beim Turmbau zerstreuten Völker, darunter ganz sinnwidrig auch solche, die vorher noch
nicht genannt waren. Da aber in diesen Listen die Zahl der zu Hippolytos' Zeit
bekannten Länder und Völker der Erde noch immer nicht erschöpft war, so
folgt unter der Bezeichnung 'Kolonien' abermals ein Völkerverzeichnis, in dem
u. a. als Kolonien der Germanen die Vandalen, Markomannen, Quaden, Hermun-
duren und Heruler erscheinen. Daran schließen sich die Listen der 12 berühmtesten Gebirge und der 40 größten Flüsse, ein Exkurs über die gemeinsame
Quelle der Paradiesesströme, der Stadiasmus des Mittelländischen Meeres und
schließlich ein nach den sieben Klimaten geordnetes Städteverzeichnis der Erde,
das uns nur in der sogenannten Osterchronik erhalten ist.

Dieser Abschnitt, der die Hälfte des ganzen Werkes ausmacht, ist eine
sinnlose Kompilation von Listen, die, so wie sie dastehen, gar keinen Zusammenhang haben. Daran ist aber Hippolytos nicht allein schuldig. Geschaffen hat
dieses von den christlichen Schriftstellern übernommene Sammelsurium vielmehr
die noch in vorchristliche Zeit· zurückreichende jüdisch-hellenistische Exegese
der Völkertafel im 10. Kapitel der Genesis. Hippolytos hat das Wirrsal nur
noch ärger gemacht, indem er anscheinend selbst, wiederum ganz äußerlich, die
Liste der Kolonien hinzutat, die er selbständig umlaufend irgendwo vorfand.
Daran fügte er aus antiker Schulbuchüberlieferung das Berge- und das Flüsse-
verzeichnis, ferner das ursprünglich der Praxis dienende Schiffahrtsbuch und
endlich aus der Geographie des Ptolemäus das Städteverzeichnis.

Darauf kehrt er zur Generation Phaleks zurück und gibt nun mit aus-
schließlicher Beschränkung auf biblische Angaben die Generationen bis auf Josua,
mit dessen Tod das Jahr 3884 seit Adam erreicht ist. Daran schließt sich die
Liste der Richter und der Könige in Israel bis auf Sedechias und die Babylonische Gefangenschaft, die 4842 Jahre und neun Monate nach Adam stattfindet.
Diesen beiden Listen werden nur ganz dürftige, ebenfalls ausschließlich dem
Alten Testament entlehnte Nachrichten beigefügt; die nichtjüdische Geschichte
bleibt gänzlich unberücksichtigt, dagegen werden die Propheten zu den einzelnen
Regierungen immer namhaft gemacht. So erfahren wir in diesem Abschnitt bei
Hippolytos zum ersten Male, was dann in zahllosen späteren Chroniken immer
wiederholt wird und als das einzig Wissenswerte von diesen Fürsten gilt, daß
z. B. König Asa an Podagra litt, oder daß unter König Joram die Bewohner von
Samaria Taubenmist und ihre eigenen Kinder verzehrten. Man darf solche eigentümliche Vorstellungen von dem, was geschichtlich wissenswert sei, nicht allzu-
hart verurteilen. Hippolytos sagt im Proömium, daß er sein Buch für die Diener

der Wahrheit schreibe, damit sie über alles Wissenwerte richtig Bescheid geben
könnten; er selbst tat sich augenscheinlich auf seinen besonders reichhaltigen
Diamerismos viel zugute. Zu anderen Zeiten urteilen die Verfasser der der allgemeinen Bildung dienenden Kompendien anders: aus unseren Schulbüchern kann
man noch immer lernen, daß der griechische Schiffer, der Kap Sunion umfuhr,
die goldene Spitze der Lanze der Promachos auf der Akropolis leuchten sah,
was ganz unmöglich ist, aber, weil einmal jemand Pausanias' Angabe dahin mit-
verstanden hatte, bis auf den heutigen Tag nachgeschrieben wird.

An das Datum der Babylonischen Gefangenschaft fügt Hippolytos mit Vernachlässigung der Zahl der Monate in der vorhergehenden Summe ganz kurz, im
raschesten Tempo seinem Endziel zustrebend, drei Intervallangaben: von der Gefangenschaft bis zur Geburt, von der Geburt bis zum Leiden Jesu und von da
bis zu dem laufenden 13. Jahre des Alexander Severus. Mit der Angabe, daß von
Adam bis zu diesem 5738 Jahre verstrichen seien, schließt dieser Abschnitt.

Darauf folgt eine zweite Berechnung desselben Jahres, wie Hippolytos sagt,
'damit ich noch auf andere Art, und nicht nur nach der Liste der Könige, sondern auch mit Hilfe der Paschafeiern, seitdem diese eingeführt waren, dieselbe
Zahl der Jahre erweise'. Es wird nämlich mit Hilfe der Paschaabstände von
Moses bis Esra, und mittels der Intervalle von Esra bis zur Geburt, von der
Geburt bis zur Passion und von da bis zum 13. Jahre des Alexander Severus
abermals gezeigt, daß seit Adam 5738 Jahre verstrichen seien.

Man bemerkt also schon hier, daß es dem Hippolytos vor allem um den
Nachweis der Richtigkeit dieser Zahl zu tun war und gar nicht um die Abfassung einer Weltchronik wie dem Eusebios, in der die alttestamentliche mit
der Profangeschichte verbunden und synchronistisch dargestellt waren.

Auf diese zweite Berechnung des 13. Jahres des Alexander Severus folgt
eine Liste der Perserkönige, die den chronologischen Faden dort weiterspinnen
soll, wo er mit der Erwähnung der Babylonischen Gefangenschaft in der ersten
Rechnung abgerissen war. An die Jahre der Perserkönige schließt sich eine
ganz kurze, die Bekanntschaft mit dem Werke des Africanus voraussetzende
Rechnung nach Olympiaden, deren Zahl wiederum bis auf das 13. Jahr des
Alexander Severus angegeben wird. Aus dieser Rechnung geht zunächst hervor,
daß das Intervall von der Geburt Jesu bis zum 13. Jahre Alexanders nach den
Olympiaden berechnet ebenfalls 336 Jahre beträgt. Sie sollte aber auch nochmals beweisen, daß die Gesamtzahl der Jahre seit Adam 5738 Jahre beträgt;
aber Hippolytos hat diese Rechnung nicht vollständig ausgeführt, weil man auf
Grund seiner Perserlisten, der Jahre der Gefangenschaft und der Olympiaden
seit Alexander d. Gr. dieses Resultat auch gar nicht erhalten kann. Er erweist
sich also auch hier wieder als schlechter und oberflächlicher Rechner.

Mit der dreimaligen Bestimmung des 13. Jahres des Alexander Severus ist
die Aufgabe erledigt, die sich Hippolytos gestellt hatte; was noch folgt, sind
Listen von Namen, die dem Verfasser für seine Leser wissenswert erschienen;
sie bilden bloße Anhänge zu dem Werke und lassen sich mit den Anhängen in
dem ähnlichen, im IX. Jahrh. entstandenen und ebensoweit verbreiteten chrono-

graphischen Handbuch des Patriarchen Nikephoros vergleichen. Diese Anhänge umfassen eine aus den Stammbäumen Jesu bei Lukas und Matthäus kombinierte Generationenfolge von Adam bis Jesus, ein Verzeichnis der Propheten und eines der Prophetinnen, eine Liste der Könige von Juda und Israel, ein Verzeichnis der Hohenpriester, eine Liste der Ptolemäer und eine der römischen Kaiser. Damit endete, wie das Inhaltsverzeichnis lehrt, die Συναγωγὴ χρόνων καὶ ἐτῶν des Hippolytos.

Sie entspricht also inhaltlich sehr wenig den uns sonst bekannten christlichen Weltchroniken. Es fehlt, was für diese charakteristisch ist, vollständig: die zum Zwecke des 'Altersbeweises' des Juden- und Christentums aufgestellten biblischen und profanen Synchronismen. Es fehlt ferner gänzlich, was seit Africanus das Hauptinteresse aller christlichen Chronographen bildet: die Feststellung des Jahres der Flut, der Völkerzerstreuung und die Verwendung dieser Daten als Epochen des Systems. Nur Abrahams Ankunft in Chanaan, das Jahr des Auszuges aus Ägypten werden angegeben; die nächsten Abschnitte bilden Josuas Tod, die Regierung Davids und der Beginn der Babylonischen Gefangenschaft. Aber weder ihre Dauer noch, was besonders auffällt, weder das Jahr der Geburt noch das des Leidens Jesu werden ausdrücklich angegeben. Es ist auch nicht der leiseste Versuch gemacht für irgendein Datum der Profangeschichte einschließlich die erste Olympiade einen biblischen Synchronismus zu gewinnen. Diese Angelpunkte aller christlichen Chronographie übergeht Hippolytos, ja er verliert kein Wort darüber, daß, aus seiner Chronik berechnet, die Geburt Jesu in das Jahr 5502 seit Adam fällt, während er in seinen theologischen Schriften wiederholt, dem Africanus folgend, sie nicht nur ins Jahr 5500 datiert sondern sogar die Richtigkeit dieser Zahl zu beweisen versucht hatte, freilich nicht durch historische Berechnungen sondern aus allegorischen Deutung der für die Arche Noe's überlieferten Maße. Auch sonst stimmen seine Angaben öfter um ein paar oder auch mehr Jahre nicht. So arbeitet kein Schriftsteller, der eine Chronographie liefern will; ein historischer Chronologe war Hippolytos also keineswegs. Auch in seinem Paschazyklus bewährt er sich nicht; hier gibt er für das Pascha des Ezechias ein anderes Datum als in der Chronik und bietet für das Pascha des Esra eine ganz unmögliche Datierung. Nur um eines ist es ihm in seiner 'Chronik' immer und immer wieder zu tun: seine Leser sollen erkennen, daß das 13. Jahr des Alexander Severus seit Adam das Jahr 5738 sei; das will er, sogut er es vermag, durch drei verschiedene Rechnungen beweisen.

Es entsteht daher die Frage, weshalb ihm gerade dieser Nachweis so sehr am Herzen liegt, daß er ihn neben geographischer Belehrung zum Hauptzwecke seines Buches gemacht hat. Die Antwort ergibt sich aus seinen theologischen Schriften und aus unserer Kenntnis von den verhängnisvollen Folgen, die erst die Hoffnungen auf die Wiederkunft Jesu und dann die Furcht davor im ältesten Christentum gehabt hatten.

Der jüdische, in Zeiten der Not und Verfolgungen entstandene Glaube an das Gericht Jahves und an das Ende der Dinge war im Christentum zu dem

Glauben an die Wiederkehr des Messias und an sein 1000jähriges Reich umgebildet worden. Der Wiederkehr des Messias sollte die Erscheinung des Antichrist vorangehen. Sooft auch seit der Gründung der Gemeinde in Jerusalem die
Voraussage sich als trügerisch erwiesen hatten, noch im III. Jahrh. meinte man
immer wieder die Zeichen zu erkennen, daß das Ereignis unmittelbar bevorstehe,
besonders dann, wenn Verfolgungen über die Kirche hereinbrachen. Aus dem
Judentum stammte ferner noch eine zweite mit dieser zusammenhängende Vorstellung: der Glaube, daß dieser Welt ein Bestand von 6000 Jahren seit der
Erschaffung Adams beschieden sei. Diese Lehre von der Weltwoche und dem
1000jährigen Weltsabbath, der sogenannte Chiliasmus, war für die jüdischen
und die von ihnen abhängigen christlichen Chronographen gleich maßgebend.
Sich damit zu beschäftigten hatten die letzten ihre ganz besonderen Gründe.
Die ersten Zeiten, in denen religiöser Enthusiasmus heiße Wiederkunfterwar-
tungen erweckt hatte, waren in den christlichen Gemeinden vorüber, die Kirche
war eine weltliche Organisation geworden, die mit dem römischen Staat um
ihre Existenz kämpfte; sie mußte daher jetzt bestrebt sein — wie schon Paulus
oder wer sonst den zweiten Brief an die Thessalonicher verfaßt hat — allen
verfrühten, die Ordnung störenden eschatologischen Hoffnungen und Sorgen
entgegenzutreten. Dies taten nun von ihrem Standpunkt aus seit dem Anfang
des III. Jahrh. auch die meisten christlichen Chronographen, ohne deswegen
freilich die Lehre vom Chiliasmus ganz aufzugeben. Sie wollten vielmehr den
mißverstandenen durch einen besser berechneten Chiliasmus ersetzen.

Nur ein christlicher Chronologe, Judas, von dem Eusebios in der Kirchengeschichte berichtet, von dessen Werk wir aber nichts Näheres wissen, macht
eine Ausnahme; er hatte das 10. Jahr des Septimius Severus 202/3 als das
letzte der Welt bezeichnet und in den Verfolgungen seiner Zeit die Vorzeichen
des Antichrist erblickt. Aber seit Africanus schlägt die christliche Chronographie
andere Wege ein und wendet sich gegen die Beunruhigung verursachenden, aus
dem Chiliasmus gewonnenen Berechnungen und Verheißungen. S. Julius Africanus teilte zwar in seinem Werke die Weltgeschichte seit Adam nach Jahres-
chiliaden ein, er legte aber die Geburt Jesu durch Rechnung genau auf die
Mitte des VI. Jahrtausends fest. So brachte er seinen Lesern die aus der
'Schrift', also aus der Quelle der Wahrheit geschöpfte Zuversicht, daß das Gericht für die im Jahre 221/2 Lebenden noch in weiter Ferne sei.

Die gelehrten, biblische und profane Synchronismen enthaltenden Darlegungen des Africanus, die nur für einigermaßen Gebildete lehrreich waren,
konnten aber einerseits in weitere Kreise schwerlich wirken, und die Kirche
konnte andererseits die Lehre von der Wiederkunft des Messias unmöglich ganz
preisgeben und so die Quelle der Beunruhigung endgültig verschließen. Hippolytos hatte also allen Anlaß abermals bald nach Africanus in zweien seiner
theologischen Schriften, in dem Kommentar zum Buche Daniel und in der
Schrift 'Über den Antichrist', solchen Besorgnissen entgegenzutreten. Umständ-
lich und eindringlich weist er darum aus der 'Schrift' nach, daß die Zeit und
die Zeichen noch nicht gekommen seien, daß der 'Aufhaltende', der Katechon,

von dem Paulus gesprochen hatte, noch in Kraft sei, und er erkennt in diesem Gegner des Antichrist, der sein Kommen verhindert — das römische Kaiserreich. Auch dem Christen, der von den Mächten dieser Welt gering dachte, bietet also der ungeschmälerte Bestand des römischen Reiches Beruhigung in seiner Angst vor dem Ende aller Dinge. So gewaltig war die Wirkung, die bis ins III. Jahrh. und darüber hinaus auch bei den Gegnern die politische Schöpfung des Cäsar, Augustus und ihrer Nachfolger übte.

Ja in der Zeit des Hippolytos waren gerade wieder Ereignisse eingetreten, die dringende Warnungen erforderlich machten. Im Danielkommentar tadelt er einen Gemeindevorsteher in den Pontusgegenden, der als Prophet auftrat, nachdem er drei Traumgesichte geschaut hatte, und der das bevorstehende Gericht für das nächste Jahr ankündigte. Daraufhin veräußerten die Brüder all ihre Habe und erwarteten ein Jahr lang vergeblich den Tag des Gerichtes. Viele fielen sogar vom Glauben ab; die Jungfräulichkeit gelobt hatten, heirateten, und aus der falschen Vorhersage entstand großes Ärgernis.

Noch von einem anderen Gemeindevorsteher in Syrien weiß Hippolytos zu berichten, der sich und andere in gleicher Weise täuschte, weil er die Schrift nicht sorgfältig las. Auch er betrog die Brüder, weil er sie veranlaßte mit ihren Frauen und Kindern in die Wüste zu ziehen, um dort dem wiedererschienenen Herrn zu begegnen. Vergeblich irrten die Verführten in den Bergen umher und wurden für Räuber gehalten, ja sie wären von dem Strategen getötet worden, wenn nicht die Frau dieses Vorstehers die Obrigkeit besänftigt hätte. Wir können aus der jüngsten Vergangenheit diesen Beispielen noch eins anfügen, das beweist, daß die Menschen vom Schlage der beiden Gemeindevorsteher des beginnenden III. Jahrh. noch nicht ausgestorben sind. Ende Juli dieses Jahres sind vielen von uns Broschüren eines schlesischen Handwerkers und 'mit Leib und Seele katholischen Christen' zugesendet worden, deren Verfasser wie der Chronologe Judas mit Berufung auf Daniel und andere Stellen der Schrift nachweist, daß die Zeichen des Antichrist bereits eingetreten sind: der jetzige Papst, der die Feiertage verringerte und kinematographische Vorstellungen in den Kirchen gestattete und angeblich Wunder verrichtete, ist der Antichrist, und im Traume wurde dem Verfasser geoffenbart, daß bald nach dem 12. April 1915 das Jüngste Gericht stattfinden werde. Heute zucken wir über solche Prophezeiungen die Achseln und beachten sie kaum; zur Zeit des Hippolytos waren das Erscheinungen, die eine ernste Gefahr bedeuteten und denen man entgegentreten mußte.

In den Zusammenhang seiner gegen verfrühte eschatologische Erwartungen gerichteten theologischen Polemik gehört also auch die Chronik des Hippolytos mit ihrem dreimal wiederholten rechnerischen Nachweis, daß das 13. Jahr des Alexander Severus erst das Jahr 5738 seit Adam sei und daß also dieser Welt noch mehr als zwei und ein halb Jahrhunderte ruhigen Bestandes gegönnt seien. Wie Africanus so will auch Hippolytos durch chronologische Berechnungen aus der Schrift den Nachweis erbringen, daß es Torheit sei zu glauben, die Fülle der Zeiten sei schon gekommen. Er tat dies weniger gelehrt, kürzer und faß-

licher als sein Vorgänger. Wissenschaftlich war sein Werk gegen das des Africanus allerdings ein starker Rückschritt, mit Eusebios' wissenschaftlicher Forschung, die dem Chiliasmus überhaupt den Boden entzieht und die Menschen
mit ihren geschichtlichen Interessen von der Beschäftigung mit der Zukunft
hinweg auf die Vergangenheit und Gegenwart verweist, ist es gar nicht zu vergleichen. Seinen praktischen Zweck erreichte aber Hippolytos gerade durch die
dürftigen Listen sehr gut, die er bot. An ihrer Ärmlichkeit durfte man nur so
lange Anstoß nehmen, als man ihn fälschlich für einen gelehrten Chronologen
hielt und ihn nach dem Maße einschätzte, das Africanus und Eusebios für
diese Literaturgattung gaben. Gewiß, ein Geschichtschreiber war Hippolytos
nicht, und sein Werk verdient nicht einmal den Namen einer christlichen Weltchronik. Auch konnte er die gläubige Menschheit so wenig als irgendein anderer
christlicher Lehrer bis auf den heutigen Tag von der peinigenden und grausamen Vorstellung ganz befreien, daß der rächende Gott am Ende der Tage
kommen werde Gericht zu halten. Aber es bleibt ihm ein Verdienst. Der Eiferer
Hippolytos, der mit weltfremder Strenge vergeblich die klügere Kirchenpolitik
der damaligen Päpste bekämpfte, suchte einen von der Kirche übernommenen,
primitiven jüdischen Aberglauben wenigstens zu mildern und er war bemüht seinen
Mitmenschen dadurch Beruhigung zu gewähren, daß er den Tag des Gerichtes
in eine ferne Zukunft hinausschob.

AUFGABEN DER SCHILLER-PHILOLOGIE

Vortrag, gehalten in der germanistischen Sektion der 52. Versammlung deutscher
Schulmänner und Philologen zu Marburg am 2. Oktober 1913

Von Wolfgang Stammler

Mit bewußter Absicht habe ich den Titel meines Vortrags formuliert:
Aufgaben der Schiller-Philologie. Denn die Philologie ist letzten Endes die
Urmutter, von welcher der Literarhistoriker ausgehen muß, will er nicht den
festen Boden unter den Füßen verlieren. 'Das naive Genießen fragt allerdings
nicht, wie das Genie schafft; aber für die wissenschaftliche Forschung ist es
von Belang, alle Daten zu sammeln, die es ermöglichen, in die Werkstatt des
Künstlers zu schauen, um auf diesem Wege vielleicht zu tieferen Erkenntnissen
allgemeiner Art über künstlerisches Schaffen überhaupt zu gelangen.' Wenn behauptet wird, die Frage nach Einflüssen, Anregungen, Vorbildern usw. sei unfruchtbar und irreführend, sie trüge nichts zum Verständnis der Dichtung bei,
so scheint mir diese Ansicht vielmehr auf einem Irrwege zu wandeln; denn sie
führt in den meisten Fällen zu schöngeistiger, sogenannter 'ästhetischer' Betrachtung, die durchaus subjektive Geltung hat und damit unhistorische Willkür in sich birgt. Wie will man ein Kunstwerk tiefer erfassen, ohne die Bedingungen zu kennen, unter denen es entstanden ist? Ohne zu wissen, ob es
selbständig aus der Seele des Dichters erwachsen ist, oder ob dazu äußere Anregungen nötig waren? Ob der Dichter nach Stoffen suchte, um die in ihm
keimenden Gedanken in sinnfälligen Formen vor der Menge ausbreiten zu
können? Auf alle diese Fragen, die doch mit zu den ersten Aufgaben der Literaturwissenschaft gehören, gibt uns die 'ästhetische' Methode kaum befriedigende
Antwort; erst die Philologie, die das gesamte geistige Leben einer Nation in
sich fassen soll, kann dazu verhelfen.

Mit diesem wissenschaftlichen Glaubensbekenntnis möchte ich die Basis
geben, von der aus ich bitte, meine folgenden Ausführungen anzunehmen; sie
werden sich nämlich hauptsächlich mit Quellen- und Textproblemen beschäftigen.
Ich selbst bin mir genügend bewußt, wie lückenhaft und unvollständig das
Material ist, das ich Ihnen vorzulegen wage. Manches in meinem Vortrage wird
vielleicht selbstverständlich erscheinen. Aber vielleicht beruht auch darin ein
gewisser Wert, auf Selbstverständliches hinzuweisen, was doch bisher noch
nicht in die Tat umgesetzt worden ist, und zur Ausführung anzuregen.

In den letzten Jahren hat sich die Forschung in erster Linie mit dem
'Denker' und 'Philosophen' Schiller beschäftigt. Wir verdanken dieser Arbeit

das klare und gehaltvolle Buch von Bernhard Carl Engel[1]), das wohl in einzelnen Partien (ich erinnere nur an Wolffs Abhandlung über den Theodizee-
gedanken bei Schiller)[2]) der Ergänzung bedarf, aber im allgemeinen wohl abschließend genannt werden kann. Doch immer neue Schriften werden auf
den Markt geworfen, die sich mit den philosophischen Problemen in Schillers
Werken beschäftigen, zum Teil recht überflüssige Büchlein, die des Dichters
Gedanken in mehr oder weniger geschmackvoller Art paraphrasieren und ver-
wässern.

Ich glaube, es ist an der Zeit, diesen Strom aufzuhalten und die Forschung
in ein ergiebigeres Bett zu lenken. Die literarhistorischen und philologischen Probleme sind in der letzten Zeit meines Erachtens vielfach
vernachlässigt worden, und hier muß energisch von neuem eingesetzt werden.
Einzelne Forscher — ich nenne hier nur Namen wie Ernst Elster, Gustav
Kettner, Albert Leitzmann, Jacob Minor, Julius Petersen, Gustav Roethe, Edward
Schröder — haben in diesen Bahnen schon unverdrossen weitergearbeitet und
die Wissenschaft wesentlich bereichert, aber es könnte wohl durch allgemeine
Arbeit noch mehr erzielt werden.

Nur einige Anregungen möchte ich heute geben, nach denen die Schiller-
Philologie vorschreiten müßte, bis der Mann kommt, welcher die gesamten
Vorarbeiten kühn zusammenfaßt und uns die große wissenschaftliche Schiller-
Biographie schenkt, zu der einst verheißungsvolle Anfänge getan worden sind.

Zunächst fehlen dringende Studien über Schillers Verhältnis zu Vorgängern und Zeitgenossen. Bloß ein paar Themen will ich vor Ihnen aufstellen, die entschieden der monographischen Behandlung wert sind; auf Genaueres kann ich hier nicht eingehen.

Wie steht Schiller zu Shakespeare? Zwar sind, wie auch sonst, bei den
Einzelwerken früher die Einflüsse des großen Briten sorgfältig erörtert worden,
aber eine gediegene gut fundierte Untersuchung, die besonders die Entwicklung
in Schillers Verständnis für Shakespeare darzulegen hätte, haben wir noch nicht.

Über Shaftesbury und seinen gewaltigen Einfluß auf die deutsche Literatur, den Walzel einmal knapp und klar beleuchtet hat[3]), werden wir nun
endlich ein umfassendes Werk erhalten[4]), das Werk hoffentlich, so daß darin
wohl Schillers Verarbeitung der Gedanken des englischen Philosophen, besonders in den Jugendschriften, die ebenfalls Walzel eingehend dargelegt hat, genügend behandelt ist.

Ähnlich wie mit Shakespeare steht es mit den Anregungen durch die
Stürmer und Dränger. Zwar sind in den einzelnen Dramen gewidmeten
Monographien die Wirkungen jener Dichter auf Schiller nachgewiesen; Albert
Fries hat eine Sammlung von stilistischen Übereinstimmungen in seiner auf-
schichtenden Art an einem leider wenig zugänglichen Orte[5]) ausgeschüttet; ich

---

[1]) Schiller als Denker. Prolegomena zu Schillers philosophischen Schriften. Berlin 1908.
[2]) Leipzig 1909.   [3]) Germanisch-Romanische Monatschrift I 416—437.
[4]) Von Professor Dr. Christian Friedrich Weiser, angekündigt durch Teubner in Leipzig.
[5]) Die Hochschule 1905, Mai — Juli.

selbst habe vor fünf Jahren in meiner Dissertation über Lenzens 'Hofmeister'[1])
zwei Stellen aus den 'Räubern' und 'Don Carlos' beigebracht, die, wie ich noch
heute überzeugt bin, durch Lenz angeregt worden sind; Wagners 'Kinder-
mörderin' und ihren Nachhall bei Schiller hat Erich Schmidt klargestellt,
Klinger allerdings, den Schiller wiederholt und gern las, harrt noch der Bearbeitung.[2]) Vor allem hätte eine zusammenfassende Studie die Einwirkungen
zu untersuchen, die Schiller im allgemeinen und besonderen, in Gedanken,
Problemstellung, Technik bis herab zum Ausdruck und Wortschatz vom Sturm
und Drang erfahren hat.

Ferner hat Wieland im Gedanklichen und Formellen — man denke nur
an die Umarbeitung der 'Künstler' — seinen Landsmann mehr beeinflußt, als
man im allgemeinen sich bisher bewußt war; hier hätte eine Untersuchung
einzusetzen; ebenso fehlt für das nicht unwichtige Thema, was Schiller Herder,
besonders seinen 'Ideen zur Geschichte der Menschheit', verdankt, noch die
präzise Beantwortung.

Das schöne Buch von Ernst Maaß 'Goethe und die Antike'[3]) findet hoffentlich bald einen Nachfolger: 'Schiller und die Antike'; gerade dieses Problem
ist von größtem Interesse, weil Schiller der Antike, die er in der Hauptsache
nur aus der lateinischen Literatur und aus Übersetzungen kannte, anders, gewissermaßen objektiver gegenüberstand als Goethe, sie in anderer Weise geistig
verarbeitete als der Dichter der 'Achilleis', der 'Helena' und 'Nausikaa'. Auch
die zeitliche Betrachtung der sich wandelnden Auffassung des Altertums von
'Hektors Abschied' und den 'Göttern Griechenlands' bis hin zur 'Braut von
Messina' wäre ungemein lehrreich und fruchtbringend.

Ein Gegenpol: Die Romantik. Was empfing Schiller einerseits von den
Romantikern, was andrerseits entnahmen sie ihm (besonders für ihre Poetik
aus der Abhandlung 'Über Anmut und Würde'), weshalb und mit welchen
Waffen (Gegenschriften, Satiren, Bosheiten) bekämpften sie ihn? Besonders
Schellings Stellung verdiente Aufmerksamkeit. Andeutungen Walzels wäre
auch hier genauer nachzugehen.

Eine ungemein ergiebige, allerdings auch mühsame und entsagungsvolle
Arbeit wäre es, Schillers Sprache genau zu betrachten, ihre Veränderungen
zu studieren, vom jugendlich-steifen Stil der Akademieaufsätze zum übertriebenen
und hohlen Pathos sowie gespreizten Schwulst der Stuttgarter und zum Teil
Mannheimer Jahre, über den mit dem Gedanken ringenden und die klarste
Fassung erstrebenden Ausdruck der philosophischen Aufsätze bis zum hohen
Redeschwung im 'Wilhelm Tell' und zur charakterisierenden Sprache im 'De-
metrius'. Überall Vorschreiten, drängendes Emporsteigen!

Auf Sievers' und Sarans umstürzenden und neuaufbauenden Forschungen
fußend, müßte (und dies Thema steht in enger Verbindung mit einer Untersuchung über Schillers Sprache) die Metrik des Dichters eingehend behandelt

---

[1]) Halle 1908.   [2]) Kurze Andeutungen Erdmanns im Anz. f. deutsch. Altert. V 379.
[3]) Stuttgart 1913.

werden. Mit der äußerlichen starren Beschreibung der Verse nach antikem Schema muß endlich gebrochen, die Entwicklung des Dramenjambus, auf Zarnckes und Sauers Studien gestützt, dargelegt, bei allem die rhythmisch-melodische Betrachtungsweise zugrunde gelegt werden; über Schillers Reim-findung und Reimbildung wäre dabei manches zu sagen.

Nach diesen Anregungen allgemeiner Art, die ich Ihrer geneigten Prüfung vorzulegen gewagt habe, wäre noch auf Probleme hinzuweisen, die sich der literarhistorischen Forschung bei Betrachtung der Einzelwerke darbieten.

Über die Lyrik gestatten Sie mir kurz hinwegzugehen, da hier nur ein Eingehen auf Details Früchte tragen könnte. Im allgemeinen muß von neuem die Forderung erhoben werden, die bereits Leitzmann[1]) einst gestellt hatte: nach einem großen, des Dichters würdigen Gesamtkommentar; die brauchbaren Vorarbeiten dazu mehren sich in erfreulicher Weise (besonders die sorgsamen Spezialstudien Philipp Simons verdienen Erwähnung), und ein instruktiver Zu-sammendruck der Quellen zu den Balladen, der in einigem zur Ergänzung ein-lädt, liegt bereits seit längerem vor.[2])

Vor allem auf die Dramen möchte ich Ihre Aufmerksamkeit lenken, und hier wiederum besonders auf die Quellenforschung. Die Frage nach den Quellen ist nicht mit so souveräner Handgeberde als 'kleinlich' und 'unfruchtbar' ab-zulehnen, wie es wohl heutzutage hie und da beliebt wird. Sie kann allerdings, unrichtig und übertrieben angestellt, ohne psychologische Kenntnis der dich-terischen Vorgänge unnütz, ja sogar schädlich sein; aber die sorgfältige Schei-dung dessen, was der Dichter aus seinen Quellen entnommen — ich zitiere, nicht verbotenus, Worte Ernst Elsters[3]) —, was er aus eigener Erfindung hinzugetan hat, ist nötig, um den inneren Werdeprozeß eines Dramas zu er-kennen; stets ist zu beachten, inwieweit die Erfindung des Dichters von lite-rarischen Vorbildern beeinflußt ist. 'Nur auf diese Weise kann die Eigenart und das individuelle Verdienst des Dichters deutlich zum Vorschein kommen, das Wesen seiner Phantasiebegabung erkannt werden. Erst hierauf empfiehlt es sich, die nebensächlichen Züge auf ihre geschichtliche Abkunft hin zu prüfen.' Hat man also eine Quelle als sicher erkannt, so suche man sich Klarheit zu verschaffen, wie die Persönlichkeit des Dichters dieser Quelle gegenüber sich betätigt. Gerade für den 'Dramatiker' Schiller ergeben sich hierbei wichtige Aufschlüsse. Seinen rein zufälligen, ja nicht wissenschaftlich-schematischen Charakter des Quellenstudiums hat Leitzmann treffend gekenn-zeichnet: 'Aus ein paar Hauptquellen orientiert er sich über den historischen Stoff; nebenher läuft Studium des Milieus, mit dem er es sehr ernst zu nehmen pflegt, aus anderen Quellenschriften; nirgends ist auch nur der Schein einer Absicht wahrnehmbar, alles Einschlägige zu berücksichtigen und etwa an den Quellen verstandesmäßige Kritik zu üben, auf dem Wege reflektierender Be-trachtung ein Gesamtbild seines Sujets zu gewinnen; unmittelbar im Anschluß

[1]) Euphorion XV 216.
[2]) Herausg. von Albert Leitzmann in Lietzmanns Kleinen Texten Nr. 73. Bonn 1911.
[3]) Anz. f. deutsch. Altert. XX 388.

an die historische Orientierung beginnt auch gleich die schöpferische und ordnende Tätigkeit der Phantasie, die den toten Stoff belebt durch ·die freie Ausgestaltung; mit ihren wachsenden Fortschritten verschwindet naturgemäß das
Interesse an den Quellen und ihrer größeren oder geringeren Reichhaltigkeit
mehr und mehr.'[1])

Ich gedenke nun, chronologisch an der Hand der Dramen vorschreitend,
einige Bemerkungen vorzulegen, die mir der Beachtung wert scheinen und vielleicht eingehender verfolgt zu werden verdienen. Zum Teil kann ich mich dabei
auf. ungedrucktes Material stützen

Gleich die Quellenfrage der 'Räuber' ist meiner Meinung nach noch
nicht genügend geklärt. Plutarch, Cervantes, Schubart, Lenz sind die Paten, die
im Widerstreit der Meinungen erscheinen. Neues Licht bringt vielleicht die
Stelle aus einem noch nicht bekannten Briefe des Weimarer Präsidenten Peucer
an Karoline von Wolzogen vom 16. August 1828, wo es heißt[2]): 'Schauspieler
Graff hier hat mir erzählt, er habe von Schiller selbst gehört, daß er als
18 jähriger Schüler ein Stück geschrieben habe, worin ein Räuber seinen Lebenslauf erzählte. Dieses Stück sey ihm entwendet worden. Aus der Erinnerung
habe er nun späterhin die Räuber geschrieben.'

Bereits Schillers Jugendfreund Johann Wilhelm Petersen hatte die Behauptung ausgesprochen, Schiller sei durch die Geschichte des Räubers Roque im
'Don Quixote' auf den Stoff seiner 'Räuber' geführt worden. Es ist dann dieser
Hypothese lebhaft widersprochen worden; doch scheint, wenn wir sie mit Graffs
Erzählung zusammenhalten, etwas Wahres daran zu sein. Johann Jakob Graff
(der seit 1793 am Weimarer Hoftheater wirkte) hatte kein Interesse daran, mit
eigenen Erfindungen über Schillers Leben aufzuwarten; es könnte höchstens
in Einzelheiten eine Trübung des Sachverhaltes infolge des langen Zeitraums,
der seit Schillers Erzählung an Graff verflossen ist, eingetreten sein; es bleibt
doch die Tatsache bestehen, daß noch eine zweite Überlieferung Schubarts Erzählung 'Zur Geschichte des menschlichen Herzens' im Schwäbischen Magazin
als Hauptquelle ablehnt. Auch die Daten stimmen; 18 Jahre zählte der Dichter
im Jahre 1777, und in dies Jahr pflegt man gemeiniglich den Beginn der
Arbeit an den 'Räubern' zu setzen. So dürfte sich die Quellengeschichte des
Erstlingsdramas wohl jetzt folgendermaßen darstellen: Schiller schreibt an einem
Räuberdrama, angeregt durch den Cervantes und Rousseaus Bemerkung über
Plutarch, 'daß derselbe erhabene Verbrecher zum Gegenstande seiner Schilderungen gewählt habe'. Dieser Entwurf (oder das schon vollendete Stück?) geht
ihm verloren; er beginnt von neuem und benutzt nun Schubarts Geschichte
dazu, um den Gehalt des Dramas zu vertiefen; manche Züge entlehnt er Lenzens
stoffverwandtem Dramolet 'Die beiden Alten'.[3])

Für 'Kabale und Liebe' glaubt Ernst Müller Schillers engen Anschluß

---

[1]) Euphorion IV 517.   [2]) Original im Kestner-Museum zu Hannover.

[3]) P. Beck, Quellen zu Schillers 'Räubern' nebst einer Hieselbiographie in der Beson-
deren Beilage des Staatsanzeigers für Württemberg 1900, Nr. 7 und 8 ist mir nicht zugänglich geworden. — Vgl. auch meinen Aufsatz in der German.-Roman. Monatschr. VI (1914), Heft 1.

an die Wirklichkeit und Vorbilder in seiner höfischen Umgebung noch genauer
nachweisen zu können[1]); die authentische Quelle zum 'Fiesko', die zweite
Ausgabe der Memoiren des Kardinals Retz von 1682, hat kürzlich Leitzmann
bequem zugänglich gemacht[2]), und wir erwarten seine Studie über des Dichters
Verhältnis zu dieser Quelle.

Die Entstehungsgeschichte des 'Don Carlos' ist — und ich glaube darin
der Zustimmung unseres verehrten Herrn Vorsitzenden[3]) sicher zu sein — noch
keineswegs sicher, trotz manchen tiefgreifenden und fördernden Untersuchungen
im einzelnen. Noch immer sind die Ansichten in wichtigen Punkten geteilt;
doch bekenne ich mich als einen der Optimisten, die glauben, daß wir mit
einem 'non liquet!' nicht die Akten schließen, sondern weiterforschend zu einer
Einigung kommen werden.

Das Problem: Wie wurde der Dichter des 'Don Carlos' zum Dichter des
'Wallenstein'? steht noch immer offen und harrt des kundigen Mannes, der
philologischen Scharfblick mit philosophischer Bildung zu paaren weiß.

Für den 'Wallenstein' liegen mannigfache Arbeiten vor; eine Prüfung der
Aufsätze, in denen der Einwirkung der Romanschreiberin Benedikte Naubert
nachgegangen wird[4]), wäre wohl am Platze. Wenig beachtet, da in einem
Privatdruck publiziert, ist eine Notiz, die Bötticher, der 'Magister Ubique',
an Professor Heinrich in Breslau am 15. Mai 1798 richtete: 'Schillers Wallenstein wird erst in der Mitte des Sommers vollendet. Er dichtet ihn in Jamben,
wird ihn aber zur Aufführung prosaïsieren.'[5]) Also wie bei 'Don Carlos' scheute
Schiller ursprünglich davor zurück, die Schauspieler in der Trilogie Verse
sprechen zu lassen. Kurios ist eine briefliche Äußerung des alten grämlichen
Gleim aus dem Jahre 1800 an Johann Heinrich Voß, die ein geradezu unglaubliches und glücklicherweise auch damals seltenes Unverständnis für Schillers
Drama bekundete mit dem Vorschlag einer beschneidenden Bearbeitung: 'Schillers
Wallenstein abgekürzt um die Hälfte wäre, dünkt mich, zu einem Goldstukke
zu machen. Das Lager ganz weg. Ein Auftritt von einem Paul Werner und
zweyen gemeinen Soldaten kann das ersetzen. Wozu der Lärm in Tragödien?
Spectakel ist nur für den Pöbel. Welcher Nutzen wird durch Stille gestiftet!
Mit betrachtender Seele muß man aus dem Schauspielhause entlaßen werden.
Piccolomini könnte, müßte mit zwey Auftritten befriedigen. Wallenstein wäre
mit wenigen vortreflichen Stellen ganz vortreflich, ein Wizkopf muß kein
Tragiker seyn wollen, auch historisch wahr, dacht ich, mußte Wallenstein etwas
weniger ein Schurke seyn; wer einen Eid thut und ihn nicht hält, ist ein
Schurke.'[6]) Für die oben geforderte Arbeit über die Stellung der Romantik zu

---

[1]) Vossische Zeitung 1913, Sonntagsbeilage Nr. 6.

[2]) Quellenschriften zur neueren deutschen Literatur Nr. 4, Halle 1913.

[3]) Vgl. z. B. Ernst Elster, Anz. f. deutsch. Altert. XXIV 188.

[4]) Köster, Anz. f. deutsch. Altert. XXIII 299; Finmann, Euphorion XV 165; Petri,
Progr. der Realschule zu Schmölln (S.-A.) 1913.

[5]) Kurt Wolff, Briefe und Verse aus Goethes Zeit, Leipzig 1910, S. 18.

[6]) Original auf der Kgl. Hof- und Staatsbibliothek in München; die fehlende Interpunktion von mir ergänzt.

Schiller ist nicht unerheblich, daß Friedrich Schlegel in seinen geschichtlichen Vorlesungen, die er im Jahre 1810 zu Wien hielt, sich Schillers Auffassung von Wallenstein (wie manche der neueren Historiker) aneignete und, wie Retzer am 1. Mai 1810 an Christian Gottfried Schütz in Halle berichtete[1]), ihn darstellte als einen astrologischen Schwärmer, dessen Schwärmerei eben die Hauptursache seines Sturzes gewesen sei.

Die Quellenfrage zur 'Maria Stuart' ist im allgemeinen gelöst. Daß aber noch manches nachzutragen ist, hat Julius Petersens ertragreicher Aufsatz über die 'Minneburg' in der Festschrift für Köster[2]) gezeigt. Mit Unrecht vernachlässigt worden ist Boxbergers Hinweis[3]), daß Schillers fünfter Akt sich eng anlehnt an Brantomes 'Biographische Nachrichten von Erlauchten Frauen Frankreichs', die sich im X. Bande der 2. Abteilung der von Schiller herausgegebenen 'Allgemeinen Sammlung historischer Memoiren' (1793) befindet; die zweite 'Nachricht' handelt über Maria Stuart, und die Beschreibung der letzten Stunden der Königin zeigt mitunter verblüffende Übereinstimmung im Wortlaut mit den Versen des Trauerspiels. Das Drama des Engländers Banks kannte und benutzte Schiller, wie Kipka uns belehrt hat.[4]) Auch durch die Gores erhielt der Dichter Quellenangaben, wie eine Notiz bei Urlichs, Charlotte von Schiller und ihre Freunde (II 359 f.) beweist.[5])

Für die 'Jungfrau von Orleans' wünschte schon Victor Michels vor Jahren[6]) eine 'tiefgreifende, die Entstehung des Dramas philologisch behandelnde Arbeit', ohne daß sein Wunsch in Erfüllung gegangen wäre. Es ist bisher am stiefmütterlichsten von allen Dramen Schillers behandelt worden; nur zu zahlreichen, die Wissenschaft nicht im geringsten fördernden Schulprogrammen hat es den Stoff geliefert. Meines Wissens steht es noch kaum hinreichend fest, was Schiller in Wahrheit meinte, als er das Stück eine 'romantische' Tragödie nannte. Ebenso tobt noch der Streit der Meinungen, welche Bedeutung der Erscheinung des Schwarzen Ritters zukomme; ist er der Geist Talbots, ein Abgesandter der Hölle, das verkörperte Gewissen Johannas? Bötticher schrieb darüber am 8. November 1801 an Huber: 'Schiller ist, ich weiß selbst nicht warum, seit längerer Zeit mir abhold. Aber als ich die Johanna gelesen hatte, sprach ich ihn warm an und dankte für den hohen Genuß. Die Nation kann stolz auf diese Dichtung sein. Machen Sie doch bald eine des Stücks würdige Anzeige davon. Auf gewisse Feinheiten wie z. B. auf die durch Berührung des schwarzen Fantoms bei der Johanna aufgereizte Sinnlichkeit, wodurch allein die schnelle Verliebung motiviert wird, muß das große Publikum schon besonders aufmerksam gemacht werden.'[7]) War das eigene

---

[1]) K. F. Schütz, Christian Gottfried Schütz, II 399.
[2]) Studien zur Literaturgeschichte, Leipzig 1912, S. 168—192.
[3]) Außerordentliche Beilage zur Allgemeinen Zeitung 1868 Nr. 351. 353. Wiederholt in seiner Ausgabe bei Grote Bd. III S. XLIII—LII.
[4]) Maria Stuart im Drama der Weltliteratur S. 303.
[5]) Vgl. auch Petersen a. a. O. S. 190 f.   [6]) Anz. f. deutsch. Altert. XXII 71.
[7]) Zeitschr. f. vergl. Lit.-Gesch. N. F. XII 127.

Deutung oder des Dichters authentische Meinung? — Die Quellenforschung ist
zum Teil wunderliche Wege gegangen. Die Jungfrau Camilla aus der 'Aeneis'
wurde als Urbild herangezogen[1]); Friedrichs des Großen Testament sollte sich
widerspiegeln in Talbots Sterbemonolog.[2]) Zur Nachwirkung des Trauerspiels
in Frankreich sei hingewiesen auf einen Brief Michael Beers an Professor Nees
v. Esebeck in Bonn, wo er am 12. März 1825 schreibt: 'In wenig Tagen wird
ein neues Trauerspiel «Jeanne d'Arc» aufgeführt, das seine vielen Motive aus
der Schillerschen «Jungfrau» entlehnt hat, die Catastrophe aber ganz historisch
hält. Die Jungfrau wird auf der Bühne den Scheiterhaufen besteigen.'[3]) Welches
französische Stück damit gemeint ist, entzieht sich meiner Kenntnis; vielleicht
kann ein auf romanischem Gebiet besser beschlagener Fachgenosse Auskunft
erteilen.

Für die Handlung der 'Braut von Messina', die in ihren letzten Wurzeln
bis zum Plan einer Fortsetzung der 'Räuber' hinabreicht, hat man bisher stets
eigene Erfindung des Dichters angenommen. Petri hat jüngst an verstecktem
Orte[4]) auffallende Zusammenhänge der Fabel des Dramas mit der 'Geschichte
Eginhards und Emmas' von Benedikte Naubert festgestellt, die nicht ohne
weiteres von der Hand gewiesen werden dürfen. Auf zwei anonyme Schriften
ähnlichen Stoffes möchte ich aufmerksam machen: Die Alexandriner-Tragödie
'Gafforio' (gedruckt im Anhang zu Bd. 1/2 der 'Bibliothek der schönen Wissenschaften' zu Leipzig 1758) hat folgendes Gerippe: Zwei Brüder lieben ein
Mädchen, das als die von einem Sklaven geraubte Schwester der beiden Brüder
erkannt wird; der jüngere Bruder tötet den älteren.[5]) Ferner ist mir nur aus
der Inhaltsangabe in den 'Hallischen Gelehrten Zeitungen' (1776, 7. November,
S. 719) bekannt 'Die Chimären des Glücks, eine deutsche Geschichte'[6]), wo es
lautet: 'Der Verfasser erzählt die Geschichte eines Vaters, der sich mit einem
Frauenzimmer verbindet, welche er hernach als gestorben zu seyn glaubte; und
die ihm unwissend eine Tochter zur Welt bringt. Er verheyrathet sich zum
zweiten mal. In dieser Ehe zeugt er zwey Söhne, davon sich der eine in seine
ihm unbekannte Stiefschwester verliebt, darüber aber aus Schmerz, als die Entdeckung geschieht, sich zu Tode grämt.' Mit der Anführung dieser Schriften
will ich nun durchaus nicht behaupten, Schiller habe beide unabweislich gekannt oder gar benutzt; auf alle Fälle ist es merkwürdig, daß das Thema: Die
Brüder lieben ohne Wissen ihre Schwester, so früh bereits behandelt wurde.
Klingers Einfluß durch die 'Zwillinge' möchte ich aber energisch betonen; denn
gerade nach Vollendung seines Dramas äußert sich Schiller eingehend zu

---

[1]) P. H. Schneeberger, Das Urbild zu Schillers 'Jungfrau von Orleans', Würzburg 1880;
vgl. auch Zeitschr. f. vergl. Lit.-Gesch. N. F. I 62.

[2]) G. Kettner, Zeitschr. f. deutsch. Philol. XX 344 f.

[3]) Holtei, Dreihundert Briefe I 1, S. 25.

[4]) Programm der Realschule zu Schmölln (S.-A.) 1913.

[5]) Jakob Minor führt zwar in der Zeitschr. f. deutsch. Philol. XX 128 den oben-
stehenden Inhalt an, weist aber nicht auf die Ähnlichkeit mit dem Stoffe der 'Braut von
Messina' hin.

[6]) Leipzig 1776, bei C. G. Hertel. 128 S. 8°.

Wilhelm von Wolzogen über den Stürmer und Dränger.[1]) Wenig wahrscheinlich scheint mir, daß Wielands 'Alceste' besonders auf den Szenenaufbau eingewirkt haben soll.[2]) Wie ist es aber mit Friedrich Schlegels 'Alarcos', auf
den Fouqué in einem Briefe an den Bruder des Romantikers hindeutet?[3])
Mannigfach, wie Schillers Anregungen gewesen zu sein scheinen, sind auch die
Deutungen der Handlung: F. Piquet versuchte, ohne zu überzeugen, den Beweis,
daß nicht die Mutter, sondern Don Cesar die Hauptfigur des Stückes sei, und
sein Charakter daher liebevoll und hervorstechend behandelt werde[4]); in interessanten Ausführungen hat Erich Harnack die Behauptung aufgestellt, Schiller
habe das Problem der Vererbung behandeln wollen.[5]) Mag auch seine These
zum Widerspruch herausfordern, so zeigt sie doch, daß wir über Schillers Absichten bei diesem Drama (trotz Burdachs tiefschürfendem und geistreichem
Versuch) noch nicht genügend klar sehen; hier vor allem macht sich der
Mangel einer gründlichen Untersuchung von Schillers Stellung zum klassischen
Altertum besonders fühlbar.

Zum 'Wilhelm Tell' wird nur noch in Einzelheiten Neues beizubringen
sein. Im ganzen hat Kettners feinsinnige Arbeit[6]), der hoffentlich bald weitere
Monographien folgen, fast abschließend auf alle Fragen geantwortet, die dieses
Drama an die Forschung stellt.

Bei den Fragmenten und Plänen wird eine allgemeingültige Entscheidung in jedem Falle wohl nie zu erlangen sein. Bei manchem, z. B. bei der
Rekonstruktion oder Weiterführung der Handlung, bei der Reihenfolge der einzelnen, oft nur als Splitter erhaltenen Bruchstücke[7]), werden die Meinungen
stets getrennt sein, wie uns zwei neue Schriften über die 'Malteser'[8]) jüngst
gezeigt haben.

Diese von mir skizzierten Aufgaben können aber nur in Vollkommenheit erledigt werden, wenn wir endlich das besitzen, was uns schon seit Jahren dringend
not tut: eine wirklich wissenschaftliche historisch-kritische Ausgabe
von Schillers Werken.

Wir haben zwar eine große Goethe-, Herder-, Lessing-Ausgabe; Wieland
erscheint in langsamer Folge; Hamann ist in Aussicht genommen; doch gerade
der Nationaldichter des deutschen Volkes scheint vergessen zu sein. Oder soll

---

[1]) Vgl. auch O. Erdmann im Anz. f. deutsch. Altert. V 275.

[2]) G. Kettner, Zeitschr. f. deutsch. Philol. XVIII 254 ff.

[3]) Neunhausen, 27. Februar 1803: 'Schiller hat ein neues Trauerspiel geschrieben, die
Braut von Messina, sie aber erst einem auserwählten Kreise vorgelesen, wozu mein Corre-
spondent nicht gehörte. Doch hat dieser durch die dritte Hand erfahren, daß es mörderlich
darin zugeht. Zwei Brüder lieben ein Mädchen. Der eine ermordet seinen Nebenbuhler, und
da er nachher erfährt, das Mädchen sei ihre beiderseitige Schwester, entleibt er sich selbst.
Es scheint, als wolle Ihre Weißsagung wegen des Alarcos eintreffen. Dem Verbrechen
wenigstens kann man die Größe nicht absprechen.' (Holtei, Dreihundert Briefe I 1 S. 100.)

[4]) Revue Germanique 1912, Mai — Juni.

[5]) Internationale Wochenschrift 1910 Sp. 1119 ff.   [6]) Berlin 1909.

[7]) Vgl. z. B. Germanisch-Romanische Monatschrift V 621.

[8]) L. Stahl, Programm von Malchin 1912; A. Beyer, Tübinger Dissertation 1912.

dem Schwäbischen Schillerverein nicht vorgegriffen werden? Ich fürchte nur,
dann können wir noch lange warten!

Die für ihre Zeit verdienstliche und für gelehrte Arbeiten noch heute nicht
zu umgehende Ausgabe, welche Karl Goedeke leitete, ist infolge der vielen
neuen zum Teil überraschenden Funde durchaus veraltet. Die ausgezeichnete
sogenannte 'Säkular'-Ausgabe bei Cotta verfolgt andere als rein wissenschaftliche Zwecke, wie sich schon aus der Anordnung und den Erläuterungen ergibt, trotzdem der Forscher ihrer nie wird entraten können. Die letzte bei
Hesse & Becker erschienene Ausgabe nennt sich sehr zu Unrecht eine 'historisch-kritische'; der Text ist nicht im geringsten zuverlässig, und die Lesarten
werden nach einer mir ganz unverständlichen Auswahl geboten; wem aber ist
mit einer solchen gedient?

Daher möchte ich am Schluß meiner Ausführungen noch einmal nachdrücklich auf die Notwendigkeit einer solchen Ausgabe hinweisen und vor
Ihnen im groben und ganzen die Umrißlinien entwerfen, innerhalb deren ich
mir diese Aufgabe gelöst denke.

Der große Unterschied zwischen einer für den Gelehrten verwertbaren
Schiller-Ausgabe und der kritischen Goethe- oder Wieland-Ausgabe besteht vor
allem darin, daß letztere sich auf eine Edition letzter Hand stützen können,
die sozusagen die authentische, vom Dichter schließlich gewollte Fassung enthält und somit als Grundlage dienen muß.

Schiller selbst war indes eine Sammlung seiner Werke nicht mehr vergönnt, und die von Freund Körner veranstaltete erste Gesamtausgabe ist bei
aller Feinfühligkeit und intimen Kenntnis des Herausgebers immerhin nur eine
willkürliche Auswahl, wie Körner selbst Goethe gegenüber gestand.[1]

Besonders klar tritt dies bei den Gedichten zutage, deren unglückliche
Einteilung in drei Perioden bis in die meisten heutigen populären Ausgaben
sich hindurchgerettet hat. Demnach ist die lauteste Forderung, die erhoben
werden muß: Gebt uns eine chronologisch genau geordnete Sammlung von
Schillers sämtlichen Gedichten![2] Sie ist unbedingt notwendig für den, der in
das Verständnis des Lyrikers Schiller und seiner Entwicklung eindringen will.

Die Textüberlieferung ist schwankend, je nach dem Druck, den der betreffende Herausgeber in mehr oder weniger begründeter Willkür zugrunde
legte. Für eine historische Ausgabe jedoch wäre jeweils die letzte zu Schillers
Lebzeiten mit seiner Genehmigung gedruckte Fassung als maßgebend anzusehen; diejenigen Gedichte, welche uns endgültig redigiert in dem für die geplante Prachtausgabe von Schillers Hand geschriebenen Manuskript erhalten
sind, wären in dieser Form wiederzugeben. Der Apparat müßte in guter Ordnung die äußerst interessante Geschichte des Stiles und der Metrik überschauen

---

[1] Am 14. August 1811: Goethe-Jahrbuch IV 304. Vgl. auch meinen Aufsatz 'Un-
veröffentlichte Briefe Christian Gottfried Körners' in der Vossischen Zeitung 1912, Nr. 359.

[2] Die treffliche Vorarbeit, die Ludwig Bellermann in seiner Ausgabe (Bibliographisches Institut, Leipzig) dazu geleistet hat, wäre nach den neuesten Funden und Forschungen
weiter auszubauen. S. Bellermann in diesen Jahrbüchern 1912 XXIX 367—378.

lassen[1]), ohne jenen 'Kehricht wertloser Varianten, der ganz gleichgültigen posthumen gar', den Erich Schmidt einmal an Goedekes Ausgabe rügte.[2])

Als Anordnungsprinzip der Ausgabe im ganzen scheint mir eine Vereinigung von Chronologie und Systematik am fruchtbarsten; d. h. es wären vorzusehen die Unterabteilungen: Gedichte, Dramen, prosaische Schriften, innerhalb deren dann wieder die zeitliche Folge obzuwalten hätte.

Für die Dramen wären die Soufflierbücher und die zum Teil neu aufgefundenen Regiebücher (z. B. für den 'Don Carlos' bedeutungsvoll) heranzuziehen.

Wo Handschriften vorhanden sind, versteht sich ihre Benutzung von selbst. Der bereitwilligen Hilfe und Unterstützung der Bibliotheken und Archive, in erster Linie des Goethe- und Schiller-Archivs in Weimar und des Schiller-Museums in Marbach, muß die große Ausgabe sicher sein.

Als Anhang wäre die Erfüllung einer Forderung wichtig, die Richard Fester einmal stellte[3]), und die infolge Kösters und anderer Bemühungen[4]) wohl nicht zu schwer zu leisten sein dürfte: nämlich eine ideelle Vereinigung der in Weimar und Hamburg vorhandenen beiden Hälften der Schillerschen Bibliothek durch einen kritischen Katalog, ergänzt durch Auszüge aus den Ausleihebüchern der Weimarer und Jenaer Bibliothek, sowie aller übrigen hier in Betracht kommenden Notizen über Schillers Lektüre.

Ferner wäre eine Zusammenstellung der im Laufe des Jahrhunderts aufgetauchten gefälschten oder sonst unechten Schiller-Gedichte ungemein interessant und lehrreich; konnte es doch geschehen, daß Verse aus Heinses 'Laidion' unter dem Deckmantel eines Schillerschen Jugendpoems in der Hempelschen Schiller-Ausgabe Unterschlupf fanden.[5])

Wenn die germanistische Sektion der Philologenversammlung eine Resolution faßte, in der sie die Inangriffnahme der kritischen Schiller-Ausgabe nachdrücklich forderte und womöglich dafür eine staatliche Unterstützung beantragte, so würde der Wissenschaft ein wertvoller Dienst geleistet werden.[6])

Denn 'die wahre Wissenschaft hat keine andere Grundlage als die genaueste Kunde des Details'; diesen Ausspruch Thierschs möchte ich in goldenen, weithinleuchtenden Lettern über den Eingang setzen, der zum Tempel der Schiller-Verehrung und damit zur Schiller-Philologie führt.

---

[1]) Für Schillers Anthologiegedichte habe ich dies versucht in meiner kritischen Ausgabe in Lietzmanns kleinen Texten Nr. 93 (Bonn 1912), wo ich nur leider, mir selbst unbegreiflich, Edward Schröders Textherstellung der Ode 'An die Sonne' in den Göttinger Gelehrten Nachrichten (1910, S. 183—193) übersehen habe.

[2]) Anz. f. deutsch. Altert. XVII 137. [3]) Euphorion XII 129.

[4]) Marbacher Schillerbuch 1905, S. 62 ff.; Euphorion VI 144 Anm.; XV 456 ff. 593 f. 790 f.

[5]) Gedichte, 2. Buch, S. 93.

[6]) Die auf diese Anregung hin gefaßte Resolution lautet: 'Die germanistische Sektion der 52. Versammlung deutscher Philologen und Schulmänner in Marburg erklärt die Herstellung einer historisch-kritischen Ausgabe von Schillers Werken für ein dringendes wissenschaftliches Bedürfnis und bittet den Vorstand der Goethe-Gesellschaft in Weimar, Schritte zu tun, die zu einer baldigen Verwirklichung dieses Planes führen können.'

WILHELM VON GIESEBRECHT

Ein Wort zur Jahrhundertfeier seines Geburtstages

Von Julius Ziehen

Am 5. März 1914 werden 100 Jahre dahingegangen sein, seit Wilhelm von Giesebrecht geboren wurde. Daß der Gedenktag an den drei Hauptstätten seines Wirkens, von dem Joachimsthalschen Gymnasium in Berlin, von der Königsberger Albertusuniversität und von der Akademie der Wissenschaften wie der Hochschule zu München festlich begangen werden wird, darf man wohl mit Bestimmtheit erwarten: daß auch weitere Kreise der Nation des Tages in dankbarer Erinnerung gedenken, muß bei dem eigenartigen Schicksal von Giesebrechts Lebenswerk leider als nicht ganz so sicher gelten, will mir aber doch als eine Ehrenpflicht erscheinen, der sich zumal ein Kreis wie der der Leser dieser Blätter auf keinen Fall entziehen darf.

Es wird wohl nirgends die Erfahrung gemacht werden, daß die 'Geschichte der deutschen Kaiserzeit', sie, die wir in unseren jungen Jahren mit der ganzen von ihrem Verfasser gewollten Begeisterung gelesen und wieder gelesen haben, heute noch zu den vielbegehrten Büchern gehört; andere, dem Stande der Forschung besser entsprechende Werke über den Gegenstand sind an ihre Stelle getreten, die heutige, manchmal zu persönlichkeitsfremde Geschichtsauffassung fordert anderes und mehr, als ihr Giesebrechts schwungvolle Wiederbelebung der zeitgenössischen Berichte über die Taten und Schicksale des alten Kaiserreiches zu bieten vermag, und — was das wichtigste ist — das Ideal, das uns der Verkündiger des Mittelalters unter Rankes Schülern in seinem Buche vor Augen geführt hat, es hat der kritischen Betrachtung, die schon nach dem Erscheinen des ersten Bandes mit Sybels bekannter Gegenschrift einsetzte, nicht standgehalten, hat vor einer besseren Wirklichkeit versinken dürfen und ist infolge dieser ganzen Entwicklung der Dinge für seinen Urheber fast zum Gegenstand der Anfechtung und des Vorwurfs geworden. Dem Lebenswerke Giesebrechts ist aus allen diesen Gründen kein frohes Nachleben beschieden gewesen, und es geht ohne einen vernehmlichen Unterton der Verteidigung nicht ab, wenn man das Verdienst des zu rasch Vergessenen richtig würdigen, im Gesamtbilde der Historiographie des vorigen Jahrhunderts sein Bild unter der gebührenden Beleuchtung an die rechte Stelle bringen will.

Nahezu 60 Jahre sind nun verstrichen, seitdem von der 'Geschichte der deutschen Kaiserzeit' der erste Band erschien — dem deutschen Fürsten gewidmet, der sechs Jahre zuvor die Kaiserkrone zurückgewiesen hatte; wir schlagen die Vorrede auf, sehen zu, ob es ein *laudator temporis acti* ist, der da das Wort ergreift, und finden einen Mann, der seine Lebensarbeit herzhaft mitten hineinstellt in das Ringen der Zeit, zu diesem Ringen einen Beitrag liefern will, indem er dem deutschen Volke anempfiehlt, sich auf die Werte seiner Vergangenheit zu besinnen. Es ist zuzugeben, er hat dabei zum Teil von Werten gesprochen, die dem unmittelbaren praktischen Bedürfnis der Nation weniger entsprachen als die Ratschläge, die sein in den Dienst tatkräftiger Tagespolitik getretener ehemaliger Genosse aus der Schule Rankes seinen Landsleuten zu geben wußte; aber auch in dem auf anderer, besserer Grundlage gegründeten neuen deutschen Kaiserreich haben die wichtigsten Werte, die Giesebrecht seinem Volke zum Bewußtsein zu bringen suchte, doch ihre volle Geltung behalten, und der alternde Meister ist im Recht, wenn er 20 Jahre später, nach der erfolgten Gründung des neuen Kaisertums, in der Vorrede zum vierten Bande seines Werkes zwar den Unterschied zwischen dem alten und dem neuen Reiche scharf betont, aber die Geschichte des alten deutschen Kaisertums noch immer als die Lehrmeisterin für das neue will gelten lassen. Die Lehren, die uns die Geschichte der deutschen Kaiserzeit, auch in Giesebrechts Darstellung, sowohl im mahnenden wie im warnenden Sinne, erteilen kann, sind in der Tat noch keineswegs ausgeschöpft, und die Nation hat allen Grund, auf die Darstellung Giesebrechts in dem Sinne zurückzugreifen, in dem sie für sie geschrieben war.

Das 'Mißverhältnis zwischen dem allgemeinen Volksbewußtsein und der deutschen Wissenschaft' auszugleichen, ist einer der leitenden Gedanken bei der Abfassung der Geschichte der deutschen Kaiserzeit gewesen; die Lehren, die aus dieser Geschichte zu ziehen sind, hat Giesebrecht in den Dienst 'der Sehnsucht nach einem einigen, großen, mächtigen Deutschland' stellen wollen, nicht ohne dabei vor der Wiederherstellung 'längst zertrümmerter Formen einer fernen Vergangenheit' von Anfang an ganz richtig zu warnen.

Der von ihm angestrebte Ausgleich war nun nur möglich, wenn eine künstlerische Form der Darstellung dem Buche den Weg zu den breiten Schichten des Volkes öffnete und wenn sich mit der Gründlichkeit der Forschung ein allgemeinverständlicher Ton des Vortrags verband: niemand konnte besser geeignet sein, solchen Voraussetzungen zu entsprechen, als ein Gelehrter, der zwei Jahrzehnte hindurch der Jugend in den oberen Klassen einer wissenschaftlichen Lehranstalt Geschichte vorgetragen und dabei das Amt des Popularisators der Wissenschaft im besten Sinne des Wortes geübt hatte. Nicht mit schlecht verhehltem Spott, wie es vor kurzem ein Geschichtschreiber der neueren Historiographie[1]) getan hat, sondern mit dankbarer Freude sollte die Tatsache gebucht werden, daß mit Giesebrecht ein deutscher 'Oberlehrer' sich ans Werk gemacht hat, um der Nation eines der wenigen auch als Literaturprodukt erfreulichen Geschichtsbücher zu schaffen, deren sich Deutschland, hinter anderen Völkern darin weit zurückstehend, damals rühmen konnte.

---

[1]) E. Fueter, Geschichte der neueren Historiographie (München und Berlin 1911) S. 489 f.

Etwa 10 Jahre vor Giesebrecht hatte Dahlmann in seinen Büchern über die englische und die französische Revolution ebenfalls zwei Werke geschaffen, die die Wirkung auf einen weiten Kreis gebildeter Leser anstrebten und auch erreicht haben: der Geschichtschreiber der deutschen Kaiserzeit ging, mit demselben Ziel vor Augen, einen völlig anderen Weg als sein älterer Genosse; die straff geschürzte, oft nur in Andeutungen sich bewegende Darstellungsart, die Dahlmanns Bücher noch heute zu einer den Geist trefflich schulenden Lektüre macht, entsprach weder dem Wesen Giesebrechts noch konnte sie ihm als angemessen für seinen Stoff erscheinen; er mußte, wenn er seinen Zweck erreichen wollte, diesem ersten Versuch einer Gesamtdarstellung der deutschen Kaiserzeit die Form einer in epischer Breite verlaufenden Erzählung geben, mußte die neue Welt, die sich da, auf Grund der inzwischen erschlossenen Quellen der Monumenta Germaniae Historica, auftat, unter Verzicht auf kritisches Raisonnement und auf geistreiches Parallelisieren mit Vorgängen der Gegenwart zunächst einmal mit der Wirkung eines umfassend angelegten Historienbildes für sich selber sprechen lassen. Der vorhin schon angeführte Kritiker hat ihm dafür ein schlecht verbrämtes Lob erteilt, in dem u. a. mit der Verurteilung der Diktion als 'konventionell oberlehrerhaft' die Provenienz Giesebrechts aus dem höheren Schulwesen als eine Form der Herabsetzung erscheint — das Urteil ist ebenso äußerlich mißgünstig wie der weitere Vorwurf desselben, unnütz den Standesgesichtspunkt hereinziehenden Historiographen, nach dem 'Giesebrecht mit der Seelenruhe eines Oberlehrers der alten Schule, der normal und pathologisch angelegte Kinder über denselben Kamm schiert, seine Zensuren verteilt'; gewiß sind Giesebrechts Werturteile über die Absichten und die Taten der Träger der geschichtlichen Handlung gegenüber den Ergebnissen der heutigen Forschung und Forschungsmethode vielfach nicht haltbar, gehen in der Analyse sicher auch oft nicht tief genug, aber, mit warmem Empfinden für das Ringen des Deutschtums nach Größe und Einheit niedergeschrieben, haben sie doch zum ersten Mal die Nation zu den führenden Persönlichkeiten ihrer mittelalterlichen Vergangenheit überhaupt lebendig Stellung nehmen zu lassen gesucht und die innere Anteilnahme der Leser für die Kämpfe jener Zeit gewonnen; der Dank, den die Mitwelt dem ersten zugleich wissenschaftlichen und volkstümlichen Buche über das deutsche Mittelalter nicht schuldig blieb, gebührt ihm noch heute von allen denen, die ein Werk aus dem Geiste seiner Entstehungszeit heraus ohne Voreingenommenheit zu beurteilen fähig und gewillt sind. Es war kein Euphemismus, wenn Ranke das Buch seines Schülers 'zugleich männlich und doch kindlich' nannte. Wohl möglich, daß es ein erfolgreiches Unternehmen sein würde, dies 'männliche und doch kindliche' Werk in einer entsprechend bearbeiteten Volksausgabe auch der heutigen Leserwelt wieder näher zu bringen.

An Giesebrechts wissenschaftliche Spezialarbeiten wie die Wiederherstellung der Altaicher Annalen und seine Studien über das geistige Leben Italiens im Mittelalter soll hier nur mit einem Wort erinnert werden; auch was er für die Wiederbelebung des alten, hochbedeutsamen Sammelwerkes über die Geschichte

der europäischen Staaten getan hat, sei nur im Vorbeigehen gestreift; nachdrücklich aber soll zum Schlusse noch auf Giesebrecht als den Verfasser der
'Deutschen Reden' hingewiesen werden: ihre Vorrede zeigt uns den wackeren
Patrioten, der den Aufgaben des neuen Reiches keineswegs weltfremd gegenübersteht und, vom Schicksal aus dem Norden nach dem Süden Deutschlands
geführt, den deutschen Einheitsgedanken mit besonders wachem Verständnis
betrachtet; von den fünf Arbeiten, die im Texte selbst enthalten sind, stellt
die Königsberger Habilitationsrede vom Jahre 1858 die Entwicklung der modernen deutschen Geschichtswissenschaft in einer auch heute noch lesenswerten
Skizze dar; eine zweite, die Königsgeburtstagsrede vom Jahre 1861 über die
Entwicklung des deutschen Volksbewußtseins, gehört in ihren Einleitungs- wie
in ihren Schlußworten zu den bemerkenswertesten Äußerungen, die in der Zeit
des Harrens vor 1870 von den deutschen Hochschulen ausgegangen sind; und
ihr steht harmonisch zur Seite die Rektoratsrede, die Giesebrecht am 10. Dezember 1870 über den 'Einfluß der deutschen Hochschule auf die nationale
Entwicklung' gehalten hat — auch sie keineswegs nur eine rückwärts gewandte
geschichtliche Betrachtung, sondern zugleich ein auf feinem Verständnis für
das deutsche Hochschulwesen beruhender Mahnruf an die Gegenwart und Ausblick in die Zukunft hinein. Der theoretischen Erkenntnis des dem Gemeinwohl
Nützlichen und Notwendigen hat Giesebrecht stets auch den Eifer der praktischen Durchführung folgen lassen: seinem wissenschaftlich patriotischen Wirken
vom Lehrstuhl herab steht das zur Seite, was er als Organisator der wissenschaftlichen Forschung und des Bildungswesens, u. a. im Ausschuß des Germanischen Museums und im bayerischen Oberschulrat, geleistet hat. Ein voll-
gerüttelt Maß lebenskräftiger Arbeit lag hinter ihm, als er am 18. Dezember
1889 die Augen für immer schloß, und diese Arbeit soll ihm die deutsche
Nachwelt danken, unbeirrt durch die Gewißheit, daß vieles, was er geschaffen,
vergänglich war und vergangen ist, und mehr noch unbeirrt durch Urteile, die
weder dem Menschen gerecht werden noch dem Gelehrten und dem, was dieser
gewollt hat.

ANZEIGEN UND MITTEILUNGEN

PETER THOMSEN, KOMPENDIUM DER PALÄSTI-
NISCHEN ALTERTUMSKUNDE, MIT 42 ABBIL-
DUNGEN NACH EIGENEN AUFNAHMEN DES VER-
FASSERS. Tübingen, J. C. B. Mohr (Paul
Siebeck) 1913. 109 S.

Einer ebenso dankbaren wie dankenswerten Aufgabe hat sich Thomsen in dem
vorliegenden Werk unterzogen. Dankbar
war sie für den Autor selbst, und dankenswert ist sie für jeden am Gegenstande interessierten Leser; beides vor allem insofern,
als hier der erstmalige Versuch einer Gesamtdarstellung und -beurteilung der bisherigen archäologischen Forschung auf pa-
lästinensischem Boden gemacht ist. Erst
eine verläßliche Gesamtdarstellung ermöglicht ja den vielen, die nicht an Ort und
Stelle auf Grund eigener Anschauung in
diese erst sehr junge Wissenschaft eindringen können, eine sichere und nicht
zeitraubende Orientierung. War nun eine
solche in dem trefflichen Werke des Jeru-
salemer Dominikanerpaters H. Vincent:
'Canaan usw.' für die Funde aus kanaani-
tischer und israelitischer Zeit immerhin gegeben, so doch keineswegs auch für die Funde
aus späteren Kulturperioden, deren Kenntnis
nur durch die mühsame Lektüre der zahlreichen hierüber berichtenden Aufsätze
systemlos und daher meist lückenhaft zu
erwerben war. Somit bedeutet das Buch
fraglos die Beseitigung eines Übelstandes,
und nach der alten Erfahrung, daß, wer
vieles bringt, manchem etwas bringen wird,
dürfte vorliegendes Kompendium nicht
allein von Wert sein für den Theologen
zur Kenntnis israelitischen und jüdischen
Kulturlebens, sondern nicht minder für den
klassischen Archäologen zur Orientierung
über ein peripherisches Gebiet, insofern
hier in knapper Darstellung aber unter
ausführlicher Literaturangabe die eigenartige Ausgestaltung aufgezeigt wird, welche
die hellenistische und römische Kultur-
periode auf dem eigenartigen, uralten Kulturboden Kanaans empfing. Auch die byzantinische Zeit wird, namentlich in ihren

hauptsächlichsten Bauwerken, vorgeführt.
Nur daß der Verfasser von einer Behandlung arabischer und mittelalterlich-abend-
ländischer (Kreuzfahrer-)Kultur in diesem
ersten Versuche ganz absehen zu können
geglaubt hat, ist bedauerlich; denn wenn
auch an diesen Perioden das Interesse des
Archäologen nicht in so hervorragendem
Maße haftet wie an den vorhergehenden,
so gehört ihre Besprechung doch eben in
ein Buch, das als Kompendium der palä-
stinischen Altertumskunde in die Welt geht.

Die klare Gliederung des Stoffes in
Verbindung mit einem sorgfältigen Namen-
und Sachregister macht das Werk zu einem
äußerst bequemen Handbuche. Es gliedert
sich in zwei Teile. Zunächst belehrt ein
kurzer 'Allgemeiner Teil' über die Rassen
und Völker, über die für Palästina wichtigen Kulturkreise sowie über die örtliche
Anlage der Siedelungen. Der 'Besondere
Teil' widmet sich den Altertümern selbst,
und zwar zuvörderst den vorgeschichtlichen
Denkmälern: den Steinwerkzeugen, den
eigenartigen Grabbauten (Dolmen usw.)
und -anlagen (Cromlechs) sowie den interessanten Einzelsteinen (Menhirs, Masseben,
Schalensteinen), deren kultischer oder profaner Zweck nachgewiesen wird. Dann erst
wendet sich die Darstellung der geschichtlichen Zeit zu, schildert uns die Wohnungen,
die Dorf- und Stadtsiedelungen nebst deren
kulturellen Anlagen in den jeweiligen Perioden und behandelt hierauf nach Maßgabe
der bisherigen Funde die Kunsterzeugnisse
jener verschiedenen Kulturperioden, wobei
namentlich die Baukunst und die für jede
Grabung besonders interessante Töpferei
ausführlich zur Sprache kommt. Auch der
Kleinkunst, Siegelstechkunst, der Bild-
hauerei, Malerei sowie den Mosaiken wird
die Aufmerksamkeit zugewendet. Schlecht
wegkommen mußte in einem Kompendium,
das die Ergebnisse der bisherigen Forschung zusammenstellen, nicht aber selbst
solche zeitigen soll, natürlich die Besprechung der Glaskunst, auf deren bislang

noch stiefmütterliche Behandlung durch die Wissenschaft der Verfasser mit Recht hinweist. Die nun folgenden Ausführungen über die Grabanlagen — die Beifügung einiger Skizzen wäre hier besonders für Lernende erwünscht gewesen — sowie der mit Literaturhinweisen reich versehene Abschnitt über die Inschriften der verschiedenen Kulturperioden werden das besondere Interesse des Lesers wecken. Mit einer Abhandlung über das Geldwesen, die Münzen in ihren charakteristischen Prägungen — Nachprüfung war mir hier nicht möglich — erreicht das Werk seinen Abschluß. Überall aber ist durch objektive Darstellung und eine ebensolche Literaturangabe der Leser zur Bildung eines eigenen Urteils angehalten, auch dort, wo der Verfasser (z. B. in der Frage nach dem Ursprunge der kanaanitischen Schrift u. a.) seine persönliche Meinung stärker hervortreten läßt.

Der in zahllosen Anmerkungen untergebrachte Literaturnachweis des *pro et contra* bei fast jeder Einzelfrage darf ebenfalls als eine besonders dankenswerte Leistung des Verfassers hervorgehoben werden.

Ludwig Zangenberg.

Gustav Freytags Briefe an Albrecht von Stosch. Herausgegeben und erläutert von Hans F. Helmolt. Stuttgart und Berlin, Deutsche Verlagsanstalt 1913. XI, 338 S.

Briefe G. Freytags sind schon mehrfach veröffentlicht worden. Zuerst gab Alfred Dove seinen Briefwechsel mit H. v. Treitschke (1863—94) heraus (1900), dann folgte Eduard Tempeltey: 'Gustav Freytag und Herzog Ernst von Coburg im Briefwechsel' (1853—1893) 1904); endlich das Haus von Freytags langjährigem Verleger, S. Hirzel: Gustav Freytag an Salomon Hirzel und die Seinen mit einer Einleitung von Alfred Dove (1847—1895), als Handschrift für Freunde gedruckt, o. J. Auch der neuesten Publikation, den 'Denkwürdigkeiten des Generals und Admirals Albrecht von Stosch' (1904) ist von dem Herausgeber Ulrich von Stosch eine lange Reihe von Briefen des Generals an G. Freytag (1865—71) eingefügt, wenn auch keine von diesem herrührende. Dafür bietet jetzt H. Helmolt eine Reihe von 367 Briefen G. Freytags an Stosch, die dieser sorgfältig

verwahrt und nach dem Tode Freytags (30. April 1895) dessen Witwe Anna Strakosch, geb. Götzel zur Verfügung gestellt hat. Sie sind ohne Einteilung nach gewissen Perioden einfach aneinander gereiht mit nur einer größeren Lücke zwischen dem 21. März 1879 und dem 2. Dezember 1880; die hier fehlenden Briefe aus der Zeit des Konflikts zwischen Stosch und Bismarck sind wahrscheinlich vom Empfänger vernichtet worden. Allerdings bietet das Leben G. Freytags in dieser Zeit keine großen Abschnitte. Er brachte regelmäßig den Sommer in seinem Landhause zu Siebleben bei Gotha (seit 1852), den Winter lange Jahre in Leipzig, seit 1877 in Wiesbaden zu und war Journalist erst als Mitbesitzer und Redakteur der Grenzboten (bis 1870), dann als Hauptmitarbeiter der von ihm neugegründeten Wochenschrift 'Im neuen Reich' seit 1882 eingung, seitdem freier Schriftsteller. Für das innere Leben bedeutende Reisen hat Freytag eigentlich nicht gemacht; ein Aufenthalt in Italien 1877 hatte für ihn keine tiefere Bedeutung. Stärker schnitten bei Stosch die Zeitereignisse in sein Leben ein. Er war zur Anfang der Bekanntschaft beider Generalstabschef des 4. Armeekorps in Magdeburg, machte den Krieg von 1866 als Generalquartiermeister mit, begleitete 1869 den Kronprinzen Friedrich nach Ägypten zur Eröffnung des Suezkanals, war 1870 Generalintendant der Armee und im Loirefeldzuge Generalstabschef des Großherzogs von Mecklenburg, nach Ende des Krieges während der Okkupation mit dem Verpflegungswesen der Armee beschäftigt, 1872—1883 Chef der Admiralität, als solcher verdient durch den Bau der deutschen Kriegsschiffe auf deutschen Werften und aus deutschem Material. 1883 nahm er seinen Abschied und lebte als 'Weinbauer' in Oestrich im Rheingau, also in der Nähe von Wiesbaden. Da beide Freunde dauernd getrennt blieben, so ergab sich ein häufiger Briefwechsel, der indes bei der Nähe ihrer Wohnorte durch gelegentliche persönliche Begegnungen ergänzt wurde. Das Interesse Freytags für militärische Fragen gab die erste Veranlassung dazu, daraus ergab sich die Mitarbeiterschaft des Generals an den Grenzboten. Aus diesen Beziehungen entwickelte

sich rasch eine warme persönliche Freundschaft zwischen dem gebildeten hohen Offizier und dem bald gefeierten Schriftsteller
und Historiker. In seinen Briefen gibt sich
deshalb Freytag ganz offen und rückhaltlos. So spiegelt sich das ganze Leben der
Zeit über 30 Jahre hindurch von 1864
—95 in allen seinen Äußerungen, wie sie
einem vielseitig gebildeten, historisch wohl-
unterrichteten, scharfen Beobachter, warm-
herzigen Menschen von liebenswürdigem
Humor, der aber außerhalb der Geschäfte
steht, erscheinen. Neben häuslichen und
persönlichen Interessen ziehen die literarische und wissenschaftliche Entwicklung
wie der Gang der politischen Ereignisse
im Inlande und in den auswärtigen Ge-
schäften, nicht zuletzt eine Menge s. Z.
vielgenannter Persönlichkeiten an den
Augen des Lesers vorüber. Der Herausgeber hat zahlreiche erklärende und er-
gänzende Anmerkungen hinzugefügt, sie
aber leider hinter den Text gestellt, statt
unter den Text, was die doch unvermeid-
liche Benützung unbequem macht, und am
Schlusse einen Exkurs 'Bismarck und
Stosch; die Kanzlersturzversuche 1877/78'
zugefügt. Ein Personenverzeichnis bildet
den Schluß.

Bei alledem läßt sich nicht leugnen,
daß das Urteil Freytags über Dinge und
Personen einigermaßen beschränkt ist, beschränkt zunächst durch seine liberale
Überzeugung, der er bis an sein Ende treu
geblieben ist. Nur von der 'Herrschaft
liberaler Regierungsgrundsätze' hofft er
eine Zukunft für Preußen (16. März 1866).
Damit hängt seine Stellung zum Kronprinzen und seinem Hause, dem 'jungen
Hofe' zusammen, zu dem ihn sein Verhältnis zum Herzog Ernst von Koburg-
Gotha in persönliche Beziehungen gebracht
hatte und der ihm auch durch seine Freundschaft mit Stosch nahe gerückt worden
war. Im Kronprinzen sieht er immer den
künftigen König, der in kurzem bei dem
hohen Alter des Königs Wilhelm die Regierung antreten und die Hoffnungen des
Liberalismus erfüllen werde. Er ist ihm
'der künftige König', 'unser lieber Herr',
auch der 'künftige König (Kaiser) von
Deutschland'; Stosch soll für ihn der Feldherr werden. In der Tat hatte Stosch mit

dem badischen Staatsmann Roggenbach
und Geffcken zusammen in Oestrich nach
einem tiefen Ohnmachtsanfall Kaiser Wilhelms I. in Ems im Juli 1885 auf den
Wunsch des Kronprinzen wenigstens die Pro-
klamationen bei seinem Regierungsantritt
entworfen. Freytag weiß freilich recht
gut, daß der Kronprinz von 'zwei Gewalten'
regiert wird, von seiner Frau und von Bismarck, denen gegenüber jeder andere Einfluß 'ganz ohnmächtig' ist, zweifelt also
an der Selbständigkeit seines Willens. Tief
beklagt er, daß 'Kronprinzens' ganz 'isoliert' seien (8. Nov. 1883), daß des Kronprinzen Lebenskraft 'verbraucht' (13. Mai
1886), der junge Hof 'alt und verwüstet'
sei. Mit tiefem Anteil verfolgt er sein hoff-
nungsloses Leiden. Mit den ersten Erlassen
des 'Kaisers Friedrich' ist er gar nicht einverstanden; an die neue Kaiserin zu schreiben kann er sich nicht entschließen; sie hat
an dem Streit der Ärzte 'die schwerste
Schuld' trägt (18. Aug. 1888), und den
Aufsatz, den sie über den Verstorbenen
fordert, will er nicht 'im Hofkleide' schreiben (20. Juni); doch sah er sie am 29. Mai
1889 in Homburg, und sie schieden als
'gute Leute'. Aber ihre beständige Unruhe
und ihr 'Kultus', den sie mit dem Verstorbenen trieb, waren ihm unsympathisch;
er gönnt ihr 'einen Frieden, den sie nicht
um uns verdient hat' (19. Sept. 1888).
Nach seinem Verhältnis zum Kronprinzen
beurteilt er auch den Prinzen Friedrich
Karl. Dessen Tod (15. Juni 1883) 'befreit
Stosch von einem lästigen Gegner; im übrigen wird nach acht Tagen kein Hahn um ihn
krähen'. (Für die oberste Heerführung im
nächsten Kriege) 'ist es ein Glück, daß er
geschieden ist' (17. Juni 1885). Da kann
er über den Bezwinger von Metz nichts
Wahres erfahren haben.

Während Freytags Interesse für den
Kronprinzen so lebhaft ist, daß dagegen
auch die ehrwürdige Persönlichkeit Kaiser
Wilhelms I. ganz zurücktritt, ist es ihm
nie gelungen, ein wirkliches Verständnis
für Fürst Bismarck zu gewinnen; ja offen
gesagt, die Art, wie er ihn beurteilt, berührt oft peinlich. Hier scheint der 'tiefe
Haß der Kronprinzessin' gegen Bismarck
und die Gegnerschaft seines Freundes Stosch
einzuwirken. Er gilt ihm als unruhig,

launenhaft, rücksichtslos, neidisch auf den Ruhm anderer, verfährt alles, desorganisiert das höhere Beamtentum, seine Politik ist 'eine Mischung von seltsamen Einfällen und Leichtsinn', er ist selbstherrlich und spielt mit den Menschen wie mit Puppen. Ihn empört auch 'die Frechheit im Umbiegen der Tatsachen, das Schlottrige und Unsichere seines Gedächtnisses, und die überall durchscheinende Gewissenlosigkeit, welche um augenblicklicher Wirkungen willen die Wahrheit preisgibt' (15. März 1877). Genialität ihm abzusprechen wagt er doch nicht; aber er nennt ihn den leidigen Genius der Gegenwart und bekennt dann einmal: 'wir sind ihm tief verschuldet.' Häufig äußert er den Wunsch, ihn beseitigt zu sehen, so schon als Bismarck 1869 einen längeren Urlaub antrat. 1877 gibt er ihm noch zwei Jahre; 'dann ist er mit dem Reichstage fertig und wahrscheinlich auch sonst' (15. März). Aber alsbald taucht ihm die Frage auf: wer soll ihn ersetzen? und schließlich erkennt er: er kann nur durch sich selbst gestürzt werden. Es kam ungefähr, wie er sich gedacht hatte; vergeblich war der Versuch des Herzogs Ernst, durch eine Reise zu Bismarck zwischen diesem und dem jungen Kaiser zu vermitteln, worüber ihm der Herzog in Reinhardsbrunn ausführlich berichtete, er sah in dem Gegensatze einen 'Kampf um die Herrschaft' (26. August 1890). Die ungeheure Popularität Bismarcks verkennt er nicht; sie erscheint ihm aber schon 1871 wie ein 'Rausch', dem die Ernüchterung folgen werde (18. Mai 1871). Die Idealisierung des Kaisers und des Kronprinzen wie des Kanzlers erscheint ihm bedenklich, da sie einen Rückschlag herbeiführen muß und die Herren selbst verdirbt, die so wie so eine freie Überzeugung in ihrer Nähe schwer vertragen, obwohl er anerkennen muß, daß solche Verherrlichung den Deutschen im Blute liegt. Der ganzen inneren Politik steht er damals kritisch, oft mißvergnügt gegenüber. Hat er 1866 die Behandlung Sachsens zu mild befunden und an der Bundes- und Reichstreue der Sachsen und ihres Königshauses lange gezweifelt, womit er für gewisse Kreise keineswegs ganz unrecht hatte, so nennt er die Stimmenverteilung im Bundesrate 'leichtsinnig',

weil sie Preußen nur 17 Stimmen zuteile, und ist später, wie er auch anderwärts ausgeführt hat, gegen den Kaisertitel, noch befangen in der jetzt allmählich aufgegebenen Sybelschen Ansicht von dem Verderben, das das mittelalterliche Kaisertum über die Nation gebracht habe. Die neue Zoll- und Steuerpolitik erscheint ihm als 'ein schutzzöllnerischer Einfall', der aber die Opposition erwecken und also die Selbständigkeit des Volks fördern werde. In der auswärtigen Politik hat er manches erwartet, was ganz anders gekommen ist. Lange glaubt er an die Unvermeidlichkeit eines Krieges mit Rußland. Österreichs Zukunft erscheint ihm sehr unsicher; er sieht zwar die Auflösung der europäischen Türkei in christliche Staaten voraus, aber er hält auch die Auflösung Österreichs im Anschluß an einen slawischen Staatenbund für wahrscheinlich. Mit dem Tode des Kaisers Friedrich und Bismarcks Sturze treten in den Briefen die politischen Themen zurück. Er sieht mit Bismarcks Rücktritt 'die Vorboten einer führerlosen, schwierigen Zukunft durch die Seelen fliegen' (19./21. März 1890), in Bismarcks 'Geschwätz' das 'geckenhafte Bedürfnis, täglich von sich reden zu machen': den jungen Kaiser beurteilt er sympathisch und hoffnungsvoll (vgl. z. B. die Briefe vom 12. und 25. September 1890). Von Bismarck scheidet er mit der feinen Bemerkung: 'Gerade das, was ihm als der größte Schmerz und uns andern als sein Verhängnis erschien, ist die Erhebung seines Alters geworden. Eine Popularität und eine Betätigung der allgemeinen Dankbarkeit, wie sie nie ein Deutscher gehabt hat. Seine Entlassung ist sein letztes, großes Glück, seine Sühne geworden' (30. März 1895).

Sehr rege blieb bis zuletzt sein literarisches und wissenschaftliches Interesse. Er besorgt (seit 1886) die Ausgabe seiner gesammelten Werke in 22 Bänden, liest Springer, Moltke, L. von Gerlach, Bernhardi, Sybel, Treitschke, selbst Quiddes Caligula, 'ein Artefakt, das ebenso abgeschmackt als boshaft ist', und geographische Werke über unsere Kolonien, aber auch Gerhart Hauptmanns 'Hannele' und so manches andere aus der modernsten Literatur; 'aber uns Bejahrten, schreibt er, wird unter dem trüben Lichte und den gebrochenen Existenzen der neuen Schule unwohl. Dumme Kerle' (29. Dez. 1894).

Inzwischen kamen die Ehren des Alters; er merkte, daß er der gefeiertste Schriftsteller Deutschlands sei. Daß er nach der Scheidung von seiner zweiten, seit Jahren geisteskranken Frau (1884) am 10. März 1891 mit Anna Strakosch (geb. Götzel) eine dritte Ehe schloß, gab ihm die Sicherheit verständnisvoller, liebreicher Pflege für seine letzten Jahre. Er konnte damals noch mit der Gattin die Herrlichkeit der Riviera genießen. Am 13. Juni 1886 durfte er unter allgemeinster Teilnahme von Nah und Fern seinen 70. Geburtstag feiern. Kurz darnach erneuerte die philosophische Fakultät der Berliner Universität aus Anlaß seines fünfzigjährigen Doktorjubiläums das Doktordiplom, indem sie ihn unter dem 30. Juni in einer Adresse, die H. von Treitschke entworfen hatte, als Dichter, Historiker und Publizisten feierte.[1]) Etwas später wurde er nach L. von Rankes Tode (23. Mai 1886) laut Kabinettsordre vom 21. Januar 1887 zum Ritter der Friedensklasse des Ordens pour le mérite erhoben, die höchste Ehre, die einem deutschen Dichter zuteil werden konnte. Kronprinz Friedrich hatte sich dafür in einem Schreiben an Ernst Curtius vom 26. Juni 1886 besonders bemüht. Die letzte Ehrung, den Rang eines wirklichen Geheimen Rats mit dem Prädikat 'Exzellenz' verlieh ihm sein geliebter fürstlicher Freund Herzog Ernst II. im Juni 1893 aus Anlaß seines eigenen 75. Geburtstages (21. Juni). Am 1. August traf den Herrn in Reinhardsbrunn ein Schlaganfall, am 22. August verschied er. So wurde der Kreis der Freunde um Freytag immer enger. Um so mehr hielt er den brieflichen und persönlichen Verkehr mit Stosch fest und gratulierte ihm noch zu seiner goldenen Hochzeit am 18. Oktober 1894. Den letzten Geburtstag des Freundes konnte er nicht mit ihm in Oestrich feiern. Er selbst er-

krankte auf der Rückreise von Koburg, wo ein Denkmal für Ernst II. beraten worden war, nach Wiesbaden an einer Lungenentzündung. Den letzten Brief an Stosch (vom 26. April) mußte er diktieren. Er verschied am 30. April 1895 in Wiesbaden, fand aber seine letzte Ruhestätte in Siebleben. Schon am 29. Februar 1896 folgte Stosch dem Freunde im Tode, nur wenige Jahre im Alter von ihm verschieden (geb. 1818, Freytag 1816).

Freytags Briefe an Stosch geben keine besonderen Beiträge zur Kenntnis der großen Zeitereignisse, aber sie spiegeln getreulich das wider, was er und mit ihm viele gebildete und patriotische Deutsche über sie dachten und empfanden; darin liegt ihr Wert. So mancher gut deutsch gesinnte Mann vermochte über die scharfen Ecken und Kanten in Bismarcks Wesen und Auftreten lange Zeit zur Sympathie für ihn und zur Erkenntnis seiner genialen Größe nicht durchzudringen, und nur wenige konnten den Eindruck der einfach menschlichen liebenswürdigen Eigenschaften des großen Staatsmanns im Verkehr mit seiner Umgebung in sich aufnehmen. Auch Freytag hat solche persönliche Beziehungen zu ihm weder gehabt noch jemals gesucht. Seinem ganzen Wesen lag das leidenschaftlich Geniale fern; er hat es deshalb auch in seinen Dichtungen niemals dargestellt; solche dämonische Naturen waren ihm unheimlich. Und doch bleibt unbestritten richtig der Satz in Schillers Wallenstein von dem Menschengeschlecht, das sich lange behilft mit 'feilen Sklavenseelen', bis das Äußerste ihm nahe tritt;

Da fällt

Es in die starken Hände der Natur,
Des Riesengeistes, der nur sich gehorcht,
Nichts von Verträgen weiß, und nur auf ihre
Bedingung, nicht auf seine mit ihm handelt.

Wohl dem Volke, dem das Schicksal im rechten Moment einen solchen 'Riesengeist' schenkt. Denn große Männer machen die Geschichte. Aber für die Mitlebenden ist es oft schwer, sie durch das Gewölk von Nebendingen zu erkennen.

OTTO KAEMMEL.

---

[1]) S. Gustav Freytag und Heinrich von Treitschke im Briefwechsel (1900) S. 192 f.

(29. Januar 1914)

DIE WIRTSCHAFTLICHE ENTWICKLUNG ITALIENS IM II. UND I. JAHRHUNDERT VOR CHR.[1])

Von Johannes Kromayer

Die Geschichte Italiens im II. und I. Jahrh. vor Chr. gehört ohne Zweifel zu denjenigen Perioden der antiken Entwicklung, in denen der Einfluß wirtschaftlicher Interessen auf den großen Gang der allgemeinen Verhältnisse am bedeutsamsten hervortritt. Denn die sogenannte Gracchische Revolution, an deren Erschütterungen die römische Republik ja schließlich zugrunde ging, hat bekanntlich ihren Anfang genommen von der wirtschaftlichen Not des kleinen Landmannes, die uns während dieser ganzen Periode immer und immer wieder von Dichtern und Rhetoren in ebenso eindringlichen Worten geschildert wird, wie von den Historikern und Politikern der Zeit. Ich erinnere nur einerseits an die bekannte Ode des Horaz, wo Mann und Frau mit den zerlumpten Kindern und den Laren als einzigem Besitztum auf dem Arm ihr Gütchen verlassen müssen, und andrerseits an die feurigen Worte, die Tiberius Gracchus selber in einer Volksrede gebraucht hat: 'Die Tiere, die Italien bewohnen, haben ihre Höhlen, und jedes von ihnen hat sein Lager und seinen Unterstand, die aber für Italien kämpfen und sterben, haben nur Luft und Licht und weiter nichts, sondern ohne Haus und Wohnsitz irren sie mit Weib und Kind umher. Die Feldherren lügen, wenn sie vor der Schlacht die Soldaten auffordern für ihre Gräber und Heiligtümer zu kämpfen. Keiner hat einen väterlichen Altar und einen Grabhügel seiner Vorfahren von so vielen Römern, sondern für fremden Prunk und Reichtum kämpfen und sterben sie, die sogenannten Herren der Welt, und haben keine einzige Scholle Landes zu eigen' (Plut. Tib. Gracch. 9). Mit Recht hat man gesagt, daß aus diesen Worten der ganze proletarische Jammer der Vergangenheit an unser Ohr herübertöne. Die Öde des Landes, welche dem Tiberius Gracchus bei seiner Reise durch Etrurien nach den Aufzeichnungen seines Bruders den ersten Gedanken zu seinem Reformwerke eingegeben hat[2]), die *solitudo Italiae*, von der auch Cicero und andere Autoren sprechen[3]), erscheint uns als Folge dieser Ruinierung von so und so viel Familienexistenzen nur allzu natürlich.

---

[1]) Als Antrittsvorlesung gehalten in Leipzig am 8. November 1913.

[2]) Plut. Tib. Gracchus 8: τὴν ἐρημίαν τῆς χώρας ὁρῶντα.

[3]) Ad Att. I 19, 4: *et sentinam urbis exhauriri et Italiae solitudinem frequentari posse arbitrabar*, bei Gelegenheit des Cäsarischen Ackergesetzes 59 v. Chr. Ebenso Dio XXXVIII 1, 3: τὰ πλεῖστα τῆς Ἰταλίας ἠρεμωμένα αὖϑις συνῳκίζετο.

Einigermaßen eigentümlich muß es allerdings daneben berühren, wenn wir bei Varro, gewiß einem ausgezeichneten Kenner Italiens im I. Jahrh. vor Chr. und noch dazu in einer Fachschrift über den Ackerbau lesen, daß es damals kein besser angebautes Land im ganzen Umkreise des Mittelmeeres gegeben habe, als eben Italien, daß es den besten Spelt, Weizen, Wein, Öl hervorbringe und so mit Baumpflanzungen bedeckt sei, daß es wie ein einziger großer Obstgarten aussähe.[1]

Wenn wir uns von rhetorisch-sentimentalen und politisch-agitatorischen Phrasen ebenso wie von patriotischer Emphase freizumachen suchen, um die Situation vom nüchtern volkswirtschaftlichen Standpunkte aus zu betrachten, so stellt sich uns die Bewegung, welche hier zugrunde liegt, als ein Ringen des Großgrundbesitzes gegen den Kleinbesitz dar, bei welchem ersterer in energischem Vordringen gewesen zu sein scheint.

Da ist es nun von unschätzbarem Werte, daß wir aus zwei Gegenden Italiens, nämlich aus dem süditalienischen Benevent und dem norditalienischen Veleia und Placentia zwei ausführliche Urkunden besitzen, die uns über eine große Zahl von Gütern dieser Landschaften und deren Größe in der Zeit der Republik Auskunft geben und uns ein überraschendes Bild ganz anderer Art vor Augen führen.[2] Unter 89 Besitztümern in der Mark von Veleia und Placentia finden sich nämlich nur 8, die mehr als 10 Hektar umfassen, und auch diese halten sich in den sehr bescheidenen Grenzen von 11—26 Hektar. 23 Güter haben nur eine Größe zwischen 5 und 10 Hektar und die übrigen 58 sogar nur einen Umfang von 5 Hektar und darunter. Und noch günstiger steht das Resultat für den Kleinbesitz in Benevent. Hier gibt es unter 92 Besitztümern auch nur 8 mit mehr als 10 Hektar, aber das größte unter ihnen hat nur 14 Hektar. Zwischen 5 und 10 Hektar liegen hier 27 Güter, und 57 von ihnen haben eine Größe unter 5 Hektar.[3] Es ist also in diesen beiden Landschaften alles Ackerland, welches in den Tafeln zur Verzeichnung gekommen ist, in der Hand von Mittel- und Kleinbesitzern. Großbesitz ist hier überhaupt nicht vorhanden.

Um die Bedeutung dieser Tatsachen, des einzigen statistischen Materials, das wir besitzen, richtig zu würdigen, müssen wir unseren Blick etwas genauer auf die Gegenden richten, auf welche sie sich beziehen.

[1] Varro, Rer. rust. I 2, 3: *vos, qui multas perambulastis terras, ecquam cultiorem Italia vidistis? ... ego vero nullam arbitror esse, quae tam tota sit culta ... 6: non arboribus consita Italia, ut tota pomarium videatur?*

[2] CIL. IX 1455, XI 1147 mit der grundlegenden Bearbeitung Mommsens 'Die italische Bodenteilung und die Alimentartafeln', Hist. Schr. II 123 (= Hermes XIX 393).

[3] Die Güter sind in den Urkunden nicht in Ackermaßen angegeben, sondern in Preisen. Columella rechnet nun (III 3, 8) ein *iugerum* unangebauten Weinlandes auf 1000 Sesterzen, ein *iugerum* angebauten Weinberges auf 3000, und Varro (Rer. rust. III 2, 15) gibt als Ertrag eines *iugerum* seines Reatiner Landgutes durchschnittlich 150 Sesterzen an, was bei Kapitalisierung mit 6 % — 6 % rechnet Columella III 3, 9 als Durchschnittsertrag bei Getreidebau — 2500 Sesterzen ergeben würde (vgl. Mommsen S. 128). Man kann daher als ungefähren Durchschnittspreis eines *iugerum* wohl etwa 2000 Sesterzen ansehen. Dann ergibt sich folgendes Bild:

Weder die Landschaften von Veleia und Placentia noch die von Benevent gehören zu jenen entlegenen, allem Verkehr entrückten Gebirgslandschaften, in denen sich alle Verhältnisse und besonders Kleinbesitz zäh zu halten pflegen,

Veleia und Placentia (CIL. XI 1147) (vgl. Mommsen S. 132)

	Zahl d. Güter	Belegstelle	Preis in HS.	Größe in *iugera*	Größe in Hektar (rund)
8	1	(2, 65)	210000	105	26
	1	(3, 56)	123400	61½	15
	1	(2, 89)	120000	60	15
	1	(4, 22)	94600	47	12
	1	(5, 39)	90000	45	11
	2	(2, 60. 63)	85000	42½	11
	1	(1, 19)	84333	42	11
23	1	(6, 89)	80000	40	10
	1	(2, 91)	78600	39½	10
	1	(3, 54)	74000	37	9
	1	(4, 11)	73650	36½	9
	3	(5, 48; 6, 25)	72000	36	9
	1	(3, 18)	71400	35½	9
	1	(1, 49)	70000	35	9
	1	(7, 23)	65000	32½	8
	1	(2, 56)	60000	30	8
	1	(4, 80)	57000	28½	7
	2	(2, 49. 80)	56000	28	7
	1	(2, 51)	52000	26	7
	1	(1, 45)	51316	25½	6
	2	(2, 1. 74)	50000	25	6
	3	(5, 63. 67. 86)	48000	24	6
	1	(2, 46)	45000	22½	6
	1	(3, 66)	44000	22	6
58	1	(5, 52)	41150	20½	5
	12	(2, 44. 61. 57; 4, 62. 87. 91; 5, 53; 6, 9. 33. 80; 7, 2. 21)	40000	20	5
	2	(5, 49; 6, 92)	37000	18½	5
	2	(7, 19. 36)	36000	18	5
	2	(1, 89. 2, 58)	35000	17½	4
	1	(5, 62)	32500	16	4
	2	(3, 20; 4, 47)	32000		
	1	(1, 62)	31600		
	4	(2, 62. 72; 3, 47; 7, 27)	30000	15	4
	2	(3, 58; 5, 43)	26000	13	3
	1	(5, 5)	25200	12½	3
	1	(1, 96)	25000		
	3	(4, 49; 5, 80; 6, 3)	24000	12	3
	1	(2, 69)	23600		
	1	(1, 21)	21410	10½	3
	1	(1, 57)	20503		
	5	(1, 8; 3, 60; 5, 14; 6, 99; 7, 29)	20000	10	2
	1	(2, 68)	16000	8	2
	1	(1, 6)	14000	7	2
	1	(4, 66)	13100	6½	2
	1	(6, 17)	12260	6	2
	3	(2, 59; 5, 3. 50)	12000		
	2	(1, 70; 6, 93)	11000	5½	1
	1	(7, 25)	10000	5	1
	6	(1, 9. 43. 58; 6, 95. 98. 101)	unter 10000	unter 5	1
89					

Benevent (CIL. IX 1455) (vgl. Mommsen S. 129)

	Zahl d. Güter	Belegstelle	Preis in HS.	Größe in *iugera*	Größe in Hektar (rund)
8	4	(2, 47)	112750	56	14
	1	(2, 24)	110000	55	14
	2	(3, 33. 35)	100000	50	13
	1	(3, 24)	98000	49	12
27	2	(2, 51. 60 fehlt bei Mommsen)	80000	40	10
	3	(3, 77)	66600	33½	8
	2	(2, 17)	65000	32½	8
	1	(2, 1)	65000 fehlt b. Momms.	31	8
	2	(3, 53)	61000	30½	8
	3	(2, 1; 3, 79. 82)	60000	30	8
	1	(3, 51)	55000	27½	7
	10	(2, 5. 27; 3, 15. 39. 41. 65. 67. 70. 72. 75)	50000	25	6
	2	(3, 11)	46000	23	6
	1	(3, 26)	45000	22½	6
57	1	(2, 19)	42000	21	5
	6	(2, 20. 77; 3, 28. 45)	40000	20	5
	4	(2, 30)	37500	19	5
	1	(3, 9)	35000	17½	4
	1	(2, 8)	34000	17	4
	6	(2, 62; 3, 21)	33300	17	4
	4	(2, 72; 3, 4. 30. 43)	30000	15	4
	6	(2, 65. 75; 3, 59)	27000	13½	3
	5	(2, 69; 3, 1. 13. 17)	25000	12½	3
	1	(2, 40)	24000	12	3
	3	(2, 11. 55)	23000	11½	3
	1	(2, 14)	22000	11	3
	2	(3, 56)	21000	10½	3
	4	(2, 43; 3, 37. 47. 49)	20000	10	3
	1	(3, 6)	19000	9½	2
	2	(2, 22)	17500	9	2
	3	(3, 19. 62)	15000	7½	2
	2	(2, 53)	14500	7	2
	2	(2, 18. 34)	14000	7	2
	2	(2, 37)	12000	6	1
92					

sondern sie liegen in fruchtbarem Hügellande, zum Teil sogar in der Ebene und an Verkehrswegen, wie die große Via Appia, die Rom mit dem Orient verband, und nicht weit vom Po und der Via Aemilia, den Hauptverkehrsadern des Polandes. Es handelt sich also in beiden Fällen um Verhältnisse, die man als eine gute Durchschnittslage für italische Ländereien ansehen kann. Wenn sich in diesen beiden so weit voneinander entfernten Gegenden die Großgrund- besitzbewegung so gar nicht bemerklich macht, so kann das kein Zufall sein. Es muß vielmehr damals in Italien noch sehr große Gebiete gegeben haben, wo der Bauernstand noch ganz intakt war und Kleinbesitz durchaus überwog.[1] Damit werden wir aber vor die Frage gestellt, ob nicht vielleicht unsere lite- rarische Überlieferung mit ihrer Schilderung der Not des kleinen Landwirtes einer durchaus tendenziösen und einseitigen Auffassung entspringt und das Überhandnehmen des Großgrundbesitzes sich nicht vielleicht bloß auf die un- mittelbare Umgebung der werdenden Großstadt Rom bezieht, während das Land Italien selber in seinem weitaus überwiegenden Teile davon verschont und gesund geblieben wäre.

Daß die Bewegung — so unbedeutend sie an sich dann auch für das Volks- ganze gewesen sein würde — in der Literatur und Politik trotzdem so starken Widerhall gefunden hat, würde man dann auf die Konzentration alles politi- schen und literarischen Lebens in Rom zurückzuführen haben, infolgederen das, was hier vorging, allein zu Worte kam, während das munizipale Italien schwieg, wie heute in Frankreich Paris gegenüber die Provinz.

Aber es fragt sich doch, ob wir uns wirklich bei diesem Resultate zu be-

---

[1] Es drängt sich hier die Frage auf, ob es überhaupt erlaubt ist, die Besitzverhält- nisse der in Rede stehenden Gegenden für die Beurteilung der allgemeinen italischen Zu- stände zu verwenden. Denn es liegt ja die Möglichkeit vor, daß diese Besitzverhältnisse nicht ursprünglich sind, sondern ihre Entstehung einer der Ackerverteilungen verdanken, die in den beiden letzten Jahrhunderten der Republik stattgefunden haben. So würde man bei Benevent an die Deduktion von Veteranen im Jahre 42, oder eine der späteren denken können (CIL. IX S. 136), und bei Placentia darauf hinzuweisen versucht sein, daß es zwar zur Zeit Ciceros *municipium* war, aber später wieder als Kolonie bezeichnet wird (CIL. XI S. 242), während allerdings für Veleia nichts von einer Koloniegründung und damit ev. in Verbin- dung stehenden Ackerverteilung bekannt ist (vgl. Mommsen, Hist. Schr. a. a. O. S. 132). In- dessen braucht man nur einen Blick auf die beiden Listen der vorigen S. zu werfen, um sich davon zu überzeugen, wie unwahrscheinlich es ist, daß die dort vorhandene Boden- teilung auf einen schematisch und gleichmäßig durchgeführten einmaligen Akt von Boden- aufteilung zurückgeht. Die tatsächlich vorhandenen Güter bilden hier eine kontinuier- lich fortlaufende Reihe von den kleinsten im Umfange von 1 Hektar bis zu denen von 14 und 15. Wäre der Kleinbesitz an diesen Orten aus einer einmaligen Ackerverteilung an Veteranen oder Bürger entstanden, so müßte sich ein bestimmtes Ackermaß bei der überwiegenden Zahl der vorhandenen Güter wiederfinden. Die oben angeführten Nachrichten über Deduktionen von Veteranen nach Benevent lassen sich mit diesem Tatbestande auch sehr wohl vereinigen, wenn wir bedenken, daß der Hauptort der Ligures Baebiani, von wo unsere Inschrift stammt, zirka 25 Kilometer Luftlinie von Benevent fort nach dem Gebirge zu liegt, und den Veteranen jedenfalls die fetten Äcker in der Nähe der Stadt in erster Linie angewiesen sind, während die unproduktiveren im Gebirge verschont geblieben sein dürften. Über Veteranendeduktionen nach Placentia ist nichts bekannt.

ruhigen haben oder ob es nicht noch andere Tatsachen gibt, die geeignet sind, uns die Bedeutung und den Charakter der Bodenbewegung dieser Zeit noch klarer erkennen zu lassen.

Ich glaube, das ist der Fall. Es wird aber, um die in Betracht kommenden Tatsachen mit dem nötigen Nachdrucke zum Sprechen zu bringen, nötig sein, uns die ganze wirtschaftliche und politische Lage der damaligen Zeit in Erinnerung zu rufen und das Bild der allgemeinen Verhältnisse zu entrollen, innerhalb deren die uns hier beschäftigende Frage ihre bedeutsame Stellung einnimmt.

Am Ende des III. Jahrh. v. Chr. hatte ein greuelvoller Verwüstungskrieg, der Hannibalische Krieg, Italien 14 Jahre lang heimgesucht. Nach den schweren Schlägen am Anfange dieses Kampfes hatte sich der Krieg verflacht und verbreitet. Es wurden keine großen Schlachten mehr geschlagen, aber mehrere Armeen operierten auf beiden Seiten gegeneinander, und das Ganze artete in einen systematischen Verwüstungs- und Plünderungskrieg aus, bei dem jede Partei die andere durch Vernichtung ihrer materiellen Hilfsquellen erschöpfen und niederringen wollte. Das Land und besonders der kleine Bauer mußte dadurch in seiner materiellen Existenz mehr geschädigt werden als durch die großen Schläge am Anfange. Wie im Dreißigjährigen Kriege, mit dem man dies Ringen in Bezug auf den ganzen Gang und die Verwüstung des Landes wohl vergleichen kann, mußte der Krieg sich selber ernähren und Italien so an den Rand des Ruins bringen. Als der Feind endlich das Land verlassen hatte und der Friede eingekehrt war, hatte man einen dezimierten Bauernstand und weite öd liegende Landstrecken vor sich.

Wer jetzt Geld hatte, konnte billig Land kaufen, und das Kapital griff zu. Wir haben noch die interessante Schilderung einer stürmischen Szene im Senate; von ihm verlangten die Kapitalisten, bei denen der Staat im Laufe des Krieges eine Anleihe gemacht hatte, jetzt sofort dringend ihr Geld zurück, weil sie die günstige Konjunktur, billig Land zu kaufen, nicht vorübergehen lassen wollten.[1] Dazu kam, daß im Anfange der Friedenszeit massenhafte, von den Parteigängern Hannibals konfiszierte und zu Staatsgut erklärte Güter brach lagen und es nach altem Brauch männiglich erlaubt war, solche brachliegende Staatsdomäne unter den Pflug zu nehmen — wie man technisch sagte, zu okkupieren — und gegen eine Abgabe an den Staat im Nießbrauche zu behalten.[2] Das kam zwar wohl hie und da auch dem kleinen Bauer, aber doch in erster Linie wieder dem Kapitalisten zugute. Denn nur er verfügte über das nötige Geld zur Inbetriebsetzung der Wirtschaft, zur Anschaffung des nötigen Ackerviehes, Wiederaufbau der Behausungen und Instandsetzung besonders für Wein- und Ölgärten. Denn da man bei diesen eine Reihe von Jahren keinen Ertrag erhielt, bis die Neuanpflanzungen groß genug geworden waren, um Früchte zu tragen,

---

[1] Liv. XXXI 13, 6: *decreverunt (senatores), ut quoniam magna pars eorum* (der Gläubiger) *agros volgo venales esse diceret et sibimet emptis opus esse, agri publici . . . copia iis fieret.*

[2] Appian, Bell. civ. I 7, 27.

so überstiegen hier die Anlagekosten den Wert des Landes fast um das Doppelte
(s. S. 146 Anm. 3). Es liegt auf der Hand, wie sehr diese Verhältnisse den
Großgrundbesitz fördern und den Zusammenkauf von kleinen bank-
rotten und nicht mehr betriebsfähigen Bauerngütern erleichtern mußten.

Man kann aber nicht sagen, daß der Senat in dieser Krise, die für den
kleinen Mann hätte tödlich werden können, seine Pflicht zur Stützung des
Kleinbauern ganz vernachlässigt hätte.

Gleich nach dem Kriege wurden sämtliche Soldaten Scipios, die in Afrika
gefochten hatten, in Unteritalien, in Apulien und Samnium auf Staatsdomänen
angesiedelt. Eine Landverteilungskommission von 10 Mitgliedern leitete das
umfangreiche Geschäft. Es müssen damals 30—40000 kleinere und größere
Bauernstellen geschaffen worden sein. Denn so stark war Scipios Armee gewesen, und jeder Soldat bekam für jeden Feldzug, den er mitgemacht hatte,
2 *iugera* = $^1/_2$ Hektar, so daß hier lauter Güter im Umfange von etwa
1—5 Hektar entstanden.[1] Ebenso wurden die Soldaten, welche in Sizilien,
Sardinien und Spanien gedient hatten, mit Ackerland versorgt[2], und man wird
angesichts dieser Tatsachen nicht fehlgehen, wenn man auch ohne direktes
Zeugnis annimmt, daß auch die Veteranen, welche in Italien selber bis zuletzt
gegen Hannibal gefochten hatten, in derselben Weise belohnt worden sind.

Ein Menschenalter später hören wir wiederum von einer ähnlichen Ansiedlung in Gebieten, die den Ligurern und Galliern abgenommen waren und
können aus dem Umstande, daß das Geschäft gleichfalls einer Zehnerkommis-
sion übertragen wurde, wohl wieder auf einen bedeutenden Umfang desselben
schließen. Diesmal wurden Bauernhufen von 10 und 3 *iugera*, also 2½ und
³/₄ Hektar ausgegeben.[3]

Indessen erschöpft sich mit diesen Viritanassignationen in zerstreuten
Hufen ohne städtischen Mittelpunkt die Bauernkolonisation dieser Zeit keineswegs. Es sind im Gegenteil in dem Menschenalter nach dem großen Kriege
noch außerdem nicht weniger als 18 römische und 5 latinische Kolonien
neu gegründet worden, denen Städte wie Parma, Modena, Aquileia, Luca,
Bologna, Salerno, vielleicht Florenz ihre Existenz oder wenigstens einen neuen
Aufschwung verdankten.

Die Stärke einer römischen Kolonie schwankte zwischen 300 und 2000 Familien, die der latinischen ging bedeutend darüber hinaus und belief sich auf
3—4000 Familien.[4]

---

[1] Liv. XXXI 4, 1; 49, 4. — Über die Stärke von Scipios Armee in Afrika s. Veith
in meinen Schlachtfeldern III 2, 670 f. Daß die *socii* bei der Ackerverteilung nicht mit bedacht worden seien, wird nicht gesagt und ist nicht anzunehmen.

[2] Liv. XXXII 1, 6.

[3] Liv. XLII 4, 3 zum Jahre 173. Drei Jahre vorher heißt es nach Besiegung der
Ligurer: *agri aliquantum captum, qui multis milibus hominum dividi viritim posset.* Liv.
XLI 169.

[4] Ich setze das Verzeichnis der damals gegründeten Kolonien im Anschlusse an
Nissen, Ital. Landesk. II 28 f., mit dem Marquardt, Handb. IV 38. 51 im wesentlichen übereinstimmt, nach Landesteilen geordnet her:

Wir können die Anzahl der Bauernstellen, die durch diese städtische Kolonisation geschaffen wurden, auf stark 12000 römische und 16000 latinische Familien, zusammen also auf über 28000 neue Bauernstellen veranschlagen. Dazu kommen die Ergänzungen von Kolonien, die im Kriege gelitten hatten durch oft recht bedeutende Nachschübe, so wurden Venusia, Sipontum, Buxentum, Narnia, Cosa, Cremona, Placentia, Aquileia nachträglich verstärkt; bei einigen von ihnen werden uns Zahlen genannt, so bei Cosa 1000, bei Aquileia 1500, bei Placentia und Cremona sogar 6000 neu angesiedelte Familien.[1]

Wenn man das alles im Geiste überlegt und bedenkt, daß diese Nachrichten keineswegs vollständig sind, so wird man es nicht zu hoch finden, wenn man die Ansiedlungen von kleinen und mittleren Bauern in dem Menschenalter nach dem Kriege auf weit über 100000 Familien zu schätzen geneigt ist.

Diese großartige Tätigkeit des Senates ist, wie mir scheint, bisher nicht ganz genügend in ihrer sozialen Bedeutung gewürdigt worden. Man hat militärische und politische Gesichtspunkte in den Vordergrund gestellt; aber min-

---

1. NORDITALIEN mit Einschluß von Nordetrurien und ager Gallicus:

Städte	Zahl der Kolonisten	
Aquileia (lat.)	3000	
Parma (röm.)	2000	
Mutina (röm.)	2000	
Bononia (lat.)	3000	
Pisaurum (röm.)	[300]	
Potentia (röm.)	[300]	
Auximum (röm.)	[300]	
Luna (röm.)	2000]	
Luca (lat.)	[3000]	
Florentia (röm.)	[2000]	
	17900	17900

2. MITTELITALIEN

Saturnia (röm.)	[300]	
Graviscae (röm.)	[300]	
Liternum (röm.)	300	
Volturnum (röm.)	300	
Puteoli (röm.)	300	
	1500	1500

3. SÜDITALIEN

Salernum (röm.)	300	
Sipontum (röm.)	[300]	
Buxentum (röm.)	300	
Copia (lat.)	3300	
Vibo (lat.)	4000	
Tempsa (röm.)	[300]	
Kroton (röm.)	[300]	
castra Hannibalis	300	
	9100	9100
		28500

Die nicht überlieferten Zahlen für die Kolonisten sind in [ ] eingeschlossen und im Anschluß an Belochs Ausführungen (Der ital. Bund S. 115 ff.) ergänzt.

[1] Liv. XXXIII 24, 9; XLIII 17, 1; XXXVII 46, 10.

destens ebenso wichtig sind diese Maßregeln in ihrer Wirkung auf die agrarische Struktur Italiens gewesen.

Es ist sehr bezeichnend, daß von diesen Ansiedlungen nur ein ganz unbedeutender Prozentsatz auf den mittleren Teil von Italien kommt, die große Masse dagegen etwa gleichmäßig auf Nord- und Süditalien verteilt ist.[1] Man ist erstaunt zu sehen, daß die römisch-latinische Nation Mittelitaliens, von der doch diese Ansiedlungen in erster Linie ausgegangen sind, unmittelbar nach dem großen Kriege eine solche Produktivität an Menschenmaterial entwickelt hat, um diese für sie ausländische Kolonisation zu bewerkstelligen, da sie ja doch — sollte man denken — vor allen Dingen die Lücken hätte ersetzen müssen, die der Krieg im eigenen Lande gerissen hatte.

Aber hier liegt die Erklärung ohne Zweifel eben gerade in der Frage von Groß- und Kleinbesitz. Die Lücken des Kleinbauernstandes in Latium und den umliegenden Gebieten wurden eben nicht durch Auffüllung der Kleinbauernstellen ergänzt, sondern hier trat dafür der Großgrundbesitzer ein, der die in der Nähe Roms, in Südetrurien, Latium, Kampanien gelegenen kleinen Güter als Kapitalist aufkaufte und zusammenschlug, während der kleine Mann in die Kolonien und Landanweisungen in Süd- und Norditalien abgeschoben wurde.

So wird uns die Kolonisationspolitik des Senates zugleich zu einem indirekten Zeugnisse für das Anwachsen des Großgrundbesitzes in den Landschaften von Mittelitalien.

Man könnte wohl annehmen, daß die akute Krise, welche infolge des Hannibalischen Krieges über den Kleinbauer hereingebrochen war, durch die geschilderten Maßregeln des Senates überwunden worden wäre und daß auch das Vordringen des Großgrundbesitzes, soweit es eine Folge des Krieges war, zum Stehen gekommen wäre, wenn sich nicht an diese akute eine viel gefährlichere schleichende und zunächst wenigstens von den Zeitgenossen ohne Zweifel gar nicht bemerkte zweite Krise angeschlossen hätte.

Wir müssen, um deren Entstehung zu begreifen, wieder einen Blick auf die allgemeine Weltlage werfen: Auf die Zeit des großen Krieges folgte zwei Jahrhunderte lang die Zeit der großen Expansion.

Glänzende Feldzüge in der östlichen Hälfte des Mittelmeerbeckens eröffneten den Römern nicht nur die Welt des Hellenismus, sondern machten sie zu deren Herren. In drei Feldzügen ward das Erbland Alexanders des Großen niedergeworfen und zur Provinz gemacht, ein einziger genügte, das syrische Reich von der Höhe seiner Macht herabzustürzen, die Zerstörung von Korinth und die Annexion des pergamenischen Reiches bezeichnen den Endpunkt der ersten Periode dieser Expansion nach dem Osten hin. Gleichzeitig ist aber auch eine ähnlich erfolgreiche Expansion nach dem Westen hin erfolgt: ganz Norditalien bis zum Fuß der Alpen, große Teile von Spanien und der Nordküste Afrikas werden hier dem Reiche einverleibt. Die Eroberung von Karthago und Numantia

---

[1] Die Viritanassignationen fallen, soweit wir wissen, ausschließlich auf Nord- und Süditalien, von den Kolonien 94 $\frac{1}{2}$ %.

bezeichnen hier den Endpunkt der ersten Expansionsperiode, die mit der im Osten zeitlich zusammenfällt.

Aber dabei bleibt die Ausbreitung nicht stehen. Nach einer Pause von etwa 50 Jahren setzt im Osten eine zweite Periode der Expansion ein, welche nach den Mithridatischen Kriegen durch Pompeius' Erfolge den Besitz Kleinasiens und Syriens und unter Augustus schließlich auch den Ägyptens herbeiführt. Die ganze Küste des östlichen Mittelmeerbeckens ist jetzt in römischem Besitz. Und auch damit geht wieder parallel die Ausdehnung im Westen: erst das südliche Gallien, dann unter Cäsar ganz Gallien, unter Augustus die Alpenländer und ganz Spanien werden dem Reiche hinzugefügt.

Welchen Einfluß hat nun — das ist die Frage, die uns hier interessiert — diese äußerlich so großartige Entfaltung auf die inneren Verhältnisse Italiens und seine wirtschaftliche Entwicklung gehabt?

Was zuerst ins Auge fällt, ist, daß diese Erfolge nur erzielt werden konnten durch eine dauernde und sehr starke Anspannung der militärischen Kräfte des Landes, d. h. in erster Linie durch eine ungemein starke Belastung des Bauernstandes. Dabei waren es nicht die äußerlich so viel glänzenderen Fortschritte im Osten, die am meisten drückten; denn diese großen Kriege wurden mit verhältnismäßig wenig Blut und in verhältnismäßig kurzer Zeit beendigt. Sondern bei weitem die meisten Opfer forderten dabei die scheinbar viel unbedeutenderen Eroberungen des Westens.

Wir können die militärischen Aufwendungen mit einer einigermaßen zahlenmäßigen Genauigkeit nur für die Periode verfolgen, in welcher uns Livius erhalten ist, d. h. für die 33 Jahre zwischen dem Hannibalischen Krieg und der Niederwerfung Makedoniens unter König Perseus; und da stellt sich denn heraus, daß die Römer fast während dieser ganzen Zeit eine stehende Armee von vier Legionen[1]), d. h. von zirka 48000 Mann in Spanien unterhalten haben und daß

---

[1]) Unmittelbar nach dem zweiten Punischen Kriege steht nur etwas über 1 Legion in Spanien (Liv. XXX 41, 5), im Jahre 197 werden aber schon 16800 socii dorthin geschickt (ebd. XXXII 28, 11), denen im folgenden Jahre zwei konsularische Legionen mit 8600 socii folgen (XXXIII 26, 3), 195 unter Cato kommen dann noch zwei Legionen mit 15800 socii und als Ersatz für eine alte Legion noch 2200 Rekruten dazu (XXXIII 43, 5. 8). Im Jahre 193 werden dann wieder 16600 Rekruten als Ersatz eingestellt (XXX 56, 8; vgl. XXXV 2, 2), ebenso 192 6600 (XXXVI 2, 8). Vier Jahre darauf 189 erfolgt Ersatz mit 10450 (XXXVII 50, 11) und ein Jahr später mit 6400 Rekruten (XXXVIII 36, 3); zwei Jahre danach 186 werden gar 24000 neue Rekruten eingestellt (XXXIX 20, 3), 184 erfolgt wieder Ersatz von 9300 (XXXIX 38, 10), 182 von 11500 (XL 1, 7), 181 von 9500 (XL 18, 6), 180 von 13950 (XL 36, 8), 179 von 8700 (XL 44, 5), 176 von 8500 (XLI 15, 11), 174 von 8450 (XLI 21, 3), 173 wohl 8500 (XLII 1, 2), 172 von 8450 (XLII 18, 6), 169 von 7600 (XLIII 12, 10). Das ergibt zusammen 215300 Mann für nicht ganz 30 Jahre. Seit dem Jahre 196 scheinen mit kurzen Unterbrechungen dauernd vier Legionen dort gestanden zu haben, die uns für einzelne Jahre z. B. für 189 (XXXVII 50, 11) und 184 (XXXIX 38, 10) auch direkt bezeugt sind; gelegentlich ist auch ihr Stand angegeben, so z. Jahr 184 auf 5300 (a. a. O.); 180 werden die bis dahin höheren Bestände auf 5500 für die Legion, auf 6300 Mann für die Ala (XL 36, 10) reduziert; auch 169 erscheint ein Stand von 5500 Mann für die Legion (XLIII 12, 10). Die Dienstzeit scheint sechsjährig gewesen zu sein (XL 36 App. Hisp. 78); doch wird die Zeit kaum immer genau eingehalten. Starke Verluste werden oft erwähnt z. B. XXXV 1, 2;

sie fast Jahr für Jahr beide Konsuln gleichfalls mit vier Legionen in Norditalien zur allmählichen Unterwerfung der Gallier und Ligurer in den schwierigen Geländen der Nordapenninen und in dem Polande haben operieren lassen.[1]) Wenn wir zu diesen beiden Hauptposten die zeitweiligen Kriege im Orient hinzuzählen, so ergibt sich, daß die italische Bauernschaft in dieser Periode jährlich im Durchschnitt die Last einer kriegführenden Armee von mindestens 100000 Mann hat tragen müssen, ganz abgesehen von den sehr bedeutenden Verlusten, die besonders die spanischen Kriege in einer Reihe blutiger Niederlagen mit sich brachten. Und geringer dürfte der militärische Aufwand auch in der Folgezeit kaum gewesen sein. Alle diese rüstigen Arme wurden natürlich der friedlichen Beschäftigung des Ackerbaues entzogen.

Aber das war nur der erste Posten, den der italische Bauernstand in seinem Lastenkonto zu verzeichnen hatte. Indem die Römer die Hand auf sämtliche Länder des weiten Mittelmeerbeckens legten, traten sie in ganz andere staatliche und wirtschaftliche Verhältnisse ein, als in denen sie bisher gelebt hatten. Alle diese Länder mußten verwaltet und sollten, wie die Römer die Sache auffaßten, für Italien nutzbar gemacht, d. h. finanziell ausgebeutet werden. Es ist ja bekannt und für diesen Gesichtspunkt bezeichnend, daß man sie geradezu als Landgüter des römischen Volkes bezeichnete.

Damit traten aber an die bisher überwiegend agrikole Bevölkerung Italiens Aufgaben heran, denen sie als solche nach keiner Richtung hin gewachsen war. Die Lage verlangte gebieterisch, daß ein guter Teil der Bevölkerung zu anderen Berufen abschwenken mußte. Es ist ja bekannt, wie die Römer diesen Bedürfnissen genügt haben: es bildeten sich jetzt die großen Gesellschaften der Steuerpächter, die in sämtlichen Provinzen des weiten Reiches die Steuern des Staates erhoben. Welcher Beamtenapparat dazu nötig war, darüber fehlen uns leider detaillierte Nachrichten, aber bedeutend muß er gewesen sein und beträchtliche Kräfte der italischen Bevölkerung in Anspruch genommen haben. Denn es handelte sich ja darum, die Menschen herzugeben für ein Gebiet, das mindestens zehnmal so groß war wie das, welches die italische Nation selber bewohnte, und wenn wir natürlich auch in Rechnung ziehen, daß eine große Zahl der subalternen Stellen — würden wir sagen — durch Sklaven, d. h. im wesentlichen durch Leute griechischer und orientalischer, jedenfalls unitalischer Abkunft, besetzt wurde, so bleibt doch die Leistung für die italische Bevölkerung selbst immer noch bedeutend genug, da sie auch zugleich noch die Unterbeamtenschaft für die Verwaltung der Statthalter selber zu stellen hatte.[2])

XXXVII 46, 7: 6000 Mann. XXXIX 30, 6: 5000 Mann. In dem Zeitraume von 154—133 betrugen die Verluste nach Appian Hisp. 78 ff. 46100 Mann. Niese, Grundr.[4] S. 167 Anm. 1.

[1]) Beide Konsuln operieren hier nach Livius mit ihren Heeren in den Jahren: 197. 196. 194. 193. 188. 187. 185. 184. 183. 182. 181. 180. 179. 178. 177. 176. 175. 173. 172. 167. Also in 20 Jahren von 30, wobei noch in Rechnung zu ziehen ist, daß nicht für alle Jahre Nachrichten vorliegen, und in den übrigen 10 Jahren meist wenigstens der eine Konsul hier militärisch beschäftigt war.

[2]) Über die Bedeutung der freien Arbeit im Altertum im allgemeinen s. Ed. Meyer, Die Sklaverei im Altertum, Kl. Schr. S. 169 ff.

Und endlich trat noch eine dritte Veränderung, vielleicht die wichtigste von allen am Körper des italischen Volkes, ein. Die glänzenden Erfolge der römischen Waffen eröffneten ein ungeahntes Feld für kaufmännische Spekulation und kaufmännische Geschäfte. Es ist ganz erstaunlich, zu sehen, welch ein Geist des Kaufmannstums sich in den letzten Jahrhunderten der Republik in der überwiegend agrikolen Bevölkerung des älteren Italiens entwickelt hat. Überall ist der *negotiator* und der *mercator* italischer Abkunft in den Provinzen zu finden.[1]) In vielen Städten des Reiches sind italische Kaufleute so stark vertreten, daß sie in der Verteidigung derselben gegen militärische Kräfte eine ausschlaggebende Rolle spielen können.[2]) Die einträglichen Heereslieferungen beschäftigen viele[3]), besonders aber ist das Geldgeschäft ganz in ihrer Hand, und der römische *fenerator* damals in den Untertanenlandschaften eine ebenso gehaßte Erscheinung wie im Orient jetzt der jüdische Wucherer. Kein Geschäft — sagt Cicero — wird in Gallien ohne römische Vermittelung abgeschlossen, kein Pfennig, ohne durch römische Bücher zu gehen, umgesetzt.[4]) Die Ausgrabungen der Franzosen in Delos, einem der Mittelpunkte des damaligen orientalischen Handels, haben überraschende Einblicke in die Bedeutung der römischen Kaufmannschaft daselbst tun lassen[5]), und daß man behaupten konnte, es seien bei Mithridats sizilianischer Vesper in der Provinz Asien 80000 Römer ermordet worden, beweist, so übertrieben die Schätzung auch sein mag, daß jedenfalls Tausende von italischen Kaufleuten damals dort gelebt haben.[6])

Wenn wir diese Tatsachen in ihrer Wirkung auf das italische Volkstum und die italische Wirtschaft zu werten versuchen wollen, so müssen wir sagen: es ging damals mit diesem Volke eine innere Veränderung vor sich, ähnlicher Art, wie sie England in den verflossenen Jahrhunderten und Deutschland jetzt durchmacht. Von einer Industrialisierung kann man zwar hier nicht sprechen, aber wohl von einer weitgehenden Kommerzialisierung und einer teilweisen Umwandlung der Ackerbaubevölkerung in eine Bevölkerung von Beamten, Kaufleuten und Berufssoldaten.

Ist mit solchem Berufswechsel breiter Bevölkerungsschichten nicht zugleich eine sehr wesentliche Vermehrung der Bevölkerungszahl verbunden, wie bei

[1]) Das Material ist vortrefflich zusammengestellt von Kornemann, De civibus Romanis in provinciis imperii consistentibus (Berlin 1881) S. 49 ff. Ich kann daraus nur einzelne markante Beispiele auswählen, die natürlich den Gesamteindruck der überreichen Belege nicht zu ersetzen vermögen.

[2]) Sallust, Iug. 26, in Cirta: *Italici quorum virtute moenia defensabantur.* Caes. Bell. civ. III 9, 3, in Salona: *cives Romani ligneis effectis turribus his sese munierunt.* Ebd. II 19: *ipse Cordubae conventus per se portas Varroni clausit.*

[3]) Caes. Bell. Gall. VII 3, 1; 38, 9.

[4]) Pro M. Fonteio 5, 11 (= 1, 1) *referta Gallia negotiatorum est, plena civium Romanorum; nemo Gallorum sine cive Romano quicquam negotii gerit; nummus in Gallia nullus sine civium Romanorum tabulis commovetur.*

[5]) Kornemann S. 56 ff. Nach Appian, Mithr. 28 wurden hier bei der Eroberung durch Mithridates 20000 Männer getötet, ὧν οἱ πλείους ἦσαν 'Ιταλοί.

[6]) Die Zahl 80000 bei Valer. Max. IX 2, 3; Memnon 31. — 150000 nennt Plut. Sulla 24.

uns jetzt in Deutschland, so muß Mangel an Armen für die bisherigen Berufe, also hier in erster Linie für die Landwirtschaft, eintreten. Denn jede Hand, die den Pflug mit dem Schwert, dem Schreibgriffel oder dem Ruder vertauscht, geht eben der Bauernarbeit verloren.

Wenn durch diese Vorgänge eine Art von Landflucht — so können wir ruhig sagen — entstehen und ein Schwinden der agrikolen Bevölkerung eintreten mußte[1]), welches waren dann unter den damaligen Verhältnissen die Kräfte, die dieses Vakuum wiederum auszufüllen imstande waren?

Durch die vielen siegreichen Kriege und die oft schamlose Exploitierung der Provinzen im großen strömte eine ungeheure Menge von Kapitalien in Rom und Italien zusammen, die in erster Linie den oberen Gesellschaftsschichten zugute kam, aus deren Mitte die Feldherren, Offiziere und Verwaltungsbeamten hervorgingen, die längere Zeit im Auslande zugebracht oder als Pächter und Spekulanten gute Geschäfte gemacht hatten. Natürlich hatten alle diese Leute das Bedürfnis, ihre gewonnenen Kapitalien fest anzulegen. Nun war es dem römischen Adligen durch Sitte und gesetzliche Bestimmung untersagt, Handel zu treiben. Als einzig ehrenhafte Beschäftigung neben staatlicher Tätigkeit galt für ihn die Beschäftigung als Gutsbesitzer. Es war daher eine gebieterische Notwendigkeit, daß die zum Teil fürstlichen Vermögen, welche sich durch die Expansion in Rom ansammelten, zum größten Teile im Großgrundbesitz Anlage suchten. Aber auch für die Geldleute selber galt es als die ehrenwerteste Kapitalanlage, Land zu erwerben und sich nach getaner Arbeit als Grundbesitzer anzukaufen.[2]) So beobachten wir den interessanten Doppelvorgang, daß auf der einen Seite durch die veränderte wirtschaftliche Lage dem kleinen Bauernstand eine Menge von Kräften entzogen und auf der anderen dem Großgrundbesitz die größten Kapitalien zur Arrondierung und Anlage in Ländereien zugeführt werden. Kräfteschwund auf der einen, vermehrter Druck von der anderen Seite her, das mußte als Resultat eine beträchtliche Verschiebung in dem Verhältnisse von Groß- und Kleinbesitz in Italien überhaupt zur Folge haben. Stände uns auch nichts weiter als diese allgemeine Kenntnis der Weltlage zur Verfügung, so müßten wir schon aus ihr heraus geradezu postulieren, daß die Tendenz zur Bildung von Großgrundbesitz in Italien in diesen zwei Jahrhunderten außerordentlich energisch gewesen sein müsse.

Aber so ungünstig ist es ja mit unseren positiven Nachrichten in Wirklichkeit gar nicht bestellt.

Tiberius Gracchus hat in seinem berühmten Ackergesetze als Maximalmaß dessen, was ein römischer Bürger an Dominialland besitzen dürfe, bekanntlich

---

[1]) Columella, praef. I 15 mit Berufung auf Varro: *omnes . . . patres familiae falce et aratro relictis intra murum correpsimus.*

[2]) Besonders klar tritt diese Anschauung hervor bei Cicero, De off. I 42, 151: *mercatura . . . si satiata quaestu vel contenta potius, ut saepe ex alto in portum, ex ipso portu se in agros possessionesque contulit, videtur iure optimo posse laudari. omnium autem rerum, ex quibus aliquid adquiritur, nihil est agricultura melius, nihil uberius, nihil dulcius, nihil homine libero dignius.*

1000 *iugera* oder 250 Hektar festgesetzt, d. h. also fast zwanzigmal mehr als die größten Bauerngüter in Placentia, Veleia und Benevent betrugen.

Und dieses Maximalmaß stellte trotzdem noch eine solche Beschränkung des tatsächlichen Besitzes des Adels dar, daß sich derselbe fast wie ein Mann dagegen erhob. Eine große Zahl von ihnen muß also weit mehr als 1000 *iugera* allein an Dominialland besessen haben, ganz abgesehen von ihrem Privatbesitz, der ja durch die Anträge des Gracchus gar nicht bedroht war und den wir zu schätzen überhaupt nicht in der Lage sind. Sonst wäre die maßlose Erbitterung des Adels überhaupt unverständlich. Hier haben wir also in ebensolcher Realität den Großgrundbesitz vor uns stehen wie in den Tafeln von Veleia und Benevent den Kleinbesitz und kommen demnach zu dem Resultat, daß es einerseits zwar bedeutende Teile Italiens gegeben hat, in denen der kleinbäuerliche Besitz noch intakt dastand, daß aber in anderen eine sehr umfangreiche Bewegung eingesetzt haben muß, die den Kleinbesitz bedrohte und ihn schon zum Teil aufgezehrt hatte, eine Bewegung, die um so nachhaltiger wirken mußte, als sie nicht auf einem einmaligen gewaltsamen Eingriff in die Verhältnisse beruhte, wie der Hannibalische Krieg es gewesen war, sondern ihren Ursprung in der veränderten allgemeinen wirtschaftlichen Lage hatte.[1]) Es fragt sich, ob der Senat, wie er gegen die Krise des Hannibalischen Krieges vorgegangen ist, so auch gegen diese weit gefährlichere, aus der Expansion des Reiches entsprossene Krise seine Maßregeln getroffen hat. Wir stehen mit dieser Frage vor der Betrachtung der sogenannten Gracchischen Revolution.

Die gegenüber der Vorzeit völlig veränderte Lage charakterisiert sich dadurch, daß in diesem Zeitpunkte zum ersten Male kein unbenutztes Dominialland mehr zur Verfügung stand, sondern daß die Domäne sich in festem Besitz, wenn auch nicht im Eigentum von Privatleuten befand, die in erster Linie den Kapitalisten und der hohen Aristokratie selber angehörten. Die Aufteilung dieser Domäne war also ein sehr scharfer Eingriff in das Vermögen der herrschenden Klasse, die sich mit aller Kraft des Klassenegoismus zur Wehr setzte und Siegerin blieb für zwei ganze lange Menschenalter.

Die Gracchische Revolution scheint denn auch auf rein wirtschaftlichem Gebiete so gut wie resultatlos geblieben zu sein; denn die Tätigkeit der von Tiberius Gracchus eingesetzten Ackeransiedlungskommission wurde von Anfang an durch zahllose Prozesse erschwert und schon nach vierjähriger Arbeit völlig lahmgelegt, indem ihr die Jurisdiktion über die Ackerstreitigkeiten in eigener Sache entzogen wurde.[2]) Allerdings hat man behauptet, daß sie gegen

---

[1]) Man pflegt unter den Gründen für den Niedergang des italischen Bauernstandes gewöhnlich in erster Linie die Konkurrenz des ausländischen Getreides anzuführen, das an die stadtrömische Bevölkerung sehr billig geliefert wurde. Ich halte das nicht für richtig. Der italische Kleinbauer produzierte sein Getreide im wesentlichen zum Eigenbedarf. Die Preise in Rom konnten ihn nicht stark beeinflussen; sie konnten viel eher auf den Kornbau des Großgrundbesitzes ungünstig wirken. Der italische Bauernstand war in älteren Zeiten viel kräftiger gewesen, auch ohne den Markt der Großstadt Rom, die es damals noch gar nicht gab. Er bedurfte desselben gar nicht. Vgl. Ferrero, Größe und Niedergang Roms II 379 ff. deutsche Übers.   [2]) App. Bell. civ. I 19, 79.

80000 neue Bauernstellen geschaffen habe[1]), aber das beruht auf ganz unsicheren
Voraussetzungen und ist bei der Kürze der Zeit, in der sie wirklich praktisch
tätig sein konnte, unmöglich anzunehmen.[2])

Wir können nach der ganzen Lage der Verhältnisse nur vermuten, daß
ihre Wirksamkeit eine recht unbedeutende gewesen und über Schaffung von
einigen tausend Bauernstellen wahrscheinlich nicht hinausgekommen ist.

Infolge der ungeheuren politischen Erregung und der grundstürzenden Veränderungen, die die Gracchischen Gesetze auf politischem Gebiete herbeigeführt
haben, macht man sich überhaupt über das, was diese Bewegung auf rein
wirtschaftlichem Gebiete wollte und besten Falles erreichen konnte, gewöhnlich
viel zu hohe Vorstellungen.

Die wirtschaftliche Krise, welche wir geschildert haben, umfaßte ihrer
Natur nach ganz Italien. Die Gracchischen Gesetzesvorschläge bezogen sich
aber nur auf das Gebiet Roms, und das betrug damals höchstens ein Viertel des
Landes.[3]) Alles übrige Land war im Besitze der italischen Bundesstaaten, die
nur unter Roms Kriegshoheit standen, im Inneren aber durchaus selbständig
waren und durch römische Ackergesetze nicht berührt wurden. Von diesem
Viertel des Landes war aber wiederum der größte Teil in Privatbesitz und von
der übrigbleibenden Domäne wieder nur ein Teil in den Händen von Okku-
panten. Es war also im Vergleich zum ganzen Lande und seiner allgemeinen
wirtschaftlichen Krise ein verhältnismäßig kleines Objekt, um das es sich überhaupt handelte.

Selbst der volle Sieg der Gracchischen Projekte hätte an dem großen Gange
der wirtschaftlichen Krise, welcher durch die geschilderten ganz außerhalb aller
menschlichen Einwirkung liegenden wirtschaftlichen Faktoren bedingt wurde,
kaum etwas Wesentliches ändern können. Das beweist ganz klar der Gang der
folgenden Entwicklung.

Schon Gaius Gracchus hat durch seine Maßregeln gezeigt, daß er eine Lösung der italischen Agrarfrage mit den Mitteln seines Bruders für aussichtslos
hielt. Seine Koloniegründungen in Italien beschränken sich auf zwei Städte;
dafür aber wandte er seine Blicke hinaus übers Meer. Afrika und Südfrankreich
sollten italisches Kolonialland werden. Hier sollte der italische Bauer seine neue

---

[1]) Mommsen, Röm. Gesch. II⁶ 101.

[2]) Die Grundlage für diese Annahme bildet die Nachricht, daß die Zensuszahl im
Jahre 125 394736 *capita* betragen habe, also um 76000 Köpfe höher gewesen sein soll als
im Jahre 131, wo sie nur 318823 ausmachte. Aber die Zuverlässigkeit der ersteren Zahl
ist von Beloch (Bevölkerung S. 351) mit guten Gründen angefochten worden. Sollte sie
trotzdem richtig und auch die sehr zweifelhafte Voraussetzung zutreffend sein, daß durch
die Ansiedlungen, die ja keine neuen Bürger schufen, die Zensuszahlen überhaupt in Mit-
leidenschaft gezogen wurden, so würde doch noch immer unbegreiflich bleiben, daß die
Tätigkeit der Ackerkommission in den ersten zwei Jahren ihres Bestehens bis zum Zensus
von 131 gar keine Vermehrung hervorgebracht hätte — denn die Zahlen für 136 und 131
mit 317933 und 318823 sind fast gleich groß —, während die Tätigkeit der letzten zwei
Jahre von 131 bis 129 76000 neue *capita* geschaffen hätte.

[3]) Beloch, Der italische Bund S. 74.

Heimat finden. Das hieß die Agrarpolitik des Senates, wie sie nach dem Hanni-
balischen Kriege getrieben war, dem Sinne nach fortsetzen. Denn hier und nicht
mehr in Italien selbst war jetzt das eben dem Feinde abgenommene Beuteland.
Das hieß aber zugleich auf eine positive Kleinbauernpolitik in Italien selbst ver-
zichten und das Land seiner natürlichen, auf den Großgrundbesitz hinstrebenden
Entwicklung überlassen, es hieß ganz Italien jetzt ebenso behandeln, wie der
Senat bei seiner Kolonisationspolitik in Nord- und Süditalien am Anfang des
Jahrhunderts Mittelitalien behandelt hatte. In dieser Beziehung war also Gaius
Gracchus der direkte Fortsetzer der alten Senatspolitik.

Die ganze Generation nach den Gracchischen Unruhen und die Zeit darüber
hinaus bis auf Sulla hat kein Landansiedlungsgesetz mehr wirksam werden
sehen. Im besonderen ist es Marius nicht gelungen, seine in dem Jugurthini-
schen und Cimbrischen Kriege wohlverdienten Veteranen zu befriedigen, so wie
es einst Scipio gelungen war. Aber auch hier hätte selbst das Gelingen des
Projektes keinen positiven Einfluß auf die italische Agrarfrage gehabt, da auch
in ihm eine Versorgung im Auslande ins Auge gefaßt war.[1])

Um so verkehrter war es von seiten des Senates, sich gegen den Entwurf
zu stemmen. Es standen hier keine Klasseninteressen entgegen, aber das Wort
Ackergesetz war zu einem Schibboleth für die politischen Parteien geworden, und
dem Demokraten Marius wollte man nicht entgegenkommen. Sehr zum Schaden
der Partei selber. Denn die Abfallsprodukte des großen sich in Italien abspie-
lenden wirtschaftlichen Prozesses sammelten sich unaufhörlich in der werdenden
Weltstadt Rom als arbeitsloses Großstadtproletariat. In der Stadt waren diese
Massen, besonders seit sie durch G. Gracchus organisiert worden waren, eine
stete Gefahr für das Adelsregiment. Aufs Land, oder gar übers Meer abgeschoben, wären sie weit ungefährlicher gewesen. Aber wann hätte jemals Partei-
leidenschaft eine gesunde und weitblickende Politik betrieben.

Erst die großen Imperatoren der ausgehenden Republik Sulla, Cäsar
und Augustus sind auf die Wirtschaftspolitik des Tiberius Gracchus zurück-
gekommen und haben mit größtem Erfolge deren Bemühungen wieder aufgenommen.

Besonders merkwürdig ist dies bei Sulla und in dem Lebensbilde dieses
reaktionärsten aller großen Staatsmänner Roms nicht immer genügend beachtet
worden. Zwar was auf der Oberfläche liegt und in unserer Tradition wieder
und wieder hervortritt, die Umwälzung der Besitzverhältnisse in den Regionen
der oberen Zehntausend, die Proskriptionen und die massenhaften Konfiskationen
der Güter von Sullas Gegnern auf der einen, die Erwerbungen solcher Güter
durch seine Günstlinge und Anhänger zu Spottpreisen auf der andern Seite —
das wiegt für die wirtschaftliche Frage als solche nicht so gar viel. Die Güter
fielen eben aus der Hand des einen Großbesitzers in die Hand eines anderen,
und das brachte keine Veränderung in den allgemeinen Verhältnissen hervor.

---

[1]) App. Bell. civ. I 29, 130: διαδάσασθαι γῆν, ὅσην ἐν τῇ νῦν ὑπὸ Ῥωμαίων καλουμένῃ
Γαλατίᾳ Κίμβροι . . . κατειλήφεσαν. Beim Auctor de vir. illustr. (Aurel. Victor) cap. 73 werden
Afrika, Sizilien, Achaia, Makedonien genannt.

Wohl aber hat Sulla neben diesem prinzipiell bedeutungslosen Besitzwechsel gegen 100000 Veteranen mit Ackerlosen auf italischem Grund und Boden ausgestattet[1]), eine Tatsache, die in unserer Überlieferung neben den breiten Schilderungen seiner Verfolgungen kaum mit einem Worte gestreift wird, aber trotzdem den eigentlich allein wichtigen Teil seiner ganzen Tätigkeit auf diesem Gebiete enthält. Denn er hat ja damit, um die zerstörenden Wirkungen des vorhergegangenen Bürgerkrieges zu beseitigen, gegen 100000 kleine Bauernstellen neugegründet und so, wie ein geistreicher Beurteiler der römischen Geschichte[2]) gesagt hat, den 'großartigsten Kolonisationsplan' durchgeführt, den Rom je unternommen hatte. Es war eine Leistung, welche sich der Tätigkeit des Senates in dem Zeitalter nach dem Hannibalischen Kriege würdig zur Seite stellen konnte, und wenn bei Sulla so wenig wie beim Senat der Gesichtspunkt in erster Linie bestimmend gewesen ist, kleinbäuerliche Wirtschaftspolitik zu treiben, sondern andere politische Gesichtspunkte stark mitgewirkt haben, so kommt es darauf hier nicht an. Denn wie überall in der Weltgeschichte, so besonders in der Wirtschaftsgeschichte ist nicht das ausschlaggebend, was man gewollt, sondern das, was man tatsächlich durch seine Maßregeln gewirkt hat. Übrigens lag Sulla auch die wirtschaftliche Seite der Sache durchaus nicht ferne, wie die Wiederaufnahme der Gesetzesbestimmung des Tiberius Gracchus zeigt, nach welcher diesen Bauernstellen der Charakter unveräußerlicher Güter gegeben wurde.[3])

Ein Menschenalter später erfolgt in Cäsars Konsulat und dann in seiner Diktatur eine zweite, in ihrer Gesamtheit nicht viel kleinere Aktion in demselben Sinne.

Durch die Lex Iulia wurden im Jahre 59 v. Chr. und in dem darauf folgenden Dezennium allein in Kampanien 20000 Familienväter, die drei oder mehr Kinder hatten — das erste Auftreten des später so bedeutsamen Dreikinderrechtes — sukzessive angesiedelt[4]) und auf vom Staate noch außerdem angekauftem Lande gegen 40000 Veteranen des Pompeius mit einzelnen über ganz Italien verstreuten Ackergütern versorgt.[5]) Und als dann nach den Stürmen des

---

[1]) App. Bell. civ. I 100, 470 gibt an, daß 23 Legionen deduziert seien und berechnet die Anzahl dieser Veteranen (104, 489) auf 120000 Mann. Er legt also die Normalstärke von 5200 Mann für die Legion zugrunde. Daß das zu hoch gerechnet ist, bedarf keiner Bemerkung. Livius, Ep. 89 gibt gar 47 Legionen an.

[2]) Ihne V 409.   [3]) Cicero, De lege agrar. II 28, 78; s. S. 164 Anm. 1.

[4]) Von 20000 Kolonisten in Kampanien sprechen App. Bell. civ. II 10, 35; Suet. Caes. 20 und Vell. II 44, 4. — Wenn Cicero, Ad Att. II 16, 1 berechnet, daß auf dem ager Campanus nur 5000 Kolonisten Platz hätten, so ist zu bedenken, daß eben außer diesem auch noch der ager Stellas (Suet. a. a. O.) verteilt und zu dem vorhandenen ager publicus Land hinzugekauft werden sollte; s. folgende Anm.

[5]) Man kann die Lex Iulia nicht, wie gewöhnlich angenommen wird, auf die genannten 20000 Familienväter aus der plebs urbana beschränken, die damals ungewöhnlich stark war (Dio XXXVIII 1, 2: ὑπέρογκον ὄν. Cic. Ad. Att. I 19, 4: sentinam exhauriri). Denn damit wäre dem Pompeius, der seine Veteranen versorgt haben wollte, nicht gedient gewesen. Diese Veteranen betrugen nach Groebes Berechnung (Drumann-Groebe IV 486 Anm. 5) 32000 Mann, und diese Rechnung ist noch sehr mäßig ausgefallen; denn Groebe nimmt

Bürgerkrieges zwischen Pompeius und Cäsar der letztere die Alleinherrschaft gewonnen hatte, hat er einen großen Teil seiner alten gallischen Veteranen, deren Zahl immerhin noch etwa 40000 betragen mochte, in Italien mit Kleinbauernstellen bedacht: Kampanien, das südliche und nördliche Etrurien, Ravenna und andere Gegenden werden uns speziell genannt, und es wird hervorgehoben, daß Cäsar im Gegensatz zu Sulla außerordentlich schonend gegen die bisherigen Besitzer dabei vorgegangen sei.[1]) Wir werden diese gesamte Tätigkeit Cäsars auch etwa auf die Begründung von mindestens 80000 neuen Kleinbauernstellen veranschlagen dürfen.

Endlich kommt die dritte große Epoche dieser Landverteilungen unter den Triumvirn und Augustus. Nach der Schlacht von Philippi wurden im ganzen 28 Legionen, d. h. vielleicht gegen 100000 Mann, in Italien mit Landlosen bedacht[2]), dazu kam nach der Niederwerfung des Sextus Pompeius ein großer Teil von den 20000 damals entlassenen Veteranen[3]) und endlich nach der Niederwerfung des Antonius in der Schlacht von Actium noch etwa 60000

an, daß beim Triumphalgeschenk der Centurio das 20fache und der Tribun das 120fache des gemeinen Soldaten erhalten habe. Legt man dagegen das Verhältnis zugrunde, nach welchem Cäsar das Triumphalgeschenk berechnete (Drumann-Groebe III 554), so kommt man auf zirka 45000 Mann, und das dürfte der Wahrheit vielleicht näher liegen. — Daß Ansiedlungen in ganz Italien erfolgen sollten, sagt Dio ausdrücklich (XXXVIII 1, 3: τὰ πλεῖστα τῆς Ἰταλίας. 4: τὴν κοινὴν ἅπασαν πλὴν τῆς Καμπανίδος — der *ager Campanus* kommt nach ihm erst später dazu ebd. 7, 3). Die nötigen Ankäufe sollten aus den gewaltigen Summen bestritten werden, die Pompeius dem Ärar zugeführt hatte (Dio ebd. 1, 5). Es handelt sich also um Ankäufe im größten Stil. Darum dauert auch die Tätigkeit der Kommission, obgleich die einflußreichsten Männer mit Pompeius selber an der Spitze stehen, so lange, daß im Jahre 51 noch kein Ende abzusehen ist (Cic. ad fam. VIII 10, 4; vgl. Drumann-Groebe III 191). Man wird sich entschließen müssen, die Lex Iulia vom Jahre 59 als einen viel umfassenderen und großartigeren Gesetzesvorschlag anzusehen, als es gewöhnlich geschieht.

[1]) Belege und Literatur bei Marquardt, Handb. IV 115 und Drumann-Groebe IV 603. — Da Cäsar einen großen Teil seiner gallischen Veteranen auch außerhalb Italiens ansiedelte, so läßt sich eine zahlenmäßige Berechnung hier für Italien nicht geben. Auch einzelne Angaben, wie z. B. daß aus Casilinum und Calatia allein 3000 Veteranen sich im Jahre 44 an Octavian angeschlossen hätten (Cic. ad Att. XVI 8, 2; nach App. Bell. civ. III 40, 165 sind es gar 10000), daß Novum Comum 5000 Kolonisten durch Cäsar erhalten habe (Strabon V 1, 6; C. 213) führen eben wegen ihrer Vereinzelung nicht weiter.

[2]) Die 28 Legionen betragen nach der Rede des Antonius an die Asiaten (App. V 5, 21) über 170000 Mann. Hier ist also die Legion zu ihrer vollen damaligen Sollstärke von 6200 Mann gerechnet. Es liegt auf der Hand, daß von einer solchen Stärke bei dem tumultarischen Charakter der ganzen Rüstung der Triumvirn, nach den Verlusten von Philippi und der Neuformierung von 11, doch wahrscheinlich aus den bisherigen Beständen ergänzten, Legionen (App. Bell. civ. V 3, 14) nicht entfernt die Rede sein kann. Bei einem durchschnittlichen Stande von 3—4000 Mann kommt man auf die im Text genannte Summe. Der Vorwurf der Antonianer gegen Octavian, er habe sogar 34 Legionen berücksichtigt (App. Bell. civ. V 22, 87), war ohne Zweifel Parteimache.

[3]) App. Bell. civ. V 129, 535: δισμυρίους εὐθὺς ἀπέλυε . . . ἐπειπὼν ὅτι σφίσιν ἀποδώσει τὰ τότε ὑπεσχημένα. Von ihnen wurden Kolonien nach Capua und Rhegium deduziert, Dio XLIX 14, 4; Vell. II 81, 2; Strabon VI 1, 6; C. 259, andere Veteranen kamen nach Gallien oder nahmen wieder Dienst, Dio XLIX 34, 4.

Veteranen des Octavian selber[1]), so daß wir diese Kolonisation in ihrer Gesamtheit auf etwa 170000 Bauerngüter veranschlagen können.

Wie sind nun diese gewaltigen durchgreifenden Maßregeln in ihrer wirtschaftlichen Bedeutung aufzufassen? Gewöhnlich urteilt man über sie sehr
ungünstig. Sie stellten — so meint man — nichts weiter dar, als eine allgemeine und gewaltsame Störung aller Besitzverhältnisse, eine Beraubung der
einen zugunsten der anderen und einen Untergang sehr bedeutender Werte des
Nationalwohlstandes, wie er bei solchen Revolutionen unvermeidlich sei.

Ein Kern von Wahrheit ist in diesen Ausführungen enthalten. Herrenloses
Land gab es in Italien damals nicht mehr, und was den einen gegeben wurde,
mußte den anderen weggenommen werden. Aber man darf dabei nicht verkennen,
daß die, denen genommen wurde, eben in erster Linie die Großgrundbesitzer
waren, und die, denen gegeben wurde, kleine Bauern, daß ferner vielfach, besonders bei Cäsars Maßregeln und der letzten großen Kolonisation des Augustus,
so schonend wie nur möglich gegen das Privateigentum vorgegangen und vom
Staate das Geld zum Ankaufe hergegeben wurde Wenn wir hören, daß ein
einziger Parteigänger des Pompeius seinen 15000 Soldaten versprach, wenn
sie treu bei ihm aushielten, jedem 4 iugera (1 Hektar), also ein kleines
Gütchen, aus seinen Privatbesitzungen zu schenken[2]), so sehen wir, welche

---

[1]) Augustus gibt im Mon Anc 3, 17 f. die Zahl seiner bis zum Jahre 29 angesiedelten
Veteranen auf 120000 an: *in colonis militum meorum consul quintum ex manibus viritim
milia nummum singula dedi; acceperunt id triumvirale congiarium in colonis hominum
circiter centum et viginti milia.* Die zweimalige Erwähnung *in coloniis* läßt keinen Zweifel,
daß es sich hier nicht um das gewöhnliche Triumphalgeschenk an das siegreiche Heer,
sondern um eine ganz ungewöhnliche Schenkung an alle bis dahin schon angesiedelten
Veteranen handelt. Diese Zahl kann aber für unsere Zwecke nicht unmittelbar verwendet
werden. Denn erstens stecken in ihr auch die Veteranen, welche nicht in Italien, sondern
in den Provinzen angesiedelt sind, und zweitens diejenigen, welche mit Antonius zusammen
deduziert und von uns schon bei den 100000 Veteranen nach Philippi mit in Rechnung gestellt sind. Von diesen beiden Posten dürfte der erste indessen nur unbedeutend sein. Die
meisten Militärkolonien des Augustus in den Provinzen (s. Mommsen, Res gestae³ S. 119)
fallen in spätere Zeit. Die bedeutendsten hierher gehörigen dürften Karthago mit 3000 Kolonisten (App. Lib. 136) aus dem Jahre 29 (Dio LII 43, 1) und vielleicht Philippi und
Dyrrhachium sein (Dio LI 4, 6), ferner zum Teil die S. 161 Anm. 3 erwähnten Veteranen. Den
zweiten Posten müssen wir dagegen in Ermangelung genauerer Nachrichten auf die Hälfte
der nach Philippi überhaupt deduzierten Veteranen veranschlagen — denn die Armeen des
Antonius und Octavian waren gleich stark gewesen, jede 20 Legionen (App. Bell. civ.
IV 3, 9) — also auf gegen 50000 Mann. Somit würden für die Kolonisation nach der Niederwerfung des Pompeius und nach Actium in Italien zirka 60.—70000 Bauernstellen übrig
bleiben. — Die weitere Angabe des Augustus (Res gest. 3, 24), daß er im Jahre 30 für
600 Millionen Sest. Land zur Ansiedlung von Veteranen in Italien gekauft habe, ist mit
diesem Resultat gut zu vereinigen. Wenn wir, wie selbstverständlich — so auch Mommsen,
Res gest.³ S. 64 — annehmen, daß nicht der volle Preis, sondern etwa die Hälfte = 1000 Sest.
für die eingezogenen Ländereien gezahlt wurde, und jeder Soldat (wie Cic. De leg. agr.
II 28, 78) 10 iugera erhielt, so konnte man mit 600 Mill. Sest. gegen 600000 iugera kaufen
und darauf gegen 60000 Veteranen ansiedeln.

[2]) Domitius Ahenobarbus bei Corfinium *militibus in contione agros ex suis possessionibus
pollicetur, quaterna in singulos iugera et pro rata parte centurionibus evocatisque.* Das Ver-

Komplexe von Großgütern damals in Italien vorhanden waren, und werden nicht zweifeln, wer in erster Linie das Land für die Hunderttausende von neuen Kleinbauernstellen hergegeben hat. Daß das bei den großen Ansprüchen der Veteranen, besonders zur Zeit Sullas und nach Philippi, nicht genügte, sondern hier vielfach ganze Gemeinden mit betroffen wurden, soll natürlich nicht geleugnet werden. Doch ist auch in diesen Fällen der begüterte und wohlhabende Mittelstand mehr getroffen worden, als der Kleinbesitz als solcher.[1]) Denn an die Stelle einer nach Groß-, Mittel- und Kleinbesitz differenzierten Flurteilung, wie sie in den meisten Gemeinden Italiens damals schon bestanden haben wird, trat eine Teilung in fast ausschließliche Kleinbauerngüter, da die Anzahl der Centurionen und sonstigen Offizierstellen numerisch neben den Veteranenlosen kaum ins Gewicht fallen konnte. Wenn somit die großen Veteranenansiedlungen des I. Jahrh. in ihrem Bestreben, die natürliche Entwicklung von mehr als einem Jahrhundert gewaltsam rückgängig zu machen, dem Lande auch furchtbare Wunden reißen mußten, so können wir doch nicht umhin, sie im allgemeinen als eine vom Standpunkte des Bauerntums berechtigte Reaktion gegen die Latifundienbildung anzusehen. Wir werden sie, wenn auch nicht ihrem ganzen Umfange nach, so doch zum guten Teile als eine Stärkung des Kleinbesitzes gegenüber dem Mittel- und Großgrundbesitz zu betrachten haben und können sie insofern sehr wohl mit den gleichartigen Ansiedlungen des II. Jahrh., der Tätigkeit des Senats nach dem großen Hannibalischen Kriege und den Gracchischen Bestrebungen zusammenstellen.

Wenn wir so diese ganze Tätigkeit der beiden Jahrhunderte unter einheitlichem Gesichtspunkte überblicken und die Resultate zu summieren versuchen, so stellt sich bei aller Unsicherheit in den einzelnen Posten doch das Ergebnis heraus, daß in diesem Zeitraume etwa eine halbe Million Kleinbauernstellen durch staatliche Initiative neu gegründet worden ist, was bei Annahme von Familien zu vier Personen einer Ansiedlung von etwa zwei Millionen Menschen gleichkommen würde.

Man kann sagen, daß im Laufe der alten Geschichte niemals wieder eine so großartige staatliche Kolonisationstätigkeit in einem schon dicht bevölkerten Lande Platz gegriffen hat, daß, wenn wir nicht auf die Motive, sondern auf das Resultat sehen, nie wieder eine so energische und rücksichtslose Kleinbauernförderung Platz gegriffen hat.

Aber was ist denn nun die dauernde Wirkung dieser Tätigkeit gewesen? Ist der Kleinbauernstand in Italien durch diese sukzessiven Auffüllungen wirklich gerettet worden? Die Antwort muß negativ lauten. Denn wir machen die

---

sprechen wäre unwirksam gewesen, wenn man nicht gewußt hätte, daß er das geben konnte, natürlich, ohne dadurch zum armen Manne zu werden. Domitius hatte in Corfinium 'cohortes amplius XXX' unter sich. Caes. B. c. I 17.

[1]) So sollten z. B. die Besitzungen des Vergil nach Probus, Comment. ad Virgili Bucol. usw. ed. Keil S. 5 an 60 Veteranen verteilt werden, und bekanntlich haben auch Properz (V [IV] 1, 128 f.) und Tibull (I 1, 41) durch solche Verteilungen ihre ansehnlichen Vermögen verloren.

Bemerkung, daß die Verteilungen durch Wiederaufkäufe und Zusammenschla-
gungen der kleinen Güter oft nach kurzer Zeit schon wieder illusorisch gemacht wurden, obgleich das Gesetz den Verkauf dieser Güter ausdrücklich verbot. So erwähnt z. B. Cicero, daß die Mark von Präneste, welche Sulla auf-
geteilt hatte, schon in den Sechzigerjahren des Jahrhunderts wieder in die
Hand weniger Großgrundbesitzer zusammengeflossen war[1]), und wir werden um
so mehr annehmen dürfen, daß dies Beispiel nicht vereinzelt dastand, als ja
schon die Bestimmungen über die Unverkäuflichkeit dieser Assignationen, wie
sie Ti. Gracchus, Sulla und Cäsar erlassen haben, deutlich beweisen, daß die
Gesetzgeber selber kein Vertrauen zu der Lebensfähigkeit ihrer Schöpfungen
besaßen. Das bestätigen denn auch vollkommen die Urkunden von Veleia und
Benevent, auf die wir jetzt noch einmal einen Blick werfen müssen, und die
uns auch in dieser Beziehung das durchschlagendste Material liefern. Denn diese
Urkunden zeigen uns nicht nur den Stand der Güter zur Zeit der Republik, wie
er vorher dargestellt ist, sondern auch den zur Zeit des Traian, aus der sie
stammen; und eine Vergleichung beider Zustände ermöglicht uns daher, den
Fortschritt zu konstatieren, den der Großgrundbesitz in der Zwischenzeit in
diesen Gegenden gemacht hat.[2])

---

[1]) Cic. De leg. agr. II 28, 78: *ne per Corneliam quidem* (*legem*; des Sulla) *licet* (Assignationen aufzukaufen); *at videmus, ut longinqua mittamus, agrum Praenestinum a paucis
possideri.*

[2]) Die Ackergüter zur Zeit Traians mit Ausschluß der bei Placentia und Veleia vorkommenden *saltus* (Weidegüter) ergeben nach der Größe in absteigender Linie geordnet,
folgende Reihe: bei der Umsetzung des Preises in *iugera* ist derselbe Maßstab wie S. 147
zugrunde gelegt.

I. Veleia und Placentia (CIL. XI 1147)

Zahl d. Güter	Belegstelle cap.	Preis in Sesterzen des ganzen Gutes	saltus	Ackergutes	Größe des Ackergutes in iugera	Hektar (rund)
1	13	1181000	100000	1081000	540 $\frac{1}{2}$	135
1	31	1158000	200000	958000	479	120
1	16	844000	350000	494000	247	62
1	24	420000	—	420000	210	52
1	22	418000	—	418000	209	51
1	30	674000	301000	373000	186 $\frac{1}{2}$	47
1	28	352000	—	352000	176	44
1	15	293000	21000	271000	135 $\frac{1}{2}$	34
1	45	271000	—	271000	135 $\frac{1}{2}$	34
1	46	269000	—	269000	134 $\frac{1}{2}$	34
1	2	311000	64000	247000	123 $\frac{1}{2}$	31
1	21	234000	—	234000	117	29
1	5	233000	—	233000	116 $\frac{1}{2}$	29
1	25	211000	—	211000	105 $\frac{1}{2}$	26
2	17	507000	339000	168000	84	21
1	41	159000	—	159000	79 $\frac{1}{2}$	20
1	26	156000	—	156000	78	19
1	19	148000	—	148000	74	18
1	20	132000	—	132000	66	17
1	14	151000	26000	125000	62 $\frac{1}{2}$	16
1	37	98000	—	98000	49	12
1	44	247000	150000	97000	48 $\frac{1}{2}$	12
1	38	90000	—	90000	45	11
1	10	80000	—	80000	40	10

(Gesamtzahl: 25)

Während nämlich zur Zeit der Republik die Zahl der Besitzer in den beiden Bezirken 89 und 92 betrug, ist dasselbe Land jetzt in der Hand von je 50, während damals die größten Güter 26 und 14 Hektar umfaßten, haben sie jetzt

Zahl d. Güter	Belegstelle cap.	Preis in Sesterzen des ganzen Gutes	saltus	Ackergutes	Größe des Ackergutes in iugera	Hektar (rund)
1	3	77000	—	77000	38½	10
1	18	76000		76000	38	9
1	11	72000		72000	36	9
1	40	71000		71000	35½	9
1	35	69000		69000	34½	9
1	32	65000	—	65000	32½	8
1	34	63000	—	63000	31½	8
1	47	150000	90000	60000	30	8
1	12	59000	—·	59000	29½	7
1	27	58000	—	58000	29	7
2	42	57000		57000	28½	7
1	36	56000		56000	28	7
3	1 u. 33	54000		54000	27	7
3	8. 23. 29	50000		50000	25	6
3	4	36000	—	36000	18	5
1	49	30000	—	30000	15	4
1	6	425000	400000	25000	12½	3
1	50	30000	15000	15000	7½	2

(19 / 6 / 25)

II. BENEVENT (CIL. IX 1455); vgl. Mommsen, Hist. Schr. II 131

Zahl d. Güter	Belegstelle	Preis in Sesterzen	Größe des Gutes in iugera	Hektar (rund)
1	2,1[7]	501000	250½	63
1	2,47	451000	225½	56
1	3,77	200000	100	25
1	2,30	150000	75	19
1	3,24	143000	71½	18
1	2,1 fehlt bei Mommsen	125000	62½	16
1	3,53	122 00	61	15
1	2,65	109000	54½	14
5	2,62; 3,21.33 35 65 fehlt bei Mommsen	100000	50	13
1	3,11	92000	46	12
1	2,75	84000	42	11
2	2,51.59 fehlen bei Momms.	80000	40	10
1	3,13	75000	37½	9
1	3,28	70000	35	9
2	3,79.82	60000	30	8
1	3,51	55000	27½	7
1	2,53	52000	26	6
7	2,5; 3,39.41.70. 72.75; 3,1[1])	50000	25	6
1	2,37	48000	24	6
1	2,11	46000	23	6
1	3,56	42000	21	5
2	3,17.45	40000	20	5
1	3,9	35000	17½	4
1	2,8	34000	17	4
4	2,72; 3,4.43.62	30000	15	4
1	3,59	27000	13½	3
1	2,69	25000	12½	3
1	2,14	22000	11	3
4	2,43; 3,37.47.49	20000	10	3
1	3,6	19000	9½	2
1	2,34	14000	7	2

(15 / 18 / 17 / 50)

[1]) Nach Mommsen irrtümlich noch 3,65 dazu; steckt schon in der Position 100000.

135 und 63, und nicht weniger als zwanzig Güter, d. h. ein Fünftel der Gesamtsumme, ist umfangreicher, als die größten Güter zur Zeit der Republik gewesen waren. Während ferner damals in beiden Bezirken zusammen nur sechzehn
Güter, also knapp 9 % (genau 8,79) aller Güter, mehr als zehn Hektar gehabt
hatten, stehen jetzt 40 % aller Güter so hoch; und während andrerseits damals
die ganz kleinen Güter unter fünf Hektar die stattliche Summe von 115, d. h.
mehr als 63 % (genau 63,18) der Gesamtsumme erreicht hatten, ist ihre Zahl
jetzt auf 24 % herabgesunken. Das Verhältnis von kleinen Gütern unter fünf
und von großen über zehn Hektar hat sich also fast in sein Gegenteil verkehrt,
während der Mittelbesitz — 28 % zu 36 % — nicht so stark verschoben ist.

Wir erkennen deutlich: der Kleinbesitz ist mehr und mehr im Schwinden begriffen, und ein Großbesitz fängt auch hier an sich zu bilden.
Er dehnt sich in Italien weiter und weiter aus, erfaßt die früher noch ganz
intakten Bauerndistrikte und kriecht heran, sie zu verschlingen. Die Arbeit der
Staatsmänner der Republik und der großen Imperatoren des I. Jahrh., um dem
entgegenzuwirken, kommt uns vor wie die Arbeit der Danaiden. Sie füllen oben
das Faß auf mit gewaltigen Eimern von Massenverteilungen, und unten tröpfelt
es langsam, aber unaufhörlich wieder ab durch den Einfluß stärkerer, der
menschlichen Macht unerreichbarer wirtschaftlicher Notwendigkeiten.

Bei dieser Lage der Dinge drängt sich nun aber eine Frage auf, die ich
anknüpfen möchte an das berühmte Wort des Plinius 'latifundia perdidere
Italiam', nämlich die Frage, ob denn der Großgrundbesitz für das damalige
Italien wirklich ein solches Unglück gewesen ist, wie es gewöhnlich dargestellt
wird. Die Antwort darauf ist keineswegs so selbstverständlich, wie sie im ersten
Augenblicke scheinen mag. Denn sie hat natürlich nicht vom Standpunkte unserer
modernen Verhältnisse aus zu erfolgen, sondern sie muß aus der Voraussetzung
des antiken Staatswesens und der antiken Gesellschaft heraus gegeben werden.

Die römische Republik hat bekanntlich weder ihren Beamten und Offizieren
noch den Senatoren Gehalte ausgezahlt, sondern die hohe Aristokratie mußte
alle ihre Pflichten für den Staat, die nicht nur einzelne Jahre des Lebens, sondern oft das ganze Leben in Anspruch nahmen, umsonst erfüllen. Das konnte
natürlich nur ein Stand tun, der ökonomisch so sicher dastand, daß er von
Sorgen für den Lebensunterhalt völlig frei war. Der Großgrundbesitz des römischen Adels war also die notwendige ökonomische Grundlage für dessen staatliche Tätigkeit. Um die Herrin der Welt zu bleiben, mußte Italien zu sehr be-
trächtlichem Teile ein Land des großen Grundbesitzes werden. Der große Grundbesitz hatte eine im damaligen Staatsorganismus ebenso notwendige Funktion,
wie die großen Lehen im Organismus des mittelalterlichen Staates.

Aber man muß noch einen Schritt weiter gehen, wenn man die ganze Lage
richtig erfassen will. Italien war damals kein wirtschaftlich isoliertes Land mehr,
sondern ein Glied in der Weltwirtschaftseinheit der Mittelmeerländer. Wenn
Italien für dieses Wirtschaftsganze zum großen Teil die Soldaten, die Beamten,
die Kaufleute stellte, so tat es damit vollkommen genug, um ein nützliches
Glied an dem Wirtschaftskörper des Mittelmeergebietes zu sein, und selbst wenn

dabei sein ganzer Bauernstand zugrunde gegangen wäre, könnte man deshalb doch nicht von einem ruinierten Italien sprechen, so wenig wie man heute aus demselben Grunde von einem ruinierten England sprechen kann.

Italiens Manko auf dem einen Gebiete wäre dann eben durch Überleistungen auf anderen aufgewogen worden, und man würde, um gerecht zu urteilen, die Bilanz vom Standpunkte des Ganzen, d. h. des *imperium Romanum*, und nicht von dem des Teiles Italien aus zu machen haben.

Aber es fragt sich, ob wir uns in so weitgehende Erwägungen, die uns ins Uferlose zu führen drohen, überhaupt einzulassen brauchen. Denn es ist hier zunächst noch eine andere Frage zu stellen, nämlich die, ob es denn überhaupt richtig ist, daß der Großgrundbesitz die Existenz des freien Bauernstandes wirklich in dem Maße vernichtete, wie er vordrang. Von der Beantwortung dieser Frage, die den Kern des ganzen italischen Agrarproblems enthält, wird es zugleich abhängen, ob wir mit einer so extremen Möglichkeit, wie die eben angedeutete es ist, überhaupt zu rechnen haben.

Im II. und I. Jahrh. v. Chr. hatte es allerdings den Anschein, als ob jeder Schritt, den der große Grundbesitz vorwärts machte, identisch sei mit dem Tod von so und so vielen kleinen Bauernexistenzen, so daß der ganze freie Bauernstand Italiens bei dem Überhandnehmen des Großgrundbesitzes dem Untergange geweiht gewesen wäre.

Wir besitzen noch ein kleines Büchlein von Cato, dem älteren, über den Ackerbau, das uns ein anschauliches Bild von dem landwirtschaftlichen Großbetrieb der damaligen Zeit darbietet. Cato hat auf jedem seiner beiden Güter einen Sklaven als Verwalter, den verheirateten *vilicus*, und außerdem auf beiden Gütern zusammen noch 25 unverheiratete unfreie Knechte. Diese Kräfte genügen für die laufenden Arbeiten. Zur Zeit der Ernte oder für besondere Arbeiten werden freie Arbeiter zur Aushilfe verwendet.[1]

Dieses System mußte nun allerdings, wenn wir es uns ganz allgemein über Italien verbreitet denken, für den freien Bauernstand tödlich werden und zugleich zu einer weitgehenden Entvölkerung des flachen Landes führen. Auf 85 Hektar Ackerland konnten etwa 17 Familien römischer Bauern ihr Auskommen finden. Jetzt bebauten dasselbe Land zwei Sklavenfamilien und 25 unfreie Knechte. Die einzige freie Familie war die des Cato selber. Und dabei handelt es sich hier noch um verhältnismäßig sehr bescheidene Besitzungen.

Je größer die Güter werden, desto ungünstiger wird das Verhältnis von Freien zu Sklaven, am ungünstigsten, wenn statt Ackerbetrieb mit Sklaven Weidebetrieb mit Sklaven stattfindet, wie das in ausgedehntem Maße in Unteritalien der Fall war, wobei auf eine Herde von 50 Pferden nur zwei und auf eine Herde von 80—100 Schafen nur ein Sklave gerechnet wurde.[2] Zum Kriegsdienst war von diesen Knechten keiner berechtigt. Das flache Land von Italien konnte bei der Überhandnahme solcher Betriebe überhaupt keine Soldaten

---

[1] De agri cultura X 1. XI 1; Gummerus, Der römische Gutsbetrieb (Klio, Beiheft V).
[2] Varro, Rer. rust. II 10, 10 f.

mehr stellen. Ja es verlor nicht nur seine freie, sondern seine nationale Bevölkerung, denn was nach diesem System die Fluren Italiens baute, war Grieche, Syrer, Thraker und Gallier, kurz alles eher als Italiener.

Die weite Verbreitung dieses verderblichen Systems erkennt man am besten aus den furchtbaren Aufständen dieser unfreien Arbeiter, die in dem II. und I. Jahrh. v. Chr. Italien und Sizilien erschüttert haben.[1] In regelmäßigen Abständen von ungefähr 30 Jahren haben diese schrecklichen sozialen Revolutionen das Land heimgesucht und konnten jedesmal erst nach jahrelangen blutigen Kämpfen und Niederlagen römischer Armeen mit äußerster Aufbietung aller Kräfte zu Boden geworfen werden.

Aber zum Glück bildet dieses System nur eine Episode in der wirtschaftlichen Entwicklung Italiens. Wie die ganze wirtschaftliche Lage des Landes, so war auch dieser Auswuchs hervorgegangen aus den speziellen politischen Verhältnissen der Zeit.

Die geschilderte große Expansion Roms mit ihren Schlag auf Schlag einander folgenden glücklichen Kriegen hatte eine ungeheure Menge von Kriegssklaven auf den Markt geworfen. Ereignisse wie die Versklavung der Städte von Epirus, wo an einem Tage auf Befehl des Senates 150000 freie Leute zu Sklaven gemacht wurden[2], Zerstörungen der größten Handelsstädte der damaligen Mittelmeerwelt, wie Karthago und Korinth es waren, deren Bevölkerung einfach unter den Hammer kam, die fortgesetzten Sklavenjagden großen Stiles in Norditalien, Sardinien, Spanien gegen die sogenannten aufständischen Völker führten im II. Jahrh. zu demselben Resultate wie im I. die großartig organisierte Korsarenwirtschaft, bei der unter Konivenz oder schwacher Abwehr der Regierung alle Küsten des Mittelmeeres in rücksichtslosester Weise von den Piraten heimgesucht, die blühendsten Städte geplündert und die Einwohner auf die Sklavenmärkte geschleppt wurden. Es entstand so eine ungeheure Überproduktion von Menschenware, die natürlich preisdrückend wirkte. Jetzt lohnte es sich für die kapitalistischen Großgrundbesitzer, Sklaven in Masse zu kaufen und unter Abschaffung des früher üblichen Pachtsystems zur Plantagenwirtschaft überzugehen. Es war die unglücklichste Periode, die Italiens ackerbauende Bevölkerung jemals durchzumachen gehabt hat.

Mit der Erstehung der Monarchie hatte dies Raubsystem der Republik aber ihr Ende erreicht, und damit hat auch ohne Zweifel das Plantagensystem sofort einen starken Rückschlag erfahren. Von Sklavenaufständen größeren Umfanges ist in der Kaiserzeit keine Rede mehr[3], und auf die straffere polizeiliche Ordnung allein kann das um so weniger zurückgeführt werden, als die ganze Entwicklung damals und später in einer total anderen Richtung gegangen ist. Denn wir treten hier schon in die interessante Periode der antiken Gesellschaftsentwicklung ein, in welcher die Sklaverei überhaupt allmählich abstirbt. Über die Gründe

---

[1] Bücher, Die Aufstände der unfreien Arbeiter.   [2] Liv. XLV 34, 5.

[3] Vorkommnisse, wie das unter Tiberius bei Tacitus (Ann. IV 27) erwähnte, haben nicht entfernt die Bedeutung, wie die ähnlichen in republikanischer Zeit; vgl. Daremberg-Saglio, Dict. des ant. IV 1273 s. v. *servus*.

dieser Erscheinung zu sprechen ist hier natürlich nicht der Ort.[1]) Es genügt darauf hinzuweisen, daß das System der Plantagenwirtschaft mit dem Absterben der Sklaverei selbst auch seinem Untergange entgegenging.

So kommt es, daß ein anderes System der Großgrundwirtschaft, welches durch die Plantagenwirtschaft zurückgedrängt, aber nie ganz in Italien unter- gegangen war, jetzt wieder zu voller Herrschaft gelangte. Dies System, welches ganz andere soziale Folgen mit sich brachte als das Plantagensystem, muß uns zum Schlusse noch einen kurzen Augenblick beschäftigen. Wer heute in der schönen Umgebung von Florenz seine Spaziergänge macht, der findet bei näherer Erkundigung über die Bewirtschaftung der zahlreichen Villen, die überall die Hügel krönen, daß fast zu jeder solcher Villa ein mehr oder minder großes Gut gehört — ein *podere* —, welches von einer, zwei oder mehr Bauern- familien — *contadini* — bearbeitet wird. Vom Ertrage erhält der Besitzer der Villa, ein Kaufmann, Advokat oder Fabrikant aus der Stadt, die Hälfte, die andere der *contadino* für seine Arbeit.

Ähnlich geartete Pachtsysteme sind es auch im alten Italien gewesen, nach welchem die großen Grundbesitzer arbeiteten: die einzelnen Wirtschaftseinheiten werden an Pächter auf längere oder kürzere Zeit gegen Geld oder eine Quote des Ertrages vergeben, wie uns das besonders in den Briefen des jüngeren Pli- nius anschaulich geschildert wird.[2])

Bei einem solchen System konnte nun von einer Vernichtung des Bauern- standes nicht die Rede sein. Der Unterschied zwischen den alten Bauern und diesen Pächtern bestand vielmehr nur darin, daß den letzteren das Land nicht zu eigen gehörte, was praktisch im wesentlichen darin seinen Ausdruck fand, daß sie, wie heutzutage die Florentiner *contadini*, vom Ertrag einen Teil abzugeben hatten. Eine gedrücktere soziale und ökonomische Lage war natürlich die Folge, aber auch der Pächter war ein freier Mann, Bürger und Krieger mit denselben Rechten und Pflichten wie der früher auf demselben Lande sitzende bäuerliche Eigentümer.

So war also bei diesem System der Großgrundbesitz nicht mit Ausrottung, sondern nur mit Niederbeugung des Bauernstandes gleichbedeutend. Der soziale Aufbau der italischen Gesellschaft hatte ein Stockwerk mehr erhalten. Auf den Bauernstand setzte sich ein Stand von Grundherren auf, die, wie die heutigen Grundherren Italiens, als Bodenrentner von der Arbeit des Bauern mitlebten und so die freie Zeit zu dem gleichfalls sehr notwendigen Geschäfte gewannen, in Rom im Senate die Welt zu regieren. Freilich später, als es von Italien aus keine Welt mehr zu regieren gab, mußten die großen Herren als funktions- und nutzlos gewordene Glieder am Organismus des Landes mitgeschleppt werden, ein trauriges Erbteil einer großen Vergangenheit. Und wenn die Physiognomie Italiens heute noch ein ungesund weit verbreitetes Latifundienwesen aufweist, es dürften die Züge sein, welche die Entwicklung des II. und I. Jahrh. v. Chr., die Entwicklung zur Weltherrschaft, dem Lande aufgeprägt hat.

---

[1]) Vgl. E. Cicotti, Untergang der Sklaverei im Altertum (deutsch v. Olberg) 1910.

[2]) Besonders IX 37; auch III 19. Auch die Alimentartafeln bestätigen die Verbreitung dieses Systems; s. Mommsen, Hist. Schr. a. a. O. II 139.

DAS 'MÄRCHEN' VON AMOR UND PSYCHE

Von Rudolf Helm

Von der gesamten Erzählungsliteratur des Altertums hat nichts einen so
nachhaltigen Einfluß bis in die neuesten Zeiten ausgeübt wie das 'Märchen'
von Amor und Psyche, das Apuleius in seinen Roman von dem zum Esel verwandelten Menschen eingeflochten hat. Sentimentales Empfinden und der Hang,
in der Geschichte eine Andeutung tieferen Sinnes zu finden, haben Künstler
und Dichter getrieben, sie immer aufs neue darzustellen oder mit den Zutaten
des eigenen Genies zu beleben, so daß sie, losgelöst von dem Boden, auf dem
sie uns erhalten ist, ein eigenes Dasein führt. Raffaels farbenprächtige Grazie,
die trotz der Ausführung der Bilder durch seine Schüler und der nicht tadel-
losen Restauration heute noch Tausende von Romfahrern bezaubert, und Thor-
waldsens weichlicher Idealismus haben das Ihre dazu getan, sie als den Inbe-
griff aller Lieblichkeit erscheinen zu lassen. Und nicht nur die Gunst des ästhetisch Genießenden ward ihr zuteil durch diese Anmut, die mehr die Nachwelt
als ihr erster Erzähler über sie ausgegossen: die Beziehungen zu bekannten
Märchen, welche man zu erkennen glaubte, reizten die Gelehrten dazu, ihrer
Entstehung nachzuspüren, und jene Ahnung, daß ein geheimer Gedanke auf
ihrem Grunde verborgen sei, veranlaßte immer wieder, sich in sie zu versenken
und ihren Rätseln nachzuforschen. Die verschiedenen Auffassungen verraten sich
sehr deutlich in den letzten Arbeiten, die sich mit Apuleius' Erzählung befassen. Das Märchen sieht hauptsächlich in ihr von der Leyen[1]), für eine allegorische oder, wie er sagt, symbolische Auslegung tritt Reitzenstein[2]) ein, und
auf die Berührungen mit der hellenistischen Poesie hat Dietze[3]) hingewiesen.
Ich glaube, daß wir auf dem letzten Wege noch einen Schritt weiter zu einem
vorurteilsfreien Verständnis der Dichtung gelangen können.

Bei Apuleius ist es ein altes Weib, welches im Räubernest die Wirtschaft
zu besorgen hat, das der gefangenen Prinzessin, um ihr über Leid und Kummer
hinwegzuhelfen, die hübsche Geschichte berichtet. Wir haben uns gewöhnt, wenn
wir an sie denken, besonders auch in Erinnerung an die Bilder Raffaels in der
Farnesina, ihr einen ätherischen Schimmer zu verleihen, der das Gefühl für den
ursprünglichen Ton, in dem sie uns überliefert ist, völlig beseitigt und das
Komische und Burleske nicht mehr zu Wort kommen läßt, das bei Apuleius

---

[1]) F. von der Leyen, Das Märchen, Leipzig 1911, S. 98 ff.
[2]) R. Reitzenstein, Das Märchen von Amor und Psyche bei Apuleius, Leipzig-Berlin 1912.
[3]) J. Dietze, Zum Märchen von Amor und Psyche, Philolog. LIX (1900) S. 136 ff.

noch unverkennbar ist und zum mindesten für seine Auffassung ausschlaggebend sein muß. Ich kann es deshalb nicht unterlassen, zumal mit Rücksicht auf die Arbeit von Reitzenstein, eine Inhaltsangabe vorauszuschicken, welche diejenigen Punkte, auf die es ankommt, besonders betont.

Ein König und eine Königin, heißt es, hatten drei Töchter, die älteren schön, aber doch nur wie andere auch, die jüngste, Psyche, über alle Maßen schön, daß man sie für Venus selber hielt und wie eine Göttin verehrte. Die älteren fanden denn auch einen Mann, die jüngste wagte niemand zu umwerben. Venus aber, erbost über die Anmaßung der Sterblichen, gab Amor den Auftrag, sie durch die Liebe zu dem elendesten aller Menschen zu strafen. Dabei sah sie der junge Gott und verliebte sich selbst in sie. Als nun zu Psyche kein Freier kam, wandte sich ihr Vater an das Orakel zu Milet, und Apoll in seiner zweideutigen Art befahl, das Mädchen auf Bergeshöhe einem Ungeheuer auszusetzen, das mit rätselhaften Worten als nicht sterblicher Abkunft bezeichnet wird, mit einer Macht begabt, die Himmel und Erde beherrscht und selbst noch in die Unterwelt reicht. So geschah's, und auf Amors Geheiß trägt Zephyrus die Verlassene in sein geheimnisvolles Reich, wo sie in seinem Palaste sich gütlich tut und des Abends von dem unbekannten und ihr unsichtbaren Gotte zu seinem Weibe gemacht wird. Aber in allem Glück, umgeben von Dienern, die sie nicht schaut, geliebt von einem Gatten, der sich ihr nicht zu erkennen gibt, fühlt sich Psyche einsam; und als ihre Schwestern nahen, weiß sie Amor durch Bitten zu bewegen, daß er es dem Zephyrus erlaubt, sie herabzutragen, damit sie sich in der Zwiesprache mit ihnen trösten kann. Nur warnt er sie, nach seinem Antlitz zu forschen oder einer neugierigen Frage der Schwestern deswegen nachzugeben. Das erste Mal läuft alles gut ab. Aber die bösen Schwestern bersten vor Neid über das Glück der Jüngsten; sie ahnen, daß der Gatte ein Gott ist, und vergleichen damit die schlechten Partien, die sie selber gemacht haben; die eine nennt ihren Gemahl einen Kahlkopf von Zwergengestalt, der alles unter Schloß und Riegel hält, die andere den ihren einen gichtischen Alten, der für Liebe nicht viel Sinn hat und dem sie nur dauernd stinkige Umschläge machen muß. Beide sind einig, Psyche aus ihrem Paradies zu vertreiben; und als sie zum drittenmal ihren Besuch machen, ist ihr Plan gereift: sie versuchen es mit demjenigen Mittel, das bei der leichtgläubigen, naiven Schwester am ersten wirkt, sie versetzen sie in Angst, indem sie sich auf jenes zweideutige Orakel berufen. Sie reden ihr ein, eine ungeheure Schlange, die man auch öfter in der Umgegend beobachtet habe, sei ihr Lagergenoß, und ihr Los werde sein, samt dem Kinde, daß sie unter dem Herzen trage, in einiger Zeit verschlungen zu werden; sie raten ihr, dem zuvorzukommen und des Nachts mit verborgen gehaltenem Messer dem Untier den Kopf abzuschneiden.[1]) Psyche in ihrer Furcht,

---

[1]) In meiner Ausgabe habe ich auf den Widerspruch hingewiesen, daß Psyche den Gatten mit den Händen fühlen kann, daß sie ihn bei seinen Locken beschwört und sich doch von den Schwestern bereden läßt zu glauben, daß er eine Schlange sei (S. 106, 14). Ich möchte jetzt bezweifeln, ob darin eine Vergeßlichkeit des Schriftstellers sich offenbart, und in diesem Zug eher eine Charakteristik der grenzenlosen Naivität sehen, die Psyche

die durch des Gatten beständige Mahnung, nicht nach seinem Aussehen zu forschen, verstärkt ist, folgt dem bösen Rat, und vor sich sieht sie beim Schein
der Lampe den Gott in seiner Schöne, der sofort alle ihre Sinne gefangen
nimmt. In ihrer Erschütterung läßt sie das Öl aus der Lampe auf den Schlum-
mernden träufeln, er erwacht infolge der Brandwunde und fliegt davon, nachdem er noch Rache an den boshaften Schwestern verheißen hat. Psyche stürzt
sich voller Verzweiflung in den nächsten Strom; aber er trägt sie unversehrt
ans Ufer; da sieht sie Pan, der dort sitzt und die Lebensmüde mahnt, sich
nicht dem Kummer hinzugeben, sondern lieber Amor durch Bitten zu versöhnen.
Als sie nun weiterwandert, kommt sie zur Residenz einer der Schwestern; sie
berichtet dieser den Erfolg ihres Tuns und fügt hinzu, der Gott habe gesagt,
er werde nun die Schwester sich vermählen. Das Wort genügt; angelockt
durch die Hoffnung, eilt diese zu dem Felsen und springt hinab; aber Zephyrus
nimmt sie nicht auf, und sie zerschellt. So hat sich Amors Drohung erfüllt.
Das gleiche Los trifft die andere Schwester. Indessen sucht die geschwätzige
Möve Venus auf, die im Ozean weilt, und berichtet ihr von der Liebschaft des
Sohnes. Als die Göttin den Namen des Mädchens vernimmt, ist sie aufs äußerste
erbost, eilt nach Hause und verliest dem ungehorsamen Schelm von Sohn, der
so ihre Befehle ausgeführt hat, mit recht erhobener Stimme gründlich die Le-
viten. Vergebens bemühen sich Juno und Ceres, die gerade dazu kommen, um
ihr wie zwei gute Gevatterinnen eine Visite zu machen, ihren Zorn zu begütigen;
sie eilt davon, um Maßregeln zur Ergreifung Psyches zu treffen. Inzwischen
sucht die Verfolgte ihren entschwundenen Liebsten; sie kommt zum Ceres-
tempel, wo sie in naiver Selbstvergessenheit die Geräte in Ordnung bringt, die
herumliegen, sie kommt zum Heiligtume der Juno, die sie um Schutz anfleht;
aber weder die eine noch die andere sind infolge der nahen verwandtschaft-
lichen Beziehungen zu der gekränkten Venus und der Angst, die sie vor ihr
haben, in der Lage, zu helfen. So beschließt Psyche, müde der Irrfahrten, sich
einfach der bösen Göttin selber zu stellen, in der stillen Hoffnung, bei ihr auch
den Geliebten zu finden. Venus hat sich indessen an Jupiter gewandt mit der
Bitte, ihr den Merkur und seine Ausruferdienste zur Verfügung zu stellen; er
wird dann ausgeschickt, um überall den Steckbrief der Psyche zu verkünden
und dem, der ihren Aufenthaltsort angibt, als süße Belohnung sieben Küsse der
Liebesgöttin in Aussicht zu stellen und einen besonders raffinierten und sinnlichen. Doch die Gesuchte kommt von selber; von der Dienerin der Venus wird
sie an den Haaren vor die Göttin geschleppt, diese schlägt eine wahnsinnige
Lache auf, als sie der Nebenbuhlerin ansichtig wird, und gibt sie anderen Dienerinnen zur Geißelung; damit noch nicht genug, fällt sie selbst über die Ärmste
her, reißt ihr das Kleid vom Leibe, zerzaust ihr die Haare und schlägt sie höchst
eigenhändig, um ihr dann einen Haufen der verschiedensten Getreidesorten vor-

---

auch sonst zeigt. Den Schwestern kommt es natürlich nur darauf an, sie zum Ungehorsam
zu verleiten und so aus ihrem Glück zu vertreiben; denn daß die Tötung des Gottes, den
sie vermuten, nicht ausgeführt wird, zumal wenn er beim Schein der Lampe in wahrer
Gestalt erscheint, ist ja selbstverständlich

zuwerfen, mit dem Auftrag, diese bis zum Abend zu sondern. Wie Psyche ver-
zweifelt, kommen die Ameisen und tragen die Körner auseinander. Als Venus in
der Nacht von einem Hochzeitsfest nach Hause kommt, duftend und rosenge-
schmückt, wirft sie Psyche ein Stück Brot hin und geht schlafen. Und nun
weilt Psyche die Nacht unter einem Dache mit dem Geliebten, der ganz im
Innern des Hauses von seiner Frau Mama aus Vorsicht in ein einziges Gemach
eingesperrt ist. Am nächsten Morgen erhält sie eine neue Aufgabe, aus dem
gegenüberliegenden Hain von den dort weidenden goldwolligen Schafen eine
Flocke des kostbaren Vlieses zu holen. Als sie verzagt am Fluß steht, flüstert
ihr das Schilf zu, nicht jetzt, wo die Tiere in Wut seien, sondern des Nach-
mittags, wenn sie besänftigt sind, hinüberzugehen und die Goldflocken aufzulesen, die an den Sträuchern hängen geblieben sind. So bringt sie das Verlangte
heim. Aber mit gerunzelter Stirn, bitter lachend, gibt ihr Venus den dritten
Auftrag, ihr einen Krug Wasser aus dem in rauher Felsenlandschaft nieder-
stürzenden Quell zu schöpfen. Ohne Rat steht sie vor dem zerklüfteten Gestein,
aus dem ungeheure Drachen hervorkriechen, und hört die drohenden Worte der
Wasser selber, da kommt der Adler des Jupiter, nimmt ihr das Krüglein ab
und fängt für sie das Naß auf, das sie nun der Venus abliefert. Doch auch jetzt
gibt diese sich noch nicht zufrieden, sondern entsendet Psyche in die Unterwelt, ihr eine Büchse Schönheit von Proserpina einzufordern. Die Ärmste ver-
zweifelt völlig und will sich von einem Turm herabstürzen; aber dieser erhält
plötzlich Stimme und rät ihr, nach Tänarum zu gehen und dort in die Unterwelt einzudringen, zwei Münzen im Mund, zwei Kuchen in den Händen, die sie
nicht verlieren darf. Er sagt ihr voraus, wie man auf dem Wege dreimal ihre
Hilfe erbitten wird. Aber sie soll sich nicht rühren lassen, um ja nicht einen
der Kuchen aus der Hand zu legen, mit denen sie den Cerberus beim Hin- und
Rückweg besänftigen muß. Proserpina selber wird ihr dann ein vornehmes Mahl
anbieten und sie zum Sitzen einladen, aber sie soll nur ein Stück schlechten
Brotes erbitten. Wenn sie aber erhalten, weshalb sie auszog, so soll sie sich
vor allem hüten, das Büchslein zu öffnen. Psyche nimmt sich alle diese Warnungen zu Herzen, nur die letzte befolgt sie nicht, da sie selber glaubt, in
ihrem Elend der Schönheit zu bedürfen; sie öffnet die Büchse, und heraus fährt
ein Schlaf, der sie völlig betäubt, so daß sie wie tot daliegt. Inzwischen ist aber
Amor von seiner Brandwunde genesen; und da ihn die Sehnsucht nach seiner
Liebsten plagt, entwischt er aus dem Fenster, das sich hoch oben in seinem
Zimmer befindet. Er muß erst die von der langen Ruhe eingerosteten Flügel
etwas üben, dann eilt er zu Psyche, streift den Schlaf von ihr und tut ihn
wieder in die Büchse, weckt die Schlummernde mit einem unschädlichen Stich
seines Pfeiles zu neuem Leben und hält ihr vor, daß sie nun zum zweitenmal
ihrer Neugier zum Opfer gefallen ist und sich fast selber zugrunde gerichtet hat.
Psyche bringt dann die Gabe der Proserpina zu Venus. Aber nicht die bestandene Prüfung schafft ihr die Erlösung, zumal sie dieselbe eigentlich gar
nicht bestanden hat, sondern Amors Bittgang zu Jupiter. Der Göttervater faßt
den Liebesgott an den Wangen und zieht so seinen Mund an den eigenen, küßt

ihn und sagt: 'Mein Herr Sohn, du hast zwar manch dummen Streich gegen
mich verübt, aber ich will dir gern einen Gefallen tun, wenn auch du bei Gelegenheit deinen Dank abstattest und, falls eine Sterbliche sich durch besondere
Schönheit auszeichnet, sie mir zukommen läßt.' Dann befiehlt er den Göttern
bei hoher Geldstrafe, zu erscheinen, und teilt ihnen mit: Amor habe nun genug
Dummheiten gemacht, es sei an der Zeit, ihn durch eine Heirat zur Vernunft
zu bringen, und da er sich Psyche auserwählt habe, so solle er sie erhalten.
Und da Venus über diese Mesalliance ein sehr unzufriedenes Gesicht macht, so
erhebt er die durch Merkur herbeigeholte Psyche zur Göttin, indem er ihr Am-
brosia anbietet. So findet denn in aller Harmonie das Hochzeitsmahl statt. Vulkan kocht selber, Bacchus schenkt den Wein ein. Nach dem Essen singt Apoll
zur Zither, und Venus zeigt ihre Künste im Tanzen, während Musen, Satyr und
Pan Musik machen. So wurde Psyche rechtmäßig Amors Gemahlin, und als ihre
Zeit da war, gebar sie eine Tochter, die wir 'Lust' nennen.

Ich habe die grotesken Züge hervorgehoben, aber, wie ich glaube, nicht
mehr, als sie sich in der Erzählung des Apuleius jedem unbefangenen Leser
aufdrängen müssen, der mit offnen Augen liest. Die seltsame Figur der Venus,
welche die irdische Nebenbuhlerin, obwohl sie eine Königstochter ist, mit einem
Bettler zusammenkuppeln will, die wie ein Marktweib losfährt, als sie ihrem
Sohn hinter die Schliche kommt, die, nicht spröde, ihre Gunst verschenkt für
den, welcher ihr die Verhaßte zuführt, die sich endlich an ihr selber vergreift,
sodann der Göttervater, der keine Gelegenheit vorübergehen läßt, sich Vorteile
für ein galantes Abenteuer zu verschaffen, der Liebesgott, der nachts zum Liebchen schleicht, der wie ein kleiner Junge behandelt und eingesperrt wird, der
dann durchs Fenster seiner Mutter ausreißt, Juno·und Ceres, die wie zwei gute
alte Tanten bei Venus Besuch machen und vor ihrer Energie allen Respekt haben,
so daß sie trotz des besten Willens nicht wagen, der flehenden Psyche zu helfen,
der Apoll, der dem lateinischen Schriftsteller zuliebe sein Orakel gleich in lateinischer Sprache gibt, endlich die köstliche Schlußszene, Vulkan als Koch,
Venus als Tänzerin, ganz abgesehen von den Personen der Schwestern und ihren
liebreizenden Gatten, das alles hat dem Ganzen ein unbestreitbares komisches
Gepräge aufgedrückt. Dazu kommt noch die Hineinziehung römischen Rechts[1])
und römischer Lokalität in diese Götterszenen, der Steckbrief für Psyche, die
Austeilung der Belohnung an den Finder bei den Metae Murciae, Juno beruft
sich auf das Recht gegenüber den entlaufenen Sklaven, Venus erklärt Psyches
Ehe nach römischem Recht für ungültig, weil sie auf dem Lande ohne Zeugen
geschlossen, Jupiter macht sie rechtsgültig 'iure civili', die Aufforderung zur
Götterversammlung findet statt unter Androhung einer Pön von 10000 Sesterzen u. a. Dabei ist es nicht nur ein leichter Firnis, mit dem einzelne Stellen
überstrichen wären, sondern die bezeichnende Gestalt der Venus, die Blumauer-
schen Geist atmet, dominiert in dem Ganzen. Und diese an sich sehr deutliche
Komik wird nur noch unterstrichen dadurch, daß die garstige Alte die Geschichte

---

1) Vgl. Zinzow, Psyche und Eros, Halle 1881, S. 126.

erzählt und, als sie zu Ende ist, der Esel, der sie mit anhört, bedauert, daß er
nicht Schreibtafel und Griffel hatte, um eine so schöne Geschichte zu notieren.[1])
Trotz dieser charakteristischen Merkmale der Erzählung hat Reitzenstein im
Anschluß an Hildebrands[2]) gleichartige Ausführungen folgende auffällige Schlußfolgerung gezogen, die für ihn die Grundlage seiner weiteren Darlegungen bildet
(S. 8 f.). 'Wenn Apuleius' Werk als letzte Verwandlung, die er selbst erfahren
haben will, die Vergöttlichung im Mysterium schildert, wenn all die burlesken
und lasziven Erlebnisse des zum Esel Verzauberten schließlich darin auslaufen,
daß er in gläubigem Vertrauen sich an Isis wendet und von ihr ... zunächst
entzaubert, dann zum Heil berufen und endlich in ein neues Leben innigster,
fast sinnlicher Vereinigung mit der Gottheit entrückt wird, so muß[3]) das große
Mittelstück dieses Werkes, die Erzählung von Amor und Psyche, für ihn notwendig den Nebenzweck gehabt haben, zu zeigen, wie die Menschenseele nach
Irrtum und harter Prüfung zu Gott erhoben wird.' Zunächst, daß Apuleius vielleicht selber seine Geschichte von dem in einen Esel verwandelten Menschen
mit all ihren Obszönitäten durch den mystischen Schluß, die Entzauberung
durch Isis und die Aufnahme in ihren Kult, entschuldigt haben würde oder
haben wird, wenn man ihn deswegen zur Rede gestellt hat, habe ich selber
hervorgehoben[4]); aber daß trotzdem in Wahrheit das elfte Buch mit der My-
steriendarstellung ein ganz unpassender dunkler Flicken ist auf einem heiteren,
hellen Gewande, ist meine feste Überzeugung. Apuleius hat, wie er ja auch
sonst nicht gerade ein übermäßig großes Genie war, einfach das griechische
Original von den unfreiwilligen Wanderfahrten und Erlebnissen des Esel gewordenen Menschen, wie wir es heut noch im Auszug unter den Lucianischen
Schriften haben, in seiner Sprache und Art übertragen, ohne sich um den Ausgang der Geschichte zu kümmern, und dann nur den Schluß abgeändert, um
an all die interessanten und pikanten Ereignisse eine kulturhistorisch recht
wertvolle, aber im Sinne des Übrigen höchst langweilige eigene Lebenserfahrung
zu knüpfen.[5]) Diese paßt nicht im mindesten zu der Einleitung, die der Verfasser selber seinem Werke vorausgeschickt hat, und die er mit den Worten
schließt: 'Hier beginnen wir eine pikante[6]) Geschichte. Leser, paß auf: du wirst

---

[1]) Apul. Met. VI 25 (rec. Helm, Lips. 1907, S. 147, 4): *dolebam mehercules, quod pugil-
lares et stilum non habebam, qui tam bellam fabellam praenotarem.*
[2]) L. Apuleii opera rec. Hildebrand, Lips. 1842, I S. XXVIII. XXXII.
[3]) Der Sperrdruck stammt vom Verfasser und macht merkwürdigerweise sofort auf
die Schwäche der Argumentation und den gleich folgenden Widerspruch aufmerksam.
[4]) Apul. op. II 2 praefatio IX f.
[5]) Sehr richtig sagt Teuffel, Studien und Charakteristiken[2], Leipz. 1889, S. 576: 'An
die Stelle des lustigen Schlusses von Lucian hat Apuleius einen langweiligen gesetzt, statt
des dortigen kurzen und guten einen entsetzlich gedehnten, der noch überdies mit dem
Ton und Geiste des Vorhergehenden im gradesten Gegensatz steht.'
[6]) Met. I 1 (2, 3): *fabulam Graecanicam incipimus, lector intende: laetaberis.* Wer weiß,
wie die Graeculi in Rom angesehen wurden, wird dies empfehlende *fabula Graecanica*
leicht verstehen, wie wir sofort einen bestimmten Begriff damit verbinden, wenn wir von
einem 'französischen' Theaterstück oder Schwank reden (vgl. auch Schissel von Fleschen-

dich amüsieren'; als er diese Ankündigung gab, dachte er an das elfte Buch und seinen Inhalt noch nicht, und als er das elfte Buch schrieb, hatte er sie völlig vergessen. Ja, so weltverschieden sind auch die Personen der letzten und der vorigen Bücher, daß er sich hier plötzlich als Madaurensis mit seiner eigenen Heimat bekennt und völlig außer acht läßt, daß der Held der früheren Bücher von Plutarch und Sextus seine Abstammung herleitet. Wenn etwas, so spricht dies für eine gewisse Inferiorität des Schriftstellers, der das Ganze nicht zu übersehen vermochte, aber ebenso deutlich für die vollständig verschiedene Art der ersten Bücher und des letzten; die ersten sind frivol, das letzte zeigt den Mystiker, kurz, *desinit in piscem* ... Wer einen inneren Zusammenhang zwischen dem ersten und dem letzten Buche der Metamorphosen konstruiert, der möge eine Stelle zeigen, die hinweist auf das bedeutsame Ende, oder er möge nachweisen, daß den zahlreichen obszönen Partien irgendetwas anderes als die Freude am Erzählen pikanter Geschichten zugrunde liegt. Ich müßte den Anhang einer Ausgabe *in usum delphini* herstellen, wenn ich sie alle aufzählen wollte von dem Erlebnis von Fotis bis zu dem mit der Matrone in Korinth, das dem Esel durchaus keinen Abscheu erregt, oder vielmehr ich kann einfach auf die Ausgabe von Floridus verweisen, wo von S. 833—844 aus allen obszönen Erzählungen die Kraftstellen und -worte zu leichterer Übersicht zusammengestellt sind von dem *steterunt et membra quae iacebant ante* im zweiten Buch bis zu dem *ex unguiculis perpruriscens* im zehnten. In alledem keine Spur davon, daß der Esel durch seine Prüfungen etwa zur Einsicht gekommen wäre. Neugier und Sinnlichkeit bleiben bis zum Schluß seine Hauptmerkmale, und erst im elften Buch ist der Charakter des 'Helden' plötzlich verwandelt. Darum wer sieht, daß die ersten zehn Bücher ein durchaus einheitlicher Geist durchweht, der mit dem elften so wenig zu tun hat wie der Madaurensis (XI 27) mit dem aus Thessalien seine Abstammung herleitenden Lucius der ersten Bücher (I 2), für den muß in dem Mittelstück durchaus nicht ein mystischer Zug vorhanden sein, der mit des Schriftstellers eigener komisch-burlesker Darstellung völlig in Widerspruch steht.[1] Das gibt auch Reitzenstein selber zu, wenn er fortfährt: 'Aber seltsam: nur die Stellung der Erzählung verrät jetzt (!) diesen tieferen Sinn.

_____

berg, Die griech. Novelle, Halle a. S. 1913, S. 78 ff.). Ich glaube auch die voraufgehenden Worte *'desultoriae scientiae'* so verstehen zu sollen, ein Wissen, Geschichten, wie sie der *desultor*, der im Zirkus auftritt, hat und weiterverbreitet. Dann sagt der Schriftsteller: Ich (sein Lucius) habe erst spät Latein gelernt und ohne Lehrer. So bitte ich um Entschuldigung, wenn ich die mir fremde, auf dem Forum übliche Sprache nicht beherrsche und Anstoß erregen sollte. Es kommt ja hinzu, daß diese Veränderung der Sprache (d. h. das Plebejische darin) dem Buch voll Rennbahnweisheit, das wir beginnen, entspricht. Eine pikante Geschichte ist es, die ich anfange usw. — Wie die *vocis immutatio* (= Erlernung des Lateinischen) dem *desultoriae scientiae stilus* (= *sermo Milesius*) entsprechen soll (so nach der Erklärung von Schissel von Fleschenberg a. a. O. S. 93), ist mir unverständlich.

[1] Vgl. Gruppe, Griech. Mythologie II 874: 'Von einem symbolischen Gehalt des Märchens macht der Erzähler (Apul.) wenigstens nicht den geringsten Gebrauch.' Im übrigen verweise ich auch sonst auf das Material, das Gruppe für die Erzählung von Amor und Psyche zusammengetragen hat, S. 871 ff.

Die eigenen allegorischen Zusätze des Apuleius dienen ihm schlecht. Seine Erzählung läßt sich gar nicht allegorisch deuten und ist widerspruchsvoll in sich selbst.' Danach gilt also für Apuleius der Schluß, der von dem Ende seines Werkes auf die Bedeutung des Mittelstückes gezogen war, nicht, obwohl so emphatisch gesagt war: es muß für ihn diesen Nebenzweck gehabt haben; und auch das seltsame 'jetzt' in den letzten Sätzen zeigt, daß der Schreiber seine eigenen voraufgegangenen Worte nicht für richtig hält.

Eigentlich ist damit die ganze Argumentation schon widerlegt; bei Apuleius ist sie nach des Verfassers eigenem Zugeständnis falsch; warum sollte sie bei einem Vorgänger richtiger sein? Aber nun kommt die ganze literarische Ungeheuerlichkeit. Apuleius soll den ganzen Roman von dem Esel aus Sisenna abgeschrieben haben, einschließlich des 'Märchens' von Amor und Psyche. Also auch den Inhalt des elften Buches, der doch zum Vorhergehenden wie die Faust aufs Auge paßt, bei welchem doch die persönlichen Erlebnisse des Schriftstellers das treibende Motiv sind, ein Motiv von solcher Stärke, daß er darüber das Pseudonym außer acht gelassen hat und sich plötzlich zu seiner richtigen Heimat bekennt?[1]) Wenn aber nicht, so fällt ja wieder gerade der Schluß vom Ende auf das Mittelstück zusammen. Dabei ist es mir durchaus verständlich, daß jemand ein griechisches Buch mit allerlei Zusätzen und Romanisierungen in seiner Weise römisch zurecht macht, aber daß er ein römisches in so völlig gleicher Weise abschreibt, müßte doch erst bewiesen sein. Der einzige Beweis[2]) dafür aber, daß das Psychemärchen bei Sisenna stand, ist die falsche Interpretation der Worte IV 32, wo Apuleius scherzend sagt: Apoll, obwohl Grieche und Ionier, hat dem Verfasser des Romans zuliebe das Orakel gleich lateinisch gegeben. So nur, wie es auch Rohde verstand, kann *propter Milesiae conditorem* heißen, wenn man es ohne Voreingenommenheit verstehen will. Nach Reitzenstein traut man damit Apuleius die 'Geschmacklosigkeit' zu, hier zu sagen, nur seinethalb, um es ihm bequem zu machen, habe Apollon gleich Latein gesprochen. Ich sehe nicht ein, wie die Geschmacklosigkeit geringer wird, wenn er es Sisennas halber getan hat. Über die Güte des Witzes mag man urteilen wie man will: der Schrift-

---

[1]) Dieser Ansicht war Reitzenstein jedenfalls nicht, als er Hellenist. Wundererzählungen, Leipzig 1906, S. 34, schrieb: 'Nur der burleske Schluß (des lucianischen Ὄνος) mußte wegfallen; an seine Stelle trat ein ernst religiöser Ausgang usw.'

[2]) Die sprachlichen Übereinstimmungen, die R. S. 56 ff. zusammenstellt, reichen nicht aus etwas zu beweisen, da Apuleius ja Archaist ist und den Stoff aus dem gleichen niedrigen Milieu nimmt, in dem auch Sisennas pikante Übertragungen der Milesischen Geschichten des Aristides sich bewegen mußten. Selbst das scheinbar überzeugendste Fragment 9: *ut eum paenitus utero suo recepit* gibt uns noch keine Gewähr, daß die Situation die gleiche war wie bei Ap. Met. X 22 (254, 3): *artissime namque complexa totum me, sed prorsus totum recepit.* Von einem Schiff, dem Trojanischen Pferd, einem Untier wie dem lucianischen in den 'Wahren Geschichten' könnte es ebensogut gesagt sein. Und wenn es die gleiche Situation voraussetzt, so fehlt uns doch gerade der Hinweis darauf, daß es sich um das Verhältnis eines Tieres zu einem Menschen handelt. Das gleiche Milieu führt auch bei Apuleius und Petron zu ähnlicher Ausdrucksweise; vgl. Rosenblüth, Beiträge zur Quellenkunde von Petrons Satiren, Kiel. Diss. 1909, S. 74 ff.

steller folgt hier einer Stilregel, die es ihm verbietet[1]), Fremdsprachliches ohne
besonderen Anlaß einzufügen, und so macht er aus der Not eine Tugend, indem er eine Begründung hinzusetzt, die mit ihrem Herausfallen aus der Umgebung sich immerhin in den burlesken Ton fügt. Der Singular *Milesiae* verlangt durchaus nicht als Gattungsname gedeutet zu werden, und *conditor* ist
natürlicher im Zusammenhang der Verfasser der Geschichte als der Begründer
der Erzählungsart, der ja im übrigen gar nicht Sisenna ist, sondern Aristides.
Und gerade wenn Apuleius wirklich den Sisenna in einem solchen Maße ausgenutzt hätte, wie Reitzenstein vermutet, so würde er sich wohl gehütet haben,
darauf selber durch diesen Hinweis aufmerksam zu machen.

Aber schon rein zeitlich betrachtet, scheint es mir unmöglich, die Quelle
des Apuleius so früh anzusetzen.[2]) Ich habe früher in einer etwas mühseligen
und vielleicht spitzfindigen Rechnung aus den Notizen des zweiten Kapitels des
Apuleius die Abfassungszeit des griechischen Originals festzustellen versucht.[3])
Der Held des Romans leitet dort *originis maternae fundamenta* von Plutarch
und dem Philosophen Sextus her. Da durchaus kein Grund einzusehen ist, warum
Apuleius diese Angaben hinzugefügt haben sollte — für den lateinischen Roman selber und das römische Publikum sind sie ja völlig belanglos.—, so hat
man hier ein chronologisches Indizium bei Berechnung der möglichen verwandt-
schaftlichen Beziehungen, daß die Reise des Lucius, die zu seiner Verwandlung
führt, erst nach dem Jahre 155 fällt. Man kann vielleicht das Resultat irgendwie verschieben — und Sinko[4]) hat kürzlich bei etwas anderer Auffassung hinsichtlich der Zufügung des Sextus einen etwas früheren Termin (140) erschlossen —, aber wenn man die Argumentation als solche verwirft, muß man
sie mit Gründen widerlegen. Solange das nicht geschehen ist, sehe ich keine
Möglichkeit, Sisenna für den Gewährsmann des Apuleius zu halten.[5])

---

[1]) Zu vergleichen ist etwa Norden, Antike Kunstprosa I 60. Auch der Spruch der
Cybelepriester IX 8 ist lateinisch gegeben. Da der gesamte Stoff aus dem Griechischen
übertragen ist, war es naheliegend auch diese Sprüche ins Lateinische· zu übersetzen.
Ebenso bemüht sich Ap. im Buche De deo Socrat. 11 (19, 12 ff.) den Homervers lateinisch
zu bringen. Ganz ähnlich steht es mit dem Alexanderroman des Julius Valerius, der, auch
nach griechischer Vorlage gearbeitet, nur lateinische Verse bietet. — Die scherzhafte Deutung der Stelle verteidigt jetzt auch Schissel von Fleschenberg a. a. O. S. 77 ff. Vgl. Hausrath,
B. ph. W. 1912 S. 1673.

[2]) v. Wilamowitz, Kultur der Gegenwart I 8 S. 184 der ersten Auflage setzte das
griechische Original etwa 90 n. Chr. in die flavische Zeit.

[3]) Apul. op. II 2 praef. S. VIII f.

[4]) Apuleiana, Eos XVIII (1912) S. 150. — Für das griechische Original bietet auch
I 23 (21, 15): *si contentus lare parvulo Thesei illius cognominis patris tui virtutes aemu-
laveris* eine Angabe, obwohl ich sie nicht zu nutzen weiß. Auch hier ist es ausgeschlossen,
daß die Bemerkung von Apuleius stammt, weil sie für ihn unverständlich bleibt. Wenn
uns der Name des Vaters [Luc.] Ὄνος 55 erhalten wäre, würde wohl das Rätsel sich lösen.

[5]) Damit ist dann natürlich auch die Behauptung hinfällig, daß Aristides von Milet
schon der Verfasser der Eselgeschichte ist (Reitzenstein S. 42), und die an sich seltsame
Tatsache, daß dieselbe Geschichte im Griechischen von Aristides, Lucius und 'Lucian', im
Lateinischen von Apuleius immer wieder dargestellt wäre und, wie wir an 'Lucian' und

Aber auch speziell für das Psychemärchen scheint mir eine lateinische Quelle des Apuleius undenkbar. Dafür ist eine Stelle von Wichtigkeit, auf die ich in meiner Ausgabe[1]) hingewiesen habe, die mir nur dadurch erklärlich wird, daß das griechische Original direkt eingewirkt hat. Bei den Prüfungen der Psyche VI 15 (140, 6 f.) ist der Adler als Maskulinum behandelt. Oudendorp und Jahn haben versucht, auch hier das Femininum herzustellen; da aber dazu an zwei getrennten Stellen eine Änderung erforderlich ist, so widersetzt sich jedes methodische Vorgehen einem solchen Beginnen, wenn man auf einfachere Weise zu einer Erklärung kommt. Nun haben allerdings die Grammatiker behauptet, daß *aquila* auch *commune* sein könne, ohne daß uns dafür Beispiele vorlägen. Aber selbst bei dieser Annahme wäre die Schwierigkeit nicht beseitigt; denn Apuleius bezeichnet den Adler gar nicht allein mit dem Worte *aquila*, sondern umschreibt ihn mit der poetischen Angabe (139, 11): *supremi Iovis regalis ales illa*, indem er so ohne Not selbst den Femininbegriff verschärft. Wenn er dann trotzdem das Maskulinum setzt, so muß ein anderes psychologisches Motiv dafür gefunden werden, und ich habe darauf aufmerksam gemacht, daß sich dies ohne weiteres ergibt, wenn man an das ἀετός der griechischen Vorlage denkt. Daß eine solche psychologische Beeinflussung sich durch eine lateinische Mittelquelle erhalten haben sollte, ist im höchsten Grade unwahrscheinlich.

So müßte man denn also der griechischen Quelle, die Apuleius gehabt hat, die Tendenz zutrauen, die Mittelstück und Ausgang des Eselromans zusammenhalten soll, wenn anders die Folgerung noch bestehen soll. Ich glaube, die Unwahrscheinlichkeiten liegen auf der Hand. Wenn unser Schriftsteller das vorfand, was nach Ansicht von Reitzenstein eigentlich seinen Absichten entsprach, das Psychemärchen als Vorbereitung auf den mystischen Schluß und das jetzige auf dem Mysterienwesen sich aufbauende Ende des Romans, wie hätte es ihm dann beikommen können, seine eigenen Pläne zu durchkreuzen und die Erzählung von Psyche durch Beimischung von grotesken Zügen ihres eigentlichen Gehaltes zu entkleiden, der ihm doch gerade besonders zusagen mußte? Hinzu kommt die Kenntnis, die uns Photius über die griechische Quelle des Apuleius vermittelt hat. Die bekannte Stelle[2]) besagt, daß der Stoff, wie er in dem 'Lucianischen' Ὄνος vorliegt, von Lucius von Patrai in zwei Büchern seiner Meta-

---

Apuleius sehen, mit nicht sehr großen Verschiedenheiten, verschwindet danach. Den einzigen sprachlichen Beweis aus δερμηστής (Reitzenstein S. 59) kann ich nicht anerkennen, da ich aus der Harpokrationstelle S. 54, 25 B. nur herauslese, daß bei Aristides weder Maden und Würmer (σκώληκες) noch Schlangen so benannt waren, also eine Zusammenstellung mit [Luc.] Ὄνος 25: τοῖς σκώληξι πεφυρμένη gerade abgewiesen wird. ὅστις τὰ δέρματα ἐσθίει δερμηστής spricht überhaupt nicht für ein Tier.

[1]) Vgl. auch Apul. op. II 2 praef. S. 17.

[2]) Phot. cod. 129. Ich möchte dabei gleich hervorheben, daß, wer des Photius Bericht über Lucius von Patrai und Ps.-Lucian liest, davor gewarnt wird, einen verschiedenen Schluß bei beiden oder überhaupt schwerwiegende Verschiedenheiten anzunehmen. Photius hat sich so sehr bemüht den Unterschied zwischen beiden zu bezeichnen, daß er derartige Differenzen nicht ausgelassen hätte, wenn sie vorhanden gewesen wären.

morphosen dargestellt war. Eingehende Untersuchung[1]) hat nachgewiesen, daß dieses Metamorphosenwerk die Vorlage des römischen Romans gewesen ist. Wägt man den Umfang der beiden Darstellungen, dort zwei Bücher, hier elf oder ohne den unpassenden Schluß zehn, gegeneinander, so ergibt es sich als höchstwahrscheinlich, daß eben in der Zufügung der zahlreichen eingeschobenen Erzählungen der Grund für den so viel stärkeren Umfang des römischen Werkes liegt. Und das ist um so einleuchtender, als diese Einschübe von Apuleius, offenbar nur um der Romantechnik[2]) nachzukommen, auf das allerloseste in einer jeder inneren Begründung Hohn sprechenden Weise mit der Haupterzählung verknüpft sind.[3]) Daß auch die Geschichte von Amor und Psyche trotz des Komischen darin nicht völlig in den Mund der garstigen betrunkenen Alten paßt[4]), muß die Vermutung bestärken, daß auch diese Erzählung von dem Schriftsteller erst in den Verlauf der Ereignisse eingefügt ist, ob zum Vorteil oder zum Schaden der Komposition des Ganzen, hat ihn nicht sehr gegrämt. Daß aber für Apuleius selber dann jener tiefere Sinn in dem 'Märchen' nicht vorhanden war, hat Reitzenstein trotz des merkwürdigen Widerspruches in seinen Worten selber zugestanden.

Wenn so der Hauptstützpunkt und Angelpunkt der ganzen Hypothese gefallen ist, so könnten ja trotzdem gewichtige Argumente dafür sprechen, daß der uns unbekannte Verfasser des Psychemärchens, der Apuleius diesen Einschub für seinen Eselroman bot, eine Anspielung auf die Mysterien und die Erlösung der Menschen durch sie beabsichtigt hatte, die der römische Schriftsteller dann seltsamerweise nicht bemerkt hätte, obwohl sie gut zu seinen Absichten stimmte, oder die er trotzdem, was noch unbegreiflicher wäre, durch jene beobachtete

---

[1]) C. Bürger, De Lucio Patrensi, Diss. Berl. 1887. Aus welchen Gründen Reitzenstein, Hellenist. Wundererzählungen, Leipzig 1906, S. 34, trotzdem wieder den Lucianischen ὄνος für die Vorlage des Apuleius hält, ist mir unverständlich.

[2]) Auf die Übereinstimmung mit Petron S. 61 f. 111 f., die Novellen vom Wärwolf und der Matrone von Ephesus hat Ed. Norden in seiner Einleitung in die Altertumswissenschaft I 581 der 1. Aufl. hingewiesen. Aber auch der ernste Liebesroman zeigt die gleichen Einschübe. Bei Achilles Tatius wird nicht nur eine an sich nicht gerade für die Geschichte erforderliche Erzählung durch einen Boten eingelegt (I 12: ἡμεῖς μὲν οὖν ταῦτα ἐφιλοσοφοῦμεν περὶ τοῦ θεοῦ. ἐξαίφνης δέ τις εἰστρέχει τῶν τοῦ Χαρικλέους οἰκετῶν, ἔχων ἐπὶ τοῦ προσώπου τὴν ἀγγελίαν κακοῦ, vgl. Ap. Met. IX 35 [229, 9]: adhuc omnibus ... torpidis accurrit quidem servulus magnas et postremas domino illi fundorum clades adnuntians), wir haben auch zwei Fabeln, die erzählt werden II 21. 22, und der Artemispriester berichtet von der Liebe des Pan zur Syrinx VII 6, ganz abgesehen von solchen Erörterungen wie über den Phönix III 25 oder den Berichten der Personen über ihre eigenen Erlebnisse wie VIII 16. Bei Xenophon Eph., dessen exzerptartige Darstellung den Eindruck höchster Eile erweckt, findet sich doch die Erzählung des Hippothous III 2 und des Aigialeus V 1 eingeschoben.

[3]) Vgl. Ap. op. 2 praef. S. VII meine Bemerkungen.

[4]) So urteilt auch Reitzenstein S. 67, ohne die Konsequenzen daraus zu ziehen. Natürlich kann man darüber verschieden urteilen, und bei Hervorhebung der burlesken Züge, wie das oben geschehen ist, schwindet der Gegensatz etwas. Die im übrigen unklare Darlegung von Schissel von Fleschenberg a. a. O. S. 65, der in einem Atem von der 'lieblichen Liebesgeschichte' und dem 'burlesken Charakter der fabula' redet, zeigt am besten die Vereinigung ganz heterogener Elemente.

Komik völlig verdorben hätte, so daß seine Darstellung jetzt nimmermehr, wie
Reitzenstein behauptet (S. 18), 'in dem nachdenklichen Leser die Empfindung
wachrufen kann, daß dem in Not geratenen Helden der Erzählung und jeder
von Gott erwählten Seele trotz aller Prüfung ewiges Heil gewiß ist'. Wir
müssen also die Gründe erwägen, die für einen derartigen mystischen Kern der
Geschichte von Amor und Psyche sprechen könnten. Reitzenstein glaubt in ihr
einen religiösen Mythus zu erkennen, wie er bestimmten Mysterien zugrunde
liegen konnte. Die, wie er mit anerkennenswerter Kritik selber sagt, 'schwachen
Spuren' desselben sind folgende. Zunächst führt er zwei Zauberpapyri an[1]), die
in Wahrheit wenig genug beweisen. Um Liebeszauber zu schaffen, soll man auf
einem Magnetstein Aphrodite darstellen, wie sie rittlings auf Psyche sitzt,
darunter Eros mit brennender Fackel, wie er Psyche versengt; auf der anderen
Seite aber Eros und Psyche, wie sie sich umschlingen. Die Zeichnung steht so
völlig im Einklang mit dem, was erreicht werden soll, daß kein Wort darüber
zu verlieren ist, sobald die Personifizierung der Seele gefunden war. Der andere
Zauber soll vor sich gehen, indem man Eros darstellt, in der Linken Bogen
und Pfeil, wie er Psyche treffen will; er wird dann angerufen in Worten, die
den kosmischen Gott zeichnen. Daß in dieser Charakteristik von der Allmacht
die Rede ist, daß so allgemein verbreitete Vorstellungen wie das Schlangen-
gestaltige sich finden, beweist keinen besonderen Zusammenhang mit der Erzählung des Apuleius, zumal die Anschauungen, die dieser zeigt, sich völlig aus
der hellenistischen Poesie erklären lassen. Und Reitzenstein selber gibt offen zu,
daß ein Göttermythus, der Eros und Psyche vereint, noch nicht gefunden sei
(S. 21). So führt er denn zuletzt eine orientalische Kosmogonie aus einem Pa-
pyrus des IV. Jahrh. an[2]), in welcher nach $\Phi\tilde{\omega}\varsigma$, $No\tilde{v}\varsigma$, $\Gamma\acute{\epsilon}vva$, $Mo\tilde{\imath}\varrho a$ usw. als
siebente Gottheit die Psyche geschaffen wird, die dem ganzen Weltall Bewegung
bringen wird, und deren Zuführung durch Hermes der Anlaß werden wird, daß
alles sich freut. Er selber gesteht (S. 83): 'Bewiesen ist durch die Kosmogonie
nur die Existenz einer orientalischen Gottheit Psyche.' Aber daß diese späte
theologische Spekulation, über deren Verbreitungskreis wir gar nichts wissen,
'frühzeitig' das Motiv für unsere Erzählung geboten habe, ist nicht erwiesen.
Ja, wenn es noch ein anderer Name als der durchsichtige der Psyche wäre, so
könnte eine Verbindung zwischen den beiden Erscheinungen annehmbar sein;
aber wenn man die anderen Götter dieser Kosmogonie ansieht, $\Phi\tilde{\omega}\varsigma$, $No\tilde{v}\varsigma$, $\Gamma\acute{\epsilon}vva$,
$Mo\tilde{\imath}\varrho a$, $\Phi\acute{o}\beta o\varsigma$, wird man schwerlich an umfängreiche mythologische Ausführungen
dieses Systems glauben, und zur Annahme eines derartig komplizierten Mythus,
wie er uns bei Apuleius vorliegt, haben wir dadurch absolut kein Recht gewonnen.[3]) Mir will es überhaupt fraglich erscheinen, inwieweit man nach diesem

---

[1]) Reitzenstein S. 80 f.; Pariser Zauberpap. v. 1717 ff. (Wessely, Denkschr. d. k. k.
Akad. d. Wiss., Wien 1888, S. 87); Papyr. Lugd. I 14 (Dieterich, Jahrb.-Suppl. XVI 794). —
Eine richtige Kritik der ganzen Argumentation bei Hausrath a. a. O. S. 1671.

[2]) Dieterich, Abraxas, Leipzig 1891, S. 184 Z. 80 f.

[3]) Auch die weiteren Schlüsse über den nach der Psyche folgenden pythischen Drachen
und seinen Vergleich mit Eros kann ich nicht anerkennen; vgl. unten S. 197.

einen Zeugnis einer reinen Spekulation von einer orientalischen Göttin reden
kann; und wenn schon, Begriffe wie πνεῦμα, νοῦς, λόγος, Ruach, Psyche usw.
sind in solchen Spekulationen so natürlich, daß daraus noch durchaus keine
Beziehung zu unserer Erzählung folgt, so wenig wie zu den Darstellungen von
Eros und Psyche in der bildenden Kunst oder in der griechischen Epigrammatik.
Und unsere Psyche ist überhaupt keine Göttin von Geburt, wie in jener Kosmo-
logie, sondern ein sterbliches Menschenkind.

Ich kann natürlich dem gelehrten Kenner antiker Religionen nicht auf sein
eigenstes Gebiet folgen; aber die fertige Gottheit Psyche kann auch nach meiner
Ansicht unmöglich etwas mit unserer Erzählung zu tun haben, wenn diese gerade die Erlösung des Menschen symbolisch darstellen soll. Das Göttererlebnis
ist vorbildlich für das, was jeder Gläubige erleben soll. Gewiß! Aber der Gott
war, soweit ich sehe, dann eben in dieser Art von Mysterienreligionen vorher
Mensch[1]), ehe er die Gottheit erlangte, oder er müßte speziell zum Zwecke der
Erlösung der Menschen selbst Mensch geworden sein. Und kann der Gott dabei
auch in menschlicher Schwäche gedacht werden, wie sie Psyche doch nur zu
deutlich mehrfach und noch zum Schlusse verrät? Macht doch Apuleius auf
diesen neuen Fehltritt am Ende ihrer Abenteuer noch besonders aufmerksam,
wenn er Amor sagen läßt VI 21 (144, 20): *rursum perieras, misella, simili curiositate*. Und wie reimt es sich mit der ganzen Kombination, daß Psyche doch
schon mit dem Gotte vereint ist, ehe sie ihre Irrfahrten beginnt und die Prüfungen durchmachen muß?[2]) Ich vermisse eine symbolische Andeutung der uns
vorliegenden Erzählung im einzelnen; es bleibt immer nur die Tatsache, daß
Psyche Prüfungen zu bestehen hat, wie etwa Herakles auch. Es ist also wohl
das begreifliche Unvermögen, das veranlaßt hat, von jeder Erklärung im einzelnen abzusehen[3]) oder eine vollständige Verdrehung der ursprünglichen Grund-

---

[1]) Vgl. Reitzenstein, Die hellenist. Mysterienreligionen, Leipzig 1910, S. 6: 'Osiris,
Attis, Adonis sind Menschen gewesen, gestorben und als Götter auferstanden.'

[2]) So werden im sophistischen Roman die Geliebten auseinandergerissen, wenn an
sich alles glatt weitergehen könnte. Leukippe und Kleitophon bei Achilles Tatius sind vereint, Sinonis und Rhodanes bei Jamblich, Habrokomas und Antheia bei Xenophon sogar
verheiratet, als das Schicksal sie trennt.

[3]) Auf S. 23 heißt es bei Reitzenstein: 'Ursprünglich muß wohl Psyche selbst ihn
(Amor) verwundet haben, dafür Strafe leiden und endlich reuig zum Tartarus niedersteigen,
um ihn zu erretten und für sich wiederzugewinnen.' Ich bezweifle, daß jemand versteht,
warum diese Fassung dann geändert wurde; und woran knüpft nun eigentlich die symbolische Deutung, an Eros oder Psyche? Da Eros dann der Verwundete wäre, so würde
die Parallele von Osiris usw. auf ihn raten lassen; die ganze Erzählung aber weist
auf Psyche hin. Über diese Verschwommenheit komme ich nicht hinweg. Unter den Nachträgen äußert sich Reitzenstein ähnlich, wo er über die von Pagenstecher, Sitz.-Ber. d.
Heidelberg. Ak. II (1911) Abhandl. 9 S. 38 behandelte ägyptische Lampe spricht, die dieser
als Illustration zu Apul. Amor und Psyche in Anspruch genommen hat. Über den schlum-
mernden Eros, neben welchem ein Laternchen steht, erhebt sich dort die beflügelte Psyche.
Gegen die Beziehung auf Apuleius bemerkt R.: 'Von der Beflügelung der Psyche ganz abgesehen: ihre Haltung paßt zu der von Apuleius geschilderten Szene in keiner Weise. Diese
Psyche, deren Darstellung an die des Stiertöters in der Mithraskunst erinnert, will den
Eros töten, indem sie ihm zwischen Schulter und Hals die gefährliche Wunde beibringt,

lagen anzunehmen. Nicht ein einziger Zug jenes angeblichen Göttermythus läßt sich in der Erzählung, wie sie Apuleius uns darbietet, herausheben. Kurz, ich habe den Eindruck, daß Erscheinungen, die auf ganz verschiedenen Gebieten liegen, durch den Scharfsinn zusammengebracht und allein auf das zufällige, aber an sich nicht merkwürdige Zusammentreffen des gleichen Wortes Psyche die weitgehendsten Schlüsse aufgebaut sind. Und sogut an sich in jeder κατάβασις ein tieferer religiöser Sinn liegen kann: daß in den uns heute bekannten Zügen des Psychemärchens, daß gar in der Gestaltung des Apuleius mit seiner grotesken Komik sich diese symbolische Deutung irgend erweisen lasse, muß ich entschieden bestreiten.

Es würde wohl überhaupt niemand auf die Vermutung gekommen sein, wenn das Mädchen nicht Psyche hieße.[1]) Sieht man darin eine Allegorie, so kann man sich leicht verführen lassen, weiter deuten zu wollen, zumal Apuleius dadurch, daß er Venus die Dienerinnen Consuetudo, Sollicitudo und Tristities gibt und die Feindin Sobrietas, selbst dazu zu verleiten scheint. So hat Hildebrand[2]) gedeutet: Psyche ist die reine, keusche Seele, Eros die platonische Liebe, die Schwestern die bösen Begierden, welche die Seele nach ihrem Fall zunächst vernichtet. Er kam auch im Anschluß an Lange auf die Mysterien, die hier verschleiert dargestellt würden, und besonders die Dreizahl in den Besuchen der Schwestern, den irdischen Prüfungen der Psyche, den Hindernissen, die sich ihr in der Unterwelt entgegenstellen, schien ihm dafür bedeutungsvoll zu sein. Im großen Stil ist die allegorische Auslegung, auch mit Beziehung auf die Mysterien, von Zinzow[3]) vorgenommen worden. Psyches Fehltritt enspricht nach ihm der Aufdeckung der Mysterien, die sie durch ernsten Dienst sühnen muß. Psyches Schicksal wird auch direkt mit den Mysterien verglichen; die Seele soll sich durch die wahre Erotik, durch Betrachtung himmlischer Dinge beflügeln, der himmlischen Heimat würdig machen, im Tode zu derselben hinauffliegen und mit Eros vermählt dort in den elysischen Gefilden wohnen. Zinzow hat aber dann die allegorische Auslegung noch weiter getrieben, indem er Einzelheiten der Erzählung mit Vorgängen in der Natur parallelisiert. Psyches erste Vermählung findet in der Unterwelt statt mit dem chthonischen Gott,

---

welche nach meiner Vermutung in dem ursprünglichen Mythos ihre Wanderung ins Totenreich begründet.' Mir würde es natürlicher erscheinen entsprechend den anderen Mysterien, wenn Eros nun ins Totenreich wanderte und wieder erstünde. Was im übrigen die Vermutung Pagenstechers betrifft, so will ich nicht gerade für sie eintreten, obwohl ich sie nicht für ausgeschlossen halte. Aber gegen die Gründe Reitzensteins muß ich Apuleius selber ins Feld führen. Was will denn dort Psyche anders als den unbekannten Gatten töten? V 20 (118, 24) raten die Schwestern: *nisu quam valido noxii serpentis nodum cervicis et capitis abscinde*; V 24 (122, 6) sagt Amor: *teque coniugem meam feci, ut bestia scilicet tibi viderer et ferro caput excideres*. Und *adrepta novacula* steht Psyche da, als ihr das Licht den Amor zeigt. Also selbst wenn die Szene von R. richtig gedeutet wäre, würde nichts hindern zu glauben, daß der Künstler sein Motiv aus Apuleius genommen hat.

[1]) Sehr bezeichnend sind Reitzensteins eigene Worte S. 21: 'Die gesamte Erzählung des Apuleius bietet dem, der sie unbefangen liest, im Grunde nichts, was auf eine Allegorie statt eines Mythos wiese als den Namen der Heldin, Psyche.'

[2]) A. a. O. S. XXXVI f.   [3]) Zinzow, Psyche und Eros, Halle a. S. 1881, S. 130 f.

dem winterlichen, ihre zweite mit dem lichtvollen Gott, der das Erstehen in
der Natur darstellt. Psyches Opfer findet statt, wenn alles abstirbt, zur Sühne,
damit der befreiende Lichtgott erscheint. Das Schermesser, das sie nimmt, um
den Drachen zu töten, ist das Symbol für das Sonnenlicht, das nach der Jahres-
wende wieder neu erscheint, wenn der Drache, der Winter, stirbt. Die Lampe,
die sie hat, zeigt denselben Gedanken. Der verletzte Eros repräsentiert die noch
schwache Januarsonne, der es an Kraft gebricht. Die vier Arbeiten Psyches
haben Beziehung auf das neuerwachende Leben im Frühling und die Fruchtbarkeit. Wenn Aphrodite die Psyche schrecklich mißhandelt, so zeigt uns das,
wie und warum die winterliche Erde so mißhandelt vor uns erscheint. Das
Mittel, das Psyche von Proserpina holen soll, ist das der Verjüngung für die
Welt, das in der Büchse, d. h. in der Tiefe der Erde, verborgen ist. So geht
es fort. Diese allegorische Deutung, die ihren ersten Vertreter für uns in dem
Mythographen Fulgentius[1]) hat, hat begreiflicherweise wenig Anklang gefunden.
Nur der Gedanke an die Mysterien wirkt, wie man sieht, noch immer fort,
wenngleich die Ausdrucksweise etwas anders geworden ist und man jetzt statt
'allegorisch' 'symbolisch' sagt.[2]) Es ist bezeichnend, daß selbst Friedländer, der
sonst die Märchentheorie für die Erzählung von Psyche verficht, sich von dieser
Auffassung nicht ganz frei gemacht hat und Hartungs Worte annimmt, daß
'eine Verherrlichung des sittenreinigenden Einflusses der Mysterien' bezweckt
sei, wenngleich er meint, daß erst Apuleius es war, der diesen religiös-sittlichen
Sinn in das Märchen hineingelegt habe, eine Ansicht, die doch, wie wir sahen,
aufs allerstärkste zu der Art der Darstellung des Apuleius konstrastiert. Es ist
im Grunde dabei nur ein geringer Unterschied, ob man allgemein von einem
Hinweis auf die Mysterien spricht oder ob man besondere Erosmysterien als
Grundlage unseres 'Märchens' betrachtet, wie das zuerst Buonaroti getan, und
wie es jetzt auch Gruppe[3]) noch tut, oder ob man von einem religiösen Psyche-
mythus redet. Gegen diese Auslegung hat sich schon Otto Jahn[4]) gewandt,
der bemerkte, daß die Dreizahl der Prüfungen der Psyche auf der Oberwelt
sich ohne weiteres aus der üblichen Verwendung dieser Zahl erklärt, daß die
Ähnlichkeit dieser Prüfungen mit den in Mysterien gebräuchlichen mehr vorausgesetzt als nachgewiesen ist und daß eine Zusammenkoppelung dieses Märchens
mit dem mystischen Schluß des Romans des Apuleius kaum zugegeben werden
kann, 'wenn man erwägt, in wie ganz anderer Weise er von den Isismysterien

---

[1]) Myt. III 6 (66, 18 Helm); S. 69, 4: *civitatem posuerunt quasi in modum mundi, in
qua regem et reginam velut deum et materiam posuerunt. quibus tres filias addunt, id est
carnem, ultroneitatem, quam libertatem arbitrii dicimus, et animam.*

[2]) Reitzenstein S. 26: 'Wie bei allen Mysterien, wer nicht wahrhaft geladen und von
Gott erwählt ist, sterben muß, so entschwinden auch hier viele Opfer für ewig. Genau so
trägt in der Erzählung des Apuleius zwar die von dem Gott geforderte Psyche ein Wunder
unversehrt in den Abgrund; ihre unrichtig geladenen Schwestern zerschellen.' Das ist eine
allegorische Erklärung in der Art von Zinzow.

[3]) Griechische Mythologie II 871.

[4]) Archäologische Beiträge, Berlin 1847, S. 124 ff.

redet, wie geradeheraus er von ihrer Würde und Kraft spricht'.[1]) Mögen also auch Dichter und Denker einen tieferen Sinn in dem Psychemärchen geahnt haben, sie taten es, weil sie mit ihrem eigenen hohen Empfinden herantraten und dieses hineinlegten; aber auch für derartige Auslegungen passen die Worte Jahns mit geringer Veränderung[2]): 'Ich verkenne nicht, wie schön und sinnig manche solcher Deutungen sind, nur glaube ich, daß sie die Grenzen der philologischen Erklärung überschreiten.'

Von einer allegorischen oder symbolischen Auslegung sehen mehr oder minder vollständig diejenigen ab, die das Märchen in unserer Erzählung hervorbeben. Der Archeget dieser Richtung ist, nachdem die Brüder Grimm zuerst den Weg gewiesen, Friedländer[3]) geworden, dem Kuhn eine Anzahl von Parallelen beigesteuert hat, und Gustav Meyer hat in einem schönen Vortrag[4]) dieser Auffassung das Wort geredet. Die Märchenmotive drängen sich ja jedem sofort auf. Charakteristisch ist, daß das Mädchen einem Unbekannten vermählt wird, dessen Angesicht es nicht sehen darf, der als Ungeheuer in dem zweideutigen Orakel und in den verleumderischen Worten der Schwestern geschildert wird. Das scheint in den Kreis der Märchen zu gehören, die Grimm folgendermaßen gezeichnet hat[5]): 'Die gute unschuldige, gewöhnlich die jüngste Tochter wird von dem Vater in der Not einem Ungeheuer zugesagt, ... geduldig trägt sie ihr Schicksal, endlich empfindet sie Liebe zu ihm, und in dem Augenblick wirft er die Gestalt eines Igels, eines Löwen, eines Frosches ab und erscheint in gereinigter jugendlicher Gestalt.' Wie wenig diese Parallele paßt, ist sofort klar; denn Amor ist nicht verwandelt, und erhält auch seine Gestalt nicht wieder, und Psyche befreit ihn auch nicht dadurch, daß sie ihn als Ungeheuer lieben lernt. Also gerade die Hauptmerkmale sind nicht vorhanden. Es muß gleich hier hervorgehoben werden, daß Amor überhaupt nicht als Ungeheuer gedacht ist. Wenn Apoll ihn als *vipereum malum* bezeichnet, so entspricht das der Zweideutigkeit der Orakelsprache. Alle Ausdrücke, die sich in diesem Spruche finden, sind durch die typischen Bezeichnungen des Liebesgottes in der Poesie, besonders in der spielenden hellenistischen Dichtung, begründet; ein *malum*, ἄφατον κακόν heißt er schon bei Apollonius Rhod. III 129, Bion 4, 13 (vgl. Luc. Dial. deor. 12, 1), *saevus* und *ferus* oder ἄγριος sind übliche Attribute für ihn (*ferus* Ovid Am. I 2, 8; III 1, 20 a. a. I 9, *saevus* Am. I 6, 34; II 10, 19, ἄγριος Meleager, Anth. Pal. V 176); als ϑήρ bezeichnet ihn der Komiker Alexis (Kock II 245, 12), Bion 4, 13. Aber selbst der Gedanke an die Schlange war, ganz

---

[1]) Jahn a. a. O. S. 126. In einem anderen Aufsatz über Eros und Psyche (Berichte über die Verhandlungen d. Sächs. Gesellschaft d. Wiss. zu Leipzig III [1851] S. 156) hat Jahn zwar die Möglichkeit, daß Platons Phädrus auf die Vorstellung von dem Verhältnis beider zueinander eingewirkt hat, zugegeben, aber sich wohl gehütet diese Wirkung zu überschätzen. Er schreibt dort mit Recht den Mythus von Eros und Psyche einer poetischen Reflexion zu und hebt hervor, daß er den Charakter der Zeit nicht verleugnet, in welcher er entstanden ist.

[2]) A. a. O. S. 160.   [3]) Darstellungen aus der Sittengeschichte Roms I[6] 522 ff.
[4]) Essays und Studien, Berlin 1885, S. 195 ff.
[5]) Wilh. Grimm, Kleinere Schriften, Berlin 1881, I 351.

abgesehen von der Vorstellung von dem Gift der Liebe, nicht so gesucht, wie
es scheinen könnte. Schon Friedländer[1]) hat auf das Sapphofragment 40 hingewiesen, in dem Amor γλυκύπικρον ἀμάχανον ὄρπετον genannt wird, wofür
Fritzsche zu Theokrit 29,13 passend das Gedicht Mörikes vergleicht: 'Erstes
Liebeslied eines Mädchens', in welchem der Vergleich der Liebe mit der in die
Brust schlüpfenden und ins Herz dringenden Schlange vollkommen durchgeführt,
auch das γλυκύπικρον in Ausdrücken wie 'Ach Jammer! O Lust!' wiedergegeben ist und die Erwähnung des Giftes nicht fehlt. Man sieht, daß der Gedanke nicht so fern lag, wenn es sich darum handelte, in verschleiernder Orakelsprache Amor kenntlich und doch nicht mißverständlich zu bezeichnen. Daß dann
die Schwestern, wenn sie Psyche ängstigen wollen, auf diesen Götterspruch[2]) zurückkommen, ist leicht verständlich; aber daß ein Märchen mit einem Schlangen-
prinzen, der erlöst würde durch die Geliebte, den Ausgangspunkt der Erzählung
gebildet hätte, fällt damit fort, wie es sich ja überhaupt mit dem Gang der
Erzählung nicht vereinen läßt.

So bleibt das Motiv, daß Amor nicht in seiner wahren Gestalt gesehen
werden darf, das an bestimmte Märchen erinnert, in denen der Verzauberte für
Stunden seine echte Gestalt wiedererhält. Grimm hat bei Gelegenheit des singenden und springenden Löweneckerchens[3]) an Apuleius erinnert, weil dort auf
den Gemahl nicht ein Strahl eines Lichtes fallen darf; sonst wird er in eine
Taube verwandelt und muß sieben Jahre so durch die Welt fliegen. Aber auch
hier ist die Berührung in diesem Punkte nur äußerlich. Ein Verbot, die geliebte
Person zu belauschen, liegt in der schönen Melusine[4]) vor, aber da darf der
Betreffende gerade die Tiergestalt nicht beobachten. Auch sonst spielen Verbote,
in eine bestimmte Kammer zu gehen, eine verschlossene Tür zu öffnen u. a. eine
Rolle im Märchen, aber auch schon in der antiken Mythologie. Man kann die
Parallelen immerhin zugeben, und doch läßt sich nicht restlos das Märchenmotiv auf unsere Erzählung anwenden. Amor ist ein Gott; Götter zu sehen,
ist den Sterblichen nicht vergönnt.[5]) Dazu kommt, was noch wichtiger ist, daß
er gegen das Gebot seiner Mutter, der Venus, handelt. Wie der Verliebte heimlich zu seinem Mädchen schleicht in der Dunkelheit, um nicht gesehen zu
werden, so erscheint er nur abends, wenn es finster ist, und beim Nahen der
Sonne entschwindet er wieder. Solange er so verstohlen den Befehlen der

---

[1]) Darstellung aus der Sittengeschichte Roms I 540. Vgl. die treffliche Ausgabe von
Purser, The story of Cupid and Psyche, London 1910, S. LVI. Selbst wenn das Wort
ὄρπετον ursprünglich nichts mit serpens zu tun hatte (s. v. Wilamowitz, Sappho und Simonides, Berlin 1913, S. 55), die spätere Zeit faßte es so auf (vgl. Ahrens, De dial. Dor.,
Göttingen 1843, S. 505).

[2]) Daß hier V 17 von einer sors Pythica die Rede ist, während IV 32 f. der milesische Apoll den Spruch gibt, kann ich nicht auffällig finden, da Pythicus natürlich nur
den Gott irgendwie bezeichnen soll.

[3]) Märchen 88, vgl. III 155.

[4]) Vgl. Kohler, Der Ursprung der Melusinensage, Leipzig 1895.

[5]) Nur den Phäaken erscheinen die Götter sichtbar in eigener Gestalt (Hom. Od.
VII 201 ff.), sonst nur in Ausnahmefällen einzelnen Menschen; vgl. Nägelsbach, Homerische
Theologie Abschnitt IV 5 ff.

Mutter trotzt und das Mädchen ihn nicht kennt, darf er glauben, daß ihm das nicht schadet. Erst wenn es die Sterbliche weiß, daß der Gott ihr genaht ist, ist das Geheimnis nicht mehr sein, er muß Gefahr fürchten und Strafe, auch für sich. Bei einem anderen würde es genügen, die Frage nach dem Namen zu verbieten; aber der kleine Liebesgott, der sofort für jeden kenntlich ist, muß noch weiter gehen, wenn er sein Geheimnis hüten will. Mir scheint, daß das Verbot an die Geliebte, nicht nach seiner Person und seinem Aussehen zu forschen, psychologisch nicht so unverständlich ist, daß man dafür nach anderen Gründen suchen müßte.

Dagegen wird man in einzelnen Nebenmotiven das Märchenhafte ohne weiteres zugeben müssen. Für die unsichtbare Dienerschaft, die Psyche im Palast Amors bedient, hat schon Rohde[1]) auf Grimms Märchen (90) 'Der junge Riese' hingewiesen, wo sich auf einmal die Tür auftut und eine große, große Tafel hereinkommt, und auf die Tafel stellt sich Wein und Braten und viel gutes Essen, alles von selber; denn es war niemand da, der es auftrug. An Märchenmotive klingen weiter die Arbeiten an, die Psyche zu leisten hat; das Aussondern der verschiedenen Körner findet sich ja in der Erzählung von Aschenputtel (Grimm 21), und in dem Märchen 'Die weiße Schlange' (Grimm 17) werden dem Bewerber um die Hand der Königstochter drei Aufgaben gestellt, von denen die eine ist, zehn Säcke voll Hirsekörner, die ins Gras geschüttet sind, aufzulesen; auch da wirkt der Ameisenkönig mit seinen Scharen. An das Wasser, das Psyche schöpfen muß, fühlt man sich erinnert durch das 'Wasser des Lebens' (Grimm 97), wo drei Brüder auftreten, entsprechend den drei Schwestern bei Apuleius, die ältesten beiden neidisch und boshaft gegen den Jüngsten, der das Wasser holt; sie versuchen auch, ihm die Prinzessin zu rauben, wie bei Apuleius die Schwestern die Ehe mit Amor eingehen möchten, aber es mißlingt ihnen. Wenn der Prinz dort zwei Brote mitnehmen muß, um die Löwen zu besänftigen, die am Tore Wache halten, so entspricht das den Kuchen, mit denen Psyche den Cerberus milde stimmt. Und in einer Fassung jenes Märchens ist es sogar der Nordwind, der den jüngsten Bruder ins Zauberschloß trägt wie Psyche der Zephyrus. Auch da darf er sich nicht aufhalten lassen, wenn er seine Aufgabe lösen will; denn um zwölf Uhr schlägt das Tor des Schlosses zu. Ein Zwerg belehrt dort den ausziehenden Prinzen wie hier bei Apuleius der Turm das herumirrende Mädchen. Besonders das indische Märchen von Tulisa hat man[2]) als Parallele herangezogen, in welchem Tulisa ebenso einsam mit einem Unbekannten zusammenlebt und durch den bösen Geist Sarkasukis veranlaßt wird, ihn nach seinem Namen zu fragen. So scheidet er von ihr, indem er sich in eine Schlange verwandelt, und Tulisa muß die gefährlichsten Aufgaben vollbringen, um wieder mit ihm vereint zu werden.

Die Berührung mit solchen Märchenzügen kann man getrost einräumen, wie ja gleich der Neid der Venus an die Mißgunst der Königin in 'Schneewittchen' erinnert. Aber die Folgerung daraus, daß ein solches Märchen den

---

[1]) Der Griechische Roman, Leipzig 1876, S. 195 Anm.

[2]) Friedländer a. a. O. S. 550.

Kern unserer Erzählung gebildet habe, ist höchst bedenklich. Nach Friedländer
wäre ein in ein Ungeheuer verwandelter Prinz dem Vater der schönen Prinzessin auf der Jagd begegnet und hätte ihn durch Drohungen bewogen, sie ihm
auszuliefern. Die Verwandlung wäre erfolgt durch die Mutter des Prinzen selber,
weil diese ihre eigene Schönheit durch die der Prinzessin übertroffen sah und
erbost war, daß ihr Sohn diese liebte. Das ist im höchsten Grade unwahrscheinlich, da dann doch wohl die Nebenbuhlerin selber den Groll der Neidischen erfahren hätte, wie das richtig bei Apuleius der Fall ist. Gustav Meyer[1])
hat denn auch hier einfach auf eine Rekonstruktion verzichtet, und das ist bezeichnend für den Anfang unserer Geschichte. Die Aussetzung der Königstochter
hätte dann stattgefunden wie in dem Märchen 'Die zwei Brüder' (Grimm 60),
wo die Königstochter einem Drachen ausgeliefert werden soll. Nur in der Nacht
hätte der Zauber bei dem Gemahl aufgehört, doch wäre es ihm untersagt gewesen,
von einem Lichtstrahl getroffen zu werden. Der Prinz hätte seine Gattin gewarnt, nach seiner Gestalt zu forschen; doch sie läßt sich durch ihre Schwestern
zur Neugierde verleiten. Die beiden Motive des Verbots und der Lichtgefahr
sind miteinander nicht recht verträglich, und Gustav Meyer hat sich deshalb
mit dem ersten begnügt. Nachdem die Prinzessin durch ihre Neugier gefehlt,
ergab sich dann die Zeit ihrer Buße, durch die sie die Entzauberung des Gemahls herbeizuführen gehabt hätte. Auch hier ist klar, daß diese Vorstellung
des verzauberten Prinzen mit Amor sich nur schlecht verträgt. Man sieht nicht,
was die Brücke bildet von einem zum andern und wie das in einem Fall berechtigte Verbot in dem andern beibehalten werden konnte, falls es nicht sonstwie begründet war. Wenn aber Gründe dafür erkennbar sind, so bedarf es nicht
des Märchens zur Erklärung dieses Motivs. Auch bleibt Psyche gar nicht stand-
haft, sondern erliegt derselben Neugier, so daß die Erlösung des Verzauberten
nur schlecht verständlich wäre. Neuerdings hat von der Leyen[2]) die angebliche
Urform des Psychemärchens hergestellt. Über den Anlaß zur Auslieferung des
Mädchens sagt er nichts; genug, sie kommt in die Gewalt eines scheußlichen
Ungeheuers, das bei Tage eine häßliche Schlange, nachts ein schöner Jüngling
ist. Psyche, die in einem feenhaften Palaste bei ihm lebt, wird von ihm gewarnt, sich nicht von den Schwestern ausfragen zu lassen und nach seiner Gestalt zu forschen. Als sie schließlich doch dem Drängen der Neugierigen nach-
gibt und den Gemahl fragt, entschwindet er ihr; sie sucht ihn, wird von Frau
Venus, die von der Leyen merkwürdigerweise hat stehen lassen, und ihren Dienerinnen gepeinigt, muß allerlei Prüfungen bestehen und sogar in die Unterwelt
gehen, um Schönheitssalbe von der Totengöttin zu holen. Die Gefahren, die ihr
dabei drohen, überwindet sie, erhält die Büchse und öffnet sie unterwegs, ein
betäubender Dampf steigt hervor, aber sie ist erlöst (wodurch?) und mit dem
Geliebten wieder vereint. Und an diese verschwommene Rekonstruktion, die

---

[1]) A. a. O. S. 199: 'Die jüngste mußte — wir können nicht mehr sehen warum, so
sehr hat der Erzähler das ursprüngliche Motiv verwischt' — usw. Einige Bedenken inbezug
auf Friedländers Vermutung auch bei Schaller, De fabula Apuleiana quae est de Psycha et
Cupidine, Lips. 1911, Diss., S. 42 ff.   [2]) Das Märchen, Leipzig 1911, S. 98 ff.

Reitzenstein[1]) mit Recht zurückweist, schließt sich die Analyse: Wir haben
zuerst das Märchen vom Ungeheuer, das durch eine Königstochter erlöst wird;
sodann Teile des Märchens von den neidischen Schwestern, dann das Märchen
von den unlösbaren Aufgaben und eine Höllenfahrt, die an Frau Holle erinnert;
und diese Märchen schieben sich nach von der Leyen in- und durcheinander
'in einer Wirrnis', die es 'sehr wahrscheinlich macht, daß Apuleius sich an ein
im Volk erzähltes Märchen hielt'. Dieser seltsame Schluß und das darin enthaltene Zugeständnis, daß es nicht möglich ist, eine einheitliche Gestalt des
Märchens zu finden, aus der sich durch einfache Übertragung oder durch Hinein-
arbeiten der Götterwelt mit den notwendigen Folgerungen die Form der Erzählung des Apuleius ergäbe, bezeichnet deutlich den Bankrott dieser Bemühungen.[2])

Was ist denn nun unsere Erzählung, wenn sie eine Allegorie nicht ist,
und wie haben wir uns ihre Entstehung zu denken, wenn wir die Entwicklung
aus einem Märchen leugnen müssen? Reitzenstein war nach meiner Ansicht der
Lösung der Frage sehr nahe, als er von einem Göttermythus sprach, nur daß
er das Religiöse fälschlich hineinbrachte und irgendwelche Symbolik annahm.
Es ist in letzter Zeit gleichzeitig von Dietze und Schaller[3]) darauf aufmerksam
gemacht worden, daß eine ganze Anzahl von Beziehungen zur alexandrinischen
Literatur in der Geschichte von Amor und Psyche konstatiert werden können.
Aber diese Beziehungen zu den griechischen Sagen und ihren Darstellungen
gehen viel weiter als man bisher hervorgehoben hat. Daß dabei manches an
Märchenmotive anklingt, ist nicht weiter verwunderlich, wenn man die aufge-
fundenen Zusammenhänge zwischen Märchen und Götter- oder Heldensage be-
achtet.[4]) Odysseus' Abenteuer sind nichts anderes als Schiffermärchen. 'Den
Niederschlag und Nachlaß der entschwindenden und entschwundenen Mytho-
logie' nennt im Anschluß an die Ansicht, welche Jacob Grimm vertreten,
Wackernagel[5]) das Märchen, und andrerseits ist nach Wundt[6]) 'der epische
Mythus der durch die gehobene dichterische Stimmung in eine höhere Sphäre

---

[1]) A. a. O. S. 84 ff.

[2]) Mein Kollege Golther weist mich auf die schon von W. Grimm (Kleinere Schriften
I 351) hervorgehobene Ähnlichkeit der Erzählung von Parthenopex und Meliure hin. Daß
man daraus auf eine gemeinsame Märchenquelle schließen kann, glaube ich nicht; vielmehr
scheinen mir die frappanten Übereinstimmungen auf direkte Einwirkung des Apuleius
zurückzugehen, dessen 'Goldener Esel' sich immer großer Beliebtheit erfreut hat. Vgl. die
Testimonia in Oudendorps Ausgabe III, Lugd. Bat. 1823, S. 526 ff. Fulgentius (um 500) z. B.
hat nicht nur eine allegorische Erklärung des Psychemärchens gegeben, sondern auch in
seiner Expositio serm. ant. mehrere Ausdrücke aus Apuleius aufgenommen. Am bezeichnendsten erscheint mir, daß Partonopeus in dem zugrunde liegenden französischen Gedicht
aus dem XIII. Jahrh. ohne Anlaß ein Knabe ist wie Amor (Maßmann, Partonopeus und
Melior, Berlin 1847, S. 144). Aber auch die Schilderung des Palastes S. 138, der Situation
vor Ankunft der unbekannten geheimnisvollen Person S. 140, der Gegensatz S. 145: 'De moi
ferés vostre delit Cascune nuit, tot à loisir Me porés avoir et sentir' (Apul. Met. V 5 in.)
und dann: 'mais ne volroie estre véue' sprechen deutlich für direkte Anlehnung an Apuleius.

[3]) Dietze, Philolog. LIX (1900) S. 136 ff.; Schaller a. a. O. S. 45 ff.

[4]) Vgl. Friedländer a. a. O. S. 533.   [5]) Poetik, Rhetorik und Stilistik[2], Halle 1888, S. 66.

[6]) Wundt, Völkerpsychologie III[2] S. 405. Vgl. auch Archiv f. Religionswissenschaft XI
(1908) S. 200 ff.

entrückte Märchenmythus', und das Epos hat seinen Vorläufer 'in der einfachen
Mythenerzählung, die in Märchen- und Fabelformen in die frühesten von uns
erreichbaren Anfänge hinaufreicht'[1]), obgleich er auch für einzelne Fälle den
umgekehrten Übergang zugesteht. Wenn also ein Schriftsteller aus eigener Reflexion mythologische Erzählungen künstlich schafft in einer Zeit, in welcher
im allgemeinen das System der Mythen ins Wanken geraten ist, so wird erst
recht ein Durchdringen von mythologischen und märchenhaften Vorstellungen
zu erwarten sein, und ein solcher Kunstmythus liegt uns in 'Amor und Psyche'
vor, nicht mit religiöser, mystischer Bedeutung, sondern eine Erzählung ganz
im Sinne der alexandrinischen Poesie, die ja die Vermenschlichung der Götter
sehr weit geführt hat, mit einem kleinen frivolen Beigeschmack; oder wenn
man es anders ausdrücken will, wir haben einen Roman ganz nach Art der
uns bekannten, nur mit dem einen Unterschied, daß hier Götter auftreten.[2])
Man denke etwa an die Szene bei Ovid, Met. II 401, wenn Jupiter wie ein
guter Hausvater nach dem unglücklichen Phaethonabenteuer nachsieht an
Himmel und Erde, wie weit sie etwa durch den Leichtsinn des Heliossohnes
Schaden gelitten, und die Gelegenheit benutzt, um eine neue Liebschaft anzuknüpfen, oder die voraufgehende I 734, die ein wirksames Schlaglicht auf jene
wirft, wie Jupiter nach der Episode mit Io seiner Frau Gemahlin schwört, um
sie zu begütigen: 'Für die Zukunft lege alle Furcht ab, dies Mädchen wird
niemals mehr der Anlaß deines Kummers sein.' Das ist der Geist der Götterwelt,
die uns im Psychemärchen begegnet. Jupiter mit seiner Neigung zum liebenswürdigen Schwerenöter, Venus mit ihrem Neid und ihrer Gehässigkeit, auch Ceres und
Juno gehören diesem Milieu an. Aus der alten Mythologie und den Dichtern, die
sie dargestellt haben, ist eine große Menge von Motiven gewonnen, die wir in
der Erzählung von Amor und Psyche verwertet finden. Ich will versuchen, sie der
Reihe nach aufzuzählen und dabei hier und da die Geschichte selber zu analysieren.

In den Märchenton versetzt uns der Anfang[3]): *Erant in civitate quadam rex
et regina. hi tres numero filias ... habuere.* Aber abgesehen von der Allgemein-

---

[1]) Ebd. S. 325, vgl. S. 327 und besonders S. 350 ff., auch Bethe, Hessische Blätter für
Volkskunde IV (1905) S. 139.

[2]) Diese Formulierung Schallers a. a. O. S. 67 halte ich durchaus für richtig (vgl. das
Lob von Ed. Norden in seiner Einleitung in die Altertumswissenschaft I 572, 1. Aufl.) und
Reitzensteins Worte (S. 13): 'Ja, jene gelehrte Dichtung (wurde) wohl gar als hellenistischer
Liebesroman bezeichnet, der — auffälligerweise — unter Göttern spiele' schrecken mich
durchaus nicht. So würde vor Auffindung des Ninusromans vielleicht auch ein derartiger
Roman abgewiesen worden sein, weil der Held — auffälligerweise — eine historische Persönlichkeit ist; denn der Hermokrates bei Chariton bleibt doch nur äußerlicher Schmuck und
ist nicht der eigentliche Held. Auf den Namen kommt es übrigens nicht an, es ist eben ein
prosaischer Göttermythus; denn daß er etwa in Versen abgefaßt war, dafür haben wir keine
Anzeichen. Vgl. auch Dietze a. a. O. S. 139: 'Was dann folgt, ist ganz im Stile der hellenistischen Liebesdichtung geschrieben, die Rohde im Griechischen Romane so meisterhaft geschildert hat. Dort sind auch bereits die wichtigsten Parallelen angedeutet' (s. Rohde S. 148 ff.).

[3]) Gustav Meyer a. a. O. S. 196: 'In einem Lande waren einmal ein König und eine
Königin.' Schon dieser Anfang beweist deutlich, daß wir es hier mit einem wirklichen
Volksmärchen zu tun haben.

heit der Aussage, über die noch zu reden ist, entspricht dieser Anfang durchaus dem auch sonst in Erzählungen üblichen, soweit sie nicht in der Ichform gegeben werden. Diese gehen mehrfach aus von dem Ort der Handlung, die anderen beginnen wie hier. Beispiele bieten Xenophon von Ephesus, der Apolloniusroman, Petrons bekannte Novelle von der Matrone zu Ephesus.[1]) Ebenso fängt Apuleius auch sonst Geschichten[2]) an; und die gleiche naive Erzählungsart ist auch bei den Historikern nicht ungewöhnlich.[3]) Das Lob der Schönheit Psyches, für das die menschliche Sprache nicht ausreicht, erinnert gewiß an Märchen, da man bei Grimm liest (Märchen 166): 'saß da eine bildschöne Jungfrau, nein so schön, daß es nicht zu sagen ist'; aber die Ausdrucksweise ist für die Erzählungstechnik allgemein und bei Petron[4]) ebenso zu finden. Auch der Vergleich des Mädchens mit Aphrodite kehrt bei Chariton wieder, wie bei Xenophon von Ephesus die schöne Antheia als Artemis verehrt wird[5]); und wie derartige Mittel der Darstellung in der Sophistik beliebt sind, zeigt die Deklamation des Libanius 'Timon', in der Alkibiades als ein unter den Menschen wohnender Gott, als ein anderer Apoll oder Dionysos bezeichnet wird.[6]) Und die Verbreitung des Rufes der hervorragenden Schönheit wird durchaus mit den gleichen Farben wie im sophistischen Roman geschildert.[7]) Daß dafür das Vorbild in der alexandrinischen Poesie gegeben war, hat Rohde[8]) zweifellos richtig betont.

[1]) Xen. Eph. I 1: ἦν ἐν Ἐφέσῳ ἀνὴρ τῶν τὰ πρῶτα ἐκεῖ δυναμένων, Λυκομήδης ὄνομα. τούτῳ τῷ Λυκομήδει ἐκ γυναικὸς ... γίνεται παῖς Ἀβροκόμης. Hist. Apoll. 1: in civitate Antiochia rex fuit quidam nomine Antiochus ... is habuit unam filiam virginem speciosissimam. Petrou. c. 111: matrona quaedam Ephesi tam notae erat pudicitiae usw.

[2]) Ap. Met. VII 6 (158, 19): fuit quidam multis officiis in aula Caesaris clarus atque conspicuus; VIII 1 (177, 5): erat in proxima civitate iuvenis natalibus praenobilis; X 19 (251, 20): fuit in illo conventiculo matrona quaedam pollens et opulens.

[3]) Herodot I 6: Κροῖσος ἦν Λυδὸς μὲν γένος, παῖς δὲ Ἀλυάττεω ... οὗτος ὁ Κροῖσος usw. Xen. An. I 1: Δαρείου καὶ Παρυσάτιδος γίγνονται παῖδες δύο; III 1, 4: ἦν δέ τις ἐν τῇ στρατιᾷ Ξενοφῶν Ἀθηναῖος.

[4]) Ap. Met. IV 28 (96, 20): tam praeclara pulchritudo nec exprimi ac ne sufficienter quidem laudari sermonis humani penuria poterat. Petron. 126, 14 (98, 8 B.-H.): nulla vox est quae formam eius possit comprehendere, nam quicquid dixero, minus erit.

[5]) Ap. Met. IV 28 (97, 2): eam ut ipsam prorsus deam Venerem religiosis venerabantur adorationibus, (97, 9): terras Venerem alian ... pullulasse. Chariton I 1: ἦν γὰρ τὸ κάλλος οὐκ ἀνθρώπινον ἀλλὰ θεῖον; I 14, 1: καὶ γὰρ ἦν τις λόγος ἐν τοῖς ἀγροῖς Ἀφροδίτην ἐπιφαίνεσθαι (vgl. III 2, 14, 17). Xen. I 2, 7: πολλάκις αὐτὴν ... προσεκύνησαν ὡς Ἄρτεμιν; I 1, 3: προσεῖχον δὲ ὡς θεῷ τῷ μειρακίῳ (vgl. Dietze a. a. O. S. 139); I 12, 1: ἔλεγον ἐπιδημίαν θεῶν. Für den Hinweis auf die gleiche Verwendung von simulacrum und ἄγαλμα ('bildschön') Apul. IV 32 (100, 7); Achill. Tat. V 11, 5; s. Schaller a. a. O. S. 53.

[6]) Liban. Tim. 26 (V 548, 19 Förster).

[7]) Ap. Met. IV 29 (97, 10): sic immensum procedit in dies opinio, sic insulas iam proxumas et terrae plusculum provinciasque plurima fama porrecta pervagatur. Charit. I 1, 2: φήμη δὲ τοῦ παραδόξου θεάματος πανταχοῦ διέτρεχε καὶ μνηστῆρες κατέρρεον εἰς Συρακούσας ... οὐκ ἐκ Σικελίας μόνον, ἀλλὰ καὶ ἐξ Ἰταλίας καὶ Ἠπείρου καὶ νήσων τῶν ἐν Ἠπείρῳ. Beachtenswert ist der Anklang bei Tacitus, Ann. XII 36, 4: unde (aus Britannien) fama eius evecta insulas et proximas provincias pervagata per Italiam quoque celebrabatur.

[8]) Der Griechische Roman S. 152: 'Als Vorbild konnten aber solche Schilderungen von der Wirkung der Schönheit dienen, wie sie z. B. Callimachus im Eingang seiner Erzählung von Acontius und Cydippe ausgeführt hatte.'

Das Motiv, daß die reizende Gestalt eines Mädchens Venus zur Eifersucht und Rache herausfordert, begegnet uns in der Geschichte der Smyrna; deren Mutter hatte die Schönheit der Tochter über die der Göttin gestellt, zur Strafe sandte ihr diese eine unnatürliche Liebe, wie sie es ja auch in unserer Erzählung beabsichtigt, und zwar zu ihrem eigenen Vater.[1]) Auch in dem Gedicht von der Ciris ist es die Eifersucht der Juno, die in der Jungfrau die unglückliche Neigung zu Minos entfachen läßt.[2]) Das Motiv ist so bekannt, daß Properz es verwertet, wenn er bei der Erkrankung der Geliebten fragt (II 28, 9): *num sibi collatam doluit Venus? illa peraeque prae se formosis invidiosa dea est.* Die Art der hier geübten Strafe für ein Mädchen findet sich auch sonst. Bei Elektra ist es allerdings mehr politische Vorsicht, wenn sie mit einem gewöhnlichen Bauern bei Euripides verheiratet wird. Aber bei Xenophon von Ephesus[3]) wird es ausdrücklich als Racheakt hervorgehoben, daß Antheia einem Sklaven, und zwar gemeinster Sorte, einem Ziegenhirten, zur Genossin gegeben wird. An unserer Stelle ist die Strafe noch erschwert, wenn Venus verlangt, daß der zukünftige Mann der Psyche nicht nur arm und niedriger Herkunft, sondern auch an Gesundheit geschlagen sein soll; und man kann sich die ganze Brutalität dieser Strafe erst völlig klarmachen, wenn man etwa an das Schicksal denkt, das in dem Drama Hardts 'Tantris der Narr' über Isolde verhängt wird, die den Bettlern und Siechen preisgegeben wird.

Die entrüstete Gottheit wendet sich also an Amor, der ihre Kränkung rächen soll, wie es an jener Stelle der Ciris heißt (V 158): *at levis ille deus, cui semper ad ulciscendum quaeritur . . ., virginis in tenera defixit acumina mente.* So beschwört bei Ovid die Liebesgöttin den Sohn in ganz ähnlicher Situation[4]), und Achilles Tatius hat in seinem Roman (VIII 12, 4) Aphrodite aus Rachsucht die gleiche Bitte an Eros richten lassen. Dilthey[5]) vermutete eine gleiche Szene bei Callimachus.

Verfolgen können wir noch das Vorkommen dieser Situation bei Apollonius Rhod. (III 36 ff.), der auch sonst auffällige Ähnlichkeiten mit unserer Erzählung bietet. Es handelt sich um den Besuch der Athena und Hera bei Aphrodite, um sie zu bewegen, daß sie Medea Liebe zu Iason einflöße; man möchte vermuten, daß er den Anlaß zu der Erfindung gegeben hat, nach der Ceres und Juno später der Venus bei Apuleius ihre Visite machen (V 31). Der Gegenstand des Gesprächs ist derselbe, wie auch der Geist der Darstellung; denn nachdem Venus zunächst die beiden gescholten, daß sie sich so lange nicht haben sehen lassen, und dann den Wunsch vernommen, der sie hergeführt hat, spricht man von Eros, dessen Rücksichtslosigkeiten die Mutter schwer beklagt, wie sie bei

---

[1]) Vgl. Hygin. Fab. LVIII (60, 15 Schmidt).

[2]) Ciris V. 150 ff. 157: *timuit fratri te ostendere Iuno.*

[3]) Xen. Eph. II 9, 2: τὴν δὲ Ἄνθειαν οἰκέτῃ συνουσιάζειν ἐνενόει καὶ ταῦτα τῶν ἀτιμοτάτων, αἰπόλῳ τινὶ ἀγροίκῳ, ἡγουμένη διὰ τούτου τιμωρήσασθαι αὐτήν.

[4]) Ovid. Met. V 365 ff.: *natumque amplexa volucrem 'arma manusque meae, mea nate potentia' dixit, 'illa, quibus superas omnes, cape tela, Cupido'.* Vgl. Rohde, Der Griech. Roman S. 149 Anm. 4.

[5]) Dilthey, De Callimachi Cydippa, Leipzig 1863, S. 45.

Apuleius darüber entrüstet ist, daß er ihre Befehle in den Wind schlägt[1]); sie
nennt ihn Windbeutel, Verführer, widerlich, einen unsagbaren Sohn, wie sie bei
dem hellenistischen Dichter ihn als schamlos bezeichnet und 'du unsagbares
Unheil' anredet.[2]) Sie jammert über die Not, in der sie sich befindet, und droht,
ihm Pfeil und Bogen zu nehmen, wie sie bei Apollonius berichtet: 'Schon habe
ich in meiner Herzensnot in Aussicht genommen, ihm die bösen Pfeile mitsamt
dem Bogen zu zerbrechen.'[3]) Beide Male beschwert sich die Liebesgöttin, daß
sie durch Eros andern zum Gespött wird.[4]) Und in beiden Szenen bitten die
Besucherinnen Aphrodite um Nachsicht für ihren Sohn.[5]) Apollonius hat hier
die anmutige Situation geschildert, wie beim Eintreffen der Aphrodite Eros und
Ganymed gerade beim Knöchelspiel beisammen sitzen; aus dem gleichen Geiste
ist der Amor des Apuleius geboren. In beiden Fällen fleht dann die Mutter:
'Tu mir bereitwillig den Gefallen!'[6]), und dann drückt sie den Sohn unter
heftigen Küssen an sich.[7])

Nach dem erfolgreichen Gange zu Amor eilt Venus in unserer Erzählung
zum Meere: ihr Zug ist dabei mit Motiven geschildert, wie wir sie aus ähnlichen poetischen Szenen und Kunstwerken kennen[8]) und wie sie Raffael bei
seinem Gemälde der Galatea in der Villa Farnesina verwandt hat. Beachtenswert ist der enge Zusammenhang, in dem hier die Liebesgöttin noch mit dem
Wasser gedacht ist[9]), und die Beruhigung der Fluten, sobald sie nur ihren
Saum berührt, ruft die Vorstellung von der Aphrodite Εὔπλοια sofort ins Gedächtnis. Hier wird diese Beziehung benutzt, um die Unkenntnis der nächst-
folgenden Ereignisse bei Venus durch ihren Aufenthalt im Meere verständlicher
erscheinen zu lassen. Als nun Psyche keinen Freier bekommt[10]), wendet sich ihr

---

[1]) Apoll. III 93: ἐμεῖο οὐκ ὄϑεται, μάλα δ' αἰὲν ἐριδμαίνων ἀϑερίζει. Apul. Met. V 29
(126, 15): ut primum quidem tuae parentis, immo dominae praecepta calcares.

[2]) Apul. S. 126, 20: nugo et corruptor et inamabilis; V 31 (128, 4): non dicendi filii.
Apoll. III 92: ἀναίδητος, 129: ἄφατον κακόν.

[3]) Apul. V 30 (127, 11): sed nunc inrisui habita quid agam? ... (127, 18): faretram
explicet et sagittas dearmet, arcum enodet (scil. Sobrietas). Apoll. III 95: καὶ δή οἱ μενέηνα
περισχομένηι κακότητι αὐτοῖσιν τόξοισι δυσηχέας ἄξαι διστούς.

[4]) Außer der eben zitierten Stelle Apul. V 30 (127, 11); V 31 (128, 21): Venus indi-
gnata ridicule tractari suas iniurias. Apoll. III 102: ἄλλοις ἄλγεα τἀμὰ γέλως πέλει.

[5]) Apul. Met. V 31 (128, 5): palpare Veneris iram saevientem sic adortae. Apoll. III 109:
καὶ μήτι χαλέπτεο μηδ' ἐρίδαινε χωομένη σῷ παιδί.

[6]) Apul. IV 31 (99, 6): id unum et pro omnibus unicum volens effice. Apoll. III 131:
εἰ δ' ἄγε μοι πρόφρων τέλεσον χρέος ὅττι κεν εἴπω.

[7]) Apul. Met. IV 31 (99, 12): osculis hiantibus filium diu ac pressule saviata. Apoll
III 149: ἐπειρύσσασα παρείας, κύσσε ποτισχομένη.

[8]) Vgl. Mosch. Europ. 115 ff.; Luc. Dial. mar. 15, 3; Verg. Aen. V 818 ff. 239 ff.; Ovid.
Met. I 333 ff.; Philostrat. mai. II 18, 2; Preller, Griech. Mythologie I⁴ 600 f.

[9]) Roscher, Lex. d. Mythol. I 1 S. 402; Preller a. a. O. S. 347. 356; Welcker, Griech.
Götterlehre II 705 f.

[10]) Ich vermag den Widerspruch zwischen der 'unbegehrt verblühenden Psyche' und
dem 'eben erblühenden Kind' (Reitzenstein S. 9) nicht zuzugeben. Als heiratsfähiges Alter
ist natürlich ein sehr frühes angenommen (vgl. Friedländer a. a. O. S. 563 ff.). Wie lange
Psyche umsonst auf einen Freier harrt, ist nicht gesagt. Aber schon die Tatsache, daß kein

Vater an das Orakel des Apoll zu Milet, das die Aussetzung des Mädchens befiehlt. Dies ist ein Mittel, die Handlung zu fördern, das auch sonst in Sagen
wiederkehrt. Auf Grund eines Götterspruches läßt Laomedon seine Tochter Hesione
auf einem Felsenvorsprung am Meeresufer fesseln[1]), deren Lage ja der Aussetzung
Psyches völlig gleicht. Und ebenso wird Andromeda auf Grund eines Orakels
am Strande gebunden preisgegeben, ja bei ihr ähnelt auch der Anlaß dem in
unserer Dichtung; denn Andromedas Mutter hatte sich gerühmt schöner zu sein
als die Nereiden und Poseidon deshalb die Strafe verhängt.[2]) Und wenn man
ein Bild wie das von Achilles Tatius beschriebene bedenkt, Andromeda im vollen
Hochzeitsschmuck, so entspricht das der Darstellung des Apuleius, wo ja auch
die Erfüllung der Hochzeitsbräuche dem Opfer der Jungfrau vorausgeht.[3]) Kein
Wunder daher, daß Manilius in einer Schilderung der Andromeda sich mit Apuleius seltsam berührt, wo er ihren Auszug beschreibt und von dem Leichen-
begängnis ohne Leiche spricht.[4])

   Aber noch mehr kommt Io zum Vergleich in Betracht und ihr Schicksal,
wie es aus Äschylus' Prometheus (V. 640 ff.) sich ergibt. Io wird durch Träume
geängstigt, die ihren Vater veranlassen, sich an die Orakelstätten des Apollon
und Zeus zu wenden; da wird ihm der Spruch, er solle sein Kind aus dem
Haus und der Heimat stoßen; und so treibt er sie hinaus ἄκων ἄκουσαν. Da
naht sich ihr denn Zeus, heimlich vor Hera[5]), wie Amor Psyche vor Venus
verbirgt; aber der Bund wird durch die Eifersucht Heras gestört, und dann muß
Io umherirren wie Psyche, bis sie Erlösung findet und zur Göttin wird. Die
Sage war von Callimachus in der Ἰοῦς ἄφιξις behandelt.[6]) Wenn Ios Schicksale
die Vorstellung des Verfassers unserer Geschichte beherrschten, so könnte man
vielleicht auch eine Erscheinung erklären, die jetzt seltsam ist; Venus nimmt
nämlich in der späteren Erzählung Psyche stets als ihre entlaufene Sklavin in
Anspruch[7]), und die anderen Göttinnen sehen sie ebenso an. Man hat bisher
damit verglichen ein scherzendes Idyll von Moschos, das ja auch zweifellos für
den Steckbrief (VI 8) die Motive geliefert hat, unter dem Titel Ἔρως δραπέτης.
Aber das Verhältnis von Venus und Psyche ist doch ein anderes als das Amors
zu seiner Mutter, und gerade die Vorstellung der Dienerin oder Sklavin ist dadurch nicht nahegelegt. Anders, wenn man an die schon bei Äschylus vertretene

Bewerber kam, mußte bei ihrer Schönheit, ihrer Stellung als Königstochter und im Vergleich zu ihren älteren Schwestern auffallen. Wenn man diese Spanne Zeit, die an sich sehr
kurz sein kann, bis zum 'Verblühen' ausdehnt, so schafft man den Widerspruch erst, von
dem der antike Schriftsteller nichts gewußt hat.

   [1]) Vgl. Hygin. Fab. 89 (86, 4 Schmidt): *ob quam causam rex ad Apollinem misit con-
sultum.*

   [2]) S. Hygin. Fab. 64 (62, 15 Schm.); Apollodor. II 43.

   [3]) Achill. Tat. III 7, 5: ἕστηκε δὲ νυμφικῶς ἐστολισμένη ὥσπερ Ἀιδωνεῖ νύμφη κεκοσμη-
μένη. Apul. IV 33 (100, 22): *ornatam mundo funerei thalami;* (101, 9): *feralium nuptiarum
miserrimae virgini choragium struitur.*

   [4]) Manil. V 548: *virginis et vivae rapitur sine funere funus.* Apul. IV 34 (101, 20):
vivum producitur funus et lacrimosa Psyche comitatur non nuptias, sed exequias suas.

   [5]) Vgl. Aesch. Suppl. 297.   [6]) Schneider, Callimachea II 33.

   [7]) Apul. Met. VI 4 (131, 23), 5 (132, 10), 6 (133, 8), 8 (134, 2 f.).

Fassung der Iosage denkt, nach der Io Priesterin der Hera war[1]); da hatte Hera ein Recht auf ihre entlaufene Dienerin. Und aus dem Vorbild konnte sich leicht die gleiche Vorstellung in die nach jenem Muster geschaffene Psychedichtung einschleichen. Daß als Verräter wie in unserer Geschichte die Möwe, so dort ein Hierax (Habicht) erwähnt wird[2]), der doch offenbar in eine Verwandlungssage ver-flochten war, wie bei ähnlichen alexandrinischen Erzählungen, sei nebenbei bemerkt.

Das Motiv des Orakels war also durch ähnliche Sagen als selbstverständ-liche Lösung für den Fortgang der Handlung gegeben, und ich kann nicht den geringsten Anstoß daran nehmen. Weder Hamerling noch H. G. Meyer in ihren Dichtungen haben es für nötig befunden, irgendwie den Orakelspruch Apollons zu begründen. Wie sehr sich dies technische Mittel den Romanschreibern auf-drängte, zeigt am besten Xenophon von Ephesus, der überhaupt erst mit Hilfe eines Spruches des Apollon von Kolophon die Handlung seiner Erzählung in Bewegung setzt.[3]) Der Orakelgott weiß natürlich, was geschehen wird, und hüllt die Zukunft in seine dunkle Sprache, die unter dem Scheine ganz anderen Inhalts die Wahrheit enthält. Wie wenig man aus *vipereum malum* auf das Vor-handensein einer wirklichen Schlange in der ursprünglichen Geschichte schließen darf, sahen wir schon; das Orakel ist gefaßt, wie das Krösusorakel vom Maul-esel[4]), aus dem doch auch niemand schließen wird, daß an Stelle des Kyros ursprünglich ein Maulesel in der Geschichte eine Rolle gespielt habe. Die Form gerade dieses Orakels ist so bekannt gewesen, daß Aristophanes in den 'Rittern' und Lucian im 'Tragischen Zeus' sie zur Parodie benutzt hat.[5]) Welche dichte-rischen Reminiszenzen im übrigen mitgewirkt haben, um Amor als *saevum at-que ferum vipereumque malum* zu bezeichnen, habe ich schon oben gesagt; be-sonders ist auf die Übereinstimmung mit Moschos hinzuweisen, dessen erstes Gedicht, eben jener Ἔρως δραπέτης, eine Anzahl von Zügen enthält, die hier sich benutzt finden.[6]) Ist also das Orakel in seiner Fassung und seiner Existenz überhaupt durchaus motiviert, so muß man andrerseits eine Lücke in der Er-zählung zugeben; es ist nicht gesagt, daß Amor beim Anblick der Psyche, als

---

[1]) Aesch. Suppl. 291: κληδοῦχον Ἥρας φασὶ δωμάτων ποτὲ Ἰὼ γενέσθαι τῇδ' ἐν Ἀργείᾳ χθονί. Vgl. Apollodor. II 5: ταύτην ἱερωσύνην τῆς Ἥρας ἔχουσαν᾽ Ζεὺς ἔφθειρε; Palaeph. De incredib. 43; Schol. Arat. 161.

[2]) Apul. V 28; Apollodor. II 7.   [3]) Xenoph. Ephes. I 6.   [4]) Herodot I 55.

[5]) Vgl. Helm, Lucian und Menipp, Leipzig 1906, S. 137. [Seit der Abfassung dieses Aufsatzes (Mai 1913) hat Birt die gleiche Frage behandelt (Kritik und Hermeneutik, München 1913, S. 205 ff.), und es ist mir eine Freude, in einigen wesentlichen Punkten mit ihm übereinzustimmen. So führt auch er zur Beurteilung des Orakelwortes das Herodot-orakel an und macht ebenfalls darauf aufmerksam, daß der Name Psyche keinen Anlaß zu weitgehenden Schlüssen bietet. Allerdings den von ihm konstruierten Unterschied zwi-schen 'Göttin' und 'Unsterbliche' kann ich mir nicht aneignen.]

[6]) Bucol. Graeci rec. v. Wilamowitz, Oxford 1905, S. 120 V. 10: ὡς δὲ χολὰ νόος ἐστίν, ἀνάμερος, 11: ἄγρια παίσδων, 14: βάλλει κεἰς Ἀχέροντα καὶ εἰς Ἀΐδα βασίλεια, 16: καὶ πτε-ρόεις ὡς ὄρνις ἐφίπταται, 18: τόξον ἔχει, 19: ἐς αἰθέρα δ' ἄχρι φορεῖται (Ap. IV 33 [101, 1]: *pinnis volitans super aethera cuncta fatigat*), 22: πάντα μὲν ἄγρια ταῦτα, πολὺ πλέον ἁ δαῖς αὐτῷ· βαιὰ λαμπὰς ἐοῖσα τὸν Ἅλιον αὐτὸν ἀναίθει (*flammaque et ferro singula debilitat*), 27: τὰ χείλεα φάρμακον ἐντί.

seine Mutter ihm die unschuldige Frevlerin zeigt, irgendeine Empfindung für
sie übrig hat. Das mag auffällig erscheinen, ist aber ganz im Sinne alexandrinischer Dichtungen, die sich sprungweise fortzubewegen pflegen; es ist aber
vor allem auch im Interesse der Spannung, die dadurch erhalten wird, daß der
Leser zunächst nichts von Amors Liebe erfährt und also bei dem Orakelspruch
ebenso ins Gefühl des Ungewissen und der Angst versetzt wird, wie Psyche
selber und ihre Eltern, und die gleiche Technik läßt sich auch in anderen Romanen beobachten.[1])

Nach Psyches Aussetzung ziehen sich ihre Eltern ins innerste Haus und
in dauernde Finsternis zurück, wie das im Roman üblich ist.[2]) Die Jungfrau
aber wird in den Märchenpalast Amors gebracht, wie Pluto die Persephone oder
Poseidon die Amymone oder Tyro in sein Reich entführt[3]), wobei in der Schilderung des wehenden Gewandes die schon früher (s. S. 193 Anm. 8) verwertete
Darstellung der Europa aus dem Gedichte des Moschos vorschwebt.[4]) Der Palast selber hat sein Analogon in dem Herrscherhaus des Menelaos bei Homer[5]),
wo der Glanz des Goldes, Silbers, Bernsteins und Elfenbeins hervorgehoben ist und
Telemach staunend bemerkt: 'So herrlich muß der Palast des olympischen Zeus
sein', wie hier gesagt wird: 'Gleich beim ersten Eintritt erkennt man, daß hier
die lichte und liebliche Stätte eines Gottes ist.' Auch das Haus des Helios, wie
Ovid es schildert, doch nach alexandrinischem Vorbild, ist zu vergleichen, zumal hier auch der ziselierten Darstellungen gedacht wird, welche die Türen
wie bei Apuleius die Wände schmücken.[6]) Natürlich ist für Apuleius bei seiner
Beschreibung die Einwirkung der in den Rhetorenschulen geübten ἐκφράσεις

---

[1]) Ich erinnere an die Erzählungsart des Achilles Tatius. Leukippe wird III 15 geopfert; III 17 wird sie wieder lebendig, und nun erst die Erklärung gegeben; IV 9 wird
sie plötzlich wahnsinnig, aber erst Kap. 15 erfährt der Leser den Hergang und sie wird
geheilt; V 7 wird Leukippe geköpft, wenigstens muß der Leser es mit dem unglücklichen
Kleitophon glauben; V 18 taucht sie plötzlich als lebendig auf, und wir hören erst jetzt,
daß vorher an Leukippes Stelle ein anderes Mädchen von den Räubern getötet ist.

[2]) Apul. Met. IV 35 (102, 21): *clausae domus abstrusi tenebris perpetuae nocti sese
dedere*. Hist. Apollon. c. 39 (81, 12 R.): *in luctu moratur et iacet intus in subsannio navis in
tenebris; flet uxorem et filiam*.

[3]) Vgl. Luc. Dial. mar. 6, 3: τί βιάζη με καὶ ἐς τὴν θάλατταν καθέλκεις; 13, 2: περι-
στήσας ποϱφύϱεόν τι κῦμα.

[4]) Apul. Met. IV 35 (103, 1): *vibratis hinc inde laciniis et reflato sinu*. Mosch. Eur. 129:
κολπώδη δ' ἀνέμοισι πέπλος βαθὺς Εὐρωπείης. Ov. Met. II 875: *tremulae sinuantur flamine
vestes*. Die Hilfe des Windes wird natürlich auch in anderen Erzählungen in Anspruch genommen; vgl. Ov. Met. II 506: *celeri raptos per inania vento*.

[5]) Hom. Od. IV 43 ff. 71 ff. Apul. Met. V 1 (103, 14): *iam scies ab introitu primo dei
cuiuspiam luculentum et amoenum videre te diversorium*. Hom. Od. IV 74: Ζηνός που τοιήδε
γ' Ὀλυμπίου ἔνδοθεν αὐλή.

[6]) Ovid. Met. II 1: *regia Solis erat sublimibus alta columnis, clara micante auro
flammasque imitante pyropo, cuius ebur nitidum fastigia summa tegebat*. Apul. V 1 (103, 15):
summa laquearia citro et ebore curiose cavata subeunt aureae columnae. Ovid II 4:
argenti biforas radiabant lumine valvae ... nam Mulciber illic ... caelarat. Apul.
(103, 17): *parietes omnes argenteo caelamine conteguntur ... certe deus, qui magnae artis
suptilitate tantum efferavit argentum*.

mit in Anschlag zu bringen, wie sie uns in poetischer Form z. B. bei Statius
vorliegen[1]); schon die sorgfältige Disposition: Decke, Säulen, Wände, Fußboden
zeigt in ihrem Fortschritt von oben nach unten das rhetorische Schema.[2]) Bei
der Ausschmückung des Lebens, das Psyche in jenem Palaste führt, mag man
einen Märchenzug erkennen in den unsichtbaren Stimmen, welche die Bedienung
haben. Erinnert fühlt man sich an Vorstellungen von dem Schlaraffenland, wie
sie schon in Hesiods Versen vom Goldenen Zeitalter einen Niederschlag gefunden haben und dann mehrfach bei den attischen Komikern wiederkehren.[3])
Ähnliche Wundergeschichten wie hier werden auch sonst erzählt; bei Lucian
in den Wahren Geschichten (II 13) werden die Seligen von den Winden bedient, und der Scholiast zu der Stelle merkt an, daß das gleiche von den Brah-
manen berichtet wird.[4]) Und im Leben des Apollonius von Tyana lesen wir[5]),
daß beim Gastmahl die Speisen von selber kamen, besser geordnet, als wenn
sie von Köchen hergerichtet wären, und ebenso erschienen selbsttätig vier Drei-
füße, die den Schmausenden Wein und Wasser darboten. Im übrigen ergab sich
für den Verfasser unserer Geschichte aus der Unsichtbarkeit des Herrn, der nicht
erkannt sein wollte, mit einer gewissen Konsequenz die Unsichtbarkeit seiner
Diener, die keine Möglichkeit gewähren, das Aussehen des Herren zu erforschen.

Die Darstellung des Zusammenlebens zwischen Amor und Psysche bedurfte
dann keiner älteren Motive. Ich möchte dabei nur eines hervorheben, da Reitzenstein (S. 81 f.) darauf weitgehende Schlüsse aufgebaut hat, um unsern Amor zu
dem Gott jener späten Kosmogonie machen zu können, der gar nicht als Eros,
sondern als δράκων Πύθιος bezeichnet ist. Reitzenstein sucht allerdings das
Πύθιος als hellenistischen Zusatz zu verdächtigen, wenn ich recht verstehe,
nur um diese orientalische Kosmogonie älter erscheinen zu lassen, während
Dieterich, Abraxas S. 126 daraus einfach folgerte, daß die Figur des pythischen
Drachen unsere Kosmogonie in hellenistische Kreise weise, 'die von christlichen
unberührt noch die alte δραματουργία δράκοντος kannten und deren wenn auch
gnostische Gebilde doch im griechischen Mythus wurzelten'. Von diesem pythischen Drachen ist gesagt, daß er alles vorauswußte; und so soll auch Amor
bei Apuleius alles vorher wissen. Aber mit dieser Allwissenheit ist es nicht gar
so gut bestellt. Als die Schwestern Psyches zu ihren Eltern geeilt sind und
nun zu erwarten steht, daß sie nach der Verlorenen forschen werden, kündigt
er ihr das an.[6]) Ich kann nicht finden, daß das aus dem Rahmen der übrigen

---

[1]) Stat. Silv. I 3, II 2, IV 2, 18; vgl. auch I 5 (s. Vollmers Ausgabe S. 263).

[2]) Man vgl. z. B. den Equus Domitiani, Stat. Silv. I 1.

[3]) Hes. Op. 109 ff.; Telekl. I 209 Kock; Pherekr. I 182 K.; vgl. C. Bonner, The Greek
land of Cockaigne, Transactions of the American philol. association XLI (1910) S. 176 f.

[4]) Schol. in Lucian. ed. H. Rabe, Lips. 1906, S. 21, 27: τὰ περὶ Βραχμάνων τερατολο-
γούμενα τῶν Ἀσσυρίων διασύρει.

[5]) Philostr. Vit. Apoll. III 27: ἡ γῆ δὲ ὑπεστόρνυ πόας μαλακωτέρας ἢ αἱ εὐναί. τρα-
γήματα δὲ καὶ ἄρτοι καὶ λάχανα καὶ τρωκτὰ ὡραῖα, πάντα ἐν κόσμῳ ἐφοίτα διακείμενα ἥδιον
ἢ εἰ ὀψοποιοὶ αὐτὰ παρεσκεύαζον, τῶν δὲ τριπόδων οἱ μὲν δύο οἴνου ἐπέρρεον, τοῖν δυοῖν δὲ
ὁ μὲν ὕδατος θερμοῦ κρήνην παρεῖχεν, ὁ δὲ αὖ ψυχροῦ; vgl. Rohde, Der Griech. Roman
S. 195 Anm.   [6]) Apul. Met. V 5.

Zeichnung Amors herausfiele, der ja doch bei Tage die ganze Welt durchfliegt. Daß er befürchtet, sie könnten Psyche neugierig machen, und sie deshalb bittet, von ihrem Besuch abzusehen, ist ohne weiteres begreiflich, da er wünschen muß, daß seine Person unerkannt bleibe und seiner Mutter nichts zu Ohren komme. Er warnt sie auch ferner, als sie doch darauf besteht, ihre Schwestern zu sehen[1]), was ja völlig überflüssig wäre, wenn er die Zukunft vorauswüßte. Auch als er der Gemahlin ankündigt, daß das Kind in ihrem Schoße göttlich sein wird, wenn sie der Neugierde widersteht, aber sterblich, wenn sie der Versuchung erliegt[2]), weiß er nicht, wie sich das Schicksal entscheiden wird. Nach der Entdeckung des Anschlags der Psyche sagt er allerdings[3]): 'Ich habe dich zu meiner Gattin gemacht, um dir dann als Tier zu erscheinen und des Kopfes beraubt zu werden'; aber auch da ist noch keine besondere Allwissenheit zu konstatieren, sondern nur die Darstellung des Schriftstellers nach alexandrinischer Art, bei der selbstverständliche Zwischenglieder absichtlich fortgelassen werden; und daß Psyche, wie er davonfliegen will und sie sich an ihn klammert, irgend etwas über die Motive zu ihrer Tat gesagt haben wird, um sich zu rechtfertigen, ist doch wohl psychologisch selbstverständlich. Also das Wissen Amors ist höchstens dasjenige, das auch den homerischen Göttern eigen ist.

Für die Verleitung des harmlosen Mädchens, in dem kein Arg ist, fand der Erzähler in der Mythologie wieder Beispiele. Schon das Flehen, die Schwestern sehen zu dürfen, erinnert an die inständige Bitte der Prokne, die in der thrakischen Einsamkeit es als einzigen Trost betrachtet, wenn ihr der Gatte erlaubt, Philomela einmal zum Besuch empfangen zu dürfen.[4]) Sodann die Verführung selber: Wenn wir bei dem gleichen Motiv der Verbindung des Gottes mit der Sterblichen bleiben, so muß man sofort an Semele und Zeus denken.[5]) Auch Semele kennt ihren Geliebten nicht in seiner wahren Gestalt; ihr naht die Versucherin in der Person der alten Amme Beroe, deren Äußeres dort Juno angenommen hat.[6]) Auch dort wird die Besorgnis der Semele wachgerufen, daß sie irgendwie betrogen sei, bis sie zu ihrer vermessenen Bitte kommt, den Geliebten in seiner wirklichen Majestät sehen zu wollen. Schließlich wird Semele zur Göttin wie Psyche. Das Motiv der Neugier, die zum Verderben führt, enthält auch die Pandrosossage.[7]) Athene hat den kleinen Erichthonius, in einem Körbchen verborgen, der Kekropstochter Pandrosos zur Hut übergeben mit dem Befehl, nicht nach dem Inhalt des Korbes zu forschen; sie selbst ist gehorsam, aber ihre beiden Schwestern können ihre Neugier nicht bemeistern, sie öffnen und werden von Athene bestraft, nach einer Version, indem sie, in Wahnsinn versetzt, sich vom Burgfelsen hinunterstürzen.[8]) Die Erzählung ist insofern von einer gewissen Wichtigkeit, weil sie eine Ähnlichkeit in dem Schicksal der Ungetreuen mit dem der Schwestern Psyches aufweist. Aber es ist auch be-

---

[1]) V 6 (107, 15. 21).   [2]) V 11 (112, 13).   [3]) V 24 (122, 6).
[4]) Apul. Met. V 5 (107, 3), 6 (107, 30 ff.); Ovid. Met. VI 440 ff.
[5]) Auf Semele weist auch Gustav Meyer hin, Essays und Studien, Berlin 1885, S. 205.
[6]) Ovid. Met. III 278; Hygin. Fab. 179 (35, 4 Schm.).
[7]) Vgl. Zinzow a. a. O. S. 234.   [8]) Apollodor. III 189; Eur. Ion S. 268 ff.

achtenswert, daß sie nach einer Fassung[1]) den Vogel als Angeber enthält, der ja nachher in unserer Geschichte auch eine Rolle spielt.

Die Zeichnung der Psyche in ihren Seelenqualen unmittelbar vor dem Mord, den sie an dem unbekannten Lagergenossen beabsichtigt, ist mit den Zügen alexandrinischer Dichtung gegeben. Nicht nur, daß es von ihr heißt: 'Sie war allein, nur daß die Furien bei ihr waren', so wie Ovid mit gleicher Pointe sagt: 'Ich war allein, nur daß der wilde Amor bei mir weilte'[2]), ihr Schwanken wird ebenso geschildert, wie Ovid das der Althäa beschreibt, ehe sie das verhängnisvolle Holz ins Feuer wirft, an das Meleagers Leben geknüpft ist; auch das Bild von dem Meere findet sich beide Male, wenn auch in etwas anderer Weise, um ihre innere Erschütterung zu zeigen[3]), und wie das Messer gleichsam beseelt wird und aus Psyches Hand schlüpft, so seufzt das Holz auf, als es in die Flamme geworfen wird.[4]) Auch die Anrede an die Lampe, die den Gott durch das herabtropfende Öl verbrennt, entspricht alexandrinischer Poesie.[5])

Hat Psyche sich bisher dem Unbekannten nur hingegeben, wenn auch nicht widerwillig, so entbrennt jetzt in ihr die heißeste Liebe zu dem Gott. Erklärt wird dieser psychologisch durchaus begreifliche Vorgang doch nach Dichterart in mythologischer Weise dadurch, daß sie sich, wie sie einen Pfeil aus dem Köcher neugierig in die Hand nimmt, versehentlich damit ritzt. Das gleiche Motiv begegnet uns in einer von Ovid übernommenen alexandrinischen Dichtung, die auch sonst Parallelen zu unserer Erzählung bietet. Es handelt sich um die Fortsetzung der oben erwähnten Geschichte der Smyrna, die Venus mit unseliger Liebe geschlagen, weil ihre Mutter sie der Göttin verglichen hatte. Aus dem frevelhaften Bunde entstammt Adonis. Als nun Amor einmal Venus umarmt, verletzt er sie, ohne es zu wollen, mit einem hervorstehenden Pfeil[6]), und sie verfällt in heiße Neigung zu dem schönen Adonis, so daß sie nicht mehr an Kythera, nicht mehr an Paphos und Knidos, ihre Kultstätten denkt; auch das erinnert an die Ausdrucksweise des Apuleius zu Beginn seiner Erzählung: 'Niemand fuhr mehr nach Paphos, niemand nach Knidos und selbst nicht nach Kythera.'[7]) Beachtenswert ist, wie das Motiv mit dem Pfeil, das in der Ovidischen Darstellung nur auf dem Zufall basiert, hier ganz der Charakteristik des Mädchens entsprechend verwandt ist; ihre Neugier verrät sich auch darin. Etwas ähnliches enthält auch die Heraklessage, die wir noch später zu vergleichen Anlaß nehmen werden. Der Kentaur Pholos, den Herakles auf seinem Zuge besucht, zieht einen Pfeil aus einem gefallenen Kentauren, weil

---

[1]) Hygin. Fab. 166 (20, 8 ff. Schm.); Ovid Met. II 552 ff.
[2]) Apul. Met. V 21 (119, 9); Ovid. Am. I 6, 34.
[3]) Apul. Met. V 21 (119, 10); Ovid. Met. VIII 470.
[4]) Apul. Met. V 22 (120, 10); Ovid. Met. VIII 515; vgl. Dietze a. a. O. S. 145.
[5]) Apul. Met. V 23 (121, 13); Anth. Pal. V 6. 7.
[6]) Ovid. Met. X 525 ff.; Hyg. Fab. 58 (60, 22 Schm.).
[7]) Ovid. Met. X 529: *non iam Cythereia curat litora, non alto repetit Paphon aequore cinctam piscosamque Gnidon.* Ap. Met. IV 29 (97, 14): *Paphon nemo, Cnidon nemo ac ne ipsa quidem Cythera . . . navigabant.*

er sich wundert, daß ein so kleines Ding so starke Geschöpfe ums Leben bringt.
Dabei gleitet er ihm aus der Hand und verletzt ihn, dort natürlich zum Tode.[1]
   Nun beginnen die Irrfahrten der Psyche. Ihr Sturz in den Fluß ist vergeblich, weil dieser sie rettet; wenn es heißt: 'aus Scheu vor dem Gotte, der
auch die Gewässer in Glut zu setzen weiß', so ist das ein alexandrinisches
Motiv.[2] Am anderen Ufer tritt Pan mit seiner Ermunterung auf, der ihr rät,
lieber Cupido wieder zu versöhnen. Die Situation, in welcher er sich selber befindet, Echo im Arm, der er beibringt, allerlei Worte nachzusingen, erinnert an
die hellenistische Gruppe von Pan und Daphnis[3]; ein ähnliches Werk 'Pan und
Echo' beschreibt Callistratus, wenn nicht nach einem wirklich vorhandenen,
so jedenfalls auf eine Anregung der alexandrinischen Poesie. Daß gerade Pan
hier diese Rolle zuerteilt wird, hat Dietze[4] mit Recht auf die Einwirkung der
bukolischen Poesie zurückgeführt, in der er als Beschützer der Liebenden eingeführt worden ist. Im übrigen hat für die Ökonomie der Erzählung Pan hier
die Stelle, die in der Iosage Prometheus einnimmt[5], wenn er ihr den Weg und
das Ziel ihrer Irrfahrten weist und sie dadurch hindert, den Plan zur Ausführung zu bringen[6], den Psyche schon versucht hat, sich durch einen Sturz vom
Felsen auf einmal Erlösung von ihrem Leiden zu verschaffen.
   Psyche tritt also ihre Wanderung an, den Geliebten zu suchen. Auch in
der Sage spielt ein ähnliches Motiv eine Rolle; Io geht dem Epaphus, ihrem
geraubten Sohne, Demeter der Kore nach, die entschwunden ist. Aber noch
deutlicher ist die Beziehung zum erotischen Roman; wir haben ja hier, was
auch dort die Triebfeder der Handlung zu bilden pflegt. Wie hier Psyche dem
Amor, so folgt bei Xenophon von Ephesus Habrokomas den Spuren der verlorenen Antheia.[7] Zunächst kommt Psyche zu ihren Schwestern, an denen sie
sich rächt, indem sie durch die Vorspiegelung, Eros verlange jene zur Ehe, sie
verleitet, von der Höhe hinabzuspringen, von der Zephyrus sie nicht mehr trägt.
Reitzenstein (S. 5) nennt das töricht; ich fürchte, daß da ein modernes Empfinden
mitspricht, vielleicht auch das Bestreben, die Heldin der Erzählung von dieser
gemeinen Rachsucht freizusprechen, die der Göttin nicht ansteht. Aber die Per-

---

[1] Apollodor. II 86.
  [2] Anth. Pal. IX 627, 5: λαμπὰς ὡς ἔφλεξε καὶ ὕδατα; Philostr. Epist. 48 ex.: καὶ γὰρ
ὕδωρ ὑπ' ἔρωτος κάεται.
  [3] Roscher, Lex. d. Myth. III 1, 1454; Reitzenstein, Epigramm und Skolion, Gießen
1893, S. 247 ff.; Callistrat. Stat. 1: παρειστήκει δὲ καὶ ὁ Πάν, γανύμενος τῇ αὐλητικῇ καὶ
ἐναγκαλισάμενος τὴν Ἠχώ.
  [4] A. a. O. S. 142; vgl. Theokr. VII 103; Long. II 23, 4; Verg. Ecl. 10, 26.
  [5] Vgl. Aesch. Prom. V. 589 ff. 700 ff.
  [6] Aesch. Prom. 747: τί δῆτ' ἐμοὶ ζῆν κέρδος, ἀλλ' οὐκ ἐν τάχει ἔρριψ' ἐμαυτὴν τῆσδ'
ἀπὸ στύφλου πέτρας, ὅπως πέδοι σκήψασα τῶν πάντων πόνων ἀπηλλάγην. Apul. Met. V 25
(122,17): per proximi fluminis marginem praecipitem sese dedit. Vgl. auch VI 17 (141, 9):
pergit ad quampiam turrim praealtam, indidem sese datura praecipitem.
  [7] Xen. Eph. II 12, 2: εἰς ἐπιζήτησιν τῆς Ἀνθείας ἔρχεται. Ap. Met. VI 1 (129, 2), V 28
(125, 6): Psyche quaesitioni Cupidinis intenta. Bei Antonius Diogenes werden die Geschwister
Derkyllis und Mantinias getrennt, bei Iamblich das Ehepaar Rhodanes und Sinonis, bei
Heliodor werden Theagenes und Chariklea durch bösen Zufall geschieden.

sonen unserer Geschichte sind nicht so sentimental. Bis zu welcher Brutalität
Venus in ihrem Zorn geht, sahen wir schon; und das Motiv der Rache spielt
in den alten Sagen eine große Rolle; man braucht nur an das Mahl des Thyestes
zu denken oder an die Strafe, die Prokne vollzieht, um an Tereus die ihrer
Schwester angetane Schmach zu sühnen, indem sie den eigenen Sohn Itys dem
Vater zum Schmaus vorsetzt. Daß Amor den Schwestern Strafe angedroht hat,
ist kein Widerspruch; denn er hat natürlich das gleiche Interesse wie die Ver-
führte selbst daran, und wenn sie ihm nicht dabei entgegenkäme, so würde er
seinerseits darauf bedacht sein, die Verräterinnen ins Unglück zu bringen; er
wirkt ja auch dabei mit, insofern er Zephyrus keinen Befehl gibt, sie wie früher
vom Felsen hinabzutragen.[1])

Daß die Mitteilung des Vorgefallenen an Venus im Motiv durchaus mit
alexandrinischen Erzählungen übereinstimmt, sahen wir schon. Hier ist es die
Möwe, welche in ihrer Geschwätzigkeit Venus die Kunde zuträgt; in der früher
erwähnten Sage von Aglauros und Pandrosos berichtet die Krähe von der Über-
tretung des Verbotes; in einer anderen Sage wirkt der Rabe in gleicher Weise
mit[2]); auch das Epitheton 'loquax' findet sich zur Charakteristik der Vögel bei
Ovid und bei Apuleius.[3]) Und daß in der Iosage ein Ἱέραξ (Habicht) den Hermes
verrät, als er Io befreien will[4]), bemerkten wir früher. Es folgen die Szenen,
die wir schon den gleichartigen bei Apollonius Rhodius gegenübergestellt haben,
Venus im Zorn, sich über ihren Sohn beklagend und ihn bedrohend, sodann
der Besuch von Ceres und Juno. Parallelen bietet auch nach hellenistischem
Vorbild Lucians elftes Göttergespräch, in dem Aphrodite ganz ähnlich ausruft:
'Was hat er mir, seiner Mutter, alles angetan!'[5]), und die Drohung, Amor die
Waffen zunichte zu machen, wird dort ebenso erwähnt.[6]) Selbst der Hinweis
auf das durchaus heiratsfähige Alter des scheinbaren Knaben Amor in der Rede
der Göttinnen findet in anderem Zusammenhang in jenen Dialogen sich wieder[7]),
so wie das Vorgehen des jugendlichen Tunichtguts gegen seinen Stiefvater, den
gewaltigen Ares, hervorgehoben wird.[8])

---

[1]) Sehr richtig sagt Purser S. 60 seiner Ausgabe z. W. *magisterii*: '*Cupid's part in the
punishment of the wicked sisters does not appear, according to Dietze; it is Psyche who is
instrumental in their death. If we made this objection to Apuleius, he might have smiled and
replied that Cupid was indirectly instrumental, by giving no orders to Zephyr to convey
them from the rock; and that it was love of him which wrought their death.*'

[2]) Ovid. Met. II 535 ff.   [3]) Ovid. II 535. 540; Apul. Met. V 28 (126, 4).   [4]) Apoll. II 7.

[5]) Luc. Dial. deor. 11, 1: ἐμὲ γοῦν αὐτὴν τὴν μητέρα οἷα δέδρακεν; vgl. 12, 1: ἃ γὰρ
εἰς ἐμὲ τὴν μητέρα ὑβρίζεις· Apul. Met. V 30 (127, 4): *ipsam matrem tuam, me, inquam,
ipsam, parricida denudas cotidie et percussisti saepius.*

[6]) Luc. Dial. deor. 11, 1: ὥστε πολλάκις ἠπείλησα, εἰ μὴ παύσεται τοιαῦτα ποιῶν, κλάσειν
μὲν αὐτοῦ τὰ τόξα καὶ τὴν φαρέτραν, περιαιρήσειν δὲ τὰ πτερά. Vgl. oben S. 193.

[7]) Luc. Dial. deor. 2, 1: διότι μὴ πώγωνα μηδὲ πολιὰς ἔφυσας, διὰ ταῦτα καὶ βρέφος
ἀξιοῖς νομίζεσθαι γέρων καὶ πανοῦργος ὤν. Apul. Met. V 31 (128, 12): *an ignoras eum mas-
culum et iuvenem esse vel certe iam quot sit annorum, oblita es? an, quod aetatem portat
bellule, puer tibi semper videtur?*

[8]) Luc. Dial. deor. 19, 1: ὁ Ἄρης γὰρ οὐ φοβερώτερος ἦν; καὶ ὅμως ἀφώπλισας αὐτὸν
καὶ νενίκηκας. Apul. Met. V 30 (127, 7): *nec vitricum tuum fortissimum illum maximumque*

In die Irrfahrt der Psyche hat der Verfasser die Flucht zum Tempel der
Ceres und der Juno eingeschoben, offenbar angeregt durch die kurz vorher erzählte Visite der beiden Göttinnen bei Venus, um doch den sonst farblosen
Bericht etwas zu beleben. Da beide sie abweisen, so beschließt sie, sich Venus
selber zu stellen, in der stillen Hoffnung, bei ihr auch den Geliebten wieder-
zutreffen. Eine Lücke ist hier in der Darstellung zu konstatieren, insofern nicht
direkt gesagt ist, daß Venus auf die verhaßte Nebenbuhlerin bisher gefahndet
hat.[1]) An sich wäre nun nach dem Gange der Handlung die folgende Szene
ganz überflüssig, wenn sie dem Erzähler nicht Glegenheit zu einer ἔκφρασις gäbe,
Venus mit dem Taubenwagen gen Himmel fahrend, und die Benutzung des
Steckbriefmotivs ermöglichte. Hier ist der Lohn, den die Göttin verspricht,
zweifellos nach Moschos' Ἔρως δραπέτης geformt, nur daß die zarte Andeutung
des griechischen Dichters durch lüsterne Ausführung vergröbert ist.[2]) Daß der
Gedanke, die Annonce eines entlaufenen Sklaven als Form eines Gedichtes zu
benutzen, auch bei Meleager Anklang gefunden hat, darauf hat v. Wilamowitz
hingewiesen.[3]) Für die komische Situation des Steckbriefs ist die Figur Merkurs
verwandt worden ganz in der Weise, wie der Götterbote als Ausrufer in Lucians
Menippischen Djalogen auftritt.[4])

Von jetzt ab weilt Psyche in der Gefangenschaft und dem Dienste der
Venus, wie derartige Dienstbarkeit ja auch in den griechischen Sagen berichtet
wird; ich erinnere nur an das bekannteste Beispiel, Herakles im Dienste des
Eurystheus, weil die Schicksale des Helden und der Psyche hinfort eine gewisse Ähnlichkeit aufweisen; beide haben auf fremden Befehl eine Anzahl von
Taten zu verrichten, beide müssen bis in die Unterwelt wandern, beide werden
dann zu den Himmlischen erhoben und einer Gottheit im Olymp vermählt.
Daß im einzelnen die auferlegten Prüfungen ganz verschiedener Art sind, ist
bei der Verschiedenheit der Geschlechter beider und des Zeitgeistes, der sich
in diesen Schöpfungen widerspiegelt, völlig selbstverständlich. Es sind drei

---

bellatorem metuis. quidni? cui saepius in ungorem mei paelicatus puellas propinare consuesti.
Vgl. Dietze a. a. O. S. 143.

[1]) Apul. Met. VI 6 (132, 15): Venus terrenis remediis inquisitionis abnuens ist etwas
unerwartet, wenn man nicht abnuens einfach versteht 'unter Verzicht auf'; aber daß in
der Tat Venus schon nach der Flüchtigen gesucht hat, muß man aus den Worten der
Ceres VI 2 (129, 21): totum per orbem Venus anxia disquisitione tuum vestigium . . . requirit
schließen.

[2]) Mosch. V. 2 ff.: ὅστις ἐνὶ τριόδοισι πλανώμενον εἶδεν Ἔρωτα, δραπετίδας ἐμός ἐστιν,
ὁ μανύσας γέρας ἕξει· μισθόν τοι τὸ φίλαμα τὸ Κύπριδος, ἢν δ' ἀγάγῃ νιν, οὐ γυμνὸν τὸ
φίλαμα, τὸ δ', ὦ ξένε, καὶ πλέον ἕξεις. Ap. Met. VI 8 (133, 18): si quis a fuga retrahere vel
occultam demonstrare poterit fugitivam regis filiam, . . . conveniat retro metas Murtias Mer-
curium praedicatorem, accepturus indicivae nomine ab ipsa Venere septem savia suavia et
unum blandientis adpulsu linguae longe mellitum. Wer die Ähnlichkeit mit wirklichen An-
kündigungen vergleichen will, sehe die Inschriften CIL. IV 64 und Suppl. 3864 nach (Diehl,
Pompejan. Wandinschriften Nr. 432 und 433), wozu Diehl mit Recht auf Ap. Met. VI 8
verwiesen hat.

[3]) Textgeschichte der Bukoliker, Berlin 1906, S. 80. Anthol. Pal. V 176.

[4]) Vgl. Lucians Βίων πρᾶσις und Δὶς κατηγορούμενος.

Aufgaben auf der Erde von Psyche zu erfüllen, die Sonderung der verschiedenen
Getreidekörner, das Holen der goldenen Flocken und das Herbeischaffen des
Quellwassers. Die erste zeigt vielleicht eine gewisse Übereinstimmung mit dem
Auftrag, den Herakles erhält, allein an einem Tage den Mist aus dem Stall des
Augias zu entfernen; so wird auch Psyche geboten, bis zum Abend diese Arbeit
zu vollenden[1]), und wie sie mit dem Beistand der Ameisen dem Befehl gerecht
wird, so benutzt der Held die Hilfe der beiden Flüsse Alpheios und Peneios.
Es mag gesucht erscheinen, wenn man bei der zweiten Aufgabe, von den wilden
Schafen die goldene Wolle abzunehmen, an die Rinder des Geryones oder den
wilden Stier des Minos oder die rasenden Stuten des Diomedes unter den Heraklestaten erinnern wollte, wo überall gefährliche Tiere eine Rolle spielen; aber
zu beachten ist, daß Psyche ratlos vor der Schwierigkeit des Auftrags steht,
wie Herakles, als er die stymphalischen Vögel verjagen soll. An diesen tritt
Athene heran und gibt ihm guten Rat und die Werkzeuge, zwei eherne Klappern,
mit denen er sie verscheucht.[2]) So spricht zu Psyche plötzlich das Rohr und
gibt ihr das einfachste Mittel an, sich in Besitz der goldenen Flocken zu setzen.
Wenn das Schilf hier Stimme hat, so ist das ganz im Geiste hellenistischer
Dichtung und auch bei Ovids) zu finden. Aber daß es 'von der Gottheit in-
spiriert', wie ausdrücklich gesagt ist, 'weissagt', gemahnt speziell an die Iosage,
in welcher die bekannte Orakeleiche von Dodona die Umherirrende anredet.[4])
Die dritte Prüfung Psyches erinnert an Herakles' Zug, um die Äpfel der Hes-
periden zu holen; denn um das Wasser, das sie schöpfen soll, hausen wilde
Drachen, deren Augen sich nie schließen, und Stimmen ertönen aus den Wellen
selber, die Hesperidenäpfel aber bewacht ebenso ein unsterblicher Drache mit
hundert Köpfen, welche die verschiedensten Laute ausstoßen[5]); und beide Male
vollführt den Auftrag nicht derjenige, der ihn erhalten, sondern dem Herakles
bringt Atlas die Äpfel, und Psyche besorgt der Bote des Zeus, der Adler, das
Wasser. An Herakles' letzte Tat schließt sich auch Psyches letzte Aufgabe an;
beide ziehen zur Unterwelt, der eine, um den Cerberus, die andere, um die
Büchse Schönheit heraufzuschaffen; beide gehen nach Tänarum in Lakonien,
um dort den Eingang in den Hades zu gewinnen.[6]) Auch für diesen Gang
wird der Geliebten Amors alles vorausgesagt, und zwar von dem Turm, von
dem sie sich stürzen will. Das ist eine Dublette von der voraufgehenden Szene
mit dem Schilf, die nicht sehr geschickt ist; aber nahegelegt war sie durch ähnliche Anweisungen, die einer κατάβασις voranzugehen pflegten; in der Odyssee
belehrt Kirke den Helden, ehe er seine Hadesfahrt antrat, in der Äneis Vergils
hat die Sibylle die gleiche Aufgabe erhalten.[7]) Wenn Psyche hier auf den Ge-

---

[1]) Apollodor. II 88: ἐν ἡμέρᾳ μιᾷ μόνον ἐκφορῆσαι τὴν ὄνϑον. Apul. Met. VI 10 (135, 15):
ante istam vesperam opus expeditum approbato mihi.

[2]) Apollodor. II 93.   [3]) Ovid. Met. XI 190 ff.

[4]) Apul. Met. VI 12 (137, 6): divinitus inspirata sic vaticinatur arundo. Aesch. Prom.
832 ff.: αἱ προσήγοροι δρύες, ὑφ' ὧν σὺ λαμπρῶς κοὐδὲν αἰνικτηρίως προσηγορεύϑης.

[5]) Apul. Met. VI 14 (139, 1 ff.); Apollodor. II 113.

[6]) Apul. Met. VI 18 (141, 17 ff.); Apollodor. II 123.

[7]) Hom. Od. X 504 ff.; Verg. Aen. VI 125 ff.

danken kommt, den kürzesten Weg in die Unterwelt durch einen Sprung aus
der Höhe zu nehmen, so hat dafür schon Dietze[1]) eine auffällige Parallele nachgewiesen. In Aristophanes' Fröschen gibt Herakles dem Dionysos, der ins Reich
der Toten ziehen will, den Rat, auf einen hohen Turm zu steigen und durch einen
Fall von oben sich aufs schnellste den Eingang in den Hades zu verschaffen.

Bei Herakles wie bei Psyche ist die Wanderung in die Unterwelt belebt
durch allerlei Zwischenfälle. Herakles sieht Theseus und Pirithous gefesselt auf
dem Stein und befreit den einen, er erlöst Askalaphos von dem Felsen, den
Demeter auf ihn gewälzt hatte, er ringt mit Menötes, dem Hirten der Rinder
Plutos.[2]) Drei Gefahren bedrohen auch Psyche, natürlich ganz anders geartet
und berechnet auf ihre gute Seele; sie darf die beiden Kuchen nicht aus der
Hand geben, mit denen sie den Cerberus besänftigen kann, sonst ist sie verloren,
und Venus hat ihr Ziel erreicht, die Nebenbuhlerin zu vernichten. Die ja hier
durchaus· dem etwas niedrigen Niveau der ganzen Erzählung angemessene Besänftigung des Höllenhundes durch eine Lockspeise treffen wir schon bei Vergil, ein Beweis, daß dies Motiv schon aus der voraufgehenden Poesie stammt.[3])
Unter den Hindernissen, die Psyche zu überwinden hat, ist das erste: ein
lahmer Eseltreiber, den man ganz ohne Berechtigung[4]) mit dem Oknos in der
Unterwelt identifiziert hat, bittet sie, ihm ein paar heruntergefallene Stücke
Holz auf seinen lahmen Esel zu heben; dann folgt ein schwimmender Alter,
der sie anfleht, ihm in Charons Nachen zu helfen; endlich fordern Frauen, die
an einem Gewebe beschäftigt sind, sie auf, eine Weile an ihrer Arbeit teilzu-

---

[1]) Dietze a. a. O. S. 141; Aristoph. Ran. 127: βούλει κατάντη καὶ ταχεῖαν σοι φράσω; —
καθέρπυσόν νυν ἐς Κεραμεικόν. — κᾷτα τί; — ἀναβὰς ἐπὶ τὸν πύργον τὸν ὑψηλόν — τί
δρῶ; — ... τόθ' εἶναι καὶ σὺ σαυτόν. Apul. VI 17 (141, 9): pergit ad quampiam turrim
praealtam, indidem sese datura praecipitem; sic enim rebatur ad inferos recte atque pul-
cherrime se posse descendere.

[2]) Apollod. II 124 f.

[3]) Apul. Met. VI 20 (143, 18); Verg. Aen. VI 420. Es scheint mir danach, daß Vergil
neben Apoll. Rhod. IV 139—61 (s. Norden, P. Vergilius Maro Aeneis Buch VI, Leipzig 1903,
S. 237) noch eine andere Quelle für seine Darstellung gehabt hat. Daß die ganze Vorstellung von der Besänftigung des Cerberus beim Eintritt in die Unterwelt erst jüngeren Alters
ist, hat Rohde, Psyche I², Freibg. i. B. 1898, S. 304, 2 gezeigt.

[4]) Vgl. Roscher, Lex. d. Myth. III 1 S. 824 ff. Das Vasenbild Arch. Zeitung XXVIII
Tafel 31, 2 enthält einen alten Mann, vor dem ein paar Striche sich finden, die keine Ähnlichkeit mit Holzstücken haben und vielleicht Wasser darstellen könnten. Hinter dem Greis
steht ein offenbar bockender ithyphallischer Esel, der von einem Jüngling zurückgehalten
wird und deshalb in die Knie sinkt. Der Esel trägt keine Last und zeigt keine Spur, daß
er es vorher tat; er bewegt sich auf den Alten zu, nicht von ihm weg; die vier dünnen
Striche sind also nicht hinter ihm, sondern ein gut Stück vor ihm angebracht und können
unmöglich etwas vorstellen, was er verloren hat. Wenn ich auch den Greis am Wasser und
den bockenden Esel nicht zu deuten weiß, so viel ist mir sicher, daß er mit unserer Szene
nichts zu tun hat und man sehr mit Unrecht daraus auf eine alte Form der Oknossage geschlossen hat. Schon daß die anderen beiden Hindernisse der Psyche nicht eine mythologische Erklärung finden und daß alle drei ganz deutlich für unsere Situation ersonnen
sind, sie zum Zugreifen mit den Händen zu bewegen, spricht entschieden dagegen, und es
wäre an der Zeit, daß man die mit großem Scharfsinn erschlossene und weiter ausgesponnene
'älteste Form der Oknossage' wieder aufgäbe, weil sie auf leerer Kombination beruht.

nehmen. Ich glaube nicht, daß man sehr weit suchen muß, um eine Deutung für diese Gefahren zu geben; es sind im Gegensatz zu den Taten und Vorgängen der alten Heroenwelt Erscheinungen aus dem täglichen Leben, ganz in alexandrinischer Art, die das Genrehafte liebt, wie sie einer Frauensperson begegnen und sie wohl von der Fortsetzung ihres Weges einen Augenblick zurückhalten können: es sind das keine mystischen Prüfungen, sondern hinterlistige Veranstaltungen der Venus, wie sie mit Recht genannt werden[1]), mit dem Zweck, der Verhaßten ledig zu werden.

Es bleibt die letzte Gefahr für Psyche, vor welcher der redende Turm sie warnt; Proserpina bietet ihr einen weichen Sitz und ein prachtvolles Mahl an; sie aber soll nichts davon nehmen und statt dessen sich auf die Erde kauern und um ein Stück altes Brot bitten. Man hat dafür an das Beispiel der Proserpina selber erinnert[2]), die darum verdammt ist, immer im Hades zu bleiben, weil sie von einem Granatapfel dort genossen hat.[3]) Gewiß hat Roßbach recht[4]), wenn er behauptet, daß die beiden Fälle sich nicht decken, da ja Psyche überhaupt etwas ißt; aber trotzdem stammt das Motiv n. m. A. aus jener Sage und ist nur in genrehafter Weise ohne Rücksicht auf die ursprüngliche Bedeutung umgearbeitet. Auch hier droht Psyche die Gefahr, sie könnte den Kuchen aus der Hand legen, dessen sie unbedingt bedarf, um auf dem Rückwege an dem Cerberus vorbeizukommen. Nimmt sie nur ein Stück Brot, so kann sie ihn bequem festhalten.

Das Spielerische dieser Motive zeigt sich auch in dem Verbot, die Büchse, die Proserpina gefüllt hat, nicht zu öffnen; denn eine Bedeutung hat es durchaus nicht; ob Psyche die Büchse Venus uneröffnet bringt oder nachdem Amor den Schaden wieder gutgemacht, ist ganz gleichgültig: Venus ist keinesfalls besänftigt, und die Prüfungen, besser gesagt, Abenteuer der Psyche hören nicht auf, weil sie auch die schwerste bestanden hätte — das spricht ja am deutlichsten gegen jede mystische Auslegung —, sondern weil die Geschichte doch einmal ein Ende nehmen muß. Auch bei dieser Büchse, aus welcher der Öffnenden das Unheil kommt, haben ältere Anregungen mitgewirkt. Zunächst gedenkt man der sogen. Büchse der Pandora.[5]) Bei Hesiod[6]) sind es die Übel, die dem Gefäße enteilen und sich unter den Menschen verbreiten, nachdem das Weib den Deckel gehoben. Nach der Fassung bei Babrios[7]), in welcher der

---

[1]) VI 19 (142, 19): *haec omnia tibi et multa alia de Veneris insidiis orientur.* Daß man zu Eseltreibern lahme Greise noch benutzte, zeigt auch IX 27 (223, 8): *senex claudus, cui nostra tutela permissa fuerat;* dieser Zug ist also dem Leben abgelauscht. Und die Lahmheit des Esels spielt in unserem Roman selbst eine solche Rolle, daß man den Eindruck gewinnt, es handelt sich auch dabei um eine häufige Erscheinung des täglichen Lebens (vgl. IV 4 [77, 12], VI 26 [147, 21], 30 [152, 7]).

[2]) S. Ettig, Acheruntica, Leipz. Stud. XIII 385, 6, der bei den alten Frauen an die Parzen erinnert; und möglich ist es natürlich, daß diese Vorstellung den Verfasser bei seiner Erfindung mitbeeinflußt hat, obwohl gerade die Dreizahl fehlt.

[3]) Ovid. Met. V 530: *repetet Proserpina caelum, lege tamen certa, si nullos contigit illic ore cibos: nam sic Parcarum foedere cautum est.*

[4]) Rhein. Mus. XLVIII (1893) S. 598.   [5]) [Vgl. N. Jahrb. 1902 IX 228.]   [6]) Hesiod. Op. 90 ff.

[7]) Babr. fab. 58 (S. 53 Crusius): ὁ δ' ἀκρατὴς ἄνθρωπος εἰδέναι σπεύδων, τί ποτ' ἦν ἐν αὐτῷ; vgl. Ap. Met. VI 20 (144, 4) *temeraria curiositate.*

Mensch allgemein an die Stelle des Weibes tritt, hatte Zeus alle Güter in ein
Gefäß gesammelt und dies verschlossen dem Menschen gegeben; der aber, von
unwiderstehlichem Drange getrieben, öffnete, wie Psyche in verblendeter Neugier, und alles schwebte davon. Ein Gedicht der griechischen Anthologie kommt
unserer Darstellung noch näher; dort wird von Pandora berichtet, daß sie den
Deckel wegtat, und die Güter, die darin geborgen waren, hinausflogen; sie selbst
aber erblaßte vor Schreck und verlor ihre Schönheit.[1]) Nur etwas stärker ist
es, wenn Psyche in einen totähnlichen Schlaf versinkt. Aber auch die Geschichte von dem bekannten Schlauch, in welchem Äolus Odysseus die Winde
eingeschlossen mitgibt, kann mitgewirkt haben; schon ist er der Heimat nahe,
wie Psyche wieder sich ihrem Ziele nähert, da packt seine Gefährten die Neugier, sie öffnen, und die Windsbraut stürzt heraus und trägt das Schiff aufs
neue in die Ferne.[2]) Gedacht ist jedenfalls das ganze Motiv abermals als eine
Hinterlist der Venus, die mit der Schwäche des Mädchens rechnet und wohl
weiß, daß der Inhalt dieser Büchse für die Trägerin Verderben bringend sein wird.

Um nun aber die Erzählung glücklich abzuschließen, damit die Liebenden
sich wiederfinden, wie sich das für jeden Roman auch im Altertum gehört,
läßt der Verf. jetzt Amor eingreifen, der erst[3]) mit einem leichten, unschädlichen Stich seines Pfeiles Psyche wiederbelebt und dann sich an Zeus wendet,
um der Sache ein für allemal ein Ende zu machen. Die lustigen Szenen, die
sich dabei ergeben, atmen durchaus den Geist, wie er uns aus den menippischen Schriften und aus Lucian entgegenweht. Jupiter beklagt sich bei Amor,
daß er ihn bei seinen Liebschaften gezwungen, allerlei entwürdigende Gestalten
anzunehmen, wie bei Lucian[4]) im schon zitierten Göttergespräch[2]); und wenn
Zeus dort den Eros unter der Bedingung freiläßt, daß er ihm das Lieben künftig
leichter mache, so berührt sich das mit der Forderung, die er hier stellt, ehe
er Amors Bitte um Hilfe gewährt, ihm das schönste Mädchen auf Erden zuzu-
führen. Auch für die Götterversammlung wie für das nachfolgende Göttermahl
stellen sich die Beziehungen zu hellenistischen Burlesken ohne weiteres ein.[5])
Psyche wird trotz des früheren Widerstrebens der Venus durch einen Becher
des Göttertrankes unter die Unsterblichen eingereiht und so ebenbürtig gemacht,

---

[1]) Anth. Graec. III 122 (Brunck IV 92): ἡ δὲ γυνὴ μετὰ πῶμα κατωχρήσασα παρειὰς
ὤλεσεν ἀγλαΐην ὧν ἔφερεν χαρίτων.

[2]) Hom. Od. X 44 ff.

[3]) Reitzenstein a. a. O. S. 89 zieht Stat. Silv. II 3, 27 ff. heran, wo Artemis, um eine
schlafende Nymphe rechtzeitig zu warnen, als sie von Pan bedroht wird, aus der Entfernung einen Pfeil umgekehrt mit der Hand gegen sie schleudert und sie so weckt. Die
Parallele ist rein äußerlich, da die Situationen völlig verschieden sind; die bei Statius ist
etwa mit dem Culex zu vergleichen, wo der Stich der Mücke den Schläfer vor dem Verderben
bewahrt. Auf eine gemeinsame alexandrinische Quelle für Statius und Apuleius zu schließen,
halte ich deshalb nicht für richtig; ja, ich würde sogar Statius die Erfindung mit dem
seltsamen Pfeilschuß selber zutrauen.

[4]) Apul. Met. VI 22 (145, 12): famamque meam laeseris in serpentes, in ignes, in feras,
in aves et gregalia pecua serenos vultus meos reformando. Luc. Dial. deor. 2, 1: ἐμοὶ μὲν
οὕτως ἐντρυφᾷς ὥστε οὐδέν ἐστιν ὃ μὴ πεποίηκάς με, σάτυρον, ταῦρον, χρυσόν, κύκνον, ἀετόν.

[5]) Vgl. Helm, Lucian und Menipp, Leipzig 1906, S. 160 Anm. 2.

wie Herakles trotz Heras Haß endlich in den Olymp aufgenommen wird[1]);
beide Male findet die Versöhnung statt, und eine Hochzeit schließt sich an,
Eros erhält seine Psyche und Herakles Hebe, die Tochter Heras; auch da wird
also die grimme Feindin zur liebevollen Schwiegermutter.[2])

Ich glaube gezeigt zu haben, daß in der griechischen Sagenwelt und Poesie
die Motive zum großen Teil vorlagen, die der Verf. unseres 'Märchens' sich für
seine Darstellung leicht zu eigen machen konnte, wenn er einen neuen Mythus
erfinden wollte. Es würde aber etwas fehlen, wenn wir nicht auch versuchten,
über den Namen der Psyche uns Klarheit zu verschaffen, weil gerade er der
Ausgangspunkt für die allegorischen Deutungen gewesen ist. Daß er durchaus
nur als ein Name wie jeder andere auch ohne Rücksicht auf seine Bedeutung
gebraucht wird und von der Seele dieser Psyche die Rede ist, möchte ich dabei
als Argument nicht gerade besonders betonen.[3]) Aber nehmen wir einmal an,
der Schriftsteller hellenistischer Zeit, den wir als Erfinder der Geschichte
anzusehen haben, habe eine Liebschaft des Eros zu seinem Thema machen
wollen, so war er in einer gewissen Verlegenheit, welche Geliebte er ihm
geben sollte. Aus dem Götterhimmel stand nicht so leicht jemand zur Verfügung, die sonstigen Götterliebschaften, wie die Beziehung des Dionysos zu
Ariadne, des Zeus zu Europa oder Semele, wiesen ihn auf die Erde, wodurch er ja überhaupt erst den Stoff für eine etwas umfangreichere Handlung
gewinnen konnte, und das Heraklesmotiv legte es nahe, einer Sterblichen nach
einigen Abenteuern die Apotheose zu verschaffen. Einen beliebigen Namen
konnte er nicht wählen, da dieser bei der Vergöttlichung am Schluß recht
störend gewesen wäre. Man braucht nur einmal die hochpoetische, formvoll-
endete Bearbeitung des Psychemärchens von dem kürzlich verstorbenen Hans
Georg Meyer[4]) zu lesen, in welcher Namen wie Beda, Wolf, Beate, Gangolf mit
Eros und Psyche zusammengestellt sind, um zu empfinden, wie dadurch die
Illusion gehemmt wird. Es ist ja auch kein Zufall, sondern weise Überlegung
des Verfassers, daß Psyches Eltern und Schwestern namenlos bleiben. Für die Geliebte selber ging das nicht an, weil sonst das Ganze zu schemenhaft erscheinen
würde. Also blieb nur übrig, einen Namen aus den vorhandenen Mädchennamen auszuwählen, der sich ohne weiteres mit [einer Vergöttlichung vertrug,
der allgemein war und als Personifizierung erträglich war, wie viele den Götterhimmel bevölkern. So kam er auf Psyche. Schon Otto Jahn[5]) hat darauf hingewiesen, daß auf den römischen Inschriften Psyche mehrfach als der Name
römischer Sklavinnen und Freigelassenen vorkommt. Eine Psyche begegnet uns
bei Petron[6]); Plutarch berichtet vom jüngeren Cato, daß er in Kappadokien zu
der Frau eines am dortigen Hofe angesehenen Gastfreundes in einem nahen

---

[1]) Apul. Met. VI 23 (146, 10): *porrecto ambrosiae poculo: 'sume, inquit, Psyche et im-
mortalis esto.'*
[2]) Apollodor. II 160; Hesiod. Theog. 950 ff.
[3]) Vgl. Dietze a. a. O. S. 139; Purser a. a. O. S. LXI.
[4]) Eros und Psyche, Berlin 1899.   [5]) Archäolog. Beiträge S. 126 Anm. 12.
[6]) Kap. 20, 2: *ancilla quae Psyche vocabatur.* 21, 1; 25, 1; 26, 1.

Verhältnis gestanden habe, die Psyche hieß. Dazu kommt, daß Psyche als
Schmeichelwort für die Geliebte üblich war[1]) und selbst in die römische Welt
eindrang zum Spott Juvenals und Martials, also sich gerade für eine sonst
namenlose Geliebte besonders eignen mußte, um ihr Individualität zu verleihen.
Endlich mußte dem Verfasser gerade diesen Namen eingeben die ganz gewöhnliche
künstlerische Darstellung, die Eros mit Psyche, da natürlich als Personifikation
der menschlichen Seele, zusammenstellte; schon fürs IV. Jahrh. hat man diese
Verbindung erwiesen[2]), und so zeigen Meleagers Epigramme Eros in seiner
Wirkung auf Psyche, d. h. die Seele. Wenn also der Verf. der Geschichte von
Eros' Liebe nach einem Mädchennamen Umschau hielt, so konnte er eigentlich
nur auf den ja im Leben wirklich vorhandenen und aus mehr als einem Grunde
geeigneten, Psyche, kommen. Nicht viel anders steht es mit dem Namen der
Tochter, die natürlich, wenn er sie einmal benannte, sich ebenfalls in diesen
Kreis fügen mußte. Hedone ist Frauenname, und in die Gesellschaft von Hebe,
Psyche usw. reihte er sich trefflich ein[3]), wie er ja auch dem Sinne nach völlig
dem Verhältnis zu Eros entsprach.

So fällt auch dieser Grund aus dem Namen hin, in der Dichtung von
Psyche etwas anderes zu sehen als was es ist, nämlich ein Göttermythus, geschaffen in der hellenistischen Zeit von einem Schriftsteller, der darin dem
etwas dekadenten Geiste seiner Zeit Rechnung trug, die für Erhabenheit keinen
Sinn mehr hatte, der deshalb burleske Szenen mit Vorliebe verwandte, den
Ernst aber des Pathetischen entkleidete und wenigstens auf einen kleinbürger-
lichen Ton herabstimmte. Bestritten aber wurde die Erfindung fast ganz aus
den Motiven der alten Sage und Poesie, vornehmlich aus dem Io- und dem
Heraklesmotiv. Wer das erfaßt hat, wird den Gedanken an eine Allegorie, die
sich doch nicht durchführen läßt, um so leichter aufgeben und nicht nach
irgendwelchen mystischen Mythologemen fahnden, er wird sich aber auch nicht
mehr wundern, wie schlecht Apuleius den Märchenton gewahrt hat, der eben
in dieser Kunstdichtung niemals wirklich vorhanden war und selbst in den
ersten Worten nur scheinbar wiederklingt. Daß Berührungen mit Volkserzäh-
lungen nachgewiesen sind, so gut wie man in der Sisyphus-, in der Medeasage,
in der Geschichte von Danae oder Peleus und Thetis, im Heraklesmythus die
Verwandtschaft mit Märchen[4]) gefunden hat, will dabei nichts sagen; es mag
auch der eine oder der andere Zug tatsächlich daher entnommen sein: worauf
es ankommt, ist, daß niemals ein Märchen existiert hat, das einfach die Grundlage für die Darstellung unseres Dichters — so dürfen wir ihn ja wohl nennen
— geboten hat, sondern daß er die Geschichte frei erfunden hat, um vom

---

[1]) Vgl. Gisela Fridberg, Schmeichelworte der antiken Literatur, Rostock. Diss. 1912,
S. 8—12.

[2]) S. Waser in Roschers Lex. d. Mythol. III 2 S. 3240 ff.

[3]) Vgl. Roscher, Lex. d. Mythol. III 2 S. 2166, 47 s. v. 'Personifikationen'.

[4]) Vgl. Friedländer a. a. O. S. 533 f. Wie die Heraklessage Märchenmotive enthält,
auch in den ἄθλα, hebt Crusius hervor: Verhandl. d. 40. Philologenversammlung, Leipzig
1890, S. 31, 1.

Liebesgott eine Liebesgeschichte zu erzählen, wie sie von so vielen anderen
Göttern existierte. Will man das, was so geschaffen ist, trotzdem der Ton und
der Umfang nicht gerade übermäßig dazu stimmt, ein Märchen nennen: meinet-
wegen! Der moderne literarhistorische Begriff deckt sich nicht mit diesem Erzeugnis der Phantasie eines schöpferischen Geistes; und falsch ist es, das Komische und Niedrige daran, das an die Posse erinnert, dem Apuleius als Verdienst oder Schuld anzurechnen. Ihm haben wir hier wie auch sonst die sprachliche Fassung und Umstilisierung, dazu ein paar leicht anzubringende Beziehungen auf Rom und römische Einrichtungen[1]) zuzuschreiben; das Ganze
hat er zweifellos nicht angetastet.[2]) Ihm lag das Sophistisch-Pathetische an
sich besser, und wer das elfte Buch liest, sollte wirklich empfinden, wes Geistes
Kind er war. Die zersetzende Lauge Menipps, deren Wirkung wir nur ahnen
können, hat sicherlich in der hellenistischen Zeit mehr die Gemüter durchdrungen als im II. Jahrh. n. Chr., wo Lucian den Spötter erst neu entdecken
und für seine Welt zurechtmachen mußte, und unser 'Märchen' atmet mehr
von dem frivolen Leichtsinn Ovids und seiner alexandrinischen Vorbilder als
von dem inbrünstigen Glaubensdurst des Apuleius. Schaffen oder mit eigener
schöpferischer Tätigkeit innerlich zum Komischen umgestalten konnte er eine
solche Erzählung nicht; aber aufnehmen konnte er sie in seinen Roman vermöge der zwei Seelen, die in ihm wohnten. Er war Mensch und Schriftsteller,
und diesem war es möglich, bei allem religiösen Streben des Menschen, nur um
in echt sophistischem Sinne seine Tätigkeit auf recht vielen Gebieten zu beweisen[3]), einen fremden obszönen Roman ins Lateinische zu übertragen, der zunächst nur unterhalten sollte, bis ihm selbst am Ende der Gedanke aufging,
daß sich ein religiöser Schluß anhängen ließe. Nur ergötzen wollte er auch
mit der Amorgeschichte, und ich muß die Worte von Monceaux[4]) völlig unter-
schreiben, die Purser seiner Ausgabe als Motto vorausgeschickt hat: 'Bien cer-
tainement, Psyché n'a été admise dans les Métamorphoses que pour divertir le
lecteur. Prenons l'épisode pour ce qu'il est, un joli conte encadré dans un roman.'

---

[1]) Vgl. Teuffel, Studien u. Charakteristiken[2], Leipzig 1889, S. 578; Schaller a. a. O. S. 58.
[2]) Der Ausdruck von Pagenstecher, Sitz.-Berichte d. Heidelberg. Akad. d. Wissensch.
II (1911) S. 1 von dem Märchen, das Apuleius zur Zeit der Antonine 'dichtete', beruht wohl
nur auf einem Versehen. — Gut urteilt Rosenblüth a. a. O. S. 73: Bei Ap. kommt nur im
Märchen von Amor und Psyche — vielleicht auf Grund der griechischen Vorlage —
eine weniger strenge Art den Göttern gegenüber zum Ausdruck.
[3]) Vgl. Flor. 9 (13, 17): Hippias verfertigte sich alle Gebrauchsgegenstände selber, *pro
his praepotare me fateor uno chartario calamo me reficere poemata omnigenus, apta virgae,
lyrae, socco, coturno, item satiras ac griphos, item historias varias rerum, nec non orationes
laudatas disertis nec non dialogos laudatos philosophis, atque haec et alia eiusdem modi tam
graece quam latine.* Ebenso Flor. 20 (41, 5): *canit Empedocles carmina, Plato dialogos, Socrates
hymnos, Epicharmus modos, Xenophon historias, Crates satiras: Apuleius vester haec omnia
novemque Musas pari studio colit.*
[4]) Monceaux, Apulée, Paris 1888, S. 143.

AUFGABEN DER HEUTIGEN ORTSNAMENFORSCHUNG[1])

Von Franz Cramer

Kein anderer Zweig der Sprachforschung ist so sehr bis auf unsere Tage
ein Stiefkind der zünftigen Wissenschaft geblieben wie die Ortsnamenforschung.
Der Grund ist, soviel ich sehe, ein doppelter. Vor allem mußte die jeder Methode hohnsprechende Willkür abschreckend und beeinträchtigend wirken, mit
der ein wilder Dilettantismus die Namendeutung in Mißachtung und Verruf
brachte und zum Teil noch bringt. Vielfach steht solche Laienhaftigkeit im
Dienste eines übertriebenen Heimatstolzes, wurzelt freilich auch oft in einem
naiven Triebe lebendigen Volksempfindens: so bringt die Aachener Ortssage den
mittelalterlichen Namen *Aquisgranum* mit einem kaiserlich römischen Prinzen
namens *Granius* zusammen; die Bewohner Jülichs, des römischen *Iuliácum*,
schmeichelten sich früher gern mit dem Wahne, Nachkommen Iulius Cäsars zu
sein; Wittlich in der Eifel, ein altes **Vitelliácum*, mußte den Kaiser Vitellius
zum Paten haben, *Sentiácum* (Sinzig am Rhein) wenigstens einen Feldherrn
Sentius und so fort.

Dazu kam aber ein anderes. Die Ortsnamen wurzeln im allgemeinen zu sehr
in den geschichtlichen und räumlichen Verhältnissen ihrer Gegend, sind zu innig
mit dem heimischen Boden und seinen Geschicken verwachsen, als daß ihre
sprachliche Erforschung ganz von diesen natürlichen Voraussetzungen absehen
könnte; dadurch verwickelt sich aber naturgemäß die ohnehin meist schwierige
Frage nach Art und Herkunft des Namens noch mehr; so kann z. B. die Frage
nach der Bedeutung des schon berührten Namens *Aquisgranum* gar nicht losgelöst werden von der Betrachtung der keltisch-römischen Geschichte und Volkskunde der Ardennengegend: die Ardennen sind reich an Heilquellen, und zu
diesen gehören die Aachener Warmsprudel; im östlichen Gallien und in den
Rhein-Moselgegenden, so auch in Trier, wurde aber ein dem Apollo gleich-
gesetzter keltischer Heilgott *Grannus* verehrt, und so wird das karolingische
Aquisgrani zurückgehen auf *Aquae*[2]) *Granni*, d. h. Heilbäder, die dem Schutze
des Apollo Grannus unterstanden. Ein anderes Beispiel bietet *Vetera*, der noch
heute oft verkannte Name des hervorragendsten linksrheinischen Römerlagers
in den augusteischen Germanenkriegen: mit dem lateinischen *vetus* ist dieser

---

[1]) Vortrag, gehalten auf der 52. Versammlung deutscher Philologen und Schulmänner
zu Marburg am 1. Oktober 1913.

[2]) *Aquis* (vgl. auf französischem Boden *Aix*) ist lokaler Ablativ wie *Parisiis*, *Remis*,
Treveris usw.

von den Römern bereits vorgefundene Name nur durch Anlehnung und Umdeutung verbunden; in Wirklichkeit handelt es sich um den einheimischen Namen einer vorrömischen (wahrscheinlich keltischen) Ansiedlung, deren Reste durch die jüngsten Ausgrabungen (des Bonner Provinzialmuseums) wieder aufgedeckt worden sind. Es liegt wahrscheinlich ein Gewässername zugrunde, der mit urkeltischem *ved 'feucht sein', got. vatô 'Wasser' zusammenhängt.

Trotz den angedeuteten Schwierigkeiten, zu denen auch die Mühseligkeit des Aufspürens der ältest überlieferten Namensformen tritt, hat der Verlauf des XIX. Jahrh. uns doch die Anfänge einer wissenschaftlichen Behandlung und Verwertung der Namenkunde gebracht. Und der erste, der hier tatkräftig Bahn brach, war ein Marburger Gelehrter, Karl Arnold. Er hat bekanntlich versucht, für die 'Wanderungen und Ansiedlungen deutscher Stämme' aus den Ortsnamen feste Anhaltspunkte zu gewinnen. Wenn auch manche seiner Aufstellungen — vielleicht gerade die entscheidendsten — heute veraltet sind (so besonders die Zuweisung der Weilernamen an die Alemannen), so war doch sein Vorgehen selbst schon eine bahnbrechende Tat. Später hat Karl Müllenhoff sich in seiner 'Deutschen Altertumskunde' mehrfach auf die Orts- und Gewässernamen zu stützen versucht; besonders bemühte er sich auf Grund der Flußnamen Germanisches, Keltisches und Vorkeltisches voneinander zu sondern: die keltisch-germanische Grenze in Mitteldeutschland hat er so, trotz mancher Fehler und Schwächen in seiner Beweisführung (z. B. bezüglich der apa-Flußnamen), annähernd richtig zu bestimmen vermocht. Für denselben germanischen Boden zeigt Rudolf Much in gründlicher und vorsichtig abwägender Untersuchung über die bei Ptolemäus überlieferten Ortsnamen, mit welcher kritischen Vorsicht die älteste Überlieferung zu sichten und zu prüfen sei.[1]) Eine eigenartige Mischung von ernster Gelehrsamkeit und phantasiereicher Willkür bot d'Arbois de Jubainville in seinem zweibändigen Werke 'Les premiers habitants de l'Europe'. Eine reiche Fülle dankenswerten Sprachstoffes, besonders von Orts- und Flußnamen, sucht er hier in einem Teile des Buches zu verwerten, um die einstige nicht bloß kulturelle, sondern auch die politische Überlegenheit und Herrschaft der gallo-keltischen Volksfamilie über die germanische zu erweisen. Immerhin zeigt uns gerade diese Schwäche Jubainvilles, was wir als die erste Voraussetzung einer wissenschaftlichen Namenforschung zu fordern haben: die völlige Freiheit von jeder vorgefaßten Meinung, die vollkommene Loslösung von allen örtlichen, provinziellen, nationalen Vorurteilen und Absichten.

Noch ein anderes lehrt Jubainville. Er arbeitet mit dem Rüstzeug des Sprachvergleichers; aber er handhabt dies bisweilen mit einer solchen Kühnheit, einer solchen Einbildungskraft, wie man sie eben nur in einem solchen Neu-

---

[1]) Das hat freilich nicht gehindert, daß man noch in den letzten Jahren auf schattenhafte Anklänge hin heutige Ortsnamen mit ptolemäischen Namensformen gleichsetzte (z. B. das westfälische Dorf Niesen, im XII. Jahrh. Niehosen [= Neuhausen] mit Novaίσιον, einem Namen, der handschriftlich überhaupt an die unrechte Stelle geraten ist (er ist sehr wahrscheinlich mit dem linksrheinischen Novaίσιον = Neuß identisch).

lande der Forschung antreffen mag. So sieht er in Flußnamen wie *Albantia*
(heute Aubance), *Cusantia* (Cousance), *Brivantia* (Brivonne), *Premantia* (Prius)
usw. Partizipialbildungen nach Art des lateinischen *amans, -antis*; in Wirklichkeit haben wir in *Alb-ant-ia* usw. Zusammensetzungen vor uns, deren zweiter
Bestandteil der Flußnamenstamm *Ant-* ist; dieser tritt auch als selbständiger Name
auf, z. B. bei dem Schwarzwaldfluß **Antia* (um 1150 *Enze*), heute Enz, bei
der oberitalischen Anza (unweit Mailand) und, um ein Suffix vermehrt, bei der
französischen Anteine, die zur Charente geht (dem alten *Car-ant-ŏn-us*, der
seinerseits ebenfalls jenes *-ant-* enthält).[1])

Besonnener als Jubainville ging, freilich auf räumlich anderem Gebiete,
ein deutscher Forscher vor: August Fick in seinen 'Vorgriechischen Ortsnamen', die im Jahre 1905 erschienen. Die sprachwissenschaftliche Behandlung
des Stoffes verbindet sich hier ernster als bei Jubainville mit den Gedanken
der geschichtlichen Forschung, und wenn man auch zweifeln kann, ob
der versuchte Nachweis völlig geglückt sei, daß die Ortsnamen auf griechischem
Boden sich in drei Schichten scheiden (zwei vorgeschichtliche, nämlich eine
nicht-indogermanische, die sogenannte hettitische, und eine illyrisch-thrakische,
und sodann die wirklich hellenische), so ist doch eine Grundlage geschaffen,
auf der unmittelbar weitergearbeitet werden kann. Ja, von hier aus scheint
auch ein Streiflicht auf das vielumrätselte Volk der Etrusker zu fallen: ihre
Namen zeigen eine teilweise überraschende Übereinstimmung mit den hettitisch-
kretischen.[2])

Wenn Fick seine Untersuchung zu erneuern hätte, so würde er jetzt zweifellos auch die immer deutlicher in ihrer Eigenart sich absondernden Bauten und
anderen Kulturzeugnisse Kretas, die Ergebnisse der archäologischen Forschung in den Kreis seiner Urteile und Schlüsse ziehen.

Und damit kommen wir zu einer anderen gerade heutigen Tages wichtigen
Forderung. Wer auf unserem Gebiete arbeitet, muß da, wo es nur eben angängig ist, mit der Archäologie engste Fühlung nehmen, in allererster Linie
mit der neuzeitlichen Bodenforschung, der Wissenschaft des Spatens. So
stützen sich heute z. B. beide Forschungszweige in der Beantwortung der (von
Müllenhoff zuerst ernsthaft untersuchten) Frage, wo nördlich des Mains einst
die Scheidelinie zwischen Kelten und Germanen verlaufen sei. Orts- und Flußnamen einerseits, Gräberfunde andrerseits weisen nunmehr deutlich auf eine
mitten durch Thüringen (in der Linie Gotha—Gera) auf den Harz zulaufende
Grenzzone hin.

Hier sei es verstattet, in Kürze zwei Belege, gleichsam Illustrationsproben
aus der römisch-rheinischen Forschung vorzulegen.

Man hatte sich mehrfach gewundert, warum im römischen Rheinland solche

---

[1]) Selbst *Garumna, Rhodumna, Olomna* und ähnliche Bildungen sollen Partizipial-
formen sein, diesmal nach Art des griech. *-meno-*; erst wäre zu untersuchen, ob wir es hier
(wie auch bei *Vultumnus* usw.) überhaupt mit indogermanischem Sprachgut zu tun haben.
[2]) A. Kannengießer, Ägäische, bes. kretische Namen bei den Etruskern (Klio 1910
XI 26 ff.).

Ortsnamen, die auf römische Landgüter zurückführen, also Namen wie *Hadrianum, Flavianum, Lucianum, Tusculanum* usw., im Gegensatze zu Italien so selten seien, und war dadurch auf die Behauptung geführt worden, 'große Güter römischer Possessoren mit eigenen Kolonendörfern' hätten am Rhein nur in sehr geringer Zahl bestanden. Nun aber hat der Spaten in den weitgedehnten Weizenbreiten des linksrheinischen Germaniens, namentlich im Ubierlande zwischen Köln und Aachen, zahllose Landhäuseranlagen ausgedehntester Art, sogenannte *villae rusticae*, zutage gefördert, und stellenweise, so besonders im Kreise Düren, läßt der Befund auf eine dichtere Landbevölkerung in römischer Zeit als heutiges Tages schließen. Fast überall aber, wo diese römischen Meierhöfe auftauchen, finden sich die Ortsnamen auf -*âcum*, so *Iuliâcum* (Jülich), *Tolbiâcum* (Zülpich), *Laciniâcum* (Lechenich), *Macriniâcum* (Mechernich), *Tiberiâcum* (Zieverich), *Firminiâcum* (Firmenich), *Sabiniâcum* (Sevenich) und so fort. Das Rätsel löst sich nun so, daß in dem fraglichen Gebiete statt des italisch-römischen Suffixes -*ân*- das keltisch-gallische -*âc*- fast ausschließlich auftritt. Das gallische Suffix -*âc*- bezeichnet die Herkunft oder Zugehörigkeit (gleich dem deutschen -*ing*-), und so ist z. B. *Iuliâcum* nichts als das '*praedium Iuliâcum*' oder '*Iulii*', das Ackergut irgendeines Provinzialen, wohl eines Ubiers, namens Iulius. Der Namen auf ·*âcum* zählt man im ganzen Rheingebiet weit über 400; sie schließen sich den gleichartigen über ganz Gallien zerstreuten Namen (wie Cognac, Juillac, Montigny, Flavigny usw.) an und entsprechen, wie gesagt, nach Form und Sache ganz den lateinischen Bildungen auf -*ânum*.

In dieser Feststellung stützen also Boden- und Namenforschung einander; ein anderer Fall steht hiermit im Zusammenhang. Karl Arnold hatte gelehrt, daß gewisse Wohnortsgrundwörter als Merkmale bestimmter deutscher Stämme zu gelten haben, und so seien z. B. die Namen auf -ingen, -hofen und besonders auf -weiler alemannisches, dagegen die -heim, -feld, -hausen vornehmlich fränkisches Sprachgut. Seitdem aber der obergermanisch-rätische Limes in seinem ganzen Laufe festgestellt ist, wissen wir, daß (von vereinzelten und leicht erklärbaren Ausnahmen abgesehen) die Weilerorte sich völlig innerhalb der Limeslinie, also im römischen Herrschaftsgebiet halten. Für einen kleinen Teil dieses Gebietes (den Regierungsbezirk Aachen) habe ich nachgewiesen[1]), daß überall da, wo ein Weilername auftaucht, auch römische Verkehrsstraßen, Gehöfte, sonstige Siedlungsreste sich nachweisen lassen, und daß andrerseits schon in fränkischer Zeit an der gleichen Stelle Herrensitze und Meierhöfe bezeugt sind. So ist in zahlreichen Fällen die Möglichkeit gegeben, daß die Fäden der Entwicklung bis in die Übergangszeit römischen und fränkischen Volkstums zurückgehen, und daß ein germanisches 'Weiler' unmittelbar die Fortsetzung eines römischen '*villare*' ist. Indem an die Stelle eines romanischen Herrn, z. B. eines Avitus, ein germanischer trat, konnte aus einem *villare Avitâcum* (oder *villare Aviti*) das *villare* (Weiler) etwa eines Theoderich werden, wie wir denn z. B. in der Nähe Dürens ein Derichsweiler (d. i. 'Theoderich-

---

[1]) Vgl. meine 'Römisch-germanischen Studien' (Leipzig und Breslau, F. Hirt) S. 142 ff.

weiler' haben. Otto Behaghel[1]) hat den Kreis der Betrachtung erweitert und
für den gesamten Bestand der deutschen und schweizerischen Weilernamen den
Zusammenhang mit der römischen Wirtschaftsgeschichte in umfassender Weise
darzulegen unternommen. Freilich bedarf es noch vieler Einzeluntersuchungen,
ehe hier das letzte Wort gesprochen werden kann, zumal da die Entwicklung
in den einzelnen Gebieten einen verschiedenen Ausgangspunkt und Verlauf gehabt zu haben scheint. Jedenfalls hat O. Behaghel das große Verdienst, durch erschöpfende Darbietung der Namen und Belege die denkbar beste Grundlage geschaffen zu haben. Im allgemeinen fehlt es dagegen noch sehr an brauchbaren
Hilfsmitteln, um für Untersuchungen solcher Art eine leicht zu beschaffende,
ausreichende Unterlage zu gewinnen; so brauchbar Förstemanns bekanntes
Werk ist, so reicht es doch natürlich nicht für wissenschaftliche Einzelaufgaben
aus. Erst Anfänge sind hier und da gemacht; so besitzt Baden in seinem
'Topographischen Wörterbuch' (herausgegeben von Krieger) eine gute Grundlage. Auch die Flurnamen, deren Wichtigkeit allmählich deutlicher erkannt
wird, sind hier und da gesammelt worden, so besonders für Schwaben von
Buck in Birlingers 'Alemannia'. Aber nur umfassende, planmäßige Teilung der
Arbeit wird diese Schätze zu heben vermögen.

    Eines der wichtigsten aber auch schwierigsten Kapitel ist das der euro-
päischen Flußnamen. Gerade die Bezeichnung der Gewässer ist der Hauptsache
nach uralt und führt vielfach weit in die Urzeit unserer Kulturvölker hinauf;
deshalb zählen auch die nach Gewässern benannten Ortschaften in der Regel
zu den ältesten Siedelungen einer Gegend, so in Hessen die an gleichnamigen
Bächen liegenden Orte Iba, Solz, Elben, Ottrau, Dautphe, Bentreff und Urf
(1085 Urpha). (In den drei letzten Namen steckt das bekannte Flußnamenwort
apa, afa.) Bei allen diesen Orten sind vorgeschichtliche Grabfelder und An-
siedelungen, bei einigen auch Ringwälle festgestellt, und sie alle waren schon
im Mittelalter Sitze der kirchlichen Verwaltung.

    Das Merkwürdigste aber ist die außerordentliche Verbreitung gerade der
ältesten Flußnamenwörter. Oder ist es nicht auffallend, daß der gallische *Rhodanus* einen genauen, Buchstaben für Buchstaben entsprechenden, Doppelgänger
im Moselgebiet hat? Es ist der von Venantius Fortunatus (III 12, 7[2])) genannte
Moselzufluß *Rhodanus*, dessen Name heute noch als 'Rhon' weiterlebt. Und Vater
Rhein, in gallischem Munde bekanntlich *Renos* geheißen, klingt genau, Laut
um Laut, wider im mittelitalischen Reno bei Bologna. Zur rheinischen Saar
gesellt sich aus gleichweiter Ferne ein *Sarius* (jetzt Serio) in Ligurien, ja selbst
ein *Sarus* in Kleinasien. Und, um nur dies eine noch zu berühren, der scheinbar ganz vereinzelte Name des Baches *Aliso(n)* oder (nach Cassius Dio) Ἐλίσων,
an dessen Mündung das vielberufene Römerkastell lag, hat in ganz West-
europa, ja in Griechenland, Kleinasien und selbst Sibirien Brüder und Verwandte.
An der Nordwestküste des ligurischen Korsika, eines Eilandes voll des urältesten

---

[1]) Im 2. Bande der Zeitschrift 'Wörter- und Sachen' (1910) S 42 ff.

[2]) In einem Gedicht über die Burg des Trierer Bischofs Nicetius heißt es: (mons)
quem Mosella tumens, Rodanus quoque parvulus ambit . . .

Sprachgutes, fließt ein Bach Aliso, und auf griechischem Boden begegnet uns je ein Ἐλισσών in Elis und in Arkadien. Mehr als ein halbes Dutzend Bäche namens *Alis-an-os*, heute Alzon oder Auzon, bespülen gallisches Land, besonders den Süden. Der Stamm *alis-* — der übrigens nichts mit dem deutschen *alis* = 'Erle' zu tun haben kann — klingt auch wider in der *Alis-ont-ia*, der heutigen Eltz, die Ausonius unter den Moselbächen preist, und viele Dekaden von Vertretern derselben Wortsippe habe ich in einer Abhandlung über 'Aliso' gesammelt.

Was aber von diesem Namen gilt, läßt sich überhaupt von unsern ältesten Flußnamen sagen. Ja, es ist nicht anders: Die Mehrzahl dieser alten Namen —und zwar die ausgeprägten Wortformen selbst, nicht etwa bloß die Wurzeln — kehrt in allen früher oder jetzt von Indogermanen bewohnten Ländern wieder, von Spanien bis Skandinavien, von Britannien und Deutschland bis Sibirien, Armenien, Indien; ja selbst in Nordafrika, Arabien, Palästina finden sich Übereinstimmungen gleicher Art, die jedenfalls nicht allesamt auf bloßem Zufall, auf bloß äußerlichem Anklang beruhen können. Wenn Fick einen *Arb-* (z. B. in Ἄρβιον, Berg auf Kreta) als hettitisch in Anspruch nimmt, so stoßen wir doch nicht bloß in Etrurien auf einen Fluß Arbia, sondern auch in Indien auf einen Strom Arbis, im Bodenseegebiet auf ein keltisches Arbon (was die Römer sich als '*Arbor felix*' mundgerecht machten), in Frankreich auf die Orbe, die auf altes *Orbis*, in ältester Lautform wohl *Arbis*, zurückgeht.

Welche Ausblicke können sich da dem berufenen Forscher eröffnen in die heute noch so dunklen, vielverschlungenen Pfade der europäischen Urgeschichte, in die Zusammenhänge und Verwandtschaften der Volksstämme und in die Reihenfolge der verschiedenen Bevölkerungsschichten, auf die Wege der ältesten Wanderungen und Kolonisationen! Besonders wichtig wird da die Frage sein, welche Namen gleicher Form durch bloße Namens- und Sprachverwandtschaft, und welche durch Mitnahme eines wandernden Volkes in die neue Heimat übertragen worden sind. Was würden wir wohl über den Ursprung des Namens der südafrikanischen Waal urteilen, wenn wir nicht wüßten, wie unsere rheinische Waal, der alte *Vacalus*, unter dem Zeichen der 'Buren'-Wanderung den Abglanz ihres altberühmten Namens auf den Wellen des fernen afrikanischen Stromes sich spiegeln ließ und so der einstigen Vaal-Republik zu ihrem Namen verhalf.

Kein Zweifel, daß gerade auf dem Gebiet der Flußnamenforschung lohnende Aufgaben sich eröffnen. Freilich häufen auch hier sich die Schwierigkeiten; schon die Deutung vieler, vielleicht der meisten Wortstämme ist noch dunkel oder umstritten, und nicht minder die Frage, bei welchem Volk, in welcher Gegend zuerst dieser oder jener Name aufgetaucht sei; jedenfalls reichen viele, vielleicht die meisten alten Gewässernamen in vorgeschichtliche, also z. B. in Frankreich in die vorgallische, in Deutschland in die vorgermanische Zeit zurück, und dadurch wird naturgemäß die Sichtung und Verwertung des Stoffes noch weiter erschwert. Aber doch muß hier das Werk endlich in die rechten Wege geleitet, die Bergung der noch ungehobenen Schätze angebahnt werden;

sind die zu lösenden Aufgaben schwierig, so verheißen sie doch auch reichen Gewinn.

Fassen wir die allgemeinen Aufgaben unseres Forschungsgebietes kurz zusammen! Sie sind, wie wir sahen, teils vorbereitender, teils durchführender Art. Der Vorbereitung würden zunächst die Sammlungen des sprachlichen Stoffes zu dienen haben, sachkundig zusammengestellte Aufzeichnungen der Namen bestimmter Gebiete; besonders tun Sammlungen der Flußnamen und dann der Flurnamen not; diesen letztgenannten gebührt besondere Sorgfalt, weil die alles einebnende Kraft unserer gleichmachenden Zeit sie bereits vielfach dem Untergang geweiht hat. Vorbereitende Arbeit wichtigster Art würde aber auch der Lexikographie der einzelnen Sprachen zufallen; da ist es mit Freude zu begrüßen, daß die antiken Eigennamen Kleinasiens eine kritische Neubearbeitung durch Prof. Kannengießer (Gelsenkirchen) erfahren sollen.

Auf solche Arbeiten gestützt würde dann die Sprachwissenschaft leichter als bisher eine Sichtung und Deutung der Namen durchzuführen vermögen. Das Endziel aber würde sein, die fruchtbringende Anwendung der so geklärten und vertieften Einsicht: die Verwertung der Namenkunde für die Entwicklungsgeschichte der Menschheit und namentlich für die Geschichte des Wirtschaftslebens der Völker. Diese angewandte und auf die Sprachwissenschaft gestützte Namenkunde aber wird um so gewinnreicher sein, je lebhafter und enger sie Fühlung nimmt mit den historischen und ethnologischen Studien, und ganz besonders mit den Aufschlüssen, die aus der archäologischen Forschung unserer Tage zu gewinnen sind. Das Ganze aber muß getragen sein von dem Ernste reiner Wissenschaft, ungetrübt von dem Einflusse vorgefaßter Meinung; dann wird auch die Namenforschung noch in höherem Maße als bisher dem Ziele, dem wir alle zustreben, dienen können: der wissenschaftlichen Wahrheit.

ANZEIGEN UND MITTEILUNGEN

HEINRICH VON TREITSCHKES BRIEFE. HERAUSGEGEBEN VON MAX CORNICELIUS. ZWEITER BAND, ZWEITES BUCH 1859—1866. Leipzig, S. Hirzel 1913. 496 S.

Dieser Band umfaßt die Briefe Treitschkes (Nr. 215—525) in der Zeit seines Emporsteigens als akademischer Lehrer und seine schwersten politisch-publizistischen Kämpfe, der Leipziger Jahre 1859—1863 und der Freiburger Zeit von Michaelis 1863 bis zum Ausbruch des Deutschen Krieges im Juni 1866. Kurze Einleitungen hat der Herausgeber den einzelnen Abschnitten, auch dem Studienurlaub in München 1861, vorangestellt, Einzelheiten der Briefe in knappen Anmerkungen unter dem Texte erläutert. Leipzig gefiel ihm zunächst wenig. Die Gegend fand er reizlos, den Geist der Bürgerschaft materiell, die Universität durch kleinliches Cliquenwesen gespalten, unter den Professoren nur einen, der ihm imponierte, den Juristen Albrecht, einen der charaktervollen 'Göttinger Sieben' von 1837, der ihn aufs freundlichste aufnahm, und der nach dem Besuch ihm erscheint als ein Mann, fest, klar, scharf, sicher — 'von den hiesigen Gelehrten weitaus der bedeutendste Charakter' (13. Nov. 1860). Mit scheuer Achtung begegnete ihm damals auch jeder Student als einem Mann, der seiner Überzeugung sein Amt geopfert hatte. Treitschke fühlte sich in dieser ganzen Zeit mit Arbeit überlastet. Denn seine Kollegien forderten für den Anfang sehr viel Vorbereitung. Er las in Leipzig über deutsche Verfassungsgeschichte von 1648 bis 1806, preußische Geschichte, europäische Geschichte seit 1815, neueste deutsche Geschichte (1848/9), politische Theorien (seit Platon), englische Geschichte (sein erstes Privatkolleg). Der Erfolg war erstaunlich, für ihn selbst überraschend.

Er war binnen kurzem der gefeiertste Lehrer der Universität. Wer das mit erlebt hat, wie er im größten Auditorium des Augusteums (Nr. 1 im sog. 'Kirchenflügel' nach der Paulinerkirche hin) las, hochaufgerichtet, mit den dunklen Augen die dicht gedrängten Zuhörermassen beherrschend, die oft in den Gängen standen oder auf den Fensterbrettern oder in der offenen Tür bis auf den Korridor hinaus, zu lautloser Aufmerksamkeit gefesselt und zuweilen am Schlusse der Stunde den Ausbruch lauten Beifalls mühsam zurückdrängend — denn das jetzt modische akademische 'Trampeln' war damals in Leipzig noch nicht üblich —, der wird dieses Bild in seinem Leben nicht vergessen. Mag sein, daß die dort meist noch sehr ungewohnten Gegenstände seiner Vorlesungen eine Menge anzogen. Die Hauptsache tat doch die Persönlichkeit, die in jedem Satze ihre ehrliche Überzeugung offen und rückhaltlos zum Ausdruck brachte, die mit dem Herzen bei der Sache war und die Zuhörer ganz von selbst zu politischem Denken erzog, zur Begeisterung fortriß. In alle Welt hinaus trug seinen Ruhm die Rede zur Feier der Leipziger Völkerschlacht beim sechsten Deutschen Turnfeste am 5. August 1863, ein wundervolles Bild der Entwicklung Deutschlands in diesen fünfzig Jahren, voll starker Zuversicht auf eine glänzende Zukunft (jetzt 'Zehn Jahre deutscher Kämpfe' 3. Aufl. I 1 ff.). Und doch erschöpfte diese akademische Tätigkeit den Umfang seiner wissenschaftlichen Arbeit keineswegs. Aus materiellen Gründen las er zweimal in der Woche Nationalökonomie an der damaligen landwirtschaftlichen Akademie in Lützschena nordwestlich von Leipzig, die später nach dem näheren Plagwitz verlegt wurde, vor 'Junkern', Offizieren und Landwirten, aber Freude machte ihm dieses Kolleg vor

einer so gebildeten Zuhörerschaft ebensowenig wie die ganze Wissenschaft. Mehr
innere Förderung gewährten ihm die zahlreichen geschichtlichen, politischen und
literarischen Aufsätze, die, zuweilen aus Vorträgen hervorgegangen, meist in den Preußischen Jahrbüchern erschienen, und die ihn
bald zu ihrem bedeutendsten Mitarbeiter
machten: Das deutsche Ordensland Preußen,
Milton, Fichte und die nationale Idee, Lord
Byron und der Radikalismus und eine Reihe
von Artikeln zur neuesten deutschen Geschichte. Denn dies war und blieb der
Hauptgegenstand seiner Studien, der Mittelpunkt seines ganzen Denkens: denn 1861
beauftragte ihn Salomon Hirzel, der seitdem sein Verleger wurde, mit einer Geschichte des Deutschen Bundes und der
Kleinstaaten von 1815 bis 1848, die später zur 'Deutschen Geschichte', seinem Lebenswerke, sich auswuchs. Er dachte darin
besonders die 'Wandlungen des Volks-
geistes', da nur darin die Einheit der Nation zum Ausdruck komme, zu verfolgen —
so wenig war er ein einseitig 'politischer
Historiker', zu dem man ihn hat stempeln
wollen —; er wollte 'wirken mit dem Buche,
den Stumpfen und Gedankenlosen hand-
greiflich zeigen, in welch erbärmlicher
Kleinlichkeit, welcher sündlichen Vergeu-
dung köstlichster Kräfte dies große Volk
dahinlebt' (an Ludwig Aegidi ¹1. April
1861).

Einem so reichen inneren Leben entsprach das rege Bedürfnis nach Verkehr
mit gleichgesinnten Männern und persönlicher Drang nach einem inhaltreichen
Briefwechsel mit jüngeren und älteren
Freunden und Berufsgenossen. Jenen fand
er in dem Kreise Gustav Freytags, der
seinen Winter regelmäßig in Leipzig, den
Sommer auf seinem anmutigen Landsitz in
Siebleben bei Gotha zubrachte. Zweimal in
der Woche gegen Abend vereinigten sich
hier in dem Restaurant von Kitzing u.
Helbig auf der Petersstraße am runden
Tische in der Ecke eines großen, allgemein
zugänglichen Zimmers, also ganz und gar
nicht in irgendwelcher Abgeschlossenheit,
Männer wie Treitschke, der jüngste unter
ihnen, Salomon Hirzel, Karl Mathy, seit
1859 Direktor der Allgemeinen Deutschen
Kreditanstalt, Gustav Harkort, der eigent-

liche Begründer der Leipzig - Dresdener
Eisenbahn, und andere jüngere Herren,
wie der spätere Oberbürgermeister von
Leipzig, Dr. Otto Georgi, Männer sehr verschiedener Herkunft und Lebensstellung,
aber alle liberal und alle überzeugt von
der Notwendigkeit, die deutsche Einheit
zu begründen, Charakterköpfe alle, die aus
ihren Ansichten durchaus kein Hehl machten, so daß zuweilen auch andere Gäste
unwillkürlich nach ihrer Unterhaltung hin-
hörten, zumal wenn einer mit so lauter,
sonorer Stimme sprach, wie Treitschke
pflegte. Unter den jüngeren Freunden, mit
denen er in Leipzig verkehrte und später
in Briefwechsel trat, stand ihm am nächsten der junge Theologe Fritz Overbeck,
ein geborener Kosmopolit aus St. Petersburg,
Sohn eines anglisierten deutschen Vaters
und einer französischen Mutter (1837), bis
zu seinem elften Jahre in Paris, seitdem
in Dresden auf der Kreuzschule erzogen,
in Leipzig unter Treitschkes ersten Zuhörern und bald mit ihm völlig vertraut,
seit Herbst 1863 in Jena als Privatdozent
habilitiert. Aber auch mit alten Freunden
bewahrte er die Verbindung, wie mit Heinrich Bachmann, Wilhelm Nokk, Hugo Meyer,
seinem alten Rektor Julius Klee in Dresden,
seiner Leidensgenossin Gustava von Haselberg, der er selten, aber gewöhnlich längere
zusammenfassende Briefe und einzelne seiner kleinen Publikationen zusandte, und
wieder knüpfte seine literarische Tätigkeit
neue Beziehungen mit Robert von Mohl,
Johann Gustav Droysen, Rudolf Haym,
dem damaligen Redakteur der Preußischen
Jahrbücher, deren Leitung ihm schon im
Oktober 1860 einmal angeboten wurde.
Vor allem aber pflegte er den Briefwechsel
mit seinen Angehörigen, namentlich mit
seinem Vater, seiner Mutter und seinen
beiden Schwestern Johanna und Josepha
(Hepp). So oft er konnte, brachte er seine
freie Zeit auf dem Königstein zu, zu dessen
Kommandanten der Vater im Frühjahr
1860 ernannt worden war. Die Mutter
stand ihm besonders nahe, denn sie hat
'ein lebendiges Gefühl für das Kleinliche
und Engherzige der kleinstaatlichen Verhältnisse (die sie auch am anhaltischen
Hofe kennen gelernt hatte); ich weiß nicht,
lag es ihr im Blute von ihrem Vater her

(von Oppen), der unter Washington gefochten, oder bestimmte sie ihre natürliche
Empfindung für das Große und Starke,
die sich verband mit einer so liebevollen
Sorge für das Kleine und Kleinste, im
Menschenleben wie in der Natur' (an Gustava von Haselberg 14. August 1862).
'Die sanfte, freundliche Frau hatte sich in
ihren Umgebungen eine solche vorurteils-
freie Selbständigkeit der Meinung gewahrt,
daß sie es ganz zufrieden war, wenn ihr
Sohn sich in das Elend der deutschen Wirklichkeit nicht fügen wollte' (22. Oktober
1861 an dieselbe). Um so schmerzlicher
empfand er ihren Tod 15. Juni 1861. Den
beiden Schwestern wünscht er, 'daß sie
einen minder einseitigen Umgang gehabt
hätten' als die Monotonie des Dresdener
geistigen Lebens: Offiziere und ihre Damen,
'sämtlich verschwiegert und verschwägert,
sämtlich seit unvordenklichen Zeiten zu Dresden in Garnison', und 'er wundert sich oft',
daß sie 'noch so viel geistiges Interesse
bewahrt haben'. Sein jüngerer Bruder Rai-
ner, 'jetzt Erster und Musterknabe des
Kadettenhauses', ist ihm 'ein prächtiger
Junge'. Der Familienkreis erweitert sich
durch die Vermählung der Schwestern, Johannas mit Johannes Baron Ò Byrn 1863,
einem Katholiken aus bekanntem irischen
Geschlecht, Josephas mit Anton von Carlo-
witz, 'seines Zeichens Rittmeister a. D.
und Landjunker' 1865. Der Hochzeit der
älteren auf dem Königstein konnte er persönlich nicht beiwohnen, weil eben damals
ein Konflikt mit dem Minister Beust sein
Erscheinen auf sächsischem Boden unmöglich machte.

Zu seinen historischen Studien gehörten
auch seine Ausflüge und Reisen, denn er
hielt es für nötig, sein deutsches Vaterland
und seine Bewohner in allen Teilen durch
eigene Anschauung kennen zu lernen, und
war überhaupt der Meinung, daß der Historiker die Stätten gesehen haben müsse, über
deren Geschichte er schreibe. Mit besonderer
Freude besuchte er immer wieder den
Königstein und die malerischen Täler der
Sächsischen Schweiz; aber er verweilte auch
gern in Böhmen, namentlich im Mittelgebirge, dessen Elbdurchbruch er mit rheinischen Landschaften verglich, und er betrachtete Böhmen als die Heimat seines

Geschlechts, das wegen seines evangelischen
Glaubens vor der habsburgischen Tyrannei
sein Vaterland hatte aufgeben müssen. Das
Volk in Böhmen gefiel ihm aber gar nicht;
es sei verdorben durch die habsburgisch-
katholische Reaktion, und er könne unter
diesen Menschen auf die Dauer nicht leben.
In den Sommerferien 1860 besuchte er
Franken, das 'ernsthaft feierliche' Fichtel-
gebirge, die alte Heimat der Hohenzollern,
an die noch so manche alte Tradition erinnere, und die üppigen Rebgelände der
'Pfaffenlande' am Main, 1862 im September mit Moritz Busch Thüringen, wo er
Schwarzburg und 'die entlegenen stillen
Waldtäler, die mich so heimatlich erzge-
birgisch anmuten — mit ihrem heitern,
einfachen, durch und durch liebenswürdigen
Volke' entzückend fand, dann die Rhön,
'dieses großartigste deutsche Mittelgebirge',
und Fulda, sah aber hier 'ein verdummtes
und gedrücktes Volk' und empfand um so
mehr den Gegensatz zu Thüringen, als er
hier bei Gustav Freytag die liebenswür-
digste Aufnahme fand (11. September 1862).
Auch hier zeigt sich wieder seine Gabe,
Land und Leute in wenigen Zügen anschaulich zu schildern und beide historisch
aufzufassen. Zur Bereicherung seiner Erfahrungen hielt er sich vom April bis
Weihnachten 1861 in München auf. Hierher zog ihn im Interesse seiner Studien
die reiche, verhältnismäßig wenig benutzte
Bibliothek, aber auch das rege Kunstleben
und das süddeutsche Volkstum. Schon die
Reise zeigte ihm Bamberg, Regensburg
mit der Walhalla, deren gewaltiger Bau
ihm trotz des Gegensatzes zu der 'Dürftigkeit einer deutschen Landschaft' doch
mächtig imponierte. München selbst erschien ihm als eine 'künstliche' Stadt, die
antikisierenden Prachtbauten in einer dürftigen Umgebung, unter 'ärmlichen Vor-
stadthäusern oder gar Wiesen und Äckern'.
Aber die schönen Kunstsammlungen machten ihm großen Eindruck, namentlich die
Glyptothek. In der Bevölkerung fand er
'großstädtische Eleganz neben bäurischer
Plumpheit und Völlerei', aber das Volk erschien ihm 'bei allen Mängeln sehr liebenswürdig: so viel gutmütige Zutraulichkeit,
treuherziger Humor, die harmlose Un-
gebundenheit der süddeutschen Weise'.

Auch natürlichen Kunstsinn fand er beim
gemeinen Mann ('das Volk hat einen sehr
lebendigen Sinn für Form und Farbe'), und
er sah bald nacheinander nicht ohne Teilnahme so verschiedene Äußerungen des
Münchener Lebens wie das Oktoberfest und
Fronleichnam. Den Verkehr mit dem
geistreichen Kreise, den damals König
Maximilian um sich gesammelt hatte (Paul
Heyse, Emanuel Geibel u. a. m.), suchte er
nicht, weil er gerade mit diesen beiden
innerlich zu wenig übereinstimmte; nur
mit Hermann Lingg, dem Epiker, kam er
in Berührung. Dagegen gewann er in Emil
Teschendorf, einem Schüler Pilotys (geb.
1833), einen künstlerischen Freund, der
ihn auch in das Treiben des Ateliers, 'der
unendlichen Mühe der Entwürfe und Studien', einführte, später seinen Vater und
ihn selbst auf dem Königstein porträtierte.
Von München aus machte er zu Pfingsten
und wieder im September Ausflüge ins
Hochgebirge bis Bozen und Meran und bis
auf den Paß von Finstermünz; auch Salzburg besuchte er, die 'schönste aller deutschen Städte', wo er auf den 'sonnenheißen
Terrassen' des Kapuzinerberges zuerst lernte,
'was der Zauber des Südens ist' und beim
Tiroler und frischen Feigen begriff, 'wie
in diesem wunderbar reichen Lande (Süd-
tirol) das gutmütige, sinnliche Volk so ganz
im geistigen Schlafe dahinleben kann'.
Aber dort selbst zu leben sehnte er sich
nicht. Als Historiker sah er an geschichtlichen Stätten auch den politischen Hintergrund, so an der Ehrenberger Klause, wo
er sich stolz als Kursachsen fühlte, wo es
ihm noch einmal so leid tat, 'daß unser
Moritz den spanischen Karl nicht gefangen
hat'. Der bayrische Staat freilich konnte
seine Sympathie schlechterdings nicht gewinnen. Er fand hier zum ersten Male einen
'urwüchsigen Partikularismus'; im Schlosse
von Schleißheim empört ihn die malerische
Verherrlichung von Max Emanuel 'und
wie diese bayrischen Tirannen alle heißen',
und er findet bei seinen Studien über die
Bavarica, 'wie tief die mittelstaatliche Ge-
schichtsverfälschung ins Volk gedrungen
ist'; gibt es doch unter den bayrischen
Historikern nicht einen, 'der die infamen
Lügen von dem wiederhergestellten
bairischen Königtume nicht zu Markte

brächte'. Aber trotz alles bayrischen Partikularismus findet er doch, daß das Gerede von den Gegensätzen zwischen den
deutschen Stämmen nichts sei als eine *fable
convenue* und daß die deutsche Nation
innerlich weit einheitlicher sei als jede
andere.

Gegen Weihnachten kehrte Treitschke
nach Leipzig zurück, und am 11. Januar
1862 eröffnete er sein Kolleg über die Geschichte Deutschlands seit 1813. Aber je
klarer sich seine politische Stellung zeigte,
desto schwieriger wurde doch innerlich
sein Verhältnis zu seinem Vater. Nach
Tradition und als Offizier war dieser mit
Sachsen und seinem Königshause aufs engste
verwachsen; er verwand niemals den Eindruck von 1815 und sah in Preußen
schlechtweg den Feind. Der Sohn hatte
sich im Gegensatze zu seiner ganzen sächsischen Umgebung seine politische Überzeugung erst erkämpft. Er wollte an die
deutsche Einheit alles setzen und hielt das
nur für möglich durch den engen Anschluß der
übrigen reindeutschen Staaten an Preußen
mit Ausschluß des halbdeutschen Österreich; aber eine friedliche Versöhnung der
'rheinbündischen' Mittelstaaten hielt er
für unmöglich; nicht ein Parlament, sondern nur das Schwert Preußens werde die
Einheit bringen, er erhoffte diese also durch
Eroberung, durch Einverleibung der deutschen Mittel- und Kleinstaaten. In dem
Kriege von 1859 und dem Beginn der italienischen Einheitsbewegung sah er im
Vorbild; er wünschte ihr den Sieg und
sah grollend auf die langen Züge der Österreicher, die damals von Böhmen aus auf
ungeheurem Umwege über Dresden, Leipzig,
Hof und München nach Verona geworfen
wurden. Wenn Preußen und Deutschland
gegen Frankreich rüsteten, dann sollte es
nicht zur Knechtung Italiens geschehen,
sondern zur Abwehr der drohenden französischen Vorherrschaft. Aber er war zugleich ein überzeugter Liberaler, empfand
es deshalb schmerzlich, daß die innere
preußische Politik dem Staate, an der die
Zukunft Deutschlands hing, diese seine
nationale Rolle so sehr erschwerte, seitdem der 'Konflikt zwischen Krone und
Abgeordnetenhaus an der Heeresreorgani-
sation sich entzündet hatte'. Ihm ist

die Regierung durchaus im Unrecht, ihre Politik unehrlich, weil sie das Budgetrecht des Landtags mißachtete; der tiefste Sinn des Kampfes ist ihm damals so wenig aufgegangen, wie den Liberalen überhaupt, Bismarck ist ihm noch ein frivoler Junker und Flachkopf. 'Die treibende Kraft in Preußen liegt heute im Volke, nicht mehr in der Krone' (26. Dezember 1861). Will Preußen gesunden, so muß es die Junkerherrschaft brechen; eher kann es keine nationale Politik treiben, und gesunden kann es nur durch Lösung der deutschen Frage, diese also kann nur einem starken, gesunden Preußen gelingen. Das ist 'der unselige Cirkel, worin wir uns bewegen' (16. März 1861). Aber er bleibt deshalb doch radikaler Unitarier; den Mittelstaaten spricht er jede innere Kraft und jede Zukunft ab, denn hier herrscht überall der Partikularismus und der Preußenhaß. In beiden kann er nur die heillose Folge der deutschen Zersplitterung sehen, die den Charakter der Nation verderbe; eben deshalb will er sie als Ursache solcher krankhafter und unnatürlicher Folgen beseitigen. Er wußte, wie sehr er mit seinen Ansichten seinen Vater verletzen mußte, den er doch von Herzen liebte und verehrte; aber ihm seine schwer errungene Überzeugung zu opfern war ihm unmöglich. 'Der ganze Wert der deutschen Universitäten', schreibt er ihm schon am 10. (11.) Februar 1861, 'liegt darin, daß sie vollkommeno Lehrfreiheit bieten', und seiner Auffassung der deutschen Geschichte ständen in Leipzig ein halb Dutzend anderer Dozenten gegenüber, welche die Geschichte mit ganz anderen Augen ansähen. Aber wenn er ihm persönlich den schwersten Kummer mache, dann werde er von Leipzig weggehen. Traten doch an den Vater von Dresden her fortwährend sehr angesehene Männer mit Klagen über den Sohn heran, so sehr sich dieser bemühte, den Vater nicht zu verletzen; er bemühte sich deshalb, Sachsen in seinen Vorlesungen so wenig wie möglich zu berühren. Deshalb ging er zunächst nach München (s. oben). Da traf ihn im Sommer 1863 ein Ruf nach Freiburg i. Br., den wohl sein alter Freund Mathy veranlaßte, zunächst als außerordentlichen Professor der Staats-

wissenschaften. Der Abschied von Leipzig wurde ihm schwer und noch schwerer gemacht durch die Anhänglichkeit seiner Zuhörer. In einer Petition an das sächsische Kultusministerium baten sie dieses (ohne sein Wissen), natürlich umsonst, ihm eine Professur in Leipzig zu verleihen, wogegen die Fakultät keine Schwierigkeiten gemacht haben würde, wie er selbst sehr wohl wußte; als er sich trotzdem zur Annahme entschloß, da brachten ihm seine Verehrer unter Führung der vier Leipziger Burschenschaften einen solennen Fackelzug, und er sprach in seinem Dank vom Fenster herab ihnen seine Freude darüber aus, daß jetzt ihre alten Fahnen sich wieder frei entfalten dürften. Auch der Kitzing bereitete ihm (11. August) eine herzliche Abschiedsfeier, bei der Gustav Freytag die Ansprache hielt. So schied er von Leipzig, wo er niemals ersetzt worden ist.

Seine Reise führte ihn vom Königstein durch Böhmen und Mähren zunächst nach Wien, dessen Umgebung er herrlich fand, während ihm die leichtlebige, etwas oberflächliche und buntgemischte Bevölkerung weniger behagte und vor allem nicht als deutsch erschien, von dort die Donau aufwärts, deren geringer Verkehr ihm auffiel ('vereinzelte Obstkähne ohne Kiel und Segel'), nach Linz, Salzburg, durch das Pinzund Pongau nach Tirol und über den Arlberg nach dem Bodensee, endlich nach Freiburg. So schön er die Alpenwelt fand, er empfand doch, daß diese großartige Natur in dem Menschen den freien Sinn erdrücke (so schrieb er im Bregenzerwald 19. September 1863). In Freiburg fand er eine schöne Wohnung in einem Gartenhause mit dem Blick auf das Münster, trat aber in ganz neue, ihm zunächst fremdartige Verhältnisse in dieser alten Hauptstadt des österreichischen Breisgaues, der Residenz des Erzbischofs, einer durchweg katholischen Bevölkerung, dem Mittelpunkte des badischen Ultramontanismus, der mit der liberalen Regierung in beständiger Fehde lebte. Bei seinen Kollegen fand er allerdings freundliche Aufnahme, bei der ultramontanen Presse kaum verhüllte Feindschaft; fühlte er sich doch hier als Vorposten norddeutsch - protestantischer Bildung, und er war es. Seine Leipziger

Vorlesungen fanden auch hier Anklang (zunächst las er deutsche Geschichte seit 1815 und Politik, dann Geschichte des Reformationszeitalters). Zu seinen Zuhörern gehörten auch Herren aus der Bürgerschaft und Professoren der Universität, aber die Studenten nennt er immer wieder faul und vermißte die gute sächsische Schulbildung der Leipziger. Den Studenten des katholischen Konvikts hatte der Erzbischof natürlich die Teilnahme verboten. Freilich, nichts ersetzte ihm den 'Kitzing'. Nur allmählich fand er einigen Umgang mit gleichgesinnten Freunden, wie vor allem Friedrich von Weech, der aber bald nach Karlsruhe ging; zuweilen besuchte ihn auch einer seiner Leipziger Bekannten, wie einmal G. Freytag. Wertvoll wurde ihm die Geselligkeit einiger guter Freiburger Häuser, so des (katholischen) Freiherrn Heinrich von Bodmann, den ihm sein Freund W. Nokk, der Schwiegersohn des Hauses, vermittelte, und an das ihn bald eine tiefe Neigung zu Emma von Bodmann (geb. 10. Januar 1836) fesselte, mehrere Jahre Hofdame der Fürstin von Fürstenberg, im Besitz einer 'Bildung, die unter den Freiburger Damen unerhört ist' (an den Vater 31. Dezember 1864), und bei dem Juristen Freiherrn Franz von Woringen, einem Rheinländer, der mit der Familie Bodmann dasselbe Haus bewohnte. Sonst entschädigte ihn nur der eifrige Briefwechsel mit alten und neuen Freunden für das, was ihm Freiburg versagte, und zuweilen eine kleinere oder größere Reise, zu denen die Lage Freiburgs so sehr einlud: Pfingsten 1864 in den Schwarzwald, im August desselben Jahres in die Schweiz, von wo aus er bis Lyon vordrang, einmal auch in den Elsaß; im Oktober und November nach Paris und bis an die Seinemündung, wo er die Franzosen erst verstehen lernte, und über die er dem Vater ausführlich und anschaulich voll geistreicher Beobachtungen und treffenden Urteils schreibt. Auch die Heimat sah er im April 1864 wieder. Seine wissenschaftlichen Arbeiten gingen neben den Kollegien ununterbrochen fort. Anfang Februar 1864 hielt er zum Besten Schleswig-Holsteins vor einem größeren Publikum einen Vortrag über Elisabeth Charlotte am Hofe Ludwigs XIV., im März einen andern in Karlsruhe über George Wa-

shington, dem der Großherzog beiwohnte. Vor allem hatte er sich schon kurz vor seinem Weggange aus Leipzig entschlossen, seine zerstreuten Aufsätze, gesammelt, überarbeitet und ergänzt, bei S. Hirzel herauszugeben (26. Juli 1863). Im November erschien der stattliche Band, vor allem vermehrt durch den großen Aufsatz 'Bundesstaat und Einheitsstaat'. Die Herren, denen er im November das fertige Buch übersandte, Alfred von Gutschmid, Mohl, Droysen, G. Waitz, Häusser, Mathy, G. Freytag, Th. Mommsen, Klee, Weech u. a. sprachen sich im ganzen zustimmend, manche in warmen Worten aus; auch der Großherzog äußerte sich freundlich. Der Vater freilich, dem er das Buch am 19. November zusandte, schrieb, wie er gefürchtet hatte, daß ihn seit dem Tode der Mutter nichts so schmerzlich berührt habe als dieses Buch. Er bat deshalb seine Schwester Johanna Ö Byrn (22. November 1863), sie möge, wenn etwa von Dresden aus ihm wieder Vorstellungen über 'seinen scheußlichen Sohn' gemacht würden und er sich unglücklich fühlte, beruhigend auf ihn einwirken, indem er betonte, 'wie sehr mir ein klares, glückliches Verhältnis zur Familie am Herzen liegt'. Dabei hatte er seine Überzeugung von dem Berufe des Historikers dem Vater gegenüber schon ausgesprochen (19. November). 'Nach dem Ruhme, von den Gegnern unparteiisch genannt zu werden, trachte ich nicht; das hieße das Unmögliche verlangen. Solange die Erde steht, ist ein Historiker in bewegter Zeit immer dann erst unparteiisch genannt worden, wenn er im Grabe lag, und ich erhebe nicht den Anspruch, eine Ausnahme zu bilden. Jene blutlose Objektivität, die gar nicht sagt, auf welcher Seite der Darstellende mit seinem Herzen steht, ist das gerade Gegenteil des rechten historischen Sinnes. Alle großen Historiker haben ihre Parteistellung offen bekannt: Thucydides ist Athener, Tacitus Aristokrat. Es kommt nur darauf an, daß man den Sachverhalt so vollständig, als man ihn kennt, darstellt; das Urteil bleibt dann jedem, auch dem Verfasser, frei. Dies habe ich gethan, soweit mein Wissen reichte.' Es war das offene, männliche Bekenntnis zu einer Richtung der Geschichtschreibung, die immer ihr gutes Recht gehabt hat und die dem innersten Wesen Treitschkes entsprach; ihm war der Patriotismus zur Leidenschaft geworden.

Die 'Aufsätze' fanden eine so gute Aufnahme, daß er 1865 eine zweite Auflage veranstalten mußte, die er vom 30. September datierte, und schon dachte er an einen zweiten Band, vor allem wegen der beiden Aufsätze über den Bonapartismus, zu dem ihn eine Besprechung von Napoleons III. Geschichte Cäsars veranlaßte, und über Cavour, Arbeiten, die, als sie erschienen, wohl das Beste darstellten, was über beide Gegenstände in deutscher Sprache geschrieben worden ist, die ihn als Meister der Geschichte zeigten. Der Cavour sollte den 'Willenlosen und Phantastischen deutlich machen, was geniale Realpolitik' ist. Er dachte deshalb im Sommer des nächsten Jahres nach Oberitalien zu gehen (13. November 1865). Vor allem aber drängte ihn seine Deutsche Geschichte. Um ihretwillen arbeitete er seit Sommer 1865 mehrere Male wochenlang im Archiv zu Karlsruhe, wo man ihm in der liberalsten Weise entgegenkam und er in Mathys Hause die beste Aufnahme fand. Das Wichtigste aber war für ihn das Berliner Archiv. Er wandte sich deshalb am 10. Dezember 1865 unmittelbar an den Grafen Bismarck, indem er seine besondern Ziele bezeichnete, ohne seine liberale Gesinnung irgendwie zu verschleiern, und erhielt unter dem 16. Dezember diese Erlaubnis in dem gewünschten Umfange, da Bismarck 'keinen Glauben habe an die Bedeutung von Depeschengeheimnissen, welche älter sind als die Betheiligung der gegenwärtig die Politik leitenden Personen an den Staatsgeschäften' (s. Faksimile zu S. 448/9, bisher nicht veröffentlicht). Er fand diese Liberalität 'beispiellos' in Deutschland, und ging im März 1866 nach Berlin, wo er von seiner gelehrten Ausbeute, dem angeregten Umgange und dem sichtlichen Aufschwunge der großen Stadt außerordentlich befriedigt war.

Schon längst aber ging die deutsche Politik in hohen Wogen. Seit dem Tode König Friedrichs VII. am 15. November 1863 war urplötzlich die schleswig-hol-

steinische Frage zu einer Bedeutung herangewachsen, die Deutschland mit allgemeiner Aufregung erfüllte. Alle Welt erwartete die Lösung der Elbherzogtümer von Dänemark durch die Anerkennung des augustenburgischen Erbrechts Friedrichs (VIII.). Auch Treitschke. Er beteiligte sich deshalb an der von diesem ausgeschriebenen Anleihe mit einer für seine Verhältnisse recht beträchtlichen Summe und begleitete mit Sympathie den Einmarsch der Bundestruppen in Holstein und die Erscheinung des Herzogs daselbst (Dezember 1863). Als Preußen und Österreich am 14. Januar 1864 als Großmächte die Sache selbständig in die Hand nahmen, stand er ihnen zunächst mißtrauisch gegenüber. Sobald aber die Erstürmung der Düppeler Schanzen am 18. April 1864 die Tüchtigkeit der neuen preußischen Armee erwiesen und der Friede von Wien die Herzogtümer unter die gemeinsame Herrschaft der beiden Großmächte gebracht hatte, da trat er mit voller Entschiedenheit für ihre Annexion an Preußen ein, als den einzigen Weg, sie für Deutschland nutzbar zu machen und das Land von einer unerträglichen Halbheit seiner Stellung zu bewahren. Er überwarf sich allerdings darüber mit G. Freytag und Häusser, aber er fühlte sich in seiner unitarischen Gesinnung nur bestärkt gegenüber dem 'dünkelhaften' Partikularismus und dem 'zuchtlosen Maulheldentum' der Süddeutschen; 'nur das gute Schwert des Eroberers kann diese Lande mit dem Norden zusammenbringen' (13. November 1864). Auch die damalige sächsische Politik hatte durchaus nicht seinen Beifall. 'Ich liebe meine schöne Heimat', schrieb er am 14. August 1862, 'und die unverwüstliche elastische Lebenskraft ihres vielverkannten Volksstammes', aber er haßte 'diesen lächelnden, schleichenden Despotismus unserer Regierung' (Beusts).

Als nun Bismarck immer deutlicher und entschlossener auf die Annexion losging und die Bundesreformfrage in Gang brachte, erhielt Treitschke noch vor der Entscheidung in Frankfurt die überraschende Aufforderung von Graf Bismarck, nach Berlin zu kommen. Am 7. Juni 1866 lehnte er vorläufig ab, denn er hielt als

Liberaler die unbedingte Anerkennung des Budgetrechts der Abgeordneten für unabweislich, trotz der 'grenzenlosen Verachtung', die er für die Fortschrittspartei hege, da sie ihren Parteistandpunkt über ihre Pflicht gegen den Staat setzte, und obwohl er es 'entsetzlich' fand, 'daß der bedeutendste Minister des Auswärtigen, den Preußen seit Jahrhunderten besaß, zugleich der bestgehaßte Mann in Deutschland ist'. Wenige Tage später übersandte ihm Bismarck im Vertrauen seinen Entwurf zu einem Bundesreformplan und bat ihn, das Manifest an die deutsche Nation für diesen Plan aufzusetzen. In seiner Antwort vom 14. Juni bezeichnet Treitschke den Plan 'im Großen und Ganzen als ein Meisterwerk'; aber das Manifest zu entwerfen weigert er sich, da er badischer Staatsdiener sei; das könne nur ein Mitglied der preußischen Regierung, und vorausgehen müsse die Herstellung der verfassungsmäßigen Rechte des Landtags; ohne diese werde ein Manifest in der Masse der Nation keinen Widerhall finden. 'Vorderhand' könne er als unabhängiger Mann die preußische Regierung nur in der Presse 'mit der Wärme und voller Zustimmung unterstützen, die sie verdienen'. An demselben Tage fiel in Frankfurt a. M. im Bundestage die Entscheidung, jetzt hatten die Kanonen das Wort. Am nächsten Tage (17. Juni) teilte er Mathy mit, daß er seine Entlassung aus dem badischen Staats-

dienst verlangen werde, da er einem Staate, der mit Preußen im Kriege sei, nicht dienen könne, und bat den alten Freund, sie zu befürworten; am 18. Juni, am Tage von Belle-Alliance, verlobte er sich mit Emma von Bodmann, in dem Augenblicke, wo er den entscheidenden Schritt ins Ungewisse tat. In diesen ungeheuer erregten Tagen, die der großen Waffenentscheidung vorausgingen, schrieb Treitschke fünf längere Briefe an seine Braut, die diese schwere Zeit tapferen Mutes mit durchmachte; am 27. nahm er in Griesbach schweren Abschied von ihr, am 29. trat er von Freiburg aus, da die Entlassung tatsächlich genehmigt war, die Reise nach dem Norden an, wohin es ihn mit allen Kräften zog; er fuhr, weil er auf den nächsten Linien Unterbrechungen befürchtete, über Straßburg durch das noch französische Elsaß über Metz und durch die Rheinprovinz nach Bonn, fand Bingerbrück beflaggt und im lauten Jubel über die böhmischen Siege am 28. Juni, dann durch Westfalen über Soest nach Kassel. Auch jetzt noch vergaß er nicht seinen alten Satz: 'ein Historiker deutscher Nation soll Land und Leute kennen' (Soest, 1. Juli). In der Nacht zum 3. Juli traf er in Berlin ein. Am nächsten Tage donnerten die Kanonen zur Feier des Sieges von Königgrätz. Er stand an der Schwelle eines neuen Lebens und einer neuen Zeit.

OTTO KAEMMEL.

(5. März 1914)

NEUE LESBISCHE LYRIK
(OXYRYNCHOS-PAPYRI X)

Von Ulrich von Wilamowitz-Moellendorff

Wie oft hat man, seitdem jedes Jahr neue Stücke der griechischen Poesie bringt, den Wunsch nach Liedern der Sappho aussprechen gehört. Wir hatten außer praktisch wertlosen Fetzchen[1]) den Anfang eines Liedes auf ihren Bruder Charaxos aus Oxyrynchos erhalten (Pap. 7), und dann die Reste des fünften Buches auf den Berliner Pergamentblättern. Von Alkaios besaßen wir auch schon Reste von zwei Handschriften; aber die Verstümmelung ließ die Freude an diesen kaum aufkommen.[2]) Nun beschert uns Oxyrynchos Stücke von vier Handschriften oder besser von fünf, denn ebendaher stammt ein kleines Stück, das nach Italien gelangt ist, sich aber mit einem der neuen Oxforder Stückchen ziemlich deckt.[3]) Alle diese Handschriften gehören dem II. oder III. Jahrh. an, während die Berliner Pergamente sehr viel jünger sind, also das Fortbestehen dieser schwierigen Dialektpoesie bis ins VI. Jahrh. und darüber beweisen. Gewiß ist es beherzigenswert, daß die Landstädte Ägyptens in den Bücherschränken so vielfach die altklassische Lyrik enthielten; als Folie nehme man hinzu, daß die Literatur der Kaiserzeit, die uns doch massenhaft erhalten ist, dorthin gar nicht gedrungen zu sein scheint. Plutarch und Aristeides, Dion und Arrian und Lukian und die Rhetoren der sogenannten zweiten Sophistik und die Philostrate: von allen auch nicht ein Fetzen; der einzige Chariton ist auch in Ägypten populär geworden.[4]) Hoffen wir, daß es nicht bloß die Tradition der Grammatiker gewesen ist, die das Publikum bestimmte, sich die Klassiker zu kaufen, sondern daß man die Gedichte auch gelesen hat. Uns kann's im übrigen gleich sein: wir freuen uns, daß wir auf diese Weise vieles erhalten haben, anderes hoffen. Ich erhielt die ersten Abschriften von A. Hunt, im wesentlichen noch unergänzt, kurz vor Weihnachten 1912 in dem Augenblicke, da ich mein Buch über Sappho und Simonides ausgedruckt hatte; wie mir beim Lesen zumute war, bleibe ungesagt: aber ich empfand es sofort als meine Pflicht und mein Recht wie über Menander und Sophokles, so auch über die Lesbier an dieser Stelle ein Wort der Einführung zu sagen.

---

¹) Berl. Klassikertexte V 2 S. 9; Dikaiomata, hg. von der Graeca Hal. S. 183, beide aus dem ersten Buche.

²) Berl. Klassikertexte V 2 S. 3 und 148.   ³) Papiri greci e latini II Nr. 123.

⁴) Band X bringt sehr wichtige Stücke des Achilleus Tatios und bestätigt, daß ich ihn gegen Rohde u. a. richtig vor 350 angesetzt habe. Aber Achilleus wird ein Ägypter sein. Übrigens hätte Hunt auf die Identifikation mit dem Erklärer des Arat nicht zurückkommen sollen: der heißt nicht Tatios und ist beträchtlich älter.

Von dem ersten Papyrus der Sappho ist die Subskription erhalten. 'Sapphos Lieder Buch 1': das lehrt uns nichts, was wir nicht selbst sähen, es sind nur sapphische Strophen, und die enthielt ja das erste Buch. '1320 Verse.' Das überrascht; es gab ja neun Bücher. Doch die Anordnung war auf die Versmaße gegründet; da war gleiche Stärke der Bücher nicht zu erzielen, und Buch 2 und 3, von denen feststeht, daß sie nur Gedichte je eines bestimmten Maßes enthielten, werden sehr viel dünner gewesen sein. Die erhaltenen Reste gehören dem Ende der Rolle an, wie gewöhnlich, da ja die innersten Lagen am ehesten der Verwesung widerstanden. Es ist begreiflich, daß die Grammatiker die berühmtesten Gedichte nicht an das Ende des Buches gestellt hatten, und wer sprachliche Dinge ausnotierte, griff von selbst nach den ersten Gedichten. So kommt es, daß nur ganz wenige sonst erhaltene Zitate sich hier haben nachweisen lassen, zwei in dem einzigen Liede (Fr. 12 und 15, hier Fr. 16), in welchem hier Sappho von ihren eigenen Liebesschmerzen geredet hatte. Gern würden wir den Zusammenhang kennen, in dem sie aussprach, daß eben die, welchen sie das meiste Gute tat, sie am tiefsten verletzten. Aber es sind nur zerrissene Wörter übrig, wie denn die Zertrümmerung das meiste höchstens für die Grammatik noch verwertbar sein läßt. An die Spitze hat Hunt eine Strophe gestellt, die den Schluß eines Liedes bildete; bitter schließt die Dichterin mit dem knappen Berichte 'und sie prahlten mit der Botschaft, daß Doricha zum zweiten Male in das ersehnte Liebesverhältnis getreten ist'. Wohl mußte Sappho die Enttäuschung bitter empfinden, wenn ihr Bruder Charaxos von neuem in die Netze der naukratitischen Hetäre geraten war. Das Gedicht war inhaltlich mit dem Liede des Pap. 7 verwandt, das die Nereiden darum bittet, daß der Bruder sicher heimkehren möchte. Aber zusammengehören werden dieser Anfang und der neue Schluß sicherlich nicht.

Auf dieses folgt ein fast ganz erhaltenes Gedicht, das ich als Probe hersetze:

Οἰ μὲν ἱππήων στροτὸν οἰ δὲ πέσδων
οἰ δὲ ναῶν φαῖσ' ἐπὶ γᾶν μέλαιναν
ἔμμεναι κάλλιστον, ἔγω δὲ κῆν' ὄτ-
τω τις ἔραται.

5 πάγχυ δ' εὐμαρὲς συνετὸν ποῆσαι
παντὶ τοῦτ'· ἀ γὰρ πολὺ περσκόπεισα
[κάλ]λος [ἀνθ]ρώπων Ἐλένα τὸν ἄνδρα
[κρίννεν ἄρ]ιστον,
[ὂς τὸ πᾶν] σέβας Τροΐας ὄλεσσεν,

10 [οὐδὲ π]αιδὸς οὐδὲ φίλων τοκήων
[οὐδὲν] ἐμνάσθη, ἀλλὰ παράγαγ' αὐτὰν
[Κύπρις ἔραι]σαν.

— — — κ]αμπτον γὰρ — — — —
— — — — κούφως r — — — [ν]οήσῃ·

15 [τῆ]λε νῦν Ἀνακτορί[ας ὀ]νεμνά-
[σθ]η(ν) ἀπεοίσας,
[τᾶ]ς κε βολλοίμαν ἐρατόν τε βᾶμα
κἀμάρυγμα λαμπρὸν ἰδῆν προσώπω

ἢ τὰ Λυδῶν ἄρματα κἀν ὅπλοισι
20 [ἰππομ]άχεντας.
[εὖ μὲν ἴδ]μεν οὐ δυνατὸν γενέσθαι
[τοῦτ'] ἀν' ἀνθρώπ[οις, π]εδέχην δ' ἀρᾶσθαι[1])

Der schönste Anblick ist den Menschen dieser kräftigen Zeit die Parade
eines Heeres oder einer Flotte, oder noch lieber eine Reiterschlacht (die die
Nesioten aus der Erfahrung nicht kannten); aber nicht ein hellenisches Heer
gilt für das schönste, sondern die lydische Kavallerie, der damals Kolophon
erlag. Dem gegenüber empfindet die Frau anders; aber sie sucht das Allgemeine
zu fassen, dem sich der Geschmack der Männer und Frauen unterordnet, findet
also, daß der Eros entscheidet, dessen Reich also überall gilt, wo der Mensch
nicht dem Intellekt, sondern dem inneren Triebe folgt. Dieser Eros ist unberechenbar; über den Geschmack läßt sich nicht streiten. Hat doch Helene, obwohl alle Heroen Griechenlands um sie warben, dem Paris den Preis gegeben.
Wir sehen hier und werden es noch mehr sehen, wie Homer die Phantasie der
Lesbier ganz erfüllt. Hier ist aber schon die Geschichte der allgemeinen Werbung
um Helene vorausgesetzt, die Homer nicht kennt, wir in den Hesiodischen Kata-
logen lesen, Sappho natürlich nicht gerade dort gelesen zu haben braucht. Die
allgemeine Sentenz, die von der Bestimmbarkeit des menschlichen Herzens
handelte, fehlt leider. Nun erst kommt Sappho auf das eigene Gefühl, das ihr
das Gedicht eingegeben hat: für sie wäre der schönste Anblick, wenn Anak-
toria, ihre milesische Schülerin, ihr strahlendes Antlitz vor ihr aufleuchten
ließe. 'Wohl ist das unmöglich, aber zu beten um die Teilnahme' — da bricht
es ab, und es wäre vorschnell sagen zu wollen, ob sie ein solches Gebet verwarf oder entschuldigte. Ihre Sehnsucht ist hier ruhiger als die nach der
Arignota von Sardes in dem Berliner Gedichte, aber doch etwas Verwandtes.
Man erkennt auch nicht, ob dies Gefühl ihr persönlich angehört oder von dem
ganzen Thiasos geteilt wird, vor dem die Lehrerin singt. Denn auch das ist
denkbar.

Noch eine andere uns als solche bekannte Freundin kommt vor (Fr. 15),
die Gongyla, die auch im Berliner Gedicht 4 genannt ist; Sappho fordert sie
auf, ihre milchweiße Mantille umzunehmen, deren Schönheit jeder Beschauerin
imponiert; sie selbst hätte ihre neidlose Freude daran, denn Aphrodite selber
würde sich daran ärgern. 'Zu der zu beten ...' da bricht es wieder ab. Von
Toilettenstücken ist ja oft die Rede, auch in dem Berliner Gedicht 1; aber wie
der Umhang, der einmal καταγωγίς (ἱμάτιον ποιὸν περὶ πῆχυν Hesych) mit
seinem technischen Namen hieß, ist wohl nicht auszumachen. Es war ein zwei-
silbiges Femininum und fing, wie es scheint, mit μα an. Einem andern jungen
Mädchen, schwerlich einer Schülerin, macht sie das Kompliment, man dürfe sie

---

[1]) Ich bezeichne selbstverständliche Ergänzungen einzelner Buchstaben nicht, auch
nicht ob Hunt oder ich ergänzt haben; wir sind übrigens nicht selten zusammengetroffen,
und vielen wäre es ebenso gegangen. In runden Klammern stehen Buchstaben, die der
Schreiber vergessen hat, was nicht ganz selten ist. V. 3. 4 hat Apollonios angeführt, Fr. 13
und V. 17 ist das überlieferte [τα]ς τε von Hunt verbessert.

nicht mit Hermione, sondern nur mit der blonden Helene vergleichen[1]), εἰ θέμις
θναταῖς, was also nicht ihr persönliches Urteil, sondern das des Publikums
darstellt, Fr. 14; vielleicht findet ein anderer den Sinn der folgenden Worte.
Im Gegensatze zu der Huldigung an eine junge Schönheit war in dem Gedichte, dessen Brocken Fr. 10 gibt, der körperliche Verfall einer alten Frau
recht drastisch geschildert.[2]) Mahnung an eine scheidende Schülerin, wie das
eine Berliner Gedicht, gab Fr. 13, und auch da wird von der Teilnahme an
Festen und Tänzen geredet. Die Nachtfeiern, das παννυχίσδην, erwähnt das
Gedicht, in dem Hermione und Helene vorkamen; auf ähnlichen Anlaß deutet
Fr. 50, und das durch den italienischen Papyrus ergänzte Gedicht, dessen Länge
sich auf fünf Strophen bestimmen läßt, gibt die Gründungsgeschichte des mytilenäischen Heratempels, dessen Schönheitskonkurrenzen wir aus anderer Überlieferung kennen. Möglich, daß auf dieses Gedicht das Epigramm A. P. IX 189
geht. Ich setze meine im ganzen natürlich nur exemplifikatorische Ergäuzung her:

> πλασίον δή μ[οι κατ᾽ ὄναρ παρέστα,
> πότνι᾽ Ἥρα, σὰ χ[αρίεσσα μορφά,
> τὰν ἀρατὰν Ἀτρ[είδαι ἴδον πρῶ-
>   τοι βασιλῆες·
> ἐκτελέσσαντες [γὰρ Ἄρευος ἔργον
> πρῶτα μὲν π[αρ᾽ ὠκύροω Σκαμάνδρω
> τυίδ᾽ ἀπορμαθέ[ντες ἐς Ἄργος ἐλθῆν
>   οὐκ ἐδύναντο·
> πρὶν σὲ καὶ Δί᾽ ἀντ[όμενοι κάλεσσαν
> καὶ Θυώνας ἱμ[ερόεντα παῖδα.
> νῦν δὲ κ[αὶ ῥέξοισι θύη πολῖται
>   κατ τὸ παλ[αιόν
> ἀγνὰ καὶ κα[λὸν κατάγοισι πέπλον
> [π]αρθ[ένοι
> ἀμφὶ σ[

Von den letzten fünf Versen ist höchstens ein Übergang zum letzten Adoneus
[Ἥ]ρα allenfalls zu erkennen.

Endlich Hochzeitslieder, die man nicht vergeblich erwartet. Ein solches ist
kaum zu verkennen, wenn man die Versanfänge liest (1. Kol. II) ἄν κ᾽ ἐδεξά-
μαν .. ἠνέπην (so für ἐννέπην) .. γλῶσσά μοι .. μυθολογῆσαι· κἀνδρὶ .. μέσδον.
Dies ist Anfang eines Gedichtes. Ein Schluß, zugleich der Schluß des ersten
Buches, gemahnt sowohl an die Helene des Theokrit wie an Catull 61. 62:

> παρθένοι
> παννυχίσδομεν
> σὰν ἀείδοι[σαι φιλότατα καὶ νύμ-]

---

[1]) Ovid, Ars II 699 hat auch diese Mutter und diese Tochter als Gegensatz verwandt,
in seinem Sinne. Hoffentlich wird niemand an Abhängigkeit von Sappho denken.
[2]) Wenn auf die Versschlüsse χρόα γῆρας ἤδη und ἀμφιβάσκει, der Schluß πέταται
διώκων folgt, so hat Sappho schon den Eros oder Himeros von dem Alter fort, der
Jugend zufliegend eingeführt.

φας ἰοκόλπω·
ἀλλ' ἐγέρθη[τι
στεῖχε σοὶς
ἤπερ ὄσσον
ὕπνον [ἴ]δωμε[ν]. [1])

Der Rest des zweiten Sapphopapyrus beschränkt sich auf die Versschlüsse eines Gedichtes, das auch eine Nachtfeier, vielleicht eine Hochzeit, angeht. Die Mädchen sind müde, fordern sich zum Heimgang auf, ἄγχι γὰρ ἀμέρα. Und ein Hochzeitslied ist sicher das andere, von dem reichliche Reste vorliegen. Sie setzen mit der Botschaft ein, die Idaios an Priamos bringt. Hektor naht sich mit seiner jungen Frau Andromache. Sie kommen zu Schiff von Theben[2]) und bringen eine reiche Aussteuer mit. Auf diese Nachricht steigen denn die Frauen von Ilion auf Maultierwagen, die Männer spannen sich Pferde an; dann liest man noch den Schluß, wie duftendes Räucherwerk verbrannt wird, die alten Frauen einen Jubelruf erheben (ἐλέλυξαν), die Männer einen Päan singen.[3]) Das war der Schluß; die heroische Hochzeit spiegelte ganz ebenso die gegenwärtige analoge Feier wieder, wie in Pindars Siegesliedern die Taten der Heroen erzählt werden, um ihren Glanz auf die Gegenwart zu werfen. Wir besäßen schon ein Stückchen, das in demselben Sinne die Hochzeit von Herakles und Hebe schildert (Fr. 51).

Diese beiden Gedichte gehören schon wegen ihres Versmaßes (daktylische Pentameter) in das zweite Buch, und aus ihm wird auch ein Vers des letzten Gedichtes angeführt.[4]) Es steht die Subskription σαφοῦς[5]) μέλη auf einem Papyrusbrocken, dessen Stelle sich aber ebensowenig bestimmen läßt, wie, ob und was hinter μέλη stand. Nun ist aber unter den Zeilenenden des ersten Gedichtes ziemlich viel leerer Raum gelassen, so daß dort gleich lange Verse nicht

---

[1]) Der junge Gatte soll wohl aufstehn und zu seinen Gefährten gehn; die Mädchen finden nun für heut den Schlaf. Aber ἴδωμεν ist befremdlich; ich weiß das Ganze nicht einzurenken, und ändern mag ich nicht.

[2]) Dieser Seeverkehr erschien den Lesbiern von dem hypoplakischen Theben bei Adramyttion nach Ilion mit Recht natürlich; leider ist das Beiwort von Πλακία unsicher: immerhin wird man sich darauf verlassen können, daß die Lesbier nicht nur zu wissen meinten, sondern wußten, wo jenes Theben lag und wo es auch Homer gekannt hatte.

[3]) ὄρθιον πάονα, was πάωνα gewesen sein wird, unter Anrufung des Apollon, des ἐκαβόλος εὐλύρας; das sind Epitheta, die aus den Päanen stammen, εὐλύρας Aristoph. Thesm. 969, wo solche Poesie zugrunde liegt. Für den Hochzeitszug paßt eigentlich der Päan gar nicht.

[4]) Aus πολλά, das eine Aufzählung von vielen Einzelheiten einleitete und dem zweitnächsten Verse ἀργύρα τ' ἀνάριθμα ποτήρια κάλεφαις ist bei Athenaeus 460ᵈ geworden πολλὰ δ' ἀνάριθμα ποτήρια καλαίφις. Kein Wunder, daß die Heilung mißlang. Und doch war das Elfenbein unter einer ganz geringen Verschreibung verborgen.

[5]) Σαφώ schreibt auch die berühmte Münchener Vase. Natürlich hatten die Leute ganz recht, die σαφής in dem Namen hörten; die Verdoppelung des letzten Radikals ist ja normal. Wenn sie sich selbst Ψάπφα nannte, so war entweder die ältere Form ψαφής, oder es war ein ungriechischer Name an das griechische σαφής angeglichen. So führt Psaumis von Kamarina, den Pindar besungen hat, offenbar einen sikelischen Namen; aber in der olympischen Siegerliste heißt er Σάμιος.

gestanden haben können. Und doch sagt Hephaestion ausdrücklich, daß es im zweiten Buche kein anderes Maß gab. Folglich hat da irgendeine Grammatiker- notiz gestanden. Daß das Gedicht von Andromache das letzte des Buches war, ist unabweislich. Da drängt sich die Vermutung auf, daß es als unsicherer Her- kunft am Ende stand und darüber eine Notiz vorherging. Es weicht nämlich in zwei bedeutsamen Erscheinungen von den übrigen Resten der lesbischen Lyrik ab: es verkürzt vokalischen Auslaut vor Vokal, sogar in der ersten Kürze des Daktylus[1]), und es gebraucht die kurzen Formen des Dativus pluralis, φί- λοις, θεοίς, was doch abgesehen vom Artikel[2]) selbst auf den Jahrhunderte jüngeren Inschriften nicht geschieht. Es wäre doch auch nur ganz natürlich, daß unter die Gedichte der Sappho jüngere äolische Hochzeitslieder einge- drungen wären. Und so bin ich zu der Überzeugung gelangt, daß das größte neue Stück zwar ein sehr merkwürdiges lesbisches Lied, aber keines der Sappho ist, und nachdem mir die äußeren Momente aufgefallen sind, glaube ich auch in der breiten Ausführung einen Ton zu spüren, der ihr fremd ist.

Ich sehe voraus, daß manchem Leser der Zuwachs für Sappho gering er- scheinen wird, und gewiß kann ihr Dichterruhm durch die neuen Verse nicht steigen. Aber gerade darin finde ich den erfreulichen Fortschritt, daß wir die Tätigkeit der Dichterin von Beruf etwas mehr ins Breite hin überschauen. In- dividuelle Liebespoesie konnte doch nur in dem kleinsten Teile der Lieder stecken, die für alle Gelegenheiten verfaßt wurden, welche das weibliche Leben bot. Daß sie eben dieses Leben geführt und das Dichten als Handwerk geübt hat, läßt sich nun viel weniger verkennen. Nicht durch die Stellung, die sie in Leben und Beruf einnahm, ist sie θαυμαστόν τι χρῆμα, sondern durch ihre Seele: unmöglich konnte sie ihre ganze Seele in jedes Gelegenheitsgedicht hin- einlegen. Aber die χάρις, eine ganz weibliche χάρις, umspielt auch diese Verse, und daß alles so einfach, so durchsichtig, so unstilisiert ist, und doch so schön, das ist das Wunderbare und das Sapphische.

Von Alkaios hatten wir so bitter wenig, daß da der Gewinn von jeder- mann geschätzt werden muß. Auch hier sind es Reste zweier Rollen, von denen die zweite den Vorzug hatte, daß Scholien beigefügt waren; aber sie sind so verloschen, daß sie kaum noch etwas lehren. Subskriptionen fehlen, nur ein einziger sonst erhaltener Vers kehrt wieder (Fr. 32 hier, 42 Bergk); aber der Verfasser könnte auch ohne dieses Zeugnis nicht zweifelhaft sein. Wir können die Bücher nicht bestimmen, deren Reste wir erhalten. Die Ausgabe des Alkaios war ja nicht nach den Versmaßen geordnet, so daß äußere Kennzeichen fehlen, und die Buchzitate sind so selten, daß wir von der Verteilung der Gedichte überhaupt keine Vorstellung haben. Denn es war immer eine ganz unberech-

---

[1]) Ἕκτωρ καὶ συνέταιροι ἄγοισ᾿ ἐλικώπιδα. Es gibt keinen Verstoß gegen die Regel bei den Lesbiern außer durch moderne Konjektur oder falsche Versabteilung. Alk. 11 steht bei Bergk falsch; Ahrens hatte die eigentlich unverkennbaren großen Asklepiadeen richtig abgeteilt. λῦσαι ἄτερ ist durch Synizese dreisilbig. Ich muß das hier zum dritten Male aussprechen (Sappho und Simonid. 88).

[2]) τοῖς in dem neuen Alkaiosfragment 8, 8. Auf den Inschriften ist es längst bemerkt.

tigte Annahme, daß Strabon eine Abteilung der Gedichtsammlung des Alkaios
bezeichnete, wenn er sagt (617), auf die verschiedenen Tyrannenherrschaften in
Mytilene bezögen sich die στασιωτικὰ καλούμενα τοῦ Ἀλκαίου ποιήματα. Darin
braucht nicht einmal so viel zu liegen, wie wenn man sagen wollte, auf die
Restaurationspläne des Augustus bezögen sich die sg. Römeroden des Horaz,
die eine Gruppe eines Buches bilden. Nun sehen wir, daß zwar auf der zweiten
Rolle mehrere Gedichte benachbart gestanden haben, die den Namen στασιωτικά
verdienen, aber dazwischen ein Lied an einen Geliebten des Dichters und ein
Trinklied, wie es die zweite Berliner Handschrift auch gibt, während die erste
auch politische Lieder enthielt.[1] Andrerseits steht ein Hymnus auf die Dioskuren
auf der ersten neuen Rolle, und die beiden ersten Gedichte des ersten Buches
waren Hymnen, so daß es nahe lag, die Gedichte dieser Gattung dort vereinigt
zu glauben, was also nicht zutrifft. Man kann wohl nicht anders annehmen,
als daß der Herausgeber der alexandrinischen Sammlung keine neue Ordnung
durchgeführt hat, weder wie bei Sappho nach den Versmaßen, noch wie bei
den Chordichtern nach den Gattungen, sondern einfach die Liedersammlungen,
die es natürlich schon vorher gab und die er in der Bibliothek vorfand, zugrunde
gelegt hat; diese aber waren ohne festen Plan zusammengekommen oder sie
mochten auch eine Auswahl enthalten. Wenn man nicht etwa anzunehmen wagt,
daß Alkaios selbst seine Werke gesammelt hätte: in dem Falle wäre es sein
eigener Wille gewesen, der dem Horaz vorbildlich geworden ist. Denn das
springt nun in die Augen, daß Horaz, der sich ja als Nachahmer des Alkaios
ausdrücklich bekennt, auch die Anlage seiner Odenbücher von seinem Vorbild
übernommen hat, die Abwechselung der Versmaße und des Inhalts. Ist nicht
diese Erkenntnis schon ein wertvoller Gewinn? Ebenso, daß man den Umfang
mehrerer Gedichte schätzen kann und auch darin die Übereinstimmung mit
Horaz augenfällig ist. Da stehen auf Fr. 10 die Zeilenanfänge eines Liedchens[2]
von acht Distichen; so ist es abgeteilt. Das wird ein Athener ein Skolion genannt haben und als solches beim Weine gesungen. Daß vollends auch die
Horazischen Gedichte bei Alkaios ihre Parallelen haben, deren Inhalt moralische Paränese ist, hat mich wenigstens überrascht, obwohl die Skolien und
die elegischen Trinksprüche Ähnliches in Fülle bieten. Nur hat Horaz den Inhalt seiner Paränese oft anderswoher, seiner Neigung gemäß selbst aus der
Popularphilosophie genommen.

Sehen wir nun ein paar Gedichte, deren Herstellung zwar im einzelnen
auch vielfach nur exemplifikatorisch sein kann, die sich aber doch als Ganzes
fassen lassen. Fr. 2 Kol. II. Eine Strophe, aber schwerlich mehr, mit einer
Anrede an Helene, ist vorhergegangen:

---

[1] Fr. 1 ist von χρήματα συλλέγην die Rede, und συνθέμενοι λύαις (στάσεις, wie das
Wort von den Grammatikern erklärt wird; es war bisher nur bei Pindar, N. 9,14 angetroffen)
geht voraus. Fr. 11 handelt von Babylon, Askalon und von bösem Krieg.

[2] δεῦρο fängt es an; dann ἄβας (ἀβάσωμεν?); das deutet auf Aufforderung zum ἤβᾶν, zum
lustigen Lebensgenuß; ἐξ αὔω; da vermutet man eine trockene Kehle; πλέην (d. i. πλεῖν), αἱ
δέ κε — εἰς ἱράν möchte man eher auf eine Fahrt nach bestimmtem Ziele deuten.

ὡς λόγος, κακῶν ἀ[νέτηλ' ἀπ' ἔργων
Περράμωι καὶ παισ[ὶ τέλος φίλοισι
ἐκ σέθεν πικρόν, π[υρὶ δ' ἀιθάλωσας
    Ἴλιον ἱράν.

οὐ τεαύταν Αἰακίδ[ας ποθητόν ·
πάντας ἐς γάμον μάκ[αρας καλέσσαις
ἄγετ' ἐκ Νηρῆος ἐλὼν [μελάθρων
    παρθένον ἀβράν

ἐς δόμον Χέρρωνος, ἔλ[υσε δ' ἀγνᾶς
ζῶμμα παρθένω φιλό[τας ἀγαυῶ
Πηλέος καὶ Νηρεΐδων ἀρίστ[ας,
    ἐς δ' ἐνιαυτόν

παῖδα γέννατ' αἰμιθέων [κράτιστον,
ὄλβιον ξανθᾶν ἐλατῆ[ρα πώλων·
οἲ δ' ἀπώλοντ' ἀμφ' Ἐ[λέναι Φρύγες τε
    καὶ πόλις αὐτῶν.

Ein solches Gedicht, dem man gar nichts von einem äußeren oder inneren individuellen Anlaß oder Zweck anmerkt, überrascht bei einem alten Lyriker; ich möchte sagen, es klingt zu Horazisch. Kaum dürfte der verlorene Eingang diese Antithese zwischen Helene und Thetis, die doch keine Nachprüfung verträgt, gerechtfertigt haben, und auf den Gegensatz zwischen der Ehefrau, die ihrem Gatten entläuft, und der Jungfrau, deren Hochzeit die Himmelsgötter mitfeiern, ließ sich doch auch schwerlich eine eindrucksvolle Paränese aufbauen, die dem Alkaios auch seltsam zu Gesicht stehen würde. Was ihn reizt und wodurch er wirkt, ist die Stilisierung, die in der Tat von raffinierter Kunst ist: welch ein Gegensatz zu der Schlichtheit Sapphos. Sehe man nur, wie Αἰακίδας am Anfang des Satzes steht, wo man gar nicht wissen kann, wer gemeint ist, wie dann die Braut erst nur durch das Haus des Nereus bezeichnet wird; ihr Name fällt überhaupt nicht, der des Peleus erst am Ende, und Achilleus wird auch nur mit Umschreibungen bezeichnet, von denen wieder der 'Lenker des Fuchsgespannes' wahrlich nicht deutlich ist, zumal Achilleus neben einem Fuchs einen Schecken unter dem Joche hatte. Und daß die Brautnacht einen besonderen Satz erhält, ist durch den Inhalt nicht hervorgerufen; aber es erhöht die Vorstellung von dem Eheglück dieses Paares; eigentlich war es damit bei Peleus und Thetis nicht weit her. Berechnete Kunst herrscht bis in die Stellung jedes Wortes hinein: wie schön fassen κακῶν und πικρόν den Satz in der ersten Strophe zusammen. Ist das nicht auch Horazische Kunst? Ein solches Bild, genommen aus der vertrauten Homerischen Welt (hier freilich Kyprien, nicht Ilias), aber ausgeführt in ganz anderer eigener Stilisierung, das scheint dem Publikum des Alkaios genügt zu haben, was es doch nur konnte, wenn die Kunst als solche verstanden und gewürdigt ward. Ein andermal hat er ein Gedicht mit einer Reminiszenz aus dem Α der Ilias geschlossen, wie Achilleus die Thetis aus dem Meere emporrief und diese dann den Zeus bestimmte, den Groll ihres Sohnes zu rächen (Fr. 3). Auch das ist ein Kunstmittel, das uns aus späterem Stile vertraut ist[1]); in unserer Phantasie soll das Bild haften, das der Dichter am Schlusse mit einigen scharfen Strichen um seiner selbst willen ausgeführt hat. Diese Kunst in solonischer Zeit anzutreffen, war mir wenigstens eine Überraschung, zumal bei dem lesbischen Aristokraten, der so oft sehr viel mehr durch sein Temperament wirkt. Er muß doch auch das Dichten erst einmal ernsthaft um der Musen willen gelernt und geübt haben, ehe das Leben ihn aus der Bahn warf, wo er dann sein Talent als Waffe gebrauchte und vernutzte.

[Δεῦτ' Ὄλυμπον ἀστέρ]οπον λιπόντες
[παῖδες ἴφθ]ιμοι Διὸς ἠδὲ Λήδας
[ἰλλάωι] θύμωι προ[φά]νητε Κάστορ
    καὶ Πολύδευκες,
οἳ κατ' εὐρῆα[ν χθόνα] καὶ θάλασσαν
παῖσαν ἔρχεσθ' ὠ[κυπό]δων ἐπ' ἴππων,
ῤῆα δ' ἀνθρώ[ποις] θανάτω ῤύεσθε
    ζακρυόεντος
εὐέδρων θρώσκοντ[ες ἀν'] ἄκρα ναῶν,
τηλόθεν, λαμπροὶ πρότο[ν' ἀμφιβά]ντες,
ἀργαλέαι δ' ἐν νυκτὶ φάος φέροντες
    ναῖ μελαίναι.

Darauf folgte natürlich noch mindestens eine Strophe, die von der Not berichtete, in der jetzt die Dioskuren Rettung bringen sollen. An diesem Gedicht ist nicht viel Kunst zu loben; unvergleichlich höher steht der Homerische Hymnus auf die göttlichen Zwillinge. Als Reiter werden sie zuerst eingeführt, und dann laufen sie doch den Schiffsrand entlang; ob die Ergänzung zutrifft, die sie wenigstens in ihrer Lichterscheinung das Tau herabkommen läßt, das den Mast hält, und die zugleich Abwechselung des Tempus in die Participia bringt, ist sehr fraglich. εὔεδρος und μέλαινα sind ganz leerer Schmuck.

Sehr viel gelungener ist eine geschickt aufgebaute Periode in einem Gedicht an Melanippos, den aus Herodot bekannten Freund des Alkaios. Die beiden ersten Zeilen sind verstümmelt, aber klar ist der Sinn 'Melanippos, wie kannst du erwarten, δινάεντ' Ἀχέροντα — —

ζαβαῖς ἀελίω κοθαρὸν φάος [ὕστερον
ὄψεσθ'. ἀλλ' ἄγι μὴ μεγάλων ἐπι[ιβάλλεο·
καὶ γὰρ Σίσυφος Αἰολίδαις βασιλεὺς [ἔφα
ἀνδρῶν πλεῖστα νοησάμενος [θάνατον φυγῆν·
ἀλλὰ καὶ πολύιδρις ἐὼν ὑπὰ καρὶ [δίς
δινάεντ' Ἀχέροντ' ἐπέραισε, μ[έγαν δέ οἱ
[κάτ]ω μόχθον ἔχην Κρονίδαις βα[ρὺν ὤρισε
μελαίνας χθονός· ἀλλ' ἄγι μὴ τάδ' ἐπέλπεο.
καταβάσομεν, αἴ ποτε κἄλλοτα — —

Es folgen noch Reste von zwei Versen; aber der Gedanke ist noch nicht herausgebracht. Es ist schwer auszudenken, wie sich Melanippos die Hoffnung auf

---

[1]) An Theokrit und eben an Horaz habe ich es öfter hervorgehoben, und jeder, der sie kennt, wird Belege genug im Gedächtnis haben.

ein zweites Leben ausgemalt haben soll. Doch wohl nur so, daß vielmehr Alkaios meinte, man lebte nur einmal, täte also gut dieses Leben zu genießen.
Das schien ihm sein Freund so wenig zu beherzigen, als rechnete er, es in
einem zweiten Leben nachzuholen. Daß die hübsche Geschichte von dem Sisyphos δραπέτης, die Aischylos dramatisiert hat, schon damals in Lesbos bekannt
war, lernen wir gern. Und wie geschickt ist das Exempel durch das doppelte
ἀλλ' ἄγι μή und διννάεντ' Ἀχέροντα eingerahmt. Das konnte einem Rhetor
schon als ein Stück seiner eigenen Kunst erscheinen. Wie elegant sind aber
auch die einzelnen Wörter verschränkt: so etwas leistete weder das Epos noch
hätte Sappho es gekonnt.

Noch ein bereits aus den Bruchstücken bekannter Zechgenosse des Alkaios
kommt in den neuen Versen vor, Bykchis, an den das Vorbild von *Vides ut alta*
gerichtet war, und wenn es hier καὶ παρὰ Βύκχιδος αὖθ[ις hieß, so deutete das
vielleicht geradezu auf jenes Lied zurück. Auch hier ist es ein Trinkgelage,
zu dem Bykchis etwas zu liefern hat. Der Dichter fordert die Genossen auf,
sich zu vergnügen: das Schiff, das seine Fracht gern heil in den Hafen bringen
will, hat keine Lust sich bei dem Sturme der Gefahr auszusetzen, auf ein Riff
aufzulaufen (Fr. 3 des zweiten Papyrus). Also liegt es jetzt irgendwo geschützt,
und die Bemannung hat Zeit und Lust sich beim Weine zu erholen und über
den Aufenthalt zu trösten. Hier ist es ausgeschlossen, in dem Schiffe eine
Allegorie des Staatsschiffes zu sehen, wie ja auch die allegorische Deutung
der Vorlage von *O navis referent* nur auf der Autorität der antiken Ausleger
beruht, ohne daß die erhaltenen Verse einen festeren Anhalt böten. Moralische
Betrachtungen gibt es noch ein paar, und einmal scheint wirklich das Bild des
Evangeliums vorweggenommen, daß ohne den Willen des Zeus kein Haar vom
Haupte fällt.[1]) Die Liebe dagegen hat kaum eine Spur hinterlassen, außer daß
der Anfang eines Gedichtes da ist, das nach den Scholien einem ἐρώμενος galt.
(Fr. 2 der zweiten Rolle, V. 14):

> Φίλος μὲν ἦσθα κἀπ' ἔριφον καλῆν
> ἢ χοῖρον· οὕτω τοῦτο νομίσδεται,

das heißt nach dem Scholion, 'du warst ein Freund, für den man bei der Be-
wirtung sich Umstände macht'. Das klingt mehr nach einem ἑταῖρος als einem
παῖς; Lykos, den wir aus Horaz kennen, zeigt sich noch immer nicht. Von
Frauen kommt nur vor, daß sie sich gern an der Mündung eines uns nicht
mehr genannten Flusses badeten: als Zeugnis für die Sitten interessant.[2]) Hier
hat Alkaios ein Bild festgehalten, das ihm vor die Augen gekommen war, als er
landflüchtig über viele Meere fuhr. Er nennt auch Babylon, wo ja sein Bruder
als Söldner gewesen war, und Askalon; Fr. 12 redet er Aphrodite an, die auf der

---

[1]) Fr. 8 — — παρὰ μοῖραν Διὸς οὐδὲ τρίχα — da scheint dieser Gedanke unverkennbar, zumal vorhergeht τὸ γὰρ ἐμμεμορμένον — — ἀνδράσι τοῖς γεινομένοισι — — σοφὸς ἦι
καὶ φρεσὶ πυκνα[ῖσι κεκασμένος.

[2]) Fr. 3, 7—15. Das Zeugnis über Baden in offenem Wasser würde ich gern Sapph.
und Sim. 27 angeführt haben.

Burg der Stadt ihr Heiligtum hat: das war keine lesbische Stadt; Aphrodite
ist überhaupt in Hellas nicht leicht Burggöttin.

Nun endlich die politischen Gedichte, von denen auf der zweiten Rolle
mehrere gestanden haben. Zunächst eins in sapphischem Maße, von dem zwei
Strophen leidlich erhalten sind:

> [Ζεῦ π]άτερ, Λυδοὶ μὲν ἐπα — —
> — — — ραισι δισχελίοις στα[τῆρας
> [ἄμ]μ' [ἔδ]ωκαν, αἴ κε δυναίμεθ' ἱρὰν
>   ἐς πόλιν ἐλθῆν,
> οὐ παθόντες οὐδαμά πω 'σλὸν οὐδέν
> οὐδὲ γινώσκοντες· ὃ δ' ὡς ἀλώπαξ
> ποικιλόφρων εὐμαρέα προλέξαις
>   ἤλπετο λασῆν.

Die Situation wird dadurch freilich noch nicht klar. Alkaios und seine Leute
konnten von den Lydern für einen Staatsstreich gegen die 'heilige Stadt', doch
wohl die Heimat Mytilene, eine hohe Summe bekommen. Es ist schon unsicher, ob die Lyder oder die Partei des Alkaios 'noch nichts Gutes erfahren
hatten und noch nichts Gutes wußten' d. h. obwohl die beiden Teile, die koope-
rieren sollten, einander noch keine Garantien gegeben hatten, die eine solche
Verbindung rechtfertigten. Und dann sieht man nicht, was der schlaue Fuchs
eigentlich getan hat; durch die Vorspiegelung, er wird es ganz leicht durchführen, das Geld bekommen und dann eingesteckt? Der Fuchs ist vorher als
ὠναίσχυντος bezeichnet, und κήνω πατέρα und wieder πατέρα steht in den nächst
vorhergehenden Zeilen.

1234 Fr. 2 Kol. 2:

> λά]βρως δὲ[1])
> πίμπλεισιν ἀκρατι[σμὸν ἐ]π' ἀμέραι.
> καὶ νυκτὶ πλαφλ[α]σ[μοὶ σύ]ναχθεν,
>   ἔνθα νόμος θαμέως [ὀρ]ίννην·
> κῆνος δὲ τούτων οὐκ ἐπελάθετο
> ὤνηρ, ἐπειδὴ πρῶτον ὀνέτροπε[2]),

---

[1]) Abgeschrieben ist .. βρωσδεσνντει ...... ειαπα.; da muß der Schein der letzten
Zeichen täuschen, und doch kann ein Herausgeber nichts anderes notieren als was er sieht.
So etwas bleibt auf verscheuertem Papier immer übrig (auf Stein auch), wo dann nur ein
guter Einfall hilft, divinatio; dann schießen plötzlich die vorher täuschenden Spuren zu
einem Bilde zusammen: das Wort ist gelesen; an die divinatio, die erst zum Lesen verhalf,
denkt kein Benutzer mehr, sondern glaubt, was er nun wiedererkennt, würde er selbstverständlich auf den ersten Blick selbst gefunden haben. Es ziemt sich, an diesen Sachverhalt
zu erinnern, wenn einmal auch bei einem Meister in der Kunst des Lesens etwas erscheint,
was nicht richtig sein kann.

[2]) Zu dem Aorist ἔτροπον gehört in dem gleich angeführten Bruchstück der Infinitiv
τροπῆν, und νῦν δ' ὃ πεδέτροπε, das auch gleich zitiert wird. In diesen beiden Fällen
scheint es aktivisch, ἐπιτευχέας τροπῆν, so wenden, daß wir ἐπιτυγχάνομεν (denn ἐπὶ τεύχεα
hat nicht dagestanden, und τεύχεα sind nicht ὅπλα) und πεδέτροπε ἐπὶ τὸν κακοπάτριδα scil.
τὴν ἀρχήν, wo das Objekt aber nicht überliefert und nicht unentbehrlich ist. Aber ἐπειδὴ
ἀνέτροπε ist aktivisch, sehr seltsam 'als es sich in die Höhe wand, oben zu liegen kam',
also 'aufkam'. Vgl. ἔτραφον.

> παίσαις γὰρ ὀννώρινε νύκτας,
> τῶ δὲ πίθω πατάγεσκ' ὁ πυθμήν·
> σὺ δὴ τεαύτας ἐκγεγόνων ἔχης
> τὰν δόξαν οἴαν ἄνδρες ἐλεύθεροι
> ἐσλῶν ἐόντες ἐκ τοκήων.

Da wollen wir zuerst das Ganze fassen. Der Angeredete hat jetzt die Position der vornehmen Leute, stammt aber von jemandem, der ein Lotterleben geführt hat, im Sinne einer Gesellschaft oder einer Sitte, die im Anfang beschrieben ist. Man wird es als sicher bezeichnen müssen, daß das der erst angegriffene Pittakos ist, dem gegenüber sich Alkaios als Patrizier fühlte. Die Liederlichkeit, die sich dem weisen Pittakos nicht wohl vorwerfen ließ, geht also dessen Vater an; und dann liegt es nahe, in dem Vater des vorigen Bruchstückes denselben Mann zu haben, also den Hyrrhas. Die Ausdrücke der mytilenäischen Kneipensprache verstehen wir natürlich nicht ganz. Der ἀκρατισμός ist nicht das Frühstück, obwohl Theokrit, der dies Wort aufgelesen hat, 1, 51, es im Sinne von ἀκράτισμα verwendet hat, sondern das Trinken von ungemischtem Weine, mit dem die Zecher schon bei Tage anfangen, und bei Nacht wird ein πλαφλασμός, παφλασμός veranstaltet, bei dem es herkömmlich zu einem häufigen ὀρίνειν, ἀνορίνειν kommt. παφλάζειν kennen wir vom Brodeln des kochenden Wassers, dem Sprudeln halbartikulierter oder überhasteter Rede: hier muß man wohl denken, daß ein Symposion, bei dem es bis zum Lallen und Brüllen kommt, geradezu ein παφλασμός hieß, und daß das 'Aufrücken, Losgehen' (πάλιν ὗς παρορίνει ist ja ein Wort des Alkaios) eine Art von wüstem Kommers etwa bezeichnet. Der Boden des Fasses klappert, wohl weil die Schöpfgefäße so tief in das Tongefäß hinabgeführt werden.

Und nun zum Schlusse das dritte Stück, in dem Pittakos selbst genannt wird, 1234, 2 Kol. 1 (Taf. IV):

> — — — — — — —¹)
> κῆνος δὲ γαωθείς²) Ἀτρεΐδα[ν γάμωι
> δαπτέτω πόλιν ὡς καὶ πεδὰ Μυρσίλω,
> ἆς κ' ἄμμε βόλλητ' Ἄρευς ἐπιτευχέ[ας
> τροπῆν, ἐκ δὲ χόλω τῶδε λαθώμεθα³)
>
> χαλάσσωμεν δὲ τᾶς θυμοβόρω δύας
> ἐμφύλω τε μάχας, τάν τις Ὀλυμπίων
> ἐνῶρσε δᾶμον μὲν εἰς ἀνάταν ἄγων
> Φιττάκωι δὲ διδοὶς κῦδος ἐπήρατον.

---

¹) Vorher gehen die Verse:
. . . τωτοθ' (Variante ταθ) εἰπηνοθωρ[
αε . . ειπεδέχων συμποσίων[
βασμος· φιλώνων πεδ' ἀλεμ[άτων.
Darin macht φίλων (in späterer Schrift φίλων) = φιλητής keine Schwierigkeit; aber was ist βασμος? Der dritte Buchstabe ist allerdings nicht sicher.

²) γαοῦν ist neu, aber neben κύδεϊ γαίων, ἀγανός verständlich.

³) λαθοίμεθ' ἄν und χαλάσσομεν überliefert. ἄν gibt es ja nicht; also stelle ich die Konjunktive ohne Bedenken her. An kurze Vokale im Konjunktiv zu denken ist viel verwegener als einen Verstoß des Schreibers gegen die Quantität des o anzunehmen.

Es ist der Schluß eines Gedichtes, in dem vorher auch von dem Vater des Pittakos und seinem Lotterleben geredet war; dann erfahren wir, was für die Geschichte wichtig genug ist, daß der Plebejer durch Verschwägerung mit dem Penthiliden emporgekommen ist. Von einem Scholion ist gerade genug übrig (ἐπιγαμίαν σχών und ἀ(τ)ρέως ἀπόγονοι), um die Ergänzung zu sichern. Auf dem letzten Stückchen der zweiten Rolle sagt Alkaios etwas, das er aus eigenem Gedächtnis nicht haben kann, 'denn ich saß noch als ein kleiner Knabe dabei'; dann folgen die Zeilenschlüsse (alkaische Strophen; von einem Zehnsilbler stammt der erste): Πενθίλης — νῦν δ' ὁ περίτροπε — — τὸν κακοπάτριδα — — τυραννεύ | [οντα]. Das wird auf dieselben Verhältnisse gehn, die ersten Schritte in der Laufbahn des Pittakos, der nun Tyrann ist oder werden will. Wenn also Pittakos so hoch über seinen Stand hinaus geheiratet hat, so bekommt die bekannte, von Kallimachos im ersten Epigramm erzählte Anekdote eine besondere Spitze, daß er der Urheber des Spruches τὴν κατὰ σαυτὸν ἔλα war. Er muß also doch wohl ein Haar in der Ehe gefunden haben, die ihm den Weg zur Tyrannis ebnete. Und weiter ist Pittakos in noch früherer Zeit Anhänger des Myrsilos gewesen, während zur Zeit dieses Gedichtes schon der, wohl durch den Tod, d. h. die Ermordung des Myrsilos entfesselte Bürgerkrieg tobt, aus dem zuletzt die Tyrannis oder Aisymnetie des Pittakos und die Verbannung des Alkaios und der anderen Aristokraten hervorgeht, denen man die Ermordung des Myrsilos zutrauen wird, oder ihre Anstiftung, da sie wohl aus Mytilene vertrieben waren. Wenn wir mit der chronographischen Überlieferung die Aisymnetie des Pittakos in den ersten Jahren des VI. Jahrh. beginnen lassen, wozu die auf dieselbe Zeit angesetzte Verbannung der Sappho stimmt, so rückt die Tyrannis des Myrsilos in die letzten Jahre des VII. Jahrh., also auch die erste Verbannung des Alkaios, die ihn nur nach Pyrrha führte (Scholion zum Berliner Gedicht I), und ebenso das Gedicht, dem jenes Scholion gilt.[1]) Zudem stehn auf dem Stück von Aberdeen (Berl. Klassikert. 5b 148) die Versschlüsse Κλεανακτίδαν und ἢ 'ρχεανακτίδαν (was aber auch Genetivi Pluralis sein können) mit den Scholien τὸν μυρσίλον und τὸν Πιττακόν. Wie das auch zu ergänzen ist, Pittakos erscheint auch hier mit Myrsilos verbunden. In noch frühere Zeit fällt die Tyrannis des Melanchros; daß Alkaios damals schon eine Rolle spielte, ist unbezeugt, aber der Verlust seines Schildes in den Kämpfen um Sigeion, von dem ein Gedicht an Melanippos erzählte, fällt in die Jugend. 607 hat Pittakos nach den Chronographen durch seinen Zweikampf mit Phrynon Sigeion erworben; damit schuf der Plebejer sich eine Stellung, die ihn sehr wohl zum Eidam eines Penthiliden qualifizierte. Myrsilos, der Kleanaktide, mag damals Tyrann gewesen sein; sonst ward er es bald und vertrieb die Partei, der Alkaios angehörte, dessen Geschlecht wir nicht kennen. Sein Sturz führte die Gegenpartei zurück, aber auf kurze Zeit, denn das Volk vertraute sich dem Pittakos an, und nun folgen die langen Irrfahrten, die den Alkaios an den Hebros und an den Nil führten. Am Ende, vielleicht erst,

---

[1]) Daß ich auf die längst erledigten Verkehrtheiten, die an der Chronologie dieser Personen rütteln, auch nur polemisch einginge, wird man nicht verlangen.

als Pittakos sein Werk der Beruhigung durch eine Amnestie krönte, ist er beim-
gekehrt; damals erst wird er der Sappho gehuldigt haben, die früher zurückgekehrt sein mag. Ganze Gruppen seiner Gedichte, die dieses Leben widerspiegeln,
lassen sich demnach relativ schon datieren.

An dem zuletzt ausgeschriebenen Gedichte muß das Versmaß jeden in Erstaunen und Verwirrung gesetzt haben. Der normale Asklepiadeus wechselt mit
einem Verse, den man zuerst gar nicht begreift. Zwar die zweite Hälfte, *edite
regibus* ist überall ganz wie sich gehört gebildet, aber für *Maecenas atavis* haben
wir κῆνος δὲ γαωθείς — ἆς κ' ἄμμε βόλλητ' ἄ — + ἐνῶρσε δᾶμον μέν + +
also ◡_◡_◡__◡. Dieser Vers ist bei Hephaestion in dem Kapitel über den Antispast aufgeführt, hinter dem Asklepiadeus, dem antispastischen Trimeter, τὸ δὲ
μέσην μὲν ἔχον τὴν ἀντισπαστικήν, τρεπομένην κατὰ τὸν ἕτερον πόδα εἰς τὰ
τέσσερα τοῦ δισυλλάβου σχήματα, ἑκατέρωθεν δὲ τὰς ἰαμβικάς, ὧν ἡ πρώτη καὶ
ἀπὸ σπονδείου ἄρχεται, Ἀλκαϊκὸν καλεῖται δωδεκασύλλαβον, οἷον

κόλπωι σ' ἐδέξαντ' ἀγναὶ Χάριτες χρόνωι.[1])

Danach konnte man sich diesen Zwölfsilbler als ein iambisches Metron + Glykoneus analysieren, und daß die beiden Silben, die fünfte und sechste, ganz frei
waren, also auch pyrrhichisch sein konnten, wie Hephaestion angibt, zwingt in
der Tat dazu, die letzten acht Silben als Glykoneus abzuteilen. Was wir nicht
ahnen konnten und als etwas ebenso Befremdendes wie Bedeutsames zulernen,
ist, daß in dem neuen Gedichte der Asklepiadeus mit diesem andern Zwölfsilbler
abwechselt, während es andere Gedichte genug gibt, die aus reinen Asklepiadeen
bestehen, wie sie Horaz nachgebildet hat. Wenn die beiden Zwölfsilbler, deren
zweite Hälfte identisch ist, abwechseln, so sind sie doch wohl Variationen derselben Grundform. Ich stelle gleich aus der attischen Skolionstrophe die Schluß-
zeile daneben, οἵ τότ' ἔδειξαν οἴων πατέρων ἔσαν, wo vor dem Glykoneus nicht
ein Diiambus, sondern ein Choriambus steht; die Freiheit der beiden ersten
Silben des Glykoneus ist aber ebenso gebunden wie im normalen Asklepiadeus.
Wenn wir den Glykoneus, der mit dem choriambischen und dem iambischen
Dimeter wechseln darf, als Differenzierung eines in der Äolis wenigstens
durch die feste Zahl von acht Silben und daneben durch den iambischen
Schluß bestimmten Verses fassen, so sehen wir ihn zum Zwölfsilbler werden,
indem nun ◡_⌣_◡ oder ◡_◡_ oder _◡◡_ herzutritt. Wenn wir die freie Bildung des Glykoneus oder besser des choriambischen Dimeters daneben betrachten,
so finden wir dort dieselbe und außerhalb der Äolis oder überhaupt der
stichisch normalisierten Lyrik noch weit größere Freiheiten. Gibt es da eine
andere natürliche Erklärung als die, daß dieser Zwölfsilbler wirklich eine solche
Erweiterung des Achtsilblers ist, der uns vertraute Asklepiadeus aber eine Spiel-
art, die von Alkaios und dann weiter von Asklepiades und andern zur einzig
zulässigen gemacht ist?[2]) Ist es nicht einleuchtend, daß der Antispast in der

---

[1]) Fr. 62. Das letzte verdorbene Wort läßt sich nicht sicher herstellen.

[2]) Als ich in den 'Persern' des Timotheus einen Asklepiadeus unter Glykoneen fand,
mußte ich den Trimeter in ihm zwar anerkennen, S. 54, wagte aber noch nicht, dasselbe
für Alkaios gelten zu lassen.

Weise von den analysierenden Metrikern gefunden worden ist, daß sie mit viersilbigen Metra operierten, wie wir es in der attischen Poesie ja auch überwiegend tun müssen, wie ich es so lange getan habe, bis ich an den choriambischen Dimetern erkannte, daß der 'Dimeter' oder 'Achtsilbler' älter ist als das
viersilbige Metron, daß die Einführung des Baues κατὰ μέτρα die Tat ist,
durch welche die Ionier erst der griechischen Verskunst die gesetzmäßige Freiheit verliehen haben, auf der ihre unvergleichliche Schönheit beruht. Der Antispast existiert, gewiß; aber Alkaios hat nicht mit Bewußtsein antispastische
Trimeter gebaut, sondern Verse, die neben anderen Füßen auch Antispaste
enthalten, wenn man sie auf viersilbige Füße verteilt. Aus bloßen Antispasten
besteht kein Vers und kann er nicht bestehen. Der sog. große Asklepiadeus
oder antispastische Tetrameter liegt uns nur in einer Form vor, die Horaz so
aufzufassen gelernt hat, daß ein Choriamb zwischen die zwei Stücke eines Hexa-
meters (‒ ‒ ‒ ◡ ◡ ‒ und ‒ ◡ ◡ ‒ ◡ ◡) geschoben wäre. Wir werden guttun, ihn mit
Hephaestion antispastisch zu fassen, natürlich in demselben Sinne wie den
kleinen Asklepiadeus. Genaueres würden wir nur sagen können, wenn wir ähnliche Varianten kennten, wie sie für den Glykoneus und jetzt für den kleinen
Asklepiadeus, d. h. für den Achtsilbler-Dimeter und Zwölfsilbler-Trimeter, vorliegen. Die Anaklasis des Ionikers ◡ ◡ ‒ ◡̆ ◡ ‒ ‒ ist natürlich auch nicht eine Umbiegung des normalen ionischen Dimeters, wie sie erscheint, seit man κατὰ μέτρον
baute, sie ist nur aus früherer noch größerer Freiheit dieser Form des Achtsilblers
übriggeblieben. Die vielbewunderte Ionisierung des Daktyloepitriten ist auch nichts
anderes als die gewaltsame Durchführung eines viersilbigen Metrons, nur daß hier
erst die modernsten Metriker diese Forderung erhoben haben. Die Entwicklung der
ionischen Poesie liegt vor unsern Augen; man muß sie nur aufmachen. Da ist die
Gleichsetzung von einer Länge und zwei Kürzen eingeführt, die Unterdrückung
dieser Kürzen in bestimmten Grenzen ebenfalls, und damit ist die alte Freiheit
des primitiven 'Achtsilblers' (der oft sehr viel weniger Silben hatte) normalisiert, und die Messung κατὰ μέτρον ist zur Herrschaft gekommen. In Lesbos
finden wir dagegen die Silbenzählung, während die ionischen Neuerungen nicht
gelten. Dafür hat man die einzelnen Gestalten, in denen die primitiven Verse
erscheinen konnten, so fixiert, daß sie nebeneinander als besondere Verse auftreten. Der alkaische Elfsilbler ist mit der neuen Form des Zwölfsilblers identisch: es fehlt ihm nur die sechste Silbe. Der alkaische Elfsilbler verhält sich
zum Phalaeceus wie $a + b$ zu $b + a$ usw. Doch das zu verfolgen ist hier nicht
der Ort.

In dem Gedichte mit den freien Asklepiadeen sind Tetrasticha abgesetzt,
wie auch in den sapphischen und alkaischen Gedichten regelmäßig die Paragraphos am Strophenende erscheint; eigentlich sind diese ja dreizeilig, aber die
Synaphie ist für die antike Kolometrie immer unwesentlich gewesen: daß wir
mit ihrer Hilfe die Glieder oder Perioden absetzen, wie es vor allen Lachmann
gelehrt hat, ist der wichtigste Fortschritt, den wir über die antike Metrik
machen. Die großen Asklepiadeen Fr. 32 sind in Disticha abgeteilt, ebenso die
daktylischen Pentameter und die zwei Gedichte Fr. 9. 10, deren Versmaß nicht

zu bestimmen ist; asklepiadeisch könnte es sein, und 10 hätte auch eine Teilung in Tetrasticha erlaubt. Horaz hat also Tetrasticha nicht durchweg vorgefunden. Daß das Einleitungs- und Schlußgedicht seiner ersten Gedichtsammlung Verszahlen zeigt, die sich durch vier dividieren lassen, zwingt nicht, sie
so abgeteilt zu denken, da das erste und letzte Distichon des ersten Gedichtes
sich so stark durch den Sinn abheben. Über IV 7 ist demnach zu sagen, daß
es *petitio principii* ist, Tetrasticha zu erzwingen; eine ungerade Verszahl ist aber
hier nicht wohl zu ertragen, so wenig Anstoß sie auch in der Spindel des
Theokrit bietet.

Alkaios erschien bisher im Gegensatze zu Sappho nicht allzureich an verschiedenen Versmaßen; hier sieht es nur anders aus, weil ihre beiden ersten
Bücher nur je ein Maß enthielten. Aber unsere spärlichen Bruchstücke täuschen
auch. Außer den bereits genannten Maßen zeigt bei ihm Fr. 11 lauter Versenden
der Form ‿ ∪ ∪ ‿ ∪ ‿ ∪: das ergibt ein bisher unbelegtes Maß, das ich nicht zu
bestimmen wage: an· den sapphischen Elfsilber ohne Adoneus wird man doch
kaum glauben. Und Fr. 2 Kol. 2, 18 scheinen die Anfänge überliefert: κ[α]ὶ σὺν
γεράνοισιν ε — — ῆλθον χλαῖναν ἔχ[ων — — ταὶ [Π]ρωταλίαι πιθεί[ς — —
τ[εο]ῦτ' ὦδε δὲ μὴ π[— —¹), also ‿ ‿ ∪ ∪ ‿ ∪ ‿ ... und ‿ ‿ ‿ ∪ ∪ ‿ abwechselnd.
Der zweite Vers kann Anfang von Asklepiadeen oder Glykoneen sein, die etwas
Gewöhnliches wären; der erste ist, so weit man ihn liest, ein Telesilleion; aber
er ging weiter; bei den Lesbiern hat er bisher keine Parallele.

Nun endlich das Sprachliche. Da ist die Hauptsache, daß das Äolische
auf diesen vier Rollen genau so aussieht, wie wir es aus der sonstigen Überlieferung kennen. Und da die Menschen beim Äolischen immer zuerst an das
Vau denken, so sei gleich konstatiert, daß es keins gibt, weder geschrieben,
noch durch die Metrik gefordert. Wohl aber würde es als wirklicher anlautender Konsonant nicht nur sehr oft eine auf Konsonant ausgehende Silbe verlängern, es verhindert auch weder Krasis noch Elision: κἄμματα (καὶ ἔμματα),
αὐτίκ' Ἰλιάδαι, δ' ἐλίγματα, diese drei in dem Andromachegedicht, τόδ' εἶπη,
S. 2, 12; ἐπτόαισ' ἰδοῖσαν S. 15; τάδ' εἶπῆν Alk. b (d. i. zweite Rolle) 2 I 2.
Eine Vokalisierung des Vau findet sich nicht, denn ἀνατάν Alk. b, 2 I 12 ist
wie bei Pindar ein Anapäst; daß wir diese Seltsamkeit hier wiederfinden, macht
sie nicht verständlicher. Alk. 10, 5 πλέην, das man nur als Infinitiv fassen
kann, ist zwar nur dadurch begreiflich, daß sich πλέϝην so lange gehalten hat,

---

¹) Die Kraniche und der dicke Mantel scheinen darauf zu deuten, daß es sich um das
Wetter im Frühling handelte. Kann aber ein Gedicht mit καί anfangen? Vor diesem Verse
steht abgesondert durch eine Paragraphos vor und hinter ihm ein offenbar verschlagener
Vers νῶ μέν κ' ἔννεκ' ε — —. Wir können ihn nicht unterbringen; aber er macht es noch
unsicherer, daß der Anfang des Gedichtes unversehrt ist. Ausfall ist auch im Andromachegedicht der Sappho notiert, wo ἄνω auf den Nachtrag am oberen Rande verweist, der nicht
erhalten ist; an derselben Stelle scheint auch die Ordnung der Verse gestört. Auf der zweiten
Rolle des Alkaios 2, Kol. I 14 steht vor dem ersten Verse eines Gedichtes der zweite, ver-
schrieben und getilgt, an der richtigen Stelle wiederholt. Es ist nützlich, solche Sünden
antiker Schreiber zu bemerken; wir müssen lernen, mit welchen Möglichkeiten der Verderbnis wir rechnen dürfen, mit welchen nicht.

daß die Kontraktion der e-Laute unterblieb (der Konjunktiv ἔηι ist zu ἦι geworden usw.); aber πλεύην ist es nicht geworden. ῥέοντι steht S. 9, 16.

Die Barytonese ist fast ohne Einschränkung durchgeführt, denn es sind zu ihrer Bezeichnung namentlich in der zweiten Rolle des Alkaios, die ja auch Scholien hat, sehr viele Akzente gesetzt, vorwiegend der Akut, doch in der bekannten Weise auch der Gravis auf einer oder mehreren unbetonten Silben, die dem Hochton vorhergehen. Die Sapphohandschriften haben weniger Lesezeichen, aber sie stimmen zu demselben System. Auffällig ist S. 16, 12 συνόιδα (in Diphthongen steht natürlich der Akzent auf dem ersten Vokal), wohl nur so zu erklären, daß der Grammatiker die uns auch sonst bezeugte Dreisilbigkeit von οἶδα auch hier durchführen wollte, wo er dann Synizese anzunehmen gezwungen war. Da der Akzent auch in dem Paroxytonon πάθοντες Alk. b 1, 11 zurückgezogen ist, kann ὄντες A. 8, 11 nur zu δόντες ergänzt werden. Auffällig ist A. b 1, 11 ουδάμαπῶσλον d. i. nach unserer Betonung οὐδαμά πω 'σλόν. Und eine wirklich wertvolle Erkenntnis, daß der Artikel, auch wo er von uns mit dem Zirkumflex versehen wird, durch den Gravis als unbetont bezeichnet wird; wirft aber ein Enklitikon seinen Ton auf eine solche Form, so erhält sie den Akut, nicht den Gravis. Den Grammatikern muß an dieser Regel viel gelegen haben, denn wir finden τὰι σαῖ S. 14, 7[1]), τάσταλλασασιας S. Androm. 4, τὰσθυμοβόρωδνας A. b. 2 I 10, II 9 τὼδεπίθω. Es hat sich gewiß mancher gesagt, daß die Akzentuierung des proklitischen Artikels überhaupt ein Unsinn ist; aber hier scheint dagegen protestiert zu werden, und der Akzent auf τάς τ' ἄλλας beruht auf kluger Überlegung, wenn nicht auf feinem Gehör. Ich bin auch hier der Bequemlichkeit des Verständnisses durch die uns vertrauten Akzente entgegengekommen, während Hunt alles in Bergks Weise äolisiert hat.

Das später stumme Iota der Diphthonge mit erstem langen Vokale ist oft geschrieben, fehlt manchmal, ist vereinzelt getilgt; ῆ (ἔηι) mag Alkaios schon gesprochen haben, da ja auch bei den Ioniern hinter η das ι so früh zu verstummen begann. Sonst war es auch bei den Lesbiern damals sicherlich in der Schrift, wohl auch in der Aussprache lebendig. In θρώϊσκοντες A. 4, 9 hat es der Schreiber nachgetragen.

Das gemeingriechische ζ wird meist σδ geschrieben, doch z. B. auch ζαλαία[2]), ξαφελ[3]); ζ steht für einsilbiges δι, ζάβαις, ζαλέξαι, ζακρυόεις (θάνατος), das doch wohl gesteigertes κρυόεις ist, denn ζ für δ (δακρυόεις) ist für das Äolische kaum anzunehmen.

Die anorganische Verdoppelung in ἐπόημμεν S. 13 darf nicht mehr überraschen.[4]) Der thrakische Eigenname Φίττακος lautet wie auf den Münzen; Πιττακός, das schon Herodot hat, und dem in Athen Πιττάλακος und Πίτταλος

---

[1]) Auf möglicherweise fehlerhafte Akzente gehe ich nicht ein; nur ῥήα (ῥεῖα) A 4, 1 sei notiert.

[2]) A. 3, 10. Die erweiterte Form ζαλαία ὡς γαληναία εὐναία ist neu, aber normal.

[3]) S. 55, 6. Das Versmaß macht die Ergänzung ξαφ[ελ- so weit sicher.

[4]) Auf dem Hallischen Bruchstück steht νόημμα.

entsprechen, zeigt so recht, daß die ionische Literatur das Gedächtnis des My-
tilenäers erhalten hat. Das ττ hier läßt auch die κυπαττίδες in dem bekannten
Fragmente 15 des Alkaios glaublich erscheinen; es ist ja auch ein Lehnwort.
   Eine überraschende Ausdehnung hat die Schreibung αι für η, αἵμονος war
bekannt, und μέμναιμαι auf dem Berliner Blatte aufgetaucht, das hier wiederkehrt; aber zu ἐπεμνάσθην S. 1, 27 steht μναι erst am Rande.[1]) Berechtigung
hat der Diphthong hier nicht, ebensowenig in ἐπτόαισι S. 15, 6, oder in Aio-
λίδαις (Nomin.), Κρονίδαις, βορίαις, ἐπέραισε in dem Gedichte des Alkaios an
Melanippos, φαῖσθα A. 32, 7.[2]) Damit ist die brave Balbilla mit ihrem Καμβύ-
σαις gerechtfertigt. Erfreulich ist nur, daß wir jetzt in der Überlieferung ἐπτό-
ασεν ὑπαδεδρόμακε der Sapphischen zweiten Ode weder eine falsche Äolisie-
rung anzunehmen noch uns bei den falschen Formen zu beruhigen haben: der
Schreiber hat nur ein Iota, das ihm störend war, fortgelassen. Das αι ist also
überall Bezeichnung der Aussprache, sowohl von η wie von α (Κρονίδαις); was
ich durchaus nicht rechtfertigen kann, aber die Tatsachen sind nicht als vereinzelte Irrtümer aus der Welt zu schaffen.
   Die spezifisch äolischen Lautwandel bedürfen keiner Hervorhebung; nur
das Schwanken nicht nur der Schreibung, sondern auch der Messung. Νηρῆος
neben Νηρεῖδαι, γόνων, wie wir schon γόνα besaßen, Πέρραμος neben Πέραμος, πορφυρίαν A. 3, 9 viersilbig, πορφύρα, ἀργύρα, S. Androm. 9, 10, sogar
ohne daß das ι geschrieben, wie ἀργύρα auf der Inschrift von Aigai; diese
Schreibung wird jünger sein als Sappho, aber die handschriftliche Grundlage
der alexandrinischen Ausgabe bot sie ihnen dar. Neben Πέραμος darf man
sich auch über die Verkürzung in δισχελίοις nicht verwundern. Χέρρων beweist dagegen, daß Χίρων und Χείρων sich verhalten wie χίλιοι χείλιοι, kein
bloßer Itazismus vorhanden ist. ὀννώρινε A. b 2 II 8 zeigt dieselbe Erscheinung
wie ἀσύνετημι bei Alkaios, ἐννοχλαῖς bei Theokrit. Daß die Präposition bald
ὀνά, bald ἀνά geschrieben wird, war zu erwarten. ἐμμορμένον A. 8 ist einfach
normal; daß von ὕμνημι die dritte Person plur. Imperfecti ὕμνην lautet, S.
Androm. III 6 macht man sich vielleicht erst nach einigem Kopfschütteln klar.
S. 15 Γογγύλα .... νθι fordert einen Imperativ; das war sicher eine neue Form,
denn es war weder πρόβαθι noch φάνηθι: ich denke, πέφανθι erfüllt alle An-
forderungen. -δαλα A. 33 gehört zu δαλεῖσθαι und zeigt, daß Ahrens bei Alkaios Fr. 18, 7 mit Recht ζάδαλον für ζάδηλον gefordert hat. Daß in δόλοφυν
S. 10 sich ein Vokal zwischen die Doppelkonsonanz geschoben hat, wird nicht
wundernehmen; δολφὸς μήτρα Hesych. Ob A. b 1, 9 ἄμμ' ἔδωκεν oder ἄμμι
δῶκεν gestanden hat, kann ich nicht entscheiden; sowohl die Elision des Dativs
wie die Weglassung des Augmentes sind nicht bequem. Ich ziehe das erste
vor, würde aber lieber Synalöphe annehmen und ἄμμι ἔδωκεν schreiben. Denn
eine weite Geltung der Synalöphe in der lesbischen Poesie ist ja der Ersatz
für die verwehrte Verkürzung anlautender langer Vokale. οὐδὲν ἐμνάσθ(η)

---

[1]) A. 10, 3 ist αβασ aus αβαις korrigiert.
[2]) A. 32, 7 φαῖσθά πο Da die Handschrift die beiden Akzente gilt, muß das unsichere ι
vielmehr das τ von ποτα sein.

ἀλλά S. 1, 23 ist dafür wieder ein Beleg; das η ist gar nicht geschrieben. Wenn ein versprengter Versanfang geschrieben ist, A. 2 II 17 νῶμένκέννεκε, so kann das nicht νῶμεν meinen, wegen des κε: wir haben also den Dual νῶ (der Akzent bleibe dahingestellt), wie νῶν in dem fünften Berliner Gedichte 19 steht. Nun gibt es aber auch ein paar bedeutsame Neuigkeiten. S. Andromache III 2 (κασία λίβανός τ᾽ ὀνεδείχνυτο (ε übergeschrieben). — μειχν- A. 5 δ] oder μ]ειχνύντες A. b 3, 13. προδεδειχμένον A. b 6, 4. Da ist der Zusammenhang überall zerstört, aber μείχνυμι scheint sicher, δείχνυμι wahrscheinlich. ἔχης als zweite Person (ἔχεις) steht b 2 II 10, ε ist zu ι gesunken in βορίαις βορέας im Gedicht an Melanippos 20, und in demselben steht gar zweimal ἀλλ᾽ ἄγι μή, wozu bei Sappho b 9 ἀλλ᾽ ἄγιτ᾽ ὦ stimmt. Gewiß ist da nur die Aussprache der zur Interjektion zusammengewachsenen Wörter wiedergegeben, und dies ἄγι ἄγιτε hatte kein λέγι λέγιτε neben sich; aber es ist doch sehr merkwürdig und zeigt deutlich, wie wenig normalisiert dieser Text ist. Vielleicht noch merkwürdiger ist τεαύταν A. 2 H 5, b 2 II 10 S. 14, 3, wozu ein Sapphischer Vers bei Hephästion 14 kommt (die Herkunft habe ich früher bewiesen), der in der Handschrift τεοῦτος εἰς Θήβας πάις geschrieben ist. Unmöglich dürfen wir überall τοοῦτος herstellen.

In der Verbalflexion bringen ἦσκε A. b 4, 9 und 11, πατάγεσκε b 2 II 9 die große Überraschung, daß die sog. Iterativformen, die für spezifisch ionisch galten, im Äolischen auftreten. ἦσκε wird in den Homerischen Epimerismen Cramer, An. Ox. I 159 aus Alkman (Fr. 72) belegt, und der Zusammenhang zeigt, daß der Name nicht angetastet werden darf. Das war also einer von seinen Äolismen, wenn man nicht besser auch hier wieder anerkennt, daß die Asiaten vieles gemein hatten. Das aktivische Futur καταβάσομεν, Alk. I Kol. II 17 hat an dem bekannten ἀείσω seine Analogie.

Homerische Reminiszenzen sind natürlich zumal in der Hochzeit der Andromache sehr zahlreich; aber auch Homerische Wörter und Formen, die dem Äolischen fremd waren, finden sich. εἰς ἀίδαο δῶμα A 11, 15 enthält einen solchen Genetiv, gleicher Art ist πόληος A 12. Auch ἠδέ stammt hier wie überall aus dem Epos. Ebenso das häufige παρθενικά für παρθένος, das ja nur die daktylische Poesie gezeugt hat. ἱεράν S. Andr. 6, wo die Variante ἱαράν beigefügt ist, als dorisch ganz unmöglich. Vielleicht ist indessen dies auch eine Instanz gegen den Sapphischen Ursprung des Gedichtes, denn ἱρός herrscht sonst durchaus. Endlich muß ἐς als ein Homerismus oder Ionismus angesprochen werden, dessen sich die Dichter bedienen, wo ihnen die Kürze genehm ist. Nur da hat es Berechtigung. So weit muß ich meine Behandlung Sapph. und Simon. 81 berichtigen; sie überhebt mich im übrigen, die Folgerungen für unsere Behandlung des Textes zu ziehen, denn ich könnte mich nur wiederholen.

Auf die neuen Wörter hinzuweisen, hat sich schon früher Gelegenheit gegeben. Syntaktisch ist nicht befremdend, aber erfreulich τεαύτας ἐκγεγόνων A. b 2 II 10, sc. γενεᾶς. ἀλέματος, das mehrfach vorkommt, und ἀκρατισμός hat sich Theokrit bei den Lesbiern aufgelesen, deren Nachwirkung man im Stile öfter empfindet, ohne es demonstrieren zu können.

Zum Schlusse sollen noch wirkliche Fehler der Überlieferung, Entstellungen des Äolischen hervorgehoben werden, $ἠνέπην$ statt $ἐννέπην$ S. 1 II 23 und $καταλάμψεται$ A. 1, 9, wo die Bezeichnung der Länge zeigt, daß $καταλήψεται$ gemeint ist: da ist das Eindringen des Nasales für die Zeit des Alkaios ungleich weniger glaublich als die Modernisierung.

Angesichts eines solchen Zuwachses freue ich mich, daß ich meine Bearbeitung der Lyriker nicht vollendet habe; ich freue mich aber zugleich mitteilen zu können, daß wenigstens die $πραττόμενοι$, was man töricht die Lyriker der Kanons nennt, auf Grund meiner Vorarbeiten sogar in nicht allzuferner Zeit erscheinen sollen.

Ich kann nicht unterlassen, einige Worte auch über die anderen neuen Texte zu sagen, die darum nicht in den Schatten treten dürfen, daß sie mit den lesbischen Versen im selben Bande ans Licht kommen. Da ist vor allem ein Blatt aus einem Pergamentkodex der Epitrepontes des Menander, nicht viel älter als der Kairiner Kodex, 1236. Es enthält eine Reihe Verse aus der großen Rede des Charisios (459—80) und auf der Rückseite deren Schluß, der uns fehlte, geht dann aber weiter, wenn auch schwer verstümmelt, und lehrt, daß das Blatt β 1 und 2, das Körte hinter der Perikeiromene bringt, zu dieser Seite gehört, deren unterstes Stück auf Q erhalten ist. Damit ist der schon vermutete Aktschluß vor dem Auftreten des Chairestratos gewonnen, und, wie mir einleuchtend scheint, bewiesen, daß Abrotonon gar nicht mehr auftrat, sondern Charisios alle Aufklärung durch Onesimos erhielt. Es ist zu hoffen, daß eine glückliche Kombinierung das kleine und auf dem Faksimile fast unlesbare Fragment U an seinen festen Platz rücken und damit den Gang des Gespräches zwischen Herrn und Diener klarstellen wird. Es ist doch eine Freude, daß die Lücken sich durch neues Material verkleinern, und wenn dabei unsere Hypothesen oft zusammenstürzen, werden wir es gern in den Kauf nehmen. Auch der Kolax erhält eine kleine Ergänzung; aber da ist das meiste noch rätselhaft. Immer wieder bestätigt sich aber, daß auch von Menander eine Auswahl von Komödien in den Händen des Publikums war, so daß die Chance nicht gering ist, aus neuen Fetzen, je jünger sie sind, desto eher, Ergänzungen der Dramen des Kairiner Kodex zu gewinnen.

Auch dem Menander gehört Pap. 1235 an. Er gab die Hypotheseis der Komödien in alphabetischer Reihenfolge mit didaskalischen Angaben und ästhetischer Kritik, also ganz, wie wir es aus der Tragödie kennen. Dies Faktum ist wichtig; aus einem solchen Buche kann also die Hypothesis des Phasma bei Donat stammen, aus einem entsprechenden zu Euripides die bei den Rhetoren erhaltenen Hypotheseis, wie ich das vor Jahren vermutet hatte. Immer kann aber auch eine Ausgabe des Dichters zugrunde liegen, in denen diese Argumente ja ebenfalls standen. Erhalten ist zum größeren Teile der Inhalt der Priesterin ($Ἱέρεια$), ohne doch die seltsame Verwickelung ganz klar zu machen. Diese Priesterin kann nämlich keine gewöhnliche Verwalterin eines öffentlichen Kultes gewesen sein. Sie hat sich von ihrem Mann getrennt, hat ihren Sohn in einer anderen Familie untergeschoben, eine Tochter bei sich be-

halten, und ein Sklave wird ihrer Pflege überwiesen, weil er besessen ($\vartheta\varepsilon o\varphi o$-
$\varrho o\acute{v}\mu\varepsilon\nu o\varsigma$) sein soll. Am Ende wird die Familie aber vereinigt, die Ehe erneuert. Also wird es sich um einen fremden abergläubischen Kult handeln, und
Menander hat hier wie so oft den Aberglauben mit entschiedener Tendenz
angegriffen. Über die Didaskalie hören wir, daß Menander das Stück als ......-
undsiebzigstes (der Einer ist verstümmelt) unter dem Archon Nikokles, 302/1,
verfaßt habe. Er hätte es schon zur Aufführung[1]) an den Dionysien abgegeben,
aber wegen der Tyrannis des Lachares wären diese ausgefallen, so daß es erst
später durch Kallippos (den ich sonst nicht kenne) aufgeführt wäre. Damit
wird uns leider ein Problem gestellt. Denn unter Nikokles waren zwar Dionysien, aber keine Tyrannis des Lachares.[2]) Also muß man entweder Nikokles
in Nikias ändern, oder Menander hätte das Drama sechs Jahre vor den Dionysien verfaßt, an denen es aufgeführt werden sollte, und doch hätte der Grammatiker diesen Unterschied nicht notiert. Da entscheiden wir uns wohl für das
erste. Der Einwand, daß Menander mindestens 105 Dramen gedichtet hat, also
für die auf die Hiereia folgenden etwa dreißig nur noch höchstens vier Jahre
blieben, wiegt nicht schwer: aufgeführt hat er doch nicht alle in Athen, also
werden auch eine gute Anzahl als undatierbar am Ende aufgezählt worden sein.

Auf ganz anderem Gebiete liegt die wahrlich auch unverächtliche Bedeutung des Pap. 1241, der eine Sammlung trivialer oder gelehrter Notizen gibt,
wie die von Diels edierten Laterculi Alexandrini oder der Anhang der Fabeln
des Hygin. Wer den ersten Mord begangen hat, die erste Stadt zerstört, das
Eisen erfunden u. dgl. Das will ich hier nicht verfolgen, denn alle Zitate, die
ich auftreiben konnte, habe ich an Hunt gegeben, und die Zusammenstellung
der Parallelüberlieferung erst hat Wert. Daß man ein Zitat aus des Aristoteles
Politie von Pellene[3]), die Cicero besaß, gern empfängt, ist klar, und ebenso
gern vermehrt man den Bestand der argolischen, attischen, arkadischen Urgeschichte: die Chroniken fingen da natürlich überall mit dem Ursprung des
Menschengeschlechtes an.[4]) Aber am wichtigsten ist, daß wir die Reihenfolge der

---

[1]) $\varepsilon\iota\varsigma$ $\varepsilon\varrho\gamma\alpha\sigma\iota\alpha\nu$, was genauer mit 'praktischer Verwertung' wiedergegeben würde.

[2]) Wir besitzen nicht nur aus dem Amtsjahre des Nikokles mehrere Volksbeschlüsse, die
beweisen, daß die Zeiten in der ersten Hälfte des Jahres 301 ganz ruhig waren, IG II² 499
—505; sondern noch vom 28. Metageitnion des folgenden attischen Jahres ein Dekret, das
Stratokles beantragt (640): das Auftreten dieses Führers der Demetrischen Partei garantiert,
daß man damals von dem Ausfall der Schlacht bei Ipsos, wenn sie schon geschlagen war,
nichts wußte. Und erst diese Entscheidung brachte in Athen die Kassandrische Partei
ans Ruder, der Lachares angehörte; ruhig blieb es übrigens auch weiter. Gerade auf die
Dionysien von 301 hat Ferguson (Hellenistic Athens 123) sehr fein (wie alles in dem ausgezeichneten Buche) eine Komödie des Philippides bezogen: die Komödie wirkt sicher auf
den kommenden Umschwung hin. Daß die Dionysien im Jahre 294 ausfielen, bestätigt, daß
Lachares die 'Tyrannis' im Winter 295/94 schon errichtet hat.

[3]) Kleisthenes von Sikyon hat Pallene grausam zerstört; das Faktum, das ich erst kürzlich aus den Parömiographen ans Licht gezogen hatte, darf in die Geschichte der solonischen
Zeit eingereiht werden; es hat offenbar großen Eindruck gemacht.

[4]) Für das Attische wird Philochoros angeführt; Argolika gab es zahlreich; Arkadisches
hören wir sonst spärlich, so daß alles willkommen ist; es kommt hier auch noch Chalki-

alexandrinischen Bibliothekare, über die so viel hin- und hergeredet ist, hier endgültig kennen lernen. Zwar der Titel steht nicht da, aber eine Reihenfolge Apollonios Rhodios, Eratosthenes, Apollonios ὁ εἰδογράφος, Aristophanes, Aristarch,
Kydas, einer der λογχοφόροι[1]), kann gar nicht anders aufgefaßt werden. Es ist
spaßhaft, daß Euergetes II. nach Vertreibung der Akademiker des Museions einen
Offizier an die Spitze stellt. Man kann nicht anders als an Friedrich Wilhelm I.
und Gundling denken. Bekanntlich steht in einer der Viten des Apollonios
Rhodios als Variante (τινές φασι), er wäre nach seiner Vertreibung noch einmal
in seine Heimat Alexandreia zurückgekehrt, wäre Bibliothekar geworden und
läge neben Kallimachos begraben. Es war ein Verstoß gegen jede gesunde Interpretation, diese Variante in die Tradition, die von ihr nichts weiß, einzuschie-
ben, und glaublich war es auch nicht. Nun sehen wir, daß die Homonymie des
anderen obskuren Apollonios, der wirklich hinter Eratosthenes Bibliothekar war,
die Verwirrung angerichtet hat: der wird wirklich sein Grab neben Kallimachos
gehabt haben, und wenn da ein Ἀπολλώνιος Ἀλεξανδρεύς lag, wie sollte man
den nicht später für den Rhodier halten, der ja geborener Alexandriner war.
Daß Kallimachos niemals Bibliothekar gewesen ist, wozu ihn ja auch erst die
Modernen gemacht hatten, bestätigt sich. Aber wir lernen zu, daß Apollonios
nicht nur vor Eratosthenes das hohe Amt bekleidet hat, sondern auch, daß er
Erzieher des Euergetes war[2]), also in den Jahren vor und nach 270 schon in
so hohen Ehren stand. Diese Hofstellung haben nachweislich Zenodotos bei den
Kindern des Soter[3]), Eratosthenes bei Philopator[4]), Aristarch bei Philometor
und Euergetes II. bekleidet: sie gehört also zu dem Posten des Bibliothekars.
Wir hatten zumal in den letzten Jahren immer sicherer erkannt, daß die Haupt-
gedichte des Kallimachos vor 270 verfaßt sind, und daß Apollonios die Aitia
und Hekale in seinem Epos nachahmt, das nicht die geringste Animosität gegen
seinen Lehrer zeigt. Dies Epos kennt Theokrit, dessen Tätigkeit in die siebziger
und sechziger Jahre gehört. Dazu stimmt die neue Erkenntnis vollkommen.
Später hat es einen Konflikt gegeben. Kallimachos hat den früheren Freund

---

disches hinzu; aus Böotien nur eine ziemlich obskure Geschichte, die eine ἀλληλοκτονία
eines Brüderpaares schon in der Urzeit Thebens bringt.

[1]) Auf ihn folgt kein einzelner, sondern es wird die ἀκμή von Ammonios, Zenodotos
(dem aus Mallos, der von dem bei Suidas ἐν ἄστει genannten nicht unterschieden werden
darf), einem unbekannten Diokles, und Apollodor angegeben. Gemeiniglich ward Ammonios
in die Diadoche hinter Aristarch eingereiht.

[2]) Der Text des Papyrus ist voll von Schreibfehlern; aber sie erledigen sich leicht und
bedürfen hier keiner Erörterung.

[3]) Wenn es richtig ist, daß Aristophanes noch als Knabe den Unterricht des Zenodotos
genossen hat, so muß dieser die Vorstandschaft der Bibliothek abgegeben haben, als seine
fürstlichen Zöglinge erwachsen waren. Warum auch nicht? In der Befreiung von Amts-
pflichten kann ein Gelehrter sehr wohl eine Beförderung erblicken; Kallimachos leitete auch
lieber die Katalogisierung der Bibliothek und überließ die Verwaltungsgeschäfte seinem
Neffen. Daß er Unterricht erteilte, schließt man aus dem Beinamen Καλλιμάχειος mehrerer
Schriftsteller; worin aber dieser Unterricht bestand, wissen wir freilich nicht.

[4]) Ich habe es aus seinem Epigramm über die Verdoppelung des Würfels bewiesen,
Gött. Nachr. 1894, 17.

und Schüler weggebissen und die Berufung seines Neffen Eratosthenes durchgesetzt. Wann das war, wissen wir noch nicht genau, denn die Beziehung des Apollonhymnus auf Apollonios ist nicht unbedingt sicher; aber es liegt nahe, daß die Verlobung des Euergetes mit Berenike von Kyrene (deren Zeit aber nicht feststeht) den Kyrenäern Oberwasser gab. Daß die Geburt des Eratosthenes bei Suidas falsch angegeben wird, war schon längst durch Strabon gesichert. Wohl ist es eine köstliche Notiz, die wir zugewonnen haben, und welche und wessen Kombinationen durch sie bestätigt oder widerlegt werden, ist auch nicht ohne Gewicht. Aber wir wollen hier wie überall die neue Wahrheit und Sicherheit mit allen ihren Konsequenzen freudig aufnehmen, die erledigten Irrtümer aber in der Stille für immer begraben. Ich verzichte also auch auf eine Polemik gegen Hunts konziliatorische Hypothesen.

Zu guter Letzt noch ein Wort über zwei neue Stücke aus erhaltenen Schriften, weil sie für die richtige Beurteilung der Textgeschichte recht belehrend sind. Von Ciceros Caeliana hatte der Nr. 1097 schon ein Stück aus einem Papyrusbuche gebracht; ein sehr viel größeres kommt als Nr. 1251 hinzu. Da konstatiert Hunt, daß der Text zwischen den zwei Familien schwankt, die man bisher unterschied. Aber die eine von ihnen ist in Wahrheit ein Kodex karolingischer Zeit, d. h. ein Exemplar des späten Altertums. Ein anderes repräsentiert der verlorene Kodex von Cluny, und diesem stehen die Reste von zwei Handschriften des ausgehenden Altertums nahe, die in Palimpsesten erhalten sind. Dazu tritt ein neuer Zeuge derselben Zeit. Kein Wunder, daß die Zeugen verbieten, ein Stemma zu flechten. Wir sehen den Cicerotext, der schwankt wie er schwanken muß, denn da hat es keine autoritative Ausgabe, keine philologische Kontrolle gegeben. Unsere Überlieferung schwankt, weil sie reich ist. Wo sie fest scheint, liegt es nur daran, daß sie auf ein Exemplar der Spätzeit zurückgeht. Bei Dichtern, die unter grammatischer Kontrolle blieben, ist das anders, sei es, daß der Text immer rein erhalten blieb: Horaz steht so wie Pindar; sei es, daß einmal wirklich zwei grammatische Redaktionen kenntlich sind, wie im Plautus (der aber am Ende auch auf zwei Handschriften beruht). Und in einem solchen Zustand haben wir die beiden letzten Bücher des Thukydides, die im Vaticanus auf die Ausgabe in dreizehn Büchern zurückgehn, wie ich vor Jahren erwiesen habe. Daß der Glaube an einen bösen Interpolator, der im Vaticanus sein Wesen getrieben hätte, entstanden zu der Zeit, wo das Einquellenprinzip herrschte und die Texte verdarb, immer noch seine Bekenner findet, ändert an der Sache nichts. Aber es ist doch erfreulich, daß hier in den Nummern 1246 und 1247 Bruchstücke ans Licht treten, welche die vaticanische Rezension bis in die hadrianische Zeit unmittelbar zurückverfolgen lassen. Sie bestätigen auch zwei moderne Konjekturen: die Fabel, daß die Papyri der Konjekturalkritik ein schlechtes Zeugnis gäben, ist eben eine Fabel, obwohl sie geflissentlich verbreitet wird.

WIEDERGEFUNDENE ORIGINALE
HISTORISCHER INSCHRIFTEN DES ALTERTUMS

Von Victor Gardthausen

Schriftsteller des Altertums pflegen Inschriften und namentlich historische Inschriften selten zu erwähnen und noch seltener wörtlich in ihren Text aufzunehmen. Inschriften sind Urkunden der nackten Wirklichkeit und passen daher schon stilistisch nicht recht in den Text eines Schriftstellers, der künstlerische oder wissenschaftliche Ziele verfolgt. Und doch leuchtet einem Historiker, der keinen Roman schreiben will, die Wichtigkeit der Inschriften für seine Aufgabe sofort ein, und die besten, wie Herodot und Thukydides (s. u.), haben Inschriften und Urkunden nicht nur studiert, sondern auch kopiert. In manchen Fällen müssen wir ihnen das ohne weiteres glauben, da die Originale der erwähnten Urkunden im Laufe der Jahrhunderte längst zerstört sind. In anderen Fällen dagegen können wir ihre Arbeitsweise und Gewissenhaftigkeit mit Hilfe erhaltener Inschriften kontrollieren, und das ist von prinzipieller Wichtigkeit für die Glaubwürdigkeit dieser Historiker und der antiken Tradition überhaupt.

Durch die neueren Ausgrabungen in Athen, Delphi, Olympia usw. hat man die Originale — oder Fragmente derselben — wiedergefunden, welche von antiken Schriftstellern abgeschrieben oder verwertet sind. Groß ist die Zahl der Inschriften überhaupt nicht, die inschriftlich und literarisch überliefert sind; aber sie wird sicherlich noch größer werden, weil ganz unscheinbare, unverständliche Fragmente in neuem Zusammenhange plötzlich eine ganz andere Bedeutung gewinnen. Wenn wir ihre Liste überblicken, so fällt uns sofort auf, daß hier fast nur Griechen vertreten sind, und nur wenige Römer; Frontin gibt einige Senatusconsulta, die uns aber nicht im Original erhalten sind. Tacitus z. B. hätte die beste Gelegenheit, die Rede des Kaisers Claudius für das ius honorum der Gallier in sein Geschichtswerk aufzunehmen, die uns noch heute erhalten ist auf den prächtigen Bronzetafeln von Lyon; statt dessen aber schreibt er selbst eine frei erfundene Rede, wie sie der Kaiser Claudius hätte halten können.[1]

Von den wiedergefundenen griechischen Inschriften[2] ist die des berühmten Pisistratiden-Altars vielleicht die älteste: Thuc. VI 54, 6: Πεισίστρατος ὁ Ἱππίου τοῦ τυραννεύσαντος υἱός, τοῦ πάππου ἔχων τοὔνομα ... ἄρχων ἀνέθηκε καὶ τὸν τοῦ Ἀπόλλωνος ἐν Πυθίου. ... τοῦ δ' ἐν Πυθίου ἔτι καὶ νῦν δῆλόν ἐστιν ἀμυδροῖς γράμμασιν λέγον τάδε·

---

[1] A. Hertle, Tacitus quomodo imp. Claudii de iure honorum orationem inverterit. Freiburg i. Br. 1912.

[2] Herr Prof. Wilhelm in Wien hatte die Güte, meine Liste nach der seinigen zu vervollständigen; wofür ich ihm auch hier meinen Dank aussprechen möchte.

μνῆμα τόδ᾽ ἧς ἀρχῆς Πεισίστρατος Ἱππίου υἱός
θῆκεν Ἀπόλλωνος Πυθίου ἐν τεμένει.

Diese in feinen aber durchaus deutlichen Buchstaben ausgeführte Inschrift
(527—510 v. Chr.) hat man jetzt am Ilisos wiedergefunden.[1]) Ungefähr ebenso
alt ist die allerdings sehr verstümmelte Inschrift der Pisistratidenherme von Chai-
dari, s. Jahreshefte des Österr. Arch. Inst. II 228—231 = Anthol. Palat. VI 144.
Nach der Vertreibung der Tyrannen hatte Athen seine junge Freiheit nach
allen Seiten zu verteidigen, zuletzt namentlich gegen die Böoter und Chalkidier.
Am Euripus siegten die Athener über beide im Jahre 504 v. Chr. Durch hohes
Lösegeld wurden die Gefangenen der Schlacht schließlich befreit. Am Aufgang
zur Akropolis (links für den Eintretenden) stifteten die Athener die Ketten der
Gefangenen nebst einem Viergespann und der Inschrift des Simonides bei
Herodot V 77:

Ἔθνεα Βοιωτῶν καὶ Χαλκιδέων δαμάσαντες
παῖδες Ἀθηναίων ἔργμασιν ἐν πολέμου   (a) (b)
δεσμῷ ἐν ἀχλυόεντι σιδηρέῳ ἔσβεσαν ὕβριν.   (a)
τῶν ἵππους δεκάτην Παλλάδι τάσδ᾽ ἔθεσαν   (a) (b)

Bei der Einnahme Athens im Jahre 480 zerstörten oder entführten die Perser
das Denkmal bis auf kleine Reste der Inschrift (a):

Denkmal und Inschrift werden später in Athen wiederhergestellt; und auch
von der jüngeren Inschrift (b) hat sich ein Fragment erhalten IG. I 178 Nr. 334:

Ἀθ]εναίον ἔργμ[ασιν
ἵ]ππος δε[κάτην ²)

Wenn wir das ältere mit dem jüngeren Fragmente vergleichen, so lassen sich
beide aufs beste zu einem Ganzen vereinigen; nur eine Schwierigkeit bleibt:
das ältere (a) beginnt mit [ὕβ[ε]ριν, dann folgt παῖδ[ες Ἀθηναίων]; die Anordnung der Zeilen muß also eine andere gewesen sein, als bei Herodot; der
Dichter geht also aus von den aufgehängten Ketten:

Δεσμῷ ἐν ἀχλυόεντι σιδηρέῳ ἔσβεσαν ὕβριν·
παῖδες Ἀθηναίων, ἔργμασιν ἐν πολέμου,
ἔθνεα Βοιωτῶν καὶ Χαλκιδέων δαμάσαντες
τῶν ἵππους δεκάτην Παλλάδι τάσδ᾽ ἔθεσαν.

---

[1]) Vgl. Nachmanson, Hist. att. Inschriften Nr. 2; Kern, Inscr. Gr. Nr. 12 m. Abb.;
Wilhelm, Beitr. z. gr. Inschriftenkunde S. 111.
²) Vgl. Schmolling, Sokrates 1913 I 692 ff.

Aus der großen Zeit der Perserkriege besitzen wir jetzt noch zwei berühmte Originale. Nach der Schlacht bei Salamis wurden die in der Schlacht gefallenen Korinther am Strande der Insel bestattet, und dort entdeckte Dragumis in altertümlichen Charakteren ihre Grabschrift — jetzt noch erhalten im Museum von Athen:

$$\text{Ὦ ξένε εὔυδρόν ποκ' ἐναίομεν ἄστυ Κορίνθου,}$$
$$\text{νῦν δ' ἄμμ' Αἴαντος νᾶσος ἔχει Σαλαμίς.}[1])$$

In der literarischen Überlieferung[2]) aber geht das Grabepigramm noch weiter:

$$\text{ἐνθάδε Φοινίσσας νῆας καὶ Πέρσας ἑλόντες}$$
$$\text{καὶ Μήδους ἱερὰν Ἑλλάδα ῥυσάμεθα.}$$

Heute sind wohl alle darin einig, daß diese beiden Verse, die in der Inschrift fehlen, ein jüngerer Zusatz sind.

Dann folgte der entscheidende Sieg von Plataä. Aus dem Zehnten der unermeßlich reichen Beute wurden Weihgeschenke gestiftet, dem Zeus in Olympia eine Statue, 10 Ellen hoch mit den Namen der siegreichen Staaten.[3]) Außerdem erhielt der pythische Apollon ein kolossales Weihgeschenk ebenfalls mit den Namen der Sieger; es war die eherne Schlangensäule (IGA. 70 = Dittenberger Syll.² Nr. 7) mit dem goldenen Dreifuß, deren Verbindung Fabricius (Jahrb. d. Arch. Inst. I 180) zuerst richtig erkannt hat. Der König Pausanias hatte zunächst eine andere Inschrift einmeißeln lassen:

$$\text{Ἑλλήνων ἀρχηγὸς ἐπεὶ στρατὸν ὤλεσε Μήδων}$$
$$\text{Παυσανίας Φοίβῳ μνῆμ' ἀνέθηκε τόδε.}[4])$$

Aber die Ephoren entschieden sich auch hier für die Namen der einzelnen Staaten, die bei Herodot IX 81 aufgezählt werden.[5]) Den Platz des Denkmals zwischen der Ostterrasse des Tempels und dem Ostperibolos haben wir durch die französischen Ausgrabungen kennen gelernt.[6]) Hier stand das Denkmal, bis die Phokäer den goldenen Dreifuß im Heiligen Kriege einschmolzen (Pausan. X 13, 9). Die eherne Schlangensäule wurde auf Befehl Konstantins d. Gr. nach Konstantinopel gebracht und auf dem Hippodrom aufgestellt; dort steht sie noch heute (Atmeidan). Im Krimkrieg wurde der untere Teil ausgegraben.

Als im Jahre 464 ein neuer Messenischer Krieg bevorstand, weihten die Spartaner in Olympia wieder eine Kolossalstatue des Zeus mit dem Epigramm bei Pausanias V 24, 3:

---

[1]) Vgl. Ath. Mitt. 1897 XXII 55 T. IX; v. Wilamowitz, Gött. Gel. Nachr. 1897 S. 306; ders., Sappho u. Simonides (1913) S. 192; Wilhelm, Jahreshefte d. Österr. Arch. Inst. 1899 II 227; Kern, Inscr. Gr. t. 9.

[2]) Plutarch, Περὶ Ἡροδότου κακοηθείας 39; Dio Chrysostom. 37.

[3]) Vgl. Bauer, Wiener Studien 1887 IX 223; Boissevain, Festschr. f. O. Hirschfeld, Berlin 1903, S. 69.

[4]) Plutarch, Περὶ Ἡροδότου κακοηθείας 42.

[5]) Die Listen von Olympia und Delphi stimmen nicht genau überein, und man hat verschiedene Vorschläge gemacht, diese Differenz zu erklären.

[6]) Vgl. Furtwängler, S.-B. d. Münch. Akad. 1904 S. 412.

$$\varDelta\acute{\varepsilon}\xi o,\ \check{\alpha}\nu\alpha\xi\ K\varrho o\nu\acute{\iota}\delta\alpha,\ Z\varepsilon\tilde{v}\ '\!O\lambda\acute{v}\mu\pi\iota\varepsilon,\ \varkappa\alpha\lambda\grave{o}\nu\ \check{\alpha}\gamma\alpha\lambda\mu\alpha$$
$$\~\iota\lambda\acute{\alpha}\omega\ \vartheta\upsilon\mu\tilde{\omega}\ \tauo\tilde{\iota}\varsigma\ \varLambda\alpha\varkappa\varepsilon\delta\alpha\iota\mu o\nu\acute{\iota}o\iota\varsigma.$$

Bei den deutschen Ausgrabungen in Olympia fand man im Jahre 1876 eine
große Marmorbasis, und an deren oberem Rande in einer Zeile die Inschrift
IGA. Nr. 75 (vgl. S. 174):

$$\varDelta\acute{\varepsilon}\xi]o,\ \digamma\acute{\alpha}\nu\alpha\xi\ K\varrho o\nu\acute{\iota}\delta\alpha,\ [Z]\varepsilon\tilde{v}\ '\!O\lambda\acute{v}\nu\pi\iota\varepsilon,\ \varkappa\alpha\lambda\grave{o}\nu\ \check{\alpha}\gamma\alpha\lambda\mu\alpha$$
$$\~\iota\iota\lambda\acute{\varepsilon}\digamma o\ [\vartheta\upsilon]\mu\tilde{o}\iota\ \tauo\tilde{\iota}\ \varLambda\alpha\varkappa\varepsilon\delta\alpha\iota\mu o\nu\acute{\iota}o[\iota.$$

Die Schrift ist altertümlich, aber doch nicht in dem Maße, daß man an der
Datierung des Pausanias zweifeln müßte.

Tanagra (457 v. Chr.). Als die Athener nach den Perserkriegen außer
ihrem Seebunde auch einen Landbund gründeten, schickten die Spartaner ein
peloponnesisches Bundesheer nach Mittelgriechenland, um diesen Plänen entgegenzuwirken. Bei Tanagra in Böotien kam es zur Schlacht, in der die Peloponnesier
siegten. Zum Dank für diesen Sieg stifteten sie in Olympia ein goldenes Gor-
gonenhaupt auf einem runden Schild mit der Inschrift bei Pausanias V 10, 4:

$$N\alpha\grave{o}\varsigma\ \mu\grave{\varepsilon}\nu\ \varphi\iota\acute{\alpha}\lambda\alpha\nu\ \chi\varrho\upsilon\sigma\acute{\varepsilon}\alpha\nu\ \check{\varepsilon}\chi\varepsilon\iota,\ \varepsilon\varkappa\ \delta\grave{\varepsilon}\ T\alpha\nu\acute{\alpha}\gamma\varrho\alpha\varsigma$$
$$\tauo\grave{\iota}\ \varLambda\alpha\varkappa\varepsilon\delta\alpha\iota\mu\acute{o}\nu\iota o\iota\ \sigma\upsilon\mu\mu\alpha\chi\acute{\iota}\alpha\ \tau'\ \grave{\alpha}\nu\acute{\varepsilon}\vartheta\varepsilon\nu,$$
$$\delta\tilde{\omega}\varrho o\nu\ \grave{\alpha}\pi'\ '\!A\varrho\gamma\varepsilon\acute{\iota}\omega\nu\ \varkappa\alpha\grave{\iota}\ '\!A\vartheta\eta\nu\alpha\acute{\iota}\omega\nu\ \varkappa\alpha\grave{\iota}\ '\!I\acute{\omega}\nu\omega\nu,$$
$$\tau\grave{\alpha}\nu\ \delta\varepsilon\varkappa\acute{\alpha}\tau\alpha\nu\ \nu\acute{\iota}\varkappa\alpha\varsigma\ \varepsilon\check{\iota}\nu\varepsilon\varkappa\alpha\ \tau\tilde{\omega}\ \pio\lambda\acute{\varepsilon}\mu\omega.$$

Von dieser Marmorinschrift fand man bei den deutschen Ausgrabungen drei
kleine, aber zusammenhängende Fragmente, die sich nicht nur mit Sicherheit
als Teile jener vier Verse erkennen lassen, sondern sogar einen fünften und
sechsten Vers andeuten, der bei Pausanias fehlt.

IGA. 26ª S. 171. Nachmanson, Griech. Inschr. Nr. 17:

Es ist also mit Sicherheit zu ergänzen:

$$N\alpha\digamma\grave{o}\varsigma\ \mu\grave{\varepsilon}\nu\ \varphi\iota\acute{\alpha}\lambda\alpha\nu\ \chi\varrho\upsilon\sigma\acute{\varepsilon}\alpha]\nu\ \check{\varepsilon}\chi\varepsilon\iota,\ \grave{\varepsilon}\varkappa\ \delta\grave{\varepsilon}\ [T\alpha\nu\acute{\alpha}\gamma\varrho\alpha\varsigma$$
$$\tauo\grave{\iota}\ \varLambda\alpha\varkappa\varepsilon\delta\alpha\iota\mu\acute{o}\nu\iota o\iota\ \sigma\upsilon\mu]\mu\alpha\chi\acute{\iota}\alpha\ \tau'\ \grave{\alpha}\nu[\acute{\varepsilon}\vartheta\varepsilon\nu,$$
$$\delta\tilde{\omega}\varrho o\nu\ \grave{\alpha}\pi'\ '\!A\varrho\gamma\varepsilon\acute{\iota}\omega\nu\ \varkappa\alpha\grave{\iota}\ '\!A\vartheta\alpha]\nu\alpha\acute{\iota}\omega\nu\ \varkappa\alpha\grave{\iota}\ ['\!I\acute{\omega}\nu\omega\nu,$$
$$\tau\grave{\alpha}\nu\ \delta\varepsilon\varkappa\acute{\alpha}\tau\alpha\nu\ \nu\acute{\iota}\varkappa\alpha\varsigma\ \varepsilon\check{\iota}\nu]\varepsilon\varkappa\alpha\ \tauo\tilde{\upsilon}\ \pio[\lambda\acute{\varepsilon}\mu o\nu.$$
$$5 \text{—} \quad \text{—} \quad \text{—} \quad \text{—}\ Ko[\varrho\iota\nu\vartheta]\iota[o\text{-} \text{—} \quad \text{—}$$
$$\text{—} \quad \text{—} \quad \varrho \quad \text{—} \quad \text{—} \quad \text{—}$$

Der Schrift nach stammt die Weihung von den Korinthern.

Aber auch die Besiegten von Tanagra entbehrten des Lobes nicht. Die bei
Tanagra gefallenen athenischen Ritter werden in einigen Versen besungen, die
früher dem Simonides zugeschrieben wurden, in der Anthol. Palat. VII 254:

Χαίρετ' ἀριστῆες πολέμου μέγα κῦδος ἔχοντες
κοῦροι Ἀθηναίων, ἔξοχοι ἱπποσύνῃ.
οἵ ποτε καλλιχόρου περὶ πατρίδος ὤλεσαθ' ἥβην
πλείστοις Ἑλλάνων ἀντία μαρνάμενοι.

Reste des Originals — klein aber sicher — erkannte A. Wilhelm in einem athenischen Fragment IG. II 1677: ΙΥΔΟ
ΟΣΥΝΑ
ᴖΙΔΟΣΟ
ΑΡΝΑΜΕ

ohne die literarische Überlieferung würde wohl nie sich jemand an die Er-gänzung der inschriftlichen Brocken gewagt haben; aber nun ist sie vollständig gesichert.

Im Peloponnesischen Kriege kehrten die Athener noch einmal zu ihrem alten Lieblingsplan zurück, einen Landbund zu gründen. Nach dem Frieden des Nikias schlossen sie im Jahre 421 auf Betreiben des Alkibiades einen Sonder-bund mit Argos, Mantinea und Elis. Thukydides V 47 hat den vollen Wort-laut des Vertrages in sein Geschichtswerk aufgenommen; und ein gutes Glück hat uns jetzt wenigstens einen Teil der Originalurkunde IG. I Suppl. 46ᵇ S. 14 wieder beschert auf einer Marmortafel in Athen, deren rechte Zeilenschlüsse vor-handen sind und genau dem Thukydideischen Wortlaut entsprechen.

Über die Einzelheiten vgl. A. Kirchhoff, Über die von Thukydides benutzten Urkunden. Monatsber. d. Berl. Akad. 1880 S. 834; Sitz.-Ber. d. Berl. Akad. 1882, 1883, 1884. Larfeld, Handbuch d. gr. Epigr. I (1907) S. 17—18. Hermes XII 368. 472. Busolt, Gr. G. III 2 S. 1227.

Auch von den Originalen der athenischen Gesetze sind uns wenigstens Bruchstücke erhalten. Die νόμοι φονικοί des Drakon hatten auch für die Solo-nische Gesetzgebung Geltung behalten, waren also für die Zeit vom Ende des V. Jahrh. immer noch geltendes Landrecht. Da Solons Gesetze aber furchen-förmig geschrieben waren, so war ihr Verständnis erschwert in einer Zeit, in der man längst nur noch rechtsläufig schrieb. Im Jahre 409/8 v. Chr. wurden diese Gesetze nun ebenfalls rechtsläufig transskribiert, und von dieser Nieder-schrift haben sich Teile erhalten: IG. I Nr. 61.[1]) Die Erhaltung ist allerdings eine schlechte, und das volle Verständnis glückt nur, weil auch Demosthenes z. B. gegen Aristokrates den Wortlaut dieser Gesetze zitiert.

Wenig jünger ist das stolze Siegesepigramm einer spartanischen Fürstin Kyniska, der Schwester des Agesilaos, das wir längst kannten durch Anthol. Palat. XIII 16:

Σπάρτας μὲν βασιλῆες ἐμοὶ πατέρες καὶ ἀδελφοί·
ἅρμασι δ' ὠκυπόδων ἵππων νικῶσα Κυνίσκα
εἰκόνα τάνδ' ἔστησα.[2]) μόναν δ' ἐμέ φαμι γυναικῶν
Ἑλλάδος ἐκ πάσας τόνδε λαβεῖν στέφανον.

---

[1]) Vgl. Dittenberger, Sylloge² 52; Koehler, Hermes II 27; Wachsmuth, Stadt Athen I 468; Larfeld, Handb. d. gr. Ep. 1907 I 20.
[2]) In der dritten Zeile haben die Hss. τήνδε ἔστησε.

Bei den deutschen Ausgrabungen in Olympia fand man das wohlerhaltene Original: Olympia, Bd. V, Inschriften No. 160 genau mit der Fassung der Anthologie übereinstimmend, aber am Schluß mit der Künstlerinschrift: Ἀπελλέας Καλλικλέους ἐπόησε. Es ist dasselbe Siegesmal, das auch Pausanias mehrmals erwähnt, namentlich VI 1, 6: πεποίηται δὲ ἐν Ὀλυμπίᾳ παρὰ τὸν ἀνδριάντα τοῦ Τρωίλου λίθου κρηπὶς καὶ ἅρμα τε ἵππων καὶ ἀνὴρ ἡνίοχος καὶ αὐτῆς Κυνίσκας εἰκών, Ἀπελλοῦ τέχνη. γέγραπται δὲ καὶ ἐπιγράμματα ἐς τὴν Κυνίσκαν ἔχοντα.

Andere Inschriften, die in der Anthologia Palatina wiederkehren, kann man im eigentlichen Sinne nicht historisch nennen: IG. I 381 = Anthol. Pal. VI 138; I 403 = Anthol. Pal. XIII 13; IG. XII 1, 783 = XV 11; Jahreshefte d. Öst. Arch. Inst. 1892 V 33—34 = Anthol. Pal. X 87.[1])

Den Schluß macht ein Epigramm auf die bei Chäronea gefallenen Böoter, deren Grabinschrift in Athen beim Tempel des olympischen Zeus gefunden wurde: IG. II 1680:

EΓANTOIΩNΘNHTC
ᵒΣHMETEPΩNΓAΣ|

Den unversehrten Wortlaut haben wir Anthol. Palat. VII 245:

Ὦ Χρόν]ε, παντοίων θνητο[ῖς πανεπίσκοπε δαῖμον,
ἄγγελο]ς ἡμετέρων πᾶσ[ι γενοῦ παθέων·
[ὡς ἱερὰν σῴζειν πειρώμενοι Ἑλλάδα χώραν
Βοιωτῶν κλεινοῖς θνήσκομεν ἐν δαπέδοις].

Ob diese Inschrift von Chäronea noch im strengen Sinne zu den Originalen zu rechnen ist, wollen wir dahingestellt sein lassen.

Diesen griechischen Originalen historischer Inschriften haben wir nur wenige römischer Zeit gegenüberzustellen.

Ein Brief des Triumvirn M. Antonius ist in griechischer Sprache abgefaßt; er wurde zuerst nach einem Papyrus herausgegeben von Kenyon, Classical Rev. 1893 VII 467; Brandis, Hermes 1897 XXXII 516 setzt ihn wohl mit Recht in die Zeit kurz vor Actium.

Später fand sich in Smyrna eine Marmorkopie, die von Keil herausgegeben wurde (Jahreshefte d. Öst. Arch. Inst. 1911 XIV Beibl. S. 123); aber weder die eine noch die andere Kopie des Briefes darf als Original betrachtet werden.

Dagegen haben wir eine Inschrift des Augustus, die allerdings hierher zu ziehen ist. Plinius pflegt in seiner Naturalis historia nur selten lateinische Inschriften in ihrem ganzen Wortlaut aufzunehmen, aber N. h. III 20, 136 gibt er die stolze Inschrift, die der Senat dem Augustus im Jahre 747/7 — 748/6 nach Unterwerfung der Alpenvölker hat setzen lassen. Man hat auf der Höhe der Tropaea Augusti mehrfach Ausgrabungen veranstaltet und dabei zu wiederholten Malen wenn auch kleine Splitter und Inschriftfragmente gefunden, die im CIL. V 7817 mit Hilfe des Textes bei Plinius mit ziemlicher Sicherheit sich einordnen ließen.

---

[1]) Larfeld, Handb. d. gr. Epigr. 1907 I 24.

Von dem Monumentum Ancyranum, das in vielen verschiedenen Abschriften existierte, von denen zwei erhalten sind, sehen wir natürlich ab; denn das sind gewöhnliche Kopien. Auch der Maximaltarif Diocletians existiert in vielen Abschriften. Ähnlich sind die Kaiserbriefe zu beurteilen, die in griechischer und lateinischer Fassung erhalten sind.[1]

Dagegen kann man zweifeln, ob inschriftlich und handschriftlich erhaltene Verordnungen und Erlasse der Kaiser zu den historischen Inschriften zu rechnen sind.[2]

Dahin rechne ich z. B. Erlasse des Kaisers Iulian und einen Erlaß des byzantinischen Kaisers Tiberius: Jahreshefte d. Öst. Arch. Inst. X Beibl. S. 68 ff., vgl. Diehl, C. R. de l'acad. des inscr. et b. l. 1908 S. 207 ff.

Doppelte Überlieferung läßt also nicht immer auf ein Original schließen. Es gibt auch Duplikate und Plagiate.

Selten kommt es vor, daß eine Inschrift oder ihr Hauptgedanke später noch einmal wieder auf ganz andere Verhältnisse angewendet wird, wie z. B. bei dem bekannten Siegesepigramm Diodor XI 16:

'Εξ οὗ τ' Εὐρώπην Ἀσίας δίχα πόντος ἔνειμε,
καὶ πόλιας θνητῶν θοῦρος Ἄρης ἐπέχει — —[3]

Die erste Zeile dieses Gedichtes ist unverändert wiederholt im Anfang des griechischen Epigramms der großen Grabstele, die sich ein lykischer Dynast gegen Ende des V. Jahrh. in Xanthos errichten ließ.[4] Kaibel, Epigr. Gr. Nr. 768:

'E]ξ οὗ τ' Εὐρώπην τ' Ἀ]σίας δίχα πόν[τ]ος ἔνε[ιμεν,
ο]ὐδείς πω Λυκίων στήλην το[ι]άνδε ἀνέθηκ[ε]ν.

Es ist also bewußte Nachahmung eines als klassisch geltenden Verses: und insofern kann also von einer doppelten Überlieferung im eigentlichen Sinne des Wortes nicht die Rede sein.

Auch auf den bekannten Brief des Abgaros an Jesus gehe ich hier nicht ein; vgl. die Literatur in meinem Aufsatze: Die Parther in griechisch-römischen Inschriften (Oriental. Studien f. Th. Nöldeke S. 855). Er ist allerdings dreifach überliefert, bei Eusebios, Hist. eccl. I 13, auf Stein und auf Papyrus; aber was wir haben, ist weder historisch noch auch ein Original.

Dasselbe gilt auch von den neuerdings gefundenen Resten des Vaterunsers und der Psalmen, die teils auf Ton, teils auf Blei oder Marmor wohl zu magischen Zwecken eingemeißelt sind; sie haben für uns denselben Wert wie irgendeine neuaufgefundene Handschrift, die allerdings die meisten anderen durch ihr hohes Alter übertrifft.

---

[1] S. Lafoscade, De epistulis imp. Romanorum, Insulis, 1902 Nr. 81 u. 117.

[2] Larfeld, Handb. d. gr. Epigr. 1907 I 546 ff.; Pauly-Wissowa s. v. *Epistulae* Sp. 209. M. Voigt, Drei epigr. Constitutionen Constantins, Lpz. 1860. Karlowa, Über die in Briefform ergangenen Erlasse der röm. Kaiser: N. Heidelb. Jahrb. 1896 S. 211.

[3] Vgl. Jahreshefte d. Österr. Arch. Inst. 1903 IX 244; Hermes 1900 XXXV 117.

[4] S. Jahreshefte 1900 III 98 u. 117; Kalinka TAM. I 44; Nachmanson, Griech. Inschr. Nr. 26.

DIE FREIHEITSKRIEGE
IM LICHTE DER SYSTEMATISCHEN ENTWICKLUNG

Von Felix Kuberka

Der Historiker ist es gewohnt, den Zeitraum von 1789—1815 als eine einheitliche Geschichtsepoche zusammenzufassen. Der Ausbruch der französischen Revolution und der Sturz des bourbonischen Königtums, die Herrschaft des Schreckensregimentes und das Aufkommen Napoleon Bonapartes, die Koalitionskriege und der Fall Preußens, endlich der russische Feldzug und die Freiheitskämpfe — das sind die Tatsachen, die sich in dieser verhältnismäßig kurzen Zeitspanne, sich fast überstürzend, zusammendrängen. Und wie wunderbar erscheint der ersten Betrachtung dieser universalgeschichtliche Zusammenhang. Wir sehen in dem Jahre 1806 den preußischen Staat unter der wuchtigen Hand des Korsen darniederbrechen. Auf die unglückselige Doppelschlacht von Jena und Auerstedt folgt die schmähliche Kapitulation der preußischen Festungen, die Gefangennahme der Armee Hohenlohes, die kurze Allianz Rußlands und Preußens, schließlich der Tilsiter Frieden. Preußen ist fast um die Hälfte seines Besitzstandes vermindert, ja durch die Bestimmungen des Pariser Vertrages überdies aus der Reihe der souveränen Staaten gestoßen. Und eben dieses unter dem Druck des Korsen darniedergebeugte Preußen erlebt wenige Jahre darauf die Zeiten seiner schönsten nationalen Siege. So rätselhaft erschien den Mitlebenden dieser Zusammenhang, daß sie glaubten, ihn nur durch göttliche Fügung erklären zu können. Die historische Betrachtung wird auch hier versuchen, den Weg der Entwicklung aus immanenten Motiven zu begreifen und nach Ursache und Wirkung die Ereignisse der Geschichte zu verbinden.

In der Tat sind dem Historiker gerade hier die Gründe dieser welthistorischen Peripetie, des Wechsels von plötzlichem Zusammenbruch und leuchtender nationaler Erhebung sichtbar gegeben. Denn zwischen die Jahre 1806 und 1813 schieben sich jene so bedeutsamen Zeiten der innerpolitischen Umwälzung des preußischen Staates, das Zeitalter der preußischen Reform. Jene Männer, welche die 'ungestüme Presserin, die Not' damals neben die Persönlichkeit des Königs stellte, sie sind es gewesen, die den alten Staat mit neuem Geist erfüllten, die die gewaltige Epoche der nationalen Erhebung vorbereitet haben. Aber das Zeitalter der preußischen Reform hat nicht nur eine positive, sondern auch eine negative Bedeutung. Denn es hat einen jahrtausendjährigen Gesellschaftszustand zu Grabe getragen. Man kann auch das Zeitalter der Freiheitskriege, die Wucht der vaterländischen Erhebung von 1813 nicht verstehen, wenn man nicht die Entwicklung dieser Jahre auf den innerpolitischen Gesichtspunkt, die Veränderung der sozialen Struktur des damaligen Staates einstellt.

Wir haben uns daran gewöhnt, jenen in Frage stehenden Gesellschaftszustand als denjenigen der Feudalität zu bezeichnen. Er wurzelt seinem Ursprung nach in den Zuständen des frühen Mittelalters und ist charakterisiert durch die naturalwirtschaftlichen Verhältnisse dieser Zeit. Denn eben weil es dem Mittelalter an dem notwendigen Geld und Kapital ·fehlte, mußte das Königtum darauf bedacht sein, sein Beamtentum mit Liegenschaften zu Leiherecht auszustatten und mit der Übertragung der Ämter zugleich die Übertragung von Grund und Boden zu verbinden. Sehr bald aber verschiebt sich dieses Verhältnis in dem allgemeinen Rechtsbewußtsein. Nicht die Übertragung des Amtes, vielmehr die leihweise Überlassung von Grund und Boden wird nun das Primäre und Wesentliche. So erhalten auch die obrigkeitlichen Hoheitsrechte, die in immer zunehmendem Grade von der Krone auf die Vasallen übergehen, eine vorzüglich dingliche Bedeutung: sie erscheinen an den Grund und Boden auf das entschiedenste gebunden und werden zu dessen unablösbaren Pertinenzen. Der Großgrundbesitzer des Mittelalters hat daher eine eminent höhere Bedeutung als der ·Grundbesitzer unserer Tage. Denn er befindet sich zugleich in dem Besitz zahlreicher staatlicher Rechte, die, wie sie an Grund und Boden haften, auch mit ihm vererben. Zwischen Königtum und Volk schiebt sich somit eine Fülle von Privatwirtschaften, die im eigentlichen Sinne als die Träger der Staatsgewalt fungieren und eben dadurch auf ihre Hintersassen einen eminent politischen und sozialen Einfluß ausüben. Gerade diejenigen Freiheiten, die wir als die wesentlichen Grundlagen unseres modernen Staates bezeichnen: die Unabhängigkeit der Persönlichkeit von Grund und Boden, die Freiheit der Berufswahl, die Freizügigkeit, sind daher der mittelalterlichen Gesellschaftsordnung notwendig fremd.

Es ist erst der neuzeitliche Absolutismus gewesen, der sich gegen dieses System der Feudalität mit Entschiedenheit wandte und eine neue Zentralisierung der Staatsgewalt erstrebte. Aber der Absolutismus hat seine Aufgabe nur halb gelöst. Denn nur in den oberen Regionen der Regierung sind die ohrigkeitlichen Befugnisse der herrschenden Grundaristokratie entrissen und auf das souveräne Fürstentum übertragen worden. Dagegen bleiben in der unteren Instanz[1]) die obrigkeitlichen Gerechtsame der lokalen Gewalten, des Adels, des Klerus und der städtischen Korporationen, auch fernerhin bestehen, immer so, daß mit der sozialen Scheidung der Stände sich zugleich die soziale Trennung der Berufe verbindet. Ja, so seltsam es klingen mag: in jenen gewaltigen Kämpfen der Grundaristokratie mit der Krone, die die Zeiten Mazarins und des Großen Kurfürsten bezeichnen, hat der Adel nicht nur verloren, sondern auch gewonnen. Denn er ist zum guten Teil seiner politischen Pflichten entkleidet worden, während die sozialen Rechte ihm unvermindert verbleiben. So kommt es auf dem europäischen Kontinent und nirgends schärfer als in Frankreich zu

---

[1]) Vgl. besonders Rachfahl, Deutsche Geschichte vom wirtschaftlichen Standpunkt Preußische Jahrbücher LXXXIII 84 ff.

einer Klasse der Privilegierten, die im Genuß zahlreicher sozialer und wirtschaftlicher Vorrechte mit der ganzen Wucht der historischen Tradition auf den
mittleren und niederen Ständen lasten und durch das Mittel persönlicher Beziehungen einen eminent politischen Einfluß besitzen. Hat daher zwar wohl
auch das XVI. und XVII. Jahrh. den Begriff der staatlichen Souveränität allererst begründet, so ist es doch zugleich für das Wesen des absoluten Staates
charakteristisch, daß er nur die höchsten staatlichen Funktionen an sich gezogen und im übrigen vor den sozialen Privilegien der Grundaristokratie Halt
gemacht hat.

Erst das ausgehende XVIII. Jahrh. hat die Bedeutung, gegen jene seltsame Mischung von obrigkeitlicher Souveränität und feudaler Autonomie sich
gewendet und im Sinne der Aufklärung die soziale Struktur Europas gänzlich
verändert zu haben. Die Bewegung geht aus von England, sie flutet hinüber
nach Frankreich, sie gelangt von da aus nach Deutschland. Es sind die Gedanken staatsbürgerlicher Freiheit und Gleichheit, die sich mit urdämonischer
Gewalt gegen das System des Absolutismus erheben, dasselbe erschüttern und
zersetzen. Noch ist man des optimistischen Glaubens, durch eine strenge Scheidung der Regierungsgewalten das größtmögliche Maß von rechtlicher Freiheit
und Gleichheit erreichen zu können und eine Regeneration des Staates von
unten herbeizuführen. Ebendieselben Gedanken wiederholen sich auf ökono-
mischem Gebiet in den Lehren der physiokratischen Schule: gegenüber der
Gebundenheit des wirtschaftlichen Lebens, wie sie der Merkantilismus gefordert
hatte, wird nun der Grundsatz des *laissez faire, laissez passer* zur obersten Regel
erhoben, glaubt man, in dem großen Kampf der wirtschaftlichen Interessen am
sichersten die Harmonie des Ganzen zu bewirken. Das sind die Gedanken, die
im wesentlichen das französische Verfassungswerk von 1790 bestimmt und an
Stelle des zentralistischen Staates der früheren Zeit überall die Autonomie der
Sondergemeinden mit ihren weitgehenden politischen, militärischen und kirchlichen Rechten gesetzt haben. Es ist zugleich bekannt, daß das Verfassungswerk
nicht perfekt wurde, daß das Schreckensregiment hindernd dazwischentrat, daß
aus diesem die napoleonische Dynastie zu realem Dasein strebte. Wie steht
Napoleon I. zu den wesentlichen Forderungen des Revolutionszeitalters? Diese
Frage ist auch für das Verständnis der Freiheitskriege von fundamentaler Bedeutung.

In zweierlei Beziehungen können wir Napoleon unmittelbar als den Sohn
der Revolution ansprechen. Ihr entstammen zunächst die imperialistischen Tendenzen, die in so entschiedener Weise das System Napoleons I. charakterisieren.
Hatten doch schon die Girondisten, dann die Schreckensmänner versucht, weit
über die nationalen Grenzen Frankreichs hinauszuschreiten und der im Innern
des Staates vollzogenen Umwälzung eine universale und internationale Bedeutung zu geben. Hier wandelt auch Napoleon I., bewußt oder unbewußt, nur in
den von der Revolution bereits beschrittenen Bahnen. Aber auch innerpolitisch
steht Napoleon I. zunächst ganz und gar in der Konsequenz der von der Revolution verbreiteten Ideen. Daher ist wohl der Gedanke staatsbürgerlicher

Gleichheit niemals entschiedener verwirklicht worden als in dem Code Napoléon, weniger durch die rechtlichen Bestimmungen selbst, als durch den Mangel und die Abwesenheit der das Individuum einengenden Schranken. Vor dem Forum staatsbürgerlicher Gleichheit gibt es hier für einen Stand der Privilegierten, der sozial Bevorzugten und durch Geburt zu den höheren Staatsämtern Prädestinierten keinen Raum. Aber demgegenüber besitzt das napoleonische System doch auch wieder sehr entschiedene reaktionäre Tendenzen.[1]) Hat daher zwar wohl auch Napoleon I. den Gedanken staatsbürgerlicher Gleichheit verwirklicht, so hat er doch um so energischer jeden Grad von Freiheit ausgeschieden und durch die zentralistische Departementsverfassung jeden Anspruch auf Anteilnahme des Volkes an der Staatsregierung vernichtet. Und wie in politischer, so auch in wirtschaftlicher und religiöser Beziehung. Bedeutet doch auch die Wirtschaftspolitik Napoleons I. nur eine Rückkehr von den Lehren der physiokratischen Schule zu denjenigen des früheren Merkantilismus, während wiederum in kirchlicher Hinsicht das Konkordat von 1801 das religiöse Leben der Nation im Gegensatz zu der französischen Zivilkirche bewußt dem orthodoxen Papsttum unterstellte. Es ist daher nur zu verständlich, daß die Dynastie Napoleons I. niemals allzutiefe Wurzeln auf französischem Boden schlagen konnte. Solange sich an die Fahnen des Imperators Sieg an Sieg heftete, hat sich freilich auch die französische Nation über den Zustand ihrer inneren Unfreiheit beruhigt. Als die großen Niederlagen eintreten, eilt auch die Dynastie Napoleons I. ihrem rapiden und unaufhaltsamen Sturze zu.

Eben diese Kriege Napoleons I. haben die weltgeschichtliche Bedeutung, die Gedanken der Revolution über das moderne Europa verbreitet und auch die politische Struktur der Nachbarstaaten von Grund aus geändert zu haben. Unter dem niederschmetternden Eindruck der Niederlage von Jena und Auerstedt schickt sich auch der preußische Staat zu seiner inneren politischen, sozialen, wirtschaftlichen und geistigen Umbildung an. Die Bewegung geht aus von einem kleinen Kreis weitblickender Männer, die in Königsberg, fern im Osten der preußischen Monarchie, ihren Mittelpunkt gefunden haben. Es sind die Gedanken Immanuel Kants, die hier befruchtend auf die preußische Reform gewirkt haben. All die großen Forderungen des Reformzeitalters: die Loslösung der Persönlichkeit von Grund und Boden und die Gewährung staatsbürgerlicher Freiheit, die rechtliche Gleichheit des einzelnen ungeachtet der Ungleichheit des Besitzes, die Trennung der Regierungsgewalten und der Grundsatz ökonomischer Selbstbestimmung, sie lassen sich unschwer aus der Rechtsphilosophie des großen Denkers ableiten.[2]) Von hier aus haben Männer wie Schön[3]) und

---

[1]) Gegen die Auffassung von Lenz, Napoleon I., besonders S. 101 ff. Vgl. dazu meine Schrift 'Über das Wesen der politischen Systeme in der Geschichte', besonders S. 29 ff., deren theoretische Erörterungen auch die Grundlage dieser Abhandlung bilden.

[2]) Metaphysische Anfangsgründe der Rechtslehre. Zweiter Teil. (Ausgabe Hartenstein 1867/68.) VIII 129 ff. Dazu noch besonders die Abhandlung: 'Das mag in der Theorie richtig sein, taugt aber nicht für die Praxis.' Hartenstein VI 321 ff.

[3]) Vgl. aus den Papieren des Ministers Theodor von Schön I 5. 9 ff. 25. 40. 84; III 67 f.

Frey[1]) die Gedanken der Reform übernommen und mit den ökonomischen
Lehren von Adam Smith zu einem individualistisch-liberalen System verbunden. Alle überragend aber tritt die überlegene Persönlichkeit des Freiherrn
von Stein zu dem Kreis der preußischen Reformer hinzu. Stein hat für die
Weiterbildung der preußischen Reform eine doppelte Bedeutung: er hat ihr
den echt nationalen, er hat ihr den tiefsittlichen Charakter aufgeprägt. War
doch Stein seiner Geburt und Erziehung nach ganz und gar ein Deutscher,
nicht ein Preuße: nicht dem preußischen Staat als solchem, vielmehr der Hoheit und Herrlichkeit des deutschen Vaterlandes galt in erster Linie sein Werk.
Und wie in nationaler, so auch in ethischer Hinsicht. Würde es auf die alt-
preußische Reformpartei allein angekommen sein, so würde man die Existenz und
Sicherheit des einzelnen im wesentlichen den Gesetzen des ökonomischen Lebens
überlassen haben. Das war nicht die Absicht und die Ansicht Steins. Überall
sehen wir daher die Reformgesetze mit starken Garantien für die Erhaltung
und Sicherheit des einzelnen, insbesondere der bäuerlichen Bevölkerung, umgeben. Aus diesem Antagonismus der ökonomischen und der sittlichen Tendenzen
wird allein das Reformwerk Steins verständlich.[2]) Es erhält von dieser Seite
her auch gerade gegenüber dem System Napoleons I. sein charakteristisches Gepräge. Konnte daher Stein von Napoleon I. es aussprechen, daß sein System
ein System der Gleichheit ohne Freiheit bedeute, so ist das preußische Reformwerk gerade auf der Basis einer mittleren Freiheit und Gleichheit errichtet.
Hat Napoleon den alten Feudaladel, hier ganz und gar der Sohn seiner Zeit,
grundsätzlich vernichtet, so bildet ihn Stein, ihn seiner Privilegien entkleidend,
zu einem wichtigen Glied des Staatsorganismus um. Daher die Gedanken staats-
rechtlicher Freiheit und Gleichheit, die nun wie zwei helle Sterne über den
Steinschen Reformen strahlen. Nicht alle gleichzumachen, um keinem Freiheit zu vergönnen, vielmehr die Kräfte der Nation zum Heile und Wohle des
Staatsganzen zu wecken und zu pflegen, darauf kam es an. Ist daher die Weltanschauung Steins auch im wesentlichen eine liberale, so ist es ihr doch in
höchstem Grade eigentümlich, daß sie überall die Interessen des Individuums
den großen Zwecken der Allgemeinheit untergeordnet und in dem Wohle der
vaterländischen Gemeinschaft das erste und höchste Gesetz jeder politischen
Erwägung gesehen hat.[3])

Ebendarum erschöpft sich die Reform nicht in einzelnen ihrer Teile, noch
auch in besonderen Bestimmungen derselben. Sie hat vielmehr mit wunder-
barer Kraft stets das große Ganze getroffen und überall schlummernde Kräfte
zu tätigem Leben befördert. Der Katastrophe von Jena und Auerstedt hatte

---

.   [1]) Gedanken und Meinungen über manches im Dienst und über andere Gegenstände.
Von J. G. Scheffner (B) I 78. 84. 100. 106 f. 303. Vgl. auch Rausch, Historische Erinne-
rungen über Kant und seine Tischgäste (Neue preußische Provinzialblätter 1848 S. 363 f.).
     [2]) So auch Max Lehmann, Stein II 281. Ferner Meinecke, Das Zeitalter der deutschen
Erhebung S. 73 ff.
     [3]) Vgl. auch O. Hintze, Friedrich der Große, Stein, Bismarck (Hohenzollern-Jahrbuch
XV 1—19).

das preußische Volk fremd und anteilslos gegenübergestanden. Denn was sollte
der Ständestaat Friedrichs des Großen noch in einer von dem Gedanken frei-
heitlicher Staatsgestaltung tief durchdrungenen Zeit? Nun, nach den Steinschen
Reformen mußte auch der einzelne erkennen, daß Staat und Individuum
sich nicht mehr widerstreiten, daß in dem Schicksal des Ganzen auch das
Schicksal des einzelnen beschlossen liegt. In diesem Bewußtsein der Zusammengehörigkeit ist auch das preußische Volk in seinen großen und heiligen Krieg
gezogen. Ein Sturm elementarer Leidenschaften hatte die ganze Nation ergriffen.
Der König rief, und alle, alle kamen. Hätte er nicht gerufen, sie würden doch
gekommen sein und in dem Sturm ihrer Begeisterung auch das nationale Königtum mit sich fortgerissen haben. So erfolgen nach den anfänglichen Niederlagen
des Frühjahrsfeldzuges von 1813 die großen weltbewegenden Ereignisse: die
Entscheidungen von Kulm und Nollendorf und an der Katzbach, der Übergang
über die Elbe, die Siege von Großbeeren und Dennewitz, die Leipziger Schlacht.
Ein geknechtetes und gedemütigtes Deutschland hatte noch das Frühjahr von
1813 angetroffen. Nun, als die Weihnachtsglocken desselben Jahres feierlich
durch die deutschen Gaue hallten, war Deutschland bis zum Rheine frei.

Hundert Jahre trennen uns Heutige von den erschütternden Taten jener
Zeiten. Wie stehen wir heute in unserem Denken, wie in unserem Fühlen zu
jener Epoche gewaltiger Ereignisse? Nicht alle Blütenträume sind gereift,
welche einst die Brust der Freiheitskämpfer bewegten. Die deutsche Jugend —
sie war in den Kampf gezogen mit dem gläubigen Bewußtsein, ein starkes,
mächtiges deutsches Reich als Palme des Sieges zu erringen. Allein der Staat,
der auf dem Wiener Kongreß entstand, er war kein starkes deutsches Reich,
vielmehr ein lockerer Bundesstaat, fast mehr ein bloßer Staatenbund. Gehörten
doch gerade die beiden führenden deutschen Staaten, Österreich und Preußen,
nur mit einem Teil ihrer Länder zu dem neuen Staatsgebilde, während wiederum
drei ausländische Staaten, England, die Niederlande und Dänemark, Sitz und
Stimme am Bundestag hatten. Aber auch innerpolitisch entsprach das Ergebnis
der Freiheitskämpfe keineswegs den allgemeinen Erwartungen. Auf das Zeitalter der Erhebung folgt nun das Zeitalter der Reaktion, folgen die Versuche
der Regierungen, ein Verfassungsleben der Nation unmöglich zu machen.

Und doch haben wir darum keinen Grund, die Wirkungen der Freiheitskriege gering einzuschätzen, weder in konstitutioneller noch in nationaler Beziehung. Hat doch auch die Revolution von 1848 nur vollendet, was im Grunde
schon die Steinschen Reformen, wenn auch nicht durchgeführt, so doch beabsichtigt hatten, ist doch die Anteilnahme des Volkes an der Regierung immer
einer der Grundgedanken Steins gewesen und dementsprechend recht eigentlich
als der krönende Abschluß in der Architektonik seines Werks zu betrachten.
Und wie haben vollends in nationaler Hinsicht die Siege von 1813 ihre bleibende Bedeutung für die Entwicklung des XIX. Jahrh. immer wieder bewiesen,
die Brücke über den Main hinüberschlagend und Nord- und Süddeutschland in
der Erinnerung an das gemeinsam vergossene Blut zusammenführend. Daher
bildet das Zeitalter der altpreußischen Reform inner- und außerpolitisch auch

noch heutzutage die Grundlage und die sichere Basis unseres Staates. Ihr verdanken wir die Größe und Reinheit des vaterländischen Gedankens, ihr den freiheitlichen Zug, wie in unserer Weltanschauung, so auch in unserer Wirtschaftsordnung. Aber was uns freilich wiederum von den Reformern von 1807 trennt, das ist der rein individualistische Zug ihres Denkens. Daher bleiben die großen Ideale der Reformzeit: die Loslösung der Persönlichkeit von Grund und Boden, die Berufsfreiheit, die Freizügigkeit wohl als ewige Ideale bestehen. Wir wissen sie zu schätzen, aber wir wissen auch dieses, daß der skrupellose Kampf der wirtschaftlichen Interessen nach einer stärkeren Bindung durch die Allgemeinheit, durch das staatliche Ganze verlangt. Daraus erklären wir uns die nationale Wirtschaftspflege, die Bismarck mit der großen Wendung von 1879 herbeiführte, daraus das Wesen und die Notwendigkeit der sozialen Gesetze. Wir glauben auch hier nicht, alle Ungleichheiten unter den Menschen aufheben zu können. Denn sowohl in ihren physischen wie in ihren geistigen Eigenschaften sind die einzelnen, eben als Persönlichkeiten, wesentlich verschieden und werden demgemäß immer in der Geschichte wirken. Wohl aber haben wir den Glauben und das Vertrauen zu der Stärke der menschlichen Vernunft, daß es ihr gelingt, jene Ungleichheiten, jene ständischen Unterschiede zwar nicht aufzuheben, wohl aber auf ein erträgliches Maß herabzusetzen und zu mildern.

GOETHES NOVELLE

Ein Beitrag zur Komposition der Dichtung

Von Paul Joh. Arnold

Goethe hat bekanntlich nur einer Dichtung die Artbezeichnung 'Novelle' als Überschrift gegeben. Er wollte dadurch zu erkennen geben, daß hier ein Typus dieser Erzählungsform geschaffen wäre. Am 4. März 1828 schrieb er an Cottas Faktor Reichel: 'Die Überschrift der kleinen Erzählung ... heißt ganz einfach: Novelle. Ich habe Ursache, das Wort Eine nicht davor zu setzen.' Reichel war nämlich im Zweifel: 'ob der Aufsatz nicht eine andere Überschrift erhält, unter welcher dann stehet: Eine Novelle'. In dem zum Drucke eingesandten Manuskript stand: Die Novelle. Auch den bestimmten Artikel hat Goethe also zuletzt noch gestrichen, wahrscheinlich, um einer Ansicht vorzubeugen, die Professor Göttling daran knüpfte, der im Januar 1828 eine Korrektur der Novelle vornahm, namentlich in bezug auf Orthographie und Interpunktion. In seinem Briefe vom 15. Januar 1828 äußert er: 'Die Überschrift «Die Novelle» schien mir anzudeuten, daß es in ein größeres Ganze gehöre und doch konnte ich nicht mit mir einig werden, wo der Platz für sie sey in den mir bekannten Werken Ew. Excellenz; ich ahne also wohl nicht mit Unrecht, daß es vielleicht ein Theil eines größeren noch unbekannten Kunstwerkes sey.' Daß Göttling nicht ganz unrecht hatte, wissen wir aus den Gesprächen mit Eckermann; danach sollte die Novelle in die Wanderjahre eingefügt werden, von denen damals nur der erste Teil veröffentlicht war. Nach diesen Aufzeichnungen entschloß sich Goethe am 29. Januar 1827 zu der Überschrift, weil diese Dichtung im Gegensatz zu vielen Erzählungen, die unter dem Titel Novelle gingen, den Begriff wirklich verkörperte.

Legte Goethe so besonderen Wert darauf, daß sein 'Jagdstück' als Beispiel einer bestimmten epischen Gestaltungsweise angesehen würde, so werden wir dadurch zu der Untersuchung veranlaßt, ob diese Stellung, die er ihm zuweist, berechtigt ist. Das formbestimmende Element der Novelle ist die Handlung. Sie ist nicht eine durch Ort, Zeit oder Zufälligkeiten bedingte oder verknüpfte Reihe von Begebenheiten, sondern eine geschlossene Folge von Ereignissen oder deren Teilen, die bei der Novelle einen Konflikt und seine Lösung darstellt. In Goethes Novelle findet sich nur eine psychische Verwicklung: die Liebe Honorios zu der Fürstin. Bernhard Seuffert hat in seiner ausgezeichneten Arbeit (Goethe-Jahrbuch 1898) die eigentliche Handlung herausgeschält. Sie verläuft, ohne die Begründung dieser Auffassung hier zu wiederholen und auf eine kleine Ab-

weichung einzugehen, ganz kurz auf folgende Weise. Gefahr, Erschrecken,
Siegerfreude haben mit der elementaren Gewalt der Affekte das seelische Leben
der beiden Hauptpersonen aufgewühlt und drohen, die Schranken höfischer Denk-
und Handlungsweise niederzureißen. Honorio gesteht, auf dem toten Tiger
knieend, der jungen Fürstin seine Neigung. Sein Fühlen offenbart sich von der
ersten zarten Andeutung an: 'Ich mag das Fell nicht verderben, das nächsten
Winter auf Eurem Schlitten glänzen soll', immer deutlicher, durch das Aus-
weichen der Regentin unabsichtlich gereizt, und seine 'Bitte um Urlaub ist das
höfisch verkleidete Liebesbekenntnis ... die Probe, ob sie seine Neigung soweit
erwidere, daß sie ihn nicht wolle ziehen lassen. Sie läßt ihn ziehen' (Seuffert),
und weicht, um jeden persönlichen Kontakt zu vermeiden, hinter die Ent-
schließungen ihres Gemahls zurück. Honorio deutet ihr Verhalten richtig, und
'anstatt einer jugendlichen Freude', die doch die notwendige Folge der Erfüllung
seines Reisewunsches hätte sein müssen, wenn es ihm damit ernst gewesen
wäre, zieht 'eine gewisse Trauer über sein Gesicht'. Bis jetzt hat sich alles
noch in rein höfischen verkleideten Formen abgespielt, die Leidenschaft ist
nicht offen hervorgetreten; es ist die Möglichkeit geblieben, die Form für die
Sache zu nehmen. Durch das Dazwischentreten der Wärterin und ihres Kindes
bleibt diese Möglichkeit erhalten, denn so 'hatte die Fürstin nicht Zeit es zu
bemerken, noch er seiner Empfindung Raum zu geben'. Der Fürst kommt
hinzu und gibt seinen Dank durch die Worte und den Auftrag Ausdruck: 'Du
hast viel geleistet, vollende das Tagwerk.' Honorio eilt zu dem Hohlweg, den
er besetzen soll, und läßt sich auf einem Mauerstücke nieder, 'auf einem Posten
als wie zu jedem Ereignis gefaßt ... er saß wie in tiefen Gedanken versunken,
er sah umher wie zerstreut'. Die Wärterfrau wendet sich mit einer Bitte an
ihn, er merkt nicht auf und 'schaute gerade vor sich hin, dorthin wo die Sonne
auf ihrer Bahn sich zu senken begann': 'es versinkt, was sein Leben erhellte'
(Seuffert). 'Du schaust nach Abend, rief die Frau, Du tust wohl daran, dort
gibts viel zu tun, eile nur, säume nicht, Du wirst überwinden. Aber zuerst
überwinde Dich selbst. Hierauf schien er zu lächeln, die Frau stieg weiter,
konnte sich aber nicht enthalten, nach dem Zurückbleibenden nochmals umzu-
blicken; eine rötliche Sonne überschien sein Gesicht, sie glaubte nie einen
schöneren Jüngling gesehen zu haben.' Welches sind seine Gedanken, wird er
wirklich überwinden? Das Gedankenspiel und -produkt des tief in sich Ver-
sunkenen tritt mit wunderbar poetischer Wirkung in mächtigem Bilde hoch
über seinem Kopfe im Burghof in die Erscheinung. Der Löwe, ein prächtiges
Sinnbild der Kraft und Leidenschaft Honorios, läßt sich zähmen und 'folgt dem
Kinde, nicht wie der Überwundene, aber doch wie der Gezähmte, wie der dem
eigenen friedlichen Willen Anheimgegebene'. Der gebändigten Kraft, die sich
nun nicht in einer unsinnigen Leidenschaft verschwendet, ist durch die Worte
der Wärtersfrau ein fruchtbares Feld zur Betätigung gewiesen. — Honorio ist
ein Entsagender und bekommt dadurch seine Kräfte frei zur Arbeit im Dienste
großer Aufgaben. Nach diesem klaren Ziele hätte die Novelle besser in die
Wanderjahre gepaßt, als manche Geschichten, die jetzt darin stehen.

Wir haben nach dem Gange der Handlung die folgerichtige Lösung eines
aufgestellten Konfliktes vor uns, also eine technisch richtig angelegte Novelle.
Aber — ich habe die Sophienausgabe vor Augen — der Konflikt und damit
der Anfang der Handlung erscheint erst auf der 20. Seite der 34 Seiten umfassenden Erzählung. 19 Seiten Exposition, 15 Seiten Handlung, die noch dazu
von einer Reihe mehr abseits liegender Stücke unterbrochen wird und so auch
noch keinen entschiedenen Gang aufweist, ein wirklich schreiendes Mißverhältnis. Wenn es zur Verurteilung eines so offensichtlichen künstlerischen
Fehlers noch eines Kronzeugen bedarf, so mag ein Wort Spielhagens hier
stehen, der in seinen Beiträgen zur Theorie und Technik des Romans (S. 159)
von der Beobachtung schreibt, 'daß der Dichter nur Zeit und Lust hat, den
schwerfälligen Schilderungsapparat aufzubauen und mit demselben in mißver-
standenem epischen Drange, unkünstlerisch genug, herum zu hantieren, bevor
seine Menschen in die rechte Bewegung kommen'. Bewegung heißt hier nicht·
ein örtliches Fortbewegen, ein Verschieben der Personen, Gruppen und Situationen; danach sind Goethes Schilderungen in der Novellenexposition direkt
bewunderungswürdig. Es fehlt nur eins: sie liegen nicht innerhalb der Handlung; Goethe hat die Schilderungen nicht an sie und in sie hinein gebunden,
er hat sie davor gelegt. Und das eben verurteilt Spielhagen allgemein, denn er
erklärt selbst Bewegung als straffe Aktion. Und wenn W. v. Humboldt in seinen·
Ästhetischen Versuchen von Goethe rühmt: 'Der Dichter dachte sich die Handlung nie ohne das Lokal, und dieses nie ohne jene; daher zeigt er es immer
zugleich mit ihr und beschreibt es nie und allein für sich', so kann dieses
Lob in seinem zweiten Teile nicht für die Novelle mit gelten, hier tut der
Dichter das Gegenteil. Die übermäßig aufgequollene Exposition der Novelle tut
nichts anderes, als daß sie die Personen und Örtlichkeiten für die eigentliche
Handlung zurechtstellt. Goethe versucht gar nicht, sie vielleicht in der Weise
mit ihr zu verbinden, daß er den Knoten darin schürzt oder den Leser auf
den Konflikt vorbereitet. Beides würde ja auch dem Wesen einer novellistischen
Handlung widersprechen. Honorio tritt kaum hervor, und nichts deutet seine
Leidenschaft an. Seine erste Erwähnung wird höchstens dadurch ein wenig
hervorgehoben, daß dabei zum ersten Male die wörtliche Rede gebraucht wird:
'Auch lasse ich', sagte er (der fürstliche Gemahl), 'Dir unsern Honorio, als
Stall- und Hofjunker, der für alles sorgen wird', und er bekommt seine Aufträge. Seiner geschieht nun kaum hin und wieder Erwähnung. Er meldet, die
Pferde seien vorgeführt, und reitet gern mit der Fürstin: 'Und so war auch
Honorio von der sonst so ersehnten Jagd willig zurückgeblieben, um ihr ausschließlich dienstbar zu sein.' Goethe verhindert uns aber fast ängstlich, uns
bei diesem Satze etwas Besonderes zu denken, und zwar dadurch, daß er ihn
an das recht unepisch dazwischen geworfene eigene Urteil anlehnt: 'Denn wer
wäre nicht gern an ihrer Seite geritten, wer wäre ihr nicht gern gefolgt.' Beim
Aufstieg auf den Aussichtspunkt und beim Wegreiten ist er nur der gefolgs-
bereite, umsichtige Hofjunker, den man wohl dieser Eigenschaften wegen zum
Begleiter der Fürstin ausgewählt hat, und beim Kampfe mit dem Tiger ist er

der tapfere Edelmann, der selbstverständlich die Dame schützt. Weder aus einem Worte noch aus einer Handlung läßt sich auf seine Neigung schließen. Nun erst wird sie, allerdings verkleidet, offenbar, und da die Äußerung der Fürstin selbst gegenüber gemacht wird, ist so der Konflikt gegeben. — Nicht in allen Novellen läßt uns Goethe so lange auf die psychische Verwicklung warten. Meistens macht er, wie er in dem Fragment 'Nicht zu weit' äußert, 'von dem Rechte des epischen Dichters' Gebrauch, uns 'in die Mitte leidenschaftlicher Darstellung' zu reißen, einem Rechte, das dem Novellendichter Pflicht ist. In frischer, scharfer Deutlichkeit stellt er dort wie in der Novelle 'Wer ist der Verräter?' und auch in anderen den Konflikt an den Anfang; nur schade, daß er die Fäden des interessant verschlungenen Knotens abschneidet und sie nicht wie im 'Mann von fünfzig Jahren' erfaßt und straff weiterzieht. Wir sehen jedenfalls, daß er in den Novellen der Wanderjahre häufig nach Formgesetzen gearbeitet hat, die er hier vollkommen außer acht läßt.

Wir können uns bei dieser Erzählung nicht auf die Nachlässigkeit des alten Dichters Gestaltungsfragen gegenüber berufen, eine Lässigkeit, die geradezu wider bessere theoretische Einsicht handelt; denn bei der unendlichen Sorgfalt, die Goethe auf die Durchgestaltung der Novelle verwandt hat, jedes Wort wägend, ist das ausgeschlossen. Nur die Entstehungsgeschichte der Novelle kann uns aufklären. Der erste Entwurf entsteht in dem Jahre 1797; was wir darüber wissen, stammt in der Hauptsache aus dem Briefwechsel zwischen Goethe und Schiller und einem Briefe W. v. Humboldts. Er schreibt am 6. und 7. April 1797 an seine Braut: Goethe läßt 'einen deutschen Erbprinzen, der mit im Kriege gewesen ist, im Winter zu seiner Familie zurückkommen. Der erste Gesang fängt mit einem Frühstück an, das nach einer geendigten Schweinsjagd genommen wird. In den Gesprächen, die bei dieser Gelegenheit entstehen, findet er Veranlassung, über den Krieg, über das Schicksal der Staaten usw. zu reden, und so das Interesse auf einen weiten Schauplatz hinaus zu spielen. Plötzlich kommt die Nachricht, daß in einem benachbarten Städtchen beim Jahrmarkt Feuer ausgebrochen sei und bei der Verwirrung, die dadurch entsteht, wilde Tiere losgekommen seien, die man da sehen ließ. Nun macht sich der Prinz und sein Gefolge auf, und die heroische Handlung dieses epischen Gedichts ist nun eigentlich die Bekämpfung dieser Tiere.' Leider erfahren wir von dieser Handlung auch aus dem Goethe-Schillerschen Briefwechsel recht wenig, da über diesen Gegenstand in Jena Besprechungen stattgefunden haben. Wenn Schiller am 26. Juni 1797 von 'den fürstlichen Personen und Jägern' und dem 'vornehmen Stande' schreibt, mit dem Goethe es in diesem Gedichte zu tun habe, so bestätigt diese Stelle nur das, was wir bei Humboldt über die Personen gelesen haben. Auch seine Andeutung über die eigentliche Handlung stimmt mit Goethes und Schillers Äußerungen überein. Dieser spricht im selben Briefe von der 'Löwen- und Tigergeschichte, die mir immer außerordentlich vorkam', und zwar nach Goethes Vorgang, der ihm gerade seine neue Erkenntnis mitgeteilt hat, 'daß meine Tiger und Löwen in diese Form (Reime)

gehören'. Daß bei diesen Tieren durchaus der Schwerpunkt des Ganzen zu
suchen ist, wird noch deutlicher aus dem daran geschlossenen Satze: 'Ich
fürchte nur fast, daß das eigentlich Interessante des Sujets sich zuletzt gar in
eine Ballade auflösen möchte.' Hier wird klar, wo sich das Interessante findet,
von dem er schon am 22. Juni mit derselben Befürchtung schrieb, nachdem er
von dem Einflusse des 'Balladenstudiums' auf die Fortsetzung des Faust berichtet hat: 'Das Interessante meines neuen epischen Plans geht vielleicht auch
in einem solchen Reim- und Strophendunst in die Luft.' Was das Interessante
der Jagd in Wirklichkeit ist, kommt nicht zur Sprache. Der Dichter äußert
nur: 'Daß große Anstalten gemacht werden, daß man viele Kräfte mit Verstand
und Klugheit in Bewegung setzt, daß aber die Entwicklung auf eine Weise
geschieht, die den Anstalten ganz entgegen ist, und auf einem ganz unerwar-
teten, jedoch natürlichen Wege.' Schiller hebt diesen Punkt mehrfach auch hervor, am 25. Juni: 'Wenigstens werden Sie viel zu tun haben, ihr (der Handlung) das Überraschende, Verwunderung Erregende zu nehmen, weil dieses
nicht so recht episch ist.' Und als Goethe die Reim- und Strophenform den
Hexametern für die Darstellung vorzieht, meint er von dem Gedicht: 'Es darf
sich, wo nicht des Wunderbaren, so doch des Seltsamen und Überraschenden
mehr bedienen, und die Löwen- und Tigergeschichte ... erweckt dann gar kein
Befremden mehr.' Nach dem ersten Teile der Goethischen Briefstelle kann das
Überraschende, Verwunderung Erregende nicht in der Ankunft der Löwen und
Tiger zu suchen sein, sondern irgendwo mitten in der Jagd auf diese Tiere.
Wenn wir Goethes Bemerkung zu Eckermann vom 15. Januar 1827 dazu halten,
die den alten Plan mit der Ausführung vergleicht: 'Die Handlung und der
Gang der Entwicklung ist zwar unverändert', so können wir nur annehmen,
daß der endgültige Schluß schon damals so geplant war, wie er vorliegt. So
wenig Sicheres wir nun von dem Ganzen wissen, eins ist trotzdem auffällig,
und Schiller, der aus Unterredungen darüber in Jena ziemlich genau unterrichtet war, hat den Mangel gleich empfunden: 'Etwas bedenklich kommt es
mir vor, daß es Humboldten damit auf dieselbe Art ergangen ist wie mir, ungeachtet wir vorher nicht darüber kommuniziert haben. Er meint nämlich, daß
es dem Plan an individueller epischer Handlung fehle. Wie Sie mir zuerst davon sprachen, so wartete auch ich immer auf die eigentliche Handlung; alles
was Sie mir erzählten, schien mir nur der Eingang und das Feld zu einer
solchen Handlung zwischen einzelnen Hauptfiguren zu sein, und wie ich nun
glaubte, daß diese Handlung angehen sollte, waren Sie fertig.' Wir haben also
tatsächlich in Goethes Plan eine Aneinanderreihung von Begebenheiten,
die rein äußerlich durch Ort, Zeit, Zufälligkeiten verknüpft sind
und nicht durch das Band einer kausalen Kette seelischer Aktionen
zusammengehalten werden, die die Lösung eines psychischen Konfliktes
darstellen, und deren notwendige Gestaltungsform dieser äußere Apparat ist.
Wir dürfen uns nicht durch den Gebrauch des Wortes Handlung, das ja eigentlich nur dem Letztbezeichneten zukommt, irre machen lassen. Die Briefschreiber
verwenden es nicht nur in diesem strengen Sinne, denn Schiller schreibt noch

wenige Zeilen, bevor er über das Fehlen einer individuellen Handlung spricht, von der Art, wie Goethe seine Handlung entwickele. Dieser geht in seiner Antwort zunächst gar nicht auf den angeführten Teil des Briefes ein, seine Zweifel sind aber anscheinend stärker geworden: 'Ich kann nichts weiter hinzufügen, sondern ich muß Ihnen meinen Plan schicken oder selbst bringen ... Wird der Stoff nicht für rein episch erkannt, ob er gleich in mehr als Einem Sinne bedeutend und interessant ist, so muß sich dartun lassen, in welcher anderen Form er eigentlich behandelt werden müsse.' In einem Postskriptum fügt er aber noch hinzu: 'Ich kann mich doch nicht enthalten, noch eine Frage über unsere dramatisch-epische Angelegenheit zu tun. Was sagen Sie zu folgenden Sätzen: ... Bloß der Verstand, wie in der Odyssee, oder eine zweckmäßige Leidenschaft, wie in der Ilias, sind epische Agentien. Der Zug der Argonauten, als ein Abenteuer, ist nicht episch.' Hiermit erkennt er zum mindesten an, daß ein mächtiges psychisches Moment als die wirkende Kraft das Ganze in Bewegung setzen und darin halten muß. Wo dieses Band einheitlicher seelischer Aktion fehlt, bleibt ein durch Zufälligkeiten u. a. bestimmtes Abenteuer. Er macht nun nicht die Anwendung auf seinen Plan, aber der Satz ist ganz klar die in allgemeiner Form ausgesprochene Anerkennung einer künstlerischen Forderung, auf deren Nichtbeachtung in seinem neuen epischen Werke ihn Schiller am Tage vorher aufmerksam gemacht hat. Ein Zusammenhang dieser beiden Stellen ist deshalb nicht zu verkennen. Noch hat er vor, Schiller den Plan mitzuteilen, aber schon zwei Tage später, nachdem er nochmals über die Fabel des neuen Gedichtes nachgedacht hat, will er 'lieber mit dieser Mitteilung noch zurückhalten' und den Gegenstand an dem Resultat allgemeiner Erörterungen prüfen. 'Sollte ich dabei noch Mut und Lust behalten, ... Sollte ich daran verzweifeln', der Ton ist nicht mehr hoffnungsfreudig.

Goethe muß den Grundfehler seines Entwurfs erkannt haben, durch den auch die übrigen nur möglich sind. Wenn Schiller an dem Überraschenden, Verwunderung Erregenden Anstoß nimmt, 'weil es nicht so recht episch ist', so ist eine solche Wendung im Verlauf der Geschichte nur dadurch möglich, daß sich nicht die Lösung einer seelischen Verwirrung folgerichtig vor unsern Augen vollzieht, sie fehlt ja ganz. Und Goethe, der damit den Zweifel an der Vollkommenheit des Planes einleitet, äußert schon am 19. April: 'Sollte dieses Erfordernis des Retardierens ... wirklich wesentlich und nicht zu erlassen sein, so würden alle Plane, die geradehin nach dem Ende zu schreiten, völlig zu verwerfen oder als eine subordinierte historische Gattung anzusehen sein. Der Plan meines zweiten Gedichts hat diesen Fehler, wenn es einer ist.' 'Historisch' kann nach dem voranstehenden erläuternden Relativsatze hier nur in dem Sinne zu verstehen sein, daß Ereignisse in zeitlicher Reihenfolge berichtet werden. Dabei ist es allerdings nur möglich, dem Erfordernis des Retardierens Rechnung zu tragen, wenn — um es nochmals zu sagen — eine Handlung im strengen Sinne das Ganze zu einer Einheit bindet, denn durch retardierende Momente soll doch eine Entwicklung verzögert werden; bei einer einfachen Abwicklung von Tatsachen ist jedes eingeschobene Glied aber nur ein Stück mehr in der

Szenenreihe. So kommt Goethe dem Fehler gleich nahe von einer technischen Frage aus, ohne ihn jedoch sofort klar zu erkennen. Später bleibt der Entwurf liegen, fast 30 Jahre lang.

Als Goethe in den ersten Oktobertagen des Jahres 1826 das alte Schema vergeblich gesucht hat, fertigt er einige neue Schemata an. Man darf nun wohl annehmen, daß gerade die ersten davon das getreueste Abbild des alten Entwurfs darstellen, während in den folgenden immer mehr neue Gedankenarbeit sich zeigen wird. Selbst von dieser Wahrscheinlichkeit abgesehen, ist es auffällig, daß in dem zweiten Schema, dem ältesten, das die ganze Geschichte umspannt, keine Spur einer seelischen Handlung zu finden ist. Wir haben auch hier nur eine Kette von Begebenheiten vor uns, keine epische Handlung, die doch als Hauptsache in erster Linie zum Ausdruck hätte kommen müssen, auch bei noch geringerer Vollständigkeit der Übersicht. Sie erscheint erst in dem dritten Schema, H^3 im wissenschaftlichen Apparat der Weimarer Ausgabe bezeichnet, in fünf oder oder sechs Punkten angedeutet. Nach der bis hierhin gegebenen historischen Darstellung ist wohl sicher: Die eigentliche 'individuelle epische Handlung' ist von Goethe in eine vorhandene Reihe von Ereignissen hineinkomponiert worden. In H^4, dem vollständigsten Schema, bezeichnet er den Konflikt noch deutlicher, indem er die 'höhere Bildung', die Honorio als Zweck seiner gewünschten Reise anführt, ausdrücklich als Vorwand bezeichnet. Noch ein anderer Umstand stützt die Behauptung, daß wir in der seelischen Verwicklung ein neues Moment vor uns haben. Goethe ist sich nämlich noch nicht einmal am 8. Oktober beim Diktat von H^4 völlig klar über den Gang der Handlung. Entscheidende Entschlüsse stehen noch aus. Punkt 91 lautet, ähnlich dem korrespondierenden in H^3: 'Warum sich entfernen jetzt eben da er so hilfreich geworden.' Wäre er ausgeführt worden, dann wurde dadurch der Gang der Handlung von Grund aus verändert. Es bleiben zwei Möglichkeiten: entweder hat die Fürstin nach dieser Äußerung Honorios Liebesgeständnis nicht verstanden, und es fehlt so immer noch an einem Konflikte, oder aber sie hat den Sinn seiner Worte erfaßt, dann kommt sie ihm mit dieser Antwort entgegen, und der Ausgang des Ganzen muß einen vollständig anderen Weg führen. In H^9, dem ersten vollständigen Texte der Novelle (Diktat vom 14.—17. Oktober) findet sich der nun festgelegte Gang, und die Korrekturen zeigen, wie Goethe nun zielsicher das wesentliche Moment herausarbeitet. Ich setze zum Vergleich hier die erste Niederschrift dieser Stelle neben die verbesserte Fassung:

'Behüte! sagte die Fürstin; es würde mich immer an diesen schrecklichen Augenblick erinnern. — Ist es doch, erwiderte jener, ein . . .'

'Frevelt nicht! sagte die Fürstin; alles was von Frömmigkeit im tiefen Herzen wohnt, entfaltet sich in solchem Augenblick. — Auch ich, rief Honorio, war nicht frommer als jetzt eben, deshalb aber denk ich an's Freudigste, ich blicke dieses Fell nur an, wie es Euch zur Lust begleiten kann. — Es würde mich immer an diesen schrecklichen Augenblick erinnern, versetzte sie. — Ist es doch, erwiderte der Jüngling mit glühender Wange, ein . . .'

Es ist nun recht wahrscheinlich, daß dieser spezifisch neue Bestandteil des Entwurfs wesentlich bestimmend auf die Ausgestaltung der älteren Stücke gewirkt hat, daß auch die vor ihm liegenden durch ihn beeinflußt worden sind. Wie weit das geschehen ist, entzieht sich unserer Kenntnis, da die erste Niederschrift des Textes nach seiner Einführung in den Plan erfolgte. Jedenfalls brauchen wir nicht anzunehmen, daß die recht wesentlichen Unterschiede zwischen dem ersten Schema und dem von Humboldt dargestellten Teile des Entwurfs auf Rechnung der neuen Handlung zu setzen sind. Denn dieser Brief berichtet über die allererste Absicht, und wir wissen ja aus dem Briefwechsel zwischen Schiller und Goethe, daß dieser sich nachher noch intensiv mit seiner neuen epischen Dichtung beschäftigt hat. Zu einer durchgreifenden Kompositionsänderung, bei der scharf nach den Forderungen der Handlung gesichtet und geordnet worden wäre, ist es nicht gekommen. Ansätze dazu sind vorhanden; wir können bemerken, wie Goethe das Jagdmotiv, das doch ursprünglich herrschend war, immer weiter zurückdrängt. In H^4 lauten die Punkte 100—103: 'Nachricht von dem entwichenen Löwen. Anstalt eines Kreiszugs. Wächter von der Burg. Erhöhte Jagdlust.' In der Ausführung ist von einem Kreiszuge nicht mehr die Rede, und die ganze Angelegenheit wird fast flüchtig in drei Zeilen abgetan; die 'erhöhte Jagdlust' wird überhaupt nicht erwähnt. Auch ein Abschnitt, der diesen Charakter trägt und sich in H^9 an die Rede des Wärters schließt, ist nachher weggelassen worden: 'Man ziehe von hier aus einen weiten Kreis um die zugängliche Seite des Schlosses; er ist den alten Fahrweg heraufgekommen, sagte der Wärtel, und auch nur diesen kann er wieder herunter. — Um so leichter kann man ihn abschneiden, versetzte der Fürst.' In dem erwähnten Schema, wie in H^2 und H^3 war der Entschluß der Fürstin, nach dem alten Schlosse zu reiten, noch durch die Worte motiviert: '21. Vielleicht die Jagd von weiten zu sehen.' Diese Begründung ist ebenfalls unterblieben. Trotz dieser Beschränkungen steht vieles in der Novelle, was durch den Gang der Handlung nicht gefordert wird. Man braucht nur an die Ausführungen über den Jahrmarkt zu denken, die breite Beschreibung der Landschaft, die des vom Oheim erlebten Brandes, die jedenfalls in ihrer Ausführlichkeit nicht durch die Komposition erheischt wurde, und an manche kürzere Stellen. Wir müssen dem alten Goethe den Ruhm lassen, daß sich gerade in diesen Stücken seine dichterische Kraft auf der Höhe ihrer genialen Leistungsfähigkeit zeigt, und daß er hier wahre Kabinettstücke epischer Schilderungskunst gegeben hat. Aber sie bilden keine notwendigen Bestandteile der Dichtung, und darum sind sie schädlich. Sie tragen dazu bei, daß die eigentliche Handlung in all den epischen Einzelheiten gleichsam versinkt. Begründet ist dieser Eindruck aber eigentlich dadurch, daß die Handlung, die dem Ganzen die Einheit verleihen sollte, nicht herrschend geworden ist. Auch die wirklich notwendigen Teile, wie z. B. die wundervolle Darstellung der Stammburg in Abend- und Morgenbeleuchtung und durch die Skizzen mit einer Technik von höchster künstlerischer Feinheit, erscheinen nicht von vornherein und klar als Glieder der Handlung, weil sie nicht in sie hineingebannt sind. Diese selbst wird dadurch in ihrem Umfange erst gegen den Schluß hin klar und erweckt bei ihrem Beginn die Vorstellung einer den übrigen koordinierten Szene.

Ein Umstand hat diese Art der Komposition überhaupt ermöglicht: die zweite Hälfte der jetzigen Handlung, die Begebenheit im Schloßhofe, war schon der Höhepunkt der ursprünglichen Reihe von Ereignissen. Sie wird durch die vorhergehenden vorbereitet, in ihrer Ausführung ermöglicht, allerdings ohne daß wir es gleich durchschauen. Der Konflikt brauchte, ja durfte keine Vorbereitung erfahren, deshalb konnte er ohne große Änderungen des Ganzen einfach eingeschoben werden.

Weil so der ursprüngliche Charakter der Dichtung möglichst geschont worden ist und die Handlung sie nicht in umfassendem Bogen überspannt, sind auch die alten Fehler zum Teil an ihr haften geblieben. Schiller hatte, wie wir wissen, wiederholt das Überraschende, Verwunderung Erregende des Entwurfs betont und als unepisch bezeichnet. Und welches ist der unmittelbare Eindruck, den der erste Leser der Handschrift, Eckermann, empfängt? Nach der Lektüre der ersten Hälfte urteilt er über sie, 'daß man vom Künftigen nichts vorausahne und keine Zeile weiter blicken konnte als man las', und schreibt am 18. Januar 1827: 'Nicht ohne Rührung hatte ich die Handlung des Schlusses lesen können. Doch wußte ich nicht, was ich sagen sollte, ich war überrascht, aber nicht befriedigt.' So sah er es mit eigenen Augen an, ehe Goethe ihn 'aufklärte'. Die Übereinstimmung der beiden geistig so verschiedenen Menschen bis fast aufs Wort ist jedenfalls frappierend. Eckermann fährt fort: 'Es war mir, als wäre der Ausgang zu einsam, zu ideal, zu lyrisch, und als hätten wenigstens einige der übrigen Figuren wieder hervortreten und, das Ganze abschließend, dem Ende mehr Breite geben sollen.' Goethe beweist ihm überzeugend die Unmöglichkeit der Erfüllung seiner Forderung. Aber bleibt auch kein Vorwurf für den Schluß zurück, so ist zu bedenken, daß Eckermann zu seinem Urteil durch den Vergleich mit dem ersten Teile gekommen ist. Er muß demnach zu breit, zu massig angelegt sein. Wir können mit Goethe selbst sagen, 'daß große Anstalten gemacht werden, daß man viele Kräfte mit Verstand und Klugheit in Bewegung setzt', aber unnötigerweise. Ist auch der Fehler in der ausgeführten Novelle nicht mehr so groß wie im ersten Plane der Dichtung, von dem die Briefstelle berichtet, so zeigt doch schon Eckermanns Ausstellung, daß er nicht vollkommen überwunden worden ist. Auch 'der anfänglich ganz reale und am Schluß ganz ideelle Charakter der Novelle', von dem in den Gesprächen manchmal die Rede ist, ergibt sich aus dem Zurücktreten der Handlung. Wäre der Konflikt scharf an den Anfang gestellt worden, dann wäre in der ersten, größeren Hälfte der Erzählung nicht alles nur 'Darstellung des Äußeren' gewesen, das 'Innerliche' hätte nicht gefehlt, und beide Momente hätten zu einer Einheit verschmelzen können, wie sie jetzt hart nebeneinanderstehen, ein Zwiespalt, der sicher keine Schönheit ist. Er macht es auch Goethe und Eckermann so schwer, einen Titel zu finden. 'Wir taten manche Vorschläge, einige waren gut für den Anfang, andere gut für das Ende, doch fand sich keiner, der für das Ganze passend und also der rechte gewesen wäre.' Selbst Goethe gerät es nach diesen Worten nicht, die Einheit in einer kurzen Form herauszustellen, eben weil er sie nicht gestaltet hat. Es sei noch daran erinnert, daß Goethe in seinen Tagebuchaufzeichnungen die Dichtung immer, an dem alten Entwurf haftend, als 'Jagd' oder ähnlich bezeichnet, selbst als das gar nicht mehr stimmt, oder einfach als 'Novelle'. Danach zu urteilen fällt ihm also von selbst kein passender Titel ein. Wäre die Liebe Honorios von Anfang der Geschichte an das epische Agens, wie wir es fordern müssen, so wäre eine Überschrift wenigstens bei einigem Nachdenken, von dem uns doch Eckermann berichtet, leicht zu finden gewesen. 'Novelle' ist zwar kein Notbehelf, aber eine Veranlassung mit zur Aufstellung dieses Titels liegt doch in dem vergeblichen Suchen nach einem andern.

Wenden wir uns nun noch einmal der eigentlichen Handlung zu. Goethe veranlaßt uns von vornherein durch ein Wort der Fürstin, sie sei in besonderer Weise als typisch anzusehen. Als die Regentin auf dem höchsten Aussichtspunkte steht, sagt sie: 'Es ist nicht das erstemal, daß ich auf so hoher weitumschauender Stelle die Betrachtung mache, wie doch die klare Natur so reinlich und friedlich aussieht, und den Eindruck verleiht, als wenn gar nichts Widerwärtiges in der Welt sein könne; und wenn man dann wieder in die Menschenwohnung zurückkehrt, sie sei hoch oder niedrig, weit oder eng, so gibts immer etwas zu kämpfen, zu streiten, zu schlichten und zurechtzulegen.' Die Natur erscheint ihr in ihrer Harmonie ideal; da sie das Treiben der Menschen in Gegensatz dazu stellt, muß sie als Voraussetzung für jenen Zustand auch das Naturgeschehen im Auge haben in seiner ruhigen Entwicklung nach unabänderlichen Gesetzen, bei denen jede Willkür ausgeschlossen erscheint. Dagegen stellt sich das menschliche Tun als gesetzloser Wirrwarr und ewiger Kampf dar, während der erstrebenswerte Zustand in der Angleichung an die Natur und ihr Verhalten besteht. So redet die Fürstin, auf hoher Warte stehend, auch von einem hohen geistigen Standpunkte aus, und uns wird durch die Stellung dieser Worte vor der Handlung an die Hand gegeben, alles künftige Geschehen mit diesen Gedanken in der Seele zu betrachten. Die Tatsachen korrigieren allerdings sofort die Anschauung der fürstlichen Dame; kaum hat sie ausgeredet, da macht sich die verheerende Gewalt des Feuers bemerkbar, und die vernichtende Wut der Naturmacht ist sogar die Ursache menschlichen Kämpfens und Unglücks. Aber dadurch, daß dieses Ereignis so offensichtlich alle Merkmale der Ausnahme an sich trägt, kann es die Ansicht der Fürstin nicht als falsch erscheinen lassen. Es ergänzt sie nur nach der angedeuteten Seite hin. Dieses Moment wird in den folgenden Szenen sofort aufgegriffen; denn die Widerwärtiges stiftende Naturgewalt ist es, die den Anlaß gibt zur Enthüllung der unerlaubten Liebe Honorios, zum Konflikt: der Tiger wird durch sie frei, und durch seine glückliche Bekämpfung werden die äußeren wie die inneren Vorbedingungen dazu geschaffen; die entfesselte Natur entfesselt auch die menschliche Leidenschaft. Honorio besiegt sie nun auch, als er, auf dem Mauerstücke sitzend, in tiefen Gedanken versunken ist. Er schaut 'dorthin, wo die Sonne auf ihrer Bahn sich zu senken begann', mit der 'versinkt, was sein

Leben erhellte'. Der Zusammenhang wird noch deutlicher: 'Eine rötliche Sonne
überschien sein Gesicht.' Der Parallelismus ergibt sich durch die geniale künstlerische Gestaltung ungezwungen, wie von selbst. Er ist so kein Effekt, wie
wir ihn z. B. in Kleists Penthesilea haben, wo die Sonnenstrahlen und Gewitter-
schläge die innerlichen Erlebnisse hervorheben. Auch haben wir es hier nicht
mit der Art des Symbols zu tun, bei der nach Fr. Th. Vischer die ästhetisch
freie Verbindung von Idee und Erscheinungen der unpersönlichen Natur erfolgt
ist, denen auf diese Weise Seele, Stimmung unterlegt wird; diese Verknüpfung
von Psychischem und Natur, auf der 'das ästhetische Gefühl der Landschaft ruht',
finden wir an anderen Stellen der Novelle. Sondern durch die Übereinstimmung
des psychischen und des Naturvorganges wird jenem die höchste Normalität zugesprochen, das seelische Erlebnis entwickelt sich den Gesetzen gemäß, die in
der Natur herrschen. Dadurch werden alle Anzeichen des Einzelfalles abgestreift,
das Typische im höchsten Sinne des Wortes wird klar herausgebildet, und der
Stoff wird damit in die höchste Sphäre des Poetischen erhoben. So ist schließlich das Ziel, das Ideal gewonnen, das in der Rede der Fürstin angedeutet war:
Harmonie des menschlichen Tuns mit dem Naturgeschehen. Und der Mensch
erreicht diesen höchsten Standpunkt, dieses Einordnen in die Natur, wie die
Handlung zeigt, durch die edelste Kultur der Seele, durch Selbstzucht.

PROBLEME DER MONOGRAPHIE

Von Reinhard Buchwald

Ein wichtiges Problem, auf dessen Lösung die Literaturwissenschaft heute noch heftiger drängt als andere verwandte Geisteswissenschaften, ist die Frage nach der Notwendigkeit und Möglichkeit synthetischer Forschung und Darstellung. Oskar Walzel, der, nach kürzeren Hinweisen in anderen Zusammenhängen, in einem Vortrag der Grazer Philologenversammlung 1909 diese Forderung ausführlich begründet hat, betonte ausdrücklich, daß auch die Biographie, von der man dies zunächst anzunehmen geneigt ist, als solche noch lange nicht eine synthetische Arbeit zu sein brauche.[1] Er hat diesen Gedanken damals nicht weiter verfolgt, obwohl die Hauptleistungen der letzten Generation auf biographischem Gebiete liegen; die Biographien Winckelmanns, Herders, Humboldts, Lessings, sowie die Versuche, dem Leben und Wirken Schillers und Goethes gerecht zu werden, gehören zu den klassischen Leistungen der Literaturforschung. Walzel selbst wäre der letzte, ihren Wert zu bestreiten. Das überhebt ihn und uns aber nicht, die Aufgaben, die der biographischen Darstellung heute warten, theoretisch zu erörtern und praktisch zu lösen. Er selber hat uns in rascher Folge drei Monographien vorgelegt: einen Ibsen[2]), Hebbel[3]) und Richard Wagner.[4]) In kleineren Darstellungen hat er Heine[5]), Lenau[6]), Otto Ludwig[7]) und die Ebner-Eschenbach[8]) behandelt. An der Hand dieser Arbeiten versuchen wir uns darüber klar zu werden, was von dieser neuen, synthetischen Betrachtung künstlerischer Individuen prinzipiell zu halten und wie weit es Walzel gelungen ist, seine Theorie durch eine eigene Form literar-synthetischer Darstellung zu ergänzen.

Jene Arbeiten sind fast durchweg Gelegenheitschriften; weniger in dem Sinne, daß die äußeren Veranlassungen des jubiläumsreichen Jahres 1913 einen Teil von ihnen hervorgerufen, als insofern einzelne Probleme und einzelne Beobachtungen die Veranlassung zu kleinen Sonderstudien gegeben haben.

---

[1]) Gedruckt in der Germanisch-Romanischen Monatschrift II (1910) S. 257 ff.

[2]) Leipzig, Inselverlag (1912); Inselbücherei Nr. 25.

[3]) Friedrich Hebbel und seine Dramen. Leipzig, B. G. Teubner 1913. Aus Natur und Geisteswelt Bd. 408. Eine Ergänzung dazu ist Walzels Aufsatz in der Deutschen Rundschau 1913 S. 435 ff.

[4]) Wagner in seiner Zeit und nach seiner Zeit. München, Georg Müller und Eugen Rentsch 1913.

[5]) Heines Werke, Inselausgabe Bd. I.

[6]) Vom Geistesleben des XVIII. und XIX. Jahrhunderts. Leipzig, Inselverlag 1911, S. 331 ff.

[7]) Internationale Wochenschrift 1911.   [8]) Vom Geistesleben usw. S. 447 ff.

Diese letzteren wuchsen sich dann zu den größeren Monographien aus. Das Heft 'Hebbelprobleme' in Walzels 'Untersuchungen zur neueren Sprach- und Literaturgeschichte'[1]), das sich namentlich mit dem Verhältnis Hebbels zu Hegel befaßt und daraus auffällige, gefühlsmäßig nur schwer nacherlebbare Eigentümlichkeiten seiner Kunst deutet, wurde zur Hebbelmonographie. Oder die Veröffentlichung von Ibsens Briefen und später seines Nachlasses ließ erkennen, daß der Dichter sich selbst anders beurteilte, als sein Publikum es tat: nicht als Tendenzdichter, sondern als Künstler. Dem ging eine Studie über 'Ibsens Thesen' nach[2]); aus ihr ward bald darauf ein abgerundetes Porträt des Dichters. Dieses Werden der Monographien ist nicht gleichgültig, obwohl es nichts prinzipiell Verschiedenes vom Brauch früherer und heutiger Fachgenossen darstellt. Es ist klar, daß jeder durch irgendeinen Reiz zu seinem Helden geführt wird; der Wissenschaftler durch den Reiz des Problematischen. Und prinzipiell Neues hat kein neues wissenschaftliches Verfahren an sich, sondern man macht nur plötzlich zur Hauptsache und zum bewußten Programm, was schon vorher mit Selbstverständlichkeit, aber nur nebenher geübt worden ist. So ist denn jenes Ausgehen von bestimmten Problemen und die Art der Probleme deshalb bedeutungsvoll für Walzel, weil sie auch seine abgeschlossenen Arbeiten bestimmen und beherrschen.

Die Probleme, um die es sich handelt, sind durchweg künstlerischer Natur. Aber nicht insofern, als es darauf ankäme, Beiträge zur Wesensbestimmung des Künstlertums, wie es für Diltheys Studien charakteristisch ist, oder Aufschlüsse über einzelne Kunstgattungen, Epos oder Tragödie, zu gewinnen. Vielmehr will Walzel dem künstlerischen Genuß dienen, Hindernisse desselben aus dem Weg räumen, das Urteil klären. Von Heine und Wagner beginnt die Gegenwart abzurücken; dieser Entfremdung heißt es nachgehen, ihre Voraussetzungen näher zu bestimmen oder auch als irrig zu erweisen. Bei Hebbel und Ibsen liegt gerade der umgekehrte Fall vor; ihrem Künstlertum vermögen wir erst heute gerecht zu werden. Hier scheinen also Mängel überwunden zu werden, die Fontane an der Schererschen Methode sah, 'die nur darstellen und nicht zugleich judizieren wolle'; vielleicht ist das auch eine Kunstforschung nach dem Herzen Max Liebermanns, der im Gegensatz zu unserer Ästhetik in der Kunst nur eine Frage gelten lassen will, eben die nach gut und schlecht.

Aber freilich: künstlerische Werte lassen sich nicht beweisen. So kann auch keine Kunstwissenschaft, ob sie nun von Idealen abstrahiert oder psychologisch vom Schaffensprozeß ausgeht, entscheiden, ob ein Werk etwas taugt oder nicht. Jedoch von dieser Unmöglichkeit braucht man noch nicht in dem Maße zurückzuschrecken, daß man sich auf eine bloße Beschreibung beschränkt. Zutreffend zu beschreiben setzt freilich eine ganz unverächtliche Fähigkeit und Schulung voraus; und es ist auch klar, daß nur der richtig zu werten vermag, der seinen Gegenstand wirklich kennt. Eine gute Beschreibung ist also eine Garantie wenigstens insofern für die folgende Wertung, als sie Fehler-

---

[1]) Leipzig, Haessel 1909.   [2]) Vom Geistesleben S. 488 ff.

quellen ausschaltet, die durch eine mangelhafte Übersicht über das Objekt veranlaßt werden. Jedoch haben wenige mit solcher Beschränkung auf dies eine
Ziel beschrieben, wie etwa R. Heinzel, der seinerseits Anregungen Scherers
folgte, welcher 'schon vor vielen Jahren' — so schreibt Heinzel 1898 — 'einen
Kanon für die Beschreibung poetischer Kunstwerke verlangt hat, in dessen
Fächerwerk alles, was wir an ihnen zu beobachten vermögen, so vollständig
aufgenommen würde, wie die Eigenschaften der natürlichen Organismen in
ihrer Systematik'.[1]) Dieses Schema nach Art der Naturwissenschaften zu gewinnen war das Hauptziel von Heinzels Leben. Wir werden auf ihn noch zurück-
zukommen haben, da Walzel ein Schüler Heinzels ist, und gewiß Walzels Arbeiten nicht nur als eine Weiterentwicklung Diltheyscher Methode, sondern auch
als Ausbau Heinzelscher Gedanken gewürdigt werden müssen. In den meisten
Fällen will man jedoch nicht nur beschreiben, sondern zugleich erklären,
allerdings nicht, warum das Kunstwerk, das man vor sich hat, dem Betrachter
gefällt oder mißfällt, sondern warum es so ist, wie es ist, warum es notwen-
digerweise so sein muß. Sofort tun sich hier, mindestens bei der theoretischen
Nachprüfung, alle die Schwierigkeiten auf, die durch das Zusammentreffen von
Erklärung, Verstand, Begriff und Gesetz auf der einen Seite, und von Kunst,
Schöpfung, Genie auf der anderen Seite entstehen. Wäre das Kunstwerk eine
Maschine, so könnte es mechanisch oder finalistisch erklärt werden; da es aber
ein Organismus ist, gibt es entweder überhaupt keine Erklärung, oder es muß
nicht sein Sein, sondern sein Werden untersucht, es muß historisch aufgefaßt
werden. Der radikale Standpunkt, daß keine logische Auflösung des Kunstwerks möglich sei, ist niemandem etwas Fremdes; denn jeder weiß von der
kritischen Nachschöpfung der originalen Schöpfung, die man als impressio-
nistische Kritik zu bezeichnen pflegt. Diese geht über die bloße Beschreibung
hinaus, aber was sie zu ihr hinzutut, ist nicht der wissenschaftliche Nachweis
von Ursache und Wirkung, also keine Erklärung, sondern, um dem künstlerischen Element genugzutun, ein neues Künstlerisches, ein Abbild des ästhetisch
wirkenden Organismus. Ohne weiteres ist zuzugeben, daß hier wirklich das
getroffen wird, worauf es in der Kunst ankommt; eben das künstlerische Erleben. Die für das Werturteil entscheidenden Stellen können dabei in einer
Weise akzentuiert werden, daß dieses selber wesentlich erhellt wird. Ebenso
klar ist aber auch, daß das alles nicht mehr Wissenschaft ist, sondern Kunst,
oder besser Kunstfertigkeit. Richard Heinzel wehrte sich einst schon gegen die
'poetisierende Ausdrucksweise' der Schererschen Literaturgeschichte![2]) Andrerseits gelangt die historische Betrachtungsweise stets nur bis an die Schwelle
des Neuen, Entstandenen oder Geschaffenen. Der 'Faust' ist mehr als die Summe
all seiner Ursachen, mögen diese nun in Goethe oder außer Goethe gelegen sein.
Oder auf einem anderen, nicht ästhetischen Gebiete, auf dem dieser Gedanke

---

[1]) R. Heinzel, Beschreibung des geistlichen Schauspiels im deutschen Mittelalter 1898. —
Eine ähnliche Äußerung aus einem Brief Heinzels an Scherer (5. Mai 1870) bei S. Singer,
Zeitschr. für die österr. Gymn. LX (1909) S. 712.
    [2]) S. Singer a. a. O. S. 717.

heut besonders lebhaft debattiert wird: alle vorchristlichen Elemente, die sich im Griechentum und Judentum aufweisen lassen, ergeben noch lange nicht das Urchristentum. Auf geistigem Gebiete ist das Neue mehr als die Summe seiner Ursachen. Immerhin ist die historische Analyse ein beträchtlicher Schritt über die Beschreibung hinaus; denn wenn sie auch, wie gesagt, nicht erklärt, inwiefern ein ästhetischer Wert vorliegt, ja nicht einmal das ganze Werden des Werkes weder in seiner tatsächlichen noch in seiner notwendigen Abfolge vor uns hinstellt: so gibt sie uns doch die Teile des Vorhandenen in die Hand und leitet sie aus anderem Vorhandenen ab. Wenn die historische Analyse gar nichts anderes leistete, so böte sie doch eine Kontrolle der Beschreibung, ebenso wie die Beschreibung selber eine Kontrolle des abermals selbständigen Werturteils darbietet.

Wir machen hier einen Augenblick Halt, um einem Mißverständnis zu begegnen, das, wie mir scheint, bei Erörterungen wie dieser naheliegt. Wir haben absichtlich von Erklärung gesprochen, nicht von Verstehen, obwohl wir die beiden Begriffe gleichsetzen dürften, wenn wir nur mit dem allgemeinen Sprachgebrauch und dem der klassischen Philosophie zu rechnen hätten. Schon die Verbindung 'Denken und Verstehen', die wir in beiden oft vorfinden, kann bezeugen, daß Verstehen als Sache des Verstandes, als Auffassen eines Vorgedachten, jedenfalls als ein geistiger Prozeß genommen wird, der sich in den Bahnen von Begriff, Logik und Wissenschaft abspielt. Das Verständnis eines Kunstwerkes wäre demnach seine Übersetzung in die Sprache der Wissenschaft, seine Erklärung. Demgegenüber gibt es aber heute zugleich eine besondere Bedeutung des Wortes; es wird als der Gegensatz von Erkennen verwandt. Natur- und Kulturwissenschaften sollen sich dadurch unterscheiden, daß die ersteren erkennen, die zweiten verstehen. Dieser Unterschied kann sowohl erkenntnistheoretisch als psychologisch gemeint sein. Die Naturwissenschaften formulieren allgemeine Gesetze und ordnen alles physische Geschehen und seine Produkte in diesen gesetzlichen Zusammenhang ein; die Kulturwissenschaften suchen die Produkte menschlicher Kultur jeder Art und die geistigen Betätigungen, denen jene Produkte ihren Ursprung verdanken, zuletzt also die Taten und Zeugnisse des individuellen geistigen Lebens, in ihrem objektiven Entwicklungszusammenhang zu verstehen.[1] Dem entspräche ein psychologischer Gegensatz: einerseits Erkennen der äußeren Natur; andrerseits Verstehen fremden Geisteslebens nach Analogie des einzig und allein zugänglichen eigenen geistigen Erlebens, also auf Grund der Selbstbeobachtung. Hier unterscheidet die Psychologie zwei verschiedene Wege, wie durch die Wahrnehmungen die Vorstellungen entstehen. Das gehört in die 'Ästhetik' im kantischen und vorkantischen Sinne. Der Gegensatz innerhalb der Erkenntnistheorie (in welchem Worte wieder 'Erkenntnis' zweifach erweitert enthalten ist) dagegen bezieht sich auf die Verarbeitung des Wahrnehmungsgewinnes zur Erfahrung. Der Erkenntnistheoretiker redet von Verstehen, wenn er

---

[1] Benno Erdmann, Erkennen und Verstehen. Sitzungsberichte der Berliner Akademie 1912 S. 1240 ff.

hinter Erscheinungen des Geisteslebens kommen will; der psychologische Sprachgebrauch dagegen meint mit dem gleichen Ausdruck, daß wir in sie hineinkommen oder sie in unsern Geist hineinbringen. Es ist hier natürlich nicht der Ort, zu untersuchen, wie beträchtlich diese Unterscheidungen und inwiefern sie wirklich methodisch grundlegend sind. Benno Erdmann hat neulich das psychologische Problem dahin entschieden, daß Verstehen nur ein Sonderfall des Erkennens sei[1]), und ähnliche Gedanken werden zur Erkenntnistheorie geäußert.[2]) Dies genügt, um darzulegen, daß die genannten Worte heute so gefährlich wie möglich sind. Tatsächlich wird Verständnis des Kunstwerks häufig in dem Sinne von bloßer Einfühlung genommen. Ebenso 'versteht' man angeblich das künstlerische Schaffen, wenn man es nacherlebt. Um die Verhältnisse noch mehr zu verwirren, kommt hinzu, daß das Kunstwerk ein durchaus unrationaler Organismus, also dem Verstand unzugänglich ist. Aber gerade deshalb ist es nach dem geschilderten Sprachgebrauch 'verstehbar'. Eine abschließende Darstellung dieser Verhältnisse kann erst gegeben werden, wenn das betreffende Heft des Grimmschen Wörterbuches vorliegen wird.

Bei Walzel kommen wir, so vertraut er allenthalben mit den Debatten innerhalb der heutigen Wissenschaftslehre erscheint, ohne die zuletzt namhaft gemachten Unterscheidungen aus. Wo der Begriff des Erlebens bei Walzel vorkommt, baut er allerdings, auch hier Dilthey folgend, darauf den Prozeß des Dichtens auf, verwendet ihn also nur in der Reihe 'Leben, Erleben und Dichten'.[3]) Wenn Walzel von Verstehen spricht, darf man es ganz im alten Sinne, dem von Begreifen, nehmen. Er selbst hat jedoch andere Lieblingsworte, die sein Verfahren und seine Ziele beleuchten: 'erwägen' und 'deuten'. Im ganzen darf die neue Form, die er anstrebt, als problematische Monographie bezeichnet werden; durch die besondere Eigenart der Erwägungen, die er über die Probleme anstellt, wird sie dann weiter zur synthetischen Biographie.

Die Probleme sind gestellt durch das Bestreben, dem Kunstwerk als Kunstwerk, dem Künstler als Künstler gerecht zu werden. 'Zusammengehalten werden alle diese Schriften und Aufsätze', so äußert er sich selbst[4]), 'durch den Wunsch, künstlerische Eigenheiten begreiflich zu machen, die leichter abzulehnen als zu erfassen sind.' Die Entwicklung des deutschen Geisteslebens in der letzten Hälfte des XIX. Jahrh., die einerseits eine Überwindung der Metaphysik, andrerseits ein Abrücken vom

---

[1]) A. a. O.

[2]) Bei Dilthey ist 'Verstehen' zunächst als ideales Ziel geistiger Arbeit genommen, und als ein Ehrentitel, der den Naturwissenschaften nicht zukomme. '[Die Begriffe Äußeres und Inneres] bezeichnen die Beziehung, welche im Verstehen zwischen der äußeren Sinneserscheinung des Lebens und dem, was sie hervorbrachte, was in ihr sich äußert, besteht. Nur soweit Verstehen reicht, gibt es dieses Verhältnis des Äußeren und Inneren, wie nur, soweit Naturerkennen reicht, das Verhältnis von Phänomenen zu dem, wodurch sie konstruiert werden, existiert.' Die Systeme von Fichte bis Lotze hätten den Versuch gemacht, auch die Natur zu verstehen: 'ihr den Sinn abzulauschen, den sie doch nie erkennen läßt.' Abhandlungen der Kgl. preuß. Akademie der Wissenschaften 1910 Phil.-hist. Klasse S. 8.

[3]) Ein Heft unter diesem Titel erschien von Walzel 1912 in Leipzig bei Haessel.

[4]) Wagner S. X.

Materialismus ist, bewirkt, daß uns heute von den Künstlern jener Epoche
hauptsächlich Eigenschaften trennen, die mit Metaphysik und Materialismus zusammenhängen. Wir sind geneigt, ihnen überhaupt das Künstlertum abzusprechen.
So erwächst denn das Problem, ob in ihren Werken Abstraktionen mit Fleisch
und Blut umkleidet sind, oder menschlichem Erleben, menschlichen Konflikten
ein künstlerisches Gewand geliehen ward; ob die Dichter Menschen gezeichnet
oder Ideen verkörpert haben; ob es für sie nur galt, ästhetische Theorien in
die Praxis umzusetzen, oder ob sie vielmehr intuitive, halb unbewußte Schöpfer
waren.[1]) Die Stellung, die zu solchen Fragen einzunehmen ist, läßt sich nicht
ergrübeln. Es ist erforderlich, ein 'künstlerisches Nacherleben' sein eigen zu
nennen, diesem zu vertrauen, es aber auch zu kontrollieren, zu 'erwägen'.
Für die Einschätzung von Dramen kann deshalb die Aufführung von großem
Einfluß sein; genialen Darstellern stattet deshalb Walzel wiederholt seinen
Dank ab. 'Ich hatte längst erkannt', schreibt er beispielsweise[2]), 'daß Hebbel
imstande sei, auch seinem Leser tief ins innerste Gefühl zu greifen; dennoch
wurde mir Josef Kainz als Kandaules eine Offenbarung. Ich hatte nicht für
möglich gehalten, daß schauspielerische Darstellung das Leben und das Leiden
einer Hebbelschen Gestalt mit solcher Selbstverständlichkeit erfüllen könnte.
Da war alles Schemenhafte, nur Gedachte, das Darstellern Hebbelscher Charaktere gern und zuweilen nicht mit Unrecht vorgeworfen wird, verschwunden.
Echte Tragik und zugleich allgemeines, allen verständliches Menschenlos sprach
von der Bühne zu mir aus dem Munde des Fürsten, der im besten Glauben
und ohne schlimme Absicht sein Weib tödlich verletzt und dann vergebens
seinen Frevel gutzumachen sucht. Aus der unbesonnenen Tat erwächst ihm ein
unstillbares Leid; und nur der eine Gedanke bleibt ihm im Tode ein Trost,
daß er nicht gegen Ewiges und Dauerndes sich vergangen, sondern lediglich
ein Sittengebot von ephemerer Bedeutung überschritten habe. Kainzens Kandaules ist und bleibt mir eine Stütze der Anschauung von Hebbelscher Tragik,
die ich, durch das Gewirr widerspruchsvoller Interpreten mutig vorwärtsdringend,
mir errungen habe.' Für Wagner haben ihm Alfred v. Bary und Marie Wittich
gleiche Dienste geleistet.[3])

Selbstverständlich ist nicht jede Frage, die der unschlüssige Beurteiler
beim Lesen, oder die nun gar der Historiker aufwirft, ein Problem in unserem
Sinne. Über den fünffüßigen Jambus bei Hebbel erfahren wir von Walzel ebensowenig etwas, wie über die Geschichte Wesselburens, obwohl die bekannte Charakteristik Stendals von Justi im allgemeinen so vorbildlich gewirkt hat, daß
uns der neueste Gottschedbiograph sogar mit einer Geschichte von Juditten beschenkte. Gerade das zweckmäßige Fragen, das Stellen oder Auswählen der Probleme ist schon ein gut Stück Wissenschaft, wie denn auch Heinzels Beschreibung mit einer ästhetischen Auslese verbunden war. Von einigen neueren Arbeiten über Lenaus Naturdichtung (von Gesky 1902 und Klenze 1902) sagt
Walzel, sie fänden 'nicht das erlösende Wort und auch nicht den rechten

---

[1]) Hebbelprobleme S. 2.   [2]) Ebd. S. 4 f.   [3]) Wagner S. VIII.

Faden, an dem alles aufzureihen wäre'[1]); noch fehle 'die große Biographie
Lenaus, die, neben den anderen Grundzügen seiner Persönlichkeit, der mythen-
schaffenden Phantasie ihre Stelle im Gesamtbilde anweise'.[2]) Er selbst ist sich
bewußt, daß die von ihm gebotenen Verknüpfungen einzelner Beobachtungen
über Wagners Kunst kaum an einer anderen Stelle zu finden seien, noch weniger
aber der Gesichtspunkt, von dem aus diese Einzelheiten gesehen sind.[3]) Wenn
dargetan werde, wie weit Wagners Schaffen von dem Bilde abstehe, das der
Denker Schopenhauer von dem Wesen des Genius und von dem künstlerischen
Gestalten des Musikers entworfen hatte, dann erschließe sich — so legt die Abhandlung des weiteren dar — 'eine entscheidende Eigenheit von Wagners
Künstlertum'.[4]) Bei Hebbel endlich glaubt er 'eine notwendige Entwicklung',
'eine einheitliche Bahn, ein dauerndes Weiterschreiten' zu sehen, wo andere nur
klaffende Gegensätze zwischen Theorie und Praxis, zwischen Absicht und Ausführung erblickt und damit ihre Leugnung künstlerischer Werte begründet
hätten.[5])

Walzel vermeidet es, theoretisch zu fordern, daß die verschiedenen Probleme,
die eine künstlerische Individualität stellt, auf eines zurückgeführt, daß infolgedessen alle Eigentümlichkeiten eines Künstlers oder eines Werkes aus einer
einzigen Formel hergeleitet werden sollen. Aber ebenso, wie er praktisch vielerlei
Nebenfragen und Problemchen überhaupt ignoriert, so ordnen sich ihm auch
die Lösungen, die er vorbringt, in eine bestimmte Reihe, für die zwar keine
strenge logische Herleitung, aber doch sicherlich mehr wie ein Prinzip der
Darstellung maßgebend ist. In seinem 'Ibsen' geht er, wie schon erwähnt, davon
aus, daß die Publikationen der Briefe und des Nachlasses plötzlich gezeigt
hatten, wie der Dichter selbst kein bloßer Thesendichter sein wollte, daß beispielsweise 'Rosmersholm' vor allen Dingen 'natürlich eine Dichtung von Menschen und Menschenschicksalen' sei.[6]) Walzel fügt in diesem Falle nicht ausdrücklich, wie sonst, hinzu — was jedoch nach seiner ganzen Beweisführung
vorauszusetzen ist —: daß es ihm gelungen ist, im reinen Nacherleben den
Worten des Dichters von seiner Dichtung rechtzugeben. Das Ibsenproblem
lautet also für ihn: Wie erhalten sich in den Dichtungen Weltanschauung und
künstlerische Gestaltung, Bekenntnis und Poesie? Der Beweis, daß die Stücke
keine Predigten sind, ist auf wenigen Eingangseiten erbracht. Er vergleicht das
Publikum, das in 'Nora' die Aufforderung vernimmt: 'Geht hin und tut desgleichen', mit einem solchen, das aus 'Emilia Galotti' die These heraushören
würde: 'Väter, tötet eure Töchter, damit sie nicht der Verführung lebenslustiger
Fürsten verfallen!' 'Beide Male gilt es, das tragische Irren seelisch bedrückter
Menschen aus bestimmten Voraussetzungen heraus begreiflich zu machen, nicht
aber es zur Nachahmung zu empfehlen. Wohl greift Helmers und Noras tragi-
sches Irren tief in die Seele des Miterlebers. Denn Dichtungen, die der Seele
des Lesers so starke Eindrücke geben, enthalten immer etwas wie eine Warnung,
eine sittliche Belehrung. Nicht in ihr liegt das Künstlerische der Dichtung.

---

[1]) Geistesleben S. 354.   [2]) Ebd. S. 358.   [3]) Wagner S. X.   [4]) Ebd. S. 46.
[5]) Hebbelprobleme S. 5.   [6]) Ibsen an Björn Kristensen 13. Febr. 1887.

Doch über das Künstlerische hinaus kann man aus «Antigone», aus «Nathan»,
aus «Tasso» lernen, und ebenso aus «Herodes und Mariamne», aus «Gyges»; aber
doch nur ein «So ist das Leben!», nicht ein «Tut desgleichen!» Warum sollte
es mit dem «Puppenheim» anders sein?'[1]) Trotzdem, fährt Walzels Untersuchung
fort, hat Ibsen eine Weltanschauung, die nur nicht mit den Paradoxen Rellings
oder Frau Alvings zusammengeworfen werden darf, vielmehr gerade in einer
Skepsis gegen jede Möglichkeit, theoretische Überzeugungen in die Tat umzusetzen, in starken Bedenken gegen alle Einseitigkeiten der auffindbaren Standpunkte besteht. Daraus folgt eine besondere Art des Schaffens. 'Ibsen begegnet
einem Gedanken, der ihm lieb wird. Er unterwirft ihn strengster und schwerster
Prüfung, indem er die Gefahren ergründet, die im einzelnen Falle der Verwirklichung des Gedankens im Wege stehen. Die Gestalt, die den Gedanken ins
Leben tragen will, wird ihm alsbald nur noch zum Opfer eines tragischen Irrtums. Er verfährt mit ihr um so strenger, je näher er sich im Innersten mit
ihr verwandt fühlt. Den Naturen Ibsens, zu denen er selbst Modell gesessen
hat, ergeht es in seiner Dichtung am schlimmsten.'[2]) — Aber mögen die Selbst-
zeugnisse, die Analyse der Werke, die Art des Schaffens, die Eigenart der Weltanschauung — mögen endlich die Nachrichten, die wir von Brandes und Wörner
über zahlreiche Modelle Ibsens empfangen haben, noch so laut dafür zeugen,
daß der Dichter lebendige Menschen, nicht Herolde seiner Lieblingsgedanken
(Adelsmenschentum, Wahrheit, Recht der Frau, wahre Ehe usw.) schaffen wollte
— was will das alles sagen, wenn die Kritik uns die 'Symbolik' der Schöpfungen entgegenhält, die sich schlechterdings nicht mit einer Dichtweise verbinden zu lassen scheint, der das 'Individuum in seiner ganzen Menschlichkeit
so viel bedeutet'? Zweierlei ist an der Besprechung dieses Einwurfs charakteristisch: es handelt sich erstens um ein Gegenwartsproblem im eigentlichsten
Sinne, nämlich eine Abrechnung mit namhaft zitierten populären und wissenschaftlichen Kritikern Ibsens, mit einer 'unter dem Namen E. Holm schreibenden
Dame' und mit Roman Wörner, dem glänzenden Ibsen-Biographen[3]); zweitens
aber gelangt Walzel dazu, statt der Antithese: Symbol oder Allegorie, eine besonders schwere Aufgabe für die Darstellung zu konstatieren, indem die Schwierigkeit nicht in dem dämonischen Charakter einer Figur von der Art des fremden
Mannes in der 'Frau vom Meere' gesehen wird, sondern in dem Versuch, eine
solche erhabenmystische Gestalt mitten in die Prosa des Alltags zu stellen.[4])
Endlich fügt Walzel noch ein letztes Problem hinzu, das der Tragik in Ibsens
Leben. Auch dies hängt mit seiner Weltanschauung und mit der Art seines
Schaffens eng zusammen, und es ist für das schließliche Werturteil ebensowenig
ein Beweis wie diese, sondern auch nur wieder eine Gedankenmasse, deren Klarheit ihm dienlich ist. 'Seine Lieblingsideen hat Ibsen nie ungebrochen in Dichtung umgesetzt. Aber auch ins eigene Leben ließ ihn rückhaltlose Selbstkritik
diese Lieblingsideen nicht hineintragen. Er ist ein Moses, der ins verheißene
Land des dritten Reiches sehnsüchtig seine Blicke sendet, es aber nicht be-

---

[1]) Ibsen S. 6 f.   [2]) Ebd. S. 22.   [3]) Ebd. S. 43.   [4]) Ebd. S. 47.

tritt.'[1]) 'Seine Dichtung erwog in eherner Folgerichtigkeit die Frage: Welche
Konflikte ergeben sich dem Übergangsmenschen, der eine neue Sittlichkeit ahnt
und wünscht, im Zusammenstoß mit der alten? Sein Leben kannte diese Konflikte wohl, doch in strenger Selbstzucht vermied er, eine Lösung zu suchen,
die ihn im Leben über die enggezogenen Grenzen anerkannter und geltender
Sittlichkeit hinausgeführt hätte.'[2])

Einen ähnlichen lose gewundenen, aber sorgfältig gewählten Strauß von
Problemen reicht uns der Lenau-Aufsatz. Hier handelt es sich nicht, wie im geschilderten Ibsen-Buch und wie in den Hebbelschriften, darum, ob wir es überhaupt mit einem Dichter zu tun haben oder nicht, sondern das unterscheidende
Merkmal einer künstlerischen Individualität gilt es festzustellen. Es wird darin
gefunden, daß Lenau wie andere Dichter der Natur menschliches Fühlen zuschreibt, aber nicht bei einzelnen Personifikationen stehen bleibt, sondern eine
neue Mythologie beseelter Naturerscheinungen schafft.[3]) Wenn man dagegen
lange als charakteristischen Grundzug von Lenaus Naturschilderung und sogar
seiner ganzen Poesie betrachtet habe, daß er sich gern in der öden ungarischen
Pußta bewege und sie mit ihren bunten Zigeunergruppen, ihrem trüben Himmel,
ihrer einsamen Melancholie vergegenwärtige, so ist dies zum wenigsten wesentlich zu modifizieren.[4]) Vor allem aber komme einem Element, in dem man
einst das Wesen Lenaus und seiner Dichtung erblickt habe, keinesfalls eine
alles beherrschende Stellung zu: seinem Weltschmerz, seinem Byronismus.[5])
Wichtiger ist ein anderer, freilich ein negativer Faktor: sein Streben nach wissenschaftlicher Bildung und Spekulation. Schließlich lehnt Walzel alle psycho-
pathischen Erklärungen Lenauscher Poesie ab; den Beziehungen des Dichters
zu Frauen dagegen spricht er ihre Bedeutung zu, glaubt aber vorläufig zu vorsichtiger Erörterung mahnen zu müssen, und begnügt sich mit wenigen kurzen
Notizen.

Diese Problemreihen lassen sich in verschiedener Weise gedanklich bearbeiten. Bald kann ein Schlagwort 'gedeutet', ein Gesichtspunkt 'erwogen'
werden, indem man sie mit anderen ähnlichen vergleicht; bald erweisen sich die
aufgefundenen Parallelen als gleichzeitig, so daß sie eine gemeinsame geschichtliche Basis zu konstruieren ermöglichen, bald als Glieder einer Abfolge, in die
das untersuchte Objekt eingeordnet werden kann. In anderen Fällen wieder kann
durch systematische Vergleiche beispielsweise zu Typen künstlerischen Schaffens
aufgestiegen und von da neues Licht auf den individuellen Ausgangspunkt geworfen werden; in anderen endlich fördern begriffliche Betrachtungen. Wegen
ihres angeblichen Thesengehaltes werden die Ibsenschen Dramen, wie schon erwähnt, mit Lessings 'Emilia Galotti', aber auch mit Goethes 'Werther' verglichen. Oder Walzel führt aus dem Entwurf der 'Frau vom Meere' die Stelle
an: 'Menschen, dem Meere verwandt. Meergebunden. Abhängig vom Meer. Müssen
dahin zurück. Eine Fischart bildet ein Urglied in der Entwicklungsreihe. Sitzen
Rudimente davon noch in des Menschen Innerm? In einzelner Menschen Innerm?'

---

[1]) Ibsen S. 51. [2]) Ebd. S. 52. [3]) Vom Geistesleben S. 331 f.
[4]) Vom Geistesleben S. 354. [5]) Ebd. S. 358 f.

Unverändert, bemerkt er dazu, könnte diese Betrachtung in Novalis' Fragmenten Platz finden, und er kann hinzufügen, daß eine Symbolik, die sich auf naturwissenschaftliche Beobachtungen und Hypothesen stützt, daß eine Verbindung des Spukwesens mit der Seelenkunde vor Ibsen auch schon in der romantischen Kunst, mithin auch bei Goethe anzutreffen sei.[1]) Hier ist er nun sofort zwar nicht zu einem Beweis für den unbedingten Wert von Ibsens Gestaltung, wohl aber bei einem Aut-Aut angelangt, das zu einem vorsichtigen Werten zwingt, oder zum mindesten doch Vorurteile, die sich an Schlagworte wie Allegorie und Symbolik knüpfen, zerstört. Aus romantischer Natursymbolik entstanden nicht nur Goethesche Altersdichtungen, sondern auch Kleists 'Käthchen' und 'Prinz von Homburg'; — man kann also nicht wohl Ibsensche Dichtungen, nur weil sie ähnliche Grundlagen aufweisen, ablehnen. Freilich beweist der Vergleich auch noch nicht das geringste für Ibsen; das Entscheidende bleibt: 'solange Symbolik Menschen erzeugt, mit denen wir fühlen, deren Schicksale wir innerlich miterleben können, verfällt sie nicht in Allegorie.'[2])

Es wurde schon des Gegensatzes zwischen Wagners Musik und Schopenhauers Kunsttheorie gedacht: 'Die Wirkung auf das Gefühl, die nach Schopenhauer ebenso wie nach Wackenroder vom Gefühl des Musikers allein ausgehen soll, nimmt bei Wagner den Ausgang von einer verstandesmäßigen Berechnung. Da weiß die Somnambule auch im wachen Zustande, was sie im Schlafe verkündet hat, ja was sie im Schlafe verkündigen wird.'[3]) Aber diese Absichtlichkeit der Gefühlswirkung — eine der hauptsächlichsten Anklagen wider Wagners Kunst — war, wie Walzel ausführt, schon vor Wagner vorhanden und prägte sich in seiner Zeit auch bei anderen immer deutlicher aus. Ihre Vorgeschichte läßt sich aufzeigen an den Verschiebungen im Verhältnis bewußter und unbewußter Kunsttätigkeit, die sich vom XVIII. zum XIX. Jahrh. vollziehen. Gegen Lessings hellbewußtes Schaffen sehen wir von Rousseau und Klopstock verschieden begründete Reaktionen ausgehen. Die Deutung aller Kunst gewinnt ebensoviel wie die schöpferischen Kräfte. 'Eine unüberbrückbare Kluft tut sich da auf zwischen Lessing und Herder, aber auch zwischen Lessing und uns.' Doch bald bricht sich die Erkenntnis Bahn, daß der Dichter der Gegenwart viel zu sehr vergeistigt sei, um ganz aus dem Unbewußten heraus schaffen zu können. Schiller findet den Ausweg, aus vollem Bewußtsein zu der inneren Notwendigkeit der Natur und des unbewußten Gestaltens zu gelangen. Die Romantik hat denselben Wunsch, und mit Thesen von Novalis decken sich wiederum Äußerungen von Wagner. Doch nicht nur er, auch seine bedeutendsten Zeitgenossen, Hebbel und Otto Ludwig, halten in Theorie und Praxis dieselbe Position, nur ist dabei Ludwigs vielzitiertes Selbstbekenntnis in vollerem Umfange zu berücksichtigen, als es gewöhnlich geschieht.[4]) Doch die Entwicklung ist bei Wagner, Hebbel und Ludwig nicht stehen geblieben; zum wenigsten nicht bei Wagner. Maeterlinck und Stefan George leisten durch die kunstvolle Verwendung des bloßen Wortes, wozu Wagner die Musik bemühen mußte. Überdies aber denken

---

[1]) Ibsen S. 44 ff.   [2]) A. a. O. S. 46.   [3]) Wagner S. 66.
[4]) Werke herausgeg. v. A. Stern VI 215 ff.; Walzels 'Wagner' S. 75 ff.

die Neueren nicht mehr daran, gleich Hebbel und gleich dem Dichter des 'Rings'
Urwelttöne oder uralte Volksweisen ertönen zu lassen. Den älteren Romantikern
verknüpfte sich das goldene Zeitalter der Zukunft in der Vorstellung mit dem
goldenen Zeitalter der Vergangenheit; sie wetteiferten mit Volksliedern und
Volksmärchen; es lockte sie, den leidenschaftlichen Urschrei Brunhildens zu
vernehmen. Heute herrscht nicht mehr der Naturbegriff, der von der Romantik
bis zu Wagner bestanden hat. Es gilt jetzt, mit verwandten, aber verfeinerten
Mitteln die seelischen Geheimnisse der Gegenwart auszusprechen.[1]) Damit ist
deutlich gemacht, weshalb wir heute von Wagner abrücken; das heutige Wagner-
problem ist durch synthetisch-historische Betrachtung geklärt.

Die bloß nacherlebte Individualität, hatte Walzel in seiner eingangs erwähnten Abhandlung ausgeführt, müßte isoliert bleiben; wir können hinzufügen,
auch die bloß beschriebene. Doch auch das Individuelle und Einzelne könne
zu Begriffen in Beziehung gebracht werden, und an diesen Begriffen leite der
Forscher sich weiter zu höheren Relationen. Genau genommen sei schon das
ganze Individuum, die einzelne Persönlichkeit in ihrer Totalität, eine Summe
solcher Relationen.[2]) In dieser gelegentlichen Notiz können wir jetzt, nachdem
wir seine monographische Technik bis ins Detail kennen gelernt haben, die Bestätigung dafür sehen, daß die Gesichtspunkte, die wir in seinen Arbeiten als
wesentlich erachteten, tatsächlich den Zielen entsprechen, die er sich selbst gesteckt hatte.

Zunächst galt es für ihn, Verbindungsglieder zu finden, durch welche die
Individuen zu historischen Gruppen und Kreisen zusammengeschlossen werden
könnten. Die überpersönlichen Begriffe, die die Synthese bilden helfen, wurden
in den Ideen, Lebensfragen und Formen gefunden.[3]) Dieselben Elemente sind es
nun auch, in die das Individuum aufgelöst werden muß, wenn es selber der
Zweck der Betrachtung ist. Es ist natürlich kein Zufall, daß sich in ihnen zwei
grundverschiedene methodologische Gedankengänge plötzlich treffen; der eine,
der von den Möglichkeiten der historischen Perioden- und Reihenbildung ausgeht, und der andere, der, wie wir glauben, von der Problematik des ästhetischen Genießens und Wertens zu ihnen leitet. Das gemeinsame Moment ist der
Anspruch, künstlerischen Organismen und Individiduen verstandesmäßig, also
begriffebildend, beizukommen.

Wird dieser Standpunkt aber einmal eingenommen, so braucht die Untersuchung sich nicht auf historische Gedankengänge zu beschränken. So nehmen
systematische Erwägungen — um den Gegensatz zur geschichtlichen Methode
mit einem Worte zu bezeichnen — einen breiten Raum in Walzels Arbeiten
ein. Typen des Schaffens werden bestimmt: Goethe, der sich in den Helden
hineinlebt, um eine Rettung zu leisten, und der nur im 'Tasso' von diesem
Verfahren abweicht; Schiller, der den Anteil der Sympathie zu mindern sucht,
und trotz aller gewollten Objektivität wieder zum Anwalt des Helden und der

---

[1]) Wagner S. 82 f.   [2]) Germanisch-Romanische Monatschrift II (1910) S. 273 f.
[3]) Ebd. S. 332.

Heldin wird; beiden steht Ibsen gegenüber, der Goethes Verfahren im 'Tasso' zum Prinzip erhebt. 'Nicht aus dem Erlebnis heraus dichtet er, sondern das Durchlebte wird ihm zum künstlerischen Objekt.' 'Erlebnisstoff von Ibsens Dichtung waren Zustände, die er in sich überwunden hatte, und auf die er von einer höheren Warte menschlicher Reife wie auf eine Verirrung heruntersah.'[1]) Noch begrifflich-systematischer ist es, wenn, wie wir schon ausführten, zwischen Allegorie und Symbol geschieden wird. Beide Gedankengänge aber sind nicht etwa Selbstzweck, münzen nicht die Erfahrung an Ibsens Dichtung zu ästhetischen Erkenntnissen um, sondern dienen nur dazu, Ibsens Dichterschaft gegenüber der Behauptung einer bloßen Ideendramatik zu stützen. Und ähnlich ist es, wenn immer wieder die Frage aufgeworfen wird, was die philosophische Spekulation im Zusammenhange des künstlerischen Prozesses zu erwirken vermag[2]); — eine Frage, mit deren Beantwortung zugleich der Aufbau der Walzelschen Untersuchungen überhaupt steht und fällt. Es ist ein Vorwurf, der ihm tatsächlich oft gemacht worden ist: daß er Geschichte der Philosophie, nicht Geschichte der Kunst treibe. Freilich sind es nur alte Gegensätze innerhalb der Literaturwissenschaft, die hier aufs neue aufeinandertreffen. Richard Heinzel hat einst gegen die Literaturgeschichte seines Freundes Wilhelm Scherer eingewandt, sie sei mehr eine Geschichte des geistigen Lebens überhaupt als ein Stück Kunstgeschichte. Trotzdem spielen gerade der 'Inhalt', die Vorstellungen des Dichters, seine theoretischen, sittlichen und ästhetischen Urteile in Heinzels Beschreibungen, in den von Singer mitgeteilten Schematen noch mehr als in den ausgeführten Arbeiten, eine große Rolle. Ganz dasselbe Verhältnis bei Walzel: Literatur ist ihm in erster Linie Kunst; aber im Kunstwerk stecken als kunstwirkende und zu Kunst verwandelte Elemente Ideen und Lebensfragen. Ebenso gehören Heinzel und Walzel dadurch zusammen, daß ihr Objekt das vom Künstler abgeschlossene in die Welt gesandte und vom Betrachter nacherlebte Kunstwerk ist, in einem gewissen Gegensatz zu Dilthey, der das Kunstwerk im Künstler aufsucht und lebendig macht.[3]) Ich bin mir wohl bewußt, daß derartige Schematisierungen weder die Leistungen noch die Absichten Diltheys oder Scherers oder Heinzels ausschöpfen; immerhin können sie dazu beitragen, die augenblickliche Situation unserer Wissenschaft an ihrem Teile mit zu bestimmen.

So leicht sich die Beispiele einer systematisch-ästhetischen Beweisführung häufen ließen, so empfindet Walzel doch seine Zugehörigkeit zur historischen Literaturwissenschaft offenbar zu stark, als daß nicht die historischen Teile seiner Arbeiten bei weitem überwögen. So stark sogar, daß er neben den ästhetischen Wert, um dessen Erwägung sich seine Untersuchungen bewegen, noch einen zweiten setzt, den historischen Wert. Trotzdem darf er sich rühmen, daß er 'die historische Betrachtung nicht zur Verteidigerin der Tradition und eines

---

[1]) Ibsen S. 31—35.   [2]) Wagner S. 31 f. und sonst oft.

[3]) Wenigstens in den Abhandlungen über Erlebnis und Dichtung. Ein wesentlich anderes Programm enthält eine Stelle des Aufsatzes: 'Der Aufbau der Geisteswissenschaften in der geschichtlichen Welt', Abhandlungen der preuß. Akademie 1910, S. 10.

lähmenden Historismus' mache.[1]) Wir sahen, daß es sich bei den wichtigsten
der Probleme bald darum handelt, den von den Zeitgenossen mißverstandenen
Ibsen durch den wahren Ibsen, den falschen Hebbel durch den echten Hebbel
zu ersetzen, oder aber die Tatsache zu begreifen, warum wir von Wagner
oder Heine heute abrücken. Ich darf eine kurze Stelle über Wagner hier
wiedergeben: 'Wagners Entwicklung fällt in das Zeitalter des jungen Deutschlands und des Materialismus. Jungdeutschem Wesen sind wir längst entwachsen,
vom Materialismus machen wir uns allmählich freier und freier. Was von den
beiden Kulturerscheinungen an Wagners Persönlichkeit und an seinem Werk
haften geblieben ist, steht heute zwischen ihm und uns; es verdeckt der Jugend die eigentliche große Leistung Wagners, da der neuesten Generation die
Welt- und Kunstanschauung der Mitte des XIX. Jahrh. fremder noch und un-
verständlicher geworden ist, als den älteren unter uns, die sie noch in sich
überwinden mußten. Frei und unbelastet kann die Jugend jetzt an ihre Aufgaben herantreten. Der Druck, der im jungdeutschen und im materialistischen
Zeitalter auf dem Wirken künstlerischer Phantasie lag, hemmt sie nicht. Wagners
Verdienst ist, diesen Druck erleichtert zu haben. Dem Werk der Phantasie gab
er sein volles Recht zurück. Durch ihn wurde der Kunst wieder ihre Welt-
stellung gewonnen.'[2])

Aber dieselben Eigentümlichkeiten, dies kann Walzel zeigen, sind es, die
jenen historischen Fortschritt und die heutzutage die Entfremdung bewirkt haben.
Was uns von Wagner scheiden will, sind nicht Flecken, die man wegwaschen
kann, sondern untilgbare Bestandteile jener künstlerischen Organismen, seiner
Schöpfungen, ja sind die wichtigsten Voraussetzungen seiner tragischen Kunst.[3])

Wie jene Entfremdung, so läßt sich auch das noch immer geltende, ja
erst jetzt zum richtigen Verständnis gelangende Verdienst eines Ibsen nicht
nur in ästhetischer Formulierung, sondern zugleich historisch ausdrücken. 'Ihm
war das Leid des Übergangsmenschen aus seinem eigenen Denken und Erleben
aufgegangen; denn er war selbst ein Übergangsmensch. Er versetzte dieses Leid
in seine Dichtung und schenkte dadurch der Welt Verständnis für die Seelenkämpfe der Übergangsmenschen. Das Evangelium des dritten Reiches hat er
zwar nie in starken Akkorden und ungebrochen verkündet. Doch er öffnete ihm
die Ohren der Welt, indem er die Seelenvorgänge und die Tragik der Menschen
versinnbildlichte, die im Herzen den Gedanken des dritten Reiches tragen und
ihn nicht verwirklichen können.'[4])

So gefaßt ist der historische Wert ein Mittel, abermals ein Stück näher
an den ästhetischen, oder richtiger, an einen irgendwie verbindlichen Gegen-
wartswert heranzukommen; denn dieser letztere läßt sich nicht 'beweisen', sondern nur durch sorgsame Erwägungen, durch geeignete Beweiserhebungen
läßt sich eine verständnisvolle Unterlage für den Urteilsakt selber schaffen.
Giebt man aber diesen Zusammenhang zu, und glaubt man zugestehen zu können,
daß Walzels Erwägungen diesen Dienst leisten, billigt man schließlich auch die

---

[1]) Wagner S. 5.   [2]) Ebd.   [3]) Ebd. S. 34.   [4]) Ibsen S. 56.

Rolle, die der historische Wert dabei spielt: so könnte vielleicht Walzels Forschung nebenher noch einen Beweis erbracht haben, nämlich den für die Überlegenheit der geschichtlichen Betrachtungsweise. Bloße Ästhetik könnte kaum
gleich weit gelangen. Es ist merkwürdig, wie schief selbst Walzel urteilen
kann — oder wie sehr er von meinem, aber auch vom Urteil sicherlich feinsinniger Menschen abweicht, wo er ohne geschichtliche Kontrolle urteilt und
sich mit ästhetischen Beweisen begnügt. Dem Hebbelschen 'Diamant' wird er
ebensowenig gerecht wie der verdiente Richard Maria Werner. Nur Geschichte,
das glaube ich zusammenfassend sagen zu können, allerdings nur eine Problemen dienstbare, dabei Reihen bildende und sich die begriffliche Arbeit dienstbar machende Geschichte kann so nahe an die wichtigsten Fragen des künstlerischen Lebens heranreichen.

Franz Cramer, Römisch-germanische Studien. Gesammelte Beiträge zur römisch-germanischen Altertumskunde. Mit einer Karte des Limesgebietes. Breslau, Hirt 1914. VIII, 263 S.

Wenn man einem Buch vielfache Belehrung und Anregung verdankt und doch nicht mit voller Befriedigung davon sprechen kann, dann möchte man lieber schweigen, um sich das Gefühl, wo nicht gar den Vorwurf der Undankbarkeit zu ersparen. Aber wenn man die Verpflichtung einer Besprechung übernimmt, weiß man ja in der Regel nicht mehr von einem Buch, als der Titel und der Name des Verfassers besagen, und wenn ich mich jetzt, nachdem ich das vorliegende Buch durchgelesen habe, darauf beschränken wollte, zu bezeugen, was der Name des Verfassers und der Titel mir freilich von vornherein gesagt haben, daß 'Römisch-germanische Studien' von Franz Cramer auf alle Fälle ein lesenswertes und nützliches Buch sind, so würde ich damit doch wohl meiner Pflicht als Berichterstatter und schließlich auch dem Wunsch meines Herzens nicht ganz genügen. Denn sowenig es mir auch Bedürfnis ist, über Cramers Buch öffentlich zu sprechen, so sehr ist es mir Bedürfnis, wenn ich es einmal tun soll, dann auch zu sagen, was ich denke.

Was ich zunächst sagen will, betrifft weniger den Inhalt als die Form des Buches, scheint mir aber doch auch für die Beurteilung des Inhalts nicht ganz ohne Bedeutung zu sein.

Als Ernst Curtius, fast achtzigjährig, daran ging, seine zerstreuten Abhandlungen zu sammeln, mußte das jeder mit Freuden begrüßen. Diese 'Ausgabe letzter Hand' konnte dem Schicksal der Unvollständigkeit kaum noch verfallen, da man den Greis mit dem Abschluß seines Anteils an dem großen Olympia-Werk vollauf beschäftigt wußte, das ihn ja dann in der Tat bis zum letzten Federstrich und fast bis zum letzten Atemzug in Anspruch nehmen sollte, und mit dem alle in der letzten Zeit doch noch entstandenen Abhandlungen, bis auf eine einzige, soviel ich sehe, in engstem Zusammenhang stehen. So bilden diese zwei Bände der 'Gesammelten Abhandlungen' denn wirklich die fast vollständige Überschau des Teils von Curtius' Lebensarbeit, der zwischen den großen Werken und den in den drei Bänden 'Altertum und Gegenwart' vereinigten Reden, Vorträgen und Aufsätzen steht, und diese Überschau hat den Vorzug der 'Autorisation' durch den Autor selbst, der das Recht hatte und ausübte, auszuscheiden, was ihm am Abend seines Lebens nicht mehr der Wiederholung wert schien, ein Recht, das einer postumen Sammlung von fremder Hand nicht zugestanden hätte. Wir erfahren so, daß er von seinem Widerspruch gegen Friederichs' Entdeckung der 'Tyrannenmörder' nichts mehr wissen wollte, und dürfen auch annehmen, daß er auf die erst drei Jahre zuvor entstandene kurze Abhandlung 'Über das menschliche Auge in der griechischen Plastik' keinen Wert mehr legte.

Als um dieselbe Zeit Reinhard Kekule, kaum mehr als fünfzig Jahre alt, die Absicht äußerte, seine Aufsätze zu sammeln, erlaubte ich mir zu widersprechen. Die Sammlung unterblieb dann wirklich, und ich erinnere mich, daß Kekule später einmal zu mir, in seiner Weise scherzend, sagte: 'Sie haben es ja nicht gewollt!' In . der Tat fand ich, daß der auf der Höhe seiner Leistungsfähigkeit Stehende Besseres tun konnte als gedruckte Aufsätze zu sammeln, deren Wiederholung, wenn sie sich über ein Menschenalter und über sehr verschiedene Gebiete der Wissenschaft er-

strecken, für den mit dieser Wissenschaft
Fortgeschrittenen doch sehr viel mehr Arbeit bedeutete als etwa die Korrektur der
Druckbogen. Wer weiß, ob wir die 'Griechische Skulptur' besäßen, wenn Kekule
sich in jene Aufgabe vertieft hätte, und ein
unvollständiges Bild seiner Forschertätig-
keit neben den größeren Werken würde die
Sammlung doch gegeben haben.

Die Bedenken freilich, die ich damals
aussprach und auch heute noch hegen würde,
kommen bei der vorliegenden Sammlung
zum Teil nicht in Betracht. Denn erstens
reicht auch die älteste der hier zum zweiten
Male gedruckten Arbeiten kaum mehr als
zwölf Jahre zurück, und alle gehören einem
verhältnismäßig beschränkten Gebiet an,
auf dem der Verfasser in dieser ganzen
Zeit tätig war, so daß keine seiner Arbeiten
ihm selbst, wie das wohl zu geschehen
pflegt, fremd geworden sein kann. Da ist
dann in der Tat der Wiederabdruck eine
leichte Mühe, die neben anderer Arbeit füglich hergehen kann. Zweitens aber ist es
keineswegs nur bereits Gedrucktes, was hier
vereinigt erscheint; vielmehr werden von
den sechsundzwanzig Beiträgen zehn hier
zum ersten Mal veröffentlicht.

Um so stärker scheint mir das Bedenken, daß die Sammlung, bei der eifrigen
Tätigkeit ihres Verfassers, sehr bald unvollständig sein müßte, — wenn sie
nicht jetzt schon unvollständig
wäre! Denn der Verfasser hat nicht alle
seine in den Bereich des Titels fallenden
Arbeiten aufgenommen, ohne doch durch
die Ausschließung ein 'Verdikt' auszusprechen
zu wollen, wie Ernst Curtius in jenem
andern Fall. Diese ausgeschlossenen Aufsätze, wie auch alle späteren, bis etwa ihrer
genug sein werden zu einem zweiten Band,
sind in Gefahr, im Schatten dieses Buches
übersehen zu werden.

Und welches ist das Band, das gerade diese Arbeiten zusammenhält und dem
Buch seine Existenzberechtigung gibt,
die nicht auf den ungedruckten Beiträgen
allein beruhen kann, da diese ja leicht, wie
die früheren, einen anderen Weg in die
Öffentlichkeit hätten finden können?
Die Einheitlichkeit des Inhalts
wird das Buch ja vor der Ungunst bewahren,
die sonst heutzutage jeder 'Sammelband'

zu gewärtigen hat: der große Kreis der
Freunde römisch-germanischer Forschung
wird sich freuen, die wertvollen, sonst
zerstreuten Arbeiten, nun gar mit so vielen
neuen, bequem beieinander zu haben, die
Bibliothekare aber, die sich zum Ankauf
einer Sammlung schon anderwärts gedruck-
ter Abhandlungen sehr ungern entschließen,
können wegen der ungedruckten an dem
Buch nicht vorbeigehen, und der Verleger
mag ein verhältnismäßig gutes Geschäft
machen.

Aber Bequemlichkeit und Verkäuf-
lichkeit sind bei der Betrachtung von
einem höheren Standpunkt doch noch kein
ausreichender Beweis der Existenzberechtigung, und die Einheitlichkeit
des Inhalts ist kein ausreichendes Band
einer Sammlung, wenn von dieser Arbeiten
des gleichen Inhalts ausgeschlossen sind.

Diese Einheitlichkeit des Inhalts
aber scheint mir zu groß und — zu gering
zugleich.

Dieses paradoxe Urteil muß ich erklären.

Von den sechsundzwanzig Nummern
sind fünf Vorträge, von denen drei bereits früher gedruckt waren. Daneben
stehen noch einige Aufsätze, die einem
ähnlichen populären Zweck dienen sollen
— auch diese zum Teil schon früher gedruckt. Gegen den Druck populärer Vorträge will ich gewiß nichts einwenden, ich
würde auch, wenn ich es tun wollte, 'un-
besonnen mein eigen Urteil sprechen'. Auch
einen zweiten Abdruck eines solchen
Vortrags will ich nicht beanstanden, wenn
ihm dadurch eine weitere Wirksamkeit gegeben werden kann. Aber es ist unvermeidlich, daß in populären Vorträgen und Aufsätzen, die sich alle auf dem Gebiet der
römisch-germanischen Altertumskunde bewegen und auf ihm, wie es ihr Zweck gebot, etwas weiter ausgreifen, sich Wiederholungen einstellen, die unangenehm auffallen, wenn das zeitlich und räumlich Getrennte nun hier vereinigt ist und hinter-
einander gelesen werden kann — wenn
auch nicht viele das ganze Buch, so wie
ich, in einem Zug durchlesen werden.

Durch einiges, was zwei-, dreimal
wiederkehrt, wurde ich an die Rolle erinnert, die in den Vorlesungen Buechelers

und Useners — von denen damit wahrlich nicht abfällig gesprochen werden soll! — der Beinbruch des Krates von Mallos spielte, der zuweilen im selben Semester in verschiedenem Zusammenhang zu unserer Erheiterung mehrmals vorkam.

Der Verfasser ist sich solcher Wiederholungen wohlbewußt und spricht davon im Vorwort. Gewiß: die 'Einzelheiten' stehen jedesmal in anderem Zusammenhang, in anderer Beleuchtung, aber als Wiederholungen werden sie dennoch unangenehm empfunden. Und es sind auch gar nicht nur 'Einzelheiten', die sich wiederholen, sondern zuweilen Gesichtspunkte, einmal mehr, einmal weniger eingehend verfolgt, stets dem Zusammenhang angemessen und zur Anregung des Zuhörers genügend, während bei dem nachdenklicheren Leser, der ja mehr Zeit hat, leicht, zumal bei der zweiten und dritten Wiederkehr, der Gedanke sich einstellt, daß ihm eine eindringlichere und womöglich erschöpfende Behandlung nützlicher wäre.

Ich möchte aus dieser Betrachtung keinen anderen Schluß gezogen sehen als den, daß es doch nicht vorteilhaft ist, Vorträge und populäre Aufsätze so verwandten Inhalts miteinander zu vereinigen. So vortrefflich jeder in seiner Art sein mag: in der engen Verbindung schließen sie sich nicht aneinander an, sondern greifen ineinander über und schaden sich so gegenseitig, was bei Vorträgen ganz verschiedenen Inhalts, wie etwa denen, die Curtius in 'Altertum und Gegenwart' vereinigte, nicht zu befürchten ist.

Ganz anders steht es mit den Aufsätzen, die sich an einen engeren Kreis wenden, die, nach des Verfassers Wort, 'die Untersuchung einer Frage fördern wollen'. Es sind das vornehmlich die Studien, die dem Spezialgebiet des Verfassers, der Ortsnamenforschung angehören. Wiederholungen finden sich natürlich auch da; aber sie erscheinen weit weniger störend, ja zuweilen nützlich, indem sie die leitenden Gesichtspunkte und den Zusammenhang dieser Arbeiten deutlicher hervortreten lassen.

Die Vereinigung dieser an des Verfassers Buch über die rheinischen Ortsnamen sich anschließenden Aufsätze — sie machen nach Zahl und Umfang genau die

Hälfte des Bandes aus und sind bis auf vier schon anderwärts gedruckt — ist dankbar zu begrüßen. Wäre die Sammlung auf diese Abhandlungen beschränkt, so würde ihr das feste innere Band nicht fehlen: die Einheitlichkeit des Inhalts wäre größer.

Der Widerspruch also, der darin liegt, daß mir die Einheitlichkeit des Inhalts zugleich zu groß und zu gering erscheint, findet seine Erklärung in dem Zwitterwesen des Buches, in dem Forschungen und zusammenfassende populäre Darstellungen vereinigt sind: was für jene ein Vorteil, ist für diese ein Nachteil.

Aber auch wenn man diese Scheidung von Forschung und Darstellung nicht beliebte, könnte man dem Inhalt des Buches unter Ausschließung nur ganz weniger Arbeiten, von denen wohl nur eine einzige ungedruckt wäre, unter Heranziehung vielleicht einer jetzt ausgeschlossenen die gewünschte größere Einheitlichkeit des Inhalts geben. Dem Land zwischen Mosel und Maas ist das Buch ja fast ganz gewidmet.

'Doktorfragen' höre ich einen sagen. 'Es kommt doch nur darauf an, ob in dem Buch etwas Gutes steht, und wir wollen hören, ob das ist und was es ist!' Ich erlaube mir, anderer Ansicht zu sein — wenigstens bei einem Buch, das viel schon Gedrucktes enthält! In unserer Zeit einer beängstigenden Überproduktion an Druckwerk darf man wohl an jedes solche Buch die Forderung stellen, daß es durch Inhalt und Form seine Existenzberechtigung erweise. Aber ich will den Ungeduldigen mich fügen. Daß in dem Buch Gutes steht, habe ich freilich schon zu Anfang gesagt; ich will aber nun auch noch sagen, was darin steht.

Der Verfasser hat den Inhalt seines Buches zu rubrizieren versucht: Römer und Germanen (1—3), Obergermanien (4, 5), Die Treverer (6—8), Die Eifel (9, 10), Das Aachener und Jülicher Land (11—16), Das Ubierland und der Niederrhein (17—20), Das Glas im römischen Rheinland (21, 22), Völker- und Namensschichten auf römisch-germanischem Boden (23—25), Vom Altertum zum Mittelalter (26).

In dieser Rubrizierung sehe ich kein rechtes Prinzip, und sie erscheint mir nur als ein Versuch, wenigstens einzelnen Teilen einen engeren Zusammenschluß zu geben, der dem ganzen Buch nun einmal fehlt.

Im Vorwort deutet der Verfasser eine andere Einteilung an: 'Darstellung und Zweck der einzelnen Aufsätze ist verschieden: bald wollen sie die Untersuchung einer Frage fördern . . . bald möchten sie Ergebnisse der Forschung zusammenfassend, aber mit selbständigem Urteil darstellen . . ., endlich kommen anderswo beide Gesichtspunkte zur Geltung, indem auch da, wo der Ton auf das Ohr und Verständnis weiterer Kreise gestimmt ist, doch eigene Teilnahme an der Forschung den Untergrund bildet . . .' Ich erkenne die Scheidung der zweiten und dritten Gruppe nicht an — denn es ist nicht von Belang, wie viele der Mosaiksteine eines großen Bildes etwa der Verfasser selbst zubereitet hat — und stelle diese zusammenfassenden Darstellungen — Vorträge und Aufsätze, wie schon gesagt wurde, voran:

1. Die Kulturstufe der Rhein-Germanen zu Beginn der Römerzeit. Widerlegung der veralteten Vorstellung, daß die Germanen zur Zeit Cäsars noch Halbnomaden gewesen seien, hauptsächlich im Anschluß an Hoops. Bisher nicht gedruckt.

4. Der obergermanisch-rätische Limes: Mit einer Karte.

9. Aus der römischen Eifel (Kulturzustand). Bisher nicht gedruckt.

11. Vom römischen Aachen. Bisher nicht gedruckt.

13. Das Indegebiet in römischer Zeit. Leider ohne Karte!

21. Antike Glaskunst, namentlich im Rheinland. Mit dem Anhang (22): Seit wann gibt es Glasfenster?

26. Römisch-fränkische Kulturzusammenhänge am Rhein.

Auf die Bedürfnisse des Unterrichts nehmen Bezug:

2. Tacitus' Germania in der Prima des Gymnasiums. Dabei hätte ein Hinweis auf Schumachers archäologischen Kommentar in der Mainzer Zeitschrift IV 1909 wohl gegeben werden können, während die neue reich illustrierte Ausgabe von G. Ammon (Bamberg, Buchner 1913) zur Zeit des Drucks wohl noch nicht erschienen war.

3. Die römisch-germanische Forschung in ihrer Bedeutung für den Unterricht.

Mehr Untersuchung ist:

6. Die Abstammung der Treverer. Keltisch-germanisches Mischvolk, nach den Grabfunden. Ungedruckt.

17. Die Matronae Aufaniae. Ungedruckt.

Ganz Untersuchung sind die folgenden Abhandlungen, außer der ersten alle dem Gebiet der Namenforschung angehörig:

18. Wann wurde die Wasserleitung aus der Eifel nach Köln gebaut? Die Erbauung in der ersten Hälfte des II. Jahrh. wird durch verschiedene archäologische Tatsachen wahrscheinlich. Ungedruckt.

5. Bormitomagus - Wormazfeld - Worms.

7. De vicus Ambitarvius — sein Name und seine Lage.

8. Ambitarvium—Hentern. Ungedruckt.

Der Gewässername, der in Ambitarvium steckt, soll in Zerf fortleben; aus dem ganzen Namen aber soll Hentern geworden sein. Die erste Hypothese leuchtet dem Laien eher ein als die zweite; beide aber lassen sich mit Suetons Angabe 'supra confluentes', wobei doch jeder zunächst an Coblenz denkt, schlecht vereinigen.

10. Der Name Eifel (aus Aquilensis?).

12. Aquae Granni. Name von Aachen, auf den Apollo Grannus zurückzuführen? Ungedruckt.

14. Frenz — Brigantium. Zugleich eine Untersuchung über die mit brig-gebildeten Namen.

15. Die Namen Jülich und Gressenich — ein Beitrag zur Geschichte der Namen auf -âcum.

16. Die Ortsnamen auf -weiler im Aachener Bezirk. Mit einer Einleitung über die Bedeutung der Weiler-Namen. 'Weiler' in Ortsnamen kommt ausschließlich vor innerhalb der Gebiete, 'die einst zum Imperium Romanum gehörten'. 'Damit ist die Annahme Arnolds hinfällig, daß villare sich so früh als Lehnwort schon eingebürgert habe, daß es als deutsches Gemeingut auch außerhalb des römischen Bannkreises selbständig in der Ortsnamengebung verwandt werden konnte.' Sprachliche wie archäologische Beobachtungen ergeben die 'Möglichkeit, daß dieses oder jenes Villare noch der römischen Wirtschaftsgeschichte seine Entstehung verdanke, und daß der einfache Name Villare in fränkisch-deutscher Zeit früher oder später durch einen besonderen Zusatz einen

deutschen Stempel aufgedrückt erhalten
habe.' Als zweifellos dürfen wir betrachten,
daß jedenfalls die Mehrzahl, wahrscheinlich fast alle 'Weiler' unseres Bezirks aus
Herrensiedelungen, nicht aus Sippen-
dörfern hervorgegangen sind. Eine vortreffliche Untersuchung!

19. Buruncum — Worringen, nicht
Bürgel.

20. Novaesium — Neuß.

23. Aliso — sein Name und seine Lage.
Der gelehrte Nachweis der zahlreichen Verwandten vom 'vielverzweigten Stamm
Al-is' und die Deutung des Wortes ergeben
natürlich für die Alisofrage nichts. Die
'Stever' weicht dem 'Elison' um so weniger,
wenn sie sich mit dem Stymphalos verwandt fühlen darf. Aber der 'Mühlenbach',
der kaum weniger Wasser führt als die
Stever und dieser nach seiner Einmündung
sogar die Richtung gibt, also vielleicht als
das Hauptgewässer gelten darf, würde ja
für seinen sicher modernen Namen gern
den berühmten eintauschen.

25. Gibt es slavische Ortsnamen links
des Rheines? 'Das Ergebnis ist: daß die
Hunsrücker Sarmaten slavischen Blutes gewesen seien, ist nicht erwiesen, und slavische Sprachreste in linksrheinischen Ortsnamen sind nicht erkennbar, bis jetzt wenigstens nicht nachgewiesen.' Ungedruckt.

24. Der Name Numantia im Zusammenhange mit gallisch-rheinischen Namen
(Nemesa, Nemaningenses — Nemausus,
Numantia). Ungedruckt. Wenn ich mir ein
Urteil anmaßen dürfte, würde ich diesem
Aufsatz wohl auch in der Bewertung die
letzte Stelle geben und ihm einige Frage-
zeichen beisetzen. Spielen nicht doch überhaupt die Flußnamen mit 's-Suffixen'
und 'nt-Suffixen' in diesen Untersuchungen
eine allzugroße Rolle? Doch ich verstehe
nichts von diesen Dingen.

FRIEDRICH KOEPP.

G. P. GOOCH, HISTORY AND HISTORIANS IN THE
NINETEENTH CENTURY. 2. EDITION. London,
Longmans, Green and Co. 1913. [1])

Nachdem uns vor zwei Jahren Eduard
Fueter auf den 200 letzten Seiten seiner

---

[1]) Ich will nicht unterlassen, auf die interessanten Betrachtungen hinzuweisen, die

'Geschichte der neueren Historiographie'
(München und Berlin 1911, R. Oldenbourg)
die Geschichtschreibung des XIX. Jahrh.
ihren Haupterscheinungen nach in knapper
Form und unter fast völligem Verzicht auf
erzählendes Beiwerk geschildert hat, ist
nun von einem englischen Forscher der
höchst erwünschte Versuch unternommen
worden, denselben Gegenstand noch einmal
und zwar unter liebevollem Eingehen auf
die Lebensentwicklung der Geschichtschreiber, unter starker Betonung der ihr Wirken bestimmenden und ihre Werke auf-
nehmenden Umwelt sowie auch mit weit
mehr ruhigem Verweilen bei ihren einzelnen Schöpfungen und in der Form einer
geschmackvoll fortschreitenden, auch für
weitere Kreise anziehend geschriebenen
Erzählung erneut zu behandeln. Das Buch
ist trotz mancher Schwächen, von denen
weiter unten kurz die Rede sein wird, eine
vortreffliche und überaus dankenswerte
Leistung, die dem Leserkreise dieser Zeitschrift durch eine kurze, von einigen ergänzenden Bemerkungen begleitete Analyse ihres Inhalts näherbringen zu dürfen
mir eine ganz besondere Freude ist; ich
will gleich an dieser Stelle erwähnen, daß
es sehr zweckmäßig sein würde, wenn das
Buch — wie vor 25 Jahren Lord Actons
Studie über die neuere deutsche Geschichtswissenschaft — einen Übersetzer fände, der
in diesem Falle manche, auch für eine Neu-
auflage des Originalwerkes wünschenswerte
Zutaten beigeben müßte.

In bezug auf die Einteilung und Gliederung des Stoffes könnte es auf den ersten
Blick so scheinen, als ob Goochs Buch
gegenüber dem Fueterschen einen Rückschritt bedeutete: es verzichtet auf die
scharfe Klassifizierung, die der Züricher
Gelehrte mit den verschiedenen Erscheinungen der Geschichtschreibung vorgenommen hat, zeigt vielmehr zunächst das Werden der neueren Geschichtschreibung und
Geschichtsforschung, indem es uns in vier
Kapiteln das Wirken Niebuhrs, Wolfs,
Böckhs, Otfried Müllers, Jakob Grimms

W. Baum in der 'Akademischen Rundschau'
(Jahrgang 1913/14 S. 111 ff.) an das Erscheinen
des schon nach wenigen Monaten in zweiter
Auflage herausgegebenen Buches geknüpft hat.

sowie die Entstehung der Monumenta Germaniac Historica vor Augen führt, stellt dann in drei weiteren Abschnitten über Ranke, Rankes Kritiker und Schüler sowie die 'Preußische Schule' den weiteren Verlauf in Deutschland dar, schildert hierauf, zu Frankreich übergehend, die Wiedergeburt der historischen Studien in diesem Lande, die romantische Schule (Thierry und Michelet) und die politische Schule (Guizot, Mignet und Thiers), um in drei folgenden Kapiteln die sonstigen Geschichtschreiber Frankreichs nach den von ihnen bearbeiteten Gebieten (Mittelalter und ancien régime, Revolution, Napoleon und Folgezeit) zu behandeln, bringt für England den umfassenden Stoff unter die Stichwörter 'Von Hallam zu Macaulay', 'Thirlwall, Grote und Arnold', 'Carlyle und Froude', 'Die Oxforder Schule', 'Gardiner und Lecky, Seeley und Creighton', 'Acton und Maitland', schildert sodann die Entwicklung in Amerika und den 'kleineren Ländern' und schließt endlich mit sechs Abschnitten, bei denen wieder die Stoffgebiete der Einteilung zugrunde liegen: Mommsen und die römischen Studien, Griechenland und Byzanz, der alte Orient, die Juden und die christliche Kirche, der Katholizismus und die Kulturgeschichtschreibung. Daß diese Stoffanordnung sehr anfechtbar ist, liegt auf der Hand: sie durchbricht nicht nur die chronologische Folge, sondern ist auch der inneren Entwicklung gegenüber zu manchmal recht störenden Sprüngen genötigt, aber Goochs klare Darstellung versteht es einerseits, diese Nachteile dem Leser verhältnismäßig wenig fühlbar werden zu lassen, und andrerseits sind die nach Stoffgebieten geordneten Kapitel gerade durch die vergleichende Nebeneinanderstellung der verschiedenen Auffassungen desselben Gegenstandes ganz besonders lehrreich und interessant; man wird daher, trotz grundsätzlicher Bedenken, bei eingehenderer Beschäftigung mit dem Buche immer mehr geneigt, dem Verfasser wegen seiner Stoffanordnung mildernde Umstände zuzubilligen, und sehnt sich beim Lesen seines Werkes wohl schwerlich allzusehr zurück nach Fueters Klassifizierung, die doch auch recht seh ihre Nachteile hat und überhaupt nur bei

starker Beschränkung auf die Haupterscheinungen — auch dort nicht, ohne daß manches Beachtenswerte unter den Tisch fällt — durchführbar ist.

Zwei Zutaten freilich wird man gerade bei der von ihm gewählten Stoffanordnung in Goochs Buch unbedingt wünschen müssen: die eine besteht in einer Zeittafel der Historiographie des XIX. Jahrh., die bei ihm um so nötiger ist, weil die Erscheinungsjahre der einzelnen Werke oft nicht angegeben sind; die andere in einem ausführlichen Register, das, angelehnt an den in dieser Hinsicht so vortrefflichen Text, die für die innere und äußere Entwicklung der Geschichtschreibung maßgebenden Momente unter geeigneten Stichwörtern zusammenfaßt, verwandte Erscheinungen klarer, als es durch Verweisungen im Texte geschehen kann, nebeneinanderstellt und den reichen Ertrag für die Historik, den diese Geschichte der Historiographie bietet, übersichtlich zum Ausdruck bringt. Wie ich mir dies Register im einzelnen denke, möge hier nur an ein paar Proben aus dem Entwurf eines solchen gezeigt werden, den ich mir zum Privatgebrauch bei wiederholtem Lesen des Goochschen Buches angefertigt habe, Proben die hier, der Registerform entkleidet, zugleich dazu dienen sollen, von dem bisher nur nach Kapitelüberschriften bezeichneten Inhalte desselben noch einiges Weitere zu berichten.

Folgen wir dabei der Absicht des Buches, wie sie in der Vorrede der ersten Ausgabe ausgesprochen ist: wir hören da zunächst, daß es die mannigfachen Leistungen der historischen Forschung und Produktion während der letzten 100 Jahre kurz aufzählen und bewerten will — in dem Text ist das mit einem erstaunlichen Umfang des Wissens und unter ruhiger Anwendung objektiver Maßstäbe vortrefflich geschehen; Aufgabe des Registers würde dem gegenüber vor allem, sein, das gesamte Material nach Stoffgebieten geordnet übersichtlich vorzuführen, wobei die Beteiligung der einzelnen Nationen an diesen Stoffgebieten, die Wirkung des Gesetzes von Aktion und Reaktion in der wissenschaftlichen Forschung sowie das Vorwiegen wissenschaftlich kritischer Ab-

sichten bei den einen, erzieherisch dar-
stellender Absichten bei den anderen Geschichtswerken gar zweckmäßig klar vor
Augen geführt werden könnte.

An zweiter Stelle gibt uns das Vorwort Goochs Absicht kund, die Meister der
Kunst zu schildern; die Art, wie ihm dies
unter ausgiebigster Verwendung der sorgsam gebuchten Fachliteratur gelungen ist,
stellt ohne Zweifel einen der größten Vorzüge seines Buches dar und macht namentlich die Abschnitte über England zu einer
für den deutschen Leser gewinnbringenden
Lektüre. Natürlich ist auch in diesen biographischen Partien gar vieles, was man
gern unter einheitlichen Gesichtspunkten
zusammengefaßt sähe: der Einfluß des
Elternhauses und des Jugendmilieus auf
das Werden des Geschichtschreibers, wie
wir ihn etwa bei Niebuhr, Savigny, Ranke,
Augustin Thierry, Michelet, Guizot, Taine,
Masson, Lecky, Acton, Parkman, Cham-
pollion und Riehl beobachten können; die
verschiedenen Wege der Vorbereitung auf
den Historikerberuf, die zwischen dem
reinen Autodidaktentum eines H.H.Bancroft
und der streng fachwissenschaftlichen Ausbildung in dem Seminar eines Ranke oder
Waitz erscheinen und neben denen die
Herkunft von einer anderen Disziplin, besonders der Rechtswissenschaft, her eine
oft so bedeutsame Rolle spielt; sodann die
Einwirkung der späteren Lebensschicksale
auf die Auffassung geschichtlicher Vorgänge, eine Einwirkung, für die Henri
Houssaye und der Russe Kostomarow als
Beispiele genannt sein mögen — wir könnten die Reihe noch weiter ausdehnen und
u. a. von der, freilich nicht so ganz leicht
faßbaren, Abhängigkeit der Tätigkeit des
Historikers von dem persönlichen Tempe-
ramente reden, auf die Gooch (S. 433) z. B.
mit Recht bei Gindely aufmerksam macht,
aber das Angeführte wird genügen, um zu
zeigen, in welchem Sinne mir die biographischen Partien des Goochschen Buches
wertvoll zu sein und zugleich der systematischen Zusammenfassung zu bedürfen
scheinen.

Goochs Absicht geht nach Ausweis des
Vorwortes ferner dahin, die Entwicklung
der wissenschaftlichen Methode auf dem
Gebiete der Historiographie darzustellen;

und man darf wohl sagen, daß er die Geschichte dieser Entwicklung mit ebensoviel
Umsicht wie Sachkenntnis in den wohl-
tuend ruhigen Fortgang seines Textes
hineinverarbeitet hat; aber auch hier würde
ich es für sehr erwünscht halten, wenn der
reiche Nebenertrag theoretischer Belehrung,
den das Buch uns bietet, am Schlusse übersichtlich dargestellt zu finden wäre: die
Stichwörter 'Hochschulunterricht, Bildung
wissenschaftlicher Schulen, Quellenpubli-
kation und -forschung, Denkmälerkunde,
Numismatik, Epigraphik, Archive und ihre
Zugänglichkeit und Benutzung', ferner
Sammelstichwörter wie 'Organisation der
historischen Forschung' mit ihren Unterabteilungen 'Sammelwerke und große Publi-
kationsunternehmungen, Fachzeitschriften,
Historische Gesellschaften und Institute
sowie Fonds zu Forschungszwecken' werden zur Genüge andeuten, um welche Begriffe und um welche Materien es sich handelt; in diesem Zusammenhange mag auch,
was ebensowohl vorher bei Erörterung des
Biographischen hätte geschehen können,
der Autopsie sowie der persönlichen Erinnerung und ihres Einflusses auf die Geschichtschreibung gedacht werden; Beispiele zu allen diesen Punkten aus dem
Texte auszuwählen, würde an dieser Stelle
zu weit führen; es spricht für die Vortrefflichkeit von Goochs Darstellung, daß
sie dem aus nur einigermaßen aufmerk-
samen Leser ohne weiteres in die Augen
springen, wenn er einmal auf die
in Betracht kommenden Gesichtspunkte
aufmerksam geworden ist.

Als vierte Aufgabe seines Werkes bezeichnet Gooch in seinem Vorworte die,
'die politischen, religiösen und rassen-
mäßigen Einflüsse zu erwägen, die zu dem
Entstehen berühmter Bücher beigetragen
haben'; auch dieser schwierigen Aufgabe,
deren Umfang man geneigt sein wird durch
Streichung des Wortes 'berühmter' noch
zu vergrößern, wird sein Text in teilweise
geradezu vorbildlicher Weise gerecht und
bietet damit zahlreicheres und besseres
Material zur Theorie der Geschichtschreibung als manche eigens der Behandlung
dieser Aufgabe gewidmete Historik — nur
wäre es auch hier erwünscht, den einschlägigen Ertrag in geeigneter Form ge-

bucht zu sehen, wobei schon durch die unmittelbare Nebeneinanderstellung dem Leser Gelegenheit geboten wäre, auf die Einzel-
erscheinungen ein noch schärferes Licht
fallen zu sehen. Die Wechselwirkung zwischen Zeitgeschichte und Zeitgeist einerseits und Geschichtschreibung andrerseits
zu erkennen, bildet eines der reizvollsten
Probleme, die der Geschichtschreiber der
letzteren sich stellen kann: Gooch hat
dies Problem herzhaft ins Auge gefaßt und
zu seiner Behandlung zahlreiche wertvolle
Materialien und Beobachtungen geliefert;
es würde den Text nicht belasten und doch
für die Sache überaus förderlich sein, wenn
diese Materialien und Beobachtungen unter
passenden Stichwörtern in einem Sachregister zusammengefaßt und, was u. a. für
die ungarische und neugriechische Historiographie nötig wäre, durch solche Hinweise vermehrt und vertieft würden.

Erweiterung und Vertiefung des Gebotenen, so dankenswert reich schon jetzt
seine Fülle ohne Zweifel ist, wird sich,
wenn ich recht sehe, überhaupt aus der
Beigabe jenes Sachregisters ergeben, unter
dessen Zeichen ich absichtlich diesen ganzen Teil der Besprechung des Goochschen
Buches gestellt habe; ein großer Teil dieses
Fortschrittes wird, zumal da das Werk —
mit Recht — auf ausführliche Anmerkungen
verzichtet, in dem Rahmen des Registers
seine Stelle finden müssen, anderes aber
wird wohl von der Arbeit am Sachregister
aus seinen Weg in den Text selbst hinein-
finden: ich denke dabei vor allem an mehr
als eine Erscheinung, die in das Gebiet der
Organisation der wissenschaftlichen Arbeit
auf dem Boden der Geschichtswissenschaft
fällt, und daneben u. a. an solche Stoffgebiete wie die Städtegeschichte, die, abgesehen von der Erwähnung einiger wegen
ihres Verfassers mitherangezogener Werke,
bei Gooch entschieden zu kurz gekommen
ist — doch das alles sind Mängel, denen
sich bei einer so vorzüglichen Grundlage
wie der von Gooch geschaffenen sehr leicht
abhelfen läßt: ich möchte ihre Anführung
durchaus in dem Sinne aufgefaßt wissen,
daß eben von jemandem, der viel bietet, erst
recht viel gefordert werden kann und soll.

In diesem selben Sinne sei mir schließlich gestattet, an das schöne Buch Goochs

noch eine weitere, allerdings recht weit-
tragende Forderung zu stellen: es entspricht zwar dem allgemein üblichen Gebrauche des Wortes 'Historiographie',
wenn man ihn auf die politische und die
Kulturgeschichte beschränkt, aber sehr erwünscht wäre es doch auf jeden Fall, wenn
der durch seine umfassende Sachkenntnis
sicherlich dazu befähigte Verfasser das
Wort in einem weiteren Sinne nehmen und
uns auch die Geschichtschreibung auf dem
Gebiete der Literatur, Kunst, Wissenschaft,
Erziehung, Technik und anderer Lebens-
gebiete, wie z. B. Handel und Verkehr, in
ihrer Entwicklung schildern wollte; gewiß
kann man sagen, daß das dem Historiographen der Geschichtschreibung etwas gar
viel zumuten heißt, kann auch anführen,
daß die Stoffgebiete einer dermaßen erweiterten Historiographie doch vom den unbestreitbaren Kerngebiet der geschieht-
schreiberischen Tätigkeit z. T. recht sehr
fern ab liegen: aber dem sei, wie ihm wolle,
dieselben Gesetze der Forschung und der
schriftstellerischen Formgebung walten
doch auf der einen wie auf der anderen
Seite ob, und auch zwischen den Stoffgebieten bestehen so zahlreiche äußere und innere
Beziehungen, daß in dem Gesamtbild der
Historiographie eine Lücke bleibt, wenn
über das Gebiet der Kulturgeschichte im
Sinne Riehls, Freytags und Burckhardts
nicht hinausgegangen wird. Und daß diese
Lücke organischer Art ist, ergibt sich wohl
ohne weiteres aus Erwägungen wie der,
daß das Schaffen von Forschern wie Burckhardt und Taine doch nicht bloß das Ergebnis einer äußeren Personalunion zwischen dem Kunst- und dem Staats- oder
Kulturhistoriker ist, oder wie der, daß es
sachlich schlechterdings unmöglich ist, aus
der Geschichtschreibung über die französische Revolution den — bei Gooch leider
nicht erwähnten — Literarhistoriker Hett-
ner auszuscheiden; zu dem gleichen Ergebnis muß gelangen, wer die Geschichte der
Geographie und der Ethnographie in ihren
Beziehungen zur Entwicklung der Historiographie sowohl nach der persönlichen wie
nach der sachlichen Seite hin näher ins
Auge faßt oder wer auf die zahlreichen
Berührungspunkte achtet, die bei sachge-
mäßer Behandlung beider Teile zwischen

der Geschichte des Bildungswesens und der von Gooch uns vorgeführten Historiographie bestehen. Wenn sich Gooch nicht dazu entschließen kann, an seinem Buche die eben besprochene grundsätzliche Erweiterung vorzunehmen, so sollte er wenigstens durch geeignete Hinweise im Text und durch Hinweise auf die einschlägige Fachliteratur in den dafür in Betracht kommenden Anmerkungen den Ausblick auf diese ganze Historiographie im weitesten Sinne des Wortes eröffnen. — Bei einem Werke, das so gewaltige Massen von Stoff verarbeitet wie das Goochsche Buch, ist es natürlich nicht sehr schwer, vom Standpunkt der Spezialkenntnis eines Teilgebietes dieser Stoffmasse aus Ergänzungen vorzuschlagen oder auch gelegentliche Fehlgriffe der Darstellung anzumerken; auch im vorliegenden Fall dürfte eine darauf gerichtete Kritik trotz der Vortrefflichkeit des Buches verhältnismäßig leichte Arbeit haben und könnte z. B. das Fehlen eines Hinweises auf Otto Seecks Geschichte des Unterganges der antiken Welt, auf G. Grupps kulturgeschichtliche Arbeiten, H. Reuchlins Geschichte Italiens, E. Hermanns Geschichte des russischen Staates und dergleichen mehr beanstanden, eine Charakteristik wie die Rottecks (S. 105 *lacking both learning and style*) für ziemlich anfechtbar erklären oder auch, um noch ein Beispiel zu geben, einen Abschnitt über das zunehmende Hereintreten des Ostens in den Gesichtskreis der modernen Historiographie vermissen — aber was auch an solchen Einzelausstellungen naheliegen mag: der lebhafte Dank, den des Verfassers großzügiger Versuch verdient, darf durch sie nicht geschmälert werden: sein Werk hat für die Geschichte der Historiographie im XIX. Jahrh. eine ebenso geschmackvolle wie gediegene Übersicht geschaffen und in gewissem Sinne den vor gerade 100 Jahren unternommenen Versuch Ludwig Wachlers fortgesetzt, der unter dem Einfluß eines auf weite Ausblicke eingestellten Zeitgeistes mit dem frohen Wagemute eines aufs Ganze gehenden Schaffensdranges die 'Geschichte der historischen Forschung und Kunst seit der Wiederherstellung der literärischen Kultur in Europa' geschrieben hat. Gar viele werden von der Frucht seines Fleißes mit bestem Nutzen für die Pflege ihres historischen Sinnes zehren können, und auch die wissenschaftliche Forschung wird sich der umsichtig gestalteten Grundlage freuen, auf die sie, das Ganze nicht über dem Einzelnen aus dem Auge verlierend, rüstig weiterbauen kann. JULIUS ZIEHEN.

GOLDENE KLASSIKER-BIBLIOTHEK. DIE DEUTSCHEN SAGEN DER BRÜDER GRIMM. IN ZWEI TEILEN HERAUSGEGEBEN, MIT EINLEITUNGEN UND ANMERKUNGEN VERSEHEN VON HERMANN SCHNEIDER. MIT DEM BILDNIS DER BRÜDER GRIMM IN GRAVÜRE. TEIL 1: ORTSSAGEN. TEIL 2: GESCHICHTLICHE SAGEN. Berlin, Leipzig, Wien, Stuttgart: Deutsches Verlagshaus Bong & Co. 1914. XXXIV, 305 und 270 S. 2.— Mk.

Die deutschen Sagen der Brüder Grimm sind ein altmodisches Buch in dem Sinne, daß sie verlangen, zu Ende gelesen zu werden, mit willigem Versenken und mehr Geduld, als sie der moderne Mensch gemeinhin für seine Bücher aufbringt. Mit Durchfliegen und Anlesen ist hier nichts getan, nur wer dies Buch wirklich liest, kann seines ganzen Reizes und seiner hohen Bedeutung innewerden. Dann aber offenbaren sich ihm Grimms Sagen als ein durchaus lebendiges Werk voll der unmittelbarsten Bedeutung für unser Leben, unsere Dichtung und Wissenschaft.

Die Kinder- und Hausmärchen haben den unvergleichlichen Vorzug, daß ihre Dichtung für jeden von uns Erlebnis wird, im bildsamsten Alter, mit unauslöschlicher Frische der geistigen Farbe. Wer sich die Sagen zu gleicher Gegenständlichkeit beleben will, der muß schon zum Wanderstab greifen und sich bemühen, die Stätten kennen zu lernen, an die sie sich knüpfen. Das ist für einen Ausschnitt des Gesamtgebiets mindestens jedem möglich: wem der Kyffhäuser und der Meißner unerreichbar sind, der kann etwa vom Turm der Nideck herab den Bauern tief drunten hinter dem Pflug gehen sehen und so das 'Riesenspielzeug' der Sage ahnend und mitfühlend nacherleben.

Für unsere Dichtung hat das Sagenbuch der Brüder Grimm fast noch mehr anregende Kraft bewährt als ihre Märchen, gerade weil hier nicht jedes Motiv ausgesponnen, jede Erzählung zum runden

Kunstwerk ausgeführt ist, sondern mehr als in den Märchen die Fülle der Anregungen als Rohstoff dargeboten wird. Mit Bedacht ist soeben an das Riesenspielzeug erinnert worden, das klassische Beispiel für diese enge Nachbarschaft alter Sage und junger Dichtung.

Vollends die Wissenschaft wird es noch auf lange hinaus mit dem in diesem Buch zum ersten Male gesammelten Stoff zu tun haben. Für sie ist das Sagenbuch geradezu eine Schatzkammer ungelöster und lockender Probleme. Ja wir sind, nachdem man eine Weile gemeint hatte, es so herrlich viel weiter gebracht zu haben als die Brüder Grimm, sogar zurückgeworfen hinter den Stand der Kenntnis, den sie sicher innezuhaben glaubten. Geschickt deutet H. Schneider in den knappen Einleitungen, die er dem Buche mitgibt, auf den Kampf rationalistischer Deutungsweise mit dem Glauben an Mythen und ätiologischer Auffassung, auf die kämpfenden Ansichten, die in der Auffassung der Riesen, Zwerge, Elfen und Kobolde zur Geltung drängen.

Es ist nicht leicht, ein Buch der Brüder Grimm einzuleiten, und das gewählte Verfahren darf hierin gewiß als glücklich gelten. Dagegen sollte in einer künftigen Auflage des Sagenbuchs die vorausgeschickte Biographie der Brüder Grimm so nicht wieder abgedruckt werden. Mit ihren mancherlei Mißgriffen im Ausdruck und in der Sache schadet sie dem Buch im Auge derer, die das Leben der Brüder kennen, und den andern wünscht man eine Einführung in diese Kenntnis, die sich von jeder Störung freizuhalten weiß.

Die Hauptsache ist aber, daß das Buch in die Goldene Klassiker-Bibliothek aufgenommen ist, mit deren bekannter mustergültiger Ausstattung und in zuverlässigem Abdruck. Daß es fortan um einen Spottpreis überall zu haben sein wird, läßt die Hoffnung aufleben, daß auch das Sagenbuch nun werden möge, was es im Gegensatz zu den Märchen in den ersten hundert Jahren seiner Existenz nicht hat werden können: ein deutsches Volksbuch.

ALFRED GÖTZE.

(23. April 1914)

FRIEDRICH LEO

Von Max Pohlenz

Phot. Matzen, Göttingen

Schmerzliche Überraschung hat am 15. Januar die Nachricht von Friedrich Leos Tod hervorgerufen. Schon längere Zeit sah man freilich, daß ein tückisches Leiden an ihm zehrte, daß seine schmächtige aber sehnige Gestalt nicht mehr die alte aufrechte Straffheit zeigte. Und besonders bedenklich mußte es stimmen, daß ihm, dem rastlos Unermüdlichen, am Anfang des Wintersemesters der Arzt den Entschluß abgerungen hatte auf die Leitung der Seminarübungen zu verzichten. Aber die Energie, mit der noch jetzt der frische Geist dem Körper gebot, nährte auch bei den Nahestehenden die Hoffnung, täuschte wohl ihn selbst über den Ernst der Lage hinweg. Noch am Abend des 14. Januar weilte er in einem in den letzten Jahren ihm besonders liebgewordenen Kreise; sein letztes Wort war dort die Einladung, das nächste Mal bei ihm einen Vortrag zu hören. Dann ging er im Gespräch mit Kollegen heim, drückte noch an der Gartentür einem von ihnen mit dem freundlichen Lächeln, das so gern die strengen Züge verklärte, die Hand. Im Arbeitszimmer setzte er sich in einen Sessel, nahm ein Blatt Papier in die Hand, auf dem seine Gattin ihm Gute Nacht gewünscht hatte. So fand man ihn am Morgen. Unzerknittert war das Blatt. So schnell, so ohne Kampf hatte der Tod ihn hinweggeführt.

Ein Märchen von Euthanasie — so hatte er einst von Büchelers schmerzlosem Ende gesagt. Ob damals wohl leise bei ihm der Wunsch sich geregt hat, auch ihm möge dereinst das gleiche Los beschieden sein?

Leo war kein Mann der großen Öffentlichkeit. Aber bei seiner Beisetzung zeigte sich, in wie weiten Kreisen ein Bewußtsein davon lebendig war, daß mit ihm einer der Großen der Georgia Augusta dahingegangen war, einer von denen,

die ihren Ruf im Inland und Ausland begründeten. Was die Universität, die
Gesellschaft der Wissenschaften, der Thesaurus linguae latinae, die Freunde und
die Schüler an ihm verloren haben, das wurde schon am Sarge zum Ausdruck
gebracht. Aber Leo gehörte der ganzen philologischen, der ganzen wissenschaftlichen Welt, und so folge ich gern dem Wunsche des Herausgebers, auch an
dieser Stelle dem Manne, den ich wie so viele andere als meinen Lehrer ver-
ehre, einige Gedächtnisworte zu widmen, wie sie unter dem frischen Eindrucke
seines Heimganges niedergeschrieben werden können.

Am 10. Juli 1851 wurde Fritz Leo in dem pommerschen Landstädtchen
Regenwalde geboren. Persönliche Erinnerungen verbanden ihn mit seinem Ge-
burtsorte aber nicht. Denn sehr bald siedelte sein Vater nach Bonn über, wo
er noch lange als Arzt wirkte. So ist die rheinische Universitätsstadt seine
Heimat. Von dem glücklichen Temperament des Rheinländers, von der Fähigkeit des Lebens Mühen und Pflichten auch einmal von der leichten Seite aufzufassen, hat er freilich nichts mitbekommen. Schon an dem Knaben fiel
seinen Mitschülern auch eine zur rheinischen Art wenig stimmende Zurückhaltung auf, noch mehr die ernste zielbewußte Energie, das beste Erbteil seiner
jüdischen Vorfahren. Das Gymnasium war spottschlecht und vermochte nichts
zu bieten, um so mehr das Elternhaus, wo ein weit über sein Fach hinaus gebildeter Vater und eine sprachgewandte geistvolle Mutter einen geselligen Kreis
versammelten, in dem Männer wie Michael Bernays verkehrten. Hier wurde
frühzeitig in dem Knaben die Begeisterung für das Schöne geweckt, eine Liebe
zu Goethe, zur bildenden Kunst, besonders der Renaissance, die ihn durch sein
Leben begleitet hat; und schon mit zehn Jahren trat er mit dem Entschluß
klassischer Philologe zu werden hervor.

Es war Deutschlands große Zeit, in der Leo zum Jüngling heranreifte. Als
er seinen fünfzehnten Geburtstag feierte, war eben Königgrätz geschlagen. Der
Primaner lauschte schon Treitschkes flammenden Manifesten. Immer greifbarer
trat Deutschlands Einigung vor Augen, und wie sich die Jugend schon damals
für den Heros begeisterte, der sie herbeiführen sollte, das hat Leo selbst später
in seiner Gedächtnisrede auf Bismarck zum Ausdruck gebracht.

Das war die Stimmung, in der er im Winter 1868 die Universität bezog,
deren Stolz er dereinst werden sollte. Für seine wissenschaftliche Ausbildung
hatten die ersten Semester nicht viel zu bedeuten. Bei v. Leutsch genügte die
gelegentliche Dosis unfreiwilligen Humors nicht, die trockene Aristophanesvor-
lesung zu würzen; bei Sauppes gründlicher grammatischer Exegese kam das
ästhetische Empfinden nicht auf seine Kosten, und aus dem gleichen Grunde
konnte auch Wachsmuths antiquarische Richtung nicht im Innersten packen,
so sehr Leo diesen auch später als seinen Lehrer geschätzt und als Menschen
verehrt hat.

Um so mehr konnte ihn das studentische Leben an sich ziehen. Er wurde
Mitglied der Burschenschaft Brunsviga, bei der er die Pflege des vaterländischen Gefühls am stärksten betont fand. Ein kurzer Bericht, den Leo für die

Geschichte seiner Burschenschaft 1873 verfaßt hat, zeigt deutlich, welche Freude es ihm machte, seine Kräfte in den Dienst eines Ganzen zu stellen, wie er als Sprecher bemüht war, das innere Leben seiner Verbindung zu vertiefen, wie er aber mit seinem Sinn für das historisch Gegebene auch die Äußerlichkeiten des Couleurlebens schätzte. Auch auf Mensur stellte er seinen Mann, und eben sollte er sich mit dem besten Fechter der Korps messen, da mußten beide die Klingen mit einer anderen Waffe vertauschen.

Am 15. Juli 1870 kam die Botschaft der Kriegserklärung. 'Keiner der Anwesenden wird den Moment je vergessen, als auf der dichtgefüllten Kneipe diese Nachricht plötzlich erscholl und einen wahren Sturm der Begeisterung entfesselte.' Wenige Tage darauf meldete sich Leo mit der großen Mehrzahl der Aktiven zum Eintritt in das Heer. Zunächst wurde freilich die ungeduldige Kampfbegier noch auf eine harte Probe gestellt, und als am 2. September auf dem Kasernenhof in Göttingen die Kunde erscholl: 'Der Kaiser ist gefangen', war Leos Kompagnie beim Nachexerzieren, und ein Teufel von Feldwebel sorgte dafür, daß keiner in der Freude eine Miene verzog. Aber im Dezember ging es doch noch nach Frankreich hinein, und bei Le Mans hatten die Sechsundfünfziger Gelegenheit durch Erstürmung des Hofes La Tuilerie die entscheidende Wendung herbeizuführen. Bald darauf wurde der Einjährige Leo zum Gefreiten befördert. 35 Jahre später hat er seinen Kindern seine Kriegserinnerungen aufgezeichnet. Von den weichlich-sentimentalen Regungen, in denen uns moderne Romane gern die Krieger von 1870 vorführen, spürt man hier nichts, noch weniger etwa von dem Gedanken, der geistig Hochstehende sei zu gut sein Leben neben dem Bauernburschen in die Schanze zu schlagen. In Kassel erfuhr Leo, der Krieg sei entschieden. 'In demselben Moment stand es mir, ohne Überlegung und als etwas Selbstverständliches, fest, daß ich mitgeben würde.' Dieser männliche frische Geist durchzieht die ganze Erzählung, bis sie in die bedeutungsvollen Worte ausklingt: 'So zog ich am 15. März 1871 wieder in Göttingen ein, ein glücklicher und feierlicher Tag; glücklich, denn der Heimatboden war uns wie ein Geschenk vom Himmel; feierlich, denn der Krieg hatte mich gelehrt das Leben ernster zu nehmen, gelehrt was Pflichterfüllung und Kraftanstrengung bedeuten und vermögen; und ich war entschlossen, daß die Lehre für mein Leben nicht verloren sein sollte.'

Und jetzt fand er auch die große Sache, in deren Dienst dieses Pflichtgefühl sich auswirken sollte. Denn als er Michaelis 1871 die heimische Hochschule bezog, ging ihm eine neue Welt auf, die Welt der Wissenschaft. In Bonn war die große philologische Tradition lebendig. Ritschl war freilich schon 1865 fortgegangen, Otto Jahn kürzlich gestorben, aber dafür wirkten jetzt in vollster Jugendkraft die Dioskuren, die für Jahrzehnte Bonn zum Mittelpunkt der deutschen Philologie machen sollten. Auf Leo wirkte Büchelers abgeklärte feingeschliffene Art stärker als Useners gelegentlich formloses Ungestüm. Bei ihm, der schon seinen Petron ediert, den grammatischen Abriß verfaßt hatte und damals mit seinen Dialektstudien beschäftigt war, lernte er, wie man die inschriftlichen wie die literarischen Quellen nutzbar machen müsse, um auf

20 *

streng sprachwissenschaftlichem Boden das Latein in allen seinen Erscheinungen
zu erfassen. Bücheler führte ihn in das Studium von Plautus und Terenz ein,
und als Leo nach einem Jahrzehnt zum ersten Male selber produktiv auf
diesem Gebiete hervortrat, da war es eine Epistula Plautina an Franz Bücheler,
in der er dankbar der Anregungen gedenkt, die er aus dessen Vorlesungen empfangen hat. Bücheler wurden die Plautinischen Forschungen dargebracht, und
wehmütig klingt die Fortsetzung des Widmungepigramms, die dieses in der
zweiten Auflage erfahren hat:

ὧδε τότ' ἀκμαίῳ· νῦν δὴ πόθος ἐσσὶ φίλοισιν·
λοιβὴ δ' εὐφραίνοι σ' ἀμφιχυθεῖσα τάφῳ.

Und wenn Bücheler in den zerfetztesten Papyri Sinn und Wortlaut herstellte,
ging dem jungen Studenten eine Ahnung davon auf, was strenge philologische
Methode im Bunde mit sicherer Sprachkenntnis zu leisten vermöge, und so
manches Mal sollte er selbst diese Kunst später üben. Bücheler wies Leo auf
das Lateinische hin, aber durch Wort und Vorbild weckte er zugleich die Überzeugung, nur der könne ein Latinist sein, der *utriusque linguae peritus* sei.

Aber in Bonn fand Leo noch etwas, was für ihn noch wichtiger war.
In Göttingen hatte er unter seinen Bundesbrüdern kaum einen Fachgenossen,
keinen Philologen gehabt. In Bonn gewann er bald Anschluß an den Kreis,
der damals die Besten unter den deutschen Philologiestudierenden vereinte.
Zwar Wilamowitz, Diels und Robert hatten Bonn schon verlassen, aber andere
waren gefolgt, Reinhardt, Fr. Schultheß, v. Duhn. Den Mittelpunkt aber bildete
Georg Kaibel. Auf seinem Haupte lag der frische Glanz eines akademischen
Preises, den er im Sommer 1871 für eine epigraphische Arbeit erhalten hatte.
Mit Staunen sah Leo die Sammlungen, die der wenig ältere Kamerad sich angelegt hatte, empfand er die Fertigkeit des jungen Gelehrten. In ihm fand er
auch eine gleichgestimmte künstlerisch gerichtete Seele. Noch oft, in Italien,
in Berlin, in Straßburg und Göttingen hat beide der Lebensweg zusammen-
geführt, und wenn man die Charakteristik liest, die Leo in der Gedächtnisrede
auf Kaibel (Gött. Nachr. 1902) von dem heimgegangenen Freunde gibt, so spürt
man, wieviel vom eigenen Wesen er in dem des Freundes wiederfand oder
wiederzufinden meinte.

Mit Kaibel teilte Leo die Liebe zum attischen Drama, besonders zur Komödie,
und diese ließ ihn auch den Stoff für seine Dissertation wählen. Im Juli 1873
promovierte er mit den Quaestiones Aristophaneae. Im selben Jahre beteiligte
er sich aber auch an den Commentationes in honorem Useneri et Buecheleri,
die diesen zum Dank für ihre Treue gegen Bonn von den Schülern dargebracht
wurden. Er gab in einem Florilegium erhaltene Exzerpte aus Senecas Tragödien
heraus, auf die ihn Bücheler hingewiesen hatte. Das war das Feld, dem zunächst seine philologische Arbeit gelten sollte. Den Aristophanesfragen war
Leo noch nicht ganz gewachsen, und überhaupt zeigen beide Abhandlungen wohl,
wie energisch er die Probleme anpackt, sie lassen die wissenschaftliche Anlage
erkennen. Aber diese schlummert noch in der Knospe, und erst allmählich hat
sich die Blüte entfaltet.

Bald nach der Promotion bot sich Leo Gelegenheit Italien kennen zu lernen. Usener wollte seine erste Reise nach dem Süden antreten und hatte Fr. v. Duhn aufgefordert mitzukommen. Gern wurde Leo als Dritter in die Reisegesellschaft aufgenommen, und in fröhlichem Zuge, dem sich unterwegs zeitweilig noch Carl Dilthey anschloß, ging es über die Alpen. In Mailand wurde zuerst längerer Aufenthalt genommen; dann ging es allmählich nach Rom, wo Leo den Winter über blieb. Das wichtigste war, daß er hier mit Wilamowitz persönlich bekannt wurde, mit dem er schon vorher bei seinen Aristophanesstudien in Briefwechsel getreten war. Wilamowitz war nur ein paar Jahre älter, aber ein fertiger Gelehrter, der schon damals, wie Leo noch später gern hervorhob, alle Gebiete der Altertumswissenschaft überschaute, überall die Probleme sah und den Weg zu ihrer Lösung ahnte. Leo und Wilamowitz waren in mancher Beziehung recht verschiedene Naturen, aber von vornherein einte sie die hohe Auffassung von der Wissenschaft, die Liebe zur Kunst, und so verband sie bald eine Freundschaft, die sie nicht bloß Italiens Schätze gemeinsam genießen ließ, sondern andauerte für das ganze Leben. Was Leo für Wilamowitz gewesen ist, kam in dessen Worten am Sarge zum ergreifenden Ausdruck. Daß er selber dem gereifteren Freunde mehr als irgendeinem anderen für seine Entwicklung verdankte, das hat Leo oft genug dankbar bekannt.

Von Italien heimgekehrt, machte Leo seine Staatsprüfung und leistete dann von Michaelis 1874 an sein Probejahr am Joachimsthalschen Gymnasium ab. Heimisch ist er dort nicht geworden. Dafür sorgte schon die tiefe Kluft, die eine altgeheiligte Tradition im Bunde mit persönlicher Selbsteinschätzung zwischen den Professoren und den niederen Geistern des Kollegiums befestigte. Aber seinen Beruf füllte er voll aus, und schon nach einem halben Jahr bot ihm der Direktor eine Adjunktenstelle für den Herbst 1875 an. Leo schlug sie aus. Er war sich darüber klar geworden, daß Neigung und Begabung ihn auf andere Ziele wiesen, und überlegte bereits, was er nach seiner Habilitation in Bonn lesen würde. Dazu war er in Berlin dem Manne näher getreten, der manchem den Weg für die akademische Laufbahn geebnet hat. Mommsen erkannte bald Leos Talent, und daß dieser sich durchaus noch als Gräzist fühlte, war kein Hindernis ihm die Herausgabe eines lateinischen Dichters — man einigte sich auf Venantius Fortunatus — für die Monumenta Germaniae anzubieten. Aus der gemeinsamen Arbeit entwickelte sich ein persönliches nahes Verhältnis. Freilich bekam Leo auch zu spüren, was dieser Organisator von seinen Mitarbeitern verlangte. Am Morgen des Hochzeitstages brachte ihm die Post ein dickes Paket Korrekturbogen mit einem kurzen Billett von Mommsen, das etwa lautete: 'Die Sache eilt und muß heute erledigt werden — trotz der Hochzeit, zu der ich Ihnen im übrigen herzlich Glück wünsche.'

Leo war ursprünglich von der Aussicht 'Monumentensklave' zu werden keineswegs übermäßig entzückt; er hat es auch später bitter empfunden, daß er durch diese Arbeit an die Peripherie seiner Wissenschaft gedrängt wurde; gelegentlich war auch ein ermutigender Zuspruch Mommsens nötig, um die Zweifel

zu heben, ob er wirklich der rechte Mann sei den Spätlateiner zu edieren.
Andrerseits konnte es für einen jungen Philologen keine bessere Schulung
geben als die Ausgabe dieses Autors, der bisher überhaupt noch keine kritische
Arbeit erfahren hatte, bei dem alles noch zu tun war. Und, was zunächst noch
wichtiger war, mit dieser Arbeit bot sich die Möglichkeit die Sehnsucht nach
Italien zu stillen, die der erste kurze Aufenthalt nur verstärkt hatte. So war
er schon im Oktober 1875 wieder in Mailand, im November kam er nach
Florenz — 'das Wiedersehen mit dieser geliebten Stadt war mir, wie wenn
man nach langer Trennung zu seiner Braut reist' —, kam dann in so manche
kleine Stadt, wo er Land und Leute, Gegenwart, Mittelalter und Antike gründlich kennen lernte, nahm dann natürlich wieder in Rom den Hauptaufenthalt.
In Florenz galt der erste Gang nicht der Laurentiana, sondern den Uffizien
und Pitti, und auch sonst ließen Venantius und Seneca, dessen Tragödien er
herausgeben wollte, Zeit die Schätze der Museen, der Renaissance wie der Antike, nicht bloß mit künstlerischem Auge zu genießen, sondern auch wissenschaftlich zu verstehen. Freunde wie Gustav Körte und Robert waren ihm
dabei kundige Begleiter. Als dann gar im April 1876 die Reise nach Griechenland zur Ausführung kam, da blieb Seneca in Neapel im Koffer liegen. Jetzt
wollte er nur Grieche sein und im fünften Jahrhundert leben. Olympia hielt
ihn sechs Tage fest, sonst gab er sich ganz Athens Zauber gefangen. Im Juli
kehrte er nach Rom zurück, der Dezember fand ihn wieder in Bonn.

Die Arbeiten an Seneca waren so weit gefördert, daß er sich im Juli 1877
habilitieren konnte. Die Lehrtätigkeit begann er im Winter mit seinem Aristophanes, mußte sich später mehrfach den Bedürfnissen des Gesamtunterrichts
anbequemen — einmal mußte er sogar über attische Syntax lesen, sosehr ihn
davor schauderte —, konzentrierte sich aber im ganzen sehr bald auf die Erklärung der römischen Dichter.

Schon im nächsten Jahre legte er dann auch die reife Frucht seiner Ent-
wicklungsjahre vor. Als Dreiundzwanzigjähriger hatte er sich vorgenommen, von
Senecas Tragödien eine 'in mehr als einer Hinsicht fruchtbare' Ausgabe zu machen,
und die zwei Bände, die 1878. 9. erschienen, zeigen, wie weit er die Aufgabe des
Editors faßte. Nicht bloß war der Charakter der Überlieferung klargestellt, die
Überlegenheit des einen Zweiges schlagend dargetan, die Haupthandschrift mit
größter Akribie untersucht. Leo war sich auch bewußt, daß nur die genauesten
Untersuchungen über Sprachgebrauch und Metrik des Autors, über seine Arbeitsweise, sein Verhältnis zu den Originalen dem Herausgeber die Fähigkeit
geben, über die Lesart an den einzelnen Stellen wie über die großen Fragen
nach der Entstehung oder Echtheit der Dramen ein sicheres Urteil zu fällen.
Als er nach fünfundzwanzig Jahren in einer Rezension von Richters Ausgabe
auf diese Fragen zurückkam (Gött. gel. Anz. 1904), konnte er feststellen, daß
seine Grundansicht über das Wesen der Überlieferung durchgedrungen sei und
daß er auch von seinen Ergebnissen über die Entstehung von 'Phönissen' und
'Hercules Oetaeus' nichts zurückzunehmen brauche.

Bald darauf konnte er sich auch von der Fessel befreien, die er lange genug mit sich geschleppt hatte. 1881 erschienen die Dichtungen des Venantius. Es mag sein, daß Leo in Radegundes Privatsekretär zu sehr den Nachfahren, 'den letzten römischen Dichter' gesehen hat, daß sein Blick für die Keime und Ansätze einer neuen Entwicklung nicht genügend geschärft war (vgl. seinen Aufsatz in der Deutschen Rundschau XXXII und daneben Wilhelm Meyer, Gött. Abh. N. F. IV 1); aber er hat nicht bloß unsere Kenntnis von Venantius' Dichtungen durch einen glücklichen Fund erheblich bereichert, er hat vor allem überhaupt ohne jede Vorarbeit eine grundlegende kritische Ausgabe geschaffen, und besonders seine Einzelbemerkungen im Apparat wie im Index zeigen, wie gut er sich in die Sprache und Denkweise des Spätlings eingefühlt hat.

Venantius war für Leo ein Objekt philologischer Arbeit. Seine ganze feinsinnige Interpretationskunst kam aber gleichzeitig in dem Büchlein zur Geltung, in dem er sich, seiner innersten Neigung folgend, einem augusteischen Dichter zugewendet hatte. Die unpoetische Manier, die bei Tibull aus der überlieferten Form der Gedichte durch allerhand gewaltsame Operationen logisch aufgebaute Gebilde herstellte, die kaum dem Exegeten selbst als lebendige Dichtungen erscheinen konnten, hatte schon 1878 Vahlen auf den Plan gerufen. Ganz in seinem Geiste, aber durchaus selbständig und nicht nur von ihm angeregt, ging Leo in seiner Abhandlung 'über einige Elegien Tibulls' vor, die 1881 im zweiten Hefte der Philologischen Untersuchungen erschienen, aber schon ein Jahr vorher im Druck beendet waren. Gleichweit entfernt von jener nüchternen Verstandesexegese wie von einer romantischen Gefühlsseligkeit, die nur nacherleben will und die bewußte Kunst des Dichters übersieht, erschloß Leo hier das Verständnis für das Wesen der Tibullischen Elegie, die scheinbar nur den regellosen Ablauf von des Dichters Gefühlen widerspiegelt, aber in einer einheitlichen Stimmung wurzelt und unvermutet den Leser an eben den Punkt führt, wo ihn der Dichter haben will. Daß Leo die Selbständigkeit Tibulls gegenüber den Griechen damals überschätzte, hat später keiner besser als er selbst gewußt (Gött. gel. Anz. 1898 S. 49 A. 1).

Mit diesen Arbeiten war Leo in die Reihe der führenden Latinisten getreten, und damit begann für ihn die Unruhe der akademischen Wanderjahre. Ostern 1881 ging er als Extraordinarius nach Kiel, Michaelis 1883 als ordentlicher Professor nach Rostock, 1888 von da nach Straßburg; aber nur kurze Zeit blieb er an Kaibels Seite, dann holte Wilamowitz ihn Michaelis 1889 an die Georgia Augusta, der er bis an sein Ende treu geblieben ist.

In Kiel gründete Leo seinen Hausstand, er fand in Cécile Hensel, der Enkelin Wilhelm Hensels, der Ururenkelin Moses Mendelssohns, eine Lebensgefährtin, die ihm nicht nur ein glückliches Familienleben brachte, sondern ihn auch in ihren ästhetisch-künstlerischen Neigungen ergänzte und mit ihm in seinem Hause jener feingeistigen Geselligkeit eine Stätte bereitete, an die sie durch die Traditionen ihrer Familie gewöhnt war.

Für die wissenschaftliche Weiterbildung brachte am meisten die Rostocker Zeit. Denn da der alte Fritzsche kaum noch zählte, ruhte auf Leo die ganze

Last des akademischen Unterrichts. So legte er hier das breite Fundament, auf dem er seine weiteren Studien getrieben hat.

Für die Produktion war diese Zeit naturgemäß nicht ertragreich. Immer deutlicher tritt aber hervor, wie ihn die römische Komödie als Arbeitsfeld an sich zog. Schon 1883 erschienen im Rheinischen Museum die Epistula Plautina und die wichtigen Untersuchungen zur Calliopiusüberliefeung des Terenz. Zwei Jahre später machte er dort als erster den Versuch, die Plautinische Metrik historisch zu begreifen, und im selben Jahre legte er sogar das erste Bändchen einer Plautusausgabe vor. Einen Nachfolger fand dieses zunächst freilich nicht. Fremde Urteile und noch mehr die Selbstkritik, die er stets als eine der wichtigsten Tugenden des Philologen bewertet und geübt hat, belehrten ihn, daß er der Aufgabe noch nicht gewachsen wäre. Aber aus den Augen verlor er sein Ziel nicht mehr. Im Rostocker Programm von 1887 sehen wir schon wieder, wie er Fragen der Plautinischen Textkritik mit tiefgreifenden Untersuchungen über die Sprache und Metrik des Dichters verbindet. In Straßburg ging er dann an die Vorbereitung einer neuen großen Ausgabe heran. Göttingen brachte ihm die nötige Ruhe, um diese zu Ende zu führen. Aber erst 1895 legte er die Ergebnisse der mühevollen Arbeit den Mitforschern vor, *philologis, id est viris bonis discendi peritis*. Die literarischen und sprachlichen Untersuchungen brachte er diesmal in einem besonderen Bande, den Plautinischen Forschungen, die, zur Ehre der philologischen Welt sei es betont, 1912 in neuer Auflage erscheinen durften. Manches Kapitel war außerdem schon fertig und wurde nur vorläufig zurückgestellt, und wieviel Arbeit er später an seinen Plautus gewendet hat, davon zeugt die schier unabsehbare Fülle von Abhandlungen, die er im Hermes, den er seit Kaibels Tode im Bunde mit Carl Robert leitete, in Göttinger Programmen und in den Publikationen der Göttinger Gesellschaft erscheinen ließ.

Man muß diese Werke zusammennehmen und sie mit den beiden Senecabänden vergleichen, dann empfindet man, wie Leo seit deren Vollendung noch gewachsen ist. Dort schon ein ausgereifter Gelehrter, der sich als Herausgeber die höchsten Ziele steckt und mit weitem Blick und sicherer Methode die Aufgaben löst, aber sich doch bewußt auf begrenztem Raume hält, noch Spezialist ist, hier der Meister, der das ganze klassische Altertum überschaut und von allen Seiten her sich die Wege bahnt, um ein unendlich schwieriges Gelände zu erschließen, der dabei auch die mühselige Kleinarbeit nicht scheut, die es kostet, um den Boden von dem darüber gewachsenen Unkraut zu befreien und bis in die Tiefe zu durchackern, der nun aber auch die Ergebnisse dieser Einzelarbeit in ungeahnter Weise wieder für die Erforschung des gesamten Altertums nutzbar zu machen weiß. Schon im Seneca war er gelegentlich über die beiden Ausgaben, die unserer Überlieferung zugrunde liegen, hindurchgedrungen bis zur Frage nach der Handschrift des Dichters. Bald darauf mußte er sich bei einem Vorstoß auf das Gebiet der griechischen Tragödie von einem *candidus iudex* sagen lassen, man dürfe Textkritik nicht eher üben als bis man die ganze Textgeschichte in allen Einzelheiten überblicke (vgl. Leos und Wilamowitz' Exkurse zu Euripides' Medea, Hermes 15). Aber noch die kleine Plautusausgabe zeigt ihn in der früheren Bahn, und erst Wilamowitz' Einleitung in die griechische Tragödie öffnete ihm den Blick für die Größe und Kompliziertheit der Aufgabe. Was dort für die Textgeschichte der griechischen Autoren geleistet war, das bietet für die Römer der erste Abschnitt der Plautinischen Forschungen[1]), und Leo weist bewußt darauf hin, wo sein Ausgangspunkt, wo sein Vorbild liegt, so selbständig er natürlich bei dem andersgearteten Material seine Wege geht. Und ebenso deutlich ist das Vorbild, wo er die Entstehung der biographischen Legenden skizziert.

Was aber hier die römische Literaturgeschichte der griechischen dankte, das konnte sie an einem andern Punkte doppelt und dreifach zurückerstatten. Denn statt des kurzen Kapitels 'De exemplaribus Graecis' der Senecaausgabe erhalten wir jetzt die gleich weit und tief gebenden Untersuchungen, die zwar auch zunächst bestimmt sind, die Technik der Römer aufzuhellen und dem bisherigen methodelosen Herumtasten ein Ende zu machen, die aber ihre tatsächliche Bedeutung noch mehr darin haben, daß sie zuerst unter der Übermalung das Bild der griechischen neuen Komödie in klaren Linien hervortreten lassen und ihr so wichtige Stücke wie den Prolog wiedergeben, daß sie die feinen Fäden bloßlegen, die von Euripides zur $\nu \acute{\epsilon} \alpha$, von da zur Elegie und weiter zur Rhetorik führen. Bei dem vielerörterten Elegieproblem hat Leo bis zu seinem Ende die Hoffnung gehegt, der ägyptische Boden werde die Lösung bringen, und war überzeugt, 'dann würden sich die andern wundern, er nicht'. Bei Menander hatte er wirklich die Genugtuung, daß vieles, was er erschlossen hatte, bestätigt wurde. Seine Freude war größer, wo er zulernen oder neulernen konnte, wo wie etwa in der Chorfrage ein überraschendes Licht auf Bekanntes fiel (vgl. Plaut. Forsch.[2] S. 227). Was ihm aber 'sein Blut in raschere Bewegung setzte', waren doch nicht die philologischen Erkenntnisse, es war der ästhetische Genuß, den ihm die neuen Stücke gewährten, der Gedanke, daß ein Großer der Weltliteratur wieder entdeckt war, daß er selbst daran mitarbeiten konnte, diesen der gesamten Kulturwelt zugänglich zu machen (Preuß. Jahrb. 1900).

Ägypten brachte noch nach anderer Richtung die Möglichkeit, Plautus besser zu verstehen. Daß die neue Komödie rein stofflich, nicht in der metrischen Form, Plautus' Vorbild gewesen sein konnte, war schon lange klar. Leo selbst hatte 1885 im Rheinischen Museum, wie schon erwähnt, als erster das Problem scharf gefaßt und den letzten historischen Anknüpfungspunkt für die Plautinische Metrik richtig bestimmt, wenn er auf die alte Komödie verwies. Aber daß Plautus nicht an der Quelle selbst zu schöpfen brauchte, konnte man erst sehen, als Grenfell 'Des Mädchens Klage' auffand. Die Bedeutung dieses Liedes für die Plautinische Metrik lag am Tage und wurde sofort auch von Crusius und Wilamowitz hervorgehoben. Leo rückte das an sich geringe Material in den großen Zusammenhang, der mit den Euripideischen Monodien das hellenistische Singspiel verbindet, und führte so den klaren Nachweis, daß Plautus

---

[1]) Zu vergleichen ist die Rezension von Lindsays The ancient editions of Plautus, Gött. gel. Anz. 1904.

mitten in der zeitgenössischen Technik steht und sich in dieser mit derselben Selbständigkeit bewegt wie die Griechen (Die Plautinischen Cantica und die hellenistische Lyrik, Abh. Gött. Ges. 1897).

Für andere Fragen der Plautinischen Metrik war von Griechenland her keine Hilfe zu erwarten. Sie waren nur in engstem Zusammenhang mit sprachlichen Untersuchungen zu lösen. Auch hier war es freilich gut, sich etwa die Parallele der Homerüberlieferung vorzuhalten und sich die Kluft klarzumachen, die zwischen der ersten Form unserer Überlieferung und den *ipsa verba* des Dichters klafft; aus dieser Parallele stammt auch der für Leo sehr wichtige Gedanke, daß der Dichter im Absterben befindliches Sprachgut beliebig nach metrischem Bedürfnis verwenden kann. Aber die eigentliche Sprachuntersuchung führte er ganz in Büchelers Geist: mit Ausnutzung aller Sprachquellen, aber mit spröder Beschränkung auf das italische Sprachgut. Um seine Ergebnisse ist hier viel gestritten worden und wird viel gestritten. Manches hat er selbst korrigiert. Das liegt in der Natur des Materials. Aber jeder, der die kurzen begründenden Notizen in der Ausgabe, die sprachlichen Abschnitte in den Forschungen, die stilistischen Untersuchungen seiner Sonderaufsätze liest, oder der auch nur ein paar Seiten der großen Ausgabe mit der zuerst von ihm selbst veröffentlichten vergleicht, der hat das Gefühl, daß hier eine Intensität der Arbeit, eine Intimität der Kenntnis des Dichters zutage tritt, wie man sie kaum bei einer anderen modernen Ausgabe findet.

Alles in allem: Leo ist es, der zuerst durch eine wirkliche Einsicht in die Textgeschichte einen Maßstab gegeben hat für die Beurteilung der Entstellungen, die unsere Überlieferung des Plautus zeigt, der aber auch durch die genaue Untersuchung von Sprache und Stil den Blick für das Richtige, das Regelmäßige wie das Singuläre, geschärft und dieses an unzähligen Stellen — ὁ τρώσας ἰάσεται war ein Lieblingssatz von ihm — wiederhergestellt hat. Er ist es, der zuerst die Metrik der lyrischen Partien auf ein festes Fundament gegründet, der als erster und ohne jeden Vorgänger die Stücke des Plautus und Terenz als Ganzes verstehen gelehrt hat.

Der weite Umfang, den Leo den Plautusstudien gab, führte ihn auf viele andere Probleme. Schon früher hatte er gezeigt, wie Varro die Entwicklung des römischen Dramas nach dem Muster der peripatetischen Literaturgeschichte konstruiert (Hermes 24, vgl. 39); die biographischen Untersuchungen (Plautin. Forsch. II 2) führten ihn dann weiter über Sueton zu dem Buche über die griechisch-römische Biographie (1901), das gleich bewundernswert ist durch die Sicherheit, mit der die beiden großen Entwicklungslinien, die auf Herausarbeitung des Charakters gerichtete philosophische und die auf Feststellung von Tatsachen und Daten bedachte philologische Biographie, geschieden werden, wie durch die Entsagung, mit der jedem Autor sein fester Platz in diesen Reihen angewiesen wird. Die große Bedeutung, die der Monolog in der Komödie hat, war auch schon bei den Untersuchungen über die Prologe (Plaut. Forsch. IV) gestreift, und der Gedanke an die starke Nachwirkung, die gerade in diesem Punkte die antike Literatur auf die Nachwelt geübt hat, regte ihn zu der groß-

angelegten Abhandlung über den Monolog im Drama an (Abh. Gött. Ges, 1908),
wo er mit dem ihm eigenen hier noch durch Jacob Grimm geschärften Sinn
für die Feinheiten poetischer Technik die innere Begründung dieser Kunstform
wie ihre Verwertung durch die einzelnen Dichterindividualitäten verfolgt.

Hinzu kamen die Ausgabe des Culex (schon 1891) und nach Büchelers
Tode die Neuausgabe von Persius und Juvenal, in der er namentlich bei Juvenal durch methodische Verwertung der neuaufgefundenen Oxforder Fragmente
die Textgeschichte auf eine neue Basis stellen konnte (vgl. Hermes 45). Aus
seiner Lehrtätigkeit erwuchs eine Fülle von Aufsätzen. Ich nenne nur etwa das
schöne Universitätsprogramm von 1894, in dem er Hesiod das für die Persönlichkeit des Dichters so charakteristische Proömium der Erga wiedergab — wir
sehen die Untersuchung unmittelbar vorher im Seminar entstehen —, oder das
kurz vorher veröffentlichte Programm (1892/3), in dem er das Verständnis von
Statius' Silvae anbahnt. Besondere Freude machte es ihm, wenn er bei einem
Papyrusfunde mithelfen konnte, ein antikes Werk wieder in ursprünglicher Gestalt entstehen zu lassen (Gött. Nachr. 1910 über Kallimachos' Kydippe) oder in
seinen literarischen Zusammenhang einzuordnen (Didymos, Περὶ Δημοσϑένους;
Satyros, Βίος Εὐριπίδου: Gött. Nachr. 1904 und 1912). Ganz in sein eigenes
Gebiet führte ihn dabei außer den Menanderfunden (Gött. Nachr. 1903. 7. 8 und
oft im Hermes) besonders der Metriker von Oxyrhynchos, der ihm die erwünschte Bestätigung seiner Anschauungen über die Geschichte der antiken
Metrik brachte (Gött. Nachr. 1899, vgl. Hermes XXIV 297 ff.). Die Metrik selber
hat ihn seit der Bonner Zeit dauernd beschäftigt. Wie ihn das Streben, die
Plautinischen Cantica zu verstehen, zu Euripides, Aristophanes und den Helle-
nisten führte, sahen wir schon. Auf diese Fragen ist er besonders in der Rezension über Sudhaus' Aufbau der Plautinischen Cantica Gött. Anz. 1911 zu-
rückgekommen. Naturgemäß war es auch, daß er über die römische Komödie
zurückging auf das italische Urmaß. In den Abhandlungen der Göttinger Gesellschaft 1905 hat er durch genaueste Untersuchung der erhaltenen Reste es
erreicht, ein wirkliches Bild von Wesen und Geschichte des Saturniers zu
zeichnen. Im ganzen schien ihm aber in der Metrik noch zu vieles im Fluß,
als daß er sich zu einer Gesamtdarstellung hätte entschließen können, so sehr
es ihn auch reizte zu zeigen, wie wenig mit dem prophetischen Ton, in dem die
neuesten metrischen Offenbarungen vorgetragen zu werden pflegen, die Sicherheit ihres Fundamentes in Einklang stehe (Gött. Anz. 1911 S. 65 ff.).[1]

Um so dankbarer dürfen wir es begrüßen, daß er auf anderem Gebiete
eine Gesamtdarstellung unternommen hat, die sein Lebenswerk krönen sollte.
Bei seinen Vorlesungen war es ihm längst zum Bewußtsein gekommen, wie
wenig außer von Mommsen die eigentliche Aufgabe der römischen Literaturgeschichte bisher in Angriff genommen sei. Er fühlte sich imstande und verpflichtet, die Lücke auszufüllen. Den Entschluß dazu faßte er etwa ein Jahr-

---

[1] Daß er bereit war von den neuen Theorien zu lernen, zeigt sein Aufsatz in dieser
Zeitschrift 1902.

zehnt vor seinem Tode. Die Ausführung wurde zunächst dadurch bestimmt, daß von außen her die Anregung kam, ein Bild von der Entwicklung der römischen Literatur für die 'Kultur der Gegenwart' zu zeichnen (1905). Er übernahm die Aufgabe und paßte sich in glücklichster Weise dem Zwecke des Werkes an. Denn durch die strengste Beschränkung auf das Wesentliche erreichte er es, daß auch für den Laien die großen Entwicklungslinien klar hervortraten und die führenden Persönlichkeiten scharf charakterisiert wurden, und lebendig ward der Einfluß der römischen Literatur auf die Nachwelt an den wesentlichen Punkten zur Anschauung gebracht.

Aber in dieser Skizze konnte Leo natürlich nicht das bieten, was er zu bieten hatte, und schon damals schwebte ihm das große Werk vor, von dem er kurz vor seinem Tode uns wenigstens noch den ersten Band geschenkt hat.

Was den Leser von Leos Literaturgeschichte zuerst wohl am meisten packt, ist die Eigenart, mit der er die allbekannten Tatsachen zu verwerten weiß. In jedem Handbuch waren die positiven Notizen über den Schulmeister Livius Andronicus zu finden. Aber wie der römische Boden in Sprache und Vers, in Recht und Rede vorbereitet sein mußte, damit, als die Zeit durch die politische Entwicklung der Nation erfüllet war, mit Macht die literarische einsetzen konnte, was es ferner zu bedeuten hatte, daß Livius der Welt die Übersetzungskunst erfand, was es für eine Leistung darstellte, wenn er die attischen Maße zu lebensfähigen lateinischen umgestaltete, das hat erst Leo gezeigt. Jeder hatte das Wort vom halben Menander nachgesprochen, aber die bewußte Kunst, mit der Terenz in der Komposition und Sprache von Plautus abweicht, mit der er die Verbindung der Komödie mit dem Singspiel aufgibt und anstatt der genialen Verschmelzung von Griechischem und Römischem eine Einheitlichkeit erstrebt, die im Attischen den Grundton hat, aber dabei alles Momentane und Lokale ausscheidet — das steht jetzt erst durch Leos feinsinnige Analyse klar vor Augen.

Das Wesentliche aber ist: An dem griechischen Einfluß konnte niemand vorbeigehen, aber erst Leo hat wirklich gezeigt, wie dieser im einzelnen wirkt und welche Kräfte widerstreben, wie die Entwicklung keineswegs geradlinig verläuft, sondern bald die Neigung stärker hervortritt, des eigenen Volkes Taten und Leben in eigener Form vorzuführen, bald man wieder dem griechischen Vorbild sich beugt, wie sich dann beim allgemeinen Vordringen des Griechentums die Synthese von griechischer und römischer Bildung vollzieht, und am Schluß der ersten Epoche im Scipionenkreise sogar schon ein Mann auftritt, der unter freiester Benutzung vorhandener Elemente die echt römische Satire als neue literarische Gattung schafft.

Leo hat die literarische Entwicklung in engem Zusammenhang mit dem ganzen Kulturfortschritt gezeichnet; aber das Schwergewicht der Darstellung fiel natürlich auf die führenden Einzelpersönlichkeiten. Für die ältere Zeit ergab sich dabei eine eigentümliche Schwierigkeit. Nur selten lag die Sache so günstig wie bei Cato, wo ein starker Charakter uns zugleich so kenntlich ist, daß von einem festen Zentrum aus Lebensauffassung, Stellung zum Bildungsproblem, lite-

rarische Tätigkeit entwickelt werden konnte. Gerade der Mann, dessen Nachlaß uns vollständig vorliegt, ist überhaupt keine starke Persönlichkeit gewesen.
Den strebsamen Müllerknecht aus Sarsina aber hatte Leo selbst in die Rumpel-
kammer der romantischen Legende gesteckt, und was aus dessen Werken zu
entnehmen war, genügte nicht, seine Gesamtpersönlichkeit zu erfassen. Vielmehr
galt es hier wie bei manchem andern, die literarischen Tendenzen herauszuarbeiten und mit ihrer Hilfe ein Bild der schriftstellerischen Individualität, ihrer
Entwicklung, ihrer Kämpfe, ihrer Nachwirkung zu gewinnen. Mit welcher ziel-
bewußten Kunst Leo das erreicht hat, zeigt am schönsten vielleicht — und er
freute sich, wenn man das hervorhob — das Kapitel über Ennius, wo er den
jungen Messapier schildert, der trotz seiner halbgriechischen Heimatsprache auf
den billigen Ruhm verzichtet, am griechischen Literatenhimmel als Stern zweiter
Größe zu glänzen und lieber seine starke produktive Kraft dazu benützt, der
italischen Nation Führer und Begründer ihrer Literatur zu werden, als Nachfolger griechischer Kunst, aber als ein Nachfolger, der, im Gegensatz zu seinen
griechischen Zeitgenossen, den Vergleich selbst mit Homer herauszufordern wagt.

Damit kommen wir an den Punkt, von dem aus wir dieses Werk Leos, von
dem aus wir seine Lebensarbeit würdigen müssen.

Als Leo sich zum Philologen entwickelte, war der große Streit zwischen
Gottfried Hermann und seinen Gegnern längst vorüber. Er selbst hat in einer
Rede zur Feier von Lachmanns hundertstem Geburtstag (Gött. Nachr. 1893)
das Ergebnis so formuliert: 'Man kann sagen, daß Hermann im einzelnen und
seine Gegner im ganzen recht behalten haben. Hermann vermißte an den Neuen,
was er für das Fundament seiner Wissenschaft hielt, die sichere Sprachkenntnis,
und keiner bezweifelt heute, daß er recht hatte. Die Gegner kämpften für den
neuen Begriff ihrer Wissenschaft, und keiner bezweifelt heute, daß sie recht
hatten.' Er fügt hinzu, daß Lachmann die rechte Verbindung beider Auffassungen
vollzogen hat, daß er vor allem den Begriff der philologischen Kritik so erweitert hat, daß sie 'die ganze Stufenfolge der Forschung von der Vergleichung
der Handschriften und der Ermittlung der Orthographie bis zur Rekonstruktion
des Kulturkreises umfaßt, aus dem das Werk hervorgegangen ist'. Leo selbst
war in seinen Entwicklungsjahren mit den beiden Männern in Verbindung getreten, die am stärksten den Gedanken vertraten und verkörperten, daß die
Philologie mit der Altertumswissenschaft identisch sei und sich auf das gesamte
antike Leben zu erstrecken habe. Diesen Begriff der Philologie hat er mit
eiserner Energie auch in seiner Forschung zu verwirklichen gestrebt, aber seine
Eigenart dabei bewahrt. Und die trieb ihn zur Literargeschichte, zur Poesie.
Auch darin fühlte er sich Lachmann verwandt, und wenn er dabei betont, daß
diese Neigung bei Lachmann wie bei so vielen anderen romantischen Ursprungs
ist, so denkt er wohl daran, wie auch ihn so manche Fäden mit der Romantik
verknüpften, besonders seit der ganze Strom der Mendelssohnschen Familien-
traditionen in sein Haus drang. Aber auch bei Leo war der romantische Einschlag nie so stark, daß er sich mit dem gefühlsmäßigen Nacherleben begnügte.
Auch für ihn stand das 'beglückende Verstehen höher als das ruhsame Genießen'.

Bücheler hatte ihn auf die römische Poesie hingewiesen. Sie wurde für ihn das Zentrum seiner Forschung. Die Prosa kannte er ebensogut, innerlich zog sie ihn aber doch nur an, wo wie bei Tacitus[1]) die poetische Gestaltungskraft oder jedenfalls wie bei Cicero die künstlerische Form lockte. Je mehr er aber hier verstehen lernte, desto mehr wurde er sich bewußt, daß er in Gegensatz nicht nur zur gewöhnlichen Schätzung oder vielmehr Mißachtung der römischen Literatur, sondern auch zu der Auffassung des Mannes geriet, der allein bisher wirklich deren Geschichte geschrieben hatte. Mommsen, der die staatlichen und rechtlichen Leistungen des Römervolkes bewunderte, sah mindestens in der älteren römischen Poesie nur den Abklatsch der griechischen, in Cicero den gedankenlosen Wortemacher. Aber damit verstand man die Römer nicht. Gewiß hatte sich ihre Literatur nach dem Vorbild der griechischen gebildet. Aber das ist bei allen abgeleiteten Literaturen der Fall. Die römische aber steht an der Spitze dieser Entwicklungsreihe, und sie hat sich ein unvergängliches Verdienst erworben, indem sie die griechische Literatur an die Nachwelt vermittelt hat. Das hätte sie aber nie leisten können, wäre sie einfache Nachahmung gewesen. Man verstand die Römer nicht, wenn man ihre Vorbilder nachwies, sondern wenn man sich klarmachte, wie sie nach ihrem eigenen Wesen, mit ihrem Können diese umgestaltet hatten. Verstehen hieß das Neue, das Selbständige würdigen.

In diesem Geiste hat Leo in seiner Prorektoratsrede im Jahre 1904 über die Originalität der römischen Literatur gesprochen, und dieses Eigene, das Echtrömische in ihr nachzuweisen und damit eine neue Schätzung und Beurteilung anzubahnen, das ist die Tendenz, die bald mehr bald minder deutlich seine ganze Literaturgeschichte durchzieht. Der Gegensatz zu Mommsen wäre wohl stärker noch im zweiten Bande hervorgetreten. Da sollte Cicero den Höhepunkt bilden.

Leo hat sich mit der Skizze in der 'Kultur der Gegenwart' an das große Publikum gewendet, aber auch das ausführliche Werk ist nicht bloß für die Fachgenossen geschrieben, will für weitere Kreise verständlich sein, will den Genuß der römischen Kunstwerke durch Übersetzungen vermitteln. Warum ist er so verfahren?

Die Antwort kann uns am besten sein Vortrag 'Über die Bedeutung des Griechischen für die deutsche Kultur' geben, der, vor Vertretern der Staatswissenschaften gehalten, im letzten Jahrgang dieser Zeitschrift abgedruckt ist. In raschem, sicherem Gange führt Leo seine Hörer hier durch die modernen Literaturen, um schließlich mit dem historischen Nachweis zu enden, daß keines modernen Volkes Kultur so eng mit der griechischen verknüpft ist, so durch die Lockerung dieser Bande gefährdet werden müßte wie die deutsche. Hier zeigt er aber auch, wie auf deutschem Boden in engstem Zusammenhange mit der Renaissance des Griechischen die historische Philologie entstanden ist, wie dieser innerlich begründete Zusammenhang der Philologie mit dem gesamten

---

[1]) Vgl. die Göttinger Rede zu Kaisers Geburtstag 1896.

deutschen Geistesleben weiter dauern muß und es für beide den schwersten
Nachteil bedeuten würde, wenn sie entfremdet würden. Daraus erwächst aber
für die Philologie 'die Aufgabe, das nationale Gut zu büten und zu verwalten,
wenn die Nation in Gefahr ist, es zu vernachlässigen oder zu vergessen', und
der Vortrag selbst ist erwachsen aus der Abwehr gegen die Wortführer der
öffentlichen Meinung, die nicht sehen oder hören wollen, daß die deutsche Kultur
die antike als Fundament hat und braucht, daß die Erhaltung der humanisti-
schen Bildung eine Lebensfrage für das deutsche Geistesleben ist. Es ist dabei
keineswegs nur eine Wirkung der Tageskämpfe, wenn er hier wie sogar in
einem für den Deutschen Gymnasialverein gehaltenen Vortrag 'Über die römische Literatur in der Schullektüre' (Humanist. Gymn. 1910) den griechischen
Unterricht voranstellt. Aus demselben Geiste ist es aber auch geboren, wenn er
für die Literatur, die einst Dante und Petrarca begeistert hatte und dann durch
die Wiederfindung ihrer älteren Schwester zurückgedrängt worden war, wieder
Verständnis und richtige Einschätzung anbahnen wollte. Den Nutzen sollte
nicht bloß die Fachwissenschaft haben, sondern die deutsche Kultur. In welchem
Maße Leo sein Ziel erreicht hat, das läßt sich nicht beurteilen, solange die
historische Perspektive fehlt. Jedenfalls haben es nicht nur die Fachgenossen
zu klagen, daß die große Literaturgeschichte ein Torso geblieben ist.

Der Vergleich mit Mommsens Römischer Geschichte drängt sich auf. An
Breite der schriftstellerischen Wirkung wird dieser freilich nur die Skizze in
der 'Kultur der Gegenwart' nahekommen, die den kondensiertesten Extrakt wissenschaftlicher Forschung in einer Form bringt, die auch dem Laien ebensoviel
Genuß wie Belehrung bietet. Das größere Werk zeigt, wenn auch etwas abge-
tönt, die αὐστηρία der fachwissenschaftlichen Schriften, die bewußt dem Leser
Anstrengungen zumutet und auf sein Mitdenken und Nachforschen rechnet.
Diese Strenge und Herbheit der Darstellung ist das Spiegelbild von Leos Persönlichkeit. Was für ein schmiegsames Kleid ihm der Stil aber für den Inhalt
war, empfindet man, wenn man daneben etwa die warmpersönlichen Gedächtnisworte auf Kaibel liest oder gar in den Kriegserinnerungen eine wahrhaft lysia-
nische χάρις der Erzählung auf sich wirken läßt.

Leo wollte schriftstellerisch wirken. Aber seine Persönlichkeit gab sich in
seinen literarischen Werken nicht aus. Das weiß vor allem die Georgia Augusta,
an der er fast 25 Jahre gewirkt hat. Ihr gehörte er mit ganzem Herzen und
hat ihr die Treue bewahrt, auch als von Bonn, Leipzig, Berlin her lockende
Rufe kamen. Hier fühlte er sich in einer jahrhundertalten philologischen Tradition, und er war stolz darauf, daß er mit daran arbeiten durfte, Göttingen
wieder zu einer Hochburg der klassischen Philologie in Deutschland zu machen.
Was er der gesamten Universität in diesen Jahren war, davon zeugen dem Fern-
stehenden die zahlreichen Programme und Ansprachen, am schönsten vielleicht
die Rede auf Bismarck vom 20. November 1898, wo er der Trauer der Universität um den Heimgang ihres größten Angehörigen mit starker eigener Bewegung — wo er die unhistorischen Angriffe auf die Emser Depesche abweist,
wird der Ton fast leidenschaftlich — Ausdruck verleiht. Aber mehr bedeutete

noch sein Wirken als Prorektor (1903/4), als Mitglied von Senat und Fakultät,
wo sein stets den Kern der Frage treffendes Wort oft genug bei Beratungen die
entscheidende Wendung herbeiführte. Die Gesellschaft der Wissenschaften dankt
ihm eine Reihe von Abhandlungen und Rezensionen, die zu ihren wie zu seinen
besten Veröffentlichungen gehören. Aber nicht minder fruchtbar war die sonstige
Tätigkeit, die er als ihr Mitglied, als ihr langjähriger Sekretär entfaltete. Besonders seit die Gesellschaft nach ihrer Reorganisation im Jahre 1893 die Möglichkeit hatte, in gemeinsamer Arbeit mit anderen Akademien umfangreiche
Aufgaben der Wissenschaft in Angriff zu nehmen, kam seine Arbeitskraft und
sein im Verkehr mit Mommsen geschultes Organisationstalent zur Geltung.
Nirgends natürlich mehr als bei dem Unternehmen, das sein eigenes Arbeits-
gebiet betraf. Der Direktion des Thesaurus linguae latinae hat er von Anfang
an angehört, lange Jahre hat er das eine der beiden Arbeitszentren geleitet,
aber auch später noch den regsten Anteil an dem Fortgang des Werkes genommen und ihm bis an sein Ende Zeit und Kraft gewidmet. So sehr er aber
hier den Wert der gemeinsamen wissenschaftlichen Unternehmungen schätzen
lernte, so stand es ihm doch felsenfest, daß die Blüte der Gesellschaft nicht
von ihrer extensiven Wirksamkeit, sondern von der persönlichen Forscherarbeit
der einzelnen Mitglieder abhängig sei, und als er am 9. November 1901 die
Geschichte der Gesellschaft während ihres hundertfünfzigjährigen Bestehens zu
zeichnen hatte, da war es dieser Gedanke, mit dem er mahnend abschloß.[1]

Aber seine Hauptwirksamkeit entfaltete er als Lehrer der studierenden
Jugend. Leo hat nie zu denen gehört, die über der wissenschaftlichen Arbeit
die Lehrtätigkeit zurücktreten lassen. Ja ihm stand wie Platon höher als alle
Schriftstellerei der lebendige Same, den er in die Herzen der Schüler senkte.
Platonisch war es dabei auch, daß es auf der Universität keine Lehrer und
Schüler für ihn gab, sondern eine Vereinigung von gleichstrebenden Männern,
von denen nur etwa der ältere dem jüngeren ein paar Schritte voraus sei.

Wer das Glück gehabt hat — ich kann hier nicht anders als persönlich
reden —, in den neunziger Jahren die größte Zeit der Göttinger Philologie zu
erleben, der kann sich nur Leo und Wilamowitz zusammen denken. Beide damals
vollkommen fertig, aber jugendfrisch, miteinander in engster persönlicher und
wissenschaftlicher Harmonie, beide bestrebt, uns zu wissenschaftlichen Persönlichkeiten zu erziehen. In Leos Vorlesungen stand die Interpretation durchaus
im Vordergrund, die Interpretation natürlich in dem weiten Sinne, wie er sie
verstand, bei der er uns von der feinsinnigen, eindringenden und eindringlichen
Erklärung des einzelnen hindurchführte bis zum Verständnis eines ganzen Kunstwerks, einer literarischen Persönlichkeit, einer Kulturepoche. Wer es bei Leo
nicht gelernt hat, daß die sichere Erfassung des einzelnen die Grundlage aller
historischen Erkenntnis ist, daß die 'höhere' Kritik von der 'niederen' — Leo

---

[1] Die damals veröffentlichte Festschrift bringt aus Leos Feder eine Würdigung Chr. Gottl.
Heynes, der von der Aufgabe der Akademien große Unternehmungen zu fördern noch nichts
wußte, aber Jahrzehnte lang seine Kraft dafür eingesetzt hatte, daß die Gesellschaft eine
Stätte persönlicher Forscherarbeit blieb.

haßte diese Worte — sich nicht trennen läßt, dem wird diese Wahrheit immer verschlossen bleiben. Von nichtssagenden Werturteilen bekam man dabei so wenig zu hören wie in seinen Werken. Verstehen lernen sollten wir die Sache, die Wirkung wollte er getrost dieser überlassen. Es kann wohl sein, daß er in der späteren Zeit seinen Standpunkt für den jungen Studenten etwas hoch nahm, daß dieser sich an den rein sachlichen, auf äußere Reizmittel bewußt verzichtenden Vortrag erst gewöhnen mußte. Der Reifere empfand um so mehr den klaren, genau durchdachten Aufbau des Ganzen wie des Einzelnen, die echte Wissenschaftlichkeit der Darstellung.

Noch mehr packten uns die Übungen. Hier sahen wir an Leos eigenem Vorbild die Gewissenhaftigkeit, die Treue bis ins Kleinste übt, die Liebe zur Wahrheit, die keine $\varphi\iota\lambda\alpha\upsilon\tau\iota\alpha$ duldet, die nichts Schöneres kennt als auch vom Jüngeren belehrt zu werden. Hier konnte man die strenge, die unerbittlich strenge philologische Methode lernen, die das Gefühl der Gebundenheit gibt das vor Dilettantismus und Willkür schützt, wie auch das Bewußtsein der Sicherheit, auf das allein der Mut zur wissenschaftlichen Arbeit sich gründet. Leo verlangte nicht wenig. Und wer einmal das gefahrdrohende Zucken seiner Augenbrauen, die unmutige Bewegung des Kopfes, in der etwas unsäglich Ablehnendes liegen konnte, erlebt hatte, der vergaß das nicht so leicht, noch weniger freilich, wer ein Wort der Anerkennung, womöglich gar über sein Latein hören durfte.

Nicht ohne Herzklopfen ging man wohl auch zu seinem für die Studenten stets geöffneten Arbeitszimmer hinauf. Denn recht oft entwickelte sich da ein Gespräch, bei dem man in ebenso unbequemer wie heilsamer Weise auf Herz und Nieren geprüft wurde. Aber hier erfuhren wir auch die stärksten Anregungen, und es knüpften sich hier die persönlichen Bande, die dauerten weit über die Studienzeit hinaus.

Aber wodurch Leo am allerstärksten wirkte, das war noch etwas anderes, es war der Eindruck seiner ganzen Persönlichkeit.

Wenn Leo in seinen Werken die Verbindung seiner Wissenschaft mit dem gesamten deutschen Geistesleben suchte, so war dies in seinem innersten Wesen begründet. Er war eine ästhetisch-künstlerische Natur. Schon der Knabe hatte nach dem Lorbeer des Dichters gegriffen, und noch den reifen Mann konnte das Erwachen des Frühlings oder ein Goethischer Gedanke zu einem formvollendeten tiefempfundenen Gedichte anregen. Poesie, Musik, bildende Kunst waren Elemente seines Lebens. Eine scharf ausgeprägte Neigung zog ihn dabei überall zur ruhigen abgeklärten Schönheit hin. Bei der modernsten deutschen Literatur stieß ihn die Formlosigkeit zumeist ab. Aber auch die moderne Musik liebte er nicht, und selbst zu Rembrandt hat er erst in späteren Jahren ein inneres Verhältnis gewonnen. Dafür waren Mozart und Beethoven, die großen Italiener der Renaissance, waren die klassischen Schriftsteller aller Kulturnationen seine Freunde, Goethe ein Vertrauter; den er auch bei wichtigen persönlichen Entscheidungen um seinen Rat anging.

Aber nirgends begnügte er sich mit dem bloßen Genießen. Überall trieb es ihn, das, was sein Inneres beschäftigte, auch wissenschaftlich zu verstehen. Die Wissenschaft beherrschte sein Leben, so stark, daß persönliche Neigung und wissenschaftliche Schätzung bei ihm zusammengingen, daß es ihn in tiefster Seele verletzte, wenn er einem Manne von wissenschaftlichen Leistungen die moralische Achtung versagen mußte.

Das unsichere Tasten der Entwicklungsjahre ist Leo nicht erspart geblieben, aber als er sich gefunden hatte, da war sein Wesen, wie Wilamowitz an seinem Sarge sagte, 'diamantklar und diamantfest', von einer Selbstsicherheit, die jedes Schwanken ausschloß, von einer Ausgeprägtheit, die Fremdes zulernen aber nichts Eigenes aufgeben konnte, von einer Bestimmtheit, die keine Halbheit duldete, von einer Natürlichkeit, der jede Pose ebenso wie die Verstellung unmöglich war, streng und wohl auch schroff, wo es die Sache verlangte, vornehm in der Form, auch wo die Arroganz eines Gegners es erschwerte. Von unbedingter Geradheit und Offenheit, war er dabei nicht der Mann, der sich leicht erschloß. Eine keusche Zurückhaltung deckte sein innerstes Wesen. Ihm war auch nicht gegeben mit kleiner Münze zu zahlen, den leichten Verkehrston suchte er nicht. Und da die geistige Atmosphäre, in der er lebte, ihm nicht nur alles Banale und Triviale verhaßt machte, sondern auch gelegentlich das Verständnis für die kleineren Angelegenheiten des Lebens erschwerte, erschien er wohl als unnahbar, empfand er es selbst, daß er auch da, wo er es wünschte, nicht immer schnell Fühlung fand. Aber wer ihm nähertreten durfte, der war erstaunt über den Reichtum von Güte und Herzenswärme, der sich unter der kühlen Oberfläche barg.

Streng und herb war sein Wesen. Das beruhte vor allem darauf, daß es verankert war in einem Pflichtgefühl, das ihn seinen Weg gehen hieß ohne Rücksicht auf eigene Bequemlichkeit und Vorteile, unbekümmert aber auch um fremde Eitelkeit und Empfindlichkeit, einem Pflichtgefühl, das Leo selbst auf die harte Schule des Krieges zurückführte, das aber natürlich von Jugend auf in ihm vorgebildet war. Von allen Philosophen ist Kant der einzige gewesen, der ihm als Philosoph innerlich wirklich nahestand. Von hier aus erklärt sich auch eine andere Eigentümlichkeit seines Wesens. In einer Zeit, wo dem Preußen als Partikularismus vorgeworfen wird, was bei jedem Waldecker und Detmolder als berechtigter Stolz auf die Heimat gilt, mag es besonders hervorgehoben werden: Der Mann, der das Deutsche Reich mit erkämpfen half, brandmarkt nicht nur in seiner Bismarckrede die 'Spottgeburt des Preußenhasses', ihm war auch der preußische König im schlichten Waffenrock eine liebere Vorstellung als der Kaiser im Hermelin, und er, der von dem 'kindlichen Gedanken einer nationalen Wissenschaft' gesprochen hat, mochte sich seine persönliche wissenschaftliche Tätigkeit nur in Preußen denken. Im Preußentum fand er sein eigenes Wesen wieder.

Das Pflichtgefühl hat Leo in allem Tun bestimmt. Es trieb ihn ganz gegen seine Neigung sogar in das politische Leben hinein. Ja er begnügte sich sogar nicht mit der stillen Arbeit des Vertrauensmannes der nationalliberalen Partei; wenn es die Not erforderte, überwand er wohl sogar seinen Widerwillen gegen

die rauchgeschwängerte Luft des menschengefüllten Versammlungslokals und
warf sein Wort in die Wagschale. Und er erzwang sich Gehör. In diesem Pflichtgefühl war die unbedingte Sachlichkeit begründet, die er überall bewährte. Am
meisten aber trat es in seiner Wissenschaft hervor. Es ist charakteristisch, wie
er bei Lachmann hervorhebt, Bekanntschaft mit Kants Ethik lasse sich bei ihm
nicht nachweisen,· aber jedenfalls habe er deren Grundgedanken in die philologische Kritik eingeführt. Tatsächlich war eben Leo selbst sich bewußt, in
seiner Wissenschaft nach dem kategorischen Imperativ zu handeln, war er jedenfalls bestrebt, auf diese Weise das subjektive Element, das jeder Kritik anhaftet, einem objektiven Maßstab zu unterwerfen. Daß alle persönlichen Rücksichten zurückzutreten hätten, wo die Wissenschaft spräche, war ihm selbstverständlich. Als er den ehrenvollen Ruf nach Berlin ·abgelehnt hatte, sagte
er mir einmal: 'Wäre ich nach Berlin gegangen, so hätte ich ein bis zwei
Jahre für meine wissenschaftliche Arbeit verloren, und die habe ich nicht zu
verlieren.'

Diese Sachlichkeit, dieses Pflichtgefühl war ein Zug in Leos Wesen, der
sich jedem aufdrängte. Am meisten aber den Schülern. Es wird wenige akademische Lehrer geben, bei denen der Student so unmittelbar den Eindruck einer
unbedingten Unterordnung einer starken Persönlichkeit unter die Sache hat wie
es bei Leo der Fall war. Diese Hingabe an die Wissenschaft, dieses wissenschaftliche
Pflichtgefühl hat er auch von seinen Schülern verlangt. Und es braucht wohl
kaum gesagt zu werden, daß er dabei nicht bloß an solche dachte, die später ausschließlich der Wissenschaft dienen würden. Gerade für den Lehrer der Gymnasien war ihm die wissenschaftliche Ausbildung auf der Universität das Wichtigste. Die kurze Schilderung des Studiums der klassischen Philologie, die er
dem Werke 'Das Unterrichtswesen im Deutschen Reich' (herausgegeben von
Lexis 1904) eingefügt hat, schließt mit den Worten: 'Ein Lehrer, der sein Leben
lang nur auswendig gelernt hat, ist besser als ein Ignorant, aber kein guter
Lehrer. Wer sich an einem Punkte den Eingang in ·die Wissenschaft erkämpft
hat, wird ihre Pforten, wo er anklopft, offen finden, und seine Person wird die
Schule, an der er arbeitet, immer wieder mit frischem Leben erfüllen.' Das
Fehlen positiver Kenntnisse verzieh er darum gern, wenn jemand bei wissenschaftlicher Abeit sich in eine Seitengasse verirrt hatte. Aber wo er ein Banausentum traf, das die Philologie als Brotstudium ansah und betrieb, da konnte
er mit heilsamer Schroffheit seine Verachtung zum Ausdruck bringen, so gut
wie wenn er die Treue und Gewissenhaftigkeit, die er selber übte, bei dem
Jüngeren vermißte.

So ist Leo für viele Generationen von Studenten, man darf wohl sagen,
das philologische Gewissen gewesen. Den Zugang zu ihren Herzen vermochte
er seiner ganzen Natur nach nicht leicht beim ersten Zusammensein zu finden.
Aber das Vertrauen, die Verehrung, die er jedem einflößte, wandelte sich bei
den vielen, die ihm allmählich nahetraten, in eine Liebe um, die ihm selbst
einen reichen Lohn bedeutete. Als wir bei seinem sechzigsten Geburtstag ihm
die Χάριτες überreichten, da war ihm das eine wirkliche Freude, ganz freilich

erst, als er den Eindruck gewonnen hatte, die einzelnen Mitarbeiter hätten nicht bloß an ihn, sondern auch an die Wissenschaft gedacht.

An Anerkennung hat es Leo nicht gefehlt. Selten wird es einem Gelehrten zuteil geworden sein, so unbestritten als der Erste seines Faches im Heimatlande wie in der Welt zu gelten. Die Akademien des Inlandes wie des Auslandes haben gewetteifert, ihm ihre Mitgliedschaft anzubieten. Aber Leo hat nach Beifall nie gegeizt. Etwas anderes stand ihm höher. Er konnte das Bewußtsein haben und hat es gehabt, daß sein Leben nicht vergeblich gewesen sei, daß seine Arbeit der Wissenschaft Frucht trage für die Gegenwart wie für die Zukunft. Uns erfüllt heute das Gefühl der Trauer, daß er sein letztes großes Werk nicht vollenden durfte; ihm selbst ist nichts fremder gewesen als der Gedanke, das Geschick einer großen Sache, gar der Wissenschaft sei gebunden an das Los des einzelnen, der ihr zu dienen berufen sei. Er hat seine Arbeit bis zum letzten Atemzuge tun dürfen, und diese wissenschaftliche Tätigkeit war ihm der Quell der reinsten Lust, der Erfolg von dem er sie begleitet sah, das hohe Glück, das er schon jetzt genoß. Die Euthanasie ist ihm geworden aber auch im Leben die Eudämonie.

DIE NILSCHWELLE

Von Wilhelm Capelle

Wer an einem klaren Winterabend am Osthimmel tief unter dem Gürtel des Orion den bald bläulich weiß, bald grünlich, bald rosenfarben funkelnden, die anderen Lichter der Nacht weit überstrahlenden Fixstern, den Sirius, sinnend bewundert, dem kommt wohl schwerlich in den Sinn, daß der Frühaufgang dieses Gestirns schon vor Jahrtausenden für eins der ältesten Kulturvölker unseres Planeten ein Freudenzeichen, ja der Beginn einer neuen Ära gewesen ist. Ist doch für die alten Ägypter alljährlich das erste Wiedererscheinen der Sôthis in der Morgendämmerung während des ganzen Verlaufes ihrer Geschichte mit dem Beginn der Nilschwelle zusammengefallen, einem Naturvorgang, der nicht nur mit mathematischer Gewißheit und Regelmäßigkeit beginnt, sondern für das ganze Unterägypten eine derartig vitale Bedeutung hat, daß eben darauf die Einführung des ägyptischen Kalenders[1]), ja sogar die Entdeckung und Einteilung des Sonnenjahres zurückgeht.[2]) Ward dies doch durch die Nilüberschwemmung, 'den großen Regulator des ägyptischen Lebens', in drei gleich-

---

[1]) Da die alten Ägypter zunächst mit dem Zeitraum von $30 \times 12 = 360 + 5$ Tagen das wirkliche Sonnenjahr gefunden zu haben glaubten — während dies in Wahrheit $365\frac{1}{4}$ Tage, genau 365 Tage 5 Stunden 48 Minuten 46 Sekunden umfaßt —, so mußte sich das bürgerliche Neujahr wie überhaupt der bürgerliche Kalender alle 4 Jahre gegenüber dem Siriusaufgang um 1 Tag verschieben, so daß schon nach 4 Jahren der Sirius 1 Tag, nach 40 Jahren gar erst 10 Tage nach Neujahr aufging usw. Da diese Verschiebung von den Ägyptern niemals korrigiert worden ist, mußten im Laufe der Jahrhunderte die 'Jahreszeiten' des bürgerlichen Kalenders von den wirklichen vollständig abweichen. Vgl. Erman, Ägypten und ägyptisches Leben im Altertum II 468 f. S. auch Wiedemann, Herodots II. Buch S. 52 f. Wenn aber Eduard Meyer (Gesch. d. Alt. I 2², 98 ff.), wie ich nicht bezweifle, recht hat, dann ist nicht nur einmals der Tag des Siriusfrühaufgangs als der Beginn des bürgerlichen Jahres angesetzt worden, von dem fortan gerechnet wurde, sondern dann ist der ägyptische Kalender, da das bürgerliche Neujahr mit dem Siriusaufgang nur alle $365\frac{1}{4} \times 4 = 1461$ Jahre zusammengefallen ist, und dies Zusammentreffen nur in den Jahren 140/1—143/4 n. Chr., 1321/20—1318/17, 2781/0—2778/7, 4241/0—4238/7 v. Chr. stattgefunden hat, andrerseits der ägyptische Kalender schon um 2840 v. Chr. in Gebrauch gewesen ist — dann ist dieser Kalender im Jahre 4241 eingeführt worden, mithin der 19. Juli julianisch = 15. Juni gregorianisch des Jahres 4241 v. Chr. das älteste sichere Datum der Weltgeschichte. Da aber der Frühaufgang des Sirius nur unter dem 30. Breitengrade auf den 19. Juli julianisch gefallen ist, kann dieser Kalender nur in dem Gebiet von Heliopolis und Memphis eingeführt sein. Ed. Meyer I 2, 101.

[2]) Vgl. auch die ausgezeichnete Darlegung von Boll, Die Entwicklung des astronomischen Weltbildes (Kultur der Gegenwart III 3, Leipzig 1913) S. 10 des S.-A.

lange Abschnitte gegliedert: die Überschwemmungszeit (*echet*) von Mitte Juni bis Mitte Oktober, die Zeit des Sprossens der keimenden Saat (*prójet*) von Mitte Oktober bis Anfang Februar und die Zeit der Ernte (*šomu*) von Mitte Februar bis in den Juni.[1]) So war es zur Zeit der Pyramidenerbauer, so ist es noch heute.[2])

So ist der strahlende Stern, der alljährlich am 19. Juli (julianisch) beim Morgengrauen zum erstenmal wieder auftauchte, zum allzeit willkommenen Boten des großen Naturereignisses für die Ägypter geworden. Darum ist er der Isis heilig[3]), die einem alten Mythus zufolge durch eine Träne, die sie in den Strom fallen läßt, die Überschwemmung herbeiführt.

Die Bewohner Ägyptens haben seit Urzeiten die Bedeutung der Nilschwelle für ihr Land voll gewürdigt. Aus den Tagen der ersten Dynastien unter den Thiniten[4]), aus dem alten, mittleren und neuen Reich, aus dem dritten und anderen Jahren Osorkons II. (um 900) liegen uns ebensogut historische Nachrichten von der Nilflut vor wie aus der Zeit Herodots oder der Ptolemäerherrschaft, für die der demotische Papyrus Nr. 11 in Turin vom Jahre 146/5 v. Chr. als Beispiel dienen mag. Und vollends aus der römischen Kaiserzeit haben wir urkundliche Zeugnisse in erstaunlicher Fülle, bis in die byzantinische Periode hinein. Unter der Herrschaft der Araber, vor denen am 17. September 642 die römische Besatzung Alexandreia räumt, wird das nicht anders. 715 läßt der Kalif Soleiman an der Südspitze der Insel Rodah eine achteckige Marmorsäule als den Nilmesser von Kairo errichten. Im Jahre 882 wird von Ahmedebn-Tulun die Säule des Mekyas errichtet, um einen alten Nilmesser wiederherzustellen, den ein Erdbeben zerstört hatte. Koptische Papyri berichten aus den Jahren 1017—1020 von den Flutverhältnissen in Eschmuneju. Um 1200 spricht Abd-el-latif von ausnahmsweise niedrigen Wasserständen des Stromes.... Als die Franzosen unter Bonaparte Ägypten erobern, bringen sie an der Marmorsäule Soleimans eine hölzerne Skala an. Und das heutige englische Regime trägt der alljährlichen Überschwemmung für die Bedürfnisse des Landes in umfassender Weise Rechnung.[5]) —

---

[1]) Erman a. a. O. S. 469; Ed. Meyer I 2, 99; Wiedemann a. a. O. S. 52 f.

[2]) Vgl. L'Égypte d'aujourdhui, son agriculture, son état économique et politique, ses ressources financières, sa fortune immobilière et sa dette hypothécaire par le Comte Cressaty, Paris 1912, S. 26: ... 'la répartition des saisons agricoles, qui sont au nombre de trois: Nili (de l'époque de la crue), Chetoni (d'hiver), Saifi (d'été).'

[3]) Vgl. Plutarch, De Is. et Osir. S. 359 d; Lukian, Dial. Deor. 3 Ende; Schol. Arat. S. 366, 15 ff. Maaß; vgl. Erman II 368; Ed. Meyer I 2, 101. Zur mythischen Erklärung der Nilschwelle durch die Ägypter vgl. auch Wiedemann a. a. O. S. 101.

[4]) Nach Eduard Meyer (I 2², 125 ff. vgl. 137) regieren die Thiniten etwa von 3300—2900 v. Chr.

[5]) Auch hier bewähren sich Ermans treffende Ausführungen, daß 'in keinem anderen Lande die historische Überlieferung so wenig Lücken bietet wie hier. Von der Zeit des Königs Snofru an bis zur Eroberung Alexanders des Großen und von der griechischen Epoche her bis zum Einbruch der Araber und von dieser wieder bis auf unseren Tag liegt eine ununterbrochene Kette von Denkmälern und Schriften vor, die uns die Verhältnisse des Landes kennen lehren. Daß wir ein und dasselbe Volk durch fünf Jahrtausende hin-

Der Kaiser Julian sagt einmal: 'Die Ägypter erklären auch aus anderen
Gründen den Nil als den Retter und Wohltäter ihres Landes, vor allem aber
deshalb, weil er sie vor dem Untergange durch das Feuer schützt, wenn die
Sonne nach Ablauf gewisser großer Perioden mit anderen edlen Gestirnen zu-
sammentrifft, die Luft dann mit Glut erfüllt und alles in Brand setzt. Denn sie
vermag nicht — so behaupten jene — die Quellen des Niles zu tilgen oder
aufzuzehren.[1]) Das Naturereignis selbst schildert Strabon[2]), der das Land aus
eigener Anschauung kennt: 'Beim Steigen des Niles verschwindet ganz Unterägypten unter dem Wasser. Es bildet dann einen einzigen großen See, mit Ausnahme der menschlichen Ansiedlungen. Diese liegen nämlich auf natürlichen
Anhöhen oder aufgeschütteten Dämmen, ansehnliche Städte ebensogut wie
Dörfer, die von weitem wie Inseln erscheinen. Wenn das Wasser mehr als
40 Tage des Sommers (in derselben Höhe) geblieben ist, sinkt es allmählich,
wie es auch allmählich gestiegen war. Im Laufe von (weiteren) 60 Tagen wird
das Land wieder vollständig wasserfrei und trocknet nun ab. Je schneller es
trocknet, um so schneller folgt Pflügen und Aussaat.' — Von besonderem Interesse ist aber für uns, was ein so helläugiger Autor wie Herodot auf Grund
seines Aufenthaltes im Pharaonenlande von der Nilschwelle berichtet.[3]) Von
der Breitenausdehnung der Überschwemmung sagt er[4]): 'Der Nil bedeckt zur
Zeit seiner Hochflut nicht nur das Delta, sondern auch von dem libyschen
und arabischen Gebiet eine beträchtliche Strecke, zuweilen sogar in einer Ausdehnung von zwei Tagereisen auf jeder Seite, auch wohl noch mehr, ein andermal
weniger.' Wenn aber schon diese Angaben in Wahrheit durchaus nicht genau
sind[5]), so noch viel weniger das, was er von der Höhe der Flut berichtet[6]):
'Mir erzählten die Priester, daß zur Zeit des Königs Möris der Strom Ägypten

---

durch verfolgen können ..., während die natürlichen Verhältnisse, unter denen es lebt,
immer dieselben bleiben, das erlaubt uns die Geschichte nur in diesem einen Falle zu beobachten' (Ägypten I 5).

[1]) Or. III 119 a — b. Die Stelle wird erst ganz verständlich, wenn man sie als (hier
freilich augenscheinlich durch einen anderen Autor vermittelte) Reminiszenz an Platons
Timaios 22 d erkennt: τὸ δὲ ἀληθές ἐστι (der Phaethonmythus) τῶν περὶ γῆν καὶ κατ᾽ οὐρανὸν
ἰόντων παράλλαξις καὶ διὰ μακρῶν χρόνων γιγνομένη τῶν ἐπὶ γῆς πυρὶ πολλῷ φθορά. Dann
werden die Leute auf den Bergen und hochgelegenen Orten eher zugrunde gehen als die
Anwohner von Flüssen und Meer. ἡμῖν δὲ (der ägyptische Priester spricht) ὁ Νεῖλος εἴς
τε τὰ ἄλλα σωτὴρ καὶ τότε ἐκ ταύτης τῆς ἀπορίας σῴζει λυόμενος.

[2]) XIII 788 C. f.; vgl. auch Seneca N. Q. IV a 2, 11.

[3]) Mit der eben angeführten Strabonstelle vgl. Hdt. II 97: 'Wenn aber der Nil das
Land überschwemmt, ragen allein die Städte aus dem Wasser hervor, ganz ähnlich wie die
Inseln im Ägäischen Meer. Denn das ganze übrige Ägypten wird Meer, nur die Städte ragen
hervor. Sie fahren nun, wenn dies eintritt, nicht mehr im Strombett, sondern mitten über
die (überschwemmte) Ebene.'

[4]) II 19 Anf.

[5]) Vgl. Wiedemann a. a. O. S. 99: 'Zwei Tagereisen weit überschwemmt der Nil nur
an einer Stelle, an dem Eingange des Fayûms, wenn man diese Oase mit hinzurechnet,
das Land.'

[6]) II 13.

unterhalb Memphis überschwemmte, wenn er wenigstens auf 8 Ellen stieg. Und Möris war doch noch keine 900 Jahre tot, als ich dies von den Priestern erfuhr. Aber heutzutage setzt der Strom, wenn er nicht wenigstens auf 15 oder 16 Ellen steigt, das Land nicht unter Wasser.' — Daß Herodot hier unter Möris Amenemhêt III. versteht, der, wie wir durch Eduard Meyer wissen, schon 1849—1801 v. Chr. regiert, wird allgemein anerkannt. Dann war freilich Möris zur Zeit Herodots nicht 900, sondern fast 1400 Jahre tot. Doch dieser Irrtum ist noch das Harmloseste an der Sache. Wenn aber Herodot aus jener vermeintlichen Tatsache folgert, daß in historischer Zeit das Land in einem verhältnismäßig kurzen Zeitraum infolge der jährlichen Schlammablagerung um ein Bedeutendes gestiegen sei, so ist in Wirklichkeit seine Grundvoraussetzung falsch. Denn einmal wird infolge der Anschwemmung nicht nur das umliegende Land, sondern auch das Flußbett selbst in annähernd gleichem Maße erhöht[1]); vor allem aber hat sich die Höhe der Flut an ein und demselben Orte Unterägyptens selbst im Laufe von anderthalb Jahrtausenden nicht annähernd in solchem Grade geändert. Wissen wir doch jetzt durch Ludwig Borchardts exakte Untersuchungen[2]), daß um das Jahr 450 v. Chr. der Nil in Rodah bei mittlerer Flut auf 8 Ellen 3 Handbreiten 2 Finger und selbst bei hoher Flut nur auf 12 Ellen 4 Handbreiten stieg, ja 'daß zur Zeit Amenemhêts III. eine Ablesung von 8 Ellen schon ein ganz gutes Jahr bedeutet, daß aber zu Herodots Zeiten Ablesungen von 15 und 16 Ellen nicht knappe Jahre, wie er angibt, sondern die vernichtendsten Überschwemmungen bedeuteten'.[3]) Und endlich hat Herodot keine Ahnung davon, was für Zeiträume zu solcher Erhöhung des Landes, wie er sie hier für die Zeit von 900 Jahren annimmt, in Wahrheit erforderlich sind. Hier ist der griechische Reisende, der der Landessprache zweifellos doch nur in ganz beschränktem Maße kundig war[4]), augenscheinlich das Opfer eines Mißverständnisses geworden.[5]) Dagegen sind seine Angaben über Zeit und Dauer der Flut ziemlich genau, wenn er behauptet[6]), 'daß der Nil von der Sommersonnenwende an beginnt zu steigen, auf etwa 100 Tage; wenn er sich aber diesem Zeitpunkte (d. h. dem hundertsten Tage) nähert, dann tritt er wieder zurück, so daß er den ganzen Winter über einen niedrigen Stand hat — bis zur nächsten Sommerwende'.

Hiermit sind aber auch, soweit die Tatsachen der physikalischen Geographie

---

[1]) Wiedemann a. a. O. S 79; Partsch, Ägyptens Bedeutung für die Erdkunde, Leipzig 1905, S. 23; vgl. auch unten S. 324 Anm. 2.

[2]) Nilmesser und Nilstandsmarken (Abh. der Preuß. Akad. 1906 S. 46 ff.).

[3]) Nach Borchardts graphischer Darstellung (Abbildung 26 auf S. 48) kann die Differenz der Fluthöhen der Zeit des Möris und der des Herodot überhaupt nur $2\frac{1}{2}$ Ellen betragen haben.

[4]) Vgl. übrigens Diels, Die Anfänge der Philologie bei den Griechen (Neue Jahrb. 1910 XXV 15 f.) gegenüber Ed. Meyer, Forschungen z. alten Geschichte I 192 ff.

[5]) Wie sich aber das Mißverständnis Herodots erklärt, läßt sich nicht mit Sicherheit sagen. Einleuchtender als der Wiedemanns (a. a. O. S. 81) ist immerhin der erste der beiden Erklärungsversuche Borchardts a. a. O. S. 49.

[6]) II 19.

in Betracht kommen, Herodots Mitteilungen über die Nilschwelle erschöpft.[1]) Was hier alles noch fehlt, erkennt freilich erst derjenige, der sich mit Hilfe der späteren antiken Autoren ebenso wie der modernen Natur- und Altertumsforschung ein einigermaßen allseitiges Bild dieser gewaltigen Naturerscheinung zu machen versucht.

Es ward schon erwähnt, daß Herodot die Zeit der Nilschwelle (offenbar für Unterägypten) ziemlich genau angegeben habe. Während aber Aristoteles und Agatharchides von Knidos in Übereinstimmung mit ihm die Sommerwende als Tag ihres Beginns beibehalten, setzen andere Forscher den Siriusaufgang dafür — offenbar in Erinnerung daran, daß dieser Zeitpunkt in Ägypten selbst seit Urzeiten als Eintritt der Nilflut gefeiert wurde — und als Endpunkt die herbstliche Tagundnachtgleiche oder eine kurze Frist darüber hinaus.[2]) Wieder andere bestimmen die Dauer vom Eintritt der Sonne in das Zeichen des Krebses bis zu ihrem Übergang in das Zeichen der Wage[3]); alle drei Ansätze kommen ziemlich auf dasselbe hinaus und zeigen zugleich neben dem Bestreben, die Zeit möglichst genau zu umgrenzen, die so charakteristische Neigung der Griechen, zumal ihrer Physiker, die Zeitpunkte periodischer Naturvorgänge im Leben der Erde nach denen des Sternenhimmels zu bestimmen. Diese zeitlichen Ansätze stimmen ziemlich genau mit den heutigen Verhältnissen.[4]) Dagegen scheint

---

[1]) Nur zwei hübsche Begleiterscheinungen erwähnt er noch gelegentlich, die eine aus 'den Sümpfen': 'Wenn aber der Strom schwillt und das flache Land in Meer verwandelt, wachsen in dem Wasser viele Lilien, die die Ägypter Lotos nennen.' (Er erzählt dann, daß die Ägypter aus ihrem Mark eine Art Brot bereiten und auch die süßliche Wurzel genießen.) Es wachsen aber auch andere Lilien, den Rosen ähnlich, in dem Strom, deren Frucht auf einem anderen danebenwachsenden Stengel (neben dem Hauptschößling) aus der Wurzel wächst, an Ansehen den Honigwaben ähnlich. Darin sind viele eßbare Teile, von der Größe eines Olivenkernes. Auch diese werden 'frisch und getrocknet genossen' (II 92). Die andere aus der Tierwelt des Stroms: 'Wenn aber der Nil zu steigen beginnt, werden die tiefgelegenen Teile des Landes und die Sumpfniederungen längs des Flusses zuerst überschwemmt, indem das Wasser aus dem Flusse durchsickert. Und alsbald sind diese Landstriche unter Wasser, und sofort wimmelt alles von kleinen Fischen. Woher die kommen, glaube ich zu wissen: wenn im Vorjahre der Nil wieder fällt, entfernen sich die Fische, die ihre Eier in den Schlamm gelegt haben, zugleich mit dem letzten Wasser. Wenn aber nach Umlauf des Jahres das Wasser wieder steigt, kommen sofort aus diesen Eiern die Fische' (II 93).

[2]) Beginn mit der Sommerwende: Aristot. fr. 248 (S. 191, 19 ff. R.). Diod. I 39, 4 (Agatharchides). Vgl. Plin. N. H. V 57 Anf. Auch Aristid. Or. 36, 58 Keil (S. 346 J., 462, 8 f. Dindorf): aus Ephoros? — Vom Siriusaufgang bis zur Herbstgleiche: Lucan X 225 ff. Vgl. Seneca, N. Q. IV a 1, 1 Ende (Beginn vor dem Siriusaufgang, dauert bis über die Herbstgleiche hinaus, vgl. 2, 21, wo Seneca 4 Monate aus Dauer angibt): offenbar Zeitbestimmung des Poseidonios. (Vgl. auch Schol. Arat. S. 366, 15 ff. Maaß.) Die Herbstgleiche hatte vor ihm schon Agatharchides als annähernden Endpunkt angenommen, vgl. Diod. I 36, 2; 39, 4 (bis nach der Herbstgleiche), vgl. auch 41, 4.

[3]) Lucan X 227. 233 f. (vgl. 210 f.) 259. Vgl. Plin. V 57. Ammian XXII 15, 12: wahrscheinlich gleichfalls Zeitbestimmung des Poseidonios.

[4]) 'In Kairo beginnt der Nil Anfang Juli anzuschwellen und zeigt Ende September, Anfang Oktober seinen höchsten Wasserstand, auf welchem er ungefähr 14 Tage beharrt.' Hermann Henze, Der Nil, seine Hydrographie und wirtschaftliche Bedeutung, in der Samm-

man im Altertum noch nicht beachtet zu haben, daß die Nilschwelle, je weiter stromaufwärts, um so früher beginnt: bei Khartum, d. h. beim Zusammenfluß des Weißen und des Blauen Nil, also unweit des alten Meroe, beginnt sie schon Anfang April, bei Memphis dagegen erst Ende Juni.[1])

Von der örtlichen Ausdehnung hatte Herodot nur die Breite der Überschwemmung und auch diese nur ungenau angegeben; Autoren der frühen Kaiserzeit geben auch die gewaltige Längenausdehnung mit überraschender Sachkunde an: bei Syene[2]), genauer bei der Klippe Abaton, unweit der Insel Philai, wollte man den Beginn der Nilflut zuerst bemerkt haben. Das beruht zweifellos auf den exakten Angaben des Geographen Poseidonios, denen man ohne weiteres die neueste Bestimmung der Längenausdehnung gegenüberstellen kann.[3])

Je nach der Höhe der Nilschwelle richtet sich der Ertrag des Landes. Man hat daher seit altersgrauer Vorzeit Nilmesser angelegt, um im voraus Schlüsse auf das kommende Jahr ziehen zu können. Im letzten Jahrhundert hat man eine Fülle solcher altägyptischer Denkmäler gefunden, durch die die Angaben Herodots und auch der anderen antiken Autoren erst ihr rechtes Relief erhalten. Auf dem Bruchstück einer Steinchronik der fünften Dynastie[4]), dem sogenannten Palermostein[5]), sind uns noch aus dem Reiche der Thiniten die Zahlen der jährlichen Nilhöhen erhalten, die der uralte Pegel auf der Insel Rodah unterhalb Memphis gezeigt hat[6]), wie es denn schon in der Frühzeit der ägyptischen Geschichte an einer großen Anzahl von Orten Nilmesser von Staats wegen gegeben hat. Noch interessanter sind die von Lepsius 1844 entdeckten Nilmarken, die oberhalb des zweiten Kataraktes in Semne und Kumme in Nubien, wo der Nil einen Gneisriegel durchschneidet, unter der Regierung Amenemhêts III. an den Felswänden angebracht sind. Auch unter den nächsten Nachfolgern dieses Königs sind, wie die Flutmarken zeigen, deren

---

lung: 'Angewandte Geographie, herausgeg. von Karl Dove, I 4 (Halle 1903) S. 65. Vgl. noch das wertvolle Detail bei Wiedemann a. a. O. S. 100.

[1]) Wiedemann S. 100.

[2]) Vgl. Strabon 789 C. (S. 1101, 10 ff. M.) u. 790 (S. 1103, 5 ff. M.). Unbestimmter S. 786 C. (S. 1097, 19 ff. M.), um so wertvoller aber in biogeographischer Hinsicht: κοινὰ μὲν γάρ τινα καὶ ταύτῃ τῇ χώρᾳ καὶ τῇ συνεχεῖ καὶ ὑπὲρ αὐτὴν τῇ τῶν Αἰθιόπων ὁ Νεῖλος παρασκευάζει, ποτίζων τε αὐτὰς κατὰ τὰς ἀναβάσεις καὶ τοῦτ' οἰκήσιμον αὐτῶν τὸ μέρος ἀπολείπων μόνον τὸ καλυπτόμενον ἐν ταῖς πλημμύρσι, τὸ δ' ὑπερδέξιον καὶ μετεωρότερον τοῦ ῥεύματος πᾶν ἀοίκητον διεξιὼν ἑκατέρωθεν καὶ ἔρημον διὰ τὴν αὐτὴν ἀνυδρίαν. Vgl. auch S. 789 C. (1100, 27 ff. M.) Diod. I 39, 9 Ende. — Zu Abaton-Philai: Sen. N. Q. IV a 2, 7. Nach Aristides Or. 36, 65 K. (S. 348 J., 464, 12 ff. Dind.) bei den Κατάδουποι bz. zwischen Syene und Elephantine.

[3]) Comte Cressaty a. a. O. S. 15: 'Enfin ... il faut se rappeler que, dans la saison de la crue, les eaux débordant de leur lit s'étendaient de deux côtés en une nappe immense allant d'Assouan (extrême-sud) jusqu' à la Méditeranée sur une longueur de 1050 kilomètres. Von Kairo bis Assuan sind 23 Eisenbahnstunden.

[4]) Nach Eduard Meyer I 2, 188 etwa von 2680—2540.

[5]) Bearbeitet von H. Schäfer, Abh. d. Preuß. Akad. 1902; vgl. Ed. Meyer I 2, 119.

[6]) Ed. Meyer I 2, 148.

jährliche Höhen verzeichnet worden. War doch diese Statistik für den Staat von größter Bedeutung: erst dadurch gewann man einen festen Maßstab für die Abschätzung der Fruchtbarkeit des Jahres und so — der Steuern.[1]) Aber auch aus weit späteren Perioden sind uns Nilmarken erhalten. So entdeckte der Franzose Legrain 1896 am Kai von Karnak 45 Nilhöhenmarken, die aus dem IX. und VIII. Jahrh. v. Chr. stammen, wie die ihnen beigegebenen Inschriften erweisen.[2]) In reicher Fülle liegen sie uns dann vor allem aus der römischen Kaiserzeit vor, nicht nur aus Unterägypten, sondern auch aus einem Gebiet, das sich von Kubôsch in Nubien[3]) bis nach Luqsor in Oberägypten erstreckt, so daß gerade diese letzteren Ludwig Borchardt zum Gegenstand seiner grundlegenden Untersuchung machen konnte.[4]) Erst durch Borchardts

---

[1]) Ed. Meyer I 2, 267. Vgl. Diod. I 36, 11 f. Strabon XVII 817 C.: τοῦτο δὲ (Kenntnis der jeweiligen Nilhöhen) καὶ τοῖς γεωργοῖς χρήσιμον τῆς τῶν ὑδάτων ταμιείας χάριν καὶ παραχωμάτων καὶ διωρύγων καὶ ἄλλων τοιούτων, καὶ τοῖς ἡγεμόσιν τῶν προσόδων χάριν· αἱ γὰρ μείζους ἀναβάσεις μείζους καὶ τοὺς προσόδους ὑπαγορεύουσιν. Sen. N. Q. IV a 2, 9; vgl. IV a 2, 2 Anf. Für die Ptolemäerzeit vgl. die Bestimmungen in dem demotischen Papyrus Nr. 11 in Turin (vom Jahre 146/5 v. Chr.), dazu Borchardt, Abh. d. Berlin. Akad. 1906 S. 53, 1. — Der Steuerbehörde machte die Nilflut auch sonst zu schaffen. Sesostris hatte, wie Herodot II 109 erzählt, jedem Ägypter ein gleichgroßes rechteckiges Landlos zugewiesen und jedes Grundstück besteuert. Wenn aber von einem Landlos der (übergetretene) Strom etwas abriß, machte der Eigentümer davon dem Könige Anzeige. Der aber schickte Beamte hin, die den Schaden zu besichtigen und nachzumessen hatten, wie viel kleiner das Grundstück geworden war, damit der Eigentümer fortan gemäß der (nach der Größe des Grundstücks) festgesetzten Abgabe steuerte. So entstand bei den Ägyptern die Feldmeßkunst, die dann nach Hellas kam.' — Mit dem letzten Jahr des ersten Königs der 13. Dynastie (1784 v. Chr.) brechen die Nilhöhenangaben bei Semne ab, auch ein Beweis des damals eintretenden Verfalls (Ed. Meyer I 2, 278). — Die Entdeckung von Lepsius hat aber neben dem kulturgeschichtlichen ein einzig dastehendes geologisches Interesse: die von ihm entdeckten und von den englischen Geologen John Ball 1902 nachgeprüften Nilhöhenmarken am Kai von Semne ergeben, daß die jährliche Hochflut des Stromes damals 8 m höher stand als heute! Aus dieser unbestreitbaren Tatsache (vgl. auch Wiedemann S. 78 und Ed. Meyer I 40) haben die Geologen den unwiderleglichen Schluß gezogen, daß das dort felsige Nilbett im Laufe von 3700 Jahren von dem Strom um 8 m tiefer genagt worden ist. Vgl. des näheren Partsch in seiner auch für den Philologen hochinteressanten Studie 'Ägyptens Bedeutung für die Erdkunde', Leipzig 1905, S. 20 f. Insbes. S. 21: 'Es unterliegt keinem Zweifel, daß lediglich die Enge und das Gefälle die Erosionskraft des reißenden Flusses örtlich ungewöhnlich steigerten und der Vertiefung seiner Hauptrinne einen abnorm raschen Fortschritt sicherten' (über die einzelnen physikalischen Ursachen, insbes. die Bildung zahlreicher Strudellöcher, ebd.).

[2]) Vgl. Partsch a. a. O. S. 23 und die von ihm S. 39 zitierten Arbeiten Legrains. Diese Höhenmarken ergeben nach der eingehenden Untersuchung von Ventre-Pascha (Zeitschr. f. ägypt. Spr. u. Alt. XXXIV 95 ff.), daß im Lauf von 2800 Jahren eine Erhöhung des Nilbetts von 2,68 m, also im Jahrhundert eine durchschnittliche Erhöhung um beinahe $^1/_{10}$ m (genau 0,096 m) stattgefunden hat. Dagegen betrug nach seinen Untersuchungen die Erhöhung des vom Nil jährlich überschwemmten Kulturlandes $^1/_7$ m (genau 0, 143 m).

[3]) 72 km südlich vom ersten Katarakt, vgl. Borchardt a. a. O. S. 4.

[4]) Nilhöhen und Nilstandsmarken. Abh. d. Berlin. Akad. 1906 (55 S. m. 27 Abbildungen). Eine zusammenfassende Behandlung sämtlicher historisch bezeugter Nilstände (von den Thiniten bis auf die Gegenwart) seitens eines historisch geschulten Wasserbautechnikers fehlt noch.

Arbeit ist uns die Einrichtung der Nilmesser ganz deutlich geworden. Neben
dem Brunnentypus, wie er für Elephantine an einer bekannten Stelle Strabons[1])
beschrieben wird, die durch den ihr entsprechenden Fund aus Edfu[2]) erst das
rechte Licht erhält, sind es gewöhnlich Skalen, die auf der Nord- oder Süd-
wand einer in den Nil vorspringenden Kaimauer angebracht sind, d. h. es führt
zwischen zwei Kaimauern eine Treppe zum Nil hinab. An einer dieser beiden
Treppenwände ist in gewissen Abständen schräg übereinander — also treppen-
förmig ansteigend[3]) — eine Anzahl senkrechter Striche eingehauen, die eine
ägyptische Elle[4]) bedeuten. Diese Ellen sind, wenigstens auf den späteren Nil-
messern, durch eine Anzahl horizontaler Querstriche in 7 Handbreiten, diese in
halbe Handbreiten, meist aber in 4 Fingerbreiten, eingeteilt. Bei mancher Elle
steht auch das entsprechende demotische oder griechische Zahlzeichen dabei,
so daß man öfter danach die Lage, wenn nicht des Null-, so doch des Zwanzig-
ellenpunktes bestimmen kann.[5]) Die Höhenlage der Zwanzigellenpunkte, d. h.
die Höhe der oberen Kante der 20. Elle einer Reihe solcher Nilmesser, zunächst derer von Elephantine, Edfu, Esneh, Luqsor und Karnak, hat Borchardt[6])
ermittelt und miteinander verglichen. Er ist dabei zu dem überraschenden Ergebnis gekommen, daß diese Zwanzigellenpunkte — also auch die anzunehmen-
den Nullpunkte — nahezu in ein und derselben Linie liegen. Und zwar können
die Ägypter nicht einfach das wirkliche Gefälle des Flusses zugrunde gelegt
haben — denn dann hätte in allen Städten zwischen Elephantine und Rodah
der höchste Stand jedes Jahr eine annähernd gleiche Ellenablesung ergeben
müssen, was bekanntlich durchaus nicht der Fall ist — sondern sie müssen
vielmehr nach einem theoretisch angenommenen Gefälle (vielleicht 1:13333)
die Höhenlage der Nullpunkte bestimmt haben. Außerdem hält Borchardt es
für wahrscheinlich, daß die alten Ägypter bei ihrer Anlage der Nilmesser in

---

[1]) 817 C.: ἔστι δὲ τὸ Νειλομέτριον συννόμῳ λίθῳ κατεσκευασμένον ἐπὶ τῇ ὄχθῃ τοῦ
Νείλου φρέαρ, ἐν ᾧ τὰς ἀναβάσεις τοῦ Νείλου σημειοῦνται τὰς μεγίστας τε καὶ ἐλαχίστας καὶ
τὰς μέσας· συναναβαίνει γὰρ καὶ συνταπεινοῦται τῷ ποταμῷ τὸ ἐν τῷ φρέατι ὕδωρ. εἰσὶν οὖν
ἐν τῷ τοίχῳ τοῦ φρέατος παραγραφαί, μέτρα τῶν τελείων καὶ τῶν ἄλλων ἀναβάσεων κ. τ. λ.
Vgl. hierzu Borchardt a. a. O. S. 13 ff. Plin. V 57: auctus per puteos mensurae notis depre-
henduntur. — Das Νειλοσκοπεῖον in Memphis erwähnt Diodor I 36, 11, vgl. Strabon S. 817 C.
   [2]) 111 km nördlich vom Katarakt. Vgl. Borchardt Abb. 16 und seine Beschreibung S. 25:
'Ein runder, aus Sandstein gemauerter, oben mit niedriger Brüstung umgebener Brunnen,
der durch Fenster mit der ihn schraubenförmig umgebenden Treppe in Verbindung steht.
Die Fenster vermitteln den Zutritt von Licht und Wasser zur Treppe, an deren Wänden
die Skalen angebracht sind.' 'Der Brunnen wird natürlich im Altertum durch einen unterirdischen Kanal mit dem Nil in direkter Verbindung gestanden haben' (S. 28).
   [3]) |
          |
          |
   [4]) Nach Borchardts Messungen und Berechnungen schwankt die Länge dieser Elle zwischen 0,52 und 0,535 m. Vgl. auch Ventre Pascha, Zeitschr. f. ägypt. Spr. u. Altert. XXXIV
(1896) S. 99.
   [5]) Außerdem weisen einzelne dieser Skalen Überschwemmungsinschriften und dazu
einen tief eingehauenen Horizontalstrich auf.
   [6]) A. a. O. S. 38 ff.

Oberägypten deren Nullpunkte sämtlich in eine bestimmte, vom Nullpunkt in
Rodah gleichmäßig ansteigende Gefälllinie legen wollten. Ja, er vermutet, daß
sogar vom Mittelmeer bis zum ersten Katarakt die Nullpunkte auf einer gleichmäßig vom Meeresspiegel ansteigenden Linie angelegt waren, die aber — weil
ursprünglich von Rodah aus nach dem Meeresspiegel nivelliert — eine schwächere
Steigung hatte als das natürliche Gefälle des Stromes.[1] Daher erklären sich
dann auch die starken Differenzen in den Höhenangaben von ein und derselben
Flut an verschiedenen Orten, je nachdem diese weiter stromauf- oder -abwärts
lagen. So entsprachen 28 Ellen Fluthöhe in Elephantine den 14 in Memphis.[2] — — Wenn diese Ergebnisse Borchardts richtig sind, sind sie in hohem
Maße erstaunlich. Aber schon die Annahme, daß sie nach einem theoretisch
angenommenen Gefälle die Lage der Nullpunkte haben bestimmen wollen,
vermag ich den alten Ägyptern, ja noch den Technikern der griechisch-römischen Zeit nicht zuzutrauen. Außerdem leuchtet es mir nicht ein, daß dieselbe
Flut in Elephantine und Rodah annähernd den gleichen Stand haben soll. In
Elephantine muß doch dieselbe Schwelle bedeutend höher als in Memphis sein,
da in Elephantine der Fluß noch verhältnismäßig schmal ist, sich daher die
ziemlich plötzlich anschwellenden Wassermassen nicht ausbreiten können, so
daß er mächtig steigt, während weit unterhalb in Memphis der Strom, der inzwischen gar keinen Zuwachs durch Nebenflüsse erhält, unendlich viel breiter
ist, die Wassermassen sich also mehr in die Breite verteilen können, daher mehr
sinken. Außerdem verliert der Nil auf dem Wege von Elephantine nach Memphis eine Menge Wasser.[3]

Wenn dies richtig ist, dann sind die Differenzen in den Höhenangaben
derselben Flut in Memphis und in Elephantine (und anderwärts) vielmehr darauf
zurückzuführen, daß die Flut, je weiter stromaufwärts, desto höher steht und
die Nilmesser — weil vielmehr gemäß dem natürlichen Gefälle ihre Nullpunkte
angelegt sein werden — daher je weiter stromaufwärts um so höhere Ablesungen ergaben.

Als das erwünschte Maß der Fluthöhe für den Ertrag des Landes gelten
bekanntlich für Unterägypten in römischer Zeit und gewiß schon eher 16 Ellen,
worunter nach Borchardts Forschungen freilich nicht die Höhe über dem Nullpunkt, sondern nur über Niedrig Wasser gemeint sein kann. An das anmutige
Werk alexandrinischer Plastik, das in eigentümlicher Verbindung des Kolossalen

---

[1] Dagegen wurden später in Nubien nach dem Urnullpunkt von Philai die übrigen
Nullpunkte des Landes auf Grund des natürlichen Gefälles des Stromes angelegt, so
daß sämtliche nubischen Nilmesser für ein und dieselbe Flut annähernd gleiche Messungen
ergaben.

[2] Plut. De Is. et Osir. 43 (S. 368b). 'Plutarchs Angaben haben auch für die Nilhöhen
im Delta (Mendes) die Wahrscheinlichkeit für sich.' Borchardt. Zu Aristid. Or. 36, 20 K.
(S. 336 J.) bes. 115 K. (S. 361 J., 485, 6 ff. Dind.) Borchardt S. 51 f.

[3] Nach modernen Berechnungen (vgl. Henze a. a. O. S. 65) verliert er zwischen Djebel
Selseleh und Kairo zur Schwellzeit (durch Verdunsten, Einsickern, Bewässerung des Kulturlandes) etwa ein Drittel seiner Wassermenge.

und des Idyllischen den Vater Nil von 16 Putten umspielt darstellt[1]), braucht
hier nur kurz erinnert zu werden. In wirtschaftlicher Hinsicht sind von ungleich größerem Interesse die Angaben des älteren Plinius[2]): 'Die rechte Höhe
beträgt 16 Ellen. Ein niedrigerer Wasserstand überschwemmt nicht alle Ländereien, ein höherer ist (für die Felderbestellung) hinderlich, da er langsamer
zurücktritt. Das eine läßt die Zeit zum Säen ungenutzt verstreichen, da der
Boden noch unter Wasser ist, das andere gibt sie nicht, da er verdurstet. Beide
Möglichkeiten ziehen die Bewohner in Rechnung. Steigt der Fluß nur 12 Ellen,
so tritt Hungersnot ein; noch bei 13 herrscht Teuerung. 14 Ellen erregen frohe
Stimmung, 15 Sorglosigkeit, 16 Entzücken.'[3])

Wie sehr ein Zuviel oder Zuwenig der Nilflut der Ernte verhängnisvoll
werden kann, bestätigen auch neuere Kenner des Landes.[4]) Während aber nach
den Ergebnissen der modernen Statistik nicht nur das Datum des Maximums
und des Minimums des jährlichen Wasserstandes — zum mindesten in Oberägypten —, sondern auch die jeweilige Höhe des Maximums und des Minimums ganz erheblichen Schwankungen unterworfen[5]) ist, erfolgt — wenigstens
in Unterägypten — der Beginn der Nilflut alljährlich mit so erstaunlicher
Regelmäßigkeit an ein und demselben Tage, daß schon die Verzögerung um
nur einen Tag bei der Bevölkerung lebhafte Unruhe hervorruft. Packend schildert solchen Zustand angstvoller Spannung ein moderner französischer Reisender[6]): 'Ägypten, sagt ein volkstümliches Wort[7]), ist das Gebiet, das die

---

[1]) Vgl. Collignon, Gesch. d. griech. Plastik II, deutsch von F. Baumgarten S. 608 f.
Nach Lukian, Rhet. praec. 6 scheint sich auch die hellenistische Malerei des Gegenstandes bemächtigt zu haben. — Auf die aus römischer Zeit stammenden Mosaike, die eine
von der Nilschwelle überflutete Landschaft darstellen (in Palestrina, im Konservatorenpalast
und sonst), kann ich hier nur kurz hinweisen.

[2]) N. H. V 58. Weitere Belege, zumal für die 16 Ellen, auch auf Münzen der Kaiserzeit, bei Borchardt a. a. O. S. 49.

[3]) Vgl. damit Ammian XXII 15, 13, wo es am Schluß heißt: *et si inciderit moderatius,
aliquotiens iactae sementes in liquore pinguis caespitis cum augmento fere septuagesimo rena-
scuntur.* (Die daran angefügte Notiz: *solusque fluminum auras nullas inspirat* — wohl indirekt — aus Herodot II 27.)

[4]) Wiedemann S. 79 f.: 'Auf der richtigen Nilhöhe beruht der Wohlstand Ägyptens,
eine Elle zu viel kann im Delta die furchtbarsten Verwüstungen zur Folge haben (einer
solchen 197 v. Chr. gedenkt die Inschrift von Rosette l. 24), in anderen Gegenden die Be-
stellung der Herbstsaat verhindern, während 2 Ellen zu wenig in Oberägypten Hungersnot
und Dürre veranlassen, wie solche in Ägypten oft erwähnt werden.' Vgl. Erman, Ägypten
I 23 f.; Henze a. a. O. S. 75. Unter Pheros, dem Sohn des Sesostris, soll der Strom auf
18 Ellen gestiegen sein. Hdt. II 111.

[5]) Aus den Messungen des um die Nilforschung hochverdienten Engländers Willcocks
ergibt sich, daß in Assuan in den Jahren 1873—1898 die Differenz zwischen dem höchsten
und niedrigsten Wasserstande zwischen 6,30 und 9,86 m, die Maxima selbst zwischen 6,40
und 9,15 m, die Minima zwischen —0,71 und 1,88 m schwankten. — Die Daten für den
Eintritt des Maximums schwankten dort in der genannten Periode zwischen dem 20. August
und dem 22. September, die Daten des Minimums zwischen dem 14. Mai und dem 24. Juni.
Vgl. die Tabelle bei Henze a. a. O. S. 71.

[6]) Louis Malosse, Impressions d'Égypte, Paris 1896, S. 88 f.

[7]) Vgl. Herodot II 188: ὁ δὲ θεὸς ... φὰς Αἴγυπτον εἶναι ταύτην, τὴν ὁ Νεῖλος ἐπιὼν ἄρδει.

Überschwemmung erreicht. Es würde tatsächlich ohne den Fluß nicht existieren, der sich in den vier Sommermonaten über das Land ergießt und es mit Segen überschüttet. Man denkt an die furchtbaren Übelstände, die daraus folgen würden, wenn eines Tages die wohltätige Stromschwelle nicht eintreten würde. Unter der Herrschaft von Mehemet Ali[1]) gab es ein Jahr, in dem der Nil, anstatt die Gefilde an dem erwarteten Tage zu überschwemmen, seinen Wasserstand verringerte. Das war der Ruin der Bevölkerung, die Hungersnot in kurzer Frist, das Elend jedes einzelnen! Der Vizekönig nahm seine Zuflucht zu Gott. Auf seine Bitte vereinten sich die Priester aller Religionen, die Scheikhs, die Ulemas[2]), die koptischen und armenischen Patriarchen, die Rabbiner, die Missionare, die römisch-katholischen und die griechischen Priester in der Moschee von Amru und richteten öffentlich ihre Gebete zum Himmel, auf daß das Land überschwemmt würde. Das Schauspiel, berichtet ein Augenzeuge, war wunderbar. Am folgenden Tage wuchsen die Wasser, und Ägypten war gerettet.' — Hiernach vermag man sich vorzustellen, wie der Bevölkerung schon zur Zeit der Pharaonen — man denke nur an die sieben fetten und an die sieben mageren Jahre[3]) — zumute gewesen sein mag, wenn einmal die Schwelle ganz oder fast ganz ausblieb![4]) Kein Wunder, wenn in solchen Fällen dem Aberglauben der unwissenden Menge Tür und Tor geöffnet wurde: so sollte das Ausbleiben der Nilflut im 10. und 11. Regierungsjahr der Kleopatra ihren Untergang und den des Antonius, der Tiefstand des Stroms im Pharsalischen Kriege den Tod des Pompejus vorher verkündet haben. In späterer Zeit machte man gar die Christen dafür verantwortlich.[5])

Daß bei der schlechthin unvergleichlichen Bedeutung der Nilschwelle für Ägypten[6]) die Verwaltung des Landes schon ungezählte Menschenalter vor Christus bemüht war, durch ein System von Dämmen, Schleusen und Kanälen den Segen der Überschwemmung möglichst gleichmäßig und in der normalen Höhe den Feldern zukommen zu lassen, ist nach all diesem nur natürlich.[7])

---

[1]) Regierte 1805—1849. [2]) Ulema, Gesamtname der türkischen Gelehrten.
[3]) Genesis C. 41.

[4]) Im Lauf der Jahrtausende scheint dies doch einige Mal vorgekommen zu sein; Theophrast, fr. 159 Anf. (b. Athenaeus II 42a) erwähnt augenscheinlich ein Ausbleiben der Nilschwelle, und von Seneca (N. Q. IVa 2, 16) wird es für das 10. und 11. Regierungsjahr der Kleopatra (42 u. 41 v. Chr.) bezeugt, von Kallimachos gar für die Dauer von 9 Jahren 'in früheren Jahrhunderten' behauptet (bei Seneca a. a. O.). Wenn man auch von der unkontrollierbaren Angabe des Kallimachos ganz absieht, so wird man doch an der Angabe des Seneca nicht zweifeln dürfen. Doch das ist selbst im Lauf der Jahrhunderte eine singuläre Abnormität gewesen. — Übrigens berichtet Plinius, N. H. V 58 als niedrigste Schwelle 5 Ellen, während des Pharsalischen Krieges (48 v. Chr.), dagegen als höchste 18 Ellen, unter Claudius.

[5]) Vgl. Tertullian, Apol. S. 40, 1 (angeführt von Wiedemann a. a. O. S. 48, 1).

[6]) Vgl. von modernen Autoren u. a. noch die geistreichen Bemerkungen von Comte Cressaty a. a. O. S. 10: 'On sait — vivifie'; S. 13: 'Les principaux géologues — lui même'; S. 15 f.: 'De tout ce — existence.'

[7]) Vgl. Diodor I 36, 2 f. Über Petronius Strabon XIII 788C. Strabons Höhenangaben hier nach dem Nullpunkt von Memphis, vgl. Borchardt a. a. O. S. 50 f.

Später haben die Römer, d. h. der Statthalter Ägyptens, C. Petronius, 23—21 v. Chr., hervorragende Erfolge erzielt: vor seiner Zeit war der größte Ernteertrag, wenn der Nil auf 14 Ellen stieg, dagegen trat bei 8 Ellen Hungersnot ein. Aber unter seiner Verwaltung des Landes war schon bei 12 Ellen der reichste Ertrag, und als der Fluß einmal nur auf 8 Ellen kam, brauchte doch niemand Hunger zu leiden.[1]) In unseren Tagen hat die englische Verwaltung dies Irrigationssystem zu höchster Vollendung entwickelt.[2])

Kehren wir noch einmal zu Herodot zurück. Erst durch die eben gegebene Darstellung werden die Angaben des 'Vaters der Geschichte' in eine wirklich scharfe Beleuchtung gerückt: wir sehen mit Erstaunen, was alles bei ihm fehlt. Wer aber die Persönlichkeit des Halikarnassiers mit ihren Vorzügen und Schwächen, dazu den allgemeinen Stand der griechischen Wissenschaft seiner Zeit berücksichtigt, der wird über die Ungenauigkeit und vor allem die Dürftigkeit seiner Angaben, die obendrein jeder systematischen Ordnung entbehren, kein allzu hartes Urteil fällen. Merkwürdig ist nur noch eins: daß bei ihm, der doch im Lande war, jede eigentliche Schilderung von dem Eintreten und Verlauf der Nilschwelle fehlt. Schon Wiedemann hat dies beachtet und es vor allem auffallend gefunden, daß bei ihm von dem bei der Überschwemmung auftretenden Farbenwechsel des Nilwassers kein Wort steht.[3]) Hieraus scheint sich aber eine überraschende Schlußfolgerung zu ergeben, die Wiedemann noch nicht gezogen hat: Herodot hat offenbar die Nilschwelle, ihren Eintritt und Verlauf gar nicht selbst gesehen, d. h. er ist zu anderer Jahreszeit in Ägypten gewesen. Denn daß ein Mann wie Herodot, der für alles Merkwürdige in Natur und Geschichte ein so offenes Auge hatte, wenn er selbst den Verlauf der Nilflut be-

---

[1]) Strabon S. 787 C.: ἡ δὲ περὶ — παραχωμάτων. Übrigens hat schon Wiedemann a. a. O. S. 80 bemerkt, daß sich die Regulierung des Petron nur auf ein bestimmtes Gebiet, nicht auf das ganze Land bezog.

[2]) Vgl. Comte Cressaty a. a. O. S. 18 f.: 'un réservoir — en tous sens. Heute gibt es 41 Nilmesser längs des Stromes, 223 meteorologische Stationen im Gebiet des Nil und den angrenzenden Bezirken (Cressaty S. 12). Ausgezeichnet sind die Bemerkungen von Lord Cromer, Modern Egypt II 456 (zitiert von Cressaty S. 23 f.): 'In keinem andern Lande hat der Landwirt weniger die Zufälle und die Störungen der Jahreszeiten zu fürchten. Es ist ja wahr: wenn der Nil außergewöhnlich hoch oder niedrig ist, ist der Bauer mehr oder weniger den Gefahren der Überschwemmung oder der Dürre ausgesetzt. Aber es ist ein gewaltiger Unterschied zwischen den Gefahren dieser Art und denjenigen, die dem Landbau in denjenigen Ländern drohen, die für ihre Wasserversorgung vom Regenfall abhängen; denn während keine menschliche Macht die Regenmenge mehren oder mindern kann, die aus den Wolken fällt, steht es in der Macht des Menschen, das Wasser des Nils zu regulieren, ebenso wie er die Gefahren unzureichenden oder übermäßigen Wasserstandes einschränken, wenn nicht beschwören kann.' Vgl. auch das Folgende.

[3]) Wiedemann a. a. O. S. 100: 'Das Wasser des Nils ist in normalen Zeiten weißlich; beim Steigen verändert sich dies in ein schmutziges Rot, herrührend von aufgewirbeltem rotgelben Ton; dann wird das Wasser für einige Tage durch herabgeführte faulende Pflanzenreste grün, bald tritt aber wieder das frühere Rot ein, das mit dem Fallen dem normalen Weiß Platz macht.' Vgl. hiermit die Angaben Henzes über die infolge der Schwelle auftretende Färbung des Bahr el Abiad (Weißen Nils) S. 45 und des Bahr el Asrak (Blauen Nils) S. 52.

obachtet hätte, diesen Farbenwechsel nicht beachtet und unerwähnt gelassen
hätte, scheint undenkbar. Herodots Angaben von der Nilschwelle und ihren Begleiterscheinungen beruhen also durchweg auf ägyptischen Mitteilungen oder —
wenigstens teilweise — auf einer literarischen Quelle.[1])

Wenn diese Angaben aber auch vom Standpunkt des modernen Natur-
forschers noch sehr viel zu wünschen übrig lassen, so sind doch andrerseits
für den Kulturhistoriker einige Mitteilungen um so wertvoller, die Herodot über
die Wirkungen der Nilflut auf das ägyptische Leben, insbesondere auf den Ackerbau, gibt: 'Diese' — er meint die Bewohner des Deltas — 'ernten die Feld-
frucht am mühelosesten von allen Menschen und besonders im Vergleich mit
den übrigen Ägyptern; sie brauchen sich nicht zu plagen, indem sie mit dem
Pflug Furchen brechen oder das Land mit der Hacke auflockern oder irgendeine andere Feldarbeit verrichten, wie sie die übrigen der Saat wegen im
Schweiß ihres Angesichts leisten müssen, sondern wenn der Strom ohne ihr
Zutun[2]) gekommen ist, die Felder überflutet hat und danach wieder in sein
altes Bett zurückgetreten ist, dann besät ein jeder sein eigenes Feld. Danach
treibt er seine Schweine darauf; wenn er durch diese das Saatkorn in den
Böden hat eintrampeln lassen, wartet er ruhig die Zeit der Ernte ab. Wenn er
dann durch die Schweine das (abgemähte und gebundene) Korn hat ausdreschen
lassen, fährt er es ein.' So anschaulich und — wenigstens für die mittleren
Höhenlagen des Deltas — so zutreffend diese Darstellung auch sein mag, so
hat er hier doch, wie schon Wiedemann gezeigt hat, gänzlich die weitverzweigte
und äußerst mühevolle Arbeit des Menschen zur gleichmäßigen Bewässerung des Landes vergessen[3]), ein Moment, das gleichfalls darauf hindeutet,
daß Herodot diese Dinge nicht selbst beobachtet hat.

---

[1]) Vgl. unten S. 344.   [2]) αὐτόματος.

[3]) Vgl. Wiedemann a. a. O. S. 82. Sehr wertvoll ist zur Kontrolle Herodots Erman,
Ägypten II 566 ff. Gerade Ermans Darstellung zeigt, welche Rolle im ägyptischen Landbau
doch der Pflug und die Hacke spielen, andrerseits das Schaduf (eine Art Ziehbrunnen) für
das Bewässern der von der Nilflut nicht erreichten Felder. Schon in hellenistischer Zeit
ward hierzu vielfach die 'Schnecke' (κοχλίας), eine Erfindung des Archimedes, verwendet,
eine mechanische Schöpfvorrichtung, die es einem einzigen Manne ermöglichte, unglaubliche Mengen Wassers vom Strom heraufzubefördern. Vgl. Diod. I 34, 2; V 37, 3; Strabon
XVII 807 C. (1125, 19 ff. M.). Archimedes' Erfindung bei anderer Gelegenheit erwähnt von
Moschion bei Athenaeus V 208 f. Zum Eintreten des Getreides werden (statt der Schweine
bei Herodot) aber stets Schafe verwendet, vgl. Erman a. a. O., insbes. S. 571, 3; und zum
Ausdreschen Esel (selten Ochsen), später ausschließlich Rinder (Erman S. 574). — Herodots
Darstellung sei das folgende Stück aus dem Werk des Grafen Cressaty S. 16 gegenübergestellt: 'Einer der Punkte, die den in Ägypten Neuangekommenen in Erstaunen setzen,
ist die Tatsache, daß er dort sieht, wie Ernten ohne Feldbearbeitung und ohne Düngung
gewonnen werden, Ernten, deren Ertrag weder an Quantität noch an Qualität denen nach-
stehen, die in den anderen Teilen des Landes der Gegenstand der aufmerksamsten Sorgfalt sind. In dem ganzen Gebiet Oberägyptens, das noch der Herrschaft der Bewässerung
durch Staubecken (l'irrigation par bassin) untersteht, ist die Feldarbeit unbekannt. Sobald
die Gewässer der Nilschwelle, die dort drei und einen halben Monat gestanden haben,
zurückgetreten sind, wird die Aussaat ohne die geringste (vorhergehende) Feldarbeit gemacht.' — (Doch gilt dies nur vom heutigen Oberägypten — dank den modernen eng-

Und doch gibt auch seine Darstellung, von der es unbillig wäre, Exaktheit und systematische Vollständigkeit zu verlangen — denn Herodot ist in erster Linie Künstler der Erzählung[1]) und alles andere eher als ein Mann der strengen Wissenschaft, wie sie bereits zu seiner Zeit in Ionien, in Abdera und in Groß-griechenland betrieben wurde —, selbst Herodots Darstellung gibt eine Ahnung von der singulären Wichtigkeit der Nilschwelle für Ägypten.

Die vitale, ja schlechthin unvergleichliche Bedeutung des Stromes für das Land an seinen Ufern, wie sie uns die ägyptischen Denkmäler fast noch leben-diger als die Angaben griechischer und römischer Autoren vor Augen führen[2]), ist noch heute dieselbe. Auch derjenige, der noch nicht das Land der Pharaonen hat schauen können, erkennt das mit Staunen, wenn er die fesselnden Schilde-rungen heutiger Kenner des Landes liest.[3]) Es hat sich eben in diesem in seiner Kultur wie seiner Natur einzigartigen Lande seit den Tagen Herodots, ja seit den Herrschern der thinitischen Dynastie, im Klima wie in den Verhältnissen des heiligen Stroms und ebenso im Leben seiner Bewohner merkwürdig wenig geändert.[4])

*

Wenn aus all diesem der Wert der Nilschwelle für Geschichte und Kultur des alten wie des heutigen Ägypten ebenso wie für die Geologie und Geo-graphie unserer Tage klar hervorleuchtet — sie hat doch noch eine andere weithin reichende Beziehung: zu der Geschichte der Erdkunde, nicht nur der neuesten[5]), sondern ebensosehr der griechischen Geographie und damit der grie-

---

lischen Stauwerken.) Im folgenden führt Cressaty einen längeren Passus aus dem Werk von J. Barois (Les irrigations en Égypte S. 80) an, der in höchst anschaulicher Weise die wahren (physikalisch-chemischen) Ursachen der wunderbaren Fruchtbarkeit des Nilschlammes dar-legt, die zwei Ernten im Jahr ermöglicht. — Die ungeheure Bedeutung des heutigen Be-wässerungssystems mit seinen riesenhaften Anlagen zeigt Cressaty S. 15 und 18 f.

[1]) Vgl. die feinsinnige Studie von Ernst Weber 'Herodot als Dichter' (Neue Jahrb. 1908 XXI 669 ff.) und die ausgezeichneten Bemerkungen Jacobys, Art. Hekataios R.-E. VII Sp. 2683 f., ferner die sehr beachtenswerte Rostocker Dissertation von H. Fohl, Tragische Kunst bei Herodot (1913).

[2]) Aus späterer Zeit ist noch die besondere Bedeutung der Nilflut für die Hygiene Alexandreias von Interesse: ihr gesundes Klima (τὸ εὐαέριον) hat die Stadt διὰ τὸ ἀμ-φίκλυστον καὶ τὸ εὔκαιρον τῆς ἀναβάσεως τοῦ Νείλου. Andere Städte an Binnenseen haben während der Sommerhitze drückendes und schwüles Klima. Denn die Seen versumpfen an den Rändern infolge der starken Ausdünstung dank der Sonnenglut. Wenn nun so viel faulende Feuchtigkeit emporsteigt, atmet man krankheiterzeugende Luft ein, und Seuchen brechen aus. In Alexandreia aber füllt zu Beginn des Sommers die Hochflut des Nils auch den See (Mareotis) (der durch viele Kanäle mit dem Strom in Verbindung steht) und läßt keine Versumpfung zu, die Ursache der schädlichen Ausdünstung ist. Und dann wehen auch die Etesien von Norden und von einem so großen Meere her, so daß die Bewohner der Stadt auch im Sommer aufs angenehmste leben. Strabon XVII 793C.

[3]) Vgl. u. a. Malosse a. a. O. S. 88; Cressaty a. a. O. S. 10. 13 u. 15; Partsch, Ägyptens Bedeutung für die Erdkunde S. 17.

[4]) Betr. des Klimas vgl. Partsch a. a. O. S. 17 u. 36 (Anm. 29).

[5]) Vgl. darüber vor allem Partsch' ausgezeichnete Monographie.

chischen Naturwissenschaft überhaupt.[1]) Eine nähere Musterung der δόξαι der griechischen Physiker περὶ τῆς τοῦ Νείλου ἀναβάσεως ist in hohem Maße geeignet, an einem bestimmten Beispiele Werden nnd Wesen der griechischen Erdkunde zu veranschaulichen.

Die Beziehungen zwischen Ägypten und den Küstenländern des Ägäischen Meeres sind uralt. Schon ein Jahrtausend und mehr, bevor der erste griechische Forscher den Boden des Nillandes betrat, hat ein reges Hinüber und Herüber, bald freundlich, bald feindlich, stattgefunden. Das haben außer den Texten die Funde gelehrt[2]): so die Tonscherben des Kamaresstiles, dessen Blüte um 1900 v. Chr. fällt, in den Ruinen der ägyptischen Residenz Kahun, wo damals zweifellos Kreter angesiedelt waren; die etwa aus der 13. Dynastie[3]) stammende Grabstatue eines Ägypters in einem Hofe der ältesten Schicht des Palastes von Knossos, ebenda ein Alabasterdeckel aus der Hyksoszeit[4]), dann die Funde aus der 'mykenischen' Periode wie die Skarabäen Amenhoteps III. (zirka 1440—1400) in einem der ältesten Gräber von Ialysos auf Rhodos, Scherben mit seinem Namen in einem Grabe von Mykene oder der Skarabäus seiner Gemahlin Ti in dem dortigen Palast. — Selbst noch in einzelnen Partien der Odyssee klingen die mannigfachen Handels- und Schiffahrtsbeziehungen, die damals Ägypten mit den Küsten des Ägäischen Meeres verbanden, deutlich vernehmbar nach. Der Verkehr ist offenbar nie unterbrochen gewesen. Das zeigen auch die ionischen Söldner unter Psammetich I. und II.[5]), die Handelsniederlassungen ionischer, vor allem milesischer Kaufleute am bolbinitischen Nilarm[6]) wie in Memphis, die Erweiterung der schon um 650 erfolgten Gründung von Naukratis unter Amasis.[7])

Von den Hellenen, die Ägypten besucht haben, ist die erste uns wirklich bekannte historische Persönlichkeit der Athener Solon. Mit ihm, den keineswegs nur Handelsgeschäfte, auch nicht nur die unerquicklichen sozialpolitischen Verhältnisse der Heimat dorthin führten, sondern ebensosehr die echt hellenische Neigung, θεωρίης εἵνεκεν Länder und Völker zu besuchen[8]) — mit Solon be-

---

[1]) Vgl. Partsch a. a. O. S. 17 und seine Untersuchung 'Des Aristoteles Buch vom Steigen des Nil' (Abh. Sächs. Ges. d. W. 1909 S. 551—600).

[2]) Die folgenden Daten zur ägyptischen. Geschichte verdanke ich vor allem Eduard Meyer, Gesch. d. Alt. I[2] § 291. 518. 523. Betr. Amenhotep III vgl. II § 82 (wo weitere Beweise für die engen Beziehungen zwischen Ägypten und dem 'mykenischen' Kulturkreise gegeben werden) und 129.

[3]) Etwa 1788—1660.   [4]) Etwa 1680—1580, vgl. Ed. Meyer I § 305.

[5]) Zu Psammetich I., der seit 663 regiert, Ed. Meyer II § 294. 296. Von den ionischen und rhodischen Söldnern, die Psammetich II. (594—589) in seinem üthiopischen Krieg um 590 verwendete, stammen die bekannten Inschriften an den Kolossen des Tempels von Abusimbel (Ed. Meyer II § 294).   [6]) Strabon XVII 801 C. Ende.

[7]) Ed. Meyer II § 417. Amasis gewinnt die Herrschaft im Jahr 569. Über Naukratis vgl. jetzt besonders Prinz, Funde aus Naukratis. 7. Beiheft zur 'Klio', 1908, S. 2—6.

[8]) Gegenüber Herodot I 29 (κατὰ θεωρίης πρόφασιν ἐκπλώσας κ. τ. λ.) sowie I 30 (in den Worten des Kroisos zu S. ὡς φιλοσοφέων γῆν πολλὴν θεωρίης εἵνεκεν ἐπελήλυθας) vgl. Aristoteles Ἀθ. πολ. 11: ἀποδημίαν ἐποιήσατο κατ' ἐμπορίαν ἅμα καὶ θεωρίαν εἰς Αἴγυπτον. — Solons Reise nach Ägypten: Solon fr. 28 (Plut. vit. 26), Platon Tim. 21 c ff. Aristot. a. a. O,

ginnt für uns die stattliche Reihe der griechischen Forschungsreisenden in
Ägypten. Ist doch seit den Tagen des blühenden Milet dem Schiffe des Kauf-
manns wissenschaftliche Kunde und Forschung auf dem Fuße gefolgt.[1]) Auch
insofern ist es bezeichnend, daß schon Thales, der erste griechische Naturphilo-
soph, dort gewesen ist, gewiß nicht nur als ἔμπορος, sondern auch aus Gründen
der ἱστορίη, die für Solon wie für das damalige Athen überhaupt noch jenseits
des Horizontes lagen. — Dem Thales ist auf dem Wege nach Ägypten schon
ein halbes Jahrhundert später der Samier Pythagoras, danach Hekataios, später
Herodot, Oinopides, Demokrit und andere gefolgt.[2])

Mit diesen Männern beginnt die Eroberung des ägyptischen Landes durch
die griechische Wissenschaft. Dem φυσικός aus Milet, der zuerst das Nilland
betrat, mußte die Natur dieses eigentümlichen Gebietes für sein Denken gewaltige Anstöße geben. War hier doch alles so ganz anders als in Hellas:
schon das Klima mußte sein θαυμάζειν erregen. Denn in diesem über die Maßen
fruchtbaren Lande regnete es überhaupt nicht.[3]) Um so mehr mußte sich die

---

[1]) Es sei an Diels' Umprägung eines berühmten Wortes auf der Hamburger Philologenversammlung 1905 erinnert: 'Es soll der Forscher mit dem Kaufmann gehen, denn
beide führen zu der Menschheit Höhen.'

[2]) Thales in Ägypten: Fr. d. Vorsokr. I³ 2, 3 f. 5, 13 f. S. 9 Nr. 11 S. 12 Nr. 21;
Zeller I 185, 2; Tannery, Pour l'histoire de la science hellène S. 54 f.; Gomperz, Griech.
Denker I 39 u. 422; Ed. Meyer II 754. 756 Anm.; Burnet, Early Greek Philosophy² S. 43 f.
Pythagoras: Fr. d. V. I³ 28 Nr. 4 (vgl. S. 27 Nr. 1); Ed. Meyer II 818 Anm.; Burnets
Bedenken S. 94 f. sind nicht berechtigt. — Zweifellos Hekataios, vgl. bes. fr. 264 ff.;
Christ-Schmid, Griech. Lit. I 427; Jacoby, Art. H. in der R.-E. Sp. 2688 f. Wenn J. aber
Sp. 2688, 32 ff. sagt 'Bei ihm zuerst scheint auch die Forschungsreise zu wissenschaft-
lichem Zwecke, um der ἱστορίη willen, nachweisbar. Was selbstverständlich nicht ausschließt,
daß H. auch durch praktische Zwecke auf Reisen geführt ist' — so trifft das alles auch
schon für Thales und das 'zuerst' für diesen allein zu. Oinopides von Chios: Fr. d. V.
I 297, 18 ff. Demokrit: wenn auch fr. 299 unecht ist (vgl. Diels, Fr. d. V. II³ 123 f.), so
ist doch an seinem Aufenthalt in Ägypten nicht zu zweifeln. (Abgesehen von Fr. d. V.
II³ 11, 10 u. 23, 21, vgl. S. 34 Nr. 99, worüber unten S. 341, 2.) Vgl. auch Zeller I 824a (der
freilich fr. 299 noch für echt hält). — Dagegen ist Anaxagoras' Aufenthalt dort (Fr. d. V.
I 378 Nr. 10) unsicher, auch der Platons (den freilich Zeller II⁴ 1, 404 für wirklich hält,
ebenso Gomperz II² 208 ff.; s. dagegen Praechter, G. G. A. 1902 S. 959 ff. und in seiner
Neubearbeitung von Überweg-Heinze I¹⁰ 128). Vgl. Christ-Schmid I 616, 6; F. W. von Bissing,
Neue Jahrb. 1912 XXIX 96, 2. — Andrerseits ist Aufenthalt des Eudoxos von Knidos in
Ägypten trotz Strabons legendenhafter Erzählung S. 806 f. wahrscheinlich.

[3]) Vgl. darüber schon die Reflexionen Herodots II 13 f. und 22: ἄνομβρος ἡ χώρη καὶ
ἀκρύσταλλος διατελέει ἐοῦσα, 25 (vom Nil) ἐὼν ἄνομβρος; auch III 10 die Geschichte von
dem singulären Regenfall in Theben unter Psammenit. — Plat. Tim. 22e: κατὰ δὲ τήνδε τὴν
χώραν οὔτε τότε οὔτε ἄλλοτε ἄνωθεν ἐπὶ τὰς ἀρούρας ὕδωρ ἐπιρρεῖ. Das ist freilich nicht
ganz richtig, aber im Verhältnis zu Griechenland regnete es in Ägypten äußerst selten, vgl.
Näheres bei Wiedemann S. 106 ff. (wo aber die Belege aus griechisch-römischen Autoren
nicht erschöpfend sind) und Erman, Ägypten I 22 u. 32. Hiernach ist augenscheinlich
zwischen dem Klima des Deltas und dem Oberägyptens scharf zu unterscheiden. Während
wenigstens ein Teil Unterägyptens im Winter regelmäßige Regenfälle hat, gehören diese
in Oberägypten zu den größten Seltenheiten. Für die Gegenwart vgl. auch Malosse a. a. O.
S. 26; Comte Cressaty a. a. O. S. 10 u. 16. Ich hoffe, Ägyptens Klima im Altertum auf Grund
der antiken Überlieferung einmal zum Gegenstand einer besonderen Untersuchung zu machen.

Aufmerksamkeit des Hellenen dem augenscheinlichen Spender alles ägyptischen Lebens, dem Nilstrome, zuwenden, der gerade in der heißesten Jahreszeit, kurz nach der Sommerwende, wo in Griechenland beim Aufgang des $\Sigma\epsilon\iota\rho\iota o\varsigma\ \dot{\alpha}\sigma\tau\dot{\eta}\rho$ Quellen und Bäche versiegen, das Land der Pyramiden mit unerschöpflicher Segensfülle überflutete, obgleich sich seine Wassermassen aus der 'verbrannten Zone' im unbekannten Süden heranwälzten. Joseph Partsch, der auch um die Erforschung der griechischen Erdkunde hochverdiente Geograph, hat es in feinsinniger Weise ausgeführt, wie gerade das Phänomen der Nilschwelle, zumal im Hinblick auf Parmenides' Zonenlehre, für das griechische erdkundliche Denken eine beinahe umwälzende Bedeutung haben mußte.[1]) Und es ist in hohem Maße bezeichnend, daß schon der $\dot{\alpha}\varrho\chi\eta\gamma\acute{o}\varsigma$ der griechischen Naturkunde, Thales von Milet, den ersten wissenschaftlichen Lösungsversuch des Problems unternommen hat, wie es andrerseits für das Verhältnis der Ägypter zur Wissenschaft äußerst charakteristisch ist, daß sie über die Ursachen der für ihr Land vitalen Erscheinung dem Herodot[2]) überhaupt keine Auskunft zu geben vermochten.[3])

Wenn zwei sich alljährlich wiederholende Naturvorgänge stets frühzeitig miteinander eintreten, dann liegt der Schluß nahe, daß sie miteinander in irgend welchem Zusammenhang stehen. Tritt nun gar der eine etwas früher als der andere ein, dann werden besonders die Menschen der vor- wie die der frühwissenschaftlichen Epoche geneigt sein, diesen für die Ursache des anderen zu halten. So meinten die Bewohner der Insel Keos[4]), weil zugleich mit dem Frühaufgang des Sirius die Zeit der stärksten Hitze beginnt, der Hundsstern sei die Ursache davon, und weihten diesem Gestirn sogar einen Kult[5]), um den Gefürchteten zu besänftigen. So meinte Thales, weil die Etesien meist um die Zeit der Nilschwelle zu wehen beginnen, diese Nordostwinde, die für den Hochsommer des Ägäischen Meeres so charakteristisch sind[6]), seien es, die die Fluten

---

[1]) Ägyptens Bedeutung für die Erdkunde S. 17.   [2]) II 19.

[3]) Das ist eine neue und schlagende Illustration zu den äußerst wertvollen Ausführungen F. W. von Bissings 'Ägyptische Weisheit und griechische Wissenschaft' (Neue Jahrb. 1912 XXIX 81—97). — Die Ägypter sind über eine mythische Erklärung der Nilschwelle (Träne der Isis) überhaupt nicht hinausgekommen. Das eben ist bezeichnend. Im übrigen vgl. auch Diels, Seneca und Lucan S. 17 und 18, 1 (hier einige charakteristische Belege aus den ägyptischen Denkmälern und Papyri). Andrerseits erschien Nietzsche als der entscheidende Grund, um Thales als den ersten Naturforscher zu erklären, der Umstand, daß er über den Ursprung der Dinge etwas aussagte 'ohne Bild und Fabelei', (Vgl. Oehler, Nietzsche und die Vorsokratiker, Leipzig 1904, S. 55.)

[4]) Wie die Griechen der älteren Zeit überhaupt, vgl. Hesiod W. u. T. S. 582 ff. (nachgeahmt von Alkaios fr. 39!). Im Volksglauben hält sich die Anschauung bis in die späte Zeit. Apoll. Rh. II 518 f.; Hor. c. III 13, 9; Plin. N. h. II 107.

[5]) Kallimachos, Ait. S. 33 f. Hunt; Apoll. Rh. II 525 ff. u. Schol. z. II 498. Auch auf Münzen von Koresion und von Karthaia der Sirius oder ein von Strahlen umgebener Hund. Head, Hist. num. S. 410 ff. (Die Stellen erwähnt bei Storck, Die ältesten Sagen der Insel Keos, Diss. Gießen 1912, S. 8. 10 f. 14, der aber leider auf den Siriuskult nicht eingeht.) Zu dem Siriuskult vgl. jetzt auch Boll a. a. O. S. 16 des S.-A.

[6]) Neumann-Partsch S. 95 ff. — Im Altertum betrachtete man meist die $K\nu\nu\dot{o}\varsigma\ \dot{\epsilon}\pi\iota\tau o\lambda\dot{\eta}$ als den Zeitpunkt, wo sie — auf 40 Tage — zu wehen beginnen, vgl. Hippokrates, De aer.

des ihnen entgegenströmenden Nils stauten und so das Steigen seiner Gewässer verursachten.[1]) Bei den Keern wie bei Thales der gleiche Trugschluß. Und doch hat die Erklärung des milesischen Weisen, mochte man sie auch schon früh als unrichtig erkennen[2]), in der Geschichte des Problems weithin nachgewirkt. Nur eine leise Variante davon ist die Meinung eines sonst verschollenen Physikers[3]), daß das von den Etesien aufgewühlte Meer vor die Mündung des Flusses Sandmassen häufe und ihn so staue. Von eigentümlichem Interesse ist dagegen das Ergebnis des Euthymenes von Massalia[4]), der auf seiner Fahrt augenscheinlich bis in die Mündung eines der großen westafrikanischen Ströme, etwa des Senegal, gelangt war, zu einer Zeit, wo der Fluß, durch den Dauerregen geschwellt, die Küstenniederungen weithin überflutet hatte. Da Euthymenes an der dortigen Küste um jene Zeit Süßwasser antraf und zu seinem Erstaunen in dem Strome Krokodile und Flußpferde vorfand, Tiere, die der Grieche der älteren Zeit als dem Nil eigentümlich betrachtete, so glaubte er, hier den Ursprung des Nils — aus dem Atlantischen Ozean — entdeckt zu haben. Und da er von der Schwelle infolge der Regenzeit keine Ahnung hatte, vermutete er, unter dem Einfluß von Thales' Hypothese, das Wasser des Ozeans sei durch die Etesien in den Fluß hineingetrieben. Demgemäß erklärte er die Hochflut des Stroms. Wenn aber die Etesien nachlassen, beginnt das Meer dort und so auch das Wasser des Nils wieder zu sinken. Man hat mit gutem Grunde

10 S. 49, 17 f. Ilberg-Kühlewein; Aristoteles, Meteor. II 5. 361b 35 ff.; Eudoxos b. Pseudo-Geminos S. 212, 15 ff. Manitius; Kallimachos, Aitia V. 33 ff. Hunt; Apollonios Rhod. Argonautica II 525 ff.; Olympiodor z. Meteor. S. 176, 27 ff. St. — Zuweilen wird ihr Beginn unbestimmter nach der Sommersonnenwende gesetzt, z. B. Agatharchides b. Diod. I 39, 4—6; Aristot. Meteor. II 5. 361b 35 ff. verbindet beides: die Etesien wehen nach der Sonnenwende und dem Aufgang des Hundssterns. Dagegen S. 362a 29f.: ἕως ἂν ἐπὶ τροπαῖς πάλιν ταῖς θεριναῖς πνέωσιν οἱ ἐτησίαι. In Wahrheit schwankt die Zeit ihres Beginns von der zweiten Hälfte Juni bis zum Anfang des September. Vgl. darüber Neumann-Partsch S. 99 f.

[1]) Fr. d. Vorsokr. I³ 5, 13 f. u. S. 11 Nr. 16.

[2]) Die älteste Widerlegung der Ansicht des Thales bei Herodot II 20: Manchmal wehen die Etesien gar nicht; trotzdem tritt dann die Nilschwelle ein. Sodann: wären die Etesien die Ursache, müßte doch derselbe Vorgang wie beim Nil auch bei den anderen Flüssen eintreten, die den Etesien entgegenfließen (besonders bei den kleineren, mit schwächerer Strömung); das ist aber weder bei den Flüssen Syriens noch Libyens der Fall. — Diese Argumente hat Herodot wohl dem Hekataios entlehnt. Sie kehren (in umgekehrter Reihenfolge) bei Aristoteles wieder (fr. 248 S. 192, 14 ff. R.), der sie von Herodot übernimmt. Anders Diels, D. G. S. 227, 1, der diesen Umstand als Grund gegen die Echtheit der Aristotelischen Schrift verwendet hat. — Eine Reihe weiterer Argumente gegen die Etesien als Ursache bei Seneca, N. Q. IVa 2, 23 gegen Euthymenes von Massalia (aus Poseidonios?).

[3]) Bei Lucrez VI 724 ff.; Mela I § 53. Der unbekannte Autor gehört wohl noch dem VI. Jahrh. an, da nach den bei Herodot gegebenen Gegenargumenten diese Erklärung nicht mehr haltbar war.

[4]) FHG. IV 408, das einzige Stück aus seinem Περίπλους des äußeren Meeres. Über E. außer Berger S. 132 ff. (und mit Recht zum Teil gegen ihn) insbesondere Jacoby, Art. E. in der R.-E. Jacoby setzt ihn mit Recht noch in das VI. Jahrh., 'ehe die Karthager derartige Fahrten (an der Nordwestküste Afrikas) unmöglich machten'. Dann wird man ihn aber wohl noch vor die Schlacht von Alalia (540 v. Chr.) setzen müssen.

vermutet, daß kein Geringerer als Hekataios von Milet sich die Ansicht des Euthymenes zu eigen gemacht hat[1]), nachdem er dessen Bericht auf seiner Reise in Massalia kennen gelernt hatte.

Von den Physikern aber, die nach dem ionischen Aufstand und vor dem Ende des Peloponnesischen Krieges der Nilschwelle nachforschen, haben die einen, vermutlich unter dem Eindruck der Gegengründe des Hekataios, das Etesienmotiv bei Lösung des Problems ganz ausgeschaltet, die anderen es nur in Verbindung mit anderen Momenten beibehalten. Von den ersteren gehört in gewissem Sinne die Erklärung des Oinopides, eines jüngeren Zeitgenossen des Anaxagoras[2]), mit der des Diogenes von Apollonia enger zusammen, weil diese beiden Forscher dabei auf das Grundwasser als einzigen Faktor Bezug nehmen. Hierdurch unterscheiden sie sich scharf von den anderen Physikern, wenn im übrigen auch ihre Ansichten keine nähere Verwandtschaft zeigen.[3]) Ganz eigenartig ist die Erklärung des Oinopides.[4]) Sie zeigt zugleich, wie stark damals in der griechischen Naturwissenschaft vielfach noch die Empirie gegenüber der Spekulation zurücktrat und wie rasch vermeintliche Beobachtungen, die in Wahrheit noch scharfer und öfter wiederholter Nachprüfung bedurft hätten, zu den kühnsten Verallgemeinerungen und darauf aufgebauten Erklärungsversuchen benutzt wurden. Doch man höre. Im Sommer sind die unterirdischen Gewässer kalt, im Winter dagegen warm. Das erkennt man schon an tiefen Brunnen. Ist doch im tiefsten Winter das Wasser in ihnen am wenigsten kalt; dagegen wird bei der größten Hitze das kälteste Wasser aus ihnen heraufgeholt. Deswegen ist auch der Nil im Winter nur klein und unbedeutend, weil dann die Hitze im Innern der Erde den Hauptteil seiner Wassermassen verzehrt, Regen aber (der den Fluß schwellen könnte) in Ägypten nicht fällt. Da aber im Sommer der unterirdische Wasserverbrauch (durch Verdunstung) nicht erfolgt, wird in den Erdtiefen seine natürliche Strömung ungehindert aufgefüllt. — Es ist ein Jammer, daß uns die Schrift des Aristoteles 'Vom Steigen des Nil' nur in einem kläglichen Auszug in spätlateinischer Übersetzung erhalten ist: wir wissen

---

[1]) Betr. Hekataios kommt hier das fr. 278 in Frage. Außer Diels (Hermes XXII 434 f.), Berger S. 131 f. 135, Burnet, Early Greek Philosophy[2] S. 44, vgl. bes. Jacoby, Art. E. und jetzt seinen Art. Hekataios in der R.-E. Sp. 2689. 2704. (Schade, daß der in der Hekataios-forschung epochemachende Artikel nicht einzeln käuflich ist!) Aus diesem geht hervor, daß auch J. jetzt geneigt ist, anzunehmen, daß Herodot II 21. 23 seine Kenntnis der δόξα des E. nur dem Werk des Hekataios (Γ. π.) verdankt, gegen den er hier so bitter polemisiert. (Dagegen zeigt J. in seinem Art. Euthymenes noch ein gewisses Schwanken.) Gegen die Meinung von Diels (S.-B. A. 1891 S. 582), daß Hekataios von E. abhängig sei, Eduard Meyer II 756 Anm. Betr. Hekataios' Meinung von der Nilquelle vgl. auch Herodot II 32 f.

[2]) Fr. d. Vorsokr. I[3] 296 Nr. 1 u. 2.   [3]) Gegen Berger S. 136.

[4]) Fr. d. V. I 298 Nr. 11. Den Zusammenhang, in den Berger S. 136 die Lehre des O. rückt, kann ich nicht für richtig halten: ich erkenne von der Lehre, daß das Meer durch ein unterirdisches Adersystem mit den Flüssen und Quellen in Verbindung stehe (geschweige von der Anschauung der Erde nach Analogie eines ζῷον) bei ihm noch keine Spur. Auch ist es ganz unsicher, ob Platon Tim. 22e, Plutarch De fac. in orb. lun. 939c, Seneca VI 8, 3 auf des O. Lehre Bezug nehmen. (Gegen Berger S. 136, 7, dem Gilbert, Meteorol. Theor. d. Griech. S. 529, 1 folgt.)

daher auch nicht, ob und inwieweit die Argumente, die von Seneca[1]) gegen
Oinopides' Erklärung ins Feld geführt werden, etwa schon von Aristoteles vorgebracht sind. Sie sind interessant genug: wäre die Ansicht des Oinopides
richtig, müßten im Sommer alle Flüsse (nicht nur der Nil) geschwellt sein und
auch die Brunnen Wasser in Fülle haben. Besonders fein ist aber, was gegen
des Chiers Meinung, daß im Winter die Wärme in der Erde größer sei, vom
Autor der 'Naturales quaestiones' bemerkt wird: Höhlen und Brunnen haben in
Wahrheit dann nur lauwarme Temperatur (*tepent*) und zwar, weil die kalte
atmosphärische Luft an sie nicht herankommt; sie sind also nicht eigentlich
warm, sondern schließen nur die Kälte aus. Aus demselben Grunde sind sie
im Sommer kalt, weil an sie, die geschützt und abseits (von der äußeren Luft)
liegen, die erwärmte atmosphärische Luft nicht heranstreicht. — Hier liegt also
schon eine richtige Ahnung davon vor, daß die Temperatur in Brunnen und
unterirdischen Höhlen im Sommer und Winter nahezu gleich ist. Denn die
Grundvoraussetzung des Oinopides ist eben falsch; das Wasser der tiefen Brunnen
ist in Wahrheit im Sommer und Winter nahezu gleich warm; es erscheint uns
nur durch den Gegensatz der atmosphärischen Lufttemperatur im Sommer kalt,
im Winter warm. — An einem solchen Falle wie diesem eigentümlichen Er-
klärungsversuch des Oinopides mag auch der 'Laie in physicis' sinnfällig
erkennen, von welch fundamentaler Bedeutung in der Geschichte der Naturwissenschaft die Erfindung des Thermometers gewesen ist.[2]) Und doch ward
dies Kardinalinstrument aller Physik erst von Galilei während seines Paduaner
Aufenthalts (1592—1597) erfunden.[3]) —

Auf eigentümlichen Analogieschlüssen beruht die originelle Lehre des Diogenes von Apollonia.[4]) Ihr liegt die Anschauung zugrunde, daß sich im Erdinnern ein gewaltiges Adersystem befindet, durch das auch das Meer mit den
Flüssen in ständiger Verbindung ist. Nun zieht die Sonne im Sommer aus den
Gegenden, über denen sie gerade steht, mit größter Kraft alles Wasser zu
sich empor. Im Sommer werden daher die südlichen (d. h. die tropischen)
Gegenden durch die Sonnenglut am meisten ausgedörrt. Je mehr aber die dortigen Gebiete ausgetrocknet werden, um so mehr Feuchtigkeit saugen sie an

---

[1]) N. Q. IVa 2, 26. Daß Seneca diese aus seiner Quelle hat, ist sicher. Doch kann
ich hier darauf nicht weiter eingehen.

[2]) Theophrast, fr. 163 erörtert, warum die Quellen der Tiefe im Winter wärmer als
im Sommer sind, und erklärt die vermeintliche Tatsache durch die ἀντιπερίστασις. Vgl. auch
Lucrez VI 840—847 (die Brunnen im Sommer kälter, im Winter wärmer), wo auch die
Lehre von der ἀντιπερίστασις, freilich verschwommen, zugrunde liegt. Noch Plinius, N. h.
II 233 f. meint, daß alle Quellen im Sommer kälter als im Winter und daß das Meer im
Winter wärmer sei.

[3]) Nachgewiesen von E. Wohlwill (in den Annalen der Physik und Chemie 1865). Von
Galileis Erfindung bis zur Einführung des hundertteiligen Thermometers durch den Schweden
Celsius (1742) bz. dessen Modifikation durch Strömer (und gleichzeitig Christin) war aber
noch ein weiter Weg. Vgl. den lehrreichen Aufsatz von E. K. im 'Prometheus' XII.

[4]) Fr. d. Vorsokr. I 419 Nr. 18. Vgl. hierzu Lucan X 247 ff.; Lydus, De mens. IV 68
S. 156, 9 ff. W.; Berger S. 136 f.

sich[1]); wie bei den Lampen das Öl stets dorthin fließt, wo es verbrannt wird, so strömt auch alles Wasser dahin, wohin es durch die Gewalt der Hitze und die ausgedörrte Erde gezogen wird. Besonders aus den nördlichen Ländern wird dann das Wasser herbeigezogen, wie auch die Strömung des Pontos in das Ägäische Meer zeigt. So tritt zwischen den feuchten und den trockenen Gebieten der Erde ein gewisser Ausgleich ein, und die nach den ausgedörrten Gegenden Afrikas von überall her zusammenströmenden Gewässer ergießen sich auf unterirdischen Verbindungswegen in den Nilstrom, der dann über seine Ufer tritt. Schon früh wurde gegen diese eigentümliche Lehre, die man mit einem Ausdruck der modernen Physik kurz als Kapillartheorie bezeichnen könnte, das Folgende eingewendet: Wenn im Erdinnern alles Wasser miteinander in Verbindung steht, warum entstehen dann nicht auch bei den anderen Flüssen (des Südens) entsprechende Stromschwellen?[2])

Die kühnen Schlüsse des Diogenes mögen zeigen, wie hier die griechische Naturwissenschaft infolge des Überwucherns der reinen Spekulation in Gefahr war, sich von der Lösung des Problems immer weiter zu entfernen. Von empirischer Beobachtung, von der alle naturwissenschaftliche Forschung ausgehen muß, ist hier in Wahrheit keine Rede mehr — denn die Analogie des von der brennenden Lampe durch ihren Docht angesaugten Öles können wir hier füglich beiseite lassen, da ein solches Beispiel für die Vorgänge des Erdinnern wie der Erdoberfläche gar nichts beweist, diese vielmehr nur mit Hilfe verwandter Erscheinungen im Bereich der physikalischen Erdkunde erklärt werden können.

Um so heller leuchtet demgegenüber die Antwort des Anaxagoras hervor, die wirklich den ersten Schritt zur Lösung des Problems bedeutet. Er behauptet, daß der Nil infolge der Wassermassen steigt, die sich im Sommer in ihn infolge der Schneeschmelze in Äthiopien (d. h. in dessen Gebirgen) ergießen.[3]) Obgleich die drei großen Tragiker diese Erklärung angenommen und so dazu beigetragen haben, sie populär zu machen, ist sie doch in den Kreisen der

[1]) Außer dem Gegensatz des Trockenen und Feuchten, das sich gegenseitig anzieht, scheint bei dieser Lehre des Diogenes auch noch der des Kalten und Warmen eine entsprechende Rolle gespielt zu haben. Vgl. Aristoteles, fr. 248 S. 192, 25 ff. R.[3] — Hiernach glaubte übrigens offenbar auch D., daß im Sommer das Wasser in der Erde am kältesten sei (vgl. Oinopides).

[2]) Aristot. fr. 248 S. 192, 27 ff. R., später bei Seneca, N. qu. IVa 2, 31. Ob sich Diogenes schon selbst diesen Einwurf gemacht und dahin beantwortet hat, daß die Sonne im Sommer auf Ägypten heißer als auf andere Länder scheint, daher dorthin das Wasser stärker zieht und so den Nil mehr anschwellen läßt (als andere Flüsse) — vgl. Seneca a. a. O. 31 —, müssen wir bei der Trümmerhaftigkeit unserer Überlieferung dahingestellt sein lassen. Bei Aristoteles (S. 192, 25 ff. R.) steht hiervon noch nichts, aber bei der Armseligkeit dieses Exzerptes beweist das nicht viel.

[3]) Fr. d. V. I 395, 1 ff. Diels, vgl. 385, 1 f., wo statt des überlieferten ἀπὸ τῶν ἐν τοῖς ἄρκτοις χιόνων Diels Roepers Konjektur ἀπὸ τῶν ἐν τοῖς ἀνταρκτικοῖς χιόνων aufgenommen hat. Aber als Ort der Schneeschmelze hat A. offenbar Äthiopien angegeben, denn nicht nur Aetius IV 1, 3 und Seneca IVa 2, 17 bezeugen dies, sondern schon Zeitgenossen des Anaxagoras (Aischylos fr. 300; Euripides fr. 228, 4). Vgl. auch Herodot II 22; Aristot. fr. 248 S. 193, 9 f. R.; Luer. VI 735. — Übrigens s. auch Burnet a. a. O. S. 313, 6. Vgl. auch noch hier S. 339, 2.

ionischen Wissenschaft und selbst bei solchen Schriftstellern, die von dieser
nur oberflächlich berührt sind, verworfen, ja beinahe mit Hohn aufgenommen
worden. Bekannt, aber für das damalige erdkundliche Denken in diesem Zusammenhange außerordentlich lehrreich ist die hochfahrende Polemik des Herodot dagegen.[1]) 'Die dritte Ansicht', sagt er nach Verwerfung von zwei anderen,
'die auf den ersten Blick am meisten einleuchtet, entfernt sich von der Wahrheit am weitesten. Es erklärt nämlich in Wahrheit auch diese gar nichts, wenn
sie behauptet, daß der Nil infolge einer Schneeschmelze steige, der Nil, der aus
Libyen mitten durch Äthiopien fließt und seinen Lauf nach Ägypten nimmt.
Wie könnte er denn vom Schnee anschwellen, er, der aus den wärmsten Gebieten herkommt und in die kälteren fließt? Für einen Mann wenigstens, der
über derartige Dinge zu urteilen fähig ist, bieten den ersten und stärksten Beweis dafür, daß es unglaublich ist, daß er vom Schnee schwillt, die Winde, die
aus jenen Gegenden warm wehen; sodann die Tatsache, daß das Land dauernd
ohne Regen und ohne Frost ist, während nach Schneefall unbedingt innerhalb
fünf Tagen Regen eintreten muß.[2]) Daher würden diese Gebiete, falls es doch
schneite, unweigerlich auch Regen haben. Drittens sind die Menschen dort infolge der Hitze schwarz. Und endlich sind dort Gabelweihen und Schwalben
während des ganzen Jahres im Lande, und die Kraniche, die vor dem Winter
im Skythenlande entweichen, ziehen zum Überwintern in diese Gegenden. Wenn
es aber auch noch so wenig in dem Lande schneite, durch das der Nil fließt
und aus dem er seinen Ursprung nimmt, dann wäre alles dieses nicht der Fall,
wie sich mit (logischer) Notwendigkeit ergibt.' — Diese echt Herodoteischen
Ausführungen geben in doppelter Hinsicht zu denken. Einmal zeigen sie deutlich die Grenze der damaligen Erdkenntnis: zur Verwerfung der Anaxagoreischen
Hypothese hat die falsche Anschauung von den Temperaturverhältnissen der
heißen Zone[3]), zum andern die Unkenntnis von den Voraussetzungen für das
Vorkommen von ewigem Schnee selbst in den Tropen[4]) das Ihrige beigetragen.

---

[1]) II 22.

[2]) Für diese merkwürdige Ansicht kenne ich bis jetzt keinen weiteren Beleg. Wesse-
ling z. St. vermutete, sie sei aus dem Klima von Halikarnaß oder Thurioi abstrahiert.

[3]) 'In der Wüste unter den Trepen sinkt die Temperatur bei Sonnenaufgang infolge
der Ausstrahlung der Erde unter den Gefrierpunkt, und in ganz Ägypten kommt ein solches
Sinken nicht selten vor, so daß sich zuweilen alle Lachen mit einer Eiskruste bedecken.'
Wiedemann a. a. O. S. 106. Instruktiv über die starke nächtliche Abkühlung in den Tropen
Nettelbeck in seiner Selbstbiographie S. 208 Reel. (von Oberguinea). — Und doch welche
Fülle neuer d. h. bei Herodot und den Älteren noch nicht vorkommender Argumente für
die fabelhafte Hitze Äthiopiens (gegen Anaxagoras' Voraussetzung) noch bei Seneca IV a 2, 18!
Unterirdische Wohnung der Trogodyten (vgl. Died. I 37, 8); *argentum replumbatur*; kein
Winterschlaf der Schlangen. Andrerseits (auf Grund der Analogie anderer von Schnee-
gebirgen kommender Flüsse) rührte die Nilschwelle von einer Schneeschmelze her, müßte
sie im Frühjahr, nicht im Hochsommer stattfinden und nicht vier Monate dauern. Diese
Argumente stammen zunächst aus Poseidonios, der sie aber wenigstens zum Teil älteren
Autoren, wie Agatharchides (vgl. Trogodytae) entlehnte. Ein anderes Argument (Died. I 38, 7)
wohl gleichfalls aus Agatharchides.

[4]) Die Firngrenze, wie überhaupt das Vorkommen ewigen Schnees, hängt bekanntlich nicht nur von den rein klimatischen Einflüssen der Zone, sondern auch von örtlichen

Hier konnte der Fortschritt der Erkenntnis nur durch die Erfahrung, d. h. durch die Erweiterung der Erdkunde der Tropenländer durch Forschungen an Ort und Stelle gewonnen werden.[1])

Aber dies ist nur die eine Seite der Sache. Auf der andern steigt hier ein eigenartiges Problem auf: wie konnte Anaxagoras angesichts der damals allgemein verbreiteten Anschauung von dem heißen Klima Äthiopiens das Vorkommen von Schneemassen dort für möglich erachten und zur Grundlage seiner Erklärung machen? Bei der Beantwortung dieser Frage ist selbst ein Forscher wie Hugo Berger gescheitert, dessen geradezu verzweifelten Ausweg niemand billigen wird.[2]) Den Knoten zerhauen heißt nicht ihn lösen. Und daß Anaxagoras die Nilschwelle wirklich aus der Schneeschmelze in Äthiopien erklärt hat, ist über jeden Zweifel erhaben.[3]) — Das Problem bleibt also bestehen. Wie aber dann die Lösung? Sollte sich vielleicht Anaxagoras die Gebiete südlich von

Eigentümlichkeiten ab: von der Bodengestaltung (ob steile Felswand oder sanft geneigte Fläche, Kegelform des Berges oder Trichterschlucht, ob der Hauptkamm firstförmig oder zerteilt ist, so daß er hochgelegene Kessel umschließt, ob hoch und frei liegende Flächen oder beschattete Mulden), von der Höhe, der Lage nach der Himmelsgegend, insbesondere aber von der Niederschlagsmenge des Gebiets, der Richtung der herrschenden Winde und ihrer Berührung mit Land und Meer, den Temperaturverhältnissen und endlich der Gesteinsart des Gebirges. — Es kommen daher auch in den Tropen Firngipfel und -felder d. h. Gebiete ewigen Schnees vor, wenn auch nur in hohen Lagen (meist über 5000 m). Daß es im südlichen Kilimandscharo, also unweit des Äquators, gar Gletscher gibt ('Drygalski-Gletscher') oder die Kuppe des Kibo dort das ganze Jahr hindurch firnbedeckt ist — davon hat man nicht nur im Altertum, sondern bis weit in das XIX. Jahrh. hinein überhaupt nichts geahnt; von den Firngipfeln der Hochgebirge Südamerikas und Mexikos hier zu geschweigen. (Ecuador hat deren 16.) Ich verdanke die Kenntnis dieser Dinge vor allem Ratzel, Die Erde und das Leben II 300—333. — Übrigens hält Seneca IV a 2, 19 für möglich, daß es auf den Hochgebirgen Äthiopiens schneit, aber für unmöglich, daß der Schnee dort den Sommer überdauert. Vgl. dagegen wieder Arrian, Ind. VI 7 (bei Besprechung der Nilschwelle): οὐδὲ χιονόβλητα εἴη τὰ Αἰϑιόπων οὔρεα ὑπὸ καύματος.

[1]) Wer in Ratzels klassischem Werk das Kapitel 'Schnee, Firn und Eis' durchgearbeitet hat, der weiß, daß wir unsere heutige eindringende Kenntnis dieser Dinge fast alle erst den großen Forschungsreisenden des XIX. Jahrh. verdanken, unter denen Alexander von Humboldt einen hervorragenden Platz einnimmt. Und die besonderen atmosphärischen Verhältnisse Abessiniens, die für die Erklärung der Nilschwelle von entscheidender Bedeutung sind, sind überhaupt erst vor wenigen Jahren, vor allem durch englische Gelehrte, exakt untersucht worden (vgl. Partsch, Abh. Sächs. Ges. d. Wiss. 1909, Phil.-Hist. Kl. XXVII 590 ff.), und noch heute ist die meteorologische Erforschung, zumal der Winde, dieses Alpenlandes nicht abgeschlossen.

[2]) Gesch. d. wiss. Erdkunde d. Griech. S. 141 ff. Berger kommt zu dem ungeheuerlichen Ergebnis, den antiken Zeugnissen über Anaxagoras' Lehre überhaupt den Glauben zu versagen, sie auf ein Mißverständnis des Herodot zurückzuführen und die Lehre des Demokrit für in Wahrheit anaxagoreisch zu halten. Von der Widerlegung seines durchaus unmethodischen Verfahrens kann ich hier absehen. — Übrigens hält er die Stelle Hippolyt. Ref. I 8, 5 (Fr. d. V. I 385, 1 f. vgl. hier S. 337, 3) für intakt. Das halte auch ich für möglich, erkläre dann aber den Tatbestand in entgegengesetztem Sinne wie B.: hier liegt m. E. nur ein Versehen des Hippolytos vor, der fälschlich die Lehre des Demokrit dem Anaxagoras zuschrieb.

[3]) Vgl. die Quellen Fr. d. V. I 395, 1 ff.

Ägypten nicht so heiß vorgestellt haben, daß er dort Schnee für unmöglich
gehalten hätte? Er verrät bekanntlich von der pythagoreischen Lehre von der
Kugelgestalt der Erde ebensowenig eine Ahnung wie von der parmenideischen
Zonenlehre. Aber dennoch steht es fest, daß er südliche Gebiete wie Äthiopien
für unbewohnbar infolge der Hitze gehalten hat.[1]) So bleibt, scheint es, nur
die eine Antwort: seiner Annahme von Schnee in Äthiopien muß eine — später
verschollene — authentische Kunde reisender Kaufleute von dem abessinischen
Alpenlande zugrunde liegen[2]), deren Widerspruch mit seiner Meinung von dem
heißen Klima der südlichen Gegenden ihm freilich nicht zum Bewußtsein gekommen zu sein scheint.

Auf eine genauere Kunde von Äthiopien schon im V. Jahrh. deuten auch
einzelne Kenntnisse des Demokrit und Thrasyalkes. Ja, schon vor Erscheinen
von Anaxagoras' Buch 'Von der Natur' taucht die später ihm allein zugeschriebene Erklärung der Nilschwelle aus der Schneeschmelze auf, in Aischylos'
'Hiketiden', die höchstwahrscheinlich schon vor 480 gedichtet sind.[3]) Anaxagoras
hat hier also augenscheinlich eine ältere Ansicht übernommen[4]), deren Urheber
wir nicht mit Namen nennen können, aber in dem Kreise der ionischen Rei-
senden annehmen dürfen, die um 500 Ägypten besuchten.

Die Meinung des Anaxagoras ist in der griechischen Wissenschaft — eben
infolge seiner Annahme von Schnee in Äthiopien — durchweg verworfen worden.
Nur die Erklärung eines verschollenen Seefahrers ist ihr im Prinzip gleich:
Promachus enim Samius ex Argenti monte (Nilum fluere) .... liquefacta nive
heißt es in dem lateinischen Exzerpt aus des Aristoteles Schrift.[5]) Wann aber

---

[1]) Fr. d. V. I 390 Nr. 67 (Aet. II 8, 1): Διογένης καὶ Ἀ. ἔφησαν μετὰ τὸ συστῆναι τὸν
κόσμον καὶ τὰ ζῷα ἐκ τῆς γῆς ἐξαγαγεῖν ἐγκλιθῆναί πως τὸν κόσμον ἐκ τοῦ αὐτομάτου εἰς τὸ
μεσημβρινὸν αὐτοῦ μέρος, ἴσως ὑπὸ προνοίας, ἵνα ἃ μὲν ἀοίκητα γένηται, ἃ δὲ οἰκητὰ μέρη
τοῦ κόσμου κατὰ ψῦξιν καὶ ἐκπύρωσιν καὶ εὐκρασίαν. Zu Anaxagoras' Kenntnis von der
ἔγκλισις τοῦ κόσμου vgl. auch Stein S. 375, 34 f. und Archelaos S. 411, 37 f.

[2]) Wiedemann a. a. O. S. 105 vermutet, daß Kambyses' Zug nach Äthiopien diese
Kunde ermöglicht haben könnte. Nestle, Herodots Verhältnis z Philosophie und Sophistik
(Progr. v. Schöntal 1908) S. 11 denkt an Berichte griechischer Reisender als Quelle. —
Für Wiedemanns Vermutung spricht Herodot III 139: 'Als aber Kambyses, des Kyros Sohn,
gegen Ägypten zog, kamen (mit ihm) auch zahlreiche Hellenen nach Ägypten, die einen,
wie begreiflich, κατ' ἐμπορίην, οἱ δέ τινες καὶ αὐτῆς τῆς χώρης θεηταί.' — Ein Aufent-
halt des Anaxagoras selbst in Ägypten ist freilich nur sehr schwach beglaubigt. (Fr. d. V.
I 378 Nr. 10.)

[3]) Alfred Körte, Melanges Nicole (1905) S. 289 ff. Georg Müller, De Aeschyli Suppli-
cum tempore atque indole, diss. Hal. 1908, möchte das Stück schon wenige Jahre nach
dem Fall Milets setzen. Christ-Schmid, Griech. Lit. I⁵ 276, 2. Die Stelle der Hiketiden
V. 556 ff. Weil.

[4]) Vgl. Fredrich, Hippokratische Untersuchungen S. 164 f., dessen übrige Ausführungen
zur δόξα des Anaxagoras aber unhaltbar sind, zumal von Kenntnis der Zonenlehre bei A.
keine Spur vorhanden ist. Vgl. ferner Nestle a. a. O. und Georg Müller a. a. O. S. 28—30,
der aber die von Anaxagoras übernommene Erklärung der Nilschwelle nicht als *communis
opinio* hätte bezeichnen dürfen.

[5]) Fr. 248 (S. 194, 26 ff. R.) Die von Rose benutzten Hss. geben den Namen Promathus,
aber diese Form ist, zumal im ionischen Sprachgebiet, unerhört. (Προμαθίδας von Herakleia
ist ein Dorer.) Übrigens hat eine der von Landi verglichenen Hss., der cod. Patavinus divi

dieser Promachos lebte, wissen wir überhaupt nicht; die eben angeführte Stelle ist für uns das einzige Zeugnis von seiner Existenz: ὤλετ' ἄιστος ἄπνστος. Es bleibt daher eine ungelöste Frage, ob die Erklärungen des Anaxagoras und des Promachos zueinander in Beziehung stehen, d. h. ob der eine vom anderen gewußt hat und durch ihn beeinflußt ist. Für die weitere Geschichte des Problems ist es jedenfalls ohne Bedeutung; niemand sonst steht in dieser Sache auf seiten des Anaxagoras.[1]) Und doch ist seine Hypothese nicht ohne Wirkung geblieben. Das zeigt die eigentümliche Erklärung des Demokrit und wahrscheinlich auch die des Thrasyalkes von Thasos. Demokrit nämlich meinte dieses[2]): wenn um die Zeit der Sommersonnenwende in den nördlichen Gegenden der Schnee schmilzt und ein großer Teil des Schneewassers verdunstet, ballen sich aus dem Wasserdampf Wolkenmassen zusammen. Wenn diese dann von den Etesien[3]) gen Süden und nach Ägypten getrieben werden ⟨und dann auf die hohen, kalten Gebirge Äthiopiens treffen, so daß sie sich als Wasser niederschlagen⟩, sind das Ergebnis wolkenbruchartige Regengüsse, durch die die Seen und der Nilstrom geschwellt werden.[4]) Demokrit verbindet also das Etesien- und das Schneeschmelzemotiv in eigenartiger Weise. Offenbar erschien ihm Schnee in Äthiopien nicht glaublich; als Sohn Abderas aber wußte er zur Genüge von den Schnee- und Eismassen des nordischen Winters, in Thrakien wie im Skythenlande. Er schloß daraus auf eine große Schneeschmelze im nordischen Sommer, die gewaltige Wolkenbildung zur Folge hat.[5]) Mit dieser Tatsache kombinierte er die um dieselbe Zeit auftretenden Etesien. Das Weitere ergab sich für ihn, der Kunde vom Hochgebirge Äthiopiens hatte, gewissermaßen von selbst. Bei der Lehre Demokrits hat also Thales ebensogut wie Anaxagoras Gevatter gestanden. Originalität würde man trotzdem dem Demokrit nicht absprechen, wenn nicht ein Bedenken auftauchte aus den Nachrichten über Thrasyalkes von Thasos.[6]) Aus der Kombination der Angaben Strabons und des Johannes Laurentius Lydus[7]) ergibt sich nämlich als dessen Ansicht folgende: er betrachtet als eigent-

Antonii 370 s. XIII, die richtige Form Promachus (vgl. Landi a. a. O. S. 214, 1), ebenso die Editio princeps, Venedig 1482. — Promachus als (indirekte?) Quelle der Parallelstelle Meteor. I 13. 350 b 12 erkannte schon Rose (zu fr. 248), danach Bolchert a. a. O. S. 60. Vgl. vor allem Partsch a. a. O. S. 577 ff.

[1]) Auch Aristoteles hat des A. Erklärung ausdrücklich abgelehnt (fr. 248 S. 193, 1 ff. R.).

[2]) Fr. d. V. II 34 Nr. 99. Der hier im Text in ⟨ ⟩ gesetzte Gedanke fehlt bei Aetius. Daß er zu ergänzen ist, zeigt Lucrez VI 733 f. und der Vergleich mit Thrasyalkes.

[3]) Über die Zeit ihres Beginns vgl. oben S. 333, 6.

[4]) Es sind offenbar die Seen gemeint, aus denen (oder durch die) er fließt. Dies ist m. W. die älteste Kunde von diesen Seen; wohl von Demokrit auf seiner ägyptischen Reise gewonnen; auch seine Ansicht von den Sommerregen im oberen Nilgebiet wird auf wirklicher Kunde beruhen.

[5]) In den Alpen beginnt die Schneeschmelze in Wahrheit schon lange vor der Sonnenwende, gewöhnlich im April—Mai. Welch riesige Nebel- und Wolkenbildung sie zur Folge hat, habe ich im Frühjahr 1907 im Kanton Graubünden selbst beobachtet.

[6]) Über ihn Hermes XLVIII 322, 1.

[7]) Strabon XVII 790 C. (vgl. unten S. 372, 1). Lydus, De mens. IV 68, 4 (S. 146 W.) geht bekanntlich auf ein Stück der uns verlorenen Partie von Senecas Nilbuch zurück. Vgl. Diels, Sen. u. Lucan S. 9; Seneca, Nat. qu. ed. Gercke S. 158.

liche Ursache die Sommerregen im Quellgebiet des Nil. Diese entstehen aus
Wolken, die, von den Etesien herangetrieben, sich an den Hochgebirgen Äthiopiens entladen. — Nur so viel ist von der Ansicht des Thrasyalkes überliefert.
Offenbar ist sie aber von Lydus nur unvollständig wiedergegeben, wie auch der
Vergleich mit Strabon zeigt: es fehlt der Grund, warum gerade im Sommer
solche Wolkenmassen von Norden herkommen. Als solchen kann man wohl
nur denselben wie bei Demokrit annehmen: die Schneeschmelze in den nordischen Ländern. Davon konnte der Thasier so gut wie der Abderite wissen.
Wenn dies richtig ist, dann kommen wir aber zu einem überraschenden Ergebnis: die Ansichten des Demokrit und des Thrasyalkes sind geradezu kon-
gruent! Aber noch etwas anderes erregt unsere Verwunderung: Poseidonios
sagt, Aristoteles (der die Nilschwelle gleichfalls aus den Sommerregen der Tropen
erklärt) habe seine Ansicht von Thrasyalkes übernommen.[1]) An dieser Angabe
des Poseidonios, des intellektuellen Urhebers der Vetusta Placita, der nicht nur
Theophrasts Φυσικῶν δόξαι, sondern auch die Schriften der Vorsokratiker selbst
— soweit sie zu seiner Zeit noch erhalten waren — genau kannte, wird man
nicht rütteln dürfen. Um so brennender wird dann aber die Frage: In welchem
Verhältnis steht die δόξα des Demokrit zu der des Thrasyalkes? Mit Sicherheit
können wir auf Grund unserer unsäglich dürftigen Kunde von Thrasyalkes nur
dies sagen: Thrasyalkes hat seine Ansicht nicht von Demokrit.[2]) Es müssen
also beide Forscher ihre Ansicht unabhängig voneinander gewonnen oder Demokrit die des Thrasyalkes übernommen haben. Das erstere ist an sich wenig
wahrscheinlich, aber um das letztere behaupten zu können, ist unsere Kunde
von Thrasyalkes gar zu gering.[3]) Es muß uns daher genügen, daß zwei Physiker der voraristotelischen Epoche die Nilschwelle in derselben oder doch ganz
ähnlicher Weise erklärt haben und daß die Ansicht des Thrasyalkes kein Geringerer als Aristoteles selbst angenommen hat.[4])

---

[1]) Strabon S. 790 C.: φησί (Ποσειδώνιος) Καλλισθένη λέγειν τὴν ἐκ τῶν ὄμβρων αἰτίαν
τῶν θερινῶν παρὰ Ἀριστοτέλους λαβόντα, ἐκεῖνον δὲ παρὰ Θρασυάλκου τοῦ Θασίου (τῶν ἀρχαίων δὲ φυσικῶν εἷς οὗτος), ἐκεῖνον δὲ παρ' ἄλλου (so Hss.; παρὰ Θαλοῦ Diels, Sen. u.
Luc. S. 9, 2 und Partsch a. a. O. S. 583, 1, nach der Konjektur von C. Müller, die ich nicht
für richtig halten kann), τὸν δὲ παρ' Ὁμήρου διιπετέα φάσκοντος τὸν Νεῖλον 'ἂψ' δ' εἰς
Αἰγύπτοιο διιπετέος ποταμοῖο' (δ 581).

[2]) Das läßt sich freilich nur indirekt beweisen: hätte Th. seine Erklärung der N. von
Demokrit, dann hätte Aristoteles die seinige doch gewiß von dem großen Naturforscher D.,
nicht von dem wenig bekannten Thasier übernommen. Ferner: wenn Th. sie von D. hätte,
hätte das Poseidonios wissen müssen. Dann hätte er aber Demokrit als Quelle des Thrasyalkes genannt und nicht gesagt ἐκεῖνον δὲ παρ' ἄλλου, sondern παρὰ Δημοκρίτου.

[3]) Berger[2] S. 137 f. hat die Frage nach dem Verhältnis zwischen Thrasyalkes und
Demokrit gar nicht berührt. Bolchert, N. Jahrb. 1911 XXVII 153 f. hat leider die Strabonstelle
(S. 790 C) ganz übersehen. Er spricht daher nur von Beeinflussung des Aristoteles durch
Demokrit. Diels, Fr. d. V. II[3] 34 Anm. hat sich leider zu Bolcherts Ergebnis nicht näher
geäußert. — Über die Lebenszeit des Thrasyalkes ist nichts überliefert. Aber aus Strabons
Worten (ἀρχαίων—οὗτος) und aus Th.s altertümlicher Ansicht von den Winden (Hermes
XLVIII 322, 1) ergibt sich mit einiger Wahrscheinlichkeit, daß er ein 'Vorsokratiker' ist. (Ein
Autor der IV. Jahrh. würde auch schwerlich so völlig für die Späteren verschollen sein.)

[4]) Vgl. unten S. 348.

Gegenüber diesen ernsthaften und für ihre Zeit höchst achtbaren Lösungs-
versuchen der 'Vorsokratiker' erscheint der des Herodot[1]), der mehrere von ihnen
mit jener hochmütigen Sicherheit verwirft, die allemal der wirklichen Unwissenheit eigen ist, geradezu als eine Blamage; seine Antwort zeigt nur, daß er
vom Geist und Wesen der ionischen Naturwissenschaft kaum einen Hauch verspürt hat; erklären tut sie überhaupt nichts. Aber seine Ausführungen sind für
sein Verhältnis zur damaligen Naturforschung so charakteristisch, daß wir sie
hier kurz skizzieren, zugleich als Folie für die Leistungen der ionischen φυσικοί. Herodot setzt voraus, daß in dem Lande, über dem die Sonne gerade
ihren höchsten Stand hat, die Flüsse allmählich versiegen, so daß hier der
größte Wassermangel herrscht. Nun geht die Sonne im Winter, von den Stürmen
aus ihrer gewöhnlichen Bahn getrieben[2]), nach dem oberen Libyen, d. h. dem
Ursprungslande des Nils. Da aber dort das ganze Jahr hindurch klarer Himmel
und heiße Luft ist, ohne abkühlende Winde, zieht sie dort alles Wasser an sich;
darauf aber stößt sie es in die oberen Gegenden ⟨der Atmosphäre⟩; dann nehmen
es die Winde auf, zerstreuen es und lassen es wieder zu Wasser werden.[3]) Daher
sind offenbar die Winde, die aus diesem Lande wehen, wie der Notos und der
Lips, die Hauptregenbringer. Übrigens sendet die Sonne nicht alles jährliche
Wasser des Nils so von dannen, sondern ein Teil bleibt bei ihr zurück.[4]) Mit
Beginn des Frühlings aber kehrt die Sonne zur Mitte des Himmels zurück, und
von da an zieht sie von allen Flüssen in gleicher Weise Wasser. Eine Zeitlang
führen dann diejenigen Flüsse, deren Land reichlich beregnet wird und Spalten
und Klüfte hat, viel Wasser mit sich, aber im Sommer, wenn die Regen aufhören und die Sonne ihr Wasser emporzieht, sind sie klein.[5]) Der Nil aber,
der nicht durch Regen gespeist wird[6]), fließt, wenn die Sonne sein Wasser
emporsaugt, erklärlicherweise allein von allen Flüssen in dieser Zeit (im Winter)
um vieles schwächer als im Sommer. Denn im Sommer wird sein Wasser mit
dem aller andern Flüsse in gleicher Weise emporgezogen, im Winter dagegen
wird er allein bedrängt.[7]) —

-----

[1]) II 24 f.

[2]) Vgl. auch II 26 (S. 137, 29 f. Kallenberg). Spuren dieser kindlichen und hochalter-
tümlichen Ansicht (daß die Stürme die Sonne aus ihrer Bahn treiben), weil in der voraristotelischen Epoche zwischen atmosphärischer und siderischer Region noch nicht grundsätzlich unterschieden wird, finden sich auch sonst öfter, vgl. z. B. über die Ursache der
Wende von Sonne und Mond Anaximen. S. 25, 5 f. (vgl. Metrodor v. Chios, Fr. d. Vorsokr.
II³ 142, 25 ff.); Anaxag. S. 385, 12 f. 391, 30 ff.

[3]) τήκουσι.

[4]) Wohl gemeint: zu ihrer Ernährung; nach der allgemeinen Ansicht der älteren
Physik. So nährt sich die Sonne aus den ἀτμίδες nach Demokrit fr. 25; ähnlich der Sophist
Antiphon, fr. 26 D. Von der Ernährung der Sterne von der Ausdünstung der Erde Herakleitos, Fr. d. V. I³ 73, 38 (vgl. Philolaos 306, 30 von der Ernährung des Kosmos). Die Stoa
hat auch diese archaische Ansicht wieder aufgenommen.

[5]) Herodot denkt offenbar an die Flüsse Griechenlands und Kleinasiens.

[6]) ἐὼν ἄνομβρος, vgl. oben über das Klima Ägyptens und Äthiopiens.

[7]) Interessant ist es, hiermit Herodots Ausführungen über den Ister zu vergleichen
(IV 50): Die infolge der nordischen Schneeschmelze und starker Regengüsse im Sommer

Man hat längst bemerkt, daß Herodot hier — vielleicht in dunkler Reminiszenz an die halbverstandene Theorie des Diogenes von Apollonia — in Wahrheit nur eine Erklärung dafür gibt, daß der Nil im Winter so wenig Wasser führt[1]), während er die Nilschwelle im Sommer überhaupt nicht erklärt — es sei denn, daß 'er den Wasserstand im Sommer als den normalen betrachtet hätte[2]), doch davon fehlt bei ihm jede Andeutung —, aber das ist ihm überhaupt nicht zum Bewußtsein gekommen. Das andere fundamentale Gebrechen aber ist dieses: da er augenscheinlich, wenn auch unbewußt, ein Anhänger der sogenannten 'Versickerungstheorie' ist, also als Nahrung der Flüsse das meteorische Wasser betrachtet, andrerseits aber glaubt, daß im Gebiet des Nils überhaupt kein Regen fällt, so bleibt bei solcher Voraussetzung völlig rätselhaft, woher dann der Nil überhaupt sein Wasser bekommt. Aber es ist ihm offenbar gar nicht zum Bewußtsein gekommen, zu welch unlösbarer Aporie vom Ursprung, geschweige vom Schwellen des Nils seine Voraussetzungen führen!

So zeigt dieser Einzelfall *in nuce* das Verhältnis des vielbelesenen und vielgereisten Halikarnassiers zur ionischen Naturwissenschaft überhaupt: es ist ihm hier und da von ihren Ergebnissen etwas zu Ohren gekommen, das er lebhaft aufgreift und in hohem Maße selbstbewußt kritisiert, ohne einen tieferen Einblick in ihre Voraussetzungen und Arbeitsweisen getan oder gar selbst naturwissenschaftlich denken gelernt zu haben.

Das schlechthin einzigartige Phänomen, durch das sich der Nil von allen anderen Strömen der Erde zu unterscheiden schien, hat das Nachdenken der alten Physiker in ungewöhnlich hohem Grade und immer aufs neue erregt; außer der Fülle der bereits vorgelegten Erklärungsversuche hat die voraristotelische Periode der griechischen Wissenschaft noch zwei eigentümliche Hypothesen gezeitigt, die für den damaligen Stand der Erdkunde zu charakteristisch sind, als daß sie hier fehlen dürften. Seitdem die Pythagoreer die Kugelgestalt der Erde und die schiefe Stellung ihrer Achse erkannt, Parmenides auf diesem Fundament die Lehre von den fünf Zonen begründet hatte, war nicht nur der Wechsel der Jahreszeiten erklärbar, sondern es erschien als unabweisbare Folgerung, daß die südliche Halbkugel während des Sommers der nördlichen Winter haben müsse und umgekehrt. Mit diesen Grundtatsachen der astronomischen Geographie, die nicht nur dem Herodot, sondern merkwürdigerweise sogar dem Anaxagoras unbekannt geblieben sind, muß Nikagoras von Kypros, der wohl noch dem V. Jahrh. angehört[3]), vertraut gewesen sein, denn er meinte, daß der

---

größere Wassermasse des Ister (als im Winter) wird durch die stärkere Verdunstung infolge der sommerlichen Sonne wieder ausgeglichen. So erklärt sich, daß der Ister Sommer und Winter nahezu gleich viel Wasser hat. (Erklärung des Hekataios?)

[1]) So schon Aristid. Or. 36, 41 Keil (S. 341 J., 453, 16 f. Dind.).

[2]) Dies nehmen als Meinung des Herodot die Späteren an; schon Aristoteles, fr. 248 S. 196, 5 ff. R., vgl. Partsch a. a. O. S. 557 (Ansicht VIII). So auch die meisten Neueren.

[3]) Partsch a. a. O. S. 561 f. hält ihn nicht ohne Grund für älter als Eudoxos, denkt etwa an den Anfang des IV. Jahrh.; da er in der Liste der δόξαι bei Aristoteles, fr. 248 vor Herodot und in Schol. Apoll. Rhod. IV 269 (S. 495, 25 f. Keil) vor Demokrit steht,

Nil, der auf der südlichen Halbkugel, in der später sogenannten Antoikumene, entspränge, während des dortigen Winters, wenn bei uns Sommer, gewaltigen Wasserreichtum habe und daher die Nilschwelle entstehe.[1]) Er wandte also nicht nur die Ergebnisse der noch neuen astronomischen Geographie auf die physikalische an, sondern übertrug auch unbedenklich die Wasserverhältnisse des griechischen Winters auf die südliche gemäßigte Zone. Die gleiche Ansicht hat Platons berühmter Zeitgenosse Eudoxos von Knidos vertreten.[2]) Wenn er sich aber hierfür auf die ägyptischen Priester berufen haben soll, so kann er sich auf diese nur für die Tatsache der tropischen Sommerregen bezogen haben, wie nicht nur der Wortlaut bei Aetius[3]) und in den Homerscholien zeigt, sondern wie es für den berühmten Astronomen selbstverständlich ist, der von den ägyptischen Priestern nicht über ihm selbstverständliche Tatsachen der mathematischen Geographie belehrt zu werden brauchte, von denen diese selbst keine Ahnung hatten.[4]) Dagegen können wir leider nicht sicher entscheiden, in welchem Verhältnis seine Ansicht zu der des Nikagoras steht. Sind die oben ausgesprochenen Vermutungen über dessen Lebenszeit richtig, dann käme die Priorität der Erklärung freilich dem Nikagoras zu. Doch müssen wir uns bei dem Zustande unserer Überlieferung mit einem *non liquet* bescheiden. Um so klarer ist dagegen, weshalb die Ansicht des Nikagoras und Eudoxos keine Zustimmung fand: man hält es für ausgeschlossen, daß ein Fluß, der sich in das 'innere Meer' ergoß, von der südlichen Halbkugel käme, vor allem deshalb, weil er ja dann durch die 'verbrannte Zone' hindurchfließen mußte, die doppelt so breit wie eine der beiden gemäßigten sei[5]), und wir haben oben gesehen, welche übertriebenen Vorstellungen man von den Temperaturverhältnissen der heißen Zone im Altertum hegte. Danach hätte der Nil dort einfach verdunsten müssen.

Nur der Kuriosität halber sei endlich noch eine Ansicht erwähnt, die in der im Timaios berichteten Rede des ägyptischen Priesters an Solon vorkommt

---

dürfte er wohl noch der vorsokratischen Periode angehören. Seine δόξα wird auch Olympiodor (zu Aristot. Meteor.) S. 94, 30 ff. St. erwähnt, im Anschluß an die gleichfalls ohne Nennung des Autors angeführte des Promachos. Die Stelle Olympiodor S. 94, 10—17 St. stammt daher (wenn auch indirekt) gleichfalls aus Aristoteles' Nilbuch; Rose hätte sie seinem Fragment 247 Absatz 2 anfügen müssen. — Olympiodor S. 109, 3 ff. ist ebenfalls die Ansicht des Nikagoras gemeint, die Ol. infolge eines für ihn charakteristischen Irrtums hier dem Herodot zuschreibt. (Nicht richtig Stüves Verweisung auf Hdt. II 24. Übrigens ist Olympiodor S. 109, 4 das ἐντεῦθεν offenbar in die vorhergehende Zeile hinter Πτολεμαῖος zu setzen.)

[1]) Fr. 248 S. 195, 14 ff. und die in voriger Anm. genannten Stellen.
[2]) Aet. IV 1, 7, vgl. Schol. δ 477; Diels, Doxogr. S. 228 f.; Diod. I 40, 1—4; Proklos (zu Timaios 22e) S. 120, 18 ff. Diehl; Partsch a. a. O. S. 562. Des Eudoxos Interesse an der Nilschwelle verrät auch Antigonos, Hist. mir. 162.
[3]) Wenn man bei Aetius IV 1, 7 die Worte κατὰ τὴν ἀντιπερίστασιν τῶν ὡρῶν — χειμών ἐστιν als (am letzten Ende) auf die Ausführungen des Eudoxos selbst zurückgehend ansieht, so scheint sich der Schluß ἐξ ὧν τὸ πλημμυρον ὕδωρ καταρρήγνυται ursprünglich an die Worte τὰ ὄμβρια τῶν ὑδάτων (386a 2) unmittelbar angeschlossen zu haben.
[4]) Danach sind die Ausführungen bei Diodor a. a. O. (Agatharchides) zu beurteilen.
[5]) Aristot. fr. 248 S. 195, 14 ff. R.

und offenbar daher den Späteren als ägyptisch galt.[1]) Nachdem die Bedeutung
des Nils für das Land hervorgehoben ist, fährt jener fort: 'Von oben (vom
Himmel) strömt niemals Wasser auf die Gefilde, im Gegenteil: κάτωϑεν πᾶν
ἐπανιέναι πέφυκεν. Hier wird offenbar ein Emporsteigen des Grundwassers an
die Erdoberfläche als Ursache der Nilschwelle angenommen.[2]) Da diese Annahme
in dem Zusammenhange der Timaiosstelle von keiner weiteren Bedeutung ist,
könnte man glauben, daß es sich hier um einen gelegentlichen Einfall Platons
handele, da an ägyptischen Ursprung dieser Ansicht nicht zu denken ist. Wenn
man aber die phantastische Grundwassertheorie im Phaidon vergleicht, die erst
Eugen Oder in das rechte Licht gestellt hat[3]), dann scheint hier doch ein noch
nicht beachteter Zusammenhang, d. h. Platons wirkliche Meinung vorzuliegen.
Man sollte freilich glauben, eine so 'mystische' Erklärung sei von niemandem
ernstgenommen worden, und weder Polemik[4]) noch Doxographie haben sonst
davon einen Nachhall bewahrt. Um so merkwürdiger ist es, daß diese Ansicht,
rhetorisch aufgeputzt, bei dem Geschichtschreiber Ephoros wieder auftaucht.
Ephoros geht von der Tatsache aus, daß ganz Ägypten ποταμόχωστος[5]) sei.
Der Boden des Landes ist locker und bimsteinartig (d. h. porös) und hat große
durchgehende Risse, die bei der Hitze im Frühsommer bis an die Oberfläche
aufklaffen, so daß aus ihnen 'wie eine Art Schweiß' die Wassermassen aus der
Tiefe heraufsteigen und das Land überfluten. Im Winter dagegen behält das
Land die Gewässer in seinem Innern beisammen (da ja dann die Ausgänge der
Erdspalten geschlossen sind). Auch auf die Frage, woher dann in diesem, durch
sein trockenes Klima einzig dastehenden Gebiete die Wassermassen heraufkämen,
hatte Ephoros eine Antwort: Vom libyschen und arabischen Randgebirge weicht
im Sommer das Wasser in die Tiefen und füllt die unterirdischen Hohlräume
Ägyptens, aus denen es dann empordringt.[6]) — Wenn Ephoros diese seltsame Erklärung, deren Ursprung einstweilen noch im Dunkeln liegt[7]), auch
mit großer Unverfrorenheit vorgetragen hat, indem er sie als die einzig richtige
bezeichnete, ohne irgendwelche auf Beobachtung fußende Kenntnis des Landes

---

[1]) So den Neuplatonikern Porphyrios und Proklos, vgl. Prokl. z. Tim. I 22 de
S. 119, 16 ff. Diehl.

[2]) Vgl. Partsch a. a. O. S. 556. 561.

[3]) In seiner ausgezeichneten Untersuchung zur Geschichte des Grundwasserproblems,
Philologus Suppl. VII (1899) S. 275 (zu Phaidon S. 60 f.). [S. Neue Jahrb. 1899 III 223.]

[4]) Nur Aristoteles im Nilbuch = fr. 248 S. 191, 21 f. scheint darauf anzuspielen, vgl.
Partsch a. a. O. S. 561.

[5]) Das Wort ist augenscheinlich eine Neubildung des Ephoros (wohl um die bekannten
Äußerungen des Hekataios und Herodot über Ägypten zu übertrumpfen). Vgl. Diodor
I 34, 2. 39, 7 ff.; III 3, 2 f.; Schol. Apollon. Rh. IV 269 S. 495, 34 K. und insbes. Strabon
XIII 621 C. (869, 2 Meineke), wo gleichfalls Ephoros zugrunde liegt. Vgl. unten S. 357, 5.

[6]) Aristid. Or. 36, 64 ff. Keil (S. 348 J., 464, 12 ff. Dind. u. 465, 1 ff.), vgl. Aet. IV 1, 6
(D. G. 385a 27 ff.); Lydus De mens. IV 68, 3 (Seneca, N. qu. ed. Gercke S. 158).

[7]) Haben sie Platon und Ephoros von einem (dritten) Unbekannten? Oder hat Ephoros
die des Platon nur weiter ausgebildet? — Die Ansicht, daß die Nilschwelle durch unterirdische Gewässer erzeugt wird, wird auch sonst einige Mal erwähnt — Sen. N. qu. VI 8, 3 f.
vgl. III 26, 1 Ende (Lucan X 262—65), aber ohne Namen des Autors.

zu besitzen, so ist sie doch allgemein als grober Schwindel erkannt worden.
Selbst der Rhetor Aristides, der ihn dabei stark benutzt, hat ihn mit Hohn
und Spott überschüttet. Denn ἐλέγχεται φανερῶς τὸ ψεῦδος τοῦ συγγραφέως.
Darüber wundert sich derjenige nicht, der weiß, αὐτὸν ἐν πολλοῖς ὠλιγωρηκότα
τῆς ἀληθείας.[1]

Man sieht, die Lösung des Problems ist seit Thrasyalkes und Demokrit
keinen Schritt weitergekommen. Die Ansicht des Nikagoras und Eudoxos vom
Ursprung des Nil in der Antoikumene mußte man bei den damaligen Verkehrs-
verhältnissen, die keine Nachforschung an Ort und Stelle gestatteten, einfach
auf sich beruhen lassen, und andrerseits konnte die Beantwortung der Frage
seitens der Laien — denn das ist in physikalischen Dingen Platon so gut wie
Ephoros — nur dazu dienen, dem Gefabel phantasievoller Schriftsteller Tür
und Tor zu öffnen und so den Weg zur Lösung der vielerörterten Frage hoffnungslos zu versumpfen.

Aristoteles ist es gewesen, der bei solcher Lage der Dinge der Wahrheit
zum Siege verholfen hat. Offenbar hat ihn das Problem in hohem Maße interessiert, da er seine weitreichende Bedeutung sowohl für die Erdkunde wie für
die Meteorologie erkannte. Er hat die Erörterung und, wie er meinte, endgültige
Lösung der Frage περὶ τῆς τοῦ Νείλου ἀναβάσεως einer besonderen Monographie gewürdigt, auf die die Fragmente 246—248 R.[3] zurückgehen. Diese Erkenntnis ist freilich noch neu, denn erst kürzlich hat Partsch in seiner ausgezeichneten Untersuchung[2]) diese Stücke und insbesondere das Fragment 248,
den ʽAristotelis liber de inundacione Niliʼ als das Exzerpt aus der echten, uns
verlorenen Schrift des Aristoteles erwiesen und uns das Verständnis dieser
Stücke in ihrer Bedeutung für die Geschichte der griechischen Erdkunde erschlossen. Das Original der aristotelischen Schrift hat dem Alexander von
Aphrodisias offenbar noch vorgelegen, und im VI. nachchristl. Jahrh. hat Olympiodor — wenn auch wohl nur indirekt — die kostbare Schrift noch benutzt.
Ihre uns erhaltenen Reste sind freilich nur klägliche Trümmer, aber sie lassen
uns doch den Gedankengang der Schrift sowie den eigenen Standpunkt des
Aristoteles noch klar erkennen. Wie gewöhnlich in Behandlung derartiger Probleme, gab er auch hier zuerst einen kritischen Überblick über die δόξαι seiner
Vorgänger, danach erst seine eigene Ansicht, auf die man nach dem Voraufgehenden einigermaßen gespannt sein kann.

Schon vor dem Alexanderzuge hatte Aristoteles sichere Kunde von dem
Sommerregen in Arabien und Äthiopien.[3]) Freilich kann die ἀτμίς, d. h. die
wasserdampfhaltige Schicht der Luft, aus der sie ihren Ursprung nehmen, unmöglich in diesem heißen und trockensten aller bekannten Gebiete entstanden

[1]) Diod. I 39, 13 (Polemik des Agatharchides). Vgl. hiermit des Ephoros schwindelhaften
Bericht über Erdbeben in älterer Zeit und dazu meine Abh. ʽErdbeben im Altertumʼ (Neue
Jahrb. 1908 XXI 606, 1. 607, 1).

[2]) Vgl. oben S. 331 Anm. 1.

[3]) Meteor. I 12. 349 a 5 ff. Daß die Μετεωρολογικά vor dem Alexanderzug geschrieben
sind, hat schon Ideler (vol. I S. IX f.) erkannt.

sein; vielmehr sind die Wolken, zur Zeit des Siriusaufganges durch die Etesien
von Norden herangejagt, gegen die hohen Berge Äthiopiens gestoßen, dort
durch die nachfolgenden immer dichter aufeinandergeballt, und so hat sich infolge der durch die dortige Hitze verursachten ἀντιπερίστασις des Warmen und
Kalten, die die Abkühlung der ἀτμίς zur Folge hat, ihr Wassergehalt in mächtigen Regengüssen entladen, die die Seen schwellen, durch die der Nil fließt.
Ja, schon das Silbergebirge, von dem 'der erste Lauf' des Nils seinen Ursprung
nimmt, wird von den herantreibenden Wolkenschwaden getroffen, deren Wassergehalt die Nilquelle speist.[1]) — Wenn wir von der spezifisch aristotelischen
Erklärung der Tropenregen aus der ἀντιπερίστασις[2]) hier absehen, so zeigt sich
zu unserem Erstaunen, daß die Erklärung des Aristoteles nichts wesentlich
Neues bietet: das ist ja die Ansicht des Thrasyalkes und Demokrit, die er sich
hier völlig zu eigen macht. Selbst die Nilseen des Demokrit fehlen nicht. Und
doch tritt hier ein Neues und für die endgültige Beantwortung der Frage entscheidendes Moment auf: Aristoteles beruft sich für die Sommerregen als Ursache der Nilflut auf die Aussage von Augenzeugen und erklärt daraufhin:
'Die Sache ist kein Problem mehr.'[3]) Endlich also das Moment, das zur endgültigen Beantwortung von Fragen der physikalischen Geographie von entscheidender Bedeutung ist: Autopsie! — Erst damit ist allen gegenteiligen Erörterungen für immer der Boden entzogen, die Sache wirklich erledigt. Ja, es
scheint beinahe, als ob dem Aristoteles hier noch ein besonderer Ruhmestitel
zukäme, der selbst die Anerkennung der modernsten Naturwissenschaft finden
müßte: soll er doch Alexander, als dieser im Jahre 331 in Ägypten weilte, veranlaßt haben, eine Forschungsexpedition in das Quellgebiet des Nil zu veranstalten, um endlich den Schleier des Geheimnisses zu lüften, der noch immer
den Ursprung des göttlichen Stromes umhüllte. Kein Geringerer als Partsch
hat diese geradezu überraschende Nachricht als historische Tatsache verwertet.
Aber so erfreulich es wäre, wenn sie sich durch neue Gründe bestätigen sollte,
so ist ihr gegenüber doch kühle Besonnenheit geboten. Denn die Überlieferung
von dieser Alexanderexpedition zur Erforschung der Nilschwelle ist durchaus
apokryph. Nur Photios und Lucan sprechen davon.[4]) Nicht ohne triftige Gründe

---

[1]) Meteor. I 13. 350b 14 (τοῦ Νείλου τὸ ῥεῦμα τὸ πρῶτον ἐκ τοῦ Ἀργυροῦ καλουμένου
ὄρους) kombiniert mit Olympiodor z. Meteorol. S. 94, 5 ff. St. — Das Quellgebiet des Nils
ist dem Altertum wie dem Mittelalter verborgen geblieben. Schon Herodot betont wieder-
holt, daß er über seine Quelle nichts Sicheres habe erfahren können (II 32 Anf., 34; das
Gefabel des Tempelschreibers in Sais [II 28] glaubt er selbst nicht), gibt aber II 32 eine
Erzählung wieder, nach der er aus dem fernsten Westen Libyens kommt und dort auch
Krokodile hat (vgl. II 31) — augenscheinlich nach Hekataios. Über dessen Ansicht vom Nil
Jacoby a. a. O. Sp. 2730, 22 ff. — Zu der von Nero zur Erforschung der Nilquelle entsandten
Expedition der beiden Centurionen (Seneca, N. qu. VI 8, 3) vgl. außer Berger (a. a. O. S. 587.
599. 601, 6), der diese Expedition viel zu ernst nimmt, vor allem Diels, Seneca und Lucan
S. 25 u. bes. S. 30 f.

[2]) Meteor. I 12. 349a 4 ff.   [3]) Fr. 248 S. 197, 2 ff. R.³

[4]) Phot. Bibl. cod. 249 S. 441b 1 ff. Bk. — Aristot. fr. 246 S. 189, 3 ff. R.³: καὶ ἐκ τῶν
ὑετῶν τούτων ὁ Νεῖλος πλημμυρεῖ τοῦ θέρους, ἀπὸ τῶν μεσημβρινῶν καὶ ξηρῶν τόπων ῥέων.
καὶ τοῦτο Ἀριστοτέλης ἐπραγματεύσατο· αὐτὸς γὰρ ἀπὸ τῆς φύσεως ἔργῳ κατενόησεν, ἀξιώσας

hat Diels hier ein Mißverständnis von Lucans Gewährsmann Seneca angenommen.[1]) Auch die Äußerung des Eratosthenes, soweit sie sich aus den Worten des Proklos erschließen läßt[2]), scheint eher gegen als für die Alexanderexpedition zu sprechen. Außerdem hätte von dieser — man darf sagen: epochemachenden — Forschungsreise Poseidonios wissen müssen und dann nicht einfach behaupten können, Aristoteles habe seine Ansicht von Thrasyalkes.[3]) Auch Strabon hätte davon sicherlich berichtet, aber er verrät nirgends eine Kenntnis davon.[4]) Es ist überhaupt schwer glaublich, daß uns gar keine weiteren Nachrichten von dieser Expedition erhalten sein sollten — wenn sie wirklich damals erfolgt wäre. Sie hätte zu großes Aufsehen erregt. Mag eine solche Expedition gerade im Zeitalter Alexanders an sich durchaus möglich erscheinen, wir werden dennoch unsere Zustimmung gegenüber so problematischer Überlieferung so lange zurückhalten müssen, bis ein neues — ernst zu nehmendes — Zeugnis dafür auftaucht.[5])

Dennoch ist unser Ergebnis bedeutsam genug. Das Moment der Autopsie, die Berufung auf Augenzeugen, die die Sommerregen im oberen Nilgebiet selbst beobachtet haben, ist nach Aristoteles von Kallisthenes, Eratosthenes, Agatharchides[6]) und später von Strabon als entscheidend in die Wagschale geworfen worden, und dabei hat es, wenigstens für die Kreise der wissenschaftlichen Erdkunde, sein Bewenden gehabt. Kein Geograph von Bedeutung hat diese Antwort des Aristoteles mehr angefochten.

Im einzelnen zeigen sich freilich bei den nacharistotelischen Forschern einige nicht uninteressante Abweichungen oder Erweiterungen in der Behandlung des Problems. So erklärte Theophrast, der in der grundsätzlichen Beantwortung der Frage dem Aristoteles durchaus beistimmte, doch die Entstehung der Regen in Äthiopien nicht durch Abkühlung (infolge der ἀντιπερίστασις),

----

πέμψαι τὸν Ἀλέξανδρον τὸν Μακεδόνα εἰς ἐκείνους τοὺς τόπους καὶ ὄψει τὴν αἰτίαν τῆς τοῦ Νείλου αὐξήσεως παραλαβεῖν. διὸ φησιν ὡς τοῦτο οὐκέτι πρόβλημά ἐστιν· ὤφθη γὰρ φανερῶς, ὅτι ἐξ ὑετῶν αὔξει. Lucan, Phars. X 272—275:

> Summus Alexander regum quem Memphis adorat
> Invidit Nilo misitque per ultima terrae
> Aethiopum lectos; illos rubicunda perusti
> Zona poli tenuit: Nilum videre calentem.

[1]) Seneca und Lucan (Abhandl. Berlin. Akad. 1885) S. 19 f.

[2]) Zu Plat. Tim. I 37 d (S. 121, 8 ff. Diehl), insbes. die Worte ὥστε κρατύνεσθαι τὴν Ἀριστοτέλους ἀπόδοσιν.

[3]) Strabon XIII 790 C.

[4]) Vor allem sprechen seine Ausführungen S. 789 C. (S. 1101, 18 Meineke) durchaus dagegen, daß ihm von einer solchen Expedition irgend etwas bekannt war. Vgl. auch Diodor I 37, 5 f.

[5]) In der Skepsis gegenüber der Alexanderexpedition stimme ich Bolchert (Neue Jahrb. 1911 XXVII 150) bei. Wenn B. aber meint, Aristoteles habe seine Ansicht von Demokrit, und auf dessen Autopsie ginge auch seine Berufung auf Augenzeugen zurück, so kann ich ihm weder in dem einen noch in dem andern Punkte beistimmen. — Auf Bolcherts Ausführungen dort über die Abfassungszeit des Aristotelischen Nilbuchs, die viel Problematisches enthalten, kann ich hier nicht eingehen.

[6]) Diodor I 41, 4 ff.

sondern durch den Druck der übereinandergeballten Wolkenmassen.[1]) Übrigens
scheint er auch das sommerliche Hochwasser der pontischen Ströme mit der
Nilschwelle verglichen zu haben.[2]) Von besonderem Interesse ist es, wie sich
auch hier die mächtige Erweiterung des geographischen Horizontes durch den
Zug Alexanders zeigt: schon sein Admiral Nearchos erklärte, daß die gleichfalls von Sommerregen geschwellten indischen Flüsse die Antwort auf das Nil-
problem gäben. Auch Aristobulos und Onesikritos haben diese Parallele gezogen, überhaupt das Klima, zum Teil auch die Fauna Indiens mit denen
Ägyptens und Äthiopiens verglichen.[3]) In diesem Zusammenhang ist auch die
Strombeschreibung des Eratosthenes von besonderem Interesse, weil sie zeigt,
wie gewaltig sich unter den Ptolemaern die Kenntnis des schwarzen Erdteils nil-
aufwärts erweitert hat[4]): Eratosthenes verrät schon deutlich Kenntnis des Blauen
Nils sowie des Atbara[5]), die gewissen λίμναι entströmen. Und Agatharchides
von Knidos begrenzt nicht nur die Zeit der tropischen Sommerregen — ge-
nauer als Aristoteles — auf die Zeit von der Sommersonnenwende bis zum
Herbstäquinoktium[6]), sondern er zieht auch, wie die großen Geographen im
Hauptquartier Alexanders, das Klima anderer Länder, wie das des Skythenlandes
am Kaukasus, des nördlichen Indiens sowie die Tropenregen im Gebiete des
Hydaspes, zum Vergleich mit dem äthiopischen Klima heran.[7])

Diesen Geographen gegenüber ist zum mindesten in einem Punkte das

---

[1]) Durch πίλησις d. h. infolge ihrer durch die nachfolgenden Wolken immer stärker
werdenden Zusammendrängung, vgl. fr. nov. b. Olympiodor (z. Aristot. Meteor.) S. 80, 31
—81 Stüve. Proklos (z. Plat. Tim. I 22e) S. 120, 30 f. Diehl. — Aus Proklos a. a. O.
S. 120, 21—121, 6 D. und den Schol. zu der gleichen Timaiosstelle (zitiert von Diels, D. G.
S. 852b, add. z. S. 227, 1) geht hervor, daß Theophrast glaubte, daß die Etesien die Regenwolken an die Σεληναῖα ὄρη trieben, wo sie sich infolge immer stärkerer πίλησις entlüden
und die Nilquellen speisten. Also (abgesehen von der πίλησις) ganz wie Aristoteles. Vgl.
oben S. 348. Mondgebirge ist nur ein anderer Name für das Silbergebirge, vgl. Olympiodor
S. 94, 8. — Allgemein Erklärung von Regen durch Anschlagen der Wolken gegen hohe
Berge De ventis § 5, vgl. Ps. Aristot. Probl. 26, 7. 56.

[2]) Seneca, N. Q. III 26, 1. Vielleicht ist auch IV a 1, 1 unter den *philosophi*, die Nil
und Donau verglichen, Theophrast gemeint. Der Vergleich zwischen Nil und Donau übrigens
schon bei Herodot II 26 Ende, vermutlich schon bei Hekataios, vgl. Hdt. II 33 f. (wo wahrscheinlich Hekataios benutzt ist, vgl. Jacoby, Art. Hekataios in der R.-E. Sp. 2682, 34 ff.).

[3]) Nearch: Strabon XV 696 C. Aristobul: Strabon S. 692 Ende. Onesikritos: Arrian,
Ind. 6, 6 ff. (vgl. Strabon S. 690 C.!).

[4]) Vgl. Strabon XVII 789 C. (1101, 23 ff. Meineke). Über Ptolemaios Philadelphos und die
von ihm veranstalteten Elefantenjagden auch S. 769 C. (1073, 29 ff. M.) 770 C. (1075, 9 ff. M.).
Diod. III 36, 3 f. (Agatharchides). Plin. N. h. VI 17. Im allgemeinen vgl. auch Berger, Erdk.
d. Gr.[2] S. 493 f. 587. 599.

[5]) Des Ἀστάπους und Ἀσταβόρας (abgesehen vom Ἀστασόβας); Strabon S. 786 C. (vgl.
S. 771 u. 821 C. Ende). Vgl. auch Berger, Die geogr. Fragmente des Eratosthenes S. 305 f.;
Gesch. d. wiss. Erdkunde d. Gr.[2] S. 437 f. Genauere Kenntnis dann vor allem bei Agatharchides, De m. r. 50 (vgl. Diod. III 2³, 1, wo statt Ἄσαν zu lesen ist Ἀσταβόρας) und
80 Ende. Vgl. auch Diod. I 37, 9.

[6]) Diodor I 41, 4, vgl. I 36, 2 u. 39, 4. Vgl. Partsch, Abh. d. Sächs. Ges. d. W., Phil.-
Hist. Kl. XXVII (1909) S. 587, 1. — Aristoteles (fr. 248 S. 197, 4 ff. R.) hatte ihre Zeit
a Cane usque ad Arcturum bestimmt.   [7]) Diodor I 41, 4 ff.

Verhalten des Poseidonios charakteristisch: wenn er auch an der Richtigkeit der aristotelischen Erklärung der Nilflut nicht zweifelte, so hielt er es doch für nötig, dafür einen großen Zeugenapparat, Gewährsmänner von Kallisthenes bis Homer, aufzubieten. Und noch eine andere, weit bedenklichere Seite seines geographischen Denkens zeigt sich hier, die freilich nicht nur ihm eigen ist: er findet auch hier in Homer den Urquell aller Weisheit, indem er in seinen Worten von dem Wasser Αἰγύπτοιο διιπετέος ποταμοῖο bereits die Kenntnis der Ursachen der Nilschwelle in den tropischen Sommerregen entdeckt.[1])

Nur in einem Punkte scheint des Aristoteles Behandlung des Nilproblems bei einigen Forschern der hellenistischen Zeit Bedenken erweckt zu haben: in Beantwortung der Frage nach der Herkunft der Tropenregen, die die Hochflut des Stromes verursachen. Daß sich die Wolkenmassen, denen diese entströmen, fern in den nördlichen Ländern bilden und von den Etesien herangetrieben an Äthiopiens Gebirgen entladen — das scheint in der nacharistotelischen Geographie zum Teil ernsthaften Zweifeln begegnet zu sein. Freilich, ob bereits Erathosthenes die aristotelische Erklärung des Ursprungs jener Regenwolken für problematisch oder gar für unwahrscheinlich gehalten hat, das entzieht sich leider, wie genauere Prüfung der Quellen zeigt[2]), unserer Kenntnis. Anders dagegen steht die Sache bei Agatharchides. Daß die Nilschwelle durch die Sommerregen verursacht wird, steht ihm zwar fest. 'Wenn aber bis jetzt niemand die Ursachen der Entstehung der Regen angeben kann, so darf man darum doch nicht meine eigene Behauptung (der Tatsache) verwerfen. Denn vieles bringt die Natur widerspruchsvoll hervor, wovon die Menschen die Gründe nicht genau zu finden[3]) vermögen.' Schon hieraus geht hervor, daß Agatharchides die aristotelische Erklärung — vermittels der Etesien als Bringer der Regenwolken — nicht für richtig hielt, sondern die Ursache der Sommerregen als noch unaufgeklärt betrachtete.[4]) Von besonderem Wert ist aber der Grund, warum er die Etesien bei Entstehung der äthiopischen Sommerregen vollständig ausschaltete.

---

[1]) Strabon XVII 790 C., vgl. I 30 u. S. 36 C., wo gleichfalls Poseidonios (gegen Eratosthenes) ausgeschrieben ist. Über das homerische Beiwort der Flüsse διιπετής und Poseidonios' Erklärung desselben vgl. im übrigen (zu Strabon I 36 C.) insbes. E. Oder a. a. O. S. 271 Anm. 43. — Poseidonios' eigene Erklärung der Nilschwelle bei Strabon XVII 790 C. und Kleomedes I 6 S. 58, 21 ff. Ziegler.

[2]) An keiner der in Betracht kommenden Stellen (Strabon XVII 786 C. u. 789 f.; Proklos z. Plat. Tim. S. 121, 8 ff. Diehl, vgl. S. 120, 4—6) wird von Eratosthenes die Herkunft der tropischen Sommerregen berührt. Aber darum mit Gercke (Senecastudien S. 101 f.) anzunehmen, daß Eratosthenes die Etesien als Mitursache der Tropenregen aufgegeben habe, ist bedenklich, zumal da er für die sommerlichen Überschwemmungen Indiens die 'Etesien' als mitwirkend annahm. Vgl. Strabon XV 690 C. (961, 31 ff. M.).

[3]) Diodor I 41, 6 (Agatharchides): εἰ δὲ τὰς αἰτίας μηδεὶς ἀποδοῦναι δύναται μέχρι τοῦ νῦν τῆς τῶν ὑδάτων γενέσεως, οὐ προσήκειν ἀθετεῖσθαι τὴν ἰδίαν ἀπόφασιν· πολλὰ γὰρ τὴν φύσιν ἐναντίως φέρειν, ὧν τὰς αἰτίας οὐκ ἐφικτὸν ἀνθρώποις ἀκριβῶς ἐξευρεῖν.

[4]) Vgl. Gercke, Senecastudien S. 102 und insbes. C. Landi, Quaestiones doxographicae I, in den 'Atti e Memorie' der R. Accademia di scienze in Padova, vol. XXVI (1910) S. 220 (der aber Gerckes Arbeit nicht kennt). Betr. Agatharchides vgl. auch Partsch a. a. O. S. 553, 1. 575, 2; Ed. Schwartz in seinem ausgezeichneten Art. Agatharchides in der R.-E.

'Der Nil beginnt nämlich zur Zeit der Sommersonnenwende zu schwellen, wo
die Etesien überhaupt noch nicht wehen; andrerseits hört die Nilflut erst nach
der herbstlichen Tag- und Nachtgleiche auf, nachdem sich diese Winde längst
vorher gelegt haben.'[1])

Hiernach darf man gespannt sein, welche Stellung Poseidonios, der bekanntlich von Agatharchides in mehr als einer Hinsicht Einwirkungen empfangen
hat, bei Erklärung der Tropenregen eingenommen hat. Sicher ist zunächst, daß
an keiner der Stellen, die von seiner Erörterung der Nilschwelle berichten,
irgendwie von den Etesien die Rede ist.[2]) Freilich fehlt an diesen Stellen überhaupt jede ursächliche Erklärung der äthiopischen Tropenregen. Wir würden
uns also auch hier mit der einst von Gottfried Hermann gerühmten 'ars nesciendi' bescheiden müssen, wenn nicht von anderer Seite eine unerwartete Hilfe
zu kommen schiene: Diels hat nämlich vermutet, daß uns bei Lucan in einer
namenlosen, aber höchst eigenartigen Lehre die Meinung des Poseidonios vorliegt.[3]) Dort heißt es in dem bekannten Exkurse über den Nil[4]): 'Wir glauben,
daß sich Sonne wie Himmel vom Ozean nähren. Diesen zieht die Sonne, wenn
sie die Scheren des heißen Krebses berührt hat, an sich, und so wird mehr
Wasser, als die Luft verarbeiten kann, emporgehoben. Dies tragen die Nächte
zurück und gießen es über den Nil aus.' Mit andern Worten: der ungenannte
Physiker, dessen geistreiche Erklärung Lucan hier wiedergibt, meinte dieses:
Die Sonne wie der Himmel bedürfen zur Ernährung der feuchten Ausdünstung
des Weltmeeres. Da aber im Sommer die Sonne über den Tropen besonders
heiß brütet, wird von ihr mehr Wasser emporgezogen, als die Atmosphäre
längere Zeit bei sich behalten und verteilen kann. Daher wird dies Mehr dank
der Abkühlung der Nächte als Regen in den Nil niedergeschlagen. — Es spricht
vieles dafür, daß hier wirklich Poseidonios' Erklärung erhalten ist. Auch er
nahm eine solche Ernährung der Sonne an. Es ist auch gut möglich, daß des
Agatharchides Einwände gegen die Etesien als Bringer der Tropenregenwolken
auf Poseidonios solchen Eindruck gemacht haben, daß er sie als Mitursache aufgab und auf eine andere Erklärung sann, die zugleich der stoischen Physik entsprach.[5]) Treffen diese Vermutungen das Richtige[6]), dann hat Poseidonios den

---

[1]) Diodor I 39, 4 (in Widerlegung der Erklärung Demokrits): aus Agatharchides, vgl.
Diels, D. G. S. 227; Landi a. a. O. S. 219 f.

[2]) Strabon II 98 C.; XVII 790; Kleomedes I 6 S. 58, 21 ff. Ziegler.

[3]) Seneca und Lucan, Abh. d. Berlin. Akad. d. W. 1885 S. 16 f.   [4]) X 258—261.

[5]) Das hat Landi a. a. O. S. 222 auf grund von Diels' Hypothese (die auch Gercke
a. a. O. S. 101 f. angenommen hat) ansprechend vermutet.

[6]) Streng beweisen läßt sich Diels' Vermutung nicht, wenn sie auch die Wahrscheinlichkeit in hohem Grade für sich hat. Nur ein Moment erweckt dagegen Bedenken: Strabon
II 98 C. Strabon berichtet dort, daß Poseidonios den Polybios wegen seiner Annahme getadelt habe, daß der Himmelsstrich unter dem Äquator am höchsten gelegen sei. Poseidonios leugne dies, ja, er behaupte, am Äquator sei die Erde ganz flach, etwa auf gleichem
Niveau wie die Meeresfläche. Die den Nil schwellenden Regen kämen überhaupt von den
äthiopischen Bergen. ταῦτα δ' εἰπὼν (Poseidonios) ἐνταῦθα ἐν ἄλλοις συγχωρεῖ, φήσας ὑπο-
νοεῖν ὄρη εἶναι τὰ ὑπὸ τῷ ἰσημερινῷ, πρὸς ἃ ἑκατέρωθεν ἀπὸ τῶν εὐκράτων ἀμφοῖν προσ-
πίπτοντα τὰ νέφη ποιεῖν τοὺς ὄμβρους. αὕτη μὲν οὖν ἡ ἀνομολογία φανερά κτλ. An dieser

Indischen Ozean als Mutterschoß der den Nil speisenden Regenwolken angenommen — aber nicht auf Grund irgendwelcher Beobachtung, geschweige exakter
Forschung, sondern infolge autoritätsgläubiger Abhängigkeit von altstoischer, ja
noch älterer Lehre. Ein auf Grund der Empirie gewonnenes Argument des Agatharchides ließ ihn die Etesien als Regenbringer aufgeben, ein unbewiesenes Dogma der
altionischen Physik, das schon von Aristoteles nicht nur für lächerlich erklärt, sondern wirklich widerlegt war[1]), bildete den Ausgangspunkt seiner eigenen Erklärung.

Wenn es nach all diesem einleuchtet, daß Aristoteles der grundsätzlichen
Lösung des alten Problems zum Siege verholfen hat, mochte auch seine Erklärung der Herkunft der Sommerregen hier und da auf Widerspruch stoßen,
so darf doch nicht unerwähnt bleiben, daß trotzdem nach ihm noch einige
Rückfälle in längst überwundene Irrtümer oder auch einzelne neue phantastische Erklärungen aufgekommen sind, wie ja der Sieg der Wahrheit selten
sogleich auf der ganzen Linie und ein für allemal erfochten wird. Aber solche
Rückfälle sind nicht so sehr für den Stand der nacharistotelischen Erdkunde
als vielmehr für die betreffenden Autoren bezeichnend. Das gilt auch von Dikaiarchos, der die Fluten des Nil aus dem Atlantischen Ozean herleitete, wie einst
Euthymenes von Massalia, oder wenn König Iuba seinen Ursprung in einem
Gebirge des unteren Mauretaniens unweit des Ozeans in einem 'Nilsee' zu finden
glaubte, sein Steigen aus den Schnee- und Regenfällen Mauretaniens erklärte
und über seinen weiteren Lauf, wohl dunkle Kunde vom Niger und vom Blauen
Nil vermengend, von seinem oft meilenweiten Verschwinden in der Erdtiefe und
seinem Wiederauftauchen an ganz anderer Stelle gar Seltsames zu berichten
wußte[2]) — von dem Gefabel des 'Timaeus mathematicus'. hier zu geschweigen.[3])

Das Thema der Nilschwelle ist auch im späteren Altertum noch sehr populär gewesen[4]), zumal die Laien von der längst gefundenen Lösung des Problems meist keine Ahnung hatten oder deren Richtigkeit nicht zu erkennen

---

zweiten von Strabon angegebenen Stelle kann Poseidonios nur gemeint haben, daß diese
Wolken aus den beiden gemäßigten Zonen durch Winde herangetrieben würden —
'Etesien' natürlich, analog jenen in der Meinung des Polybios, die Strabon eben vorher
(S. 97 C., 129, 15 ff. Meineke) erwähnt hat: προτίθησι δ᾽ οὗτος (Polybios) καὶ διότι (die
Äquatorialzone) ὑψηλοτάτη ἐστὶ διόπερ καὶ κατομβρεῖται, τῶν βορείων νεφῶν κατὰ τοὺς ἐτη-
σίας ἐκεῖ τοῖς ἀναστήμασι προσπιπτόντων πλείστων.

[1]) Meteor. II 2. 354b 33—355a 32. Vgl. dazu Olympiodor S. 135, 31—137, 12 St.

[2]) Dikaiarchos: Lydus, De mens. IV 68, 6 (Seneca, Nat. quaest. ed. Gercke S. 159)
= fr. 52 M. (FHG. II 251). Bergers Meinung von der Lehre des Dikaiarchos (Gesch. d. w.
Erdk. d. Gr. 377) scheint mir unhaltbar. Iuba: Plinius, N. h. V 51 f. (= FHG. III 473
fr. 29); daraus Solinus 32, 2 ff. (S. 138, 2 ff. Mommsen). — (Aus Solinus schöpft hier Ammian
XXII 15, 8; vgl. Gercke a. a. O. S. 103 und Mommsen z. St.) Auf Iubas Λιβυκά, die frühestens
25—20 v. Chr. geschrieben sind, gehen auch die Angaben Vitruvs VIII 2 (S. 188, 15 ff. Rose)
über den Oberlauf und Ursprung des Nils zurück, vgl. E. Oder a. a. O. S. 353 ff.

[3]) Plinius V 55 f. Für Plinius bezeichnend, daß er solche Phantastereien weitläufiger
Erwähnung würdigt!

[4]) Das zeigt auch die Existenz der Schriften des Eudoros und Ariston zur Zeit Strabons,
die so ähnlich waren, daß man nicht entscheiden konnte, wer von wem abgeschrieben hatte.
(Strabon XVIII 790 C.) Wahrscheinlich hatten beide aus derselben Quelle geschöpft, vgl.
Diels, Dox. S. 229.

vermochten — infolge ihrer naiven Ansichten von dem Klima der heißen Zone.
Den Standpunkt dieser Laien repräsentiert für uns in lehrreicher und zuweilen
fast ergötzlicher Weise der langatmige λόγος Αἰγύπτιος des Rhetors Aristides,
dem trotz seines Aufenthalts im Nillande alle vorgebrachten Lösungsversuche
unglaubhaft scheinen, zumal aber diejenigen, welche Schnee oder Regen in der
verbrannten Zóne voraussetzen. Aristides selbst weiß freilich schließlich keine
andere Auskunft als die Ursache einfach τῇ μεγάλῃ σοφίᾳ καὶ προνοίᾳ τοῦ θεοῦ
zuzuschreiben[1]) — die Bankerotterklärung seines 'wissenschaftlichen' Denkens.
Hatte Pindar 600 Jahre früher von den Geistern gesungen, die die Quelle des
heiligen Stroms in ihrer besonderen Obhut hatten und in seinen Fluten ge-
heimnisvoll walteten[2]), so war das nicht nur ein wahrhaft poetisches Bild gewesen, sondern zugleich aus seinem und seines Zeitalters gottesfürchtigen Sinne
geboren; die Antwort des Rhetors von Smyrna dagegen ist ein unerlaubter
Anachronismus. Und auf der anderen Seite mag die resignierte Skepsis des
Lucrez und des Seneca ebenso wie die kritiklose Kompilation des Plinius zeigen,
daß — von der Ausbildung des Rechts abgesehen — die Stärke des römischen Geistes auf jedem andern Gebiete eher liegt als auf dem der reinen
Wissenschaft.

*   *

Die Nilschwelle und die durch sie geschaffenen physikalischen Tatsachen
haben auf das erdkundliche Denken der Griechen überhaupt einen starken und
weitreichenden Einfluß ausgeübt.[3]) Das gilt schon von den ionischen φυσικοί
des VI. und V. Jahrh., mögen wir auch die Nachklänge ihres geographischen
Räsonnements fast nur noch aus Herodot und einigen Späteren erkennen. Es
kann freilich heute kein Zweifel mehr sein, daß fast alles, was Herodot
über den Nil sowie über Natur und Geschichte des ägyptischen Bodens erörtert, in Wahrheit schon das geistige Eigentum des Hekataios von Milet ist.[4])
Unter diesem Gesichtspunkt seien die Betrachtungen des Halikarnassiers[5]) hier
kurz zusammengefaßt. Daß das Land, d. h. Unterägypten, ein 'Geschenk des
Stroms' oder, wie später Aristoteles treffender sagt, 'eine Anschwemmung des
Niles', kurz 'das Werk des Stromes' ist[6]), konnte den helläugigen Ioniern un-

---

[1]) Or. 36, 123 K. (S. 363 J., 488, 2 ff. Dind.).   [2]) Fr. 282 Christ. Vgl. Landi a. a. O. S. 216.
    [3]) Das ist im allgemeinen schon von Berger (Erdk. d. Gr. insbes. S. 146 ff. 297 ff.)
gewürdigt, obgleich er das Verhältnis zwischen Herodot und Hekataios gar nicht näher
untersucht hat; danach mit Rücksicht auf Aristoteles und sein Verhältnis zu Herodot von
Bolchert a. a. O. S. 45 ff. Doch ist manches in weiterem Zusammenhang zu stellen, anderes
zuzufügen. Vgl. übrigens auch oben S. 333. Sehr zu bedauern ist es, daß in der hippokratischen Schrift Περὶ ἀέρων ὑδάτων τόπων in der Lücke nach c. 12 mit anderen der Abschnitt über Ägypten ausgefallen ist.
    [4]) Vgl. Diels' grundlegende Untersuchung 'Herodot und Hekataios' (Hermes XXII 411 ff.)
und jetzt den bahnbrechenden Artikel Jacobys in der R.-E.
    [5]) II 4 ff. 10 ff.
    [6]) Hekataios b. Arrian, An. V 6, 5 = fr. 279 M.; vgl. dazu Diels a. a. O. S. 422 f.;
Herodot II 5, der erklärt, dies gelte auch noch von dem Gebiet drei Tagesfahrten stromaufwärts vom Mörissee, wovon aber die ägyptischen Priester nichts gesagt hätten. (Das ist
wieder das für Herodot so charakteristische Besserwissenwollen als Hekataios, vgl. Jacoby

möglich entgehen, zumal sie schon in der Heimat, wenn auch in unendlich kleinerem Maßstabe, in den Ebenen des Skamandros, Kaikos, Kaystros, des Hermos wie des Mäander durchaus analoge Veränderungen des Küstensaumes beobachtet hatten. So fiel ihnen denn nicht nur auf, daß der ägyptische Boden schwarzerdig und sein eingetrockneter Schlamm vielfach geborsten sei, sondern sie stellten sogar schon eine Tagesfahrt[1]) von der Küste mit Hilfe des Senkbleis — auch hier schon in elementarer Anwendung des Experiments — in einer Tiefe von elf Klaftern Schlamm fest und erkannten darin richtig die bereits so weit vorgeschrittene Anschwemmung. Daß Ägypten einst Meer, genauer ein Meerbusen gewesen sei, der bis an die Grenze Äthiopiens reichte, erkannten sie schon früh.[2]) Ja, sie fanden hierfür eine doppelte Bestätigung aus Natur und Geschichte. Wie Xenophanes aus Versteinerungen und Abdrücken fossiler Fische und Tangen, die der πολυπλανής in den Latomien von Syrakus und auf der Insel Malta gefunden, mit genialem Tiefblick den Zustand der Erde in einer Jahrtausende zurückliegenden Epoche ihrer Geschichte erkannt und auf die einst bis hoch in die Berge hinaufreichende Ausdehnung des Meeres geschlossen, wie Xanthos, der Lyder, von ionischem Geiste durchdrungen, aus dem Vorkommen vorzeitlicher Schaltiere in Kleinasien und aus den Binnenseen in Armenien und Phrygien einen ähnlichen Schluß für Vorderasien gezogen hatte, so eröffneten den griechischen Forschungsreisenden auch in Ägypten — wie später bei der Oase des Jupiter Ammon in Libyen — die zahlreichen Reste versteinerter Konchylien in den Randgebirgen und andrerseits mannigfache Salzablagerungen den Blick in die geologische Vergangenheit des Landes.[3]) Und Straton von Lampsakos, ein echter Geistesnachkomme der alten Ionier, verwertete in diesem Zusammenhange bereits das Vorkommen von Meeressand und Muscheln in der Erdtiefe unterhalb der Schlammschicht.[4]) Ja, Aristoteles und nach ihm andere glaubten sogar in der Art, wie Homer von dem Nillande

a. a. O. Sp. 2677.) Aristoteles Meteor. I 14. 351 b 28 (vgl. dazu Olympiodor 112, 30 ff. St.): πρόσχωσις οὖσα Νείλου. 352 b 21 f.: τοῦ ποταμοῦ ἔργον. — Ephoros (b. Diod. I 39, 7 und sonst) nannte darum das Land ποταμόχωστος.

[1]) Herodot II 5; vgl. dazu aber Wiedemann a. a. O. S. 60 f.

[2]) Herodot II 10—12, dazu Wiedemann S. 77 (auch S. 60). Andrerseits H. Credner, Elemente der Geologie[10] S. 136 (nach Besprechung des Nildeltas): ʽAus alledem geht hervor, daß der Nil ursprünglich in eine Bucht mündete, welche nach dem Meere zu von einem Uferwalle begrenzt und welche allmählich von Nilschlamm ausgefüllt und so zum Nildelta umgestaltet wurde.ʼ

[3]) Xenophanes: Fr. d. Vorsokr. I³ 51, 23 ff. Vgl. dazu Gomperz, Griechische Denker I² 132 u. 437 f.; Xanthos: Eratosthenes bei Strabon I 49 C. — Herodot II 12 (κογχύλια φαινόμενα ἐπὶ τοῖσι ὄρεσι, ἅλμη). Vgl. hierzu die wertvollen Angaben Wiedemanns S. 74 f. über die noch heute dort massenhaft vorhandenen versteinerten Seeigel, Muscheln usw. — Von der Ammonsoase: Aristoteles Meteor. I 14. 352 b 31 ff.; Straton bei Strabon I 50 C.; Eratosthenes b. Strabon S. 49; vgl. Berger, Geogr. Fr. des Eratosth. S. 57 ff. Daß der Name Ammonit (Ammonshorn) von den dort gefundenen versteinerten Seeschnecken kommt, ist bekannt.

[4]) Strabon I 50 C. (65, 18 ff. Meineke): ἔτι γοῦν καὶ νῦν κατὰ τὴν Αἴγυπτον τῆς ἁλμυρίδος ὀρυττομένης ὑφάμμους καὶ κογχυλιώδεις εὑρίσκεσθαι τοὺς βόθρους ὡς ἂν τεθαλαττωμένης τῆς χώρας κτλ.

spricht, einen deutlichen Hinweis darauf zu erkennen, daß zur Zeit des Dichters
der Odyssee Unterägypten großenteils noch Sumpf gewesen sei, und Poseidonios
schloß gar aus einer bekannten Stelle der Telemachie, daß sich bis in die Zeit
Homers die Kunde von der ursprünglichen Lage der Insel Pharos erhalten habe,
die vor alters eine Tagesfahrt vom Festlande entfernt gelegen hätte, das sich
ihr seitdem um ein beträchtliches genähert habe, so daß in Wahrheit schon, als
Menelaos dort war, der Ausdruck πελαγία von der Insel nicht mehr zutraf.[1]
Es ist auch kein Wunder, wenn schon die Ionier angesichts all dieser durch
die Nilschwelle hervorgerufenen Tatsachen darüber nachsannen, welche Zeiträume wohl für das Werden dieses Landes erforderlich gewesen seien. Aus einer
Äußerung Herodots geht hervor, daß er eher geneigt war, zehn- als zwanzig-
tausend Jahre für diese Entwicklung anzunehmen, offenbar im Hinblick auf die
von seinen Vorgängern geäußerte Vermutung. Demgegenüber bezeichnet die Haltung des Aristoteles — mögen auch seine Schlüsse aus den homerischen Angaben über Ägypten hinfällig sein und auf eine starke Überschätzung des Umfanges der zwischen seiner und Homers Zeit erfolgten Anschwemmung hinaus-
laufen — den Standpunkt besonnener und für seine Zeit durchaus berechtigter
Resignation. Denn er hält es für aussichtslos, diesen Zeitraum auch nur annähernd abzuschätzen. Ist es doch erst in unseren Tagen auf Grund der kom-
binierten Ergebnisse der Ägyptologie und der Geologie des letzten Menschen-
alters ermöglicht worden, darüber eine auf Messen und Rechnen begründete
Vermutung zu wagen.[2] Mit um so größerer Bewunderung müssen da die ge-

---

[1] Aristoteles: Meteor. I 14. 351 b 27 ff. Vgl. fr. 169 R.[3] (Schol. HQE zu δ 356) τοσοῦτον
γὰρ ἀπέχει Ναυκράτεώς ἡ Φάρος, ἔνθα τότε τῆς Αἰγύπτου τῆς ἐμπόριον ἦν, ὥς φησιν Ἀριστοτέλης 'μέχρι Ναυκράτεως τὸ πέρας ἦν τοῦ Νείλου τότε.' — Strabon I 30 (38, 24 ff. M.):
aus Poseidonios, vgl. I 36 C. und oben S. 351, 1. Den Schluß, daß Ägypten im Schwemmland
sei, haben die Ionier (und nach ihnen andere) natürlich nicht auf Grund der Homerstelle
(über Pharos) und der davon abweichenden Lage der Insel zu ihrer eigenen Zeit gemacht
(gegen Wiedemanns Zweifel S. 59), sondern ausschließlich auf Grund der von ihnen beobachteten physikalischen Tatsachen. Der Schluß aus der vermeintlich noch Homer bekannten ursprünglichen Lage von Pharos verrät den Mann von philologischer Gelehrsamkeit: Poseidonios. — Daß sich in Wahrheit die Entfernung zwischen der Felseninsel und
der gegenüberliegenden felsigen Küste Ägyptens in historischer Zeit nicht verringert hat,
ergibt sich aus Wiedemanns Bemerkungen S. 60.

[2] Herodot II 11; Aristot. Meteor. I 14; vgl. Bolchert a. a. O. S. 47. — Schon der französische Ingenieur Girard, der an der napoleonischen Expedition teilnahm, hatte als durchschnittliche Erhöhung des Talbodens während eines Jahrhunderts etwa 1/8 m (0,126 m) berechnet. Aber erst durch die Untersuchungen von Ventre Pascha (auf Grund von Legrains
Entdeckungen am Kai von Karnak) gegen Ende des XIX. Jahrh. haben gezeigt, daß Girards
Ergebnis annähernd richtig ist, daß dort die Erhöhung des Nilbettes im Jahrhundert durchschnittlich 1/10 m (genauer 0,096 m), die des (alljährlich überschwemmten) Landes aber in
einem Jahrhundert 1/7 m (0, 143 m) betrug. Vgl. Ventre Pascha, Crues modernes et crues
anciens du Nil, Zeitschr. f. ägypt. Sprache u. Altertumskunde XXXIV 101 ff.; Partsch,
Ägyptens Bedeutung für die Erdkunde S. 22 f. und die Literatur Anm. 38 f.; Borchardt
a. a. O. S. 41 f. 47, 1. Es erhöht sich danach das Flußbett jährlich um beinahe 1 mm
(genauer 0,96 mm). Die jährliche Erhöhung des Kulturlandes würde danach etwa 1,43 mm
betragen. Cressaty a. a. O. S. 13 gibt die Dicke der jährlichen Schlammablagerung nicht

nialen Betrachtungen des Aristoteles am Schluß des ersten Buches seiner Meteorologie erfüllen, in jenem Kapitel, das die erhabenste Illustration zu dem berühmten Worte des Herakleitos bildet, die es in griechischer Sprache gibt[1]), einem Kapitel, das selbst an Credners Ausführungen über die Dauer geologischer Zeiträume[2]) gemessen nichts von seiner Größe verliert.

Unter den Phänomenen, die den großen Denker zu so weit ausschauender Betrachtung über Werden und Vergehen von Quellen und Flüssen, wie Nil und Tanais, von Ländern und Völkern, hier Zurückdrängung, dort Erweiterung des Meeres, über Zeitalter der Erde in unmeßbar ferner Vergangenheit wie in endlos ferner Zukunft, veranlassen — wobei er die Hypothese ionischer Physiker von der allmählichen völligen Austrocknung des Meeres mit überlegenem Sarkasmus abweist, während er selbst die Anschauung von gewaltigen Erdperioden vertritt —, unter solchen Phänomenen ist freilich die Nilschwelle mit ihren Wirkungen nur ein Glied in einer großen Reihe von Beobachtungen, aber sie ist doch gewissermaßen das Prototyp für alle ähnlichen Wandlungen der Erdoberfläche, die die rastlose Tätigkeit der Gewässer bewirkt. 'Denn alle ahmen den Nil nach, indem sie den Sund vor sich zum Festlande machen, die einen in stärkerem, die anderen in geringerem Grade.'[3]) Auch anderswo hatte man ja schon vor Herodot ähnliches beobachtet, nicht nur im griechischen Kleinasien, sondern auch im Mutterlande, so an der Mündung des Acheloos und seiner Anschwemmung der Echinaden[4]), wie später Ephoros, wohl nach ionischem Vorgang[5]), die Peneiosebene um Larisa oder Agatharchides die des böotischen Kephisos als Schwemmland betrachtete. So hatte Aristoteles die Mäotis und

---

ganz genau auf 1 mm an, das Gesamtvolumen der sich jährlich auf der überschwemmten Fläche absetzenden Schlammschicht auf 33 000 000 Kubikmeter. (Wenn aber die jährliche Dicke 1,43 mm beträgt, ist diese Zahl auf 47 190 000 Kubikmeter zu veranschlagen.) Nun beträgt die Dicke der das Land überhaupt bedeckenden (d. h. der gesamten im Lauf der Jahrtausende abgelagerten) Schlammschicht nach Credner a. a. O. S. 136 14—15 m; nach Cressaty a. a. O. schwankt sie durchschnittlich zwischen 15 und 25 m. Danach würden zur Bildung einer Schlammschicht von 15 m Dicke 10 489 Jahre, zu einer solchen von 25 m 17 482 Jahre erforderlich gewesen sein. Das sind natürlich nur Annäberungswerte.

[1]) Wie er denn selbst am Schlusse zusammenfassend sagt: μεταβάλλει τῷ χρόνῳ πάντα (353 a 24). — Kein Wunder, daß dies Kapitel auf Männer wie Polybios (IV 39 f.) und Poseidonios (Strabon XVII 810 C. insbes. S. 1130, 6—27 Meineke, vgl. Π. κόσμου c. 2 und 5) so tiefen Eindruck gemacht hat.

[2]) A. a. O. S. 177 f.   [3]) Strabon I 52 C. (aus Straton, vgl. S. 49 ff. C. und insbes. mit dem Stück S. 52 C. (68, 18 ff. M.) S. 50 C. (65, 4 ff. M.).

[4]) Herodot II 10. Belege aus späteren Autoren bei Berger, Erdk. d. Gr.[2] S. 115 Anm. 7, der S. 115 f. vermutet, daß Herodot das Beispiel des Acheloos wie die anderen aus sich selbst zugefügt habe. Aber er wird auch diese, insbesondere das des Acheloos und der Echinaden (vgl. Skylax 34), dem Hekataios entlehnt haben, zumal dieser sehr wahrscheinlich die Westküste Griechenlands selbst bereist hat (Jacoby, R.-E. VII Sp. 2689) und von ihm 'diese ganze wissenschaftliche Art, analoge Erscheinungen zusammenzustellen, ausgeht' (Jacoby a. a. O. Sp. 2678).

[5]) Vgl. mit der Ansicht des Ephoros (Strabon XIII 621 C.) von Thessalien als ποταμόχωστος auch die bei Herodot VII 129 von der Vorzeit des bergumschlossenen Landes, das damals ein πέλαγος war.

den thrakischen Bosporus, Straton vor allem die großen pontischen Ströme
mit ihrer starken Schlickablagerung in den Kreis der Betrachtung gezogen,
aber selbst die großen Geographen der Tat, die Alexander begleiteten, hatten
bei ihrer Betrachtung der indischen Ströme immer wieder auf den Nil und sein
Werk verwiesen. Besonders Nearchos, der Admiral des großen Königs, hatte
sich darauf berufen, als er behauptete, daß die großen indischen Ebenen nichts
als ein Werk der sie durchziehenden Flüsse und daher mit Recht nach diesen
benannt seien, wie ja auch Ägypten nach dem alten Namen seines Stromes
heiße, den noch Homer ausschließlich gebrauche.[1])

Noch in anderer Hinsicht hat die Nilschwelle das erdkundliche Denken
der Griechen angeregt. Wie der Geist des Aristoteles auf der Höhe der wissenschaftlichen Gesamterkenntnis seiner Zeit unendliche Zeiträume der Erdgeschichte überdenkt, ja sogar schon mit dem allmählichen Wechsel von Land
und Meer eine Änderung des Klimas in Betracht zieht[2]), so hat, wenn auch
noch in mehr elementarer Weise, schon Herodot[3]) und vermutlich seine ionischen Vorgänger Blicke in die ferne Zukunft des ägyptischen Landes gewagt.
So glaubte er, daß einstmals der Tag kommen müsse, an dem das Nilland
durch seinen Strom so stark erhöht sein würde, daß es von der kommenden
Hochflut nicht mehr überschwemmt würde und dann das Land, da ihm der
Regen versagt sei, rettungslos verhungern müsse. Daß durch die jährlich abge-
lagerte Schlammschicht das Bett des Stromes fast ebensostark wie das umliegende Land erhöht wird, konnte freilich Herodot ebensowenig ahnen wie
seine ionischen Landsleute, und so veranlaßte ihn diese Perspektive zu einem
Vergleich mit dem Klima des griechischen Landes, dessen Gedeihen ausschließlich von dem Regen abhängt, den Zeus ihm zu spenden geruht.

Wir haben oben bei Betrachtung der letzten Verzweigungen des antiken
Nilproblems gesehen, daß die Herkunft der Tropenregen, die die Stromschwelle
verursachen, von der griechischen Wissenschaft nicht aufgeklärt worden ist.
Denn die Meinung des Poseidonios — gesetzt auch, daß Diels' Vermutung
darüber das Richtige trifft — ist in Wahrheit für die damalige Zeit eine un-
bewiesene und unbeweisbare Hypothese gewesen, die nichts weniger als empirische Beobachtung zum Fundament hatte und obendrein in der griechischen
Erdkunde überhaupt keine Spur weiter hinterlassen hat. Den Schleier hier zu
lüften, exakt nachzuweisen, woher denn diese ungeheuren Regenmassen kommen,
ist erst im letzten Menschenalter gelungen, und selbst heutzutage ist wenigstens
in einem Punkte die Forschung noch nicht abgeschlossen.[4]) Aber das wissen

---

[1]) Bei Strabon XV 691 C. (962, 32—963, 12 M.); vollständiger bei Arrian, An. V 6, 3—8:
denn auch dies Stück stammt augenscheinlich aus Nearchos, vgl. die schlagenden Übereinstimmungen mit der Strabonstelle. (Von Berger, der S. 115, 8 und 150, 3 beide Stellen in
der gleichen Anmerkung zitiert, noch nicht bemerkt.)

[2]) 352 a 5 ff.   [3]) II 13 f.

[4]) Das Folgende gebe ich kurz nach Partsch' vortrefflicher Darstellung der englischen
(italienischen und französischen) Forschungsergebnisse der letzten anderthalb Jahrzehnte
(Abh. d. Sächs. Ges. d. W., Phil.-Hist. Kl. XXVII 590 ff.).

wir jetzt dank den genauen Beobachtungen englischer Forscher[1]), daß es —
obgleich der Golf von Aden wie der Indische Ozean an Afrikas Ost- und Arabiens Südküste im Hochsommer durchaus vom Südwestmonsun beherrscht
werden — dennoch in Wahrheit Ost- und Nordostwinde sind, die am hohen
Ostrande des abessinischen Berglandes die Tropenregen bringen. Partsch ist
geneigt, diese Ostwinde als 'abgelenkte Zweige des Südwestmonsuns' aufzufassen, 'als eine obere Luftströmung, die von dem Meer vor Arabiens Südseite
über den unmittelbar die Wasserfläche des Golfes von Aden bestreichenden
Winden landeinwärts strebt gegen eine Region niederen Luftdruckes im Innern,
im nilotischen Sudan'. Doch spricht er selbst die Hoffnung aus, daß die zukünftige Forschung das Bild der sommerlichen Luftbewegungen in und um
Abessinien noch sicherer und feiner ausgestalten wird. Angesichts der jetzt vorhandenen zahlreichen meteorologischen Stationen, zumal im oberen Nilgebiet, darf
man hierüber wohl schon in absehbarer Zeit eine genauere Aufklärung erwarten.
Jedenfalls aber sind es nicht — wie Demokrit und Aristoteles glaubten — die 'Etesien' des Mittelmeeres, die die Regenmassen dem Nil bringen, sondern die ihnen
gleichzeitigen Winde im Bereich des Indischen Ozeans. Dieser ist der Mutterschoß
all der Wolken, die sich im abessinischen Hochlande als Regen niederschlagen.

Noch eine andere für die Nilschwelle fundamentale Tatsache ist durch die
exakten Untersuchungen der Engländer[2]) jedem Zweifel entrückt worden. Der
Träger der Nilhochflut ist der Blaue, nicht der Weiße Nil, obgleich das
vom Blauen Nil entwässerte Gebiet nur 331500, das des Weißen Nils dagegen
(von Darfur bis Ruanda) 1710000 Quadratkilometer umfaßt. Und doch bringt
nahezu ausschließlich der Blaue Nil mit dem Atbara, d. h. die abessinischen
Flüsse, die gesamte Wassermasse der Nilschwelle. 'Die rasch heranziehende
Hochwasserwelle des Blauen Nil verschließt quer durch das Bett des Haupt-
stromes, gegen dessen linkes Ufer andringend, dem Bahr el Abiad ⟨dem Weißen
Nil⟩ derartig den Abfluß, daß er zurückgestaut weit über die Ufer tritt und
nur durch seine passive Rolle, durch die Beschränkung des Abflusses auf eine
dünne Oberflächenschicht, zu einer erstaunlichen, erst hier sich ansammelnden
Wasserfülle gelangt, die dann nachträglich, wenn der Blaue Nil wieder gefallen
ist, allmählich zum Abfluß kommt. Gerade wenn der Scheitel der Hochwasserwelle des Blauen Nil an Khartum vorüberzog, war der Beitrag des Weißen zur
Speisung des Nubischen Nil ganz unbedeutend, 1903 nur $^1/_{13}$, 1902 gar nur
$^1/_{20}$ der Wasserfülle des Blauen, und erst nach Ablauf der Hochwasserzeit, Ende
November oder Anfang Dezember, begann die für den Niederwasserstand bezeichnende Überlegenheit des Weißen Nil über den Blauen sich wiederherzustellen.' Wenn freilich Partsch[3]), dem wir als dem hochverdienten Geographen

---

[1]) Insbes. des Wundarztes Dr. Cook und des Geographen Lyons.

[2]) Barron, Beadnell und Hume haben 1902—1904 in einiger Entfernung stromaufwärts
von dem Zusammenfluß des Blauen und des Weißen Nils ihre Beobachtungen gemacht.

[3]) A. a. O. S. 596. Vgl. dort auf S. 597 die höchst instruktive graphische Darstellung
der Wasserführung des Blauen Nil oberhalb Khartum, des Weißen bei Dueim, nach Lyons,
The Physiography of the River Nile and its Basin (1906) Tafel XXV.

hier das Wort gegeben haben, meint, daß die Sendboten Alexanders, die Gewährsmänner des Aristoteles, unter dem überwältigenden Eindruck der Hochflut des Blauen Nil diesen als den Hauptquellfluß angesehen haben, während
sie den 'in dieser Jahreszeit ganz zu einer Nebenrolle herabsinkenden Weißen
Nil' kaum beachteten, so vermögen wir dem leider nicht zuzustimmen. Einmal
darum nicht, weil, wie oben bemerkt, diese ganze Alexanderexpedition problematisch ist, dann aber deshalb nicht, weil die Sendboten Alexanders — gesetzt, sie wären wirklich bis Khartum, d. h. bis zum Zusammenfluß des Blauen
und des Weißen Nil gekommen — jedenfalls infolge der (im Hochsommer
durch den Blauen Nil bewirkten) Stauung des Weißen Nils ja gar nicht hätten
unterscheiden können, welcher der beiden Flüsse mehr Wasser führte oder der
eigentliche Träger der Hochflut sei. Denn wieviel Kubikmeter Wasser ein Strom
in der Sekunde, überhaupt in einem bestimmten Zeitraum mit sich führt[1]), das
hat man vor dem XIX. Jahrh. überhaupt nicht und vor seinem letzten Drittel
nicht genau messen können.

*   *   *

Partsch[2]) hat bei Berührung der Frage, ob das Klima des Nilgebietes im
Altertum das gleiche wie das der Gegenwart gewesen sei, es ausgesprochen,
daß zur endgültigen Lösung dieses Problems 'jede, auch die in der Isolierung
unscheinbarste Notiz über eine antike Beobachtung am Strom' von Bedeutung
sein könne: 'So muß die Altertumsforschung der physischen Geographie ihre
Leuchte leihen zur Erhellung neuer Forschungswege'. Diesen schönen Worten
gegenüber werden aber auch die Philologen, die der Erforschung der griechischen Wissenschaft dienen, gern anerkennen, daß sie ihrerseits — sei es in der
Medizin, Zoologie oder Botanik, in der Physik, zumal in der Meteorologie, in
der Mathematik, der Geographie und der Astronomie — gar oft der Belehrung
von seiten des Fachmannes in dem betreffenden Gebiete bedürfen, weil sie oft nur
dadurch erkennen können, welche Probleme der einzelnen Wissenschaft vorliegen,
welche Momente im Altertum ihre Lösung erschwerten oder unmöglich machten
oder das einzelne Problem noch gar nicht erkennen ließen. Sie werden aber
auch auf diese Weise — und nur auf diese Weise — erst recht würdigen
können, was die neuere Naturwissenschaft geleitet hat, und was Erfindungen
wie die des Teleskops, des Mikroskops[3]) und andrerseits des Barometers, des
Hygrometers und anderer Instrumente für den Fortschritt der wissenschaftlichen
Erkenntnis bedeuten. Andrerseits wird der Jünger einer modernen Naturwissenschaft, der zugleich ihre mehr als zweitausendjährige Geschichte kennt, nicht
nur den neuesten 'Ergebnissen' mit geschärfter Kritik und manchmal besonnener

---

[1]) Nach den englischen Messungen führte 1903 (in der 2. Hälfte des August) der Blaue
Nil (5 km oberhalb Khartum) 9500 Kubikmeter in der Sekunde, der Weiße (320 km ober-
halb der Stromvereinigung, bei Dueim) um dieselbe Zeit noch lange nicht 1000 Kubikmeter.
Vgl. die graphische Darstellung bei Partsch S. 597.

[2]) Ägyptens Bedeutung für die Erdkunde S. 19.

[3]) Vgl. darüber Diels in der Internationalen Wochenschrift vom 18. Juli 1908.

Skepsis gegenüberstehen, sondern auch über die Leistungen der griechischen Wissenschaft gerechter urteilen. Er wird noch oft genug Grund zur Bewunderung haben. Der Name Archimedes genügt dafür schon allein.

Daß aber in der allseitigen Erforschung der griechischen Wissenschaft die Philologie nur in steter Verbindung mit den modernen Fachwissenschaften ihr Ziel erreichen kann, davon legt auch diese Studie dankbares Zeugnis ab. Und es ist mit besonderer Freude zu begrüßen, daß fast jeder Disziplin der antiken Naturwissenschaft gerade die bedeutendsten Fachgelehrten der Gegenwart — eben weil sie nicht ausschließlich 'Fachgelehrte' sind — lebendiges Interesse und historisches Verständnis entgegenbringen.

DIE EINHEIT UNSERER ILIAS[1])

Von Erich Bethe

Ein Kapitel aus dem jetzt erscheinenden Buche: Homer, Dichtung und Sage

Den Groll Achills und seine verderbliche Wirkung kündet das Prooimion an. Das Epos erzählt beides. Seine Veranlassung, Achills Fluch, Zeus' Beschluß gibt das *A*. Im *I* sehen wir Agamemnon durch schwere Niederlage gedemütigt dem Achill Genugtuung bieten, der aber verharrt in seinem Groll. Im *T* wird endlich die Versöhnung vollzogen, der Groll ist vorbei. Im gemeinsamen Kampf *TФX* und in der Gemeinschaft der Leichenspiele für Patroklos *Ψ* bewährt sich der neugeschlossene Bund. In wuchtiger Breite werden die verderblichen Wirkungen des Heldengrolles geschildert: zunächst die Niederlagen der Achaier, im *Θ* die eine, in *Λ—O* die andere mit der Eroberung des Lagers und Bedrohung der Schiffe, dann der Tod der Patroklos *ΠP*. Der vermag, was Agamemnons Demütigung und die höchste Not der Achaier nicht vermocht hatten: er bringt Achill wieder in den Kampf und auf diesem Umwege zur Versöhnung. Zugleich wird so ein neues Motiv eingeschoben, die Rache für Patroklos an Hektor. Hektor war schon am Anfange *A* 242 von Achill als der Troerheld schlechthin bezeichnet: so ist von vornherein das Auge auf dies Paar gelenkt. Man fühlt, sie werden einmal miteinander ringen. Der Dichter weiß dies Gefühl wachzuhalten und zu steigern, indem er immer mehr den Hektor über alle Troer hervorhebt und mächtig ihn vordringen läßt. Aber gewaltig gesteigert wird die lange Erwartung des Zusammenstoßes beider durch den Tod des Patroklos. Nun fährt Achill in vernichtendem Hasse auf die Troer los *TФ*, Hektor suchend, der schließlich vor dem Tore Ilions ihm erliegt *X*. Das *Ω* löst die Spannung sanft auf und wandelt den wütenden Rächer in den mild großmütigen Sieger: Achill gibt die Leiche des Feindes dem greisen König, daß auch sie die Ehren der Bestattung erfahre, die dem Patroklos dargebracht waren und die ihm selbst bald werden sollen.

Aber das ist noch nicht der ganze Inhalt der Ilias. Das Berichtete füllt nur einen Teil von ihr aus. Dem Groll Achills liegt der Gedanke zugrunde, daß seine Kampfenthaltung die Niederlage der Achaier herbeiführen werde, wie

---

[1]) Vgl. C. Rothe, Die Ilias als Dichtung, Paderborn 1910; M. Croiset, Revue des deux mondes 1907; Th. Plüß, Neue Jahrbücher 1909 XXIII 317, 1910 XXV 476; H. v. Leeuwen, Commentat. Homer., Leiden 1910, Kap. I = Mnemosyne 1910 S. 354. — Die Einheit der Ilias zu behaupten, ist an sich kein Verdienst, wenn nicht der Beweis hinzutritt, worin sie trotz aller Anstöße liege und durch welche Mittel sie erreicht sei. Und zwar muß er an dem ganzen Gedicht geführt werden; daß es einzelne tadellose Abschnitte gebe, ist kaum je geleugnet worden.

es in Θ—O wirklich geschieht. Aber ihr voran stehen Siege der Achaier Γ—H. Das geht nicht nur über die Ankündigung des Prooimions hinaus, es steht auch zur Idee der Achilleis in Widerspruch, und so galt und gilt das als ein handgreiflicher Beweis der Uneinheitlichkeit der Ilias. Aber man denke sich diese Bücher Γ—H aus der Ilias fort und lasse die von Zeus angekündigte Niederlage sogleich im Θ auf den trügerischen Traum Agamemnons und den Auszug der Heere folgen: alsbald wird man inne werden, daß die Entfernung dieser anstößigen, weil den durch AB erweckten Erwartungen zuwiderlaufenden Achaiersiege in Γ—H die Ilias als Dichtung zerstört. Dürftig und mager sieht sie auf einmal aus. Zwar bleiben noch Helden genug übrig; aber leere Namen wären uns Menelaos und Paris, Helena und Priamos, Diomedes und Aineias, Sarpedon und Glaukos, Aias und selbst Hektor, weil wir sie nicht kennen lernten in ihrem gewaltigen Tun und Wollen, in ihrem Wesen und ihrer Umgebung, in ihren Sorgen und Ängsten. Das alles geben die Bücher Γ—H in runden farbigen Bildern eindrücklich, unvergeßlich. Sie erst führen uns Veranlassung und Zweck des Krieges vor Augen und geben uns das warme Interesse an seinem Ausgang, sie erst veranlassen uns zur Teilnahme für Ilios und die Troer, für Paris und Helena, und vor allem für Hektor, der so erst zu einem wahrhaft tragischen Helden, zum Helden des Epos neben Achill wird. Die pathetische Wirkung der Ilias wird zu einem beträchtlichen Teil dadurch hervorgebracht, daß wir auch die Troer kennen lernen: Priamos und die Alten wahrhaft vornehm in Gesinnung und Worten gegen Helena, die unschuldige Ursache des Krieges, Paris leichtsinnig und frivol, Hektor groß und gefaßt, die königliche Mutter, die Gattin, das Kind, alle troischen Weiber in Angst um ihre Männer in der Feldschlacht, um das Schicksal der Stadt. Indem der Dichter dies vorweg schilderte, flößte er der breiten Erzählung der Kämpfe einen feineren und höheren Sinn ein. Er konnte aber das nicht ganz erreichen, wenn er nicht Ilios hart bedrängen ließ. Aus diesem höheren künstlerischen Gesichtspunkt brachte er der straffen folgerechten Entwicklung der Handlung ein Opfer, und statt sofort den Sieg der Troer zu erzählen, der dem Achill Genugtuung verschaffen sollte, fügt er zunächst einen Achaiersieg ein, damit wir nach Ilios hineinblicken können und in die Seelen ihrer Bürger.

Zugleich aber war dabei gewiß auch Rücksicht auf den Nationalstolz der Griechen gegenüber den Asiaten im Spiel. Kann man doch geradezu von einer nationalistischen Tendenz der Ilias sprechen. Sie drängt sich selbst bei den herrlichsten Troersiegen dauernd mit dem Wunsche vor, sie zu hemmen und zu verkleinern. Immer wieder werden sie unterbrochen durch große und kleine Vorteile von Achaierhelden, möglich werden sie nur durch die Verwundung der Haupthelden außer Aias, die meist durch feigen Pfeilschuß erzielt wird. Bis auf Patroklos wird kein namhafter Achaier von einem Troer im gleichen Kampfe bezwungen, und auch diesen muß erst Apoll betäuben, während die Achaier manchen großen Troer erlegen, sogar ihre Götter siegreich bekämpfen. 189 Troer, hat man berechnet, fallen in der Ilias, aber nur 53 Achaier. Feigheit, Ruhmredigkeit, Eidbruch und Verrat sind nur den Barbaren zugeteilt, die Achaier

strahlen im Glanze der Verteidigung heiligen Gastrechts und aller männlichen
Tugenden. Diese Tendenz setzt einen gespannten Gegensatz der Zeitgenossen
des Dichters gegen die Asiaten voraus. Ihn mußte er stets berücksichtigen.
Sogleich von Niederlagen ihrer Ahnen zu erfahren, würde sie nicht erfreut
haben. Die kurzen Andeutungen von Siegen und das Bewußtsein der schließ-
lichen Eroberung Ilions hätte ihnen allein nicht genügt. Freilich verschwört
sich Achill A 240, er wolle nicht mehr mitkämpfen, auf daß die Achaier, unter
Hektors Händen fallend, sich nach ihm sehnen sollen. Und gewiß ist der Sinn
seiner Kampfenthaltung der, daß ohne ihn die Achaier den Troern nicht standhalten können. Die Parallele Meleagers (I) bestätigt das. Aber wie hätten es
die Griechen ertragen, zu hören, daß Helden wie die beiden Aias, Diomedes
und Odysseus, Agamemnon und Menelaos, Idomeneus und Meriones den Troern
kläglich unterlagen, daß sie ohne Achill hilflos zu den Schiffen gedrängt wurden?
Ihre Heroen und solche Helden sollten nicht einmal die Wage gehalten haben
Asiaten, denen sie selbst, die Epigonen, sich gewachsen fühlten? So konnte der
Dichter seinen Hörern unmöglich sogleich die Niederlage all dieser Herrlichen
bieten. Deshalb zeigt er sie klüglich zuerst als Helden, dem Paris überlegen (Γ),
wohl befähigt, selbst dem Hektor gegenüberzutreten (H), kühn genug, sogar
den Sturm auf die Mauern Ilions zu versuchen (Z 435), daß drinnen die Weiber
zur Göttin schreien und Andromache todestraurig ihren Gatten zum letztenmal
zu sehen meint. Das leisten $\Gamma-H$.

Nicht die täppische Hand eines 'Redaktors', der ein strenges Gedicht
durch Erweiterungen aus seinen Fugen sprengte oder Einzelgedichte zusammen-
klebte, zeigt sich hier, sondern bedachte Klugheit eines Dichters, der um ihrer
poetischen Wirkung und um des Nationalstolzes seiner Zuhörer willen Bilder
in wohlbedachter Folge und Auslese ordnete. Die Wirkung ist da, jeder empfindet sie; Zufall wirkt so nicht, also müssen wir künstlerischen Willen anerkennen. Was berechtigt uns, ihn zu übersehen, wie das lange üblich war, und
zu verlangen, daß die Entwicklung logisch sich vollziehen müsse? Statt dem
Dichter Gesetze aufzuzwingen und ihn hochmütig zu meistern, sollten wir
seinen Weisungen zu folgen, seine Absichten zu erraten versuchen: dann erst
dürfen wir prüfen, ob er sie erreicht. Hier kann über die Absicht Zweifel im
Ernste nicht sein, weil sich der Wirkung niemand entziehen kann.

Auch ein anderes wird sogleich klar, wenn wir $\Gamma-H$ herausschneiden:
die Ilias kippt sozusagen um, ihr Gleichgewicht ist zerstört. Die Menis A würde
nur durch das B und die Schlacht im Θ von der Bittgesandtschaft getrennt
sein, während zwischen dieser und dem Wendepunkte Π, dem Eingreifen des
Patroklos, die lange bunte Reihe von Kämpfen im $A-O$ stünde mit der Do-
lonie K, Agamemnons Aristie, der neuen Niederlage der Achaier A, dem Mauersturm M, dem Kampf an den Schiffen N, Zeus' Einschläferung Ξ und äußerster
Not der Achaier O. Nicht weniger verschoben würde das Verhältnis des ersten
Teiles zum letzten: Achills Siegen $\Gamma\Phi X$ würde nichts entsprechen als etwa das
kümmerliche Θ.

Die äußerliche Massengliederung der Ilias läßt der Versuch, die anstößigen

Bücher Γ—H wegzudenken, recht klar hervortreten. Bittgesandtschaft I und Versöhnung T sind die großen Marksteine der Komposition, weil sie das Hauptthema, den Groll Achills, wieder aufnehmen und weiterführen: wie Achills Fluch im A die Niederlage des Θ und die $\Lambda\iota\tau\alpha\acute{\iota}$ I verursacht, so bedingt Achills Trotz im I wieder die Steigerung der Achaiernot im M—O, die Patroklos Π nur lindert, aber nicht aufhebt. Dann erst folgt die Versöhnung Achills T, und damit erst ist die entscheidende Wendung gegeben. Diese beiden Marksteine, das 9. (I) und das 19. (T) Buch, teilen das große Epos in drei Teile mit Hilfe des Zornmotivs (A), das auf diese Weise nun doch das Ganze durchdringt, gliedert und zusammenhält. Auch das kann unmöglich Zufall sein, auch darin ist bewußter Plan eines Künstlers anzuerkennen, der die ungeheure Masse zu gliedern, durchgehende Linien zu ziehen, stark wirkende Einschnitte herauszuarbeiten sich bemühte. Der Mittelteil K—O ist so groß, daß eine Erinnerung an den grollenden Achill nötig erschien. Deshalb läßt er ihn Λ 600 die Schlacht von seinem Schiffe aus verfolgen und den Patroklos zu Nestor entsenden, zugleich so die Patroklie vorbereitend. Zur Gliederung verwendet er hier die Mauer des Schiffslagers, die M erstürmt, O nach dem kurzen Vorstoß der Achaier noch einmal genommen wird. Und sollte es nicht absichtliche Parallelisierung sein, wenn dieser von dem vergeblichen Versöhnungsversuch (I) und der wirklichen Versöhnung (T) umschlossene Teil mit sieghaften Großtaten achaiischer Helden umrahmt wird, des Patroklos (Π), dem sich in P die Aristie des Menelaos anschließt, und des Diomedes-Odysseus (K), auf die Agamemnons Aristie (Λ) folgt? Sicher scheint mir die Absicht, Ω dem A, Ψ dem B entsprechen zu lassen. A schildert, wie Achills Zorn entbrennt und auf Thetis' Bitte Zeus zur Sühne ihres Sohnes das Verderben der Achaier beschließt. Ω führt uns vor, wie Thetis auf Zeus' Wunsch ihren Sohn beschwichtigt, Hektors Leiche den Feinden zur Bestattung auszuliefern. Schnelles straffes Anspannen weitwirkenden Zornes dort, hier ruhiges traurig-friedliches Ausklingen des letzten Grimmes. Das erste Buch ein wirklicher Anfang, das letzte ein vollkommener Schluß. Das B leitet zu den Kämpfen über: Agamemnons Traum setzt die Handlung in Bewegung, nur die Achaier geht sie an, eine Aufzeichnung ihrer Helden macht den Schluß. Das Ψ schließt die ungeheuren Kämpfe ab: ein Traum drängt Achill zur Bestattung des Patroklos, unter Teilnahme des ganzen Achaierheeres, friedlicher Wettkampf führt alle ihre Helden noch einmal vor. Und weiter geht diese Symmetrie im großen. Das X füllt Achills Zweikampf mit Hektor, auf dem Torturm jammert Priamos und die greise Königin, Andromache eilt herbei, drunten schleift Achill den erschlagenen Helden, Ilions Beschützer, durch den Staub davon, ihn Hunden und Vögeln zum Fraße vorzuwerfen. Auch das Γ füllt ein Zweikampf, Alexandros und Menelaos kämpfen ihn, auf dem Torturm steht Priamos mit den Alten, Helena kommt herbei, aber ihn, der den Krieg leichtsinnig auf sein Vaterland gezogen, entführt Aphrodite dem Sieger und bettet ihn zu Liebesfreuden neben dem schönsten Weibe. Den Siegen vieler Achaier in E, auch Z, entsprechen die Siege des einen Achill in $\Upsilon\Phi X$. Versetzen jene Ilion in Angst, so bringen diese die Entscheidung. Plan und Ordnung, äußere und innere Symmetrie, sichere Kunst, große Massen zu gliedern und zusammenzuhalten, zeigt sich überall. Daß man das so oft übersah, des Dichters Schuld ist's nicht.

Der Dichter hat alles darauf angelegt, daß wir den Untergang Ilions als unabwendbar fühlen. Die Sprüche des Kalchas, der Beschluß des Zeus, Hektors Abschiedsworte wie die flehentlichen Bitten seiner Eltern, sich nicht dem Feinde zu stellen, die Klagen um den gefallenen Helden, all das bereitet den Glauben vor und befestigt ihn, daß die Tage Ilions gezählt sind. Auch die göttlichen Beschützer der Troer unterliegen. Das ist der Sinn des Kampfes der Flüsse gegen Achill und der Götterschlacht im Φ. Man mag sie tadeln, aber ihre Absicht soll man erkennen. Wenn der Flußgott Skamander und schließlich auch der Simoeis vergeblich den Achill aufzuhalten und zu bändigen versuchen, und wenn Ares Φ 390—415 und Aphrodite Φ 416 ff. von Athene geschlagen und fortgetrieben werden, Artemis (vgl. E 51, 447) vor Hera Φ 470 ff. und mit ihr Leto (vgl. E 447) fliehen müssen, selbst Apollon den Kampf den Menschen überläßt Φ 467, so steigert das die schon erregte Ahnung zur Gewißheit, Ilios ist verloren.

Die Ilias ist nicht eine Achilleis, sie ist in Wahrheit eine Ilias. Und sie ist das nicht durch Zufall geworden, sondern durch den Willen und durch die Kunst ihres Dichters. Den Groll Achills besingt er, aber das ist ihm nicht eine Episode aus dem Kriege, sondern er konzentriert in dieser Episode den ganzen Krieg, seine Entstehung, seine Vorgeschichte, seinen Ausgang. Die Eroberung Ilions konnte er im Rahmen seines Themas nicht selbst darstellen. Dennoch hat er es möglich gemacht, seinen Hörern die Gewißheit zu geben, Ilios ist verloren: weder die Flußgötter des Landes noch seine olympischen Schützer vermögen es mehr zu retten, die Stadtgöttin Athene selbst hat den flehenden Troerinnen ihre Hilfe versagt (Z 311), Hektor ist überzeugt, daß der Tag kommen wird, wo die heilige Ilios hinsinkt, und er, der allein Ilios schützt (Z 403), fällt vor dem Tor seiner Stadt. Da klagen und jammern die Bürger, als wenn ganz Ilios schon in Flammen stünde (X 411). Doch auch Achill wird nicht selbst Ilios erobern. Er muß Hektor folgen. Seine Mutter Thetis hat es ihm gesagt (A 416, Σ 96), sein göttliches Roß (T 409), der sterbende Hektor (X 360).

So hat der Dichter den Ausgang des Krieges dargestellt. Er hat auch seine Vorgeschichte gegeben und seine Helden vorgeführt. Dem dienen neben andern Zwecken die Bücher B—H. Ich versuche, diese darzulegen.

Das herrliche A führt mit wenigen Strichen, jeder Strich ein Bild, die Situation vor und schildert dann breit, wie der Hader zwischen Achill und Agamemnon entbrennt, der Grollende flucht und Zeus seiner Mutter Thetis Erfüllung des Fluches zusagt. Nebenher erfahren wir weniges aus knappen Andeutungen: Agamemnon ist, um die Stadt des Priamos zu erobern (A 19), über See mit den Achaiern nach Ilios gekommen (71), vielen Fürsten gebietend, dem Achill, Aias, Odysseus, Idomeneus, Nestor (138, 145, 247); seinem Bruder Menelaos will er Buße gewinnen (159) im Kampf gegen die Troer, deren Held

Hektor ist (242). Das *A* exponiert die Menis, aber die Ilias nur zum Teil, zum andern Teil wird dies erst in den folgenden Büchern nachgeholt.

Da erfahren wir, daß Paris dem Menelaos sein Weib Helena und viele Schätze aus Lakedaimon geraubt (*B* 176, 356, *Γ* 239, 387), daß die Achaier unter Agamemnons Führung von Aulis (*B* 303) nach Troia gefahren sind, die Schmach zu rächen, Ilios zu erobern (*B* 6, 101), daß sie schon neun Jahre den Krieg führen (*B* 134) und ein Zeichen in Aulis, von Kalchas gedeutet, ihnen Sieg im zehnten Jahre verkündet hat (*B* 300—330). Auch das wird alles wie von ungefähr beigebracht, aber der Dichter sagt es doch zweifellos, weil er es für seine Zwecke braucht: er will, wie gezeigt, schließlich die Vorstellung erwecken, Ilions Fall ist nahe, und zugleich will er die Vorgeschichte des Krieges geben und so seiner Dichtung einen grandiosen Hintergrund. Je unmerklicher er die dafür nötigen Mitteilungen gibt, desto anerkennenswerter ist seine Kunst.

Diese Exposition ist nicht der einzige Zweck dieser Bücher. Das *B* schließt zunächst unmittelbar an das *A* an: Zeus lockt, um Achill zu ehren und die Niederlage der Achaier herbeizuführen, den Agamemnon durch einen die Einnahme von Ilios verheißenden Traum in die Schlacht. Die Niederlage erfolgt schließlich wirklich am zweiten Tage im *Θ*, zunächst aber erringen die Achaier Sieg auf Sieg, so daß im *Z* die Troer für ihre Stadt bangen. Gewiß erwartet man das nicht, wenn man Achills Fluch und seine Bestätigung durch Zeus und die ersten Verse des *B* liest, aber welcher naive Leser oder gar Hörer empfindet es als Widerspruch und Unsinn, wenn er der Erzählung des Dichters genießend folgt? Der Dichter täuscht ihn über den Sprung hinweg. Nicht umsonst läßt er gerade durch Verheißungen von Sieg und Eroberung Ilions den Agamemnon zur Schlacht treiben, und immer sie wiederholen. Agamemnon ist überzeugt, daß er heute siegen werde, er weiß seine Überzeugung den Fürsten mitzuteilen und flößt sie nach der fast verhängnisvollen Versuchung des Heeres auch diesem ein: neun Jahre sind ja um, im zehnten verhieß einst Kalchas den Fall Ilions. Und wenn nun die Massen der Achaier uns vorgeführt werden, Haufen auf Haufen, und danach die kleine Liste der Troer, wenn schließlich die Heere antreten, die Troer laut schreiend, die Achaier schweigend trotzig — wer erwartet da noch etwas anderes als den Sieg der Achaier? Das *B* vermittelt zwischen dem Beschluß des Zeus im *A*, den Achaiern eine Niederlage zu bereiten, und ihren in *Γ—H* eingefügten Siegen; daraus, daß es das leistet, dürfen, müssen wir schließen, daß es die Absicht des Dichters war. Wir haben sie anzuerkennen, ehe wir sie kritisieren.

Im Anfang des *Γ* sogleich der Zweikampf des Menelaos und Alexandros. Die Schlacht wird abgebrochen, sie beide allein sollen den Krieg entscheiden, Eide werden geschworen. Wie viel Kritik, wie wenig Verständnis ist auch dieser Anordnung entgegengebracht worden! In den Anfang des Krieges, aber nicht ins zehnte Jahr gehöre dieser Zweikampf, ebenso unbegreiflich töricht sei der Abbruch der kaum begonnenen Schlacht. Übel angewandter Rationalismus! Was kann der Dichter beabsichtigt haben? Helena ist Ursache und Preis des Krieges, ihr Räuber und ihr Gatte sind Hauptfiguren seines Theaters. Des-

halb stellt er sie bei Beginn seiner Schlachtschilderungen allen andern voran
an den sichtbarsten Platz. Ihr Zweikampf erst macht uns das nebenher schon
Mitgeteilte zur anschaulichen Wirklichkeit, zum Erlebnis, daß sie es sind, der
Entführer und der Entehrte, die den Troischen Krieg eigentlich führen, daß es
Helena ist, um die er entbrannt ist und geführt wird. Als Helden wollen sie
ihren Strauß selber ausfechten. Aber im Getümmel der Feldschlacht würde ihr
Kampf zwischen den andern Paaren nicht in seiner vollen Bedeutung sich dar-
stellen. Deshalb ruhen die Heere, sie beide sollen allein für sie alle entscheiden.
So sind sie über alle andern hinausgehoben, hinter denen sie doch als Kämpfer
weit zurückstehen und hinter denen sie dann auch alsbald fast verschwinden.
Durch die Voranstellung und feierliche Gestaltung ihres Zweikampfes ist ihre
Bedeutung für den ganzen Krieg zur eindrücklichen Geltung gebracht. Das ist
die Tat eines klug ordnenden Künstlers. Um die kleine Unwahrscheinlichkeit,
daß erst im zehnten statt im ersten Jahr die beiden durch Zweikampf den
Krieg entscheiden sollen, grämt er sich nicht.

Noch einen weiteren Zweck haben die Eide, die dem Sieger Helena und
die Schätze geloben. Sie sollen gebrochen werden. Damit werden die weiteren
Siege der Achaier motiviert, die nun zu erzählen sind, und die Bedrängung der
Troer, die für die pathetische Wirkung seines Epos unentbehrlich ist. Denn
nach solchem hinterlistigen Treubruch, wie ihn Pandaros im $\varDelta$ begeht, verlangt
der Hörer die Strafe des Himmels. Man sieht, wie umsichtig der Dichter die
Achaiersiege motiviert; auch er wird also wohl, wie seine Kritiker, die Dis-
krepanz zwischen ihnen und den durch Achills Fluch und den Ratschluß des
Zeus erregten Erwartungen gefühlt haben, deshalb suchte er mit mannigfachen
Künsten darüber hinwegzutäuschen.

Wie Paris und Menelaos hat der Dichter auch Helena, den Preis des
Krieges, hier vorgeführt. Ihretwegen steht die Teichoskopie an dieser Stelle,
die Heldenschau ist hier Nebensache. Geschickter hat nie ein Dichter solche
Figur eingeführt, die der passive Mittelpunkt der ganzen Handlung ist, und nie
ist einfacher, kürzer und zugleich eindrücklicher die Schönheit und Anmut
einer Frau geschildert. Aber damit hatte der Verfasser unserer Ilias sich und
seinen Hörern noch nicht genug getan. Nicht als leichtfertige Ehebrecherin
will er sie angesehen wissen. Deshalb zeigt er sie in trotziger Auflehnung
gegen Aphrodite ($\varGamma$ 400), die nach Paris' Rettung aus den Händen des Menelaos die Helena gegen den beschworenen Vertrag dem Unterlegenen selbst
zuführt.

Jetzt sind die Zentralfiguren des Troischen Krieges uns unauslöschlich eingeprägt, nun kann der Krieg selbst beginnen.

Die Epipolesis leitet ihn ein, das Interesse auf Diomedes spannend. Er ist
nun der erste Achaierheld bis zu seiner Verwundung im $\varLambda$, die andern kommen
wenig neben ihm zur Geltung, seine troischen Gegner aber werden entsprechend
herausgehoben, Pandaros und vor allem Aineias. Aber nun ist der Dichter bedacht, Hektor, den er bisher zurückgehalten hat, an die erste Stelle zu schieben,
da auf ihn fortan das Interesse gesammelt werden soll. Schon $\varLambda$ 242 hatte

Achill ihn allein als den gefürchteten Feind genannt, so nur ihn als ebenbür-
tigen Gegner anerkennend. Der Anfang des Γ hatte ihn kurz als den ernsten
Mann geschildert, den einzigen, der auf Ehre hält. Im E nur nebenbei erwähnt,
wird Hektor im Z in den Mittelpunkt gestellt: er ordnet die Schlacht, veranlaßt die Gebete, scheucht den Paris aus seiner Ruhe auf, nimmt Abschied von
seinem Weibe. Da lernen wir ihn lieben. Nun soll er uns auch als Held gezeigt werden; das ist der Zweck seiner Herausforderung und seiner Monomachie mit Aias im H. Zugleich wird dabei der gewaltige Aias vorgestellt, der
ihm wie hier so bald an den Schiffen und an Patroklos' Leiche entgegentreten
soll, dort der Hauptheld der Achaier. Den Zweikampf mit Hektor unterbricht
die Nacht H 282. Die so herbeigeführte Pause benutzt der Dichter doppelt.
Er bringt das Eidmotiv zum Abschluß durch das Angebot der Troer, nur die
geraubten Schätze zurückzugeben, Helena zu behalten, das von den Achaiern
natürlich abgelehnt wird. Und zweitens läßt er diese ihr Schiffslager mit Mauer
und Graben umziehen. Er braucht sie, so läßt er sie eben bauen. Im Θ beginnt von neuem der Kampf, und rasch führt er zur Niederlage der Achaier,
wie sie Zeus beschlossen, Achill erfleht hatte. Mit dem Θ wird also erst wieder
das Thema aufgenommen, aber es kann auch jetzt erst recht wirkungsvoll durchgeführt werden. Denn nun erst ist uns der Hintergrund in seiner Weite und
Mannigfaltigkeit gezeichnet, auf dem sich die folgende Handlung breit entwickeln kann. Sie gewinnt dadurch Fülle, indem sie aus diesem unerschöpf-
lichen Grunde nach Belieben immer neue Gestalten hervortreten lassen kann,
und zugleich Perspektive und damit plastische Körperlichkeit für die Helden,
auf die das Interesse konzentriert wird, vor allen Hektor und Achill, und
sie gewinnt schließlich, wie schon gezeigt, dadurch noch das warme Mitgefühl
für Hektor und die Seinen. Man könnte so in gewissem Sinne mit Recht sagen,
die Exposition reiche bis zum H. Um sie zu geben, hat der Dichter nicht nur
die logisch strenge Entwicklung vom A zum Θ unterbrochen, er hat auch unbekümmert um Chronologie und reale Wahrscheinlichkeit hier Schilderungen
aufgenommen, die in den Anfang des Krieges gehören, die Monomachie des
Menelaos und Paris, Helenas Mauerschau, und andere Szenen, die eher an das
Ende gehören, aber sonst kaum in den Rahmen einzufügen waren, die Prozession der Troerinnen, Hektors Abschied. Dadurch hat er aber auch erreicht,
daß der ganze Krieg in seinen Hauptphasen sich darstellt, zusammengedrängt
in einer Handlung von wenigen Tagen. Wir erfahren seine Ursache, seine
Dauer, wir schauen Helena in ihrer Schönheit, wir erleben den Kampf ihres
Gatten und ihres Räubers, wir sehen, wie der Kampf vieler um sie kämpfender
Helden hin und her wogt, wir sehen die geängsteten Troerinnen in der bedrängten Stadt, und die verzweifelten Achaier in ihrem erstürmten Lager, wir
sehen Hektor fallen und wissen, daß Achill ihm bald in den Hades folgen, daß
Ilios erobert und verbrannt, sein Königshaus ausgerottet wird, seine Weiber
von den fremden Siegern weggeführt werden und mit ihnen Helena, der Preis
des Krieges.

Die Ilias trägt ihren Namen mit Recht. Sie ist nicht eine durch Inter-

polationen erweiterte und aus den Fugen getriebene Achilleis, sondern wir erkennen in ihrem Aufbau vom ersten bis zum letzten Buche eben eine Ilias voll
Sinn und Plan. Sie ist also das Werk eines bedächtigen und künstlerisch
fühlenden Mannes, der ungeheure Massen durch wenige klare Linien zu gliedern
und zur Wirkung zu bringen wußte.

Ein Beispiel möge noch die Sorgfalt der Komposition selbst in Nebendingen dartun.

Es zeigt zugleich, wie eine weiteren Überblick ermöglichende Distanz des
Auges ohne Schwierigkeiten kluge Absicht wahrnimmt, wo der an den Einzelheiten haftende Blick nur Fugen sieht und auf Interpolationen zu schließen
veranlaßt. Sarpedon spielt beim Mauersturm M eine Rolle, eine noch wichtigere
in der Patroklie Π, mit ihm sein Gefährte Glaukos, beide lykische Fürsten.
Niemand würde von ihnen und ihrem Werte wissen, hätte nicht E und Z von
ihnen erzählt.[1]) Hier begegnet Glaukos dem Diomedes, jeder rühmt sich seines
Stammbaumes, da erkennen sie gastliche Beziehungen und tauschen ritterlich
ihre Waffen aus: der gewaltige Kämpfer des E erkennt Glaukos als seines-
gleichen an. Dort besiegt Sarpedon Tlepolemos, den Sohn des unwiderstehlichen
Herakles. Beide Episoden E 627—698 und Z 119—236 sind so locker wie
kaum andere eingeschoben, natürlich hat man sie athetiert, sogar umgestellt.
Sie sollen aber die beiden Lykier vorstellen. Man versuche die Stellen anderswo
unterzubringen: besser als dem Verfasser unserer Ilias gelingt's nicht. Aus
Gründen der Komposition sind sie also hier eingefügt, nicht lykischen Fürsten
geschlechtern zu Gefallen, wie man gemeint hat.

*   *   *

So offenkundig die Einheitlichkeit des mit Umsicht und Energie durchgeführten Gesamtplanes unserer Ilias auch ist, so wenig ist doch aber damit
der Beweis erbracht, daß ein und derselbe Mann dies ganze große Epos in
übergewaltigem Schöpferdrang von Grund aus erdacht und allein von Anfang
bis zum Ende ausgeführt habe. Diese Annahme ist freilich in einer Zeit natürlich, in der wir unsere Künstler in lächerlichem, weil unwahrem Originalitäts-
streben die Macht der Überlieferung geringachten sehen und sich bemühen,
neuen Inhalt zu suchen und neue Formen zu schaffen. Aber frei kommen sie
doch nicht von dem unerbittlichen Gesetz alles irdischen Schaffens, das keine
Sprünge kennt, nur organische Entwicklung duldet. Jede alte gesunde Kunst
ist ihm mit derselben Selbstverständlichkeit ergeben, mit der alle Lebewesen
sich den Gesetzen ihrer Organe unterordnen: sie arbeitet stetig in guter Hand-
werkersitte, bewahrt das Gelungene und gibt es weiter im glücklichen Bewußtsein des Erreichten, ohne nach der Person des Schöpfers viel zu fragen. Wie
hätten das auch die Aoiden tun sollen, da jeder sich bewußt ist, daß nicht er
schafft, sondern aus ihm die Muse singt, die alles weiß? Die Odyssee zeigt das
deutlich. Am Heldengedicht erfreuen sich Odysseus und die Phaiaken und

---

[1]) Das finde ich nun ausgeführt auch von O. Jörgensen, Nordisk Tidsskrift 1911 XX 7.

Freier, aber keinem fällt es ein, den Aoiden vom Dichter zu trennen, auch dem Verfasser der Odyssee selber nicht. Und doch ist klar, daß er keineswegs ihre Vorträge für ihre Originaldichtungen hält: sagt er doch, der Ruhm der οἴμη vom Streite des Odysseus und Achill sei damals zum weiten Himmel gestiegen (Θ 74), d. h. doch nichts anderes, als eben diese οἴμη sei damals überall gesungen worden.

So verkehrt es ist, ohne weiteres unsere Ilias als die Verschlechterung eines hypothetischen älteren Gedichtes zu betrachten, ebenso unberechtigt ist es aber auch, deshalb, weil sie eine beabsichtigt einheitliche Komposition ist, sie sofort auch in allen ihren Teilen für die Originalschöpfung desselben Dichters auszugeben. Begreiflich ist diese Neigung und auch nützlich als Reaktion gegen die nur zu lange herrschende blinde Sucht, zu zergliedern, zu zerfetzen. Aber die Homerphilologie des XIX. Jahrh. hat denn doch sehr ernste Ungleichheiten in Anschauung und Empfinden, Widersprüche in der Charakterzeichnung, Verschiebung und Nichtvollendung sorgfältig vorbereiteter Handlungen aufgewiesen. Wer sie bekämpft, streitet wider eine Hydra. Selbst der wackere Verteidiger der absoluten Einheit der Homerischen Gedichte, G. W. Nitzsch, gab schließlich doch ehrlich nicht wenig zu, und auch C. Rothe kommt jetzt nicht aus, ohne zahlreiche und große Stücke aus der Ilias auszusondern, wie die Kataloge B, Glaukos-Diomed Z, Aineias und Achill Υ, Götterkampf Φ, teils als spätere Einschiebsel von fremden Händen, teils als Nachträge des Dichters selbst, wie Διὸς ἀπάτη Ξ — ein gefährliches Auskunftsmittel —, und Erweiterungen und Verderbnisse in N—O und Ende Π anzunehmen. Ich kann diesen Weg nicht mitgehen. Mir ist unsere Ilias ebenso wie unsere Odyssee in der vorliegenden Form eine beabsichtigte Einheit, weil, wie ich dargelegt habe, das ungeheure Gedicht klar gegliedert ist, die großen Linien seiner Komposition fest durchgezogen und seine einzelnen Teile in ihrer Masse nicht nur, sondern auch in ihrer Stimmung und ihrem Wert für das Ganze mit künstlerischem Takte gegeneinander abgewogen sind und so in einer großen Harmonie zusammenklingen. Die Analyse wird nun zu prüfen haben, ob diese Einheitlichkeit im großen auch im einzelnen sich bewährt, oder ob wir da auf unversöhnliche innere Widersprüche stoßen. Ist das der Fall, dann sehe ich keine andere Erklärungsmöglichkeit als die, daß unsere Ilias zwar von einem Dichter nach großem Plane mit fester Hand geformt ist, daß er aber ältere Dichtungen für sie benutzt hat.

DAS BILD VOM KRANKEN KÖNIGS-SOHN IN WILHELM MEISTERS LEHR-JAHREN

Das in 'Wilhelm Meisters Lehrjahren'
einige Male erwähnte Gemälde vom
kranken Königssohn wird, wie es
scheint, seit Justi (Winckelmann) gewöhnlich auf das die bekannte Legende[1] darstellende Karlsruher Bild des Gérard de
Lairesse bezogen, das Goethe kennen lernen
konnte und auch wohl kennen gelernt hat, als
er auf der Schweizerreise des Jahres 1775
vorübergehend in der badischen Hauptstadt
weilte. Düntzer nimmt das an (Hempelsche
Goethe-Ausgabe XVII 80 Anm.), ebenso
Creizenach in der Jubiläumsausgabe, und
auch Mayne vergleicht in der Ausgabe des
Bibliographischen Instituts das Bild des
Lairesse. Creizenach bemerkt noch, Goethe
habe mutmaßlich mit seinem knappen Urteil im ersten Buche der 'Lehrjahre' gegen
Winckelmanns Verhimmelung des mittel-
mäßigen Gemäldes protestieren wollen.

Das Karlsruher Gemälde ist kein Original, es ist eine in größerem Maßstabe
ausgeführte Kopie einer Vorlage, die nach
verschiedenen Wechselfällen schließlich in
den Besitz des Großherzogs von Mecklen-
burg-Schwerin gelangt ist; es gibt noch zwei
andere Wiederholungen, von denen sich die

---

[1] [Antiochos, der Sohn und Mitregent
des Seleukos, erhielt tatsächlich seine Stiefmutter Stratonike noch bei des Vaters Lebzeiten zur Gattin; im übrigen ermangelt die
bekannte Erzählung der historischen Glaubwürdigkeit. Der beteiligte Leibarzt kann aus
chronologischen Gründen nicht der berühmte
Erasistratos gewesen sein; wir haben in der
Geschichte vom kranken Königssohn, vom
klugen Arzt und vom verzichtenden Vater
einen verbreiteten älteren Novellenstoff zu erkennen (vgl. N. Jahrb. 1905 XV 289 f.; J. Mesk,
Rhein. Mus. LXVIII 366 ff.). Anm. d. H.]

eine in Amsterdam, die andere in Oldenburg befindet. Winckelmann hat das Original in Dresden kennen gelernt, er hat
es ausführlich besprochen in dem Send-
schreiben über die Gedanken von der Nachahmung der griechischen Werke in der
Malerei und Bildhauerkunst, und seine
Ausführungen sind überaus merkwürdig,
einmal wegen der schon erwähnten Überschwänglichkeit des darin gespendeten Lobes, sodann wegen verschiedener handgreiflicher Irrtümer in der Auffassung und
Deutung von Personen und Gegenständen
(s. darüber außer Justis Winckelmann auch
meine Abhandlung: Die Geschichte vom kranken Königssohn, Grenzboten 1889 S. 271 ff.).

Allein hat Goethe wirklich bei der Abfassung des 'Meister' das Karlsruher Gemälde im Sinne gehabt? Wer das Bild
gesehen hat, oder Winckelmanns Beschreibung kennt, kann nicht wohl auf diesen Gedanken kommen. Es zeigt den Moment, wo
der König Seleukos dem liebekranken Sohn
in Gegenwart des Arztes — es ist Erasistratos — seine jugendliche Gemahlin zuführt und ihm diese samt der Herrschaft
überläßt. Und nun lese man die Worte, in
denen sich im letzten Buche der 'Lehrjahre'
der blonde Friedrich über das Bild vom
kranken Königssohn ausläßt. 'Wie heißt
der Ziegenbart mit der Krone dort' — sagt
er —, 'der sich am Fuße des Bettes um
seinen kranken Sohn abhärmt? Wie heißt
die Schöne, die hereintritt und in ihren sitt-
samen Schelmenaugen Gift und Gegengift
zugleich führt? Wie heißt der Pfuscher von
Arzt, dem erst in diesem Augenblick ein
Licht aufgeht, der das erste Mal in seinem
Leben Gelegenheit findet, ein vernünftiges
Rezept zu verordnen, eine Arznei zu reichen, die aus dem Grunde kuriert und die
ebenso wohlschmeckend als heilsam ist?'
Hier wird offenbar ein ganz anderer Vor-

gang dargestellt, nämlich der Moment, wo der Arzt die richtige Diagnose stellt, indem er aus dem Eindruck, den die Erscheinung der ins Zimmer tretenden Stiefmutter auf den Kranken macht, die Ursache des Leidens erkennt. Es sind Vorgänge ein und derselben Handlung, aber so, daß das dichterische Gemälde die Peripetie, das von der Hand des Malers entworfene den versöhnenden Schlußakt darstellt.

Es ist also nichts mit der Abhängigkeit der Goetheschen Konzeption von dem Karlsruher Bilde. Goethe hat vielmehr die Anregung zu seinem Bilde von ganz anderer Seite erhalten, nämlich aus Cassel. Dort befindet sich in der Galerie das Kolossalgemälde des Venezianers Andrea Celesti, eines Zeitgenossen des Lairesse (1637—1704), dessen Vorwurf ebenfalls der Legende vom kranken Königssohn entnommen ist. Da sieht man den Antiochos auf einem Ruhebette liegend, die verzückten Blicke auf die Stratonike gerichtet, die mit einem Gefolge von Dienerinnen ein paar Stufen herabsteigend ins Zimmer tritt. Der König, die Krone auf dem Kopfe, beugt sich über das Lager des Kranken. Erasistratos sitzt neben dem Bette und hält die Hand des Prinzen in der seinen, offenbar um den Puls zu fühlen, aus dessen Schlag er ja der Legende zufolge den Zustand des Patienten erkannt hat. Alles wie in dem Gemälde, das der blonde Friedrich beschreibt, nur mit dem unwesentlichen Unterschiede, daß der König nicht am Fußende des Bettes, sondern am Kopfende steht. Damit stimmt auch die Anmerkung Wilhelms im ersten Buche der 'Lehrjahre', daß das Bild die Geschichte vorstelle, wie der kranke Königssohn sich über die 'Braut' seines Vaters in Liebe verzehrt, während auf dem Gemälde des Lairesse dieses Stadium bereits überwunden ist, so daß, wie Winckelmann sagt, Freude und Verwunderung aus dem Gesichte des Prinzen bei der Annäherung der Königin hervorbrechen.

Dieses Ergebnis wird auch durch die Entstehungsgeschichte des 'Meister' bestätigt, wenn es dessen überhaupt noch bedarf. Die 'Theatralische Sendung' kennt das in Rede stehende Bild noch nicht. Das Karlsruher Gemälde war also bei der Abfassung des ersten Entwurfes dem Dichter

nicht mehr lebendig, jedenfalls nicht wirksam genug, um für die Dichtung verwendet zu werden. Erst in den 'Lehrjahren' erscheint das Bild vom kranken Königssohn, zu einer Zeit, als Goethe mehrmals in Cassel gewesen war. Zuerst im Spätjahr 1779, als er mit Karl August die Schweizerreise antrat, dann 1783 und weiterhin 1792, wo er bereits an die Umarbeitung der 'Theatralischen Sendung' herangetreten und wenigstens innerlich damit beschäftigt war. Schon 1779 unter dem 15. September schreibt er von Cassel aus an Frau von Stein: 'Die Gemäldegalerie hat mich sehr gelabt.' Damals also hat er das Gemälde des Celesti kennen gelernt, dessen Spuren wir in den 'Lehrjahren' finden.   FRANZ KUNTZE.

RICHARD M. MEYER, DIE WELTLITERATUR IM XX. JAHRH. VOM DEUTSCHEN STANDPUNKT AUS BETRACHTET. (DAS WELTBILD DER GEGENWART. HERAUSGEGEBEN VON KARL LAMPRECHT U. HANS F. HELMOLT. BD. 17.) Stuttgart u. Berlin, Deutsche Verlagsanstalt 1913. 284 S.

R. M. Meyers Schaffenskraft ist wirklich erstaunlich und bewundernswert. Seine umfangreiche Charakteristik Nietzsches trägt die Jahreszahl 1913 auf dem Titel, vor kurzem durfte ich in meiner 'Pandora' seine Auslese deutscher parodistischer Verse vorlegen, und immer noch innerhalb des Jahres 1913 erscheint jetzt eine neue Arbeit, in der Meyer weitere Kreise zieht als je vorher. Seine Vielseitigkeit ist allbekannt. In einer Zeit, da der Gelehrte sich gern auf ein engumschriebenes Gebiet zurückzieht, wandert er von Volk zu Volk, von Wissenschaft zu Wissenschaft. Nur ganz wenige erscheinen heute gleich oft wie Meyer unter den Verfassern von Beiträgen zu in- und ausländischen wissenschaftlichen Zeitschriften der verschiedensten, ja scheinbar gegensätzlichsten Forschungsgebiete. In einer Zeit, da den Vertretern neuerer deutscher Literaturgeschichte der Vorwurf gemacht wird, sie beschränken sich ängstlich auf die jüngsten Jahrhunderte, umfaßt Meyer spielend die ganze Spannweite deutscher, ja germanischer Sprache und Literatur; dem weiten Programm, das sein Lehrer Wilhelm Scherer der deutschen Philologie vorgeschrieben hatte, wird heute keiner so gerecht wie

Meyer, mindestens sofern Umfang des bebauten Gebietes und Vielseitigkeit des Inter-
esses in Betracht kommt.

Nur er durfte deshalb wagen, was in
seinem neuesten Buch gewagt wird. Es soll
vom deutschen Standpunkt aus bestimmen,
welche Stellung zur Weltliteratur das beginnende XX. Jahrh. hat. Ganz andere Ziele
schweben den üblichen Darstellungen der
Weltliteratur vor. Sie drängen umfangreiche Bücher über die Literaturen der
einzelnen Kulturvölker zu einem Bande
oder zu mehreren Bänden zusammen; vielfach, ja fast immer sind sie gezwungen,
einen großen Teil der Arbeit aus zweiter
Hand zu liefern. Ein schier unabsehbarer
Stoff muß auf engem Raum abgetan werden, und darum fällt den tatsächlichen Angaben so viel Platz zu, daß der Persönlichkeit des Verfassers nur selten Gelegenheit
zu kräftigerer eigener Betätigung wird. In
Meyers Buch steht der Verfasser stets vor
unseren Augen. Nur selten kann er weiterführen, was von anderen vorgearbeitet ist.
Er trägt durchaus die eigene Haut zu
Markt. Denn nicht eine Schilderung der
Weltliteratur ist seine Absicht. Sondern
er steht auf dem hohen Standpunkt eines
Menschen, der sein Zeitalter kennt, die
geistige Bildung dieses Zeitalters in sich
trägt und zugleich sie überschauen und in
ihren wesentlichen Zügen bestimmen kann.
Und er möchte die Werte angeben, die aus
alten Zeiten für uns Menschen von heute
lebendig geblieben sind, und zugleich die
Beziehungen ergründen, die zwischen diesen
altehrwürdigen Werten und der Summe
von Dichtungen bestehen, aus denen sich
heute für die Welt und vor allem für die
deutsche Welt die Poesie der Gegenwart
zusammensetzt. Er weiß sehr wohl, daß
seine Feststellungen durchaus subjektiv
bleiben müssen. Ausdrücklich nimmt er
dieses Recht der Subjektivität für sich in
Anspruch. Zwar handelt es sich nicht um
seinen Geschmack, sondern lediglich um
seinen Eindruck. Er will nicht der Lese-
welt vorschreiben, was sie lesen soll, er
will nur herausbekommen, was die Lese-
welt liest. Subjektiv aber muß sein Ergebnis bleiben, weil er sich nicht auf Um-
fragen, sondern auf langjährige Beobachtung des literarischen Lebens unserer Zeit

stützt. Noch subjektiver freilich wird das
Buch, da Meyer nicht bei bloßen Schrift-
steller- und Bücherlisten stehen bleibt, sondern aufzudecken sucht, warum diese alten
und jene neuen Dichter gelesen werden und
uns etwas bedeuten, dann aber auch, weil
er in dem Urteil, das heute von der Welt
über einen Dichter von einst oder von jetzt
fällt, meist sein eigenes Werturteil vorträgt.

Diese Subjektivität begründet eine der
willkommensten Grundanschauungen des
Buches. Andere ziehen, wenn sie neue
deutsche und ausländische Dichtung zusammen zu betrachten haben, demütig den
Hut vor französischer und englischer Schriftstellerei und tun so, als dürfe den Deutschen vollauf genügen, wenn sie neben
ihren westlichen Nachbarn geduldet werden.
Meyer sagt an mehreren Stellen seines
Buches den Franzosen und Engländern offen
heraus, daß ihre neueste Dichtung mit
der deutschen Poesie der Gegenwart nicht
wetteifern könne. Dabei verzichtet er auf
allen Chauvinismus und denkt nicht entfernt daran, eine nurdeutsche Politik zu
treiben. Widerspruch werden gewiß die
Worte Meyers finden, die von einem Zurückbleiben französischer und englischer
Dichtung berichten. Man wird ihnen sicher
falsche Beweggründe unterschieben. Doch
schon die verständnisbereite und einsichtige
Art, mit der er von anderen ausländischen
Literaturen redet, dann die Mühe, die er
an die Beantwortung der Frage wendet, warum im Westen eine dichterische Stockung
eingetreten ist, sollte ihn vor dem Vorwurf
bewahren, daß er die Dinge nicht sehen
wolle, wie sie sind, sondern wie er sie
sehen möchte. Fraglich bleibt nur, ob ein
einzelner diese Dinge sehen kann, wie sie
sind. Meyer spricht nicht nur als Persönlichkeit von ausgesprochenen Zu- und Abneigungen, auch als Berliner. Das ist kein
Vorwurf gegen Berlin. Kaum dürfte heute
anderswo gleich emsig alles beschaut werden, was unsere Bildung erweitern könnte.
Doch vielleicht überschätzt Berlin eben-
deshalb gern die Stärke der Wirkung eines
Kunstwerks. In dem übervollen Bildungs-
strom Berlins geht jedoch auch viel unter,
was anderwärts über Wasser sich erhält
und schließlich doch dauernder Besitz
bleibt.

Die Aufgabe, die Meyer sich stellte, zwingt zu persönlichen Bekenntnissen. Meyers Naturell neigt von vornherein zu Betonung der eigenen Persönlichkeit und ihres Urteils. Viele seiner vielen Leser entdecken in solcher starken Subjektivität sicher den Hauptreiz seiner Schriften. Im Gespräch ist Neigung zu Paradoxen persönlichster Prägung willkommen. Sie regt an und führt zu weiteren Ausblicken, zu strengerer Begründung der Ansichten des Mitunterredners. Wenn ich Meyers Schriften lese, glaube ich ihn reden zu hören und nehme dankbar aus dem Gedruckten die Anregungen mit, ebenso wie aus seinen mündlichen Äußerungen. Allerdings läßt sich Gedrucktem nicht Satz für Satz die eigene abweichende Meinung gegenüberstellen. Man müßte gleich ausführlich, ja ausführlicher werden, neben einen Bogen Meyers einige Bogen Antwort und Widerlegung stellen. Selten empfand ich bei seinen Schriften so viel Neigung zum Widerspruch wie diesmal. Das ist begreiflich, wenn man das Verhältnis betrachtet, das zwischen diesem Buch und älteren Arbeiten Meyers besteht. Ich glaube beobachten, ja angeben zu können, wie die Gedanken, die er jetzt vorträgt, ihm etwa bei wiederholter Neubearbeitung seiner Geschichte der deutschen Literatur des XIX. Jahrh. aufgegangen sind. Sie tragen durchaus die Züge von Einfällen, die aus einer gewissen Entfernung von dem besprochenen Gegenstand sich erklären. Eine reiche Erfahrung, eine umfängliche Belesenheit will zur Geltung bringen, was leicht unter den Tisch gerät, wenn ängstlich in immer wieder erneuter Betrachtung von Gegenstand zu Gegenstand weitergeschritten wird. Nicht so sehr Gedanken über die Dinge, als Gedanken über diese Gedanken werden daher vorgeführt. Aus eigener Erfahrung weiß ich, wie leicht bei diesem Brauch die Dinge selber ihre wahre Gestalt verlieren. Im Gespräch, überhaupt bei mündlicher Erörterung, wird dieser Abweg kaum zu meiden sein. Meyer beschreitet ihn zuweilen und besonders in dem vorliegenden Werk. Einmal behauptet er, England habe sich am konsequentesten gegen die Demokratisierung der Stoffwahl gewehrt; Lessing habe den Deutschen und der Welt das erste moderne Schauspiel ge-

schenkt, indem er die Technik des alten Lustspiels auf tragische Motive anwandte. Tatsächlich ruht 'Miß Sara Sampson' auf der Verbürgerlichung der Dichtung, die im Anfang des XVIII. Jahrh. in England sich vollzog, und ist unmittelbar angeregt von dem Engländer Lillo. Freilich kleidete Lessings erstes bürgerliches Drama das alte tragische Motiv der Medea in modernes Kostüm, aber nicht die Technik des alten Lustspiels, sondern die Technik des englischen bürgerlichen Dramas nahm er zu Hilfe. Ein andermal wird Lessing zugeschrieben, er habe den an Leib und Seele verwundeten Philoktet des Sophokles in seinen Major Tellheim umgeschaffen. Warum wählt statt dieser schielenden Vergleichung Meyer nicht lieber die gesicherte Verknüpfung der Marwood mit Medea, der Sara mit Kreusa? Ist, wie Meyer behauptet, Ernst Zahns Thema wirklich die brückenlose Scheidung zweier Generationen, die zugleich die zweier sozialer Stile sei, oder scheidet Zahn nicht vielmehr zwei gesellschaftliche Schichten, den Schweizer Patrizier und den Schweizer Kleinbürger? Warum wiederholt Meyer zweimal die alte, von Ibsen schroff abgelehnte Behauptung, daß Ibsen von Sardou gelernt habe? Heißt es nicht, Peter Altenberg ganz verkennen, wenn er in einer Reihe mit den Dandies Brummel, Wilde und Schaukal aufmarschieren muß? Daß Hofmannsthal sein 'Gestern' mit vierzehn Jahren geschrieben haben soll, mag auf einem Druckfehler beruhen. Druckfehler sind besonders in dem bibliographischen Anhang reichlich vorhanden. Ein Druckfehler macht wohl auch eine Äußerung über Hofmannsthals 'Elektra' und 'Ödipus' unverständlich. Ratlos stehe ich vor dem Satz: 'Grillparzer verschloß sich eigensinnig in eine nur dem Österreicher ganz verständliche Chiffrensprache.' Epigrammatisch geformt ist auch das anfechtbare Paradoxon: 'Der Schönheitsbegriff der französischen Klassiker beruht, um es knapp auszudrücken, auf der Anerkennung der Natur.' Alles Folgende, was von Meyer über die französischen Klassiker gesagt wird, widerspricht dem Satz. Solchen Bemerkungen, die im Gespräch dem raschen Denker leicht unterlaufen können, Bemerkungen, die schon durch ihre paradox-epigrammatische Form verraten, daß auch ihr Gegenteil richtig sein kann, reihe ich, ohne sie kritisch nachprüfen zu wollen, paradoxe Worte an, wie die Äußerung: 'Cäsar Borgia wäre heutzutage wahrscheinlich Herausgeber eines periodischen Pamphlets; Andrew Carnegie aber hätte es in der Renaissance bis zum Altgesellen einer Zunft gebracht. Gryphius war vielleicht wirklich, was ein Shakespeare im Deutschland des . XVII. Jahrh. werden konnte; und Victor Hugo beweist, was das Frankreich des XIX. Jahrh. aus einem größeren Tiedge machen konnte.'

Daß die Gegenwart keine Männer von der Größe Bismarcks, Disraelis, Gambettas oder Wagners, Brahms', Hugo Wolfs hat, aber auch keinen Helmholtz, Gauß, Ranke, Mommsen, Burckhardt, Scherer: das sagte uns Meyer jüngst mehrfach und mitten aus den Streitigkeiten des Tages heraus. Ob es nicht doch zu früh, ob es jetzt schon Aufgabe der Wissenschaft ist, dies zu untersuchen? An solchen wie an anderen verwandten Stellen des Buches bedaure ich, daß Meyer statt der Mischform einer halb gelehrten Erörterung, halb prickelnd geistreichen Gesprächsweise nicht die Kunstform des Dialogs für seine Anliegen gewählt hat. Er selbst erinnert einmal an 'die neue Tendenz auf den philosophischen Dialog' und deutet auf Bahr, Wassermann, Karl Joël und Raoul Richter. Prächtig nahmen sich in einem Dialog scharfgeschliffene Gegensätze aus, wie die Bemerkung über Carlyle, der die Deutschen liebte, ohne sie zu verstehen, und de Quincy, der sie verstand, ohne sie zu lieben!

In künstlerischer Dialogform hätten auch die eigentlichen bedeutsamen Ergebnisse des Buches leicht Unterkommen gefunden. Indem Meyer die Fragen, die er beantworten möchte, nicht in einer einzigen chronologisch fortschreitenden Betrachtung aufwirft, sondern von verschiedenen Gesichtspunkten an sie herantritt, bietet er wichtige Beiträge zu einer Charakteristik der Dichtungsformen in einem Abschnitt 'Die Formen'; ebenso erweitert das Kapitel 'Typen und Motive' unsere Kenntnisse auf dem Feld der Poetik. Und ganz besonders fruchtbar ist in dem Abschnitt 'Die Dichtung der Gegenwart', der den beiden genannten Kapiteln vorangeht, alles was über die Verschiebung vorgetragen wird, die sich im Lauf der Zeiten und besonders heute in den Vorstellungen von Wesen, Beruf und Voraussetzung des Dichters vollzogen hat und noch vollzieht. Solche Gewinne kämen auch in der Gestalt eines wissenschaftlichen Dialoges gut zur Geltung. Diese Gestalt mit künstlerisch formender Hand zu bilden, wäre für Meyer von vielfachem Gewinn gewesen und auch für seinen Leser, der jetzt über einzelne Flüchtigkeiten der Darstellung und besonders über zwecklose, wohl nur in der Eile übersehene Wiederholungen erschrickt.

Oskar Walzel.

(19. Mai 1914)

DIE LEHRE VON DEN GEMISCHTEN GEFÜHLEN IM ALTERTUM

Von Robert Petsch

Das Mitleid nennt Moses Mendelssohn in seinen 'Briefen über die Empfindungen' bekanntlich eine 'vermischte Empfindung, die aus der Liebe zu einem Gegenstande und aus der Unlust über dessen Unglück zusammengesetzt ist'. Lessing hat sich bekanntlich dieser Lehre im ganzen angeschlossen; sie kam den älteren Führern des Humanitätszeitalters wie gerufen, besonders, was die erste Hälfte der Erklärung anlangt.[1] Im Grunde genommen aber ist sie alt und wurzelt in der griechischen Philosophie. Daß man über irgendeine Tatsache zugleich Lust und Unlust empfinden kann, hat, soweit ich sehe, zuerst Platon beobachtet, der in seinem 'Philebos' das ganze Gebiet der menschlichen Lustempfindung durchnimmt und dabei auch auf jene seltsame Erscheinung zu sprechen kommt. Kurz berührt hatte er sie schon in seiner scharfen Abweisung der tragischen Dichtung im zehnten Buche des 'Staats', wo er auf einen freilich besonders stark ins Auge springenden Fall gemischter Gefühle hinweist, der die ganze Frage wieder und wieder in Fluß gebracht hat: 'Die Tragödie', sagt Platon, 'vermag selbst die Besten unter den Menschen zu verderben, denn sie lehrt sie, das an andern zu bewundern, dessen sie sich schämen würden, wenn es bei ihnen selbst geschähe: sie freuen sich der Klage.... Hören wir den Homer oder irgendeinen andern Tragödiendichter einen Helden darstellen, der da leidet und sein Weh in langer Rede ausströmen läßt oder solche, die (in ihren Schmerzen) singen und an die Brust schlagen, so weißt du, daß dann auch die Besten unter uns Lust empfinden; da geben wir uns dem Eindrucke hin und lassen uns voll Mitleid hinreißen, und preisen voll Eifer den als einen guten Dichter, der uns am besten derart mitzuspielen weiß.'[2] Ein solcher Genuß aber, meint Platon, sei höchst gefährlich, da auf diese Weise das sonst mit aller Kraft im Zaume

---

[1] Was die heutige wissenschaftliche Behandlung der Mischgefühle angeht, so verweise ich vor allem auf die im folgenden mehrfach benutzte Schrift von R. Baerwald, die in den Kreisen der Nichtpsychologen bis heut nicht so beachtet worden ist, wie sie verdient: 'Psychologische Faktoren des modernen Zeitgeistes' (= Schriften der Ges. f. psychologische Forschung, Heft 15, Leipzig, A. Barth 1905). Beachte bes. die Begriffsbestimmung auf S. 33: 'Unter Gefühlsmischung versteht der psychologische Sprachgebrauch ein Nebeneinander von Lust und Unlust, bei dem die Selbstwahrnehmung noch eine Analyse der beiden Elemente vorzunehmen vermag. Wo dagegen die innere Beobachtung auf eine scheinbar einheitliche Emotion stößt, in der sich aber doch, in Anbetracht der mitwirkenden Gefühlsursachen, sowohl Lust wie Unlust vermuten läßt, da redet man von gemischten Gefühlen (Mischgefühlen).'

[2] Polit. X 605 CD.

gehaltene Rührselige ($\vartheta\varrho\eta\nu\tilde\omega\delta\varepsilon\varsigma$) in unserer Brust neue Nahrung erhalte und
die Oberherrschaft über unsere Vernunft gewinnen könne; wir lassen uns nur
zu leicht gehen, wenn es sich um das Leiden eines anderen handelt, und
nehmen ihm seine Klagen nicht übel, wenngleich wir uns selbst ihrer schämen
würden. Platon berührt weiterhin die moralische Seite der Sache und wirft der
dichterischen Nachahmung vor, daß sie alles, was in uns eintrocknen sollte, wie
die Wollust, den Zorn u. dgl. durch unsere Sympathie mit dem Helden gleichsam anfeuchte und damit zu neuem Leben erwecke; aber er bemerkt kaum die
eigentliche psychologische Schwierigkeit, wie denn nun das an sich Unerfreu-
liche unter gewissen Umständen, besonders in künstlerischer Darstellung, Lust
erregen könne.

Genauer geht Platon in seiner späteren Zeit auf die Frage der gemischten
Gefühle ein. Der 'Philebos', eins jener Gespräche, die sich der dialogischen
Form nur noch sehr äußerlich bedienen, ist der Frage nach dem höchsten Gut
gewidmet: Lust oder Weisheit? Platon sagt: Beides in der richtigen Mischung,
und entwirft dann vor seinem nichtsahnenden Schüler ein überraschend farben-
reiches Bild von dem, was man so im gewöhnlichen Leben 'Lust' nennt. Was
die Hauptfrage des Dialogs angeht, so ist das höchste Gut nur da zu finden,
wo sich Weisheit und reine Lust miteinander verbinden, jene reine Lust, wie
sie nach Platon schon Farbe und Form, auch Wohlgeruch, vor allem aber Kenntnisse hervorbringen — gerade als kennte Platon nicht jene Faustische Qual
des Wissensdranges, über die er doch früher auch geklagt hatte. Nicht in das
höchste Glücksgefühl eingehen kann dagegen jene große Menge von Lustempfin-
dungen, die irgendwie mit Unlust vermischt sind; entsprechend seiner scharfen
Scheidung zwischen körperlichen und seelischen Vorgängen nimmt Platon
auch verschiedene Arten solcher Mischungen an. Was zunächst die rein körperliche Lust und Unlust angeht, so hängt sie mit der allgemeinen Beschaffenheit
unseres Leibes zusammen; unbedingte Empfindungslosigkeit kommt nur dem
Göttlichen oder dem reinen Geistesleben des Weisen zu, der weder Freude noch
Schmerz kennt[1]); im übrigen aber wechseln wir zwischen der Auflösung und
der Wiederherstellung der harmonischen Einheit unserer Natur; wird diese Einheit zwischen dem Unbegrenzten (dem materialen Prinzip) und dem Begrenzten
(dem formalen Prinzip) gestört, so überwiegt das erstere, und es entsteht Un-
lust; wird dagegen das harmonische Verhältnis wiederhergestellt, so empfinden
wir Lust, deren Eintritt also von vorangehender Unlust bedingt ist; als solche
'Auflösung' der Harmonie nennt Sokrates etwa den Hunger, den Durst, die
Hitze und Kälte, als 'Herstellung' die Beseitigung jener schmerzlichen Zustände.
In allen diesen Fällen ist es der Körper selbst, der Lust und Unlust erlebt.
Rein seelische Lust oder Unlust gewährt dagegen die Erwartung, die auf das
Gedächtnis begründet ist, also auf die Erinnerung der einst über die Schwelle
des Bewußtseins getretenen Lust- und Unlustempfindungen. Nur eine besondere
Art dieser Erinnerungen, die sich nach Platon rein auf seelischem Gebiete

---

[1]) Phil. 33 B.

abspielen, ist die Begierde. Körperliches Unbehagen und seelische Lust können sich aber nun auch verbinden, wenn z. B. der Mensch unter schwerer Krankheit seufzt, aber sein Geist auf Heilung hofft.[1]) In diesem Falle liegt es ja klar zutage, daß wir es mit einer gemischten Empfindung zu tun haben; aber auch da, wo nur der Körper oder nur die Seele in Betracht kommt, weiß Platon die eigentümliche Doppelnatur vieler Gefühlserlebnisse nachzuweisen. Diese uns so wertvollen Erörterungen führt er aber nicht etwa aus rein psychologischem Interesse, oder weil er die gemischten Empfindungen ihrer ganzen Bedeutung für unser Seelenleben entsprechend würdigen wollte, vielmehr mustert er sie nach einem ziemlich dürren, logischen Schema und nur, um sie alle miteinander als solche zu verwerfen, die um ihrer Unzulänglichkeit willen unmöglich mit in jenen Zustand eingehen können, den er das 'höchste Gut' nennen würde. Sie gelten ihm nur als ein Fall der falschen, auf Irrtum beruhenden Lust- und Unlustregungen. Sind doch die größten, heftigsten Lüste immer von den stärksten Schmerzen, von den bedenklichsten Zuständen bedingt; welche Lust empfindet nicht der Fieberkranke, wenn sein Durst gestillt wird, und doch ist sein Leiden damit um nichts gebessert; so wenig, wie die ekstatische Lust zügelloser Gesellen auf einen gesunden Seelenzustand schließen läßt.

Von da kommt also Platon auf jene Lusterregungen zu sprechen, die nicht rein, sondern mit Schmerz vermischt und darum nach seiner Meinung etwas Unvollkommenes sind. Wieder ist seine Einteilung schematisch: Die Lust kann die Unlust überwiegen, die Unlust kann aber auch die Oberhand haben, oder es können beide einander gewachsen sein. Er redet nur von der mit überwiegender Unlust verbundenen Lust; dafür geht er dann alle möglichen Fälle dieser Verbindung durch. Ein sehr lehrreiches Beispiel geben die an der Krätze Erkrankten, die ihren quälenden Hautausschlag solange jucken, bis ein wollüstiger Kitzel den Schmerz auf eine Weile vertreibt oder vielmehr zu vertreiben scheint. Ähnlich der Frierende, der sich erwärmt, der Schwitzende, der sich abkühlt. In allen diesen Fällen spielt sich Lust wie Unlust auf rein körperlicbem Gebiete ab. Von einer anderen Art der Mischung, die Seele und Körper betrifft, war oben die Rede. Bleiben noch die Mischungen aus Lust und Unlust übrig, die nur den Geist angehen. Hier greift Platon am tiefsten, obwohl er nach unserer Anschauung vorbeigreift: hier hat er für die künftige Erörterung ästhetischer Fragen die wichtigsten Anregungen ausgestreut. Zu dieser Gruppe rechnet er, ohne sich über die Art der Mischung von Lust und Unlust im einzelnen auszulassen, etwa 'Zorn, Furcht, Verlangen, Wagemut, Liebesschmerz, Eifersucht, Neid und dergl. mehr'.[2]) Was die Wehmut und die Sehnsucht anlangt, so liegt die Mischung auf der Hand, obwohl sie Platon nicht näher erklärt, für den Zorn aber verweist er auf Homer[3]), der ihn 'süßer als Honig' genannt habe.

---

[1]) In diesem Falle, wo sich Lust und Schmerz auf ganz verschiedene Vorgänge oder doch Glieder einer Kette von Vorgängen beziehen und schwerlich als Einheit erlebt werden, würde man heute wohl eher von Gefühlsmischung als von gemischten Gefühlen reden.

[2]) 48 E ff. Ich folge oben der Übersetzung von Schleiermacher.

[3]) Ilias XVIII 107 ff.

Dann aber geht er besonders ausführlich auf die von der dramatischen Kunst erweckten Mischgefühle, vor allem auf das Komische ein. Nur kurz erinnert Sokrates seine Genossen daran, daß bei der Aufführung von Tragödien die Zuschauer unter lebhaftem Ergötzen Tränen vergießen.[1]) Platon wird also auch hier dem eigentlich tragischen Erlebnis nicht gerecht; er hält sich an die rein physiologische Lust an der Durchrüttelung der Seele, an jene ekstatischen Ausbrüche des '$\vartheta\varrho\eta\nu\tilde{\omega}\delta\varepsilon\varsigma$', wie sie freilich bei seinen Zeitgenossen nicht selten sein mochten.[2]) Aber er übersieht die mehr positiven, erhebenden Wirkungen, die wir heute beim Lesen der antiken Dramen vor allem verspüren und die der historische Sokrates sicherlich ebensogut verspürt hat. Auch das Problem des Komischen hat Platon nicht richtig gesehen, geschweige denn gelöst. Immerhin dringt er doch wenigstens von einer einzelnen Seite her tiefer in das höchst verflochtene Gewebe der komischen Stimmung ein. Er erklärt die Lust an der Komödie aus der Schadenfreude, der lustvollen Abart oder Abwandelung des Neides, welcher an sich einer Unlustregung nahe verwandt ist; der Schade, über den wir uns freuen, ist die Selbstüberschätzung eines andern, mag es sich nun um Reichtum oder körperliche Schönheit oder (der wirksamste Fall) um die eigene Klugheit handeln; ist nun derjenige, der an solcher Selbstüberschätzung leidet, uns nicht geradezu verhaßt, und sind die Folgen seiner Unwissenheit nicht verderblich, wie bei Machthabern ohne genügende Selbsterkenntnis, so ist die an sich unlustvolle Regung des Neides (über die Stellung, die der andere sich selber geben will), soweit mit Vergnügen gemischt, daß wir davon komisch berührt werden.[3]) Platon nähert sich hier auf einem Umwege immerhin dem, was neuerdings Volkelt in seinem 'System der Ästhetik'[4]) mit dem ganzen Rüstzeug moderner Philosophie eindringlich als Grundlage des komischen Eindrucks festgelegt hat. Diese Grundlage des Komischen ist das Nichternstnehmen dessen, was ernst genommen werden will; doch muß sich diese Erfahrung erst steigern zu jenem spielenden Überlegenheitsgefühl, das eine nichtästhetische Unlust ausschließt, mag sie sich nun auf die komische Person selber und auf ihr Schicksal oder auf das ihrer Umgebung beziehen. Denn an sich kann ja das Umschlagen von Ernst in Nicht-Ernst 'im Betrachter auch Ärger, Unwillen, Gram und andere Affekte erzeugen, die das Eintreten eines komischen

---

[1]) Phil. 48 a: $\varkappa\alpha\grave{\iota}$ $\mu\grave{\eta}\nu$ $\varkappa\alpha\grave{\iota}$ $\tau\acute{\alpha}\varsigma$ $\gamma\varepsilon$ $\tau\varrho\alpha\gamma\iota\varkappa\grave{\alpha}\varsigma$ $\vartheta\varepsilon\omega\varrho\acute{\eta}\sigma\varepsilon\iota\varsigma$, $\H{\sigma}\tau\alpha\nu$ $\H{\alpha}\mu\alpha$ $\chi\alpha\acute{\iota}\varrho\sigma\nu\tau\varepsilon\varsigma$ $\varkappa\lambda\acute{\alpha}\omega\sigma\iota$, $\mu\acute{\varepsilon}\mu\nu\eta\sigma\alpha\iota$.

[2]) Der moderne Psychologe würde in dem, was Platon der Tragödie nachsagt, die Erregung von 'prickelnden', nicht aber von 'ruhigen' Mischgefühlen sehen. Zu diesen gehört das Tragische im engeren Sinne, zu jenen die Lust an dem bloß Traurigen, an der Aufregung, an alledem, was uns die Tragödie und die Neuromantik des Naturalismus geboten hat. Es ist ganz bezeichnend, daß die Vertreter modernster Kunstbestrebungen das griechische Drama in diesem Sinne aufgefaßt haben und daß auch sie eine einzelne, in der späteren Zeit der griechischen Bühne freilich sehr häufige, und von allem am meisten ins Auge springende Wirkung der Tragödie als die einzige oder doch hauptsächliche ansehen. Man denke an die 'Erneuerungen' des Sophokles durch Hugo v. Hofmannsthal und lese, was Gerhart Hauptmann in seinem 'Griechischen Frühling' über die Tragödie zu sagen hat. Überall wird viel mehr die instinktmäßige als die geistige Wirkung betont.

[3]) Phil. 49. 50.   [4]) A. a. O. II 360 ff.

Eindrucks schlechterdings ausschließen'. Volkelt scheidet Fälle der persönlichen und der objektiven Gefährdung, wie wir sie schon andeuteten. 'Es genügt also nicht, daß sich in dem Betrachter Ernstnehmen in Nichternstnehmen auflöst; es muß überdies noch der Betrachter diese Auflösung mit einer Art Darüberhinausseins, mit einer Art souveränen Bewußtseins betrachten ... Zu jenem Umschlag muß noch diese geistesfreie Haltung hinzutreten. Dieses spielende Überlegenheitsbewußtsein allererst setzt den Punkt auf das i.' Gerade den aber hat Platon nicht gefunden; die antike Ästhetik analysiert wohl die einzelnen Bestandteile des ästhetischen Eindruckes, aber sie übersieht die selbständige und eigentlich maßgebende Bedeutung ihrer aktiven Verbindung in der Seele des Zuschauers; es handelt sich eben nicht um eine einfache Addition, nicht bloß um ein gleichzeitiges Bestehen verschiedener Regungen in unserer Seele, sondern um deren freies Spiel; das gilt für das Komische und in bestimmtem Sinn für das Tragische; aber der Begriff des Spiels in diesem Sinne ist der antiken Philosophie fremd. Übrigens verweist Platon von der Tragik und Komik des Theaters auf die 'große Bühne der Welt'.[1])

Er hat den Weg gewiesen, auf dem dann Aristoteles vorwärtsschreiten sollte. Auch dieser hat sich zunächst mit den ästhetischen Mischgefühlen zu beschäftigen gehabt, wie sie besonders das Drama erregt. Seine Auseinandersetzungen über das Komische sind uns nicht erhalten, und was das Tragische anlangt, so setzt der Verfasser des Büchleins über die 'Poetik' die 'der Tragödie eigene Lust' mehr voraus, als daß er viele Worte darüber verlöre. Immerhin lassen doch seine Andeutungen hier und seine genaueren Ausführungen im letzten Buche der 'Politik' über die 'Katharsis' deutlich genug erkennen, worin für ihn der Lustgehalt der an sich unlustvollen Erregungen besteht. Zwar sagt er auch das nicht geradezu, wie es ihm denn bei diesen Ausführungen weder um das Ästhetische, noch um das Psychologische, sondern um die moralische Rechtfertigung der Tragödie gegen die Einwände Platons zu tun ist[2]), aber was er sagt, überzeugt uns davon, daß auch nach seiner Meinung die Tragödie sich mit der Erregung von Furcht und Mitleid an das ϑϱηνῶδες im Menschen wendet, welches Wort er freilich nicht gebraucht; nur sieht Aristoteles in diesen Affekten so wenig wie irgendwelchen andern von Hause aus minderwertige Regungen der Menschennatur, die unterdrückt werden müßten; Platon will nur die männlichheroischen Regungen gelten lassen und verwirft eine Kunst, die sie nach seiner Ansicht nicht bestärkt; Aristoteles will das Gefühlsleben auch disziplinieren, aber nicht durch Beförderung einiger und Verdrängung anderer, sondern durch die Zurückführung aller Regungen auf das rechte Maß, und er begrüßt die Kunst und gerade auch die tragische als willkommenen Bundesgenossen bei diesem Werke. Im Grunde der Menschennatur schlummert das Bedürfnis, sich auch einmal von Zeit zu Zeit auszuweinen oder die erregende Gewalt des Schreckens, den wollüstigen Reiz der Furcht zu empfinden; im Leben können diese Neigungen sich nicht betätigen, und wenn es geschieht, so überwiegt die

---

[1]) Phil. 50 B.   [2]) Vgl. G. Finsler und Th. Gomperz.

unlustvolle Einwirkung der realen Erlebnisse auf unseren Lebens- und Selbst-
erhaltungstrieb die Lust an der Erregung so sehr, daß nur eine mehr einseitige
und keinesfalls erfreuliche Gesamtwirkung zustande kommt. Aus Scheu vor dem
Übel, das in der Wirklichkeit mit dem Bemitleidenswürdigen und Furchtbaren
verbunden ist, wird also eine Fülle von Erregungen dieser Art in uns erstickt
und zwar zu unserem Schaden, wenn sie nicht auf irgendeine Weise 'abreagiert'
werden. Dazu hilft nun gerade die Tragödie, welche die Gefühle der Furcht
und des Mitleids ohne Beeinträchtigung durch reale Nebenwirkungen in uns
auslöst. So schwingt neben dem Gefühl der Trauer und der Beängstigung die
Lust an der Erregung selber mit, und hier erst finden wir den gemischten
Charakter dieser unlustvollen Erregungen rein ausgeprägt, der sich uns im
Leben meist nur in sehr unvollkommener Weise darstellt. Daß dies die Meinung
des Aristoteles ist, zeigt uns deutlich die wichtige Stelle in der 'Rhetorik'
I, Kap. 11. 12.

Nirgends spricht Aristoteles, soweit ich sehe, von der läuternden Wirkung
der Tragödie, von der Auflösung des Mitleids in reine Menschlichkeit, der Furcht
in das Erhabene; er bleibt durchaus bei den unmittelbaren Affektwirkungen
stehen. Was die tragischen Erregungen von den ihnen entsprechenden realen
unterscheidet, ist nur dieses, daß bei jenen die starke Unlustwirkung gemildert
wird,· die im bürgerlichen Leben aus der Rücksicht auf uns und auf unsere
Mitmenschen.entsteht und den mit jeder starken Erregung verbundenen Lustgehalt für Mitleid und Furcht fast unmerklich werden läßt. So findet jenes
Bedürfnis, diese Regungen auch einmal zu 'genießen', erst im Theater seine Befriedigung. Vielleicht kommt noch ein anderes dazu, worauf A. v. Berger[1]) hingewiesen hat, und was mit dem soeben Dargelegten nahe verwandt ist. Im
Leben mit seinen Kämpfen bleibt eine große Reihe von Affektspannungen ungelöst — vielleicht gerade, um jene peinlichen Wirkungen gewisser Affekte zu
vermeiden, von denen soeben die Rede war. Diese 'angeschoppten' Gemütsbewegungen, die allmählich bei einzelnen Individuen 'habituell' geworden sind,
wollen auf eine unschädliche Art 'abreagiert' werden; das vermag das Theater zu
leisten — nebenher, würden wir sagen. Aristoteles dringt jedenfalls nicht tiefer
in das Geheimnis des Tragischen ein. Aber er weiß, daß in der Tragödie nur
mit besonderer Deutlichkeit hervortritt, was den unlustvollen Affekten, soweit
sie stark empfunden werden und sich entsprechend betätigen können, doch auch
im Leben innewohnt. Davon spricht der Philosoph dann ausführlicher in seiner
'Rhetorik', besonders im 11. Kapitel des ersten Buches. Hier kommt er freilich
auf die künstlerischen Erlebnisse nur sehr kurz und nebenher zu·sprechen,
indem er die Lust erwähnt, die uns jede Bereicherung unseres Wissens bereitet;
augenscheinlich führt er die Freude an der ästhetischen Darstellung schlechtweg
auf die Wahrnehmung der Ähnlichkeit, also auf die Reizung unseres Erkenntnistriebes zurück. Tatsächlich wirkt nun diese Art von Lustempfindung, z. B. bei

---

[1]) Vgl. Th. Gomperz, Aristoteles' Poetik, übersetzt und eingeleitet. Mit einer Abhandlung: Wahrheit und Dichtung in der Katharsistheorie des Aristoteles, von Alfr. Frhrn.
v. Berger, Leipzig 1897.

dem Genusse naturalistischer Kunstwerke mit, und sie kann, wie Aristoteles
(hier und in der 'Poetik' Kap. 45) ausführt, auch einen an sich unangenehmen
Gegenstand ästhetisch reizvoll machen[1]); aber Aristoteles übersieht, daß die
Naturtreue allein kaum hinreicht, eine befriedigende Wirkung zu erzielen; und
er weiß auch für die Tragödie nichts anderes vorzubringen, als die Lust an der
Peripetie und an dem 'mit knapper Not Gerettetwerden', die für ihn beide unter
die Kategorie des 'Wunderbaren' fallen; das XVIII. Jahrh. hätte hier wohl von
dem 'Neuen' gesprochen, wir würden, was Aristoteles meint, vielleicht einfach
als das 'Interessante' ansprechen. Von der Gemütswirkung des Tragischen ist
damit noch nichts gesagt. Auch der Wert der starken Erregung als solcher
bleibt unberücksichtigt, selbst wo der Philosoph von realen Gefühlen redet. Er
liebt es, die Lust an der Unlust aus der Assoziation solcher Vorstellungen zu
erklären, die nicht als begleitende Bewußtseinsinhalte, sondern als unmittelbarer
Gegensatz der unlusthaltigen Grundvorstellung empfunden werden. So erinnert
er an das Wohlgefühl, das uns bei dem Gedenken an überstandene Mühen be-
fällt; aber er redet hier nicht von dem Reiz der interessanten Situation, die
nun nicht mehr beklemmend, sondern mit reiner Spannung wirkt, er bleibt
auch nicht bei dem Hochgefühl des Sieges stehen, sondern fällt fast ins Philiströse, indem er sich auf das behagliche Gefühl der Sicherheit beruft[2]), die wir
in der Erinnerung an eine früher bestandene Gefahr doppelt schätzen. Und
so wenig, wie hier, versteht er den eigentlichen Sinn der herangezogenen Homerstellen, wo er von der Süßigkeit des Zornes redet. Auch da das Konstrast-
gefühl, das dem Ärger über die verletzte Würde antworten muß: Zorn, meint
er, wirke insofern (und nur insofern) erquickend, als sich mit ihm die Aussicht
auf Rache verbindet[3]); einem Menschen, der unserer Rache unerreichbar ist, zürne
man nicht oder so gut wie nicht. Daran ist so viel richtig, daß die Unmöglichkeit, einen angetanen Schimpf zu rächen, den eigentümlichen Lustgehalt des
Zornes bis zur Unerkennbarkeit herabmindern kann. Aber aus der negativen
Vorbedingung für das Eintreten der Lust macht Aristoteles ihre positive Erklärung, um dann das so gewonnene Resultat zu verallgemeinern: 'So ist
mit den meisten Begierden eine Art von Lustempfindung verbunden: entweder
gewährt die Erinnerung an eine früher einmal erlangte Lust uns Freude, oder

---

[1]) ἐπειδὴ δὲ τὸ μανθάνειν τε ἡδὺ καὶ τὸ θαυμάζειν, καὶ τὰ τοιάδε ἀνάγκη ἡδέα εἶναι
οἷον τό τε μιμούμενον, ὥσπερ γραφικὴ καὶ ἀνδριαντοποιία καὶ ποιητική, καὶ πᾶν ὃ ἂν εὖ
μεμιμημένον ᾖ, κἂν ᾖ μὴ ἡδὺ αὐτὸ τὸ μεμιμημένον· οὐ γὰρ ἐπὶ τούτῳ χαίρει, ἀλλὰ συλλο-
γισμός ἐστιν, ὅτι τοῦτο ἐκεῖνο, ὥστε μανθάνειν τι συμβαίνει. καὶ αἱ περιπέτειαι καὶ τὸ παρὰ
μικρὸν σώζεσθαι ἐκ τῶν κινδύνων· πάντα γὰρ θαυμαστὰ ταῦτα. Rhet. I 11 § 24. Der ausgezeichnete Kommentar von Cope-Sandys (3. ed. Cambridge 1877, I 28 ff.) leitet die intellektuelle Freude am Kunstwerk aus der Entdeckung irgendwelcher neuer Züge ab, die
erst durch die Vergleichung von Urbild und Abbild möglich werde. Das trifft, meine ich,
den Gedanken des Aristoteles doch nicht ganz; was der Anerkennung der 'Ähnlichkeit'
eines Bildwerks und dem Bemerken des 'Wunderbaren' in einer Tragödie an Lustwerten
gemeinsam ist, das ist die Freude an der eigenen, erhöhten intellektuellen Beschäftigung.

[2]) τούτου δ᾽ αἴτιον, ὅτι ἡδὺ καὶ τὸ μὴ ἔχειν κακόν. Ebd. § 8.

[3]) Nichts wesentlich Neues bietet dem gegenüber Rhet. II Kap. 2 § 1.

die Hoffnung auf eine zukünftig zu erlangende.' Beides sucht Aristoteles an dem Beispiel des Fieberkranken zu erläutern, das ja schon Platon herangezogen hatte: In seinem Durste erinnere sich der Kranke der Labung, die ein Trunk ihm gewährt habe, und hoffe zugleich auf eine neue Erquickung. Wenn wir hier allenfalls von einer Gefühlsmischung sprechen könnten, wie schon oben bemerkt, so nähert sich doch das weitere von Aristoteles herangezogene Beispiel der Liebessehnsucht schon viel stärker unserem Begriffe des gemischten Gefühls. Freilich erklärt er ein bischen rationalistisch, der Liebende spreche so gern von der abwesenden Geliebten oder denke an sie, weil er 'meine, daß er durch dieses Gedenken mit ihr gleichsam in merkbarer Verbindung bleibe'[1]); und so viel ist gewiß: die gefühlsmäßige Vergegenwärtigung des Abwesenden kann den Unlustgehalt des Trennungsgefühls weit genug überwinden, um ein in der Hauptsache doch lustvolles Mischgefühl hervorzubringen, falls es sich etwa nicht um dauernde Trennung, vielleicht um den erst vor kurzem erfolgten Tod eines geliebten Menschen handelt. In solchem Falle freilich wird der starke und frische Schmerz keine Lust aufkommen lassen[2]); im übrigen aber bleibt die ausgezeichnete Beobachtung des Philosophen zu Recht bestehen, daß der geliebte Mensch selbst dann unser ganzes Glück ausmache, wenn er uns durch seine Abwesenheit Schmerz bereitet: 'Die Lustempfindung entspringt daraus, daß wir uns seiner erinnern und ihn gleichsam mit unsern Augen vor uns sehen, in seinem Handeln und in seinem ganzen Sein.'[3]) Und er beruft sich auf das Homerische Bild, wie z. B. Achilleus bei seinen Myrmidonen sehnsüchtige Klagen hervorruft, indem er ihnen von der nächtlichen Erscheinung des Patroklos erzählt.[4]) Mit dieser Erklärung, die am Schlusse dem Gefühlscharakter des Erlebnisses besser gerecht wird als am Anfang, hat Aristoteles das Beste gegeben, was die Antike zu der ganzen Frage beigesteuert hat; sein Hauptverdienst bleibt, auf die Tatsache der gemischten Gefühle überhaupt deutlicher hingewiesen zu haben, die Erklärung des Phänomens selber ist ja bis heute noch nicht eindeutig gelungen. Von Platon und Aristoteles aber sind dann alle diejenigen abhängig, die sich sonst im Altertum mit den Mischgefühlen beschäftigt haben.

Wichtiges Material bieten die Schriften des Plutarch dar, insbesondere wieder mit Bezug auf die durch die Kunst erregten Mischgefühle. Mit großem Behagen erzählt er mehrfach (und nicht in allen Einzelheiten übereinstimmend)[5]) die berühmte Geschichte von dem Tyrannen Alexander von Pherai, der durch die tragische Wucht der 'Troerinnen' des Euripides so aus der Fassung gebracht wurde, daß er mitten in der Vorstellung aufsprang und den Künstler beinahe

---

[1]) ἐν ἅπασι γὰρ τοῖς τοιούτοις μεμνημένοι οἷον αἰσθάνεσθαι οἴονται τοῦ ἐρωμένου. § 11.

[2]) Daß Aristoteles die Durchbrechung der Lust, wenigstens im ästhetischen Zustande, durch allzustarke Unlustwirkung kannte, zeigen seine Ausführungen über die Tragödie, Poet. Kap. 14.

[3]) ἡ μὲν γὰρ λύπη ἐπὶ τῷ μὴ ὑπάρχειν, ἡδονὴ δ' ἐν τῷ μεμνῆσθαι καὶ ὁρᾶν πως ἐκεῖνον, καὶ ἃ ἔπραττε, καὶ οἷος ἦν. Rhet. I Kap. 11 § 12.

[4]) Ilias XXIII 107 ff. Die Redensart kommt aber öfters bei Homer vor, vgl. auch Cope-Sandys a. a. O. S. 209.

[5]) De Alexandri Magni fortuna, Or. II (Moralia ed. Didot S. 409) und Vita Pelop. c. 29.

bestraft hätte, weil er ihn, den unbarmherzigen Mörder so vieler Mitbürger, durch
das Schicksal der Hekabe und der Polyxena zu Tränen hinriß[1]); hübsch sagt
Plutarch, der Tragöde habe die Seele des Tyrannen wie Eisen zum Schmelzen
gebracht, und erklärt die Tatsache damit, daß sich Alexander zu leidenschaftlich aus der Lust habe in Schmerz versetzen lassen; er deutet also richtig an,
wenn auch ohne klare Einsicht in den Sachverhalt, daß die ästhetische Gleich-
gewichtslage des Gemüts hier durch ein reales Schmerzgefühl gestört wurde[2]); nur
dürfte es sich nach Plutarchs Meinung auch bei dem normalen Verhalten des
tragischen Zuschauers wieder mehr um das handeln, was wir Gefühlsmischung
nennen, als um ein Mischgefühl; denn die 'Lust', die der Tyrann vorher verspürt hatte, würde er wohl kaum auf den Ausgleich zwischen jenen Lust- und
Unlustregungen zurückführen, die der tragischen Stimmung allein zu verdanken
sind. Wenigstens hält er es anders in der Stelle seiner 'Tischgespräche', wo er,
im Hinblick übrigens auf die Komödie und nicht die Tragödie, die Frage erörtert: 'Warum sieht man die Nachahmung des Zornes und der Betrübnis mit
Vergnügen, während uns die wirklichen Ausbrüche dieser Leidenschaften unangenehm sind?'[3]) Das Kapitel ist von großer Bedeutung, weil es uns nicht
bloß die hausbackene Meinung des Plutarch selber vorführt, sondern auch die
Ansicht der epikureischen Richtung immerhin erkennen läßt. Den Anlaß zur
Erörterung gibt das Vergnügen über die Darstellung zornmütiger, furchtsamer
oder trauriger Personen, die wir im Leben nicht ohne Unlust ansehen würden.
'Die Epikureer', erzählt Plutarch, 'gaben fast alle, wie mit einem Munde, dieses
als Grund an, daß der bloße Nachahmer dieser Leidenschaften vor demjenigen, der sie wirklich empfindet, insofern einen großen Vorzug hat, daß er
ihnen nicht unterworfen ist; wir hätten also, da wir dies wüßten, unsere Freude
und Vergnügen daran. Ich suchte hierauf die Sache auf eine andere Art zu erklären. Da dem Menschen, sagte ich, das Denken und die Liebe zur Kunst an-
geboren ist, so finden wir auch an allem, was auf eine verständige und künstliche Art gemacht wird, Geschmack und bewundern dessen glückliche Ausführung. So wie die Biene aus einem natürlichen Hange zum Süßen alle
Pflanzen, die etwas Honigartiges enthalten, begierig aufsucht, ebenso pflegt auch
der Mensch, dem die Natur die Liebe für das Schöne und Geschmack für die
Kunst verliehen hat, jedes Meisterstück, jedes Werk, das von Verstand und Einsicht zeugt, zu bewundern und hochzuschätzen. Wenn man einem kleinen Kinde

---

[1]) Ἀλέξανδρος ὁ Φεραίων τύραννος, θεώμενος τραγῳδόν, ἐμπαθέστερον ὑφ' ἡδονῆς
διετέθη πρὸς τὸν οἶκτον. ἀναπηδήσας οὖν ἐκ τοῦ θεάτρου, θᾶττον ἢ βάδην ἀπῄει, δεινὸν
εἶναι λέγων, εἰ τοσούτους ἀποσφάττων πολίτας, ὀφθήσεται τοῖς Ἑκάβης καὶ Πολυξένης πάθεσιν
ἐπιδακρύων. οὗτος μὲν οὖν μικροῦ καὶ δίκην ἐπράξατο τὸν τραγῳδόν, ὅτι τὴν ψυχὴν αὐτοῦ
καθάπερ σίδηρον ἐμάλαξεν. A. a. O. S. 409.

[2]) Ungeschickterweise ist an der anderen Stelle von einer Aufwallung des Schamgefühls,
der Reue über seine Grausamkeit die Rede. Vgl. die Darstellung bei Aelian, Varia XIV 40.

[3]) Ich folge oben im ganzen der trefflichen Plutarchübersetzung von Kaltwasser, die
uns soeben in künstlerischer Ausstattung durch Heinrich Conrad und Floercke aufs neue
zugänglich gemacht worden ist (in Georg Müllers Sammlung: 'Klassiker des Altertums',
München, seit 1911).

zugleich ein Brot und einen aus Mehl geformten kleinen Hund oder Stier vorsetzt, so wird man finden, daß es den letzteren vorzieht. Und wenn man ihm
ein Stück rohes Silber und einen Becher oder eine andere Figur aus Silber
nebeneinander hinstellt, so wird es sicher zuerst nach demjenigen greifen, woran
es Merkmale von Verstand und Kunst wahrnimmt. Daher kommt es, daß Kinder
an rätselhaften Reden und Scherzen, deren Sinn etwas dunkel und verwickelt
ist, so großes Vergnügen finden. Denn Zierlichkeit und Kunstfleiß ist der Natur
des Menschen so ganz entsprechend und zieht den Geist auch ohne vorhergegangenen Unterricht an sich. Wer wirklich erzürnt oder betrübt ist, der zeigt
bloß einige gemeine Leidenschaften und Gemütsbewegungen; aber bei der Nachahmung, wenn sie gut ausgeführt wird, ist immer Kunst und Geschicklichkeit
sichtbar. Dieses macht uns Vergnügen, jenes aber Unannehmlichkeit. Gleiche
Empfindungen haben wir auch bei den für die Augen gemachten Kunstwerken.
Der Anblick eines kranken oder sterbenden Menschen macht auf uns immer
einen sehr unangenehmen Eindruck; aber mit Vergnügen und Bewunderung betrachten wir das Porträt des Philoktetes und die Bildsäule der Iokaste, auf
deren Gesicht, wie man sagt, der Künstler etwas Silber unter das Erz gemischt
hat, um diesem desto mehr das äußere Ansehen einer sterbenden und abge-
zehrten Person zu geben.'

'Dieser Umstand, fuhr ich fort, ist für die Kyrenaiker ein sehr wichtiger
Beweisgrund gegen euch, ihr Herren Epikureer, daß das Vergnügen, welches
wir vermittelst der Augen und Ohren empfinden, keineswegs in den Werkzeugen
des Gesichts und Gehörs, sondern in dem Verstande selbst seinen Sitz hat. Das
unablässige Geschrei einer Henne oder Krähe klingt unseren Ohren äußerst
widrig und unangenehm; aber wir hören doch mit Vergnügen zu, wenn jemand
dieses Geschrei auf eine geschickte Art nachahmt. Ebenso ist der Anblick
schwindsüchtiger Personen für unsere Augen beleidigend, und doch pflegen wir
Gemälde und Bildnisse derselben sehr gern zu betrachten, weil unsere Seele,
so wie es auch ihre Natur mit sich bringt, an allen Arten der Nachahmung
Vergnügen findet.'

Die ganze Erklärung des Plutarch ist nichts als eine ziemlich langatmige
Erklärung dessen, was Aristoteles mit wenig Worten als die Freude an der
gelungenen Nachahmung und an der Beschäftigung unseres Erkenntnistriebes
geschildert hat — zwischen beiden hat eben die Antike nicht so scharf geschieden, wie die moderne Psychologie.[1])

---

[1]) Scharf hält Baerwald a. a. O. S. 74 ff. beide auseinander: 'Die Freude an der Übereinstimmung mit der Wirklichkeit ist identisch mit jenem Gefühl und Triebe, den wir in
der Kunst wie im Leben als Wirklichkeitssinn bezeichnen. Sie läßt sich teilweise, aber
auch nur teilweise, reduzieren auf unsere Vollkommenheitsfreude an der Kunstfertigkeit
und Einsicht dessen, der da nachbildet oder darstellt. Denn fielen beide ganz zusammen,
so dürften wir keine Unlust empfinden, wenn die fehlende Harmonie zwischen Kunstwerk
und Leben aus einer Absicht des Künstlers hervorgeht und somit keinen Schluß auf sein
Unvermögen erlaubt. Trotzdem ärgert uns die Verlegenheit, die mit Fleiß durchgeführte
Schönfärberei, und beweist dadurch, daß uns die Naturtreue an sich, nicht bloß als Probe
des Könnens, ein ästhetischer, intellektueller oder praktischer Wert ist.'

Aber auch was die Gegner Plutarchs anführen, steht bereits bei Aristoteles zu lesen: die Freude über die eigene Sicherheit als Erklärungsgrund für
das Vergnügen, das wir an unlustvollen Gegenständen haben können; tatsächlich müssen die Epikureer diesen Gedanken gehegt haben, ja bereits bei Lukrez
wird er sehr bewußt formuliert, als Programm gleichsam der ganzen geistigen
Haltung der Sekte gegenüber den verworrenen Dingen dieser Welt. Der Anfang
des zweiten Buches seines Gedichtes lautet in Knebels Übersetzung:

> Süß ist's, anderer Not bei tobendem Kampfe der Winde
> Auf hochwogigem Meer vom fernen Ufer zu schauen,
> Nicht als könnte man sich am Unfall andrer ergötzen,
> Sondern dieweil man es sieht, von welcher Bedrängnis man frei ist.
> Süß auch ist es, zu schaun die gewaltigen Kämpfe des Krieges
> In der geordneten Schlacht, vor eignen Gefahren gesichert.
> Aber süßer ist nichts, als die wohlbefestigten heitern
> Tempel inne zu haben, erbaut durch die Lehre der Weisen:
> Wo du hinab kannst sehen auf andere, wie sie im Irrtum
> Schweifen, immer den Weg des Lebens suchen und fehlen,
> Streitend um Geist und Witz, um Ansehn, Würde und Adel,
> Tag und Nacht arbeitend mit niemals rastendem Streben,
> Sich zu dem Gipfel der Macht, empor sich zu drängen zur Herrschaft.
> Ach unselige Geister, verblendete Herzen der Menschen!
> In welch finsterer Nacht und unter welchen Gefahren
> Wird dies Leben verbracht, der Moment! Es liegt ja vor Augen,
> Daß die Natur für sich so heiß nichts fordert, als daß wir,
> Ist der Körper von Schmerzen befreit, des Geistes genießen
> Heiteren Sinns, entfernt von Furcht und jeglicher Sorge.

Lukrez spricht hier nicht von der Tragödie, überhaupt nicht von dem reinen
ästhetischen Zustande des künstlerisch genießenden Menschen, sondern von der
seligen 'Ataraxie' des Philosophen, aber es ist gar nicht zu verwundern, daß
seine Worte seit den Tagen der Renaissance wieder und wieder herangezogen
und oft genug für eine sehr philiströse Erklärung des tragischen Erlebnisses
verwendet worden sind.

Daß die Frage nach den Mischgefühlen auch in der peripatetischen Schule
selbst nicht ruhte, zeigt uns ein Abschnitt in den 'Ethischen Problemen' des
Alexander von Aphrodisias[1]), der unter Septimius Severus als Professor zu
Athen wirkte und sich als klassischer 'Exeget' des Aristoteles bewährte. So
werden wir auch von ihm keine neuen Offenbarungen, aber, seiner ganzen Art
entsprechend, eine in manchen Einzelheiten genauere Formulierung der Meinung
seines Meisters erwarten dürfen. Die Frage, die er sich stellt, ist diese: 'Wie
es möglich ist, daß man zu gleicher Zeit Lust und Unlust empfindet, falls damit
Gegensätze gegeben sind.'

Wenn es unmöglich ist, führt er aus, daß einem Entgegengesetztes zu
gleicher Zeit begegnet, wie kann es dann sein, daß man Lust und Unlust auf

---

[1]) πῶς οἷόν τε ἅμα τὸν αὐτὸν ἥδεσθαι καὶ λυπεῖσθαι, εἰ ἐναντία ταῦτα. Alex. Aphrod.
Quaest. I 12 (Suppl. Arist. II 2 S. 24 f. ed. Bruns, Berl. 1892).

einmal empfindet? Solches erleben doch die Durstigen, wenn sie trinken, die
Hungrigen, wenn sie essen und die Krätzigen, wenn sie sich jucken; entweder
ist also die Lust nicht das Gegenteil der Unlust, oder unsere Grundvoraussetzung ist falsch. Da ist nun folgendes zu beobachten: nicht das ist schlechtweg unmöglich, daß wir zu gleicher Zeit kontrastierende Gefühle erleben, sondern daß sich beide Gefühle auch auf denselben Gegenstand beziehen; wir
dürfen also nicht schlechtweg jeder Art 'Lust' jede Art 'Unlust' gegenüberstellen, z. B. der Lust an einer wissenschaftlichen Überlegung nicht die Unlust
des Durstes, sondern jeder Lust aus einem bestimmten Anlasse nur die Unlust
aus demselben Anlasse, welche beide man freilich unmöglich zur gleichen Zeit
empfinden kann; wir können also, fährt Alexander fort, nicht zu gleicher Zeit
Freude und Betrübnis über die Erkenntnis einer mathematischen Tatsache erleben, und es ist ebenso unmöglich, daß ein Hungriger über seinen Hunger zu
gleicher Zeit Lust und Unlust verspürt; dagegen ist es sehr wohl möglich, daß
er zu gleicher Zeit Unlust über seinen Hunger und Freude über seine Mahlzeit
verspürt; denn die Unlust steht da nicht der ihr entsprechenden Lust gegenüber. Die Unlust bezieht sich auf den Mangel, die Lust auf seine Abhilfe;
darum wird der Hungernde, solange er der Hilfe bedarf, sich der Hilfe freuen,
zugleich aber der Hilfe bedürfen und insofern Schmerz empfinden. Daß Lust
und Unlust nicht aus derselben Quelle fließen, ergibt sich daraus, daß der
Hungrige,. wenn er nicht gespeist wird, nur Unlust verspürt. 'Somit ist der
Mangel nur an der Unlust schuld, die Befriedigung aber an der Lust allein,
und die Krätzigen, die sich jucken, empfinden nicht Unlust über das Jucken,
sondern darüber, daß sie des Juckens bedürfen. So verspürt auch, wer zu essen
bekommt, Unlust nur über das Bedürfnis, nicht über die Speisung.'

Wo also für uns der eigentliche Schwerpunkt des Problems liegt, daran
geht die peripatetische Analyse geflissentlich vorbei; daß wir zu gleicher Zeit
über denselben 'Gegenstand' oder doch über verschiedene 'Seiten' oder 'Eigenschaften' eines solchen entgegengesetzte Gefühle verspüren oder daß mit dem
Gefühl der Unlust an sich schon ein Lustwert gegeben sein kann, diese Möglichkeiten werden nicht erörtert, sondern von vornherein als absurd abgetan.
Die Alten haben das Problem wohl verspürt: Platons Erwähnung der Wonnen
der Wehmut, auch sein zorniger Hinweis auf das 'Weinerliche' im Menschen,
das sich in der Tragödie austoben wolle, streift nahe an das Richtige. Auch
Ovid redet (Trist. IV 3, 37 f.) von der 'Lust der Tränen':

> Fleque meos casus! est quaedam flere voluptas:
> Expletur lacrimis egeriturque dolor,

und Lukrez scheint die entgegengesetzte Erfahrung eines gewissen Angstgefühls
zu kennen, das mitten im Freudenrausch aufsteigt (IV 1133 f.):

> medio de fonte leporum
> Surgit amari aliquid, quod in ipsis floribus angat. —

Aber was ästhetisch gestimmte Gemüter in einzelnen Augenblicken stark und
wahr fühlen mochten, dem konnte die Philosophie der Zeit noch nicht gerecht

werden. Auch die Neuplatoniker sind, soviel ich sehen kann, über die Andeutungen des Platon im wesentlichen nicht hinausgekommen.

Diese Tatsachen erklärt ein Blick auf den Entwicklungsgang der griechischen Psychologie, wie ihn uns jetzt Max Dessoirs knappe und doch gründliche Darstellung mit aller erwünschten Klarheit vermittelt.[1]) Das griechische Denken über die Seele steht eben von Anfang an unter der Einwirkung uralter, mythologischer oder doch vorwissenschaftlicher Vorstellungen. Von einer einheitlichen Erfassung und Erklärung des ganzen Bereiches seelischer Erlebnisse ist keine Rede. Neben der überirdischen, in dem Körper wie in einem Gefängnis eingeschlossenen Seele steht da die Psyche niederer Art, deren Wirkungen in den allgemeinen Naturzusammenhang eingegliedert sind. 'Diese nach zwei Seiten hin gerichtete Anpassung erklärt sich daraus, daß die Menschheit mit der Geisterwelt wie mit der belebten Außenwelt früher bekannt war als mit den Bewußtseinsvorgängen an sich. Erst sehr viel später sind die Tatsachen des Geistes aus ihrer doppelten Gebundenheit, der religiösen und der physischen, gelöst worden.' Ansätze zu einer tiefergreifenden Selbstbeobachtung hat es freilich frühe gegeben, und eine Fülle von Material konnte Aristoteles verwenden, den Dessoir 'eine enzyklopädische Natur und sozusagen das Zentralbureau der griechischen Wissenschaft' nennt. 'Er verstand es in unvergleichlicher Weise, den gesammelten Wissensbestand zu organisieren und mit neuen Gedanken zu durchdringen. Dennoch kam nichts Einheitliches dabei heraus.' Die Vorgeschichte der griechischen Psychologie rächte sich hier ebenso, wie die vorwiegend rationalistische Methode des griechischen Denkens. Darunter leidet vor allem seine Analyse des menschlichen Affektlebens. Hier geht es doch im allgemeinen so, wie unsere Beispiele zeigten; mag er auch mit einem Worte wie Unlust oder Unruhe 'ein Merkmal des erlebten Gemütszustandes beschreiben', gleich darauf betont er um so stärker 'die rationalisierende Zurückführung auf das vorgestellte künftige Übel' oder Gut, und 'eben diese Ableitung hat weiterhin besondere Beachtung gefunden'.

Noch in der Renaissance war niemand imstande, z. B. das Problem des Tragischen ganz unbefangen zu würdigen. Und die Erörterung wurde dadurch wahrlich nicht gefördert, daß ein so belesener, gelehrter und einflußreicher Mann wie Vincentius Madius in seinem weitschichtigen Kommentar zur 'Poetik' (1550, S. 111 ff.) die von uns besprochenen Stellen aus dem 'Philebus', der 'Rhetorik' und aus Alexander von neuem zugänglich machte. Ihr weiteres Nachleben kann hier nicht verfolgt werden, aber sie haben in ihrer Art nachgewirkt, besonders in der Ästhetik, bis das XVIII. Jahrh. mit seiner fast als Sport betriebenen Seelenanalyse neue Mittel und Wege zum Verständnis des Tragischen erschloß.

---

[1]) M. Dessoir, Abriß einer Geschichte der Psychologie (= Die Psychologie in Einzeldarstellungen, herausg. von Ebbinghaus und Meumann, Band IV), Heidelberg 1911; hier vgl. bes. S. 20 f. 29 f. 36.

VARROS MENIPPEISCHE SATIREN UND DIE PHILOSOPHIE

Von Karl Mras

Wer das Verhältnis des *Varro cynicus vel Menippeus* zur Philosophie untersuchen will, muß sehr behutsam vorgehen. Er muß sozusagen mehrere Hindernisse nehmen, bis es ihm gelingt, Varro selber einigermaßen zu fassen. Zunächst sieht er die Varronischen Satiren vor sich, hinter denen sich die des
Menipp verbergen sollen.[1]) Allein der große Reatiner war kein Übersetzer, vielmehr ein Nachahmer, oder vielleicht besser gesagt Rivale der Griechen. Neben
speziell Menippeisch-kynischen Motiven finden wir nicht bloß allgemein kynische
Gedanken, sondern auch ganz anderen Richtungen der Philosophie angehörige
Anschauungen. Es gilt also, zunächst den unzweifelhaft Menippeischen Ge-
dankengehalt von dem allgemein kynischen zu scheiden — soweit dies noch
möglich ist —, und dann die anderen φιλοσοφήματα entlehnten Brocken vorsichtig herauszufischen. Anfangs fällt für die Individualität des Philosophen
Varro nichts ab. Allein allmählich werden deren Umrisse ganz von selber immer
schärfer hervortreten. Daß er nämlich auch den Satiren das Gepräge seiner
Persönlichkeit aufgedrückt und sich in seinen Darlegungen keineswegs auf den
Kynismus, geschweige denn auf Menipp, beschränkt hat, darüber klärt uns
Cicero durch Varro selber auf (Acad. post. I § 8): 'In jenen alten Schriften,
über die ich, den Menipp nachahmend, nicht übersetzend, eine gewisse Heiter-
keit ausgegossen habe, ist vieles aus den tiefsten Geheimnissen der Philosophie
beigemengt, vieles nach den Gesetzen der Logik behandelt.'[2]) Indem ich von
dieser Angabe die Berechtigung für meine Erörterungen ableite, gehe ich zuerst daran, das Verhältnis der Satiren zu Menipp im besonderen und zum
Kynismus im allgemeinen zu untersuchen.

Für die Rekonstruktion der Satiren Menipps kommen neben Varros Satiren[3])

---

[1]) Gell. N. A. II 18, 7: *Menippus . . . cuius libros M. Varro in saturis aemulatus est,
quas alii cynicas, ipse appellat Menippeas.*

[2]) *Et tamen in illis veteribus nostris, quae Menippum imitati, non interpretati, quadam
hilaritate conspersimus, multa admixta ex intima philosophia, multa dicta dialectice.* Schon
daraus erhellt Varros freies Verhältnis zum Kynismus, der bloß die Ethik gelten ließ:
s. Diog. L. VI 103: ἀρέσκει οὖν αὐτοῖς (τ. Κυνικοῖς) τὸν λογικὸν καὶ τὸν φυσικὸν τόπον
περιαιρεῖν . . . μόνῳ δὲ προσέχειν τῷ ἠθικῷ.

[3]) Deren Bruchstücke uns fast ausschließlich Nonius überliefert. Ich will hier voraus-
schicken, daß ich den von Buecheler gebotenen Text (Petronii Saturae rec. Buecheler-
Heraeus 1912⁵) auf Grund der in Lindsays Nonius-Ausgabe (Leipz. 1903) vorliegenden hand-
schriftlichen Angaben einer eingehenden Revision unterzogen habe.

folgende Autoren in Betracht: in erster Linie natürlich Lucian (hauptsächlich
Necyomantea seu Menippus, Icaromenippus, Niederfahrt, Totengespräche, Iuppiter Tragoedus, Götterversammlung und Vitarum auotio), außerdem Seneca mit
seiner 'Apocolocyntosis' und Petron. Zwei römische Autoren, die ebenfalls dieses
Genus gepflegt haben, weisen nicht zu Menipps, sondern bloß zu Varros Satiren
Beziehungen auf, und zwar eigentlich nur der eine von ihnen, Martianus Capella, der in seinem seltsamen Werke 'De nuptiis Philologiae et Mercurii
libri IX' den Versuch unternommen hat, Varro den Dichter mit Varro dem
Forscher zu vereinigen, der andere, Boëthius, ahmt in den fünf Büchern 'De
consolatione philosophiae' den Capella nach — einer der seltenen Fälle, wo es
dem Nachahmer gelingt, sein Vorbild zu übertreffen und die von seinem Vorgänger eingeschlagene literarische Richtung zu veredeln. Jedenfalls bieten uns
diese beiden Schriftsteller für die Rekonstruktion der Satiren Menipps nicht
die geringste Handhabe. Was wir nach dem heutigen Stande der Wissenschaft
für deren Wiederherstellung tun können, hat bekanntlich R. Helm in seinem
ausgezeichneten Werke 'Lucian und Menipp' (Teubner 1906) geleistet. Ich
selber habe die ganze Frage in größerem Zusammenhange anläßlich einer Vorlesung über die griechische Satire einer nochmaligen Prüfung unterzogen, bei
der sich die Richtigkeit fast aller Aufstellungen Helms ergeben hat. Somit
kann ich mich kurz fassen. Selbstverständlich darf ich hier, wo es gilt, die
Menippeischen Bestandteile aus Varros Satiren auszusondern, Varro selber in
die Beweisführung nicht einbeziehen, sondern muß mich auf Lucian, Seneca,
Petron beschränken. Aus diesen drei Autoren können wir folgende Merkmale
der Satire Menipps erschließen:

A) Bezüglich der Form: Wechsel zwischen Scherz und Ernst ($\sigma\pi o v\delta o \gamma\acute{\epsilon}$-
$\lambda o\iota o v$), Prosa und Poesie; Zitate, besonders aus Homer und Euripides, hauptsächlich parodistische; poetische aus Homerischen oder Euripideischen Floskeln
bunt zusammengesetzte Einlagen (man denke an Luc. Iupp. Trag.); an den
poetischen Stellen Weiterführung der Erzählung (bes. 'Ich-Erzählung') oder der
Rede.[1]) Wenden wir uns nun zu Varro, so drängen sich die beiden ersten
Merkmale dem Leser so von selber auf, daß es eines besonderen Hinweises
nicht bedarf. Sehr interessant sind seine Zitate: an die Stelle des Homer und
Euripides tritt Ennius (als Epiker und Tragiker), aus dem die Zitate bei Varro

---

[1]) Ungewiß bleibt zunächst, ob Menipp in seine Satiren auch eigene (ernste und
heitere) Gedichte, nicht bloß Parodien eingelegt hat. Bei Lucian fehlen jene gänzlich, dagegen überwiegen sie bei Petron ganz beträchtlich (bei dem die Parodie stark zurück-, die
Erotik hervortritt; ganz spärlich sind bei ihm Zitate), Seneca hat zwar mehr Zitate (14)
als eigene Gedichte (6), allein unter diesen finden wir zwei besonders umfangreiche: 4, 1
(32 Hexameter) und 12, 3 (31 Anapäste). In Varros Satiren sind seine eigenen Gedichte in
gewaltiger Überzahl gegenüber den Zitaten und Parodien: etwa 200 fr. gegen 20. Wie man
sieht, stehen die drei lateinischen Menippeer in dieser Hinsicht in einem scharfen Gegensatze zu Lucian. Was nun Menipps Satiren betrifft, so bin ich im Laufe meiner Untersuchung dahin gekommen, auch für ihn die Einschiebung eigener Gedichte mit einiger
Wahrscheinlichkeit anzusetzen. Allein darauf hier näher einzugehen, würde uns vom Thema
zu weit abführen.

geradeso überwiegen wie bei den griechischen Kynikern die aus den beiden ποιηταὶ
κατ' ἐξοχήν.[1]) Und geradeso wie diese von Menipp wird jener von Varro parodiert: fr. 59 B. (*edolare* von Ennius [Vahlen[2] Incerta XLIV] metaphorisch zur
Erzielung dichterischer σεμνότης ˙etwa statt *peregi, executus sum* verwendet, hingegen wird bei Varro, '*unum libellum edolare*', durch die katachrestische Verwendung des Zeitwortes und seine Verbindung mit *libellus* eine komische Wirkung beabsichtigt und erzielt) und 103 (bei Ennius ein Vorzeichen sicherlich
in einer ernsten Angelegenheit[2]), bei Varro während einer alltäglichen Verrichtung, einer unterhaltlichen '*cenula*'). Die im fr. 509 vorliegende Parodie eines
unbekannten tragischen Verses (nach Marx, Lucil. II 296 vielleicht aus Ennius'
Thyestes) hat nicht erst Varro aufgebracht, sondern bereits Lucilius, den er
einfach zitiert (874 M.).[3]) Aus Versteilen oder Phrasen des Ennius schafft Varro
(wie Lucian aus denen des Homer und Euripides) gelegentlich neue Verse.
So ist das schöne Fragment 225 *Africa terribilis, contra concurrere civis | civi
atque Aeneae misceri sanguine sanguen* eine Kontamination aus Ann. IX 6 (310) V.[2]
Africa terribili tremit horrida terra tumultu und Hecuba 202 V.[2] *pergunt lavere
sanguen sanguine*, 233 *nos admirantes, quod sereno lumine | tonuisset, oculis caeli
rimari plagas* ˈeine Kontamination aus Annal. 527 V.[2] (von Varro auch fr. 103
parodiert, s. oben) *tum tonuit laevum bene tempestate serena* und Iphig. 244 V.[2]
caeli scrutantur plagas (diesen Vers aus Ennius' Iphigenie parodiert bezeichnenderweise auch Seneca: Apocol. 8, 3: *quid in cubiculo suo faciat* [sc. Claudius],

---

. [1]) Ich hebe fr. 189 B. hervor: *Non vides apud Ennium esse scriptum 'ter sub armis
malim vitam cernere quam semel modo parere'* (Enn. Med. exsul fr. V v. 262 sq. Vahlen[2] =
Eurip. Med. 250 sq.).

[2]) Wir wissen nicht in welchem Zusammenhang, da das Fragment zu den *libri incerti*
der Annalen gehört: 527 V[2]

[3]) Als Parodie ist außerdem fr. 254 bemerkenswert,, wo es sich allerdings nicht um
Ennius, sondern um Pacuvius handelt: Im Original (Teucer, 314 Ribb.[3]) wird Hesione angesprochen, die voller Harm ihre Söhne, Ajax und Teucer, erwartet (das Fragment gehört
somit in den Anfang des Dramas): *Quae desiderio alumnûm paenitudine Squales scabresque*
(diese Lesart ergibt sich unzweifelhaft aus den Codd. des Non. u. des Festus; falsch Ribb.
a. a. O.) *inculta vastitudine*. (Mir ist unverständlich, wieso Ribbeck, Die röm. Tragödie
S. 224 ganz allgemein an 'die Mütter der einst gegen Troja ausgezogenen Salaminier'
denken kennte, obwohl doch die Beziehung auf Hesione durch das im 'Ajax' des Sophokles
849 stehende Korrelat zu *alumnus*, nämlich τροφός, sichergestellt ist. Strenggenommen ist
sie die Mutter des Teucer, die Pflegemutter des Ajax, der Dichter sollte also *desiderio
filii et alumni* sagen, was er zu *desiderio alumnûm* vereinfacht, mit Recht, denn sie hat ja
beide aufgezogen. Ein inniges Verhältnis zwischen Hesione und Ajax setzt auch Sophokles
voraus; vgl. a. a. O. 849—851.) Diese pomphaften Worte echt tragischer Diktion hat Varro
parodiert, indem er sie statt auf eine erhabene auf eine niedrige Situation bezog und sie
statt einer tragischen Person einem biederen italischen Landmann in den Mund legte. Denn
ohne Zweifel ist es Manius, der 'Frühaufsteher' (s. Vahlen, In M. Ter. Varron. sat. Menipp.
coniectanea, Lips. 1858, p. 197), der Vertreter des altväterischen agrarischen Römertums
(s. Mommsen, Röm. Gesch. III[9] 609 Anm.; Ribbeck, Gesch. d. röm. Dichtung I[2] 257 f.), der
über die Vernachlässigung des Ackerbaues in der modernen Zeit klagt: *ager derelinqueretur
ac periret, squale scabreque inluvie et vastitudine* (Pacuv. *squales scabresque inculta vastitudine*;
derartige leichte, aber vergröbernde Veränderungen [*inluvies* = Unflat] gehören zum Wesen
der Parodie).

nescit et iam 'caeli scrutatur plagas'? deus fieri vult e. q. s.) und 405 *quemnam te esse dicam fera qui manu* e. q. s. nach Thyest. 348 V.² *quemnam te esse dicam qui tarda in senectute* gebildet. Sehr oft können wir auch bei Varro mit größerer oder geringerer Wahrscheinlichkeit an den poetischen Stellen die Weiterführung der Erzählung (oder Handlung) konstatieren, s. besonders fr. B. 9, 54—56; 117, 233, 269—272 (an diesen drei Stellen 'Ich-Erzählung'), 388—392, 423 —428, 437, 485 (wieder 'Ich-Erzählung, und zwar Varro von sich selber), 577.

B) Bezüglich des Inhaltes: 1. Travestien von σεμνά (ich wüßte keinen besseren Ausdruck), z. B. epischer und tragischer Stoffe oder Szenen (z. B. die Unterredung in der Unterwelt zwischen Odysseus und Tiresias [Od. λ], tra-vestiert von Menipp-Lucian in der Necyomantea), religiöser Gebräuche, Mythen, Mysterien, Καταβάσεις εἰς Ἅιδου (Menipps Νέκυια, Luc. Necyomantea, Toten-gespräche, Niederfahrt; Gegenstück dazu der Aufstieg zum Himmel: Luc. Icaro-menipp und Iupp. Confutatus [Κυνίσκος bei Zeus]), endlich Travestien von Ge-setzen u. dgl., auch von Verhandlungsformen beschließender Versammlungen (s. das ψήφισμα gegen die Reichen Necyom. c. 20; Seneca, Apoc. 9—11¹)). Sehen wir uns nun in Varros Satiren um. Im Sesculixes (d. h. Andert-halbulixes²)) sowie wahrscheinlich im Περίπλους³), ebenfalls einer Travestie auf die Irrfahrten des Odysseus, hat Varro seine Um- und Irrfahrten auf dem Ge-biete der Philosophie mit gutem Humor geschildert. Auf Travestien von Tra-gödien weisen folgende Satirentitel hin: 'Der Strohmann Ajax' (Aiax stramen-ticius), Armorum iudicium (Tragödien des Pacuvius und Accius nach dem Vor-bilde von Äschylus' Ὅπλων κρίσις), Eumenides (Äschylus⁴)), Oedipothyestes (vgl. Soph. u. Eur. Ödipus, Ennius' Thyestes)⁵), Prometheus liber (Äschylus⁶) und Accius⁷)); auf Travestien von Mythen: Catamitus (= Ganymed), Cycnus, Endymiones, Ἄλλος οὗτος Ἡρακλῆς⁸), Hercules Socraticus⁹), Hercules tuam

---

¹) S. Helm a. a. O. S. 36 f. und 161.
²) S. Vahlen l. l. p. 111 (erkannte zuerst 'sub Sesquiulixis persona delitescentem Var-ronem'), Mommsen, R. G. III⁹ 605; Ribbeck, G. R. D. I² 250.
³) Vgl. fr. 419, wo doch wohl Varro es ist, der auf den langbärtigen pedantischen Philosophen (natürlich einen Stoiker) aufmerksam macht. Jedenfalls stellte Varro (was die Bruchstücke deutlich erkennen lassen) unter dem Bilde einer Reise eine Wanderung durch das vielverzweigte Gebiet der Philosophie dar: s. Vahlen l. l. p. 200 sq.; auf unrichtiger Voraussetzung beruht Hirzel, Der Dialog I 449 f.
⁴) Bekanntlich sind von keiner anderen Satire so viele Bruchstücke erhalten. Es ist daher die Rekonstruktion des Inhaltes in wesentlichen Stücken möglich. Die Stelle des Orest vertrat die Menschheit (in einzelnen Typen), die der Furien die Hauptleidenschaften: s. Buecheler, Rh. M. XX 427; Norden, In Varronis satur. Menipp. observationes selectae (Jahrb. f. kl. Phil. Suppl. XVIII p. 329—343); Helm a. a. O. S. 299—301.
⁵) Über den Inhalt s. Norden a. a. O. S. 325².   ⁶) Vahlen l. l. p. 168 sq.
⁷) Ribbeck, G. R. D. I² 185. Über den Inhalt vgl. Norden, Die varron. Satura Pro-metheus usw., Jahrb. f. kl. Phil. Suppl. XIX (1893) S. 428 ff.
⁸) Daß darin von mythologischen Dingen die Rede war, geht aus Macrob. Saturn. III 12, 6 hervor; s. weiter unten.
⁹) Bezeichnenderweise erscheint der Name des Herkules, des Schutzpatrones der Kyniker (Zeller, Philos. d. Griechen II 1⁴ S. 307), nicht weniger als dreimal unter den Satirentiteln.

fidem, Meleagri[1]), Pseudaeneas, Pseudulus Apollo[2]), Tithonus.[3]) Für den Ton,
der in solchen Mythentravestien herrschte, ist fr. 406 (aus der Satire Περὶ ἐξαγωγῆς, d. h. vom Selbstmord) charakteristisch: Der Autor würde es begreiflich
finden, wenn sich die Andromeda in ihrer schrecklichen Lage selber das Leben
genommen hätte; das drückt er aber folgendermaßen aus: 'hätte die gefesselte
und dem Ungeheuer preisgegebene Andromeda nicht ihrem Vater, dem aller-
größten Dummkopf, ihr Leben ins Gesicht spucken sollen?'[4]) Den Ton kennen
wir (aus Plautus); er ist echt altitalisch-bäuerisch. Allein die Travestie selber
übernahm Varro unzweifelhaft aus seiner Vorlage. An eine Travestie irgendwelcher Mysteriengebräuche zu denken, könnte uns der Titel Mysteria veranlassen[5]), leider verstatten die Bruchstücke keinen Schluß. Ein sicheres Beispiel
einer Menippeischen Νέκυια (Unterweltswanderung) fehlt bei Varro ebenfalls.
Doch scheint aus dem schönen fr. 405 im Vergleiche mit fr. 407 hervorzugehen,
daß eine Revue berühmter Selbstmörder in der Unterwelt stattfand.[6]) Menipp
steigt aber in der Menippeischen Literatur nicht bloß in die Unterwelt hinab,
sondern schwingt sich auch — ein zweiter Ikaros — zum Himmel auf. Bei
Varro können wir die Verwendung des Motives der Luftreise zweimal konstatieren, im Marcipor sowie in den Endymiones. Beidemal stürzen die Ein-
dringlinge ab[7]), ähnlich wie in Lucians Ikaromenipp der Kyniker auf Befehl
Juppiters unsanft auf die Erde zurückbefördert wird (c. 34). Überhaupt spielt
in der Menippeischen Satire die Phantastik eine nicht unwichtige Rolle. Lucian

Der 'sokratische Herkules' ist doch wohl der Stifter der kynischen Schule: Antisthenes
gründete sie bekanntlich in dem Herkules geweihten Gymnasium Kynosarges (Diog. L.
VI 13), zeigte an Herakles' Beispiel ὅτι ὁ πόνος ἀγαθόν (ders. VI 2) und schrieb zwei Dialoge Ἡρακλῆς (ebd. 18 und 104).

[1]) Daß von modernen Meleagri (Jagdliebhabern) die Rede war, geht aus den Fragmenten deutlich hervor.

[2]) D. h. Apollo das Lügenmaul. Apollo, der von sich selbst sagt Hymn. Hom. I 132:
χρήσω δ' ἀνθρώποισι Διὸς νημερτέα βουλήν und Aesch. Eum. 615 μάντις ὢν δ' οὐ ψεύσομαι,
wurde offenbar als Lügner erwiesen (seltsam, sicher unrichtig, Buecheler, Rh. M. XIV 430)
und dem genialen Betrüger in Plautus' berühmtem Stücke an die Seite gestellt. Denn mit
dem Titel Pseudulus macht Varro sozusagen ein Kompliment den Manen des großen Dichters,
seines Lieblings, wie die nächst den Anführungen aus Ennius zahlreichsten Plautinischen
Zitate und Anspielungen in seinen Satiren sowie seine wissenschaftlichen Studien (Plau-
tinae quaestiones: Diomedes Grammat. Lat. I 486, 8 sq.) bekunden.

[3]) S. O. Hense, Teletis reliquiae² (1909) p. CXVI Anm. 2.

[4]) Andromeda vincta et proposita ceto non debuit patri suo, homini stupidissimo, in os
spuere vitam?

[5]) S. Helm a. a. O. S. 71.

[6]) Ribbeck a. a. O. S. 265; Hirzel a. a. O. S. 449; Helm a. a. O. S. 19 f. Man beachte, daß
Menipp selber durch Selbstmord gestorben ist (L. Diog. VI 100). Es lag also für einen
Vertreter des Genus Menippeum nahe, die Menippeische Nekyia mit einer Revue berühmter
Selbstmörder zu verbinden und dabei dem Menipp die Rolle des Periegeten zuzuweisen.

[7]) Das Motiv der jämmerlich scheiternden Himmelsreise richtet sich gegen die astronomischen Spekulationen (bezüglich der μετέωρα), s. L. D. VI 39: πρὸς τὸν λέγοντα περὶ
τῶν μετεώρων· ποσταῖος, ἔφη (nämlich Diogenes), πάρει ἀπὸ τοῦ οὐρανοῦ. Vgl. auch Helm
a. a. O. S. 88 und Norden p. 269 sq. Auf die Astronomen ist auch das fr. 280 (aus derselben
Satire) gemünzt; s. weiter unten S. 401.

läßt im Fischer die Philosophie und in ihrem Gefolge die Tugend, die Mäßig-
keit, die Gerechtigkeit, die Bildung und die Wahrheit über sich zu Gericht
sitzen. Zwar ist die Verwendung allegorischer Figuren als handelnder Personen
keine speziell Menippeische Eigentümlichkeit, sondern findet sich auch bei
anderen Philosophen[1]) hauptsächlich allerdings bei den Kynikern[2]), die ihre
wirkungsvolle, ja theatralische Lebhaftigkeit zu derartigen Personifikationen
veranlaßte. Allein da auch bei Varro (in den Eumeniden) ein Unschuldiger anfangs heftig verfolgt (s. fr. 146 B.), zuletzt aber glänzend gerechtfertigt wird
(147 B.), und da sich — was besonders wichtig ist — diese Rechtfertigung wie
bei Lucian unter der Mitwirkung der 'Wahrheit, des Pflegekindes der attischen
Philosophie'[3]), und einer anderen allegorischen Person, der 'öffentlichen Meinung' (Existimatio), vollzieht[4]): unter diesen Umständen ist natürlich die Wahrscheinlichkeit, daß beide Autoren eine gemeinsame Menippeische Vorlage be-
nützten, sehr groß. Endlich ließ sich Varro, wie Menipp, auch die Travestie
von Gesetzesformeln nicht entgehen. Dahin gehörten seine 'Leges convivales',
die er in seiner Satire 'Nescis quid vesper serus vehat' aufstellte. Er handelte
daselbst nach Gellius' ausführlichen Angaben[5]) de apto convivarum numero deque
ipsius convivii habitu cultuque; der Ton, den er in diesen 'Vorschriften'[6]) anschlägt (wiederholt 'oportet' und 'debet' oder 'debent') erinnert an Lucians Νόμοι
in den Saturnalia (13—18).[7]) Mit den Gesetzen stehen die Testamente in einem
gewissen Zusammenhang, da sie ja auf gesetzlich festgelegten Formen beruhen.
Sie boten also wie jene Menipps Spotte ein Ziel (übrigens nicht bloß diesem,
wie das 'Testament des Ferkels'[8]) beweist). Es ist ausdrücklich bezeugt, daß
Menipp ein Testament (Διαθῆκαι) verfaßt hat (D. L. VI 101), zu dem Varros
Satire 'Testamentum περὶ διαθηκῶν' ohne Zweifel Beziehungen hat, zumal er
ja dort[9]) mit behaglichem Humore sein eigenes Testament als Menippeischer
Schriftsteller aufsetzt.[10])

Ich fahre nun in der Aufzählung der Merkmale fort, die dem Gehalte der
Menippeischen Satire ein eigentümliches Gepräge verleihen. Hierher gehört:

---

[1]) Die ausführlichste Zusammenstellung gibt Norden a. a. O. S. 344—346.

[2]) Ich brauche nur auf Teles-Bion, besonders auf die Diatribe Περὶ αὐταρκείας (Hense
a. a. O. p. 5 sqq.) zu verweisen, wo Bion der Armut und den Dingen (πράγματα) Stimme
verleiht. Die Formel besonders lebhafter προσωποποιΐα 'εἰ τὸ δεῖνα φωνὴν λάβοι' findet sich
schon bei Antisthenes: εἰπέ μοι, φησίν, εἰ φωνὴν λάβοι ὁ χαλκός κτλ. D. L. VI 9 (übrigens
sogar bei Platon: Protag. 361 A). Eine sehr kühne Allegorie ist auch die Darstellung des
Kynismus durch den Ranzen unter dem Bilde einer Stadt ('Ranzenau') in Krates' Sillen
fr. IV Wachsmuth (Sillograph. Gr. rel.² p. 196) = Diels, Poet. philos. fr. Crat. 4, 1 p. 218:
Πήρη τις πόλις ἐστὶ μέσῳ ἐνὶ οἴνοπι τύφῳ.

[3]) Fr. 141 B.: Et ecce de improviso ad nos accedit cana Veritas, Attices philosophiae
alumna.

[4]) Fr. 147: Forenses decernunt, ut Existimatio nomen meum in sanorum numerum referat.

[5]) N. A. XIII 11, 1.   [6]) Gellius: (Varro) . . . praecipit (§ 6).

[7]) Über den Inhalt der Satire 'Lex Maenia' geben uns die Fragmente keinen Aufschluß; zudem ist uns das Gesetz selber unbekannt.

[8]) Buecheler, Petronii satur.⁶ p. 268 sq.   [9]) Fr. 542 sq.

[10]) S. weiter unten S. 420.

2. Die kynische Tendenz und Polemik mit folgender speziell Menippeischer Färbung:

a) Hinweis auf die Vergänglichkeit und Nichtigkeit alles Irdischen (Nireus und Achill als Typen für weltliche Schönheit, Thersites für die Häßlichkeit, Krösus, Sardanapall u. a. für weltliche Macht[1]); die Toten als hohläugige Skelette). Diesen Gedanken verficht Menipp mit großem Nachdruck[2]) und stützt ihn durch wirkungsvolle Vergleiche[3]), z. B. Τύχη als Ordnerin einer πομπή oder eines Dramas. Nichts von solchen zum Teil sehr phantastischen[4]) Gedanken bei Varro. Das fr. 31[5]) drückt nichts weiter aus als die jedem Philosophen geläufige Ansicht aus, daß die Seele der wertvollere Teil unseres Ichs ist.

b) Eintreten für die Armen gegen die Reichen: siehe außer den in der Anm. 2 angeführten Dialogen Lucians noch den 'Hahn'. Besonders charakteristisch: den Armen werden in der Unterwelt Ruhepausen während der Folterqualen bewilligt[6]), das ψήφισμα gegen die Reichen[7]); der Schuster 'Klein'[8]) freut sich im Cataplus 15, 'daß in der Unterwelt die Armen lachen, die Reichen weinen'.[9]) Bei Varro fehlen derartige Betrachtungen und Invektiven vollständig. Sosehr er (wie wir sehen werden) für die Einfachheit der Lebensführung gegen die Verschwendungssucht eintrat, so lag doch dem römischen Landedelmanne (im Gegensatze zu Menipp, dem aus der Hefe des Volkes hervorgegangenen Halbgriechen) nichts so ferne wie die grundsätzliche, fast könnte man sagen anarchistische Bekämpfung des persönlichen Besitzes. In dieser Hinsicht ist der Gegensatz zwischen den beiden Autoren sehr bezeichnend.

c) Bekämpfung der unwürdigen Vorstellungen in betreff der Götter: siehe Luc. bes. Iupp. Confut. (die Götter und das Schicksal [Μοῖρα, Εἱμαρμένη, Τύχη, Πρόνοια]), Iupp. Tragoed. (anthropomorphische Erzählungen von Kämpfen der Götter; Zweideutigkeit der Orakelsprüche; Apollo; Herakles), Deorum Concilium

---

[1]) S. Helm a. a. O. S. 53 ff. 342.

[2]) S. Luc. Necyom., Totengespräche, Niederfahrt, Charon.

[3]) Von Helm sehr hübsch zergliedert a. a. O. S. 44 ff. 93 f. 167. 329.

[4]) Ja die Vorstellung von den Toten als hohläugigen Skeletten (Nec. 15: σκελετῶν — διάκενον δεδορκότων) war, ursprünglich wenigstens, geradezu ungriechisch; s. Helm a. a. O. S. 35.

[5]) Sed quidvis potius homo quam caruncula nostra.   [6]) Nec. 14.   [7]) Ebd. 20.

[8]) Mikkylos (μικκός dor. = μικρός), der Vertreter des 'kleinen Mannes': s. Callim. Epigr. 26 Wil. (fingierte Grabschrift eines 'kleinen Mannes', der nicht über die Schnur hauen und daher niemand ein Unrecht zufügen kennte, ängstlich darauf bedacht, niemand zu schaden, damit ihm selber niemand schade), Anthol. VI 15, 1 (ein σαλπιγκτής Μίκκος), IX 335 Leonid. (ein Holzknecht Μικκαλίων). Daß dieser Name in der kynischen Literatur typisch ist, erhellt daraus, daß er nicht bloß bei Lucian noch einmal erscheint (im Hahn; ebenfalls ein Schuster), sondern schon viel früher vom Kyniker Krates in seinen Sillen fr. II (Wachsm. Sill. gr.² 194; Diels, Poet. ph. fr. Crat. 3, 1 p. 217) verwendet wurde (ich bemerke gegen Helm a. a. O. S. 76³, daß bei Krates jener Mikkylos, ein Wollkrämpler, der Typus des Laien ist. Krates beobachtet auf seiner wunderbaren Wanderung, bei der er wie Lucians Mikkylos im Hahn in das Innere der Häuser blickt, das Treiben der [dogmatischen] Philosophen und das der Laien: der Vergleich, den er dann zieht, fällt zugunsten dieser aus, wie bei Luc. Nec. 21: ὁ τῶν ἰδιωτῶν ἄριστος βίος καὶ σωφρονέστερος).

[9]) Hand in Hand wandert er (ebendort 22) mit dem Kyniker (Κυνίσκος) durch die Unterwelt; ein Symbol der Beziehungen der Bettelphilosophie zu den unteren Volksschichten.

(Dionysos und sein Gefolge; Zeus' Liebschaften; ausländische Barbarengötter wie Attis, Korybas, Sabazios, Mithras und die ägyptischen Götzen; vergötterte Menschen wie Alkmeon; personifizierte, ja deifizierte Abstrakta wie Ἀρετή, Φύσις, Τύχη), Totengespräche (Amphilochus, Trophonius, Herkules). Auch Varro nimmt gegen ausländische Schwindelgötter Stellung, in der bereits erwähnten Satire Eumenides, in der unter den Verkehrtheiten, die das menschliche Leben beunruhigen, auch der Aberglaube in seinen verschiedenen Spielarten gebrandmarkt wurde[1]): die Bruchstücke 119—121, 131 f. und 149 f. beziehen sich auf den Kybelekult, 138 auf den des Äskulap und 128 nebst 152 auf den des Serapis.[2]) Hiermit möchte ich die Notiz bei Serv. ad Aen. VIII 698 (II 302 Th.) in Zusammenhang bringen: *Varro indignatur Alexandrinos deos Romae coli.* Gegen das *tripudium pullorum* richtet sich das fr. 278: *ut eat ac rem publicam administret* quod *pulli ientent.*

d) Kampf gegen die Dogmen und die Lebensführung der Philosophen aller Richtungen, ganz besonders jedoch der Stoiker. Mit besonderer Vorliebe stellte Menipp, wie wir aus Lucian ersehen, ihre Streitsucht an den Pranger, am liebsten die Wortgefechte zwischen Stoikern und Epikureern.[3]) Woraus entspringen diese Kämpfe? Aus Mangel an Selbsterkenntnis — behaupteten die Kyniker — und Dünkel (τῦφος), obwohl man jene von Philosophen am ehesten erwarten sollte. Zwar ist τῦφος (eigentlich Dunst, Aufgeblasenheit) ein allgemein kynisches Schlagwort[4]), desgleichen das γνῶθι σεαυτόν[5]), allein mit besonderem

---

[1]) Selbst wenn diese Fragmente einen integrierenden Bestandteil des Sujets unserer Satire gebildet haben sollten (so Norden a. a. O. S. 343[1] im Anschluß an Vahlen l. l. p. 171, von dem sich auch Riese, M. T. Varronis Satur. Menipp. reliq. rec. [1865] p. 125 abhängig zeigt; d. h. es konnte etwa die Heilung des als wahnsinnig erklärten [fr. 146] durch Zeremonien der Kybele- und der Serapispriester versucht werden), so hat doch Varro, wie die Bruchstücke zum Teil noch erkennen lassen, den Hokuspokus dieser beiden Kulte und die damit verbundene Habsucht (s. fr. 128: *hospes quid miras auro* [Lindsay, Non. 480, 23 M. vgl. 504, 3; Turneb. u. Scaliger *nummo*; codd. *animo*] *curare Serapin*) ironisch behandelt.

[2]) Den Lucian bezeichnenderweise bei der Aufzählung der ausländischen Götter in Deor. concil. nicht erwähnt, offenbar weil dessen Kult zur Zeit seines Gewährsmannes Menipp in Griechenland noch nicht verbreitet war: s. Helm a. a. O. S. 164. Übrigens muß fr. 128 nach 152 eingereiht werden: s. Lindsay, Rh. M. LVII 201.

[3]) S. z. B. Iupp. Trag. (Timokles gegen Damis).

[4]) S. Zeller a. a. O. II 1[4] S. 306 u. Anm. 3; Norden a. a. O. S. 311. Übrigens haben es sich auch die Skeptiker angeeignet: s. Timon. Sill. fr. VIII Wachsm. (Diels, P. ph. fr. Tim. 38, 1 p. 193) von Zeno, den er in der Unterwelt σκιερῷ ἐνὶ τύφῳ stehen läßt; Xenophanes, der Vater der Sillendichtung, ist ihm wegen seines Kampfes für die Wahrheit und gegen den Wahn ὑπάτυφος: fr. XL = Diels a. a. O. 60, 1 p. 200 (freilich nicht ganz ἄτυφος, weil auch er in manchen Stücken den Fallstricken des τῦφος erlag: s. fr. XLV [Diels l. l. 59, p. 200] nebst Sext. Emp. Pyrrh. hypot. I 223 sqq.), vollkommen ἄτυφος bloß der Stifter der skeptischen Schule, Pyrrhon: fr. XXXII (Diels l. l. 9 p. 186).

[5]) Ich verweise besonders auf Menanders schönen Nachruf auf den Kyniker Monimos (Diog. L. VI 83), dem er ausdrücklich nachrühmt, daß er sich nicht durch dieses und ähnliche Schlagworte von der echt kynischen Überzeugung abbringen ließ, daß jede δόξα (also auch Schlagworte) im Gegensatze zur Wahrheit τῦφος sei: ἐκεῖνος ῥῆμά τι | ἐφθέγξατ' οὐδὲν ἐμφερὲς μὰ τὸν Δία | τῷ γνῶθι σαυτόν, οὐδὲ τοῖς βοωμένοις | τούτοις. ὑπὲρ δὲ ταῦθ' (darüber

Nachdruck ist, wie wir aus Lucian erschließen, gerade Menipp für die Forderung nach Selbsterkenntnis und ἀτυφία eingetreten und hat den an den dogmatischen Philosophen zutage tretenden Mangel an diesen beiden Eigenschaften
gerügt: siehe Icarom. 7 (τετυφωμένον [Dünkel] der Dogmatiker, bestimmte
Dogmen über Astrophysik aufzustellen), Totengespr. 20, 4 (den Empedokles hat
κενοδοξία und τῦφος in den Tod getrieben); den auf Erden Mächtigen (Krösus,
Midas, Sardanapall[1]), die in der Unterwelt um ihre Schätze trauern, ruft Menipp (Totengespr. 2 Ende) gellend das γνῶθι σεαυτόν in die Ohren[2]) und
beides, Selbsterkenntnis und ἀτυφία, empfiehlt Philipp d. Gr. seinem Sohn:
ebenda 14 Ende.[3]) Von diesem Gesichtspunkte aus fasse ich auch Tiresias' seltsame Lehre (Necyomantea sive Menippus 21) auf: ὁ τῶν ἰδιωτῶν ἄριστος βίος
καὶ σωφρονέστερος: Das Leben der großen ungebildeten Menge ist gerade deshalb das beste und vernünftigste, weil es eben ἄτυφος ist.[4]) Daß der Kyniker
Krates[5]) in seinen Sillen ebenfalls dem Leben der großen Menge den Vorzug
gab vor dem der (dogmatischen) Philosophen, habe ich oben[6]) gezeigt.[7]) Wenden
wir uns nun wieder unserem Reatiner zu. In zwei Satiren brachte er jene beiden
kynisch-Menippeischen Schlagworte zur Darstellung — dies lehren uns nicht
bloß deren Titel (Γνῶθι σεαυτόν und Σκιαμαχία περὶ τύφου), sondern auch
deren Bruchstücke. Beschäftigen wir uns zuerst mit jener Satire. Es ist vom
Wachstum des Leibes die Rede (fr. 199), von der Verdauung (200), von der
Leidenschaft der Liebe (204 sq.), andrerseits von den Sternen (202 sq. und 206),
aber auch von Sokrates (207)[8]); eine von der Populärphilosophie oft ausgesprochene Vorschrift wird in kynisch-stoischer Färbung[9]) angeführt (208) und
endlich ein zweites genus φιλοθέωρον mit einem anderen verglichen (210): age

---

war er erhaben; der Sinu bleibt, auch wenn man ὑπερεῖδε mit Scaliger lesen wollte) ὁ προσ-
αιτῶν καὶ ῥυπῶν. | τὸ γὰρ ὑποληφθὲν τῦφον εἶναι πᾶν ἔφη.

1) Typen der kynischen Diatribe: s. oben S. 396.

2) ὀδύρεσθε μὲν ὑμεῖς, ἐγὼ δὲ τὸ γνῶθι σαυτὸν πολλάκις συνείρων ἐπᾴσομαι ὑμῖν.

3) καὶ οὐκ αἰσχύνῃ ... οὐδέ τ. τῦφον ἀπομαθήσῃ καὶ γνώσῃ σεαυτόν.

4) S. die dort sich anschließenden Worte ὡς τῆς ἀφροσύνης παυσάμενος τοῦ μετεωρο-
λογεῖν καὶ τέλη καὶ ἀρχὰς ἐπισκοπεῖν καὶ καταπτύσας τῶν σοφῶν τούτων συλλογισμῶν καὶ τὰ
τοιαῦτα λῆρον ἡγησάμενος τοῦτο μόνον ἐξ ἅπαντος θηράσῃ, ὅπως τὸ παρὸν εὖ θέμενος παρα-
δράμῃς, γελῶν τὰ πολλὰ καὶ περὶ μηδὲν ἐσπουδακώς.

5) An dem Bion-Teles ganz besonders seine Armut und ἀτυφία rühmen: p. 14, 3 sqq.
Hense² ἢ οὐ Κράτης καὶ Διογένης πένητες ἦσαν; καὶ πῶς ⟨οὐ⟩ ῥᾳδίως διεξήγαγον, ἄτυφοι
γενόμενοι κτλ.

6) S. 396⁶).

7) Es ist also ganz natürlich, daß der Vertreter des kleinen Mannes (Mikkylos) bei
Lucian im Hahn und besonders in der Niederfabrt kynische Grundsätze vertritt, wenn umgekehrt der Kyniker die Grundsätze der großen Menge verficht, ihre ἀτυφία und die damit
zusammenhängende (s. Teles Περὶ αὐταρκείας H.² 6, 6 sqq.) αὐτάρκεια. Die Anschauungen der
einen decken sich eben in dieser Hinsicht mit denen der anderen.

8) homullum mit Stowasser, Wien. Stud. XXVIII 227 zu lesen: nonne homullum scri-
bunt esse grandibus superciliis, silonem (= superciliis prominentibus Non. p. 25, 17 M.),
quadratum.

9 secundum naturam perfecti homines = κατὰ φύσιν τέλειοι ἄνθρωποι.

nunc contende[1]) *alterum genus* φιλοθέωρον. Was es für eine Bewandtnis mit
diesem *genus* φιλοθέωρον hat, ist von Vahlen l. l. p. 49 sqq. mit klarem Blicke
ermittelt worden. Es handelt sich um die Naturbetrachtung[2]) im Gegensatze
zur Betrachtung des eigenen Ichs. Die Betrachtung (θεωρία) erstreckt sich in
den uns erhaltenen Fragmenten auf den menschlichen Leib und auf den Sternen-
himmel, es war also mindestens von den zwei Hauptarten derselben die Rede,
von der Betrachtung der außer uns befindlichen 'Natur' und von der unseres
Leibes. Allein wahrhaft würdig eines eingehenden Studiums ist für den Philosophen nach der Lehre des Sokrates und der Kyniker nur das eigene Ich, unter
dem aber nicht unser Leib, sondern der wertvollere, unser eigentliches Wesen
bestimmende Teil unseres Ichs, die Seele, zu verstehen ist; d. h. also: unsere
eigentliche Aufgabe ist Selbsterkenntnis.[3]) Daß sich die Kyniker auch in dieser
Hinsicht ganz an Sokrates anschlossen und die Selbsterkenntnis geradezu zum
Schlagworte machten, darauf habe ich bereits hingewiesen. In ihrem Sinne hat
Varro in dieser Satire der Selbsterkenntnis gegenüber der nach außen gerichteten Forschung den Vorzug eingeräumt. Jenes andere Schlagwort — vom
τῦφος — behandelte er in der Satire 'Der Schattenkampf', deren Untertitel
περὶ τύφου die Tendenz genügend kennzeichnet. Das Sprichwort *umbras caedunt*
gebrauchte man von Kämpfen wider Gegner, die nur in der Einbildung vorhanden sind.[4]) Ohne Zweifel kam dort Varro auf die Haarspaltereien und nich-
tigen Streitigkeiten der (dogmatischen) Philosophen zu sprechen (s. fr. 509, wo
offenbar streitende Philosophen gemeint sind) und machte ihnen gegenüber
die ebenso einfache als natürliche kynische Lehre geltend, durch die der Hauptzweck jeder Philosophie (die Erlangung der Tugend und damit der Glückseligkeit) auf dem kürzesten Wege erreicht werde.

Werden die beiden kynischen Hauptgebote vernachlässigt, so stellen sich
Dünkel und Selbstüberschätzung statt der ἀτυφία und der Selbsterkenntnis ein.
Daraus aber entsprangen die unaufhörlichen·Wortgefechte der Dogmatiker.[5])
Oft kam es unter den streitenden Philosophen sogar zu groben Handgreiflich-
keiten, von Lucian mit großer Derbheit im 'Gastmahl' geschildert. Gerade
Philosophengastmähler schlossen nämlich häufig als Philosophenschlachten, be-
sonders zwischen Stoikern und Epikureern. Diesen kynisch-Menippeischen Ge-

---

[1]) Im Sinne von *comparare*, wie Nonius p. 258, 38 M. ausdrücklich angibt.

[2]) φιλοθέωρον darf ja nicht mit θεωρητικόν verwechselt werden: s. Norden a. a. O.
S. 284 gegen Ribbeck, Rh. M. XIV 113 ff. und G. R. D. 251.

[3]) Bezüglich des Sokrates begnüge ich mich damit, auf Xenoph. Comm. IV 2, 24 zu
verweisen, wo er mit Euthydem gerade den Satz γνῶθι σεαυτόν bespricht und ihn als Forderung, sich ein Wissen der Güter und Übel anzueignen erklärt (§ 31), d. h. als ethische
Forderung. Über seine Ablehnung der naturwissenschaftlichen Studien s. Xenophon ebd.
I 1, 11 sqq., wo er sich über die Physiker wundert, daß sie τὰ μὲν ἀνθρώπινα παρέντες, τὰ
δαιμόνια δὲ σκοποῦντες ἡγοῦνται τὰ προσήκοντα πράττειν. Vgl. auch Zeller a. a. O. II 1⁴ 132 ff.

[4]) Vgl. Petron. 62, 9.

[5]) Besonders charakteristisch Luc. Dial. mort. 10, 8: der Philosoph (Stoiker) muß sich
in der Unterwelt entkleiden; darauf: ὦ Ζεῦ, ὅσην μὲν τὴν ἀλαζονείαν κομίζει ... καὶ ἔριν
καὶ κενοδοξίαν ... καὶ τὸ ψεῦδος δὲ ἀπόθου καὶ τὸν τῦφον καὶ τὸ οἴεσθαι ἀμείνων εἶναι
τῶν ἄλλων.

meinplatz hat Varro mehrmals verwertet. Eine Satire heißt: 'Der Kampf der Böcke, über die Lust'[1]); im 'Waffengericht' stehen einander die Philosophen kampfbereit gegenüber, aufgerichtet auf den Zehenspitzen, wie die Krebse am Ufer[2]); über den Inhalt der Satire *Λογομαχία* belehrt uns Porphyrio[3]): Stoiker und Epikureer gerieten miteinander in Streit, weil diese die Lust als das höchste Gut verteidigten, jene die Seelenruhe (die ἀταραξία τῆς ψυχῆς, wie er sich ausdrückt; er hätte besser sagen sollen: die ἀπάθεια).[4]) Daß darin eine Nachbildung des berühmten Streites zwischen dem λόγος δίκαιος und dem λόγος ἄδικος (in Aristophanes' 'Wolken') vorkam (das einzige erhaltene Bruchstück 242 B. ist ein *versus Aristophaneus*, in welchem Versmaße bekanntlich die Aristophanische Streitszene abgefaßt ist), hat schon Hirzel a. a. O. I 443[1] erkannt. Ich möchte noch hinzufügen, daß die Travestie eine besondere Bedeutung erlangt, wenn man sich vor Augen hält, wie wichtig der λόγος gerade für einen Stoiker ist, der somit als der personifizierte λόγος δίκαιος (wegen seines Tugendideales und seiner Religiosität) dem personifizierten λόγος ἄδικος, nämlich dem gottlosen Epikureer, entgegentreten konnte, etwa wie in Lucians 'Tragischem Juppiter' der Stoiker Timokles dem Epikureer Damis. Aus dieser Nachbildung des Aristophanes möchte ich aber um so lieber auf eine Nachahmung des Menipp schließen, als ja zur Zeit Varros Aristophanes selbst bei den Griechen, geschweige denn bei den Römern, im Vergleiche zu Menander ganz in den Hintergrund getreten war.[5]) Wir dürfen also meines Erachtens annehmen, daß Varro diese Travestie aus seiner Vorlage — Menipp[6]) — übernommen hat. Einen Behelf für die Rekonstruktion des Inhaltes möchte ich in einem aus Ciceros Acad. poster. bei Augustin erhaltenen Bruchstücke (20 Mueller) sehen, einer Stelle, die auch Helm[7]) aufgefallen ist: *Ergo Zeno vel Chrysippus si interrogetur, quis sit sapiens, respondebit eum esse, quem ipse descripserit; contra Epicurus .... negabit .... Inde ad iurgium. Clamat Zeno et tota illa porticus tumultuatur .... Contra ille convocata de hortulis in auxilium quasi Liber turba temulentorum, quaerentium tantum, quem incomptis unguibus bacchantes asperoque ore discer-*

---

[1]) Caprinum proelium περὶ ἡδονῆς. Daß sich der Streit um ἀρετή und ἡδονή drehte, zeigt der Titel und fr. 71.

[2]) Fr. 42: *ut in litore cancri digitis primoribus stare.* Daß damit die Haltung der Faustkämpfer persifliert wird, erhellt aus Verg. Aen. V 426 *constitit in digitos extemplo arrectus uterque*, nämlich Äneas und Entellus im Faustkampfe (s. außerdem Norden l. l. 309); und daß mit den Faustkämpfern die Philosophen gemeint sind, aus fr. 43: *illic viros hortari, ut rixarent praeclari philosophi.*

[3]) Zu Horat. Sat. II 4, 1 (p. 308, 4—8 Hold.).

[4]) S. [Plut.] Vit. Hom. II 134: οἱ μὲν Στωϊκοὶ τὴν ἀρετὴν τίθενται ἐν τῇ ἀπαθείᾳ.

[5]) Vgl. Plutarchs höchst abfälliges Urteil über Aristophanes in seiner Σύγκρισις Ἀριστοφάνους καὶ Μενάνδρου.

[6]) Der selber einen Vorgänger in Timons Sillen hatte, nur daß von diesem eine andere literarische Form (die der epischen Parodie) verwendet worden war: s. fr. XIV Wachsm. (Diels l. l. 21 p. 189): φοιτᾷ δὲ βροτολοιγὸς Ἔρις κενεὸν λελακυῖα κτλ. und XV W. (Diels l. l. 22 p. 189): τίς γὰρ τούσδ' (gemeint die Philosophen in der Unterwelt) ὀλοῇ ἔριδι ξυνέηκε μάχεσθαι κτλ.

[7]) A. a. O. S. 149.

pant eqs. Dies alles gewinnt dadurch an Bedeutung, daß es in jener Schrift seinen Platz hatte, die Cicero dem Varro nicht bloß gewidmet hat, sondern in der er geradezu von seinen Menippeischen Satiren ausgeht (I § 8 sq.). Es sieht ganz danach aus, als ob Cicero hier durch freie Nachbildung einer Menippea seinem Adressaten habe ein Kompliment machen wollen. Wie beliebt dieser Vorgang bei den Alten war, hat neuerdings der Streit um die Ciris an den Tag gebracht.[1])

Finden wir in dieser Hinsicht Varro mit Menipp in Übereinstimmung, so zeigt er andrerseits doch auch hier seine Selbständigkeit. Während nämlich das Schlagwort 'Erkenne dich selbst' die Kyniker zur schroffen Ablehnung der wissenschaftlichen Forschung verleitete[2]) und somit zum schonungslosen Kampfe gegen deren Vertreter und ihre Lehren, geißelte Varro zwar die Streitsucht der dogmatischen Philosophen, hielt es aber mit seiner Begeisterung für die wissenschaftliche Forschung (die er bis ins hohe Greisenalter betrieb) nicht für vereinbar, derart gehässige Angriffe gegen die Wissenschaft und ihre Jünger zu richten wie (nach Lucian zu schließen) Menipp (von dem Schriften *Πρὸς τοὺς φυσικοὺς καὶ μαθηματικοὺς καὶ γραμματικοὺς καὶ γονὰς Ἐπικούρου καὶ τὰς θρησκευομένας ὑπ' αὐτῶν εἰκάδας* ausdrücklich bezeugt sind: D. L. VI 101). Drum fehlt in den Fragmenten der Varronischen Satiren der Spott auf die Spekulationen der Philosophen, der bekanntlich bei Lucian einen so breiten Raum einnimmt, fast ganz. Das wird bei der so großen Anzahl von Bruchstücken (fast 600) gewiß kein Zufall sein. Übrigens weist das bißchen Spott, das wir noch erkennen, sicherlich zum größten Teile auf Menipp hin. Daß sich hierin Varro trotz seines Vorbildes solche Zurückhaltung auferlegte, ist sein eigenes, seiner Sinnesart entspringendes Verdienst. Gegen die Faseleien der Philosophen im allgemeinen wendet sich fr. 122 B.[3]), gegen die astrologischen Spekulationen[4]) fr. 280.[5]) Mit

---

[1]) S. Skutsch, Aus Vergils Frühzeit (Teubner 1901) S. 103 ff.; Kroll, Neue Jahrb. 1909 XI 9 ff.

[2]) Diogenes wundert sich bei D. L. VI 27, daß sich die Vertreter der allgemeinen Bildung, die *γραμματικοί*, *μαθηματικοί* und *μουσικοί*, um fernabliegende Dinge bekümmern, das Nächstliegende aber, ihr eigenes Ich, nicht kennen (*τὰ δ' ἴδια ἀγνοοῦντας* heißt es von den Grammatikern, *τὰς μὲν ἐν τῇ λύρᾳ χορδὰς ἁρμόττεσθαι, ἀνάρμοστα δ' ἔχειν τῆς ψυχῆς τὰ ἤθη* von den Musikern). Daher ließen die Kyniker von den drei Teilen der Philosophie unter Ablehnung der Logik und Physik bloß die Ethik gelten: s. oben S. 390 Anm. 2. Übrigens scheint es hinsichtlich der wissenschaftlichen Bildung mit Menipp besser als mit Diogenes bestellt gewesen zu sein. Wenigstens rühmt Varro selber (was bisher unbeachtet geblieben ist), daß Diogenes nur so viel von der Literatur verstand, als für den Hausbedarf genügte (*domusioni quod satis esset*), Menipp sich jedoch auch vor feinen Leuten hören lassen konnte (fr. 517 B; *hunc* evident richtige Konjektur Buechelers, von Lindsay, Non. 248, 13 M. leider wieder aufgegeben).

[3]) *postremo nemo aegrotus quicquam somniat tam infandum, quod non aliquis dicat philosophus.*

[4]) Deren prinzipieller Gegner er durchaus nicht war; hat er doch selber das ganze 6. Buch der Disciplinarum l. IX der Darstellung der Astrologie gewidmet: s. Ritschl, De M. Terenti Varronis disciplin. libris commentarius (1845) p. 18—21.

[5]) *astrologi non sunt* (sc. *pueri)? qui conscribillarunt pingentes caelum ⟨tabulas? add. Norden l. l. p. 269⟩.*

gutem Humor karikiert er einmal Empedokles'[1] Lehre von der Entstehung des
Menschen[2] ('sie sind aus der Erde hervorgewachsen wie Grünzeug': fr. 163 B.[3])).
Dabei gebraucht er das Wort *blitum* meines Erachtens absichtlich, wegen der
komischen Wirkung, also um das Ethos der Satire zu wahren; er spielt nämlich offenbar mit der Bedeutung von *bliteus*, das (vgl. das französische *fade*) zunächst 'unschmackhaft', dann aber 'albern' bedeutet: s. Paul.-Fest. p. 34, 8 M.
(= 25, 3 sq. Thewr.) *Blitum genus holeris a·saporis stuporé* (Fadheit) *appellatum
esse ex Graeco putatur, quod ab his* βλάξ *dicatur stultus*; Non. p. 80, 23 M. *Blitea
inutilis, a blito, herba nullius usus*, mit den Belegen Plaut. Truc. 854 *Blitea et
luteast meretrix nisi quae sapit in vino ad rem suam* und Laberius in Tusca
(92 Ribb.[3]) *bipedem bliteam beluam* (doch wohl ebenfalls von einem blöden
Frauenzimmer), endlich Corp. Gloss. Lat. V 592, 59 (Gloss. Scal.) *blitea stulta*
und V 172, 8 (Excerpt. ex libr. gloss.) *blicea stultitia*. — Pythagoras' Lehre von
der Seelenwanderung persifliert er fr. 127.[4] In demselben Bruchstücke versetzt
er mit *volvae — Athenis* auch den Epikureern einen leichten Hieb (über T. Albucius, den Cicero Brut. § 131 *plane Graecus* und *perfectus Epicurius* nennt,
vergleiche man jetzt P.-Wiss. R.-E. I 1330 f. [Klebs]). Der 'Schweinstall Epikurs'
war fast sprichwörtlich[5]); da nun die Gebärmutter des Schweines zu den Lecker-
bissen (*deliciae*) gehörte[6]), bekommt jene Phrase meines Erachtens eine bestimmte Bedeutung: offenbar will Varro die Anhänger des Albucius als personifizierte *deliciae*, als *homines delicati*, verspotten. Daß er von Sokrates an einer
anderen Stelle ein karikiertes, aber doch nicht grotesk verzerrtes Bild entwirft,
habe ich oben erwähnt.[7])

Der Spott auf die Stoiker, den Varro gelegentlich einstreut, geht ohne
Zweifel auf sein Menippeisches Vorbild zurück, nur daß er bei ihm der Gehässigkeit, die Lucians Menippeisch-satirischen Schriften eigen ist, ganz entbehrt. Einmal spricht er von der Gründung der Stoa im Tone der Menippeischen
Satire, aber mit italischem Bauernwitze[8]); gemeint ist jedenfalls der Stoiker Zeno,
denn der Eleate war kein Schulgründer (vielleicht ist übrigens fr. 165 B.: *propter*

---

[1]) Dessen Verspottung zum Inventar der kynischen Satire gehört: s. Geffcken, Kyniker
und Verwandtes (Heidelberg 1909) S. 115.

[2]) S. Ritter-Preller, Hist. philos. gr.[7] 137; Emped. Περὶ φύσεως Diels, Poet. philos.
fr. 57 p. 129: ᾗ πολλαὶ μὲν κόρσαι ἀναύχενες ἐβλάστησαν, | γυμνοὶ δ' ἐπλάζοντο βραχίονες
εὔνιδες ὤμων, | ὄμματα δ' οἶ' ἐπλανᾶτο πενητεύοντα μετώπων; vgl. dazu Plac. V 19, 5 (Diels,
Doxogr. gr. p. 430, 21 sqq.) und besonders Censorin, De die natali 4, 8: *primo membra singula ex terra quasi praegnate passim edita deinde coisse eqs.*

[3]) *Empedocles natos homines ex terra ait ut blitum.*

[4]) *Quid dubitatis, utrum nunc sitis cercopitheci An colubrae an volvae de Albuci subus
Athenis?*

[5]) S. den bekannten Ausspruch des Horaz (Epist. I 4, 16): *Epicuri de grege porcus*
(worauf Vahlen l. l. 181 aufmerksam machte) und Cic. In Pis. § 37: *Epicure noster, ex hara
producte, non ex schola.*

[6]) S. Hor. Epist. I 15, 41: *Nil melius turdo, nil volva pulchrius ampla*; Plin. N. h.
VIII 51, 209.

[7]) S. 398 Anm. 8.

[8]) Fr. 164 B.: *ubi dicatur primus Zenon novam haeresim novo paxillo suspendisse.*

eam porticum situm erat dolium damit im Zusammenhang zu bringen und allegorisch aufzufassen: 'der Stoa war der Kynismus benachbart'). Die Pointe liegt
— was meines Wissens noch niemand aufgefallen ist — in *novam haeresim novo
paxillo*, dem ein von Varro an anderer Stelle gebrauchtes ländliches Sprichwort
(s. Otto, Die Sprichwörter und sprichwörtlichen Redensarten der Römer S. 98)
zugrunde liegt: fr. 69 B.: *ut novum cribrum novo paxillo pendeat* (d. h. schaffe
ich mir ein neues Mehlsieb an, so muß auch der Nagel zum Aufhängen erneuert werden, erneuere ich das eine, muß dies auch bei dem andern, Zugehörigen,
der Fall sein; also: keine Halbheit!). Wir finden hier die Kehrseite der Parodie,
indem Varro nicht, wie sonst öfter (s. S. 392), pomphafte Worte des tragischen oder epischen Sprachschatzes statt auf eine erhabene auf eine niedrigere
Situation bezieht, sondern einmal umgekehrt ein für die Philosophie (ja für die
ganze antike Kultur) bedeutsames Ereignis im Rahmen eines ländlichen Sprich-
wortes darstellt (*ubi* ist wohl nicht Athen im allgemeinen, sondern die Στοὰ
ποικίλη; die *nova haeresis* ist das *novum cribrum*; die neuen Grundsätze, von
denen die neue Lehre abhängt, der *novus paxillus*). Das Äußere der Stoiker und
ihr pedantisches Wesen persifliert er fr. 419 B.[1]) Ihre Lehre vom Weltuntergange muß er in der Satire Κοσμοτορύνη seinen satirischen Ausführungen zugrunde gelegt haben. Dahin weist der Untertitel περὶ φθορᾶς κόσμου, der über
die richtige Auffassung des Haupttitels keinen Zweifel läßt. Die Pointe liegt
meines Erachtens in der Anspielung auf den chaotischen Zustand, in dem sich
beim Weltuntergange die Elemente durcheinandermengen[2]), geradeso — meint
Varro, absichtlich trivial, um durch den ordinären Vergleich das ernste Dogma
ins Lächerliche zu ziehen — wie man die τορύνη (Rührlöffel) dazu verwendet,

---

[1]) *Itaque videas barbato rostro illum commentari et unum quodque verbum statera
auraria pendere.* Die Stoiker trugen lange Bärte, aber kurz geschorenes Haupthaar: s. Horaz
Sat. II 3, 34 sq. (Der Stoiker Damasipp spricht): *tempore quo me Solatus iussit sapientem
pascere barbam* (vgl. auch V. 16 sq.: *di te Damasippe, deaeque Verum ob consilium donent
tonsore*) und Luc. Conv. 33, Hermotim. 18 u. a. St. (die von ihm als βαθυπώγωνες geschilderten Philosophen sind teils ausschließlich, teils in erster Reihe Stoiker: s. D. mort. 10, 9;
Icarom. 21; Pisc. 11 u. a. St.); anderseits Luc. Bis acc. 20 (ἐν χρῷ κέκαρμαι) und Vit. auct. 20.
Sie waren stets in Gedanken, mit irgendwelchen Problemen beschäftigt: s. Luc. Hermot. 18
(φροντίζοντας) und 79. Das meint offenbar auch Varro mit *commentari* usw.; speziell aber
an ihre etymologischen Tüfteleien, wie Mommsen, Röm. G. a. a. O. 607 meint, braucht man
keineswegs zu denken.

[2]) μίγνυσθαι und συγκρίνεσθαι gebraucht Kleanthes in seiner Darstellung des Welt-
unterganges Stob. Ecl. vol. I 153, 18—22 Wachsm. = Diels, Dox. Gr. p. 470, 13—15 (das
Bild, das dem Vergleiche zugrunde liegt, ist freilich ein anderes: die Erzeugung des
Fruchtsamens durch die Vereinigung oder Mischung von Keimkräften, λόγοι σπερματικοί,
der Pflanzen: ὥσπερ τινὲς λόγοι τῶν μερῶν (sc. τῶν φυτῶν) εἰς σπέρμα συνιόντες μίγνυνται
καὶ αὖθις διακρίνονται . . . οὕτως ἐξ ἑνός τε πάντα γίνεσθαι καὶ ἐκ πάντων εἰς ἓν συγκρίνεσθαι; deutlicher in derselben Sache Seneca (Ad Mareiam de consolat. 26, 6 sq.), dem die
Vereinigung und Vermengung der Elemente vor Augen schwebt: *omni flagrante materia
uno igne quicquid nunc ex disposito lucet ardebit* (als latenten Gegensatz zu *ex disposito*
haben wir uns die Vermengung vorzustellen). *Nos quoque . . . in antiqua elementa vertemur.*
Überhaupt malt die ganze in diesen beiden letzten Paragraphen enthaltene Schilderung
den dem Weltuntergange vorausgehenden chaotischen Zustand recht anschaulich aus.

um breiartige Speisen ordentlich durcheinanderzurühren.[1]) Allerlei erbauliche
Betrachtungen über die zu Varros Zeit in den Lebensverhältnissen der damaligen
Gesellschaft eingerissene Unordnung (auch über den Weiberputz, *mundus mu-
liebris*[2])) ließen sich anschließen. Auch hierin hatte Varro an Menipp einen Vorgänger. Wenn es nämlich bei Athenaeus˙ XIV 629 e heißt: καλεῖται δέ τις καὶ
ἄλλη ὄρχησις κόσμου ἐκπύρωσις, ἧς μνημονεύει Μένιππος ὁ κυνικὸς ἐν τῷ Συμ-
ποσίῳ, so ist klar, daß der Kyniker in seinem Gastmahl zur Erheiterung der
Teilnehmer jene stoische Lehre durch ein Ballett travestieren ließ, in dem jedenfalls wieder das chaotische Durcheinander zur Darstellung kam. Auch über den
kugelrunden Allgott der Stoiker hat sich Varro (ohne Zweifel in einer Menippeischen Satire[3]), lustig gemacht: fr. 583 B. 'Stoicus? (sc. *deus non potest esse
Claudius*): *quomodo potest rotundus esse ut ait Varro, sine capite, sine praeputio?*,
womit fr. 582[4]) (*Romani stili Diogenes Varro trecentos Ioves, seu Iuppiteres di-
cendum est, sine capitibus inducit*) sicher in Zusammenhang steht.[5]) Das Verständnis der Pointe vermittelt uns Varro selber; ich verweise auf fr. I Riese l. l.
p. 252[6]) seines Logistoricus 'Curio De deorum cultu': *Iovemque esse mundum*[7])
(folglich hat Juppiter die Kugelgestalt der Welt[8]), unter Ausschluß jeder anthro-
pomorphischen Auffassung[9]), daher *sine capite, sine praeputio*), und[10]) *Iuppiter
omnipotens regum rerumque deumque progenitor genetrixque deum, deus unus et
omnes* (darauf geht *trecenti Ioves*, es scheint also Varro meines Erachtens 300
als Gesamtzahl der Götter. [natürlich runde Zahl!] angesetzt zu haben).

Daß sich Varro die Verspottung des überspannten stoischen Ideals vom
Weisen[11]) ebensowenig wie später Horaz[12]) hat entgehen lassen, darf uns nicht

---

[1]) S. Arist. Av. 78: ἔτνους δ' ἐπιθυμεῖ, δεῖ τορύνης καὶ χύτρας, dazu Scholion Dübner
p. 212: τορύνη δὲ λέγεται τὸ κινητήριον τῆς χύτρας; vgl. auch lat. *tudiculare* (von dem mit
τορύνη gleichbedeutenden *tudicula*, s. Corpus Gloss. an mehreren Stellen, z. B. II 457, 31
[Glossae Graecolatin.] Τορύνη *tudicula*): Varro Sat. Men. 287: *haec in aeno bis terve tudi-
culasse*, was Nonius p. 178, 28 M. mit *commovere* (umrühren) erklärt.

[2]) S. Norden l. l. 280.

[3]) Denn Seneca zitiert ihn in seiner eigenen Menippeischen Satire: Apoc. 8, 1. Ohne
Grund denkt Ribbeck a. a. O. 266 f. an eine der Varronischen Pseudotragoediae, deren
Existenz überhaupt recht fraglich ist.

[4]) Tertullian, Ad nat. I 10, vgl. auch Apologet. 14 fin.

[5]) Mit *Romani stili Diogenes* charakterisiert ja Tertullian den Varro als *Cynicus Romanus*, d. h. er meint seine Menippeischen Satiren, *quas alii cynicas, ipse appellat Menippeas*
(Gell. N. A. II 18, 7).

[6]) Aus August. De civ. dei VII 9.

[7]) S. D. L. VII 137: λέγουσι δὲ κόσμον τριχῶς· αὐτόν τε τὸν θεὸν τὸν ἐκ τῆς ἁπάσης
οὐσίας ἰδίως ποιόν, ὃς δὴ ἄφθαρτός ἐστι καὶ ἀγέννητος, δημιουργὸς ὢν τῆς διακοσμήσεως κτλ.

[8]) D. Laert. VII 140: ἕνα τὸν κόσμον εἶναι . . . σχῆμα ἔχοντα σφαιροειδές.

[9]) D. Laert. VII 147: μὴ εἶναι μέντοι ἀνθρωπόμορφον (sc. τὸν θεόν); Vet. Stoic. fr.
II 1060 Arn. (Vol. Herc. VI 2 p. 31 col. XVI): Στωϊκῷ δὲ . . . τοῦτ' ἔξεστι λέγειν . . . πῶς γὰρ
ἰδίαν ἔχει μορφὴν τὸ σφαιροειδές; ebd. 1076 (Philodem. De piet. c. 11): Χρύσιππος . . . ἐν
τῷ πρώτῳ περὶ θεῶν . . . φησὶν . . παιδαριωδῶς λέγεσθαι καὶ γράφεσθαι καὶ πλάττεσθαι
θεοὺς ἀνθρωποειδεῖς κτλ.; s. auch III Diog. Babyl. 33 u. Cic. N. D. II 17, 45.

[10]) Ein Zitat (2 Hexameter) aus Valerius Soranus, auf den sich Varro hier beruft.

[11]) Zeller a. a. O. III 1[4], 255 ff.

[12]) Sat. I 3, 124 sq. und II 3 (das Gegenstück des Weisen).

wundern. Hat doch zu seiner Zeit die mittlere Stoa den Rigorismus der älteren
in manchen Stücken gemildert, oder besser gesagt verschleiert. Gerade was das
Tugendideal betrifft, hat Panätius eine doppelte Tugend gelten lassen, eine vollkommene der Weisen und eine unvollkommene (ein *simulacrum virtutis*) der
übrigen Menschen.[1]) Da die Farben, die Varro aufträgt[2]), echt italische Schat-
tierung zeigen[3]), dürfte er hier dem Menipp höchstens die Anregung zu verdanken haben.

Wir haben somit gesehen, daß sich Varro im Gegensatze zu Menipp eine
große Zurückhaltung in dem Spotte auf die dogmatischen Philosophen und ihre
Lehren auferlegt. Aber noch in anderer Hinsicht ist der Gegensatz zwischen ihnen
sehr bemerkenswert. Während nämlich Menipps Ideal (wie das der Kyniker überhaupt) Diogenes war, an dem jener in der Schrift *Διογένους πρᾶσις*[4]) den Satz
zeigte, daß nur der Bedürfnislose wirklich frei sei, weil nur dieser seine Freiheit unter allen Umständen wahren könne, lag unserem Varro die Verherrlichung dieses Bettelphilosophen ebenso ferne wie die Verfechtung der nihilisti-
schen kynischen Anschauungen bezüglich des persönlichen Besitzes.[5]) Daß ihm
Diogenes schon wegen seiner geringen Bildung, die hinter der Menipps weit
zurückstand, nicht sympathisch war, dafür habe ich oben[6]) einen interessanten
Beleg angeführt. Varros Ideale waren, wie wir weiter unten sehen werden, ganz
anders geartet. Bevor wir aber dazu gelangen, müssen wir die in seinen Satiren
vorkommenden allgemein-kynischen (nicht speziell Menippeischen) Anschauungen
untersuchen.

Varro empfiehlt das bedürfnislose Leben nach kynischer Sitte als Ab-
kürzungsweg (*via compendiaria*) zur Tugend und damit zur Glückseligkeit.[7]) Es
ist die *σύντομος καὶ σύντονος ὁδὸς ἐπ' ἀρετήν* der Kynikers), für die auch die
älteren Stoiker eintraten. So sagt noch Apollodor von Seleucia, ein Schüler des
Diogenes von Babylon[9]): Der Weise muß ein kynisches Leben führen; *εἶναι*

---

[1]) S. Cic. De off. I 15, 46; III 3, 13 sqq. — Schmekel, Die Philosophie d. mittl. Stoa
S. 112; Zeller a. a. O. III 1⁴, 586.

[2]) Fr. 245 B.: *Solus rex, solus rhetor, solus formonsus, fortis, aecus vel ad aedilicium
modium, purus putus: si ad hunc charactera Cleophantus* (es wäre verlockend, mit Voß
Κλεάνθους zu schreiben) *conveniet, cave attigeris hominem.*

[3]) Mit *aedilicius modius* ist das Normalmaß gemeint, insofern die Maße und Gewichte
unter der Aufsicht der Ädilen standen (auch in den Provinzstädten): s. Persius I 129 sq.
und Juvenal X 100 sqq.

[4]) Von Helm a. a. O S. 231 ff. glänzend rekonstruiert.

[5]) S. oben S. 396.   [6]) S. 401²).

[7]) Fr. 510 B.: *Hoc dico, compendiaria sine ulla sollicitudine ac molestia ducundi ad
eandem voluptatem posse pervenire.* Daß es sich um moralphilosophische Fragen handelt,
geht aus dem Titel (*Σκιαμαχία περὶ τύφου*) sowie aus den Fragmenten hervor (s. bes.
508 sq.). Vgl. auch Norden l. l. 311 sq.

[8]) Boshaft sagt Lucian, Vit. auct. 11, nachdem er den Diogenes das kynische Jugend-
ideal hat darlegen lassen: das sei sehr einfach; *οὐ γάρ σοι δεήσει παιδείας καὶ λόγων καὶ
λήρων, ἀλλ' ἐπίτομος αὕτη σοι πρὸς δόξαν ἡ ὁδός*: ich sage, boshaft, weil sich ja der Kampf
gegen den *τῦφος* gerade auch gegen die Ruhmsucht richtete.

[9]) D. Laert. VII 121; Vet. Stoic. fr. III Apollod. Seleuc. 17 Arn.

γὰρ τὸν κυνισμὸν σύντομον ἐπ' ἀρετὴν ὁδόν. Die mittlere Stoa (seit Panätius)
verwarf diesen Grundsatz als Schamlosigkeit. Mit Recht weist Schmekel (Die
Philosophie der mittleren Stoa S. 403, 1) darauf hin, daß die Reaktion gegen
diese seit Panätius in der Stoa geltende Auffassung das Wiederaufleben des
Kynismus[1]) war. Daraus erklärt es sich, daß gerade damals ein Meleager die
Schriftstellerei Menipps wieder aufnehmen und ein Varro daran Gefallen finden
konnte. Immer und immer wieder gibt Varro der einfachen Lebensweise den
Vorzug vor der des Schwelgers.[2]) Es ist das einer der bekanntesten Gemein-
plätze der kynischen Literatur, im Griechischen übrigens ein wirkungsvolles
Wortspiel: die naturgemäße τροφή im Gegensatze zur τρυφή.[3]) Der Arme lebt
gesund, einerseits wegen seiner einfachen Kost, andrerseits wegen der Strapazen
(πόνοι), denen er sich unterziehen muß, Strapazen, die den Körper stählen. Das
ist die richtige Abhärtung, nicht die der berufsmäßigen Athleten, über deren
Albernheiten sich Diogenes bei Dio Chrys. in der 8.[4]) und 9.[5]) Rede und Lucian[6]) lustig machen. Darum suchten die Kyniker die ἆθλα des ersten Athleten,
ihres Schutzpatrones Herkules, allegorisch zu erklären: die Ungeheuer, die Herkules bezwang, das seien in Wahrheit die Laster.[7]) Mit diesen nach Herkules'
Beispiel den Kampf aufzunehmen, sei jedermanns Pflicht; aber leider — klagt
Diogenes bei Stobäus[8]) —, er sehe viele ringen in der Palästra, jedoch nicht
um die moralische Vollkommenheit.[9]) Derartige kynische Anschauungen vertritt
auch Varro: 'Diejenigen', sagt er in einem Fragment[10]), 'die ihr Leben nach

---

[1]) Oder besser gesagt die stärkere Ausbreitung des Kynismus; denn an eine zeitweilige
Unterbrechung desselben (wie man früher meinte) darf man nach den jüngsten Funden
nicht mehr denken: s. G. A. Gerhard, Phoinix von Kolophon (Leipz. 1909) S. 171.

[2]) S. z. B. fr. 160 B.: *Patella esurienti posita provocat Neapolitanas piscinas*; fr. 137:
Tu non insanis quod tibi vino corpus corrumpis mero.

[3]) Vgl. Luc. Cynic., wo der Kyniker gegen die verschiedenen Arten des τρυφᾶν wettert
(s. z. B. K. 10).

[4]) 7 Arn.: Διογένης ἢ περὶ ἀρετῆς, s. bes. § 27 — Schluß.

[5]) 8 Arn.: Διογένης ἢ Ἰσθμικός, ebenfalls gegen die fleischigen Athleten.

[6]) S. Dial. mort. 10, 5.

[7]) S. Luc. Vit. auct. 8: Diogenes mit dem Knüttel (wie Herkules); sein schäbiger
Mantel sei seine Löwenhaut: Τουτί μοι λεοντῆ, τὸ τριβώνιον. στρατεύομαι δὲ ὥσπερ ἐκεῖνος
(ὁ Ἡρακλ.) ἐπὶ τὰς ἡδονάς, οὐ κελευστός, ἀλλ' ἑκούσιος, ἐκκαθᾶραι τὸν βίον προαιρούμενος
und bes. Apuleius, Florida c. 22 p. 42, 20 sqq. Helm: *Crates ille Diogenis sector . . . quod
Herculem olim poetae memorant monstra illa immania hominum ac ferarum virtute subegisse
orbemque terrae purgasse, similiter adversum iracundiam et invidiam atque avaritiam atque
libidinem ceteraque animi humani monstra et flagitia philosophus iste Hercules fuit.*

[8]) Stobaeus, Anthol. III 4, 111 (vol. III 246, 12 sqq. Hense).

[9]) διαπαλαίοντας μὲν πολλοὺς ὁρᾶν . . . διακαλοκαγαθιζομένους δὲ οὔ. Noch bezeichnender Dio a. a. O. Or. 9 § 11—12: Diogenes setzt sich einen Fichtenkranz auf, allein die
Korinther nötigen ihn, denselben wieder abzulegen. Darauf jener: πολλούς γε, εἶπεν, ἀντ-
αγωνιστὰς καὶ μεγάλους (νενίκηκα), οὐχ οἷα ταῦτά ἐστι τὰ ἀνδράποδα τὰ νῦν ἐνταῦθα πα-
λαίοντα καὶ δισκεύοντα καὶ τρέχοντα, τῷ παντὶ δὲ χαλεπωτέρους, πενίαν . . . ὀργήν τε καὶ
λύπην καὶ ἐπιθυμίαν καὶ φόβον καὶ τὸ πάντων ἀμαχώτατον θηρίον, ὕπουλον καὶ μαλθακόν,
ἡδονήν· ἧ οὐδεὶς οὔτε τῶν Ἑλλήνων οὔτε τῶν βαρβάρων ἀξιοῖ μάχεσθαι καὶ περιεῖναι τῇ
ψυχῇ κρατήσας, ἀλλὰ πάντες ἥττηνται καὶ ἀπειρήκασι πρὸς τὸν ἀγῶνα τοῦτον κτλ.

[10]) 162 B.

solchen Grundsätzen eingerichtet hatten, das waren Athleten im Sinne des Herkules (ad Herculis athla athletae facti erant). — Wer so lebt, braucht auch
keinen Arzt. In einem Fragment der Satire 'Quinquatrus', in der er unter den
Zünften, die an jenem Feste der Minerva huldigten[1]), auch die der Ärzte durch-
hechelt[2]), vergleicht jemand den berühmten Arzt Herophilos, einen älteren Zeitgenossen des Menipp[3]), mit Diogenes, selbstverständlich zugunsten des Kynikers.[4]) Trinke nichts als Wasser — das gehört zum Hundemahl, d. h. zum
Mahl des Kynikers, prandium caninum[5]), wie sich Varro ausdrückt — oder
höchstens einfachen Tischwein. Bist du krank, so sind das die besten und
billigsten Heilmittel. Diese Lehre vertritt Varro in der Satire Ὑδροκύων, d. h.
der Kyniker als Wasserapostel. Das eben erwähnte Bruchstück stimmt — worauf
zuerst Knaack im Hermes aufmerksam gemacht hat[6]) — mit einem Menipp-
Zitat bei Athenäus derart überein, daß über die gemeinsame Quelle kein Zweifel
sein kann: es ist ein Gastmahl Menipps, entweder sein Symposion oder sein
Ἀρκεσίλαος (d. h. doch wohl Ἀρκεσιλάου περίδειπνον, Totenmahl zu Ehren des A.,
wie bei Varro ein solches epulum ferale zu Ehren des Menipp selber vorkommt).[7])

Die törichten Neigungen der Menschen wurden von den Kynikern weid-
lich verspottet. In der Satire Marcipor entwickelt Varro den hübschen Gedanken,
daß die Menschen in gewisser Hinsicht, in ihren Bestrebungen und Leidenschaften, immer Kinder bleiben.[8]) Die Erwachsenen, sagt er[9]), sind nicht vernünftiger als die Schulknaben, die schwarzen Rangen, die auf den Ferialtag (die
nundinae) passen; die Frau, die ihren Mann um einen halben Scheffel Perlen
bittet, nicht vernünftiger als das Töchterchen, das vom Vater ein Pfund minder-
wertiger Steinchen erbittet.[10]) Daß der Vergleich der an törichter Verschwendung
Gefallen findenden Menschen mit Kindern aus der kynischen Literatur stammt,
geht daraus hervor, daß er sich dort öfters findet, z. B. bei dem kynisch schillernden Ariston von Chios in Senecas Briefen[11]): wie von Varro die ocellati, so

---

[1]) S. Ovid, Fast. III 827 sq.

[2]) Mit denen sich die daraus erhaltenen Bruchstücke (440—448 B.) fast ausschließlich
beschäftigen.

[3]) S. Real-Enc. VIII 1 Sp. 1104—1110 (Gossen).

[4]) An hoc praestat Herophilus Diogene, quod ille e ventre aquam mittit? at hoc te iactas?
at hoc pacto utilior te Tuscus aquilex (Wassertechniker). Nebenbei bemerkt, ist wohl Diogene mit den codd. Non. p. 371, 22 M. zu lesen, nicht Diogenem (Linds.) oder Diogeni (Buech.-
Heraeus); vgl. das bei Nonius vorangehende [371, 17] Luciliuszitat (1296 Marx) si ⟨facie⟩
facies praestat, si corpore corpus (schwerlich mit Recht möchte Marx, Lucil. vol. II 411
einen Komparativ wie pulchrius ergänzen. Die Konstruktion mit Ablat. compar. wird bei
Nonius a. a. O. Z. 19 f. M. vorausgesetzt; praestare aliquo = praestabiliorem esse aliquo wie
κρατεῖν τινος = κρείττονα εἶναί τινος).

[5]) Fr. 575 B.   [6]) XVIII (1883) S. 148—150.

[7]) Ταφὴ Μενίππου, cf. fr. 521—523 B.   [8]) S. Ribbeck, G. R. D. I² 260.

[9]) Fr. 279 B: Utri magis sunt pueri? hi pusilli nigri, qui expectant nundinas, ut magister dimittat lussum?

[10]) Fr. 283 B.

[11]) Ep. 115, 8: Tunc intellegere nobis licebit, quam contemnenda miremur, simillimi pueris,
quibus omne ludicrum in pretio est; parentibus quippe nec minus fratribus praeferunt parvo
aere empta monilia. Quid ergo inter nos et illos interest, ut Ariston ait, nisi quod nos circa

werden von Ariston die glatten, am Ufer gefundenen Steinchen, mit denen die
Kinder spielen, zum Vergleiche herangezogen; der ganze Unterschied zwischen
uns und den Kindern besteht darin, daß uns unsere Torheit teurer zu stehen
kommt (wir sind *carius inepti*). Daß Varro tatsächlich aus einer kynischen
Quelle schöpfte, geht deutlich aus einem Fragment derselben Satire hervor,
wo den törichten Wünschen der Menschen die αὐτάρκεια des Diogenes gegenübergestellt wird, der von Alexander nichts anderes verlangte, als daß er ihm
aus der Sonne gehe.[1])

Den Torheiten der Menschen fühlten sich die Kyniker nicht ohne Selbstbewußtsein[2]) überlegen. Wie Norden in den NJklPh. Suppl. XIX[3]) ausführlich gezeigt hat, betrachteten sie es als eine Hauptaufgabe, das Treiben der Menschen
zu betrachten und als Seelenärzte heilend einzugreifen.[4]) Die Ausdrücke 'Späher'
(κατάσκοπος) und 'Beobachter' (ἐπίσκοπος) nebst den entsprechenden Zeitwörtern
kommen in der kynischen Literatur (auch bei Lucian) ungemein häufig vor. Ich
will ein besonders bezeichnendes Beispiel herausgreifen. Der Kyniker Menedem
— verschieden von dem Stifter der eretrischen Schule — kostümierte sich als
Furie und erklärte, zur Beobachtung der Sünden (als ἐπίσκοπος τῶν ἁμαρτανο-
μένων) aus dem Hades gekommen zu sein, um nach der Rückkehr den dortigen
Dämonen Bericht zu erstatten.[5]) Spielt sich der Kyniker auf den Beobachter
hinaus, so braucht er dazu eine Warte (περιωπή). Auch der Ausdruck ἐκ περι-
ωπῆς ist daher den Kynikern und Lucian[6]) geläufig. Dieser Vorstellung entsprechend läßt Varro in einer Satire seinen Geist in ganz Rom spionieren,
damit er ihm über das Treiben der Menschen nach ihrem Erwachen berichte.[7])
In den 'Eumeniden' besteigen mehrere Personen eine Warte (*specula*), von wo
sie sehen, wie das ganze Volk von drei Furien (gemeint sind die Hauptleidenschaften) gepeinigt wird.[8]) —

---

*tabulas et statuas insanimus, carius inepti? illos reperti in litore calculi leves et aliquid
habentes varietatis delectant, nos ingentium maculae columnarum* = Vet. Stoicor. fr. I 372 Arn.

[1]) Fr. 281 B.

[2]) Wahrhaft golden ist der Ausspruch, mag er nun echt sein oder nicht, den Platon
getan haben soll, als ihm Diogenes auf seinen Teppichen herumstieg und sich frech recht-
fertigte: πατῶ τὸν Πλάτωνος τῦφον; worauf Platon schlagfertig erwiderte: ἑτέρῳ γε τύφῳ,
Διόγενες: D. Laert. VI 26.

[3]) S. 377 f.; Helm a. a. O. S. 70. 90 f. und 166 f.

[4]) Vgl. Maxim. Tyr. ed. Hobein Orat. XV (= Duebner XXI, vulg. 5), IX c: τὰ δὲ
Διογένους τί χρὴ λέγειν; ὃς ἀφέμενος τῆς αὑτοῦ σχολῆς περίει ἐπισκοπῶν τὰ τῶν πλησίον
οὐκ ἀργὸς οὐδὲ ἠμελημένος ἐπιστάτης. ἀλλὰ κατὰ τὸν Ὀδυσσέα ἐκεῖνον 'ὄντινα μὲν βασιλῆα
καὶ ἔξοχον ἄνδρα κιχείη, τόν ῥ' ἀγανοῖς ἐπέεσσιν ἐρητύσασκε παραστάς' (Il. B 188 f.)· 'ὃν δ'
αὖ δήμου τ' ἄνδρα ἴδοι βοόωντά τ' ἐφεύροι, τὸν σκήπτρῳ ἐλάσασκεν' (ebd. 198 f.). S. jetzt
auch Gerhard a. a. O. S. 83; über den Kyniker als Seelenarzt und Bußprediger (σωφρονιστής)
vgl. denselben S. 12 u. S. 36.

[5]) D. Laert. VI 102. Für die Glaubwürdigkeit der Erzählung sind mit Recht Wilamowitz, Herm. XXXIV (1899) S. 631[1] und jüngst Gerhard a. a. O. 170 eingetreten.

[6]) Vgl. z. B. Charon 2; Pisc. 15 u. a. St.

[7]) 105 B: *Animum mitto speculatum tota urbe, ut quid facerent homines, cum experrecti
sint, me faceret certiorem* eqs.

[8]) Fr. 117.

Zu den menschlichen Verkehrtheiten, über die sich die Kyniker lustig machten, gehörten auch die Opfer- und Bestattungsgebräuche. Lucian hat eine kleine Diatribe nach kynischer Art über die Opfer geschrieben, deren Tendenz an die der V. Rede des Maximus Tyrius (ed. Hobein-Duebner XI = vulg. 30; Inhalt: Gebete, Gelübde und Opfer sind überflüssig) heranstreift. Der kynische Beobachter der Menschen stellt sich dort gleich am Anfang vor, wo es heißt: Niemand ist so betrübt, daß er nicht bei der Betrachtung der Opfergebräuche lachen müßte.[1]) Auch Varro hat diesen Gegenstand in einer Satire erörtert, betitelt Ἑκατόμβη περὶ θυσιῶν. Er kommt darin auf das grausame Opfer des Agamemnon zu sprechen, der seine eigene Tochter schlachten ließ[2]), und auf das töricht verschwenderische (aus Herodots) bekannte) Opfer, das Krösus in Delphi darbringen ließ[4]); als Gegenstück dient das einfache, von Sokrates lauteren Herzens (zum Danke für die Genesung von den irdischen Übeln) angeordnete Hahnopfer (fr. 99) sowie das reine Opfer (*mea igitur hecatombe pura ac puta*) des Varro cynicus selber (s. fr. 98[5]) u. 100, in welch letzterem Bruchstücke die in der 1. Person vorgetragene etymologische Deutung den Varro selber als Sprecher verrät. Gegen die Bestattung verhielten sich die Kyniker ebenfalls gleichgültig, ja geradezu ablehnend. Diogenes verbot seinen Freunden, ihn zu bestatten.[6]) Bion spottet bei Teles[7]) darüber, wie ängstlich die Menschen um ihre Bestattung besorgt seien; was liege aber daran, wenn man von einem Hunde oder von Raben gefressen werde. Die leidenschaftlichen Äußerungen der Trauer um den Verstorbenen reizten die Kyniker erst recht zum Lachen, s. z. B. Lucian in der Schrift über die Trauer.[8]) Varro richtet in der Satire Cycnus Περὶ ταφῆς an den, der zum Zeichen der Trauer seine Kleider zerreißt, die echt kynischen Worte[9]): 'Wenn dir die Kleider, die du trägst, notwendig sind, warum zerreißt du sie? wenn sie dir nicht notwendig sind, warum trägst du sie?' Natürlich spotteten die Kyniker auch über die kostspieligen Grabdenkmäler der Reichen, z. B. Diogenes bei Lucian[10]) über das riesige Grabmal des Mausolus, sowie über den Totenkult[11]) und die Grabinschriften[12]), ein Thema, das Varro in der Satire 'Epitaphiones περὶ τάφων' behandelt hat.[13])

Wenn wir nun das über Varros Verhältnis zu den Kynikern im allgemeinen und zu Menipp im besonderen Gesagte überblicken, so finden wir, daß er sich zwar die äußere Form der Menippeischen Satire und ihre Neigung zur Travestie

---

[1]) Luc. De sacrif. 1: ἃ μὲν ἐν ταῖς θυσίαις οἱ μάταιοι πράττουσι ... οὐκ οἶδ' εἰ τις οὕτω κατηφής ἐστι καὶ λελυπημένος ὅστις οὐ γελάσεται τὴν ἀβελτερίαν ἐπιβλέψας τῶν δρωμένων.

[2]) Cf. fr. 94 sq.   [3]) I 50.

[4]) Cf. fr. 96: *Ludon* (= τ. Λυδῶν) *fluens sub Sardibus flumen tulit Aurum later quod conquadravit regius.*

[5]) Das nach 99 zu stellen ist: s. Lindsay, Rh. M. LVII 201.

[6]) Diog. L. VI 79; Cic. Tusc. I 43, 104.   [7]) p. 30—32 H².   [8]) S. bes. K. 19.

[9]) Fr. 80 B (für das unhaltbare *ei* möchte ich lieber *haec* statt des von Roth verge-schlagenen *ea* lesen).

[10]) Dial. mort. 24; s. auch De luctu 22.   [11]) S. Luc. Charon 22; De luctu 19.

[12]) S. Luc. De luctu 22.   [13]) S. fr. 110 B.

zu eigen gemacht, sonst aber seine Selbständigkeit gewahrt hat und daher in
einigen Punkten zu ihr in einem bemerkenswerten Gegensatz steht (s. ob.
S. 396, 401, 405). Wohl aber sagten ihm die ethischen Grundsätze des ge-
milderten Kynismus zu. Dem biederen Charakter behagte der Kampf gegen Un-
aufrichtigkeit und Dünkel, dem an Einfachheit gwöhnten Landedelmann die
Bekämpfung der Verderbtheit und Verschwendungssucht. Er liebte es, den Moral-
prediger zu spielen, und verlieh seiner Predigt das für die kynische Diatribe
typische Gepräge, nicht nur bezüglich der Tendenz, sondern auch betreffs der
Form; ich meine die charakteristische Einleitungsformel *non vides* (nie *nonne
vides*[1])), die dem bei Bion-Teles üblichen ($\mathring{\eta}$) $o\mathring{v}\chi$ $\mathring{o}\varrho\tilde{q}\varsigma$[2]) vollkommen entspricht.
Sie findet sich in den Bruchstücken nicht weniger als sechsmal (115 B., 179,
189, 535, 536, 575)[3]), wozu aber noch 204 (*non videtis*), 364 (*non vidisti*) und
209 (*non animadvertis*) zu rechnen sind. So weit ging Varro mit den Kynikern:
so weit konnte er es aus innerer Überzeugung tun. Allein er ging über sie weit
hinaus. Da sich diese nämlich hauptsächlich negativ (im leidenschaftlichen
Kampfe gegen alle Arten des $\tau\tilde{v}\varphi o\varsigma$) betätigten, ergab sich von selber der
Gegensatz zwischen den leichtfertigen Griechen, die sich trotz hochtrabender
Worte als unfähig erwiesen hatten, sich ihre politische Existenz zu erhalten,
und dem ernsten Römer, der mit markigen, den Hauch der guten alten Zeit
zur Schau tragenden Worten für die Erhaltung des nationalen Römertums eintrat, das er durch den Umschwung bedroht sah, der sich in den Lebensverhältnissen und Lebensanschauungen bereits eingestellt hatte. Als die wichtigsten
Grundlagen des Patriotismus (*bonum civem*) empfiehlt er im fr. 265 den Gehorsam gegen die Gesetze, die Götterverehrung und die Einfachheit.[4]) Das waren
seine positiven Grundsätze, ganz andere als die Menipps (s. ob. S. 405), keine
theoretischen Phrasen, sondern ehrlich gemeinte praktische Vorschläge; war er
doch selber in seinem ganzen langen Leben ein verspätetes Muster aller altrömischen Tugenden.

Wir haben also gesehen, wie weit Varro auf dem Gebiete der Ethik mit
Menipp und den Kynikern gegangen und inwiefern er über sie hinausgegangen
ist. Ganz anders jedoch als auf dem Gebiete der Ethik war sein Verhältnis
zum Kynismus auf den beiden anderen Gebieten der Philosophie. Der große
Polyhistor, von dem Augustin sagt[5]), er habe so viel gelesen, daß man sich
wundern müsse, woher er die Zeit zum Schreiben nahm, und so viel geschrieben,
daß wir kaum so viel Lektüre bei jemand voraussetzen können, Varro, sag' ich,
war ein zu großer Gelehrter, als daß er mit den Kynikern auf die beiden anderen
Teile der Philosophie, die Logik und die Physik, ja überhaupt auf die allge-

---

[1]) Wie Fr. Marx irrtümlich behauptet: Interpretat. hexas altera V 10 sq. (Ind. lect.
Rostoch. hib. 1889/90).

[2]) S. p. 7, 7 H[2]; 33, 3; 45, 4 und 9; 46, 4.

[3]) 384 B lese ich *nasturcium indigena nomine non vides* (Lindsay, Non. p. 12, 19 bloß
vides) *ideo dici eqs.*

[4]) *Quocirca oportet bonum civem legibus parere, deos colere, in patellam dare* $\mu\iota\varkappa\varrho\grave{o}\nu$ $\varkappa\varrho\acute{\epsilon}\alpha\varsigma$.

[5]) Civ. D. VI 2 p. 247, 30 sqq. Domb.[2]: *Qui tam multa legit, ut aliquid ei scribere va-
cuisse miremur; tam multa scripsit, quam multa vix quemquam legere potuisse credamus.*

meine Bildung, die *ἐγκύκλια μαθήματα*, gänzlich verzichtet hätte. Sooft er also auf diese Gebiete zu sprechen kam — und dazu nahm er in seinen Satiren wie in allen anderen Werken die Gelegenheit recht häufig wahr —, mußte er Anschluß an dogmatische Philosophen suchen. Dabei ist der Einfluß seines von ihm hochgeschätzten Lehrers, des Neuakademikers Antiochos von Askalon, deutlich zu erkennen. Wie dieser unter strenger Abweisung des Skeptizismus der mittleren oder, wie Cicero und Varro sich ausdrücken[1]), neuen Akademie die Lehren der von ihm vermeintlich wiederhergestellten alten Akademie mit denen der Stoa in Einklang zu bringen suchte, und zwar so, daß er dem Drucke des mit strenger Konsequenz ausgebildeten stoischen Systemes in sehr vielen Stücken nachgab, so zeigt sich der Polyhistor von Reate in seinen Satiren nicht minder als in seinen anderen Schriften vom Stoizismus stark beeinflußt, weist aber daneben auch für Antiochus charakteristische Lehren auf, soweit man bei einem derartigen Synkretismus und Eklektizismus überhaupt von charakteristischen eigenen Lehren sprechen darf.

Der Satirentitel *Ἀνθρωπόπολις* ist bloß aus dem latenten Gegensatz *Ἑλλήνων πόλις* oder *πολιτεία*, *Ῥωμαίων πόλις* oder *πολιτεία* u. dergl. verständlich. Die 'Menschenstadt' kann also nur die Welt sein. Demnach muß hier Varro die Welt unter dem Bilde eines staatlichen Gemeinwesens dargestellt haben — ein bekannter stoischer Satz (die Welt ist eine den vernunftbegabten Wesen, also Göttern und Menschen, gemeinsame *πόλις*)[2]), von Dio Chrysostomus in seiner borysthenitischen Rede[3]) mit großer Phantasie veranschaulicht.

Der unbesiegbare Herkules ist ihm mit Mars identisch.[4]) Die Stoiker suchten bekanntlich durch gewöhnlich recht gezwungene allegorische Deutung der Mythen alle göttlichen Wesen als Erscheinungsformen der die ganze Welt durchwaltenden göttlichen Vernunft, des vielnamigen Zeus, darzutun (Kleanthes beginnt seinen Hymnus auf Zeus mit *κύδιστ' ἀθανάτων, πολυώνυμε*[5])). Was den Herkules be-

---

[1]) Cf. Cic. Acad. post. I § 13 sq.

[2]) S. Vet. Stoic. fr. II 528 Arn. (Arius Didymus von den Stoikern): *λέγεσθαι δὲ κόσμον καὶ τὸ οἰκητήριον θεῶν καὶ ἀνθρώπων ... ὁ κόσμος οἱονεὶ πόλις ἐστὶν ἐκ θεῶν καὶ ἀνθρώπων συνεστῶσα κτλ.*; Cic. N. d. II § 154: *Est enim mundus quasi communis deorum atque hominum domus aut urbs utrorumque*; die Definition des Chrysipp lautet (Vet. St. fr. II 527 = Stob. Ecl. I 184, 8 W.): *κόσμον δ' εἶναί φησιν ὁ Χρύσιππος ... τὸ ἐκ θεῶν καὶ ἀνθρώπων σύστημα καὶ ἐκ τῶν ἕνεκα τούτων γεγονότων* (der strenge Logiker darf natürlich in der Definition einen metaphorischen Ausdruck wie *πόλις* nicht gebrauchen).

[3]) Orat. XXXVI (19 Arn.) § 23 (ed. Arn. II 7, 7—9): *μίαν γὰρ δὴ ταύτην καθαρῶς εὐδαίμονα πολιτείαν εἴτε καὶ πόλιν χρὴ καλεῖν, τὴν θεῶν πρὸς ἀλλήλους κοινωνίαν, ἐάν τε καὶ ξύμπαν τὸ λογικὸν περιλάβῃ τις, ἀνθρώπων σὺν θεοῖς ἀριθμουμένων κτλ.* und § 29 sqq. (ed. Arn. II 9 sqq.; im § 30 heißt es ... *τὴν νῦν διακόσμησιν ... ἀμηγέπη πόλει προσεικάζουσι* und § 31 beginnt: *ὁ δὲ λόγος οὗτος ἔμβραχυ ἐσπούδακε ξυναρμόσαι τῷ θείῳ τὸ ἀνθρώπειον γένος καὶ ἑνὶ λόγῳ περιλαβεῖν πᾶν τὸ λογικόν*).

[4]) Fr. 20: Macrob. Saturn. III 12, 6: *Menippea Varronis ... quae inscribitur* Ἄλλος οὗτος Ἡρακλῆς, *in qua cum de Invicto Hercule loqueretur, eundem esse ac Martem probavit.*

[5]) Vet. Stoic. fr. I 537; s. auch D. Laert. VII 147 von Gott: *εἶναι δὲ τὸν μὲν δημιουργὸν τῶν ὅλων καὶ ὥσπερ πατέρα πάντων, κοινῶς τε καὶ τὸ μέρος αὐτοῦ τὸ διῆκον διὰ πάντων, ὃ πολλαῖς προσηγορίαις προσονομάζεσθαι κατὰ τὰς δυνάμεις*, was er nun im einzelnen durchgeht.

27*

trifft, so ist die Gleichsetzung mit Ares nicht bloß dadurch gegeben, daß nach Seneca, De benefic.[1]) seine Kraft unbesieglich ist, sondern besonders dadurch, daß beide als die trennende Naturkraft erklärt werden, Herakles bei Plutarch[2]) als πνεῦμα διαιρετικόν unter Berufung auf die Stoiker, Ares bei Heraklit in den Homerischen Allegorien.[3])

Von der Seele heißt es in einem Fragment: 'Im übrigen Körper verbreitet sich die Seele von dieser Quelle aus, von hier aus ist der Geist der Einsicht zugewiesen.[4]) Über die Psychologie der Stoa sind wir gut unterrichtet, besonders durch die beträchtlichen (bei Galen erhaltenen) Überreste von Chrysipps Werk 'Über die Seele'.[5]) Die Seele definiert Chrysipp als ein mit uns auf die Welt gekommenes, kontinuierliches, durch den ganzen Körper sich erstreckendes πνεῦμα[6]), das seinen Sitz im Herzen hat.[7]) Das ist die Quelle, von der Varro spricht; hier sitzt der wichtigste Seelenteil, von dem die übrigen sieben gleichsam Ableger sind, τὸ ἡγεμονικόν (oder λογιστικόν), der Träger der Vernunft (λόγος); daher sagt Varro: hinc animus ad intellegentiam tributus.[8])

In der Satire Περὶ ἐξαγωγῆς handelt Varro, wie die Fragmente deutlich erkennen lassen, vom wohlbegründeten und berechtigten Selbstmord, also von der εὔλογος ἐξαγωγή im Sinne der Stoiker.[9]) Der Selbstmord ist nämlich dem Weisen unter gewissen Umständen erlaubt, denn Leben und Tod sind weder Güter noch Übel (Güter sind nämlich bloß die Tugend und alles, was mit ihr zusammenhängt), sondern ἀδιάφορα.[10]) Derjenige, in dem mehr Bedingungen für ein naturgemäßes Leben vorhanden sind, sagt Cicero De fin. III 18, 60 nach stoischer Quelle, hat die Pflicht, am Leben zu bleiben und umgekehrt.[11]) Es gilt

---

[1]) IV 8, 1: hunc (den Allgott) ... Herculem (sc. nostri putant), quia vis eius invicta sit, quandoque lassata fuerit operibus editis, in ignem recessura.

[2]) Is. et Os. c. 40: ἐκεῖνοι (sc. οἱ Στωικοί) τὸ μὲν γόνιμον πνεῦμα καὶ τρόφιμον Διόνυσον εἶναι λέγουσι, τὸ πληκτικὸν δὲ καὶ διαιρετικὸν Ἡρακλέα = Vet. Stoic. fr. II 1093.

[3]) Heracliti Quaestiones Homer. ed. Societ. phil. Bonn. sodal. (Teubner 1910) c. 69, p. 90, 4 sqq.: τὰ γὰρ Σικελικὰ δόγματα καὶ τὴν Ἐμπεδόκλειον γνώμην ἔοικεν ἀπὸ τούτων (= Od. ϑ 267 sqq.) βεβαιοῦν (sc. Ὅμηρος), Ἄρην μὲν ὀνομάσας τὸ νεῖκος, τὴν δὲ Ἀφροδίτην φιλίαν; vgl. c. 31 p. 46, 3.

[4]) Fr. 32 B.: In reliquo corpore ab hoc fonte diffusast anima, hinc animus ad intellegentiam tributus.

[5]) Vet. Stoic. fr. II 879—911 Arn.

[6]) Fr. II 885 Arn.: ἡ ψυχὴ πνεῦμά ἐστι σύμφυτον ἡμῖν, συνεχές, παντὶ τῷ σώματι διῆκον.

[7]) S. Chrysipp, Vet. Stoic. a. a. O.: ταύτης (sc. τ. ψυχῆς) οὐν τῶν μερῶν ἑκάστῳ διατεταγμένων μορίῳ (Körperteil), worauf er 7 Seelenteile (μέρη) aufzählt; εἰς ὃ δὲ συμβαίνει πάντα ταῦτα, ἐν τῇ καρδίᾳ εἶναι, μέρος ὂν αὐτῆς τὸ ἡγεμονικόν.

[8]) Wozu Nonius p. 426, 25 M. richtig bemerkt: animus est quo sapimus, anima qua vivimus.

[9]) S. D. Laert. VII 130: εὐλόγως τέ φασιν (sc. Stoici) ἐξάξειν ἑαυτὸν τοῦ βίου τὸν σοφόν κτλ.

[10]) Arnim a. a. O. III 70 (Stob. ecl. II 57, 19 W.): ἀγαθὰ μὲν τὰ τοιαῦτα ... πᾶν ὅ ἐστιν ἀρετὴ ἢ μετέχον ἀρετῆς· κακὰ δὲ τὰ τοιαῦτα· ... πᾶν ὅ ἐστι κακία ἢ μετέχον κακίας· ἀδιάφορα δὲ τὰ τοιαῦτα· ζωὴν θάνατον κτλ.

[11]) In quo enim plura sunt, quae secundum naturam sunt, huius officium est in vita manere; in quo autem aut sunt plura contraria aut fore videntur, huius officium est de vita

folglich, die Lebensbedingungen miteinander zu vergleichen. Wenn also ein Fragment (408 B.) dieser Satire lautet: 'Wir tadeln es nicht, da wir wissen, daß man sich den Finger abschneiden lassen muß, wenn infolgedessen der Brand voraussichtlich nicht bis zum Arm dringen wird'[1]), so kann meines Erachtens der Sinn nur der gewesen sein: man muß den Selbstmord billigen, falls der, der ihn wählt, dadurch größerem Unheil vorbeugt. Dazu stimmen die Beispiele: die dem Ungeheuer preisgegebene Andromeda (fr. 406, s. ob. S. 394), Hannibal (407 B.) und in dem oben (S. 393) erwähnten bakcheischen Fragment (405) ein nicht genannter Selbstmörder.

Für Varros Bildungsfreundlichkeit im Gegensatze zur Bildungsfeindlichkeit der Kyniker ist ein Fragment (418 B.) besonders bezeichnend. Es lautet: 'Damit wir uns nicht verirren, gibt es viele Absteigquartiere ($\dot{\epsilon}\varkappa\tau\varrho o\pi a\acute{\iota}$), der Weg ist überhaupt sicher, aber langsam.'[2]) Schon daraus, daß es dem $\Pi\epsilon\varrho\grave{\iota}\ \varphi\iota\lambda o\sigma o\varphi\acute{\iota}a\varsigma$ überschriebenen Teil der Satire $\Pi\epsilon\varrho\acute{\iota}\pi\lambda o\upsilon\varsigma$ angehört, geht hervor, daß das Wort 'Weg' in übertragener Bedeutung gemeint ist. Völlige Klarheit verschafft uns eine Stelle bei Epiktet.[3]) Er spricht[4]) davon, daß man auf dem Wege zur Vollkommenheit (s. § 40 $\dot{\epsilon}\lambda\vartheta\epsilon\tilde{\iota}\nu\ \dot{\epsilon}\pi\grave{\iota}\ \tau\grave{o}\ \tau\dot{\epsilon}\lambda\epsilon\iota o\nu\ \delta\epsilon\tilde{\iota}$) an einigen Herbergen ($\pi a\nu$-$\delta o\varkappa\epsilon\tilde{\iota}a$) vorüberkomme, wo leider einige talentierte Jünglinge von der Rhetorik oder Logik so sehr gefesselt werden, daß sie den Weg nicht weiter fortsetzen[5]); einkehren allerdings solle man, aber dann weitermarschieren.[6]) Der bei Varro erwähnte Weg ist also der zur Tugend, die $\dot{\epsilon}\varkappa\tau\varrho o\pi a\acute{\iota}$ die $\dot{\epsilon}\gamma\varkappa\acute{\upsilon}\varkappa\lambda\iota a\ \mu a\vartheta\acute{\eta}\mu a\tau a$, die Varro im Gegensatze zu den Kynikern[7]), aber in Übereinstimmung mit den Stoikern für nützlich erklärt ($\epsilon\dot{\upsilon}\chi\varrho\eta\sigma\tau\epsilon\tilde{\iota}\nu\ \delta\grave{\epsilon}\ \varkappa a\grave{\iota}\ \tau\grave{a}\ \dot{\epsilon}\gamma\varkappa\acute{\upsilon}\varkappa\lambda\iota a\ \mu a\vartheta\acute{\eta}\mu a\tau a$ sind Chrysipps eigene Worte.[8])

In der Satire, von der unter allen Menippeen Varros die meisten Bruchstücke erhalten sind, in den 'Eumeniden', finden wir eine stoische Lehre in

excedere. *E quo apparet et sapientis esse aliquando officium excedere e vita, cum beatus sit, et stulti manere in vita, cum sit miser.*

[1]) *Non vituperamus, cum sciamus digitum praecidi* oportere, *si ob eam rem gangraena non sit ad bracchium ventura.*

[2]) *Et ne erraremus, ectropas esse multa*s, *omnino tutum esse, sed spissum* (von Nonius p. 392, 15 M. mit *tardum* erklärt) *iter.*

[3]) Auf die Norden a. a. O. S. 315 aufmerksam machte.   [4]) Dissert. II 23, 36 sqq.

[5]) § 41: ... $\tau\iota\nu\grave{\epsilon}\varsigma$ ... $\dot{a}\lambda\iota\sigma\varkappa\acute{o}\mu\epsilon\nu o\iota\ \varkappa a\tau a\mu\dot{\epsilon}\nu o\upsilon\sigma\iota\nu\ a\dot{\upsilon}\tau o\tilde{\upsilon}$, $\dot{o}\ \mu\grave{\epsilon}\nu\ \dot{\upsilon}\pi\grave{o}\ \tau\tilde{\eta}\varsigma\ \lambda\acute{\epsilon}\xi\epsilon\omega\varsigma$, $\dot{o}\ \delta'\ \dot{\upsilon}\pi\grave{o}$ $\sigma\upsilon\lambda\lambda o\gamma\iota\sigma\mu\tilde{\omega}\nu$ ... $\dot{o}\ \delta'\ \dot{\upsilon}\pi'\ \dot{a}\lambda\lambda o\upsilon\ \tau\iota\nu\grave{o}\varsigma\ \tauo\iota o\acute{\upsilon}\tau o\upsilon\ \pi a\nu\delta o\varkappa\epsilon\acute{\iota}o\upsilon.$

[6]) Vgl. § 37: $\ddot{a}\nu\vartheta\varrho\omega\pi\epsilon$, $\dot{\epsilon}\pi\epsilon\lambda\acute{a}\vartheta o\upsilon\ \sigma o\upsilon\ \tau\tilde{\eta}\varsigma\ \pi\varrho o\vartheta\dot{\epsilon}\sigma\epsilon\omega\varsigma\cdot$ $o\dot{\upsilon}\varkappa\ \epsilon\dot{\iota}\varsigma\ \tauo\tilde{\upsilon}\tau o$ (sc. $\tau\grave{o}\ \pi a\nu\delta o\varkappa\epsilon\tilde{\iota}o\nu$) $\ddot{\omega}\delta\epsilon\upsilon\epsilon\varsigma$, $\dot{a}\lambda\lambda\grave{a}\ \delta\iota\grave{a}\ \tauo\acute{\upsilon}\tau o\upsilon$ ($\ddot{\omega}\delta\epsilon\upsilon\epsilon\varsigma$ konativ: ursprünglich war die Herberge nicht dein Reiseziel, sondern du wolltest nur durchreisen) und § 43: $\epsilon\dot{\iota}\tau a\ \tauo\tilde{\upsilon}\tau o\ \tau\grave{o}\ \pi\varrho o\varkappa\epsilon\acute{\iota}\mu\epsilon\nu o\nu$ (nämlich das Ziel sittlicher Festigung) $\ddot{\epsilon}\chi\omega\nu\ \dot{a}\varrho\dot{\epsilon}\sigma a\nu\tau\acute{o}\varsigma\ \sigma o\iota\ \lambda\epsilon\xi\epsilon\iota\delta\acute{\iota}o\nu$, $\dot{a}\varrho\epsilon\sigma\acute{a}\nu\tau\omega\nu\ \vartheta\epsilon\omega\varrho\eta\mu\acute{a}\tau\omega\nu\ \tau\iota\nu\tilde{\omega}\nu$ $a\dot{\upsilon}\tau o\tilde{\upsilon}\ \varkappa a\tau a\mu\dot{\epsilon}\nu\epsilon\iota\varsigma\ \varkappa a\grave{\iota}\ \varkappa a\tauo\iota\varkappa\epsilon\tilde{\iota}\nu\ \pi\varrho o a\iota\varrho\tilde{\eta}\ \dot{\epsilon}\pi\iota\lambda a\vartheta\acute{o}\mu\epsilon\nu o\varsigma\ \tau\tilde{\omega}\nu\ \dot{\epsilon}\nu\ o\ddot{\iota}\varkappa\omega\ \varkappa a\grave{\iota}\ \lambda\acute{\epsilon}\gamma\epsilon\iota\varsigma\ \ulcorner\tau a\tilde{\upsilon}\tau a\ \varkappa o\mu\psi\acute{a}$ $\dot{\epsilon}\sigma\tau\iota\urcorner$; $\tau\acute{\iota}\varsigma\ \gamma\grave{a}\varrho\ \lambda\acute{\epsilon}\gamma\epsilon\iota\ \mu\grave{\eta}\ \epsilon\dot{\iota}\nu a\iota\ a\dot{\upsilon}\tau\grave{a}\ \varkappa o\mu\psi\acute{a}$; $\dot{a}\lambda\lambda'\ \dot{\omega}\varsigma\ \delta\acute{\iota}o\delta o\nu$, $\dot{\omega}\varsigma\ \pi a\nu\delta o\varkappa\epsilon\tilde{\iota}a.$

[7]) S. D. Laert. VI 103: $\pi a\varrho a\iota\tau o\tilde{\upsilon}\nu\tau a\iota$ (sc. *Cynici*) $\delta\grave{\epsilon}\ \varkappa a\grave{\iota}\ \tau\grave{a}\ \dot{\epsilon}\gamma\varkappa\acute{\upsilon}\varkappa\lambda\iota a\ \mu a\vartheta\acute{\eta}\mu a\tau a$ und 104: $\pi\epsilon\varrho\iota a\iota\varrho o\tilde{\upsilon}\sigma\iota\ \delta\grave{\epsilon}\ \varkappa a\grave{\iota}\ \gamma\epsilon\omega\mu\epsilon\tau\varrho\acute{\iota}a\nu\ \varkappa a\grave{\iota}\ \mu o\upsilon\sigma\iota\varkappa\grave{\eta}\nu\ \varkappa a\grave{\iota}\ \pi\acute{a}\nu\tau a\ \tau\grave{a}\ \tauo\iota a\tilde{\upsilon}\tau a.$ Derartiges sei ja, wie das kynische Schlagwort (s. Gerhard a. a. O. S. 123 oben) lautete, 'nicht notwendig': s. D. L. VI 73 (Forderung des Diogenes): $\mu o\upsilon\sigma\iota\varkappa\tilde{\eta}\varsigma\ \tau\epsilon\ \varkappa a\grave{\iota}\ \gamma\epsilon\omega\mu\epsilon\tau\varrho\iota\varkappa\tilde{\eta}\varsigma\ \varkappa a\grave{\iota}\ \dot{a}\sigma\tau\varrho o\lambda o\gamma\acute{\iota}a\varsigma\ \varkappa a\grave{\iota}\ \tau\tilde{\omega}\nu\ \tauo\iota$-$o\acute{\upsilon}\tau\omega\nu\ \dot{a}\mu\epsilon\lambda\epsilon\tilde{\iota}\nu$, $\dot{\omega}\varsigma\ \dot{a}\chi\varrho\acute{\eta}\sigma\tau\omega\nu\ \varkappa a\grave{\iota}\ o\dot{\upsilon}\varkappa\ \dot{a}\nu a\gamma\varkappa a\acute{\iota}\omega\nu.$

[8]) Diog. L. VII 129 = Arn. a. a. O. III 738.

eigentümlicher Weise verwertet. Mehrere Personen sehen, wie wir bereits
S. 408) angedeutet haben, von einer Warte aus das Volk von drei Furien
gepeinigt.[1]) Es gilt nämlich, das Dogma der Stoiker, 'jeder Unvernünftige ist
verrückt' ($\pi\tilde{\alpha}\varsigma$ $\check{\alpha}\varphi\varrho\omega\nu$ $\mu\alpha\acute{\iota}\nu\varepsilon\tau\alpha\iota$) zu beweisen. Zu diesem Zwecke besteigt die
Gesellschaft einen erhöhten Platz, um unter der großen Menge der $\varphi\alpha\tilde{\upsilon}\lambda o\iota$ Um-
schau zu halten. Der Vergleich der Leidenschaften mit Furien ist nicht kynisch,
sondern stoisch. Unter den Belegen beansprucht am meisten Beachtung Laktanz
in der Epitome (wo er sich prägnanter als im Originalwerk, den Instit. div.,
ausdrückt), K. 56: *Tres adfectus velut ita dicam tres Furiae sunt . . . ira . . . ava-
ritia* (dafür in den Inst. VI 19, 4 das farblose *cupiditas*) . . . *libido . . . has adfectus Stoici* (dieser Hinweis auf sie fehlt an der entsprechenden Stelle in den
Instit.) *amputandos . . . putant.* Bei den Kynikern hingegen ist der Vergleich der
Leidenschaften mit Rossen besonders beliebt.[2]) Welche sind nun die drei Furien,
also Hauptleidenschaften? In den stoischen Verzeichnissen der einzelnen Be-
gierden ($\dot{\varepsilon}\pi\iota\vartheta\upsilon\mu\acute{\iota}\alpha\iota$) stehen häufig die Habsucht ($\varphi\iota\lambda o\pi\lambda o\upsilon\tau\acute{\iota}\alpha$ oder $\varphi\iota\lambda\alpha\varrho\gamma\upsilon\varrho\acute{\iota}\alpha$)
und die Genußsucht ($\varphi\iota\lambda\eta\delta o\nu\acute{\iota}\alpha$) beisammen, in Übereinstimmung mit Laktanz,
außerdem aber statt des Zornes der Ehrgeiz ($\varphi\iota\lambda o\delta o\xi\acute{\iota}\alpha$).[3]) Leider ergibt sich
aus den Varronischen Fragmenten mit voller Sicherheit bloß die Zugehörigkeit
der $\varphi\iota\lambda o\delta o\xi\acute{\iota}\alpha$ (*ambitio*) zu seinen drei Eumeniden, denn der 'dritten Geißel, der
Ehrlosigkeit'[4]), muß der Ehrgeiz als Plagegeist entsprechen[5]), d. h. die *ambitio*
verleitet zum *ambitus*, dieser führt zu einem öffentlichen Prozeß (daher Varro:
die Infamia stützt sich auf des Volkes Brust, d. h. vom Volke geht das Urteil
aus[6]); sie steht da mit ungeschorenem Haar in unsauberer Kleidung: gemeint
ist die Tracht des Angeklagten), der Prozeß führt zur Verurteilung und damit
zur Ehrlosigkeit. Bezüglich der beiden anderen Hauptbegierden aber und ihrer

---

[1]) Fr. 117 B.: *Sed nos simul atque in summam speculam venimus, Videmus populum
furiis instinctum tribus Diversum ferri exterritum formidine.*

[2]) Die klassische Stelle ist Luc. Cynic. 18: $\pi\acute{\alpha}\sigma\chi\varepsilon\tau\varepsilon$ (ihr Nichtkyniker) $\delta\dot{\varepsilon}$ $\pi\alpha\varrho\alpha\pi\lambda\acute{\eta}\sigma\iota o\nu$
$\tau\iota$ $\tilde{o}$ $\varphi\alpha\sigma\acute{\iota}$ $\tau\iota\nu\alpha$ $\pi\alpha\vartheta\varepsilon\tilde{\iota}\nu$ $\dot{\varepsilon}\varphi'$ $\tilde{\iota}\pi\pi o\nu$ $\dot{\alpha}\nu\alpha\beta\acute{\alpha}\nu\tau\alpha$ $\mu\alpha\iota\nu\acute{o}\mu\varepsilon\nu o\nu$ . . . $\varkappa\alpha\grave{\iota}$ $\dot{\upsilon}\mu\tilde{\alpha}\varsigma$ $\check{\alpha}\nu$ $\tau\iota\varsigma$ $\dot{\varepsilon}\varrho\omega\tau\tilde{\alpha}$, $\pi o\tilde{\iota}$
$\varphi\acute{\varepsilon}\varrho\varepsilon\sigma\vartheta\varepsilon$; $\tau\dot{\alpha}\lambda\eta\vartheta\dot{\varepsilon}\varsigma$ $\dot{\varepsilon}\vartheta\acute{\varepsilon}\lambda o\nu\tau\varepsilon\varsigma$ $\lambda\acute{\varepsilon}\gamma\varepsilon\iota\nu$ $\dot{\varepsilon}\varrho\varepsilon\tilde{\iota}\tau\varepsilon$ $\dot{\alpha}\pi\lambda\tilde{\omega}\varsigma$ $\mu\acute{\varepsilon}\nu$, $\check{o}\pi o\iota\pi\varepsilon\varrho$ $\check{\alpha}\nu$ $\tau\alpha\tilde{\iota}\varsigma$ $\dot{\varepsilon}\pi\iota\vartheta\upsilon\mu\acute{\iota}\alpha\iota\varsigma$ $\delta o\varkappa\tilde{\eta}$, $\varkappa\alpha\tau\dot{\alpha}$
$\mu\acute{\varepsilon}\varrho o\varsigma$ $\delta\acute{\varepsilon}$, $\check{o}\pi o\iota\pi\varepsilon\varrho$ $\check{\alpha}\nu$ $\tau\tilde{\eta}$ $\dot{\eta}\delta o\nu\tilde{\eta}$ $\delta o\varkappa\tilde{\eta}$, $\pi o\tau\dot{\varepsilon}$ $\delta\dot{\varepsilon}$ $\check{o}\pi o\upsilon$ $\tau\tilde{\eta}$ $\delta\acute{o}\xi\eta$, $\pi o\tau\dot{\varepsilon}$ $\delta\dot{\varepsilon}$ $\alpha\tilde{\upsilon}$, $\tau\tilde{\eta}$ $\varphi\iota\lambda o\varkappa\varepsilon\varrho\delta\acute{\iota}\alpha$ $\varkappa\tau\lambda$.
S. auch Gerhard a. a. O. S. 70, der wohl mit Recht in den Choliamben des Kynikers Phoinix
(Papyr. Heidelb. 310, Col. II 56 sq.) $\dot{\alpha}\lambda\lambda'$ $\dot{\varepsilon}\nu$ $\chi\alpha\lambda\langle\iota\nu o\tilde{\iota}\varsigma\rangle$ . . . $\gamma\alpha\sigma\tau\varrho\grave{o}\varsigma$ (gemeint die Gier des
Magens) $\varkappa\alpha\tau\acute{\iota}\sigma\chi\omega$ herstellt.

[3]) Cf. Cleanth. hymn. in Iov. 26 *sqq.* (= Vet. St. fr. I 537 Arn.): $\alpha\dot{\upsilon}\tau o\grave{\iota}$ δ' $\alpha\tilde{\upsilon}\vartheta'$ $\dot{o}\varrho$-
$\mu\tilde{\omega}\sigma\iota\nu$ $\check{\alpha}\nu\varepsilon\upsilon$ $\lambda\acute{o}\gamma o\upsilon$ $\check{\alpha}\lambda\lambda o\varsigma$ $\dot{\varepsilon}\pi'$ $\check{\alpha}\lambda\lambda\alpha$ |, $o\grave{\iota}$ $\mu\dot{\varepsilon}\nu$ $\dot{\upsilon}\pi\dot{\varepsilon}\varrho$ $\delta\acute{o}\xi\eta\varsigma$ $\sigma\pi o\upsilon\delta\grave{\eta}\nu$ $\delta\upsilon\sigma\acute{\varepsilon}\varrho\iota\sigma\tau o\nu$ $\check{\varepsilon}\chi o\nu\tau\varepsilon\varsigma$ |, $o\grave{\iota}$ δ'
$\dot{\varepsilon}\pi\grave{\iota}$ $\varkappa\varepsilon\varrho\delta o\sigma\acute{\upsilon}\nu\eta\varsigma$ $\tau\varepsilon\tau\varrho\alpha\mu\mu\acute{\varepsilon}\nu o\iota$ $o\dot{\upsilon}\delta\varepsilon\nu\grave{\iota}$ $\varkappa\acute{o}\sigma\mu\omega$ |, $\check{\alpha}\lambda\lambda o\iota$ δ' $\varepsilon\dot{\iota}\varsigma$ $\check{\alpha}\nu\varepsilon\sigma\iota\nu$ $\varkappa\alpha\grave{\iota}$ $\sigma\acute{\omega}\mu\alpha\tau o\varsigma$ $\dot{\eta}\delta\acute{\varepsilon}\alpha$ $\check{\varepsilon}\varrho\gamma\alpha$;
Chrysipp bei Plut. De Stoic. repugn. 33 p. 1049 E: $o\dot{\upsilon}\delta\varepsilon\grave{\iota}\varsigma$ $\gamma\grave{\alpha}\varrho$ $\varphi\acute{\upsilon}\varepsilon\tau\alpha\iota$ $\dot{\alpha}\nu\vartheta\varrho\acute{\omega}\pi o\iota\varsigma$ $\pi\acute{o}\lambda\varepsilon\mu o\varsigma$
$\check{\alpha}\nu\varepsilon\upsilon$ $\varkappa\alpha\varkappa\acute{\iota}\alpha\varsigma$, $\dot{\alpha}\lambda\lambda\grave{\alpha}$ $\tau\grave{o}\nu$ $\mu\dot{\varepsilon}\nu$ $\varphi\iota\lambda\eta\delta o\nu\acute{\iota}\alpha$, $\tau\grave{o}\nu$ $\delta\dot{\varepsilon}$ $\pi\lambda\varepsilon o\nu\varepsilon\xi\acute{\iota}\alpha$, $\tau\grave{o}\nu$ $\delta\dot{\varepsilon}$ $\varphi\iota\lambda o\delta o\xi\acute{\iota}\alpha$ $\tau\iota\varsigma$ $\tilde{\eta}$ $\varphi\iota\lambda\alpha\varrho\chi\acute{\iota}\alpha$
$\sigma\upsilon\varrho\varrho\acute{\eta}\gamma\nu\upsilon\sigma\iota\nu$ und Arius Didym. (Stob. ecl. II 90, 19 W. — Arn. l. l. III 394): $\acute{\Upsilon}\pi\grave{o}$ $\mu\dot{\varepsilon}\nu$ $o\tilde{\upsilon}\nu$
$\tau\grave{\eta}\nu$ $\dot{\varepsilon}\pi\iota\vartheta\upsilon\mu\acute{\iota}\alpha\nu$ $\dot{\upsilon}\pi\acute{\alpha}\gamma\varepsilon\tau\alpha\iota$ $\tau\grave{\alpha}$ $\tau o\iota\alpha\tilde{\upsilon}\tau\alpha$ . . . $\varphi\iota\lambda\eta\delta o\nu\acute{\iota}\alpha\iota$ $\varkappa\alpha\grave{\iota}$ $\varphi\iota\lambda o\pi\lambda o\upsilon\tau\acute{\iota}\alpha\iota$ $\varkappa\alpha\grave{\iota}$ $\varphi\iota\lambda o\delta o\xi\acute{\iota}\alpha\iota$ $\varkappa\alpha\grave{\iota}$ $\tau\grave{\alpha}$
$\check{o}\mu o\iota\alpha$. Andere Belegstellen bei Norden l. l. p. 339 sq.

[4]) Fr. 123: *tertia Poenarum Infamia stans nixa in vulgi Pectore fluctanti, intonsa
coma, Sordida vestitu, ore severo.* Varro läßt also jeder der drei Furien eine Poena ent-
sprechen (bekanntlich heißen die $\dot{E}\varrho\iota\nu\acute{\upsilon}\varepsilon\varsigma$ oft $\Pi o\iota\nu\alpha\acute{\iota}$).

[5]) Versinnbildet durch seinen typischen Vertreter Ajax: fr. 125.

[6]) Cf. Norden l. l. p. 338.

Poenae ist eine sichere Entscheidung nicht möglich. Ich möchte freilich mit
Rücksicht auf jene stoische Dreiheit lieber an diese[1]) als mit Norden[2]) an Habsucht, Ehrgeiz und Aberglauben denken. Allerdings wurde auch der Aberglaube
in dieser Satire durchgehechelt[3]); er gehört aber nicht zu den Begierden (ἐπιθυμίαι), sondern zu den Angstzuständen (φόβοι).[4]) Varro hat ja, soweit uns ein
Urteil möglich ist, hier noch andere Verkehrtheiten vorgeführt, so die Verrückt-
heit der dogmatischen Philosophen (fr. 122[5])) und den Wahnwitz eines tollen
Hausvaters (fr. 161).[6])

Wenn wir nun Varros Beziehungen zu den Stoikern überblicken, so müssen
wir konstatieren, daß es ihrer nicht wenige, und zwar größtenteils freundschaftliche, gibt. Hingegen sind die humoristisch-satirischen Anspielungen auf stoische
Absonderlichkeiten, wenigstens was die älteren Stoiker betrifft, nur zum Teil
sein Werk, zum Teil hat er sie aus seiner Menippeischen Vorlage herübergenommen (s. ob. S. 402 ff.). Selbstverständlich fällt aber jede Annahme einer Beeinflussung Varros durch Menipp dort weg, wo er jüngere Stoiker erwähnt.
Zunächst des Antipater von Tarsos bekannten Ein-Glied-Schluß (συλλογισμὸς
μονολήμματος oder δι' ἑνὸς λήμματος) von der Form: 'Du atmest, du lebst also.'[7])
In Wahrheit fehlt der Obersatz: 'Jeder Atmende lebt.' Das Varronische Fragment (291 B.) ist in mehrfacher Hinsicht interessant. Es lautet: 'Ihm spaltet
der schnelle Ein-Glied-Schluß, des Stoikers Antipater Sohn, mit dem Grabscheit
den Schädel.'[8]) Wieder hat Varro das Aristophanische Motiv des Streites zweier
λόγοι verwendet. Der Gegner des schnellen Ein-Glied-Schlusses kann nur der
langsame Zwei-Glied-Schluß sein. Auch die langatmigen Namen Διενοσλημματοσ-
λόγος und Διαδνοινλημματωνλόγος sind ganz im Sinn des Aristophanes darauf
berechnet, eine komische Wirkung hervorzurufen. Interessant ist endlich die
Anspielung, die in den Worten liegt: 'schnell spaltet er ihm den Schädel mit
dem Grabscheit'. Nach alter Annalistenüberlieferung ließ nämlich Romulus durch

---

[1]) Auch in Hinblick darauf, daß die Zusammenstellung φιληδονία, φιλοδοξία und φιλο-
κερδία aus der kynischen Literatur ebenfalls bezeugt (s. die oben S. 414 Anm. 2 aus Luc.
Cynic. 18 angeführte Stelle), also für den Varro 'Cynicus vel Menippeus' am natürlichsten
ist. Vom Geizhals ist im fr. 126 die Rede, von der Sinnenlust 136 sq. und 154 (vgl. als
Gegenstück fr. 160).

[2]) Der allerdings nachträglich (l l. p. 343, 1) seine Ansicht zurücknahm.

[3]) S. oben S. 397.

[4]) S. Vet. Stoic. fr. III 394. 408. 409 und 411 Arn. Die eigentlichen Bekämpfer des
Aberglaubens waren übrigens bekanntlich die Epikureer (die Stoiker machte schon ihr
Eintreten für die Mantik nicht sehr geeignet zu diesem Kampfe).

[5]) S. oben (S. 401). Die μανία gehört ja gleichfalls zu den Eumeniden, ist doch der
Typus des Wahnsinnigen der von den Furien verfolgte Orest, s. Varros Logistoricus 'Orestes
De insania' (Gell. XIII 4).

[6]) Vielleicht verstattet fr. 146 (vix vulgus confluit non furiarum, sed puerorum atque
ancillarum eqs.) den Schluß, daß der Sprecher anfangs von einem vulgus Furiarum verfolgt
worden war.

[7]) Arn. l. l. III Antipat. Tars. 26 p. 248.

[8]) cui celer Dienoslemmatoslogos, Antipatri Stoici filius, rutro caput displanat.

den Reiterobersten Celer dem Remus das Haupt mit dem Grabscheit spalten.[1]) Wir sind also in der Lage zu konstatieren, daß in Varros Satiren Szenen vorkamen, die zwar im Geiste Menipps gedichtet waren, deren Inhalt aber frei erfunden war, belebt durch national-römische Anspielungen. Noch später als Antipater lebte Panätius' berühmter Schüler Posidonius, dessen Definition des Gedichtes (ποίημα im Gegensatz zur ποίησις, d. h. zum Epos) Varro in einem Fragment (398 B.) wiedergibt: *poema est lexis enrhythmos*.[2])

Über die Beziehungen der Varronischen Satiren zu den anderen Philosophenschulen ist mit Ausnahme der Lehre des Antiochus nicht viel zu sagen. Der Epikureer gedenkt Varro selten, aber es verdient hervorgehoben zu werden, daß er ihrer ohne Gehässigkeit gedenkt, im Gegensatz zu den Stoikern. Während nämlich Chrysipp als die μητρόπολις der epikureischen Philosophie die Gastrologie (ein im Altertum berühmtes gastrologisches Gedicht) des Archestratos bezeichnet[3]), betont Varro in einem Fragment (315) den Unterschied zwischen den gewöhnlichen Schlemmern (*ganeones*) und den Epikureern, die ja die wenigen sowohl natürlichen als notwendigen Begierden den natürlichen, aber nicht notwendigen und den weder natürlichen noch notwendigen (den κεναὶ ἐπιθυμίαι) gegenübergestellt haben.[4])

Auf Aristoteles' Lehre bezieht sich nur ein Bruchstück[5]); auf Platon fehlen Anspielungen überhaupt. Wohl aber interessiert sich Varro mit seinen Zeitgenossen für den Pythagoreismus, dessen Mystik und Apokalyptik ihnen durch Posidonius nahegebracht wurde, wie Norden in seinem Kommentar zum sechsten Buche der Äneis dargelegt hat.[6]) Gewährte Cicero der Apokalyptik Raum am Schlusse der Schrift 'De re publica', so tat dies Varro in der Satire Τριοδίτης τριπύλιος. Es war eine ganz entlegene Sage, der er folgte, eine Sage, die zuerst

---

[1]) Dionys. Hal. Ant. I 87, 4: Κελέριον δέ τινα . . . πλῆξαι τῷ σκαφείῳ κατὰ τῆς κεφαλῆς καὶ αὐτίκα ἀποκτεῖναι und Ovid. Fast. IV 843: *rutro Celer occupat ausum* (sc. *Remum*); s. Buecheler (im Anschluß an Popma) Rh. M. XX 440.

[2]) D. Laert. VII 60: ποίημα δέ ἐστιν, ὡς ὁ Ποσειδώνιός φησιν ἐν τῇ περὶ λέξεως εἰσαγωγῇ, λέξις ἔμμετρος ἢ ἔνρυθμος. Auch was folgt (μετὰ σκευῆς τὸ λογοειδὲς ἐκβεβηκυῖα) stimmt (wenngleich nicht wörtlich) zu Varros Definition. Denn seine Erklärung der *lexis enrhythmos, id est verba plura modice in quandam coniecta formam* ist nur die Kehrseite der Posidonischen Definition: Er erklärt mehr populär als wissenschaftlich (es unterläuft ihm ja ein Zirkelschluß, denn *modice* = ῥυθμικῶς) den Rhythmus als eine Folge von mehreren Wörtern, die in eine nach den Gesetzen musikalisch-poetischer Modulation geregelte Form (εἶδος) gebracht sind, während Posidonius logisch richtiger von einem Überschreiten des εἶδος τοῦ λόγου (der Prosa) spricht. Dagegen weicht in der Definition der *poesis* (des Epos) Varro von Posidon völlig ab.

[3]) Athenaeus III 104 b.

[4]) S. Zeller a. a. O. III 1⁴, 456, 3 und v. Arnim, Kultur der Gegenwart I 5 S. 215.

[5]) 84 B (bei Servius ad Verg. Georg. II 336 p. 243, 4 sq. Th.): *Varro . . . in satura quae inscribitur de salute, sic: mundum haud natum esse neque mori*. Dieser Satz ist bekanntlich eine Konsequenz der Aristotelischen Metaphysik: s. Zeller a. a. O. II 2³ S. 432—434. Dagegen ist nach Pythagoras, Platon und den Stoikern die Welt γενητὸς ὑπὸ θεοῦ (s. Vet. Stoic. fr. II 575 aus Aet. Plac. II 4, 1) und vergänglich (s. ebd. 585 aus Aet. Plac. II 4, 7): οἱ Στωϊκοὶ φθαρτὸν τὸν κόσμον, κατ' ἐκπύρωσιν δέ.

[6]) S. bes. S. 34.

bei dem vom Pythagoreismus stark beeinflußten[1]) Heraclides Ponticus aufgetaucht ist, in der uns erhaltenen Literatur jedoch nur bei Proklos[2]) und Servius[3])·
erwähnt wird. Sie betrifft den Syrakusaner Empedotimus, dem eine Offenbarung
nicht nur über die Unterwelt und die dort befindlichen Geister[4]), sondern auch
über den Himmel zuteil wurde. Am Himmel sah er drei Wege mit drei Pforten[5]):
daher der Name der Varronischen Satire.

Es erübrigt noch, auf Varros Verhältnis zu Antiochus von Askalon einzugehen, das ich bereits berührt habe. In Ciceros Academica posteriora, aber auch
sonst[6]), erscheint Varro als überzeugter Anhänger dieses Philosophen, aber als
ausgesprochener Gegner der mittleren Akademie des Arcesilaus — Carneades —
Clitomachus, einer Richtung, mit der Cicero liebäugelte. Zwei scharfe Ausfälle
gegen Carneades enthält der 'Sesculixes' (fr. 483 sq.): 'Einen Weg hat Zeno
(natürlich der Stoiker) gebahnt unter der Führung der Tugend, das ist der
edle Weg, einen anderen Carneades im Anschluß an die leiblichen Güter mit der
subula angelegt.[7]) Und weiter: *Alteram viam deformasse Carneadem virtutis e cupis
acris aceti*. Varro gebraucht hier absichtlich ein von dem zweideutigen oder
vielmehr vieldeutigen *subula* abgeleitetes Zeitwort.[8]) *Subula* bedeutet nämlich:
1. Schusterahle (Hauptbedeutung; sehr oft im Corp. Gloss. Lat., z. B. III 368,71
[Hermeneum. Stephani] *subula* ὀπήτιον[9]); auch bei Palladius, Op. agric. II 14,3
ist ohne Zweifel eine Able gemeint[10])); 2. Stecknadel, Spange (Corp. Gloss. Lat. II
[Glossae Lat. — graec.] 191,29 *Subula* νηητιον [= ὀπήτιον]· περονη; ebenso
II 190,38 unter *Subla*); 3. Bratspieß (ebenda II 378,49 [Gloss. graecolat.] οβε-
λοσενωοπτουμεν· *subula hoc veru* u. öfter); 4. Spitzhammer (der Steinarbeiter;
s. Gromat. vet. vol. I 306,27 sqq. Lachm. von den Grenzsteinen: *terminus si
superius politus fuerit et inferius subulis*[11]) *inpolitus, monumentalis est, non habet*

---

[1]) S. Zeller a. a. O. II 1[4] S. 1035.

[2]) Πρόκλου εἰς τὴν (Πλάτωνος) πολιτείαν ed. Kroll II 119, 20 sqq.

[3]) Ad Verg. Georg. I 34 (ed. Thilo p. 141).

[4]) Proklos a. a. O. nach Heraklides: dem Empedotimos seien einmal am hohen Mittag
auf der Jagd an einsamer Stätte Pluto und Proserpina begegnet inmitten einer Lichterscheinung, durch die er wahrgenommen habe πᾶσαν τὴν περὶ ψυχῶν ἀλήθειαν ἐν αὐτόπτοις
θεάμασιν.

[5]) Serv. a. a. O.: *Varro ... ait se legisse Empedotimo cuidam Syracusano a quadam
potestate divina mortalem aspectum detersum eumque inter cetera tres portas vidisse tresque
vias: unam ad signum scorpionis* (also am Himmel) eqs.

[6]) S. Cic. Ad fam. IX 8, 1; Ad Attic. XIII 12, 3; 19, 3; 25, 3.

[7]) *Unam enim viam Zenona moenisse duce virtute, hanc esse nobilem, alteram Carneadem
desubulasse bona corporis secutum.*

[8]) Die Lesart (Nonius p. 99, 29 M.) steht fest (Variante bloß *desuberare*). Da der Thesaurus außer unserer Stelle nur noch Corp. Gl. V 640, 43 (Glossae Non.) *desublare pertun-
dere* kennt, was aus Non. (*desubulare perfodere*) geflossen ist, handelt es sich m. E. um ein
ἅπαξ εἰρημένον Varros.

[9]) Die Ahle hatte schon im Altertum die heutige Form; s. die Abbildung vom Grab-
stein eines Schusters, Blümner, Technolog. I[2] (1912) S. 284, Fig. 88.

[10]) Palladius empfiehlt, ein Ziegenkotkügelchen (*caprini stercoris baca*) mit einer *subula*
fein auszuhöhlen, Samen von Lattich oder anderem Grünzeug hineinzulegen, das Kügelchen
in Mist einzuwickeln usw.   [11]) Im Index fälschlich *subulus*.

fidem finitionis); 5. ist zwar nicht für *subula,* wohl aber für das entsprechende
griechische Vokabel die Bedeutung Jäthacke (*sarculum,* in Österreich 'Häunl') bezeugt und daher auch für *subula* anzusetzen: s. Corp. Gloss. Lat. III 94, 11
[Hermen. Amploniana] *ypetion sarculum.* Dieses Wort verwendet Varro, wie gesagt, absichtlich, nämlich um dem Carneades einen Hieb zu versetzen. Zunächst
läßt er uns natürlich an die spitze Ahle (Non. l. l. erklärt ganz richtig *desubulare perfodere*) und damit an die Spitzfindigkeiten[1]) des Carneades denken.
Allein der Witz wäre schal, wenn *subula* nicht auch eine Art *sarculum* hieße,
mit welchem Gerät man zur Not einen Steig herstellen kann.[2]) Auch das folgende *deformasse* ist sehr bezeichnend; denn wiederum sehen wir Varro auf das
Ethos der Satire Bedacht nehmen, indem er eine ἀμφιβολία eines Wortes aus-
nützt. *Deformare* bedeutet ja 1. gestalten, anlegen (s. Cato, Agr. 161, 1 *cum
areas* [Spargelbeete] *deformabis*), 2. entstellen (s. z. B. Enn. Scen. 90 V.[2] *tosti
alti stant parietes deformati*). Die ganz singuläre[3]) Phrase *viam deformare* haben
wir als einen Einfall Varros anzusehen, und zwar als einen recht gelungenen:
wer nämlich will, mag *viam deformare* im Sinne von *viam munire* auffassen,
wer aber nicht will und ein Feind des Carneades und seiner Schule ist, für
den bedeutet es *viam deturpare,* eine Entstellung der Bahn der alten echten
Akademie. Man beachte den Gegensatz hierzu: von Zeno gebraucht Varro die
eindeutige Phrase *viam munire,* d. h., meint er, dieser Philosoph hat eine solide
Bahn angelegt (eine *via nobilis,* wie er sich ausdrückt; folglich ist die des
Carneades eine *via ignobilis*), so fest wie eine Römerstraße. Somit wird hier dem
Zeno eine hohe Anerkennung zuteil, ganz im Sinne des Antiochus, der ja nach
Ciceros Acad. post.[4]) die stoische Lehre geradezu als eine Verbesserung (*cor-
rectio*) der Lehre der alten Akademie ausgegeben hat. Mit den 'Kufen scharfen
Essigs' ist natürlich der ätzende Skeptizismus des Carneades gemeint. Mit dem
bona corporis secutum hat es seine Richtigkeit. Als höchstes Gut erklärte er
nämlich den Genuß der Dinge, durch welche die ursprünglichen Naturtriebe
befriedigt werden.[5]) Varro wendet sich also mit scharfen Worten sowohl gegen
die Erkenntnislehre als auch gegen die Ethik des Carneades. Die Ethik des
Antiochus hingegen beruhte auf der Ansicht, daß Körper und Seele, aufeinander
angewiesen, durch die harmonische Vereinigung ihrer Güter die Vollkommen-

---

[1]) Vgl. Cic. De fin. II § 53: *omnia callide referentem ad utilitatem, acutum, ver-
sutum, veteratorem* (im folg., § 54, *non igitur de improbo, sed de callido improbo quae-
rimus*); ein Tadel ('spitzfindig') liegt auch N. d. III § 18 vor: *acutulas conclusiones.*

[2]) Es rangiert bei Cato, Agric. 10, 3 vor den Schaufeln (*palae*); diese wieder vor den
Grabscheiten, *rutra*), ist also unter den drei Geräten am kleinsten; der Form nach ent-
weder ein- oder zweizinkig: s. Pallad. I 42, 3: *sarculos vel simplices vel bicornes.* Vgl. noch
Cato l. l. 155, 1.

[3]) Der Thesaurus bringt kein anderes Beispiel für die Verbindung von *deformare* mit
via oder einem Synonym von *via.*

[4]) S. I § 35 und 43.

[5]) S. Cic. Acad. II 42, 131 (*summum bonum esse frui rebus iis, quas primas natura
conciliavisset*) und De finib. V 7, 20 (*frui rebus iis, quas primas secundum naturam esse
diximus*), ebd. II 11, 35 (*frui principiis naturalibus*), vgl. auch Tusc. V 30, 84.

heit des Menschen bedingen. 'Sowenig wir', sagt Varro im Anschluß an Antiochus (der ausdrücklich genannt wird) in einem Werk über die Philosophie (wahrscheinlich einem *logistoricus*) bei August. Civ. D. XIX 3 Domb.[2] 353, 26—32, 'sowenig wir das rechte oder das linke Pferd eines Zweigespannes als Zweigespann bezeichnen, vielmehr beide zusammen, so wenig bezeichnen wir den Leib oder die Seele als Menschen, vielmehr beides zusammen'. In einer unserer Satiren bedient er sich eines sehr anschaulichen Bildes, indem er unsere Schenkel und Beine mit den Stelzen vergleicht, da jene von der Seele geradeso wie diese vom Stelzengänger bewegt werden.[1] Von diesem Grundsatze aus erkannte Antiochus auch leibliche Güter an, im Gegensatze zu den Stoikern, die nur das Vernünftige im Menschen als sein wahres Wesen anerkannten, aber auch im Gegensatze zu Carneades, der das Moment des sinnlichen Genusses zu sehr hervortreten ließ. Nach Antiochus besteht nämlich das höchste Gut in der Vereinigung und im Genusse der geistigen und leiblichen Güter, zunächst jener, ohne die die Tugend nun einmal nicht bestehen kann.[2] Das war auch Varros Ansicht und deshalb greift er den Carneades so heftig an.

Wenn ich jetzt einen Rückblick auf meine Erörterungen werfe, so kann ich sagen, daß Varro seine philosophischen Neigungen wie in allen Schriften so auch in seinen Satiren deutlich bekundet. Infolge seiner umfassenden wissenschaftlichen Bildung, die bei ihm viel tiefer war als bei Cicero, fand er sich in allen philosophischen Disziplinen zurecht. Den eklektischen Bestrebungen seiner Zeit sich anschließend, auch der wiederauflebenden, durch Posidonius vertretenen Apokalyptik nicht abhold, ließ er sich in seinen philosophischen Anschauungen hauptsächlich durch seinen verehrten Lehrer Antiochus beeinflussen, der ihn nicht nur in die Lehre der von ihm vermeintlich wiederhergestellten alten Akademie (mit der er die Lehre der Peripatetiker verband[3])), sondern auch in die stoische Philosophie einführte.[4] Varro hat somit die Stoa vom Standpunkt des Antiochus aus betrachten und einschätzen gelernt. Daher die vielen Anspielungen auf stoische Sätze, die wir in seinen Satiren finden. Wie steht

---

[1]) Fr. 323 (aus der Satire 'Mutuum muli scabunt') *ut grallatorum quis* (so lese ich für *ut glaratores qui; quis = quibus* bezieht sich natürlich auf *perticae*) *gradiuntur perticae sunt ligna* φύσει ἀκίνητα (so evident richtig Buecheler), *sed ab homine eo qui in is stat agitantur, sic illi* (oder *illae* mit Oehler?) *animi nostri sunt grallae crura ac pedes nostri* φύσει ἀκίνητοι, *sed ab animo moventur.*

[2]) S. Augustin a. a. O. 354, 23—28 Domb.[2]: *Haec ergo vita hominis, quae virtute et aliis animi et corporis bonis, sine quibus virtus esse non potest, fruitur, beata esse dicitur; si vero et aliis, sine quibus esse virtus potest, vel ullis vel pluribus, beatior; si autem prorsus omnibus, ut nullum omnino bonum desit vel animi vel corporis, beatissima* (daß dies alles zunächst auf Varro, dieser selbst aber auf Antiochus zurückgeht, bezeugt Augustin ausdrücklich 355, 24—26: *Haec sensisse atque docuisse Academicos veteres* [d. h. die durch Antiochus vermeintlich wiederhergestellte alte Akademie: s. Cic. Ac. post. I § 13 sq.] *Varro adserit, auctore Antiocho, magistro Ciceronis et suo).*

[3]) S. Cic. Ac. post. I § 17 sq.

[4]) S. Augustin a. a. O. 355, 26—28 von Antiochus: *Quem sane Cicero in pluribus fuisse Stoicum quam veterem Academicum vult videri.*

es nun mit seinem Kynismus? Nicht der nihilistische Kynismus hat den römischen Optimaten angezogen, sondern Menipps Satiren, durch ihren bunten Inhalt, ihre barocke Form — die Mischung von Prosa und Vers sowie von Scherz
und Ernst — und endlich durch ihren moralischen Gehalt. Drum hat er sie
nicht kynische, sondern Menippeische genannt[1]), obwohl er nach seiner eigenen
Aussage in Ciceros Ac. post. I § 8[2]) den Menipp bloß nachgeahmt, nicht übersetzt hat. Daß es sich größtenteils um freie Schöpfungen handelt, geht schon
daraus hervor, daß uns von Menipp mit Sicherheit bloß sechs Titel[3]) von
Schriften bekannt sind, von Varros Satiren dagegen, deren Buchzahl 150 betragen haben soll[4]), nicht weniger als 90. Ich denke, wir müssen annehmen,
daß Varros Verhältnis zu seinem Vorbild noch viel freier war als das des
Plautus zu seinen griechischen Originalen. Der etwas derbe, grobkörnige italische
Humor und die unausgesetzte Bezugnahme auf römische Verhältnisse verleihen
den Satiren das nationale Gepräge, das Varro selbst in einem Fragment[5])
prächtig kennzeichnet, wo er sagt[6]): 'Ich gebe meinen Kindern von der Scheel-
sucht, die die Menippeische Sekte gesäugt hat, euch zu Vormündern, die ihr
wollt' — es folgt ein Vers des Ennius[7]) —, 'daß die römische Sache und Latium
gedeihe.'

---

[1]) S. oben S. 390 Anm. 1.   [2]) S. oben S. 390 Anm. 2.

[3]) Ἀρκεσίλαος (Athen. XIV 664e), Διαθῆκαι (D. Laert. VI 101), Διογένους πρᾶσις (D. L.
VI 29), Ἐπιστολαὶ κεκομψευμέναι ἀπὸ τοῦ τῶν θεῶν προσώπου (D. L. VI 101), Νέκυια (D. L.
ebd.) und Συμπόσιον (Athen. XIV 629e). Aus den übrigen Angaben bei Diog. L. a. a. O. 101
πρὸς τ. φυσικοὺς — εἰκάδας sind schwerlich bestimmte Satirentitel zu gewinnen, auf keinen
Fall aber kann deren sichere Abgrenzung ermittelt werden.

[4]) Hieronym. im Katalog der Varrouischen Schriften; s. Ritschl, Rh. M. XII 151.

[5]) 542 B. aus der Satire 'Testamentum περὶ διαθηκῶν'.

[6]) E mea Φιλοφθονίᾳ natis, quos Menippea haeresis nutricata est, tutores do 'qui rem
Romanam Latiumque augescere vultis'.

[7]) Ann. 466 Vahl.[2]

GOETHE IN SPOLETO

Von Ernst Maass

I

Zu den Geistern verschiedener Art, die — nur Sehern sichtbar — den römischen Boden umschweben, gehört die Muse der Geschichte. Der am 27. Oktober 1786 auf der Hinfahrt nach Rom an Frau von Stein geschriebene inhaltschwere Brief aus Terni ist in seiner Bedeutung für Goethes Entwicklung in Italien nicht ausgenutzt und nicht gewürdigt. Er schreibt: 'Die römische Geschichte wird mir, als wenn ich dabei gewesen wäre. Wie will ich sie studieren, wenn ich zurückkomme, da ich nun die Städte und Berge und Täler kenne. Unendlich interessant aber werden mir die alten Etrurier.' Terni-Interamna ist Geburtsort des Tacitus; das fand Goethe bei seinem Reiseführer, den er gerade auch in Terni hervorholte: J. J. Volkmann, Historisch-kritische Nachrichten von Italien III² 1778 S. 411. Daher an dieser Stelle die Bemerkung. Die ausführliche Darstellung in der 'Reise' hat noch die Worte: 'Da schließt sich denn auf eine wundersame Weise die Geschichte lebendig an, und man begreift nicht, wie einem geschieht, und ich fühle die größte Sehnsucht, den Tacitus in Rom zu lesen.' Ob es geschehen, wissen wir nicht. Er kennt Tacitus aber gut und hat ihn liebgewonnen, wie er gegen Napoleon bekannte. Zu Riemer äußerte er damals (Juni 1811), Racine habe den Gehalt des Tacitus in griechische Form gebracht. Der Ausspruch allein beweist genaue Kenntnis des Inhalts der Taciteischen Geschichtschreibung. Und über die 'Germania' des Tacitus und über Cäsar spricht Goethe mit Riemer mit Bezug auf deutsche Altertümer am 2. Oktober 1809 (Biedermann V² 87). Er hatte mit freudigem Beifall die berühmten Sätze des Tacitus im 'Agricola' gelesen und sich gemerkt, in welchen von dem ethischen Bewußtsein die Rede ist, das dazu treibt, die bedeutende Leistung der Persönlichkeit als persönlich gewordene *virtus*, die fortdauert, auch wenn der kurze Erdentag des Menschen selbst vergangen ist, durch die Schrift zu verewigen; 'Denn was dem Mann das Leben Nur halb erteilt, soll ganz die Nachwelt geben.' Mit Bezug darauf erzählt Abeken am 5. Juli 1828 von einer Unterhaltung über Schiller: 'Goethe erwähnte dabei eine Biographie desselben von dem Engländer Carlyle, die er jüngst gelesen. Dieser schien ihm Schiller ganz idealisch gefaßt zu haben. Tacitus, sagte Goethe, wollte das Bild eines großen Mannes entwerfen, und machte seinen Schwiegervater zum Repräsentanten dieser Klasse.'

Tacituslektüre ist für Rom nicht mehr nachweisbar. Wohl aber spricht Goethe in Rom wiederholt von seinem Studium der ersten Bücher des Ge-

schichtswerkes des Livius; auch Plutarchs Lebensbeschreibungen einiger Römer
gehörten damals zu seiner Lektüre. Seit dem 17. Januar 1787 sind die Erwähnungen des Livius da. Auch am 20. liest er ihn, am 25. hat er bereits zwei
Bücher hinter sich und zur Abwechslung etwas Plutarch, wie er an Herder
schreibt, und am gleichen Tage gibt er aus I 29 f. eine kurze Mitteilung von
der Eroberung Albalongas.[1]) Plutarchs römische Biographien las er viel und
gern; er äußert sich z. B. am 13. Januar 1810 gegen Riemer 'über den Charakter des Koriolan und seine Behandlung von Plutarch an bis auf Shakespeare'.
Er lieh in Rom ein Exemplar des Livius, eine Taschenausgabe, dem Philologen
Moritz, der von Rom am 7. Januar 1788 an ihn schreibt: 'Ihr Livius wird jetzt
von Anfang bis zu Ende durchgelesen' usf.[2]) Goethe kannte die beiden Historiker schon seit seiner Jugend (Goethe und die Antike, S. 574). Aus Livius I 26
hat er in dem Straßburger Tagebuch (S. 18 des Heilbronner Neudrucks) die Rede
des alten Horatiers für seinen allein übriggebliebenen Sohn, der seine Schwester
erstochen, als gelesen angemerkt. Und noch viel später rühmt er von Winckelmann: 'Das Überflüssige verschmähte er und allen Zitatenprunk, den der Un-
belesene so leicht aus den rückwärts durchmusterten Büchern (wie Kakus die
gestohlenen Rinder in seine Höhle schleppte) zur Blendung blöder Augen zu-
sammenführt' genau nach Livius I 7. Wiederholt unterhielt er sich über die
Zuverlässigkeit der Livianischen Berichte über die römischen Dinge.[3])

In demselben Briefe aus Terni beschreibt Goethe auch Spoleto: 'Spoleto
habe ich bestiegen und war auf dem Aquädukt, der zugleich Brücke von einem
Berge zum andern ist. Die zehn Bogen, die das Tal füllen, stehen von Back-
steinen ihre Jahrhunderte so ruhig da, und das Wasser quillt noch immer in
Spoleto an allen Orten und Enden (er meint die aus dem antiken Werk ge-
nährten Laufbrunnen). Das ist nun das dritte Werk der Alten, das ich sehe, und
wieder so schön natürlich, zweckmäßig und wahr. Diesen großen Sinn, den sie
gehabt haben! — Es mag gut sein; wir wollen mehr davon sprechen. So verhaßt waren mir immer die Willkürlichkeiten. Der Winterkasten auf Weißenstein, ein Nichts um Nichts, ein ungeheurer Konfekt-Aufsatz, und so mit tausend
andern Dingen. Was nicht eine wahre innere Existenz hat, hat kein Leben und
kann nicht lebendig gemacht werden, und kann nicht groß sein und nicht groß
werden. Die nächsten vier Wochen werden mir voller Freuden und Mühe sein.
Ich will aufpacken, was ich kann. Das bin ich gewiß und kann es sagen: noch
keine falsche Idee habe ich aufgepackt. Es scheint arrogant, aber ich weiß es,
und weiß, was es mich kostet nur das Wahre zu nehmen und zu fassen.' Der
als Kontrast herangezogene Weißenstein ist älterer Name für die unter Land-
graf Wilhelm IX. seit 1785 umgeschaffene Wilhelmshöhe. Die Weißensteiner
Parkanlage mit ihren künstlichen Wasserfällen, Felsen, Brücken und Ruinen
hat ihre Analogie in den italienischen Terrassenanlagen der Barockzeit. Sie ist

---

[1]) Schriften der G.-G. II 264. 339. 404. 420.		[2]) S. 420.

[3]) Mit Grüner in Eger 1822 und durch Niebuhr veranlaßt mit Eckermann 1. Februar
1827. Vgl. Biedermann, Gespräche II[2] 585; III 345.

eine reine Phantasterei. Dabei wollen wir beachten, daß der das Wasser in die Wilhelmshöher Kaskade führende Aquädukt ganz nach altrömischem Muster gebaut ist, wie so vieles in der Riesenanlage, die sogar eine Art Cestiuspyramide, eine Sibyllengrotte und das Grab des Virgil, auch Unterweltsgestalten, alles dies nach den römischen Mustern, enthält. Dadurch wurde ein Vergleichen herausgefordert (siehe die Abbildung auf Tafel 54. 59 und sonst bei Holtmeyer).[1] Goethe hält das mit dem großen Christoph — dem Herkules — gekrönte Kaskadenwerk nebst allem Zubehör für eine Spielerei des äußersten Luxus. Der kupferne Herkules - St. Christoph von Wilhelmshöhe wird der Anlaß gewesen sein, weshalb Goethe den herkulischen Schweizer der 'Wanderjahre', gleichsam die Personifikation des Schweizer Volkes (wie er selber andeutet) mit dem Namen St. Christoph benannte.[2] Wilhelmshöhe-Weißenstein führte, aus welchem Anlaß immer, im Volksmunde auch den Namen Winterkasten, als Ganzes oder auch als Luxuspark allein. Diesen meint Goethes Briefnotiz, nur wieder nicht in seiner Gesamtheit, sondern als Kaskadenanlage mit allem Zubehör; das ergibt der Zusammenhang, in den er den Satz eingestellt.

In den 'Tag- und Jahresheften' 1801 schreibt er über einen Besuch in Kassel: 'Wir besahen unter Anleitung des wackern Nahl, dessen Gegenwart uns an den früheren römischen Aufenthalt gedenken ließ, Wilhelmshöhe an dem Tage, wo die Springwasser das mannigfaltige Park- und Gartenlokal verherrlichten.' Des Malers und Bildhauers Nahl (1752—1825) gedenkt er ebenda im Jahre 1800; dieser hatte früher in Rom gelebt. Angesichts der Wilhelmshöher Wasseranlagen tauschte Goethe mit diesem Romkenner römische Erinnerungen aus. Da bieten sich vor allen andern die Aquädukte der Kampagna und deren stadtrömische Wasserfronten. Wie bei dem Besuche in Spoleto die dortigen Monumente an Wilhelmshöhe, so erinnerte ihn in Wilhelmshöhe das Luxuswasserwerk an die Wasserleitungen der römischen Kampagna. Ihn erschreckte der Kontrast der Zwecke: Volkswohlfahrt auf der einen, zielloser Luxus auf der andern Seite. Phantasterei und ideales Wollen können als Gegensätze handgreiflicher nicht zum Ausdruck gelangen.

Was man nicht versteht, besitzt man nicht. Aus dem Gesagten fällt Licht auf eine bisher nicht verstandene Mitteilung aus dem Jahre 1791. Sie steht fast unorganisch in seinen Vorarbeiten zu einer 'Physiologie der Pflanzen' II 6 S. 302 der Weimarer Ausgabe. Sie mutet den Leser an wie ein angearbeiteter Marmor: wir sehen und fühlen große Gedanken nach Entstehung ringen, aber noch ist alles wie verschlafen und verträumt, nur angedeutet und ohne individuelles Leben und Bewegung. Es wird etwa folgendes ausgeführt. Nach der verschiedenen Weise der Menschen wird die Natur sehr verschieden behandelt. Die Menschen bewegen sich nicht auf demselben Wege. Sie haben Wirklichkeitssinn und gehen auf den sichtbaren nächsten Nutzen aus, oder sie sind durch Verstand befähigt, wissenschaftlich hervorzubringen, oder durch Anschauung und Einbildungskraft, künstlerisch hervorzubringen; in Wissenschaft und Kunst

---

[1] In der S. 433 genannten Schrift.　　[2] Internationale Monatschrift 1913 Sp. 1474.

offenbart sich ja die Idee am reinsten. Endlich umfassen manche Wirklichkeit und Idee zusammen in gleicher Weise und in gleicher Stärke, und hier liegen die höchsten Schöpfungen und die schönsten Wirkungen. Dies der leitende Gedanke Goethes. Er unterscheidet vier Gruppen strebender Menschen und sagt wörtlich:

1. 'Die Nutzenden, Nutzen-Suchenden, -Fordernden sind die ersten, die das Feld der Wissenschaft gleichsam umreißen, das Praktische ergreifen; das Bewußtsein durch Erfahrung gibt ihnen Sicherheit, das Bedürfnis· eine gewisse Breite.'

2. 'Die Wißbegierigen bedürfen eines ruhigen uneigennützigen Blickes, einer neugierigen Unruhe, eines klaren Verstandes, und stehn immer im Verhältnis mit jenen; sie verarbeiten auch nur im wissenschaftlichen Sinne dasjenige, was sie vorfinden.'

3. 'Die Anschauenden verhalten sich schon produktiv; und das Wissen, indem es sich selbst steigert, fordert, ohne es zu bemerken, das Anschauen, und geht dahin über, und so sehr sich auch die Wissenden vor der Imagination kreuzigen und segnen, so müssen sie doch, ehe sie sich's versehen, die produktive Einbildungskraft zu Hilfe rufen.'

4. 'Die Umfassenden, die man in einem stolzern Sinne die Erschaffenden nennen könnte, verhalten sich im höchsten Grade produktiv; indem sie nämlich von Ideen ausgehen, sprechen sie die Einheit des Ganzen schon aus, und es ist gewissermaßen nachher die Sache der Natur, sich in diese Idee zu fügen.'

Er fügt zur Erläuterung noch einige Sätze hinzu, die an das Bekenntnis in den 'Wanderjahren' erinnern, wo es I 10 heißt: 'Lassen Sie mich nun zuvörderst gleichnisweise reden! Bei schwer begreiflichen Dingen tut man wohl, sich auf diese Weise zu helfen.' Der Inhalt jener flüchtigen Sätze sind zunächst ein Gleichnis und zwei Beispiele, wie Goethe sich ausdrückt. Wir dürfen den Unterschied hier aufheben und aus der gleichartigen Beschaffenheit der drei zur Verdeutlichung desselben Vorganges dienenden Anführungen von drei Gleichnissen (oder drei Beispielen) reden, wie so oft. Dabei bemerken wir, wie das Gleichnis des Gleichnisses, das Beispiel des Beispiels im Verlaufe der Darlegung bedürftig wird: παραδείγματος, ὦ μακάριε, αὖ μοι καὶ τὸ παράδειγμα αὐτὸ δεδέηκεν steht bei Platon, 'Politikos' S. 277. Jene Sätze Goethes lauten:

'Gleichnis von Wegen hergenommen.

Beispiel vom Aquädukt, das Phantastische vom Idealen zu unterscheiden.

Beispiel vom dramatischen Dichter.

Hervorbringende Einbildungskraft mit möglicher Realität.

Bei allem wissenschaftlichen Bestreben muß man sich deutlich machen, daß man sich in diesen vier Regionen befinden wird.

Man muß das Bewußtsein sich erhalten, in welcher man sich eben befindet.

Und die Neigung, sich in einer so frei und gemütlich als in der andern zu bewegen.

Das Objektive und Subjektive des Vortrags also hier voraus bekannt und gesondert, wodurch man hoffen kann, wenigstens einiges Vertrauen zu erregen.'

In dem ersten Gleichnis 'von Wegen hergenommen' fand der Erklärer der

Jubiläumsausgabe ausgemalt, 'wie die Aussicht auf eine Landschaft sich ganz verschieden zeigt, je nachdem der Wanderer seinen Weg im Tale nimmt, oder auf den Vorhügeln, die sich längs des Tales hinziehn, oder schwindelfrei auf dem Gebirgskamm dahinschreitet'. Die Vierzahl der Beispiele entspricht hier, meint derselbe Erklärer weiter, den vier Menschengruppen von vorhin. Das liegt in Goethes Worten nicht. Sie werden in einem entscheidenden Zuge falsch aufgefaßt. Daß die vier Beispiele den vier Menschengruppen entsprechen, ist eine Forderung, die höchstens durch die gleiche Anzahl ganz äußerlich gestützt werden könnte. Sinn und Wortlaut führen auf diese Auffassung nicht. Aber auch von einer Vierzahl der Beispiele steht gar nichts da. Drei werden angeführt, nicht vier. Und sehr natürliche. Das, was das vierte Beispiel nach jenem Erklärer (Morris) sein soll, ist kein Beispiel. Die Worte 'Hervorbringende Einbildungskraft mit möglicher Realität' sind in diesem Zusammenhange als eine beabsichtigte Erläuterung aufzufassen, entweder zu dem dritten Beispiele, dem vom dramatischen Dichter, allein oder zu allen dreien zusammen. Miteinbegriffen ist der Dichter auf alle Fälle. Mit halb ideellem, halb sinnlichem Wesen ausgestattet nennt ihn Goethe einmal. Obwohl Produkte der Einbildungskraft, sind die Personen und die Begebenheit innerhalb der großen Poesie doch nicht Phantasmen, sondern haben mögliche Realität in so starkem Maße, daß Goethe seine Menschen oft mit Augen zu sehen glaubte, wie die Philinen und die Söller, auch die Lotten und Mignons. Der Dichter ist Prometheus, zweiter Schöpfer der Menschenwelt, wie die bauenden und bildenden Architekten zweite Schöpfer im Reiche der großen Natur immer gewesen sind. Nur in Erscheinungen der Wirklichkeit wird das Ideelle zum realen Leben gebracht, sagen die Paralipomena zu den Annalen 1807. 'Wir Rauchgeborenen sind bestimmt, Erleuchtetes zu sehen, nicht das Licht', bekennt sein Prometheus. Goethe hat so abgesetzt:

'Gleichnis von den Wegen hergenommen.

Beispiel vom Aquädukt, das Phantastische vom Idealen zu unterscheiden.

Beispiel vom dramatischen Dichter.

Hervorbringende Einbildungskraft mit möglicher Realität.'

Danach will Goethe den letzten Absatz, der nun einmal kein Vergleich oder Beispiel ist, nicht auf das dritte Beispiel allein, das vom dramatischen Dichter, bezogen sehen. Die Worte 'Hervorbringende Einbildungskraft mit möglicher Realität' gehen alle drei Beispiele an.

II

Die Vierzahl in Vergleichen finde ich wohl nur zufällig bei Goethe nicht. Einmal durch mehrere Seiten zerstreut fünf, um das Wesen des Dichters, des echten, zu veranschaulichen.[1]) Er vergleicht nämlich den Dichter im neuen 'Meister' II 3 zuerst mit einem Gotte: 'Gleichsam wie einen Gott hat das Schicksal den Dichter über dieses alles (das Welttreiben) hinweggesetzt'; dann mit der von Nacht zu Tag wandelnden Sonne, mit der unbewußt treibenden Pflanze: 'ein-

---

[1]) Sieben Vergleiche in den Stammbuchversen für Moors 1765. Über Haydn ergeht er sich viel später in sieben Bildern. Sechs an Friederike Öser 1768.

geboren auf dem Grunde seines Herzens wächst die schöne Blume der Weisheit
hervor' — mit dem die Welt überfliegenden Vogel, der in den Lüften nistet
und seine Nahrung von Knospen und Früchten nimmt, einen Zweig mit dem
andern verwechselnd — und nicht wie der Stier am Pfluge oder der Jagdhund
auf der Fährte oder der den Meierhof bewachende Kettenhund. Endlich vergleicht er ihn der Nachtigall: 'Wie man sich selig preist und entzückt
stille steht, wenn aus den Gebüschen, durch die man wandelt, die Stimme der
Nachtigall gewaltig rührend hervorruft.' Auch die Nachtigall kann nicht anders
als singen, und ungewollt ist ihre Wirkung auf das Menschenherz; aber sie ist
da, die Wirkung. Das ist für Goethe das Naturgeheimnis aller Musik, aller
echten Poesie. Denn unbewußt ist diese, und das Unbewußte ist das Echte. Unbewußt 'wie ein Nachtwandler' — er braucht die Wendung an Knebel, 16. März
1814 — hat er vom ersten Verse an, den er geschrieben, bis zum letzten Blatte,
das er mit seinen Zügen bedeckt, seine Stimmung gestaltet. Moralische oder lehr-
hafte Zwecke, wie sie wohl auch Horaz und Lessing dem Dichter zuweisen, hat
er nicht verfolgt. Seine Poesie war Selbstbefreiung und hat befreiende Wirkung
auch auf die andern. Sie ist Katharsis vom lastenden Druck der Seele. Er hat
das alles selbst in jenem wunderbaren Preisgesang gesagt: 'Die angeborne Leidenschaft zur Dichtkunst ist so wenig als ein andrer Naturtrieb zu hemmen, ohne
das Geschöpf zugrunde zu richten. Und wie der Ungeschickte, den man straft,
meistens noch einen zweiten Fehler begeht, mit dem ernstlichen Vorsatze, das
Vergangene gut zu machen, so wird der Dichter, um der Dichtung zu entgehen,
erst recht zum Dichter.' Die Fünfzahl gleichartiger Gleichnisse neben der negativen Dreiheit am Schluß innerhalb dieses langen Hymnus auf die Poesie ist
in ihrer Vereinzelung als Ausnahme zu begreifen.

Ich finde die Fünfzahl noch einmal: 'So wäre denn auch dieser nach seiner
Art zur Ordnung gewiesen. Man muß die Angeln, die man stellt, nach der
Proportion der Fische einrichten, die man zu fangen gedenkt, und wenn es ein
Walfisch ist, wirft man mit Harpunen nach ihm. Den Mäusen stellt man Fallen,
Füchsen legt man Eisen, Wölfen gräbt man Gruben, und die Löwen verscheucht
man mit Fackeln. Diesen jungen Löwen (den Ritter) habe ich auch mit einer
Fackel zur Ruhe gebracht' usf., spricht der Großkophta zu sich selbst. Aber das ist
unzweifelhaft Ausnahme. Die Zweiheit und die Dreiheit liebt dieser ewige Gleich-
nismacher, wie er sich scherzend einmal selber nennt. Alle Großen lieben sie.
Auch Bismarck stellt in seinen Reden und Briefen, um nur recht scharf den
abstrakten Begriff gleichsam vor das sinnliche Auge treten zu lassen, zwei, auch
drei Bilder nebeneinander. Z. B. in dem Briefe aus Frankfurt a. M., 22. Juli
1855, bei Gelegenheit seines Geburtstages: 'Das Leben ist wie ein geschicktes
Zahnausziehn: man denkt, das Eigentliche soll erst kommen, bis man mit Verwunderung sieht, daß es schon vorbei ist. Oder ich will es meiner hiesigen Beschäftigung entsprechend lieber mit einem Diner vergleichen, bei dem das unerwartet frühe Erscheinen von Braten und Salat auf den Gesichtern der Gäste
den Ausdruck der Enttäuschung hervorruft. Möge sich für uns beide die Ähnlichkeit mit dem Diner dadurch vervollständigen, daß nach dem Braten nur

noch süße Speisen folgen. Verzeih mir diese etwas resignierte Betrachtung, die sich gerade zum Geburtstage eines robusten Familienvaters von 45 Jahren nicht passend ausnimmt; es ist ein unwillkürlicher Ausbruch meiner eigenen Stimmung.' Goethe stellt eine Welt in Bildern vor. Er will durch Verdoppelung oder Verdreifachung der Bilder die sinnliche Anschaulichkeit steigern. Das geht durch alle Epochen seines Lebens fast ungemindert fort. Im neuen 'Meister' IV 7 verbringt Wilhelm, aufgeklärt über die Jämmerlichkeit seiner Theatertruppe, ruhelos die Nacht. 'Der Wahn seiner Jugend zerstreute sich, wie eine schöne Nebelwolke, die sich um einen dürren Berg bewegt. Er bedauerte sich, das Theater und die Dichtkunst. Ach! rief er aus, möchten doch so viele törichte Jünglinge durch mein Beispiel klug werden, die diesem Irrlichte nachlaufen, die sich von dieser Sirene aus der vorgeschriebenen Fahrt ihres Wandels locken lassen!' Nach diesen beiden zusammengehörigen Bildern noch ein drittes, ein kriegerisches: 'Er hatte einige Stunden in so abwechselnden verdrüßlichen Gedanken gelegen und war einem Krieger zu vergleichen, der mit seiner Mannschaft von einem Feinde unversehens umzingelt ist. Bald ersteigt er einen Berg, bald rekognosziert er das Tal, bald hofft er von dem Flusse Rettung und fängt, nachdem er den ganzen Kreis geschlossen gefunden, mit abwechselnden Gedanken sich durchzuschlagen oder sich zu ergeben, seine Untersuchung und Überlegung wieder von vornen an.' 'Was will der Anton Reiser mit Lucinden, die für das Haus geboren ist, um glücklich zu sein und Glück zu schaffen; hefte sich doch das zapplige Quecksilber an den ewigen Juden; das wird eine allerliebste Partie werden' ruft Lucidor im Zorn 'Wanderjahre' I 8. Und das Quecksilber (Lucindens Schwester Julie, die den Monolog belauscht hat) antwortet dementsprechend bei Gelegenheit: 'Das gestehe ich, der ewige Jude, der unruhige Anton Reiser weiß seine Wallfahrten bequem genug einzurichten für sich und seine Genossen' I 9. Gemeint ist eine und dieselbe Person, Juliens Liebhaber Antoni. Auch Wilhelm heißt bald darauf der ewige Jude, weil er zum Wandern verpflichtet ist I 11; auch Goethe hat sich so genannt.[1]) 'Dort stürzen billig wir hinab den Tobenden, der wie das Tier, das Element Zum Grenzenlosen übermütig rennend stürzt' von Phileros in der 'Pandora'. Zweiheit erscheint neben der Dreiheit der Gleichnisse in den beiden Entwürfen zur 'Achilleis' an einer und derselben Stelle: 'Götter auf dem Olymp. Zeus erregt Zweifel, ob Troja fallen soll. Argument vom letzten Lebenshauche; von der geteilten Schlange; vom Schiffbruch, wo einer gerettet wird, indes der andre untergeht.' Drei Gleichnisse also, von denen die Ausführung aber nur zwei, das erste und das letzte, in der Rede des Zeus erhalten hat (V. 255—61). Das zweite, weggelassene, bezog sich auf den unverwüstlichen Lebenstrieb der Schlange, deren einzelne Teile sich noch bewegen, nachdem sie getötet ist.[2]) Nun die Dreiheit. 'End-

---

[1]) Den 'Ewigen Juden' hatte der Knabe in einem Volksbuch kennen gelernt (I 1), der Jüngling als eigene Dichtung begonnen, der Mann weitergehegt, z. B. auf der Fahrt über den Apennin. Das drückt sich in der Tagebuchnotiz vom 28. Oktober 1777 aus: 'Den ganzen Tag gerannt wie der ewige Jude.'

[2]) Morris, Goethe-Studien II[2] 132.

lich gingen mir die Augen auf. Ich sah statt des aktiven Mannes, der die Geschäfte eines Fürstentums belebte ... der auf hundert großen Unternehmungen
wie auf übereinander gewälzten Bergen zu den Wolken hinaufgestiegen war,
den sah ich jammern wie einen kranken Poeten, melancholisch wie ein gesundes
Mädchen und müßiger als einen alten Junggesellen' (im 'Götz'). Das Handels-
gewerbe hielt Wilhelm 'für eine drückende Seelenlast, für Pech, das die Flügel
seines Geistes verleimte, für Stricke, die den hohen Schwung der Seele fesselten'
I 12. Er überlegt IV 16, ob er die Schauspielertruppe verlassen soll. 'Dagegen
legten sich alle leidigen irdischen Lasten auf die andere Schale: die Gesellschaft usf. So schwankte die Schale herüber und hinüber, oder vielmehr, aus
so widersprechend gefärbten Faden war das Gewebe gewebt, daß es wie ein
übel schielender Taft zugleich angenehme und widrige Farben aus einer Falte
dem Auge entgegenwarf, und wenn mir Gleichnisse zu häufen erlaubt ist, wie
aus Seide und grobem Hanf war diese Flechte gezwirnt, geflochten und ver-
knotet dazu, daß es unmöglich war, eins von dem andern zu sondern, und
unserm Helden nichts übrigblieb, als sich in diese Bande zu ergeben oder alles
miteinander durchzuschneiden.' In einem der Schemata zu 'Dichtung und Wahrheit' IV 17 (I 29 S. 214 der Weimarer Ausgabe) schildert er seinen Eintritt
in Lilis Reich: 'Der quasi Fremde in Lilis Hause angekündigt als Bär Hurone
Westindier, als Naturkind bei so vielen Talenten, erregt Neugierde.' Das Naturkind dreifach verglichen! Drei zierliche Gleichnisse werden einmal statt eines
Gedichtes in den Wanderjahren II 5 gegeben. 'Der alte Zauberer (schreibt V. Hehn
S. 378 von den Altersgedichten), der alte Zauberer, der über alle Schätze der
Sprache gebot, weiß die rechten Worte nicht mehr zu finden und so den Gegenständen zu freier Gegenwart zu verhelfen. Die Begeisterung, auch die schwächer
gewordene Phantasie reichte noch zu, in schöner Prosa sich auszudrücken, vermochte aber nicht mehr, die Last des Metrums und Reimes zu tragen.' An der
vorliegenden Stelle der 'Wanderjahre' versagte auch die Prosa. Nur eine Skizze
wird geboten: 'Der späte Mond, der zur Nacht noch anständig leuchtet, verblaßt vor der aufgehenden Sonne; der Lebenswahn des Alters verschwindet in
Gegenwart leidenschaftlicher Jugend; die Fichte, die im Winter frisch und
kräftig erscheint, sieht im Frühling verbräunt und mißfarbig neben der hell
aufgrünenden Birke.' Phorkyas spricht in der 'Helena' zu den gefangenen
Troerinnen:

> Wer seid denn Ihr, daß Ihr des Königes Hochpalast
> Mänadisch wild, Betrunknen gleich, umtoben dürft?
> Wer seid Ihr denn, daß Ihr des Hauses Schaffnerin
> Entgegen heulet, wie dem Mond der Hunde Schar?
> Zu Hauf Euch sehend, scheint Ihr ein Zikadenschwarm
> Herabzustürzen, deckend grüne Felsensaat.

III

Nach allen diesen Feststellungen kann an der Absicht des Dichters, durch
die Worte der Morphologie 'Hervorbringende Einbildungskraft mit möglicher

Realität' alle drei vorher angeführten Beispiele oder Gleichnisse — das von den Wegen, vom Aquädukte, vom dramatischen Dichter — zu erläutern, nicht mehr gezweifelt werden. ·

Das Gleichnis vom dramatischen Dichter wurde S. 425 besprochen. Auch das erste, das von den Wegen hergenommene, hat keine Schwierigkeit. Nutz- und Verkehrswege, eingeschnitten in die einst weg- und steglosen Wälder und Berge, sind wie die Wasserleitungen in den Städten zu allen Zeiten die wesentlichsten Ergänzungen jeder Landeskultur. Wie durch das Leiten der Quellwasser, so wird durch das Lichten und Roden des Waldes, das Ebnen des Felsgesteins und das Durchtunneln der Berge den Einrichtungen der Natur zum Segen der Menschen nachgeholfen. Daher im alten Rom Wegeanlagen und Wasserversorgung den Imperatoren oblagen; die Entsumpfung des Landes (Fausts großes Werk) ist auch *regis opus* (Goethe und die Antike S. 328). Wegeanlagen hatte auch Goethe als Minister seines Herzogs gebaut; seit 1779 war er Leiter auch der Wegebaukommission. Aus der Sphäre seiner dienstlichen Tätigkeit, die ihn gerade auch der Natur zuführte, hat Goethe gern Gleichnisse entnommen. Fünfundzwanzig Jahre hatte er sich am Ilmenauer Bergbau müde gedacht und gesorgt und die Hoffnung nicht aufgegeben, 'daß dem Abgestorbenen etwas Belebtes folgen und der Anteil der Menschen an diesem Erdenwinkel niemals erlöschen könne' (Tag- und Jahreshefte 1794). Weil er ein Bergmann geworden, redet er in den 'Wanderjahren' III 13 vom Bergbau und braucht Vergleiche wie diesen: 'Es sind Sprüche, Wendungen und Ausdrücke, die man viele hundert Mal gehört und gelesen, diesmal aber flossen sie so herzlich zusammengeschmolzen ruhigglühend, von Schlacken rein, wie wir das erweichte Metall in eine Rinne hineinfließen sehen' (es handelt sich um eine Predigt). Oder dies: 'Das gediegene Gold und Silber aus der Masse jener so ungleich begabten Erzgänge auszuscheiden und unter den Hammer zu bringen, erfordert fast mehr als menschliche Kräfte vermögen, und ein jeder, dem ein ähnlicher Trieb eingeboren ist, tut besser, sich unmittelbar an die Natur zu wenden, als sich mit den Gangarten, vielleicht mit Schlackenhalden vergangener Jahrhunderte herumzuquälen' heißt es von Giordano Brunos Schriften in den 'Tag- und Jahresheften' 1812.

Endlich das Beispiel von dem Aquädukte, dem römischen natürlich, der hoch über der Erde läuft. Nach Morris wollte Goethe mit diesem Beispiel den 'Lauf der Idee schildern, die wie das Wasser im Aquädukt hoch über der irdischen Wirklichkeit dahinfließt, aber durch feste Stützen auf ihr ruht und sich dadurch von dem Phantastischen scheidet, das die Wirklichkeit verleugnet'. Morris glaubt wirklich, Goethe habe in diesem Gleichnis, 'einem der schönsten unter den vielen ähnlichen Bildern', seine wissenschaftliche und seine poetische Anschauungsweise schildern wollen. Das hat bei E. Rotten, Goethes Urphänomen S. 10 Beifall gefunden, entspricht aber den Tatsachen gar nicht, die in eine ganz andere Richtung weisen. Da auch Kalischer (in Bielschowskys 'Goethe' II 460 f.) der Äußerung Goethes insofern nicht gerecht wird, als er sie einseitig auf die naturwissenschaftliche Betrachtung bezieht und die Beispiele unbeachtet läßt, so will ich diese Irrtümer berichtigen; denn ärger kann die Stelle

nicht mißverstanden werden. 'Beispiel vom Aquädukt, das Phantastische vom
Idealen zu unterscheiden': inwiefern ist der Aquädukt dafür ein Beispiel? Weil
er nach Goethe ein ungeheurer Gedanke ist, aber ein notwendiger, der auf ein
Großes, Wahres, Ideales geht. Was aber schwebte dann dem Dichter als Gegensatz vor, als das Phantastische, Zwecklose und Wertlose, Inhaltsleere und Un-
lebendige, das er in dem nur sehr flüchtig skizzierten Entwurf jenes Abschnittes
der 'Morphologie' nicht genannt? Ein Luxuswerk, eine überflüssige Spielerei
aus dem Gebiet der Wasserarchitektur.

Die erste von Goethe in der Jugend gesehene römische Wasserleitung, die
im Zahlbachtale bei Mainz, hat er nicht beschrieben, gewiß aber mit demselben
Eifer geschaut, wie den Drususstein auf der Zitadelle von Mainz. Er beachtete
auch die gewaltigen Wasserleitungen bei Rom und in Rom genau, die neuen
Fassaden in der Stadt und die lange Reihe der alten Träger in der Stille der
weiten Kampagna mit dem wunderbaren Hintergrunde der blauen Volsker- und
Sabinerberge. Höchst merkwürdig ist ihm 'der schöne, große Zweck, ein Volk
zu tränken durch eine so ungeheure Anstalt.' Das hier Entscheidende sind die
Betrachtungen aus Anlaß seines Besuches in Spoleto: da sie den Vergleich mit
Wilhelmshöhe enthalten. Das in dem Entwurf der 'Morphologie' nicht Mit-
gesagte, aber Mitgedachte ergänzt sich aufs schönste durch den Brief aus Spoleto. Es bleibt hier kein Rest und kein Zweifel. An Stelle der aufschiebenden
Worte des S. 422 ausgeschriebenen Briefes: 'Es mag gut sein; wir wollen mehr
davon sprechen' (mündlich nach der Rückkehr verhandeln), findet sich in der
späteren Fassung der 'Reise' folgender Satz: 'Eine zweite Natur, die zu bürgerlichen Zwecken handelt, das ist die Baukunst der Alten: so steht das Amphitheater (von Verona), der Tempel (von Assisi) und der Aquädukt (von Spoleto).' Der mächtige Eindruck des in Spoleto gesehenen altrömischen Aquädukts
klingt noch in jener späten botanischen Schrift vernehmbar nach. Aus einer
notwendigen Bedingtheit des Lokals die Forderungen des Zweckes zu entwickeln
— Worte, die er in den 'Tag- und Jahresheften' 1803 einmal braucht — aus
dem Bedürfnis des Volks für das Volk zu bauen und zu bilden vermochten die
Zeiten und die Künstler, die jene Monumente wie für die Ewigkeit erschufen:
'Das ist eben der alten Künstler Wesen, das ich nun mehr anmute als jemals,
daß sie wie die Natur sich überall zu finden wußten und doch etwas Wahres,
etwas Lebendiges hervorzubringen wußten.' Jene Menschen freuten sich wie
die Blumen und Bäume an den Strahlen der Sonne, aber sie gediehen und
lebten — wie Goethe — recht erst in der geheimnisvollen Wärme eines nie
gesehenen Sternes (wie Lagarde so schön die Idee genannt). Goethe schließt in
der 'Reise' die Betrachtung über den Tempel in Assisi mit den (im Briefe an
Frau von Stein noch fehlenden) Worten so: 'Was sich durch die Beschauung
dieses Werkes in mir entwickelt, ist nicht auszusprechen und wird ewige Früchte
bringen.' Wohl aber stehen schon im Briefe die Worte: 'So natürlich und so
groß im Natürlichen.' Jene innere Großheit und harmonische Zweckmäßigkeit,
die sich ihm bis in das Hausgerät, bis in alle Gebrauchsgegenstände der Alten
im Süden offenbarte, hatte ihn damals ergriffen.

Goethes Gleichnisse sind niemals Spracherlebnisse, sondern Gesichte, Gedichte innerhalb der Dichtung, wie Pflanzen aus natürlichem Boden hervorgewachsen. Eigene Tätigkeit als Dichter und als Minister des Weimarer Ländchens und das bewundernd in Italien Geschaute, alle diese drei Sphären seines Lebens haben die Gleichnisse dessen, das er im Gegensatz zum Phantastischen Ideal nannte, hergegeben. Die drei Beispiele spiegeln persönliches Erleben und sind durch die erlebende Person zu einer geschlossenen Gruppe geeinigt. Es heißt einmal in den 'Sprüchen in Prosa': 'Wer den Unterschied des Phantastischen und Ideellen ... nicht zu fassen weiß, der ist als Naturforscher in einer üblen Lage.' Über diese grundlegenden Begriffe haben ihn zwei Monumente aufgeklärt, das altrömische in Spoleto und das moderne auf Wilhelmshöhe. Jakob Boehme fühlte sich einst durch eine zinnerne Schüssel über das Universum, Galilei durch die schwingenden Domampeln in Pisa über ein Gesetz des Universums erleuchtet. Eine solche plötzlich aus der Finsternis aufsteigende Erhellung wird, wer Goethes Entwicklungszug kennt, kaum annehmen wollen. Aber eine Bestärkung in seiner Grundanschauung haben ihm jene eben dadurch um so merkwürdigeren Monumente gebracht.

IV

Fausts Belehnung mit dem Strandsumpf wird durch die dem Kaiser geleistete kriegerische Hilfe erreicht. Sogar in diese Kriegsepisode spielt ein persönliches Erlebnis Goethes hinein: ohne die Kanonade von Valmy wäre die Schlachtschilderung nicht so anschaulich ausgefallen (Goethe und die Antike S. 328 f.). Treffend sagt E. Schmidt im Kommentar: 'Eigene Erinnerungen an die Kampagne in Frankreich dienten zu realistischen Zügen: der Generalstab, der zaudernde Herzog-Feldmarschall, Terrain, Paß, Plünderung, Kontribution, derbe, alte Marketenderinnen.' Daß das deutsche Heer damals durch die Elemente besiegt wurde, stimmt gleichfalls zum 'Faust'.

Fausts neuem Lebensplane mit dem Strandsumpf liegen Erwägungen anderer Art voraus, die Mephisto angeregt. Mephisto soll erraten, was Faust, als er von der Wolke her die Reiche dieser Welt gemustert hatte, besonders angezogen. Er rät auf das, was Eitelkeit und Sinnlichkeit zu wecken geeignet ist. Erstens auf ausgedehnte Volksgunst. Diese aber kann Faust so wenig zufriedenstellen, wie sie Goethe befriedigt hätte. Wir bemerken an dieser Gemeinsamkeit der Abneigungen Fausts und Goethes, und weiter an dem, was wir sonst in diesem Zusammenhange vernehmen, wieder das persönliche Wollen und manches vom persönlichen Erleben des Dichters. Das Haschen nach Volksgunst empfiehlt Mephisto dem Faust in dieser ironischen Schilderung:

> Ich suchte mir so eine Hauptstadt aus,
> Im Kerne Bürger-Nahrungs-Graus,
> Krummenge Gäßchen, spitze Giebeln,
> Beschränkten Markt, Kohl, Rüben, Zwiebeln;
> Fleischbänke, wo die Schmeißen hausen,
> Die fetten Braten anzuschmausen;

> Da findest Du zu jeder Zeit
> Gewiß Gestank und Tätigkeit.
> Dann weite Plätze, breite Straßen,
> Vornehmen Schein sich anzumaßen;
> Und endlich, wo kein Tor beschränkt,
> Vorstädte grenzenlos verlängt.
> Da freut' ich mich an Rollekutschen,
> Am lärmigen Hin- und Widerrutschen,
> Am ewigen Hin- und Widerlaufen
> Zerstreuter Ameis-Wimmelhaufen.
> Und wenn ich führe, wenn ich ritte,
> Erschien ich immer ihre Mitte,
> Von Hunderttausenden verehrt.

Daß zu der Hauptstadt in diesen Versen Alt-Frankfurt Farben und Formen
hergegeben, haben die Erklärer richtig bemerkt; gerade auch die widerwärtigen
Fleischbänke erwähnt Goethe in seiner Lebensbeschreibung. Faust schildert eine
Stadtrepublik wie Frankfurt. 'Der Gedanke, an irgendeinem Regimente teilzunehmen, erwacht gar bald in der Brust eines jeden Republikaners'; schreibt
Goethe in der 'Kampagne in Frankreich' aus Trier am 29. Oktober 1792, als
er des ihm von der Stadt Frankfurt gemachten Angebotes erwähnt, die Stelle
eines Ratsherrn anzunehmen. Er lehnte ab. Denn er fühlte sich der Stadtrepublik
entwachsen, dem Demos innerlich wie äußerlich entfremdet; er war in Weimar
überzeugtester Monarchist geworden.

> Ich halte nichts von dem, der von sich denkt,
> Wie ihn das Volk vielleicht erheben möchte;
> Allein, o Jüngling, danke Du den Göttern,
> Daß sie so früh durch Dich so viel getan

spricht tröstend Pylades, als Orest II 1 verzweifeln will. Wir denken gern Goethe
an Orests Stelle. Aus dieser Gesinnung, die ganz die Gesinnung Goethes war,
entgegnet Faust auf Mephistos Angebot:

> Das kann mich nicht zufrieden stellen!
> Man freut sich, wenn das Volk sich mehrt,
> Nach seiner Art behäglich nährt,
> Sogar sich bildet, sich belehrt —
> Und man erzieht sich nur Rebellen.

Das Volk gewinnen heißt ihm schmeicheln, ihm Triebe und Vorstellungen ein-
flößen, aus welchen leicht die Rebellion erwächst. Die einfache Gedankenfolge
erklärt alles; es war nicht erst nötig und nicht zulässig, die Worte Goethes
unter den Eindruck der Julirevolution zu stellen (wie K. Fischer IV 255 getan)
und Schlüsse auf die Entstehungszeit der Szene zu ziehen.

Die Hauptsache ist aber dies. Um Faust aufs neue zu verderben, malt ihm
Mephisto die Örtlichkeit der Sinnenlust:

> Dann baut ich, grandios, mir selbst bewußt,
> Am lustigen Ort ein Schloß zur Lust.

Wald, Hügel, Flächen, Wiesen, Feld
Zum Garten prächtig umbestellt.
Vor grünen Wänden Sammetmatten,
Schnurwege, kunstgerechte Schatten,
Kaskadensturz, durch Fels zu Fels gepaart,
Und Wasserstrahlen aller Art;
Ehrwürdig steigt es dort, doch an den Seiten,
Da zischt's und pißt's in tausend Kleinigkeiten.
Dann aber ließ ich allerschönsten Frauen
Vertraut-bequeme Häuslein bauen;
Verbrächte da grenzenlose Zeit
In allerliebst-geselliger Einsamkeit.
Ich sage Fraun; denn ein für allemal
Denk' ich die Schönen im Plural.

Worauf ablehnend Faust:

Schlecht und modern! Sardanapal!

Den Erklärern fällt der französische Sardanapal, das Versailles Ludwigs XIV.
und seines Nachfolgers ein. Für das Schloß der Lust in der geschilderten
Parkanlage wird diese Residenz der Wollust, das berühmte Trianon, Goethen
aus Beschreibungen auch wirklich in der Erinnerung gewesen sein. Es liegt das
am nächsten. Um aber auf seine Schilderung des Lustparks zu kommen, dazu
bedurfte er nicht erst irgendwelcher Schriften über Versailles oder andere Lust-
orte. Mit eigenen Augen hat er oft genug, ohne aber Freude daran zu haben,
einen solchen Luxuspark bei seinen Besuchen in Wilhelmshöhe gesehen. Dieser
Park stimmt zu den Worten im 'Faust' genau, genauer als der zu Versailles.
Die imposanten Parkanlagen der hessischen Landgrafen mit ihrem weltberühmten
Kaskadenwerk befinden sich auf starkhügeligem, felsigem Terrain, während
Versailles eben liegt und Goethes Beschreibung in diesem einen, aber dem wichtigsten Punkte widersprechen würde. Was seinen persönlichen Erfahrungen gemäß in seiner Dichtung erscheint, sollen wir nicht erst aus literarischen Notizen
ableiten wollen. Trianonzustände, wie sie die 'Faust'stelle annimmt, hat es
freilich auf Wilhelmshöhe nicht gegeben (Hoffmeister, Historisch-genealogisches
Handbuch über alle Linien des hohen Regentenhauses in Hessen, Marburg
1874, S. 87), wenn auch die Mätressen zu Goethes Zeit im landgräflichen und
kurfürstlichen Kassel nicht fehlten. Das also verbleibt, wie schon bemerkt, der
Erinnerung an das Versailles Ludwigs XIV. Das soeben in Marburg erschienene
Buch Holtmeyers über Wilhelmshöhe beginnt mit diesen Sätzen: 'Schloß Wilhelmshöhe verdankt seinen kunstgeschichtlichen Ruf seinen Nebenanlagen. In-
sonderheit gelten die Kaskaden auf der Höhe des Habichtswaldes mit dem
Oktogon und dem Herkules als eine Sehenswürdigkeit von Rang. Mit vollem
Recht. Denn in seiner Art läßt sich dem gigantischen Werk kaum etwas an
die Seite stellen. Wohl gibt es größere Anlagen. Der Park von Versailles mit
seinen Wasserkünsten greift weiter aus. Aber was diesem in die Ebene komponierten Wundergarten, der vielbestaunten Schöpfung von Frankreichs Sonnen-

könig, fehlt, ist die perspektivische Übersichtlichkeit, durch die sich die Berg-
architektur in der Sommerresidenz des hessischen Landgrafen auszeichnet.' Wilhelmshöhe und Versailles erscheinen in der 'Faust'szene zu einer dritten, neuen,
einer idealen Örtllichkeit zusammengerückt. Goethe pflegte so zu arbeiten, und
diese Arbeitsweise ist ein Gesetz künstlerischen Schaffens überhaupt. Unerfahrene
Goethe-Erklärer haben sie geleugnet, jagen lieber auf Modelle und finden Beifall, gerade auch wieder in letzter Zeit. Ihnen geht es mit dem Beifall wie
den Damen: die jungen empfehlen sich am meisten. Gegen Mephistos Verführung
ist Faust gesichert seit Helenas Besitz. Seine Lebensarbeit ist eine ideal gerichtete. Er ringt um der Millionen Menschen willen, um neues, noch in den
Fluten verborgenes Land mit dem Meere. Symbolisch gefaßt ist ja auch dies
die Tätigkeit Goethes: 'Solang' ich auf der Erde bin, erobr' ich wenigstens
einen Schritt Lands täglich', schrieb der Fünfundzwanzigjährige.[1]

---

[1] 26. April 1774 (Goethe und die Antike S. 328).

ANZEIGEN UND MITTEILUNGEN

WALTHER V. DIEST, NYSA AD MAEANDRUM.
JAHRBUCH DES KAIS. DEUTSCHEN ARCHÄOLO-
GISCHEN INSTITUTS, ERGÄNZUNGSHEFT X. 103 S.
MIT 13 TAFELN, 3 PLÄNEN UND 31 TEXTABB.
Berlin, Georg Reimer 1913.

Oberst a. D. v. Diest ist durch viele
Reisen in Kleinasien und verdienstvolle
Publikationen darüber, die für Geographen
und Archäologen gleich wichtig sind, seit
Jahren rühmlich bekannt. Seine Reiseschil-
derungen sind nicht nur wissenschaftlich
wertvoll, sondern zeichnen sich auch durch
ihre Darstellung aus; sie haben nichts
von antiquarischer Trockenheit und Nüchternheit, sondern fesseln durch vielfach
eingestreute kurze Notizen über Persönliches, über kleine Abenteuer oder über
die Art des Reisens. Referent erinnert sich
mit Vergnügen daran, wie ihm vor einigen
Jahren zufällig v. Diests 'Neue Forschungen
im nordwestlichen Kleinasien' (Petermanns
Mitt., Erg.-Heft 116) in die Hände kamen
und wie er, ohne an den beschriebenen Gebieten besonders interessiert zu sein, nur
aus Freude an der anschaulichen Reise-
schilderung den Band durchlas. In dem
vorliegenden Werke werden manche, da
das Jahrbuch sich ja an Facharchäologen
wendet, die Notizen über die Wagen der
Aidin Railway oder über die deutschen
Häuser, die es in Priene, Didyma und Milet
gebe, vielleicht für überflüssig halten, und
in der Tat fällt derartiges aus der Art
der fachwissenschaftlichen Aufsätze etwas
heraus. Aber schaden wird es keinesfalls;
im Gegenteil, unsere Gelehrten könnten
hierin wohl von dem Offizier lernen; denn
was ihnen als selbstverständlich oder überflüssig erscheint, ist es doch nicht für den
Studenten und jüngeren Gymnasiallehrer,
und für diese wird das Jahrbuch schließlich doch auch herausgegeben.

1907 und 1909 hat v. Diest Nysa am
Maiandros erforscht, eine Ruinenstätte, der

in der 1. Auflage des Baedekers von Kleinasien (1905) mit einer Zeile, in der 2. aber
(1914) auf Grund von v. Diests vorläufigen Mitteilungen (Petermanns Mitt. 1909
Heft VIII, IX) schon mit ausführlichen Angaben gedacht ist. Die Ruinen liegen an
der Bahnlinie Smyrna-Aidin-Diner-Eger-
dir 159 km von Smyrna entfernt bei der
Station Sultan Hissar. Es ist verwunderlich, daß sie, obwohl so leicht erreichbar,
nicht früher ausführlich erforscht worden
sind — ein neuer Beweis dafür, wie viel
uns das unerschöpfliche Kleinasien noch
schenken kann. Nachdem v. Diest 1907 die Stätte
kennen gelernt hatte, hat er sich ein Irade
für Grabungen verschafft und diese 1909
durchgeführt, freilich nur als Schürfungen,
die in Einzelheiten Klarheit schaffen sollten; die abschließende Freilegung der ganzen Stadt bleibt der Zukunft vorbehalten. Es bietet also dieses 10. Ergänzungsheft des Jahrbuchs ungefähr ähnliches wie
das 5., in dem Humann u. a. darlegten,
was sich von Hierapolis ohne besonders
tiefgehende Grabungen feststellen ließ.
Über die Möglichkeit, das ganze Gebiet von
Nysa freizulegen, äußert sich v. Diest nicht
näher. Soweit man nach seinen Schilderungen urteilen kann, würden die Grabungen sehr kostspielig sein; denn anders
als in Hierapolis, an das im übrigen Nysa
in vieler Beziehung erinnert, liegt das
Stadtgebiet von Nysa unter fruchtbarem
und angebautem Boden. Sicherlich aber
war v. Diest nach dem von ihm Erreichten zu der Hoffnung berechtigt, 'seine Arbeit möge die Anregung geben, daß Nysa
noch einmal einer tiefergehenden Tätigkeit
des Studiums und des Spatens gewürdigt
werde'. Und schon nach seinen vorläufigen
Arbeiten ersteht Nysa vor unseren Augen
als eine außerordentlich interessante Ruinenstätte der Kaiserzeit.

Die Einleitung schildert zunächst v. Diests erste Fahrt nach Nysa. Dann wird zusammengestellt, was wir aus literarischer und inschriftlicher Überlieferung von Nysa wissen. Diese Zusammenstellung ist nicht vollständig; doch mag v. Diest Unwesentliches aus Apollodoros, Ptolemaios, Schol. Il., Plinius' N. h. mit Absicht weggelassen haben. An Wesentlichem haben wir aus Strabon und Steph. Byz. und aus Inschriften recht wenig, und man würde sich nach den paar dürftigen Erwähnungen ein ganz falsches Bild von der Stadt machen — einer der häufigen Fälle, in denen die literarische Überlieferung irre führt. Interessant ist eine Notiz Strabons, der uns sagt, er sei in Nysa — wie sich v. Diest hübsch ausdrückt — 'aufs Gymnasium gegangen'. Von der Geschichte der Stadt ist so gut wie nichts bekannt. In umso größerem Kontrast zu dieser ihrer scheinbaren Bedeutungslosigkeit steht der Glanz ihrer Ruinen: Agora, Theater, ein kühn gebautes Stadion, ein langer Tunnelbau über einem Gießbach, eine Bibliothek, ein großes Gymnasion und die reiche Nekropole sprechen eine andere Sprache als die literarischen Zeugnisse.

Weiter schildert v. Diest einen Rundgang durch die Ruinen. Diese sind jetzt freilich unscheinbar: Kalkbrenner und bedauerliche Barbarei bei Anlage der englischen Bahnlinie haben das Ihrige getan. 'Mit Begeisterung aber rühme ich schon jetzt dies erste Schauen über die heutige Landschaft. Wunderbar und umfassend ist der Blick: zu unseren Füßen (von den obersten Stufen des Theaters aus) wie Dornröschen unter Blüten und Dickicht verborgen die seit einem Jahrtausend schlafende Stadt.' — In diesem Abschnitt fallen die Worte über eine vermeintliche Wasserleitung auf: 'Das Wasser so stark (nämlich 26 m) bergauf zu drücken, war im Altertum unmöglich'; Graebers Untersuchungen über die Wasserleitungen von Pergamon (Abh. Berl. Akad. 1887) beweisen doch das Gegenteil. Da v. Diest selbst 1886 in Pergamon tätig war, so kann ihm Graebers Arbeit kaum unbekannt sein. — Eine Übersicht über die κατοικίαι von Nysa, in der Nähe liegende Dörfer, schließt den ersten Teil.

Der zweite bespricht die Untersuchungen von 1909, die Grabungen und die Erkundungen von Acharaka und Aroma, die beide von Strabon erwähnt werden, Acharaka ein 'Wallfahrtsort und antikes Sanatorium, gleichsam ein antikes Lourdes'. In Strabons ἄλσος πολυτελές am Plutonion in Acharaka ist kaum mit v. Diest (S. 25) ein ertragreicher Hain zu sehen. v. Diest hat das Charonion und den Asios leimon (Strab. XIV p. 649; Ilias II 461) wiedergefunden; die für die Identifikation vorgebrachten Gründe sind, soweit man ohne eigne Kenntnis der Gegend urteilen kann, glaublich, wenngleich die am Charonion nach Strabons Zeugnis befindliche Höhle, deren Existenz noch 1890 Radet bezeugte, sich nicht finden ließ. Das Charonion ist eine Schlucht mit einer 120 m hohen steilen Wand, aus deren schiefrigem Gestein Schwefeldämpfe dauernd hervorströmen und die ganze Gegend mit ihrem Geruch erfüllen; hier war im Altertum eine berühmte Heil- und Kultusstätte. Ein Wallfahrtsort war, nach Strabon, auch der Asios leimon und ist es noch heute; 'hier hat der Kultus an uralter, den Göttern der Unterwelt geweihter Stätte fortgelebt über Jahrtausende hinweg, über Religionsformen der Griechen, Christen und Türken. Wunderbar stimmungsvoll wirkt die Rundschau über die mächtigen Gebirgsformen, die das Völkertor des Mäandros umrahmen, zu dem Rückblick, der sich hier in die graue Vorzeit öffnet.' Weniger gut als die Ansetzung dieser beiden Stätten scheint mir die von Aroma gesichert. Auf Seite 28 wäre Zeile 14 'Ob unser Wort Aroma damit zusammenhängt, wage ich nicht zu entscheiden' besser weggeblieben. Der Ort hieß τὰ Ἄρωμα und hat, eine so duftige Blume der berühmte οἶνος Ἀρωμεύς auch gehabt haben mag, mit τὸ ἄρωμα nichts zu tun.

Für die Ausgrabungen hatte v. Diest Heinrich Pringsheim gewonnen, der S. 30 ff. die Ruinen anschaulich beschreibt. Nach Strabon ist Nysa aus drei alten Städten, deren eine Athymbra hieß, durch συνοικισμός entstanden. Diese Nachricht hält Hiller von Gaertringen (s. u.) für unbedenklich, da sich der Name Athymbrianer für Nysaier später inschriftlich findet, und

v. Diest suchte sie durch die Natur des Geländes von Nysa, das durch tiefe Flußläufe in einzelne Teile geschieden ist, als begründet hinzustellen. Demgegenüber fand Pringsheim nirgends eine Scherbe, die älter war als das III. Jahrh. v. Chr. Wenn also spätere Grabungen nichts anderes ergeben, so müßte man mit Pringsheim doch wohl Strabons Bericht nur als Gründungslegende ansehen; der Name Athymbrianer würde nach ihr künstlich geschaffen sein und ebensowenig für sie etwas beweisen wie auf Münzen der farblose Ktistes Athymbros; daß der Athymbrianer, der BCH XI 1887, 274, 37 einigen Göttern, darunter dem Hermes Anubis, in Delos etwas weiht, noch vor den συνοικισμός von Nysa zu setzen ist, wie Regling (s. u.) S. 91 sagt, ist dann unwahrscheinlich. — 'Die tief eingerissene, ziemlich genau nordsüdlich verlaufende Schlucht des Tekkedjik-dere, die Mittelachse der Stadt, zerreißt diese in zwei annähernd gleiche Teile. Freilich ist im Altertum alles geschehen, um diese beiden von der Natur so nachdrücklich getrennten Stadthälften künstlich zu einem Ganzen zu vereinigen und den beträchtlichen Raum, den das ausgedehnte Bachbett gerade im Herzen der Stadt wegnahm, sinnreich auszunutzen. Uns ist es heute aus den Bauplänen großer Städte etwas Geläufiges, daß nutzlose Wasserläufe auf weite Strecken hin überwölbt werden, um über ihnen Straßen, Promenaden, Bauten anzulegen . . . Eine der großartigsten Anlagen dieser Art haben wir in Nysa vor Augen.' Der Bach fließt nämlich 100 bis 150 m in einem hohen, gewölbten Tunnel; an dessen Nordende liegt eine Brücke mit 6 wohl 40 (sic) m aufragenden Pfeilern. Nicht diese Brücke, sondern der Tunnel heißt bei Strabon γέφυρα, eine zunächst auffallende Benennung; doch scheint mir Pringsheims Darlegung überzeugend. Weiter ist das genannte Bachbett mit dem 300 m langen Amphitheater oder Stadion überbaut, dessen Anlage also der des Amphitheaters in Pergamon gleicht; die Sitzplätze für die Zuschauer steigen an den schrägen Wänden der Schlucht auf, am Ostufer auf einem großartigen System von schräg ansteigenden Gewölben. Die Arena maß 192 × 44 m, die Sitzplätze gaben

30000 Zuschauern Raum. Die Agora, 105 × 89 m, war mit Säulenhallen und Läden umgeben. Das Gerontikon, so nach Strabon zu benennen, ist ein Seitenstück zu dem hübschen Ekklesiasterion in Priene; an ihm sind vier sonderbare elliptische Säulen bemerkenswert. Das Theater wurde nicht besonders erforscht. Auffällig groß ist das Gymnasion. Nach den Maßen seines Hofs, 165 × 70 m, würde man diesen Platz zunächst als Agora, den als Agora bezeichneten kleineren als den des Gymnasions ansehen; in Priene mißt der doch stattliche Markt 75 × 46 m, der Hof des unteren Gymnasions etwa 35 × 35 m. Für Pringsheims Bezeichnungen spricht jedoch, daß neben dem von ihm so genannten Gymnasion das Stadion liegt, dagegen neben seiner Agora das Gerontikon. Immerhin bleibt die Größe des Gymnasialhofs auffällig; mißt doch sogar der Hof des Obergymnasions in Pergamon nur 75 × 37 m. Von Bauten neben dem Hofe, wie sie etwa dem Kaisersaal, dem Theatersaal und dem Waschraume in Pergamon entsprächen, hat man noch nichts aufgedeckt; eine im S in beträchtlicher Höhe erhaltene Ruine ist durch eine christliche Kirche so überbaut, daß ihre Bestimmung nicht zu ermitteln war. Eine an das Amphitheater anschließende Ruine wird als eine solche von Thermen angesehen. Ganz besonders reizvoll ist die Ruine der Bibliothek, so gut erhalten, daß eine Rekonstruktion möglich ist, die eine fast genaue Parallele zur ephesischen B. ergibt; zwar im Grundriß verschieden, aber in der Art, wie die Bücher untergebracht waren, ganz ähnlich ist die städtische Bibliothek in Timgad (Ballu, Les Ruines de T., Nouv. découvertes 1903 pl. V, dort noch als *salle de réunion* bezeichnet). Gar nicht deutlicher erkennbar haben sich Privathäuser und — sonderbarerweise — Tempel erhalten; 'in der Bischofsstadt Nysa sind wohl die Tempel gründlich zerstört worden'. Diese Erklärung reicht doch wohl nicht recht aus. Bischofssitze waren beispielsweise auch Kremna, Sagalassos, Selge, Termessos, und doch zeigen sie zum Teil noch sehr beträchtliche Tempelruinen. Die stellenweise erhaltene Stadtmauer ist spät. Sehr ausgedehnt ist die Nekropole; sie zieht sich

5 km an der Straße nach dem Wallfahrtsort Acharaka hin, dessen Plan Hauptmann Harry von Color aufgenommen hat (der beigegebene Plan von Nysa selbst wird dem Hauptmann Konrad Graefinghoff verdankt). In Acharaka fand sich außer dem genannten Charonion der bei Strabon erwähnte Tempel des Pluton und der Kore, heute teilweise als Steinbruch benutzt. Er ist jedoch genügend gut erhalten, um wenigstens provisorisch rekonstruiert werden zu können; nach Pringsheim war es ein Peripteros von 12 × 6 Säulen, Schmalseite 15,70 m, Längsseite ca. 31 m, mit zwei Reihen innerer Säulen; zwischen diesen und beiderseits zwischen ihnen und den Cellalängswänden erscheint auf Pringsheims Skizze der Raum auffallend lang und schmal; wo soll man sich die Kultbilder denken?

Hiller v. Gaertringen hat zu dem Buche einen Aufsatz: 'Eine Urkundenwand von Nysa' beigesteuert, in dem er nysäische Inschriften bespricht; aus einer größeren, fragmentiert erhaltenen über Asylrecht der Stadt sucht er die Gründungszeit des hellenistischen Nysa zu ermitteln.

Schließlich gibt Kurt Regling einen Überblick über die Münzen von Nysa. Im ganzen 219 Typen, bis zur Zeit des Gallienus reichend, vervollständigen sie das durch die Grabungen erhaltene Bild, da Regling in ihnen geschickt zu lesen versteht. Münzen von Athymbra und von den beiden anderen im συνοικισμός aufgegangenen Städten fehlen, ebenso von Nysa aus seleukidischer und attalidischer Zeit; die Prägung beginnt unter römischer Herrschaft. Die reichliche Kupfer-, aber spärliche Silberprägung deutet Regling so, daß der Wallfahrtsort Acharaka für die Bedürfnisse des Tages, für Devotionalien und Andenken Kleingeld gebraucht habe, während sich größerer Handel und damit ein Bedarf an Silbergeld in dem für eine Handelsstadt gänzlich ungeeignet liegenden Nysa nicht habe entwickeln können. Vielleicht ist wenigstens der letztere Schluß allzu scharfsinnig. Bei der heute wie im Altertum großen Fruchtbarkeit der Gegend müssen die Nysaier reich gewesen sein, worauf auch die Gebäude der Stadt weisen; dann hätte ein Bedarf nach Silbergeld auch

ohne entwickelten Handel vorgelegen. Aber auch ein solcher wird existiert haben, da man die Produkte des Stadtgebietes doch wohl exportierte; nicht hierzu fehlten der Stadt infolge der geographischen Lage die Bedingungen, sondern zu der Entwicklung als Durchgangs- und Stapelplatz. — Besonders wichtig sind die Münzen für die Kulte der Stadt; Hauptkult war der des Pluton und der Kore (vgl. Hym. Hom. in Cerer. 17) in Acharaka. Das alljährliche Fest zur Erinnerung an den Koreraub, bei Strabon πανήγυρις, hieß nach den Münzen ΘΕΟΓΑΜΙΑ (ΟΙΚΟΥΜΕΝΙΚΑ). Die Kulthandlung des Stierschleppens bei diesem Feste (Strabon XIV 650) ist auf Münzbildern dargestellt. Mit dem Korekulte und der Fruchtbarkeit der Gegend hängt zusammen Verehrung der Demeter, des Koros, der von Hierapolis her bekannten Euposia, der Eirene, des Plutodotes; ferner des Dionysos (οἶνος Ἀρομεύς s. o.) und des Men, 'dessen Erscheinen wohl als Beleg des Wiederauflebens der alteinheimischen Kulte in der Kaiserzeit aufzufassen ist', auch unter dem Namen Καμαρείτης. Andere Kulte sind weniger bedeutend; bemerkenswert ist der einer epichorischen Göttin mit Schlange(?) und Doppelbeil.

An Bauten der Stadt erscheinen auf den Münzen mehrere Mentempel und ein höchst merkwürdiger gitterförmiger Bau, für den alle drei bisher vorgeschlagenen Deutungen nicht befriedigen; gegen die Ansicht, es sei die Fassade der Bibliothek dargestellt, scheint mir Regling mit Recht zu opponieren.

Eine Untersuchung über die auf den Münzen vorkommenden Namen ergibt das Resultat: 'Im allgemeinen macht der Namenschatz durchaus den Eindruck eines Kolonistengebiets ohne feste, alteinheimische Kultur und Tradition.' Das würde aufs neue die Ansicht von dem συνοικισμός dreier alter, auf dem Gebiet des späteren Nysa gelegenen Städte erschüttern.

Durch v. Diests verdienstliche Arbeit ist Nysa am Maiandros gewissermaßen zu neuem Leben erweckt, und der Wissenschaft ist ein neuer lehrreicher Einblick in kleinasiatisches Städteleben der Kaiserzeit erschlossen worden.

HANS LAMER.

JOSEF PONTEN, GRIECHISCHE LANDSCHAFTEN.
EIN VERSUCH KÜNSTLERISCHEN ERDBESCHREI-
BENS. I. BD.: 255 S. TEXT. II. BD.: 8 FARBEN-
BILDER, 119 ZEICHNUNGEN U. LICHTBILDER VON
JULIA PONTEN VON BROICH. Stuttgart und
Berlin, Deutsche Verlagsanstalt 1914. In
zwei Halbpergamentbänden 12.— Mk.

Wie verschieden sind Reisende im Erfassen einer Landschaft und in der Schilderung ihrer Eindrücke. Wie anders schaut
der Naturforscher, der Kunstfreund, der
Historiker, der Dichter, und wie völlig abweichend wissen sie alle zu beschreiben,
auch wenn sie dasselbe Land durchzogen
haben. Ponten wird vielen, denen Griechenland durch Studien oder kürzeren Besuch
bekannt ist, ganz neue Einblicke vermitteln.
Sein Buch berichtet über eine etwa vier-
monatliche Reise durch den Peloponnes
und auf die umliegenden Inseln, sowie
durch einen großen Teil von Mittelgriechenland, angetreten im Frühjahr 1912. 'Frü-
lingsfahrten' haben wir wahrlich genug,
aber es kommt ganz darauf an, wer uns
davon erzählt. Wir folgen dem Verfasser
und seiner tapferen Begleiterin nicht allein
mit immer wachsender Teilnahme von
Landschaft zu Landschaft, so daß wir am
Schluß die Reise fast selbst miterlebt zu
haben glauben, sondern es sind uns in
ihrem Verlaufe auch wichtige Gesichtspunkte klargeworden, wie man nach gewissen Richtungen zu beobachten hat, ein
bleibender Gewinn aus der stets fesselnden,
des reichen Stoffes und Gedankeninhalts
halber jedoch keineswegs flüchtig zu er-
ledigenden Lektüre.

Diese 'Griechischen Landschaften' sind
kein Bilderbuch zum bloßen Durchblättern.
Die Lichtbilder im Bande der Abbildungen
— wie schwierig ihre Aufnahme war, weiß
der Sachverständige zu schätzen — sind
meist ebenso technisch und künstlerisch vorzüglich, wie zu wissenschaftlichem Zwecke
brauchbar; zugleich von charakteristischer
Eigenart dürfen sie sich den besten zur
Seite stellen, die es von Griechenland gibt.
Dabei stehen sie, ebenso die künstlerischen
Farbenbilder und Zeichnungen, im engen
Zusammenhange mit dem Text und veranschaulichen ihn auf das glücklichste.
Auf einem großen Teile der hier wiedergegebenen und geschilderten peloponnesi-

schen und attischen Pfade, auch auf den
ὑγρὰ κέλευϑα im Kaïk, ist der Ref. vor
vielen Jahren selbst gezogen und hat selten
eine so lebhafte Erinnerungsfreude empfunden wie beim Studium dieses Werkes,
das ihm viele gewaltige Eindrücke oder
kleine Erlebnisse, so manchen herrlichen
Fernblick und 'höllischen' Kalkweg, die
halsbrecherische Langada, Arkadiens Großartigkeit, das blendende Durstland der
Argolis oder Sunions einsame Säulenflucht
aufs deutlichste ins Bewußtsein zurückrief.

Einen 'Versuch künstlerischen Erdbe-
schreibens' will der Verf. bieten. 'Ich kam
nicht' — so erklärt er gleich am Anfang
— 'im toten Griechenland der Bücher und
Marmore zu graben, sondern in den Landschaften und Bergen, in den Winden und
Sonnen des lebendigen mich zu ergehen.'
Er hat sich vorgenommen, sich um Geschichte und Altertümer möglichst wenig
zu bekümmern. Unsere Zeit überschätze
noch, meint er, das Wissen vor dem Schauen.
Aber gleich die ersten Schritte auf griechischem Boden zeigen ihm, daß sich beides
dort nicht voneinander trennen läßt. 'Wie
werden die Landschaften dem zugleich
Wissenden und Schauenden reich', ruft er
aus. Die griechische Geschichte ist auch
ihm ja die wichtigste der Welt, ihr Schauplatz in gewissem Sinne unser eigenes
geistiges Vaterland. Es erwächst ihm die
Überzeugung: 'Schauen ist mehr wert als
Wissen, aber durch Wissen geläutertes und
vertieftes Schauen ist göttlich.' Welch edle
Worte der Begeisterung findet er auch für
die griechische Wissenschaft und ihre Bedeutung bis auf den heutigen Tag. In Athen
ruft er aus: 'Um die Akropolis einmal zu
sehen, ist es wert, auf die Welt zu kommen,
den Sprung ins Leben zu wagen'; 'Vom
Altertume die Schönheit, vom Christen-
tume die Güte! Die Landschaft des Götter-
felsens ist uns ein sittliches Bekenntnis,
ein Pol des Lebens geworden.'

Man glaube nun nach solchen Äußerungen nicht, daß das Buch von romantischer Empfindsamkeit erfüllt sei. Es spricht
aus ihm nicht die klassizistische Ästhetik
früherer Generationen, die der Verfasser
für unnatürlich erklärt, sondern ein moderner Geist, derselbe, von dem wir eine
Wiedererweckung des Humanismus in ver-

jüngter Form für eine hoffentlich nicht
ferne Zeit erwarten dürfen. Im Mittelpunkte
der Studien unseres vielgereisten Gebirgs-
wanderers steht die wissenschaftliche Erdkunde, namentlich die Geologie. Philipp-
sons 'Peloponnes' hat ihm die Wege gewiesen. Auf Schritt und Tritt werden die
geologischen Verhältnisse berücksichtigt,
jeder Ausblick faßt sie in erster Linie ins
Auge, ungeheure Zeiträume der Erdgeschichte ziehen an uns vorüber, und nur
als letzter, kurzer Abschnitt erscheint, was
man als 'weltgeschichtliche' Stellung von
Hellas kurzsichtig zu bezeichnen liebt.
Wem das ferner liegt, dem ist wahrscheinlich viel zu viel von Glimmerschiefer,
Flysch, Blockkalk, jungtertiärem Gemeng-
fels und Mergellandschaften die Rede; aber
er mag sich daran gewöhnen, kann es auch
schon aus seinem Goethe lernen, daß zum
richtigen Erfassen einer Landschaft künstlerischer Blick mit wissenschaftlichem Erkennen Hand in Hand gehen muß. 'Natur-
genuß ist schwerer als Kunstgenuß', sagt
einmal der Verfasser, dann aber auch:
'Landschaftliche Erlebnisse können reine
Höhepunkte des Lebens werden.'
Wer das Buch in sich aufgenommen

hat, darf nicht nur eine Reihe genauer
Vorstellungen von griechischen Einzelland-
schaften sein eigen nennen, sondern auch
einen Gesamtbegriff von der Erdgeschichte
des einzigartigen Meerlandes. Dabei hat er
ein Beispiel gewissenhaftester Einzelbe-
obachtung kennen gelernt. Es ist erstaunlich, wie vieles und wie scharf der Reisende beobachtet. Das ist unverkennbar die
Technik des Naturalismus, der wir auch
in Gerhart Hauptmanns 'Griechischem
Frühling' begegnen, besser gesagt, die viel
ältere naturwissenschaftliche Methode, wie
sie auch Goethe anwendete, freilich um die
Ergebnisse zu verarbeiten, während sie in
den modernen Augenblicksbildern oft unvermittelt nebeneinanderstehen.

Zusammenfassend darf man sagen, daß
Pontens 'Griechische Landschaften' samt
den schönen Bildern ein trefflich gelungener
'Versuch' sind. Von wissenschaftlichem
Werte insbesondere ist die Schilderung des
Besuches der weltentlegenen Strophaden-
inseln, deren geologische Beschaffenheit
bisher unbekannt war; die eingelegten seltsamen deutschen Hexameter nach Virgil
verzeiht man deshalb gern.   J. I.

SAMMLUNG VON HANDSCHRIFTEN-PHOTOGRAPHIEN

Die Handschriftenabteilung der Kgl. Hof- und Staatsbibliothek zu München
hat schon vor Jahren eine Sammlung photographischer Aufnahmen angelegt, die jetzt weiter
ausgebaut werden soll. Die Sammlung umfaßt sowohl photographische Reproduktionen
ganzer Handschriften als auch von Teilen von solchen und zahlreiche Einzelblätter. Sie soll
allen Wissenschaften dienen, für welche Handschriften in Betracht kommen. Die Photographien stammen teils aus Handschriften der Kgl. Hof- und Staatsbibliothek selbst, teils
aus solchen anderer Bibliotheken des In- und Auslandes.

Zur Vermehrung der Sammlung, die allen Interessenten zu freier Benutzung zugänglich ist, könnte die gelehrte Welt mehr als bisher beitragen. Zahlreiche photographische
Aufnahmen aus Handschriften werden zu wissenschaftlichen Zwecken angefertigt und liegen
nach Erfüllung ihres nächsten Zweckes meist nutzlos in den Schubladen. Häufig finden sie
sich in Nachlässen und die Erben wissen nichts damit anzufangen. Würden die Besitzer
solche ihnen selbst überflüssige Photographien zur Sammlung der Münchener Hof- und
Staatsbibliothek stiften, so würden sie sich nicht bloß deren Dank verdienen, sondern auch
anderen wissenschaftlich Arbeitenden einen Dienst erweisen, manchem armen Kandidaten
vielleicht eine kostspielige Reise ersparen.

Die Kgl. Hof- und Staatsbibliothek erklärt sich auf vielfache Anregung hin gerne als
Sammelstelle für solche abgelegte Photogramme. Sie wird, sobald der Umfang der Sammlung es wünschenswert erscheinen läßt, ein Verzeichnis der gesammelten Photographien
veröffentlichen und später jeweils auch die ferneren Zugänge bekanntgeben. Sollten die
Besitzer der Photographien diese der Bibliothek nicht schenken wollen, so ist die Bibliothek auch zu leihweiser Entgegennahme bereit.

(24. Juni 1914)

DIE IONISCHE NOVELLISTIK

Von AUGUST HAUSRATH

(Mit einer Tafel)

In die in vielen Einzelfragen noch so rätselhaften Probleme der antiken Unterhaltungsliteratur, die von Märchen, Schwank und Novelle bis zum Liebesroman der Sophistik und zum 'römischen' Sittenroman reicht, scheinen neuere Arbeiten neues Licht zu bringen. Es ergaben sich Beziehungen, die, zeitlich nach rückwärts wie vorwärts weisend, auch hier eine durchgehende Entwicklung erkennen lassen. Man ist vor allem neben dem einst von Rohde[1]) mit Recht zunächst in den Vordergrund gestellten Typus der als freie Erdichtung in sich abgeschlossenen Novelle auch den novellistisch ausgeführten Erzählungen namentlich in den Anfängen der Historie nachgegangen. Damit trat an die Stelle des alten Sammelnamens der ἀπόλογοι, den noch 1896 Crusius (Real-Enc. II 167—70) fein und umsichtig umschrieb, der Begriff der 'ionischen Novelle'. Daraus aber ergab sich die Notwendigkeit, die 'altionische' Novelle in Beziehung zu setzen zu der bisher allein bekannten Gattung 'neuionischer'[2]) Novellen des Aristides von Milet, jenem Typus frivoler Liebesgeschichten, deren Weiterwirken in der Weltliteratur in Dekameron und Pentameron, in den *fabliaux* und *nouvelles nouvelles* und allem dem, was hier anschließt[3]), ebenso offen vor Augen lag, wie ihre Vorgeschichte unklar schien. Und indem nun das Wesen der *fabula Milesia* wieder aufs neue verhandelt wurde, ergaben sich Beziehungen zu dem eigenartigsten Werke der römischen Literatur, zu Petrons *Saturae*.

Die Ergebnisse dieser Studien, die vorliegen in Arbeiten von Wendland, Reitzenstein, Norden, Jacoby, Heinze und ihren Schülern, sollen hier kritisch zusammengefaßt und in einzelnen Punkten ergänzt und erweitert werden. In vielem bilden die folgenden Seiten eine Weiterführung dessen, was Referent im ersten Band dieser Jahrbücher unter dem Titel 'Das Problem der Äsopischen Fabel' auseinandergesetzt hat.[4])

---

[1]) Über griechische Novellendichtung usw. Griech. Roman² S. 583; vgl. Weinreich, Trug des Nektanebos VII.

[2]) Diese naheliegende Scheidung, soviel ich sehe, zuerst bei Norden, Agnostos Theos S. 377, 1.

[3]) Vgl. Landau, Quellen des Dekameron² S. 297 ff.; Dunlop, History of fiction S. 4 (der Übersetzung von Liebrecht).

[4]) Um auf dem uferlosen Strome der Fabulistik nicht allzuweit abzutreiben, ist hier das Thema möglichst isoliert, und z. B. auf die Frage des Verhältnisses von Novelle und Roman nicht eingegangen, für das auf Rohde, Kl. Schr. II 55 ff.; Lucas, Philologus LXVI 26 ff.

Als in Griechenland der epische Gesang verstummte, trat an die Stelle des
ῥαψῳδός auf den Herrenburgen der λογοποιός in der Lesche vor dem Volk
ionischer Städte, trat neben den Mythos die Novelle.[1]) Unverstümmelt sind uns
Proben dieser Schöpfungen ja nur bei Herodot erhalten, aber die vollendete
Technik, die uns bei ihm entgegentrit, wird mit Recht als Beweis aufgefaßt,
daß in ihm langjährige Übung ihren Abschluß findet. Auch die Logographen,
die Vorgänger Herodots, waren ja nicht die ersten, die in Prosa schrieben,
ebensowenig wie die 'Philosophen' Anaximander und Pherekydes. Gebets-
formeln und Rechtssatzungen, Märchen und vor allem die in Griechenland seit
ältester Zeit heimische Tierfabel haben bei den Griechen wie anderswo am Anfang aller Literatur gestanden.[2]) So ist denn auch für die ionische Novelle in
ihrem Beginn vor allem ihre 'Märchennähe' charakteristisch. Noch bei Herodot
findet sich ja, wie Ed. Meyer[3]) nachgewiesen hat, ein kaum umgestaltetes
Volksmärchen vom Ursprung der Skythen. Herakles sucht in jener Gegend
seine Pferde, die ihm θείη τύχῃ entlaufen sind. Schließlich kommt er zu einer
Schlangenjungfrau, die ihm die Pferde wieder beizuschaffen verspricht, falls er
ihr beiwohne. Erst nachdem er das dreimal getan, zeigt sie ihm die Pferde
und fragt, was sie mit den Söhnen tun solle, die sie von ihm gebären werde.
Da heißt sie Herakles, dem stärksten von ihnen seinen Bogen übergeben und
seinen Gürtel, an dem oben eine flache Trinkschale war. 'Darauf spannte Herakles
den einen seiner Bogen — denn bis dahin trug er zwei — und wies ihr seinen
Gürtel vor; alsdann übergab er ihr den Bogen und den Gürtel ... Auf jene
Trinkschale aber geht es zurück, daß die Skythen bis zum heutigen Tage Schalen
an dem Gürtel tragen.'[4]) Es ist unnötig auf das Märchenhafte in Inhalt und
Form dieser Erzählung genauer einzugehen — das Charakteristischste ist die
'Augenblicksmotivierung', die Herakles bisher mit zwei Bogen durch die Welt
ziehen läßt, damit er jetzt einen abgeben kann.

In eine ganz ähnlich phantasievoll ausgestattete Welt aber, nur allmählich
aus der Götter- und Heroenwelt hinübergleitend zu den Tyrannenhöfen, an denen

---

und Schmid in diesen Jahrbüchern 1904 XIII 466 ff. verwiesen werden muß. Auch die
'kunstwissenschaftlichen' Arbeiten Schissel v. Fleschenbergs (Rhetorische Studien: I. No-
vellenkränze Lukians, II. Die griechische Novelle. Entwicklungsgeschichte des griechischen
Romans im Altertum) mit ihren Deduktionen über Authentizitätsfiktion, positive und negative, ernsthafte und burleske Beglaubigung sind hier nicht berücksichtigt bis auf einige
Einzelergebnisse des vielseitig belesenen aber m. E. in unfruchtbarer Theorie befangenen
Verfassers. Auf das energischste aber muß Einspruch erhoben werden gegen den Ton, in dem
v. Fleschenberg, der selbst nur einen einzigen, wenn auch nicht unwichtigen Gesichtspunkt
durchverfolgt, über das Werk Erwin Rohdes abzusprechen sich anmaßt. S. auch Helm, Berl.
philol. Wochenschr. 1914 Sp. 654—59.

[1]) Wendland in Gercke-Nordens Einleitung in die Altertumswissenschaft I 329 ff.;
v. Wilamowitz-Moellendorff, Kultur der Gegenwart I 8,³ S. 56; Hausrath und Marx, Griechische Märchen (Diederichs 1913) VI.

[2]) Wendland a. a. O. S. 330; Finsler, Hermes XLI 433. 435; Thiele, Die vorliterarische
Fabel der Griechen in diesen Jahrb. 1908 XXI 377 ff.

[3]) Forschungen zur alten Geschichte I 235.

[4]) Herod. IV 8—10; Griechische Märchen S. 142.

ja dies 'Zeitalter der Novelle'[1]) am liebsten den Schauplatz wählt, führen uns die Schöpfungen der Vorgänger Herodots, der Logographen, so vor allem Charons Ὧροι Λαμψακηνῶν und des Xanthos Λυδιακά.[2]) So bietet eine in zwei Fassungen überlieferte Geschichte bei Charon (FHG. I 35) deutlich das Melusinenmotiv. Rhoikos (oder Arkas) hat eine Eiche vom Zusammenbruch durch Sturm (oder Hochwasser) bewahrt und die gerettete Hamadryade stellt ihm einen Wunsch frei. Er begehrt ihre Liebe. Sie gewährt sie ihm, wenn er auf die Liebe zu irdischen Frauen verzichte. Die Botin zwischen dem Sterblichen und der Nymphe ist die Biene. Als aber diese ihn einst zu ihrer Herrin entbietet, als er gerade leidenschaftlich ins Würfelspiel vertieft ist, verrät der Barbar fluchend das Geheimnis und wird zur Strafe geblendet. Die andere Fassung läßt diesen Schluß, der ja auch wie so oft im Märchen unorganisch angegliedert ist — man erwartete eigentlich Treubruch mit einer Sterblichen —, fort und biegt die Geschichte ins Ätiologische wie Herodots Skythenmärchen: συνελθοῦσα αὐτῷ γεννᾷ Ἔλαττον καὶ Ἀρείδαντα, ἐξ ὧν οἱ Ἀρκάδες. — Ähnlich reicht auch bei Xanthos die Erzählung von einem regnum Saturni bei den Lydern unter Alkimos (FHG. I 38) in das Mystisch-Märchenhafte und bei Charon die Erwähnung eines Bechers, den Zeus als Amphitryon der Alkmene gegeben habe.

Zwei weitere von den vier erhaltenen Fragmenten aus Charons Ὧροι führen in die historische Legende und zum Schwank. Das eine (FHG. I 34) bringt das Motiv vom Grenzlauf zwischen den Vertretern zweier hadernder Kantone. Die einen lassen sich dabei bewegen, an einem in dieser Absicht veranstalteten Opfer von Fischern, an denen sie vorbeikommen müssen, teilzunehmen und kommen so zu spät. Das andere (ebenda) erzählt die Geschichte von dem Bisalten Onaris, der nach Kardia in die Sklaverei verkauft dort die Gebräuche der Kardianer kennen lernte. Er entrinnt dann in seine Vaterstadt, die später von den Kardianern belagert wird. Da läßt nun Onaris ein Flötenmotiv anstimmen, worauf die Pferde der Kardianer sich sofort auf die Hinterbeine stellen und tänzeln. 'Und so wurden diese besiegt.'

Auch die weiteren Reste der Lydergeschichte des Xanthos — wenn anders die Exzerpte des Nicolaus Damascenus mit Recht auf diesen zurückzuführen sind — bieten ein romantisches Gemisch von möglichst krassen Abenteuern der Könige Gyges, Alyattes, Krösus. Gerade wie Herodot hier auswählt und umgestaltet, läßt uns sein künstlerisches Verständnis preisen. Neben den Gestalten der grausamen und wollüstigen Tyrannen aber stehen ebenso ins Extreme gezeichnet andere Figuren wie die des rassigen Thrakerweibes, das einen Krug voll Wasser auf dem Kopf trägt, am Gürtel angebunden das Pferd von der Tränke heimführt und gleichzeitig im Gehen spinnt (FHG. I 38), die des verbuhlten Sängers Magnes, den dann die erbosten Ehemänner umbringen mit der Begründung, er habe zwar über die Lyder viel Rühmliches zu melden gewußt,

---

[1]) Erdmannsdörffer, Preuß. Jahrb. 1870 S. 121 ff.; vgl. Rohde, Gr. R.[2] S. 584.

[2]) Der Milesier Hekataios hingegen kommt seiner ganzen Sinnesart nach hier nicht in Betracht; vgl. Jacoby, Real-Enc. VII 2683.

aber nichts von ihrer Stadt (ebd. 40), oder die Groteske vom Fresser Kambles, der schließlich nachts im Rausch die eigene Frau zerstückelt und auffrißt, so daß ihm am andern Morgen noch die Hand der Unglücklichen im Munde hängt (ebd. 38).

Das sind die Anfänge ionischer Novellistik, auf denen sich Herodots reizvolle Kunst aufbaut, jene unvergeßlichen Geschichten von Gyges und Kandaules, von Kypselos und Periander, von der Brautwerbung des Hippokleides und vom Meisterdieb.

Fragt man nun nach dem Charakteristischen dieser altionischen Novelle, so ist es inhaltlich unzweifelhaft die derbe Freude am Gegenständlichen, die naive Unbekümmertheit, mit der alle Züge bis ins Märchenhafte gesteigert sind, die liebevolle Versenkung ins Detail und die heitere Lebenslust und Frische des Erzählers. Noch haftet das Interesse ganz am Stofflichen, und bei dem Bestreben, möglichst viele wunderbare Geschichten auf eine Persönlichkeit zu häufen, wird eine einheiliche Charakterisierung gar nicht angestrebt. Es ist ja bekannt, daß die einheitliche Auffassung Herodot nicht einmal bei historischen Persönlichkeiten wie Themistokles gelingt. Sehr schön hat aber I. Bruns[1]) nachgewiesen, wie auch bei Personen der Legende, wie bei Kypselos und Periander, die verschiedenartigsten Motive in einer Erzählung und die widersprechendsten Charakterzüge in einer Persönlichkeit verbunden sind. 'Derjenige, der diese sonnige Szene' — wie das kindliche Lächeln des Säuglings die Mörder entwaffnet und ihn dann die Mutter in einer Lade ($\varkappa v\psi \acute{e}\lambda\eta$) birgt und rettet — 'erdacht hat, hielt den Kypselos, den Ladenmann, sicher für einen gottbegnadeten Menschen'. Bei Herodot aber entwickelt sich dieser Kypselos zum Urbild des Tyrannen. Und ebenderselbe Bruch geht durch die Figur des Periander. 'Nun war Periander anfangs milder als sein Vater; seitdem er aber durch Boten mit Thrasybul, dem Tyrannen von Milet, verkehrte, wurde er noch viel blutgieriger als Kypselos' lautet die naive Überleitung (V 92, 6). Er verbannt nun Bürger oder tötet sie, trägt auch die Schuld am Tod der eigenen Frau, deren Leichnam er noch schändet, und beraubt im Tempel alle Korinthierinnen ihrer Kleider, um den Geist seiner Gattin zu besänftigen, deren Geist er beschworen hatte. Unmittelbar an diese übeln Tyrannengeschichten schließt bei Herodot die ergreifende Tragödie des alternden Periander, der sich, um dem Geschlecht die Herrschaft zu erhalten, umsonst vor dem eigenen Sohn demütigt, der aus dem Hause entwichen ist, wo der Mörder seiner Mutter wohnt.

Fragt man andrerseits nach der Form, in die die altionischen Novellisten ihre Schöpfungen kleideten, so ist die Frage aus doppeltem Grunde schwer zu beantworten. Einmal ist es gerade die Eigenart dieser volkstümlichen Erzählungen im alten Hellas gewesen, daß sie es zu keinem eigenen $\varepsilon\tilde{i}\delta o\varsigma$ brachten und deshalb in die bestehenden Stilformen restlos übergingen.[2]) 'Die Schiffermärchen der Odyssee sind zuerst am Herdfeuer erzählt worden — sicher nicht in Versen', sagt Finsler[3]) ganz mit Recht. In welcher Form aber sie von den

---

[1]) Das literarische Porträt der Griechen S. 113 f.
[2]) Griechische Märchen III. V.   [3]) Homer I [2] 60.

ionischen Schiffern vorgetragen wurden, können wir bei ihnen ebensowenig ermitteln wie bei unseren Novellen. Außerdem sind uns die Logographen ja nur
in dürftigen Fragmenten oder in Exzerpten später Zeit überliefert, aus denen
die ursprüngliche Fassung kaum mehr zu ermitteln ist.

Und doch glaubt man bei ihnen wie bei Herodot, dessen Stil in den erzählenden Partien ja ein ganz anderer ist wie in den Reden, einen einheitlichen
Ton durchzuspüren. Es ist die λέξις εἰρομένη der älteren Prosa, die mit bewußter Absicht jeder Periodisierung aus dem Wege gehend durch gewollt lässiges
Aneinanderreihen mit καί und δέ, Wiederholung des gleichen Verbums in parti-
zipialer Form und andere gesucht einfache Mittel den Ton unmittelbarer trau-
licher Unterhaltung mit dem Hörer erreichen will und erreicht.[1]) Wie dabei
der Ton des Märchenerzählers herauskommt, ist aus den oben gegebenen Beispielen wohl leicht ersichtlich und von Jacoby[2]) auch aus Herodots rein historischen Partien an Proben nachgewiesen, von denen ich eine, aus der Geschichte
von Darius und den Päonen (V 14), ausschreibe: ἐνταῦθα Δαρεῖος γράφει γράμματα πρὸς Μεγάβαζον ... αὐτίκα δὲ ἱππεὺς ἔθει φέρων τὴν ἀγγελίην ἐπὶ τὸν
Ἑλλήσποντον, περαιωθεὶς δὲ διδοῖ τὸ βιβλίον τῷ Μεγαβάζῳ. ὁ δὲ ἐπιλεξάμενος ...
ἐστρατεύετο ἐπὶ Παιονίην. Das ist Stil und Art alter Volksdichtung, und so ist
Wendlands Mahnung berechtigt, bei der dringend wünschenswerten weiteren
Stilforschung auf diesem Gebiete die Methode und Resultate der Märchen- und
Legendenforschung bei andern Völkern und andern Zeiten heranzuziehen. Hier
kommen vor allem Gunkels meisterliche Untersuchungen zum Alten Testa-
ment[3]) und Olriks Arbeiten über die epischen Gesetze der Volksdichtung[4]) in
Betracht. Von Olriks 'Gesetzen', die ja auch in der Homerforschung schon
vielfach erfolgreich verwendet sind[5]), lassen sich auch in dem oben angegebenen
knappen Material namentlich das von der 'szenischen Zweiheit' und das des
'Gegensatzes' als wirksam nachweisen.

Eine besondere Eigenart der altionischen Novelle jedoch, die sie andrerseits aufs schärfste vom höfischen Epos scheidet, ist die naive Freude am
Geschlechtlichen und die unverhüllte Derbheit der Sprache. Das Epos verbindet
bekanntlich in der letzten uns vorliegenden Gestaltung äußerste Frivolität der
Gesinnung mit äußerster Dezenz der Sprache. Man denke an die Art, wie der
alte, heilige Mythus vom ἱερὸς γάμος in ein üppiges Schäferstündchen umge-
bogen wird, wie die ertappten Ehebrecher Ares und Aphrodite und der Hahnrei
Hephäst dem Gelächter preisgegeben werden, ohne daß ein 'in der Gesellschaft'

---

[1]) Wendland a. a. O. S. 334; Jacoby, Real-Enc. Suppl. II 496—99; Norden, bei Gercke-
Norden, Einl.[1] S. 578 f. und Agnostos Theos S. 368 ff.

[2]) A. a. O. S. 497.

[3]) Außer dem bei Wendland a. a. O. S. 441 genannten Handkommentar zum Alten
Testament nenne ich auch die schönen Aufsätze zum Stil der alttestamentlichen Sage (Die
Paradieseserzählung, Deutsche Rundschau 1904 S. 121 und Ruth ebd. 1905 S. 125) und
Historie (Die Revolution des Jehu ebd. 1913 S. 209). Weitere Literatur bei Wendland.

[4]) Zeitschr. f. deutsch. Altert. 1901 S. 1 ff.

[5]) Lillge, Komposition und poetische Technik der Διομήδους ἀριστεία 1911 S. 96 ff.;
Finsler, Homer I[2] 322. 325; Rothe, Die Ilias als Dichtung S. 103. 152.

unpassendes Wort vorkäme und vergleiche damit die alttestamentarisch naive
Art, mit der Astyages' Träume nach Mandanes Geburt und nach ihrer Heirat[1])
wiedergegeben werden (I 102. 108), wie der Schatten der Melissa dem Periander
das Wahrzeichen gibt, er habe sein Brot in den kalten Ofen geschoben (V 97, 7),
und wie die Mutter des Demarch diesen davon überzeugt, daß er nicht der
Sohn eines Eseltreibers sei (VI 68—69). Und das beschränkt sich nicht auf
Herodot allein. Auch die oben gegebene Auswahl aus Xanthos und Charon zeigt
schon, welch große Rolle hier die geschlechtlichen Dinge spielen. Das trifft
aber ebenso auf die gesamte Lydergeschichte des Xanthos zu, wie auf das
einzig erhaltene Fragment der Μαγικά (FHG. I 43). Und auch die alte Tierfabel
zeigte ähnliche Derbheit.[2])

Dieses scheinen die wesentlichen Züge der altionischen Novelle, wie wir
sie uns im VII. Jahrh. das Epos ablösend und im VI. und V. blühend und
von Ionien hinausdringend in alle Welt zu denken haben. Auch andere, höher
gewertete Dichtungen, die dem gleichen Boden entstammen, zeigen ja wesens-
verwandte Züge: Archilochos in seiner rücksichtslosen Derbheit wie in seinem
poesievollen Sichversenken ins Detail, Semonides und Hipponax in ihrem Kynismus und Anakreon in seiner weichen Sinnlichkeit.[3]) Aller Reichtum und alle
Formlosigkeit Ioniens liegen auch in diesen frühen Novellen beschlossen, die
zurücktreten mußten, als die attische Periode der griechischen Literatur eine
neue Kunst von durchgeistigterer Art und schärfer umrissenen Formen schuf.
Die ionische Novelle verschwindet, bis sie dann im II. Jahrh. wieder auftaucht
in den auch formell hochvollendeten Schöpfungen der Μιλησιακά, die ionischen
Geist und attische Formkunst verbinden.

Soll nun aber von Herodot bis Aristides der erfindungsreiche Mund der
ionischen Erzähler verstummt sein? Soll keine Brücke von der altionischen
hinüberführen zur neuionischen Novelle? Das wäre an und für sich unwahrscheinlich und läßt sich auch tatsächlich widerlegen. Zunächst daraus, daß in
der Historie der novellistische Trieb fröhlich weiter gedeiht sowohl in der
Naturgeschichte wie bei den Geschichtschreibern, so bei Ktesias, Xenophon,
Timaios, von denen z. B. der letztere in wunderbar einheitlich durchgeführter
Fassung die Geschichte 'Von der Trinker Meerfahrt' erzählt, die das Mittelalter
bekanntlich auf die Wiener übertragen hat.[4])

Ein weiterer Beweis für das Weiterbestehen der Novellen- und Schwank-
dichtung liegt darin, daß wir schon seit alter Zeit Nachrichten über einen
eigenen Stand von Geschichtenerzählern haben. Schon Aristophanes höhnt (Plu-
tus 177) den Philepsios, der πλούτου ἕνεκα μύθους λέγει. Dergleichen berufs-

---

[1]) Das Motiv des ersten — τὴν ἐδόκει Ἀστυάγης ἐν τῷ ὕπνῳ οὐρῆσαι τοσοῦτον ὥστε
πλῆσαι μὲν τὴν ἑωυτοῦ πόλιν, ἐπικατακλύσαι δὲ καὶ τὴν Ἀσίην πᾶσαν — eignet sich zudem
weit eher zu grotesk-komischer Behandlung; vgl. Rabelais, Gargantua I 38: Comment Gargantua mangea en sallade six pelerins.
[2]) Thiele a. a. O. S. 386.
[3]) Die Parallele zur bildenden Kunst liegt nahe. Vgl. Lucas a. a. O. S. 21. 22 Anm. 24—26.
[4]) Wendland a. a. O. S. 379; FHG. I fr. 114; Griechische Märchen S. 145.

mäßige Spaßmacher traten allmählich an die Stelle des Gastes, der in einer Gesellschaft, die ἀπὶ συμβολῶν speiste, ἀσύμβολος mitaß und dafür die Verpflichtung hatte, die Gesellschaft zu unterhalten: οἷοι λογοποιοῦσιν ἐν τῷ πράγματι οἱ τἀργύριον μὴ καταθέντες (Antiphanes: Kock 124, 13, Fr. com. Att. II 60). Indem dann die Parasiten in diese Stellung einrücken, sahen sie sich gezwungen, solche λόγοι aufzuzeichnen[1]), wie sich denn deren einer bei Plautus im Persa 390—96 rühmt, er besitze eine ganze Kiste mit attischen Schwänken, die er seiner Tochter als Mitgift hinterlassen wolle. *Fabulatores* ließ sich auch Augustus kommen, wenn er nachts nicht einschlafen konnte (Sueton 78), und noch bei Plinius, Epist. II 20, 1 findet sich die hübsche Anspielung auf diesen Stand: *assem para et accipe auream fabellam.*

Warum es andrerseits bis in späte Zeit keine Novellensammlungen gab, ist leicht zu erklären. 'In Griechenland selbst scheint man es nicht für der Mühe wert gehalten zu haben, so leichtfertige Erdichtungen in Büchern für die Ewigkeit festzuhalten', schrieb schon Rohde.[2]) Er bereits vermutete, daß sich hinter anderer Literatur die Erinnerung an uns verlorene Novellen verberge. Er warf die Frage auf, 'ob nicht die Fabeln mancher Komödie von der Gattung des sogenannten 'neueren bürgerlichen Lustspiels' ihre Motive novellistischen Dichtungen entlehnt haben mögen'. Diese Vermutung hat jetzt eine glänzende Bestätigung gefunden in einem Komödienprolog, der in einem Papyrus von Ghorân zutage getreten ist.[3]) In einer uns höchst unpoetisch anmutenden Spielerei, wobei stets die zweite Verszeile die Worte der ersten in umgekehrter Reihenfolge wiederholt, wird da eine Hypothesis folgendermaßen eingeleitet:

Ἔρως Ἀφροδίτης υἱὸς ἐπιεικὴς νέος
— νέος ἐπιεικὴς υἱὸς Ἀφροδίτης Ἔρως —
ἐλήλυθα ἀγγελῶν τοιοῦτο πρᾶγμά τι
— πρᾶγμά τι τοιοῦτον ἀγγελῶν ἐλήλυθα —
κατὰ τὴν Ἰωνίαν πάλαι γεγενημένον
— γεγενημένον πάλαι κατὰ τὴν Ἰωνίαν —.

Hier wird also für das *argumentum fabulae* ausdrücklich auf das Ionien alter Zeit, d. h. auf eine dorther stammende Novelle verwiesen. Ähnlich hat noch neuerdings Thiele[4]) im Plautinischen Rudens novellistische Motive gleicher Herkunft nachgewiesen.

Andrerseits hob Wilamowitz in der Einleitung zu Euripides' Hippolytos[5]) mit Recht hervor, daß das Sujet hier unzweifelhaft der überall wiederkehrende Novellenstoff von der Liebe der Stiefmutter zum Stiefsohn sei, der dann in umgekehrter Fassung in dem Typus von Antiochos, des Seleukos Sohn, und

---

[1]) Auch das bindet ja Novelle und Schwank mit Märchen und Fabel, daß sie zur 'ungeschriebenen Literatur' des Volkes zählen (v. Wilamowitz-Moellendorff, Euripides' Hippolytos S. 36), die von Mund zu Mund weiter getragen wird.

[2]) A. a. O. S. 594. 596.

[3]) A. Körte, Hermes XLIII 38 ff.; M. Heinemann, Epistulae amatoriae quo modo cohaereant cum elegiis Alexandrinis (Dissert. ph. Argentor. sel. XIV 103); Reitzenstein, Amor und Psyche S. 29.

[4]) Hermes XLVIII 530.   [5]) S. 35.

Stratonike eines der beliebtesten Gegenstände hellenistischer Erzählungskunst geworden ist.[1]) Aber auch hinter der Alkestis steht ein Märchenmotiv, das vom starken Helden, der selbst den Tod überwindet, und gerade die Gestaltung bei Euripides läßt vermuten, daß dies von vornherein eine schwankhafte Fassung hatte. So könnte das Hohnwort des Aristophanes (Acharner 398: ὁ νοῦς μὲν ἔξω ξυλλέγων ἐπύλλια) ebensowohl auf das Umherspähen nach Novellenmotiven als nach 'entlegenen Lokalsagen'[2]) gehn. Und auch der Sophokleische Ödipus bietet ein novellistisch ausgeführtes Märchenmotiv: 'Thron und Gattin dem Bezwinger eines Ungetüms ausgesetzt, ein landfahrender Fremdling, der die Aufgabe wider Erwarten löst; oft ist es auch einer, der gar nicht besonders schlau ist.'[3])

Wenn so Tragödie und Komödie, die Schöpfungen der λογοποιοί aufgriffen, so ist es vielleicht nicht zu kühn, die Vermutung aufzuwerfen[4]), ob nicht auch in den Parallelen zwischen attischer Komödie, hellenistischer Epigrammatik und römischer Elegie das griechische Novellenbuch weiterwirkt. Die 'alexandrinische Elegie', die man auf Grund dieser Parallelen forderte, führt heute doch nur mehr ein schattenhaftes Dasein.[5]) Auf diese Spur scheint die Beobachtung zu weisen, daß dasselbe Motiv schlicht und keusch gewandt in Epigrammen der Frühzeit und frech und geziert in der sophistischen Briefliteratur und späten Epigrammen wiederkehrt. So das vom Jüngling und der badenden Schönen.[6]) Es erscheint zuerst Anth. Pal. V 208 in einem Epigramm, das von Jacobs wohl mit Recht dem Asklepiades zugewiesen ist. Klearch sieht am Strande von Paphos die schöne Niko in den Meeresfluten schwimmen und fleht zu Aphrodite, daß sie ihm ihre Liebe verschaffen möge. Sein Flehen wird erhört: νῦν δ' ἴσος ἀμφοτέροις φιλίης πόθος. In ganz anderem Ton erscheint die Geschichte bei dem späten Aristänet I 7 in der Form der irrisio amantis. Das Mädchen bittet den Jüngling, der am Strande angelt, ihr während des Bades ihre Kleider zu bewahren. Der verspricht es gerne, οἷα δὴ μέλλων αὐτὴν γυμνωθεῖσαν ὁρᾶν. Aber da er sich ihr, als sie dem Bade entsteigt, als Liebhaber nahen will, verhöhnt sie ihn, zerbricht seine Angel und wirft auch die von ihm gefangenen Fische ins Meer zurück. Der Jüngling, der nach der in diesen Novellen streng festgehaltenen Form der Icherzählung die betrübliche Geschichte berichtet, schließt mit den gekünstelten Worten: ἐγὼ δὲ ἀμήχανος παρειστήκειν καὶ οὓς ἐθηρασάμην θρηνῶν καὶ ἣν οὐκ ἤγρευσα δακρύων.

Ein anderes mannigfach gestaltetes Motiv ist das von der wider Willen

---

[1]) Wendland, De fabellis antiquis etc. (Göttinger Programm 1911) S. 11 und Einleitung I 442; Mesk, Rh. Mus. LXVIII 366 ff.

[2]) Schmid-Christ, Gr. Lit.-Gesch. I⁶ 381 A. 1.

[3]) v. Wilamowitz-Moellendorff, Übersetzung von Sophokles' Ödipus S. 7 A. 1.

[4]) Das tut in dem Fall der Ausgestaltung des Motivs von der badenden Schönen Heinemann a. a. O. S. 103.

[5]) Aus der sehr ausgedehnten Literatur, die z. B. bei Heinemann im Eingangskapitel S. 3—13 aufgeführt wird, hebe ich nur Jacoby, Rh. Mus. LX 38 ff. und Reitzenstein, Hellenistische Wundererzählungen S. 152 ff. hervor.

[6]) Heinemann S. 103; Reitzenstein, Amor und Psyche S. 30.

Liebenden. Auch hier ist die erste Stufe bei Hedylos (Anth. Pal. V 198) fast feierlich gehoben. Aglaonike weiht dankbar der Aphrodite die Gewande, die sie trug,
als Nikagoras sie mit Wein betörte und zur Liebe zwang. Auch diese Situation
biegt die rhetorische Briefliteratur ins Komische um. Alkiphron III 37 wird die
spröde Witwe in den Hain gelockt und dort dem stürmischen Liebhaber überliefert. Beschämt berichtet sie der Freundin: αἰδοῦμαι εἰπεῖν, ὦ φιλτάτη, τί πα-
θεῖν ἐπηνάγκασε, καὶ τὸν ἐξ ὕβρεως ἄνδρα οὐχ ἑκοῦσα μέν, ὅμως δ' ἔχω.[1]

Ebenso ist natürlich auch die alte Märe vom Parisurteil schwankhaft parodiert und zur Grundlage frecher Erzählungen gemacht worden. Wieder steht
am Eingang ein fast streng gehaltenes, leider sehr korrupt überliefertes Gedicht
des Hedylos (Anth. Pal. VI 292), in dem Priap den Richter spielt. Aber den Abschluß bilden Frechheiten wie die des späten Rufinus, Anth. Pal. V 34: πυγὰς
αὐτὸς ἔκρινα τριῶν· εἵλοντο γὰρ αὐταί und V 35 mit der Lösung: ἀλλὰ σαφῶς
ἃ πέπονθε Πάρις διὰ τὴν κρίσιν εἰδὼς τᾶς τρεῖς ἀθανάτας εὐθὺ συνεστεφάνουν.
Das sind die Nachklänge eines berühmten Hetärenfestes mit συγκρίσεις πυγῶν,
μασταρίων, γαστέρων, das uns bei Alkiphron geschildert wird, bei dem hier gerade besonders deutlich Verse der Komödie durchklingen.[2] Poetischer erscheint
eine andere Weiterbildung desselben Motivs bei Aristänet I 2, die Geschichte
von der Bedrängnis des ahnungslosen Flaneurs, den in einer Sackgasse zwei
Schönen stellen mit der Frage, welcher von ihnen eigentlich seine Liebe gelte.
Auch er ist klüger als Paris: τοσοῦτον λεκτέον, ὡς οὐδεμίαν λελύπηκα, θάλα-
μον αὐτοσχέδιον εὑρὼν ἀρκοῦντα τῇ χρείᾳ.[3]

Mit der eben erwähnten Szene vom Hetärenfest[4] wird nun meist die bekannte
Statue der Aphrodite Kallipygos (Brunn-Bruckmann, Denkmäler griech. u. röm.
Skulptur, Taf. 578; Bernouilli, Aphrodite S. 341) in Beziehung gebracht, in
der man — nicht ohne Widerspruch (vgl. Furtwängler bei Roscher I 78; Hauser
in Arndt-Amelungs Einzelaufnahmen Nr. 758) — das Bild eines Kultus sieht,
dessen αἴτιον Athenaios XII 554 CD mit Berufung auf den Vers des Kerkidas ἦν
καλλιπύγων ζεῦγος ἐν Συρακούσαις und Jamben des Archelaos[5] folgendermaßen
erzählt: Einst stritten die beiden Töchter eines Landmannes bei Syrakus ποτέρα
εἴη καλλιπυγοτέρα. Da sie sich nicht einigen können, rufen sie einen auf der Landstraße vorübergehenden Jüngling, den Sohn eines reichen Städters, zum Richter
an. Sein Urteilsspruch entscheidet für die ältere, in die er sich zugleich so verliebt, daß er sie heiraten will. Sein Vater mag davon nichts wissen, worauf der
Sohn vor Liebessehnsucht erkrankt (wie der junge Antiochos, des Seleukos Sohn,

---

[1] Die Variationen der Beschleichung und Nötigung Anth. Pal. V 126. 293. 274, die
Reitzenstein, Amor und Psyche S. 31 zu Properz I 3 hinüberführen und mit Sicherheit eine
'frühalexandrinische Scherzelegie' als gemeinsame Quelle rekonstruieren lassen, scheinen
mir eher seitab zu führen. Vgl. auch Heinemann a. a. O. S. 11. 12.

[2] Kock, Hermes XXI 406.

[3] Der Abschluß erinnert in Situation und Ausdruck, wie schon die alten Erklärer
anmerken, an die Schlußszene des fünften Buches im Roman des Achilles Tatius (V 27, 3).

[4] Man entschuldige eine Digression, die die Form der Anmerkung sprengte und doch
zum Thema in Beziehung steht.

[5] Des Chersonniten; vgl. Reitzenstein, Real-Enc. II 454).

und andere standhafte Liebeshelden der Novellistik). Dadurch wird sein jüngerer
Bruder veranlaßt, sich auch die Mädchen anzusehen, und dieser verliebt sich
nun in die jüngere Schwester. Ihrem vereinten Drängen kann der Vater nicht
widerstehen, und die beiden Landmädchen werden nun reiche Bürgersfrauen.
Die Städter geben ihnen den Spottnamen der καλλίπυγοι, sie aber ἱδρύσαντο
Ἀφροδίτης ἱερὸν καλέσασαι καλλίπυγον τὴν θεόν. — Das nennt W. Riezler
(bei Brunn-Bruckmann) eine 'anmutige Legende', Gerhard (Phönix von Kolophon S. 209) eine 'populäre Novellette'. Ob es aber mehr ist als eine aus dem
dunklen Beinamen herausgesponnene und mit den Mitteln der Novellistik heraus-
geputzte Anekdote?[1]) Daß 'die ätiologische Pointe' bei Kerkidas fehlte und
erst von dem 'eine oder zwei Generationen späteren' Archelaos aufgesetzt wurde
(Gerhard S. 210), erscheint mir ebenso unsicher wie die Auskunft, die Riezler
(Anm. 11) wegen des ἱερόν findet: 'Das von den beiden Schwestern geweihte
Heiligtum war sicher ganz bescheidener Natur, das später erneuert und von
den Syrakusaner Lebemännern mit der Statue ausgestattet wurde.'[1])

Jedenfalls aber sind wir mit diesen Geschichten von badenden Schönen,
gewalttätigen Liebesabenteuern und hetärenhaften Schönheitskonkurrenzen nunmehr bei den frechsten Novellen hellenistischer Zeit angelangt, die sich zu den
harmlosen Geschichten der Logographen verhalten, wie die Fazetien der Renaissance zu den Erzählungen mittelalterlicher Chronisten. Aber die Tatsache,
daß wir jedesmal an den Eingang schlicht und ernst gehaltene Fassungen stellen
können, scheint doch zu beweisen, daß wir verfolgen können, wie altes No-
vellengut sich wandelt, wie aus der altionischen Novelle die neuionische der
κατὰ Ἀριστείδην entsteht.

Über dessen Μιλησιακά, die nunmehr doch wohl nicht mehr so ganz isoliert dastehen, hat die neuere Forschung, immer wieder anknüpfend an den gehaltvollen Aufsatz von Lucas[2]), einige Einzelheiten teils genauer festgestellt, teils
neu vermittelt, Einzelheiten, die das Kompositionsprinzip des Aristides und den
Stil der neuionischen Novelle betreffen. Denn der Inhalt stand ja von jeher unbestritten fest, es waren ἀκόλαστα διηγήματα (Ps.-Lucian, Am. 1, vgl. ἀκόλαστα
βιβλία. Plutarch, Crass. 32), vergleichbar den *naeniae aniles* (Iul. Capitolinus,
Vit. Clod. Alb. 12, 12) des Apuleius, der ja bereits in den Eingangsworten seines
Romans auf dies Vorbild hinweist: *At ego tibi sermone isto Milesio varias fabulas conseram auresque tuas benevolas lepido susurro permulceam.* Wenn wir
diesem Satze noch den Schluß des Einleitungskapitels, in dem sich der Erzähler
als lateinisch schreibenden Griechen hinstellt: *Iam haec equidem ipsa vocis im-*

---

[1]) Geffcken in diesen Jahrb. 1911 XXVII 410 A. 4 bezeichnet die Geschichte als 'aus-
gemachte Burleske'. Es ist aber mehr die üppige Stimmung des Hellenismus, die in jeder
Periode der Hyperkultur wiederkehrt. So hat J. B. Rousseau unter dem Titel 'Les belles
fesses' die Geschichte ziemlich genau dem Athenäus nacherzählt mit dem charakteristischen
Schluß: . . . *par les soeurs un temple fut fondé Au nom de Vénus aux belles fesses. Je ne
sçai pas à quelle occasion: Mais c'eût été pour moi le temple de la Grèce Pour qui j'eusse
eu plus de dévotion.* Ausgabe von 1748 (London) II 292. Dazu eine Vignette von Saint-Aubin
'Comparaison'.

[2]) Philologus LXVI 16 f.

mutatio desultoriae scientiae stilo quem accessimus respondet. Fabulam Graecanicam incipimus. Lector intende: laetaberis hinzufügen, sowie die bekannten Worte Ovids: *Iunxit Aristides Milesia crimina secum* (Trist. II 413), so haben wir das ganze vielverhandelte[1]) Material über die *Milesiae* beieinander.

Aber wenn Geffcken[2]) es als hoffnungslos bezeichnet hatte, über die Kompositionsweise der Μιλησιακά Sicheres zu ermitteln, so hat sich dieser Verzicht als unnötig erwiesen. Freilich die Ansicht von Lucas, die Einzelnovellen seien Einlagen in eine größere Erzählung gewesen, wie in Apuleius' Metamorphosen, so daß das Ganze also die Form der Rahmenerzählung gehabt habe, ist mit Recht allseitig abgelehnt worden. Aus den Worten Ovids geht, wie schon Rohde erkannte, nur hervor, daß die einzelnen *fabulae* durch irgendein Vorwort des Sammlers verbunden war. Weiter aber führt die Heranziehung und Ausdeutung des Eingangs von Ps.-Lucians Amores, wie sie Reitzenstein[3]) gegeben hat. Dort vergleicht Lykin, dem Theomnest eine Fülle von Liebesabenteuern erzählt hat, die er durchleben mußte, weil der Zorn der Aphrodite auf ihm lastete, das Vergnügen, das ihm diese Erzählungen bereiteten, mit der Freude, die Aristides empfand, als er die Μιλησιακοὶ λόγοι zu hören bekam. Also gab Aristides die Erzählungen wieder, die er von anderen gehört hatte, und die Umkleidung bestand höchstens in einem Rahmengespräch, wie wir es bei Lucian im 'Toxaris' und 'Navigium' finden. Die Situation im einzelnen bleibt unklar; daß es keine παννυχὶς ἀκόλαστος μετὰ γυναικῶν oder ein Symposion war, bei dem stets ein und derselbe Gegenstand — die Liebe durchaus nicht immer und auch sie nur in der Form der Liebestheorie, nicht in der von zuchtlosen Erzählungen — abgehandelt wurde, beweist gerade die tüchtige Arbeit von Ullrich[4]), die Schissel von Fleschenberg[5]) zu Unrecht wiederholt hierfür zitiert.

Auch den Stil der neuionischen Novelle hat Reitzenstein meines Erachtens dadurch genauer festgelegt, daß er in den oben ausgeschriebenen Eingangsworten den *lepidus susurrus*, das Einschmeichelnde dieser Stilgattung, besonders betont[6]), wobei aber die von Rohde hervorgehobene Mannigfaltigkeit des Inhalts (*varias fabulas*) nicht preisgegeben werden darf. Demgemäß scheint mir ein Schlußsatz

---

[1]) Die Literatur im einzelnen bei Schissel v. Fleschenberg, Die griechische Novelle (= Rhetorische Forschungen II) S. V f. Die dort ausführlich behandelten weiteren Erwähnungen der Milesiae ergeben nichts Neues. Vgl. jetzt auch Helm in diesen Jahrb. oben S. 175—77.

[2]) In diesen Jahrb. 1911 XXVII 489.   [3]) Amor und Psyche S. 34. 65.

[4]) Entstehung und Entwicklung der Literaturgattung des Symposion (Programm des Neuen Gymnasiums in Würzburg 1908 und 1909).

[5]) Die griechische Novelle S. 39 ff.

[6]) Wenn freilich Reitzenstein die, bei Ps.-Lucian nicht einmal besonders stark hervortretende, müde Stimmung des Lesers, der zu solcher Lektüre greift, als typischen Eingang der *fabula Milesia* bezeichnen will, so liegt hier, wie Schissel v. Fleschenberg richtig ausführt — a. a. O. S. 41 — nur die naheliegende Verwendung des τόπος περὶ παιδιᾶς vor; vgl. Praechter, Hermes XLVII 473. Weiter engt Reitzenstein auch darin den Begriff zu sehr ein, wenn er die Geschichte vom Tiermenschen zum Prototyp der Milesia stempeln möchte. Schließlich trägt auch die a. a. O. S. 33. 68 aufgestellte lockende Perspektive: *fabula* = Novelle, Novellensammlung (Petron, Apuleius), *historia* = Roman; vgl. Berl. Phil. Wochenschr. 1912 Sp. 1632.

das *desultoriae scientiae stilo* am richtigsten von Leo[1]) auf das rasche Über-
springen von einem Stoff zum andern gedeutet zu sein. Und wenn ich schließlich dort die *fabula Graecanica* nach wie vor mit Rohde als eine nach Geist
wie Sprache Griechenland entstammende Geschichte deute, so scheint mir doch
Reitzensteins Untersuchung über den Begriff *fabula* richtige Resultate ergeben zu haben. Wo Apuleius das Wort braucht, denkt er inhaltlich an Geschichten amüsanten Charakters und formell an mündlichen Vortrag, beständiges
Anreden des Lesers durch den Erzähler. Damit schließen sich auch diese *fabulae* an die Geschichten der ionischen Erzähler, und eben darauf verweisen die
Worte: *Fabulam Graecanicam incipimus. Lector intende: laetaberis.* Wie ein
solcher *fabulator* versichern Aristides, Ps.-Lucian, Apuleius dem Leser, daß es
der Mühe wert sei, sich von dieser Fülle heiterster Erzählungen berauschen zu
lassen.

Wenn so die Eigenart der Milesiae schärfer erfaßt ist, wird man auch mit
größerer Zuversicht darangehen dürfen, namentlich Stücke der sophistischen Briefliteratur als zu diesem Genre gehörig in Anspruch zu nehmen. Schon Dilthey
hat den zehnten der sogenannten Äschinesbriefe als *fabula Milesia* bezeichnet,
Rohde drei der bei Aristänet in der 'unklaren und abgeschmackten Manier
dieses Sophisten' erzählten Novellen; außerdem hat man mit Recht die kecksten
Einlagen in Apuleius' Metamorphosen und vor allem die 'Matrone von Ephesus'
bei Petron (111. 12) hierhergezogen.[2])

Aber schon die altbekannten Muster, der Äschinesbrief, dessen Thema die
Erbeutung einer Jungfernschaft unter der Maske eines Gottes ist[3]), und die
Witwe von Ephesus, die am Grabe zur Dirne wird und den Leichnam des Gemahls preisgibt, um den Buhlen vor Strafe zu retten[4]), beweisen, daß die Form
der Novelle eine viel geschlossenere geworden ist als zur Zeit der Logographen.
In der Novelle des Äschinesbriefes sind die Figuren des unschuldigen Mädchens,
der übertölpelten Amme und des kecken Verführers ebenso sicher hingestellt
wie das entsprechende Trio der keuschen Gattin, der gefälligen Dienerin und
des unternehmungslustigen Soldaten bei Petron.

Diese Technik der προσωποποιία stammt aus verschiedenen Quellen, dem
Vorbild der skenischen Kunst, der ethologischen Schriftstellerei der Peripatetiker, vor allem aber aus der Lehre und Praxis der Rhetorenschulen, die ja
auch ihrerseits früh den Anschluß an die Komödie fanden.[5]) In diesen wird das
διήγημα ebenso ein Teil der rhetorischen Ausbildung wie der μῦθος Αἰσωπικός,
der die unterste Stufe der Progymnasmata bildete. Und wie in unsere Sammlungen 'Äsopischer Fabeln' unzweifelhaft συγκρίσεις, ἐκφράσεις, ἠθοποιίαι aus

¹) Hermes XL 605.
²) Dilthey, Callimachi Cydippa S. 102 Anm.; Rohde, Gr. Roman² S. 546 A. 2; Lucas
a. a. O. S. 23 Anm. 30; Schmid-Christ, Gr. Lit.-Gesch.⁵ S. 575. Bei Aristänet kämen außer
den von Rohde genannten I 5, II 15. 22 noch I 2. 7. 9. 13. 15. 19. 20, II 8. 18 in Frage.
³) Griech. Märchen S. 186; Weinreich, Trug des Nektanebos S. 34—40.
⁴) Griech. Märchen S. 325; Thiele, Phädrusstudien, Hermes XLIII 361—68; Rohde,
Kl. Schr. II 186.
⁵) Reichel, Quaestiones progymnasmaticae (Leipziger Dissert. 1909) S. 86.

den Rhetorenschulen eingedrungen sind[1]), so sind in der Vorbereitung für die gerichtliche Beredsamkeit hier planmäßig Novellen ersonnen oder in Anlehnung an bekannte Vorbilder weiter ausgebaut worden.

Wenn aber auch unzweifelhaft die Lehren der Rhetoren auf die Technik der Geschichtenerzähler den größten Einfluß gehabt haben, so führt der Weg von den Progymnasmata doch nicht zur Novelle, sondern zum sophistischen Liebesroman, wie die Debatten ergeben haben, die an einen von Rohde einst zu Unrecht bekämpften Aufsatz von Thiele anschlossen.[2]) Den letzten Schluß zieht jetzt Schmid in der Neubearbeitung von Christs Literaturgeschichte II 1 § 493. Da die Definition, die die älteren lateinischen Techniker von der sogenannten Personenerzählung — dem $\delta\iota\acute{\eta}\gamma\eta\mu\alpha$ $\varkappa\alpha\tau\grave{\alpha}$ $\pi\varrho\acute{o}\sigma\omega\pi\alpha$ — geben, mit der Anlage des späteren griechischen Liebesromans völlig übereinstimmen, so bleiben nur zwei Möglichkeiten. Entweder die Progymnasmata setzen diesen schon voraus — das ist, wie Schmid ausführt, nicht zu erweisen —, oder der spätere Roman ist aus diesen Progymnasmata herausgewachsen — und das ist die Lösung, die auch mir die einzig mögliche scheint.

In all diesen Wandlungen ist nun auch die Sprache der ionischen Novelle eine ganz andere geworden. Zunächst scheint freilich auch hier das alte Los der volkstümlichen Erzählung zu walten. Sie wird nicht als eigenes $\gamma\acute{e}\nu o\varsigma$ respektiert und von jedem Autor unbedenklich dem Stil der Historie, des Briefes, der Paränese angeglichen. So ist die Novelle bei Äschines ganz der typische Sophistenbrief mit dem obligaten Homerzitat in künstlich überladenem, meist antithetisch durchgeführtem Satzbau. Ebenso sind die Novellen des Alkiphron und Aristänet durchaus im $\chi\alpha\varrho\alpha\varkappa\tau\grave{\eta}\varrho$ $\gamma\lambda\alpha\varphi\nu\varrho\acute{o}\varsigma$ ihrer sonstigen Prosopopoiien geschrieben. Als dann die Rhetoren das $\delta\iota\acute{\eta}\gamma\eta\mu\alpha$ und speziell das $\delta\iota\acute{\eta}\gamma\eta\mu\alpha$ $\varkappa\alpha\tau\grave{\alpha}$ $\pi\varrho\acute{o}\sigma\omega\pi\alpha$ als besondere Literaturgattung kultivierten, dessen Hauptcharakteristikum die $\iota\lambda\alpha\varrho\acute{\iota}\alpha$ (*festivitas*, Cicero, De invent. I 16) war, erschien auch ihnen der $\chi\alpha\varrho\alpha\varkappa\tau\grave{\eta}\varrho$ $\gamma\lambda\alpha$-$\varphi\nu\varrho\acute{o}\varsigma$ oder $\acute{\alpha}\nu\vartheta\eta\varrho\acute{o}\varsigma$ als der dafür einzig angemessene. Den finden wir denn auch in den stilistisch als eigenes $\gamma\acute{e}\nu o\varsigma$ empfundenen Novellen bei Lucian und Apuleius, soweit nicht, wie bei den Gespenstergeschichten im Philopseudes und bei der tragisch gefärbten Charitenovelle (Apul. Metam. VIII 1—14) ein gewollter Übergang in den $\chi\alpha\varrho\alpha\varkappa\tau\grave{\eta}\varrho$ $\sigma\epsilon\mu\nu\acute{o}\varsigma$ stattfindet.[3])

Aber eine Beobachtung von Norden scheint darauf hinzuweisen, daß gerade die Novelle des Aristides den $\chi\alpha\varrho\alpha\varkappa\tau\grave{\eta}\varrho$ $\iota\sigma\chi\nu\acute{o}\varsigma$ bevorzugte. Der Auctor ad Herennium gibt nämlich für das *genus figurae attenuatae* quod ad infimum et

---

[1]) Vgl. 'Das Problem der äsopischen Fabel' in diesen Jahrb. 1898 I 312 ff.

[2]) Aus der Anomia (Berlin 1890) S. 124 ff.; Reichel S. 52. 78. Ich gehe auf die verwickelte Frage der Rhetorendefinitionen hier nicht ein, halte aber mit Reitzenstein, Hellenistische Wundererzählungen 91 ff. die Heranziehung der $\delta\iota\eta\gamma\acute{\eta}\mu\alpha\tau\alpha$ $\beta\iota\omega\tau\iota\varkappa\acute{\alpha}$ durch Thiele für berechtigt. Nach Reichel wäre die genau entsprechende Bezeichnung für Roman $\delta\iota\acute{\eta}\gamma\eta\mu\alpha$ $\pi\epsilon\varrho\iota\pi\epsilon\tau\iota\varkappa\acute{o}\nu$.

[3]) Volkmann, Rhetorik der Griechen und Römer[2] S. 54; Geigenmüller, Quaestiones Dionysianae de vocabulis artis criticae (Dissert. Lips. 1908) S. 80—82; Schissel v. Fleschenberg, Griech. Novelle S. 66.

cotidianum sermonem demissum est[1]) ein Beispiel mit der Schilderung einer
Szene in einem öffentlichen Bad, das anscheinend dieser Literaturgattung entnommen ist. 'Das war also der Stil der neuionischen Novelle, οἱ περὶ Ἀριστείδην
haben so geschrieben. Dieser Stil ist nur scheinbar kunstlos, in Wahrheit ist
er wegen seiner ἀφέλεια nicht leicht zu handhaben (der Auctor nennt ihn *fa-
cetissimus*). ... Diesen Stil kennen wir, er ist der des Petronius.'[2])

Wir erinnern uns des kunstvoll einfachen Stils der Logographen, deren
natürliche Frische die Geschichtenerzähler auch durch den bewußt 'mündlichen'
Ton der *fabula*, das stete Anreden des Lesers zu erreichen suchen. Andrerseits
hat man mit Recht hervorgehoben, daß die Novelle, wie sie uns bei den Römern
vorliegt, nunmehr bei aller der den Milesiae eigenen Frechheit des Tons im
Ausdruck die höchste Dezenz beobachtet.[3])

Hier, wo die Novelle zum Teil zu ihren Anfängen zurückzukehren scheint,
könnte diese Skizze der Entwicklung schließen. Aber das Weiterwirken der
ionischen Novelle in Petrons Saturae und des Apuleius Metamorphosen erheischt
noch eine kurze Betrachtung.

Was diese beiden Werke, die schon Macrobius (Somn. Scip. I 2, 7) als *ar-
gumenta fictis amatorum argumentis referta* zusammenstellt, verbindet, ist außer
Inhalt und Ton das Kompositionsprinzip. Beide bauen sich, wie Crusius[4])
nachgewiesen hat, auf griechischen Novellensammlungen und Anekdotenbüchern
— unsern λόγοι Ἰωνικοί — auf, denen sie die Einlagen in die Haupterzählung
entnehmen. Bei Apuleius sind die einheitlichen Gesichtspunkte, nach denen das
geschieht, deutlich erkennbar. Bei ihm behandeln die Novellen von B. I u. II
Zaubergeschichten, die von IV u. VII Räubergeschichten, die von VIII u. IX
eheliche Untreue und die von X Giftmischereien. Bei Petron ist heute ein solcher
äußerer Schematismus nicht mehr zu erkennen. Er kann vorhanden gewesen
sein, wenn die Vermutung Reitzensteins[5]) zutrifft, daß wie beim Aufenthalt
in Kroton die Erbschleicherei so in jeder andern Reisestation ein anderes Laster
oder eine andere menschliche Schwäche das Thema abgegeben habe. Bei ihm
aber ist auch das Motiv, das die Haupthandlung in Bewegung setzt, aus der ionischen Novelle zu belegen. Dies ist, wie El. Klebs[6]), noch immer unwiderlegt[7]),

---

[1]) Das doch wohl dem ταπεινόν der Griechen am nächsten steht; Geigenmüller S. 113 f.

[2]) Norden, Agnostos Theos S. 377, 1; vgl. auch bei Gercke-Norden[1] S. 579. Zwei Be-
denken bleiben immerhin. Erstens ist es ja nur Annahme Nordens, daß das Zitat beim
Auctor ad Herennium aus der milesischen Novelle — in der Übertragung Sisennas — stammt.
Zunächst müßte man doch wohl an den 'realistischen Roman' denken. Andrerseits braucht
Petronius diesen degagierten Stil nur im Roman selbst und in den Freigelassenen Trimalchio und Niceros in den Mund gelegten Geschichten. Die 'Matrone von Ephesus' und
Eumolps päderastisches Abenteuer in Ephesus (85—87), beides Milesiae im Munde eines Ge-
bildeten, zeigen ganz andere Stilart. Vgl. Bondonio, De nonnullis P. Petr. Arb. fontibus in
satiris (Classici e Neolatini I 202 f.); Sch. v. Fleschenberg, Gr. Nov. S. 66.

[3]) Rosenblüth, Beiträge zur Quellenkunde von Petrons Satiren (Diss. Kiel 1909) S. 72.

[4]) Philol. XLVII 448.   [5]) Hellenist. Wundererzählungen S. 31.

[6]) Philol. XLVII 623 ff. 632 A. 12.

[7]) Auch nicht durch Schissel v. Fleschenberg, Wiener Studien XXXIII 264 ff.; Bondonio a. a. O. S. 202 bezeichnet das Werk als *ingens carmen in Priapum compositum*.

dargetan hat, die *gravis ira Priapi*, die den Erzähler verfolgt wie den Odysseus der Zorn Poseidons. Genau dasselbe Motiv aber verwandte, wie Reitzenstein aus dem Eingang von Ps.-Lucians Amores erwiesen hat, Aristides in der Einleitung der Μιλησιακά.[1]) Wir werden dieser Einzelheit bei Petron sicher nicht allzuviel Gewicht beilegen dürfen, der geistreiche Verfasser der Saturae wollte mehr als bloß milesische Geschichten miteinander verknüpfen wie Aristides und Apuleius.[2]) Eine parodische Beziehung zum sophistischen Liebesroman scheint mir besonders der Rolle wegen, welche die grausame Tyche dem Liebenden gegenüber spielt, nicht ausgeschlossen, wenn auch das liederliche Dreieck Encolpius - Giton - Ascyltus dem in allen Fährnissen treuen Liebespaar der Romane schlecht entspricht.[3]) Vor allem wird der Einfluß der Menippeischen Satire auf dies ebenso vielseitige wie schwer zu rubrizierende Werk ja immer von neuem und mit Recht betont.[4]) Aber die Partien, in denen sich Petron am genialsten gibt, sind doch die mit sicherstem Stil gegebenen Liebesabenteuer, und diese eben sind unzweifelhaft Weiterwirkungen der ionischen Novelle. '*Veri simile est Arbitrum omni cura in Aristidis Milesii fabulas incubuisse*', sagt einer der letzten Bearbeiter der Quellenfrage.[5])

Bei Apuleius satirischen Geist nachweisen zu wollen[6]), erscheint mir ebenso unrichtig wie die Behauptung, das Ziel Petrons sei eine 'auf epikureischer Doktrin gegründete realistische Wortkunst' gewesen.[7]) Für beide Werke gibt den Grundton eine gänzlich amoralische lebenswahre Schilderung der Leiden und Freuden des Daseins im Ton der griechischen Novelle, die auch die meisten Einzelmotive geliefert hat. Dieser Ton wird bei Petron vertieft und vergeistigt durch die Anlehnung an die Satire und bei beiden verlebendigt durch gelegentliche Anleihen beim Mimus.

Aber vielleicht können wir aus der ionischen Novelle auch ein Element in Petrons Saturae herleiten, das bisher stets nur vermutungsweise griechischen Vorbildern zugeschrieben wurde, ich meine das pikarische, die Charakteristika des Schelmen- und Abenteuerromans.[8]) Dazu hilft uns freilich nicht das literarische Material. Denn wenn auch der Personenkreis, den wir aus den ionischen Novellen kennen lernen, uns ein Milieu von liederlichen jungen Leuten, Hetären, kleinen Bürgersleuten aller Art, Räubern, Soldaten und Sklaven vorführt, so fehlt

---

[1]) Amor und Psyche S. 65; vgl. oben S. 451.

[2]) Collignon, Pétrone S. 323 forderte als Vorlage der 'Saturae' einen 'Roman' Priapea, und Bücheler ebd. S. 324 dachte an Massaliotica, die beide ja deutlich in die Richtung der Milesiaca weisen.

[3]) Heinze, Hermes XXXIV 494; dagegen Schmid in diesen Jahrb. XIII 465 und andere; vgl. Schanz, Röm. Lit.-Gesch. II 2³, S. 124—26.

[4]) Geffcken in diesen Jahrb. XXVII 485 ff.; Rosenblüth a. a. O. Kap. 1.

[5]) Bondonio a. a. O. S. 203; Rosenblüth, Kap. 3, wo aber dem Mimus noch allzuviel zugewiesen wird (ebd. Kap. 2).

[6]) Geffcken a. a. O. S. 487; vgl. Reitzenstein, Amor und Psyche S. 66, 1.

[7]) Sch. v. Fleschenberg, Wiener Studien XXXIII 272.

[8]) Vgl. v. Wilamowitz-Moellendorff, Kultur der Gegenwart I 8³ S. 190; Leo, ebd. S. 459; Rosenblüth a. a. O. S. 85 A. 1.

doch das eigentliche Vagabundentum, das erst mit Petron seinen Einzug in die
Literatur zu halten scheint. Hier aber treten ergänzend bildliche Darstellungen
ein, die Wandgemälde der sogenannten *casa Tiberina,* die man meist — neben
Petron — als Beweis für die Existenz eines griechischen 'realistischen Romans'
anführt[1]), und die meines Erachtens ebenfalls auf die Novelle zurückführen.

Es handelt sich um einen Fries, der an der Wand eines Zimmers in dem
1879 bei der Tiberregulierung im Garten der Farnesina entdeckten Haus über
Wandgemälden, deren Motive zum Teil nach Ägypten zu weisen scheinen, um-
lief.[2]) Die einzelnen Bilder sind durch vom Boden aus heraufreichende Kande-
laber sorgfältig voneinander getrennt. Ihre ursprüngliche Zahl ist nicht festzustellen; auf die Längswände kommen je neun, auf die Schmalwände je vier,
aber es ist nicht ausgemacht, daß alle vier Wände inbegriffen waren. Erhalten
sind dreizehn Bilder ganz und eine Anzahl von Fragmenten. Ihr Inhalt ist nicht
leicht zu umschreiben. A. Mau[3]) hat zuerst darauf hingewiesen, daß es im
wesentlichen Gerichtsszenen sind, die alle vor dem gleichen Richter spielen, und
wollte in diesem den sagenhaften König Bokchoris erkennen. Er stellte weiter
fest, daß bei der Darstellung das Prinzip befolgt ist, daß meist erst die Tat
selbst und dann die Ermittlung des Täters durch 'Bokchoris' vorgeführt wird,
beides aber immer in einer abkürzenden, andeutenden Weise, die voraussetzt,
daß die dargestellten Dinge allgemein bekannt waren. Robert[4]) machte auf
einige Details aufmerksam, die ihm die Szene in eine poetische Sphäre zu
rücken schienen, und erklärte das Ganze für Illustrationen zu einem griechischen Roman. Er erkennt die Haupthelden in zwei Vagabunden, die allerlei
Abenteuer erleben und schließlich zu hohen Ehren kommen. Engelmann[5]) bemerkt dazu, Robert könne recht haben, soweit wenigstens der Roman den
Faden liefere, an dem ursprünglich selbständige Geschichten aneinandergereiht
werden, wie in 1001 Nacht und im Dekameron.

Die letzte Definition, mit der auch Löwy übereinstimmt, der von einem
ciclo di novelle o facezie giudiziarie spricht, scheint mir zum Richtigen zu führen.
Ganz wie bei Petron, Lucian, Apuleius sind hier eine ziemliche Anzahl
von Novellen unter einem gemeinsamen Gesichtspunkt zusammengestellt. Mit
Robert von einem Roman zu reden ginge nur an, wenn in der Tat die gleichen
Vagabunden in allen Szenen als die — zum größten Teil freilich sehr passiven
— Helden wiederkehrten. Allerdings erscheinen auf einer Reihe von Bildern
zwei bis drei hagere Gesellen mit Zwiebelköpfen und Bocksbärten, aber in den
andern sehen die Übeltäter ganz anders aus. Dagegen erscheint überall in derselben majestätischen Handlung und mit dem gleichen vornehmen Gesichtstypus
der königliche Richter. Er bildet also wohl die Einheit, und das Ganze ist ein

---

[1]) Robert, Hermes XXXVI 364; v. Wilamowitz-Moellendorff, Kultur der Gegenwart
I 8³, S. 190.
[2]) Publiziert Monum. d. Inst. XI Taf. XLV—VIII; vgl. Ann. d. Inst. LIV 309 (Hülsen).
Literatur bei Helbig, Führer durch die Sammlungen Roms II³ 1356 und Löwy, Rendiconti
della R. accad. dei Lincei Ser. V vol. VI S. 27 Anm. 3.
[3]) Mitt. d. röm. Inst. 1895 S. 237.   [4]) Vgl. Anm. 1.   [5]) Hermes XXXIX 146.

Novellenkranz vom weisen Richter und seinen klugen Entscheidungen in verwickelten Prozessen. Novellistisch aber sind nicht nur die Sujets, sondern ist auch die wirkungsvoll den entscheidenden Moment herausgreifende Darstellung. Um dies nachzuweisen, möchte ich die einzelnen Szenen und die vorgeschlagenen Deutungen kurz besprechen, wobei freilich ein entscheidendes Urteil nur aus den Bildern in den Monumenti zu erlangen sein wird.

Der Zyklus wird offenbar eröffnet durch ein Bild (Mon. XLV 1), das zwei göttergleiche männliche Gestalten — der ältere hält in der erhobenen Hand ein Trinkhorn — in idealer Landschaft gelagert darstellt. Auf der linken Seite drängt sich lauschend eine der oben erwähnten hageren Spitzbubengestalten mit spitzer Mütze heran, während rechts eine gleiche Gestalt (derselbe?) enteilt. Ohne daß ich eine Deutung der Mittelszene wagen wollte, erscheint mir das Ganze wie die künstlerische Wiedergabe eines Proömiums nach der Art desjenigen, das Reitzenstein für die *Μιλησιακά* erschlossen hat. Wie dort Liebesgeschichten, so werden hier Spitzbubenabenteuer verheißen. *Graecanicas fabulas incipimus. Spectator intende: laetaberis* glaubt man zu hören. Die weiteren auf dieser Tafel dargestellten Szenen (XLV 2—4) sind bis auf die erste, wo es sich um einen Einbruchsdiebstahl zu handeln scheint, so fragmentarisch erhalten, daß eine Deutung unmöglich ist. Hervorzuheben ist die künstlerisch äußerst wirkungsvolle Figur des *λωποδύτης* 2c und die schöne Gestalt der sinnenden verschleierten Frau 4d, die Robert mit Recht an hohe Poesie gemahnt. Ich füge hier bei, daß auch in den ebenso mangelhaft erhaltenen und ebensowenig zu deutenden Spuren der letzten Tafel XLVIII 2—4 pathetische Töne angeschlagen werden.

Tafel XLVI 1 wird von Engelmann auf eine Episode bei Longus II 13 bezogen, wo Jünglinge von Methymna ihr Schiff in Ermangelung eines Stricks mit einem Weidengeflecht festbinden. Während sie dann auf die Hasenjagd gehen, fressen die Ziegen des Daphnis das Weidengeflecht ab, und der Kahn treibt davon. Nun soll Daphnis von den Methymnäern zur Strafe weggeschleppt werden, aber es kommt zu einem Schiedsgericht, in dem der Schäfer Philetas das Urteil spricht, weder Daphnis noch seine Ziegen seien schuld, sondern das Meer und der Wind, die das Schiff weggetrieben hätten. Unmöglich ist die Deutung nicht, denn die Darstellung zeigt jenseits eines Wasserlaufes ein Schiff und hinter, oder aber vermutlich richtiger auf ihm eine Ziege. Diesseits stehen zwei in lebhafter Gestikulation nach dem Schiff hinschauende Männer, von denen der eine eine Ziege am Strick hält. In der anderen Hälfte des Bildes stehen beide, doch ohne Ziegen, vor dem Richter. Das Ganze hat aber ebenso wie alle folgenden Szenen einen stark kriminellen Anstrich, so daß eine so philosophische Lösung wie bei Longus ausgeschlossen erscheint. Vermutlich wird der Hirt von dem Gauner um die Ziege betrogen, indem er ihn auffordert, doch 'seine' Ziege dort drüben herüberzuschaffen, und währenddes mit der des Hirten durchgeht. Die Hauptsache war vermutlich der Trick, mit dem der Richter den Gauner überführte, und der wird in der Darstellung als bekannt vorausgesetzt oder uns unverständlich nur angedeutet.

Tafel XLVI 2 zeigt die Szene links zwei Korn durchsiebende Frauen, hinter denen ein — merkwürdig stark bekleideter — Eros entflattert. Rechts ist wieder die Gerichtsszene. Drei hagere Gauner werden mit auf dem Rücken geknebelten Händen vorgeführt. Der erste von ihnen prallt unangenehm betroffen zurück, da er vor dem Richter drei Frauen in der Gebärde leidenschaftlicher Verzweiflung stehen, knien und liegen sieht. Vermutlich handelt es sich hier um ein gewalttätiges Liebesabenteuer, nach dem dann die *stupratores* überraschend schnell sistiert und überführt werden.

Tafel XLVI 3 zeigt links wieder drei hochgewachsene Gauner in Beratung. Rechts stehen sie lebhaft ihre Unschuld beteuernd vor dem Richter. Dieser deutet auf einen undeutlichen Gegenstand (Sack?), der vor ihm auf einem Tisch liegt, wohl das *corpus delicti* oder das Mittel zur Überführung der Täter. Engelmann verweist auf die bekannte Anekdote vom Geizhals, der einen Schatz verloren hat und nun vor Gericht behauptet, es sei in dem Bündel früher mehr Geld gewesen, der Finder habe sich offenbar seinen Lohn schon selbst genommen. Dazu braucht es aber nicht drei 'Finder'. Tafel XLVI 4 zeigt links einen Greis, der sich halbnackt auf ein Postament am Fuß einer Säule gekauert hat. Ein Jüngling scheint ihm sein einziges Kleidungsstück, einen großen Mantel, entreißen zu wollen, worüber sich eine dritte Person lebhaft entrüstet. Vor dem Richter erscheinen dann zwei Personen — ob die eine der Greis ist, bleibt unklar — in denselben Mantel gehüllt, die sich offenbar das Eigentumsrecht an ihm streitig machen. Löwy zieht eine tibetanische Legende herbei, wo der König zweien, die sich um ein Kleid streiten, auflegt, beide sollten nach Leibeskräften an dem Gewand reißen. Der wahre Eigentümer läßt dann zuerst los, um das Kleid nicht zu zerreißen. Aber davon ist hier nichts zu bemerken — eher möchte man vermuten, daß das Gewand einen eingenähten Schatz bergen könnte wie bei Petron 12—15.

Die nächste Tafel führt uns aus dem Gebiet dieser etwas trockenen und uns in ihrer Undeutbarkeit unerfreulich anmutenden Anekdoten vom klugen Richter in das der dramatisch bewegten Kriminalnovelle — leider jedoch ohne daß wir dabei in der Deutung wesentlich weiter kämen. Tafel XLVII 1 zeigt links eine Frau im Streit mit einem Gesellen, der den bekannten hochgewachsenen Gaunertypus mit Zwiebelkopf zeigt. Daneben zwei andere, die die Streitenden trennen wollen. Am Boden eine zerbrochene Amphora. Aber vor dem Richter handelt es sich offenbar nicht um den zerbrochenen Krug. Denn da steht der Übeltäter entkleidet zwischen zwei anderen, und die vor ihm kauernde Frau weist mit lebhaften Gebärden auf sein mächtiges Glied. 'Unberechtigte Weigerung der ehelichen Pflicht wegen angeblicher Impotenz' meint Löwy. Aber mir scheint hier eine höchst bedenkliche Milesia zugrunde zu liegen, von der wir leider auch nichts mehr wissen. Jedenfalls gemahnt die ganze Atmosphäre unangenehm an die Szenen zwischen Önothea und Encolp bei Petron. Das empfand auch Engelmann, der — was absolut durch die Anordnung ausgeschlossen ist — dies Bild mit dem noch zu besprechenden Bild 4 derselben Tafel verbindet und so dazu kommt, hier eine üble Weiterbildung des Amphi-

Abb. 1. Wandgemälde aus einem römischen Hause im Thermenmuseum
(nach Monum. dell' Inst. XI Taf XLVII 4)

Abb. 2. Dasselbe, Mittelbild

tryonmotivs zu finden, die er freilich nur aus Val. Schumanns Nachtbüchlein
von 1559 belegen kann.[1])

Das nächste Szenenpaar (XLVII 2) zeigt in seiner anscheinenden Harm-
losigkeit besonders deutlich, daß bei dieser nur andeutenden Darstellungsweise
uns, die wir nicht im Bilde sind, das Wichtigste verborgen bleibt. Die 'Tatszene' zeigt die Mißhandlung eines armseligen Gauls, den drei Gesellen — aber
nicht von dem hageren Typus, der auch in den folgenden Bildern nicht mehr
erscheint — mit Steinwürfen und Knüppeln bedrängen. Der Besitzer eilt bewaffnet herbei und verklagt sie in der anderen Bildhälfte vor' dem Richter.

Bild XLVII 3, bei dem wie in dem nächsten die 'Tatszene' weggelassen
ist, wird öfters als Parallele zum Salomonischen Urteil angeführt. In der Mitte
des Bildes steht auf einer Steinplatte eine mäßig große Wasserschale, über die
ein Sklave auf den Befehl des Richters ein kleines Kind mit dem Kopf nach
unten hält. Eine Frau beugt sich zu der Schale herab, während hinter ihr eine
andere, hinter der ein etwas größeres Kind steht, sich in augenscheinlicher Erregung mit erhobenen Armen von dem Anblick abwendet. Der — auf keinem
Bild fehlende — Gehilfe des Richters scheint diesen zum Einschreiten veranlassen zu wollen. — Gegen die übliche Deutung spricht einerseits, daß das Gefäß zum Ertränken zu klein scheint und vor allem die Anwesenheit des zweiten
Kindes. Diese mit äußerster Knappheit erzählende Technik bringt in der Haupt-
szene keine Figur, die nicht bedeutungsvoll wäre. Lucas[2]) sieht hier eine Darstellung des Märchens vom dankbaren Toten, der zum Schluß den früheren
Wohltäter auf die Probe stellt, indem er Teilung des ganzen Besitzes, also auch
des Kindes verlangt. Aber auch diese Deutung, die uns zudem in eine ganz
anders anders gestimmte Welt als die der Kriminalnovelle führt, paßt nicht zu
dem Personenbestand der Szene. Man wird auch hier die Wiedergabe einer uns
unbekannten Erzählung sehen müssen, deren novellistischer Charakter diesmal
besonders deutlich ist.

Etwas weiter glaube ich mit der Deutung von XLVII 4 zu kommen.[3]) Auf
der einen Seite des hervorragend gut komponierten Bildes steht im Mittelpunkt
eine längliche Mulde, in die ein Mann gebettet ist (d), aber, wie Löwy feststellt,
nicht als Leiche (so die frühere Ansicht), sondern sich mühsam aufrichtend.
Von vorn beugt sich, ein Knie auf die Mulde aufstützend, eine männliche Gestalt (c) zu dem Liegenden hinab, wohl um ihm zu helfen. Am Fußende der
Mulde eine weibliche Gestalt (b), auch ein Knie auf die Mulde aufstemmend,
die Hände in lebhafter Erregung ausstreckend. Am Kopfende der Mulde eine
männliche Gestalt (e), die im Begriff ist, mit einem Stock auf den in der Mulde

---

[1]) II 45 der Ausgabe von Joh. Bolte, Publ. des liter. Vereins Stuttgart Bd. 197. Ein
Landsknecht legt zwei von den üblichen drei Wünschen, die ihm St. Peter bewilligt, so an,
daß er sich ein mächtiges Glied und die Gabe, die Gestalt eines andern anzunehmen, aus-
bittet. Wie er dann an einer Burg vorbeikommt, wo ein Edelmann im Freien das Maibad
nimmt, springt er in dessen Gestalt zu ihm in die Wanne. Die Knechte kennen sich nicht
aus und rufen die Edelfrau, die dann nach dem 'eylfften Finger' den falschen als ihren
Ehemann bezeichnet.

[2]) Festschrift für Georg Hirschfeld S. 25.   [3]) Vgl. die Abbildungen der beigegebenen Tafel.

Liegenden loszuschlagen. Hinter b eine männliche Gestalt (a), die ebenfalls in höchster Erregung die Hände zum Himmel erhebt. Hinter e und damit genau in der Mitte des Bildes ein Jüngling (f), der mit verzweifeltem Gesichtsausdruck in die Knie gesunken ist und beide Arme zum Himmel hebt wie a. Von ihm führt zur andern Hälfte des Bildes, die vom Richter und seinem Gefolge ein-genommen ist, der Gehilfe des Richters hinüber, der lebhaft auf den Knienden hinweist und zum Richter spricht. Alle Figuren des Bildes, auch der Richter und sein Gefolge, zeigen starke Erregung oder gespannte Aufmerksamkeit. — Die Deutung dieser Szene, die ausgezeichnet die dramatische Bewegung auf dem Höhepunkt einer Kriminalnovelle wiedergibt, scheint mir aus der Novelle von Stiefmutter und Stiefsohn bei Apuleius[1]) zu entnehmen zu sein. Dort hat die zurückgewiesene Stiefmutter den Stiefsohn durch einen Gifttrunk beseitigen wollen, den ihr ein verbrecherischer Sklave beschaffte. Aber durch Zufall trinkt der eigene Sohn der Frau den Trank, worauf diese den Stiefsohn des Brudermords beschuldigt. Vor Gericht jedoch kommt die Wahrheit zutage durch die Aussage des Arztes, der dem Sklaven nur einen Schlaftrunk verabreicht hat und nun die Verbrecher entlarvt. Das Grab wird erbrochen, der Jüngling gerade vom Schlaf erwachend vorgefunden und noch mit den Leichenbinden vor Gericht gebracht. In unserem Bild wäre also dargestellt, wie der angeblich Vergiftete d aus dem Grab herbeigeholt sich wieder zum Leben aufrichtet. b wäre die überraschte Stiefmutter, a der überführte Sklave und f der unschuldig angeklagte Stiefsohn. Von Apuleius weicht die Darstellung insofern ab, daß der Arzt, wenn er nicht in c zu erkennen ist, ganz ausgeschaltet, jedenfalls in der führenden Rolle durch den Richter ersetzt worden ist. Außerdem ist in e eine weitere Figur beigefügt, wohl ein Genosse der Verbrecher, der in der ersten Überraschung auf den wieder ins Leben zurückkehrenden unbequemen Zeugen losschlagen will.[2])

Leider versagt gegenüber dem letzten noch zu besprechenden Bild — Taf. XLVIII 1 — die Interpretation wieder ganz. Durch es geht eine ähnliche Spannung wie durch das vorhergehende, auch hier handelt es sich offenbar um die überraschende Überführung eines Verbrechers. Die Andeutung der Tat zeigt rechts einen Jüngling in lebhaftestem Disput mit einer Frau, während eine zweite die Hände erhebend dabeisteht. Den Hintergrund der Gerichtsszene bildet eine Bank, auf der zwei Männer sitzen, neben ihnen ein dritter in er-regter Haltung. Alle drei blicken gespannt auf drei kleine Gegenstände — Würfel oder Steine? —, die am Boden liegen. Neben diesen kauert der Schuldige, in lebhafter Erregung die Hände erhebend. Ihm gegenüber, rechts von den

---

[1]) Met. X 2—12; Griech. Märchen S. 235 ff.

[2]) Ich darf nicht verhehlen, daß einer der ersten Kenner antiken Gräberwesens, F. v. Duhn mich darauf aufmerksam macht, daß die Mulde keinen Sarg darstellen könne, sondern eher ein Schiff. Auch zeigt der in der Mulde Liegende in der Darstellung der Mo-numenti greisenhafte Züge. — Das Letztere ist, wie mich jetzt in Rom eine eingehende Prü-fung des Originals im Thermenmuseum belehrt hat, richtig. Aber die Mulde ist sicher kein Schiff, sondern so etwas wie ein Korb, den man sich benutzt denken mag, um den Schein-toten aus dem Grab in das Gerichtslokal zu schaffen.

drei Männern, die Frau aus der 'Tatszene', wieder lebhaft gestikulierend. Zur Gruppe des Richters führt wie im vorigen Bild die Figur des Gehilfen hinüber, der auch hier lebhaft nach dem Vorgang in der Mitte hinweist. — Man wird in der Erklärung kaum weiter kommen als Löwy: *prova psicologica ideata dal giudice, nella quale il colpevole si scuopre da sè con la propria eccitazione.*

Überblickt man nun den ganzen Zyklus und die Versuche zu dessen Deutung, so wird das Resultat zunächst sehr herabstimmend wirken. Wir haben mehr als ein Dutzend Bilder, von denen acht so gut erhalten sind, daß man eigentlich erwarten müßte, daß auch uns das Dargestellte verständlich sein sollte. Aber dem ist nicht so. So groß war die Menge der im Altertum umlaufenden Novellen, und so klein ist der Ausschnitt, der uns davon in der Literatur erhalten ist. Das ist die eine wichtige Tatsache, die wir aus diesen Bildern lernen. Weiterhin sind, glaube ich, folgende Schlüsse berechtigt. Was hier illustriert wird, ist kein einheitlicher 'realistischer Roman', sondern ein Zyklus von Anekdoten und Novellen, die unter einem einheitlichen Gesichtspunkt — Motiv vom klugen Richter — zusammengestellt und wohl auch teilweise zurecht gemacht sind. Das ist genau dasselbe Prinzip, das uns in der Literatur bei Petron, Lucian, Apuleius begegnet. Und an Petron und Apuleius fühlen wir uns erinnert, wo es uns einigermaßen gelingt, hinter den Geist und die Tendenz der hier wiedergegebenen Geschichten zu kommen. Es ist der kecke Geist der ionischen Novelle, der auch aus diesen Wandbildern spricht. Und wenn auch nach dem einmal festgehaltenen Gesichtspunkt die Vagabunden hier die unterliegende Partei bilden, so glaubt man doch aus der Art, wie diese verwegenen Gesellen hingestellt sind, die Sympathie mit ihnen zu fühlen, die zum Abenteurerroman hinführt — hier also zuerst begegnet uns jenes pikarische Element, dessen Auftreten bei Petron bisher so ganz als *novum* empfunden wurde.

PLOTINOS ÜBER NOTWENDIGKEIT UND FREIHEIT

Von Hermann Friedrich Müller

Unter den historischen Beiträgen zur Philosophie von Adolf Trendelenburg findet sich II 112—187 eine Abhandlung über Notwendigkeit und Freiheit in der griechischen Philosophie, die den Streit dieser Begriffe eingehend darstellt und die Versuche zur Schlichtung dieses Streites kritisch würdigt. Der Verfasser erwähnt den Plotinos zwar an drei Stellen, aber doch nur nebenbei und mehr *honoris causa*; dem Genius des Mannes wird er nicht gerecht.

I

Dem Plotin steht die Bedeutung und die Schwierigkeit des aufgeworfenen Problems klar vor Augen. Überzeugt ebensosehr von der Notwendigkeit alles Weltgeschehens wie von der Freiheit des Menschen, sucht er nach Mitteln und Wegen, um ein Zusammengehen der beiden feindlichen und scheinbar unversöhnlichen Begriffe zu ermöglichen und denkbar zu machen. Es gilt die Notwendigkeit so zu bestimmen, daß dabei die Freiheit bestehen kann, und wiederum die Freiheit so zu fassen, daß dadurch der Notwendigkeit kein Abbruch geschieht.

Alle Dinge und Geschehnisse in der Welt sind beschlossen in dem Kreislauf von Ursachen und Wirkungen, festgefügt, unabänderlich, notwendig. Gäbe es ein solches Gesetz der Notwendigkeit nicht, regierte die Willkür oder der Zufall und ein blindes Ungefähr, so wäre die Welt ein Chaos und kein Kosmos. Aber diese Ordnung und Notwendigkeit ist keine äußerliche und mechanische. Wäre die Welt eine Maschine, so wäre der Mensch in ihr eben nur ein Maschinenteil, der willenlos umgetrieben würde, bis er sich abgenutzt hätte und ersetzt werden müßte. Nein, nicht Stoß und Druck und Hebel bewegen die Welt, sondern lebendige Kräfte und schöpferische Begriffe, Logoi sind es, die sie gestalten.[1])

Die Welt ist ein lebendiger und beseelter, von einem Prinzip vernünftig gestalteter und regierter Organismus, ζῷον ἕν: ein Satz, den Plotin nicht oft genug einschärfen kann, namentlich in dem Buche gegen die Gnostiker (II 9) und in den beiden Abhandlungen über die Vorsehung (III 2. 3). Dieses ζῷον hat nicht sowohl Teile als Glieder, die von dem Ganzen ihre Kräfte und Geschäfte empfangen und ihrerseits das Ganze schmücken und vollenden. Die Glieder dienen, das Ganze herrscht. Ein Gesetz bindet die Glieder, eine Ordnung hält alle Teile zusammen. Innerhalb dieser Ordnung hat jedes Glied seine

[1]) Enn. III 8, 2 ff.; V 9, 6; vgl. I 8, 8; III 6, 16; VI 7, 11.

bestimmte Funktion; jedes einzelne wirkt, als im Ganzen befaßt, seiner Natur gemäß, auch der Mensch. Von den zu einer 'Harmonie' verbundenen Teilen 'singt jeder seinen eigenen Ton'. Die Weltordnung hat keine Lücken. Das All, sagt Aristoteles, ist nicht zerrissen und episodenhaft wie eine schlechte Tragödie. Ähnlich Plotin. Der Weltschöpfer gleicht dem dramatischen Dichter. Der Schöpfer des Dramas hat keine leeren Stellen gelassen, die von den Schauspielern auszufüllen wären, sondern er hat jedem Schauspieler seine Rolle zugeteilt und seine Worte vorgeschrieben; der Schauspieler hat weiter nichts zu tun, als seine Rolle zu spielen und die Worte des Dichters zu rezitieren. Aber, fügt Plotin hinzu, es kommt auf den Schauspieler an, ob er seine Rolle gut oder schlecht durchführt. Und da der Mensch kein Automat ist, so wird es auch von ihm abhängen, ob er den ihm zugewiesenen Ton im Weltall gut oder schlecht singt. Hier eröffnet sich also eine Aussicht auf eine gewisse Selbständigkeit und Freiheit des handelnden Menschen. — Zu einem ähnlichen Ergebnis führt die Überlegung, daß es innerhalb des Gesamtorganismus Teile gibt, die jeder für sich ein organisches Ganzes bilden, $\zeta\tilde\omega\alpha$ in dem $\zeta\tilde\omega o\nu$ $\tilde\epsilon\nu$: Pflanzen, Tiere, Menschen. Sie haben ein gewisses Eigenleben und Bewegungsfreiheit, relative Selbständigkeit und Initiative. Zumal der Mensch ist ein Ich oder Selbst ($\alpha\dot\upsilon\tau\acute o\varsigma$), ein Ganzes für sich ($o\grave\iota\varkappa\epsilon\tilde\iota o\nu$ $\ddot o\lambda o\nu$); er hat Selbstbewußtsein, Verstand und Willen. Wie der Wagenlenker die angeschirrten Pferde von außen treibt und dem vorgesteckten Ziele entgegenführt, so ist der $\nu o\tilde\upsilon\varsigma$ des Menschen Lenker von innen her, analog dem göttlichen $\nu o\tilde\upsilon\varsigma$, der die $\dot\alpha\nu\acute\alpha\gamma\varkappa\eta$ beherrscht und seinen Zwecken dienstbar macht. Insofern als er dem Nus und seiner Führung willig folgt, darf der Mensch frei genannt werden. Allerdings sind ihm Schranken genug gezogen. Ihm ist wie jedem Teil im Universum sein Ort und sein Werk angewiesen, er muß 'seiner Natur gemäß' handeln. Gleichwohl kann die Seele, indem sie sich anschickt, ihre Aufgabe zu erfüllen, eigene Wege gehen: sie kann auf gerader Bahn wandeln, sie kann sich aber auch ablenken lassen, und dann folgt ihren Taten im All die Strafe und ausgleichende Gerechtigkeit; sie muß ihnen folgen, 'wenn anders das All nicht aufgelöst werden soll'. Dieses 'bleibt aber stets, indem das Ganze aufrecht erhalten wird durch die Ordnung und Kraft des leitenden Prinzips ... Wir indes verrichten unserer Natur gemäß die Werke der Seele, solange wir nicht in der Menge des Alls hinfällig und nichtig geworden sind; sind wir aber gefallen, so leiden wir als Strafe den Fall selbst und für die Zukunft den Aufenthalt an einem schlechteren Orte'.[1]

Man sieht wohl: eine gewisse Aktionsfreiheit hat der Mensch, aber von dem lückenlosen Kausalzusammenhang in der empirischen Welt vermag er sich nicht zu emanzipieren. Notwendigkeit und Freiheit sind noch nicht so gefaßt, daß beide sich miteinander vertragen. Versuchen wir also dem Problem auf einem anderen Wege beizukommen.

Nicht zum Ziele führt der starre Determinismus des Herakleitos und der

---

[1] Enn. II 3, 7. 8. Die andern Belegstellen für diesen Abschnitt finden sich in den folgénden Kapiteln dieses Buches, ferner in Enn. II 2, 2; III 2, 2 ff.

Stoiker, noch weniger der Fatalismus der Astrologen.[1]) Die einen erheben sich
wohl zu dem ersten und obersten Prinzip des Alls, aber sie leiten alles und
jedes von diesem allein ab und sprechen immer nur von einer durch alles hin-
durchgehenden und zwar nicht bloß bewegenden, sondern auch das einzelne
bewirkenden Ursache; sie sei, behaupten sie, das Fatum und die eigentliche
Hauptursache (εἱμαρμένην καὶ κυριωτάτην αἰτίαν), und alles Geschehende nicht
bloß, sondern auch unsere Gedanken (διανοήσεις) gingen aus den Bewegungen
jener hervor. Das ist eine Verkennung und Überspannung der Macht und Wirksamkeit des Prinzips. Ja, die Pflanze erhält ihre ἀρχή aus der Wurzel, und
wenn man will, mag man die von hieraus über alle ihre Teile und deren gegenseitige Beziehung sich erstreckende Verflechtung, die Spontaneität und Irrita-
bilität (συμπλοκὴν ποίησίν τε καὶ πεῖσιν) als das System und gleichsam Fatum
(διοίκησιν μίαν καὶ οἷον εἱμαρμένην) der Pflanze bezeichnen. Aber die eine
durch das All hindurchgehende und das Ganze bewegende Seele bewegt und
vollbringt doch das einzelne und die Teile nicht dergestalt, daß den von dorther
ausgehenden Ursachen der kontinuierliche Zusammenhang (ἡ καθεξῆς συνέχεια)
und die Verflechtung derselben als Schicksal folgen muß! 'Gerade das Gewaltsame dieser Notwendigkeit und einer solchen Schicksalsfügung hebt die εἱμαρμένη selbst, die Kette (εἱρμός) und die Verflechtung der Ursachen auf.' Ein
Gesetz der Kausalität besteht nur da, wo es eine Mehrheit von Ursachen und
Wirkungen gibt; wo aber eins alles tut und leidet und nicht das eine vom
anderen abhängt nach Ursachen, die sich stets auf ein anderes zurückbeziehen,
da geschieht überall nichts nach Ursachen, sondern alles ist eben eins. 'In diesem
Falle sind wir nicht wir, noch eine Tat von uns die unsrige; auch denken wir
nicht selbst, sondern unsere Entschlüsse sind die Erwägungen eines anderen':
es denkt und will und handelt in uns. — Andere wollen einem jeden von uns
gern eine gewisse Selbständigkeit des Tuns einräumen, aber das wird ihnen
kaum möglich sein. Denn auch nach ihnen ist es die alles zusammenschließende
eine Ursache, die einem jeden seine Eigenheit zuführt (τὸ πῶς) zuführt; aus
ihr stammen die λόγοι σπερματικοί, denen zufolge sich alles und jedes vollzieht.
Es herrscht die strikte Notwendigkeit (ἡ πάντων πάντως ἀνάγκη), und da alle
Ursachen in dieser befaßt sind, so ist es nicht möglich, daß etwas nicht ge-
schehe. 'Denn wenn alles in der Heimarmene befaßt ist, so gibt es nichts, was
es verhindern oder in anderer Weise zustande bringen könnte. Ist aber dem so,
dann werden die Ursachen als von einem Anfang ausgehend uns weiter nichts
übrig lassen, als uns in der Bahn zu bewegen, wie jene uns stoßen. Unsere Vorstellungen werden sich nach den vorherbestimmenden Ursachen, unsere Willensregungen sich nach diesen richten, und unsere Freiheit wird ein bloßer Name
sein. Denn das bloße Wollen unsrerseits hat nichts weiter auf sich, wenn die
Willensregung (ὁρμή) jenen gemäß erzeugt wird. Vielmehr wird unser Anteil
kein anderer sein als bei den Tieren und Kindern, die blinden Trieben folgen,

---

[1]) Enn. III 1 περὶ εἱμαρμένης. Plotin nennt den Heraklit und die Stoiker nicht, meint
sie aber zweifellos, wie aus der sachlichen Kritik und den Ausdrücken, die er gebraucht,
hervorgeht.

und bei den Rasenden; denn auch diese haben einen Willen, ja auch das Feuer hat Willensregungen und überhaupt alles, was seinem Stand und Wesen dienstbar ist (δουλεύοντα τῇ ἑαυτῶν κατασκευῇ) und sich nach jenem bewegt.' Auf diese Weise kommen wir aus dem Banne der Notwendigkeit nicht heraus. Wollen wir neben dem naturnotwendigen Verlauf und der Verkettung aller Dinge und alles Geschehens die Kausalität der Einzelsubstanz und die menschliche Freiheit retten, so müssen wir uns entschließen, nicht nur die Weltseele, sondern auch die Einzelseele als ein oberstes Prinzip anzuerkennen. Jede einzelne Seele ist eine ἀρχή, da sie nicht wie das übrige aus Samen hervorgeht, sondern eine uranfänglich wirkende Ursache ist (πρωτουργοῦ αἰτίας οὔσης). 'Ohne Körper ist sie ihre eigenste Herrin, frei und außerhalb der kosmischen Ursache; aus ihrer Bahn in den Körper hinabgezogen, ist sie nicht mehr in allen Stücken ihre freie Herrin, da sie ja mit anderen Dingen zu einer Ordnung verbunden ist.' Aber sie kann vermöge der in ihr wohnenden intellektuellen und sittlichen Kräfte dem blinden Anstoß und Andringen ihrer Umgebung Widerstand leisten, und dieser Widerstand wird siegreich sein, wenn sie dem νοῦς als dem reinen, leidenschaftslosen und eigenen Führer folgen will. Und ein solcher Wille allein verdient das Prädikat 'selbständig und frei' (τὸ ἐφ' ἡμῖν καὶ ἑκούσιον); nur die Tat eines solchen Willens ist unsere Tat, als die nicht von anderswoher, sondern von innen aus der reinen Seele kam, von dem ersten leitenden und freien Prinzip. In dem, was die Seele frei von körperlichen Affekten und Begierden aus eigener vernunftgemäßer Entschließung tut, besteht unsere Freiheit, unser wahres Wesen als freie Persönlichkeiten.

Und nun gar die Astrologen! Sie sind die reinen Fatalisten. Plotin hat sie nicht nur hier (III 1, 5. 6) bekämpft, sondern eigens ein Buch Περὶ τοῦ εἰ ποιεῖ τὰ ἄστρα (II 3) gegen sie geschrieben, um die Irrtümer des astrologischen Aberglaubens und der Sterndeuterei aufzudecken. Die Astrologie erscheint ihm ebensosehr aus theoretischen wie aus praktischen Gründen unhaltbar und verwerflich. Denn wird alles durch die Sterne vorherbestimmt und -gewirkt, so steht nichts mehr in unserer Macht: wir werden wie die Steine hin- und hergestoßen; dann gibt es keine Freiheit, keine Verantwortlichkeit und Zurechnung, keine Sittlichkeit und Tugend. Dem natürlichen Menschen in seiner Gedankenlosigkeit liegt es nahe, jedes Mißlingen und jede Verschuldung, alles Unglück und Ungemach auf das Schicksal zu schieben; der denkende Mensch weiß, daß dieser Fatalismus ebenso unvernünftig als unsittlich ist und daß wir nicht in steter Furcht vor dem Schicksal zu leben brauchen. Er durchschaut die Notwendigkeit: das Fatum wird ihm zur Vorsehung, die εἱμαρμένη zur πρόνοια. Darum fürchtet er sich nicht, sondern fügt sich geduldig in das Gesetz des Alls, 'rüstig emporstrebend zum Ersten und ablassend von der theatralischen Ausschmückung der eingebildeten Schrecken, die das Sphärensystem der Welt verursachen soll, das im Gegenteil doch alles zu ihrem Heile fördert'. Das notwendige Übel soll man mit Gelassenheit tragen und mit sittlicher Kraft bekämpfen.[1] 'Nicht wie ein Idiot, sondern wie ein großer Athlet muß man da-

---

[1] II 9, 9. 13. 18.

stehen und die Schläge des Schicksals abwehren, indem man erkennt, daß
dergleichen einer gewissen Natur nicht zusagen mag, für die eigene Natur aber
zu ertragen ist, nicht als etwas Furchtbares, sondern für Kinder Schreckhaftes.'[1])
Genug, es gibt eine Freiheit zur Sittlichkeit. 'Es ist möglich, dem Körper nicht
anzuhangen, rein zu werden, den Tod zu verachten, ein höheres Wissen zu erlangen und dem Höchsten nachzujagen.'[2])

Dem Weisen, sagten wir, wandle sich das Schicksal in die Vorsehung. Wie
das geschieht, zeigt Plotin in den beiden Büchern Περὶ προνοίας (III 2. 3). Der
Philosoph lockert das starre Band der Notwendigkeit, oder vielmehr, er löst es
auf, indem er die Notwendigkeit des natürlichen Geschehens in eine höhere
Ordnung eingliedert. Der κόσμος αἰσθητός ist das Nachbild des κόσμος νοητός,
von dem er als seinem Ur- und Vorbild abhängt. Soweit sich der Mechanismus
auch erstreckt: er herrscht nicht, sondern dient; die Kausalität steht im Dienste
einer zwecksetzenden Intelligenz, eben der Vorsehung. Die πρόνοια ist der νοῦς
πρὸ τοῦ παντός. Hier aber hüte man sich vor einem Irrtum. Wenn wir von
einem 'Ratschluß Gottes' oder überhaupt von einem Ratschluß sprechen, so
meinen wir nicht, daß Gott mit sich zu Rate gehe und überlege, wie er die
Welt ins Dasein rufe und die Dinge in ihrem Dasein erhalte. 'Weder die Fürsorge für ein lebendes Wesen noch überhaupt für dieses All geschah aus einer
Erwägung der denkenden Vernunft; denn dort oben findet schlechterdings keine
Überlegung statt, man nennt es aber Überlegung, um zu zeigen, daß alles so
beschaffen ist, wie es ein Weiser aus vernünftiger Überlegung hinterher ansieht, und Vorsehung, weil es so geordnet ist, wie es ein Weiser hinterher wohl
vorgesehen haben würde.' Die Welt ist ewig, und im Intelligiblen gibt es weder
ein 'vorher' noch ein 'nachher'. Alles ist dort Gegenwart, auch das, was später
wird. Von einem Werden, von Grund und Folge reden wir nur in der sichtbaren Welt. Dieses Werden nun, dieses von unserm Standpunkt aus Zukünftige,
mußte gegenwärtig sein 'als ein für das Spätere Vorherbedachtes (προνενοημένον
εἰς τὸ ὕστερον) d. h. so, daß es dann nichts mehr bedurfte, d. h. daß es an
nichts fehlte'.[3]) Der göttliche νοῦς also waltet als πρόνοια ewig über dem All.
Die Weltordnung, die er schafft, ist eine vernünftige und, wie es anderswo
heißt[4]), eine sittliche Ordnung, und weil sie vernünftig und sittlich ist, darum,
dürfen wir schließen, haben vernunftbegabte und zur Sittlichkeit berufene Wesen
oder Persönlichkeiten, und das sind doch die Menschen, Raum zu selbsteigener
Betätigung. Die Götter und der Umschwung des Alls handeln nicht ausschließlich und allein, so daß nichts in unserer Macht stünde. Das Böse wenigstens
kommt von uns, nicht von Gott oder von der Umwelt, denen wir die Schuld
so gern zuschieben. Aber auch zum Guten sind wir befähigt. Mitteninnen gestellt zwischen Gott und Tier kann der Mensch sich zu Gott erheben oder zum
Tier erniedrigen, die Wahl zwischen gut und böse steht ihm frei; das Prinzip
und der Anfangspunkt seines Tuns liegt in ihm selbst: ἀρχαὶ δὲ καὶ ἄνθρωποι.

---

[1]) I 4, 8.		[2]) II 9, 18 a. E.		[3]) Enn. VI 7, 1.
[4]) Enn. IV 3, 16 z. B.: τάξις κατὰ τὸ δέον ἄγουσα.

Die Folgen freilich haben wir nicht in der Hand; die ἀρχαί wirken sich nach immanenten Gesetzen aus, in die ἀκολουϑία ist alles mit einbegriffen, was in den Prinzipien liegt. Und eine kleine Abweichung vom Guten, eine kleine Neigung zum Bösen hat oft schlimme Folgen. Darum gilt es zu wachen und unbeirrt auf den Lenker Nus zu schauen und ihm willig zu folgen. Wie der göttliche Nus den Makrokosmos bewältigt, so kann und soll der menschliche Nus den Mikrokosmos bewältigen. Wenn wir nicht wollen, zwingt uns niemand, den von innen und außen uns bedrängenden Mächten zu gehorchen. Im Gegenteil, das Walten der Vorsehung kommt uns zu Hilfe und läßt uns nicht in den Abgrund sinken; das Göttliche sucht uns durch mancherlei Mittel emporzuheben und läßt uns an Vernunft, Weisheit, Gerechtigkeit, Kunst teilnehmen. Wenn wir wollen, können wir durch die uns innewohnenden intellektuellen und sittlichen Kräfte der inneren und äußeren Feinde Herr werden. Gott hat uns die ἀρετή als ein ἀδέσποτον gegeben.[1]) Die Tugend hat keinen Herrn über sich, denn sie stammt nicht von dieser Welt. Obwohl in die allgemeine Ordnung (die σύνταξις μία) mit eingeflochten, sind die Werke der Tugend doch herrenlos, insofern nämlich, als sie nicht durch 'das Verhängnis dieser Welt' gesetzt, nicht durch die dieser Welt angehörigen Ursachen herbeigeführt werden.[2]) Die Tugend also macht uns frei, und unsere Freiheit reicht nur so weit als unsere Tugend. Unfrei werden wir durch unsere sittliche Schwäche und vollends durch unsere Laster. Das Böse kommt nicht über uns wie ein Verhängnis, es trifft uns als die selbstverschuldete Folge unseres eigenen Tuns. Plotins Ethik ist nicht fatalistisch oder quietistisch, auch keine 'Physik der Sitten', denn er leugnet die Freiheit und das Böse nicht; die Sittlichkeit sowohl als die Unsittlichkeit ist ihm ein Produkt der Freiheit. Der Mensch, sagt er, steht im Leben wie auf einem Kampfplatz; es liegt an ihm, ob er in den Wettkämpfen obsiegt oder unterliegt. Der Sieg ein Preis seiner Tüchtigkeit, die Niederlage eine Folge seiner Schwäche: αἰτιατέον τὰς ἀδυναμίας οὐ δυνηϑείσας καλῶς ἀγωνίσασϑαι, οὗ δὴ ἆϑλα ἀρετῆς πρόκειται. Verschwinden freilich wird trotz aller tugendhaften Anstrengungen das Böse nicht aus der Welt, aber du und ich brauchen ihm nicht zu verfallen. Es ist Sache der Vorsehung, das Böse in das Universum so einzugliedern, daß es die Gesamtordnung nicht nur nicht stört, sondern zum Vehikel des Guten wird. Die Vorsehung umspannt alles und jedes mit ihrer waltenden Macht, auch uns nach unserer besonderen Natur und Beschaffenheit mitsamt unseren Entschlüssen und Handlungen; sie sorgt dafür, daß ein jedes sich in seinem Kreise bewegt, in seiner Art sich betätigt. Das von dem Einen ausgehende und stufenweis herabsteigende, sich ausbreitende und zerteilende Leben beherrscht den Kosmos von einem Ende bis zum andern: als πρόνοια in den höheren, als εἱμαρμένη in den niederen Gebieten. Die Vorsehung umfaßt alles, das Gute wie das Schlechte: das Gute geschieht zwar nicht durch die Vorsehung, aber im Einklang mit ihr; das Schlechte geschieht gegen die Vor-

---

[1]) Platon, Politeia 617 E; vgl. Enn. II 3, 9; IV 4, 38.
[2]) Hugo von Kleist, Plotinische Studien I (Heidelberg 1883) S. 57 Anm. 3.

sehung, wird aber von ihr aufgenommen und so weit als möglich repariert. So
heilt z. B. der im Organismus waltende Logos, seine Vorsehung, den erkrankten
oder sonstwie verletzten Körper wieder. Die Vorsehung und unser Verhalten zu
ihr läßt sich dem Rate des Arztes und unserem Verhalten zu ihm vergleichen.
Tun wir etwas nach dem Rate des Arztes, so ist das unsere Tat, aber gemäß
der Vernunft des Heilkünstlers; tun wir etwas Gesundheitswidriges, so tun wir
es gleichfalls, aber gegen die Vorsehung des Arztes, und müssen die Folgen
tragen.

So weit die Beweisführung in engem und zum Teil wörtlichem Anschluß
an den Autor. Stellen wir nun ebenso die auftauchenden Bedenken zusammen!
Zwar fragen wir nicht, warum wir denn nun gerade eine solche Natur empfangen
haben, das hieße nach dem 'Grunde des Grundes' fragen; aber wenn wir des
Menschen Entschlüsse, Taten und Leiden aus seiner besonderen Natur und Beschaffenheit ableiten: steuern wir da nicht geradeswegs auf den Determinismus
zu? In gewissem Sinne wohl. Wir können uns ja doch keine leere Absicht und
keinen 'leeren Willen' vorstellen; es gibt kein Handeln ohne Motive, die Motive
aber wurzeln in dem Charakter, *operari sequitur esse*, und der Charakter? Die
Antwort werden wir in einem anderen Zusammenhang finden. Hier sei nur angeführt, was Plotin gegen den 'physischen' Determinismus vorbringt. Wäre der
Mensch, sagt er, ein einfaches ζῷον, ein bloßes Naturwesen, und wäre in ihm
nur ein λόγος wirksam, so wüchse er wie die Pflanze aus dieser einen Wurzel
heraus. Nun aber ist er kein einfaches Wesen, und es wirkt in ihm nicht der
eine Logos wie in den Pflanzen der Logos spermatikos; in ihm liegt ein höheres
Prinzip oder besser mehrere Prinzipien, höhere und niedere, deren Betätigung
jedoch nicht außerhalb der Vorsehung und Gesamtvernunft steht. Er hat die
Wahl, welchem Logos er folgen will, und für seine Wahl ist er verantwortlich.
Wählt er einen schlechten Führer, so wird er sündigen und unterliegt daher
dem Tadel. — Sokrates und Platon lehren, die Menschen sündigten aus Unwissenheit und wider Willen. Wie reimt sich dieses ἀκούσιον mit dem ἑκούσιον,
das wir für uns in Anspruch nehmen? Allerdings ist jede Sünde eine Unver-
nunft und Torheit und Verirrung unseres besseren Selbst, allein wer zwingt
uns denn, unvernünftig und töricht und wider unser besseres Selbst zu handeln?
Unklarheit des Denkens und Willensschwäche fallen uns zweifellos zur Last
und entbinden uns nicht von der Verantwortlichkeit. Auf alle Fälle sind wir
die Täter unserer Taten. 'Unfreiwillig sind die Menschen schlecht, insofern als
die Sünde etwas Unfreiwilliges ist, doch hebt dies nicht auf, daß die Handelnden
selbst die Initiative ergreifen (παρ' ἑαυτῶν εἶναι), vielmehr da sie selbst handeln,
darum sündigen sie auch selbst; sie würden ja überhaupt nicht gesündigt haben,
wenn sie nicht selbst die Handelnden wären' (III 2, 10). In verschiedenen Abhandlungen spricht Plotin von dem Herabsteigen der Seele aus der oberen Welt.
Dieses Herabsteigen soll der Natur der Seele entsprechend notwendig und freiwillig zugleich sein. Wie ist das möglich? Das ist deshalb möglich, weil das
Gesetz der oberen Welt ein inneres, und der Vorgang des Herabsteigens auch
nur der Eintritt einer inneren Beziehung ist. Die Seele neigt sich zu dem

Körper, dessen Urbild sie in sich trägt; sie wählt ihn, weil er als das Abbild
dieses Urbildes ihrem Wesen entspricht. 'Über jedem Einzelnen waltet das All-.
gemeine, und das Gesetz hat die Kraft zur Vollendung nicht von außen, sondern
es wohnt in denen, die es in sich herumtragen und anwenden. Und wenn die
Zeit da ist, geschieht was es will von denen, die es in sich haben, so daß sie
selber es vollziehen. Das Gesetz treibt sie, denn es hat Kräfte gewonnen dadurch, daß es tief in ihnen gegründet ist; es drängt sie, flößt ihnen Mut ein
und Sehnsucht, dahin zu gehen, wohin sie die Stimme in ihnen gleichsam ruft.' [1])
In einer anderen Abhandlung, wo er von dem Walten der Weltseele im Universum und von dem Wohnen der Einzelseele im Körper spricht, kommt Plotin
zu dem Resultat, daß die Notwendigkeit die Freiheit einschließt und daß das
freiwillige (ἑκούσιον) Herabsteigen doch wieder ein unfreiwilliges (ἀκούσιον) ist.
'Denn ein jedes, das zu einem Geringeren herabsteigt, tut dies allerdings unfreiwillig; sofern es jedoch einer in seinem Wesen begründeten Bewegung folgt,
heißt es von ihm, es habe an dem Besitze des Schlechteren eben die seinen
Handlungen entsprechende Strafe.' Strafbar aber sind nur die Handlungen, die
nicht aus Zwang, sondern aus Freiheit geschehen.[2]) — Endlich noch ein ge-
wichtiges Bedenken. Plotin spricht von den 'herrenlosen' Werken der Tugend,
es unterliegt für ihn keinem Zweifel, daß der Mensch aus eigener Initiative in
den Gang der Dinge eingreifen kann und tatsächlich eingreift. Stören diese
freien Eingriffe den Weltplan nicht? Nein. Der Kosmos ist keine Maschine,
deren Gang durch einen Fremdkörper in Unordnung gebracht wird; der Kosmos
ist ein Organismus, den lebendige Kräfte bewegen, ein System von schöpferischen Begriffen oder Logoi. Vor der Einzelseele steht die Weltseele, vor dieser
eine Seele an sich (αὐτοψυχή), d. h. das Leben im Nus, bevor Seele wurde[3]):
das 'vor' oder 'oben' nicht zeitlich oder örtlich, sondern begrifflich und rein
ideal verstanden, da die Welt ewig ist. Auf der ersten Stufe steht der absolut
umfassende Logos (ὁ λόγος τοῦ ὅλου), in der Mitte der λόγος ποιητικός der
Weltseele, auf der dritten Stufe die λόγοι der einzelnen Seelen. Das Band bildet
der λόγος der Gesamtseele oder Seele als solcher (αὐτοψυχή), das die λόγοι alle
miteinander verknüpft zu dem πᾶν πλέγμα, auf dessen Verwirklichung es der
allumfassenden Vorsehung (πρόνοια ἡ πᾶσα) ankommt. Die vollständige und
zwecksetzende Vorsehung (ἡ τελεία πρόνοια), die über dem Ganzen schwebt,
nimmt die freien Einwirkungen der höheren Naturen als aufgehobene Momente
in ihren Plan mit auf. Plotin sagt: 'wenn es auch in meiner Macht steht, mich
für dieses oder jenes zu entscheiden, so ist es doch der Wahl nach mit in der
allgemeinen Ordnung befaßt; denn dein Wesen ist kein Zwischenfall für das
Ganze, sondern du bist mit deiner besonderen Beschaffenheit als solcher mit-
gezählt'. Kurz, 'Plotin denkt sich den Weltlauf so eingerichtet, daß jene Eingriffe die nötige Entsprechung zwischen Körper- und Seelenweltentwicklung und

---

[1]) Enn. IV 3, 13. Dazu die Analyse von H. v. Kleist a. a. O. S. 50 ff.
[2]) Enn. IV 8, 5. Beachtenswert, daß Plotin sich mit Heraklit, Parmenides und Platon,
deren Aussprüche er kritisiert, in Übereinstimmung zu befinden glaubt.
[3]) Enn. V 9, 14. Plotin unterscheidet die ψυχὴ τοῦ ὅλου von der ὅλη ψυχή IV 3, 2. 4.

die Verwirklichung des eigentlichen Weltzweckes nicht nur nicht stören, sondern
vielmehr in beiden Beziehungen notwendige Momente des Ganzen und als solche
von der Vorsehung eingeführt sind'.[1]) Daß die 'herrenlosen' Werke der Tugend
von der vollständigen Vorsehung, die, wie ihr Name sagt, alles im voraus berechnet, aufgenommen und in die Gesamtordnung eingeflochten werden, hörten
wir schon. Machen wir Ernst mit der Immanenz des Weltgesetzes und mit der
organischen Weltanschauung, so wird es für uns ein widerspruchsfreier Gedanke
sein, daß die selbstherrlichen Eingriffe der einzelnen Seelen, weit entfernt, die
Pläne der Vorsehung zu kreuzen, sie vielmehr fördern, ergänzen und vollenden.[2])
Plotin wird nicht müde zu betonen, daß die Welt ein beseelter und lebendiger,
von innen heraus sich gestaltender und sympathetischer Organismus ist, ein
Reigen in vielfach gegliedertem Chore, eine Harmonie, in der hohe und tiefe,
konsonierende und dissonierende Töne zusammenklingen. 'Gar mannigfaltig ist
das All, und alle schöpferischen Begriffe sind in ihm und unermeßliche und
mannigfache Kräfte.' Einem jeden ist darin seine Stellung und sein Anteil zugewiesen, ein jedes lebt darin sein eigentümliches, unseren Augen verborgenes
Leben. Und gerade aus verbogenen Quellen strömen dem konkreten Wesen
staunenswerte Kräfte zu. 'Denn unmöglich könnte sich doch der Mensch zu so
großen Dingen wenden, wenn er von lauter unbeseelten Kräften bewegt würde;
und wiederum das All könnte nicht so leben, wenn nicht ein jedes in ihm
sein eigenes Leben lebte.' Wie ein beseelter Organismus also hegt das Ganze
die Teile in sich, und eben darum stehen die Teile unter sich und mit dem
Ganzen in steter Wechselwirkung. Ja, 'staunenswert ist dieses All an Macht
und Ordnung: alles geht seine schweigende Bahn nach ewigem Gesetz, dem
niemand entfliehen kann, von dem der Schlechte nichts versteht, durch das er
aber geführt wird ohne zu wissen, wohin er im All sich zu begeben hat; der
Gute aber weiß es und geht, wohin er muß, und weiß, bevor er geht, wo er
nach seinem Weggang wohnen soll, und hegt die frohe Hoffnung, daß er bei
den Göttern sein wird'.[3])

II

Auf so wunderbare Weise ist unser Leben mit dem Leben des Alls, in
dem wir enthalten sind, durch Freiheit und Notwendigkeit verschlungen: im
ganzen wohl denkbar, im einzelnen unbegreiflich, weil wir nicht im Mittelpunkt
der Welt stehen und den Plan der Vorsehung nicht durchschauen. Aber ein
Forschergeist wie Plotin ruht und rastet nicht, bis er die Wahrheit soweit als

---

[1]) Enn. III 3, 3: καὶ γὰρ εἰ ἐγὼ κύριος τοῦ τάδε ἑλέσθαι ἢ τάδε, ἀλλὰ αἱρέσει συντέ-
τακται, ὅτι μὴ ἐπεισόδιον τὸ σὸν τῷ παντί, ἀλλ' ἠρίθμησαι ὁ τοιόσδε. Außerdem IV 3, 15;
IV 4, 38. Zu dem Ganzen H. v. Kleist a. a. O. S. 47 Anm. 2 in der Analyse von IV 3, 12.

[2]) Vgl. H. v. Kleist a. a. O. S. 57 Anm. 3 zur Analyse von IV 3, 15.

[3]) Vgl. die ganze Abhandlung Enn. IV 4. Die wörtlichen Zitate stehen Kap. 36 u. 45. —
Daß hier die Lehre Lotzes von der Wechselwirkung anklingt und daß der stoische Satz:
ducunt volentem fata, nolentem trahunt fast wörtlich angeführt wird, sei nur nebenbei in
Erinnerung gebracht. — Wieviel Schelling dem Plotin verdankt oder besser wieviel Ähnliches beide Philosophen haben, verdiente eine nähere Untersuchung.

möglich ergründet hat. Vor allem liegt ihm in theoretischem wie besonders in
ethischem Interesse daran, der menschlichen Freiheit eine Stätte ihrer Wirksamkeit zu sichern. Darum sucht er nach einer neuen Tür, um in das Reich der
Freiheit einzudringen; und zwar beginnt er diesmal nicht von oben her mit
allgemeinen Betrachtungen über den Weltzusammenhang, sondern er klopft bei
der Anthropologie und Psychologie an.[1])

Was ist der Mensch? Dem *genus proximum* nach ein ζῶον, d. h. ein aus
Leib und Seele zusammengefügtes Wesen. Man darf aber nicht annehmen, als
seien Leib und Seele durcheinandergemischt, sondern aus der Verbindung zweier
an sich heterogener Substanzen wird eine neue Substanz: διττόν, σύνθετον,
συναμφότερον, κοινόν sind die gebräuchlichen Ausdrücke. Die Seele ist im
Körper wie die Form in der Materie, sie erzeugt und gliedert den Organismus;
ohne sich selbst zu zerteilen, sendet sie ihre Kräfte aus und bleibt in jedem
Gliede ganz. Ihr Wesen wird durch die Verflechtung mit dem Körper nicht
alteriert, aber ihre Tätigkeit wird durch die Gemeinschaft mit diesem Gesellen
doch in eine niedere Sphäre hinabgezogen. Aus dem Körper kommt alles Übel
und alles Böse, er ist die Quelle der schlimmen Triebe und Leidenschaften, τὸ
λεοντῶδες καὶ τὸ ποικίλον ὅλως θηρίον (nach Platon, Polit. 588 C und 589 B).
Die Seele sündigt und leidet nur insofern, als sie mit diesem 'vielgestaltigen
Tier' zusammenlebt, nicht als das ἓν ἁπλοῦν πάντη, nicht als Seele ihrem Begriff und Wesen nach. Wir müssen eben unterscheiden ψυχή und ψυχῇ εἶναι.
Die in den Körper eingetauchte Seele gleicht dem θαλάττιος Γλαῦκος mit
seinem Schlamm und Seetang und Muscheln (Pl. Polit. 611). Diese verunstal-
tenden Anhängsel müssen entfernt werden, wenn wir die ἀρχαία φύσις, die
φιλοσοφία der Seele schauen wollen; wir können sie entfernen, wenn wir den
Blick stets nach oben richten und uns nicht von dem Schlechten überwältigen
lassen: πράττεται γὰρ τὰ κακὰ ἡττωμένων ὑμῶν ὑπὸ τοῦ χείρονος. Die in der
Seele ursprünglich vorhandenen höheren Kräfte sind ja nicht tot infolge ihrer
Neigung nach unten, sie schlummern nur, wir müssen sie wecken und stärken,
um des Tieres in uns Herr zu werden und unsere Seele zu reinigen. Gebrauchen
wir sie mit Ernst und Ausdauer, so gewinnen wir die Tugend als Herrin, und
zwar zunächst die durch Gewöhnung und Übung erworbenen praktischen oder
ethischen Tugenden, dann auch die dianoetischen. Denn wohlgemerkt: die *dif-
ferentia specifica*, das was den Menschen zum Menschen macht, ist der in der
Seele tätige Logos, der Nus: der Mensch ist ein ζῶον λογικόν, ein vernünftiges
oder denkendes Wesen. Erst da, wo die διάνοιαι καὶ δόξαι καὶ νοήσεις anfangen,
mittels deren die Seele allein die Führung übernimmt, fangen wir an, hier erst
der wahre Mensch. Solange wir Kinder sind, leben wir in der Sinnlichkeit und
Phantasie; die Triebe, die uns mehr stoßen als leiten, entspringen aus dem zu-
sammengesetzten natürlichen Wesen. Der Nus macht seinen Einfluß erst später
geltend; ist er zur Geltung gekommen, so wird er dem reifen Manne zum un-

---

[1]) Die Beweisstellen, wofern andere nicht ausdrücklich angegeben sind, finden sich in
Enn. I 1 und VI 7, 1—7.

trüglichen Führer. In der Seele liegt unser besseres Selbst, und durch unsere
Seele hängen wir mit der Weltseele zusammen, ihr Wesen ist dem der Weltseele konform. Durch unsere Vernunft sind wir in fortwährender Kommuni-
kation mit dem reinen Nus, der uns erleuchtet. Durch die Einheit unseres
Wesens, den einheitlichen Grund unseres Seins knüpfen wir uns an das Eine;
wir subsistieren in Gott, der über der intelligiblen Natur und der wahren
Wesenheit thront (ἐποχούμενος τῇ νοητῇ φύσει καὶ τῇ οὐσίᾳ τῇ ὄντως). Dies
wäre der Weg nach oben, der Weg nach unten aber ist folgender. Die Seele
bleibt im Universum wie in den einzelnen Körpern unzerteilt und einfach, 'indem sie lebende Wesen schafft nicht aus sich selbst und dem Körper, vielmehr
so, daß sie an und für sich bleibt, aber Bilder von sich selbst hergibt, wie ein
Antlitz in vielen Spiegeln'. Wir können auch so sagen: Über der niederen Seele,
die sich des Körpers bedient, steht die höhere göttliche. Diese göttliche Seele tritt
nicht aus dem Intelligiblen heraus, sondern an dasselbe sich anknüpfend läßt
sie die niedere Seele gleichsam von sich herabhängen, indem sie sich selbst durch
Vernunft mit Vernunft verbindet. Daher kommt es, daß die höhere Seele dem
Irrtum und der Sünde fernbleibt, die niedere aber hier unten in der Körper-
welt haust und allen damit verbundenen Fährlichkeiten ausgesetzt ist.[1]) — Ein
Dreifaches also, drei gleichsam übereinandergelagerte Schichten finden wir im
Menschen: die Naturbasis oder φύσις, die ψυχή und den νοῦς. Auch in unserer
Seele lassen sich drei Teile unterscheiden: einer, der stets beim Nus ist, ein
zweiter, der zu dieser sinnlichen Welt in naher Beziehung steht, ein dritter in
der Mitte von beiden. Bald erhebt sich die Seele mit dem besten Teile ihrer
selbst, bald wird der schlechtere herabgezogen, und dieser zieht dann auch den
mittleren mit sich. Demgemäß teilt Plotin die Menschen in drei Klassen, die
er wiederholt beschreibt: die Tugendhaften, deren Streben sich stets auf das
Obere und Höchste richtet; die mehr menschlich Gesinnten, die durch Erinnerung an die Tugend wenigstens teilhaben am Guten; der gemeine Hauf, der
gleichsam nur Handlanger für die Bedürfnisse der Besseren ist. Wie viele
straucheln aus Mangel an sittlicher Kraft und erniedrigen sich zu Sklaven ihrer
Lüste![2]) Als Ergebnis läßt sich bezeichnen, daß Knechtschaft die Folge eines
Mangels an sittlicher Energie, Freiheit die Frucht sittlicher Arbeit an uns selber
ist. Je mehr wir unsere Seele von Schlacken reinigen und je beharrlicher wir
dem Guten zustreben, desto freier werden wir und desto mehr erstarkt unsere
Tugend. Beständig im Guten bleiben, das ist Freiheit.[3])

     Wir haben uns bisher nur mit dem empirischen Menschen beschäftigt.
Allein ist dieses aus Leib und Seele gemischte Doppelwesen, das man wohl beschreiben, aber nicht einmal genetisch definieren kann, wirklich der wahre

---

[1]) Eine begriffliche Erörterung des Wesens der Seele und namentlich der Frage, wie
die Vereinigung mit dem Körper zu denken ist und wie sie zustande kommt, findet sich
Enn. IV 1—3. Vgl. das schon öfter angeführte Büchlein von Hugo v. Kleist S. 1—66.

[2]) Enn. II 9, 2. 9; III 2, 8; IV 3, 6; V 9, 1.

[3]) Enn. V 3, 3. 4: βασιλεὺς πρὸς ἡμᾶς ἐκεῖνος (ὁ νοῦς). βασιλευόμεν δὲ καὶ ἡμεῖς, ὅταν
κατ᾽ ἐκεῖνον. 16: τὸ ζῆν ὡσαύτως μένοντα ἐπὶ τούτου (τοῦ ἀγαθοῦ) ἑκουσίως.

Mensch? Um den zu finden, werden wir den erzeugenden Grund und schöpferischen Begriff, d. h. den λόγος, das διὰ τί und τὸ τί ἦν εἶναι, suchen und unterscheiden müssen zwischen ἄνθρωπος und τὸ ἀνθρώπῳ εἶναι, zwischen Erscheinung und Wesen, Phainomenon und Nooumenon.[1]) Schon Platon hat (Polit. 589 A) von dem ἐντὸς ἄνθρωπος gesprochen, aus den Briefen des Apostels Paulus ist uns der Unterschied zwischen dem äußeren und dem inwendigen Menschen geläufig. Ganz ebenso Plotin: ὁ τῇδε, ἔξω und ὁ ἐκεῖ, εἴσω oder ἔνδον, πρῶτος, αὐτοάνθρωπος.[2]) Was ist nun dieser inwendige Mensch? Wenn Platon (Alkib. I 129 E ff.) antwortet: 'Seele, die sich des Körpers bedient', so genügt das für die Unterredung des Sokrates mit dem Alkibiades. Aber diese Definition ist zu weit; mindestens müßte man hinzufügen: 'der höheren göttlichen Seele', denn sie allein macht unser eigentliches Selbst aus.[3]) Genauer: der λόγος ποιητικός des göttlichen νοῦς schafft als ein ἐνυπάρχον in der höheren Seele den Menschen, der aber nicht etwa nur eine Energie der Seele, sondern eine Substanz ist, d. h. er schafft den Menschen an sich, seine Idee als Urbild des empirischen.[4]) Nun sagt man zwar, der Mensch ergreife die Idee und der inwendige sei in dem äußeren; richtiger würde man sagen: der empirische Mensch ist der ideale, darum erkennt er ihn, und die Seele ist eigentlich nicht in uns, sondern wir sind in der Seele, wie die Seele im Nus und der Nus in dem Einen.[5]) Die intelligible Welt ist eine unteilbare Einheit, welche die sichtbare Welt der Gegensätze und räumlichen Geteiltheit umfaßt und zu einem wohlgeordneten Ganzen zusammenschließt. 'Wir aber, wer sind wir?' Die von ihm selbst aufgeworfene Frage beantwortet Plotin folgendermaßen: 'Schon vor der Erzeugung in der Zeit waren wir dort als andere Menschen und einige auch als Götter, reine Seelen und mit der Gesamtsubstanz verknüpfter Intellekt, Teile des Intelligiblen, die nicht abgesondert noch abgeschnitten waren, sondern dem Ganzen zugehörten; denn nicht einmal jetzt sind wir abgeschnitten. Allerdings aber hat sich jenem Menschen ein Mensch beigesellt, der ein anderer sein wollte, und nachdem er uns gefunden (denn wir waren nicht außerhalb des Alls), legte er sich um uns herum und fügte sich selbst jenem Menschen hinzu, der ein jeder von uns damals war; und so sind wir ein Doppelwesen geworden und sind nicht mehr das eine von beiden, das wir früher waren, und zuweilen gerade das eine von beiden, das wir später angezogen haben, wenn nämlich jenes Frühere unwirksam oder sonstwie nicht zugegen ist.'[6]) Eine runde Antwort ist das nun freilich nicht. Plotin scheint der Frage nach dem Ich weniger nachgedacht zu haben. Oder hielt er die Sache mit der Hervorkehrung des εἴσω ἄνθρωπος für abgetan? Wir gehen nicht weiter darauf ein, desgleichen nicht auf die verschiedenen Erzählungen von der Vereinigung der beiden Menschen.[7]) Dagegen betonen wir, und darauf kommt es hier an, daß nach Plotins Überzeugung der empirische Mensch, wenn er den Zusammenhang mit der intelli-

---

[1]) Enn. VI 7, 2—5.   [2]) I 1, 10; V 1, 10—12; V 9, 14; VI 7, 4 al.
[3]) IV 3, 27; vgl. VI 7, 5.   [4]) VI 7, 4.   [5]) VI 5, 6. 7.   [6]) Enn. VI 4, 14.
[7]) Am einfachsten und klarsten Enn. IV 7, 18. Ferner IV 3, 12 al.

giblen Welt, aus der er stammt, festhält[1]) und besonnen der Stimme des Nus
Gehör gibt, der wilden Triebe Herr werden kann.[2]) Denn der sinnliche Mensch
hier ist ein Teil des Übersinnlichen dort, und sofern er lebt, lebt er in dem
Intelligiblen als dem allvollkommenen Leben.[3]) Die Seele kann sich vermöge
des ἔρως zum Guten emporschwingen, das als solches ein Gegenstand ihrer
Sehnsucht ist (ἐρᾶν): οὐ μέντοι τῷ ἐφετὸν εἶναι ἀγαθόν, ἀλλὰ τῷ ἀγαϑὸν εἶναι
ἐφετόν. Für die Materie ist das ἐφετόν das εἶδος, für die Seele die ἀρετή, dann
der νοῦς, zuletzt die πρώτη φύσις. Ziehen wir uns auf das beste Teil in uns
zurück und streben wir unverdrossen aufwärts, so werden wir zum Schauen
und zur Seligkeit des Schauens gelangen.[4])

Indessen, damit ist die Sache doch nicht abgetan; wir müssen versuchen,
uns noch von einer anderen Seite her in die Persönlichkeit und die Freiheit des
Menschen hineinzubohren.

Plotin hat als Interpret Platons eine Abhandlung Περὶ τοῦ εἰληχότος ἡμᾶς
δαίμονος geschrieben (Enn. III 4). Einleitend bemerkt er, die Weltseele walte als
vernünftige, sensitive und vegetative Kraft in allen Dingen, und zwar wirke sie
gleichsam aus der Ferne, ohne sich an die Dinge hinzugeben oder gar zu verlieren.
Die ihr konforme Einzelseele dagegen verliere sich in das leibliche Leben oder
erhebe sich über dasselbe, je nachdem die vegetative, sensitive oder vernünftige
Kraft in ihr die Oberhand behalte. 'Alle Teile wirken zusammen, nach dem
besseren und überlegenen aber wird das ganze Gebilde Mensch genannt: κατὰ
δὲ τὸ κρεῖττον τὸ ὅλον εἶδος ἄνϑρωπος.' In der vernünftigen Seele also, dem
λογικόν oder νοηρόν, besteht das Wesen des Menschen. 'Darum muß man zu
dem Höheren seine Zuflucht nehmen, um nicht zur sensitiven Seele zu werden,
indem man den Bildern der sinnlichen Wahrnehmung folgt, noch zur vegeta-
tiven, indem man dem Zeugungstriebe und der Begier nach Speise sich hingibt,
sondern hinan gehe der Weg zum Intellektuellen, zum Geist, zu Gott.'[5]) Nun
aber: wer ist der Dämon? Unser Dämon ist nicht die unmittelbar und besonders in uns wirksame Macht, sondern die nächsthöhere, gleichsam präsi-
dierende: sind wir sinnlich, so ist der Dämon das Vernünftige; leben wir nach
der Vernunft, so ist der Dämon etwas Höheres und Göttliches. Zugleich mit
dem Leben und dem Leben entsprechend wählen wir den Dämon, d. h. die
höhere und leitende Macht. Diese übernimmt bei unseren Lebenszeiten die Führung, nach Ablauf unseres Lebens überläßt sie die Führung einem anderen
Dämon. Welcher Dämon uns führt, ob ein höherer oder niederer, hängt ab von
unserem Charakter (ἦϑος). Selbst eine geistige Welt für uns, können wir uns
zu dem Oberen halten oder von dem Unteren fesseln lassen.[6]) Im folgenden
Buche wird auch der individuelle Eros als πάϑος der Seele, die sich nach dem
Schönen und Guten sehend sehnt (ὁρᾶν-ἐρᾶν-ἔρως), ein Dämon genannt.[7]) Und
wie haben wir nun diese Ausführungen, in unsere Sprache und Denkweise

---

[1]) Enn. VI 5, 12.   [2]) VI 4, 15.   [3]) VI 6, 15.   [4]) VI 7, 22. 30. 31. 34. 35.
[5]) Enn. III 4, 2.   [6]) III 4, 3. 4.
[7]) Enn. III 5, 3—6. Die Deutung des Platonischen Mythos im Symposion von der Geburt des Eros geht uns hier nichts an.

übersetzt, zu verstehen? Servius erwähnt in seinem Kommentar zur Äneis IX 184 ausdrücklich den Plotin und andere Philosophen, von denen er sagt: *dixerunt mentes humanas moveri sua sponte; deprehenderunt tamen ad omnia honesta impelli nos genio et numine quodam familiari, quod nobis nascentibus datur.* Steinhart: *Plotinus daemonem singulis hominibus additum perfectum istud atque excelsum vitae ac virtutis exemplar esse censuit, quod dum perpetuo sibi ob oculos ponunt, omni opera aemulari student atque assequi.*[1]) Danach wäre also der Dämon die uns vorschwebende und uns treibende Idee, das Lebensideal als die persönlich gewordene Idee. Creuzer bezeichnet das innerste Wesen des Menschen, den Zentralpunkt und die lebendige Quelle seiner Existenz als seinen Genius, sein Genie.[2]) Ich bin geneigt, unter diesem Dämon des Menschen sein eigentliches und wahres Ich, das wir suchen, seine urbildliche Persönlichkeit zu verstehen. Über diesem mit dem Ich identischen Dämon kennen Platon und Plotin noch einen andern, einen göttlichen Mittler und Vollender, den Gott einem jeden von uns als Führer durchs Leben zugesellt hat, damit er uns von der Erde zur Wesensgemeinschaft im Himmel erhebe, die wir nicht ein irdisches, sondern ein himmlisches Gewächs sind.[3]) Plotin akzeptiert auch den Ausdruck ἀποπληρωτὴς ὤν τις εἵλετο. 'Denn indem er den Vorsitz führt und über uns thront (ὑπερκαθήμενος), läßt er uns weder viel tiefer in das Schlechtere hinabsteigen, noch über sich selbst hinaus oder zu gleicher Höhe emporsteigen. Denn er kann nichts anderes werden als wie er ist.'[4])

Wir fragen nicht, warum und wie sich die Seele mit dem Leibe vereinigt habe. Eine solche Frage läßt sich ebensowenig beantworten als die andere, warum es eine Welt gebe und wie sie entstanden sei. Platon und Plotin wissen zwar mancherlei davon zu erzählen, aber sie wissen auch, daß der μῦθος kein λόγος ist. Plotin bemerkt ausdrücklich, der Mythos müsse zeitlich auseinanderlegen was, nur nach Rang und Kräften verschieden, ewig zusammen und zugleich sei; er erzähle von Dingen, die schlechterdings kein Werden und keine Geschichte hätten.[5]) Aber eine Gedankenreihe, die uns gelegentlich schon aufgestoßen ist, müssen wir etwas näher verfolgen. Die Seele wählt sich ihren Körper vor ihrem Eintritt in das irdische Leben. Was bestimmt die Wahl? Ihr Charakter (ἦθος). Woher der Charakter? Die von Schopenhauer so gepriesene Lehre Kants vom intelligiblen Charakter und Schellings Behauptung, daß der Mensch sich sein außerzeitliches, intelligibles Wesen selbst wähle und in der ersten Schöpfung, d. h. von Ewigkeit her sich selbst prädestiniere, hilft uns nicht weiter und löst das Rätsel nicht. Mir wenigstens scheint dieselbe Lehre bei Platon und Plotin verständlicher, allerdings unter Voraussetzung des uralten Glaubens an die Metem-

---

[1]) Steinhart, Meletemata Plotiniana (Naumburg 1840) S. 19.
[2]) Bouillet in den Notes et éclaircissements seiner Übersetzung (Paris 1857—1861) II 530 ff.
[3]) Platon, Timaios 90 A; Plotin, Enn. III 4, 5.
[4]) Platon, Politeia 620 E; Plotin, Enn. III 4, 5 a. E. Man wird bei diesem Passus unwillkürlich an Pindars γένοι' οἶος ἐσσί erinnert.
[5]) Enn. III 5, 10.

psychose und die wiederholten Inkorporisationen der Seele. Danach stellt sich
die Sache so dar. Bei der ersten Schöpfung findet keine Wahl statt, alle Seelen
werden gleich geschaffen. Nachdem sie aber in die Welt ausgesät sind, kommt
es auf sie an, ob sie die aus dem Körper und der Umgebung auf sie eindringenden Lüste und Begierden besiegt oder von ihnen, sei es teilweise, sei es
ganz, besiegt wird.[1]) Und eine kleine Abweichung vom Guten, so hörten wir
von Plotin, eine geringe Neigung zum Schlechten hat schlimme Folgen.[2]) Wenn
die Seele nun aber ins Jenseits, in ihre ursprüngliche Heimat zurückkehrt, dann
bringt sie ihre im Diesseits erworbene παιδεία und τροφή mit, dann hat sie
einen selbsterworbenen Charakter[3]); und diesem ihrem Charakter gemäß wählen
die Seelen ihre Lose, wenn nun eine neue Lebensperiode und eine neue Enso-
matose beginnt.[4]) Wer nach seinem selbsterworbenen Charakter wählt, der ist
frei in seiner Wahl; wer nach seinem selbsterworbenen Charakter handelt, der
ist frei in seinen Handlungen. Die Verantwortlichkeit folgt daraus unmittelbar:
der Mensch soll nicht den Körper und die Verhältnisse beschuldigen oder andere
verantwortlich machen. Das betont Plotin. Zugleich gibt er eine Art begriffliche Erklärung, des Wortes 'dortige Wahl': τὴν τῆς ψυχῆς προαίρεσιν καὶ διά-
θεσιν καθόλου καὶ πανταχοῦ αἰνίττεται.[5]) In der Tat, auf die ἕξις προαιρετικὴ
καὶ διάθεσις kommt es an. Daß es Dinge gibt, die nicht in unserer Macht
stehen, und daß wir als Menschen nicht absolut frei sind, braucht nicht erst
gesagt zu werden.

III

Von der anthropologischen und psychologischen Betrachtung steigen wir
auf zur metaphysischen. Plotin verfolgt das Freiheitsproblem bis in seine
höchste Spitze. Er hat eine Abhandlung Περὶ τοῦ ἑκουσίου καὶ θελήματος
τοῦ ἑνός geschrieben (Enn. VI 8), nach Form und Gehalt eine der besten und
bedeutendsten. Ich versuche eine Analyse, um zugleich eine Probe von der
Dialektik des Philosophen zu geben.[6])

Die Propositio wirft folgende Fragen auf. Darf man das ἐπ' αὐτοῖς d. h.
selbständige Macht und Entscheidung auch bei den Göttern annehmen und zu
erforschen trachten, oder nur in der Ohnmacht und den zweifelhaften Kräften
der Menschen suchen, während die Götter alles können? Gilt die erste Alternative, so fragt sich, ob man jedes Können und die selbstherrliche Macht in
vollem Umfange dem Einen zusprechen müsse, dagegen den andern intelligiblen

---

[1]) Platon, Timaios 41 E: ὅτι γένεσις πρώτη μὲν ἔσοιτο τεταγμένη μία πᾶσιν, ἵνα μήτις
ἐλαττοῖτο κτλ.

[2]) Enn. III 2, 4.

[3]) Plat. Phaidon 107 D, 81 E: ἐνδοῦνται εἰς τοιαῦτα ἤθη, ὁποῖ' ἄττ' ἂν καὶ μεμελετηκυῖαι
τύχωσιν ἐν τῷ βίῳ.

[4]) Plat. Politeia 617 D ff.   [5]) Enn. III 4, 5 i. A.

[6]) Ich zitiere nach meiner Ausgabe nebst Übersetzung (Berlin 1878—80 in der Weid-
mannschen Buchhandlung). Kleine Versehen in der Übersetzung verbessere ich, wie bisher,
in den Anführungen stillschweigend. Auch zu textkritischen Bemerkungen wird sich hier
und da Anlaß finden. — Die verschiedenen Ausdrücke für Freiheit = τὸ ἐφ' ἡμῖν, ἑκούσιον,
αὐτεξούσιον, ἐλεύθερον lassen sich im Deutschen schwer wiedergeben.

Hypostasen teils dieses (alles Können) teils jenes (nicht alles Können), einigen
auch das eine wie das andere Verhalten. Antwort: man muß es wagen, auch
bei den ersten Prinzipien und dem absolut transzendenten Einen nach dem ἐπ'
αὐτοῖς zu forschen, dabei aber auch das δύνασθαι erwägen, damit wir nicht
bald die δύναμις und bald die ἐνέργεια darunter verstehen.[1]) Doch wir schieben
diese Betrachtung vorerst auf und erforschen zunächst, was in unserer Macht
steht. Daraus wird sich ergeben, inwieweit das Resultat auch auf die Götter
und noch mehr auf Gott übertragen werden darf.

Der erste, mehr vorbereitende Teil wird also handeln von dem, was in
unserer Macht steht: τὸ ἐφ' ἡμῖν (Kap. I S. 416, 19—VII 422, 27).

Was heißt es: etwas steht in unserer Macht? Lassen wir uns von starken
Anläufen der Affekte, welche die Seele fesseln, von widrigen Schicksalen und
Notwendigkeiten kampflos und knechtisch umtreiben: dann allerdings ist es
zweifelhaft, ob wir noch etwas sind und ob überhaupt etwas in unserer Macht
steht; denn es wird doch wohl vorausgesetzt, daß in unserer Macht nur das
steht, was wir ohne die Knechtung durch Schicksale, Notwendigkeiten und
herrische Affekte aus freiem Entschlusse tun, indem sich nichts unserem Wollen
widersetzt. Wenn das, so dürfte der Begriff des ἐφ' ἡμῖν in dem liegen, was
dem Entschlusse gehorcht und dient und insoweit geschieht oder nicht geschieht, als wir es wollen. 'Denn freiwillig (ἑκούσιον) ist alles, was ohne
Zwang mit Wissen geschieht; in unserer Macht steht (ἐφ' ἡμῖν), was wir
beherrschen und auch auszuführen imstande sind.[2]) Oft läuft freilich beides
ineinander, obwohl ein begrifflicher Unterschied da ist; und es gibt Fälle, wo
sich die Begriffe unterscheiden. Wenn z. B. jemand die Macht hatte zu töten,
so war seine Tat keine freiwillige, wenn er nicht wußte, daß der Erschlagene
sein Vater war.[3]) Es muß also das Wissen um die Tat bei dem freiwilligen
Tun vorhanden sein, nicht bloß in jedem einzelnen Falle, sondern überhaupt.
Denn warum soll, wenn jemand den Befreundeten nicht kennt, der Mord ein
unfreiwilliger, wenn er aber nicht weiß, daß er keinen Mord begehen darf,
nicht ein unfreiwilliger sein? Wenn deshalb etwa, weil er das hätte lernen

---

[1]) Das 416, 11 folgende καὶ ἐνέργειαν μέλλουσαν halte ich für ein Glossem zu δύναμιν.

[2]) S. 416, 30: ἑκούσιον μὲν γὰρ πᾶν, ὃ μὴ βίᾳ μετὰ τοῦ εἰδέναι = Aristoteles, Niko-
machische Ethik II 3, 1111ᵃ 22: ὄντος δ' ἀκούσιον τοῦ βίᾳ καὶ δι' ἄγνοιαν, τὸ ἑκούσιον
δόξειεν ἂν εἶναι οὗ ἡ ἀρχὴ ἐν αὐτῷ εἰδότι τὰ καθ' ἕκαστα ἐν οἷς ἡ πρᾶξις. S. 416, 31: ἐφ'
ἡμῖν δέ, ὃ καὶ κύριοι πρᾶξαι = Arist. Eudemische Ethik II 8, 1225ᵃ 25: τὸ γὰρ ἐφ' αὐτῷ
τοῦτ' ἐστὶν ὃ ἡ αὐτοῦ φύσις οἵα τε φέρειν und Nik. Ethik III 8, 1114ᵇ 31: τῶν πράξεων
κύριοι, 1115ᵃ 2: ὅτι εφ' ἡμῖν ἦν οὕτως ἢ μὴ οὕτω χρήσασθαι, διὰ τοῦτο ἑκούσιοι. Andere
Parallelen lassen sich mit Hilfe des Index leicht finden. Plotin segelt hier ganz im Fahrwasser des Aristoteles.

[3]) Natürlich ist Ödipus gemeint, der auch bei Aristoteles als unfreiwilliger Mörder
gilt. — Die im griechischen Text S. 417, 2 folgenden Worte: τάχα δ' ἂν κἀκεῖνο διαφωνοῖ
ἔχοντι τὸ ἐφ' ἑαυτῷ haben schon früh Anstoß erregt. In der besten Handschrift A hat eine
andere Hand zu κἀκεῖνο am Rande ον, die Ed. pr. hat κἀκείνῳ. Die Worte sind nicht zu
konstruieren und zu erklären. Ficinus und Bouillet umschreiben sie nach eigenem Gut-
dünken. Ich halte sie für ein ungeschicktes und fehlerhaftes Glossem zu dem S. 416, 33
vorhergehenden ἔστι δ' οὗ καὶ διαφωνήσειεν ἄν.

sollen, so ist nicht freiwillig das Nichtwissen dessen, was er lernen sollte, oder das vom Lernen Abführende.'

Auf welcher Kraft in uns aber beruht das ἐφ' ἡμῖν? Auf dem Impuls oder irgendeinem Streben in Zorn, Begierde oder Erwägung des Zuträglichen? Dann hätten es auch Kinder und Tiere, Verrückte und Behexte in ihren Trieben und Wahnvorstellungen, deren sie nicht Herr werden können. Nein, nicht einer irrenden Überlegung und irgendeinem Verlangen, sondern dem ὀρθὸς λόγος und der ὀρθὴ ὄρεξις müssen wir dasjenige zusprechen, was auf uns als in unserer Macht stehend zurückgeführt wird. Nun aber: hat die Überlegung das Verlangen oder umgekehrt das Verlangen die Überlegung erregt? Sagt man, das Verlangen entstehe der Natur gemäß, so werden wir getrieben und sind nicht unsere Herren, sowenig wie das Feuer, das seiner Natur gemäß brennt und leuchtet. Daß wir unser Tun wahrnehmen und das Getane hinterher erkennen, macht uns doch nicht frei.[1] Wenn aber Überlegung und Erkenntnis etwas gegen das Verlangen tut und erreicht: woher stammt diese Kraft, wo und wie geschieht das? Geschieht es in dem Moment, wo die Vernunft an die Stelle des schlechten Verlangens ein gutes setzt, so liegt die zwingende Gewalt eben in der Vernunft und die Freiheit im Nus, nicht in der Ausführung durch die Tat; denn allem, was mit der Tat zusammenhängt, ist immer, auch wenn die Vernunft obsiegt, eine Dosis Notwendigkeit beigemischt: das Handeln kann die Freiheit nie rein darstellen.[2] Plotin betont dies wiederholt. Wir stehen, sagt er, dicht vor der Untersuchung der göttlichen Freiheit. Doch ehe er dazu übergeht, rekapituliert er, wie in einer regelrechten Vorlesung: τὸ ἐφ' ἡμῖν zurückgeführt auf die βούλησις, die βούλησις auf den λόγος, dieser auf den ὀρθὸς λόγος, dem aber die ἐπιστήμη hinzugefügt werden muß; denn die richtige Meinung ohne die Einsicht in den entscheidenden Grund, das zufällige Treffen des Richtigen und die Phantasie gewährleisten das αὐτεξούσιον nicht. Namentlich werden wir Menschen, die nach der von körperlichen Dispositionen beeinflußten Phantasie leben, mehr in die Zahl der unfreien und schlechten als der freien und guten einreihen. Genug, nur da ist wahre Freiheit, wo vernünftige Einsicht die Vorsätze läutert und lenkt; doch völlig unabhängig und absolut frei sind allein die Götter.[3]

Ja, aber es regen sich doch einige Bedenken: 1. Wie kann etwas, und wäre es der νοῦς, selbstherrlich (αὐτεξούσιον) sein, wenn das aus einem Mangel

---

[1] Wenn der fallende Stein wüßte, daß er fällt, würde er sich für frei halten (Spinoza).

[2] Vgl. Kap. 2. 3. 5 a. E. Besonders S. 421, 30: ὥστε καὶ τὸ ἐν ταῖς πράξεσιν αὐτεξούσιον καὶ τὸ ἐφ' ἡμῖν οὐκ εἰς τὸ πράττειν ἀνάγεσθαι οὐδ' εἰς τὴν ἔξω, ἀλλ' εἰς τὴν ἐντὸς ἐνέργειαν καὶ νόησιν καὶ θεωρίαν αὐτῆς τῆς ἀρετῆς. Ähnlich Aristoteles, Nik. Ethik X 7. 8 über den βίος θεωρητικός.

[3] Der griechische Text lautet S. 418, 36 f.: τοῖς θεοῖς τοῦτον ζῶσι τὸν τρόπον, [ὅσοι νῷ καὶ ὀρέξει τῇ κατὰ νοῦν ζῶσι,] φήσομεν παρεῖναι. Die eingeklammerten Worte darf man als unschön wegen des doppelten ζῶσι oder als überflüssig nicht tilgen wollen. Sie verdeutlichen, und Plotin ist wortreich um der Verdeutlichung willen. Ebenso steht es 420, 5: ἄλλο γάρ πως ... οὐσίας, ein erläuternder Zusatz, den Creuzer und Bouillet mit Unrecht anfechten.

entsprungene Verlangen es auf das außer ihm Liegende, ihm selbst Fremde führt? Denn geführt wird das Verlangen, auch wenn es zum Guten geführt wird. 2. Wenn der Nus seiner Natur gemäß und nicht anders handelt, wie hat er dann die freie Selbstbestimmung, da es nicht in seiner Macht steht, etwas nicht zu tun? 3. Wenn in vollem Sinne die Selbstbestimmung bei den Nicht-handelnden stattfindet, so ist wenigstens bei den Handelnden, die nichts zufällig und grundlos tun, die Notwendigkeit eine äußerliche.[1]) — Die Antworten auf die Einwände erfolgen ungefähr in umgekehrter Ordnung. 3. Es dient und frönt dasjenige, was gezwungen wird einem andern zu folgen. Was aber in Er-kenntnis des Guten von sich aus zum Guten hinstrebt, wie wäre das gezwungen? Was nicht fähig ist, die Richtung nach dem Guten einzuschlagen und auf An-trieb eines andern anscheinend Besseren vom Guten, seinem Guten abgeführt wird, dient gezwungen. Der Vorwurf der Knechtschaft wird nicht da erhoben, wo jemand nicht zum Bösen kommen kann, sondern da, wo er nicht zu seinem eigenen Guten gelangen kann, weil er hingezogen wird zum Guten eines andern. 2. Mit dem Ausdruck 'seiner eigenen Natur folgen' statuieren wir zweierlei: τό τε δουλοῦν καὶ τὸ ᾧ. Wo aber beides eins ist, wo nicht eins δυνάμει und ein anderes ἐνεργείᾳ, wo οὐσία und ἐνέργεια ein und dasselbe ist: wie wäre da nicht Unabhängigkeit und Freiheit? Ja hier ist mehr als Unabhängigkeit, denn weder die ἐνέργεια noch die οὐσία, die Prinzip und Ausgangspunkt (ἀρχή) ist, wird von etwas anderem beherrscht. 1. Und selbst wenn der νοῦς eine andere ἀρχή hat, so liegt diese nicht außer ihm, sondern im Guten, zu dem er aus sich selber hinstrebt, weil er es in sich selber hat. Wenn er nun nach dem in ihm liegenden Guten seine Tätigkeit einrichtet, so bleibt er in und bei sich selbst, hat also in hohem Grade Freiheit und Selbstherrlichkeit.[2])

Wie aber steht es damit in der Seele, die nach dem Nus tätig ist und nach der Tugend handelt? Sehen wir nur auf die vortreffliche Ausführung und Verrichtung dessen, was vom Nus herstammt, so mögen wir ihr die Freiheit zusprechen. Aber im Handeln und bei Ausübung der praktischen Tugenden stößt ihre Macht und Freiheit auf mancherlei Schranken. Zunächst müssen wir von dem Erfolg ganz absehen, denn wir sind nicht Herren des Erfolgs. Sodann schließen wir die Fälle aus, wo wir keine Gelegenheit haben, unsere Tugend zu betätigen, z. B. wenn kein Krieg, keine Krankheit, keine Ungerechtigkeit usw. ist. Gibt es aber Krieg und Krankheit und wird die Tugend gezwungen durch die Tat zu helfen: wie kann sie da die Freiheit in ihrer Reinheit haben? Sollen wir sagen: die Taten sind gezwungen, Überlegung und Entschluß frei? Aber dann setzen wir das Wollen in eine leere Abstraktion vor der Tat und die Freiheit außerhalb der Tat. Die Tugend wünscht auch gar nicht Krieg und

---

[1]) S. 419, 11 haben die Handschriften ἀλλὰ καὶ οἷς πρᾶξις. Kirchhoff hat das καὶ ge-tilgt, aber der Sinn, wie er im Text angegeben ist, fordert ἀλλά γε (ἀλλ' οἷς γε).

[2]) S. 420, 8 hinter αὐτῷ haben die Handschriften ἐν αὐτῷ ἂν εἶναι εἴπερ πρὸς αὐτό, was ich für eine Art Dittographie halte. Ich möchte glauben, daß hinter αὐτῷ am Anfang der Zeile ἂν εἴη stand, also lesen καὶ ἐν αὐτῷ ἂν εἴη. Plotin will hervorheben, daß der νοῦς bei aller Wirksamkeit in sich selbst bleibt.

Krankheit, um sich tapfer und hilfreich zeigen zu können, sowenig wie ein Arzt
etwa Krankheit wünscht, nur damit er seine Kunst an den Mann bringe. Nach
ihrem Begriff und Wesen ist es ihre vornehmste Aufgabe, Maß und Harmonie
in die von Leidenschaften zerrüttete Seele zu bringen. Wir können sie wollen
und wählen und insofern gut sein, sie aber ist die Herrin, die Freiheit und
Kraft in unserer Seele zurichtet und uns von der Knechtschaft der früheren
Untugenden befreit. Die Tugend ist gleichsam eine andere Vernunft, ein Habitus
(ἕξις καὶ διάϑεσις), der die Seele gewissermaßen zur Vernunft macht, und so
ergibt sich wieder das Resultat, daß Unabhängigkeit und Freiheit nicht im
Handeln liegt, sondern in der von aller Praxis freien Vernunft. Tugend und
Vernunft sind die Herren, beide haben keine Herren über sich: die Vernunft
nicht, weil sie stets in sich bleibt; auch die Tugend bleibt als Vorsteherin der
Seele am liebsten in sich und geht, um ihre Freiheit zu retten, nicht gern auf
andere Dinge über. 'Sie wird den Ereignissen nicht nachgehen, etwa um den
Bedrängten zu retten, sondern wenn es ihr gut scheint, wird sie ihn fahren
lassen und wird das Leben, Reichtum und Kinder, ja selbst das Vaterland weg-
werfen heißen, wobei sie als Ziel ihre eigene Vortrefflichkeit im Auge hat,
nicht die Existenz der unter ihr liegenden Dinge.' Nicht auf die äußere, vielmehr auf die innere Betätigung, auf das Denken und auf das Schauen der
Tugend ist die wahre Freiheit zurückzuführen. Die Seele muß sich, nach Platons Phaidon, von allem Materiellen reinigen; denn das Immaterielle ist das
Freie. 'Hierauf wird der freie Wille bezogen, dies ist das beherrschende und
auf sich selbst beruhende Wollen, auch wenn ein auf das Äußere gerichteter
Auftrag aus Notwendigkeit hinzukommt. Was also aus dieser zur Vernunft
(νοῦς) gewordenen Tugend heraus und um ihretwillen geschieht, das steht in
unserer Macht, und was sie, sei es außer oder in ihr, selbst will und ungehindert
vollbringt, das steht erst recht in unserer Macht.' Die theoretische Vernunft
(ϑεωρητικὸς νοῦς) aber hat die erste Entscheidung und vollkommene Macht-
befugnis, weil ihr Geschäft niemals auf einem andern beruht, weil sie ganz auf
sich selbst bezogen ist, ja weil ihr Werk sie selber ist. Sie ruht in der eigenen
Fülle und lebt ohne Mangel im Guten; Denken und Wollen sind in ihr eins;
beide wurzeln im Guten, das Gute ist der lebendige Born, aus dem alle Freiheit und Selbstbestimmung entspringt. Kurz zusammengefaßt: die Seele wird
frei, wenn sie vermöge der Vernunft ungehindert zum Guten strebt, und was
sie um dessentwillen tut, ist ihr freier Wille; die Vernunft wirkt um ihrer
selbst willen; die Natur des Guten aber ist eben der Gegenstand des Strebens,
um deswillen auch Seele und Vernunft ihren freien Willen und ihre Macht haben.

Nun steigen wir noch eine Stufe höher und kommen zu dem eigentlichen
Thema, der Freiheit und dem Willen des Einen, dem die folgenden 14 Kapitel
gewidmet sind. Die Betrachtung ist eine durchaus spekulative und geht auf das
absolut Transzendente, das dem diskursiven Denken kaum erreichbar ist und
sich durch die Sprache nicht adäquat (κυρίως S. 424, 15) bezeichnen läßt.
Plotin weiß das sehr wohl; er empfiehlt uns daher immer ein 'gleichsam' hin-
zuzudenken, auch wo er kein οἷον setzt. Wir können, sagt er, von Gott nicht

reden, wie wir möchten (S. 438, 1). 'Man muß den Ausdrücken, wenn jemand
bei Darstellung des Guten schlechthin sie notgedrungen der Beweisführung
wegen gebraucht, zugestehen, was wir streng genommen ($\mathring{\alpha}\varkappa\varrho\iota\beta\varepsilon\acute{\iota}\alpha$) nicht gestatten' (431, 17). Doch zur Sache.

Wie kann man dem Allherrschenden, Höchsten und Ersten, zu dem alles
aufsteigen will und an dem alles hängt, Freiheit analog dem freien Willen in
mir und dir zuschreiben? Darf man schließen: weil wir die Kraft zu selbständiger Betätigung unseres Willens von dorther empfangen, darum muß auch
dem Ersten die Willensfreiheit innewohnen?

Plotin polemisiert zunächst gegen die Philosophen, welche die kecke Behauptung aufstellen, die 'erste Natur' sei zufällig und von ungefähr und habe
ihr Sein nicht von sich selbst; darum sei sie auch nicht Herrin dessen, was
sie tue und nicht tue, sondern werde zu ihrem Tun und Lassen gezwungen.
Dann allerdings wäre die Freiheit ein leeres Wort und ein sich widersprechen-
der Begriff. Denn wo der Zufall regiert, wo die Dinge nach blinder Notwendigkeit werden was sie sind, da gibt es weder Freiheit noch Gesetz und Regel,
folglich auch kein begriffliches Erkennen oder Wissen. Der Begriff ist nicht
das Ding, er hypostasiert sich nicht selbst, sondern er will das Gesetz, das die
Dinge beherrscht, erfassen. So forscht er denn nach dem, was die selbsteigene
Entscheidung über sich hat und Herr seiner Tätigkeit ist, und was einem
andern dient und in der Gewalt eines andern steht. Dabei findet er, daß die
Selbstherrlichkeit in reiner Form den intelligiblen Hypostasen zukommt, sowie
denen, die ungehindert dem Guten nachjagen oder es haben. Da nun das Gute
selbst über allem steht, so wäre es absurd, gleichsam noch ein anderes Gutes
über dieses hinaus, das es zwingen könnte, zu suchen. Hier kann auch von Zufall keine Rede sein, denn der Zufall herrscht wohl in dem Abgeleiteten und
Vielen, aber nicht in dem Ersten und Einen. Es ist ferner nicht unfrei, weil es
seiner Natur gemäß handelt; man müßte denn glauben, daß Freiheit nur dann
stattfindet, wenn etwas gegen seine Natur handelt und tätig ist. Endlich liegt
in dem Umstande, daß es einzig ($\mu o \nu \alpha \chi \acute{o} \nu$) ist, kein Grund, dem Einen die
Freiheit abzusprechen. Denn dies Einzigartige hat es nicht dadurch, daß es von
einem andern behindert oder abgesperrt wird, sondern dadurch, daß es dies
selbst ist und gleichsam sich selber gefällt und nichts Besseres hat als sich;
sonst würde man gerade dem die Freiheit absprechen, das am meisten das Gute
erlangt. Ist das schon absurd, so dürfte es noch absurder sein, das Gute selbst
der Freiheit zu berauben, weil es gut ist und in sich bleibt, ohne das Bedürfnis
zu fühlen, sich zu einem andern hinzubewegen, da sich die andern Dinge vielmehr zu ihm hinbewegen, und überhaupt ohne irgendein Bedürfnis irgendwie
zu verspüren. In dem Guten an sich kann man Sein und Tätigkeit nicht voneinander trennen, sie sind identisch; darum darf man auch nicht einmal sagen,
es handele seiner Natur gemäß: es ist im vollsten Sinne des Wortes $\alpha \mathring{v} \tau \varepsilon \xi o \acute{v} \sigma \iota o \nu$.

Allein wir dürfen dieses $\alpha \mathring{v} \tau \varepsilon \xi o \acute{v} \sigma \iota o \nu$ nicht als eine Eigenschaft ($\sigma v \mu \beta \varepsilon \beta \eta \varkappa \acute{o} \varsigma$)
des Guten auffassen, das Gute hat schlechterdings keine Eigenschaften. Lassen
wir darum alle unzulänglichen Prädikate beiseite, auch die freie und selbständige

Machtentfaltung; denn dieser Begriff bezeichnet die unbehinderte Einwirkung auf ein anderes, und eine solche hat bei dem Einen nicht statt. Es steht außer aller Relation und hat keine Attribute, sondern ist was es ist vor allen Attributen. Ihm eignet kein Dasein, keine Natur und naturgemäße Tätigkeit. Es ist Prinzip aller Dinge und als solches von allem andern abgesondert, dies aber durch seine Eigenart und Einzigkeit ($\mu o \nu \alpha \chi \tilde{\omega} \varsigma$) und nicht aus Notwendigkeit. Denn Notwendigkeit gibt es nur in den dem Prinzip folgenden Dingen, und auch darin hat sie nicht die zwingende Gewalt; dieses Einzige aber ist von sich selbst und gehorcht keiner höheren Gewalt. Es ist wie der Souverän, der König, auf den alle warten müssen, bis er kommt als der wahre König, das wahre Prinzip und das wahre Gute, nicht tätig nach dem Guten, sondern das Gute in Person. Als das Sein schlechthin hat es kein $o \H{v} \tau \omega \varsigma$ noch $\H{o} \pi \omega \sigma o \tilde{v} \nu$, noch ist es ein $\tau \acute{o} \delta \varepsilon \ \tau \iota$, es ist $\varepsilon \pi \acute{\varepsilon} \varkappa \varepsilon \iota \nu \alpha \ \tau o \tilde{v} \ \H{o} \nu \tau o \varsigma$. Es tritt nicht aus sich heraus, sondern gehört unerschütterlich nur sich selber an, so daß man von ihm in eigentlichem und vorzüglichstem Sinne sagen kann: es ist was es ist. Willst du es schauend überhaupt bezeichnen, so mußt du es als eine allumfassende und ihrer selbst wahrhaft mächtige Kraft bezeichnen, die das ist was sie will, oder vielmehr was sie will abwirft in das Seiende, während sie selbst größer ist als alles Wollen und das Wollen hinter sich läßt. 'Weder wollte sie selbst das So, um ihm gelegentlich zu folgen, noch machte ein anderer es so', d. h. das Eine und Gute in seiner unermeßlichen Kraft hat keine Eigenschaften, die es determinieren.

Wie aber, wenn es nun gerade so *per accidens* wäre? Wie will man das Gegenteil beweisen und das Akzidentielle überall wegschaffen? Nun, wenn das Absolute eine gewisse Natur ist, trifft der Begriff des Akzidens nicht zu; denn mit dem Begriff 'bestimmte Natur' wird den Dingen das Unbestimmte, Akzidentielle genommen. Führt man aber die Natur auf den Zufall, die $\tau \acute{v} \chi \eta$ zurück, was ist dann nicht zufällig? Eliminiert indes wird das Zufällige durch das Prinzip der Dinge, das diesen Gestalt und Grenze und Form verleiht, und ein solches Prinzip kann unmöglich auf die Tyche zurückgeführt werden. Freilich ist die Tyche Herrin über vieles, aber nur in dem, was nicht vorsätzlich und nicht in geordneter Folge, sondern durch allerlei Zwischenfälle geschieht; Vernunft, Überlegung und Ordnung, ihr Gegenteil, kann sie nicht erzeugen. Und wenn den $\nu o \tilde{v} \varsigma$ nicht, dann noch weniger $\tau \grave{o} \ \pi \varrho \grave{o} \ \nu o \tilde{v}$. Dies ist das Erste, der Grund alles andern, und es gibt keinen Grund des Grundes.[1] Das Erste ist was es ist notwendig, aber nicht weil es sich nicht anders verhalten kann, sondern weil es so das Beste ist. Darum, als das Beste, ist es auch Herr seines eigenen Wesens. Eben darin zeigt sich seine Macht, daß es nur das Gute und nicht das Schlechte kann. Dagegen hat nicht jedes aus sich selbst die Macht, sich zum Besseren zu wenden; aber zum Schlechteren sich zu wenden, daran wird keines gehindert. Das Erste aber hat eine überschwengliche Macht, es muß das Gute wollen und tun, weil das Gute sein Wesen ist; die Notwendig-

---

[1] Enn. V 8, 7 S. 211, 2: $\varepsilon \pi \varepsilon \iota \delta \grave{\eta} \ \gamma \grave{\alpha} \varrho \ \alpha \varrho \chi \acute{\eta}$, $\alpha \grave{v} \tau \acute{o} \vartheta \varepsilon \nu \ \pi \acute{\alpha} \nu \tau \alpha \ \tau \alpha \tilde{v} \tau \alpha \ \varkappa \alpha \grave{\iota} \ \tilde{\omega} \delta \varepsilon \cdot \ \varkappa \alpha \grave{\iota} \ \tau \grave{o} \ \mu \grave{\eta}$ $\zeta \eta \tau \varepsilon \tilde{\iota} \nu \ \alpha \grave{\iota} \tau \acute{\iota} \alpha \varsigma \ \alpha \varrho \chi \tilde{\eta} \varsigma \ \alpha \H{v} \tau \omega \ \varkappa \alpha \lambda \tilde{\omega} \varsigma \ \lambda \acute{\varepsilon} \gamma \varepsilon \tau \alpha \iota$.

keit zwingt es nicht, sondern es selbst ist die Notwendigkeit und das Gesetz des andern. Alles andere hat durch das Erste seine Hypostase, es selbst ist vor der Hypostase. Und wie sollen wir dieses $\mu\grave{\eta}$ $\dot{v}\pi o\sigma\tau\acute{a}v$ fassen? 'Wir müssen schweigend davongehen', weiter als bis zu dem Prinzip, dem ersten und letzten, können wir nicht vordringen. Verständigerweise forscht die Wissenschaft nur nach dem Was ($\tau\acute{\iota}$ $\dot{\varepsilon}\sigma\tau\iota\nu$ $\varepsilon\tilde{\iota}\nu\alpha\iota$ = Begriff), der Beschaffenheit ($\tau\grave{o}$ $o\tilde{\iota}o\nu$), dem Warum ($\delta\iota\grave{a}$ $\tau\acute{\iota}$), dem Dasein ($\tau\grave{o}$ $\varepsilon\tilde{\iota}\nu\alpha\iota$). Das Sein nun, wie wir es von dem Ersten aussagen, folgern wir aus den Dingen nach ihm; das Warum sucht ein anderes Prinzip, während es von dem universalen Prinzip kein Prinzip gibt; die Beschaffenheit finden wir durch Forschen nach Eigenschaften, und das Erste hat keine Eigenschaften; das Was, der Begriff desselben lehrt uns vielmehr, daß wir nichts an ihm suchen sollen und ihm nichts anheften dürfen, nachdem wir es selbst allein, wenn es uns möglich, im Geiste erfaßt haben. Die Aporie kommt daher, daß wir von räumlichen und örtlichen Vorstellungen ausgehen und uns etwa ein Chaos denken, in das Gott aus der Höhe oder Tiefe mit einem Wesen eingezogen sei als ein Ankömmling, dessen Art und Natur wirs nun zu erforschen hätten. Wir müssen Gott aber rein als Seienden intuitiv betrachten und ergreifen und dabei alles Räumliche ausschalten. Denn Gott ist nicht räumlich noch im Raum, der ihn etwa wie ein Kreis umgäbe; er hat keine Quantität, keine Qualität oder Form, selbst keine intelligible, und keinerlei Relation, denn er ist an und für sich und hatte sein Wesen, ehe noch ein anderes war. 'Was sollte es also bedeuten: er ist so *per accidens*? Oder wie sollen wir dies aussagen, wenn alle andern Prädikate nur in der Negation ($\dot{\varepsilon}\nu$ $\dot{a}\varphi\alpha\iota\varrho\acute{\varepsilon}\sigma\varepsilon\iota$) bestehen? Daher ist es vielmehr wahr zu sagen, nicht: er ist so *per accidens*, sondern: er ist nicht einmal *per accidens* so; denn hier trifft auch das Akzidens überhaupt nicht zu.'

Durch solche Dialektik wird das Eine und Einzige, das Erste und Gute aus aller Kontingenz gelöst und in seinem reinen Ansich nicht sowohl dem diskursiven Denken als der Intuition und dem Schauen hingestellt. Wenn nun aber keine Kategorie auf das Absolute anwendbar ist, so bleibt nur das nackte Sein übrig; es ist auch fraglich, ob es dann noch Herr des Seins, des transzendenten Seins genannt werden darf. Um den Zweifel zu beschwichtigen, stellen wir folgende Betrachtung an.

Wir sind nicht Substanz in vollem Sinne des Wortes, weil wir einen Körper haben, aber durch die Seele haben wir teil an der Substanz; wir sind zusammengesetzt aus Substanz und spezifischer Differenz, die aus der Substanz stammt und uns zu dem macht, was wir sind. Die Substanz beherrscht uns, und insofern sind wir unfrei; aber insofern wir eben Substanz sind, sind wir Herren unser selbst. Unsere Freiheit hat in dem, was an uns Substanz ist, ihren Ursprung; sie, die Substanz, ist für uns das $\dot{\varepsilon}\lambda\varepsilon\upsilon\vartheta\varepsilon\varrho o\pi o\iota\acute{o}\nu$. Wem sollte das unterworfen sein? Die Quelle der Freiheit kann doch nicht wieder eine Quelle haben! Aber in der reinen Substanz gibt es nichts zu beherrschen, mithin auch kein Herrschen. Nur wenn wir Tätigkeit und Substanz begrifflich trennen, können wir sagen: Gott ist Herr seiner selbst; in Wahrheit ist Tätig-

keit und Substanz ein und dasselbe. Gott wirkt was er will, und er will was
er ist; in ihm als dem absolut Guten sind Wesen, Wollen und Wirken identisch.
Er ist also schlechthin Herr seiner selbst, und auch das Sein trägt er in sich
selbst. Wir dagegen sind Herren unser selbst nur insofern, als wir am Guten
teilhaben und im Guten sind. Gott wollte das Gute, weil er gut war; so hat
das Gute sich selbst geschaffen, nicht von ungefähr sondern nach eigenem
Willen. — Man kann die Sache auch so betrachten. Jedes Seiende ist entweder
identisch mit seinem eigenen Sein oder verschieden davon. Die Idee des Menschen
z. B. ist identisch mit sich selbst, der einzelne Mensch davon verschieden. Der
einzelne Mensch kann zufällig entstehen, die Idee des Menschen ist durch sich
selbst. Wieviel mehr das Einfachste und Höchste! Ferner, in dem Begriff und
Zweck, dem Wesen liegt für ein jedes der Grund seiner Existenz, also sind das
Sein und der Grund identisch.[1]) In eminentem Sinne ist das der Fall bei dem
Ursprung und Quell aller Dinge. Bei dem, was den Grund seiner Existenz in
sich hat, gibt es keinen Zufall; viel weniger bei dem Grund alles Grundes, dem
'Vater der Vernunft', dem Prinzip und 'gleichsam Vorbild alles dessen, was nicht
in Gemeinschaft steht mit der Tyche, was ungemischt und rein ist von allen Zwi-
schenfällen, allem blinden und beiläufigen Geschehen'. Er ist eben αἴτιον ἑαυτοῦ
καὶ παρ' αὑτοῦ καὶ δι' αὑτὸν αὑτός· καὶ γὰρ πρώτως αὑτὸς καὶ ὑπερόντως αὑτός·
Im folgenden Kapitel tritt ein Terminus auf, der zu einer interessanten
Parallele verlocken könnte: amor dei intellectualis. Von dem Vater der Vernunft
sagt Plotin, ebenderselbe sei auch liebenswürdig und die Liebe, und zwar die
Liebe seiner selbst, weil er nicht anders schön sei als durch sich selbst und
in sich selbst. Wir sprechen von einem Streben und einem Erstrebten, als wäre
es zweierlei; aber in ihm ist beides eins, er ist sein eigener Schöpfer und sein
eigener Herr. Anders bei uns. Einerseits erblicken wir in uns eine Natur, die
nichts von dem hat, was uns anklebt und wonach wir leiden müssen, was sich
eben zuträgt und zufällig geschieht; andrerseits haftet uns vieles an, was Zufälligkeiten ausgesetzt und dienstbar ist und gleichsam zufällig seinen Gang
geht. Diesem hingegen kommt allein die Herrschaft über sich und die freie
Selbstbestimmung zu vermöge der Energie eines gutartigen Lichtes und eines
Guten, das höher ist als die Vernunft, einer Tätigkeit, die das Übervernünftige
nicht als ein von außen Zugeführtes besitzt. 'Wenn wir dahinan nun gelangt
und dies allein geworden sind und alles andere dahinten lassen: wie sollen wir
es anders nennen, als daß wir mehr sind als frei und mehr als selbstherrlich?'
Nun erst leben wir das wahre Leben in Gemeinschaft mit dem, was in sich
ein volles Genügen hat. Von irgendwelcher Tyche kann nicht mehr die Rede
sein.[2]) 'Die Wurzel der Vernunft wächst aus sich selbst heraus, und hierin
endet alles, gleichsam der Anfang eines sehr großen vernunftgemäß wachsenden
Baumes und eine auf sich selbst beruhende Basis, die dem Baum, der auf ihr
steht, ein vernunftgemäßes Dasein verleiht.'
        Gott, sagen wir, ist überall und nirgends, d. h. dies sind keine Prädikate

---

[1]) Plotin führt dies weiter aus Enn. VI 7, 2 f.
[2]) Im griechischen Text ist S. 433, 33 hinter εἰκῇ ein ἢ ausgefallen.

von ihm, er ist das 'überall' und das 'auf jede Weise' und gibt allem andern
seinen Ort, er ist die oberste Ordnung, und ihm ist alles unterworfen. Alles
andere bewegt sich um ihn, er aber bewegt sich gleichsam in sein eigenes
Innere hinein aus Liebe zu sich selbst, dem reinen Glanze, das selbst seiend,
was er liebgewonnen hat, d. h. er hat sich selbst zur Existenz verholfen, wenn
anders er bleibende Energie und das Liebenswerteste gleichsam Intellekt ist.
Er stützt sich gleichsam auf sich selbst und schaut auf sich selbst, und das
Schauen ist das Sein. Für Schauen können wir auch Wollen setzen. Gott ist
so wie er will, und sein Wille ist nicht grundlos oder von ungefähr; denn er
will das Beste, und das Beste ist nicht von ungefähr, sondern das ist er selbst.
Darum geht auch seine Neigung durchaus nach innen und auf sich allein;
neigte er sich aus sich heraus, so würde er sein eigenes Sein zerstreuen und
vernichten.[1]) Das Sein ist aber kein totes, sondern eine nach innen gerichtete
Tätigkeit[2]) oder, wie wir auch sagen können, 'ein immerwährendes Wachen
und transzendentes Denken' über dem Sein und Intellekt, über dem Denken
und Leben. Dies alles kommt von ihm, er aber stammt aus sich selbst, und
zwar nicht so wie er eben wurde, sondern so wie er selbst wollte: ein Satz,
der refrainartig in den letzten Kapiteln wiederkehrt und sich durch die ganze
Argumentation hindurchzieht. Zufall und Freiheit sind Gegensätze, die einander
ausschließen; wo Zufall, da keine Vernunft, wo keine Vernunft, da keine Freiheit, weder eine empirische noch eine intelligible. Aber Ordnung und Gesetz
oder vernünftige Notwendigkeit sind keine Gegensätze, die sich ausschließen.
Nur wenn die Dinge und Geschehnisse vernünftig geordnet sind, lassen sie sich
berechnen und beherrschen. Wir beurteilen jedes einzelne im Universum und
das Universum selbst, als ob es ein vorausschauender Verstand planmäßig nach
vorbedachtem Rat und Willen d. i. $\varkappa\alpha\tau\grave{\alpha}\ \pi\varrho\acute{o}\nu o\iota\alpha\nu$ geschaffen hätte. In der Tat
ist die unwandelbare Ordnung der Dinge und Geschehnisse eine Wirkung der
schöpferischen $\lambda\acute{o}\gamma o\iota$, die ihrerseits auf eine höhere Ordnung zurückgehen und
über Vorsehung und Vorsatz hinausliegen. Will man diese festgefügte und voll-
kommene Ordnung $\pi\varrho\acute{o}\nu o\iota\alpha$ nennen, so denke man sie als $\pi\varrho\grave{o}\ \tau o\tilde{v}\delta\varepsilon\ \nu o\tilde{v}\varsigma\ \tau o\tilde{v}$
$\pi\alpha\nu\tau\acute{o}\varsigma$. Im Nus sind die verschiedenen Logoi zu einer harmonischen Einheit
zusammengeschlossen, und dem Begriff der Vernunft widerspricht der irra-
tionale Zufall ($\tau\acute{v}\chi\eta\ \grave{\varepsilon}\nu\ \grave{\alpha}\lambda o\gamma\acute{\iota}\alpha\ \varkappa\grave{\varepsilon}\iota\mu\acute{\varepsilon}\nu\eta$). Der Nus aber und alles was Logos
geworden ($\lambda\varepsilon\lambda o\gamma\omega\mu\acute{\varepsilon}\nu o\nu$) hat seinen Erzeuger in dem unteilbaren Einen und
Ersten, in dem alles beschlossen ist als ein Logos, eine Zahl und ein Nus.[3])
   Wie können wir nun dem Überweltlichen und unaussprechlich Großen,
das uns auch Gott heißt, beikommen? 'Wenn du ihn suchst, dann suche nichts
Äußeres an ihm, sondern alles nach ihm Kommende suche inwendig; ihn selbst
laß auf sich beruhen. Denn das Äußere ist er selbst, Umfang und Maß aller

---

[1]) Das Eine und Gute wird nicht 'depotenziert', es läßt keine 'Dekomposition' zu.
Vgl. meinen Aufsatz im Hermes XLVIII 408—425.
   [2]) *Deus est causa immanens, non vero transiens* (Spinoza).
   [3]) Im griechischen Text S. 436, 7 schiebe ich zwischen $\varepsilon\tilde{\iota}\varsigma$ und $\mu\varepsilon\acute{\iota}\zeta\omega\nu$ ein $\nu o\tilde{v}\varsigma$ ein,
das sowohl der Kontext als der Sinn fordert.

Dinge.[1]) Oder er ist drinnen in der Tiefe, das Äußere dagegen, das sich wie im Kreise an ihm hält und gänzlich von ihm abhängt, ist der Logos und Nus; oder vielmehr es dürfte Nus sein, soweit und insofern es sich an ihn knüpft und von ihm abhängt, da es ja von ihm her sein Wesen als Nus hat.' Plotin beschreibt das, was die Welt im Innersten zusammenhält, als das Zentrum eines Kreises, das sich durch die Radien nach allen Dimensionen ausbreitet. Wie der Kreis sich um den Mittelpunkt als seinen Vater bewegt, so bewegt sich die intelligible Welt als Abbild um ihr Urbild, um Gott, der sie durch seine Kraft erzeugt hat. Gott heißt ihm auch die Quelle des Lichtes, das ihn mit seinem Glanze umstrahlt. Er ist 'der Grund des Grundes' d. h. Grund im höchsten und wahrsten Sinne, 'der alle zukünftig von ihm ausgehenden intelligiblen Ursachen in sich hat und nicht das Zufällige, sondern das Selbstgewollte erzeugt'. Sein Wollen aber ist kein unvernünftiges oder blindes, sondern ein notwediges, wie umgekehrt das Notwendige nicht von ungefähr, sondern gewollt ist. Platon faßt das in die prägnanten Worte $\delta\acute{e}ov$ und $\varkappa\alpha\iota\varrho\acute{o}\varsigma$.[2]) Den $\varkappa\alpha\iota\varrho\acute{o}\varsigma$ aber hat Gott aus freiem Willen als das $\varkappa\upsilon\varrho\iota\acute{\omega}\tau\alpha\tau o\nu$ seiner Energie und deren Folgen selbst gesetzt. Indessen, alle Worte sind unzulänglich. Wer Gott ergreifen will, muß sich zu ihm aufschwingen; und wer ihn schaut, wird nicht viel von ihm zu sagen wissen. Vielleicht meinten das auch die Alten mit dem Rätselwort $\acute{\epsilon}\pi\acute{\epsilon}\varkappa\epsilon\iota\nu\alpha$ $o\dot{\upsilon}\sigma\acute{\iota}\alpha\varsigma$.[3]) Jedenfalls bedeutet es so viel, daß Gott weder seinem Wesen noch sich selber dienstbar ist; denn die Wesenheit hat nicht ihn, sondern er hat die Wesenheit geschaffen, und zwar nicht für sich, sondern er ließ sie außerhalb seiner selbst sein, da ja der des Seins nicht bedurfte, der es gemacht hatte: $o\dot{\upsilon}$ $\tauo\acute{\iota}\nu\upsilon\nu$ $o\dot{\upsilon}\delta\grave{\epsilon}$ $\varkappa\alpha\vartheta$' $\ddot{o}$ $\acute{\epsilon}\sigma\tau\iota$ $\pio\iota\epsilon\tilde{\iota}$ $\tau\grave{o}$ $\acute{\epsilon}\sigma\tau\iota$.

Ja, aber wenn dem so ist, wenn Gott sich selbst erst zu Stand und Wesen gebracht hat: mußte er dann nicht vor seiner Wesenheit sein, und war er da nicht, bevor er war? 'Denn wenn er sich selbst schafft, so ist er hinsichtlich des «sich selbst» noch nicht, durch das Schaffen andrerseits ist er schon vor sich selbst, da er das Geschaffene selbst ist.' Damit hat Plotin den Widerspruch, den das beliebte *causa sui* in sich birgt, aufgedeckt und scharf bezeichnet. Der Widerspruch verschwindet, sobald man Gott denkt als absolutes Schaffen ($\dot{\alpha}\pi\acute{o}\lambda\upsilon\tau o\nu$ $\tau\grave{\eta}\nu$ $\pio\acute{\iota}\eta\sigma\iota\nu$ $\alpha\dot{\upsilon}\tauo\tilde{\upsilon}$), das nichts anderes bezweckt, und als absolute Einheit, in der es ein Zweierlei von Schaffen und Geschaffenwerden gar nicht gibt. Mit der ersten Energie wird zugleich die Hypostase gesetzt. Angenommen, es setzte jemand eine Hypostase ohne Energie, so wird das allervollkommenste Prinzip unvollkommen sein; und wollte umgekehrt jemand zur Hypostase die Energie hinzufügen, so wahrte er die Einheit nicht. 'Wenn

---

[1]) Platon, Leg. 716C: $\acute{o}$ $\delta\grave{\eta}$ $\vartheta\epsilon\grave{o}\varsigma$ $\acute{\eta}\mu\tilde{\iota}\nu$ $\pi\acute{\alpha}\nu\tau\omega\nu$ $\chi\varrho\eta\mu\acute{\alpha}\tau\omega\nu$ $\mu\acute{\epsilon}\tau\varrho o\nu$ $\ddot{\alpha}\nu$ $\epsilon\ddot{\iota}\eta$ $\mu\acute{\alpha}\lambda\iota\sigma\tau\alpha$. Vgl. 841C: $\pi\epsilon\varrho\iota\lambda\alpha\beta\grave{o}\nu$ $\tau\grave{\alpha}$ $\tau\varrho\acute{\iota}\alpha$ $\gamma\acute{\epsilon}\nu\eta$.

[2]) Platon, $\Pi\epsilon\varrho\grave{\iota}$ $\delta\iota\varkappa\alpha\acute{\iota}o\upsilon$ 375A.

[3]) Platon, Politeia 509B: $o\dot{\upsilon}\varkappa$ $o\dot{\upsilon}\sigma\acute{\iota}\alpha\varsigma$ $\ddot{o}\nu\tauo\varsigma$ $\tauo\tilde{\upsilon}$ $\dot{\alpha}\gamma\alpha\vartheta o\tilde{\upsilon}$, $\dot{\alpha}\lambda\lambda$' $\ddot{\epsilon}\tau\iota$ $\acute{\epsilon}\pi\acute{\epsilon}\varkappa\epsilon\iota\nu\alpha$ $\tau\tilde{\eta}\varsigma$ $o\dot{\upsilon}\sigma\acute{\iota}\alpha\varsigma$ $\pi\varrho\epsilon\sigma\beta\epsilon\acute{\iota}\alpha$ $\varkappa\alpha\grave{\iota}$ $\delta\upsilon\nu\acute{\alpha}\mu\epsilon\iota$ $\acute{\upsilon}\pi\epsilon\varrho\acute{\epsilon}\chi o\nu\tauo\varsigma$. Aristoteles f. 46. 1483ᵃ 22: $\acute{o}$ $\vartheta\epsilon\grave{o}\varsigma$ $\ddot{\eta}$ $\nuo\tilde{\upsilon}\varsigma$ $\acute{\epsilon}\sigma\tau\iota\nu$ $\ddot{\eta}$ $\acute{\epsilon}\pi\acute{\epsilon}\varkappa\epsilon\iota\nu\acute{\alpha}$ $\tau\iota$ $\tauo\tilde{\upsilon}$ $\nuo\tilde{\upsilon}$. — Man hat auch bei Plotin seine Not mit dem vieldeutigen Worte $o\dot{\upsilon}\sigma\acute{\iota}\alpha$. Übrigens sind zu einem völligen Verständnis der Lehre vom Guten und Einen die Bücher Enn. VI 7 u. 9 heranzuziehen.

uun die Tätigkeit (Energie) vollkommener ist als die Wesenheit (das nackte
Dasein), das Vollkommenste aber das Erste ist, so wird die Tätigkeit das Erste
sein. Sowie Gott also in Tätigkeit tritt, ist er dies auch schon, und es läßt
sich nicht sagen, daß er war bevor er wurde; denn als er war, da war er nicht
als einer, der erst noch werden sollte, sondern er war bereits ganz und gar.
Eine Tätigkeit also, die der Wesenheit nicht unterworfen ist (οὐ δουλεύουσα
οὐσίᾳ), ist schlechthin (καθαρῶς) frei, und so ist er selbst von sich selbst.
Denn wenn ihm von einem andern zum Dasein verholfen wurde, so war er
selbst nicht der Erste aus sich; wenn es aber mit Recht heißt, er halte sich
stetig in sich selbst zusammen, so ist er selbst es auch, der sich aus sich
heraussetzt, wenn anders er, was er seiner Natur nach in sich faßt, ins Dasein
gerufen hat. Wenn es nun eine Zeit gäbe, von der aus er anfinge zu sein, so
würde das Schaffen in eigentlichem Sinne (κυρίως) von ihm ausgesagt werden;
nun aber, wenn er sogar vor aller Zeit war was er ist, muß dies Schaffen als
mit seinem Sein zugleich gesetzt aufgefaßt werden. Denn das Sein ist eins mit
dem Schaffen und, wenn ich so sagen darf, dem ewigen Zeugen. Daher spricht
man auch von einem Herrschen über sich selbst, und zwar, wenn hier zwei
sind, in eigentlichem Sinne, wenn aber nur eins, so bleibt der Herrschende
allein übrig, denn es gibt hier kein Beherrschtes. Wie kann es aber ein Herr-
schendes geben ohne etwas, worauf es sich richtet? Nun, das Herrschen bezieht sich hier darauf, daß es nichts über sich hat, weil es nichts vor ihm gab.
Wenn es nichts gab, so ist er der Erste, nicht nach äußerer Rangordnung,
sondern nach seinem gebietenden Einfluß und seiner schlechthin selbstherrlichen
Macht. Wenn aber schlechthin, so läßt sich dort nichts annehmen, was nicht
selbstherrlich wäre. Alles ist also in ihm selbstherrlich. Was ist also an ihm,
das er nicht selbst wäre? Was also, das er nicht wirkend schafft? Und was,
das nicht sein Werk wäre? Denn wenn etwas in ihm nicht sein Werk wäre,
so wäre er weder selbstherrlich noch allmächtig schlechthin. Und wessen ist
er mächtig? Nur des Guten. Denn das Gegenteil des Guten, das Böse tun
können, ist nicht Kraft, sondern Unkraft, die sich im Guten nicht zu behaupten
vermag. Auch die vorhin gebrauchte Wendung, er halte sich zusammen, wollte
nicht sagen, daß er eines Zusammenhaltes oder einer Teilhabe bedürfe, sondern
darauf hinweisen, daß er sich in sich selbst genüge, alles andere dagegen an
ihm teilhabe, von ihm zusammengehalten und getragen werde. Endlich sei noch
einmal hervorgehoben, daß Gott absoluter Wille ist und daß der Grund, das
Motiv seines Willens, also gleichsam das Wollen seines Willens nicht vor ihm
oder außer ihm, sondern in ihm liegt, mithin ganz und gar frei genannt werden
muß. Dabei dürfen wir freilich niemals vergessen, daß es adäquate Aussagen
von Gott nicht gibt noch geben kann. Darum 'wenn du ihn nennst oder denkst,
so laß alles andere dahinten. Und wenn du alles hinweggetan und ihn allein
übrig gelassen hast, so frage nicht danach, was du ihm zusetzen könntest, sondern ob du vielleicht etwas von ihm nicht hinweggenommen habest in deinen
Gedanken. Dennoch ist es möglich, daß auch du das ergreifest, worüber sich
weder etwas sagen noch annehmen läßt. Genug, das absolut Transzendente ist

in Wahrheit frei, weil es nicht einmal sich selber unterworfen, sondern allein
es selbst und in Wahrheit selbst ist, während von jedem andern ein jedes es
selbst ist und ein anderes'. — —

So weit Plotinos. Man wird ihm nachrühmen dürfen, daß er die Begriffe
Notwendigkeit und Freiheit ebenso eingehend als umfassend behandelt und das
Problem der Willensfreiheit bis auf seine letzten Wurzeln verfolgt hat. Ausgerüstet mit einer genauen Kenntnis der gesamten griechischen Philosophie, hat
er die Gedanken namentlich eines Platon und Aristoteles und der Stoiker als
aufgehobene Momente in sein System aufgenommen, ist auch wohl nach der
metaphysischen Seite hin einen Schritt über sie hinaus gelangt. Damit soll aber
nicht gesagt sein, daß er den Streit der beiden Begriffe endgültig geschlichtet
und das 'Welträtsel' der menschlichen Freiheit gelöst habe. — Es gereicht dem
Plotin zum Lobe, daß er die Freiheit nicht als reine Willkür in eine leere
Abstraktion vor und außer der Tat setzt, sondern in ihrer Anwendung und Betätigung zu fassen sucht. Scholastischer Spitzfindigkeiten über das *liberum ar-
bitrium* oder gar das *aequilibrium indifferentiae* sind ihm völlig fremd. Es gibt
kein grundloses, unmotiviertes Handeln, und die Motive werden nicht aus der
Luft gegriffen, sondern liegen in uns. Wählen wir sie selbständig unserm Charakter gemäß, so sind wir frei; stehen wir unter ihrem von innen oder außen
kommenden Zwang, so sind wir unfrei. Wonach sollen wir die Motive wählen?
Allein nach dem Guten. Wir sind frei, soweit wir dem Guten anhangen und
nachleben, unfrei, sofern wir uns vom Bösen überwältigen lassen. Wir handeln
notwendig so, wie wir sind; und wir sind notwendig so, wie wir einst als
'himmlisches Gewächs' waren. Unser Charakter ist weniger erworben als ange-
boren, unsere Persönlichkeit ruht auf einem überzeitlichen Grunde: die Lehre
von dem intelligiblen Charakter und der intelligiblen Freiheit. — Plotins Ethik,
und an der Ethik wird die Freiheit orientiert, hat einen spiritualistischen, welt-
abgewandten Zug, wie die Platons und des Christentums. Wohl verlangt er,
daß der Mann sich auch im praktischen Leben durch Tapferkeit und Tugend
bewähre, aber höher steht ihm das theoretische, das Denkerleben, das auch ein
Aristoteles begeistert preist. 'Gott und die Seele, die Seele und ihr Gott': das
ist Plotins wichtigstes Anliegen, die Vereinigung der Seele mit Gott sein
höchstes Ziel. Der Name Gottes aber ist für ihn nicht leerer Schall. Zwar
dem spekulativen Philosophen zerrinnt der Gottesbegriff in das eigenschaftslose
Eine, um das als Zentrum sich der Weltkreis bewegt, aber dem Gemüt des
tiefreligiösen Mannes tut nur ein persönlicher Gott volles Genügen. Und was
fehlt einem Wesen, dem Güte und Macht, Liebe und Wille zugesprochen wird,
zur Persönlichkeit? Begreifen und denken können wir es nicht, wohl aber ergreifen und schauen. Reinige und befreie dich vom Dienst des vergänglichen
Wesens und ziehe dich in das innerste Heiligtum des Herzens zurück. Der
äußere Mensch muß sich die Freiheit gegen die feindlichen Mächte der Welt
und des eigenen Fleisches erkämpfen, der inwendige Mensch, der seine Lust
hat am Nus als dem 'Sohne' des Höchsten, ruht in stiller Betrachtung der
himmlischen Dinge und genießt in Gott Frieden und Freiheit.

KAISER KANTAKUZENOS' GESCHICHTSWERK

Von Johannes Dräseke

Als Parisot im Jahre 1845 sein grundlegendes Werk über Kaiser Johannes VI. Kantakuzenos (1341—1355) veröffentlichte, in welchem er eine eindringende Zergliederung und prüfende Vergleichung des von diesem hinterlassenen großen Geschichtswerks mit den sonstigen Quellen, besonders Nikephoros Gregoras, vorlegte, deutete er schon auf dem Titel die beiden Beziehungen an, nach denen die als Krieger und Mann der Wissenschaft hochbedeutende Persönlichkeit dieses byzantinischen Kaisers gewürdigt werden muß, als Staatsmann und als Geschichtschreiber.[1]) Dem Verdammungsurteil der Geschichte über Kantakuzenos in ersterer Hinsicht[2]) steht, wenn auch mannigfach bedingt und eingeschränkt, das hohe Lob und die Anerkennung in letzterer Hinsicht gegenüber; jenes kann hier nur eben erwähnt und· kurz begründet, dieses dagegen soll im folgenden einer erneuten Prüfung unterzogen werden. Als größten staatsmännischen Fehler, den der als treuer, hochherziger Freund von vielen hervorragenden Männern seiner Zeit geliebte, als tapferer, erfolgreicher Feldherr berühmte und von seinen Kriegern, mit denen er alle Entbehrungen und Gefahren des Kampfes und der Märsche teilte, begeistert verehrte Kantakuzenos begangen, hat man es bezeichnet, daß er zuerst, freilich in dringender Not, um der Vernichtung durch seinen Gegner, Johannes V. Paläologos und dessen mächtige Partei zu entgehen, im Jahre 1353 die Osmanen zur Hilfe aus Kleinasien nach Europa hinüberrief. Aber die Frage, ob diese Hilfe und der an sie geknüpfte Sieg durch die Vermählung seiner Tochter Theodora mit einem Un-

---

[1]) Val. Parisot, Cantacuzène homme d'état et historien, ou examen critique comparatif des mémoires de l'empereur Cantacuzène et des sources contemporaines et notamment ... de l'Histoire Byzantine de Nicéph. Grégoras. Paris 1845. Das Werk ist so eng gedruckt, daß es, unserer heutigen Weise angepaßt und wie es sich für eine so hervorragende wissenschaftliche Leistung von vornherein geziemt hätte, die doppelte Stärke aufweisen müßte. Besonders haben unter dem wohl durch Sparsamkeitsrücksichten bestimmten Verfahren die Anmerkungen gelitten, die in ihren oft bis zur Dunkelheit verkürzten Fassungen selbst dem Kundigen gelegentlich Rätsel aufgeben.

[2]) Im 63. Kapitel seiner 'Geschichte des allmählichen Sinkens und endlichen Unterganges des römischen Weltreiches' (deutsch von J. Sporschil, XI 268—334) schildert Gibbon packend diese traurigen Zeiten; ebenso Gelzer in seinem der BLG.[2] Krumbachers beigefügten 'Abriß der byzantinischen Kaisergeschichte' (S. 1055—1060). Beider Urteil über Kantakuzenos' Reichspolitik ist eine Verurteilung; vgl. a. a. O. S. 282 bezw. S. 1058, desgl. Gelzer in seiner Besprechung von Καλλιγᾶς, Μελέται Βυζαντινῆς ἱστορίας 1205—1453 (Athen 1894) in der Byz. Zeitschr. VII 191. Besonders beachtenswert ist das diese Zeiten lebendig veranschaulichende 3. Kapitel des 2. Buchs (S. 473—490) der 'Geschichte der Byzantiner und des Osmanischen Reiches bis gegen Ende des XVI. Jahrh.' (Berlin 1883) von G. F. Hertzberg.

gläubigen, dem Fürsten Urchan, und die klägliche Gefangenschaft vieler Tausende
von Christen, wie Gibbon behauptet, zu teuer erkauft waren, wird man nicht
ohne weiteres zu des Kaisers Ungunsten beantworten dürfen, wenn auch die Tatsache bestehen bleibt, daß die Türken seitdem in Europa tief und bleibend festen
Fuß faßten. Jedoch als Geschichtschreiber eines vierzigjährigen Zeitraumes
(1320—1356 bezw. 1362) innerhalb jener traurigen Tage des Niederganges nimmt
Kantakuzenos in der Reihe der kaiserlichen Schriftsteller ohne Frage die erste
Stelle ein. Er ist der einzige unter allen Herrschern von Byzanz, der in seinen
vier Büchern 'Geschichten' (Ἱστοριῶν) seine eigenen Lebenserinnerungen niedergelegt hat. Konstantinos VII. Porphyrogennetos (912—959) hat, wenn wir bloß
auf Geschichtliches blicken, doch nur das Leben seines Großvaters Basilios I. des
Makedoniers (867—886) geschrieben. In der 'Alexias' liegt das von einer gelehrten,
schriftgewandten Tochter (Anna Komnena) verfaßte Leben ihres Vaters Alexios' I.
Komnenos (1081—1118) vor. Nikephoros Bryennios ist weder Herrscher gewesen,
noch hat er seine eigene Geschichte hinterlassen; sein die Ereignisse von 1057
bis 1078 behandelndes Werk ist nur eine Einleitung zu der 'Alexias' seiner Gemahlin. Die Prunkreden des Theodoros II. Laskaris (1254—1258) verkünden erklärlicherweise nur das Lob anderer, und die noch unveröffentlichten Briefe
Kaiser Manuels II. (1391—1425) sind sicher wertvolle Urkunden zu einer
eigenen Lebensbeschreibung, können aber als solche selbst nicht gelten. Einzigartig innerhalb des griechischen Schrifttums sind nur des Kaisers Kantakuzenos
Lebenserinnerungen, ein Werk, das schon aus diesem Grunde allein Anspruch
auf allgemeine Teilnahme hat.

In der Tat, es ist ein reichbewegtes, kampferfülltes Leben, auf welches der
alte Kaiser zurückblickte, als er 1355 der Herrschaft entsagte und nunmehr als
Mönch Joasaph (mit Schriftstellernamen Christodulos) zunächst im Mangana-
kloster bei Konstantinopel weilte, dann in einem Athoskloster auf Bitten eines
hauptsächlich in Thessalonich um die Person des Nilos gescharten Freundes-
kreises die Geschichte seiner Zeit schrieb. Aus edler Familie stammend und
vom Großdomestikos und Befehlshaber der kaiserlichen Garden unter Kaiser
Andronikos II. Paläologos (1282—1328) zum Präfekten von Thrakien empor-
gekommen, ward er, ein vertrauenswürdiger Mann, vormundschaftlicher Verwalter des durch allerlei äußere und innere Kämpfe, besonders auch durch er-
bitterte religiöse Streitigkeiten unheilvoll zerrütteten Reiches und ließ sich, nach
des ihm als Freund treu ergebenen Paläologen Andronikos III. (1328—1341)
Tode durch die Hofpartei hart bedrängt, 1341 zum Kaiser krönen. Jedoch erst
1347 gelang es ihm, nach einem furchtbaren, verderblichen Bürgerkriege, Konstantinopel in seine Gewalt zu bekommen: ein Erfolg, dessen er sich gleichwohl nur wenige, abermals durch Kampf und Kriegsnot getrübte Jahre erfreuen
konnte.

Das Werk, welches Kantakuzenos seinem Freunde Nilos widmete, hat vor
anderen Geschichtsaufzeichnungen von vornherein schon den einen Vorzug voraus,
daß es eine durchaus einheitliche Anordnung aufweist, wie sie einem Kunstwerke geziemt. Und zwar ist dieser Vorzug eine Folge einmal der ununter-

brochenen Dauer der die Ordnung der Nachfolge im Geschlechte der Paläologen 40 Jahre lang gefährdenden Bürgerkriege, andrerseits der entscheidenden
politischen Rolle, die Kantakuzenos während dieser Zeit andauernd gespielt hat.
Auch was Schreibart, Ton, Farbe, Grad der vom Verfasser allen Teilen seines
Werkes verliehenen Entwicklung anlangt, ist dessen Gleichartigkeit eine vollendete. Ja die Einteilung in vier — das dritte Buch ausgenommen — nahezu
gleichlange Bücher kann gar keine glücklichere sein, weil sie aus der Natur
der Tatsachen selbst hervorgegangen zu sein scheint. Denn das erste Buch
schildert den Kampf des jüngeren Andronikos gegen seinen Großvater (Andronikos II. 1282—1328) oder Kantakuzenos als Günstling des Thronerben, das
zweite Buch Andronikos' des Jüngeren (III.) Regierung (1328—1341) oder Kantakuzenos als ersten Diener und Berater desselben, das dritte Buch die gesetz-
losen Wirren beim Tode Andronikos' III. oder Kantakuzenos als Thronbewerber,
das vierte Buch die Zeit der Mündigkeit Johannes' V. oder Kantakuzenos als
Mitregenten und seinen Sturz. Das Werk liegt uns im Bonner Corpus script.
hist. Byz. in einer schönen, 1828—1832 erschienenen dreibändigen Ausgabe
L. Schopens vor, deren verständig hergerichteter Text durch Verbesserungen von
seiten Niebuhrs und H. Grauerts mannigfach gefördert worden ist. Der erste
Band enthält das erste und zweite Buch, der zweite das dritte Buch, der dritte
das vierte Buch nebst den umfangreichen Annotationes und dem Index rerum,
nominum et verborum, eine Stoffverteilung, die man bei den folgenden Anführungen sich gegenwärtig halten möge.

Anfang und Schluß des Werkes haben durch unzutreffende Deutung der
vorangeschickten Briefe des Nilos an Christodulos und dieses an jenen, sowie
durch Verkennung des mit jenen Briefen geschaffenen Rahmens rein persönlicher, freundschaftlicher Beziehungen, die im Verlauf der geschichtlichen Darstellung (z. B. I 48 S. 232, 14; 235, 12; 236, 17; 238, 3; 239, 6) und besonders
am Schluß deutlich wieder hervortreten, vielfach eine verschiedenartige Beurteilung erfahren. Ich habe beides, Anfang und Schluß, in einem besonderen Aufsatz 'Zu Johannes Kantakuzenos' (Byz. Ztschr. IX 72—84) so eingehend klar-
zustellen mich bemüht, daß ich, um nicht das dort Vorgetragene hier zu wiederholen, auf die jedem Forscher zugängliche 'Byzantinische Zeitschrift' (a. a. O.)
verweisen kann, zumal da für eine erneute Prüfung des Inhalts und der Form
von Kantakuzenos' Geschichtswerk gerade die in jenem Aufsatz behandelten
Fragen weniger in Betracht kommen.

Die von Gibbon (a. a. O.) gegebene, ganz allgemein gehaltene Beurteilung
und Kennzeichnung der schriftstellerischen Persönlichkeit des Kantakuzenos und
des Wertes seines Werkes, die auf eine sachliche Verurteilung und eine scharf
betonte Anzweifelung der Ehrlichkeit des Schriftstellers hinausläuft und leider
schon von Schopen in seiner Ausgabe (Bd. I S. VII) im englischen Wortlaut
wiederholt wurde, ist durch den Umstand zu einer meiner Überzeugung nach
zu weit greifenden Bedeutung gelangt, daß auch Krumbacher wieder auf sie
zurückgegangen und sie als 'das beste Urteil über Kantakuzenos' in seine 'Byzantinische Literaturgeschichte' (S. 299) aufgenommen hat. Aber der Fülle von

Beobachtungen gegenüber, die wir, abgesehen von den Ergebnissen neuerer Forschungen, besonders Parisot verdanken, bedarf jenes Urteil, das, wie mir scheint,
dem wirklichen Sachverhalt nicht gerecht wird, notwendig der Ergänzung und
Berichtigung.

Lassen wir den auf den Inhalt bezüglichen Erwägungen den Vortritt. Kantakuzenos ist für die politischen Begebenheiten seiner Zeit nicht bloß eine von
mehreren Quellen, er ist vielmehr im Verein mit Gregoras fast die einzige. Sein
Werk führt noch ein wenig weiter als das 38. Buch des Gregoras. Ohne Zweifel
kommt für die Geschichte der von ihm geschilderten 40 Jahre (1320—1356
bezw. 1362) des byzantinischen Reiches noch manches andere in Betracht, wie
Briefe, Synodalverhandlungen, Erwähnungen von Gesandtschaften, Flottenentsendungen, Schlachten, nebst Bischofs- oder Patriarchenlisten und trockenen Angaben von Chronisten; aber alles das ist mehr oder weniger unbestimmt bezw.
zweifelhaft, oder uns nicht an richtiger Stelle überliefert. Die Wichtigkeit beider
Geschichtschreiber ist also im Hinblick auf alle anderen Quellen, mögen sie
auch noch so viele Tatsachen und wertvolle Einzelheiten liefern, eine ganz
außerordentliche. Vergleicht man beide miteinander, so wird man anerkennen
müssen, daß sich beide in hervorragender Weise gegenseitig ergänzen. Der Verlust des einen oder des anderen würde für die Geschichtswissenschaft ein großer
Verlust gewesen sein, ja das geschichtliche Bild jener 40 Jahre würde sehr viel
weniger wahr sein, viel weniger klar uns entgegentreten, wenn wir nur auf
Kantakuzenos ohne Gregoras oder auf Gregoras ohne Kantakuzenos angewiesen
wären.

Kantakuzenos versichert im Eingang seiner Geschichte: 'Nicht aus Haß
oder Liebe, aus denen meistens die Lüge geboren wird, ließ ich mich zu diesem
Werke bestimmen, sondern nur um der Wahrheit willen und für Liebhaber der
Wahrheit erstatte ich diesen Bericht.'[1]) Um diese Versicherung zu bezweifeln
und trotz ihrer im Sinne Gibbons über Kantakuzenos zu urteilen[2]), müßten
doch schwerwiegende Gründe angeführt werden können. Man hat auf die Unvollständigkeit von Kantakuzenos' Berichterstattung hingewiesen. Sollte hier
seinem Verdienste als Geschichtschreiber eine bestimmte Grenze gezogen sein?
Tatsächlich berichtet er über viele Vorgänge der damaligen Zeit überhaupt
nichts. Ich erwähne nur einiges: Die Ausschweifungen des jungen Andronikos,
die wahren Gründe der Erbitterung des Großvaters über ihn, des alten Andronikos gänzliche Verlassenheit und Elend (Greg. IX 10. 13. 14), die Grausamkeiten der Türken in Thrakien (Greg. XV 5, 4 S. 463/4), ihre Fortschritte in
Asien, besonders die Einschließung und Einnahme von Nikäa und Nikomedien

---

[1]) So äußert sich Kant. in dem Widmungsbrief an seinen Freund Nilos (I 10, 8—11),
in dem wir, wie ich, auf eine Angabe des Georgios Phrantzes (II 5 S. 139) gestützt, wahrscheinlich gemacht zu haben glaube (Byz. Zeitschr. IX 81/82), wohl Nilos Kabasilas, den
Oheim des Nikolaos Kabasilas, des großen Mystikers, zu sehen haben, der etwa seit 1360
Erzbischof von Thessalonich war.

[2]) Anders Nicolai (Gesch. d. griech. Lit. S. 662), der von Kantakuzenos' Werke anerkennt, daß es, 'hervorgegangen aus reinen Motiven und von Wahrheitsliebe bestimmt',
'keine unerhebliche Leistung der damaligen Literatur' ist.

sowie die zweite Belagerung von Phokäa (Greg. XXXVII, bei Kant. IV 44 S. 320/1
nur kurz erwähnt), und endlich die Angelegenheiten von Trapezunt, soweit sie
mit Konstantinopel in Verbindung stehen (Greg. XI 8; XIII 11. 12, 8). Die
Gründe dieses Schweigens zu ermitteln dürfte in manchen Fällen recht schwierig
sein. Manchmal ist Kantakuzenos ohne Zweifel gar nicht oder nur mangelhaft
unterrichtet und vergißt dann noch das zu erwähnen, was er wirklich weiß,
manchmal aber hält er es entschieden für ganz unnütz, davon zu reden. Klar
ist es z. B., daß er die von Gregoras so sorgfältig aufgezeichneten Himmels-
erscheinungen, die lang ausgesponnenen eingehenden Berichte über Synoden
und Religionsgespräche, die Ausführungen über die Angelegenheiten fremder
Länder für solche überflüssigen Dinge angesehen hat. Aber bei anderen Tatsachen ist die Erklärung nicht so einfach, sie hängt größtenteils von den Be-
weggründen ab, die den Geschichtschreiber bestimmen konnten, Tatsachen zu
verschweigen, nicht minder aber auch von der Wahrheitsliebe, die doch, wenn
wir seiner eben gehörten und öfter wiederholten Versicherung Glauben schenken,
ein Bedürfnis seiner Seele war. Und dazu kommt endlich als ein wichtiger Be-
stimmungsgrund noch der Einfluß, den die Sorge um seinen Ruf in mancher
schwierigen Lage auf seine Offenheit ausgeübt hat.

Aus der Tatsache allein, daß dieses und jenes Ereignis von Kantakuzenos
überhaupt nicht erwähnt ist, wird man gegen seine Lauterkeit noch keinen
ausschlaggebenden Grund entnehmen können. Um ein begründeteres Urteil zu
gewinnen, liegt es nahe, auf die in Kantakuzenos' Geschichtswerk eingeflochtenen
Reden genauer zu achten. Von welcher Wichtigkeit bei den Geschichtschreibern
des Altertums die von ihnen mitgeteilten Reden der handelnden Personen sind,
ist bekannt. In ihnen will ja der Schriftsteller nur die zeitgeschichtlich bestimmenden Beweggründe der Staatsmänner oder Feldherren in entscheidenden
Lagen, das, was wir die Politik der Staaten und kämpfenden Völker nennen,
darlegen und zum Bewußtsein bringen. Bei keinem Geschichtschreiber aber
haben sie wohl eine solche Bedeutung wie bei Kantakuzenos. Man kann ohne
weiteres behaupten, daß, wer deren Färbung, Inhalt und Tragweite nicht gründlich erfaßt hat, zu einem Urteil über Kantakuzenos' Stellung in der Geschichtschreibung, über die innerste Triebfeder seiner Handlungsweise, ja im letzten
Grunde seine Treue und Zuverlässigkeit, kaum genügend befähigt sein dürfte.
Wer sie aber auch nur mit ein wenig Aufmerksamkeit durchgeht, wird bemerken, daß sie, wenn sie auch erklärlicherweise oft nicht die wirklich ge-
sprochenen Worte bieten, doch auch durchaus keine erdichteten Reden, keine
bloßen Prunkstücke sind. Die meisten von ihnen haben, wenn sie nicht unmittelbar Zweck des Werks gewesen sind, ihren tieferen Grund in der Denkweise des
edlen Verfassers. Sie bilden in ihrer Gesamtheit eine großartige Verteidigungsrede für Kantakuzenos. Sie wollen seinen Wert, seine Tüchtigkeit, seine Macht
erhöhen (II 9. 17. 40 u. a. a. O.), wollen davon überzeugen, daß er mehrfach
die Mitregentschaft unter Andronikos ausgeschlagen hat (III 3. 5. 9. 13. 24. 52.
73. 83), wollen beweisen, daß er kein Unrecht beging, als er sich zum Kaiser
ausrufen ließ (III 83; IV 39), wollen feststellen, daß er die Herrschaft freiwillig

niederlegte, und daß die Abdankung seines Sohnes nur ihm zu verdanken ist
(IV 48 u. 42 S. 308, 22—309, 13). Es sind nur wenige unter diesen rednerischen
Stücken, die nicht dahin zielen. Diejenigen, in denen die Ruchlosigkeit und der
ränkevolle Sinn seiner Feinde zutage tritt, enthalten miteinbegriffen doch zugleich ein Zeugnis für Kantakuzenos' Schuldlosigkeit (III 17—22). Andere, in
denen der junge Andronikos mit Begeisterung wiederholt, er liebe Kantakuzenos
wie sein Leben, haben offenbar zum Zweck, den Gedanken hindurchklingen zu
lassen, daß der Freund auch einmal Mitregent werden könnte. Selbst im Anfang, wo es sich nicht um Kantakuzenos' Eindringen neben einen Paläologen,
sondern um das des jungen Paläologen neben den alten handelt, ein Verfahren,
dem es galt das Gehässige zu nehmen, haben die Reden, wie es scheint, die
Absicht, durch die Schaffung eines früheren Falles die Zukunft vorzubereiten.
Mögen die hauptsächlichsten Bestimmungsgründe des Geschichtschreibers bei
diesen ersten Anfängen zunächst wohl in der Neigung zu suchen sein, über
diese ihn so nahe angehenden Dinge ausführlich zu reden, stärker ist offenbar
der Wunsch gewesen, den Schein zu meiden, jemals das Recht verletzt zu haben,
und seinerseits die Ursachen dazu aus dem Wege zu räumen. Diese Recht-
fertigungen, die ohne Zweifel bisweilen seiner Sache nützlich sind und sich im
allgemeinen an verschiedene Personen richten, sind nicht immer sehr beweis-
kräftig und machen in Verbindung mit den Klagen über den Bürgerkrieg, den
Anschuldigungen der Gegner, den Versicherungen des Wohlwollens für Androni-
nikos' unmündigen Sohn Johannes durch ihre Wiederholungen den Leser zuweilen ungeduldig. Aber ist das schon ein Fehler? War Gibbon, der das merkwürdige Geständnis ablegt (a. a. O. S. 270), er habe 'in diesem beredten Werke
umsonst nach der Aufrichtigkeit eines Helden oder Büßenden' gesucht, dadurch
schon zu dem einseitigen, durchaus unbilligen Urteil berechtigt: 'Statt die wirklichen Gesinnungen und Charaktere der Menschen zu schildern, enthüllt er
(Kantakuzenos) nur die glatte und gleißende Oberfläche der Ereignisse, die mit
seinem eigenen und seiner Freunde Lob stark übertüncht ist'? Vor einer genaueren, den Inhalt des großen Geschichtswerks des Kantakuzenos zergliedern-
den Prüfung, wie wir sie in erster Linie Parisot verdanken, kann dies Urteil
nicht bestehen. Allerdings ist somit des Kaisers Werk eine Parteischrift in
großem Stile, es steht innerhalb des byzantinischen Schrifttums einzig in seiner
Art da. Aus früherer Zeit können nur Cäsars Denkwürdigkeiten über den Gallischen Krieg zum Vergleich herangezogen werden, der in diesem seinem Rechen-
schaftsbericht, angesichts der zahlreichen und erbitterten Anklagen seiner Gegner,
er habe seine Vollmacht überschritten, die Republik in ungerechte und verderbliche Kriege gestürzt, Untertanen und Bundesgenossen gemißhandelt, ihre Häuser
und Tempel geplündert, den Feinden gegenüber das Völkerrecht mit Füßen getreten, — der öffentlichen Meinung zu zeigen unternahm, daß der Verfasser seine
Aufgabe ebenso richtig erfaßt wie erfolgreich und gesetzmäßig durchgeführt
habe. Eine ähnliche Rechtfertigungsschrift will auch Kantakuzenos' Werk sein.
Darum dürfte sein Schweigen am rechten Orte stets begründet sein. Cäsar und
Kantakuzenos haben, ohne daß man an ihrer Wahrheitsliebe zweifeln darf, die

Tatsachen diejenige Sprache reden lassen, die ihren Zwecken und Absichten entsprach, und deswegen bedarf ihre Darstellung hier und da einer Berichtigung
bezw. einer Ergänzung oder einer etwas anderen Beleuchtung.

Über diesen Erwägungen soll man aber andere Vorzüge des Inhalts von
Kantakuzenos' Geschichtswerk nicht außer acht lassen. Der einseitigen Bevorzugung des Gregoras gegenüber darf an zahlreiche wertvolle Nachrichten erinnert
werden, die auf dem Gebiete der Schilderung geschichtlicher Persönlichkeiten
oder wichtiger Einzelvorgänge liegen. Abgesehen von solchen, die den Verfasser
selbst und den jungen Andronikos angehen, erzählt er eine Fülle von ernsten,
merkwürdigen Dingen, die bisher nur soweit aus seinem Werke hervortraten,
daß einzelne Darsteller der Geschichte, wie besonders Gibbon, an der Hand derselben hier und da Genaueres von Stephan Duschan, dem großen Serbenkönige
(1331—1355), dem alten Andronikos, dem Patriarchen Johannes XIV. Aprenos
(1334—8. Jan. 1347), von Urchan und besonders von des Kaisers grausamem
Gegner Apokaukos mitteilten, dessen Leben schon längst eine besondere Darstellung verdient hätte. Kantakuzenos liefert ferner wichtige Angaben über eine
Anzahl politischer Männer und einflußreicher Frauen, von denen man bisher nur
wenig weiß, und die kennen zu lernen es sich verlohnt, wie über Johannes den
Panhypersebastos, den Despoten Demetrios, den Protovestiarius Andronikos Pa-
läologos, Theodoros Metochites, Gabalas, Vatatzes, Momitzil, Chrel, Johannes
Asanes, Apelmenes, Michael und Alexander von Bulgarien, den Türken Omar,
den Russen Iwan, die beiden Theodora Kantakuzene, Anna von Savoyen, die
Mutter des jungen Johannes Paläologos, dem Kantakuzenos Beschützer und
Vormund war, und die Königin Helena, lauter Persönlichkeiten, über deren
Wert und Bedeutung schon das Namenverzeichnis im dritten Bande der Bonner
Ausgabe allerlei genauere Auskunft gibt. Und neben diesen lebensgeschicht-
lichen Einzelheiten bringt Kantakuzenos deren zahlreiche andere, und zwar sehr
lehrreiche. Dahin gehören die Nachrichten über die Kämpfe zur See im Bosporos, über die Kriege mit den Genuesen in den Jahren 1348 und 1351 (IV 11
u. 30), die Niederwerfung des Aufstandes in Akarnanien (II 34.—38) und in
Phokäa (II 29. 30), die Ernennung des Patriarchen Johannes Aprenos (II 20),
die früheren Lebensumstände des Apokaukos (I 23; III 46. 77), den Abschluß
eines Bündnisses gegen Kantakuzenos (III 17—22), die Einrichtung einer geordneten Steuer unter seiner Regierung (IV 12), die Erneuerung eines griechischen Fürstentums im Peloponnes durch Manuel Kantakuzenos (IV 13), das
Lehnsverhältnis Omars (II 29. 30), die Anknüpfung von Beziehungen zum Sultan Nasreddin Hassan von Ägypten (IV 14). Des letzteren Antwort auf das
für Lazaros von Kantakuzenos gestellte Ersuchen (IV 14), die Belehnung des
Johannes Angelos mit der Würde eines Herzogs von Thessalien (III 53), das
freimütige Schreiben der Einwohner von Didymoteichos an den Großdux Apokaukos (III 46) und vor allen die fünf kleinen aus der Geheimkanzlei des alten
Andronikos hervorgegangenen Briefe (I 48) sind in mehrfacher Hinsicht merkwürdige Beweisstücke. Das zweite insbesondere, auf das im folgenden noch etwas
näher einzugehen sein wird, ist wegen der Sprache, in der es vorliegt, ein Denk-

mal von unschätzbarem Werte. Nicht minder wertvoll ist Kantakuzenos' genaue
Beschreibung der Krönung, wie sie einem byzantinischen Kaiser zuteil zu werden
pflegte, I 41 die des jungen Andronikos III. am 1. Februar 1325.[1]) Das feierliche Gepränge gelegentlich der Vermählung der jungen Theodora, der Tochter
des Kaisers, mit dem Osmanen Urchan (III 95) ist mit nicht geringerer Sorgfalt berichtet: kein Byzantiner bietet ein so anschauliches Bild von der Pracht-
liebe und den Gebräuchen der Türken.

Vortrefflich sind ferner Kantakuzenos' geographische Angaben. Ohne das
zu wiederholen, was er bei allen seinen Zeitgenossen als bekannt voraussetzt,
ist er in seinen reichen Mitteilungen bestimmt und zuverlässig. Von wenigen
Fällen abgesehen weiß der Leser stets, wo seine Personen sich befinden, die
Örtlichkeiten werden genau unterschieden. Kantakuzenos gewährt besonders
gute Auskunft über die Städte des Hämos, über Makedonien, über die Grenzen
Serbiens (II 26. 27), Albaniens (II 32; II 2; III 12), die Groß-Walachei (III 53),
ein in den Gebirgen des westlichen Thessaliens gelegenes Gebiet, nicht zu ver-
wechseln mit der weit umfangreicheren, einfach Walachei benannten Landschaft.
Von allen Byzantinern nennt nur er die Häfen von Triglia in der Nähe von
Prusa in Bithynien (I 45 S. 220, 8; II 34 S. 505, 9) und Klopa bei Thessalonich
(III 63 S. 390, 19), ferner Tao (διὰ τὸ κάλλος ὠνομασμένον III 43 S. 261, 3),
das Kastell Baimi in Makedonien und Rhadobostion (II 28· S. 475, 2. 11) u. a.
Er verwendet öfter neuere Flußnamen, die auch schon andere vor ihm gekannt
haben, wie z. B. den Fluß Tuntza (I 39 S. 191, 20; II 34 S. 509, 2). Für Kleinasien jedoch bleibt er mehrfach zu unbestimmt, und selbst in Europa bezeichnet
er nicht immer genügend die Grenzen der Gebiete, was übrigens viele andere
auch nicht getan haben. Die eigentliche Völkerkunde ist dagegen bei ihm mit
jenen Fehlern behaftet, die den byzantinischen Geschichtschreibern fast allgemein
eigen sind. So nennt er die Bulgaren Mysier, die Serben Triballer, die Türken
Kleinasiens Perser. Ungenauigkeiten dieser Art sind aber begreiflich, da der
Grundstock der Bevölkerungen gewöhnlich derselbe bleibt, wenn auch das herrschende Volk wechselt; in Kleinasien sprachen die Türken aus Karamanien tatsächlich persisch, wofür briefliche Zeugnisse vorhanden sind. Gleichwohl sind
diese Benennungen Fehler, zum Glück kommen sie für das Wesentliche der Tatsachen kaum in Betracht.

Ohne genügende Prüfung hat Boivin, der für seinen Gregoras stark ein-
genommene Herausgeber desselben (1712), die Zuverlässigkeit von Kantakuzenos' Zeitangaben verdächtigt, und andere, z. B. Nicolai (a. a. O., 'namentlich in
Hinsicht auf Chronologie unsicher'), haben ihm das gläubig nachgesprochen.
Was man bei ihm in dieser Beziehung bemerken kann, ist eine gewisse Armut
an zeitlichen Angaben in einigen Teilen seines Werkes. Dahin gehört das vierte
Buch seit der Eroberung von Thessalonich, der Teil des dritten Buches, der
sich auf die während Kantakuzenos' Abwesenheit von Didymoteichos geschehenen

---

[1]) Dieser Bericht ist von W. Fischer in einer besonderen Abhandlung 'Eine Kaiserkrönung in Byzantion' (Zeitschr. f. allgem. Gesch. 1887 IV 81—102) eingehend behandelt
worden.

Ereignisse bezieht, sowie das zweite Buch von der Schlacht bei Belmasdiu, einer Örtlichkeit in Pelagonien (II 21.S. 428, 21), bis zum Akarnanischen Feldzuge, und besonders die Abschnitte seit dem Tode des alten Andronikos. Andere Teile dagegen enthalten zahlreiche und zwar sehr wertvolle Angaben, nach Weltjahren oder Indiktionen, manchmal nach beiden Bestimmungsweisen zugleich gefaßt, ja öfter selbst mit dem Tage des Monats oder Festes versehen. Solche Doppelbestimmungen lesen wir: I 59 S.306,6—11; II 28 S.473,7—9; II 40 S.560,15—18. Die Indiktion, nach der Kantakuzenos rechnet, beginnt mit dem 1.September 312, seine Jahre sind Weltjahre, die sich der herkömmlichen Rechnung der Griechen zufolge in Jahre n. Chr. Geb. umsetzen, wenn man bei den acht ersten Monaten 5508, bei den vier letzten 5509 abzieht, so daß also das Todesjahr Michaels IX., der im Oktober des Weltjahres 6829 starb (d. h. also 6829 — 5509 =), das Jahr 1320 n. Chr. ist, während das des Andronikos III., der im Februar 6840 starb (d. h. 6840 — 5508 =), das Jahr 1332 n. Chr. ist. Bei gewissen Gelegenheiten, wo sich ganz genaue Monats- und Tagesangaben finden, scheint Kantakuzenos sich auf Tagebuchaufzeichnungen zu stützen, die übrigens als Hilfe des Gedächtnisses auch sonst anzunehmen bei dem bedeutenden Umfange des Werkes und dessen sorgfältiger Berichterstattung durchaus notwendig ist. Da, wo Kantakuzenos bei einer Zusammenfassung einer ganzen Reihe von Ereignissen nicht zu einer Sonderung der Zeitangaben kommt, sind die Hauptvorgänge, wie der Augenblick des Aufbruchs oder der Ankunft, fast immer sehr genau bestimmt. Gewisse unbestreitbare Fehler berichtigen sich übrigens leicht von selbst. Jedenfalls ist die Frage, wie weit etwa die Abschreiber an der ungenauen Überlieferung dieser oder jener Zahl beteiligt sind, nicht ganz leicht zu beantworten und bedarf unbedingt noch genauerer Untersuchung. Schon Gibbon (a. a. O. S. 274 Anm.) erachtete es für 'bewiesen', daß Kantakuzenos 'sich über die Zeit seiner eigenen Handlungen geirrt hat oder vielmehr, daß sein Text durch unwissende Abschreiber verderbt worden ist'.

Für eine eingehendere Würdigung der äußeren Form des Werks des Kantakuzenos bietet Parisot zahlreiche Angaben und kurze Andeutungen, deren nähere Ausführung uns das Bild eines Schriftstellers vermitteln wird, der, was Sprache und Darstellung angeht, in so klassischer Anmut und Schlichtheit unter den byzantinischen Geschichtschreibern, etwa Kinnamos ausgenommen, kaum gefunden werden dürfte. Kantakuzenos' Sprache ist untadelig. Sie würde es nicht sein, wenn man die von ihm gebrauchten Fremdwörter, wie τζούστρα, σκουτέριος, ῥήξ u. a.. als verunstaltende Fehler ansehen wollte. Aber solange solche Worte, zumal wenn sie unumgänglich sind, mit Maß verwendet werden, entstellen sie eine Sprache wahrhaftig nicht; sie erregen unser Mißfallen erst dann, wenn sie in Zwitterbildungen, wie ἀρχοντόπουλα u. a., auftreten. Tiefergreifende Besonderheiten gemahnen an den Niedergang einer Sprache. Es sind die Wandelungen in der Bedeutung, der Zusammensetzung, der Ableitung, der Beugung, der Wort- und Satzfügung, besonders soweit Satzgegenstand und Bindewörter davon berührt werden. Ohne zu prüfen, ob derartige Veränderungen eine Sprache in jedem Falle schon verschlechtern, kann man doch sagen, daß alle jene Merk-

male für Kantakuzenos nicht zutreffen, im Gegenteil, von nur wenigen Ausdrücken abgesehen, ist seine Sprache stets so, daß man glauben könnte, man
lese eine Stelle aus Xenophons Anabasis oder irgend etwas von Plutarchos
oder einem anderen guten Attiker. Selbst wenn man streng mit ihm ins Gericht gehen wollte, würde man ihm nur den Gebrauch einiger Plusquamperfekta
statt der einfachen Präterita oder Aoriste, einige Optative statt der Konjunktive
oder Indikative, zwei- oder dreimal ἐπεὶ πύθοιτο anstatt ἐπεὶ ἐπύθετο zum Vorwurf machen können. Das ist aber auch alles.

Wenn Kantakuzenos I 52 S. 261, 4. 5 schreibt: ὁ Χρέλης ἐστρατήγει, τῶν
τε παρὰ Τριβαλοῖς εὐπατριδῶν καὶ ἀνδρίας καὶ ἐμπειρίας στρατηγικῆς τὰ πρῶτα
φέρων παρ' αὐτοῖς, so kann man auf das Medium φερόμενος billigerweise
verzichten, da der Gebrauch sowohl des Aktivums wie des Mediums in gleicher
Weise gut bezeugt ist. Die falsche Beziehung in der Zeitangabe ἐγεγένηντο —
hier steht so ein Plusquamperfektum statt eines Aorists — αἱ σπονδαὶ ἑβδόμῃ
καὶ δεκάτῃ μηνὸς Ἰουλίου ἱσταμένου kann ein Fehler der Überlieferung sein.
Seine Vorliebe für das Wort ἀθρόον in der Bedeutung 'plötzlich' (IV 39
S. 284, 20; IV 42 S. 307, 14 u. a. a. O.) rechtfertigt sich durch die Tatsache,
daß es schon im I. Jahrh. so vorkommt. Für das IV. Jahrh. verweise ich auf
Bischof Asterios von Amaseia, der als Iulianus' Zeitgenosse von diesem sagt
(Migne, P. Gr. XL 208 A): ὁ τὸ προσωπεῖον τοῦ χριστιανισμοῦ ἀθρόον ἀπο-
θέμενος. Daß er den Peloponnes in anmutigem Wechsel des Ausdrucks gelegentlich (z. B. IV 13 S. 87, 7; IV 39 S. 282, 3 u. öfter) die Insel (τὴν νῆσον)
nennt, klingt fast wie eine dichterische Freiheit, die kaum vermerkt zu werden
verdient. Als eine feine Wendung kennzeichnet sich ferner die zweimalige Verwendung einer Präposition in zwei verschiedenen Bedeutungen, wie wir sie
III 2 S. 20, 8 lesen: ἔπεμπέ τε καὶ τοὺς ὅρκους, οἳ πρὸς βασιλέως Ἀνδρονίκου
πρὸς αὐτὸν ἦσαν ἐπὶ τῇ εἰρήνῃ γεγενημένοι, ganz ähnlich so wie Eusebios
(Praep. evang. I 9 S. 34, 1 f. Dind.) von seinem Zeitgenossen Porphyrios sagt:
καὶ τῶν καθ' ἡμᾶς γεγονὼς αὐτὸς ἐκεῖνος, ὁ ταῖς καθ' ἡμῶν λαμπρυνόμενος
δυσφημίαις, ... Θεοφράστῳ μάρτυρι χρώμενος (De abstin. 2, 5 u. 7), παρατίθεται.
Anderes mutet uns auf den ersten Blick merkwürdig an, wie z. B. jenes ἐπὶ
νοῦν ἔρχεται τῷ βασιλεῖ Ἀνδρονίκῳ ... τὸν νέον Ἀνδρόνικον ἀποστερῆσαι
τῆς βασιλείας (I 1 S. 14, 13) in der Bedeutung: 'Kaiser Andronikos kam zu dem
Entschluß, oder beschloß' usw., eine Wendung, die man sicherlich schon lange
vor Kantakuzenos auf griechischem Sprachgebiet antreffen wird. Hat ja doch
auch die lateinische, völlig gleichartig gefaßte Wendung 'mihi venit in mentem'
mit folgendem Inf. oder einem Satze mit ut zu ganz ähnlicher Bedeutung geführt. — Das sind also Stellen, die zu einer Beanstandung überhaupt keinen
Anlaß bieten. An die folgenden wird ein anderer Maßstab anzulegen sein.

Das Wort ἀρρητούργημα, in der Bedeutung 'Schandtat' (IV 2 S. 15, 5),
in den Wörterbüchern wohl kaum zu finden, kann Kantakuzenos nicht zur Last
gelegt werden; es findet sich in einem von einem gewissen Bartholomäus an
Papst Clemens VI. 1347 geschriebenen Briefe, den Kantakuzenos wörtlich in
sein Werk aufgenommen hat (ὥσπερ εἶχον προσεθήκαμεν τῇ διηγήσει S. 13, 7).

Der Sachverhalt ist ein gleicher bei einigen der Sprache des Kantakuzenos fremden Ausdrücken, die im Briefe des alten Andronikos (I 48 S. 233 ff.) vorkommen. Dahin gehört: οὐ δι' ἄλλο τι ἀπεστάλης εἰς τὸ αὐτόθι κεφαλατίκιον παρ' ὃ διὰ τὴν δουλείαν αὐτήν. Besonderen Anstoß braucht man aber an dieser Wendung nicht zu nehmen, auch wenn — mir wenigstens — keine Parallelstellen aus griechischem Schrifttum zur Hand sind. Bietet doch in diesem Falle die lateinische Sprache ganz dieselbe Entwicklung, indem die Praep. *praeter* in verneinten Sätzen ebenso wie dort im Griechischen in der Bedeutung von *nisi* erscheint, so bei Cicero: '*nullas litteras accepi praeter* (sc. *eas*) *quae mihi redditae sunt*', oder bei Cäsar: '*praeter* (sc. *id*) *quod*', außer daß = *nisi*. Wir treffen ferner (a. a. O. S. 235, 4) auf διὰ ξηρᾶς (sc. γῆς), zu Lande, auf dem Trockenen, das besonders anzumerken vielleicht gar nicht einmal nötig ist. Ebensowenig erscheint mir dies nötig bei dem wenige Zeilen vorher (S. 234, 14) gebrauchten ὑπεραποδέχεσθαι in der Verbindung ὑπεραπεδεξάμην πάντας ὑμᾶς περὶ πάντων ὧν ἀναφέρετε, dessen ὑπέρ zu dem Simplex ἀποδέχεσθαι im Sinne von 'beifällig hinnehmen, billigen, gutheißen', doch nur eine Verstärkung hinzubringt, wie das schon bei Demosthenes etwa in ὑπεραναίσχυντος 'überaus unverschämt' der Fall ist, eine Verbindung, wie sie später die zahlreichen, in gleicher Absicht mit ὑπέρ gebildeten Komposita des dem VI. Jahrh. angehörigen sogenannten Areopagiten Dionysios (ὑπερεκτείνεσθαι, ὑπερένδοξος, ὑπεράγνωστος, ὑπεράτρεπτος u. a.) aufweisen. Derselbe alte Andronikos äußert endlich in demselben Briefe (S. 236, 2 f.): τὴν παροῦσαν γραφὴν ἐβάλομεν ἐντὸς πούκλου, καὶ τίς δύναται ἐνθυμηθῆναι, ὅτι ἐστί τι ἐντὸς τοῦ πούκλου; Was steckt in jenem Worte πούκλον? Der Übersetzer Pontanus (III 437 Adn. zu S. 236, 3) hat sich redliche Mühe gegeben, das Wort zu entziffern. Er dachte an eine Verschreibung aus κούκλον (synkopiert aus κουκούλιον), worunter eine Kopfbedeckung oder Kappe zu verstehen sein würde. Doch paßt dazu wohl die folgende Frage? Und paßt diese ferner zu dem anderen, von Pontanus herbeigezogenen Worte κούκουρος, das 'Ranzen' oder 'Geldbeutel' bedeutet? Das ist ihm selbst nicht wahrscheinlich erschienen. Aber sollte sich die Stelle nicht einfach dadurch aufhellen, wenn wir in πούκλον das lateinische '*poculum*' sähen? Der Becher oder größere Pokal wäre doch tatsächlich für einen Brief eine Aufbewahrungsstätte oder ein Versteck so ungewöhnlicher Art, daß niemand, wie der Alte ausdrücklich hinzufügt, etwas derartiges in einem Pokal vermuten könnte.

Bedeutungsvoller als die wenigen zuvor aufgeführten Worte, die nicht einmal auf Kantakuzenos selbst zurückgehen, ist der in mittelgriechischer Sprache mitgeteilte Brief des Sultans Nasreddin Hassan von Ägypten an Kantakuzenos vom Jahre 1348 (IV 14 S. 94—99). Die Frage, ob diese Fassung des Briefes als Übersetzung von Kantakuzenos oder irgend jemand anders herrührt[1]),

---

[1]) Parisot a. a. O. S. 8: *La traduction de la lettre du sultan Nacer-eddin Haçan, en un grec voisin du grec moderne, traduction qui ne semble pas de Cantacuzène* — dazu die Anm. 2: *Car il lui-même traduisit en grec classique le début de sa lettre, c'est-à-dire les titres qui en forment comme la suscription.*

scheint mir eine müßige. Wenn der Schriftsteller zuvor bemerkt, das Schreiben
habe wörtlich so gelautet, wie es dann folgt (*γράμματα οὕτως ἔχοντα ἐν λέξει*),
und der Sultan in demselben einfließen läßt, er habe das Schreiben gesandt,
damit es vor dem Kaiser verlesen werde (*ἀπεστάλη ἡ γραφὴ αὕτη ἀπ᾽ ἐμᾶς νὰ
ἀναγνωσθῇ ἔμπροσθεν εἰς τὸν μέγαν βασιλέα*), so wurde es, wie mir scheint,
von einem kundigen Griechen, deren dem Sultan jederzeit genügend zur Verfügung standen, ursprünglich in dieser Fassung niedergeschrieben.[1]) Es würde
somit neben der demselben Jahrhundert angehörigen, nur etwa einige Jahrzehnte
früher anzusetzenden sogenannten Chronik von Morea eins der ältesten Denkmäler der griechischen Volkssprache des Mittelalters darstellen.[2])

Auch Kantakuzenos' Ausdrucksweise und Darstellung gemahnen an die
besten Zeiten altgriechischen Schrifttums. Die an den Alten gerühmte einfache
und maßvolle Ausdrucksweise finden wir bei Kantakuzenos wieder. Sie ist bei
ihm völlig frei von Wortverwechselungen, von Rhetorik[3]) und byzantinischen
Schultüfteleien, frei von verbrauchten bildlichen Ausdrücken, den Kennzeichen
veralteten Schrifttums, frei von Nachahmungen des Libanios oder Lukianos. Gerade des letzteren Vorbild führte im Mittelalter bekanntlich zur Entstehung einer
ganzen Reihe von Schriften, die man mit Lukianos' Namen fälschlich versehen
hat. Schülerhafte, rein auf Äußerlichkeiten beschränkte Nachahmung Platons
wird dagegen Kantakuzenos' religionspolitischem Gegner Nikephoros Gregoras von
seinem Zeitgenossen Nikolaos Kabasilas, dem wir die sinnige, an des Thomas
von Kempen 'De imitatione Christi' erinnernde Schrift 'Vom Leben in Christus'
(*Περὶ τῆς ἐν Χριστῷ ζωῆς*) verdanken, zum Vorwurf gemacht.[4]) Und diesem Gregoras

---

[1]) Ebenso urteilt Krumbacher, BLG.² S. 300.

[2]) Wichtige Hinweise auf die in diesem Briefe enthaltenen modernen Formen finden
sich in Hesselings Arbeit über 'Das Personalpronomen der 1. und 2. Person im Mittel-
griechischen', Byz. Zeitschr. I 386.

[3]) Nicolai hat (a. a. O. S. 662) — man darf ihm die zu seiner Zeit übliche, durch
gänzlich verkehrte, unwissenschaftliche Voraussetzungen bestimmte Beurteilungsweise der
Sprache der Byzantiner nicht so übelnehmen — bei Kantakuzenos 'üble Rhetorik' und 'zu-
sammengelesenes Wissen' entdeckt.

[4]) Cod. Reg. 2965 fol. 282, in der Ausgabe des Nikephoros Gregoras von Schopen
Vol. I S. LXI/II: ἔπειτα καὶ εἴ τις ἀνάσχοιτο κατὰ μέρος ἐπελθεῖν, τὸ Ἀριστοφάνους᾽ ἐκεῖνο
βοήσει· δότε μοι λεκάνην, ἵν᾽ ἐμέσω. τοσαύτης γέμει τῆς ἀηδίας· καὶ οὕτω παντοδαπή τίς ἐστι
καὶ ποικίλη κακῶν φορά ... ἐρωτᾷ δὲ πάνυ ἀγροίκως, ἀφανίζων τὸν περὶ ταῦτα κόσμον,
καὶ οὐκ ἠδέσθη τὴν ἐπωνυμίαν, ἧς κοινωνεῖ τοῖς φιλοσόφοις ... ἀλλὰ τἆλλα μιμησάμενος
Πλάτωνα, ὅτι τε διαλόγους τὰ συγγράμματα καλεῖ καὶ ὅτι τὸ 'ὦ ἑταῖρε' καὶ τὸ 'μάλα μόλις'
καὶ τὸ 'οὐκ ἔπη, ὦ ἑταῖρε' καὶ τὰ τοιαῦτα συνείρει, τοῦτο μόνον οὐκ ἐμιμήσατο ... Übrigens
treffen die Ausstellungen, welche Dionysios an Platons Darstellung macht (Dionys. Hal. ed.
Reiske, Vol. VI 966 desgl. 1028—1043), genau auf Gregoras zu: 'Gedanken', sagt er, 'die
mit weniger Worten ausgedrückt werden konnten, spinnt er weit aus und erschöpft sich
in geschmacklosen Umschreibungen, um einen Reichtum an Worten aus Eitelkeit zur Schau
zu stellen. Der Gebrauch üblicher und schlichter Worte wird vermieden, und selbstgebildete,
fremde und altertümliche ersetzen ihre Stelle. Vor allem stürmt er dann im bildlichen Ausdruck daher, bedient sich häufig der Beiwörter, ist unzeitig im Gebrauch von Bildern, wird
hart und gezwungen in seinen Metaphern und streut viele und weit ausgesponnene Allegorien aus. Am meisten aber mißfallen die dichterischen Wendungen, ... womit er sich

soll man es glauben, daß Kantakuzenos nicht zu schreiben verstand? Wie?
Wenn er bei Gelegenheit der Erwähnung des Freundschaftsverhältnisses zwischen Barlaam und Kantakuzenos gerade des letzteren von Jugend an gepflegte
wissenschaftliche Bestrebungen, seine Freude an vielen und mannigfachen Büchern und seinen Eifer, täglich zuzulernen, rühmend hervorhebt; andrerseits
dagegen über ihn als einen wissenschaftlicher Bildung fast gänzlich baren (γράμ-
μασι γὰρ σχεδὸν παντάπασιν ἀνομίλητον XX 2, 3 S. 966, 19) schulmeisterlich
die Nase rümpft und in den ihm zu Gesicht gekommenen Briefen desselben an
die Einwohner von Byzanz nicht bloß die Gesinnung, sondern auch die unschöne Form (τὸ ἀκαλλὲς τῶν λέξεων XV 3, 3 S. 755, 3) tadelt: dann drängt
sich doch die vollberechtigte Vermutung auf, daß wir hier ein höchst leicht-
fertiges Urteil vor uns haben. Der Hinweis darauf, daß dieses vielleicht als ein
Ausfluß der wechselnden Laune des leicht verletzten Gelehrten zu betrachten
sei, dürfte zur Erklärung nicht ausreichen. Der warme Ton des Lobes an erster
Stelle erklärt sich am einfachsten aus der Tatsache, daß Kantakuzenos einst mit
Barlaam, Gregoras' Gesinnungsgenossen, befreundet war. Von der Unschönheit
der Ausdrucksweise des Kantakuzenos zu reden würde sich Gregoras aber wohl
gehütet haben, wenn er jemals dessen vierbändiges Geschichtswerk vor Augen
bekommen hätte. Alle 38 Geschichtsbücher des Gregoras haben zwar Kantakuzenos vorgelegen, aber als dieser sein Werk in der Stille eines Athosklosters
schrieb und seinem Freunde Nilos übersandte, war Gregoras höchstwahrscheinlich nicht mehr unter den Lebenden. Und in diesem erscheint Kantakuzenos
dem Gregoras in jeder Beziehung überlegen. Gregoras' Sprache ist trotz seiner
ausgesprochenen, von Kabasilas, wie wir gesehen, getadelten Vorliebe für Platon
nicht frei von Geziertheit und dichterischem Wortschwall, von Häufung ungewöhnlicher Ausdrücke und lästigen Wiederholungen, so daß ihm zu folgen oft
keine angenehme Aufgabe ist.

Wie sehr übrigens Kantakuzenos in der Stille seiner mönchischen Zurückgezogenheit das Bedürfnis empfand, sich über seinen unruhigen Gegner Nikephoros Gregoras auszusprechen, zeigt der Schluß seines Geschichtswerkes. In
zusammenhängender Darstellung beschäftigt er sich hier (im 24. und zum Teil
noch im 25. Kapitel des vierten Buches) mit Gregoras.[1] Die hier niedergelegte

---

unzeitig und voll kindischer Eitelkeit brüstet.' 'Nun wünschte ich wohl', fügt Dionysios
(a. a. O. S. 698) hinzu, 'daß ein so großer Mann sich gegen jeden Tadel verwahrt haben
möchte. Allein schon seine Zeitgenossen, deren Namen ich hier nicht zu nennen brauche,
fanden dies an ihm auszusetzen; ja er selbst spricht sich sein Urteil, und dies macht die
Sache am klarsten. Weil er nämlich es selbst fühlen mochte, daß seine Darstellung zuweilen ans Geschmacklose grenze, nannte er sie den Dithyrambos.' Die Neueren sind Platon
sicher besser gerecht geworden. Aber derartige, in bezug auf Gregoras berechtigte Vorwürfe
klingen auch in des Kabasilas Worten wieder, ja sie würden uns sicher noch weit mehr
dergleichen bieten, wenn die Schrift, der sie entnommen, vollständig veröffentlicht vorläge.

[1]) Nur innerhalb dieser seine persönlichsten Überzeugungen gegen Gregoras ver-
teidigenden Kapitel springt Kantakuzenos einige Male in die erste Person über, während
er in seinem ganzen Geschichtswerk, ebenso wie Cäsar, von sich nur in dritter Person redet
Kantakuzenos oder ὁ βασιλεύς, der Kaiser). In besonders ansprechender, fast an Kant. er-

Darstellung enthält alles, was Kantakuzenos von einem ruhigen, dem Streite
der lebendigen Persönlichkeiten völlig entrückten Standpunkte aus über Gregoras und sein Verhalten aussagen zu müssen geglaubt hat. Wenn wir uns
daran erinnern, mit wie feierlichem Ernste Kantakuzenos in dem zu Eingang
seines Werkes stehenden Widmungsbrief an Nilos versichert, nur um der Wahrheit willen, durch seine Stellung und persönliche Anteilnahme an allen Ereignissen ganz besonders dazu befähigt, die Wahrheit zu wissen, zu sehen oder zu
erfahren, eben diese Wahrheit als erste und einzige Richtschnur bei seiner Arbeit vor Augen, zur Feder gegriffen habe, so werden wir auch in dieser Hinsicht des alten Kaisers Mäßigung bewundern müssen. Ich habe diese Kapitel
in meinem Aufsatz 'Kantakuzenos' Urteil über Gregoras' (Byz. Ztschr. X 106—127)
übersetzt und geschichtlich erläutert und glaube durch diese Quellenprüfung
der geschichtlichen Wissenschaft ein Ergebnis übermittelt zu haben, bei welchem
der viel angefeindete kaiserliche Geschichtschreiber an persönlicher Achtung
und Wertschätzung gegenüber dem trotzigen und leidenschaftlichen Gregoras
nicht unerheblich gewonnen hat.

 · Um nach dieser Zwischenbemerkung zu Kantakuzenos' Ausdrucksweise zurückzukehren, so muß man diese als sehr gewählt, sehr bestimmt bezeichnen,
wenn er es eben für ratsam erachtet, Bestimmtheit walten zu lassen. Es ist
unschwer zu sehen, daß er mit der Kunst des Aphthonios wohl vertraut ist;
aber erfüllt von den Dingen, die er selbst erlebt oder getan, die er geliebt oder
gehaßt, braucht er den Schwung seiner Rede nicht dem Handbuch und den
Anweisungen des Rhetors zu entnehmen. Die Geschichte ist für ihn mehr als
eine Stilübung, sie ist ihm ein gewaltiges Drama, in welchem er selbst einst
die erste Rolle spielte, und das er nun vor unseren Geistesaugen vorüberziehen
läßt zu dem Zwecke, damit vor dem Urteil der Nachwelt gerechtfertigt dazu-
stehen. Man würde Mühe haben, ihm bei der Darstellung dieses Dramas Spuren
schlechten Geschmacks nachzuweisen; das ernste Ziel, das er im Auge hat, bewahrt ihn davor. Ebensowenig ist er ein Freund jener nichtssagenden Weit-
schweifigkeit, die sich darin gefällt, dieselbe Sache durch zwei fast gleich-
bedeutende Worte zum Ausdruck zu bringen. Und das ist in der Tat ein Vorzug, der um so mehr hervorgehoben zu werden verdient, je seltener er bei byzantinischen Schriftstellern angetroffen wird. In gewisser Beziehung erinnert

---

innernder Weise hat sich der königliche Geschichtschreiber Friedrich der Große, der mit
seinen Geschichtswerken der Nachwelt noch ganz anders als jene seine beiden bedeutenden Vorgänger gegenübersteht, über das gleiche Verfahren geäußert. In dem Vorwort
zu seiner Geschichte des Siebenjährigen Krieges (Oeuvres posthumes de Frédéric II Roi de
Prusse, Tome III, Berlin 1788) bemerkt er (S. 11): *'J'ai été si excédé du Je et du Moi, que
je me suis décidé à parler en troisième personne de ce qui me regarde. Il m'auroit été insup-
portable, dans un aussi long ouvrage, de parler toujours en mon propre nom. Du reste je me
suis fait une loi de m'attacher scrupuleusement à la vérité, et d'être impartial, parce que
l'animosité et la haine d'un auteur n'instruit personne, et qu'il y a de la foiblesse, et de la
pusillanimité même, à ne pas dire du bien de ses ennemis, et à ne leur pas rendre la justice
qu'ils méritent. Si malgré moi je me suis éloigné de cette règle que je me suis prescrite, la
postérité me le pardonnera, et me corrigera où je mérite d'être repris.'*

Kantakuzenos' sprachliches Verfahren an dasjenige Ciceros. An diesen in gleich-förmiger Sicherheit dahinfließenden Perioden könnte man nur einige Male den Umstand tadeln, daß die Unbestimmtheit und Unruhe seiner Gedanken sich in einer etwas schwerfälligen, matten und kraftlosen Ausdrucksweise widerspiegeln.

Kantakuzenos' Darstellung wird man in keinem Falle mit Nicolai (a. a. O.) 'weitschweifig' nennen dürfen. Sie ist vielmehr im allgemeinen zwar umständ-lich, aber leicht und fesselnd, dabei durchsichtig oder trübe, je nachdem er alles zu sagen, alle Ereignisse in das helle Licht des Tages zu stellen fürchtet oder nicht fürchtet. Als vollkommene Beispiele dieser Art kann man den Be-richt über die Verhandlungen des rücksichtslosen Apokaukos mit dem Groß-logotheten Gabalas im Jahre 1345 (III 72. 80) anführen; ferner den Besuch Andronikos' des Jüngeren bei dem Grabe des hl. Demetrios in Thessalonich 1328 (I 53 S. 270 f.); den Traum des Kantakuzenos in der Nähe der Trümmer des alten Messene (III 70 S. 429), wo er eine Stimme zu hören glaubt, die ihm zuruft: 'Wache auf, der du schläfst, erhebe dich von den Toten, so wird dich Christus erleuchten' (Ephes. 5, 14); die Aufstände in Thessalonich in den Jahren 1328 und 1345 (I 53 S. 267 ff. u. III 63 S. 384 ff.); die Übergabe des Goldenen Tores (III 41 S. 300—304) und viele andere. Als ein wenig peinlich berührend, wenn auch noch so geschickt abgefaßt, muß man die Darstellung der am 5. April 1321 im Kaiserpalast zu Byzanz gepflogenen Verhandlungen (I 12—16) be-zeichnen, ferner die Berichte über die Schlachten bei Pelekanon oder Philokrene im Spätsommer 1329 (II 7. 8. S. 350—363), bei Brachophagon (IV 30 S. 221) und die Niederlage bei Gynäkokastron (III 39 S. 237 ff.) im Jahre 1342. Ziem-lich oft treten an Stelle der Erzählung trockene Angaben, die plötzlich endigen, wie die über den Rücktritt der Kaiserinmutter Xene in Thessalonich (II 15 S. 395) und die über des alten Andronikos Eintritt ins Kloster (II 16 S. 399). Und öfter noch läßt Kantakuzenos, bald, wie es scheint, vergessentlich, bald absichtlich, wenn sich's darum handelt, Feinde schlecht zu machen, statt die Tatsachen an die ihnen gebührende Stelle zu setzen, diese für den Augenblick unerwähnt, führt sie dann aber wie gelegentlich wieder ein, meist inmitten einer Menge anderer Tatsachen, besonders in Verhandlungen. Bei diesem Verfahren hat er den Vorteil, daß es dem Leser so scheint, als ob ihm an den so hinter-hergekommenen Einzelheiten nicht viel liege, daß es ihm aber trotzdem un-angenehm sein würde, sie ungekannt zu sehen. Die Folge hiervon ist jedoch, daß ihre Darlegung weniger klar ist und dem Leser eine gewisse Mühe bereitet.

Eigentliche Beschreibungen sind bei Kantakuzenos fast durchweg so ge-artet, daß an ihnen die Einbildungskraft wenig oder gar nicht beteiligt ist und daß sie dem Leser den Gegenstand nicht durch ein poetisches Prisma zeigen. Dahin gehören die Beschreibungen der Krönung des jungen Andronikos III. (I 41 S. 196—204) und des Hochzeitsgepränges bei der Vermählung der jungen Theodora, die in anderer, zuvor schon hervorgehobener Beziehung wieder sehr wertvoll sind. Aber verschiedene Berichte über kriegerische Ereignisse wird man fast zu den Beschreibungen rechnen dürfen. Sie sind so treu und trotz der sich gleichbleibenden Einfachheit des Stiles so lebhaft, daß der Leser den

Eindruck hat, als ob er dem geschilderten Vorgange persönlich beiwohne. Es
ist fast, als ob man, wie ich früher bereits bemerkte, Plutarchos oder — der
Vergleich trifft vielleicht noch besser zu — Xenophons Anabasis liest. Der
nächtliche Marsch gegen Konstantinopel, das es im Mai 1328 zu überraschen
galt, ist geradezu ergreifend. Man meint die Ablösung der Wachen, die Augen,
den gehaltenen Schritt, das Schweigen, ja sogar die Ungewißheit oder die Hoffnung der Krieger zu sehen; Sturmleitern werden angelegt, man glaubt das
Knirschen unter den ungeduldigen Füßen der Emporsteigenden zu vernehmen,
die Leiter bricht — ist's die, welche den Andronikos trägt? (I 58. 59 S. 300—304).
Ein wenig früher (1323), nach der Schlacht beim Kastell Promusulon (I 39
S. 190—193), befindet sich eine große Schar Tataren in der Nähe der Griechen;
mit immer lebhafter werdender Neugier folgen wir den Einzelheiten der Begegnung. Man sieht die mächtigen, über die Ufer getretenen Wogen der Tuntza,
jenes Nebenflusses der Maritza (des alten Hebrus), zwischen beiden Heeren dahin-
rollen. Es ist Frühling, eine Brücke ist nicht vorhanden, weder die eine noch
die andere Partei versucht den Übergang, die Mongolen kennen die Zahl der
Griechen nicht, diese aber nur zu gut die der Reiter aus der Ukraine. Man ruft
sich vom einen zum anderen Ufer zu. Da kommt ein Dolmetscher, ein Gespräch
entspinnt sich zwischen Taspugas (Tachbu-Khan), dem Anführer dieses Teils
der Horde, und dem jungen Andronikos. Kurze Fragen, allerlei Verstellung,
Großsprechereien und gegenseitige Vorwürfe, nichts fehlt dabei. Das Ganze verläuft in einigen Fragen und Antworten. Dann reitet der Khan plötzlich davon,
ohne eine Ahnung davon zu haben, daß er soeben mit dem Erben des Reiches
geredet (ταῦτα διαλεχθεὶς ἀπῆλθεν, ὅτι Ῥωμαίων εἴη βασιλεὺς ὁ διαλεγόμενος
αὐτοῖς ἠγνοηκώς I 39 S. 139, 7 f.).
    Auf solche Vorzüge einer knappen, geschickten Darstellung muß der Maß-
losigkeit des Gregoras gegenüber nachdrücklichst hingewiesen werden. Kantakuzenos läßt sich eben niemals gehen wie Gregoras, der in mehreren seiner
Bücher statt des ruhigen Verlaufs der geschichtlichen Ereignisse Beigaben bietet,
die über jedes Maß hinauswachsen und innerhalb des Hauptwerkes ganz selbständige, gesonderte, mit der Zeitgeschichte nur lose verknüpfte Werke bilden.
Erinnert sei an seine Grabreden auf den alten Andronikos (X 1. 2) und auf
Theodoros Metochites (X 2. 2), die Erörterungen über die Verbesserung des
Kalenders, durch die das Osterfest wieder an seine richtige Stelle gesetzt werden
sollte (VIII 14), an den Bericht über die Verhandlungen zwischen Palamas und
Gregoras vor der Synode des Jahres 1351 und an seine Auseinandersetzungen
mit Kabasilas und dessen ungenanntem Helfer (XXII—XXIV).[1]) Unter Kantakuzenos' Reden sind nur zwei vorhanden, die sich auf acht Seiten belaufen
mögen; aber wenn die eine vielleicht zu weitschweifig ist (III 73), so bietet die
andere nicht zwanzig Zeilen zuviel (I 47 u. 48). Ein zweites Verdienst ist es,
daß die Reden, nur von wenigen Stellen abgesehen, wo sie sich drängen —

---

[1]) Vgl. meine Aufsätze 'Zum Hesychastenstreit' in Hilgenfelds Zeitschr. f. w. Th.
XLII 427—436 und 'Zur Beurteilung des Hesychastenstreites' in der Neuen kirchl. Zeitschrift XXII 638—652.

ein Umstand, den übrigens die Beschaffenheit der Tatsachen teilweise rechtfertigt —, in beinahe gleichmäßigen Abständen durch das ganze Werk zerstreut sind. An sich betrachtet empfehlen sich viele von ihnen durch Gründlichkeit und gesundes Urteil, sie sind Muster einer ruhigen, lichtvollen, wohlgeordneten Erörterung. Als solche dürfen ohne Bedenken sowohl die zum Zweck
der Unterwerfung der akarnanischen Städte Rogo, Arta und Thomokastron gehaltenen Reden bezeichnet werden, die wir freilich wohl nicht als so, wie sie
Kantakuzenos uns gibt, gesprochen, sondern, wie die Sache zwischen Unter-
händlern natürlich zu verlaufen pflegt, halb als Zwiegespäche, halb als zusammenhängende Reden zu denken haben (III 35—37) — wie auch die Verteidigungsrede, die der junge Andronikos den Beschwerden seines Großvaters
entgegensetzt (I, Kapitel 47 u. 48, von denen schon vorher die Rede war). Bezeichnende Aussprüche, Fabeln und Sprichwörter, ja selbst Bibelstellen, die der
Kaiser gern seiner Rede einflicht, fügen sich der Gedankenfolge oft recht gut
ein. So in dem Gespräch mit dem ihm abgeneigten Erzbischof Makarios, dem
Kantakuzenos die von Paulus dem Timotheos (2. Tim. 4, 10) brieflich ausgesprochene Klage über Demas in der Fassung zuruft (III 52 S. 309, 1): 'Makarios hat uns verlassen und diese Welt lieb gewonnen und ist gen Thessalonich
gezogen' — und an derselben Stelle (S. 309, 17), mit Bezug auf die von Makarios dem siegreichen Kantakuzenos angesonnene Zumutung, bittflehend sich
der alten Kaiserin zu nahen, die Worte: 'Töchter Jerusalems, weinet nicht über
mich, sondern über euch selbst und eure Kinder' (Lukas 23, 28). Dann und
wann stößt man auf andere bedeutsame Äußerungen. So z. B. als Kantakuzenos
im Gespräch mit dem Mönch Heinrich von Savoyen der Versicherung, daß er
dem Gedanken der Abdankung gar nicht abgeneigt sei, das Wort hinzufügt:
'Das kaiserliche Gewand auf kurze Zeit abzulegen, um es bald wieder um so
größerer Ehre anzulegen, wird mir keinen Kummer bereiten; lege ich es
doch beim Schlafengehen jeden Abend von mir, ohne darüber Schmerz zu
empfinden' (III 83 S. 514, 1—5). Als der alte Andronikos dem Patriarchen Johannes Aprenos verboten, sich für seine Enkel zu verwenden, und ihm befohlen
hat, sich nur um kirchliche Geschäfte zu kümmern, der politischen und kaiserlichen Angelegenheiten sich aber gänzlich zu enthalten (I 50 S. 248, 11—13),
antwortet dieser: 'Ich muß mich sehr über deinen Befehl wundern, daß ich
mich nur um kirchliche Angelegenheiten kümmern und dich ganz nach Willkür
herrschen lassen soll. Das ist geradeso, als wenn der Körper zur Seele spräche:
Der Gemeinschaft und Verknüpfung mit dir bedarf ich nicht, ich will nach
Möglichkeit und Wunsch meine Angelegenheiten selbst besorgen, du kümmere
dich um die deinigen' (a. a. O. S. 249, 22—25). Als die Berater der Kaiserin
Anna bei der vom Bulgarenkönig Alexander (1341) verlangten Auslieferung
Sismans in dem Wunsche, weder durch Verweigerung der Forderung sich bloß-
zustellen noch durch deren Bewilligung sich zu entehren, der Ansicht sind,
der Fremdling solle sich in die mit Schutzrecht begabte heilige Sophienkirche
flüchten, antwortet Kantakuzenos: 'Den Sisman freilich könnt ihr im schützenden
Heiligtum verbergen, nicht aber Städte und Dörfer, Schaf- und Rinderherden

und den übrigen reichen Ertrag der Felder, von denen ich mir für den Frevel
Sühne verschaffen kann' (III 2 S. 23, 12—17): ein Wort voller Wucht und
kriegerischen Nachdrucks. Derartige Züge sind allerdings selten. In dieser Hinsicht steht Kantakuzenos dem Cicero viel näher als dem Demosthenes. Im allgemeinen aber wird man sagen können, daß ihm gewinnende, überzeugende und
farbenprächtige Rede nicht zu Gebote steht. Als beachtenswerte Ausnahme kann
man aber Kantakuzenos' im Jahre 1344 geschriebenen Brief an Apokaukos
(III 77 S. 480. 481) ansehen, in welchem er den Gedanken: 'Ich kenne dich!'
(σὲ μὲν οὖν, ὥσπερ ἔφης, πάντων μάλιστα ἐγὼ γιγνώσκω· σὺ δ' ἐμὲ πάνυ μοι
δοκεῖς ἠγνοηκέναι) kraftvoll entwickelt und diesem gegenüber sein Recht wahrt. —

Zu dem Bilde des Geschichtschreibers Kantakuzenos, das ich im vorstehenden
auf Grund eigener Forschungen und der Untersuchungsergebnisse anderer Gelehrter
neu zu zeichnen, lebensvoller und gerechter und damit, wie ich meine, treffender
auszuführen versucht habe, werden, wie nach der in dem großen Geschichts-
werke vorliegenden schriftstellerischen Leistung zu schließen sein dürfte, die
noch nicht veröffentlichten theologischen Schriften des alten, dem Streite der
Menschen entrückten Kaisers — nur die gegen den Islam liegt in einer Baseler,
von Migne (Patr. gr. CLIV 372—692) nachgedruckten Erstlingsausgabe vom Jahre
1543 vor — manche neue, wertvolle Züge hinzubringen. Aus dem Dunkel jenes
fernen, religiös so zerklüfteten Mittelalters reicht uns der greise Kriegsheld und
Gelehrte, der in den Frieden eines Athosklosters geflüchtet und hier zu sich
selbst gekommen ist[1]), den dort während der Jahre 1370—1375 in stiller Zelle
von ihm eigenhändig geschriebenen, alle jene Schriften — gegen Isaak Argyros,
das große Werk gegen Barlaam und Akindynos, die neun Bücher umfassende
Streitschrift gegen die Juden und die für seinen dem Christentum gewonnenen
mohammedanischen Freund Achämenides verfaßte Apologie gegen den Islam —
enthaltenden Kodex (jetzt Paris. 1242) gewissermaßen persönlich herüber mit
der stummen Mahnung: *Tolle! lege!* — Wie lange werden wir noch auf die
Herausgabe dieser Schriften zu warten haben?

---

[1]) Nilos an Christodulos (I 8 Z. 9 f.): καὶ ὅτε γὰρ τὰ κοινὰ διετέλεις πράττων, σωτηρία
τοῖς πράγμασιν ἦσθα· καὶ νῦν σαυτοῦ γεγονὼς ἀληθείας καὶ δικαιοσύνης παράδειγμα τὸν
βίον κατέστησας τὸν σαυτοῦ.

DAS NATURGEFÜHL BEI DEN GÖTTINGER DICHTERN

Von Otto H. Brandt

Die Sturm- und Drangperiode scheidet die deutsche Literatur des XVIII. Jahrh. in zwei Teile. Die alten Götzen einer konventionellen Poesie werden gestürzt, und warmes, pulsierendes Leben durchfließt die Adern. An dieser literarischen Bewegung nahm auch Göttingen teil. In der ersten Hälfte des XVIII. Jahrh. gegründet (1734), war die Göttinger Universität durchaus keine Freundin ästhetischer Streitigkeiten. Ihr Geist war weniger dem Idealen als dem Realen zugewendet, und es fand an ihr, wo über 20 neue Disziplinen zum ersten Male vorgetragen wurden, nur das positive Fachstudium und die Detailforschung Pflege; gegen einen freieren Betrieb philosophischer Studien schloß sie sich in bewußtem Gegensatze ab.

Verdankte die Universität ihren Zufluß an Studenten auch zunächst ihrem reichen wissenschaftlichen Leben — man denke an das Wirken Pütters als Staatsrechtslehrer, Heynes als Philolog —, so kam in zweiter Linie noch ein anderes Moment in Frage. Da seit 1714 das Kurfürstentum Braunschweig-Lüneburg mit der englischen Königskrone verbunden war, so war es nur natürlich, daß die Ergebnisse wissenschaftlicher Forschung und literarischer Tätigkeit hier zu finden waren. An keinem andern Orte Deutschlands war es möglich, die Literaturen Englands und auch Frankreichs in gleicher Vollkommenheit anzutreffen.

Die neue Bewegung zum Originalen, Volkstümlichen und Unmittelbaren ging von England aus. Percy, Ossian, Shakespeare konnte man nirgends besser als in Göttingen erhalten. Mit ihnen und mit anderen englischen Schriftstellern beschäftigten sich die Mitglieder des Hains. Boie übersetzte die Reisen in Griechenland und Kleinasien, Hölty übertrug Hurds moralische und politische Dialoge sowie Teile von Zeitschriften ('Der Kenner' und 'Der Abenteurer'). Mit Voß vereint, suchte er durch die Verdeutschung der philosophischen Werke Shaftesburys dem Deismus in Deutschland eine Stätte zu bereiten. Daneben beschäftigte sich Voß mit Blackwells Untersuchungen über Homer und mit Shakespeare. Alle aber lasen sie die Boten einer neuen Zeit (Percy, Ossian usw.).

Wie eben gezeigt, war Göttingen an und für sich kein geeigneter Boden für die Poesie; auf einer Hochschule, wo die Jurisprudenz, die historischen und die exakten Wissenschaften so völlig herrschten, fanden die Musen kein Heimatsrecht. Selbst Hallers Stiftung, die Deutsche Gesellschaft, war zur Einflußlosigkeit herabgesunken. Das Leben, das sich im Hain regte, entstand seitwärts aller offiziellen Förderung und aller offiziellen Gelehrsamkeit. Eine Reihe jugendlicher Köpfe mit literarischen Ideen fanden sich zu zwanglosen und geselligen

33*

Abenden zusammen, aus denen später der Hain hervorging, der sich im Musenalmanach sein Sprachorgan schuf.

Stifter des Bundes waren: Boie, Hahn, Hölty, G. D. Miller, J. M. Miller, Voß und Wehrs. Dazu traten am 19. Dezember 1772 die beiden Brüder Stolberg und ihr Hofmeister Clauswitz. Später wurden aufgenommen: Cramer, Brückner, v. Closen und Leisewitz.

Im ganzen hat der Bund während seines Bestehens 14 Mitglieder gehabt. Nun gab es von Anfang an zahlreiche unproduktive Elemente im Bund. Zu ihnen gehörte Wehrs, der nach Voß 'mehr Beurteiler als Dichter' war, und der zwar 'Geschmack, aber nicht Feuer genug besaß, den Flug des Gesanges zu wagen'. Gedruckt ist von ihm nur ein unbedeutendes Gedicht 'Liebespein. Im Mai 1774' im Gött. MA. auf 1777 S. 49 unter der Chiffre W-r-s. Vielleicht gehört ihm noch ein anderes Gedicht 'An die Nachtigall' in Voß' MA. auf 1776 S. 48 unter ZL., das schon im Wandsbecker Boten von 1775 Nr. 67 unter W-s. steht (vgl. Redlich, Beiträge zum Wandsb. Boten S. 48). Auch der jüngere, G. D. Miller, hat selten seine poetischen Kräfte versucht. Neben neun ungedruckten Gedichten im Bundesbuch ist von ihm nur ein Epigramm bekannt, das gedruckt ist (vgl. Redlich, Beiträge zum Wandsbecker Boten S. 38). Auch von C. F. Cramer, der bereits 1775 Professor in Kiel wurde, sind nur wenige gedruckte Gedichte bekannt. Sie finden sich im Gött. MA. 1773 und 1775, in Voß' MA. 1776, im Almanach der deutschen Musen 1775 und im Wandsbecker Boten 1772 und 1773, sie ergeben für unsere spezielle Betrachtung nichts. Ähnlich stand es mit dem energielosen Hahn, der seit 1771 in Göttingen Jurisprudenz und später Theologie studierte. Im Sommer 1772 trat er dem Bunde bei und wurde stark überschätzt. Nur zur Entwicklung der Tendenzen des Bundes hat er mehr beigetragen, und auf Voß hat er stärker eingewirkt als irgendein anderer. Als Dichter gehört er in der Literatur dem großen Friedhof der Namenlosen an. Bereits 1779 starb er, der bei seiner faustischen Ruhelosigkeit zu keinem festen Ergebnis kam. Hahn war jedenfalls der einzige im Bund, der die Richtung der Stürmer und Dränger eingeschlagen hätte, wenn er nicht als Hypochondrist sein Leben in tatenlosem Unmut aufgezehrt hätte. Seinen literarischen Nachlaß, der in den Musenalmanachen zerstreut ist, sammelte Redlich.[1] Von den veröffentlichten 12 Gedichten bezieht sich keines auf unseren speziellen Zweck. Kein Gedicht besitzen wir von Clauswitz. Und selbst v. Closens einzige poetische Betätigung wäre bald der Vergessenheit anheimgefallen! Mit Closen und Miller dichtete Voß im April 1775 das 'Frühlingslied eines gnädigen Fräuleins'. Auch dies wäre vergessen worden, da Voß in beiden Ausgaben der Gedichte den Namen Closens mit dem Höltys vertauscht hat (vgl. Millers Gedichte 1783 S. 274—279).

Es bleiben demnach nur acht Dichter übrig. Charakteristisch ist für die Göttinger Dichter, daß sie in unscheinbaren, meist bäuerlichen oder doch

---

[1] Gedichte und Briefe von J. F. Hahn, ges. von Karl Redlich (Beiträge zur deutschen Philologie f. J. Zacher, Halle 1880).

ländlichen Verhältnissen aufgewachsen sind. Voß stammte aus Sommersdorf, Brückner aus Neetzka, Boie aus Meldorf, Hölty aus Mariensee. Die aber, die nicht diesen Ursprung hatten, wie die beiden Stolberg und Cramer, haben sich am weitesten von den übrigen entfernt.

Ein Element, das den Hain zusammenhielt, war in der Naturfreude, in der Liebe zum Landleben gegeben. Die Freude an der Natur war begründet in der Abstammung der Dichter. Fern auf dem Lande waren sie aufgewachsen, frühzeitig war ihr Blick auf die stille Schönheit der Landschaft, auf die schwere Arbeit des Landmannes gelenkt worden. Dichterisch gelangte dieses Gefühl in seinen einfachsten Formen als religiöse Stimmung zum Ausdruck. Höltys 'Rat des alten Landmann an seinen Sohn' mit seinen einfachen Tönen erscheint mir stets als ein ins Dichterische übersetzter Millet. Dieser Umschlag in das Religiöse ist tief innerlich in den Dichtern begründet. Indem sie sich aus einer konventionellen Poesie loslösten, klammerte sich dieser primitive Subjektivismus, zumal sie doch einfache Persönlichkeiten waren, deren Typus am klarsten in Hölty ausgeprägt ist, an das Nächstliegende, an das Landleben an. Indem aus der Natur die ihr innewohnenden einfachsten und elementarsten Stimmungen herausgehoben wurden, wurde der Gehalt der Dichtung naturgemäß religiös.

An Hölty, dessen rührend tragische Gestalt selbst poetisch anmutet, rühmen seine Genossen, Voß wie Miller, die Liebe zum Landleben.[1] Gerade deshalb, weil Hölty die Stoffe aus eigener Erfahrung schöpfte, sie selbst erlebt hatte, durchweht seine Gedichte, seine Naturschilderungen frisches, volles Leben. Gar traurig mutet uns sein bekanntes Lied an:

Wer wollte sich mit Grillen plagen,
Solang' uns Lenz und Jugend blühn,

wenn man sich des melancholischen schwerkranken Jünglings erinnert. Seine sonnige Gemütsstimmung verkörpert sich in den Worten:

O wunderschön ist Gottes Erde
Und wert, darauf vergnügt zu sein;
Drum will ich, bis ich Asche werde,
Mich dieser schönen Erde freun!
(Vgl. Höltys Gedichte, krit. Ausgabe von Hahn 1869 S. 203.)

Stark tritt die religiöse Seite in dem Gedicht 'Das Landleben' von 1776 hervor (Hölty, Ausg. v. Hahn 1869 S. 112). Jeder 'dämmernde Hain' ist dem Dichter ein Tempel, wo er der Gottheit näher ist, jeder Rasen ein Altar, wo er vor dem Erhabenen kniet. Auch die 'Elegie auf einen Dorfkirchhof' (Hahn 1869 S. 49) hebt diese Seite hervor. Was nützt dem Städter der Marmor, da er ja unter diesem äußeren Prunke nicht ruhiger als der Landmann unter seinem Rasen schlafen kann!

[1] Vgl. Vossens Vorrede zu Höltys Gedichten von 1783 S. XXII. XXX. XLVII, ferner Sauer, Der Göttinger Dichterbund S. IX; auch Miller in der Ausgabe seiner Gedichte von 1783 S. 461.

Die fröhliche Stimmung, die das Land schafft, der frohe Lebensgenuß kommt besonders in den beiden 'Mailiedern' von 1771 und 1772 zum Ausdruck. Heller Sonnenschein durchflutet die Welt, die Bäume grünen und blühen, und unter dem grünen Laubdach rasten die Städter, dem Gesang der Nachtigallen, dem Rauschen des Wasserfalles zu lauschen:

> Schmückt mit Kirschenblütenzweigen
> Euern grünen Sommerhut!
> Schürzt das Röckchen, tanzt den Reigen!
>
> (Hölty, Ausg. v. Hahn 1869 S. 139.)

Was uns zu Hölty hinzieht, Ursprünglichkeit und Echtheit, Innigkeit und Tiefe, fehlt Miller. Er besaß einen Chamäleonscharakter. Seine eigentliche, seelische Persönlichkeit verbarg sich hinter der Technik des Verwandlungskünstlers. Miller machte die Kunst zum Handwerk. Eigentümlich ist ihm das leichte, sangbare Lied; alles andere ist angelernt, das sofort, als er Göttingen entrückt ist, abfällt. Als Lyriker hatte er keine besondere Entwicklung. Wenn auch Miller durch seine Bauern-, Minne- und Nonnenlieder der Zeitströmung entgegenkam, für die er eine vorzügliche Witterung besaß, so bewegt er sich doch in durchaus alten Bahnen. Von allen Mitgliedern des Hains ist er der gesangreichste. Sein Ende in tränenreichen Romanen, in moralisierenden Erzählungen[1]) und in einem platten Rationalismus ist daher nicht verwunderlich. Charakteristisch für seine geistige Versumpfung ist das Vorwort der Ausgabe seiner Gedichte, wo er nur noch 'geistliche Lieder und Lieder für den Landmann' zu dichten verspricht. Miller liefert schattenhafte Landschaften ohne deutliche Konturen mit ebenso schattenhaften Schäfergestalten. Er besingt sein Tal wie Bürger sein Dörfchen und beklagt ein verwelktes Röslein oder die vom Marder gemordeten Täubchen. Ebenso schemenhaft sind Millers Versuche in der Idylle. Auch bei ihm findet sich wiederholtes Lob des Landlebens (vgl. Briefw. dreyer Akad. Freunde I 148; II 38). Doch überrascht Miller bei aller Unwahrheit seiner Romane bisweilen durch treffende Einzelbeobachtungen.

Den Gegensatz zu Miller bildet Voß; während jener die anschmiegende, weiche Natur des Süddeutschen verkörpert, ist dieser der Typus des breiten, vierschrötigen und eigenwilligen Norddeutschen. Miller ist der Gesang ein Formgeplänkel, Voß aber Ausdruck der Persönlichkeit. Auf diese Weise erklären sich die beständigen Umarbeitungen der Gedichte, unter denen oft der Gehalt der Verse litt, und die als Beweise einer verstandesmäßigen Nüchternheit erscheinen. Von der Jugend bis ins Alter bewahrte Voß die Liebe zum Landleben. Gern wählte er bäuerliche Stoffe für seine Dichtungen. Hier jedoch zeigt sich ein Bruch in Vossens Schaffen. Wenngleich er in seinen Idyllen einen scharfen Blick für das Äußere der Natur und der menschlichen Lebensbetätigungen beweist, so fehlt ihm doch die Fähigkeit, an ihnen die poetische

---

[1]) Ganz auszuschalten sind die moralischen Bauerngeschichten im Ulmer Intelligenzblatt von 1776 Stück 10 u. 11 (Hans und Veit) und Stück 20—23 (Eine schwäbische Bauerngeschichte).

Seite aufzufinden. Vossens realistischer Sinn beschränkte sich auf die beschreibende Darstellung des Dorf- und Bauernlebens, die nicht die ideale Höhe einer
reinen Lyrik erreichte. Schon Goethe hatte in seinem bekannten Urteil über
Vossens Gedichte diesen Bruch erfaßt. Und das charakteristischste Beispiel ist
das von Schlegel so sehr verabscheute 'Kartoffellied'. Auch Voß ist die Natur
eine Befreierin von allem Zwang (vgl. Feldchor, Ged. 1802 VI 89). Klar tritt
die Freude an der Natur zutage, wo sich Voß des Plattdeutschen in einer von
ihm selbst geschaffenen Form bedient:

> As Landmann läw' ik ganz gewiß
> Vergnögter as der Kaiser is. (Winterabend, Ged. 1802 II 79 f.)

Boie und Brückner gehören kaum in diesen Zusammenhang, ersterer war fast
nur reproduzierend[1]), letzterer aber bewegte sich unter dem Einflusse Geßners
in durchaus alten Bahnen, wie sich besonders in seinen 'Idyllen aus der Unschuldswelt' und in den 'Patriarchalischen Idyllen' zeigt.

Die Freude an der Natur äußert sich in dem starken Hervorheben des
Gegensatzes von Stadt und Land. Die Stadt ist ein Quell alles Bösen
und Schlechten, das Land ein Quell alles Herrlichen und Guten. Hier Natur,
dort Unnatur; hier Freiheit, dort Zwang. Selbst Fritz Stolberg, der ganz andere
Bahnen wandelt, empfindet es, wenn er in seinem 'Winterlied' von 1776 singt:

> Wenn ich einmal der Stadt entrinn',
> Wird mir so wohl in meinem Sinn,
> Ich grüße Himmel, Meer und Feld
> In meiner lieben Gotteswelt.   (Ges. Werke 1820 I 153.)

Alle Göttinger waren einig in der Verwerfung von Stadt und Land. Bei Voß
dauerte diese Stimmung über die Göttinger Zeit hinaus.

Viele Gedichte fordern Städter und Städterinnen auf, hinaus in die herrliche Natur zu gehen und am Landleben teilzunehmen. Rousseaus 'Retournons
à la nature' fand hier einen begeisterten Widerhall. Die Stadt verdirbt den
Menschen, sie führt ihn von der Kultur zur Unkultur. Auf dem Lande allein
wohnt die Kraft, die Unschuld. Der Bauer verkörpert die guten Seiten der
Menschheit. Der ist am glücklichsten, der wie ein Wilder lebt. In diesen Zusammenhang gehören Strömungen, die, von Lavater ausgehend, eine neue
Lebensweise predigten und deren Apostel der Vegetarier Kaufmann war, bis
man ihn als Schwindler entlarvte.

Auf dem Lande allein vermag man Feste zu feiern. Unter dem Schatten
der Blätter ist ein Tanzplan hergerichtet, auf dem man lustig beim Klange der
Schalmeien tanzt,

> Bis ins Trübe
> Die Abendröte sinkt
> Und blaß wie bange Liebe
> Der Mond am Himmel blinkt.   (Miller, Lied 1783 S. 237.)

---

[1]) Vgl. 'An den Abend' im Gött. Musenalmanach 1770 S. 178 ff.

'Des Geräusches satt, das sie umlärmt', fliehen die Städter gern die 'düstre
freudenleere Stadt, wo nur Sorge und Unmut herrscht'. Frei von allem Zwang
schmücken sie sich mit Blumen; die modernen Tanzschritte, die schwierigen
Gavotten und die zierlichen Menuetts werden vergessen, und lustig tanzen die
Städter 'den ungelernten Tanz' der Bauern.

> Der Zwang, ein Feind der Fröhlichkeit,
> Ward in die Stadt verwiesen.   (Miller, Ged. 1783 S. 237.)

Diese glücklichen Zeiten, die nie vergessen werden, verlocken den Städter zu
dem Rufe:

> O Dörfchen, könntest du dies Glück
> Mir jeden Tag gewähren!
> Dann würd' ich nimmermehr zurück
> Ins Stadtgetümmel kehren.

Auch der kleine Fritz empfindet das Landleben herrlicher als das Leben in der
Stadt (vgl. Miller, Fritzchens Lob des Landlebens, Ged. 1783 S. 62).

Der Bauer erkannte wohl, was er vor dem Städter voraushatte. Er will
für sich bleiben, um sich seine Sittenreinheit zu bewahren. Er fürchtet das
Danaergeschenk der Städter und erhebt warnend seinen Ruf:

> O bleibt für euch, ihr Städter,
> Der Landmann hat genug!   (Voß, Ged. 1802 IV 104.)

Meistens jedoch bedauert er die Städter, die nur Kerkerluft atmen können
und dahinsiechen. Während drinnen der Blick auf kahle nackte Flächen fällt
und die Sinne abstumpft, ist hier alles umgrünt: Haus, Wiese, Wald und Weide.
Was ist gegen die Natur aller Städter Vermögen? Es erscheint als nich-
tiger Tand:

> Armer Städter, wir bedauern
> Dich im Reichtum deiner Mauern!   (Voß, Ged. 1802 V 105.)

Rastlos ist das Leben in der Stadt, Ruhe gewährt allein das Land. Daher
heraus aufs Land, 'weil wir auch euch Freude gönnen'. Dann aber seid Menschen
voll und ganz:

> Doch Freude haßt Geschnirkel
> Verschloßner Weltlingszirkel!
> Wer nach Geburt und Stand sich zwängt,
> Dem schmachtet Geist und Herz verengt. (Voß, Ged. 1802 V 232.)

Die Göttinger Dichter, die eine Zwischenstellung zwischen Klopstock und
Wieland einnehmen, haben noch nicht völlig die Reste einer konventionellen
Dichtung von sich abgestoßen. Geßner mit seinen Idyllen und Gleims Ana-
kreontik wirken bei ihnen nach. Die Zeit, wo unwahre Schäfergestalten die
Poesie bevölkerten, lag nicht weit zurück. Noch Miller singt 'von der goldenen
Zeit, die Geßners Lied gepriesen'. Daphne und Chloe treten bei ihm auf, dem
Müßigen die Zeit zu verkürzen. Gerade Miller leidet am meisten unter der Ein-
wirkung Geßners. Das süddeutsche Element, das von Natur weich und senti-
mental ist, hatte unter Geßners Einfluß in viel höherem Grade gelitten, als das

norddeutsche. Geßnerischen Charakter tragen Millers Gedichte bis weit in die Göttinger Zeit hinein. Am Bach, 'der so heiter aus der Felsenritze fließt und durch blumenreiche Kräuter sich ins Tal ergießt', da steht Sehnde, die geliebte Schäferin, — bezeichnend 'mit der frommen Miene und dem harten Sinn'. Traurig läßt sie 'ein Seufzerchen erschallen, ein Zährchen aus den Augen fallen' (Miller, Ged. 1783 S. 6). In anderen Liedern wird Dorindens Hüttchen besungen, die der Mond, 'der blaß wie verschmähte Liebe scheint', friedlich beleuchten möge (vgl. Miller, Ged. 1783 S. 17). Am frühen Morgen weckt der junge Schäfer die Sonne mit seiner Flöte (Miller, Ged. 1783 S. 13), und am Abend 'flötet der Himmel im letzten Sonnenstrahl den Tag zu Grabe'. Die Welt war arkadisch aufgeputzt, Unschuld und Sorglosigkeit beherrschten das Dasein. Das Schäferleben war ein Spiel, die Arbeit ein Sport. Nur die Liebe schaffte dem Menschen Pein. Ist die Geliebte entschwunden, so überzieht Trauer die Welt. Die Linden klagen im Rauschen der Blätter, die Weste schwirren traurig durch das Laub der Äste, und dem Schäfer lacht kein Frühling mehr, der sonst ein Meer von Seligkeit in seine Brust gegossen (Hölty, Ausg. v. Hahn 1869 S. 48). Auch Hölty hatte mit 'arkadischen Gesängen' begonnen, doch bald wandte er sich der neuen Kunst zu, die in seiner Seele einen Umschwung hervorgerufen hatte. Reste einer Schäferpoesie finden sich außer in den frühesten Gedichten Höltys nur in der Balladendichtung, die seiner ausgeglichenen Persönlichkeit nicht lag (Hölty, Ausg. v. Hahn 1869 S. 13 ff., 130).

Selbst Voß, der bodenständig in seiner Heimat wurzelt, hat Anklänge an die Schäferpoesie. Die 'Hirtin' (Ged. 1802 VI 99) und das 'Landmädchen' (Ged. 1802 IV 125) nähern sich dem tändelnden Tone Millers (vgl. auch den 'Ruhesitz', den Voß noch 1808 nach einer Erzählung Geßners dichtete, Ged. 1802 V 288). In dieser Richtung, die seiner herben Natur widersprach, war Voß durch seinen Freund Brückner in Ankershagen beeinflußt worden. Dieser führte den unerfahrenen Voß in die Literatur ein, machte ihn mit Milton und Young bekannt. Beider Lieblinge aber waren Klopstock, Ramler und nicht an letzter Stelle Geßner (vgl. Vossens Gedicht 'Der Winter. An Brückner' im Gött. MA. 1773 S. 199). Zu dem seelischen Gehalt vermochte der rationalistische Theolog Brückner keine Beziehungen zu finden, vielmehr zog ihn 'Geßners Lied' und seine Leichtfaßlichkeit an. Er, der 'des Menschen Herz studieren' wollte, behandelte in seinen 'Idyllen aus einer Unschuldswelt' das Leben des Kindes. Stärker noch ist Geßners Einfluß in den 'patriarchalischen Idyllen' mit unwahren Charakteren und schattenhaften Landschaften (vgl. die besonders charakteristischen Gedichte in dieser Beziehung: 'Belir und Sinna' und 'Die Fischer').

Elemente einer vergangenen Kunst sind demnach bei den Göttingern vorhanden. Während sie sich davon loslösen, wirken bei Brückner, der nur rein äußerlich zum Bunde gehört, diese Elemente fort. Im Hain setzt der Klopstockische Einfluß ein. Mit ihm verquickt sich die Anschauung Rousseaus von der Natur des Landlebens. Diese Rückkehr zur Natur macht sich in einer stärkeren Betonung des Landlebens und seines Gegensatzes zur Stadt geltend, ohne daß jedoch die alten Anschauungen gänzlich überwunden werden.

RATIONALER PRAGMATISMUS

Der mir stets durch Einfachheit, Klarheit, Bestimmtheit und nüchterne Sachliebe ausgezeichnet erschienene Göttinger Professor Julius Baumann hat 'zu seinem goldenen Doktorjubiläum' einen 'Abriß eines Systems des rationalen Pragmatismus' (Langensalza, Hermann Beyer & Söhne, 1913) herausgegeben. Es sind nur 41 Seiten. Alles eine ganz knappe Zeichnung der untersten Grundlagen .aller Theorie — nicht der Wissenschaften, denn die bauen schon alle auf Voraussetzungen, sondern der Philosophie, deren Eigenart eben die Sorge um das Allerunterste und das Alleroberste ist. Wie bedeutungsvoll mutet das an, daß ein philosophischer Greis noch einmal wie zum Abschluß gerade auf das Allereinfachste zu kommen die Vorliebe gehabt hat!

Seit Cartesius begann alle Philosophie mit dem 'Ich denke, also bin ich', seit Berkeley, Kant und Schopenhauer mit dem verwandten 'Die Welt ist meine Vorstellung'. Wie kann ich also den Pragmatismus — mit diesem Ausdruck stempelt Baumann treffend das allgemeine Verhalten zur Welt als einer von meiner Vorstellung unabhängig bestehenden Wirklichkeit — auch theoretisch rechtfertigen? Denn alles tatsächliche Benehmen ist ja von Anfang an über den theoretischen Ursatz, der ihm nie zum Bewußtsein gekommen ist, hinaus mit der Welt als realer in einem Netze zahlloser Beziehungen. Die reine Theorie ist sich auch diese weltentfremdetste der Aufgaben schuldig; 'Selbstverständlichkeit' kann sie nirgends annehmen.

Berkeley kommt aus dem Käficht 'Sein ist vorgestellt werden' (*esse est percipi*) überhaupt nicht heraus, obgleich er den Satz doch durch eine real wirkende, nicht bloß vorgestellte Druckpresse seinen denkenden, nicht bloß gedachten Mitmenschen mitgeteilt hat. Nicht viel anders ist es mit einigen neuesten Kantianern, die behaupten im wahren Sinne des Meisters sich mit den Wahrnehmungen und deren Zugleich und Nacheinander zu begnügen. Auf diesem Standpunkt kann es aber keinen Meister und keine Sprache, die anderen etwas mitteilen will, geben.

Kant will hinaus durch die Kausalität des die Vorstellung affizierenden Dinges an sich. Vortrefflich, nur hätte er dann nicht vorher lehren dürfen, daß die Kausalität nur eine die Vorstellungen unter sich verknüpfende Denkform sei.

Schopenhauer will an der Hand des 'Willens' hinaus, der allein ein unmittelbar erfaßtes Seiendes sei. Aber das ganze Gesamtgefühl des Menschen drückt unmittelbar ein Seiendes aus, und in dem ist mehrerlei enthalten als nur Wille. Schopenhauers Hauptaperçu ist also falsch als erkenntnistheoretisches, zufällig aber ganz groß als ein metaphysisches. Er erklärt mit Recht die 'Kraft' aus dem uns unmittelbar bekannten Prinzip des Willens, als das andere, das es noch gibt außer dem Vorgestelltwerden und ruhendem Seienden, nämlich das, was macht, daß es auch Bewegung und Veränderung gibt.

E. v. Hartmann hilft sich heraus durch den Gedanken der Kausalität ohne den von Kant mit diesem verbundenen Fehler. Durch noch viel mannigfaltiger erweckte Überzeugung in dem ausgezeichneten Kapitel B. VIII 'Das Unbewußte in der Entstehung der sinnlichen Wahrnehmung', das schon in der ersten Ausgabe der 'Philosophie des Unbewußten' stand: er zeigt dort, daß die Annahme der Welt als einer geträumten nicht absolut widerlegbar, aber an allen Ecken und Enden von äußerster Unwahrscheinlichkeit sei.

Dem Gedanken dieses Kapitels steht Baumann am nächsten, indem er die Urtatsache von 'der Welt als Vorstellung' mit dem Pragmatismus des Lebens in Einklang zu bringen, das heißt nach ihm den Sinn und die Folgen des Ursatzes 'verständlich zu machen' als die an den Ursatz selbst zu knüpfende Aufgabe erkennt. Er gewinnt dadurch in eigenartiger und recht lesenswerter Weise verschiedene, stets in deutlicher Bestimmtheit von ihm hervorgehobene Anhaltspunkte, von denen aus auch eine rationale Begründung der Übung des Pragmatismus ersichtlich wird. Doch ist er dem genannten Kapitel der Philosophie des Unbewußten allerdings an überwältigender Kraft nicht ganz gleichgekommen.

Ich selbst habe mich immer in noch anderer Weise aus dem Käficht des Ursatzes herauszuwinden gesucht. Vor allem dadurch, daß ich mich nicht durch seine Verteidiger verblüffen ließ: sie wollten mich ja überzeugen, also nahmen sie mich nicht nur als eine Vorstellung in ihnen selbst. So habe ich mir den Mut der Ketzerei gefaßt, den Ursatz: 'Die Welt ist meine Vorstellung' nicht als unbedingt bindend anzuerkennen. Die Herren tun immer, als ob sie sich mit ihm wirklich in der Lage des Kaisers Max auf der Martinswand befänden, und sehen nicht, daß sie sich, wenn sie über ihn auch nur sprechen und schreiben, damit im Besitz der Leitern befinden, die nach abwärts führen. Man kann wohl einmal sagen: die Welt ist meine Vorstellung, was fange ich nur an, um aus mir selbst herauszukommen?, aber man muß es nicht sagen, man muß nicht die Fiktion spielen, als ob man die Lage mit vollem Ernste so tragisch nähme. Die Urtatsache des sich auf sich selbst besinnenden Bewußtseins ist, daß ein Vielerlei ist. Zunächst allerdings vorgestellt wird. Aber dies Vorgestelltwerden findet doch schon in sehr verschiedenem Sinne statt. Einmal so, daß man es unzweideutig fühlen kann, daß ein Vorgang des Vorstellens stattfindet, wie z. B. im Nachdenken oder bei gespannter Beobachtung. Die Außenwelt aber steht immer vollständig mühelos für uns fertig da. So erscheint es doch als ein Sophisma, oder, wie man jetzt sagt: ein Bluff, daß man jetzt verlangt, Dinge, die man essen und trinken, mit denen man hantieren, an denen man sich stoßen kann, als 'Vorstellungen' gerade so gut anzusehen wie man das bei Phantasiebildern tut. Aber möglich ist es immerhin, und wie soll man dann wieder davon herunter? Nun, eben von der Urtatsache, daß vielerlei vorgestellt wird. Nämlich: dieses ist doch nicht beziehungslos, sondern voller Zusammenhänge. Erstens mechanischer. Zweitens nun aber von der inner-

lichen Art, daß eines von anderem weiß und sich darnach richtet. Wenn es das in einer Welt geben soll, so ist es auf keine Weise anders möglich, als daß es das Vielerlei in sich aufnimmt als eine Vorstellung von ihm. So also ist die Vorstellung doch nicht das Erste, sondern das unumgängliche Mittel zu dem vorher bestehenden Zweck, daß es in der Welt auch Wesen geben soll, die sie geistig besitzen. Zuerst schon aus Not, um der Selbsterhaltung willen, man würde sonst in einen reißenden Strom oder in einen Abgrund laufen. Sodann aber auch um des großen geistigen Besitztums willen, der in Erkenntnis und aller Kultur die Menschheit adelt. Dies aber ist auf keine andere Weise möglich, als daß Seiendes zum Vorstellungsobjekt für ein Subjekt gemacht wird. Damit wird nun aber für das Seiende sein Charakter als eines Seienden nicht aufgehoben. Diesen Irrtum begeht aber die Aufstellung 'Die Welt ist meine Vorstellung', wenn sie sich zum Ursatz macht, aus dem es keinen Übergang zum Seienden gebe. Eben diesen soll vielmehr die Vorstellung als die einzige Möglichkeit dazu vermitteln. Und das Urwunder der Schöpfung ist nun, daß sie den Vorstellenden durch die Vorstellung direkt zum Seienden in der Art führt, daß die Vorstellung hinter dem Dienst, den sie leisten soll, als solche ganz verschwindet. Denn ohne das Bild auf der Netzhaut ist allerdings die wichtigste Verbindung mit dem Seienden, die des Sehens, unmöglich: aber wir wissen beim Sehen von diesem Bilde auf der Netzhaut nichts, wir haben über es hinweg sogleich die Sache selbst. Dies sollte offenbar zu denken, denn mit dem Gedanken, daß das Vielerlei alles nur unsere Vorstellung wäre, ließe sich bei dem, was es sonst noch ist, gar nicht leben, wir würden keinerlei Rücksicht auf unsere Nächsten nehmen, und unsere angeblichen bloßen Vorstellungen, darunter die gefährlichen, keinerlei Rücksichten auf uns. Selbst E. v. Hartmanns Formulierung, daß die Dinge schlechterdings nur Vorstellungsrepräsentanten der Dinge selbst für uns sein könnten, ist nicht haltbar: denn die Identität des Messers, welches ich vorstelle, mit dem, welches mich schneidet, wird auf keine Weise unterbrochen. Die

Welteinrichtung ist eben klüger und liberaler als die Ursatzdoktrinaristen: diese wollen uns in das Gefängnis unseres Ich einschließen, jene aber führt uns in die weite Welt. 'Das kann sie aber nicht, denn niemand kann aus seiner Haut fahren.' Daß sie es kann, ist eben das Urwunder der Schöpfung. 'Ein Prachtbeispiel des naiven Realismus.' Angehängte Etiketten schrecken nicht.

Es ist von dem Leser sicher beachtet worden, daß hier mit Julius Baumann der 'Pragmatismus' in anderem Sinne genommen ist als in dem jungamerikanischen Sinne, daß als wahr angenommen werden solle, was dem wirklichen, praktischen Leben diene. Das Wahre ist aber ein — nicht erst durch vieles Drum-herumreden unklar zu machender — ganz anderer, allbekannter Begriff. Die neue Bedeutung, die Baumann dem Terminus 'Pragmatismus' gibt, hat etwas sehr Ansprechendes. Sie bezeichnet die Gesinnung, es mit den Angelegenheiten des Lebens ernst zu nehmen unbekümmert um die subjektivistische Erkenntnistheorie, daß der Mensch es gar nicht mit Seiendem, sondern nur mit Vorgestelltem zu tun habe. Und dieser 'Pragmatismus' läßt sich also nach Baumanns weiterer Zustimmung verdienender Ansicht auch rational begründen, und nicht nur durch Machtsprüche des gesunden Verstandes, welche, wie gesagt, von den Gegnern als 'naiver Realismus' zurückgewiesen werden würden.

MAX SCHNEIDEWIN.

DIE ZEIT DER HANDLUNG IN HERMANN UND DOROTHEA

Für die Beurteilung des Epos Hermann und Dorothea kommt es in keiner Weise in Betracht, in welches Jahr die darin dargestellten Begebenheiten zu setzen sind; ob sie ins Jahr 1795 oder 1796 gehören, ist an sich völlig gleichgültig. Immerhin erschien der Gegenstand Bielschowsky, dem Verfasser der bekannten Goethebiographie, so wichtig, daß er, in einer Anmerkung, daraus eine Streitfrage gemacht hat.

Goethe sagt in einem Brief an Heinrich Meyer vom 5. Dezember 1796: 'Ich habe das rein Menschliche der Existenz einer kleinen deutschen Stadt in dem epischen Tiegel von seinen Schlacken abzuscheiden gesucht und zugleich die großen Bewegungen und Veränderungen des Welttheaters aus einem kleinen Spiegel zurückzuwerfen getrachtet. Die Zeit der Handlung ist ohngefähr im vergangenen August, und ich habe die Kühnheit meines Unternehmens nicht eher wahrgenommen, als bis das Schwerste schon überstanden war.'

Was Goethe mit der Kühnheit seines Unternehmens meint, kann nicht zweifelhaft sein. Er legt ein besonderes Gewicht darauf, daß er das Idyll des kleinstädtischen Lebens mit dem großen Bilde der Zeitereignisse verbunden hat, worauf, um mit Wilhelm von Humboldt zu sprechen, das ganze Gedicht wie auf einer ungeheuren Basis ruht. Aber wie sind die Worte zu verstehen: 'Die Zeit der Handlung ist ohngefähr im vergangenen August?' Über das 'ohngefähr' wird man kaum streiten können. Ungefähr im August kann nur heißen: vielleicht oder teilweise auch im Juli, beziehungsweise im September.

Die Schwierigkeit liegt für Bielschowsky in dem Wort 'vergangen'. Im allgemeinen wird das Partizip 'vergangen', wenn damit ein Jahr, Monat, Tag genauer bestimmt werden soll, von dem zuletzt vergangenen Zeitabschnitt gebraucht; man vergleiche Schiller in der Maria Stuart (I 7, 166): 'Es ist verordnet im vergangnen Jahr.' Und so sollte man auch meinen, wenn jemand im Dezember sagt, er habe etwas im vergangenen August getan, werde er an den August desselben Jahres gedacht haben. Aber ich gebe zu, daß, wenn besondere Gründe vorliegen, auch der August des vorangegangenen Jahres in Betracht kommen kann, und so könnte Goethe auch das Jahr 1795 gemeint haben.

Dies behauptet Bielschowsky, und er sucht seine Ansicht durch einige vergleichende Bemerkungen über die Zeitlage in den beiden Jahren zu begründen. Das rechtsrheinische Gebiet, so führt er aus, konnte im August 1796 nicht mehr, wie es in der Dichtung geschieht, als in tiefem Frieden befindlich geschildert werden. Dagegen war dies im August 1795 noch der Fall. Die Franzosen lagen seit Beginn des Jahres ruhig hinter dem Flusse und schienen sich mit dem linken Rheinufer begnügen zu wollen. Erst im September trugen sie plötzlich den Krieg auf das rechte Ufer.

Hier begeht Bielschowsky einen doppelten Fehler. Zunächst hat er das 'ohngefähr' in Goethes Brief übersehen und versteift sich darauf, daß im August 1795 der Friede auf dem rechten Rheinufer noch nicht gestört war und erst im September (es war die Nacht vom 5. zum 6. September) die Operationen begannen. Goethes 'ungefähr' macht diese Schlußfolgerung hinfällig.

Schlimmer ist das andere Versehen. Er behauptet, in der Dichtung werde das rechtsrheinische Gebiet als in tiefem Frieden befindlich geschildert, weshalb Goethe nicht an den August des Jahres 96 gedacht haben könne. An welcher Stelle der Dichtung soll dies gesagt sein? Es wird doch nur von dem 'glücklichen Winkel' gesprochen, in dem sich das Städtchen Hermanns befindet. Weil es in einiger Entfernung von der Landstraße liegt, ist es von den Stürmen des Krieges verschont geblieben. Aber daß man auch hier in Sorge lebt, zeigt ja der Apotheker, der, allerdings überängstlich, schon öfter an Flucht gedacht und seine besten Sachen längst zusammengepackt hat.

Nun wird aber — und darauf legt Bielschowsky besonderes Gewicht — in unserem Epos der Rhein als ein 'allverhindernder Graben' bezeichnet, was natürlich den Abschluß des Basler Friedens zur Voraussetzung hat (April 1795). Und wenn der Wirt hinzufügt: 'Alles deutet auf Frieden', so kann man allerdings sagen: 'Das paßt auf das Jahr 1795.' Die Frage ist nur, ob es allein auf 95 und nicht auch auf 96 paßt. 1795 suchte Preußen zwischen Frankreich und den Reichsständen, besonders Österreich, zu vermitteln, und es wurde auch eine Reichsfriedensdeputation eingesetzt, die aber nicht in Tätigkeit trat, weil inzwischen die feindlichen Heere sich von neuem zum Kampfe gegenüberstellten.

Ähnlich ging es 1796. Der Basler Friede wurde einer Revision unterzogen, und in dem neuen Abkommen vom 5. August stimmte Preußen — abweichend vom vorigen Jahr — sogar ohne jede Klausel der Abtretung des linken Rheinufers zu. Also konnte der Rhein jetzt erst recht ein 'allverhindernder Graben' genannt werden.

Indessen war auch im übrigen Deutschland der allgemeine Wunsch nach Beendigung des Krieges immer stärker geworden, und die österreichische Friedenspartei sandte noch im August eine Deputation nach Berlin, um dem preußischen Kabinett Mitteilungen über Friedensanträge an Frankreich zu machen (Ludwig Häusser, Deutsche Geschichte II 74). Mit vollem Recht konnte man also auch in dieser Zeit sagen:

Müde schon sind die Streiter, und alles deutet auf Frieden.

Man sieht, daß die Argumente, die Bielschowsky vorbringt, nicht überzeugend sind. Und wir werden in dieser Meinung noch bestärkt werden, wenn wir die Dichtung selbst genauer prüfen und Goethes mündliche und schriftliche Äußerungen über sie zu Rate ziehen.

Die ganze Untersuchung über das Jahr der Handlung in Hermann und Dorothea wäre überflüssig, wenn Goethe ein bestimmtes Ereignis angegeben hätte, welches für die Vertriebenen der Anlaß war, das linksrheinische Land zu verlassen und bei ihren Landsleuten in Baden oder Rheinhessen Zuflucht zu suchen. Das ist nicht der Fall. Aber wir haben das in seiner Kürze so packende Zeitbild am Anfang des 6. Gesanges, in dem die Wirkung der französischen Revolution auf die Deutschen des linken Rheinufers dargestellt wird: wie sie sich anfangs für die neuen Ideen begeisterten, und wie auch die Franzosen beim Ausbruch des Krieges als Freunde zu ihnen kamen, bis sich allmählich der Himmel trübte und Mord und Gewalttat herrschte.

Und es praßten bei uns die Obern und raubten im großen,
Und es raubten und praßten bis zu den Kleinsten die Kleinen;
Jeder schien nur besorgt, es bleibe was übrig für morgen.

So läßt Goethe bekanntlich den Richter sprechen. Es ist interessant, bei Häusser (II 77) zu lesen, wie Augenzeugen von der Rheinarmee Moreaus 1796 dasselbe zu berichten wissen: 'Der General handelte wie sein Koch und Kutscher, und der Offizier hatte die nämliche Denkungsart wie der Gemeine.' Aber die Schilderung des Richters geht weiter. Als die Deutschen sahen, wie sich die Franzosen als Herren in ihrem

Lande fühlten, 'da fiel Kummer und Wut auch selbst ein gelaßnes Gemüt an', und jeder sann nur auf Rache. Doch die Leiden wurden noch größer, als der Franke mit eiligen Märschen über den Rhein zurückfloh:

Denn der Sieger ist groß und gut, zum
wenigsten scheint er's,
Aber der Flüchtige kennt kein Gesetz.

Kein Wunder, daß jetzt die so lange zurückgehaltene Wut der Männer hervorbrach:

Schnell verwandelte sich des Feldhaus
friedliche Rüstung
Nun in Wehre, da troff von Blute Gabel
und Sense.

'Und die künftge Gefahr', fügt der Dichter hinzu, 'hielt nicht die grimmige Wut auf'. Aber diese Gefahr, daß die Vergeltung noch furchtbarer sein werde als alles, was sie bereits erlitten hatten, bewog die Besonneneren unter den Bewohnern, die Heimat zu verlassen. Sie sind es, denen wir auf dem rechten Ufer des Rheins begegnen.

Auf welches Kriegsjahr paßt nun diese Schilderung? Auf beide, muß allerdings wieder die Antwort lauten. Aber der Unterschied liegt in den Monaten. Nach einer Schlacht an der Nidda am 12. Oktober 1795 sah sich die Jourdansche Armee zum Rückzug auf das linke Ufer des Flusses gezwungen, wo die Grausamkeit der Besiegten das Volk zum verzweifelten Widerstand drängte. Ende August und Anfang September 1796 erging es aber derselben Armee noch schlimmer. Am 24. August bei Amberg in der Oberpfalz geschlagen, mußte sie sich nach Würzburg zurückziehen, wo sie am 3. September eine noch schwerere Niederlage erlitt, die sie zum Rückzug durch die Rhein- und Spessartgegenden zwang. Auch hier erhob sich jetzt das Volk gegen seine Dränger. 'Ganze Gemeinden', erzählt Häusser (II 83), 'standen auf und verfolgten, mit Sensen, Heugabeln und Dreschflegeln bewaffnet, die zerstreuten Haufen der Franzosen, die lieber den Kaiserlichen sich gefangen geben als den Bauern in die Hände fallen wollten'. Abgesehen davon, daß die Schlacht bei Würzburg eine viel weittragendere Bedeutung als die an der Nidda hatte, fiel sie in die ersten Tage des September, nicht in die Mitte des Oktober.

Und schließlich verdient auch der Umstand Berücksichtigung, daß in jenen August- und Septembertagen des Jahres 96 Frankfurt besonders gefährdet war. Wir finden daher auch in den Briefen der Mutter Goethes und in dem Briefwechsel mit Schiller aus dem Jahre 96 häufig Mitteilungen über die kriegerischen Vorgänge, während die Briefe von 1795 selten die Politik berühren.

Damit scheint unsere Streitfrage gelöst. Die Handlung von Hermann und Dorothea gehört in das Jahr 1796.

Aber dieses Ergebnis wird auch durch die Entstehungsgeschichte des Werkes bestätigt. Den Plan der Dichtung bis auf den Mai 1795 zurückführen zu wollen, wie es Viehoff tut, weil damals Voß' Luise zum ersten Mal als Ganzes im Buchhandel erschienen war, ist schwerlich zu rechtfertigen. Selbst wenn der Stoff schon damals in ihm lebte, dachte Goethe zweifellos noch nicht an seine Ausführung. Er war 1795 mit der Vollendung des Wilhelm Meister und vielen anderen Arbeiten vollauf beschäftigt und plante außerdem eine Reise nach Italien. Erst über ein Jahr später treffen wir auf eine Briefstelle, welche beweist, daß der Dichter der neuen Aufgabe nähergetreten war. 'Ich werde', schreibt er zwischen dem 2. und 7. Juli 1796 an Schiller, 'insofern man in solchen Dingen Herr sich selbst ist, mich künftig nur an kleinere Arbeiten halten. Außer Hero und Leander habe ich eine bürgerliche Idylle im Sinn, weil ich doch so etwas auch muß gemacht haben'. Die ganze Art dieser Ankündigung läßt darauf schließen, daß der Plan zu Hermann und Dorothea eben erst festere Gestalt gewonnen hatte. In dem Briefwechsel wird er vorher nicht erwähnt, und doch tauschten die beiden Dichter seit 1795 alle ihre poetischen Pläne miteinander aus. Warum hätte Goethe gerade diesen dem Freunde vorenthalten sollen? Auch begann die Arbeit an dem Epos erst im September 96. Am 11. September fing er in Jena an, die Idylle zu versifizieren, wie er sich ausdrückt, und nun ging ihm die Arbeit so gut von statten, daß er innerhalb neun Tagen mehr als 1350 von den 2034 Versen des Gedichts niederschrieb. Und doch schickte er erst am 17. April des folgenden Jahres die vier ersten Gesänge und am 8. Juni den Schluß des Ganzen an den Verleger. Aus seinen Briefen und Tagebüchern wissen wir, daß er sich während der ganzen Zeit mit seinem Epos beschäftigte, daß er nicht bloß neue 'Musen' dichtete, sondern beständig an den alten feilte und ganze Teile umarbeitete. Kurz, die ganze Arbeit an Hermann und Dorothea gehört den Jahren 1796 und 97 an. Warum sollte der Dichter die Ereignisse des Jahres 95 seiner Handlung zu Grunde legen, da die ähnlichen Erlebnisse von 96 ihm viel frischer in der Erinnerung waren und ihn viel lebhafter interessierten?

Schließlich weise ich noch auf eine Bemerkung in den Tag- und Jahresheften hin, die sich auf 1796 bezieht. Dort heißt es: 'Der Plan von Hermann und Dorothea war gleichzeitig mit den Tagesläuften ausgedacht und entwickelt. Die Ausführung ward während des Septembers begonnen und vollbracht[1]), daß sie Freunden schon produziert werden konnte.' Es hieße diesen Worten Gewalt antun, wollte man für Plan und Ausführung des Werkes zwei verschiedene Jahre annehmen.

Sapienti sat. Wenn Goethe mir über die Schulter sähe, so würde er wohl längst ärgerlich geworden sein und gesagt haben: 'Genügt es denn nicht, daß ich am 5. Dezember 1796 geschrieben habe: Die Zeit der Handlung ist ohngefähr im vergangenen August?'   OTTO STILLER.

ANTIKE TECHNIK. SECHS VORTRÄGE VON HERMANN DIELS. MIT 50 ABBILD. U. 9 TAFELN. Leipzig und Berlin, B. G. Teubner 1914. VIII u. 140 S. Kleinoktav. Geh. 3.60 Mk., in Leinw. geb. 4.40 Mk.

Unsere Leser erinnern sich des gewichtigen Vortrags 'Wissenschaft und Technik bei den Hellenen', mit dem Hermann Diels eindrucksvoll die Vortragsreihe der Marburger Philologenversammlung, diese Zeitschrift ihren laufenden Jahrgang eröffnet hat. Er steht an der Spitze des vorliegenden Büchleins, mit kleinen Zusätzen versehen und durch eine Anzahl von Abbildungen veranschaulicht. Daran schließen sich vier bei den Hochschulkursen in Salzburg 1912 gehaltene Vorträge: 'Antike

[1]) Hier ist 'so weit' zu ergänzen.

Türen und Schlösser' (II), 'Dampfmaschine, Automat und Taxameter' (III), 'Antike Telegraphie' (IV), 'Die antike Artillerie' (V) sowie die Erweiterung eines Vortrags in der Berliner Archäologischen Gesellschaft 'Antike Chemie' (VI), auch diese mit Abbildungen.

Dem Philologen ist es bekannt, daß die grundlegenden Arbeiten für die genannten Themen oder die Anregung dazu zum großen Teile dem Meister selbst verdankt werden, der hier so allgemeinverständlich darüber spricht. Es hat lange gewährt, bis sich die richtige Schätzung antiker Technik, wozu ja schon in der Renaissance bedeutende und folgenreiche Ansätze gemacht worden sind, von neuem einstellte, und es fehlt noch immer sehr viel daran, daß sie in weitere Kreise gedrungen wäre. Höchstens, daß man dort über 'Modernes im Altertum' wie über Kuriositäten von oben herab beifällig lächelt, wenn von Erfindungen und Leistungen der Alten auf diesen Gebieten die Rede ist, ohne sich dessen recht bewußt zu werden, daß die geistigen Kräfte, die damals aufgewendet wurden, den gegenwärtig wirkenden mindestens ebenbürtig waren und daß den vor Jahrtausenden erreichten Ergebnissen verhältnismäßig eine gleiche Hochachtung gezollt werden muß, wie den technischen Wunderwerken unserer fortgeschrittenen Entwicklungsperiode. Deshalb muß es mit lebhaftem Danke begrüßt werden, daß ein allverehrter Führer unserer Wissenschaft seine weithin vernehmliche Stimme erhoben und zur Feder gegriffen hat, um darüber Klarheit verbreiten zu helfen. Ist er doch in ungewöhnlichem Grade berufen, gerade hier zwischen der 'antiken Hemisphäre' und der neuen Welt unserer Kultur jene Verbindung herzustellen, die man heute so vielfach, gewiß weniger aus Mangel an gutem Willen als an Kenntnis, nicht in ihrer wahren Bedeutung zu schätzen versteht, in der man eher einen Hemmschuh schnellerer Aufstiegs erblicken möchte.

Freilich, 'wie schwer sind nicht die Mittel zu erwerben, durch die man zu den Quellen steigt'. Daß ein moderner Techniker sie sich aneignet, wird immer mehr zur Seltenheit werden, wenn sich auch gerade unter den hervorragendsten solche finden, deren Weitblick auch das Historische zu würdigen versteht. Wegweiser muß hier stets der Altertumsforscher sein, der dank seiner philologischen und archäologischen Technik allein die Grundlage des Verständnisses liefern kann. Geschieht das auf so meisterhafte Weise und mit so erstaunlicher Beherrschung auch abgelegener kulturgeschichtlicher Gebiete aller Zeiten, wie in den vorliegenden Beispielen, zugleich in so ausgeprägt praktischem Sinn, der darauf bedacht ist, die betreffenden Aufgaben experimentell zu prüfen und ihre Lösung lebendig vor Augen zu stellen als schönstes Ergebnis der Interpretation schwieriger Texte und mitunter rätselhafter Monumente, so ist damit in der Tat nicht nur ein Stück großer Vergangenheit wiedergewonnen, den Erfolgen des Spatens auf klassischem Boden vergleichbar, es wird auch in uns das Bewußtsein des Zusammenhangs gefestigt, in dem sich die Entwicklung wie der geistigen so der praktischen Errungenschaften von jeher vollzogen hat.

Antike Türen und Schlösser mögen manchem Ästheten gleichgültig sein; daß man aber gewisse Homerstellen oder Vasenbilder nur mittels einer genauen Anschauung davon verstehen kann, ist nicht belanglos, und unsere Gebildeten wissen auch schwerlich, wie das Schlüsselbein ($\varkappa\lambda\eta\iota\varsigma$, clavicula) zu seinem Namen gekommen ist, nämlich infolge seiner Ähnlichkeit mit dem großen S-förmigen antiken Schlüssel (der des Artemistempels zu Lusoi ist aufgefunden und früher von Diels publiziert worden), womit der innere Riegel von außen zurückgestoßen wurde. Was Heron über Verwendung von Dampfkraft, über Automaten und Hodometer berichtet, ist den Lesern unserer Zeitschrift früher dargelegt worden; der Erfinder der modernen Verkaufsautomaten (P. Everitt in London, 1885) kann sehr wohl durch Heron direkt beeinflußt worden sein. Der Vortrag über antike Telegraphie bespricht zuerst alte Geheimschrift (Skytale, Chiffresysteme), Taubenpost, Feuersignale, dann u. a. den von Polybios verbesserten, recht komplizierten Fackeltelegraphen, Dinge, die neuerdings von W. Riepl in seinem verdienst-

lichen Buche 'Das Nachrichtenwesen des Altertums' (Leipzig 1913) sehr eingehend untersucht worden sind. Daran schließt sich der über die antike Artillerie mit seinen instruktiven Bildern, ein aktuelles Thema behandelnd, das in der letzten Zeit ausgezeichnete Lösungen erfahren hat, und weiterhin 'Antike Chemie', durch die Veröffentlichung eines Stockholmer Papyrus veranlaßt (dessen erste Seite auf Taf. IX), kulturgeschichtlich von höchstem Interesse. Es wird uns in energischen Strichen die merkwürdige Entwicklung der chemischen Wissenschaft und Pseudowissenschaft vorgeführt von den geheimnisvollen Praktiken der ägyptischen Tempellaboratorien, hellenistischer und orientalischer Schwindelliteratur an. Des Bolos große naturwissenschaftliche Enzyklopädie, Pseudo-Demokrits 'Physik und Mystik' über Gold, Silber, Perlen, Edelsteine und Purpurfärberei, die durch Anaxilaos daraus vermittelten Geheimrezepte über Nachahmung (Herstellung von 'Blende', $\dot\alpha\mu\alpha\acute\nu\varrho\omega\sigma\iota\varsigma$) und Vermehrung (vermittelst einer $\mu\tilde\alpha\zeta\alpha$, daher 'Masse') von Edelmetallen, über Fälschung von Perlen, Edelsteinen und namentlich von Purpur, die uns chemische Papyri erhalten haben, das im Mittelalter einflußreiche Malerbüchlein 'Mappae clavicula' — all diese aus Sinn und Unsinn gemischten Produkte bis auf Roger Bacos mutige Aufklärungsarbeit sehen wir charakterisiert.

Gerade die Darlegungen des letzten Vortrags über ein ganz dunkles, abstruses Gebiet sind wissenschaftlich von besonderer Bedeutung. Ob es jedoch im Hinblick auf den ausgesprochen instruktiven Zweck des Büchleins nicht noch besser wäre, fände sich am Schluß ein Kapitel, das griechische Geistesarbeit und technische Meisterschaft reiner und wirksamer zeigte? An Stoff mangelt es nicht; ich würde beispielsweise an die im ersten Vortrag nur kurz gestreifte medizinische Technik, namentlich der Operationen und Verbände denken. Könnte sich der Verf. aus dem angeführten Grunde dazu entschließen, sein glänzendes Hexaëmeron in einer der nächsten Auflagen, die nicht ausbleiben werden, auf die Siebenzahl zu erweitern?   J. I.

(21. Juli 1914)

DIE VORSTELLUNG VOM MÄRTYRER UND DIE MÄRTYRERAKTE IN IHRER GESCHICHTLICHEN ENTWICKLUNG

Von Karl Holl

Der Versuch über die schriftstellerische Form des Heiligenlebens, den ich in dieser Zeitschrift 1912 XXIX 406 ff. vorgelegt habe, fordert noch ein Gegenstück. Dem Mönch ist der Märtyrer in der Verehrung vorangegangen und hat sich dauernd über ihm behauptet. Wie verhält sich die Märtyrerakte zum Heiligenleben? — Von Haus aus stehen sich beide in ihrer Anlage so fern, wie es der Unterschied des Gegenstandes — hier ein einmal betätigtes Heldentum, dort ein durch das ganze Leben sich hindurchziehender Kampf — mit sich brachte. Aber die Märtyrerakte hat nicht wie das Heiligenleben sofort im ersten Anlauf ihre bleibende Gestalt gewonnen. Sie hat eine reiche Entwicklung durchgemacht und ist erst fertig geworden, nachdem das Mönchtum und die Vita Antonii lang schon ihre Wirkung geübt haben.[1])

I

Die ältesten Märtyrerakten, die wir besitzen, die des Polykarp († 22. Februar 156) und die des Justin († zwischen 162 und 167), stammen aus der Zeit nach der Mitte des II. Jahrh. Es gibt keine Spur, daß früher schon Schriften dieser Art verfaßt worden wären, und es ist aus inneren Grunden nicht wahrscheinlich, daß das der Fall war: Eusebius jedenfalls hat keine alteren gekannt.

In dieser einfachen Feststellung liegt schon eine Frage eingeschlossen, an der man nicht vorübergehen darf: Warum sind vorher keine Akten geschrieben worden? Märtyrer gab es seit mehr als einem Jahrhundert; darunter nicht wenige, deren Todesmut besonders starken Eindruck gemacht hatte. Ich erinnere, um nur Persönlichkeiten aus dem Anfang des II. Jahrh. zu nennen, an Symeon von Jerusalem, an Ignatius oder an Telesphorus, von dem die römische Bischofsliste rühmt: ὃς καὶ ἐνδόξως ἐμαρτύρησεν.[2]) Es hat auch nicht an Darstellungen von Martyrien im Rahmen größerer Werke gefehlt: wie der Verfasser der Apostelgeschichte den Tod des Stephanus, so hat Hegesipp den des Jakobus und des Symeon geschildert. Aber es ist von da aus noch ein Schritt und zwar der entscheidende bis zu dem Gedanken, das Martyrium eines Glaubensgenossen zum Gegenstand einer eigenen Schrift zu machen.

---

[1]) Die apokryphe Apostelgeschichte stellt neben der Märtyrerakte und dem Heiligenleben eine dritte Gattung dar, die wieder ganz eigenen Gesetzen folgt.

[2]) Irenäus, Adv. haer. III 3; II 11 Harvey.

Die nächste Antwort auf die angeregte Frage gibt eine Stelle bei Hermas, die für unsere Zwecke noch nicht voll ausgeschöpft worden ist. Vis. III 1, 8 sieht Hermas sich selbst im Geist vor der ihm als Frau erschienenen Kirche stehen. Sie gebietet ihm, sich neben sie zu setzen, und geht über seinen Einwand, daß doch die Presbyter zuerst sich setzen müßten, hinweg. Aber wie nun Hermas den Platz zu ihrer Rechten einnehmen will, weist sie ihn von da fort und heißt ihn sich auf ihre linke Seite begeben. Denn der Platz zur Rechten gebühre nur denen, die um des Namens willen gelitten haben.[1]

Man lernt aus dieser Stelle, daß in der Zeit des Hermas das Verhältnis zwischen Prophet und Märtyrer sich verschob. Hermas hat sich bereits damit abgefunden, daß in der gewöhnlichen Ordnung der Dinge die Amtspersonen, die Presbyter, ihm vorgehen.[2] Aber innerhalb der Gemeinde glaubt er als Prophet zunächst noch ohne weiteres den ersten Rang beanspruchen zu dürfen. Jedoch auch hier sieht er sich zurückgedrängt, und wenngleich seufzend[3], ergibt er sich in sein Schicksal.

Kurz bevor unsere ersten Märtyrerakten geschrieben wurden, hat demnach ein Umschwung in der Schätzung des Märtyrers stattgefunden: der Märtyrer ist über den Propheten hinaufgestiegen und damit an die Spitze der in der Gemeinde geehrten Persönlichkeiten gerückt.

Noch die Apokalypse zeigt ein wesentlich anderes Bild. Dort wird der Märtyrer den παρθένοι zur Seite gestellt; aber so, daß die παρθένοι entschieden bevorzugt werden. Denn wohl erscheinen die, 'die gekommen sind aus der großen Trübsal', als 'stehend vor dem Thron und vor dem Lamm' (7, 9 und 13 ff.). Aber von den παρθένοι werden die höher greifenden Ausdrücke gebraucht: sie sind die Erstlinge für Gott und das Lamm; sie sind ständig in der Begleitung des Lammes (14, 4). Und wenn wirklich, wie es doch wahrscheinlich ist, die 144000 in Kap. 14 den Versiegelten in Kap. 7, 1—8 entsprechen, so wird durch das μετὰ ταῦτα in 7, 9 vollends deutlich, daß nach der Meinung des Apokalyptikers die Märtyrer erst hinter den παρθένοι kommen. Auch von hier aus sieht man indes, wie der Märtyrer späterhin alle anderen Würdepersonen überflügelt. Denn gerade das Wort, das der Apokalyptiker zur Auszeichnung für die παρθένοι geprägt hatte — 'sie folgen dem Lamme, wo es hingeht' —, überträgt schon die nächste Zeit im umgedeuteten Sinn auf den Märtyrer.[4]

Allein die Hermasstelle führt noch auf einen tieferliegenden Punkt. Mit dem Propheten konnte der Märtyrer doch nur dann in Wettbewerb treten,

---

[1] Daß mit dem Ausdruck τῶν εὐαρεστηκότων τῷ θεῷ καὶ παθόντων εἵνεκα τοῦ ὀνόματος nicht zwei, sondern nur eine Gruppe gemeint ist, zeigt die Fortsetzung (9, 1): τί, φημί, ὑπήνεγκαν; ἄκουε, φησίν· μάστιγας φυλακὰς θλίψεις μεγάλας σταυροὺς θηρία εἵνεκεν τοῦ ὀνόματος· διὰ τοῦτο ἐκείνων ἐστὶ τὰ δεξιὰ μέρη τοῦ ἁγιάσματος καὶ ὃς ἐὰν πάθῃ διὰ τὸ ὄνομα. τῶν δὲ λοιπῶν τὰ ἀριστερὰ μέρη ἐστίν.

[2] Der Befehl, den Hermas sich durch die Kirche geben läßt, sich ohne Rücksicht auf die Presbyter zu setzen, bedeutet wohl nur, daß er hier d. h. da, wo er eine Offenbarung verkündigt, kein Ansehen der Person gelten lassen will.

[3] Die Kirche fragt Hermas (Vis. III 1, 9): λυπῇ Ἑρμᾶ.

[4] Vgl. Mart. Lugd. bei Eusebius, H. e. V 1, 10; 406, 6 Schwartz mit Apoc. 14, 4.

wenn der Vorzug, den beide besaßen, irgendwie vergleichbar war; wenn, deutlicher gesagt, auch dem Märtyrer etwas wie eine prophetische Fähigkeit zugeschrieben wurde. Daß dies in der Tat der Fall war, ist schon längst erkannt und ausgesprochen worden; am frühesten und klarsten von R. Sohm.[1]) Aber der Grund, auf dem dieser Glaube beruhte, bedarf noch immer der Aufhellung.

Das Rätsel, um dessen Lösung es sich handelt, beginnt schon mit dem Namen des Märtyrers. Warum heißt der Märtyrer eigentlich Märtyrer? Kattenbusch hat das Verdienst, in einer viel zu wenig beachteten Abhandlung[2]) diese Frage scharf gestellt und eine allen Ansprüchen genügende Antwort darauf vorgeschlagen zu haben. Nur hat er leider selbst nicht gewagt, die von ihm versuchsweise hingeworfene Vermutung festzuhalten, und darum seine Abhandlung mit dem schwermütigen Satz geschlossen: 'In gewissem Maße aber ist und bleibt der Märtyrertitel doch als ein solcher ein Rätsel.'

Es ist kein Grund zu derartiger Entsagung. Denn der Tatbestand redet hinreichend deutlich.

Der Name μάρτυς begegnet uns schon in der Urgemeinde und zwar dort als Ehrenname für die Apostel. Am sichersten bezeugt dies die von Kattenbusch übersehene Stelle 1. Kor. 15, 14 f. Denn wenn Paulus dort schreibt: εἰ δὲ Χριστὸς οὐκ ἐγήγερται ..., εὑρισκόμεθα ... ψευδομάρτυρες τοῦ θεοῦ, ὅτι ἐμαρτυρήσαμεν κατὰ τοῦ θεοῦ ὅτι ἤγειρεν τὸν Χριστόν, ὃν οὐκ ἤγειρεν, so setzt das ψευδομάρτυρες τοῦ θεοῦ offenbar einen Sprachgebrauch voraus, nach dem man die 1. Kor. 15, 5—8 aufgeführte Gruppe als μάρτυρες τοῦ θεοῦ[3]) zusammenfaßte. Hier ist auch der Sinn des Ausdrucks unzweideutig klar. Μάρτυρες τοῦ θεοῦ heißen die Betreffenden, weil sie Augenzeugen der Machttat Gottes gewesen sind; sie haben den lebendigen Herrn selbst gesehen und können darum seine Auferweckung durch Gott auf Grund eigenen unmittelbaren Wissens bestätigen.[4])

Diese Bedeutung des Worts ist noch dem Verfasser der Apostelgeschichte vollkommen gegenwärtig gewesen. Überall, wo er die Apostel μάρτυρες nennt, erläutert er selbst den Ausdruck dahin, daß sie den Auferstandenen gesehen haben (Act. 1, 22; 2, 32; 5, 32; 22, 15).

Aber in derselben Apostelgeschichte findet sich der Name auch schon — wie übrigens außerdem noch in der Apokalypse 2, 13; 17, 6 — als Bezeichnung für die Märtyrer verwendet. Act. 22, 15 und 20 stehen beide Bedeutungen hart nebeneinander.

---

[1]) Kirchenrecht S. 32 A. 9.   [2]) Zeitschr. f. neutest. Wiss. 1902 S. 111 ff.

[3]) Der Zusatz τοῦ θεοῦ ist von Bedeutung; er wird durch das folgende ὅτι ἐμαρτυρήσαμεν κατὰ τοῦ θεοῦ noch bekräftigt. Im II. Jahrh. (doch vgl. schon Act. 22, 20: τοῦ μάρτυρός σου sc. Χριστοῦ) wird μάρτυρες τοῦ Χριστοῦ (neben dem einfachen μάρτυρες) üblicher: Mart. Polyc. 2, 2; 1, 24 Knopf[2]; Mart. Carpi 1; 10, 2 Knopf[2]; Eusebius, H. e. V 16, 21; 468, 18 Schwartz; ebd. VIII 12, 11; 770, 26 Schwartz; Cyprian, Ep. 22, 3; 535, 10 Hartel. Aber daneben hält sich der ältere Ausdruck immer noch, vgl. z. B. Pass. Mariani I 1 u. 2; 134, 2 u. 8 Gebhardt; Pass. Montani 18, 1; 156, 28 Gebhardt; Eus. De Mart. Pal. 11, 2; 934, 30 Schwartz; Theodoret, Gr. aff. cur. VIII Migne 88, 1017 C. Er scheint als der feierlichere empfunden worden zu sein.

[4]) Ich erinnere auch an 1. Kor. 9, 1: οὐκ εἰμὶ ἀπόστολος; οὐχὶ Ἰησοῦν τὸν κύριον ἡμῶν ἑόρακα;

34*

Daraus ergibt sich ein zwingender Schluß. Wenn der Name μάρτυς tatsächlich zu einer Zeit, in der der ursprüngliche Sinn des Worts noch lebendig war, auf die Märtyrer überging und sogar zum auszeichnenden Titel für sie wurde, so kann das nur unter der Bedingung erfolgt sein, daß auch die Märtyrer als Zeugen der Auferstehung Christi galten.

Wie sich das näher vermittelte, zeigt die Geschichte von Stephanus. Nachdem Stephanus seine Rede vor dem hohen Rat geendigt, heißt es von ihm (Act. 7, 55 f.): ὑπάρχων δὲ πλήρης πνεύματος ἁγίου ἀτενίσας εἰς τὸν οὐρανὸν εἶδεν δόξαν θεοῦ καὶ Ἰησοῦν ἑστῶτα ἐκ δεξιῶν τοῦ θεοῦ καὶ εἶπεν· ἰδοὺ θεωρῶ τοὺς οὐρανοὺς διηνοιγμένους καὶ τὸν υἱὸν τοῦ ἀνθρώπου ἐκ δεξιῶν ἑστῶτα τοῦ θεοῦ. Auf diesen Höhepunkt hat aber der Erzähler von Anfang an vorbereitet. Denn schon wie Stephanus beginnt, wird von ihm gesagt (Act. 6, 15): εἶδον τὸ πρόσωπον αὐτοῦ ὡσεὶ πρόσωπον ἀγγέλου. Das bedeutet nicht nur, daß sein Gesicht verklärt war, sondern bestimmter, daß die Herrlichkeit Gottes, die er nachher erblickt, bereits jetzt auf seinem Antlitz widerstrahlte.

Demnach bestand in der urchristlichen Gemeinde die Überzeugung, daß dem Märtyrer in der entscheidenden Stunde die Gabe verliehen werde, die überirdische Welt und den Herrn, zu dem er sich bekannte, mit Augen zu sehen. Dadurch wurde sein Bekenntnis ein Reden aus unmittelbarer Anschauung heraus.[1]

Diese Erwartung geht hinaus über das Jesuswort von dem heiligen Geist, der den Jüngern bei ihrer Verantwortung vor Gericht geschenkt werden solle.[2] Aber die Steigerung begreift sich aus dem in der alten Welt weit verbreiteten, namentlich auch innerhalb des Judentums fest eingewurzelten Glauben an besondere Offenbarungen, die dem Sterbenden zuteil werden.[3] Denn es ist zu beachten, daß die Apostelgeschichte bloß im Fall des Stephanus ein derartiges Erlebnis zu berichten weiß. Bei den mancherlei anderen Verhören, die sie schildert, hebt sie nur 4, 8 hervor, daß Petrus πλησθεὶς πνεύματος ἁγίου redete; 5, 29 fehlt auch dies: immerhin mag man im Blick auf 2, 37; 7, 54 das διεπρίοντο in 5, 33 als gleichwertig damit betrachten. Bei Paulus findet sich (vgl. 23, 1; 24, 10; 26, 1) überhaupt niemals etwas Besonderes bemerkt. Daraus scheint hervorzugehen, daß die Begnadigung durch eine Offenbarung als auf diejenigen Fälle eingeschränkt galt, bei denen es sich um Leben und Tod handelte. Die Abstufung zwischen Märtyrer und Bekenner würde dann bis in die Urgemeinde hinaufreichen.[4]

---

[1] Vielleicht darf man über die Apostelgeschichte zurück an Marc. 14, 62 erinnern: Jesus sieht sich selbst schon kommen in den Wolken des Himmels.

[2] Matth. 10, 19 f.; Luc. 12, 11 f.   [3] Belegstellen dafür zu geben ist wohl nicht nötig.

[4] Dazu stimmt auch die Entwicklung des Sprachgebrauchs von μαρτυρεῖν. Das Wort hat sehr früh die Nebenbedeutung 'den Tod für Christus erleiden' angenommen; vgl. schon Hegesipp bei Eus. II 23, 18; 170, 20 Schwartz: ἤνεγκεν κατὰ τῆς κεφαλῆς τοῦ δικαίου, καὶ οὕτως ἐμαρτύρησεν. Wenn Hegesipp anderwärts (bei Eus. III 32, 6; 268, 22 Schwartz) die Verwandten Jesu, die von Domitian ungekränkt wieder entlassen wurden, als μάρτυρες bezeichnet, so ist dies kein Gegenbeweis. Es erhellt daraus nur, daß man bald auch diejenigen den μάρτυρες zurechnete, die dem Tod wenigstens ins Auge geblickt hatten. Ich meine daher drei Stufen in der Entwicklung des Begriffs μάρτυς unterscheiden zu müssen. Zu-

Kattenbusch ist an dieser Deutung des Märtyrertitels wieder irregeworden; offenbar, weil er meinte, daß sie durch die Urkunden der Folgezeit nicht hinreichend gestützt würde.

Jedoch wenn man nur in Betracht zieht, daß der Enthusiasmus auch bei den Märtyrern sich fortgehend abschwächt und daß der eingreifende Verdienstgedanke Verschiebungen bewirkt, so schließen sich die Aussagen der Märtyrerakten genau an die vorgetragene Deutung an.

Überall gilt in den Märtyrerakten der Frühzeit der Märtyrer als ein bereits in die jenseitige Welt Entrückter.[1]) Man scheut sich nicht, ihn deshalb jetzt schon einen Engel zu nennen.[2]) Denn man sieht auf seinem Antlitz die himmlische Herrlichkeit[3]) und verspürt den Wohlgeruch, den die Seligen ausströmen.[4])

Von diesem Gefühl, ins Überirdische erhoben zu sein, sind die Märtyrer selbst erfüllt. Sie wissen sich Christus näher gerückt und empfinden deutlich seine Gegenwart; denn sie stehen mit ihm in unbehindertem trautem Verkehr[5])

nächst wird der μάρτυς (als Blutzeuge) von dem Christen, der bloß eine Verantwortung vor Gericht überstanden hat, scharf unterschieden; dann fängt man — seitdem die Kapitalprozesse häufiger wurden, ohne daß doch jeder zur Hinrichtung zu führen brauchte — an, auch diejenigen im weiteren Sinn Märtyrer zu nennen, denen das Äußerste gedroht hat. Endlich (seit der Mitte des II. Jahrh.) werden diese beiden Gruppen wieder bestimmter gesondert und jetzt auch in der Bezeichnung getrennt (μάρτυς und ὁμολογητής, martyr = testis und confessor).

[1]) Mart. Polyc. 2, 2; 1, 23 Knopf[2]: ὅτι ἐκείνῃ τῇ ὥρᾳ βασανιζόμενοι τῆς σαρκὸς ἀπεδήμουν οἱ μάρτυρες τοῦ Χριστοῦ; Acta Carpi 39; 13, 3 Knopf[2]: εἶδον τὴν δόξαν κυρίου καὶ ἐχάρην, ἅμα δὲ καὶ ὑμῶν ἀπηλλάγην καὶ οὐκ εἰμὶ μέτοχος τῶν ὑμετέρων κακῶν.

[2]) Mart. Polyc. 2, 3; 2, 7 Knopf[2]: οἵπερ μηκέτι ἄνθρωποι, ἀλλ' ἤδη ἄγγελοι ἦσαν. Didaskalia apost. Kap. 19; 92, 17 Flemming = I 237, 6 Funk (nach Funks Übersetzung): qui enim ob nomen domini dei condemnatur, hic martyr sanctus, angelus dei vel deus in terra a vobis reputatur, spiritualiter indutus spiritu sancto dei.

[3]) Mart. Polyc. 13, 1; 5, 17 Knopf[2]: θάρσους καὶ χαρᾶς ἀνεπίμπλατο καὶ τὸ πρόσωπον αὐτοῦ χάριτος ἐπληροῦτο; Mart. Lugd. bei Eus. V 1, 35; 414, 28 Schwartz: δόξης καὶ χάριτος πολλῆς ταῖς ὄψεσιν αὐτῶν συγκεκραμένης; Pass. Mariani et Jacobi 9, 2; 142, 15f.: quod iam per gratiam proximae passionis Christus in eius ore et facie relucebat. — Vgl. dazu die Schilderung der Seligen in der Petrusapokalypse III 6 ff. Klostermann.

[4]) Mart. Polyc. 15, 2; 7, 8 Knopf[2]: καὶ γὰρ εὐωδίας τοσαύτης ἀντελαβόμεθα, ὡς λιβανωτοῦ πνέοντος ἢ ἄλλου τινὸς τῶν τιμίων ἀρωμάτων; Mart. Lugd. bei Eus. V 1, 35; 416, 2 Schwartz: τὴν εὐωδίαν ὀδωδότες ἅμα τὴν Χριστοῦ, ὥστε ἐνίους δόξαι καὶ μύρῳ κοσμικῷ κεχρῖσθαι αὐτούς; vgl. auch Pass. Perpet. 13; 50, 15 Knopf[2]: universi odore inenarrabili alebamur, qui nos satiabat. — H. Günter hat (Legendenstudien S. 12) eine Erklärung dieses Zugs vorgetragen, die in ein früheres Jahrh. gehört und eigentlich seit Harnacks Abhandlung vom Jahr 1878 ZKG. II 291 ff. als abgetan hätte gelten sollen. Er meint mit Bezug auf die Stelle aus dem Polykarpbrief 'der Wohlgeruch könnte von parfümiertem Holz ausgegangen sein'. Dann wird man wohl auch annehmen müssen, daß die Mönche, deren Gewänder denselben Wohlgeruch ausströmten, sich regelmäßig parfümiert haben. — Den Gegensatz zur εὐωδία der Seligen bildet die δυσωδία der vom Dämon Ergriffenen Vita Antonii Kap. 63; Migne 26, 973 A; Vita Euthymii, Analecta graeca I 47.

[5]) Der stehende Ausdruck für diesen Verkehr ist ὁμιλεῖν vgl. Mart. Polyc. 2, 2; 1, 23ff.: ὅτι ... τῆς σαρκὸς ἀπεδήμουν οἱ μάρτυρες τοῦ Χριστοῦ, μᾶλλον δὲ ὅτι παρεστὼς ὁ κύριος ὡμίλει αὐτοῖς; Mart. Lugd. V 1, 51; 422, 16: μήτε στενάξαντος μήτε γρύξαντός τι ὅλως,

und werden von ihm gewürdigt, das zu schauen, was kein Auge gesehen. hat.[1]) Das bedeutet zugleich so viel wie, daß sie mit seinem Geist ausgerüstet werden, ja mit ihm zu einer Persönlichkeit verschmelzen, so daß er in ihnen kämpft und siegt.[2]) Daher ihre unbeugsame Widerstandskraft.[3]) Daher ihre unbeugsame Widerstandskraft.

Das Bild des Märtyrers, das sich aus der Vereinigung dieser Züge ergibt, ist nicht erst kürzlich zusammengesetzt. Es entspricht vielmehr als Ganzes der Höhe, auf die das Martyrium überhaupt verlegt wird. Denn das Martyrium gilt als ein Vorgang, der sich in der Überwirklichkeit abspielt. Der Märtyrer hat es nicht nur mit Menschen und wilden Tieren, sondern mit dem Satan selbst zu tun.[4]) Daraus folgt aber auch, daß er mit übermenschlichen Kräften ausgerüstet sein muß. Denn wie könnte er diesen Gegner überwinden, wenn ihm das Auge nicht geöffnet würde und Christus nicht selbst für ihn stritte?

Erwägt man aber das innere Verhältnis, in dem die verschiedenen, dem Märtyrer zugeschriebenen Gaben zueinander stehen, so kann kein Zweifel darüber walten, daß die Fähigkeit, die unsichtbare Welt zu schauen, die grundlegende ist. Aus ihr leiten sich, gemäß der urchristlichen Auffassung, erst alle anderen Vorzüge ab. Wer die Herrlichkeit Christi geschaut hat, in dessen Antlitz strahlt sie wieder; der ist erfüllt vom heiligen Geist, ja der hat Christus selbst in sich.[5]) Diese ursprüngliche Ordnung der Begriffe, die im Mart. Polyc. 2, 27 noch unverkennbar hervortritt, ist allerdings schon in den Märtyrerakten von Lyon und

---

ἀλλὰ κατὰ καρδίαν ὁμιλοῦντος τῷ θεῷ; ebd. V 1, 56; 424, 12 f.: μηδὲ αἴσθησιν ἔτι τῶν συμβαινόντων ἔχουσα διὰ τὴν ... ὁμιλίαν πρὸς Χριστόν; Pass. Perpet. 4; 44, 13 Knopf²: et ego quae me sciebam fabulari cum domino. — Daß dabei nicht bloß an den gewöhnlichen Gebetsverkehr gedacht ist, lehrt schon die Tatsache, daß derselbe Ausdruck auch umgekehrt (vgl. die Stelle aus dem Mart. Polyc.) von der Beziehung Christi zu dem Märtyrer gebraucht wird; deutlicher noch geht dies aus der angeführten Stelle in der Pass. Perpet. hervor; denn dort sell offenbar ein Vorzug des Märtyrers gegenüber dem gewöhnlichen Christen angedeutet werden. Gemeint ist der Verkehr des Freundes mit dem Freunde. Denn der Märtyrer ist φίλος τοῦ θεοῦ. Die Grundstelle für die Anschauung ist Num. 12, 8: στόμα κατὰ στόμα λαλήσω αὐτῷ, ἐν εἴδει καὶ οὐ δι' αἰνιγμάτων, καὶ τὴν δόξαν κυρίου εἶδεν.

[1]) Mart. Polyc. 2, 3; 2, 4 ff. Knopf²: τοῖς τῆς καρδίας ὀφθαλμοῖς ἐνέβλεπον τὰ τηρούμενα τοῖς ὑπομείνασιν ἀγαθά, ἃ οὔτε οὓς ἤκουσεν οὔτε ὀφθαλμὸς εἶδεν οὔτε ἐπὶ καρδίαν ἀνθρώπου ἀνέβη, ἐκείνοις δὲ ὑπεδείκνυτο ὑπὸ τοῦ κυρίου; Act. Carpi 39; 13, 3 ff. Knopf²: ὁ δὲ μακάριος εἶπεν· εἶδον τὴν δόξαν κυρίου καὶ ἐχάρην, ἅμα δὲ καὶ ὑμῶν ἀπηλλάγην καὶ οὐκ εἰμὶ μέτοχος τῶν ὑμετέρων κακῶν; vgl. auch Act. Theclae 21; 222, 3 Gebhardt: καὶ ἐμβλέψασα εἰς τὸν ὄχλον εἶδεν τὸν κύριον καθήμενον ὡς Παῦλον.

[2]) Vgl. dafür schon Herakleon bei Clem. Strom. IV 72, 2; II 280, 26 ff. Stählin: μόνοι δ' ἐν αὐτῷ ὁμολογοῦσιν οἱ ἐν τῇ κατ' αὐτὸν ὁμολογίᾳ καὶ πράξει βιοῦντες, ἐν οἷς καὶ αὐτὸς ὁμολογεῖ ἐνειλημμένος αὐτοὺς καὶ ἐχόμενος ὑπὸ τούτων. διόπερ ἀρνήσασθαι αὐτὸν οὐδέποτε δύνανται; Mart. Lugd. bei Eus. V 1, 23; 410, 16 Schwartz; ebd. V 1, 42; 418, 18 Pass. Perpet. 15; 51, 3 Knopf²; Tert. De pudic. 22.

[3]) Vgl. die S. 525 A. 1 angeführten Stellen.

[4]) Am bezeichnendsten dafür ist Pass. Perp. 10; 48, 26 Knopf²: et intellexi me non ad bestias, sed contra diabolum esse pugnaturam.

[5]) Vgl. über diese Zusammenhänge, wie sie bereits bei Paulus vorliegen, Reitzenstein, Die hellenistischen Mysterienreligionen S. 178 ff. — Mit ganzer Kraft ist die alte Anschauung von Symeon dem neuen Theologen wieder erfaßt worden; vgl. K. Hell, Enthusiasmus und Bußgewalt S. 40 ff.

der Passio Perpetuae durch das Dazwischentreten des Verdienstgedankens gestört. Jetzt gilt die Offenbarung als eine besondere Stufe der Begnadigung, zu der auch der Märtyrer nur emporgelangt, nachdem er sich vorher durch eine Leistung, durch ein erstes Bekenntnis vor der Obrigkeit oder durch einen Kampf ein Anrecht darauf erworben hat.[1]) Aber es bleibt doch die Anschauung bestehen, daß der Märtyrer Offenbarungen erwarten darf; sie erscheinen nicht als Ausnahme, sondern als das Gewöhnliche, ja als das vom Märtyrer zu Beanspruchende.[2]) Perpetua kann mit Bestimmtheit sagen, daß sie bis zum nächsten Tag ein Gesicht haben wird.[3])

Diese prophetische Gabe des Märtyrers konnte so lange nicht zur vollen Geltung kommen, als ein wirkliches Prophetentum blühte. Denn sie war augenscheinlich in ihrer Bedeutung begrenzt. Dem Märtyrer wurde die jenseitige Welt nur wie blitzartig erhellt, während der Prophet in dauerndem Verkehr mit ihr stand. Aber seit Anfang des II. Jahrh. begann sich ein Mißtrauen gegen das Prophetentum festzusetzen. Die Wahrnehmung, daß vielfach um unlauterer Zwecke willen eine Offenbarung geheuchelt wurde (Did. 11, 77 f. Hermas Mandat. 11), untergrub das Ansehen des ganzen Standes. Gegen einen derartigen Verdacht war der Märtyrer von vornherein geschützt. So vermochte er sich nicht nur zu behaupten, sondern jetzt erst recht emporzusteigen. Er geht als einzig noch übrig gebliebener Vertreter des lebendigen Geistes in das apologetische Zeitalter hinüber.

Damit waren nun auch die Bedingungen dafür gegeben, daß der Kampf des Märtyrers in einer eigenen Schrift dargestellt wurde. Das Martyrium hob sich aus dem ganzen übrigen Leben des Märtyrers als etwas Besonderes, in sich Geschlossenes heraus, und das Zeugnis, das der Märtyrer vor der heidnischen Obrigkeit ablegte, erschien einer Aufzeichnung würdig, weil es in nunmehr einzigartiger Weise die Wahrheit des christlichen Glaubens, die Tatsächlichkeit der Auferstehung und das Dasein der überirdischen Welt auf Grund persönlichen Schauens bekräftigte.

Harnack[4]) hat im Unterschied von dem eben Angedeuteten den Sinn der Märtyrerakte so ausgedrückt, sie sollte dem Erweise dienen, daß 'die Kirche

---

[1]) Pass. Perpet. 4; 44, 11 f. Knopf[2]: *domina soror, iam in magna dignatione es, tanta ut postules visionem et ostendatur tibi an passio sit an commeatus*; vgl. auch Mart. Lugd. bei Eus. V 3, 2; 432, 9 f. Schwartz: Ἀττάλῳ μετὰ τὸν πρῶτον ἀγῶνα, ὃν ἐν τῷ ἀμφιθεάτρῳ ἤνυσεν, ἀπεκαλύφθη κτἑ.

[2]) Pass. Perpet. 4; 44, 15: *et postulavi, et ostensum est mihi hoc*. Man vergleiche damit Hermas, der wegen seines Verlangens nach neuen Offenbarungen von der Kirche getadelt wird Vis III 3, 1 ff.

[3]) Die alte Anschauung, für die das Bekenntnis den Höhepunkt bildete, wirkt darin noch nach, daß das Recht des Märtyrers, Sündenvergebung zu erteilen, von dem Augenblick an gilt, wo er vor der Obrigkeit gestanden ist. Die Märtyrer von Lyon wollen nur Bekenner heißen; trotzdem üben sie die Schlüsselgewalt in vollem Maße aus Eus. V 2, 2 und 5, vgl. Tertullian De pudicitia 22.

[4]) Das ursprüngliche Motiv der Abfassung von Märtyrer- und Heilungsakten in der Kirche, Sitz.-Ber. d. Berl. Akad. 1910 S. 124 u. 116.

der Gegenwart noch die Kirche des Ursprungs sei und daß Christus noch in dieser Kirche lebendig sei'. Allein bei dieser Fassung wird ein Gesichtspunkt in den Vordergrund gerückt, der für die damalige Zeit höchstens nebensächliche Bedeutung besaß. Daß sie 'noch' die Kirche des Ursprungs sei, war der Zeit um 150 nicht zweifelhaft[1]), und wenn sie wie der Gnosis gegenüber in die Lage kam, die Übereinstimmung zu erweisen, so tat sie dies lieber auf anderem Wege.[2]) Nicht im Blick auf irgendwelche Fragen und Gegensätze innerhalb des Christentums ist die Märtyrerakte geschaffen worden, sondern aus dem allgemeiner gerichteten Bedürfnis heraus, die Wahrheit der christlichen Verkündigung durch die Vorführung von Augen- und Tatzeugen zu bekräftigen. Und zwar zunächst nicht um derer willen, die draußen standen, sondern für die Glieder der christlichen Gemeinde selbst: *fidei exempla et dei gratiam testificantia et aedificationem hominis operantia propterea in litteris sunt digesta, ut lectione eorum … et deus honoretur et homo confortetur.*[3])

Aber das Merkwürdige ist nun, daß die Märtyrerakte[4]) von vornherein in

---

[1]) Einen Zweifel in dieser Hinsicht hat erst der Montanismus geltend gemacht; er hatte darum Grund, sich gegenüber der Großkirche auf die Zahl seiner Märtyrer zu berufen (Eus. V 16, 20 f.; 468, 10 ff. Schwartz), ganz wie Melitius später seine Kirche die ἐκκλησία τῶν μαρτύρων nannte. — Die Nöte, die Hermas niederdrückten (Vis. III 10 f.), sind anderer Art, und aus ihnen konnte der Gedanke an die Märtyrer den Bekümmerten erst recht nicht herausreißen.

[2]) Vor Irenäus IV 33, 9; II 263 Harvey hat meines Wissens niemand die Märtyrer gegen die Gnosis ins Feld geführt. Irenäus selbst aber folgt dabei dem Vorgang der Montanisten.

[3]) Pass. Perpet. 1; 42, 1 ff. Knopf[2]; vgl. auch ebd. 43, 4 f.: *ut et vos qui interfuistis rememoremini gloriae dei et qui nunc cognoscitis per auditum communionem habeatis cum sanctis martyribus et per illos cum domino Iesu Christo* und Mart. Polyc. 20, 1; 8, 29 f. Knopf[2]: καὶ τοῖς ἐπέκεινα ἀδελφοῖς τὴν ἐπιστολὴν διαπέμψασθε, ἵνα καὶ ἐκεῖνοι δοξάσωσι τὸν κύριον, τὸν ἐκλογὰς ποιοῦντα ἀπὸ τῶν ἰδίων δούλων. Wie unter anderem diese Stelle zeigt, drängt sich von Anfang an neben dem erbaulichen Zweck auch die Rücksicht auf die Verherrlichung der Märtyrer stark hervor. Die Akte wird eben unwillkürlich zugleich ein Ehrendenkmal für den Gefeierten. Es ist kein Zufall, daß die älteste Märtyrerakte zugleich auch das erste Zeugnis für die Hochschätzung der Reliquien enthält. Ich erinnere auch an die treffende Bemerkung von Ed. Schwartz zu Mart. Polyc. 13, 2 (De Pionio et Polycarpo, Göttinger Programm 1905).

[4]) Ich betrachte als echt d. h. als zeitgenössisch — die weiteren Abstufungen, die Delehaye einzuführen versucht hat, enthalten bereits Geschmacksurteile — die Akten des Polycarp, des Carpus und Papylus (vielleicht überarbeitet; z. B. fällt der Ausdruck § 41; S. 13, 10 Knopf[2]: κατηξίωσας καὶ ἐμὲ τὸν ἁμαρτωλόν in damaliger Zeit auf; vgl. Pass. Patr. bei Ruinart 621: *quamvis peccator, Christi tamen me famulum profiteor*), des Justin (auch hier deutet [abgesehen von dem Einleitungssatz] wenigstens die ins IV. Jahrh. gehörende Bezeichnung für Christus V 6; 18, 21 Knopf[2]: τοῦ δεσπότου ἡμῶν καὶ σωτῆρος auf eine leichte Umgestaltung des Textes), der Märtyrer von Lyon, der Scilitaner, der Perpetua und Felicitas, des Cyprian, des Jacobus und Marianus, des Montanus und Lucius, des Pionius, des Gurias und Samonas, des Saturninus, des Maximilianus, des Marcellus, des Felix. Unsicher bin ich bei den Akten des Crispina. — Es scheiden also für mich aus, um bloß die wichtigsten zu nennen — die Gründe kann ich nur andeuten, und das Urteil bezieht sich selbstverständlich immer auf die bis jetzt als älteste gedruckte Form — vor allem die Akten des Apollonius, deren Unglaub-

doppelter Form auftritt, in der der Brieferzählung (Mart. Polyc. und Mart. Lugd.) und in der des Verhörsprotokolls (Mart. Iust. und Mart. Scilit.).[1])

   Man muß genauer, als dies bisher geschehen ist, auf den Unterschied der beiden Formen achten, wenn man die Entstehung der Gattung begreifen will.

   Bei der Brieferzählung ist der Brief nicht bloße Einkleidung. Denn die Gemeinden benützen die Gelegenheit, um im Anschluß an das Erzählte auch Erfahrungen und Urteile miteinander auszutauschen; so die Smyrnäer über das Sichherzudrängen zum Martyrium (Kap. 4), die Lugdunenser über die Ausübung der Schlüsselgewalt durch die Märtyrer (Eus. h. e. V 2, 2 f.), über allzuweit getriebene Askese (V 3, 2) und namentlich über die montanistische Prophetie (V 3, 3).

   Aber die zwanglose Form des Briefs schließt doch schriftstellerische Ab-

---

würdigkeit mir von jeher feststand. Geffckens Nachweis hat mich in dieser Überzeugung nur bestärkt. Allerdings möchte ich manches anders ausdrücken als er. In § 42; 40, 16 ff. Knopf² liegt das Verräterische vielmehr darin, daß Apollonius eine Wendung gebraucht, die weit über das hinausgeht, was sonst ein Christ vor Gericht gesagt hat und sagen konnte. Apollonius behauptet: selbst wenn der christliche Glaube ein Irrtum wäre, so wäre es mindestens ein für die Sittlichkeit nützlicher Irrtum. Das streift hart an Voltaires Urteil über den christlichen Vergeltungsglauben. Aber konnte ein Christ des II. Jahrh., einer, der wirklich dem Tod ins Auge schaute, so kühl die Möglichkeit zugeben, daß der christliche Auferstehungsglaube eine Täuschung wäre? Man vergleiche doch Act. Just. V. 3; 18, 13 Knopf²: οὐχ ὑπονοῶ, ἀλλ' ἐπίσταμαι καὶ πεπληροφόρημαι. Zu beachten ist vielleicht auch, daß der auf das Gebet sich beziehende Ausdruck θυσία ἀναίμακτος καὶ καθαρά (§ 8; 35, 32 Knopf² und § 44; 40, 29) zugleich an die seit 250 aufkommende Bezeichnung des Abendmahlsopfers anklingt. Wenn das zuträfe, so wäre damit ein *terminus a quo* für die Entstehung unserer Akten gegeben. Weiter fallen für mich weg die Akten des Achatius, des Maximus, des Fructuosus (die bei Ruinart gedruckten Akten gehören sicher erst ins IV. Jahrh.; vgl. schon den dem Stil der nachdiokletianischen Akten entsprechenden Anfang des Verhörs: *ex officio dictum est: adstat* usw. und den Befehl des Märtyrers am Schluß, die zerteilten Reliquien wieder zu vereinigen, der gegen eine erst im IV. Jahrh. nachweisbare Gewohnheit gerichtet ist; dazu die dem Polykarpmartyrium (13, 2) nachgebildete Stelle: *cum fletibus deprecans, ut cum excalcearet*), der Agape, Chionia, Irene (frühestens letztes Drittel des IV. Jahrh.; vgl. δεσπότης als Name für Christus S. 86, 13 und 87, 11 Knopf² und die ganz mönchische Redeweise 87, 3 ff.: καταλείπουσι μὲν τὴν πατρίδα καὶ γένος κτέ. und 87, 11: μέχρι θανάτου τὸν δεσπότην ἀγαπήσασαι), des Euplus (verdächtig ist insbesondere die Aufforderung des Konsulars S. 94, 7 Knopf², der eine Dreiheit von Göttern nennt, damit der Märtyrer mit einem Bekenntnis zur Trinität — in den echten Akten unserer Zeit handelt es sich immer um das Bekenntnis zum einen geistigen Gott — antworten kann), des Irenäus (ganz nach dem Schema gearbeitet), des Philippus von Heraclea (brachte außer dem Einfluß des Polykarpmartyriums in Kap. 7 und Kap. 13 auch den Zug, daß die Engel an Stelle von Christus eingeschoben werden, Kap. 9: *per angelos suos nobis, pro quo patimur, Christus imminuet*, Kap. 10: *ope tectus angelica*), des Quirinus von Siscia (weist ganz die stehenden Züge der Akte des ausgehenden IV. Jahrh. auf).

   [1]) Die Akten der Perpetua und Felicitas nehmen eine eigene Stellung ein. Sie gehören mit dem Polykarpmartyrium und den lugdunensischen Akten zusammen, sofern sie auf die Geschichte den entscheidenden Wert legen. Aber der Form: Selbstaufzeichnungen der Märtyrer mit einer umrahmenden Schilderung, als Buch (vgl. Reitzenstein, Die Nachrichten über den Tod Cyprians S. 46) herausgegeben, bedeutet eine Neuerung. Nachgewirkt hat sie indes fast nur in Afrika.

sichten nicht aus. Man bemerkt vielmehr sofort, daß die Schilderung von Anfang bis zu Ende von einem bestimmten Grundgedanken beherrscht ist. Gleich
das Polykarpmartyrium kann dies veranschaulichen. Dort ist unverkennbar, daß
der Verfasser darauf ausgeht, die Vorgänge, bei denen sich das Eingreifen des
Geistes zeigt, stark hervorzuheben, um so den ganzen Verlauf des Kampfes als
eine ununterbrochene Kette von Geisteswundern[1]) erscheinen zu lassen.

Schon vor seiner Verhaftung wird dem Polykarp durch ein Gesicht geoffenbart, nicht nur daß, sondern auch welchen Todes er sterben wird (V 2).
Wie die Häscher ihn ergreifen, und ihm eine Stunde fürs Gebet gewährt wird,
kommt der Geist so mächtig über ihn (VII 3: πλήρης ὢν τῆς χάριτος τοῦ θεοῦ
οὕτως ὡς κτέ.), daß er zwei Stunden lang fortfahren muß. In dem Augenblick,
in dem er das Stadion betritt, hören die anwesenden Christen deutlich die
Himmelsstimme: ἴσχυε Πολύκαρπε καὶ ἀνδρίζου (IX 1). Während er sein Bekenntnis ablegt, leuchtet sein Antlitz so von himmlischer Gnade, daß der Prokonsul darüber außer sich gerät (XII I). Wie der Scheiterhaufen angezündet
wird, ereignet sich das Wunder (XV 1: θαῦμα εἴδομεν), daß die Flamme ihn
wie ein vom Wind geblähtes Segel umgibt; zugleich verbreitet sich ein Wohlgeruch wie von Weihrauch. Auch darin findet der Verfasser zuletzt noch ein
Wunder, daß das beim Todesstoß in Masse ausströmende Blut das Feuer aus-
löscht (XVI 1: ὥστε ... θαυμάσαι πάντα τὸν ὄχλον, εἰ τοσαύτη τις διαφορὰ
μεταξὺ τῶν τε ἀπίστων καὶ τῶν ἐκλεκτῶν). Und zum Überfluß sagt der Verfasser selbst am Schluß noch ausdrücklich, unter welchem Gesichtspunkt er das
Ganze betrachtet haben will (XX 2): μαθόντες οὖν ταῦτα καὶ τοῖς ἐπέκεινα
ἀδελφοῖς τὴν ἐπιστολὴν διαπέμψασθε, ἵνα καὶ ἐκεῖνοι δοξάσωσι τὸν κύριον τὸν
ἐκλογὰς ποιοῦντα ἀπὸ τῶν ἰδίων δούλων.

Ganz dasselbe läßt sich beim Martyrium der Lugdunenser wahrnehmen.
Auch hier ist kein Gewicht darauf gelegt, den äußeren Hergang des Prozesses
und des Kampfes in allen seinen Einzelheiten genau zu schildern. In dieser
Beziehung ist vieles nur flüchtig berührt oder ganz übergangen. Es handelt sich
für den Erzähler um die Persönlichkeiten, und zwar um diejenigen, die sich
hervorgetan haben — es werden längst nicht alle vorgeführt, die damals gelitten haben —; an ihnen wird gezeigt, das ist der Sinn des Briefes, wie die
Kraft Christi sich sieghaft selbst in schwachen Gefäßen auswirkte.

Auf einen ganz anderen Ton ist die zweite Form, die Prozeßakte gestimmt.
Die warme persönliche Mitempfindung für die Brüder, die im Brief überall
zum Ausdruck kommt, tritt hier zurück. Der Bericht beschränkt sich auf die
Wiedergabe des Verhörs und gipfelt in der Verkündigung des Todesurteils
durch den Richter; nur kurz wird nachher noch die Vollziehung des Urteils
erwähnt.

Trotz des amtlichen Stils, der hier innegehalten wird, können aber die

---

[1]) Es handelt sich um Wunder, die an Polykarp, nicht um solche, die durch ihn
vollzogen werden. Darin liegt der Unterschied gegenüber der späteren Zeit. Vgl. dafür auch
Hippolyt in Dan. II 38; 116, 7 f. Bonwetsch: ἡνίκα γὰρ ἄν τις τῶν ἁγίων ἐπὶ μαρτύριον
κληθῇ καὶ μεγαλεῖά τινα ὑπὸ θεοῦ εἰς αὐτὸν γενηθῇ κτέ.

christlichen Akten dieser Art nicht eine einfache Abschrift des richterlichen Protokolls oder eine wortgetreue Aufzeichnung des wirklichen Verhörs darstellen. Das erhellt bei den Akten der scilitanischen Märtyrer unmittelbar schlagend aus dem Umstand, daß in dem Verhör nicht einmal alle Personen auftreten, die an dem Prozeß beteiligt waren. Am Schluß (§ 12, S. 34, 5 Knopf[2]) erfährt man, daß zwölf Christen hingerichtet wurden. Der Kopf des Schriftstücks und das Todesurteil nennt nur sechs; an letzterer Stelle wird aber wenigstens mit einem *et ceteros* auf die anderen hingedeutet. In der Verhandlung selbst gelangen nur fünf zum Wort; Nartzalus fehlt von den eingangs Erwähnten; doch wird bei der Urteilsverkündigung eine Äußerung von ihm hervorgehoben. Die übrigen sechs spielen die Rolle von stummen Personen. In Wirklichkeit aber mußten auch sie alle mindestens darüber befragt werden, ob sie Christen seien oder nicht. — Ähnlich steht es in den Akten Justins. Bei der ersten Umfrage kommen außer Justin noch sieben andere an die Reihe; bei der zweiten, entscheidenden spricht nur noch Justin. Von den übrigen wird bloß zusammenfassend gesagt: ὡσαύτως δὲ καὶ οἱ λοιποὶ μάρτυρες εἶπον· ποίει ὃ θέλεις· ἡμεῖς γὰρ Χριστιανοί ἐσμεν καὶ εἰδώλοις οὐ θύομεν (V 7; S. 18, 21 ff. Knopf[2]).

Es hat demnach eine Auswahl des Stoffes stattgefunden, und die Auswahl kann unter keinem anderen Gesichtspunkt erfolgt sein, als unter dem, nur die besonders treffenden und eindrucksvollen Antworten der Märtyrer festzuhalten.

Beide Formen haben also ihr bestimmtes schriftstellerisches Gepräge, beide entsprechen einer eigenartigen inneren Stellung gegenüber dem zu schildernden Gegenstand. Wenn man sich dies vergegenwärtigt, so wird von vornherein unwahrscheinlich, daß das Christentum die eine wie die andere, zumal gleichzeitig, aus eigenen Kräften hervorgebracht haben sollte.

Bezüglich der zweiten, des Verhörsprotokolls, haben die Untersuchungen von Wilamowitz[1]), A. Bauer[2]), Geffcken[3]), Reitzenstein[4]), Wilcken[5]) bereits ein sicheres Ergebnis gezeigt. Es darf als festgestellt gelten, daß die christliche Prozeßakte sich an eine hellenistische Literaturgattung anschließt, die im II. Jahrh. n. Chr. schon weit entwickelt war.

Denn wie Geffcken[6]) mit Recht betont hat, auch das Heidentum besaß seine Märtyrer und rühmte sich ihrer seit alters. Es pries den Philosophen, der vor dem Gewalthaber seinen Standpunkt bis zum Tode vertrat. Man darf wohl noch hinzufügen, daß gerade in der Kaiserzeit der Philosoph sich gegenüber der herrschenden Staats- und Gesellschaftsordnung in ähnlicher Spannung be-

---

[1]) Gött. Gel. Anzeigen 1898 S. 690. Die griechische Literatur des Altertums[2] S. 274 (Kultur der Gegenwart 1912).

[2]) Heidnische Märtyrerakten (Arch. f. Papyrusforschung 1900 I 29 ff.).

[3]) Die Acta Apollonii, Nachr. d. Gött. Ges. 1904. Zwei christliche Apologeten, 1908. Die christlichen Martyrien, Hermes 1910 XLV.

[4]) Ein Stück hellenistischer Kleinliteratur, Nachr. d. Gött. Ges. 1904. Die Nachrichten über den Tod Cyprians (Sitz.-Ber. d. Heidelb. Akad. 1913).

[5]) Alexandrinische Gesandtschaften vor Kaiser Claudius, Hermes 1895 XXX. Zum alexandrinischen Antisemitismus (Abh. d. sächs. Ges. d. Wiss. 1909 XXVII).

[6]) Hermes XLV 493 ff.

fand, wie der Christ[1]): dieselben Kaiser, die das Christentum als seine ersten und grausamsten Verfolger im Gedächtnis behielt, brandmarkt auch die Vita Apollonii als die Feinde der Philosophie.[2])

Die Verherrlichung dieser Helden der Überzeugung hatte längst einen festen Gegenstand der philosophisch-erbaulichen Schriftstellerei gebildet[3]), als die beginnende Kaiserzeit dafür die neue wirksame Form des Prozeßprotokolls schuf. Was ihr eigentümlich war — die Nachahmung[4]) des amtlichen Stils, das Wertlegen auf das Wortgefecht, die Zuspitzung der ganzen Darstellung auf die Verherrlichung des Freimuts und der Schlagfertigkeit des Angeklagten —, das alles kehrt Zug um Zug in den christlichen Akten wieder.

. Jedoch auch die andere Form der christlichen Märtyrerakte hat ihre Vorstufen. v. Wilamowitz und Deißmann[5]) haben bereits darauf hingedeutet, daß wohl auch jüdische Vorbilder, insbesondere das zweite Makkabäerbuch, auf die christlichen Darstellungen eingewirkt haben möchten. Aber hier ist es nötig, tiefer zu graben.

Innerhalb des Judentums hat der makkabäische Kampf zugleich die Hochschätzung für diejenigen gesteigert, die um ihres Glaubens willen das Leben gelassen haben, wie er die prophetische Gabe, den Enthusiasmus, wieder belebte.

Beides wirkt eigenartig zusammen in der Art, wie man jetzt den Propheten auffaßt. Die Anschauung, die schon Deuterojesaja vertritt, daß der Prophet für sein Zeugnis sterben muß, schlägt nunmehr durch. In diesem Sinn werden schon die Gestalten der alten Propheten umgebildet. Man denkt sie sich, und gerade die größten, mit Vorliebe als Märtyrer. Aber man wendet diese Anschauung auch auf die Männer der Gegenwart an. Allbekannte Worte aus den

---

[1]) Die Ähnlichkeit ist auch auf heidnischer Seite bemerkt worden. Ich erinnere an Epiktets Vergleichung zwischen der Furchtlosigkeit der Christen vor dem Tyrannen und der des Philosophen, Diss. IV 7, 6. Ein hübsches Seitenstück zu Epiktets Urteil über die Christen liefert das des Chrysostomus über die Philosophen In s. Babylam Kap. 7; Migne 52, 543: οὐ καθάπερ οἱ παρ' Ἕλλησι σοφοί, οἳ συμμέτρως μὲν οὐδέποτε, πανταχοῦ δὲ ὡς εἰπεῖν ἢ πλέον ἢ ἔλαττον τοῦ δέοντος παρρησιάζουσιν, ἵνα ἀνδρείας μὲν οὐδαμοῦ, παθῶν δὲ ἀλογίστων δόξαν λάβωσι πανταχοῦ.

[2]) Weniger Gewicht möchte ich auf den, vielleicht schon vor Geffcken den Theologen nicht so ganz unbekannten Gebrauch des Wortes μάρτυς bei Epiktet legen. Denn Epiktets Begriff von μάρτυς enthält gerade das nicht, was das Christentum betonte. Bei ihm bedeutet μάρτυς zunächst nichts anderes als ἄγγελος d. h. Bote. Er schärft dann allerdings unermüdlich ein, daß erst der ein wirklicher Zeuge sei, der seine Philosophie nicht bloß predige, sondern sie auch im Leben bewähre. Aber Leiden und Sterben gehört für·ihn nicht notwendig dazu. Geffckens Satz: 'Das Wort μάρτυς . . . hat rein philosophischen Ursprung' (Hermes XLV 496) ist, wie sich unten zeigen wird, auf alle Fälle unrichtig.

[3]) Den besten Beleg dafür bietet die von Clemens Alexandrinus (Strom. IV 56, 2; II 274, 8 Stählin; vgl. Theodoret, Graec. aff. cur. VIII; Migne 83, 1029 A) bezeugte Schrift des Timotheus von Pergamon Περὶ τῆς τῶν φιλοσόφων ἀνδρείας. — Gegenüber Reitzenstein möchte ich indes hervorheben, daß es sich nicht um 'Unterhaltungs'literatur handelt.

[4]) Ich rede von Nachahmung im selben Sinn wie Reitzenstein, Die Nachrichten über den Tod Cyprians (Sitz.-Ber. d. Heid. Akad. 1913) S. 40 ff.

[5]) Theol. Lit.-Zeit. 1898 S. 608.

Evangelien (Matth. 21, 35; 23, 30. 35. 37; Luk. 13, 32) bestätigen, wie fest zur Zeit Jesu der Glaube eingewurzelt war, daß der Prophet den Tod erleiden muß.[1]

Und es scheint, daß im Zusammenhang damit das Wort μάρτυς in einem neuen Sinn für den Propheten aufkam. Die LXX kennen das Stammwort als Bezeichnung für den Propheten nicht; sie übersetzen das Hebräische 'bezeugen, Zeugnis' — ein häufiger Ausdruck für die Tätigkeit des Propheten — mit διαμαρτύρεσθαι und διαμαρτυρία. Aber in der Apokalypse findet sich an einer Stelle, die sicher auf jüdische Quellen zurückgeht, μάρτυς als auszeichnender Name für den Boten Gottes verwendet. Apok. 11, 3 ff. ist von zwei Propheten die Rede, die vor dem Kommen des Messias in Jerusalem Buße predigen sollen, um dann erschlagen zu werden und nach $3\frac{1}{2}$ Tagen wieder aufzuerstehen. Sie heißen jedoch nicht Propheten, sondern μάρτυρες αὐτοῦ, sc. τοῦ θεοῦ. Μάρτυρες τοῦ θεοῦ, derselbe Name, den die Urgemeinde für die Zeugen der Auferstehung Jesu verwendete.[2]

Das Judentum hat aber auch schon eigenartige Gedanken darüber entwickelt, wie der Prophet das von den Gottlosen über ihn verhängte Leiden zu überwinden vermag. In der Ascensio Jesaiae (5, 6 Beer) heißt es, als die Marter beginnt und die Gegner den Propheten verspotten: 'Jesaja aber schaute den Herrn, und seine Augen waren ⟨nach ihm zu⟩ geöffnet, so daß er sie ⟨nicht⟩ sah.' Und nachher (5, 14 Beer): 'Jesaia aber schrie weder noch weinte er, als er zersägt wurde, sondern sein Mund unterhielt sich mit dem heiligen Geist, bis er entzweigesägt worden war.' Damit mag man noch vergleichen 4. Makkab. 6, 5 f. Swete: ὁ δὲ μεγαλόφρων καὶ εὐγενὴς ὡς ἀληθῶς Ἐλεάζαρος ὥσπερ ἐν ὀνείρῳ βασανιζόμενος κατ' οὐδένα τρόπον μετετρέπετο· ἀλλὰ ὑψηλοὺς ἀνατείνας εἰς τὸν οὐρανὸν τοὺς ὀφθαλμοὺς ἀπεξαίνετο ταῖς μάστιξιν τὰς σάρκας; 7, 13 f.: λελυμένων ἤδη τῶν τοῦ σώματος τόνων ... ἀνενέασεν τῷ πνεύματι τοῦ λογισμοῦ καὶ τῷ Ἰσακείῳ λογισμῷ τὴν πολυκέφαλον στρέβλαν ἠκύρωσεν; 9, 21 f.: καὶ περιτετηγμένον ἤδη ἔχων τὸ τῶν ὀστέων πῆγμα ὁ μεγαλόφρων καὶ Ἀβραμιαῖος νεανίας οὐκ ἐστέναξεν, ἀλλ' ὥσπερ ἐν πυρὶ μετασχηματιζόμενος εἰς ἀφθαρσίαν ὑπέμεινεν εὐγενῶς τὰς στρέβλας.

Man trifft hier bereits auf dieselbe Vorstellung von der Entrückung des Märtyrers in eine jenseitige Welt und der dadurch bewirkten Unempfindlichkeit gegenüber den Martern, wie wir sie im Urchristentum gefunden haben. Für die Verbreitung dieser Anschauung innerhalb des Judentums zeugt insbesondere der Umstand, daß sie auch im vierten Makkabäerbuch zutage tritt, obwohl hier unter dem Einfluß der griechischen Philosophie das Enthusiastische abgeschwächt ist. Die Übereinstimmung zwischen Judentum und Christentum reicht bis in 1

---

[1] Dieser Punkt dürfte vielleicht auch bei der Frage nach der Entwicklung des Selbstbewußtseins Jesu stärker beachtet werden. Sobald Jesus weiß, daß er ein Prophet ist, sieht er sich auch der Möglichkeit gegenüber, daß sein Zeugnis ihm den Tod bringt.

[2] Vgl. oben S. 523 Anm. 3. Das Christentum bringt jedoch insofern etwas Neues in den Begriff herein, als es eine bestimmte Machttat Gottes — die Auferweckung Jesu — als Gegenstand des Zeugnisses hervorhebt. Infolge davon nähert sich dann der christliche Sinn des Wortes wieder der ursprünglichen Bedeutung = Augenzeuge.

die einzelnen Ausdrücke hinein: die Wendung in der Asc. Jes. 5, 14: 'sein
Mund unterhielt sich mit dem heiligen Geist' führt auf dasselbe ὁμιλεῖν, das
wir oben (S. 525 Anm. 5) als bezeichnende Redensart kennen gelernt haben;
wie denn etwa Mart. Lugd. V 1, 51; 422, 16 Schwartz fast als eine Wiederholung
von Asc. Jes. 5, 14 erscheint. Man halte nebeneinander: 'Jesaja aber schrie weder
noch weinte er ..., sondern sein Mund unterhielt sich mit dem heiligen Geist'
und 'μήτε στενάξαντος μήτε γρύξαντός τι ὅλως, ἀλλὰ κατὰ καρδίαν ὁμιλοῦντος
τῷ θεῷ. Zu dem Ausdruck: 'Jesaja aber schrie weder noch weinte er' und
4. Makk. 4, 9: οὐκ ἐστέναξεν vgl. auch noch Mart. Polyc. 2, 2. — Ebenso sieht
man sich durch 4. Makk. 6, 5: ὥσπερ ἐν ὀνείρῳ βασανιζόμενος unmittelbar erinnert an Pass. Perp. 20; S. 53, 13 Knopf[2]: quasi a somno expergita. — Endlich verdient wohl auch Asc. Jes. 5, 7: 'Jesaja aber schaute den Herrn, und seine
Augen waren ⟨nach ihm zu⟩ geöffnet', 4. Makk. 6, 6: ἀνατείνας εἰς τὸν οὐρανὸν
τοὺς ὀφθαλμούς verglichen mit Act. 7, 55: ἀτενίσας εἰς τὸν οὐρανὸν εἶδεν δόξαν
θεοῦ eine gewisse Beachtung.

Auf Grund davon darf man wohl sagen: das Christentum hat mit dem
Namen μάρτυς τοῦ θεοῦ auch die ganze Vorstellung vom Märtyrer aus dem
Judentum übernommen, und jüdische Schriften von der Gattung des Martyrium
Jesaiae bilden für die in Form der Brieferzählung gefaßte Märtyrerakte ebenso
die Vorstufe wie das heidnische Verhörsprotokoll für die christliche Prozeßakte.

So deutlich wie kaum an einem anderen Punkt sieht man also in den
Märtyrerakten die beiden Ströme ineinanderfließen, aus denen das christliche
Schrifttum entstanden ist.

Aber aus dieser Einsicht erwächst noch eine letzte Frage. Es ist verständlich, daß das Christentum, als es seine Märtyrer durch Schriften zu ehren anfing, sich an ein jüdisches Vorbild anlehnte: das war das Gegebene, wenn die
Sache, die Auffassung des Märtyrers, von dorther stammte. Aber es ist nicht
ebenso selbstverständlich, daß das Christentum es für angemessen hielt, gleichzeitig auch noch auf die profane Form des Verhörsprotokolls zurückzugreifen.

Hier ist eine Erklärung notwendig. Sie liegt in der Tatsache, daß das Auftreten der Märtyrerakten zeitlich etwa zusammenfällt mit dem Emporkommen
der apologetischen Theologie. Durch diese aber war ein neuer Sinn für Urkund-
lichkeit ins Christentum verpflanzt worden. Denn es gehörte mit zu der Aufgabe, die die Apologeten sich stellten, daß sie die von ihnen angeführten Tatsachen wissenschaftlich festzulegen sich bemühten. So haben sie sich in Chronographie versucht und so auch namentlich innerhalb des Weissagungsbeweises
Urkunden beizubringen sich bestrebt. Justin beruft sich, um die Wirklichkeit
der Wunder Jesu und der Vorgänge bei der Kreuzigung zu erhärten, auf die
Akten des Pilatus (Apol. I 48, 3; 35, 9), für die Geburt in Bethlehem auf die
Akten der Schatzung des Quirinius (Apol. I 34, 2). Es verschlägt dabei nichts,
daß es diese Urkunden entweder nicht gegeben oder daß Justin sie jedenfalls
nie gesehen hat. Das Bedeutsame liegt in der Tatsache, daß Justin überhaupt
das Bedürfnis empfindet, amtliche Urkunden ins Feld zu führen. Nur so meint
er seine Leser überzeugen zu können.

Diesem Zug entspricht es, wenn das Christentum auch für die Schilderung des Märtyrertums die Form des Verhörsprotokolls willkommen hieß. Und doch ist unverkennbar, daß die Aufnahme dieser Form eine tiefgreifende Wandlung der ganzen Anschauung in sich schloß. Denn in ihr konnte gerade das nicht zum Ausdruck gebracht werden, worauf das Urchristentum anfänglich den größten Wert legte. Sie kam zwar der alten Auffassung insofern entgegen, als sie das Bekenntnis vor dem Richter als das Wichtigste heraushob. Aber die Seite der alten Märtyrervorstellung, daß der Märtyrer durch sein Bekenntnis über sich selbst hinauswächst, fiel in der Prozeßakte völlig zu Boden. Hier konnte nur gezeigt werden, wie der Märtyrer sich bewährt; sich bewährt in dem, was er bereits ist und hat. Es wiederholt sich dabei an einem einzelnen Punkt, was von der apologetischen Theologie überhaupt gilt. Wie man ihr mit Recht nachsagt, daß sie den Enthusiasmus vollends zurückgedrängt habe, so hat auch unsere Form im gleichen Sinn gewirkt.[1]) Auf sie geht es wesentlich mit zurück, wenn sich allmählich der philosophische Begriff des Märtyrers dem urchristlichen unterschob.[2])

Man spürt den Umschwung schon bei Tertullian. Er geht in seiner Ermahnung an die Märtyrer noch ganz von der alten Anschauung aus[3]); aber er empfindet es nicht als stillos, den Märtyrern gleichzeitig auch Lucretius, Mucius Scävola, Heraklit, Empedokles, Peregrinus Proteus und Dido als Muster vorzuhalten (Kap. 4).

Aber die Protokollform brachte, während sie den Geist dämpfte, dafür etwas anderes in die Märtyrervorstellung hinein, das Wertlegen auf die rednerische Fertigkeit. Damit rückte dann an die Verfasser christlicher Märtyrerakten dieselbe Versuchung heran, wie an ihre hellenistischen Vorgänger[4]), der Wirklichkeit in etwas aus eigenen Mitteln nachzuhelfen.

Geffcken hat es seinerzeit unternommen, die Reden in den Märtyrerakten planmäßig mit den Schriften der Apologeten zu vergleichen. Er ist dadurch zu einem grundsätzlichen Zweifel an der Echtheit, mindestens der längeren Reden[5]), geführt worden. Seine Untersuchungen behalten ihr Verdienst, auch wenn die Folgerungen, die er gezogen hat, weit über das Ziel hinausgeschossen haben.

Denn es steht zwar, wie Harnack sofort hervorhob[6]), durch unanfecht-

---

[1]) Gleichzeitig wandelt sich auch der Inhalt des Bekenntnisses: früher galt es dem auferstandenen Christus, jetzt dem einen, geistigen Gott.

[2]) Wie das 4. Makkabäerbuch zeigt, hat sich diese Wendung auch schon innerhalb des Judentums vollzogen. Im Christentum war sie dadurch vorbereitet, daß die bezeichnenden philosophischen Ausdrücke ἀγών, ἄθλησις, ἀθλητής seit alters Eingang gefunden hatten. Phil. 1, 30: τὸν αὐτὸν ἀγῶνα ἔχοντες; 1. Tim. 6, 12: ἀγωνίζου τὸν καλὸν ἀγῶνα τῆς πίστεως; Hebr. 10, 32: ἄθλησις παθημάτων; 1. Clem. 5, 1: ἀθλητής; ebd. 7, 1: ἀγών usw.

[3]) Ad. Mart. 1: nolite contristare spiritum sanctum, qui vobiscum introiit carcerem; ebd. 2: hoc praestat carcer Christianis, quod eremus prophetis.

[4]) Über diese Seite der heidnischen Akten vgl. zuletzt Reitzenstein, Die Nachrichten über den Tod Cyprians (Sitz.-Ber. der Berl. Akad. 1913) S. 39 ff.

[5]) So hat Geffcken Hermes 1910 XLV 482 seine frühere Behauptung eingeschränkt.

[6]) Deutsche Lit.-Zeit. 1904 S. 2464 ff.

bare Belege fest, daß tatsächlich Märtyrer längere Reden vor Gericht gehalten haben.

Ebenso steht fest, daß mindestens in einzelnen Fällen die christliche Gemeinde im Besitz richtiger amtlicher Protokolle gewesen ist. Das beweist Eus. VII 11, 6—11, eine Urkunde, mit der sich Geffcken nur· ganz ungenügend auseinandergesetzt hat.[1]) Die Umstände, unter denen Dionysius auf die Akten zurückgreift, schließen jeden Zweifel daran aus, daß er das Stück genau so wiedergibt, wie er es vorfand, und Äußerlichkeiten, wie die, daß hinter dem Namen des Amilian regelmäßig der Titel διέπων τὴν ἡγεμονίαν wiederholt wird (656, 5. 19. 24 Schwartz)[2]), bekräftigen unzweideutig die amtliche Herkunft des Protokolls.

Auch der Umstand würde an und für sich noch keinen Anlaß zu Bedenken geben, daß in den christlichen Märtyrerakten der Märtyrer ausgiebiger zum Wort kommt als der Richter.[3]) Allerdings ist es in den amtlichen Protokollen umgekehrt; aber darum braucht das, was die christlichen Berichte den Märtyrer sagen lassen, noch nicht von vornherein erfunden zu sein. Ich erinnere an die Konzilsakten. Wir kennen eine Anzahl von Fällen, wo die an der Verhandlung Beteiligten sich über die Fassung des Protokolls beschweren. So 381 in Aquileja Palladius gegen Ambrosius (S. 250 Ballerini): *tu iudex es, tui exceptores hic sunt*, worauf Ambrosius antwortet: *scribant tui, qui volunt*; aber trotzdem sagt Palladius hintendrein (S. 253): *non tibi respondeo quia quaecunque ego dixi, non sunt scripta. vestra tantummodo scribuntur verba.* Ebenso wird Dioskur in Chalcedon wegen seines Verhaltens auf der Räubersynode beschuldigt (Mansi 6, 624 B): ἐκβαλὼν γὰρ τοὺς πάντων νοταρίους τοὺς ἑαυτοῦ ἐποίησε γράφειν. ἔλθωσιν οἱ νοτάριοι καὶ εἴπωσιν, εἰ ἐγράφη ταῦτα ἢ παρόντων ἡμῶν ἀνεγνώσθη. Man sieht aus diesen und ähnlichen Stellen, daß das Protokoll auch bei kirchlichen Verhandlungen einseitig abgefaßt war. Der siegende Teil bestimmte den Inhalt der Aufzeichnung, und es half nichts, wenn die Bischöfe der anderen Richtung zur Vorsorge ihre eigenen Schnellschreiber mitbrachten. Was den Führern der Mehrheit nicht paßte, kam trotzdem nicht ins Protokoll. Das verträgt eine Anwendung auf die Christenprozesse. Daß das amtliche Protokoll hier den Prokonsul bevorzugt, liegt in der Natur der Sache; aber ebenso natürlich ist es, daß die Christen, wenn sie das Verhör wiedergaben, ihren Mann in den Vordergrund schoben. Folgern läßt sich in solchem Fall zunächst nur, daß die christlichen Akten nicht eine Abschrift des amtlichen Protokolls sind; aber nicht sofort, daß die ganze Schilderung unglaubwürdig ist. Die Möglichkeit muß an und für sich zugestanden werden, daß das, was in den christlichen Akten über den amtlichen Stil hinausgeht, auf Angaben von Ohrenzeugen sich stützte.

---

[1]) Arch. f. Stenographie 1906 S. 87. — Viel richtiger hat Reitzenstein (Die Nachrichten über den Tod Cyprians, Sitz.-Ber. d. Heidelb. Akademie 1913) dieses Stück gerade zu einem Eckstein seiner Untersuchung gemacht.

[2]) Daß dies zum amtlichen Stil gehört, hat mir U. Wilcken brieflich bestätigt; vgl. auch Reitzenstein, Die Nachrichten über den Tod Cyprians S. 39.

[3]) Gegen Geffcken, Hermes XLV 490 f.

Aber all diese Einschränkungen führen doch nicht so weit, daß man auch nur die zeitgenössischen Akten als unbedingt zuverlässig bis in die Einzelheiten der Reden hinein betrachten dürfte. Harnack hat gemeint, dieses Letzte erreichen zu können, indem er auf die Schätzung der Märtyreraussprüche innerhalb der christlichen Gemeinde hinwies. 'Was der Märtyrer redete, war Gottes Wort; Christus selbst legte ihm das Wort auf die Lippen; jeder Satz, so bekannt und trivial er auch lauten mochte, war eine Offenbarung, ein Heiligtum.'[1] 'Die Bedingungen dafür, daß man nur, was man für zuverlässig hielt, — aufnahm, waren also im höchsten Maße gegeben. Wer hier fälschte, setzte sich ... dem schwersten Vorwurfe aus, daß er die Worte des Heiligen Geistes bezw. Christi fälsche.'[2] Indes der Schluß, den Harnack hier zieht, stößt sich an den harten Tatsachen.[3] Oben ist schon gezeigt worden (S. 531), daß auch die allereinfachsten Märtyrerakten, die wir haben, die des Justin und der Scilitaner, nicht schlechthin das Verhör, so wie es tatsächlich stattgefunden hat, in seinem ganzen Umfang widerspiegeln. Es ist also nicht jedes Wort, auch das trivialste, aufgenommen worden, sondern nur das, was man für bedeutend hielt. Das heißt jedoch so viel, daß in den Verhörsakten neben der Anschauung, daß die Reden der Märtyrer Sprüche des Heiligen Geistes seien, noch ein anderer Gesichtspunkt, der schriftstellerische, sich geltend machte. Wenn aber diese Rücksicht überhaupt galt, dann war auch für den christlichen Verfasser der Schritt zu einer kunstgerechten Bearbeitung der Reden nicht groß. Es handelte sich dabei für sein Gefühl nicht um Fälschung, sondern um das gute Recht des Schriftstellers, den vorgetragenen Stoff möglichst wirksam zu gestalten. Daß das tatsächlich geschehen ist, hat Geffcken insbesondere an den Reden der Pioniusakte gezeigt.[4] Aber auch in anderen Akten findet man immer Einzelheiten, die auf den Schriftsteller zurückweisen. Wenn etwa Cyprian mit denselben Worten wie die Scilitaner auf die angebotene Bedenkzeit verzichtet[5]), oder wenn das Bekenntnis des Märtyrers zum einen geistigen Gott in einer ganzen Anzahl von Märtyrerakten gleichlautend nach Act. 4, 24 f. ausgedrückt ist[6]), oder wenn die

---

[1] Deutsche Lit.-Zeit. 1904 S. 2468.   [2] Sitz.-Ber. d. Berl. Akad. 1910 S. 116.

[3] Vgl. auch Reitzenstein, Die Nachrichten über den Tod Cyprians (Sitz.-Ber. d. Heidelb. Akad. 1913) S. 9.

[4] Daß Geffcken im einzelnen mit seiner Kritik vielfach fehlgegriffen hat, ist mir unzweifelhaft. Nicht jede fein zugespitzte Wendung muß deshalb auch dem Verfasser der Akten angehören. Warum z. B. das Wort der Biblis πῶς ἂν παιδία φάγοιεν οἱ τοιοῦτοι, οἷς μηδὲ ἀλόγων ζῴων αἷμα φαγεῖν ἐξόν (Eus. V 1, 26; 412, 6 f. Schwartz) in ihrer Lage undenkbar sein soll, vermag ich trotz Geffckens unermüdlicher Versicherung nicht einzusehen. Auch im übrigen kann ich Geffckens Kritik am Polykarpmartyrium, an den Akten der Lugdunenser, sowie der Perpetua und Felicitas fast nirgends beitreten.

[5] Vgl. dazu die schlagende Bemerkung von Reitzenstein, Die Nachrichten über den Tod Cyprians (Sitz.-Ber. d. Heidelb. Akad. 1913) S. 25.

[6] Act. Pionii 16, 3; 67, 25 Knopf[2]: ποῖον θεὸν σέβεσθε; ... τὸν ποιήσαντα τὸν οὐρανὸν καὶ τὴν γῆν καὶ τὴν θάλασσαν καὶ πάντα τὰ ἐν αὐτοῖς = Act. Apoll. 2; 35, 4 Knopf[2] = Act. Cypr. 1; CX 15 Hartel = Mart. Agap. et Ir. 5; 90, 15 Knopf[2] = Act. Phil. et Philorom. 1; 98, 26 Knopf[2]. — Ich hebe noch hervor, daß Karpus bereits (§ 10; 11, 15 Knopf[2]) mit Jer. 10, 11 antwortet, einem Bibelwort, das namentlich in nachdiokletianischen Akten fast stehend wird.

Märtyrer die Verkündigung ·des Todesurteils so häufig mit einem *deo gratias* beantworten[1]), so wird man schwer daran glauben können, daß sich das in der Wirklichkeit immer wiederholt habe. Sicher ist auf alle Fälle, daß die Prozeßakte, die scheinbar nur Rohstoff bietet, in höherem Maße Kunstform ist als die Brieferzählung, und daß die Reden am deutlichsten dieses Gepräge tragen.

II

Die alte Auffassung des Märtyrers, die in ihm einen Propheten sah, ist in der Decianischen Verfolgung vollends zergangen. Sie ist nicht nur durch die Bischöfe zurückgedrängt worden, die die Handhabung der Schlüsselgewalt seitens der Märtyrer bekämpften; mehr noch hat ihr vielleicht die Menge der Märtyrer, die es jetzt auf einmal gab, Abbruch getan. Die Masse hat den Wert des einzelnen niedergedrückt.

Man empfindet den Abstand gegen früher gerade da am stärksten, wo man sich bemühte, auf der alten Höhe zu bleiben. In Afrika haben die Akten der Perpetua und Felicitas ein Vorbild geliefert, das ebenso die schriftstellerische Form wie die Selbstauffassung der Märtyrer bestimmte. Aber die Akten des Maximus und Jacobus und die des Montanus und Lucius, die jenes Beispiel nachahmen, offenbaren nur das Unvermögen, es der alten Zeit wirklich gleichzutun. Die Märtyrer haben Träume und Gesichte wie ehedem; aber der Inhalt des Geschauten bleibt im Vergleich mit den Akten der Perpetua dürftig und schattenhaft. Und der. Grund liegt nicht in einem Mangel der Einbildungskraft, es fehlt die religiöse Kühnheit, die einstmals die Märtyrer beseelte. Wie der Märtyrer Viktor sich nach dem Paradies erkundigt, erhält er von Christus nur die kurze Antwort: *extra mundum est*, und als er ungeduldig weiter bittet: *ostende mihi illum*, wird er mit den Worten zurückgewiesen: *et ubi erit fides?*[2]) Perpetua und Saturus haben keinen Anstand genommen, den Ort der Seligen auf Grund einer Offenbarung in leuchtenden Farben zu schildern; aber was sie als selbstverständlich betrachteten, das erscheint jetzt den Märtyrern selbst als Fürwitz. — Unter demselben heimlich beklemmten Gefühl stehen aber auch die Verfasser der Akten. In der Passio Mariani (7, 6; 140, 20 ff. Gebhardt) wird ein Traum des Marianus mit den überschwenglichen Worten gefeiert: *quantum exultantes quamque sublimes animas martyrum fuisse credendum est, quibus in sancti nominis confessione passuris et audire Christum ante contigit et videre offerentem se suis quocumque in loco quocumque in tempore.* Fünfzig Jahre früher hätte man es nicht für nötig gehalten, von einem geringfügigen Erlebnis so viel Aufhebens zu machen. Das krampfhafte Bemühen der Verfasser der Akten, die Gegenwart als ebenbürtig mit der Vergangenheit hinzustellen, verrät womöglich noch deutlicher als die Armseligkeit des zum Erweis Gebotenen, wie sehr in Wirklichkeit der Geist entschwunden war.[3])

---

[1]) Act. Scilit. § 15 und 17; 34, 2. 7 Knopf[2]; Act. Cypr. 4; CXIII 9 Hartel; Act. Maximil. 3; 77, 21 Knopf[2]; Act. Fel. 5; 82, 1 Knopf[2]; Act. Eupl. 3; 94, 24 Knopf[2].

[2]) Passio Mont. et Luc. 7, 5; 149, 15 ff. Gebhardt.

[3]) Ich erinnere auch daran, wie Cyprian das 'prophetische Wort' des Mappalicus aufbauscht Ep. 10, 4; 492, 14 ff. Hartel: *vox plena spiritu sancto de martyris ore prorupit, cum*

Dasselbe Bild ergibt sich für den Osten aus den Pioniusakten. Pionius hat wie Polykarp eine Offenbarung, die ihm seine bevorstehende Verhaftung ankündigt 2, 2; S. 56, 25f. Knopf[2]. Aber während es dann im folgenden von Polykarp heißt, daß er vom Geist getrieben zwei Stunden lang fortbetete, so ist es bei Pionius eine gelehrte Ansprache, in der er kein Ende finden kann.[1]) Wiederum im Gefängnis hält Pionius eine lange Rede (Kap. 12—14): früher hatte man dort Offenbarungen.

Auch die Schrecken der diokletianischen Verfolgung haben den Enthusiasmus nicht neu zu beleben vermocht. Selbst in Afrika flammt diesmal nur innerhalb der donatistischen Kreise etwas von der alten Begeisterung auf[2]); in der Großkirche regt sich nichts davon.

Noch weniger ist das im Osten der Fall gewesen. Eusebius betont zwar in seinen Schilderungen gerne, daß eine göttliche Kraft oder auch der Geist die Märtyrer erfüllt und sie zum Aushalten gestärkt habe.[3]) Aber soweit er dabei nicht bloß den göttlichen Beistand im allgemeinen, sondern Geist im besonderen Sinn meint, ist bei ihm die Anschauung ganz anders begründet als in der alten Zeit[4]), und er ist weit davon entfernt, daraus die Folgerungen abzuleiten, die man früher zog. Die Reden der 'Geistbegabten' schätzt er nicht als Offenbarungen, sondern als Beweise ihrer philosophischen Bildung und ihres hochgemuten Sinnes.[5])

Was übrig blieb von der alten Märtyrervorstellung, war immer noch etwas Bedeutsames: der Glaube, daß der Märtyrer unmittelbar ins Paradies eingehe und daß er einst mit Christus als sein Beisitzer das Weltgericht abhalten werde.[6]) Aber während des Kampfes sieht man in ihm mehr und mehr nur

Mappalicus beatissimus inter cruciatus suos proconsuli diceret: videbis cras *agonem. et quod ille cum virtutis ac fidei testimonio dixit dominus implevit.*

[1]) Man vergleiche Mart. Polyc. 7, 3; S. 3, 27 Knopf[2]: προσηύξατο πλήρης ὢν τῆς χάριτος τοῦ θεοῦ οὕτως ὡς ἐπὶ δύο ὥρας μὴ δύνασθαι σιγῆσαι und Mart. Pion. 5, 1; S. 60, 6 Knopf[2]: τούτων δὲ καὶ ἄλλων πολλῶν λεχθέντων ὡς ἐπὶ πολὺ μὴ σιωπῆσαι τὸν Πιόνιον.

[2]) Vgl. die Akten des Saturninus und das Zeugnis Augustins De unit. eccl. 19, 49; Migne 43, 428 f.

[3]) De Mart. Pal. 9, 3; S. 928, 23f. Schwartz: ἡ θεία τοῦ σωτῆρος ἡμῶν δύναμις τοῖς αὐτῆς ἀθληταῖς θάρσος τοσοῦτον ἐνέπνει κτἑ.; vgl. H. e. VIII 12, 11; S. 770, 25 Schwartz; De Mart. Pal. 4, 8; S. 915, 2 Schwartz; De Mart. Pal. 11, 19; S. 941, 7 Schwartz: θείου πνεύματος ὡς ἀληθῶς ἔμπλεων.

[4]) D. h. er fußt auf der Theologie des Clemens und Origenes, vgl. De mart. Pal. 11, 2; S. 934, 20 f. Schwartz: κἂν τοῖς ἄλλοις δὲ θεῖος ἦν ὄντως καὶ θείας μετέχων ἐμπνεύσεως, ἐπεὶ (!) καὶ παρ᾽ ὅλον αὐτοῦ τὸν βίον ἀρετῇ πάσῃ διαπρέψας ἔτυχε.

[5]) Vgl. bei Phamphilus De mart. Pal. 7, 5; S. 924, 1 Schwartz: τούτου τῆς ἐν ῥητορικοῖς λόγοις φιλοσόφοις τε μαθήμασιν ἀπόπειραν πρότερον ὁ Οὐρβανὸς λαβὼν κτἑ.

[6]) Cypr. Ep. 6, 2; S. 481, 21 Hartel: *quando ergo iudicaturos vos et regnaturos cum Christo domino cogitatis*; Ep. 15, 3; S. 515, 10: *utpote amici domini et cum illo postmodum iudicaturi*; Ep. 31, 3; S. 559, 11: *iudicis sui divina dignatione iudicem factum esse* u. a. St.; Pass. Mar. et Jac. 6, 9; S. 139, 12 ff. Gebhardt: *ex improviso mihi sedens ad dexteram eius iudicis Cyprianus apparuit . . . et ait: veni, sede mecum;* Orig. Exhort. ad Mart. 28; S. 24, 25 Kötschau: καὶ συμβασιλεύσει καὶ συνδικάσει τῷ βασιλεῖ τῶν βασιλευόντων; vgl. ebd. 37;

35*

noch den ruhmreichen Helden.[1]) Gloriosus (ἔνδοξος) wird das Beiwort, das namentlich in den abendländischen Quellen jetzt bis zum Überdruß wiederkehrt.[2]) Der Stil der alten Brieferzählung war damit unbrauchbar geworden. Die Prozeßakte wurde die Form, auf der man insgemein weiterbaute. Nur insofern wirkte die andere Darstellungsweise dabei noch nach, als jetzt die umrahmende Schilderung gegen früher einen viel breiteren Raum gewinnt.

III

Der Sieg, den die Kirche in der diokletianischen Verfolgung davontrug, begründet einen neuen Abschnitt in der Schätzung der Märtyrer, wie in der Ausgestaltung der Märtyrerakte.

Unter den Ehrungen, mit denen die Kirche den Dank gegen ihre Vorkampfer abstattete, heben sich drei als besonders bedeutsam heraus:

1. fangt man schon kurz nach dem Eintreten des Friedens an, eigene Kapellen (μαρτύρια) auf den Namen von Märtyrern zu errichten.[3]) Es verstärkte noch den Eindruck dieser Neuerung, daß bald der Brauch hinzukam, die Wände dieser Kapellen mit Darstellungen des Martyriums zu schmücken.[4])

2. wurde es höchstens ein Menschenalter später Sitte, die Märtyrer in der allsonntäglichen Liturgie neben den Patriarchen, Propheten und Aposteln als Fürsprecher der Gemeinde zu nennen.[5])

S. 34, 21 Dionys. bei Eus. VI 42, 5; S. 610, 26 ff. Schwartz: οἱ θεῖοι μάρτυρες ..., οἱ νῦν τοῦ Χριστοῦ πάρεδροι καὶ τῆς βασιλείας αὐτοῦ κοινωνοὶ καὶ μέτοχοι τῆς κρίσεως αὐτοῦ καὶ συνδικάζοντες; Didaskalia 102, 2 Achelis-Flemming.

[1]) Es ist auch ein Beweis für die Richtigkeit der Reihenfolge Tertullian — Minucius Felix, daß bei Minucius Felix Kap. 37 Halm ausschließlich dieser Gesichtspunkt hervorgekehrt wird, ohne daß etwas vom alten Enthusiasmus dabei zutage käme. — Bei dieser Gelegenheit möchte ich noch auf eine Stelle aufmerksam machen, die mir für den zeitlichen Ansatz des Minucius Felix am schwersten ins Gewicht zu fallen scheint: Kap. 35, 5 Halm heißt es bei der Vergleichung des sittlichen Verhaltens der Christen mit dem der Heiden: *si vobiscum Christiani comparemur, quamvis in nonnullis disciplina nostra minor est, multo tamen vobis meliores deprehendemur.* So bescheiden hätte ein Christ des II. Jahrh. über den sittlichen Stand der Christen reden sollen, er hätte das Zugeständnis machen sollen, das in den unterstrichenen Worten liegt! Man vergleiche damit Athenagoras Suppl. 2; S. 3, 29 Schwartz: οὐδεὶς γὰρ Χριστιανὸς πονηρός, εἰ μὴ ὑποκρίνεται τὸν λόγον. Aber allerdings im III. Jahrh., nachdem die Kirche sich genötigt gesehen hatte, ihre Bußdisziplin zu mildern, konnte und mußte ein ehrlicher Mann sich so ausdrücken, wie dies Minucius Felix getan hat.

[2]) Es ist unmöglich, aber auch überflüssig, Einzelbelege dafür aufzuzählen; vgl. auch Harnack, Das Leben Cyprians von Pontius (TU. 39, 3), 1913 S. 69 ff.

[3]) Das älteste Zeugnis dafür findet sich bei Eusebius, De mart. Pal. 11, 28; S. 945, 24 ff. (vgl. dazu die Bemerkung von Ed. Schwartz, Pauly-Wissowa, Art. Eusebius S. 1408); Vit. Const. III 48; S. 98, 2; Heikel IV 61; S. 142, 24 f.

[4]) Vgl. Basilius in s. Barlaam, M. 31, 489 A; Greg. Nyss. in s. Theod., M. 46, 737 D; daß die Ausmalung der Kirchen, wenigstens in Kleinasien, schon in der ersten Hälfte des IV. Jahrh. üblich wurde, hat die von Calder (wieder) aufgefundene Grabschrift des Eugenius gelehrt.

[5]) Der erste Beleg ist Cyr. Hieros. Cat. V 9; Migne 33, 1116 A/B: εἶτα μνημονεύομεν καὶ τῶν προκεκοιμημένων, πρῶτον πατριαρχῶν προφητῶν ἀποστόλων μαρτύρων, ὅπως ὁ θεὸς ταῖς εὐχαῖς αὐτῶν καὶ πρεσβείαις προσδέξηται ἡμῶν τὴν δέησιν.

3. bürgerte sich wohl bald nach der Mitte des IV. Jahrh.[1]), zuerst im Osten, ein Jahresfest zum Gedächtnis der Märtyrer ein. Tag und Ausdehnung des Festes waren anfänglich verschieden. In Antiochia, wo es aufgekommen zu sein scheint, wurde es zur Zeit des Chrysostomus in der Woche nach Pfingsten[2]) gefeiert und nur für die Märtyrer der eigenen Provinz[3]); in Nisibis dagegen, wie das sogenannte Martyrol. syr. ausweist, am Freitag nach Ostern und für die Märtyrer des ganzen Erdkreises.[4]) Der antiochenische Ansatz drang innerhalb der orthodoxen Kirche durch; doch so, daß das Fest auf den Sonntag nach Pfingsten verlegt und den Märtyrern in ihrer Gesamtheit gewidmet wurde.[5])

Übereinstimmend bekundeten diese Neuerungen, daß die Kirche jetzt die Märtyrer in aller Form als ihre Schutzherren anerkannte. Die zuletzt genannte wirkte aber weiter noch dahin, daß sich eine Allgemeinvorstellung des Mär-

---

[1]) Der Ursprung des Festes müßte beträchtlich früher angesetzt werden, wenn die auch von Ed. Schwartz verteidigte Predigt des Eusebius auf die Märtyrer (Journal of sacred litteratur. New Series V 403 ff.) wirklich echt wäre. Allein dagegen erhebt sich von vornherein das Bedenken, daß in dieser Predigt die regelmäßige Erwähnung der Märtyrer in der Liturgie als bestehende Sitte vorausgesetzt wird. Denn anders kann ich die (wohl verderbten) Worte S. 407 Z. 9 ff. nicht verstehen. Ich übersetze die Stelle: ποῖος γὰρ χρόνος ἢ ποία ἡμέρα ἢ ποία σύναξις θεία τοῦ πάθους τοῦ Χριστοῦ καὶ ἡμέρα ἔνδοξος τῆς ἀναμνήσεως τῆς διαθήκης αὐτοῦ, ἐν ᾗ οὐ·παντὶ στόματι καὶ πάσῃ γλώσσῃ μνημονευθήσονται καὶ δοξασθήσονται τὰ μέλη τοῦ κλήρου τῶν ὁμολογητῶν τοῦ Χριστοῦ. Dieser Brauch ist jedoch, wie eben (S. 540 A. 5) gesagt, erst durch Cyr. Hieros. bezeugt; Eusebius weiß noch nichts davon. Dazu aber hat Ed. Schwartz selbst (Art. Eusebius, Pauly-Wissowa, S. 1409) scharfsichtig bemerkt, daß die an der Spitze des Märtyrerverzeichnisses auftretenden Namen vielmehr aus der antiochenischen Bischofsliste entnommen sind. Ed. Schwartz macht freilich für diese Verwechslung die Überlieferung haftbar (Christl. u. jüd. Ostertafeln S. 176). Das ist beim Zustand des Textes vielleicht angängig. Immerhin wäre ein starker Eingriff nötig, um den Anstoß ganz aus der Predigt herauszubringen, daß hier nach Namen die Bischöfe im Kirchengebet genannt werden. Das aber ist vollends erst in der Zeit des Epiphanius (Panarion h. 75, 7; III 362, 8 Dindorf) üblich geworden. Es erscheint mir daher richtiger, die Predigt dem Eusebius abzusprechen und sie in spätere Zeit zu verlegen.

[2]) Chrysost. Hom. in s. Mart. M. 50, 705: ἐξ οὗ τὴν ἱερὰν πανήγυριν τῆς Πεντηκοστῆς ἀπετελέσαμεν οὔπω παρῆλθεν ἑπτὰ ἡμερῶν ἀριθμός. Daraus läßt sich zunächst einmal schließen, daß das Fest an das Ende der Woche fiel. Da nun aus anderen Stellen sich ergibt, daß es an zwei aufeinanderfolgenden Tagen begangen wurde, am einen in der Stadt, am anderen in der Landschaft (In s. Mart. M. 50, 646: χθὲς μαρτύρων ἡμέρα καὶ σήμερον μαρτύρων ἡμέρα, οὐχὶ τῶν παρ' ἡμῖν, ἀλλὰ τῶν ἐν τῇ χώρᾳ), so folgt das Genauere, daß Freitag und Sonnabend die Festtage waren.

[3]) Die Predigten des Chrysostomus tragen zwar die Überschrift ἐγκώμιον εἰς τοὺς ἁγίους πάντας ἐν ὅλῳ τῷ κόσμῳ μαρτυρήσαντας (oder ähnlich), aber dieser Titel wird durch den Inhalt widerlegt; vgl. die eben angeführte Stelle, aus der hervorgeht, daß man im einen Fall die Märtyrer der Stadt, im anderen die der Landschaft, also überhaupt nur antiochenische Märtyrer feierte. (Daß zu τῶν παρ' ἡμῖν wirklich μαρτύρων zu ergänzen ist, lehrt die Fortsetzung M. 50, 647: οὕτω τῆς ἑορτῆς τῶν ἐκεῖ μαρτύρων ἀγομένης κτέ.)

[4]) Vgl. den Eintrag zum 6. April. Der syrische Wortlaut läßt keinen Zweifel darüber aufkommen, daß der Sinn ist: in Nisibis wird an diesem Tag das Gedächtnis aller Märtyrer gefeiert.

[5]) Vgl. die Predigten des Constantinus Diaconus M. 78, 480 ff. und Leos des Weisen M. 107, 171 ff.

tyrers entwickelte. Beim Allermärtyrerfest flossen für den Prediger wie für die
übrigen Teilnehmer die einzelnen Gestalten in ein Gesamtbild zusammen[1]), das
dann seinerseits wieder der Ausgangspunkt für eine weiter schaffende Dichtung
wurde. Und es lag in der Natur der Sache, daß bei der Ausmalung dieses
Bildes die in der Erinnerung noch gesteigerten Eindrücke der letzten Verfolgung sich zumeist vordrängten.

Aber in derselben Zeit, in der der Märtyrer zu einer neuen Würde emporsteigt, bekommt er einen Nebenbuhler. Der Mönch tritt ihm zur Seite und beansprucht eine ähnliche Stellung wie er. Schon die Vita Antonii macht hierfür
den von Clemens Alexandrinus zuerst ausgesprochenen Gesichtspunkt geltend,
daß das Martyrium der Askese dem Martyrium im eigentlichen Sinne gleichzu-
achten sei.[2]) Der Mönch besaß aber gegenüber dem Märtyrer einen doppelten
Vorsprung. Einmal den des Lebenden vor dem Toten. Denn es kann nicht oft
genug daran erinnert werden, daß die Verehrung des Mönchs schon zu dessen
Lebzeiten beginnt. Dann aber den noch wichtigeren, daß er Wunder zu tun
vermochte. Vom Märtyrer dagegen erhoffte man nichts Weiteres, als daß er beim
jüngsten Gericht ein gutes Wort einlegen, vielleicht auch im übrigen Gott günstig
stimmen würde. Man empfahl sich darum seiner Fürbitte, ohne daran zu denken,
daß er etwa in zeitlicher Bedrängnis durch wunderbares Eingreifen helfen
könnte.[3]) Denn der Glaube an Wunder, die in der Gegenwart zu erleben wären,
war mit dem an die Geistesgaben seit dem II. Jahrh. entschwunden.[4]) Erst
das Mönchtum hat beides zusammen wieder erweckt.[5])

---

[1]) Ganz deutlich läßt sich das schon in der Predigt des Ephrem Syrus (II 306 ff.
Assemani) beobachten.

[2]) Nachdem die Vita Antonii in Kap. 46 die Verfolgung in Alexandria und den un-
erfüllten Wunsch des Antonius, selbst auch das Martyrium zu erlangen, erzählt hat, fährt
sie mit unverkennbarer Anspielung fort Kap. 47; Migne 26, 912 B: ἐπειδὴ δὲ λοιπὸν ὁ
διωγμὸς ἐπαύσατο ..., ἀπεδήμησε καὶ πάλιν εἰς τὸ μοναστήριον ἀνεχώρει καὶ ἦν ἐκεῖ καθ'
ἡμέραν μαρτυρῶν τῇ συνειδήσει κτέ.

[3]) Vgl. Delehaye, Les origines du culte des martyrs, 1912, S. 120 ff. — Man war um
so weniger in der Lage, vom Märtyrer derartiges zu erwarten, weil man doch gleichzeitig
auch für die Märtyrer betete.

[4]) Man kann die Abnahme des Glaubens schrittweise bei den Kirchenvätern verfolgen.
Irenäus (II 30, 2; I 370 Harvey II 32, 3; I 375; V 9, 3; II 343) tut noch, als ob Wunder
innerhalb der christlichen Gemeinden etwas Häufiges wären. Wie es in Wirklichkeit schon
damals stand, mag man aus der Tatsache schließen, daß die montanistischen Propheten nie
den Versuch gemacht haben, die Wahrheit ihrer Verkündigung durch Wundertaten zu erweisen. Viel bescheidener als Irenäus drückt sich bereits Origenes aus; C. Cels. VII 8;
II 160, 24 ff. Kötschau behauptet er zwar Celsus gegenüber, daß die Geisteswirkungen der
Urzeit immer noch, wenn auch vereinzelt, vorkämen; Hom. IV in Jerem.; S. 25, 24 f.
Klostermann dagegen behandelt er sie als etwas der Vergangenheit Angehöriges. Eusebius
vollends wiederholt (H. e. V 7; S. 440, 3 ff.) die angeführten Stellen aus Irenäus nur noch
als geschichtliche Zeugnisse für die Fortdauer der Erscheinungen der Urzeit. — Von der
anderen Seite her zeigt Augustins Urteil über die Vita Antonii Conf. VIII 14; 181, 22 ff.:
*stupebamus autem audientes tam recenti memoria et prope nostris temporibus testatissima
mirabilia tua in fide recta et catholica ecclesia*, wie mißtrauisch man noch in seiner
Jugendzeit gerade in der katholischen Kirche Wunderberichten gegenüberstand ('Wunder'

Die Reibung, die hier entstand, hat jedoch nur vereinzelt zum ernsthaften Zusammenstoß geführt. Von Eustathius, der auch im übrigen die letzten Folgerungen aus den mönchischen Anschauungen zog, ist bekannt, daß er die gottesdienstliche Ehrung der Märtyrer verwarf.[1]) Und wenn man gleichzeitig erfährt, daß er die üblicherweise der Kirche zugewendeten Gaben vielmehr für die Heiligen, d. h. für sich und seine Anhänger, beanspruchte[2]), so tritt der Grund der Ablehnung, der Gegensatz gegen einen Kult der Toten zugunsten eines solchen der lebenden Geistesträger, hell ins Licht.

Aber Eustathius war eine Ausnahme. Die Mehrzahl der Christen war nicht geneigt, die Märtyrerverehrung aufzugeben, oder auch nur den Märtyrer von der ersten Stelle verdrängen zu lassen.

Dann blieb jedoch nichts anderes übrig, als einen Ausgleich in der Weise herzustellen, daß man die dem Mönch zugeschriebene Wunderkraft auch dem Märtyrer zueignete.[3])

Die Übertragung konnte sich um so leichter vollziehen, weil beim Märtyrer ein wichtiger Punkt außer Frage stand, der beim Mönch stets leise Bedenken verursachte. Die Wunder, die der Mönch verrichtete, galten als Ausfluß der παρρησία, die er bei Gott genoß. Aber ob einer wirklich die παρρησία hatte, das war im bestimmten Fall immer erst zu erweisen.[4]) Beim Märtyrer war von vornherein jeder Zweifel daran ausgeschlossen. Alle Angriffe, die seit

---

kannte man sonst in Afrika nur bei den Donatisten). Vgl. auch Chrysostomus Hom. de s. Pentecoste M. 50, 457: καὶ ποῦ, φησίν, ἔστιν πνεῦμα ἅγιον νῦν; τότε μὲν γὰρ καλῶς λέγει, ὅτε σημεῖα ἐγίνετο καὶ νεκροὶ ἠγείροντο καὶ λεπροὶ πάντες ἐκαθαίροντο. νῦν δὲ πόθεν δείξομεν, ὅτι πάρεστι τὸ πνεῦμα τὸ ἅγιον ἡμῖν;

[5]) Vgl. K. Holl, Enthusiasmus und Bußgewalt S. 148 ff.

[1]) Vgl. Conc. Gangr. prooem. S. 80, 15 Lauchert: καὶ τὰς συνάξεις τῶν μαρτύρων καὶ τῶν ἐκεῖ συνερχομένων καὶ λειτουργούντων καταγινώσκοντες Kan. 20; S. 83, 4 ff.: εἴ τις αἰτιῷτο, ὑπερηφάνῳ διαθέσει κεχρημένος καὶ βδελυττόμενος τὰς συνάξεις τῶν μαρτύρων ἢ τὰς ἐν αὐτοῖς γινομένας λειτουργίας καὶ τὰς μνήμας αὐτῶν, ἀνάθεμα ἔστω.

[2]) Conc. Gangr. prooem. S. 79, 29 ff. Lauchert: καρποφορίας τε τὰς ἐκκλησιαστικὰς τὰς ἀνέκαθεν διδομένας τῇ ἐκκλησίᾳ ἑαυτοῖς καὶ τοῖς σὺν αὐτοῖς ὡς ἁγίοις * τὰς διαδόσεις ποιούμενοι.

[3]) Gewöhnlich leitet man das Eindringen des Wunders in die Märtyrervorstellung und die Märtyrerakte von dem Einfluß der apokryphen Apostelgeschichten her; so auch H. Günter, Legendenstudien S. 2 f. (Nebenbei bemerkt stellt Günter S. 126 das Verhältnis von Märtyrerlegende und Heiligenleben in diesem Punkt schlankweg auf den Kopf). Dabei wird übersehen, daß es sich in den Apokryphen um rein erdichtete, in die Vergangenheit verlegte, in den Märtyrerakten aber um solche Wunder handelt, die vor den Augen des lebenden Geschlechts geschehen sein sollten. Das Rätsel liegt gerade darin, wie man im IV. Jahrh. dazu kam, Wunder in der Gegenwart auf einmal wieder für möglich zu halten. Ginge das auf die Apokryphen zurück, so bliebe unverständlich, warum sie erst jetzt in dieser Richtung wirkten und wieso dann der Wunderglaube überhaupt mehr als ein Jahrhundert lang abkommen konnte. Aber es müßte eigentlich von vornherein klar sein, daß ein derartiger Glaube niemals aus Büchern entsteht, sondern nur aus unmittelbaren Eindrücken der Wirklichkeit. Im Umgang mit den Mönchen erlebte man tatsächlich wieder Wunder; das war das Entscheidende. Erst nachdem dadurch der Wunderglaube wieder gefestigt war, konnten sich bei der Ausgestaltung des Einzelnen schriftstellerische Einflüsse geltend machen.

[4]) Enthusiasmus und Bußgewalt S. 188 f., N. Jahrb. 1912 S. 410.

Herakleon und Tertullian gegen die unbedingte Verherrlichung der Märtyrer gerichtet worden waren, hatten den Glauben daran nicht zu erschüttern vermocht — ihn letzten Endes auch nicht erschüttern sollen —, daß der Märtyrer unmittelbar zu Gott eingehe. Mochte sein Vorleben gewesen sein wie es wollte, die Bluttaufe erschien als ausreichendes Sühnemittel für alle früheren Sünden.[1]) Stand aber dies fest, dann konnte man sich geradezu genötigt glauben, aus der παρρησία des Märtyrers die nämlichen Folgerungen abzuleiten, die man beim Mönch anerkannte.

Tatsächlich sieht man, wie in der zweiten Hälfte des IV. Jahrh. die Kirchenväter beginnen, die Märtyrer als Wundertäter zu preisen. Durchweg sind die Männer, die diese Entwicklung fördern, Persönlichkeiten, die zugleich mit dem Mönchtum in Beziehung stehen. Und auch darin findet der nachgewiesene Zusammenhang seine Bestätigung, daß die Wunder, die man zunächst vom Märtyrer erwartete — Dämonenaustreibungen und Heilungen —, die gleichen sind wie die, in denen das Mönchtum sich hervortat.[2])

Das gab zugleich der Reliquienverehrung einen neuen Anstoß.[3]) Bis dahin

---

[1]) Das hat auch Tertullian nicht bestritten De pudic. 22; S. 272, 1 Wissowa: *sufficiat martyri propria delicta purgasse.* Aus der Masse der sonst in Betracht kommenden Stellen nenne ich nur die bezeichnendsten Clem. Alex. Strom. IV 74, 4; S. 281, 25 Stählin: ἔοικεν οὖν τὸ μαρτύριον ἀποκάθαρσις εἶναι ἁμαρτιῶν μετὰ δόξης; Ps. Cypr. De laude mart. 2; 27, 15 ff. Hartel: *quanta est gloria e vita quamlicet maculam sordis et polluti corporis licet modice iniusta concreta contagia tantoque tempore mundi crimen exceptum unius ictus remediis expiare.* — Man erinnere sich auch daran, daß die Kirche kein Bedenken getragen hat, eine frühere Hure wie die Afra zur Heiligen zu erheben.

[2]) Ich begnüge mich mit wenigen Belegen Basil. Hom. in s. Mam. Kap. 1; Migne 31, 589 C: ὅσοι δι' ὀνείρων αὐτοῦ ἀπηλαύσατε, ὅσοι περιτυχόντες τῷ τόπῳ τούτῳ ἐσχήκεσαν αὐτὸν συνεργὸν εἰς προσευχήν, ὅσοις ὀνόματι κληθεὶς ἐπὶ τῶν ἔργων παρέστη, ὅσους ὁδοιπόρους ἐπανήγαγεν, ὅσους ἐξ ἀρρωστίας ἀνέστησεν, ὅσοις παῖδας ἀπέδωκεν ἤδη τετελευτηκότας, ὅσοις προθεσμίας βίου μακροτέρας ἀπέδωκεν; Greg. Naz. in laud. Cypr. M. 31, 1192 A: τὰ δὲ λοιπὰ παρ' ὑμῶν αὐτῶν·προσθετέον, ἵνα τι καὶ αὐτοὶ τῷ μάρτυρι προσενέγκητε, τὴν τῶν δαιμόνων κάθαιρεσιν, τὴν τῶν νόσων κατάλυσιν, τὴν τοῦ μέλλοντος πρόγνωσιν· ἃ πάντα δύναται Κυπριανοῦ καὶ ἡ κόνις μετὰ τῆς πίστεως ὡς ἴσασιν οἱ πεπειραμένοι; Greg. Nyss. Hom. in s. Theod. Migne 46, 745 C: δαίμονας ἀπελαύνων, ἀγγέλους εἰρηνικοὺς κατάγων, ἰατρεῖον νόσων ποικίλων . . ., πενήτων εὐθηνουμένων ταμεῖον, ὁδοιπόρων ἀνεκτὸν καταγώγιον; Chrysost. in s. martyres Bern. et Prosd. Kap. 7; M. 50, 640: πολλὴν γὰρ ἔχουσι παρρησίαν, οὐχὶ ζῶσαι μόνον, ἀλλὰ καὶ τελευτήσασαι, καὶ πολλῷ μᾶλλον τελευτήσασαι. νῦν γὰρ τὰ στίγματα φέρουσι τοῦ Χριστοῦ· τὰ δὲ στίγματα ἐπιδεικνύμεναι ταῦτα, πάντα δύνανται πεῖσαι τὸν βασιλέα in s. Ignat. M. 50, 595: διὸ παρακαλῶ πάντας ὑμᾶς εἴτε ἐν ἀθυμίᾳ τίς ἐστιν εἴτε ἐν νόσοις εἴτε ἐν ἐπηρείαις εἴτε ἐν ἄλλῃ τινὶ βιωτικῇ περιστάσει εἴτε ἐν ἁμαρτιῶν βάθει, μετὰ πίστεως ἐνταῦθα παραγινέσθω in s. Maer. M. 50, 618: οὕτω δὴ καὶ οἱ δαίμονες, οἱ ἀληθινοὶ λῃστάρχαι, ὅπουπερ ἂν ἴδωσιν μαρτύρων σώματα κείμενα, δραπετεύουσι καὶ ἀποπηδῶσι εὐθέως (Chrysostomus lernt man übrigens bei dieser Gelegenheit in seiner Feinheit kennen; er betont die äußeren Wunder weit weniger als die übrigen Prediger, legt vielmehr den Nachdruck auf die geistige Wirkung, die der Umgang mit den Märtyrern ausübt, und namentlich auf die Sündenvergebung, die man durch sie erhält: im letzteren sieht man einen alten Gedanken wiederaufleben, aber auch dies geht auf den Einfluß des Mönchtums zurück).

[3]) Über die Abstufung zwischen der früheren und der im IV. Jahrh. aufkommenden Reliquienverehrung vgl. Delehaye, Origines du culte des martyrs, 1912, S. 139 f. Nur irrt

hatte man die Gebeine der Märtyrer nur als kostbare Erinnerungsmittel geschätzt, jetzt sah man in ihnen Träger einer verborgenen Kraft.[1]) Und damit
begann erst die Reliquienverehrung im eigentlichen Sinne des Wortes. Dabei
sprang für die Wunder noch eine Nebenbedeutung heraus. Die allenthalben sich
regende Leidenschaft, nach Reliquien zu schürfen, fand nur in seltenen Fällen
an einer geschichtlichen Überlieferung eine Handhabe. War doch zuweilen, wie
bei Gervasius und Protasius, sogar der Name des aufgefundenen Märtyrers verschollen. Als Ersatz bot sich die Wunderprobe an. Eine Heilung etwa, die sich
an die Entdeckung einer Reliquie anschloß, wurde als hinreichender Beweis
für ihre Echtheit angenommen.[2])

Nachdem der Märtyrer dem Mönch bezüglich der Wunderkraft nachgerückt
war, hat er ihn sofort auch auf diesem Punkte überflügelt. Er war mit dem
Boden, den er mit seinem Blut getränkt hatte, fester verwachsen als der heimat-
lose, nur im Überirdischen lebende Asket. Und galt er nun als im Besitz über-
natürlicher Macht, so entsprach es nur einem altgewohnten Verhältnis, wenn die
Stadt oder das Dorf, dem er angehörte, ihn jetzt zu ihrem Schutzherrn erhoben.[3])

Damit war aber die Brücke zu noch Weiterem geschlagen. Folgerichtig
mußte der Märtyrer dann auch überall da eintreten, wo sonst durch das Aufhören der alten Götterverehrung eine für das Volksempfinden peinliche Lücke
entstanden war. Er war der Gegebene, nun die Tätigkeiten zu übernehmen, die
bisher ein in der Gegend berühmter σωτήρ ausgeübt hatte. Es ist im einzelnen
Fall nicht immer leicht, den Gott oder Heros zu benennen, mit dem sich ein
christlicher Märtyrer vermischte; zumal da nicht selten ein Heiliger die Eigentümlichkeiten mehrerer Götter in sich vereinigte. Aber daß in zahlreichen Fällen
ein Märtyrer wirklich mit einem alten Gott verschmolz, steht strotz neuerlicher
Bestreitung[4]) und Abschwächung fest. Wenn z. B. die heilige Thekla regelmäßig

Delehaye, wenn er glaubt, daß Reliquienverehrung im strengeren Sinn etwas dem Christentum Eigentümliches sei.

[1]) Basil. Sermo in ps. 115, 4; Migne 30, 112: νυνὶ δὲ ὁ ἁψάμενος ὀστέων μάρτυρος λαμ-
βάνει τινὰ μετουσίαν ἁγιασμοῦ ἐκ τῆς τῷ σώματι παρεδρευούσης χάριτος; Greg. Naz. in laud.
Cypr. Migne 31, 1192 A: τὴν τῶν δαιμόνων καθαίρεσιν, τὴν τῶν νόσων κατάλυσιν, τὴν τοῦ
μέλλοντος πρόγνωσιν· ἃ πάντα δύναται Κυπριανοῦ καὶ ἡ κόνις μετὰ τῆς πίστεως, ὡς ἴσασιν
οἱ πεπειραμένοι καὶ τὸ θαῦμα μέχρις ἡμῶν παραπέμψαντες; Chrysost. (?) Laud. mart. Aegypt.
M. 50, 695: οὐκέτι γὰρ ἡ ψυχὴ μόνη, ἀλλὰ καὶ αὐτὸ τὸ σῶμα πλείονος μετέλαβε τῆς χάριτος
καὶ οὐ μόνον οὐκ ἀπέβαλεν ἣν εἶχε μετὰ τὸ τμηθῆναι καὶ κατακοπῆναι πολλάκις, ἀλλὰ καὶ
ἐπεσπάσατο πλείονα καὶ μείζω τὴν ῥοπήν.

[2]) Am offenherzigsten ist darüber Damasus Epigr. 27, 11; S. 32 Ihm: quaeritur, in-
ventus colitur, fovet, omnia praestat; 80, 3; S. 83 Ihm: incultam pridem dubitatio longa
reliquit, sed tenuit virtus adseruitque fidem.

[3]) Chrysost. (?) Laud. mart. Aegypt. M. 50, 694: τὰ γὰρ τῶν ἁγίων σώματα τούτων τείχους
παντὸς ἀδάμαντος καὶ ἀρραγοῦς ἀσφαλέστερον ἡμῖν τειχίζει τὴν πόλιν; Theodoret Grace. aff.
cur. 8; Migne 83, 1012 B: αἱ μὲν γενναῖαι τῶν νικηφόρων ψυχαὶ περιπολοῦσι τὸν οὐρανόν,
τοῖς ἀσωμάτοις χοροῖς συγχορεύουσαι· τὰ δὲ σώματα οὐχ εἷς ἑνὸς ἑκάστου κατακρύπτει τάφος,
ἀλλὰ πόλεις καὶ κῶμαι ταῦτα διανειμάμεναι σωτῆρας ψυχῶν καὶ ἰατροὺς σωμάτων ὀνομάζουσιν
ὡς πολιούχους τιμῶσι καὶ φύλακας.

[4]) Ich denke dabei namentlich auch an den aufgeregten Artikel von Lübeck, Der
h. Theodor als Erbe des Gottes Men (Katholik 1910 XC 199 ff.).

im feurigen Wagen zu ihrem Fest von Seleukia nach Dalisandus hinüberfährt[1]),
wenn man außerdem vernimmt, daß sie die schattigen Myrtenhaine und die
hohen Bäume liebt[2]) und daß bei ihrem Heiligtum sich ein regelrechter Ge-
flügelhof befindet[3]), so ist christlicher Ursprung dieser Vorstellungen ausgeschlossen. Wohl aber kennt man, denke ich, die Göttin, der diese Züge von
Haus aus angehören.[4]) Hier versagt aber auch augenscheinlich die Auskunft, als
ob es sich in solchen Fällen immer nur um schriftstellerische Ausschmückung
oder Entlehnung handelte. So wie Basilius die heilige Thekla schildert, lebt sie
tatsächlich im Bewußtsein des Volks: die Leute von Seleukia selbst sehen am
bestimmten Tag die Heilige im Wagen durch die Luft fahren; die Gläubigen
sind es, die ihr die Vögel als Weihgeschenk darbringen[5]), und der Bischof von
Seleukia findet das alles nur erbaulich. — Ebenso erweist dieses Beispiel aber
auch die Unzulänglichkeit der sogenannten 'volkspsychologischen'[6]) Erklärung,
d. h. der jetzt auf katholischer Seite offenbar beliebt werdenden Auffassung,
daß die freigestaltende Volksdichtung das geschichtliche Bild der Heiligen mit
derartigen sagenhaften Zügen umkränzt hätte. In unserem wie in zahlreichen
anderen Fällen würde sich dann das Merkwürdige ergeben, daß die angeblich nur
den allgemein menschlichen oder den in der Zeit lebendigen Antrieben folgende
Dichtung auf ganz dieselben, so bestimmt umschriebenen Vorstellungen wieder
herausgekommen wäre, die vorher schon und zwar in der gleichen Gegend
herrschten, und daß, was besonders zu betonen ist, gleichzeitig auch die Verehrung die nämlichen Formen wieder hervorgebracht hätte, die seit alters orts-

---

[1]) Basilius Seleuc. Vit. Theclae; Migne 85, 581 A: ἀγρυπνήσας ὁρᾷ πυρίνῳ ἅρματι ὑψοῦ
τοῦ ἀέρος βεβαίωσάν τε τὴν παρθένον καὶ διφρηλατοῦσαν καὶ οἴκοθεν οἴκαδε ἐπειγομένην
ἀπὸ τῶν κατὰ Σελεύκειαν ἐπ' ἐκεῖνο τὸ νυμφευτήριον. Delehaye (Origines du culte des martyrs, 1912, S. 193) war unbefangen genug, dies eine Legende d'inspiration toute païenne zu
nennen. Aber er hätte noch beachten müssen, daß dieser Zug nicht vereinzelt ist, sondern
aufs engste mit der ganzen sonstigen Schilderung der Heiligen zusammengehört.

[2]) Basilius ebd. 576 B: τῷ δὲ μικρὸν ἀποτέρω τοῦ νεὼ προτεμενίσματι, ᾧ ὄνομα μυρσι-
νεών, ᾧ καὶ τὰ πλεῖστα ἐνδιαιτᾶσθαι λέγεται καὶ πιστεύεται ἡ παρθένος 581 A/B ὃν (sc. den
Hain in Dalisandus) ἀγαπᾷ τε μᾶλλον τῶν ἄλλων μεθ' ἡμᾶς καὶ περιέπει καὶ τέθηπεν, ὡς
ἐν καθαρᾷ τε καὶ ἀμφιδεξίῳ καταγωγῇ κείμενον. τά τε γὰρ ἐν αὐτῇ δένδρα πολλά τε καὶ
ὑψηλὰ καὶ ἀμφιλαφῆ καὶ ἀμφιθαλῆ καὶ καλλίκαρπα αἵ τε αὖ πηγαὶ πολλαί τε καὶ χαριέστατι;
vgl. auch 569 D: ὡς ἐν Δάφνῃ.

[3]) Die Aufzählung des Geflügels ebd. 577 B: κύκνοι γέρανοι χῆνες περιστεραί, ἤδη δὲ
καὶ τὰ ἐξ Αἰγύπτου καὶ Φάσιδος, ἃ καὶ κατὰ πόθον ἢ λόγον εὐχῆς κομίζοντες ἀνατιθέασιν (!)
οἱ ἐπιδημοῦντες τῇ μάρτυρι.

[4]) G. Löschcke hat mir eine Photographie aus dem Kestnermuseum in Hannover zur
Verfügung gestellt (= Winter, Typen I 34 Nr. 10). Dort sieht man die Göttin, wie sie ihre
Gänse füttert.

[5]) Man beachte das ἀνατιθέασιν in der A. 3 angeführten Stelle.

[6]) So hat Ehrhard, Die griechischen Martyrien (Schr. d. wiss. Ges. zu Straßburg Heft 4,
1907) S. 9 die Sache benannt. — Ich bestreite selbstverständlich nicht, daß die freie Volksdichtung an der Weiterbildung gewisser Heiligengestalten mitbeteiligt war, so wenig als
ich leugne, daß manchmal nur der Verfasser der Legende eine alte Sage herübergenommen
hat. Was ich behaupte, ist bloß, daß es unmöglich ist, auf dem einen oder anderen Wege
die Tatsache der Fortwirkung des alten Götter- und Heroenglaubens aus der Welt zu
schaffen.

üblich waren. Da ist es doch wohl einfacher, anstatt von einer Neubildung vielmehr von einer Fortsetzung zu reden. — Nicht anders als bei der heiligen Thekla steht es, um nur noch ein Beispiel zu nennen, etwa beim Drachenkampf des heiligen Theodor und des heiligen Georg.[1]

Aus dem Gesagten ergibt sich auch, daß es von ganz zufälligen örtlichen Umständen abhängt, welche Wunderwirkungen neben den üblichen (Heilungen und Dämonenaustreibungen) in der Gestalt eines Märtyrers besonders hervortreten. Es ist darum irreführend, wenn Lucius von Anfang an bestimmte Typen (Kriegsheilige, Krankenheiler) unterscheidet, als ob eine Absicht bei dieser Besonderung gewaltet oder etwa der frühere Beruf des Märtyrers die Richtung der Entwicklung bestimmt hätte.[2] Auch das ist dabei übersehen, daß mehr als ein Heiliger im Lauf der Zeit seine Bedeutung gewandelt hat. In Wirklichkeit ist

---

[1] Das Rätsel, das dieser Drachenkampf aufgibt, ist auch durch die Abhandlungen von Hengstenberg (Oriens Christianus, Neue Serie 2. 1912) und Hubert Stark (Theodoros Teron. Freising), vollends durch das zwar schwache, aber im Theologischen Jahresbericht (1913 S. 467) wie üblich als vortrefflich bezeichnete Buch Aufhausers (Das Drachenwunder des h. Georg 1911) noch nicht völlig gelöst. Es geht der Forschung immer noch nach, daß sie unter Krumbachers Einfluß die Frage am falschen Ende angefaßt hat, nämlich bei Georg, anstatt bei Theodor. Tiefer möchte ich mich hier nicht darauf einlassen, da ich immer noch hoffe, meine seit Jahren abgeschlossenen Untersuchungen über den h. Theodor einmal veröffentlichen zu können. Nur eine Bemerkung sei mir noch verstattet. Ehrhard hat (bei Krumbacher, Der h. Georg, Abh. der Bayer. Akad. 1911 S. XXIX) die Erwartung ausgesprochen, Krumbachers Arbeit würde mich bezüglich der Georgslegende 'wohl davon überzeugen, daß die von mir geltend gemachten inneren Kriterien gegen Überlieferungstatsachen nicht aufkommen können'. Ich bedaure darauf mit Nein antworten zu müssen. Es handelt sich zunächst nicht einfach um den Gegensatz von Überlieferungstatsachen und inneren Kriterien. Ehrhard weiß wohl, so gut wie ich, daß eine bestimmte Form der Legende nicht darum die älteste zu sein braucht, weil sie zufällig die ältesten Handschriften für sich hat. Dann aber ist Krumbachers Aufbau wirklich nicht geeignet zu überzeugen. Der schwache Punkt ist das Verhältnis des alten 'Volksbuchs' zu Romanos. Krumbacher versichert zwar überall, daß Romanos das 'Volksbuch' benutzt und nur eben Dadianos in Diokletian geändert habe. Aber streng bewiesen hat er das nirgends. Es ist auch nicht zu beweisen. Denn der weitere Unterschied, den Krumbacher S. 257 als 'weniger wichtig' bezeichnet, daß Romanos das Verhör und die Hinrichtung nach Diospolis verlegt, während das 'Volksbuch' überhaupt keinen bestimmten Ort nennt, ist gerade höchst wesentlich. Hat es irgendeine Wahrscheinlichkeit für sich, daß zunächst eine frei flatternde Legende entsteht und auf Grund davon erst irgendwo — warum gerade in Diospolis? so weit weg von Persien? — die Verehrung sich bildet, oder ist es nicht vielmehr das allein Natürliche, daß die Legende an die Verehrung anknüpft, die vorher an einem bestimmten Ort festgewurzelt war? Und hat nicht dann diejenige Form der Legende, die gerade diesen Ort nennt, das Vorurteil für sich die ältere zu sein gegenüber einer ins Unbestimmte schweifenden? Mir steht jetzt erst recht fest, nicht nur daß Romanos unabhängig ist von den Dadianostexten, sondern auch, daß die von ihm vertretene Legende die Grundlage ist, auf der sich alles Weitere aufbaut. Ehrhard freilich scheint so eingesponnen in seine Vorstellungen vom 'Volksbuch' und 'Normaltext', daß er sie auch da einträgt, wo schlechterdings keine Handhabe dafür vorhanden ist. Dadurch ist es ihm gelungen (BZ. 1913 S. 180 f.), die so einfach so schlichtende Entwicklung der Theoduslegende kunstgerecht zu verwirren.

[2] Auch Delehaye hat in seinem schönen Buch (Les légendes grecques des saints militaires, Paris 1909) eine zu starre Vorstellung zugrunde gelegt.

z. B. der heilige Demetrius nie Soldat gewesen und doch ein Kriegsheiliger geworden; der heilige Theodor ist zwar von Haus aus Soldat, aber zunächst spielt er eine Rolle nicht als Kriegsheiliger, sondern als Fundgott; umgekehrt war der heilige Artemius General, aber er wird in Konstantinopel Spezialist für Blasenleiden usw.

Jedoch nicht alle Märtyrer sind gleichmäßig erhöht worden. Daß es Abstufungen unter ihnen gibt, ist alter Glaube, der bis auf Hermas und Clemens Alexandrinus zurückgeht.[1]) Aber erst in byzantinischer Zeit ist der Unterschied förmlich ausgeprägt worden. Denn jetzt erhebt sich aus der Masse der gewöhnlichen Märtyrer die Gestalt des μεγαλομάρτυς. In ihm gipfelt die Geschichte der Märtyrervorstellung.[2])

Wann der Ausdruck μεγαλομάρτυς aufkam, ist nicht einfach festzustellen. Mit den Schriftstellern läßt sich schlecht arbeiten, solange noch keine genügenden Ausgaben der nachnicänischen Väter zur Verfügung stehen. Denn was bei den Legendentexten ersichtlich ist, daß μεγαλομάρτυς häufig genug erst durch den späteren Abschreiber oder Bearbeiter an Stelle des einfachen μάρτυς eingesetzt worden ist, trifft wohl auch auf die Schriftstellertexte in gewissem Umfange zu.[3]) Immerhin scheint bei der ältesten Stelle, die Du Cange verzeichnet, dieser Verdacht unbegründet: in Marcus Eremita De paenit. Migne 65, 984 B: οἱ τρεῖς παῖδες, οἱ ὄντως μεγαλόφρονες καὶ μεγαλομάρτυρες ist μεγαλομάρτυρες wohl durch das danebenstehende μεγαλόφρονες gedeckt.[4]) Wenn nur über der Persönlichkeit und den Schriften des Marcus Eremita nicht noch so viele Rätsel schwebten! — Nach ihm finde ich das Wort erst wieder bei Cyrill von Skythopolis, Vita Euthymii; Analecta graeca 1688 S. 93 und Vita Sabae, Kap. 19; Cot. eccl. gr. monum. III 246.

Einen festeren Boden würden die Inschriften gewähren. Aber hier ist der Ertrag noch spärlicher. Es ist mir nicht gelungen, obwohl ich die neueren

---

[1]) Hermas Sim. IX 28, 4; Clem. Alex. Strom. IV 75, 2; II 282, 2 ff. Stählin; vgl. auch Strom. VII 67, 2; III 48, 16 f. — Ich erwähne noch wegen des Folgenden, daß schon das Mart. Polyc. 17, 1 bei Polykarp τὸ μέγεθος αὐτοῦ τῆς μαρτυρίας rühmt.

[2]) Die anderen gleichzeitig aufkommenden Unterscheidungen des ἱερομάρτυς und ὁσιομάρτυς haben geringere Bedeutung. Doch lehren sie, daß der Ehrenname des μάρτυς nicht alle anderen Ruhmestitel auslöschte.

[3]) Anders stünde die Sache bei dichterischen Texten, wo die Form durch das Versmaß geschützt ist. Aber gerade von dem einzigen Lied, das hier in Betracht käme, dem Kontakion des 'Romanos' auf den h. Theodor hat Paul Maas (Oriens christianus, Neue Serie II 51) schlagend erwiesen, daß das den Ausdruck enthaltende Kukulion jedenfalls nicht echt ist. Das Lied selbst, das indes nach Maas gleichfalls nicht dem Romanos angehört, gebraucht in Strophe 22 und 23 die Form μέγας τοῦ θεοῦ ἡμῶν ὁπλίτης καὶ μάρτυς. Der echte Romanos sagt in dem Lied auf den h. Georg Strophe 10 (Krumbacher, Der h. Georg S. 86): ὁ μέγας ἀθλητής. Das anonyme Lied auf den h. Georg nennt ihn in Strophe 5: ὁ μέγας ἐν ἀθληταῖς, in Strophe 8: μέγας ἀθλοφόρος (Krumbacher S. 97).

[4]) Ganz sicher ist das übrigens nicht. Μεγαλόφρων ist ein alter Ausdruck, den schon das Judentum auf seine Märtyrer anwandte (4. Macc. 6, 5 und 9, 21 Swete). Es wäre gut möglich, daß erst der Abschreiber den geläufigen christlichen Ausdruck hinzugesetzt hätte.

Veröffentlichungen vollständig durchgesehen zu haben glaube[1]), den schon im CIG IV verzeichneten Inschriften neue, zeitlich genau festzulegende hinzuzufügen. Darnach ist der älteste Beleg CIG IV Nr. 8642: ὦ μεγαλομάρτυς Δημήτριε, μεσίτευσον πρὸς θεόν, ἵνα τῷ πιστῷ σου δούλῳ καὶ ἐπιγείῳ βασιλεῖ Ἰουστινιανῷ δοίη μοι νικῆσαι τοὺς ἐχθροὺς μου καὶ τούτους ὑποτάξαι ὑπὸ τοὺς πόδας μου. Das CIG ist wohl im Recht, wenn es diese Inschrift auf Justinian I. zurückführt. Denn der ist auch sonst als großer Verehrer des heiligen Demetrius bekannt.[2]) — Daneben mag noch die arg verstümmelte Inschrift Nr. 8835: ... το[ῦ μεγ]α[λομάρτυρος] Γεωργ(ίου) erwähnt werden, die das CIG ins VI. oder VII. Jahrh. setzt.

Immerhin wird man auf Grund dieser Zeugnisse sagen dürfen, daß der Name bis ins VI., vielleicht sogar ins V. Jahrh. zurückgeht.[3])

Mit μεγαλομάρτυς wird im Lauf der Zeit fast gleichwertig καλλίνικος.[4]) Das Wort empfahl sich als Ehrenname für die Märtyrer auch aus dem Grund, weil so ein wirksamer Gegensatz zu den καλλίνικοι θεοί und auch zu dem καλλίνικος βασιλεύς entstand. Auf die Märtyrer angewendet findet es sich zuerst bei Theodoret, H. e. III 10, 2; S. 186, 23 Parmentier V 34, 8; S. 336, 1; Graec. aff. cur. VIII; Migne 83, 1032 A; hier gilt es noch allen Märtyrern. So verwertet es auch noch der Diakon Constantinos Laud. omn. mart. 8; Migne 88, 487 B, und ganz verschwindet dieser Sprachgebrauch niemals. Aber etwa um dieselbe Zeit, wo μεγαλομάρτυς üblich wird, stellt sich die Neigung ein, καλλίνικος den berühmteren Märtyrern vorzubehalten. Als einen ersten Beleg dafür mag man die aus dem Jahr 515/6 stammende Inschrift Dittenberger Or. Gr. inscr. sel. 610, 7: τοῦ καλλινίκου ἁγίου μάρτυρος Γεωργίου ansehen. Der beliebtere, weil bezeichnendere Ausdruck bleibt indes μεγαλομάρτυς; nur bei Märtyrerinnen ist καλλίνικος gewöhnlicher.

Welchen Sinn man mit μεγαλομάρτυς verband, geht aus einzelnen Quellenaussagen klar hervor. Lehrreich ist schon Asterius von Amasea; auch deshalb, weil er — was ja an sich nicht verwunderlich ist· — bezeugt, daß die Sache früher da war als das Wort. Er sagt In s. Phocam Migne 40, 304 A/B: πλὴν ἐν αὐτοῖς τούτοις (sc. bei den Märtyrern) οὐ μία τῶν πάντων ἡ δόξα οὐδὲ πρὸς ἓν μέτρον ἴσα τὰ γέρα τοῖς ὅλοις ἀποκεκλήρωται, ἀλλὰ τὸ πρῶτον καὶ δεύτερον οὐδὲ ὁ τῶν ἁγίων ἐκφεύγει κατάλογος. αἴτιον δὲ οἶμαι τούτου τὸ λίαν ἀπηκριβωμένον τοῦ κριτοῦ καὶ ἀπρόσκλιτον· ἐφορᾷ γὰρ καὶ τιμωριῶν μεγέθη καὶ καρτερίας ἐνστάσεις, καὶ βασανίζων τὰ ἀγωνίσματα τὰς πρὸς ἀξίαν ἀμοιβὰς διανέμει τοῖς ἀθληταῖς. Noch deutlicher aber reden die Acta Probi et Tarachi S. 473 f. Ruinart. Dort sagt der Märtyrer zu dem Richter: εἰ μὴ (lies

---

[1]) Einiges Wichtige fehlt allerdings in Berlin, so z. B. G. Lefebvre, Recueil des inscriptions grecques chrétiennes d'Égypte, 1907, die Revue biblique und die Échos d'Orient.

[2]) Vgl. die Acta Demetrii Migne 116, 1241 A.

[3]) Ich erinnere auch daran, daß es um dieselbe Zeit üblich wurde, den hervorragenden Mönch ὁ μέγας zu nennen, Cyr. Scythop. Vita Euthymii; Analecta graeca 1688 S. 13. 16. 24. 27. 28. 30. 35, Vita Sabae; Cotel. eccl. gr. monum. III 227. 228. 231. 232. 234. 237. 260.

[4]) Das ἱερόνικος des Eusebius (Mart. Pal. 3, 1; 910, 9 Schwartz 11, 19; 941, 5) hat, soweit ich sehe, keine Nachahmung gefunden.

μὲν) ἦν συντόμως ἀποθανεῖν, οὐκ ἦν τοῦτο μέγα ἀγώνισμα.[1]) νῦν δὲ ἐπιπλεῖον ποίει ὅ θέλεις, ἵνα μοι ἐν κυρίῳ ἡ προκοπὴ τῆς ἀθλήσεως αὐξηθῇ. Die Größe der heldenhaft ertragenen Marter ist es also, die den μεγαλομάρτυς ausmacht. Auf das Leiden fällt jetzt der Nachdruck; sein Maß bestimmt den Rang und damit auch die παρρησία des Märtyrers. Denn es versteht sich von selbst, daß man vom μεγαλομάρτυς um seiner größeren Leistung willen auch um so größere Wunder erwartete.

Der Kreis der Märtyrer, die man als μεγαλομάρτυρες auszeichnete, ist niemals streng geschlossen gewesen. Eine gewissermaßen amtliche Festsetzung enthält die Novelle des Manuel Komnenus vom Jahr 1166.[2]) Dort erscheinen als μεγαλομάρτυρες: Demetrius, die beiden Theodore, Georg, Prokop, Panteleemon, dazu Barbara und Euphemia. In den Legendenüberschriften wird jedoch eine viel größere Anzahl von Märtyrern zu dieser Würde erhoben. Die Neigung ging offenbar dahin, den Ring möglichst zu erweitern, und das bedeutete zugleich das Bestreben, die Gestalt des gewöhnlichen Märtyrers nach dem Muster des μεγαλομάρτυς umzubilden.

Die tiefgreifende Wandlung, die sich seit dem Aufhören der Verfolgung in der Auffassung des Märtyrers vollzog, hat die Legendenschreiber vor ganz neue Aufgaben gestellt. Freilich, wie es mehr als ein Jahrhundert dauerte, bis das veränderte Bild des Märtyrers in allen seinen Zügen ausgeprägt war, so ist auch der dem entsprechende Stil der Akte nur allmählich gefunden worden. Man überblickt die Entwicklung am besten, wenn man vom Endpunkt, vom μεγαλομάρτυς, ausgeht.

In ihrer Grundlage bleibt die Form der Akte dieselbe, wie im letzten Abschnitt, eine Prozeßaufnahme mit umrahmender Erzählung. Aber es fällt sofort auf, daß die Nachahmung des amtlichen Protokolls in dieser Zeit noch weiter geht als früher. Denn jetzt werden auch die Äußerlichkeiten bei der Vorführung des Angeklagten (die Meldung durch die Wache oder durch die Unterbeamten, die Frage nach Namen, Stand und Herkunft) peinlich mit erwähnt.[3]) Der Eindruck streng wahrheitsgetreuer Schilderung soll dadurch hervorgerufen werden, und in Anbetracht dessen, was die Verfasser zu erzählen im Begriff waren, hatten sie allerdings Grund, ihre Zuverlässigkeit so aufdringlich zu betonen.

Denn das Kernstück des Inhalts bildet jetzt die Beschreibung der Marter. An dieser Stelle treten die Absichten, die die Legende auf unserer Stufe verfolgt, am klarsten heraus.

Ich wähle, um sie zu veranschaulichen, ein verhältnismäßig einfaches Martyrium, das des Artemius, und zwar dessen älteste, roheste Gestalt, die Bidez jüngst als Anhang III seiner Philostorgiusausgabe S. 166 ff. veröffentlicht hat. Artemius wird, nachdem er den Kaiser Julian ein Werkzeug des Satans

---

[1]) Denselben Ausdruck μέγα ἀγώνισμα gebraucht auch schon Asterius von Amasea in s. Steph. Migne 40, 344 D: ὁ δὲ τοῦ μεγάλου ἀγωνίσματος ὑψηλὸς ἀγωνοθέτης κτέ.

[2]) Zachariä-Lingenthal, Ius graeco-romanum III 469 ff., vgl. Rhallis und Potlis I 136 ff.

[3]) Das beste Beispiel dafür bieten die Akten des Trophimus Act. SS. Sept. V 12.

geheißen hat, mit ungegerbten Riemen gepeitscht; vier Paare müssen sich dabei ablösen (S. 168, 8—10).

Wie er dann die Ermahnung des Kaisers, jetzt wenigstens dem Apollon zu opfern, mit Hohn beantwortet, wird ihm der Rücken mit spitzigen Stacheln gekämmt, während gleichzeitig die Augenlieder und die Seiten mit glühendem Eisen gebrannt werden (S. 170, 1—4).

Trotzdem weist er das erneute Ansinnen, zu opfern, womöglich noch leidenschaftlicher als das erste Mal zurück und wird nun vorläufig fünfzehn Tage ohne Nahrung, auch ohne Wasser und Brot, ins Gefängnis gesetzt. Aber eine Offenbarung wird ihm zur Speise. Christus erscheint ihm, um ihn zu ermahnen: ἀνδρίζου καὶ ἴσχυε[1]) und ihn mit der Verheißung des Paradieses zu trösten.

Nach Ablauf der fünfzehn Tage läßt Julian Artemius sich wieder vorführen, redet ihm nochmals zu und befiehlt, als er sich endgültig weigert, einen Felsblock zu spalten und Artemius zwischen die zwei Hälften zu legen. Er wird zerquetscht; die Augen und die Eingeweide treten heraus. Aber er ist nicht tot, wie die Leute glauben. Er vermag nicht nur unter der Qual noch Psalmen zu singen, sondern auch Julian, wie der Block abgehoben wird, aufs neue zu schmähen (S. 171, 16—173, 12).

Darauf gibt der Kaiser den Befehl, ihn zu enthaupten. Artemius betet, bevor er den Todesstreich empfängt, und erhält durch eine Himmelsstimme die Zusage, daß seine Bitte um Annahme seiner Seele erhört und ihm dazu noch die Gabe der Heilung gewährt sei (S. 173, 13—174, 5).

Das Unterscheidende derartiger Schilderungen liegt nicht schon darin, daß die Farben greller gewählt und grausige Martern dem Leser vorgeführt werden — das ist nur eine Begleiterscheinung[2]) —, sondern vielmehr darin, daß jetzt ein kunstvoller Aufbau angestrebt wird. Denn augenscheinlich ist mit der Aufeinanderfolge: Auspeitschen, Stechen und Brennen, Zerquetschen eine Steigerung beabsichtigt, und zwar eine Steigerung bis zu einem höchsten unüberbietbaren Punkt. Der Gedanke soll ausgedrückt werden, daß der Märtyrer alle Proben durchläuft, um auch in der letzten, der denkbar schwersten, zu bestehen. Aus der lockeren Aneinanderreihung einzelner Bilder, wie sie die Märtyrerakte alten Stils gab, wird damit ein richtiges Drama.

Was das Martyrium des Artemius noch bescheiden in einer dreistufigen Marter veranschaulicht, haben andere Legenden in einer allmählich immer länger

---

[1]) Die Worte stammen aus dem Polykarpmartyrium Kap. 9, 1; sie kehren in einer ganzen Reihe von Martyrien wieder. Ebenso das Psalmensingen und das Gebet vor der Hinrichtung zusamt der göttlichen Verheißung.

[2]) Es ist, um dies sofort abzumachen, gleichfalls nur eine Nebenerscheinung, wenn in den Legenden dieser Zeit gerne der Kaiser selbst als Richter eingeführt oder wenn, was damit zusammenhängt, Christen, die im Leben (oder in einer früheren Fassung der Legende) dem gewöhnlichen Volk zugehörten, jetzt zu hohem Rang, zu Generälen u. ä. befördert werden. Der Grund ist beide Male der, daß nur der Kaiser befugt erscheint, so gräßliche Martern zu verfügen, wie sie der Legendenschreiber für notwendig erachtet. Daneben spielt noch die Rücksicht mit, daß der Sieg des Märtyrers um so größer ist, wenn auch die Machtmittel des Kaisers ihm gegenüber versagen.

werdenden Reihe indianerhaft ersonnener Foltern dargestellt. So läßt das Martyrium des Tryphon[1]) den Märtyrer nach der Auspeitschung, die üblicherweise den Anfang macht, an ein Pferd gebunden werden; in dieser Haltung muß er den Exarchen zur Jagd begleiten: der hartgefrorene Boden reißt ihm die Füße auf, er wird von den Pferden zertreten, in Fetzen fällt sein Fleisch zu Boden. Dann werden ihm Nägel durch die Füße getrieben und er so in der Stadt herumgejagt. Schließlich wird er noch einmal mit Ruten gestrichen und ihm die Seiten mit Fackeln verbrannt, bis endlich das Todesurteil erfolgt. Und das ist immer noch wenig gegenüber den wilden Ausschweifungen etwa der Georgslegende oder der des Clemens von Ancyra.

Aber dem erstgenannten Merkmal zur Seite geht noch ein anderes ebenso bezeichnendes. Artemius wird, nachdem er das erste Treffen bestanden, von Christus mit einer Offenbarung begnadigt; sie stärkt ihn für den drauffolgenden härteren Kampf. Auch dies ist ein stehender Zug, und es macht dabei keinen Unterschied, ob Christus oder ein Engel oder eine 'göttliche Kraft' bezw. 'Gnade' dem Märtyrer zu Hilfe kommt. Wohl aber ist in anderer Hinsicht eine Fortbildung bemerkbar. Während zunächst, wie in der Artemiuslegende und ebenso z. B. in der des Theodorus Tiro[2]) die göttliche Erscheinung nur die Bedeutung hat, die Widerstandskraft des Märtyrers zu stärken, so läßt die spätere Legende durch sie ein Wunder gewirkt werden; sie heilt den Märtyrer, so daß selbst seine Narben verschwinden.[3]) Daraus ergibt sich für den Schriftsteller die Möglichkeit, das Martyrium bis ins Endlose zu verlängern. Je Gräßlicheres von seiten des Richters versucht wird, eine um so göttlichere Kraft[4]) strömt dem Märtyrer zu. Der Gedanke, daß der Märtyrer unüberwindlich ist, weil der hinter ihm stehende Christus unüberwindlich ist, wird damit auf die Spitze getrieben. Freilich so, daß er sich zugleich überschlägt. Denn es erscheint schließlich rätselhaft, wie der, gegen den kein Feuer und kein Wasser, kein Eisen und kein Kalk etwas ausrichtet, am Ende durch einen einfachen Schwertstreich vom Leben zum Tod gebracht werden kann. Jedoch nur wenige Legendenschreiber haben diese Schwierigkeit gefühlt, und für sie ergab sich dann bloß eine Verlegenheit, nicht eine Lösung. Wie sollte man denn den Märtyrer sterben lassen? Etwa auf sein Gebet hin?[5]) Das sah wie Schwäche aus. Oder so, daß die letzte Marter, obwohl sie den Märtyrer selbst nicht berührte, die Gelegenheit wurde, bei der Gott seine Seele zu sich nahm? Aber dann konnte man zweifeln, ob die Marter nicht doch tatsächlich gewirkt habe. Also ließ man es besser beim Alten.

Die Artemiuslegende ist schon ein Beleg dafür, daß der von ihr vertretene

---

[1]) Vgl. den von Franchi de' Cavalieri Studi e testi XIX 1908 veröffentlichten Text.

[2]) Vgl. die bei Delehaye, Les légendes grecques des saints militaires gedruckte Fassung der Legende — sie ist übrigens nicht die älteste — S. 130, 16 ff.

[3]) Vgl. etwa die Legende des Theodorus dux, Delehaye ebd. S. 164, 14 ff.

[4]) Ich entnehme diesen Ausdruck den Quellen selbst: Mart. Carpi Migne 115, 125 A: ὅσῳ γὰρ καινότερα ἐπενόει, τοσούτῳ καὶ θειοτέρα δύναμις ἐπισκιάζουσα τοὺς ἁγίους κρείττους τε τῶν ἐπαγομένων ἐποίει καὶ ῥωμαλεωτέρους μᾶλλον πρὸς τὰ δεινὰ παρεσκεύαζεν.

[5]) Dies ist besonders bei Märtyrerinnen nicht ungewöhnlich; vgl. z. B. das Martyrium der Charitina Migne 115, 1004 C.

Stil lange vor dem Metaphrasten fertig geworden ist.[1]) Die Anfänge gehen sogar sehr hoch hinauf. In der Predigt des Basilius auf den heiligen Gordius[2]) und in der des Ephrem Syrus auf alle Märtyrer gewahrt man bereits jenes Bestreben, den Stoff dramatisch aufzubauen. Aber auch die andere Eigentümlichkeit, die Stärkung des Märtyrers durch göttliche Offenbarungen[3]), läßt sich namentlich mittels der Theodorlegende sicher bis ins V. Jahrh. zurückverfolgen. Wohl noch im selben Jahrhundert, spätestens aber im justinianischen Zeitalter, erfolgt die feste Ausprägung des Stils. Und zwar ist es allem Anschein nach Kleinasien (und Syrien) gewesen, das den Vorgang gemacht hat. Denn dorthin weisen die meisten Legenden dieser Art, die der beiden Theodore, des Georg, des Anthimus, des Eleutherius, des Sozon, des Trophimus und wie sie alle heißen. Ordnet man sie in Gruppen, die sich unschwer, zum Teil durch nahe schriftstellerische Beziehungen ergeben[4]), so laufen die Linien etwa in der genannten Zeit zusammen. Daß aber gerade Kleinasien hier führend auftritt, wird niemand wundernehmen, der bedenkt, welche Rolle dieses Land seit den Tagen der großen Kappadokier in der Geschichte der Märtyrerverehrung gespielt hat. Übrigens ist es doch niemals dahin gekommen, daß alle Märtyrerakten nach ganz demselben Muster geschrieben oder umgeschrieben worden wären. Die bereits festgelegte Überlieferung einerseits, die Unterschiede in der tatsächlichen Schätzung der Märtyrer andrerseits bildeten Hindernisse, die nie völlig zu überwinden waren.

Ist nun aber dieser neue Stil rein im natürlichen Fortgang der Sache entstanden? Durch eine bloße Steigerung der von Haus aus der Märtyrerakte innewohnenden Antriebe, eine Steigerung, die sich aus dem wachsenden Abstand von der Verfolgungszeit erklärte? Das ließe sich hören, wenn die neue Darstellungsform nur darin bestünde, daß die Martern zu einer Stufenreihe geordnet

---

[1]) Sicher läßt sich von der Artemiuslegende nur sagen, daß sie vor das VII. Jahrh. fallen muß. Denn dieser Zeit gehören die sie voraussetzenden ϑαύματα (Papadopulos-Kerameus, Varia Graeca, Petersburg 1908) an. Aber leider ist aus den ϑαύματα nicht zu ersehen, ob der Verfasser nur die ältere Form der Legende oder auch schon die entwickeltere des Johannes von Rhodus kennt. Man kommt auch dadurch nicht weiter, daß die älteste Legende wohl die Überführung der Reliquien nach Konstantinopel meldet (S. 174, 14 Bidez), aber von ihrer Beisetzung in der Kirche des Prodromos noch nichts zu wissen scheint. Denn aus Ps.-Codinus Patria III 51; 235, 21 ff. Preger erfährt man wohl, daß die Kirche des Prodromos unter Anastasius gebaut wurde, aber es fehlt jede Angabe darüber, wann die Gebeine des Artemius dorthin gebracht worden sind.

[2]) Von anderer Seite her ist auch Franchi de' Cavalieri (Hagiographica S. 10) auf die Bedeutung dieser Predigt aufmerksam geworden.

[3]) Von einem göttlichen Beistand, der den Märtyrern zuteil wird, reden selbstverständlich auch die Kirchenväter des IV. Jahrh, vgl. etwa Chrysostomus In s. Pelagiam M. 50, 580: οὐ γὰρ ἦν ἔνδον μόνη, ἀλλ' εἶχε σύμβουλον Ἰησοῦν, ἐκεῖνος αὐτῇ παρῆν, ἐκεῖνος τῆς καρδίας αὐτῆς ἥπτετο, ἐκεῖνος τὴν ψυχὴν παρεϑάρρυνεν, ἐκεῖνος μόνος τὸν φόβον ἐξέβαλεν. Aber das ist noch keine Offenbarung.

[4]) Es ist kaum möglich, eine dieser Legenden gesondert zu behandeln. Sie bilden einen Knäuel, in dem alles miteinander verfilzt ist. Auch Krumbacher hat in seinem Georg viel zu wenig nach anderen Legenden hinübergeblickt.

vorgeführt werden. Aber die andere Eigenheit, daß der Märtyrer nach dem Streit durch Offenbarungen erquickt und zu neuem Kampf gestärkt wird, ist auf diesem Weg nicht abzuleiten. Und doch gehört sie notwendig mit der ersten zusammen. Aber man braucht sich nur das Ganze zu vergegenwärtigen, um auch das Vorbild zu sehen, das hier gewirkt hat. Der Grundgedanke, der jetzt in der Märtyrerakte durchgeführt wird, ist genau derselbe, wie der des Heiligenlebens.[1]) Wie der Mönch durch eine Reihe sich steigernder ἀγῶνες hindurch — ἀναβάσεις τιθέμενος ἐν τῇ καρδίᾳ — zur Vollkommenheit gelangt, aber so, daß göttliche Offenbarungen zugleich Lohn und Bedingung des Fortschritts sind, im selben Sinn wird jetzt auch der Märtyrer aufgefaßt.[2]) Es sind nur die inneren Vorgänge in äußere übersetzt.

Das bestätigt den früher nachgewiesenen Zusammenhang zwischen der Entwicklung der Märtyrervorstellung und dem Auftreten des Mönchtums. Aber von dort her erhellt auch der tiefere Grund für diese Nachahmung des Heiligenlebens in der Märtyrerakte. Beim Mönch lieferte die Vita den Nachweis dafür, daß er jetzt die παρρησία besaß, vermöge deren er Wunder zu tun vermochte; sie zeigte, wie er sie sich in seinen ἀγῶνες schon bei Lebzeiten erworben hatte. Sagte man dem Märtyrer eine noch größere παρρησία nach, so mußte auch bei ihm der Versuch gemacht werden, durch die Akte zu veranschaulichen, wie er Stufe um Stufe zu seiner hohen Würde emporgestiegen war.

Der Nachdruck, der jetzt auf das Leiden als solches gelegt wurde, ließ die Rede des Märtyrers in ihrer Bedeutung zurücktreten. Es ist bezeichnend, daß die Stimmung darüber schwankt, ob man den Märtyrer überhaupt etwas über das Notwendige hinaus sprechen lassen solle. Chrysostomus rühmt an Lucian, daß er, obwohl weltlicher Bildung teilhaftig, sich auf das schlichte Bekenntnis: 'Ich bin ein Christ' beschränkt hätte.[3]) Das sagt Chrysostomus ausgerechnet von dem Lucian, der nach dem Zeugnis des Eusebius-Rufin wirklich eine Rede gehalten hat. Aber die überwiegende Neigung ging allerdings nach der anderen Seite. Anstatt vieler Einzelbelege genügt ein Hinweis auf Constantinus Diaconus, der in seiner Predigt am Allermärtyrerfest ein Musterbeispiel einer Märtyrerrede vorgetragen hat.[4]) Jedoch auch da, wo die Auseinandersetzung des Märtyrers mit

---

[1]) Vgl. diese Zeitschr. 1912 XXIX 410 ff. Bayern (O. Stählin bei Christ-Schmid, Gesch. d. griech. Lit. III 1152 A. 3 = A. Heisenberg, BZ. 1912 S. 613) habe ich allerdings mit meiner Auffassung der Vita Antonii nicht zu überzeugen vermocht. Ich verzichte darauf, sie nochmals zu verteidigen. Man kann bekanntlich niemand zwingen, etwas zu sehen. — Anders denke ich selbstverständlich über Reitzensteins tief grabende Abhandlung, (Des Athanasius Werk über d. Leb. d. Ant., Sitz.-Ber. d. Heid. Akad. 1914, 8. Abh.). Sein Nachweis, daß Athanasius eine Vita Pythagorae benützt habe, scheint mir unwiderleglich. Aber R. hat wohl unter dem Einfluß dieser Entdeckung Ath. als Schriftsteller etwas unterschätzt und die Entwicklung, die er bei Antonius schildern will, allzusehr ins Äußerliche gezogen.

[2]) Ich erinnere an den bezeichnenden Ausdruck προκοπὴ τῆς ἀθλήσεως, den der Verfasser der Acta Probi et Tarachi geprägt hat (vgl. S. 550). — Im einzelnen deutet noch das Psallieren des Märtyrers auf das Mönchtum hin.

[3]) Hom. in s. Lucianum Kap. 3; Migne 50, 524. — Anderwärts (In s. Rom. II; Migne 50, 616) legt freilich Chrysostomus selbst auch Reden ein.

[4]) Migne 88, 488 D ff.

dem Richter sich zur förmlichen wissenschaftlichen Abhandlung erweitert, hat sie im Zusammenhang der ganzen Akte nur den Wert eines Vorspiels. Das geht aus der Formel hervor, mit der regelmäßig der Übergang zur Marter gemacht wird. Ich gebe sie in der Fassung des Constantin: τούτων ὥσπερ ἀπό τινος ὀξυβελοῦς μηχανήματος εὐστόχως τῇ τῶν ἐναντίων πυργοποιίᾳ διαφεθέντων ... ἐν ἀπόρῳ λοιπὸν τοῖς ἀσεβέσιν ἡ κατὰ λόγους συμπλοκὴ διεφαίνετο. καὶ δὴ κατὰ τὴν ἔξωθεν σοφίαν, ἣν χρόνῳ καὶ πόνῳ πολλῷ συνελέξαντο, προχείρως οὕτως καὶ ἀγεννῶς διακινδυνεύσαντες ἐπ' αὐτοδίδακτον τέχνην τὴν ὠμότητα τρέπονται, ὃ μόνον ὄργανον αὐτοῖς πρὸς ἄμυναν ὑπελείπετο.[1]) Demnach ist der Zweck der Rede kein anderer als der, die geistige Überlegenheit des Christen und die Roheit des Tyrannen ins Licht zu setzen, der vom Märtyrer in die Enge getrieben sich bloß mit den groben Mitteln des äußeren Zwanges zu helfen weiß.

So ausgestaltet bildet die Märtyrerakte ein abgerundetes, in sich wohl gegliedertes Ganzes. Aber seitdem der Märtyrer als Wundertäter eine stets fortwirkende Bedeutung für die Lebenden gewonnen hatte, konnte die Schilderung des in der Vergangenheit liegenden Kampfes allein nicht mehr genügen. Es mußten noch die Linien zur Gegenwart herübergezogen werden. Daraus ergaben sich neue Ansätze, die sich zum Teil zu eigenen Gattungen weiterentwickelten.

Vor allem durfte jetzt am Schluß der Legende ein Vermerk darüber nicht fehlen, wo und wie die Reliquien geborgen worden waren. Schon dieser Punkt gab in Fällen, in denen die Auffindung (oder Übertragung) der Gebeine mit besonderen Ereignissen verknüpft war, Anlaß zur Entstehung selbständiger Schriften.

Aber viel wichtiger war, daß man — wieder nach dem Vorbild des Heiligenlebens und zum gleichen Zweck wie dort — nunmehr auch der Märtyrerakte eine Sammlung von θαύματα beizugeben sich gewöhnte. So hat schon Basilius von Seleukia es für nötig befunden, die alten Theklaakten durch einen zweiten, Wunderberichte enthaltenden Band zu ergänzen. Aber man bemerkt doch dabei einen lehrreichen Unterschied zwischen Märtyrerakte und Heiligenleben. Bei letzterem bilden βίος und θαύματα stets eine strenge Einheit; nicht nur hat derselbe Schriftsteller das eine wie das andere verfaßt, die θαύματα sind auch ein unentbehrliches und unlösbares Stück des Ganzes. Bei der Märtyrerakte ist der Zusammenhang lockerer. Hier treten die θαύματα häufig genug als selbständige Schrift auf. Der Grund liegt zum Teil in dem oben (S. 543 f.) Berührten: die Märtyrerakte erschien als vollständig auch ohne θαύματα; denn an der παρρησία des Märtyrers durfte niemand zweifeln. Aber daneben greift noch eine andere Rücksicht ein. Je berühmter ein Märtyrer war, desto dringlicher wurde das Bedürfnis, die Sammlung der θαύματα immer auf der Höhe zu halten. Man genügte ihm in doppelter Form. Entweder so, daß man gewisse Wunder als die sozusagen klassischen des betreffenden Heiligen heraushob. Dies gilt etwa von Theodor, von Georg, von Nikolaus. Gerade diese Beispiele zeigen

---

[1]) Migne 88, 508 C/D. — Ganz ähnlich Leo Sapiens Migne 107, 184 B/C. Vgl. von einzelnen Beispielen etwa Tryphon Migne 114, 1324 D; Platon Migne 115, 416 B; Artemius Migne 115, 1193 D; Äkaterina Migne 116, 280 C.

übrigens, wie leicht derartige Wunder Wandergeschichten wurden.[1]) Oder aber führte man die Sammlung regelmäßig weiter.[2]) Dazu boten (wie bei den Mönchsheiligen) namentlich die Festpredigten am Jahrtag des Märtyrers bequeme Gelegenheit. In ihnen spiegelt sich immer die ganze Geschichte der Verehrung des einzelnen Heiligen.[3])

Teilweise hat das Bestreben, die Märtyrerakte an das Heiligenleben anzugleichen, dazu geführt, daß auch das Jugendleben des Märtyrers mit herangezogen wurde. Der Sinn, in dem das geschieht, ist jedoch nicht überall der gleiche. Das eine Mal wird der Märtyrer in seiner Jugend schon als Heiliger geschildert, so daß das Martyrium als Krönung des ganzen Lebens erscheint. Das andere Mal liebt es die Legende, in die Anfänge des Heiligen häßliche Züge hineinzudichten. Man sieht, wie hier zwei Antriebe sich miteinander streiten: auf der einen Seite das Vorbild des Heiligenlebens, auf der anderen die Anschauung, daß das Martyrium jeden Makel des Vorlebens tilge.

Rein nach Seiten der Form gewertet hat die Märtyrerakte auf dieser letzten Stufe ohne Frage gewonnen. Jetzt erst ist Geschlossenheit der Anlage erreicht und das Einzelne sinnvoll ineinandergefügt. Aber der künstlerische Fortschritt ist erkauft mit einer ebenso großen Entfernung von der Wirklichkeit. Denn gerade bei den berühmtesten, vom Volk am meisten verehrten Märtyrern ist die Legende nur ein Erzeugnis der Einbildungskraft und zwar einer höchst unerfreulichen Einbildungskraft.

---

[1]) In seiner Weise hat dies der Verfasser des Synaxarientextes für den h. Nikolaus (Anrich, Hagios Nikolaos I 207, 5 ff.) selbst bemerkt.

[2]) Den besten Beleg dafür bieten die Demetriusakten. — Das Unternehmen Augustins, das Harnack den Anlaß zu seiner Abhandlung gegeben hat (Sitz.-Ber. d. Berl. Akad. 1910 S. 106 ff.; vgl. dazu namentlich Delehaye, Les origines du culte des martyrs, 1912 S. 147 ff.) ist demnach sachlich nichts Ungewöhnliches. Bezüglich der Form hat Delehaye S. 156 mit Recht an die Heilungsberichte in den Äskulaptempeln erinnert.

[3]) Vgl. schon Greg. Nyss. in s. XL Mart. Migne 46, 784 B, wo er in der Predigt ein von ihm selbst erlebtes Wunder erzählt. — Die Predigten müßten daher von der Legendenforschung viel gründlicher, als dies bisher geschehen ist, ausgenützt werden. Vielfach ist die Bedeutung, die ein Heiliger für die Volksfrömmigkeit gewonnen hat, nur aus ihnen zu erkennen.

VON DEN INSIGNIEN UND DEN RELIQUIEN
DES ALTEN HEILIGEN RÖMISCHEN REICHES

Von ALBERT WERMINGHOFF

Vorbemerkung

Der im folgenden abgedruckte Vortrag verzichtet darauf, jeden Satz im einzelnen aus Quellen und Literatur zu belegen. Vorzüglich benutzt sind außer den neueren Werken über Rechts- und Verfassungsgeschichte von H. Brunner, R. Schröder und G. Waitz die nachstehenden, nach ihren Erscheinungsjahren aufgezählten Arbeiten: Chr. G. von Murr, Diplomatarium Lipsano-Klinodiographicum S. Imp. Rom. Germ. ab anno 1246 usque ad annum 1764: Journal zur Kunstgeschichte und zur allgemeinen Literatur XII (Nürnberg 1784) S. 37 ff.; Ausführliche Beschreibung der sämtlichen Reichskleinodien und Heiligtümer, welche zu Nürnberg im Chore der neuen Spitalkirche zum heiligen Geist verwahrt werden: ebd. XIV (1787) S. 137 ff. XV (1787) S. 129 ff. XVI (1788) S. 210 ff. (zum Teil wiederholt in dem Buche: Beschreibung der sämtlichen Reichskleinodien und Heiligtümer, welche in der des H. R. Reiches freyen Stadt Nürnberg aufbewahret werden. Nürnberg 1790). F. Bock, Die Kleinodien des heil. Römischen Reichs deutscher Nation nebst den Kroninsignien Böhmens, Ungarns und der Lombardei. Wien 1864. A. Winckler, Die deutschen Reichskleinodien. Berlin 1872. F. Frensdorff, Zur Geschichte der deutschen Reichsinsignien: Nachrichten von der Königl. Gesellschaft der Wissenschaften zu Göttingen, philol.-hist. Klasse 1897 S. 43 ff. A. Hofmeister, Die heilige Lanze ein Abzeichen des alten Reichs. Breslau 1908. Führer durch die Schatzkammer des allerhöchsten Kaiserhauses in der K. K. Hofburg zu Wien. Wien 1910. E. Eichmann, Das Exkommunikationsprivileg des deutschen Kaisers im Mittelalter: Zeitschr. der Savignystiftung für Rechtsgeschichte, Kanonistische Abteilung I (1911) S. 160 ff.; Die Ordines der Kaiserkrönung: ebd. II (1912) S. 1 ff. A. Werminghoff, Verfassungsgeschichte der deutschen Kirche im Mittelalter[2] (Meisters Grundriß der Geschichtswissenschaft II 6. Leipzig und Berlin 1913) S. 44 ff. 49 ff. — Abbildungen finden sich u. a.: Chr. G. von Murr a. a. O. F. Bock a. a. O. Die Holzschnitte des XIV. und XV. Jahrh. im Germanischen Museum (Nürnberg 1874) S. 14 f. O. Henne am Rhyn, Kulturgeschichte des deutschen Volkes I[2] (Berlin 1892), Tafel zu S. 305 f. Meyers Konversationslexikon IV[6] (Leipzig und Wien 1903), Tafel zu S. 603. Deutsches Leben der Vergangenheit in Bildern II herausgeg. vom Verlag E. Diederichs (Jena 1908) S. 433 Nr. 1408. Führer durch die Schatzkammer usw. J. von Pflugk-Harttung, Im Morgenrot der Reformation (Hersfeld 1912), Tafel zu S. 16; vgl. auch W. Scheffler: Repertorium der Kunstwissenschaft XXXIII (1910) S. 517. Abbildungen des Reliquienschreines (jetzt im Germanischen Museum zu Nürnberg) und einiger Futterale von Kleinodien bei A. Essenwein: Anzeiger für Kunde der deutschen Vorzeit N. F. VIII (1861) S. 437 ff. XX (1873) S. 1 ff. Reiches Anschauungsmaterial an Abbildungen und Nachbildungen wird von der zum Jahre 1915 geplanten Krönungsausstellung in Aachen zugänglich gemacht werden.

Durch unsere täglichen Zeitungen ging vor kurzem eine eigentümliche Nachricht; die Petitionskommission des deutschen Reichstags, so lautete sie, würde sich mit dem Ansinnen zu befassen haben, die Reichsregierung möchte der Frage näher treten, wie die Kleinodien des alten Heiligen Römischen Reiches Deutscher Nation aus der Schatzkammer der kaiserlichen Hofburg in Wien nach Berlin überführt werden könnten. Soweit wir wissen, sind Wortlaut und Begründung dieses Antrags nicht veröffentlicht worden. Wie immer er gestaltet sein mag, sicherlich ist mancher Zeitungsleser nur mit flüchtiger Hast an jener Notiz vorübergeeilt, um sie schnell wieder zu vergessen. Im sicheren Besitze des neuen von Bismarck gegründeten Reiches denkt unser Geschlecht selten genug an die Zeiten zurück, in denen das alte Reich mit all seinen Rissen und Sprüngen noch immer die Gesamtheit des deutschen Volkes nach außen hin zu vertreten meinte. Verklungen ist das Gerücht, das zu Anfang der 70er Jahre des vorigen Jahrhunderts zu erzählen wußte, Kaiser Franz Joseph habe in die Herausgabe der Kleinodien gewilligt, weil Kaiser Wilhelm im alten Krönungsornat sich zum Kaiser proklamieren lassen wollte. Vergessen ist der Plan der Wiener Studentenschaft vom Jahre 1848, die Kostbarkeiten 'nach Frankfurt zu überbringen und sie dort zur Verfügung des deutschen Volkes zu stellen'. So gut wie unbekannt ist die Tatsache, daß erst seit dem Jahre 1806, also nach dem Frieden von Preßburg, die Hoheitszeichen in der Wiener Hofburg dauernde Unterkunft fanden. Sie waren vorher zunächst nach Ungarn, dann nach Regensburg geflüchtet worden, hatten im Jahre 1796 von Nürnberg auf vielgestaltigen Umwegen nach Wien gerettet werden müssen, das eine Mal aus Furcht vor Napoleon, das andere Mal aus Angst vor General Jourdan. Fast dreiunddreiviertel Jahrhunderte hindurch, seit dem Jahre 1424, war Nürnberg ihre Heimat gewesen, wenn es gleich an Protesten gegen die Hüterin des Schatzes nicht fehlte. In der fränkischen Reichsstadt war die Spitalkirche zum Heiligen Geist die Aufbewahrungsstätte der Kleinodien, die sie nur dann verließen, sobald man ihrer aller oder einzelner bevorzugter Stücke bei feierlichen Krönungen zu Aachen, Frankfurt, Regensburg oder Augsburg bedurfte; kein Geringerer als Goethe hat in 'Dichtung und Wahrheit' den Eindruck geschildert, den die Ankunft der Reichsinsignien in seiner Vaterstadt im Jahre 1764 auf ihn und seine Mitbürger machte. Hundert Jahre hindurch, bis zum Jahre 1523, wurden die Kostbarkeiten alljährlich dem Volke zur Schau gestellt, und noch liegen die ausführlichen Berichte über den genau geregelten Verlauf dieser sogenannten Heiltumsweisungen an jedem zweiten Freitag nach Ostern[1]) uns vor: Gottesdienst leitete die Feier ein, Jahrmarktsgedränge mit Zollfreiheit für die zahlreichen Besucher schloß sich an; sorgsame Ordnungen des städti-

---

[1]) Beispiele für den Gebrauch dieses Tages als einer chronologischen Epoche (Heiltumsfest, *ostensio reliquiarum* = Freitag nach Quasimodogeniti, auf Grund der unten S. 563 erwähnten päpstlichen Anordnung des *festum armorum Christi*) begegnen namentlich in den Nürnberger Chroniken; vgl. Chroniken der deutschen Städte II 45. 213 f. 216; X 148. 199. 215. 262; XI 572. — Über außergewöhnliche Heiltumsweisungen bei Besuchen von hohen Persönlichkeiten vgl. a. a. O. I 400; III 354; X 181. 190. 198. 239. 249.

schen Rates erklärten jeder Friedensstörung und jedem Diebstahl den Krieg; fliegende Blätter mit mehr oder weniger gelungenen Holzschnitten machten mit dem Aussehen der Gegenstände bekannt. Der Besorgnis vor den Hussiten, nicht aber dringenden Forderungen der deutschen Kurfürsten war es zu verdanken gewesen, daß im Jahre 1424 König Sigmund (1410—1437) einer Gesandtschaft von treuen Nürnbergern den Schatz aushändigte, auf daß sie ihn in ihre Heimat brächte: er soll gleich einer Ladung Fische verpackt gewesen sein, um räuberischem Überfall durch Wegelagerer vorzubeugen. Der Fuhrmann selbst ahnte nichts vom Werte seiner Fracht, als er aber sah, wie aus den Toren Nürnbergs in feierlicher Prozession Einwohner und Geistliche ihm entgegenzogen, da sprang er· vom Pferde und verrichtete vor dem Heiltum sein stilles Gebet. Die Glocken läuteten, die Gefängnisse waren geöffnet und die Galgen von ihrer Last befreit worden. Nur wenige Jahre zuvor hatte Sigmund die Gesamtheit der Kleinodien nach dem fernen Blindenburg an der Donau unweit Gran und zeitweise nach Ofen gebracht, vor ihm sein Bruder Wenzel (1376—1400) sie nach der Feste Karlstein in Böhmen schaffen lassen, nachdem sie von ihrer beider Vater in der Wenzelskapelle auf der Burg zu Prag gleichsam eingebettet worden waren, ein Zeichen dafür, daß der politische Schwerpunkt des deutschen Reiches nördlich der Alpen nach seinem Osten verschoben worden war, daß die Hauptstadt des luxemburgischen Kronlandes als die des Reiches überhaupt angesehen werden sollte. Mühevolle Verhandlungen mit den Wittelsbachern waren voraufgegangen, ehe diese im Jahre 1350 die Gesamtheit der Kleinodien dem glücklicheren 'Pfaffenkönig' auslieferten. Immer und immer waren sie vordem von Ort zu Ort, von Burg zu Burg, von friedlicher Stätte in das kriegerische Lager, von einer Hand in die andere gewandert. Habsburgern, Hohenstaufen, Franken und Sachsen hatten sie geeignet; über das Erbrecht der Dynastien hatte das Wahlrecht der Fürsten den Sieg davongetragen, weil ein neidisches Geschick unserem Volke langlebige Königsgeschlechter nicht gönnte, die es dem französischen Nachbarvolke gewährte. Soweit man das deutsche Königtum verfolgen kann, bis in den Anfang des X. Jahrh. hinauf, stets war es im Besitze von Reichskleinodien. Die Wertschätzung dieser *insignia regalia* oder *imperialia* — auch die Bezeichnungen *regnum* und *imperium* kommen vor — mochte im Laufe der Zeit nicht geringem Wandel ausgesetzt sein, ununterbrochen·jedenfalls wurden unter ihnen allen vorzüglich die Krone, die Lanze, der Reichsapfel, das Szepter und das Schwert als unbedingt erforderliche Symbole der Herrschaft im wahrsten Sinne des Wortes erachtet. Sie mußten bei einer Krönung benutzt werden, um das neue Reichsoberhaupt als rechtmäßig erscheinen zu lassen; sie waren bei besonderen Festlichkeiten zur Stelle, sobald der König 'unter Krone ging'. Wer ihrer auf friedlichem Wege, durch List oder selbst durch Gewalt sich bemächtigt hatte, durfte des Anrechts auf Thron und Regierung versichert sein, als wirklicher König sich fühlen und betätigen.

Die bewegte äußere Geschichte der Reichskleinodien legt die Vermutung nahe, daß ihr gegenwärtiger Bestand kleiner ist als er vor Zeiten war. In der Tat weisen Verzeichnisse jüngsten Ursprungs allein schon gegenüber solchen aus dem Ende des XVIII. Jahrh. nicht unempfindliche Verluste auf. Nicht als ob noch ältere Matrikeln, wie man vor Zeiten sagte, stets reichhaltiger gewesen wären; die Vorstellung eines in seinen Einzelbestandteilen immerdar unveränderlichen Schatzes muß als unzutreffend bezeichnet werden. Die historiographischen und urkundlichen Quellen, dazu die Prüfung der heute noch vorhandenen Stücke ergeben, daß nicht wenige erst im Laufe der Zeit dem Schatze beigefügt wurden. Nur die vielgeschäftige Legende darf verkünden, daß einzelne Gegenstände eines ehrwürdigen Alters sich erfreuen, daß sie bereits von Karl dem Großen (768—814) benutzt wurden; nicht erst im XVIII. Jahrh. Karl Heinrich Ritter von Lang († 1835), sondern bereits im XV. Jahrh. bemerkte Enea Silvio, der spätere Papst Pius II. (1458—1464), daß man wohl vom Schwerte des großen Karl spräche, daß jedoch auf ihm das Wappentier Böhmens, der Löwe, zu sehen sei und die Waffe demnach von dem um rund fünfunddreiviertel Jahrhunderte jüngeren Karl IV. (1346—1378) herzurühren scheine.[1]) An die Stelle einst vorhandener Insignien traten neu angefertigte, wie denn der heute erhaltene Rest der heiligen Lanze nicht älter sein kann als das XI. Jahrh., wo die alte Lanze verloren ging oder zerstört wurde. Man trug kein Bedenken, den Schatz um Wertstücke jüngeren Ursprungs oder Erwerbs zu bereichern, um eben hierdurch den Wert der ganzen Sammlung zu steigern; der Krönungsmantel und die Alba, in den Jahren 1133 und 1181 zu Palermo für den König von Sizilien gewoben, wurden von Kaiser Heinrich VI. (1190 —1197) als dem Erben des unteritalischen Königreiches erbeutet und der Reichsburg Trifels in der Pfalz zur Bewachung übergeben. Ebenso dem XII. Jahrh. wird der Reichsapfel zuerkannt, während die Szepter dem XIII. und XIV. Jahrh. entstammen sollen. Die Handschuhe und Schuhe gelten als deutsche Arbeiten des XIII. Jahrh., die Stola hingegen ist wohl erst im XIV. Jahrh. aus einer norditalienischen Manufaktur hervorgegangen. Die Kaiserkrone endlich darf nach den neuesten Untersuchungen von O. von Falke als eine deutsche Arbeit des beginnenden XI. Jahrh. angesprochen werden: sie wurde für den ersten Salier Konrad II. (1024—1039) angefertigt, um ihn bei seiner Kaiserkrönung im Jahre 1027 zu schmücken[2]), und gehört so demselben Ursprungslande und

---

[1]) Gemeint ist das sogenannte Zeremonienschwert, dessen Knauf allein aus dem XIV. Jahrh., aus der Zeit Karls IV., herrührt. Zu unterscheiden hiervon ist das sogenannte Mauritiusschwert, das noch heute bei der feierlichen Eröffnung des österreichischen Reichsrates und des ungarischen Reichstages benutzt wird; es stammt nach dem Führer usw. S. 22 aus dem XIII. Jahrh., nach J. von Falke, Geschichte des deutschen Kunstgewerbes (Berlin 1888) S. 37 aus dem Zeitalter der Ottonen oder der 1. Hälfte des XI. Jahrh.

[2]) Vgl. J. von Falke, Geschichte des deutschen Kunstgewerbes S. 37 ff. O. von Falke, Der Mainzer Goldschmuck der Kaiserin Gisela (Berlin 1913) S. 20 ff. Die ältere Zuweisung der Krone in die Zeit Konrads III. (1138—1152) oder Konrads IV. (1237—1254) ist schon dadurch hinfällig, daß die Inschrift auf dem Bügel der Krone vom *Chuonradus Dei gratia Romanorum imperator augustus* spricht, daß von allen Herrschern aber dieses Namens — Konrad I. (911—918) kommt nicht einmal in Betracht — nur eben Konrad II. zum Kaiser gekrönt wurde, daß endlich 'Krone, Kreuz und Bügel augenscheinlich vollkommen einheitlich gearbeitet sind und nirgends ein Merkmal einer Entstehung außerhalb des XI. Jahrh aufweisen'.

derselben Zeit an, aus denen der große Goldschmuck von Konrads II. Gemahlin Gisela († 1043) entstammt.[1]) Wie immer man sich zu allen diesen zeitlichen Zuweisungen stellen mag, jedenfalls macht sich in der Masse des Reichskleinodien allmählich eine Sonderung nach ihrem Material und ihrem Zwecke bemerkbar: Insignien, Pontifikalien und Reliquien werden unterschieden. Zu den Insignien zählen, legt man nur den heutigen Bestand zugrunde, die Kaiserkrone in Wien und die Königskrone in Aachen, wiederum in Wien der Reichsapfel, zwei Szepter, drei Schwerter.[2]) An Pontifikalien oder Gewändern werden in der Hofburg der Krönungsmantel[3]), die Alba, die beiden Dalmatiken, die Stola, die beiden Gürtel, die Handschuhe und die Schuhe aufbewahrt. Den Übergang zu den Reliquien oder Heiligtümern bildet, als Bestandteil der Wiener Sammlung gleich den Reliquien im engeren Sinne, die hl. Lanze des Longinus, vordem nach dem hl. Mauritius und noch früher nach dem Kaiser Konstantin dem Großen genannt; erhalten ist von ihr allerdings nicht mehr der Holzschaft, sondern nur noch die eiserne Spitze, in die ein Nagel vom Kreuze Christi kunstvoll eingelassen ist.[4]) Zu den Reliquien endlich werden gerechnet ein

---

[1]) Vgl. die ausführliche Beschreibung dieses Schatzes samt Darlegung seiner Geschichte durch O. von Falke a. a. O. mit den erforderlichen Abbildungen. Er wurde im Jahre 1880 zu Mainz gefunden, nach mannigfachen Schicksalen im Jahre 1912 für Kaiser Wilhelm II. erworben und von diesem dem Deutschen Museum (nicht dem gleichnamigen in München) überwiesen. Er besteht aus einer Halskette, einem Brustbehang, zwei Adlerfibeln, zwei Paar Ohrringen, einem einzelnen Ohrring, einem großen und einem kleinen Filigranfürspan mit Zellenschmelz, einem Paar hochgebuckelter Manteltasseln, zwei ähnlichen Einzelbuckeln, zwei Stecknadeln verschiedener Größe und neun Fingerringen. Die Krone der goldenen Marienfigur in Essen kann wegen ihrer Kleinheit nicht die von Gisela getragene Krone sein, gibt aber 'als ein gleichzeitiges und schulverwandtes Frauendiadem die beste Vorstellung, wie die verlorene Krone der Kaiserin Gisela' — sie wurde zusammen mit ihrem Gemahl am 26. März (Ostersonntag) 1027 zu Rom gekrönt — 'gestaltet war, die einst zu dem Krönungsornat gehört hat'.

[2]) D. h. das Schwert des hl. Mauritius und das kaiserliche Zeremonienschwert, die beide oben S. 560 Anm. 1 erwähnt wurden, und dazu der sogenannte Säbel Karls des Großen, nach dem Führer S. 21 wahrscheinlich aus der Zeit der Normannenherrschaft in Sizilien.

[3]) Er ist also verschieden von dem sog. Krönungsmantel Kaiser Heinrichs II. im Domschatz von Bamberg, der seit dem XVIII. Jahrh. sog. Kaiserdalmatik Karls des Gr. im Schatz von St. Peter zu Rom, dem Krönungsmantel Richards von Cornwallis im Domschatz von Aachen; s. ihre Abbildungen bei R. Eisler, Weltenmantel und Himmelszelt. Religionsgeschichtliche Untersuchungen zur Urgeschichte des antiken Weltbildes I (München 1910) S. 6. 21. 27. Für Eisler gehen die Bilder von Sternen u. a. m. auf diesen Mänteln darauf zurück, 'daß der Sternenmantel der mittelalterlichen Könige, dessen Spuren bis zum Interregnum verfolgt werden konnten, in gerader Linie von der Staatstracht der römischen Kaiser und dadurch in letzter Linie von dem Mantel des römischen Himmelsgottes abstammt'; a. a. O. I 5 ff. 45. Der kostümgeschichtliche Zusammenhang zwischen der Gewandung des alten römischen, zumal der byzantinischen Kaiser und der Gewandung der mittelalterlichen Kaiser wird nicht zu bestreiten sein; zu einem Urteil über die von Eisler bemerkten ideengeschichtlichen Zusammenhänge bis hinauf in die Regionen ältester Mythologie sind wir nicht zuständig.

[4]) Zur Aufbewahrung der hl. Lanze bezw. ihres Schaftes mit dem Nagel vom Kreuze Christi, des Splitters vom Kreuze Christi, des Armbeins der hl. Anna und des Zahns vom hl. Johannes dem Täufer diente als Behältnis das Reichskreuz von vergoldetem Silber, das

Splitter vom Kreuze Christi, ein Span von der Krippe Christi, ein Stück vom Tischtuch des ersten Abendmahls, ein Stück vom Schürztuch des Heilands bei der Fußwaschung der Jünger, ein Armbein der hl. Anna, ein Zahn vom hl. Johannes dem Täufer, ein Teil vom Gewande des Evangelisten Johannes, drei Glieder der eisernen Ketten, mit denen die Apostel Petrus, Paulus und Johannes gefesselt waren, schließlich etwas Erde mit dem Blute des ersten Märtyrers Stephan.

Unser Glaube oder unser Zweifel an die Echtheit und die Wunderkraft der zuletzt genannten elf oder zwölf Heiligtümer, neben denen noch ein Evangelienbuch in Aachen angeblich aus Karls des Großen Zeit namhaft gemacht sein mag, steht nicht zur Erörterung. Auffallend bleibt, daß die Nachrichten über die meisten von ihnen erst im XIV. Jahrh. zahlreicher werden, während für einige Stücke bereits aus dem XIII. Jahrh. und noch älterer Zeit Angaben vorliegen. Man wird auf eine planmäßige Vermehrung der ursprünglich allein behüteten Partikeln schließen dürfen, jedenfalls auf eine solche durch Karl IV., zu dessen nüchternem, kaufmännisch rechnendem Wesen seine Vorliebe für Überreste von Heiligen jeder Art eine absonderliche Folie darbietet. Ein Chronist des XIV. Jahrh., der Konstanzer Domherr Heinrich von Diessenhoven, preist Gott dafür, daß er seine Kirche durch einen katholischen König begnadet habe, eben Karl IV., der so sehr bemüht gewesen sei die Heiligen fromm zu verehren, daß er ihre Grabstätten gebeugten Hauptes aufgesucht, ihre Gebeine zu Händen genommen, inbrünstig geküßt und dann wieder an ihrer alten Stelle geborgen habe; Karl habe die Reliquien von Heiligen geschmückt und eben hierdurch die Grausamkeit eines Nero und Diocletian zuschanden gemacht, jener Römer, die durch ihre Schergen die Heiligen hätten zum Martyrium schleppen lassen. Unser Gewährsmann vergißt nicht zu bemerken, daß der Luxemburger nach Kräften Reliquien sich als Geschenk erbeten habe, und genau dasselbe meint auch eine spätere Chronik, wenn sie den Luxemburger einen überfleißigen Mann zum Heiltum nennt, der in allen Ländern es aufgesucht habe, um ihm andachts-

---

noch heute im Wiener Schatz sich findet; vgl. Führer usw. S. 33 f. Hier wird es wegen seiner Inschrift (*Ecce crucem Domini fugiat pars hostis iniqui, hinc Chuonrade tibi cedant omnes inimici*) der Zeit Konrads III. (1138—1152) zugeschrieben, 'von welchem auch am wahrscheinlichsten der Bogen (= Bügel) an der Reichskrone, der Reichsapfel und das sogenannte Schwert des hl. Mauritius herrühren'. Die Zuweisung der Kaiserkrone an die Zeit Konrads II. (1024—1039) zieht die des Reichskreuzes nach sich, das O. von Falke a. a. O. S. 17 Anm. 4 deshalb auch der Periode des ersten Saliers zuerkennt, gleichwie J. von Falke, Geschichte des deutschen Kunstgewerbes S. 37 nicht ausschließt, daß ihr das Schwert des hl. Mauritius zugehört. Ist die Hypothese von O. von Falke betr. das Reichskreuz gültig, so läßt sie auch den Schluß zu, daß die in ihm aufbewahrten Reliquien vom Kreuze Christi usw. schon damals im Besitze des deutschen Königs waren, was von der hl. Lanze nach den Forschungen von A. Hofmeister ohnehin feststeht. Über den Reichsapfel wagen wir keine Vermutung. Bezüglich des Reichskreuzes sei nur noch erwähnt, daß sein Postament laut einer darauf angebrachten Inschrift aus der Zeit Karls IV., näher gesagt aus dem Jahre 1352 stammt. — Eine gründliche Arbeit über alle Reichsinsignien usw. gleich der über die hl. Lanze mit Heranziehung alles schriftlichen und künstlerischen Materials wäre verdienstlich, um das in seinen Ansätzen so schwankende Buch von F. Bock zu ersetzen. Die Studien von O. von Falke und A. Hofmeister würden ihr als Vorbilder dienen müssen.

volle Verehrung zuteil werden zu lassen.[1]) Er sammelte mit einer Art von Leidenschaft allenthalben die vermeintlichen Überreste von Heiligen; er ließ mit Freuden sich vom Papst mit Reliquien beschenken, um sie dann an Kirchen und Kapellen in Böhmen weiterzugeben; noch heute bemerkt der Besucher der Feste Karlstein zu nicht geringem Erstaunen, wie in ihrer Kreuzkapelle durch Wandgemälde von Heiligen kleine Fächer verdeckt werden, in denen man Partikel der einzelnen Heiligen aufbewahrte. Karl IV. war es, der im Jahre 1350 Papst Clemens. VI. (1342—1352) bestimmte, den Beschauern der *sanctuaria sacri Romani imperii* einen Ablaß von sieben Jahren und ebensoviel Quadragenen zu bewilligen, sobald sie wahre Reue gezeigt und ihre Sünden bekannt hätten. Karl IV. war es, der im Jahre 1354 durch Papst Innocenz VI. (1352 —1362) für Deutschland und Böhmen den zweiten Freitag nach Ostern zum Fest der hl. Lanze und der Nägel vom Kreuze Christi erheben ließ —, jenem *festum armorum Christi*, dem die Nürnberger Heiltumsweisung ihr Dasein verdankte.[2]) Der Luxemburger war es, der vom Papst Urban V. (1362—1370) die drei Glieder von den Ketten der Apostel erwarb, um sie den Reichsheiligtümern einzureihen. Bekannt sind Albrecht Dürers Gemälde vom Jahre 1512, die Karl den Großen und Sigmund im Schmucke der Insignien und des Ornats darstellen, jenen als ihren ersten Träger, diesen als den Wohltäter Nürnbergs, der ihm die Hut der Reichskleinodien anvertraute[3]); man darf es aussprechen, daß würdiger noch als Sigmund sein Vater Karl IV. gewesen wäre, durch die Hand des Künstlers verewigt zu werden.

Gerade die Reichsreliquien aber geben zu noch weiteren Betrachtungen Anlaß. Die Nachrichten über sie mehren sich, wie bemerkt, seit dem XIV. Jahrh., und genau derselben Zeit entstammen die Hinweise darauf, daß der deutsche König sich wie ein Geistlicher, genauer gesagt wie ein Diakon betätigen konnte. Immer hatte die feierliche Tracht des Königs und, weil von ihr nicht unterschieden, die des Kaisers der Tracht eines kirchlichen Würdenträgers geglichen. Zu den Insignien und Gewändern eines Bischofs gehörten u. a. die Schuhe, die Handschuhe, die Alba, der Gürtel, die Stola, die Dalmatica, alles Stücke, wie sie ähnlich noch heute im Schatz der Wiener Hofburg angetroffen werden. Dem König wurden Rechte und Pflichten zugeschrieben, die nach strengem Kirchenrecht nur dem Geistlichen eigneten. Am Tage der Krönung zum König

---

[1]) Heinrich von Diessenhoven, Chronik zum Jahre 1353; J. Fr. Böhmer, Fontes rerum Germanicarum IV (Stuttgart 1868) S. 88 f.; s. auch H. Friedjung, Kaiser Karl IV. und sein Antheil am geistigen Leben seiner Zeit (Wien 1876) S. 78 f.

[2]) Vgl. dazu die päpstlichen Urkunden aus dem Jahre 1350 bis zum Jahre 1517 bei Chr. G. von Murr: Journal usw. XII 51 ff. und oben S. 558 Anm. 1.

[3]) Dürers Gemälde, jetzt im Germanischen Museum zu Nürnberg, sind reproduziert bei F. Kampers, Karl der Große (Mainz 1910) S. 58. O. Jäger, Deutsche Geschichte I (München 1909), zu S. 400; s. auch Dürers Aquarell mit Maximilian I. im Krönungsornat mit Krone, Schwert und Reichsapfel bei P. Herre, Deutsche Kultur des Mittelalters in Bild und Wort (Leipzig 1912), Titelbild. — Der Kuriosität halber seien aus dem XVII. Jahrh. die Gedichte von G. Ph. Harsdörffer († 1659) und J. Helwig († 1674) erwähnt, deren Strophen die Gestalt des Reichsapfels aufweisen; vgl. H. Kurz, Geschichte der deutschen Literatur II[6] (Leipzig 1870) S. 231. 282 (hier Abdruck eines Gedichts von Harsdörffer). 408.

in Aachen wurde er unter die Kanoniker des dortigen Marienstiftes aufgenommen, gleichwie er in deutschen Domkapiteln deren Ehrendomherr sein
mochte, derart daß an seiner Statt je ein Geistlicher als *vicarius* oder *capellanus*
regius fungierte und aus der Königspfründe Unterhalt empfing. Unmittelbar vor
der Kaiserkrönung zu Rom wurde er Mitglied des Domkapitels an der Peterskirche, zuweilen auch Mitglied des Kapitels an der Laterankirche in der ewigen
Stadt. Er trug wie ein Diener der Kirche die Stola in der Form eines über
die Brust zusammengefügten Kreuzes. Er las in der Weihnachtsmette, angetan
mit dem feierlichen Ornat seiner Herrscherwürde und das Schwert in der
Rechten haltend, die siebente Lektion der Matutin, nämlich das Evangelium
nach Lucas Kapitel 2 Vers 1: 'Es begab sich aber zu der Zeit, daß ein Gebot
vom Kaiser Augustus ausging, daß alle Welt geschätzt würde.'[1] Er empfing
das Abendmahl unter beiderlei Gestalt, während sonst den Laien seit dem
XIII. Jahrh. der Genuß des Kelches entzogen war; nur im Jahre 1468, bei
seinem zweiten Besuche Roms, empfing der Habsburger Friedrich III. (1440
—1493) das Brot allein, um nicht der Hinneigung zur ketzerischen Kelchbe-
wegung der Kalixtiner verdächtigt zu werden. Nahm aber der Kaiser an einem
Gottesdienste in der Peterskirche teil, so hatte er dem Papste regelmäßig als
Diakon Ministrantendienste zu leisten, und diese wurden auch bei seiner feierlichen Krönung von ihm gefordert.

Alle die aufgezählten Bräuche können älter sein als die Jahre ihrer erst-
maligen Bezeugung. Sie sind, wenn anders wir uns nicht täuschen, Nachklänge
von Anschauungen, die bereits vor Jahrhunderten geprägt worden waren und
lange allgemeiner Anerkennung sich erfreut hatten. Es wird zwar angenommen,
Kaiser Julianus Apostata († 363) sei als erster unter den Kaisern Kleriker geworden und er habe den Weihegrad eines *lector* empfangen: in Wahrheit aber
fällt diese Angabe durch eine genaue Interpretation der sie überliefernden
Quellenstelle in der Chronik Ottos von Freising für unsere Frage gänzlich fort.[2]
Weit besser bezeugt und als Parallele durchaus verwertbar ist die Nachricht
von jenem byzantinischen Brauch, den Herrscher als Mitglied des geistlichen
Standes anzusehen und ihm die Würde eines *deputatos* der Hagia Sophia bei-
zulegen.[3] Seit Beginn des X. Jahrh. bis zum Anfang des XII. wurde der in

---

[1] Vgl. hierzu E. Eichmann: Allgemeines Literaturblatt XXIII (1914 Nr. 1 und 2) S. 26.

[2] Otto von Freising, Chronica IV c. 9 ed. A. Hofmeister (SS. rer. Germ.² Hannover
und Leipzig 1912) S. 195: ... *Post haec Iulianum, fratrem Galli, cesarem legit (Constantius)*
ac in Gallias misit. Hic primo ab augustis clericus factus ac lector ordinatus, a perversis
hominibus deceptus, militiae cingulum sumpserat. Diese Stelle kann nicht dahin verstanden
werden, Julian sei als erster unter den Kaisern Kleriker gewesen (und folgeweise auch alle
späteren Kaiser), sondern einzig und allein: 'Dieser (Julian) war anfangs (früher, zunächst)
von den Kaisern (Constantius und seinen Brüdern) zum Geistlichen gemacht und zum *lector*
geweiht worden, hatte (dann) aber, von bösen Leuten verlockt, sich dem kriegerischen
Leben zugewendet.' Otto von Freising gibt also nur die Etappen in Julians Leben an,
von denen eine sein Lektorat, eine andere seine Rückkehr in den Stand des Kriegers und
Laien war. Ich verdanke diese Deutung der Güte von Herrn Professor Dr. A. Hofmeister in
Berlin.

[3] Vgl. E. Eichmann, Das Exkommunikationsprivileg des deutschen Kaisers S. 192 Anm. 3.

Rom gekrönte Kaiser des Abendlandes bei seiner Krönung förmlich in den geistlichen Stand aufgenommen, später aber nicht mehr.[1] Wenn also der deutsche König seit dem XIV. Jahrh. oder vielleicht schon früher als Diakon galt, so geschah es nicht auf Grund einer besonderen kirchlichen Handlung, nicht auf Grund einer Ordination mit ihrer Übertragung einer kirchlichen Weihestufe, der zweithöchsten in der Reihe der *ordines* überhaupt, sondern allein dank einer ideellen Fiktion, und diese wiederum war nichts anderes als eine Erinnerung daran, daß seine kaiserlichen Vorgänger in einer Person Laien und Geistliche gewesen waren. Der deutsche König des späteren Mittelalters wollte, auch wenn er niemals in Rom die Kaiserkrone empfing, als Erbe jenes priesterlichen Charakters, jenes *ordo ecclesiasticus, sed non sacer* erscheinen, der einst seinen Vorgängern ausdrücklich und förmlich zuerkannt worden war. Seine Tracht, seine Betätigungen, seine Rechte als Domherr, sie alle unterstützten die Fiktion, daß er als Diakon sich in einem besonderen Verhältnis zum Klerus befände, daß er eben darum etwas anderes sei als nur ein Mitglied des von der Kirche und ihrer Geistlichkeit geleiteten Laienstandes. Die Hypothese, der König habe auf solchem Wege persönliche Beziehungen zur Geistlichkeit gesucht und gefunden wie beispielsweise in neuerer Zeit preußische Könige durch ihre Zugehörigkeit zum Freimaurerbunde auf diesen auch einen politischen, wenngleich in der Stille wirkenden Einfluß gewannen, diese Vorstellung würde dem Denken des Mittelalters völlig widersprechen.

Die Vorstellung vom deutschen König als einem Diakon wird erst dann ganz verständlich, begreift man sie zugleich als den schwachen Nachhall einer ebenfalls weiter zurückliegenden umfassenderen Einschätzung des deutschen Königtums, als den dürftigen Rest einer Summe von Hoheit, die einst dem Reichsoberhaupt als solchem zugestanden hatte. In der Meinung, der König sei ein Diakon, in den Zeremonien zu Weihnachten und bei päpstlichen Hochämtern, in den Reichsreliquien lebte das Gedächtnis daran fort, daß auf deutschem Boden die Herrschergewalt des Königs nicht allein den Staat als die weltliche Rechts- und Machtordnung erfaßt, sondern auch einen geistlichen, kirchlichen, religiösen Einschlag gezeigt und mit der Leitung des Staates die der Kirche verbunden hatte. Zum Antritt der Königsherrschaft gehörte die Königskrönung, eine kirchliche Handlung im Rahmen eines Hochamtes; ihr Verlauf war begleitet von Kultakten der angesehensten Erzbischöfe und bestimmt durch einzelne Zeremonien wie die Anlegung der Pontifikalien und die Salbung mit dem heiligen Chrisamöl, derart daß äußerlich wenigstens die Feier wiederum der Weihe eines Kirchenoberen ähnlich war.[2] Aus allen Berichten über die Krönungen, aus allen Aufzeichnungen über ihre Ausgestaltung ergibt sich eine moralisch-ethische Verklärung des Königtums und seiner Aufgaben. Diese zu bestreiten durch den Hinweis darauf, daß aus der Überlieferung einzig

---

[1] Vgl. ebd. S. 193.
[2] Vgl. auch die Übersicht über die aus dem Mittelalter erhaltenen Darstellungen von Königs- und Kaiserkrönungen von W. Scheffler: Repertorium der Kunstwissenschaft XXXIII (1910) S. 515 ff.

die Anschauungswelt des Klerus spräche, ist unzulässig. Nur soviel darf zugestanden werden: die Verkirchlichung der Begriffe 'König' und 'königlicher
Beruf' entsprang dem sozialen, geistigen und oft auch politischen Übergewicht
der Geistlichkeit über die Laienschaft. Sie wurzelte in den althergebrachten
Vorstellungen von der Überlegenheit des kirchlichen Wesens über das staatliche, des Göttlichen über das Irdische, der *spiritualia* als der ewigen Ordnung
der Kirche über die *temporalia* als die zeitlich befristete und bedingte Einrichtung des Staates. Gewiß, sie war ein Symptom für Bestrebungen, den Staat der
Kirche zu unterwerfen, ihn in der Kirche aufgehen zu lassen. Solange aber
diese Tendenzen noch nicht hatten verwirklicht werden können, war die religiöse Wertung der königlichen Gewalt um nichts weniger auch dadurch gegeben, daß der deutsche König als Reichsoberhaupt die Herrschaft über weltliche Große und über kirchliche Obere besaß. Beide waren seine Diener. Seine
Hoheitsbefugnisse erstreckten sich auf die weltlichen Amtssprengel der Herzöge
und Markgrafen wie auf die kirchlichen Verwaltungsbezirke der Erzbischöfe
und Bischöfe. Vor dem verhängnisvollen Investiturstreit ernannte der König
die Erzbischöfe, Bischöfe sowie die Äbte und Äbtissinnen von Reichsklöstern.
Er investierte sie mittels der Symbole Ring und Stab mit ihren kirchlichen
Obliegenheiten und mit den Gütern ihrer Anstalten. Er war auch für den
Klerus im Reichsgebiet die oberste Instanz in Fragen des kirchlichen Rechts
und der kirchlichen Disziplin. Nicht ohne Grund wurde Konrad II. im Jahre
1024 als 'Statthalter Christi' bezeichnet, und schon Otto der Große (936—973)
besaß die heilige Lanze Constantins, die sein Vater im Jahre 926 vom König
Rudolf von Burgund erworben hatte, als Zeichen weltlicher Herrschaft nicht
nur, sondern ebenso dank dem in sie eingefügten Nagel vom Kreuze Christi
als ein Sinnbild auch dafür, daß er der Gebieter der deutschen Kirchen war. Wir
glauben demnach, daß die Reliquien, die am königlichen Hofe aufbewahrt und
bei gottesdienstlichen Handlungen benutzt wurden[1]), mehr waren als Gegenstände des Kultus. Ihr einzigartiger Wert für die Gläubigen erhob sie, weil
sie allein dem König eigneten, zu Zeichen einer nur dem Herrscher zustehenden
Gerechtsame, seiner und keines anderen Herrschaft über die Reichseigenkirchen,
über ihre Vorsteher und deren kirchliche Amtsbefugnisse, über die Ausstattung der
Anstalten mit Besitzungen, Einkünften und Rechten. Diese Herrschaft beruhte
auf der Ausdehnung des Eigenkirchenrechts, seiner Forderungen und Vorteile,
auch auf die höheren Reichseigenkirchen.[2]) Sie verband sich mit den rein weltlichen Befugnissen gegenüber den Laien zu einer eigentümlich gemischten Gewalt zu Händen des Reichsoberhaupts, und beide zusammen entsprachen der
mittelalterlichen Ausprägung des königlichen Berufs, der königlichen Pflicht und

---

[1]) Vgl. z. B. H. G. Voigt, Brun von Querfurt (Stuttgart 1907) S. 71 über die Verwendung
von Reliquien, darunter einem Stück des Kreuzes Christi, am Totenbette Ottos III. († 1002).

[2]) Vgl. U. Stutz, Die Eigenkirche als Element des mittelalterlich-germanischen Kirchen-
rechtes (Berlin 1895) S. 32 ff.; Eigenkirche, Eigenkloster S. 10 ff. (Sonderabdruck aus 'Real-
encyklopädie für protestantische Theologie und Kirche' XXIII³ herausgeg. von A. Hauck,
Leipzig 1912, S. 364 ff., bes. S. 373 f.).

Hoheit. Das Reich des deutschen Königs war eben, um mit G. von Below zu reden[1]), ein politischer Körper, der kirchliche und staatliche Zwecke zugleich sich setzte, um gerade deshalb einer charakteristischen Form des Staates Daseinsrecht und Dasein zu gewähren.

Diese Gewalt des Reichsoberhauptes in der seit dem Jahre 911 rechtlich selbständigen ostfränkisch-deutschen Reichshälfte äußerte sich gegenüber den Reichseigenkirchen zumal von höherer Ordnung tatsächlich wie die Gewalt der Karolinger gegenüber ihren Landeskirchen, wie diejenige Karls des Großen gegenüber seiner Reichskirche, wenngleich ihre begriffliche Umschreibung im Hinblick auf jede Periode, die nachkarolingische und die karolingische, auf innere Artunterschiede aufmerksam machen muß. Dort trug sie mehr das Gepräge eines Königskirchentums mit sachenrechtlicher Bindung der einzelnen kirchlichen Anstalten an die Person des Königs, der sie alle auf solchem Wege einte und, solange er zugleich Herr des Papsttums war, mit der allgemeinen Kirche verband. In karolingischer Zeit schuf die Hoheit des Königs, getragen von publizistischer Wertung der in ihr beschlossenen Befugnisse, aus den einzelnen Kirchen des karolingischen Teilstaates eine Staats- und Landeskirche, aus denselben Elementen aber eine Staats- und Reichskirche[2]), solange Karl der Große das Reich, die Kirchen und das Papsttum mit starker Hand zusammenhielt. Auch die Karolinger verfügten über Insignien wie den Stab, das Schwert, das Szepter und die Krone, über das letzterwähnte Symbol freilich erst seitdem die Krönung dank byzantinischem Vorbild ihren Einzug ins fränkische Reichsrecht gehalten hatte. Auch sie besaßen wunderkräftige Reliquien, so seit spätestens dem letzten Drittel des IX. Jahrh. einen Splitter vom Kreuze Christi, so seit viel längerer Zeit die *cappa sancti Martini*, d. h. den Chormantel des heiligen Martin von Tours. Diese Heiligtümer aber wurden bewacht von der Kapelle, d. h. einer Genossenschaft eigens bestellter Geistlicher, von den *capellani*, die zum Hofstaat des Königs zählten; von diesen Pfalzpriestern wurden sie ins Feldlager gebracht, um dem fränkischen Heeresaufgebot den Sieg zu verbürgen. Die *cappa sancti Martini* läßt sich bis um die Mitte des VII. Jahrh. zurückverfolgen[3]); jedenfalls bedienten sich ihrer Chlodowechs Nachfolger, während bei ihrer Dynastie als Zeichen weltlicher Herrschaft die Lanze, vielleicht

---

[1]) G. von Below, Der deutsche Staat des Mittelalters I (Leipzig 1914) S. 192 ff., bes. S. 193 f.

[2]) Über die Begriffe 'Reichseigenkirche, Reichskirche' (im Sinne: einzelne Anstalt) und 'Landeskirche, Staatskirche, Reichskirche' (im Sinne: Komplex von mehr oder weniger einzelnen Anstalten in rechtlicher Zusammenfassung) vgl. A. Werminghoff a. a. O. S. 2 Anm. 1. S. 12. 55 f. 62. 120; s. auch meine Schrift 'Nationalkirchliche Bestrebungen im deutschen Mittelalter (Stuttgart 1910) S. 6 ff. Den hier angewandten, wenig glücklichen Ausdruck 'ottonische Verfassungskirche' ersetze ich jetzt durch den neuen: 'Königskirchentum', den ich bereits in der ersterwähnten Arbeit S. 120 gebrauchte, wo er auf eine briefliche Äußerung von U. Stutz aus dem Jahre 1907 zurückgeht. Er findet sich auch schon bei Th. Sommerlad, Die wirtschaftliche Tätigkeit der Kirche in Deutschland II (Leipzig 1905) S. 236.

[3]) Vgl. W. Lüders, Capella. Die Hofkapelle der Karolinger bis zur Mitte des IX. Jahrh.: Archiv für Urkundenforschung II (1908) S. 10.

auch Stab und Szepter, noch nicht die Krone entgegentreten. Dabei ist zweifellos: Chlodowech (481—511) bereits herrschte über Staat und Kirche, nachdem er als erster König der Völkerwanderungszeit das athanasianische Glaubensbekenntnis sich zu eigen gemacht hatte. Seine Stellung über die Kirche im fränkischen Reich glich dem Vorbild, das die arianischen Könige der Wandalen, der Westgoten und der Ostgoten gaben, und sie hatte eine Parallele im Beispiel der byzantinischen Kaiser, der Machthaber über Klerus und Laienwelt in der östlichen Hälfte des *Imperium Romanum*, der Nachfolger jener altrömischen Kaiser des ungeteilten Reiches, die während des IV. Jahrh. die lange befehdete, dann anerkannte christliche Kirche zur Reichskirche erhoben und ihrem Willen unterworfen hatten. Schon vor dem folgenschweren Jahre 395, dem die Reichseinheit zum Opfer fiel, war der einzelne Kaiser aus dem Geschlechte Constantins des Großen († 337) als *imperator* und *pontifex maximus*, als βασιλεύς und ἱερεύς erschienen, war er die letzte Quelle alles weltlichen und alles geistlichen Rechts, der *leges* und der *canones*, gewesen.[1]) Die beiden Sätze: *Quod principi placuit legis habet vigorem*, 'Der Wille des Herrschers hat als staatliches Gesetz zu gelten', und: Ὅπερ βούλομαι τοῦτο κανὼν ἔστω, 'Was ich will das soll Richtschnur des kirchlichen Lebens sein' — diese beiden Aussprüche römischer Kaiser verdeutlichen die Gesamtlage; sie gehören gleich der Vorder- und der Rückseite einer und derselben Münze unlöslich zusammen.

Mit ihnen aber ist auch das Ende unserer Betrachtungen erreicht, die deshalb nicht in eine noch weiter zurückliegende Vergangenheit ausgedehnt werden sollen, weil erst der Sieg des Christentums von einer Kirche im Sinne des Rechts zu sprechen gestattet.[2]) Um unsere These zu erweisen, bedienten wir uns des außergewöhnlichen Verfahrens, vom zeitlich Späteren zum zeitlich Früheren zurückzuleiten: es war anwendbar, da es um eine historische Untersuchung, nicht so sehr jedoch um eine historische Darstellung sich handelte; es war auch ertragreich für die geschichtliche Erkenntnis der Beziehungen, die im Mittelalter Staat und Kirche miteinander verbanden. Wir begegneten in den Reichsreliquien den letzten Erinnerungen an jene Hoheit über die Kirche, die einst den römischen Kaisern zugestanden hatte, die das germanische Königtum der Merowinger und der Karolinger bewahrte, die von den Ottonen und Saliern noch behauptet wurde, bis sie seit dem Ausgang des Investiturstreites dem deutschen Königtum immer mehr verkürzt, schließlich ganz entzogen wurde. Das Papsttum hatte die Kraft gewonnen, für sich die Leitung der Gesamtkirche und in ihr der Kirchen auf deutschem Boden zu fordern; das päpstliche *imperium mundi*, das Gregor VII. (1073—1085) vorbereitet hatte, wurde Wirklichkeit zu Beginn des XIII. Jahrh. unter Innocenz III. (1198—1216), wurde Dogma zu Anfang des XIV. Jahrh. unter Bonifaz VIII. (1294—1303). Während aber seit demselben Zeitpunkte das erwachende Selbstbewußtsein des französischen König-

---

[1]) Vgl. H. von Schubert, Staat und Kirche von Constantin bis Karl den Großen (Kiel 1906) S. 6 ff.

[2]) Über die Verbindung des heidnischen Kultus mit dem römischen Kaisertum eines Augustus und seiner Nachfolger vgl. H. von Schubert a. a. O. S. 5 f.

tums und in kleineren Kreisen die deutschen Territorialgewalten jene Renaissance einleiteten, die dem Staate den Einfluß, dann die Herrschaft über die
Kirche zurückerobern sollte, nahm die deutsche Königsgewalt an dieser Entwicklung keinen Anteil mehr: ihm war die Fähigkeit abhanden gekommen, die
Kirchen auf deutschem Boden zu einer einheitlichen deutschen Nationalkirche
zusammenzufassen, sie einzeln oder in ihrer Vereinigung dem Träger der Krone
unterzuordnen. Die Zeit war angebrochen, in der die Symbole des einstmaligen
Königskirchentums um neu erworbene Reliquien vermehrt wurden, in der die
alten und diese neuen Teilstücke des Kronschatzes nur noch als Ablaß wirkende
Partikeln die Menge anzogen und ihre Schaulust befriedigten. Die Gewalten-
fülle über Kirche und Kirchen, die einstmals einen wahrlich nicht unwesentlichen Bestandteil der königlichen Herrschaftsgerechtsamen gebildet hatte, war
vergangen und vergessen. Ihre Spuren verloren sich in Reichsreliquien und in
eigenartigen Bräuchen gleichwie die Rinnsale des Baches im aufsaugenden
Sande des Feldes —, wenn nicht schon sogar dieser Satz als zu kühn, als nicht
klagbarer Lohn für einen nur vermeintlichen Fund bezeichnet werden sollte.
Länger behaupteten die Insignien, die Zeichen der weltlichen Herrschaft über
das Reich, ihre Bedeutung, so sehr sich gleich der territoriale und reichs-
städtische Partikularismus dem Gebot des Königs und Kaisers entfremdete und
entgegensetzte. Auch die Insignien aber wurden durch den Untergang des
Heiligen Römischen Reiches Deutscher Nation zu schlichten Überresten, mit
denen wohl die Erinnerung an große und an kleine Zeiten in der Geschichte
der Herrscherdynastien vom X. bis zum XIX. Jahrh. sich verknüpft, an denen
aber keinerlei Wert mehr für das Reichsrecht unserer Tage haften kann. Ihre
einstige Eigenschaft als Symbole staatlicher Macht neubeleben wollen, hieße
einen rechtlichen Zusammenhang zwischen dem alten und dem neuen Reiche
voraussetzen, der in Wahrheit nicht besteht. Es fehlt der zwingende Grund,
die Reichskleinodien von Wien nach Berlin zu überführen — ganz abgesehen
davon, daß vom Hause der Habsburger kein Verzicht auf sie erwartet werden
darf, nachdem sie ihrer fast vierhundert Jahre hindurch sich bedient, etwas
mehr als ein Jahrhundert dann sie sorgsam behütet haben, nachdem gerade die
Hohenzollern, einst Reichsfürsten, dann Rivalen der Kaiser aus habsburgisch-
lothringischem Geschlecht, diese aus der einstigen Machtstellung auf deutschem
Boden verdrängten. Insignien, Pontifikalien und Reliquien gemahnen an den
theokratischen Einschlag im Wesen des alten Reiches — unser neues Deutsches
Reich dagegen bekennt sich zu nüchtern schlichter Weltlichkeit seiner Grundlagen und seiner Formen, und in solch selbstgewollter Umgrenzung seiner
Eigenart findet es den Antrieb, den Willen, die Kraft, die staatliche Einheit
und die nationale Kultur unseres Volkes zu schirmen, sie künftigen Geschlechtern als unantastbaren Besitz zu überliefern.

ZUM VERSTÄNDNIS VON KLEISTS DRAMA
'PRINZ FRIEDRICH VON HOMBURG'

Von Lothar Wendriner

In seiner Einleitung zu Kleists Drama 'Prinz Friedrich von Homburg'
sagt Erich Schmidt: 'Lustspielmäßig nimmt nun dieser Kurfürst, dessen Würde
so menschlich und behaglich ist, es hin, daß Kottwitz ihn schalkhaft lächelnd
parodiert: ohne Befehl würde er den Herrn am Abgrund nicht retten, oder daß
Hohenzollern beweist, der Monarch trage durch jenes nächtliche Spiel die Schuld
an des Prinzen Zerstreutheit und ihren Folgen.'

Bei Herzog, dem neuesten Kleistbiographen, heißt es hierüber: 'Mit einer
sehr geschickten advokatorischen Geste dreht er schnell den Spieß um, indem er
zeigt, wie die Erklärungsversuche Hohenzollerns *ad infinitum* fortzusetzen wären:

> Hättest du
> Nicht in den Garten mich herabgerufen,
> So hätt' ich, einem Trieb der Neugier folgend,
> Mit diesem Träumer harmlos nicht gescherzt.
> Mithin behaupt' ich, ganz mit gleichem Recht,
> Der sein Versehn veranlaßt hat, warst du!

Und dennoch: obschon der Kurfürst Hohenzollern lächerlich zu machen
sucht und ihn klipp und klar widerlegt und obwohl Hohenzollern unrecht hat,
wenn er sich in seinem Schlußwort anmaßt:

> Es ist genug, mein Kurfürst! Ich bin sicher,
> Mein Wort fiel, ein Gewicht, in deine Brust!

Wenn alle Worte seiner frondierenden Offiziere auf den Herrscher nichts
vermögen, so fühlen wir doch die Wandlung, die auch er durchgemacht hat
im Laufe des Prozesses.'

Beide vorgetragenen Auffassungen dürften unhaltbar sein. Hohenzollerns
Beweis zunächst soll wirkungslos verpufft sein? Hohenzollern, der doch wohl
seinen Herrn kennt und sich überall als besonnener Beurteiler bewährt, ist
anderer Meinung. Und dazu fehlt es ihm, scheint mir, auch durchaus nicht an
innerer Berechtigung: seine Beweisführung trifft vielmehr durchaus zu. Der
Kurfürst hätte wirklich kein wirksameres Mittel finden können, den empfind-
samen Geist des Prinzen zu verwirren, als sein befremdliches Experiment. Die
Kurfürstin und Natalie fühlen sich schon durch die bloße Schaustellung des
Prinzen in ihrem Empfinden verletzt; der Kurfürst aber treibt den sehr ernsten
Scherz in unzarter Weise bis aufs Äußerste, 'einem Trieb der Neugier folgend'.

In dem Augenblick, wo er den Prinzen sich einen Lorbeerkranz winden
sieht, hat der Scharfblickende es sofort erfaßt, was Homburg sinnt: Den Lorbeerkranz will er erwerben und damit Nataliens Hand.

> Was gilt's, ich weiß,
> Was dieses jungen Toren Brust bewegt?

Und um sich darüber Gewißheit zu holen, nutzt er des Prinzen Dämmerzustand aus; zu diesem Zwecke stellt er ihm in Wirklichkeit dar, was er als stille Hoffnung, als Ziel des Strebens bei jenem voraussetzt. Und sein erstaunlicher Plan glückt völlig, glückt peinlich. Ohne das leiseste Befremden geht der Prinz darauf ein und stellt seine geheimsten Gedanken so völlig bloß. Also hat der Kurfürst richtig vermutet. Wie aber muß die Szene auf den Prinzen wirken! Das hat der Kurfürst gewiß nicht bedacht. Ihm muß doch dieser Vorgang geradezu als symbolische Aufforderung erscheinen, sich durch einen Sieg Nataliens Hand zu gewinnen, vorausgesetzt, daß er Wirklichkeit war. Alles muß jetzt für ihn daran liegen, das festzustellen; denn dann ist ihm Weg und Ziel gewiesen. Kein Wunder, daß er sich nicht im mindesten um den Kriegsplan schert, sondern leidenschaftlich nur das eine wissen will: War's nur ein Traumbild, was du gesehen; war's Wirklichkeit? Und die Frage entscheidet sich ihm im günstigen Sinne; das Geschaute war holde Wirklichkeit. So folgt er denn folgerichtig der Aufforderung, die er erhalten zu haben meint, und stürzt sich wider den Befehl in die Schlacht. Für ihn gilt der nicht; er hat einen anderen erhalten:

> In dem Gefild der Schlacht
> Sehn wir, wenn's dir gefällig ist, uns wieder!
> Im Traum erringt man solche Dinge nicht!

Im Unterbewußtsein mindestens bleiben ihm diese Worte lebendig, und sie werden ihm ein wirksamster Antrieb: Im Traum erringt man solche Dinge nicht; wohl aber in der Schlacht; und ich werde sie erringen:

> Ich hasche dich (das Glück) im Feld der Schlacht und stürze
> Ganz deinen Segen mir zu Füßen um:
> Wärst du auch siebenfach, mit Eisenketten,
> Am schwed'schen Siegeswagen festgebunden!

So und nicht anders legt sich der jugendliche Tollkopf den Sinn der nächtlichen Szene aus, diese Auffassung diktiert ihm sein Verhalten. Und der Kurfürst wäre daran unschuldig? Nein! Aber vielleicht empfindet der Kurfürst nicht so, trotzdem ihm Hohenzollern die Tragweite jenes Experiments vor Augen führt. So könnte in der Tat glauben, wer nur seine Worte wägt, wonach er 'einem Trieb der Neugier folgend, mit diesem Träumer harmlos gescherzt hat'! Wer jedoch des Kurfürsten tief erregte Zwischenfragen in dieser Szene würdigt, der wird nicht zweifeln, daß ihn Hohenzollerns Beweisführung packt. Freilich: Zum Schlusse weist er den Grafen dennoch ab durch eine polternde Rede, in der er behauptet, und zwar angeblich ganz mit gleichem Recht, Hohenzollern sei es gewesen, der Homburgs Frevel veranlaßt habe. Aber der Nachweis scheint mir so völlig mißlungen, daß es sich nicht verlohnt, darauf einzugehen; vielmehr ist die ganze Rede nur ein erster, echt menschlicher Ausfluß innerer Getroffenheit, die sich wohl im ersten Augenblick so grob äußern mag. So jedenfalls faßt sie Hohenzollern auf; der legt dem Ausfall so gar keinen Wert bei; er würdigt ihn, obgleich er von seinem Herrn stammt, überhaupt keiner Erwiderung. Geradezu überlegen klingen seine Worte:

37*

> Es ist genug, mein Kurfürst! Ich bin sicher,
> Mein Wort fiel, ein Gewicht, in deine Brust!

Und dieses Gewicht mag, denk' ich, in des Kurfürsten Brust wirklich allmählich wirken, wenn er den ersten Ärger überwunden hat, und darf unmöglich ausgeschaltet werden bei der Beantwortung der Frage, warum der Kurfürst schließlich doch noch begnadigt; er ist ein Gewicht, nicht das einzige, nicht das schwerste, aber immerhin ein Gewicht. Die eingangs zitierten Urteile lassen sich also beim besten Willen nicht halten: Der Kurfürst nimmt Hohenzollerns Anklage gar nicht lustspielmäßig hin, von einer geschickten advokatorischen Geste des Kurfürsten kann wirklich nicht im Ernste die Rede sein, keineswegs widerlegt der Kurfürst seinen Gegner klipp und klar, Hohenzollern rühmt sich mit Recht, Eindruck auf seinen Herrn gemacht zu haben.

Doch diese Richtigstellung ist von verhältnismäßig geringer Bedeutung; entschiedenster Abwehr aber bedarf es gegen Schmidts unverständliche Auffassung der letzten Szene zwischen dem Kurfürsten und Kottwitz. 'Der Kurfürst nimmt es lustspielmäßig hin, daß Kottwitz ihn schalkhaft lächelnd parodiert.' Auf diesem Wege werden wir gleichzeitig zu einem Urteil gelangen über die Auffassung von Herzog, der sagt (S. 558): wir wissen nicht, ob er (der Kurfürst) anfangs wirklich beabsichtigt, das Todesurteil vollstrecken zu lassen, wann er sich eines anderen besinnt und schließlich, weshalb er den Prinzen begnadigt. Ich meine, es läßt sich darüber doch allerlei wissen. Der Beweis dürfte am besten erbracht werden, indem zunächst einmal die Frage gelöst wird, ob der Prinz den Tod verdient, dann erst, warum ihn der Kurfürst begnadigt.

Vergegenwärtigen wir uns den Gang der Handlung, und wir werden finden, daß der Prinz unbedingt des Todes schuldig ist; in fast aufdringlich eindringlicher Form ist ihm immer wieder eingeschärft worden, er habe seinen Standpunkt in der Schlacht nicht zu verlassen ohne ausdrücklichen Befehl; zum Schluß noch wiederholt der Kurfürst das Verbot mit dem gewichtigen Hinweis, daß dieser Sieg minder nicht als Thron und Reich ihm gilt, und dennoch trotzt Homburg dem Verbot. Dadurch macht er sich des Todes schuldig.

Freilich — in Liebesgedanken vertieft — hat er den Befehl trotz aller Eindringlichkeit nicht begriffen. Nach Lage der Dinge muß es gewiß tief erregend für den Liebenden sein, zu erfahren, daß das beseligende Bild, das er geschaut hat, kein Traum gewesen ist. Doch kann das einen Soldaten entschuldigen in solchem Augenblick, wo der Bestand des Vaterlandes auf dem Spiele steht? Der hat sich eben unmittelbar vor der entscheidendsten Schlacht nicht so willenlos seinen Neigungen zu ergeben; dafür ist er eben Soldat. Doch mag man immerhin geneigt sein, ihm seine durch Verschulden des Kurfürsten hervorgerufene Stimmung bis hierher als Milderungsgrund gelten zu lassen.

Auf dem Schlachtfeld selbst erfährt der Prinz dann auf seine Frage von Hohenzollern noch einmal das Verbot, ohne ausdrücklichen Befehl den Angriff zu wagen; doch selbst in diesem entscheidenden Augenblicke kann der Träumer sich nicht so weit zusammenraffen, um aufzumerken und zu begreifen.

Inzwischen entwickelt sich die Schlacht; die Offiziere um Homburg gewinnen den Eindruck, daß die Schweden dem vereinten Angriff der Obersten
Hennings und Graf Truchß nicht standhalten können, sondern weichen.

> Erster Offizier: Herr du dort oben, der den Sieg verleiht,
>   Der Wrangel kehrt den Rücken schon!
> Hohenzollern: Nein, sprich!
> von der Golz: Beim Himmel, Freunde! Auf dem linken Flügel!
>   Er räumt mit seinem Feldgeschütz die Schanzen.
> Alle: Triumph! Triumph! Triumph! Der Sieg ist unser!

In diesem Augenblicke wohlgemerkt gibt Homburg den Befehl zum Angriff. Warum gerade in diesem Augenblicke? Verlangt der augenblickliche
Stand der Schlacht diese Maßregel? Ist sie — ich will nicht sagen notwendig,
nein, auch nur ratsam? Entspringt sie militärischer Einsicht, die unter veränderten Verhältnissen unter Umständen auch wohl gegen einen empfangenen
Befehl handeln mag, wenn nicht muß? Nichts von alledem! Nein, der Prinz
greift an, weil er die Gelegenheit sich entschlüpfen sieht, sich in dieser Schlacht
auszuzeichnen, wodurch allein er Natalie zu erringen hofft und hoffen darf.
Freilich hat er in dem Augenblick, wo er den Befehl zum Angriff gibt, das
Verbot wohl noch immer nicht erfaßt. Jetzt aber muß er es doch erfassen, wo
es Kottwitz nochmals eindringlich wiederholt:

> Des Herrn Durchlaucht bei der Parole gestern
> Befahl, daß wir auf Ordre warten sollten.

Und diesmal begreift Homburg; hier setzt, da er seinen Befehl trotzdem nicht
widerruft, bewußter Ungehorsam ein; er versucht gar nicht erst im mindesten,
seinen Befehl zu begründen, er könnte es auch gar nicht; denn der hat keine
Vernunft; ein Glücksspiel ist, was er treibt. Um eines Mädchens schöner Augen
willen setzt er trotz aller Warnungen den Sieg aufs Spiel, wiewohl er weiß,
was davon abhängt. Es kommen einem Skrupel, ob ein Mensch, der eines
solchen Vergehens fähig ist, ein berufener Heerführer ist; jedenfalls verdient
ein Heerführer, der so handelt, den Tod. Selbst zugegeben, daß ein Angriff ihm
vielleicht gar nicht in den Bereich der Möglichkeit getreten wäre, wenn er das
strenge Verbot dagegen schon bei der Parole erfaßt hätte, zugegeben, daß es
für einen Menschen von Fleisch und Blut doch noch leichter ist, einen Befehl, zu
dem es ihn drängt, dennoch zurückzuhalten, als einen einmal erteilten zu wider-
rufen, zumal im Sturm der Schlacht: schuldig bleibt er.

Und der vermessene Angriff wird auch keineswegs durch den Erfolg so
gerechtfertigt, wie es bei manchen Kunstrichtern erscheint. Herzog sagt: 'Der
Prinz hat die Bataille gewonnen.' Schmidt: 'Zum Sieg stürmen die Reiter.'
Das führt geradezu irre. Mörner schildert es anders:

> Zwei Linien hatt' er mit der Reuterei
> Durchbrochen schon und auf der Flucht vernichtet,
> Als er auf eine Feldredoute stieß.
> Hier schlug so mörderischer Eisenregen

> Entgegen ihm, daß seine Reuterschar
> Wie eine Saat sich knickend niederlegte:
> Halt mußt' er machen zwischen Busch und Hügeln,
> Um sein zerstreutes Reuterkorps zu sammeln.

Also: nach anfänglichen Erfolgen scheitert die Attacke zuletzt unter gewaltigen Verlusten, doch wohl, weil sie verfrüht unternommen wurde. Da liegen nun die wackeren Reiter, bis ein Umstand, mit dem Homburg wahrlich nicht rechnen konnte, sie zu erneutem Vorgehen fanatisiert: der vermeintliche Tod des Kurfürsten. In Raserei versetzt, stürmen sie wieder los, und diesmal führen sie den Angriff durch und entscheiden damit den Sieg. Kottwitz vertritt sogar dem Kurfürsten gegenüber die Ansicht, daß nur so die Schlacht zugunsten der Brandenburger hätte entschieden werden können:

> Hätt' er auf deine Ordre warten sollen,
> Sie faßten Posten wieder, in den Schluchten,
> Und nimmermehr hätt'st du den Sieg erkämpft.

Doch beharrt er nicht auf seiner Meinung gegenüber dem Kurfürsten; der läßt zwar Homburg in Berlin als Sieger feiern, betont aber Kottwitz gegenüber mit aller Schärfe, ohne den verfrühten Reiterangriff wären die Schweden vernichtet, nicht nur geschlagen worden, und noch ganz zuletzt, als endgültiges Urteil, spricht er es aus:

> Den dritten (Sieg) auch hat er mir schwer gekränkt.

Und wer ist wohl weniger Partei? Kottwitz, Homburgs Sachwalter, oder der Kurfürst mit seinem unbestechlichen Urteil? Und Mörner, doch auch ein unverdächtiger Zeuge des Angriffs, hat schon in einem Augenblicke, wo von Parteinahme für und wider keine Rede sein konnte, ganz unbewußt den Prinzen verdammt, wo er die Wucht des Angriffs rühmt:

> Und hätte nicht der Brückenkopf am Rhyn
> Im Würgen uns gehemmt, so wäre keiner,
> Der, an dem Herd der Väter, sagen könnte:
> Bei Fehrbellin sah ich den Helden fallen.[1]

Wie man's auch drehen und wenden mag, der Prinz ist des Todes schuldig, und so hat auch der Kriegsrat nach gewiß scharfer, unparteiischer Prüfung entschieden, und der Kurfürst, der von dem Handwerk doch auch einiges versteht, hat es bestätigt. Es gibt eben für diese Beurteiler nicht den geringsten Grund, die Strafe zu erlassen oder auch nur zu mildern. Auch Kottwitz' Verteidigungsrede enthält, bei Lichte besehen, des Prinzen Todesurteil. . Der weiß und spricht es aus, daß ein Feldherr bei solch selbstherrlichen Maßnahmen sich bewußt sein muß, daß er dabei seinen Kopf verwirkt.

Freilich kann man für einen unberufenen Sieg unter Umständen auch einen Orden erhalten; in der österreichischen Armee sind solche Fälle ausdrücklich statutenmäßig vorgesehen. Nach Kolin wurde dort der Militär-Maria-

---

[1] Dieser Brückenkopf durfte eben im Würgen nicht hemmen, nach wohlerwogenem Schlachtplan sollte er genommen, den Feinden der Rückzug abgeschnitten sein, ehe Homburg eingriff.

Theresien-Orden gestiftet, mit dessen Erteilung zugleich Verleihung des österreichischen oder ungarischen Adels verknüpft ist. In dem 'Schematismus für
das Kaiserliche und Königliche Heer usw.' heißt es darüber: 'Anspruch auf
den Orden begründen nur jene herzhaften Taten vor dem Feinde, die jeder
Offizier von Ehre, ohne den geringsten Vorwurf, hätte unterlassen können, die
aber dennoch mit ausgezeichneter Klugheit, Tapferkeit und aus freiwilligem
Antriebe unternommen wurden.' Will sagen: wer einen Angriff unternimmt
ohne Befehl, — 'wider einen Befehl' zu sagen, hat man sich doch nicht getraut, es wird aber nicht viel anders gemeint sein und wird auch so verstanden
— erhält einen hohen Orden, wenn er 'mit ausgezeichneter Klugheit', will
sagen: 'mit scharfer Überlegung' ausgeführt ist. An solche Taten denkt Kottwitz bei seiner Rede, nur daran kann er denken, an ein kluges, fröhliches
Reiterstückchen, eine Episode. Hadick, der mit seinen Husaren auf keckem
Ritt Berlin einen Besuch abstattete, Tegetthoff, der bei Lissa den Rè d'Italia
über den Haufen rannte, erhielten z. B. den Orden. Wie wenig das alles
paßt auf die Schlacht bei Fehrbellin und auf den Prinzen von Homburg, erhellt im Augenblick: Es handelt sich hier um die Existenz des Staates, und
Homburg handelt nicht 'mit ausgezeichneter Klugheit', handelt nicht einmal
um der Sache willen, handelt nicht aus edlen, sondern aus selbstischen Be-
weggründen.

Deshalb hieße es auch, Ehrenmännern eine Kränkung zufügen, wollte man
hier an Yorck in Tauroggen oder Bülow bei Dennewitz erinnern. Ein Kleinerer
mag herhalten zu einem, vielleicht klärenden, Vergleich.

Bei den Gefechten um Möckern am 5. April 1813 hatte General Hünerbein, der die Avantgarde Yorcks befehligte, den Auftrag erhalten, von Leitzkau
über Dannigkow nach Gommern vorzugehen, ein ernsthaftes Gefecht aber dabei
zu vermeiden. Er erfährt, Dannigkow sei von den Franzosen besetzt, aber
äußerst schwach. Er durfte glauben, sich noch innerhalb der Grenzen seines
Befehls zu halten, als er einem kleinen Teil seiner Truppen den Befehl zum
Angriff auf das Dorf gab. Es wurde genommen; jetzt aber rückte überlegene
französische Infanterie vor, und der Feind trieb die Preußen aus der gewonnenen
Stellung. Daraufhin hätte Hünerbein nach dem empfangenen Befehl das Gefecht
abbrechen müssen. Dem zum Trotz ließ er sich, nunmehr unter Einsetzung beträchtlicher Streitkräfte, auf eine Fortsetzung des Kampfes ein, der schließlich
auch zur Rückeroberung des umstrittenen Dorfes führte. Vom General Yorck
wurde Hünerbein für sein Verhalten streng getadelt. Zu seiner Rechtfertigung
schreibt er folgendes nieder: 'Die Sache war offenbar zur Ehrensache, zur
heiligen Sache des Vaterlandes geworden, und ich konnte den Befehl, ein Gefecht zu vermeiden, nicht mehr befolgen. Es war das erste ernsthafte Gefecht
in diesem Kriege, und Sieg oder Tod mußte hier offenbar die Losung sein;
ich mußte, so schwach ich war, auf den alten Mut der preußischen Truppen
und die Unterstützung der Feldherren, die mich befehligten, rechnen.' Man wird
zugeben müssen: Wenn es wahr ist, daß er aus Angst vor dem zu erwartenden
schlechten Eindruck einer Niederlage im ersten Gefecht alles daransetzen zu

müssen glaubte, das Feld zu behaupten, so wird man ihn entschuldigen. Dann hat er nach reiflicher Überlegung getan, was ihm sein Gewissen befahl.

Trifft das auch auf den Prinzen zu? Ganz und gar nicht. Er hat keine Entschuldigung; nackter Ungehorsam ist's, den er verübt. Grundfalsch ist's, was Natalie sagt zu seiner Entschuldigung:

> War's Eifer nicht, im Augenblick des Treffens,
> Für deines Namens Ruhm, der ihn verführt,
> Die Schranke des Gesetzes zu durchbrechen?

Auch er selbst urteilt noch viel zu milde über sich, wenn er meint, er habe dem Kurfürsten 'mit übereiltem Eifer gedient'. Auch das kann man nicht gelten lassen. Sich selber hat er gedient und so wider ausdrücklichen Befehl gehandelt in einem für das Vaterland höchst bedenklichen Augenblick, und so verdient er vollauf den Tod ohne wehleidiges Mitgefühl; so entscheidet auch das Kriegsgericht, und der Kurfürst bestätigt das Urteil mit Fug und Recht. Wie darf er als Soldat, als verantwortlicher Fürst, ein so wohlbegründetes Urteil aufheben? Eingehende Betrachtung der beiden letzten Auftritte soll die Antwort ergeben, eine Antwort, die gar sehr abweicht von bisher vorgetragenen Auffassungen. Schmidt stellt sich auf den Standpunkt, daß das Recht nicht ausschließlich auf einer Seite gefunden wird, daß sie vielmehr beide, der Kurfürst und Homburg, recht haben. Ebenso urteilt Herzog: 'daß weder der Kurfürst noch der Prinz siegt, daß vielmehr die Empfindung das Gesetz und das Gesetz die Empfindung durchdringt, daß in beiden sich eine Wandlung vollzieht, daß beide — wie die Träger eines Gebäudes — die Architektur des Werkes bedingen, es stützen und zusammenhalten'. Und an anderer Stelle heißt es gar: 'Der Kurfürst erkennt in seinem Staatsidealismus die Wirklichkeit an, und um den rocher de bronze, den das Gesetz stabiliert, branden die anarchischen Triebe des Ichs.'

Solchen Sätzen wird schon der bedenklich gegenüberstehen, der meinen Ausführungen bis hierher zustimmend gefolgt ist; daß jene Auffassung unhaltbar ist, soll das Folgende ergeben.

Begnadige den Prinzen, so fleht Natalie den Kurfürsten an, du darfst ihn begnadigen ohne Sorge um das Vaterland.

Kurfürst: Denkt Vetter Homburg auch so?
Natalie: Vetter Homburg?
Kurfürst: Meint er, dem Vaterlande gelt' es gleich,
              Ob Willkür drinn, ob drinn die Satzung herrsche?
Natalie: Ach, dieser Jüngling!
Kurfürst: Nun?
Natalie: Ach, lieber Onkel!
        Hierauf zur Antwort hab' ich nichts als Tränen.
Kurfürst (betroffen): Warum, mein Töchterchen? Was ist geschehn?

Darauf schildert Natalie, wie Homburg, völlig gebrochen, nur an Rettung denke.

Kurfürst (im äußersten Erstaunen): Nein, meine teuerste Natalie,
              Unmöglich, in der Tat?! — Er fleht um Gnade?

Und gleich darauf wieder:

> Kurfürst: Nein, sag': Er fleht um Gnade?

Und als ihm Natalie nun die unwürdige Verfassung des Prinzen schildert, da bricht's heraus:

> Kurfürst (verwirrt): Nun denn, beim Gott des Himmels und der Erde,
>   So fasse Mut, mein Kind; so ist er frei!

Ja, wie kommt denn nur der Kurfürst zu dieser so völlig überraschenden Entscheidung? Nirgends finde ich die so notwendige, klare Antwort auf diese sich aufdrängende Frage. Und doch geht sie, scheint mir, schon aus den Worten des Kurfürsten, weit mehr noch aus den szenischen Bemerkungen: 'betroffen, im äußersten Erstaunen, verwirrt' klar hervor: Die Nachricht, daß Homburg weiter leben wolle, trifft den Kurfürsten wie ein Donnerschlag bei heiterem Himmel. Der hat — und das ist gerade das Größte an diesem Großen — das Todesurteil unterschrieben in der felsenfesten Überzeugung, der Prinz werde das Urteil gutheißen und ohne Murren sterben. Dieser Altbrandenburger kann es sich gar nicht vorstellen, daß ein Soldat, der wider seine Schuldigkeit handelt, nicht auch dafür büßen möchte — und sei es mit dem Tode. Daß er so denkt, beweisen doch unzweideutig die Worte seines Billets an den Prinzen:

> Mein Prinz von Homburg, als ich euch gefangen setzte
> Um eures Angriffs, allzufrüh vollbracht,
> Da glaubt' ich nichts, als meine Pflicht zu tun;
> Auf euren eignen Beifall rechnet' ich.

Wahrlich das hohe Lied auf die Pflicht! Freilich hat sich der jugendliche Prinz bei seiner Verhaftung nicht gerade ergeben gebärdet. Doch das macht im ersten Augenblick das junge, wallende Blut; es wird und muß das Nachdenken kommen, dann wird er einsehen und selber kommandieren: Feuer! Diese Überzeugung des wahrhaft großen Mannes ist ihm die festeste Grundlage seines Urteils, und sie eben birst in dem Augenblick, wo er erfährt, der Prinz wolle nicht sterben. Welchen Eindruck muß das machen? 'Betroffen, im äußersten Erstaunen, verwirrt' gewahrt er seinen Irrtum und zieht entschlossen die Folgerung aus seiner Erkenntnis:

> Nun denn, beim Gott des Himmels und der Erde,
> So fasse Mut, mein Kind; so ist er frei!

Man achte nur auf den feierlichen Schwur, um seine tiefe Erregung zu spüren, um zu spüren, daß dieser Entschluß tiefstem heiligem Empfinden entstammt und ehrlich gemeint ist, wenn je ein Manneswort ehrlich gemeint war. In dem Augenblick, wo ein Mann, den er als Ehrenmann einschätzen muß, sein Urteil, das ihm soeben noch selbstverständlich erschien, als ungerecht empfindet, muß der Kurfürst, als ein sittlich Hochstehender, stutzig werden, ob der Spruch auch wirklich wohlbegründet ist. Nein, wenn ein Ehrenmann — und sei es derselbe, dem der Tod droht — anders denken kann, so ist das Todesurteil nicht unumstößlich richtig, dann — wenn das wirklich der Fall ist — kann ich es nicht mehr vor meinem Gewissen verantworten, dann ist er frei.

Erich Schmidt wird dieser Szene wahrhaftig nicht gerecht, wenn er sagt: Der Oheim wird durch die Schilderung von Homburgs unwürdigem Zustand einen Augenblick verwirrt und sagt unter diesem Eindruck, weil er dem respektierten Gefühl nicht als widerrechtlich mordender Absolutist gelten will, Befreiung zu, aber auch nur einen Augenblick; dann sogleich folgt die Klausel, die aus dem bloßen Gnadengeschenk eine selbsterworbene Lösung macht: 'Wenn er den Spruch' usw., die Rettung ist 'so sicher, als sie in Vetter Homburgs Wünschen liegt'. Nein, so nicht, sondern er traut seinem Rechtsbewußtsein nicht mehr, wenn das des Prinzen ein ganz anderes ist; dann kann er die Verantwortung nicht mehr tragen, dann muß er ihn freisprechen.

Zunächst gilt es nun, festzustellen, ob der Prinz wirklich so anders denkt. Dazu dient das Billet, in dem der Verurteilte zum Richter über sich selbst bestellt wird. Der Prinz aber, so nobel genommen, wird nobel — ein fein beobachteter Zug der menschlichen Natur —, er besinnt sich auf seinen inneren Adel und, freigesprochen, verurteilt er selbst sich nun zum Tode. So hat eine erneute Prüfung des Prozesses zu einem erneuten Todesurteil geführt, es scheint alles beim alten geblieben; scheint aber wirklich nur so. In dem Augenblick, wo der Prinz sich selber für schuldig erklärt, scheint nach dem vorher Gesagten für den Kurfürsten zunächst allerdings jeder Grund zur Begnadigung zu fallen. Mit welchem Rechte begnadigt er ihn dennoch?

Doch vor der Beantwortung dieser Frage scheint es mir nötig, noch die Zwischenfrage zu erledigen:

Wann entschließt sich der Kurfürst zur Begnadigung?

Daß er ursprünglich daran nicht denkt, scheint mir sicher. Da erhält er des Prinzen Schuldbekenntnis. Er stellt sich an den Tisch und liest; nachdem dies geschehen ist, wendet er sich und ruft einem Pagen das Todesurteil zu bringen. Daß die beiden Vorgänge in innerem Zusammenhang zueinander stehen, scheint mir zweifellos. Es scheint, als ob der Kurfürst sich durch diesen Brief Knall und Fall bestimmen läßt, den Prinzen zu begnadigen. Doch dann hätte der Rest des Stückes eigentlich blutwenig Sinn; der Kurfürst würde dann darin nur zu einem Schritt überredet, den aus freien Stücken zu tun er längst willens ist. Verträgt sich ferner mit dieser zunächstliegenden Auffassung sein Wort an Kottwitz:

> Dem Oberst Homburg, dem das Recht gesprochen,
> Bist du bestimmt, mit deinen zwölf Schwadronen
> Die letzten Ehren zu erweisen.

Oder sagt er das nur, um Kottwitz gerade in diesem Augenblick einer leisen Auflehnung recht grob auf seine Pflicht zu stoßen? Er kann auch Diplomat sein, der eherne Mann. So ist er sicher schon zur Begnadigung entschlossen in dem Augenblick, wo er sagt:

> Prinz Homburgs Braut sei sie, werd' ich ihm schreiben,
> Der Fehrbellins halb dem Gesetz verfiel.

Er läßt nur ganz bewußt den Tollkopf den Leidensbecher leeren bis zum Grunde und gibt den Offizieren zugleich zu verstehen, daß er nicht der Mann

sei, sich etwas abzwingen zu lassen. Aber entschlossen zur Begnadigung ist er
hier sicher schon. Denn nachher wirkt nichts mehr auf ihn ein, ihn zu diesem
Entschluß zu bringen, sondern er wirft nur noch einen Blick in das wohl begründete Todesurteil, dann erfolgt die Begnadigung. Aber entschließt er sich
dazu wirklich schon beim Empfang des Briefes? Eine sichere Antwort auf
diese Frage ergibt sich nicht. Man kann jedenfalls die Frage auch verneinen,
kann sich den seelischen Vorgang in ihm etwa so vorstellen: Das Schreiben
hat einen gewaltigen Eindruck auf ihn gemacht; vorher hatte er mit seinem
Urteil abgeschlossen; es lautete: Wenn der Prinz sich freispricht, ist er frei;
sonst muß er sterben. Und der Prinz verurteilt sich zum Tode. Also muß er
ihn töten? Nein, sagt ihm angesichts dieses heldenhaften Briefes sein tiefstes
Empfinden; unmöglich kann das richtig sein; seine Gedanken und Empfindungen
werden aufs neue gewaltig in Bewegung gesetzt und ringen nach Klärung;
aber die Offiziere drängen. Da läßt er sich die beiden Schriftstücke kommen,
nicht, weil er entschieden hätte, sondern weil sein Urteil schwankt, sicherlich
hinüberschwankt zur Freisprechung, nur noch nicht völlig entschieden ist;
instinktiv läßt er sie kommen; vielleicht kann er sie jetzt brauchen. Eine
Bresche, eine klaffende Bresche ist in die Festung geschossen; aber sie fällt
erst, nachdem sie Kottwitz und Hohenzollern erfolgreich berannt haben. Auch
diese Auffassung der Sache läßt sich durchaus verteidigen.

Und nun, weshalb begnadigt er, weshalb darf er begnadigen? Daß eine
Natur wie die seinige, so fern von allem tyrannischen Wesen, nicht strafen
würde, wenn sie nicht strafen zu müssen glaubte, leuchtet ein. Jetzt aber glaubt
er eben ohne Schaden für den Staat begnadigen zu dürfen, wohlgemerkt, nicht
etwa unschuldig zu erklären, nein, begnadigen zu dürfen aus triftigen Gründen,
zumal nach der Beweisführung der Offiziere. Erstens fühlt er sich selbst nach
Hohenzollerns Auseinandersetzung mit vollem Recht nicht ganz unschuldig an
Homburgs Vergehen. Zweitens stimmen sämtliche Reiteroffiziere, Kottwitz an
der Spitze, Ehrenmänner, die wohl wissen, was der Krieg verlangt, für die
Freisprechung des Angeklagten. Das nimmt dem gefällten Todesurteil das Un-
umstößliche. Der Prinz zwar findet sich jetzt schuldig, aber jene nicht, und das
sind brandenburgische Offiziere, keine Weichlinge. Daß bei ihnen allen durch
die Begnadigung nicht entfernt die Empfindung eines Rechtsbruches hervorgerufen wird, das ermächtigt den Kurfürsten jedenfalls, wenn es ihn schon nicht
dazu zwingt, zur Begnadigung. Und schließlich: Ein Weiser straft nicht, *quia
peccatum est, sed ne peccetur.* Und in diesem Sinne darf es der Kurfürst wahrhaftig wagen. Freilich hat der Leichtfuß schon Torheiten genug begangen;
aber müssen nicht die letzten Ereignisse den tiefsten Eindruck auf den Leicht-
sinnigsten gemacht haben? Beweist nicht gerade der heldenhafte Brief des
prächtigen Jungen unumstößlich, daß ihm jetzt, wirklich erst jetzt, der Begriff
der Pflicht in seiner ganzen Bedeutung aufgegangen ist, daß sein edles Selbst
sich durchgerungen hat, daß hier echtes Gold erst im Feuer klar ward? Nein, der
treibt keinen verantwortungsvollen Leichtsinn mehr, das läßt der in Zukunft;
aber nicht etwa aus Angst vor dem Tode, sondern weil er in schwersten

Stunden tiefsten Menschenelends kraft seines guten Kerns sich emporgearbeitet
hat zu der Erkenntnis: Pflicht geht vor Neigung. Eben in dem Augenblick,
wo der Prinz sich selbst zum Tode verurteilt, darf ihn der Kurfürst begnadigen.
Das meint der Kurfürst, wenn er sagt:

> Die Schule dieser Tage durchgegangen,
> Wollt ihr's zum vierten Male mit ihm wagen?

Will sagen: Wenn ihr überlegt, wie die Schulung der letzten Zeit auf ihn gewirkt haben muß und offenbar gewirkt hat, wollt ihr's noch einmal mit ihm,
so, wie er sich jetzt darstellt, wagen? Und vernehmlich klingt der Unterton:
Ich denke: ja. Und der alte Kottwitz, jetzt erst versteht er seines Herrn Handlungsweise, versteht sein ehernes Pflichtbewußtsein, das töten zu müssen glaubte
mit schwerem Herzen um des Staates willen, versteht seine väterliche Milde,
die verzeiht, wo sie keinen Schaden daraus mehr zu befürchten hat. Und in
tiefster Ergriffenheit entströmt es ihm:

> Wie mein vergöttert Angebeteter?

Und weiter:

> Bei dem lebend'gen Gott,
> Du könntest an Verderben's Abgrund stehn,
> Daß er, um dir zu helfen, dich zu retten,
> Auch nicht das Schwert mehr zückte, ungerufen!

Verquert ist die Antwort, die er in seiner tiefen Erregung gibt, das ist kaum
eine Antwort zu nennen; aber jeder spürt's, was er meint: Ja, tausendmal ja,
du darfst ihn begnadigen. Doch das zu sagen, nimmt er sich in seiner Ergriffenheit erst gar nicht die Zeit. 'Selbst aus persönlicher Lebensgefahr würde dich
der jetzt nicht mehr retten ungerufen.' Der ist gründlich kuriert, jetzt kannst
du ihm wirklich vertrauen, jetzt darfst du ihn begnadigen.

Es ist unverständlich, wie Erich Schmidt den stürmischen Pulsschlag dieser
gewaltigen Szene so völlig verkennen konnte, um von ihr zu sagen: 'Lustspielmäßig nimmt nun dieser Kurfürst ... es hin, daß Kottwitz ihn schalkhaft
lächelnd parodiert: ohne Befehl würde er den Herrn am Abgrund nicht retten.'
Lessings geistverwandter, meisterlicher Kritiker versagt hier.

Auch gegen die Gesamtauffassung des Dramas, wie sie Schmidt und
Herzog vortragen, muß nach dem Gesagten Einspruch erhoben werden. So berechtigt ein Drama wäre, das das Recht der Empfindung gegenüber der starren
Pflicht betonte, so wenig ist dieser Gedanke in unserem Drama ausgeführt.
Daß sie 'alle beide recht haben', 'daß weder der Kurfürst noch der Prinz
siegt', daß 'die Empfindung das Gesetz und das Gesetz die Empfindung durchdringt' und gar 'daß um den rocher de bronze, den das Gesetz stabiliert, die
anarchischen Triebe des Ichs branden', kann wirklich nicht aus diesem Drama
heraus-, sondern nur hineingelesen werden. Der 'Prinz von Homburg' erscheint
einfach als das hohe Lied von der 'verdammten Pflicht und Schuldigkeit'.

ANZEIGEN UND MITTEILUNGEN

HERMANN ONCKEN, HISTORISCH-POLITISCHE AUFSÄTZE UND REDEN. 2 BÄNDE. München und Berlin, R. Oldenbourg 1914.

Der Verfasser, Vertreter der Geschichte erst in Gießen, jetzt in Heidelberg, begann mit dem Buche 'Athen und Hellas' und zeigte sich schon als selbständig urteilender Historiker, der sich nicht scheute, weit verbreiteten Anschauungen entgegenzutreten. Weiten Kreisen machte er sich bekannt in seiner großen vielbändigen Weltgeschichte, die er zusammen mit einer Reihe von Fachgenossen herausgab, namentlich in seiner eignen Behandlung des Zeitalters Wilhelms I. Diese Eigenschaften treten auch in dieser Sammlung hervor, die sich der Hauptsache nach auf die neueste deutsche Geschichte seit 1813 bezieht, aber auch den Blick hinauslenkt auf die ausländischen Verbindungen und auf die 'Auslandsdeutschen', besonders in Nordamerika, in ihrer Eigenschaft als unverlierbare Glieder der Nation wie auf die Entwicklung ihrer neuen Heimat. Besonders bezeichnend ist die Stärke des biographischen Elements, namentlich im zweiten Bande, wo die Würdigung einzelner Männer an die Stelle zusammenhängender sachlicher Behandlung tritt. Sie werden immer von dem Standpunkte aus betrachtet, wie sie sich zur nationalen Aufgabe gestellt, was sie für den Aufbau des nationalen Staats geleistet haben. Da kommen neben den Fürsten, dem Kaiser Wilhelm I. und Großherzog Peter von Oldenburg, Bismarck, in einer Reihe von Stücken große deutsche Politiker, wie Albert Schäffle, Bennigsen, Ludwig Bamberger, in dem zusammenfassenden Artikel 'Aus dem Lager der deutschen Whigs' Freiherr von Roggenbach, Gustav Freytag und Herzog Ernst von Coburg, GF. und General von Stosch, Ludolf Camphausen und Mevissen, August Reichensperger, schließlich auch Marx und Engels und Lassalle in seinen Beziehungen zu Bismarck zur Darstellung und Würdigung. Es ist etwa so, wie die modernen Italiener sich längst gewöhnt haben, alle die Männer, die am 'Königreich Italien' gearbeitet haben, Monarchisten und Republikaner der verschiedensten Richtungen, von König Viktor Emanuel II. bis Mazzini als Genossen an diesem Einheitswerk aufzufassen und deshalb die Denkmäler aller dieser nebeneinander zu stellen. Freilich sind die innern Gegensätze bei weitem nicht so schroff, wie bei den eigensinnigen Deutschen, denn in einem sind sie alle einig, in dem leidenschaftlichen italienischen Patriotismus: der Name Italia! eint sie alle. Auch die Auffassung von der Aufgabe des Historikers ist bei Oncken charakteristisch. Die Erforschung der Quellen ist ihm nicht das Letzte und Höchste; es gilt vielmehr, bis ins innerste Wesen der leitenden Männer zu sehen und von da aus ihre Handlungen zu verstehen. Feinsinnig wird in dem Aufsatz 'Politik, Geschichtschreibung und öffentliche Meinung' auseinandergesetzt, wie sich diese drei zueinander verhalten, wie der Historiker die Wissenschaft vertritt, der Politiker den Willen, die 'öffentliche Meinung' in jedem großen Volke etwas anderes ist und verschieden wirkt. Nicht loben und verdammen will Oncken, sondern verstehen; von diesem Grundsatze ist sein ganzes Buch durchdrungen, und das eben macht den Eindruck wohltuender Reife.

Zeitlich beginnt der Aufsatz (I 2) 'Die Ideen von 1813 und die deutsche Gegenwart. Eine säkulare Betrachtung'. Erreicht wurde 1813 dauernde Befreiung vom Auslande, das auch 1848/9 und 1866 nicht gewagt hat, sich einzumischen, aber nicht der damals von den Patrioten schon heißerstrebte Nationalstaat. Denn Europa sprach mit, und die Deutschen selbst waren über das Ziel uneinig und unklar. Auch 1870 wurde das damalige Ziel nicht restlos er-

reicht, denn Deutsch-Österreich blieb von
der Masse der geeinigten Nation getrennt.
Das innere Ziel aber, die Beseitigung des
alten Privilegienstaats, wurde nicht völlig
verwirklicht, denn die Bauernbefreiung, die
damit einsetzte, blieb verkrüppelt, die soziale Stellung der Rittergutsbesitzer blieb
unerschüttert. Die Politisierung der Massen,
also ihre Gewinnung für den Staat, erstrebte erst das allgemeine gleiche und
direkte Wahlrecht für den Reichstag; die
Sozialdemokratie will sie auch, aber im
staatsfeindlichen Sinne, der überwunden
werden muß. Die damit zusammenhängende
Vertretungsidee wurde erst in der preußischen Verfassung zur Geltung gebracht,
aber die Notwendigkeit für das Reich zur
Selbstbehauptung durch 'eine machtvolle
und autoritative Zusammenfassung aller
Kräfte' hinderte zunächst den vollendeten
Typus, 'die höchste Steigerung des Einzel-
individuums zur selbständigen und verant-
wortlichen Betätigung im Staate', auszu-
bilden, deren wir für den friedlichen Wettkampf der Weltvölker bedürfen. In der
'Genesis der preußischen Revolution
von 1848' wird der Versuch gemacht, die
Stellung der maßgebenden Persönlichkeit
Friedrich Wilhelms IV. in ihren innersten
Motiven zu erkennen, über die die Quellen-
berichte nicht genügend Klarheit geben.
Der König wollte nach dem Programm vom
18. März den Übergang zum Konstitutio-
nalismus um der Führung Preußens in
Deutschland willen, wofür sich der Historiker Leo in seiner 'Signatura temporis' im
November 1848 aussprach. Aber die Armee war dagegen, ihr konnte der König
nicht folgen, ohne sein deutsches Prinzip
aufzugeben, aber eine Fortsetzung des siegreichen Kampfes hätte das Programm vollends zerstört. Aus diesem Widerspruch,
nicht aus bloßen Stimmungen und Launen,
erklärt sich die Haltung des Königs am
18. und 19. März; aber er zerstörte damit
die bisherigen Grundlagen für die bisherige
Stellung Preußens zu Österreich und Rußland. Die neuere Entwicklung Deutschlands in diesem ganzen Zeitraum wird nicht
in zusammenfassenden Darstellungen, sondern in biographischen Skizzen ausgeführt.
'Der Kaiser und die Nation' an der
Spitze des ersten Bandes würdigt den Mo-

narchen mit voller Unbefangenheit, auch
die Trennung von Bismarck, die eine Notwendigkeit wurde durch die Absicht Bismarcks, die Reichsverfassung nicht auf
gesetzlichem Weg zu ändern, also einen
Staatsstreich zu wagen, hebt aber auch
das Tragische hervor, das in dieser ganzen
Entwicklung lag. In dem 'Großherzog
Peter von Oldenburg (1853—1900)'
II 2 erscheint der Typus eines deutschen
Fürsten, der in friedlicher Entwicklung aus
einem zähen Verfechter dynastischer und
partikularer Interessen vom deutschen Bun-
desfürsten zum modernen Reichsfürsten
wird, trotz seiner verwickelten Beziehungen
auch zum Auslande. Das Haus Gottorp
mußte 1721 auf seinen Anteil am Herzogtum Schleswig zugunsten des Königs von
Dänemark verzichten und behauptete nur
seinen Anteil an Holstein. 1767 aber verzichtete Katharina II. von Rußland für ihren
Sohn Paul (I) auf den Gottorper Anteil
des Herzogs Karl Friedrich von Holstein-
Gottorp, des Gemahls der Großfürstin Anna
Petrowna, zugunsten Dänemarks gegen die
Einräumung der Grafschaften Oldenburg
und Delmenhorst, Friedrich August von
Holstein-Gottorp behielt aber das Bistum
Lübeck (Eutin und Umgebung), das seit
1586 in dauerndem Besitz der Gottorper
war. So entstand das 'Herzogtum' Oldenburg (1774). Peter Friedrich Ludwig, 1785
bis 1829, siedelte nach Petersburg über,
wo Katharina II. seine Söhne in schlicht
bürgerlicher Weise im Auslande erziehen
ließ. Nach der Episode der französischen
Okkupation (1810—1814), die Anteil hatte
an dem Bruche Napoleons mit Rußland,
wurde der oldenburgische Staat unter Paul
Friedrich August (1829—1853) neu aufgebaut und ganz liberal. Sein Sohn Nikolaus Friedrich Peter lenkte in preußisches
Fahrwasser ein, hielt lange an der Union
fest und schloß den Vertrag über die Abtretung des Jadegebiets am 20. Juli 1853,
die Grundlage zur Stellung Preußens an
der Nordsee und damit seiner Seemacht.
Er erbat sich auch 1860 vom Prinzregen-
ten von Preußen den Generalmajor von
Fransecky zum Kommandeur des olden-
burgisch-hanseatischen Bundeskontingents.
Von ehrlich deutscher Gesinnung war Peter
auch geleitet bei seiner Stellung zur end-

gültigen Entscheidung der schleswig-hol-
steinischen Erbfolgefrage, bei der Kaiser
Alexander II. schon 1860 auf Peters Vorstellungen seine eigenen Ansprüche aufgegeben hatte; er stellte sich dann 1866 entschlossen auf die Seite Preußens und machte
den Feldzug bei seinen Truppen mit. Der
Friede, der dann die leidige 'deutsche Frage'
löste, regelte auch endgültig das Verhältnis des Großherzogs zu Schleswig-Holstein
durch den Staatsvertrag vom 27. September
1866, in dem Peter seine Erbansprüche
gegen das holsteinische Amt Ahrensböck,
das das 'Fürstentum Lübeck' abrundete,
und die Zahlung von einer Million Taler
aufgab. Eifrig nahm er dann an dem Aufbau der Verfassung des Norddeutschen Bundes und des Reiches teil; die Kaiserprokla-
mation von 1871 hat er in tiefster Ergriffenheit miterlebt.

Dem stärksten Verfechter der nationalen Idee sind drei Abhandlungen gewidmet:
'Bismarck in der neuesten Geschichtschreibung', wo der Fortschritt zum weltgeschichtlichen Standpunkt der späteren
Biographie von Lenz gegenüber Sybel betont wird; 'Vom jungen Bismarck' nach
seinen Briefen an seinen Jugendfreund
Scharlach (bis 1845, ein letzter 1850);
endlich 'Bismarck, Lassalle und die
Oktroyierung des allgemeinen Wahl-
rechts in Preußen', das Lassalle vorschlug, weil es gegen den bürgerlichen Liberalismus den Massen zu politischem Gewicht
verhalf. Zu einer Biographie Bismarcks gehört auch die Darstellung seines Jugend-
freundes, des Grafen Alexander Keyser-
ling, der als ein Edelmann das 'humanistische' Prinzip etwa des XVIII. Jahrh. gegenüber dem späteren einseitigen Nationalis-
mus vertrat. In Albert Schäffle tritt uns
ein schwäbischer 'Eigenbrötler' als 'Groß-
deutscher' entgegen, der dann als Handels-
minister in österreichische Dienste trat und
dort Gelegenheit fand, sein Prinzip zu ver-
fechten, bis er erkannte, daß Österreich etwas ganz anderes sei, als er sich vorgestellt
hatte, von seinem einseitig wirtschaftlichen
Standpunkte aus für eine größere Selbständigkeit der Tschechen in den sog. 'Fun-
damentalartikeln' des Ministeriums Hohen-
wart eintrat und schließlich, in seine schwäbische Heimat zurückgekehrt, mit Bismarck

über dessen soziale Reform verhandelte. Er
erschien dem Fürsten nicht geeignet, bei
diesem Werke verwendet zu werden, weil
ihm an einem logischen Aufbau alles lag,
dem Reichskanzler dagegen alles auf das
praktisch Durchführbare ankam. Seinen
'großdeutschen' Gedanken dagegen hat dieser in seinem Bündnis mit Österreich 1879
gewissermaßen verwirklicht, wobei Oncken
mit Recht hervorhebt, daß dieses Bündnis
anders wie andere Verträge dieser Art
seine tiefsten Wurzeln in der alten, niemals
zerrissenen Kulturgemeinschaft Deutschlands mit Österreich und in dem starken
Gewicht des Deutschtums in der Habsburger Monarchie habe; eben deshalb habe
es 1909 der schwersten Belastungsprobe
widerstanden, wie es heute (1914 August)
eine schwerere Probe ruhmvoll besteht
('Deutschland und Österreich seit
1871', im 1. Band). Zwei 'kleindeutsche'
liberale Politiker werden in Rudolf von
Bennigsen und Ludwig Bamberger in
ihrer Entwicklung geschildert; eine ganze
Reihe von Vertretern des nationalen Liberalismus sehr verschiedener Art und verschiedener Herkunft in der Gruppe von Biographien 'Aus dem Lager der deutschen
Whigs' zusammengefaßt, von denen Ludolf Camphausen und Gustav von Mevissen
als typische Vertreter des liberalen rheinischen Bürgertums erscheinen, das dem
alten preußischen Staat ein ganz neues
modernes Element einfügt. Rheinländer war
auch der Begründer der katholischen Frak-
tion des preußischen Abgeordnetenhauses
August Reichensperger. Er wurde es als
rheinländischer Partikularist, französisch
gebildeter Jurist, Katholik und Großdeut-
scher, dessen Urteilsfreiheit jedoch durch
seinen Ultramontanismus aufgehoben wurde.
Sein kunstgeschichtlicher Idealismus hängt
damit zusammen. Den Schluß des zweiten
Bandes bildet interessanterweise der Aufsatz 'Marx und Engels, auf Grund des
Briefwechsels beider 1844—1883, in vier
Bänden herausgegeben von A. Bebel und
Ed. Bernstein 1913'. Zwei höchst verschiedene Menschen: Marx war Theoretiker, der
sein ganzes System auf streng logischen
Folgerungen aufbaut und sich sein täg-
liches Brot als Journalist in London für
englische und amerikanische Blätter müh-

sam, in angestrengter Brotarbeit hat verdienen müssen, Engels war dagegen Chef der Filiale seines väterlichen Geschäftshauses, Beobachter des großartigen praktischen Lebens, das sich an der Börse in Manchester entwickelt, beide fern von der Heimat, im Auslande, der Entwicklung Deutschlands fernstehend und heimatfremd, namentlich Marx, deshalb der Gefahr, schiefe Schlüsse zu ziehen, ausgesetzt, aber durch warme Freundschaft verbunden, so daß Engels, selbst in auskömmlicher Lage, den Freund aufopfernd unterstützen konnte; vor allem lieferte er ihm den praktischen Unterbau für seine Theorien im 'Kapital' und drängte ihn zur Vollendung. Als der Krieg von 1866 ausbricht, da erwacht in Engels, der in der Gardeartillerie gedient hat, der militärische Geist, er arbeitet sich geschickt und eifrig in die militärische Fachliteratur, z. B. Clausewitz, ein und triumphiert 1870 über die deutschen Siege, die er in seiner fachkundigen Schätzung des preußischen Heerwesens scharfsinnig vorausgesehen hatte. In der auswärtigen Politik war er als Schüler David Urquharts ein Gegner Rußlands, das nach ihm seine Hand überall im Spiele hatte, auch seine Gegner, sogar Lord Palmerston, 'kaufte'. Aber das Heil der Zukunft erwartete er von der allgemeinen europäischen Revolution, der Grundirrtum beider Freunde, die in ihren sozialistischen Phantasien lebten und Deutschland nicht kannten. Wie gründlich er aber sonst arbeitete, zeigen seine vielseitigen Sprachstudien zu praktischen Zwecken; er hält es für wichtig, die Sprache und Kultur der Nationen kennen zu lernen, 'mit denen man in Konflikt kommt'. Seit 1852 lernte er nacheinander Russisch, Persisch, 'ein wahres Kinderspiel', Portugiesisch, dann Gotisch, Altnordisch und Angelsächsisch; schließlich trieb er sogar Irisch-Keltisch und allerlei Germanistisches, vom Gotischen angefangen. Am Bau des deutschen Nationalstaats haben beide trotz ihrer praktischen Gegnerschaft nach Oncken doch insofern mitgearbeitet, als sie, obwohl mit Lassalle, dem Begründer der internatio-

nalen Sozialdemokratie, in sehr losem Verhältnis, ja sogar mißtrauisch gegen ihn, die deutsche Arbeiterschaft zwar mit einseitigem Klassengeist erfüllt, aber dadurch das Interesse für das gesamte deutsche Leben erweckt und über die Stammesunterschiede herausgehoben, sie 'politisiert' haben, denn die Gemeinschaft der Staatsbürger setzt das Interesse aller am Gemeinwesen voraus. 'Die rückschauende Betrachtung auf die unabsehbare Fülle der widerstreitenden Kräfte und Persönlichkeiten, die an der Durchführung des deutschen Nationalstaats durch zwei Menschenalter gearbeitet haben', löst dem Verfasser, der sie uns vorgeführt hat, zum Schlusse des zweiten Bandes das erhebende Bewußtsein aus

Tantae molis erat Germanam condere gentem.

Von größeren Aufsätzen behandelt einer 'Deutschland und England', in dem Rate gipfelnd, nicht die deutsche Flotte weiter zu vermehren, da sie doch den zahlenmäßigen Wettbewerb mit der englischen nicht aushalten könne und England nur unnötigerweise reizen werde, sondern die Armee, deren Verstärkung sich sofort wirksam machen werde; 'Amerika und die großen Mächte', der nachweist, in welchem Maße die Entwicklung der großen Republik von der Stellung der europäischen Großmächte allezeit beeinflußt und bestimmt worden sei; endlich 'Die deutsche Auswanderung nach Amerika und das Deutschamerikanertum vom XVII. Jahrh. bis zur Gegenwart', von den ersten Einwanderern, die vereinzelt ohne jeden nationalen Rückhalt hinübergingen, bis heute, wo sich die Deutschen drüben ihres Volkstums und ihrer Stärke bewußt werden und ihre Kultur die amerikanische immer mehr beeinflußt (alle drei im ersten Bande). Doch wir gehen hier nicht weiter auf diese höchst lesenswerten Aufsätze ein, da sie dem Thema der nationalen Entwicklung Deutschlands aus den so widerstreitenden Elementen ferner liegen.

Otto Kaemmel.

(10. September 1914)

ZUR CHARAKTERISTIK MENANDERS

Vortrag, gehalten auf der Marburger ·Philologenversammlung am 30. September 1913

Von Franz Poland

So bedeutend bereits die wissenschaftliche Arbeit ist, welche die gelehrte Forschung dem 'wohlerzogenen Liebling der Grazien' iu den letzten Jahren gewidmet hat: mit Recht hat man zunächst vor allem die Überlieferung des Menandertextes nach ihrer formalen und inhaltlichen Seite festzulegen gesucht und Fragen allgemeinerer Art mehr zurückgestellt. Aber gerade eine Philologenversammlung ist wohl der Ort, um durch Aufwerfen einer solch allgemeineren Frage eine Anregung zu geben, auch wenn ihre Lösung zunächst nur in bescheidener Weise gefördert werden sollte.

Mit wachsender Verwunderung gewinnt wohl mancher bei der Beschäftigung mit den neuen Funden den Eindruck einer großen Einförmigkeit, welche die Dramen Menanders ·in mehr als einer Hinsicht aufweisen, von einer großen Selbstbeschränkung, die sich der Dichter auferlegt, wie es Sonnenburg richtig bezeichnet hat.[1] Es sei mir nun gestattet, unter diesem Gesichtspunkte einige Erscheinungen hervorzuheben und sie, gestützt auf ein größeres Material, mehr oder weniger andeutend zu besprechen, während eine genauere Ausführung und eine Begründung im einzelnen meist einer besonderen Veröffentlichung vorbehalten bleiben muß. Wenn ich dabei auch das Hauptgewicht auf die griechischen Reste Menanders selbst legen möchte, so gedenke ich doch in zweiter Linie[2] die auf Menandrische Originale zurückgehenden Stücke des Terenz (Andria, Hautontimorumenos, Adelphoe und Eunuchus), gelegentlich auch von Plautus Stichus, Cistellaria, Bacchides, Aulularia[3]) heranzuziehen.

Eine eigenartige Beschränkung zeigt Menander zunächst, wie man weiß, in der Namengebung der Personen. Es muß aber für die Kritik wichtig werden, die Ausdehnung dieser Erscheinung bei Menander festzustellen.

---

[1]) Das humanistische Gymnasium 1908 S. 181.

[2]) Alles, was von Menander meiner Ansicht nach durch Terenz, bzw. Plautus vermittelt ist, habe ich in den folgenden Anmerkungen, wenn es nötig erschien, durch Klammern ([ ]) eingeschlossen.

[3]) Diese Stücke führt auch die neueste Behandlung des Gegenstandes durch Leo (Geschichte der römischen Literatur I 109) auf Menander als Quelle zurück, mit Zweifel Aulularia, ebenso den von mir nicht herangezogenen Poenulus; über den Stichus s. auch a. a. O. S. 129.

Wozu Ritschl einst bereits einen Anlauf genommen hatte, einen Onomato-
logus der Komödie zu schaffen, das ist nicht zur Vollendung gediehen.[1]) Seine
Arbeit zeigt aber, wie viel wir heute über ihn, der noch so wenig Namen aus
griechischen Texten heranziehen konnte, hinauskommen können. Ich habe mir
für die Zwecke meiner Untersuchung eine möglichst vollständige Zusammenstellung der in der Neuen Komödie vorkommenden, von den Dichtern frei-
gewählten Personennamen angelegt, und so schlicht sie ist, sie ergibt doch
manche sichere Bestätigung für Gesichtspunkte, wie sie dem Menanderforscher
bisher bereits vorgeschwebt haben und wie sie namentlich die treffliche Ausgabe von Körte an die Hand gibt, der gegenüber ich durch genauere Begründung des dort Angedeuteten meinen Dank abstatten möchte.

Zunächst gilt es die Frage zu entscheiden, in welchem Umfange die beiden
erhaltenen römischen Komödiendichter für die Frage der Namengebung herangezogen werden dürfen. Da stellt sich denn auch nach dieser Seite, wie nach
so mancher anderen, ein fundamentaler Unterschied zwischen Terenz und
Plautus heraus. Der Umstand, daß schon Donat u. a. für einzelne Fälle[2]) die
durch Terenz vorgenommene Änderung Menandrischer Namen bezeugen, braucht
nicht notwendig dagegen zu sprechen, daß sich der römische Dichter auch in
der Namengebung im allgemeinen eng an das griechische Original angeschlossen
hat. Und nun zeigt sich in der Tat, daß von den in den Menandrischen Komödien des Terenz vorkommenden 55 Namen[3]) nicht weniger als 23 (von den
70 Einzelfällen von Namenverwendung nicht weniger als 30), also nahezu die
Hälfte Menandrisch sind.[4]) Ganz anders steht die Sache bei Plautus. Von seinen

---

[1]) Opuscula III 303 ff. — Auch die wertvolle Dissertation von Karl Gatzert (De nova
comoedia quaestiones onomatologicae, Gießen 1913), deren Kenntnis ich Herrn Professor
Körte verdanke und die, wie sich zeigen wird, manche der in diesem Vortrage aufgestellten
Behauptungen bestätigt oder auch ergänzt, erstrebt offenbar keine Vollständigkeit. Während sie es beispielsweise für Menander in recht zuverlässiger Weise tut (aus Fragment
295 K. = *Kol. fr. 4* ist nur der Hetärenname Chrysis herangezogen, nicht die übrigen Korone,
Antikyra, Ischas, Nannarion; überdies fehlen: Derkippos, Euphranor, Hedeia, Kleostratos,
Mnesippos, Nannion, Philon, Theophilos), ist sie sehr unvollständig für den allerdings in
dieser Frage schwer zu beurteilenden Plautus, namentlich aber auch für die Fragmente
der griechischen Komiker außer Menander. [Nur im Index fehlt *Δρόμων* (s. S. 46 f.),
Κλεαίνετος (s. S. 16), *Σταφύλη* (s. S. 41).] Auch die Nachträge von Wüst (Woch. f. kl. Phil.
1913 Sp. 793) geben nicht im mindesten eine wirkliche Vervollständigung des Materials.

[2]) Über Charinus und Byrria (s. S. 588 A. 7) in der Andria s. Donat zu 301 (Weßner),
über Antipho im Eunuchus s. Donat zu 539 (W.), über (Laches) ebd. s. Donat zu 971 (W.),
über Parmeno, Phaedria und Thais daselbst s. Schol. zu Persius, Sat. 5, 161 f. (Kock
III 54), über Gnatho und Thraso ebd. s. Kock III 82. Daß Lamprias zwar nicht der ursprüngliche Namen des Terenzischen Micio, wie man vermuten könnte, wohl aber des
Terenzischen Aeschinus (!) gewesen sein könnte, betont Gatzert (S. 23); eine Namensänderung
scheint also doch vorzuliegen.

[3]) Bei dieser Zählung werden die in der vorigen Anm. erwähnten Namen ausgeschieden.

[4]) Chaerea *Eu.* Chremes *An. Hau. Eu.* Chrysis *An.* Clinia *An. 86. Hau.* Clitipho *Hau.*
Davos *An.* Demea *Ad.* Geta *Ad.* Glycerium *An.* Niceratus *An. 87.* Pamphila *Eu. Ad. 619.*
Pamphilus *An.* Parmeno *Ad.* (s. Anm. 2). Phania *An. 929. 934. Hau. 169.* Philumena *An.*
306. Phrygia *Hau. 731. Ad. 973.* Simo *An.* Simulus *Ad. 352. 465.* Sophrona *Eu. 807.*

etwa 280 Personennamen sind überhaupt nur 21[1]), also nur $^1/_{13}$ der ganzen Zahl, für Menander bezeugt, ja beschränkt man die Untersuchung auf die genannten 4 Plautinischen Bearbeitungen Menandrischer Dramen (S. 585 Anm. 3), so kommen dort überhaupt nur 7 Namen in Frage, von denen überdies zwei, wie wir sehen werden, besonders zu behandeln sind. Diesem überraschenden Ergebnis gegenüber zögere ich nicht mit der Behauptung, daß Plautus, wenn nicht, was die ganze Art der Namen nahelegt, überhaupt die griechischen Personennamen seiner Originale, so doch wenigstens die der Menandrischen Stücke zu ändern pflegte. Hat er das getan, so erscheinen z. B. die viel erörterten, nur durch den Ambrosianus im Stichus belegten Namen Pamphila und Philumena, die echt Menandrisch sind, in einem besonders interessanten Lichte[2]), mögen sie nun in der älteren Gestalt des Dramas sich gefunden haben oder in der späteren Bearbeitung aus dem Original Menanders wieder eingesetzt sein. Die

Sosia *An.* Strato *Eu. 414.* Syrus *Hau. Ad.* Syriscus *Eu. 772. 775* (vgl. *Ad. 763*). — Nicht für Menander bezeugt sind: Antiphila *Hau.*, Archidemides *Eu. 327*, Archonides *Hau. 1065*, Archylis *An. 228. 481*, Bacchis *Hau.* (*Ad.*), Canthara *An. 769.* (*Hau.*). *Ad. 353*, Charinus *Hau. 732*, Cratinus *Ad. 581*, Crito *An. Hau. 498*, Ctesipho *Ad.*, Discus *Eu. 608*, Donax *Eu. 772. 774*, Dorias *Eu.*, Dorus *Eu.*, Dromo *An. Hau. Ad.*, Hegio *Ad.*, Lesbia *An.*, Micio *Ad.* (s. Anm. 2), Menedemus *Hau.*, Mysis *An.*, Pasibula *An. 945*, Phaedrus *An. 86*, Phanocrates *Hau. 1061*, Philtera *Hau. 662*, Pythias *Eu.*, Sanga *Eu.*, Sannio *Eu. 780. Ad.*, Simalio *Eu. 772. 775*, Simus *Hau. 498*, Sostrata *Hau. Ad.*, Stephanio *Ad. 380*, Storax *Ad. 26.* — Freilich läßt sich nicht leugnen, daß auch die sonstigen Personennamen bei Terenz (in den beiden Apollodorischen Stücken und in den oben Anm. 2 genannten Fällen) keinen wesentlich verschiedenen Charakter tragen, mag das in der allgemeinen Verwandtschaft der Dichter der *Nέα* untereinander oder in der Abhängigkeit Apollodors von Menander oder schließlich in der Bevorzugung Menandrischer Namen durch Terenz seinen Grund haben. So sind Menandrisch 10 bereits aus den Menandrischen Stücken des Terenz belegte Namen (Chremes *Ph.*, Davos *Ph.*, Geta *Ph.*, Pamphila *Ph. 310. 510. 517*, Pamphilus *Hec.*, Parmeno *Hec.*, *Eu.* [s. Anm. 2], Phania *Hec. 458*, Philumena *Hec.*, Sosia *Hec.*, Sophrona *Ph.*) sowie 6 weitere Namen (Byrria = Πυρρίας *An.*, s. Anm. 2, Laches *Hec.* (*Eu.*), s. Anm. 2, Myrrina *Hec.*, Phanium *Ph.*, Thais und Thraso *Eu.*, s. Anm. 2). Diesen 16 Menandrischen Namen stehen nur 22 andere gegenüber, von denen aber noch 6 (Bacchis *Hec.*, Charinus *An.*, s. Anm. 2, Cratinus *Ph.*, Crito *Ph.*, Hegio *Ph.*, Sostrata *Hec.*) wenigstens in Menandrischen Stücken des Terenz wiederkehren; die übrigen 16 sind Aeschinus *Ad.*, s. Anm. 2, Antipho *Ph. Eu.* (s. Anm. 2), Callidemides *Hec. 432. 801. 804*, Demipho *Ph.*, Dorcium *Ph. 152*, Dorio *Ph.*, Gnatho *Eu.*, s. Anm. 2, Mida *Ph. 862*, Nausistrata *Ph.*, Phaedria *Ph.*, *Eu.* (s. Anm. 2), Phidippus *Hec.*, Philotis *Hec.*, Phormio *Ph.*, Scirtus *Hec. 78*, Stilpo *Ph.*, Syra *Hec.* — Für die einzelne Terenzische Komödie beträgt die Zahl der Menandrischen Personennamen zwischen $^1/_5$ (Phormio) und $^4/_7$ (Andria) der Gesamtzahl.

   [1]) Stichus: [Pamphila], [Philumena]; zu Sagarinus vgl. Σαγγάριος u. ä. (Gatzert S. 50). Bacchides: Clinia (V. 912; vgl. *Asin. 866*), Parmenones (V. 649; vgl. fr. inc. 29), Syri (V. 649; vgl. *Pseud. 636*). Aulularia: Phrugia (V. 333); außerdem Callicles *Trin. Truc.*, *Asin. 865*, Chaerestratus *Asin. 865*, Chremes *Asin. 866*, Chrysis *Pseud. 659*, Davus *Amph. 365. 614. fr. inc. 27*, Eutychus *Merc.*, Glycera? *Mil. 436*, Myrrina *Cas.*, Simo *Most. Pseud.*, Simia *Pseud.*, Sosia *Amph.* und *fr. 29* Leo (s. Gatzert S. 51), Strato *Asin. 344*, Stratophanes *Truc.* Von Namen, die wenigstens in Menandrischen Komödien des Terenz auftreten, finden sich nur noch Archidemides *Bacch. 257 ff.*, Archilis *Truc. 479*, Bacchides *Bacch.*, Canthara *Epid. 567*, Charinus *Merc. Pseud.*, Dromo *Aul. 398. Asin. 441*, Hegio *Capt.* (Über Antipho *Stich.* s. S. 586 A. 2).

   [2]) Vgl. Goetz zum Stichus S. XVI. Über Antiphila *Cist.*, Geta *Truc.*, Pamphilus *Stich.* s. Leo, Ind. Plaut.

Versuche von Karl Schmidt jedoch, durch die er in seinen sonst so trefflichen
Untersuchungen in den Plautinischen Personennamen reichlich Menandrisches
Gut nachweisen wollte[1]), sind nunmehr gänzlich abzulehnen.

Wie merkwürdig verschieden auch andere Nachahmer der griechischen
Komiker in der Übernahme der Personennamen erscheinen, hat Schmidt durch
den Hinweis auf die ἀγροικικαὶ ἐπιστολαί Älians und den Alkiphron dargetan. Während nämlich der letztere mehr in des Plautus Bahnen wandelt,
bietet Älian unter den elf von Schmidt aufgeführten Personennamen der Νέα
nicht weniger als sieben sicher Menandrische.[2])

Die Gründe nun, warum Plautus von Menanders Art abgewichen sein
wird, werden uns verständlich, wenn wir nunmehr die Eigenart der Menandrischen Namensgebung betrachten.

Die für unseren Dichter behauptete Selbstbeschränkung zeigt sich ja eben
zunächst in der vielfach beobachteten Wahl schlichter, ja gewöhnlicher Namen.

Gewiß gilt auch noch für die Neue Komödie, daß der Dichter mit Absicht so vulgäre Namen wählte, damit kein Träger sich getroffen fühlen konnte,
gewiß ist bei Menander noch, wie in anderen Beziehungen, die Nachwirkung
der Aristophanischen Komödie zu verspüren, aber es kommen für ihn doch noch
andere Gesichtspunkte in Betracht. Zunächst ist es kaum zweifelhaft, daß auch
er vielfach 'redende' Namen wählt, welche die Gruppe andeuten, zu der die
Personen als Greise, Jünglinge, Sklaven usw. gehören.[3]) Ihm eigen ist aber dabei, daß er nichts von kühnen Neubildungen, von komischen Wortungeheuern
bietet. Schon Schmidt hat beispielsweise darauf hingewiesen[4]), daß der Miles,
der wohl überhaupt nur in beschränktem Maße bei Menander auftrat, mit den
verhältnismäßig schlichten, im täglichen Leben auch üblichen Namen Βίας,
Θρασυλέων, Θράσων, Θρασωνίδης, Πολέμων, Στρατοφάνης bezeichnet wird[5]);
ein Pyrgopolinices des Plautus kommt ebensowenig vor wie ein Hairesiteiches
des Diphilos.[6]) Ich greife aus dem reichen Material zur Erläuterung nur noch
die Sklaven heraus, die bei Plautus oft so individuell bezeichnet werden. Am
häufigsten verwendet unser Dichter die schlichten Volksbezeichnungen: Daos,
Dardanos(?), Getas, Syros (Syriskos), Libys, Tibeios, [Sanga] und Sangarios,
außerdem [Diskos], [Donax], [Dromon], Onesimos, Pyrrias, Psyllos, [Sannion],
[Simalion], Simmias, Sosias, [Stephanion], [Storax], besonders auch den typischen
Namen Parmenon ('Bleibtreu').[7])

---

[1]) Hermes 1902 XXXVII 610 ff.
[2]) A. a. O. S. 623 A. 2. Vgl. Καλλικλῆς, Χρέμης Παρμένων, Θρασυλέων, Σιμύλος, Λαμ-
πρίας, Τρύφη.
[3]) S. die Bemerkungen von Gatzert (S. 64 ff.) über den Brauch der Neuen Komödie
im allgemeinen.   [4]) A. a. O. S. 623 A. 1.
[5]) Bias (Kol.), Thrasyleon (Thrasyleon), Thrason (? Misum. fr. 14"; s. Gatzert S. 54),
Thrasonides (Misum.), Polemon (Perik.), Stratophanes (Sikyon. fr. 442). Dazu kommt der
Straton im Eun. 414 (über den Straton in Naukl. fr. 348 s. Gatzert S. 55).
[6]) Kock II 542.
[7]) Daos: Heros, Epitr., Perik., Georg., Perinth.; [Andr.], Eun.; vgl. fr. 946 K. Dar-
danos (? Gatzert S. 46). Getas: Her., Perik., Misum., Perinth., [Adelph.]; vgl. fr. 946 K.

Die zweite noch charakteristischere Beschränkung betrifft die Zahl der überhaupt von Menander gebrauchten Namen, und wiederum zeigt hierin Terenz völlige Übereinstimmung mit Menander, Plautus auffallende Verschiedenheit. Für die beiden römischen Dichter ist die Erscheinung von Ritschl[1]) schon im wesentlichen festgelegt worden. Eine erneute Prüfung ergibt, daß von den 77 Terenzischen Namen 25 wiederholt werden, also nahezu ein Drittel, rechnet man die Einzelfälle der Terenzischen Namenswiederholung zusammen, so ergeben sich sogar 60 solche Wiederholungen gegenüber nur 52 Einzelerwähnungen, so daß also in der Mehrzahl aller Fälle der Name nachweisbar nicht nur einer Gestalt des Dichters beigelegt ist.[2]) Wie anders steht es dagegen bei Plautus! Hier werden nur 20 Namen — Ritschl sprach gar nur von vier —, also nur $^1/_{14}$ aller Namen, wiederholt, ja diese Wiederholung erscheint so zufällig, daß, abgesehen von der dreimal auftretenden Syra, die betreffenden Namen, ganz anders als vielfach bei Terenz, eben nur je zweimal erscheinen[3]), so daß es

---

Syros: *Georg. 39*, [*Haut.*], [*Adelph.*]; Syriskos: *Epitr.*, [*Eun. 772 ff.*]. Libys: *Hydria fr. 469 K.* Tibeios: *Her.*, *Perinth.*, *Misogyn. fr. 330 K.* (?), *Thettale fr. 231 K.* (?); vgl. *fr. 1075 K.* [Sanga: *Eu.*]. Sangarios *Her.* [Diskos libertus: *Eu. 608*]. [Donax *Eu.*]. [Dromon: *An.*, *Hau.*, *Ad.*]. Onesimos: *Epitr.*, *Hypob. fr. 481 Z. 9* (?). Pyrrias: *Perinth.* (nicht ganz richtig Körte S. L III). Psyllos: *Messen. fr. 37 K.* [Sannion: *Eu. 780, Ad.* = leno]. Parmenon: *Sam.*, *Parakat. fr. 381 K.*, *Plok. fr. 407 K.*, *Hypob. fr. 481 K.*, *fr. 649*, [*Ad.*]. [Simalion *Eu. 772. 775*]. Simmias: *Epitr.* = cocus? Sosias: *Perik.*, *Kol.*, *Arreph. fr. 69 K.* [*An.*: libertus cocus]. [Stephanion: *Ad. 380*]. [Storax: *Ad. 26*].

[1]) Opusc. III 335.

[2]) Antipho *Eu. Ph.* Bacchis *Hau.* (*Ad.*) *Hec.* Canthara *An. 769.* (*Hau.*) *Ad. 353.* Charinus *An. Hau. 732.* Chremes *An. Hau. Eu. Ph.* Clinia *An. 86. Hau.* Cratinus *Ad. 581. Ph.* Crito *An. Hau. 498. Ph.* Davos *An. Ph.* Dromo *An. Hau. Ad.* Geta *Ad. Ph.* Hegio *Ad. Ph.* Laches (*Eu.*) *Hec.* Pamphila *Eu. Ph. Ad. 619.* Pamphilus *An. Hec.* Parmeno *Eu. Hec. Ad.* Phaedria *Eu. Ph.* Phania *An. 929. 934. Hau. 169. Hec. 458.* Philumena *An. 306. Hec.* Phrygia *Hau. 731. Ad. 973.* Sannio *Eu. 780. Ad.* Sophrona *Eu. 807. Ph.* Sosia *An. Hec.* Sostrata *Hau. Hec. Ad.* Syrus. *Hau. Ad.* — Nur für ein Stück sind bezeugt: Aeschinus *Ad.* Antiphila *Hau.* Archidemides *Eu. 327.* Archonides *Hau. 1065.* Archylis *An. 228. 481.* Byrria *An.* Callidemides *Hec. 432. 801. 804.* Chaerea *Eu.* Chrysis *An.* Clitipho *Hau.* Ctesipho *Ad.* Demea *Ad.* Demipho *Ph.* Discus *Eu. 608.* Donax *Eu. 772. 774.* Dorcium *Ph. 152.* Dorias *Eu.* Dorio *Ph.* Dorus *Eu.* Glycerium *An.* Gnatho *Eu.* Lesbia *An.* Menedemus *Hau.* Micio *Ad.* Mida *Ph. 862.* Myrrina *Hec.* Mysis *An.* Nausistrata *Ph.* Niceratus *An. 87.* Pasibula *An. 945.* Phaedrus *An. 86.* Phanium *Ph.* Phanocrates *Hau. 1061.* Phidippus *Hec.* Philotis *Hec.* Philtera *Hau. 662.* Phormio *Ph.* Pythias *Eu.* Sanga *Eu.* Scirtus *Hec. 78.* Simalio *Eu. 772. 775.* Simo *An.* Simulus *Ad. 352. 465.* Simus *Hau. 498.* Stephanio *Ad. 380.* Stilpo *Ph.* Storax *Ad. 26.* Strato *Eu. 414.* Syra *Hec.* Syriscus *Eu. 772. 775* (vgl. *Ad. 763*). Thais *Eu.* Thraso *Eu.*

[3]) Syra: *Cist.* (?). *Merc. Truc. 405* (Sura). — Artemo (Artamo): *Bacch. Artemo* (*fr.*) Callicles: *Trin. Truc.* Charinus: *Merc. Pseud.* Charmides: *Trin. Rud.* Clinia: *Asin. 866 Bacch. 912.* Davus *Amph. 365. 614. fr. inc. 27.* Demipho: *Cist. Merc.* Dinia: *Asin. 866. Vid.* Dromo *Asin. 441. Aul. 398.* Lydus: *Bacch. Cornicula* (*fr. 6*). Paegnium *Capt. 984.* Persa. Parmeno: *Bacch. 649. fr. inc. 29.* Periphanes: *Asin. 499. Ep.* Pinacium: *Stich. Most.?* Saturio: *Persa, Saturio.* Simo: *Most. Pseud.* Sosia: *Amph. fr. inc. 29 Leo* (s. Gatzert S. 51). Stichus: *Stich., fr. inc. 29 Leo.* Syrus: *Pseud. 636. Bacch. 649* (Syri). Überdies vgl. die in demselben Stück absichtlich doppelt gebrauchten Namen Menaechmus *Men.*, Bacchis *Bacch.*, Strobilus *Aul.*

keinem Zweifel unterliegt, daß Plautus geflissentlich immer möglichst neue
Namen gesetzt hat, sogar in den nach Menander gearbeiteten Stücken, wie ja
schon angedeutet wurde (S. 587).

Diesem Gebrauche des Terenz entsprechend tritt denn auch bei Menander
dieses Prinzip der Homonymie in einem Umfange hervor, wie es bei anderen
seiner Genossen wenigstens noch nicht nachweisbar, für Philemon und Diphilos
z. B. kaum wahrscheinlich ist.[1]) Rechnet man immer die Terenzischen Fälle
mit ein, so bietet die meisten Namenswiederholungen die Gruppe der Sklaven,
auf die daher beispielsweise hingewiesen sei mit 7 Daos, 6 Parmenon, 5 Getas,
5 Syros bezw. Syriskos, 4 Sosias, 4 Tibeios, 3 Dromon, je 2 Onesimos und
Sannion. Im ganzen aber treffen wir bei Menander nicht weniger als 49 wiederholt verwendete gegenüber 64, oft wohl nur zufälligerweise, für nur ein Stück
belegte Namen; rechnet man aber die Einzelfälle zusammen, so stehen den 64
nur in einer Komödie vorkommenden Namen gar 141 Fälle von Homonymie
gegenüber, die also mehr als zwei Drittel aller Namenserwähnungen aus-
machen[2]), eine Erscheinung, die gewiß überraschen wird, so bekannt.die Sache
im allgemeinen bereits ist.

[1]) Von etwa 60 Namen des Philemon (bei Einrechnung der auf Philemon zurückgehenden Plautinischen Stücke) kommen nur 3 in je 2 Stücken vor (Laches *fr. 28, 149 K.*,
Nikophon *fr. 39, 104 K.*, Syra *fr. 125 K., Merc.*), von etwa 40 des Diphilos keiner. S. freilich die Bemerkung über Plautus S. 587.

[2]) Greise: Chremes (3): [*An. Hau.*] *Eu.* (Gatzert S. 27). Demeas (4): *Sam. Mis. Δὶς
ἐξαπ. fr. 123 K.* [*Adelph.*]. Kleainetos (2): *Georg. fab. inc. I.* Knemon (2): *Choricius* (s. Gatzert
S. 16 f.). *fr. 898 K.* Kraton (2): *Androgyn. fr. 54 K. Theophorum. fr. 223 K.* [Kriton (2):
An. Hau. 498]. Laches (6): *Her. fab. inc. I. Kithar. fr. 4. Perinth. fr. 647 K. 921 K.* Nike-
ratos (2): *Sam.* [*An. 87*: Jüngling]. Phanias (5): *Kith. fr. 613 K. fr. 726 K.* (Greis?).
[*An. 929. 934. Hau. 169*]. Simylos (2): *Misog.* [*Ad. 352*]. Simon (2):
Eu. [*An.*]. Smikrines (2): *Epitr. Aspis fr. 76 a.* — Jünglinge: Chaerestratos (2): *Eu.* s. Kock
III 53 f.), *Hypob.* (s. Kock III 137). *Epitrep.* (Greis s. S. 591). Chaereas (3): *fab. inc. I. Ko-
neiaz.* [*Eu.*]. Charisios (2): *Epitr. fab. inc. II.* Gorgias (2): *Her. Georg.* Kleinias (3): *Misum.*
(Jüngling). [*An. 86. Hau.*]. Kleitophon (2): *fr. 586.* [*Hau.*]. Lamprias (2): *Ad. Orge* (s. Gatzert
S. 22 f.). Moschion (5): *Sam. Perik. fab. inc. I. Kithar. Hypob. fr. 494.* Pamphilos (2):
fr. 631. [*An.*]. Pheidias (4): *Her. Kol. Phas. fr. 530.* — Alte Frauen: [Kanthara (2): *An. 769
(Hau.).* *Ad.*]. Krobyle (2): *Plok. fr. 402 fr. 929.* Myrrine (2): *Her. Perik.* und *Georg.* (Amme).
Sophrone (Amme) (3): *Her. Epitr.* [*Eu. 807*]. [Sostrata (2): *Hau. Ad.*]. — Mädchen oder
junge Frauen: Abrotonon (Zitherspielerin) (2): *Epitr. Perik.* [Bakchis (2): *Hau.* (*Ad.*)].
Chrysis (3): *Sam. Kol.* (*fr. 4*) [*An.*]. Doris (Magd) (2): *Perik. Kol.* Glykera (2): *Perik. fr. 569*
und Glykerion (2): *Misog. fr. 329.* [*An.*]. Pamphila (junge Frau) (4): *Epitr. fr. 566.* [*Eu.
Ad.*]. Philumena (2): *fr. 620.* [*An.*]. Plangon (2): *Her. Sam. 285.* Rhode (2): *Hiereia 245 K.
fr. 546.* — Sklavin Phrygia (3): *fr. 940.* [*Hau. Ad. 973*]. Straton (2) s. S. 588 A. 5. Sklaven:
s. S. 588 A. 7. — Einzelerwähnungen: Greise: [Archidemides *Eu. 327.*] [Archonides *Hau.
1065*]. [Hegio *Ad.*]. [Kratinos: *Ad. 581.*] [Menedemos: *Hau.*]. [Mikion *Ad.?*, o. S. 586 A. 2].
[Phanokrates: *Hau. 1061*]. Philinos: *Perik.* Philon: *Hippok. fr. 249.* Pataikos: *Perik.* [Simos:
Hau. 498]. — Jünglinge: [Charinos: *Hau. 732*]. Eutychos: *Hypob.* (s. Kock III 137). [Ktesiphon:
Ad.]. [Phaedros: *An. 86*]. Theophilos (Reeder?) *Naukl. fr. 348 K.* — Unbestimmt im Alter: Der-
kippos: *fr. 543.* Euphranor (Steuermann) *Naukl. fr. 348.* Kalliklies: *Naukl. fr. 348.* Kleostratos
(Künstler): *Epitr. 172.* Mnesippos *fr. 543.* 6 Offiziere, s. S. 588 A. 5, und 2 Parasiten: Struthias:
Kol. und Theron *fr. 937* und 1 Kuppler [Doros *Eu.*]. Sklaven s. S. 588 A. 7. — Alte Frauen:
[Lesbia (Hebamme): *An.*]. Mania (Sklavin) *fr. 943.* Myrtile: *Arreph. 66 K.* Philinna: *Georg.*

Einer solchen für uns seltsamen Einförmigkeit gegenüber kommt man gewiß nicht mit der Bemerkung aus, daß es sich der große Dichter eben bequem gemacht habe, weil er etwa dichten mußte, als 'die Dionysien', wie er einmal leichtfertig gesagt haben soll, 'vor der Tür standen'. War doch gewiß nichts leichter, als etwas größere Abwechslung in die Namen zu bringen. Es wird hier eine künstlerische Absicht zugrunde liegen. Stand es nun wirklich so, daß, wie Sonnenburg (a. a. O. S. 177) behauptet, 'der typische Charakter dieser Komödie sich selbst auf die feststehenden Namen der einzelnen Charaktere erstreckte', daß die Namen in der Tat eine ganz hervorragende Bedeutung für die Charakterzeichnung hatten, 'so daß der Zuschauer, wenn er einen solchen hörte, gleich wußte, welch Geistes Kind der Genannte war?' Ja und nein! Gewiß ist es selbstverständlich, daß im allgemeinen, wie schon angedeutet werden mußte, in der ganzen neueren Komödie die einzelne Gestalt vielfach schon durch den Namen dem Rollenfach zugewiesen wurde, dem sie angehörte; ja für Menander darf man schon im Hinblick auf das geschilderte weitgehende Prinzip der Homonymie als wahrscheinlich hinstellen, daß für ihn noch weniger als für seine Dichtergenossen daran zu denken ist, daß die Namen für alte und junge Männer, für Sklaven und Freie, für Frauen und Mädchen durcheinander gebraucht worden sind, wenn natürlich auch bei den letzteren der Unterschied zwischen liebenswürdigen Hetären und anständigen Mädchen, ja sogar jungen Frauen oft zurücktreten konnte[1]), da hier die Grenzlinie ja auch im Leben nicht selten recht fließend war.

Ich muß darauf verzichten, dieses Gesetz für die Komödie im allgemeinen zu verfolgen, das ja für die Kritik von Bedeutung ist und mehr wie eine Konjektur unmöglich gemacht hat; wenn es auch manche auffällige Durchbrechung aufzuweisen scheint[2]), für Menander gilt es doch mit auffallender Konsequenz, so daß es schon in manchen Einzelfällen mit Recht herangezogen worden ist, so, wenn Wilamowitz einen Laches für einen Greis[3]), Körte eine Sophrone für eine Amme erklärt[4]); und nur der Chairestratos der Epitrepontes würde eine sichere Ausnahme bilden, wenn er eben nicht, wie man vielfach meinte[5]), als ein jugendlicher Freund des Pamphilos gelten kann, eine um so auffälligere Ausnahme, als ja von Choricius[6]) Chairestratos als Typus eines in Flötenspielerinnen verliebten Jünglings angeführt wird.[7])

[Philtera: *Hau. 662*]. — Mädchen: Antikyra: *Kol. fr. 4*. .[Antiphila: *Hau.*]. [Archylis: *An.*]. [Dorias (Magd): *Eu.*]. Hedeia?: *Georg. 16**. Hymnis: *Hymn.* Ischas *Kol. fr. 4*. Korone: *Kol. fr. 4*. Krateia: *Misum.* [Mysis (Magd): *An.*] Nannarion *Kol. fr. 4*. Nannion: *Pseudher. fr. 524*. Phanion: *Phan.* [Pasibula: *An. 945*]. [Pythias: *Eu.*]. Thais: *Thais.* Tryphe (Sklavin). *Sam. fr. 1.*

[1]) Gatzert S. 29.

[2]) S. Gatzert, der meines Erachtens vielfach in der Festsetzung solcher Ausnahmen etwas zu freigebig erscheint (s. A. 7).

[3]) Neue Jahrb. 1908 XXI 39 A. 3.   [4]) Körte[2] S. XVII.

[5]) S. über diese Frage zuletzt Robert, Sitzungsber. d. Berl. Akad. 1912 S. 423.

[6]) ἡμᾶς παρεσκεύασε . . . ψαλτρίας ἐρᾶν: Chor. Apol. mim.: Revue de philol. 1877 S. 228.

[7]) Mit meines Erachtens unzureichenden Gründen sucht Gatzert (S. 49) darzutun, daß Menander den Namen Parmenon auch freien Jünglingen beigelegt habe. Man vgl. z. B. zu

Wenn nun aber die häufige Namensgleichheit für Personen desselben Lebenstypus, um mich so auszudrücken, feststeht, sollte sie von Menander so weit getrieben worden sein, daß sie sich auch, wie es Sonnenburg zu meinen scheint,
auf den ganzen sittlichen Charakter erstreckte und hier Typen schuf, daß also
Daos ein solcher Typus war, Getas ein anderer u. s. f.? Gewiß kann man an
eine weitgehende Gleichheit der Gestalten denken, wenn der Dichter geradezu
eine Parallelkomödie schrieb, ein Stück durch das andere sogar unter Beibehaltung der Namen, bisweilen wohl ohne tiefgreifende Änderung in der Handlung ersetzte, wie die Perinthia durch die Andria. Aber sonst? Greifen wir auch
hier wieder beispielsweise die Sklaven heraus und betrachten wir zunächst die
zahlreichen Δᾶοι, soweit sie in ihrem Charakter einigermaßen erkennbar sind.
Der Daos der Perinthia war ein eigennütziger Bursche, der frech seinen alten
Herrn täuschte, und da es sich in der Andria eben nur um eine Umarbeitung
desselben Stückes handelt, war auch dieser Daos — bei Terenz berühmt durch
sein dreistes *Davus sum, non Oedipus* — der Rädelsführer bei jedem Streiche
seines jungen Herrn, ein Mensch, dem man leicht einen Meineid zutraute
(*An. 730*). Auch im Georgos ist Daos ein intelligenter, witziger Bursche, der
in dem erhaltenen Reste höchst selbstbewußt einer würdigen Matrone gegenüber auftritt. Im Heros, einer Art Paralleldrama zum Georgos mit zum Teil
wenigstens gleichen Personennamen, zeigt jedoch Daos jene ganz eigenartige
Regung von Edelmut[1]), in der er durch eine Sklavenehe das fast sentimental
geliebte, von einem andern ins Unglück gebrachte Mädchen, das als Sklavin
gilt, wieder ehrlich machen möchte, eine echt Menandrische Erfindung. Die
beiden uns am besten bekannten griechischen Meisterdramen des Dichters, die
Perikeiromene und die Epitrepontes, bieten uns wieder untereinander verschiedene Daoi. Im ersteren Stück ist Daos abermals der durchtriebene Bursche,
der Herrn wie Sklaven mit seinen Lügen zu beschwatzen versteht (Vers 77 ff.)
und sich nebenbei immer recht gern satt essen möchte (V. 98, 295 f.), entschieden der als Charakter am tiefsten stehende Daos; in den Epitrepontes ist
es ein schwerfälliger Kerl, 'kurz von Gedanken, kurz von Atem', wie Wilamowitz ihn so treffend charakterisiert[2]), gleichwohl eine ehrliche Haut bei allem
Egoismus, der nur nicht verstehen will, daß ihm 'von seinem Funde gar nichts
bleibt'. Ein ganz anderer Typus ist wieder der Daos des Menandrischen
Eunuchos, von Terenz in Parmenon umgetauft, ein Mann, der den Ernst des
Philosophen in seinen Tiraden über die Liebe zur Schau trägt, der gegen die
Dirnen wettert und seinem jugendlichen Schützling zu seinem tollen Eunuchentum, d. h. zur Überwältigung eines unschuldigen Mädchens verhilft.

diesem an pädagogischen Gesprächen beteiligten Parmenon den Parmenon im Terenzischen
Eunuchus. Daß die Namen Chremes und Lamprias zu Unrecht auf Jünglinge, bzw. Greise
bezogen sein könnten, dafür bringt er selbst annehmbare Erklärungen (S. 27 u. 23). So
bliebe nur der Name Nikeratos, der in der Samia einem Greise, in der Terenzischen (!)
Andria (87) und freilich auch anderwärts in der Komödie, einem Jüngling beigelegt wird
(Gatzert S. 23 f.).

[1]) *Supra servilem modum generosus,* wie Körte (S. XVII) richtig sagt.
[2]) Neue Jahrb. 1908 XXI 51.

Nun könnte man vermuten, daß alle diese Daoi den andern Menandrischen Sklaven gegenüber doch eine gewisse Einheit darstellen; man könnte z. B. denken, daß sie vor allem Führer der Intrige sind, vor denen die andern zurücktreten. Aber auch dies ist nur in geringem Maße der Fall, ja der Daos der Epitrepontes ist gar nur ein προτατικόν, nur Expositionsfigur. Vergleichen wir mit dem Daos nur noch den häufig auftretenden Getas, wie er als sein Gegenspieler gern verwendet wird, z. B. im Heros, wo er sich über dessen Sentimentalität lustig macht, oder in der Perinthia, wo er das Strafgericht an ihm vollziehen soll, so ist er ja im allgemeinen seiner Nationalität entsprechend von derberer Art und spielt in der Tat häufig eine zweite Rolle; aber wie eigenartig tritt er doch beispielsweise in den Adelphoe als der treue Diener seiner Herrin mit seiner grimmigen Biederkeit hervor![1]) Gerade solche Gestalten muß man sich vergegenwärtigen, um zu verstehen, wie wenig Donat alle Fälle mit seiner *ratio etymologica* trifft, wenn er definiert: *servus fidelis Parmeno, infidelis Syrus vel Geta*.[2]) Man vergleiche beispielsweise nur noch den vor den Schlägen seines Herrn ausreißenden 'Bleibtreu' (Parmenon) der Samia (V. 296 ff.) und den biedern Syriskos der Epitrepontes. Wie aber, wenn doch die Definitionen des Donat für die Komödie im allgemeinen eine gewisse Bedeutung hatten? Dann gehörte es ja eben mit zur Kunst Menanders, daß er sich in einer Äußerlichkeit wie der Namengebung beschränkte, um dann die Zuhörer um so sicherer immer wieder durch neue, unerwartete Züge seiner Gestalten zu überraschen.

Unter diesem Gesichtspunkte würde es einen weiteren Genuß bedeuten, auch seine anderen Gestalten gleichen und verschiedenen Namens zu verfolgen: die jugendlichen Helden, die Moschion, Pamphilos, Gorgias, Charisios, Phaidros u. a., die Alten, die Chremes, Smikrines, Demeas usw., und die besonders fein abgestuften Frauencharaktere aller Art.[3])

Heute muß ein Hinweis darauf genügen; möchte ich doch noch einer Selbstbeschränkung Menanders andeutend gedenken, die nicht am wenigsten auffällig erscheint. Es ist dies die so außerordentlich große Beschränkung in der Gestaltung der Handlung, wie sie uns namentlich in den Einzelmotiven entgegentritt und die um so größer erscheinen muß, da wir so wenig Handlungen genauer kennen. Teilt nun gewiß Menander auch diese Eigenheit seiner Kunst mit der ganzen Gattung der Neuen Komödie, so scheint es mir doch auch hier nicht an Spuren zu fehlen, die darauf hinweisen, daß er darin vielfach noch über seine Dichtergenossen hinausging. Gibt es doch kein Stück unter den einigermaßen dem Inhalt nach bekannten, das nicht manchen charakteristischen

---

[1]) Außerdem kommt er im Misumenos vor; hier wird er einer philosophischen Betrachtung über die Götter gewürdigt (*fr. 3*).

[2]) Zu Adelphoe V. 26 (Weßner II 12).

[3]) Vgl. auch die Bemerkung Leos (Geschichte der römischen Literatur I 106): 'So sind Menanders Demeas und Smikrines, Chrysis und Habrotonon, Onesimos und Daos jetzt Namen für uns, die man nur zu nennen braucht, um die verschiedenen, nur in Lebensstellung und Altersstufe gleichen Menschen vor sich zu sehen.' S. auch Gatzert S. 63.

Zug nicht etwa nur mit einem, sondern meist sogar mit mindestens zwei anderen Dramen teilt, darunter natürlich viele solche, die sich bei anderen Komödiendichtern, bis jetzt wenigstens, nicht nachweisen lassen.

Daß Menander, wie überhaupt die Neue Komödie, den Anagnorismos sehr liebt[1]), auch hierin getreu den Spuren seines Meisters Euripides folgend, ist ja bekannt. Daß wir ihn aber so fast ausnahmslos in allen uns einigermaßen bekannten Menandrischen Dramen antreffen, ist höchst charakteristisch. Sehen wir nämlich von den doch nur im römischen Gewande überlieferten, zum Teil in ihrem griechischen Original sicher verschiedenen (S. 585 A. 3) Fabeln des Stichus, der Bacchides und der Aulularia ab, so findet er sich in sämtlichen übrigen 12 Stücken, von denen wir einigermaßen Kenntnis haben, und für andere ist er wenigstens wahrscheinlich.[2]) Die Bedeutung dieser Tatsache tritt schon hervor, wenn man Plautus vergleicht, der den Anagnorismos in der Hälfte der nichtmenandrischen Stücke eben nicht kennt.[3])

Nun herrscht aber auch in diesen Fällen der Wiederholung eines Motivs bei Menander nie völlige Gleichheit. Immer wieder zeigt sich die Art des Dichters in jener feinen Variation, die ja überhaupt ein uns Modernen oft so schwer nachzuempfindendes Charakteristikum der antiken Kunst ist.

Ich begnüge mich eine Art des Anagnorismos herauszugreifen. Dreimal sind die Verhältnisse eines später anerkannten Geschwisterpaares behandelt: in der Perikeiromene kommt es zur spannenden Liebesannäherung zwischen beiden, im Heros und im Georgos weilt das Paar wiederum unter verschiedener Gestaltung seines Schicksals unerkannt im Vaterhause.

Mit Recht ist es ferner immer wieder ausgesprochen worden[4]), wie Menander so recht der Dichter der Liebe ist. So zahlreich nun auch die aus ihr sich ergebenden Motive sind, auch sie kehren oft wieder, aber auch sie immer wieder in neuer Gestaltung.

Ich begnüge mich auf einige hinzuweisen und muß es jedem überlassen die Vergleichungen selbst vorzunehmen. Hierher gehört es, wenn zwei junge Männer für ein Mädchen in Frage kommen, mögen sie es nun beide lieben

---

1) Vgl. auch die Anspielung, die er selbst auf die Bedeutung der Wiedererkennungen in den Epitrepontes V. 103 ff. macht.

2) Heros, Epitrepontes, Samia, Perikeiromene, Georgos, Misumenos (das Mädchen wird wenigstens vom Vater aus der Kriegsgefangenschaft befreit), Perinthia und Andria, Phasma (sicher wurde das bisher versteckte Mädchen am Ende auch vom Gatten der Mutter irgendwie anerkannt), [Cistellaria], [Hautontimorumenos], [Eunuchus], [Adelphoe]. Sehr gut möglich wäre eine Erkennungsszene in den Dramen Kitharistes, Kolax, Hypobolimaios (Kock III 137 ff.), Plokion (Kock III 114 ff). Wenig wissen wir von den Fabulae incertae I u. II (Körte), den Koneiazomenai u. a.

3) Der Anagnorismos findet sich abgesehen von der Menandrischen Cistellaria (vgl. auch den Poenulus S. 585 A. 3) in folgenden Komödien: Captivi, Curculio, Casina, Epidicus, Menaechmi, Rudens, Vidularia, er fehlt aber in den Stücken: Asinaria, Mostellaria, Miles, Mercator, Pseudolus, Persa, Trinummus, Truculentus.

4) Leo (Preuß. Jahrb. 1908 CXXXI 417): 'Sicher ist es ihm eigen, daß er ein großer Liebesdichter, der größte seiner und der hellenistischen Zeit, und damit überhaupt der griechischen Dichtung war.'

oder mag das Mädchen dem einen nur bestimmt sein[1]), wenn der Jüngling
beim nächtlichen Feste den von Folgen begleiteten Überfall auf das Mädchen
unternimmt[2]), wenn dann sogar die Kindesnöte sich hinter der Szene für den
Zuschauer deutlich vernehmbar abspielen[3]), wenn ein junges Paar vereint ist,
ohne zu ahnen, daß es bereits ein gemeinsames Kind besitzt[4]), wenn die Flötenspielerin aus *dépit amoureux* statt der wahren Herzenskönigin herangezogen
wird[5]), wenn der Offizier die Seine mit Eifersucht quält[6]), der Liebende in der
Verzweiflung fast zum Selbstmord getrieben wird[7]) oder doch dazu, Soldat
werden zu wollen[8]), der Vater bereits die Hochzeitsvorbereitungen trifft ohne
den Sohn zu fragen[9]), wenn ein Alter noch heiraten soll.[10]) Wir sehen aber
auch die Festigkeit der jungen Frau, die dem Vater trotzend treu zum Gatten
steht, wenn auch dieses Motiv nur einmal bezeugt ist[11]), und es fehlt wiederum
nicht am häßlichen Klingsbergmotiv, daß Vater und Sohn dasselbe Mädchen zum
Liebchen haben, wenn man hier den Plautus für Menander in Anspruch
nehmen darf.[12])

Aber auch allerhand weitere Motive kehren mehrfach wieder: der Sturm
des Miles und seiner Leute auf das Haus des Gegners[13]), die Äußerungen von
Sohnesgehorsam[14]), die Programmreden über Jugenderziehung[15]) und vieles
andere. Liegen nun in diesen Wiederholungen nur Schwächen der Menandrischen Kunst? Gewiß mag der Dichter sich die Sache manchmal bequem gemacht haben. Wenn aber die genauere Prüfung zeigt, wie vielfach in staunens-
werter Weise das gleiche Motiv neugestaltet wird, da drängt sich der Gedanke

---

[1]) Fab. inc. I (Körte[2] S. XLIII), [Perinthia und Andria]; besonders häufig tritt ein
Jüngling mit einem Miles in Konkurrenz: Kolax (Körte S. XLIX), Misumenos (S. LII),
Perikeiromene.

[2]) Es ist dieses Motiv sogar fünfmal bezeugt: Epitrepontes, Phasma (V. 1 ff.?), Plokion
(Gellius 2, 23, 15; vgl. Kock zu *fr. 404*), [Adelphoe V. 470], [Aulularia V. 36]. Vgl. auch
die Cistellaria, wo der Jüngling dem Mädchen beim Dionysosfeste nachgeht (V. 89 ff.).

[3]) Plokion (nach Gellius II 23, 18 f. war die Wirkung dieser Rufe hinter der Szene
auf einen braven Sklaven besonders ergreifend geschildert), [Perinthia - Andria V. 473 ff.],
[Adelphoe V. 486 ff.], [Aulularia V. 691 ff.].

[4]) Heros, Epitrepontes.

[5]) Epitrepontes, Perikeiromene (V. 226 ff.), Fab. inc. II (Körte[2] S. XXI). Vgl. auch das
Mißverständnis, das in den Adelphoe den Aeschinus in den Verdacht bringt, zu einer
Flötenspielerin abgefallen zu sein (V. 306 ff. 476 ff.).

[6]) Misumenos, Perikeiromene.

[7]) Perikeiromene (V. 255), [Cistellaria V. 203 ff.; vgl. Wilamowitz a. a. O. S. 43]. Zu vergleichen ist auch die Verzweiflung des Aeschinus in den Adelphoe (V. 650 ff.), die hier freilich auf einem Mißverständnis beruht.

[8]) Samia (V. 313 ff.), [Hautontimorumenos V. 117], [Adelphoe V. 274 f.].

[9]) Samia V. 328 ff., Koneiazomenai (S. LI Körte), [Andria (Perinthia)], [Adelphoe
V. 699 ff.].

[10]) [Aulularia V. 144 ff.], [Adelphoe V. 925 ff.].   [11]) [Stichus].

[12]) [Bacchides]. In der Samia handelt es sich nur um einen Verdacht des Vaters.

[13]) Perikeiromene (V. 197 ff.), [Eunuchus V. 771 ff.].

[14]) [Andria (Perinthia) V. 896 ff.], [Adelphoe V. 700 ff.].

[15]) Fragm. inc. (K.) V. 1 ff., [Andria (Perinthia) V. 48 ff.], [Hautontimorumenos V. 102 ff.],
[Eunuchus V. 930 ff.], [Adelphoe V. 50 ff. 100 ff. 412 ff.], Bacch. V. 109 ff.

auf, daß auch in dieser Hinsicht künstlerische Absichten des Dichters vor-
walteten.

Ich muß es mir versagen, das liebevolle, wiederholte Eingehen des Menander auf die die Sittlichkeit im engeren Sinne berührenden Fragen zu verfolgen. Ich meine aber, je weiter die Forschung eindringt, um so mehr wird
sie den namentlich durch v. Arnim so schön betonten ernsten Charakter der
Menandrischen Komödie[1]) herausfinden, wird sie klarlegen, wie Menander auch
in dieser Hinsicht den Genossen überlegen war, z. B. einem Diphilos mit den
Schmutzereien einer Plautinischen Casina oder einem Philemon mit der geradezu
selbstverständlichen rohen Mißachtung der Ehefrau.[2])

Ich kann auch nicht darauf eingehen, wie der große Meister, trotz seines
weltberühmten Sentenzenreichtums, auch auf diesem Gebiete demselben Grundgedanken immer wieder neue Seiten abzugewinnen weiß, worüber ja namentlich v. Arnim a. a. O. feinsinnige Bemerkungen gemacht hat.

Ich bin am Schlusse! Aus allen Beobachtungen und zahlreichen anderen,
auch solchen, welche die künstlerische Seite des Dichters betreffen[3]), ergibt
sich, daß Menander sich vielfach freiwillig beschränkt hat, da er geleitet wurde
von dem echt griechischen Kunstgefühl, das, aller Stoffhuberei fern, nicht in
dem Was, sondern in dem Wie das eigentliche Ziel echter Kunst sah, und ist
er auch darin für unser Empfinden wohl etwas weit gegangen, eines wird sich
immer klarer herausstellen: Menander bewährte sich in seiner Beschränkung
als ein Meister.

---

[1]) Neue Jahrbücher 1910 XXV 247: 'Er will durch seine Dichtungen die Menschen
belehren und bessern.'

[2]) Vgl. Plaut. Trin. V. 51 ff.

[3]) Ganz unerschöpflich ist er beispielsweise in der Art, wie er die Gestalten im Kontrast einander gegenüberstellt.

TYPISCHES UND INDIVIDUELLES
IN DER RELIGIOSITÄT DES AELIUS ARISTIDES[1])

Von Otto Weinreich

Um die Religiosität einer historischen Persönlichkeit nach typischen und individuellen Elementen betrachten zu können, müssen zweierlei Voraussetzungen gegeben sein. Wir müssen uns erstens ein hinreichend klares Bild von der Zeit machen können, in der jene Persönlichkeit lebt, von den geistigen und religiösen Strömungen, die in ihr wirksam sind, und wir müssen zweitens eine Reihe von Dokumenten besitzen, die uns mittelbar oder unmittelbar die religiösen Anschauungen dieses Menschen selbst erkennen lassen. Dann ist die Möglichkeit gegeben, sie mit dem allgemein Zeitgeschichtlichen zu vergleichen, Ähnlichkeit oder Verschiedenheit festzustellen und zu bestimmen, ob spezifische oder nur graduelle Unterschiede vorliegen.

In beider Hinsicht sind gerade für Aelius Aristides äußerst günstige Vorbedingungen gegeben. Denn wir kennen das II. Jahrh. n. Chr., in dessen Verlauf die Lebenszeit des Aristides fällt, recht gut, sowohl die materielle wie die geistige Kultur. Das Leben und Treiben in den reichen Städten Kleinasiens, Smyrna, Pergamon, Ephesos, aber auch in Alexandrien und Rom ist uns anschaulich, und noch in Trümmern ist der Reichtum dieser prunkvollen Bauten bewundernswert. Sie geben den passenden Rahmen ab für die virtuosen Prunkreden und Festvorträge dieses gefeierten Rhetors, den die Großen des römischen Reiches mit ihrer Gunst beehren, und dessen Rat Kaiser Marcus so gut wie der Landtag von Asien anhört und gern befolgt.

Und auch im kleinen tritt uns manche Einzelheit lebendig entgegen: wir wissen jetzt, wo ungefähr der Landsitz in Mysien lag, auf dem Aristides geboren ist und gern geweilt hat, wir wissen, wo jenes heimatliche Zeusheiligtum sich befand, von dem er zuweilen spricht und das er in den Jahren seiner Krankheit häufig aufsuchte. Noch jetzt fließen dort heiße, schwefelhaltige Quellen, und es ist hübsch, daß wenigstens ein Marmoraltar noch dort liegt mit der Aufschrift Διὸς Σωτῆρος — eine kleine, aber sprechende Illustration für die Stimmung der Zeit, die heilsbedürftig war, wie nur je eine, im physischen und psychischen Sinn des Wortes: Man bedenke: es ist die Blütezeit des antiken Mysterienwesens, einer Neubelebung der alten Orakelkulte, die Zeit, wo

---

[1]) Antrittsvorlesung, gehalten in der Aula der Universität Halle-Wittenberg am 29. Juli 1914.

der Asklepios- und Sarapisdienst einen neuen Aufschwung nimmt, wo zahllose Winkelkulte sich erheben, und in der das Christentum heraustritt aus dem engen Kreise, sich apologetisch und polemisch mit dem Heidentum auseinandersetzt und von Celsus auch schon literarisch angegriffen wird.

Wenn wir einen Blick auf die Literatur dieses Jahrhunderts werfen, sehen wir, wie stark sich in ihr die religiöse Erregung der Zeit spiegelt. In die ersten Dezennien des Jahrhunderts fallen die Alterswerke Plutarchs, der ja ausgesprochenermaßen für die Neubelebung der alten Orakelkulte Propaganda macht und sich immer mehr einem Synkretismus und Symbolismus, einer abstrusen Dämonologie ergibt und die andringende Isis-Osirisreligion mit griechischen Spekulationen zu versöhnen sucht. Wie Plutarch zeigen auch Numenios von Apameia und Maximos von Tyros den starken Einschlag religiös-philosophischer Spekulation. Mark Aurel, der, wie schon gesagt, Aristides hochschätzte, ist fromm und teilt den Glauben der Zeit z. B. an Heilträume durchaus, ebenso Galen, für welchen, nicht anders wie für Aristides, Asklepios oftmals Fürsorge getragen hat: durch Traumgesichte veranlaßt führte ihn sein Vater dem Studium der Medizin zu, eine Traumerscheinung des Asklepios hat ihn in schwerer Krankheit geheilt, und oft hat ihm der Gott Weisungen gegeben und hat ihm allerlei Kunstgriffe verraten. Es ist das Jahrhundert, in dem Artemidor sein Traumbuch schreibt. Es wird uns schwer, uns vorzustellen, wie stark die Zeit von diesem sich bis in die kleinsten Einzelheiten erstreckenden Eingreifen und Teilnehmen der Götter und der göttlichen Vorsehung erfüllt war. Aelian ist ein ungenießbares Beispiel dafür, und die Frömmelei des Pausanias ist um nichts schmackhafter. Nimmt man noch hinzu, daß Apuleius und Lukian in diese Epoche gehören, dann wird das Bild dieser buntscheckigen Zeit um wesentliche Züge bereichert. Nur in ihr konnte es geschehen, daß in den frivolen, halb realistischen, halb phantastischen Roman des Apuleius plötzlich in vollen Akkorden die Mysterien der Isisreligion hereinklingen, völlig ernst gemeint, mit einer schwärmerischen Inbrunst erfaßt — dargestellt allerdings mit aller Künstelei einer raffinierten Rhetorik, deren Manier uns ebenso unangenehm ist, wie sie die Zeitgenossen delektierte. Was in dieser Zeit der Wunder-, Zauber- und Aberglaube bedeutete, zeigt nichts deutlicher, als der Spott oder der ingrimmige Haß, mit dem Lukian diese Dinge bald persifliert, bald mit heftiger Animosität geißelt. Man muß etwa den 'Lügenfreund' oder das 'Leben des Peregrinos Proteus' oder das des 'Alexandros von Abonuteichos' lesen, die ungemein lebendige Bilder geben. Freilich wie in einem Hohlspiegel verzerrte, karikierte; aber wer den Blick geschärft hat, und die Kleinliteratur der Zeit kennt, die Traktätchen und Zauberbücher, vermag mit leichter Mühe die Übertreibungen zu erkennen und abzuziehen. Was dabei immer wieder hervortritt, namentlich in dem Pamphlet gegen Alexander von Abonuteichos, das ist das starke Sehnen der Zeit nach unmittelbarer göttlicher Hilfe in allen Nöten des Leibes und der Seele. Das ist es, was man von den alten Göttern verlangt, sie sollen helfen, retten, in der Not erscheinen. Hat ja doch auch gerade dies Jahrhundert jene furchtbare Pest erlebt, die zur Zeit Mark Aurels die ganzen Mittelmeerländer

in Schrecken setzte. Da gibt der klarische Apoll jene Sühnorakel, die wir auf
Inschriftsteinen lesen, da gibt auch Alexander von Abonuteichos jenen Orakelvers gegen die Pest, den uns Lukian überliefert und über den er seine Witze macht
— es ist gut, daß wir dem Journalisten hier auf die Finger sehen können.
Den Vers überliefert er richtig, aber welches Ansehen der Spruch genoß, das
kommt nicht recht zur Geltung. Alexander gab ihn in Abonuteichos, also im
nördlichsten Kleinasien, in Paphlagonien am Pontus. Wir haben ihn inschriftlich aus dem Süden, aus Antiochia in Syrien; und noch im V. Jahrh. teilt ihn
Martianus Capella als wirksames Mittel gegen Pest mit. Die ungeheure Heils-
bedürftigkeit der Massen hat es ermöglicht, daß dieser neue Kult des Glykon,
den Alexander von Abonuteichos einrichtete, solchen Erfolg hatte. Dort wurden
die Menschen geheilt, sogar Tote auferweckt, ist doch Glykon eine neue Epi-
phanie des Asklepios, νέος Ἀσκληπιός nennt er sich einmal. Wieder gibt uns
da eine unscheinbare Inschrift aus Kleinasien in wenig Worten die anschau-
lichste Auskunft über die Verbreitung derartiger Ideen. Ich will den Wortlaut
zitieren, denn es ist ein kultur- und religionsgeschichtliches Dokument ersten
Ranges. Die Weihung lautet: Δαίμονι φιλανθρώπῳ νέῳ Ἀσκληπιῷ ἐπιφανεῖ με-
γίστῳ. Kein Name, es ist ein göttliches Numen, das nur in seinen Heilwirkungen
erkennbar ist, keinen Eigennamen besitzt. Es offenbart sich in seiner Liebe zu
den hilfsbedürftigen Menschen (φιλάνθρωπος), es heilt sie wie der große Asklepios, darum wird es als 'neuer Asklepios' prädiziert; in Epiphanien offenbart
sich sein Walten (ἐπιφανής), und groß ist die Macht dieses Daimons (μέγιστος).
In jedem Wort dieser kleinen Inschrift erklingt eine Leitidee der Religiosität
des II. Jahrhunderts.

In ihr lebt Aristides, von ihr aus muß man versuchen, ihn zu verstehen,
denn er teilt sie in allen Zügen, mehr noch: sie kulminiert gewissermaßen in
ihm. Ist er also nichts weiter als der typische Repräsentant der Asklepiosreligion dieses Zeitalters? Keineswegs. Es kommt ein Moment hinzu, das ihn
heraushebt aus der Reihe gleichartiger Erscheinungen und ihm einen ganz
singulären Platz anweist in der Geschichte des antiken religiösen Geisteslebens.
Um dies klarzumachen, müssen wir uns zu der zweiten von jenen Voraussetzungen wenden, von denen ich vorhin sprach. Wie steht es mit den Dokumenten, die uns mittelbar oder unmittelbar Aufschluß geben über die Religiosität dieser Persönlichkeit?

Da ist nun zu sagen, daß wir von keinem Griechen oder Römer derartig
umfangreiche und bis ins einzelne gehende religiöse Konfessionen haben, als
von Aristides. Nicht nur in gelegentlichen Anspielungen seiner epideiktischen
Reden zeigt sich seine religiöse Stellung, sondern wir haben von ihm eine
Reihe von Götterreden, Hymnen in Prosa, in denen er Zeus, Athena, Sarapis,
Asklepios, Dionysos, Herakles u. a. verherrlicht, und wir haben vor allem die
'heiligen Reden', die ἱεροὶ λόγοι. Fromm, wie sich's damals gehörte, war er
wohl immer gewesen, und bei Festen Götterreden zu halten, gehörte zum Metier
des Rhetors; das Besondere kam erst, als ihn, wie er etwa 27 Jahre alt war,
eine langwierige Krankheit ergriff, ein nervöses Leiden, das ihn mit geringen

Unterbrechungen 17 Jahre hindurch plagte. Da besuchte er die berühmtesten Heilstätten des Asklepios, der ihm in Heilträumen und Visionen nicht nur immer wieder Hilfe in seiner Krankheit brachte, sondern schließlich in allem und jedem einen bestimmenden Einfluß auf ihn ausübte. Der Gott trieb ihn dazu, geistliche Lieder zu dichten, und des Nachts, im Reisewagen, bei Fackelschein müht sich Aristides damit ab, Verse zu schmieden. Oder der Gott gibt ihm Themen für Vorträge an, stärkt ihn, wenn er improvisieren muß, was ihm sehr sauer wird, schließlich aber doch unter dem Beistand seines Schutzpatrones gelingt. Über all diese Ereignisse der Krankheitsjahre und seinen Verkehr mit dem Gotte führte er ein umfangreiches Tagebuch — die Philologen freuen sich, daß es verloren ist —, in dem er die Träume aufzeichnete. Das knüpft an längst vorhandene Tradition an: so pflegte man in den Asklepieia die Heilkuren aufzuzeichnen, und auch Privatleute taten das, wir haben ja noch inschriftliche Beispiele und auch die Serapeumspapyri der κάτοχοι mit ihren Traumaufzeichnungen gehören hierher. Also auch dies ist noch nichts prinzipiell Neues, wenngleich graduell über das Übliche hinausgehend. Neu ist aber, daß Aristides etwa als Vierzigjähriger damit begann, das auszuarbeiten und in die Sphäre der hohen Literatur zu erheben. Mit aller Kunst einer gesuchten ἀφέλεια führt er in den ἱεροὶ λόγοι, frei aus der Erinnerung gestaltend, gelegentlich nur das Tagebuch benutzend, diese seine religiöse Autobiographie aus, und zwar veranlaßt durch ein Traumgesicht und das Zureden seiner Freunde. Er ist ein Virtuos in Visionen und Träumen, und es sind keineswegs nur Inkubationsträume der üblichen Art, sondern sie berühren schlechthin alles, was überhaupt in den Interessenkreis eines Menschen der damaligen Zeit eintreten kann: literarische Streitfragen, Persönliches, oft auch beziehen sie sich auf andere Gäste der Heiligtümer, auf das Kultpersonal, Opfer, die zu bringen sind, und meist natürlich auf die Mittel, die er zu seiner Kur anwenden muß. Ich will dabei nicht verweilen: er hat in den siebzehn Jahren ungefähr alle Krankheiten gehabt, die ein Neurastheniker haben kann, und ebenso bunt ist die Art der Mittel. Es ist ein Irrtum, zu sagen, der Glaube des Aristides an seinen Gott sei nichts als Selbstgefälligkeit, eitles Gerede. Der Gott hat es ihm wahrlich nicht leicht gemacht: solchen Pferdekuren, wie er sie manchmal verordnet, unterzieht sich keiner, der die Asklepiosverehrung nur als kleidsames Mäntelchen, das ihn interessant macht, umhängen will. Wie gesagt, auf Einzelheiten will ich nicht eingehen, sondern noch ein Wort über die ἱεροὶ λόγοι als Ganzes hinzufügen. Von seinem Verhältnis zu Asklepios wird später noch zu sprechen sein.

In den heiligen Reden des Aristides haben wir die erste große Selbstbespiegelung einer ebenso eitlen wie schwärmerischen Seele. Es sind Konfessionen persönlichster, individuellster Art, rückhaltlos alles preisgebend und beredend, mit einer erstaunlichen Naivität sich selbst kompromittierend — wie wir das wenigstens beurteilen und dabei vergessen, daß man von dem gefeiertsten Rhetor seiner Zeit nicht wohl Demut und Bescheidenheit verlangen kann. Er hat uns das Urteil über ihn leicht gemacht, weil er zuviel von sich erzählt hat. Man muß sich aber bewußt sein, daß man damit ein Werturteil abgibt, das in gewissem Sinn ungerecht ist, denn historisch gesehen, aus seiner Zeit heraus verstanden, ist Aristides eine Macht, sowenig er uns als Persönlichkeit angenehm sein mag. Was ihm abgeht, macht am besten der Hinweis auf Augustin klar. Man vergleiche die Konfessionen des Aristides, die bedeutendste antik-religiöse Autobiographie, mit der Seelengeschichte Augustins. Rhetorisch ist diese auch, aber der Mensch, der da stilisiert, ist wahrlich eine andere Persönlichkeit. Augustin steht über der Rhetorik, die ihm dient; Aristides geht in ihr auf, sie beherrscht ihn. Augustin, der Rhetoriklehrer war, ehe er Christ wurde, schreibt *in maiorem dei gloriam*; das will Aristides auch, aber allzuoft wird es nur ein λόγος *in maiorem Aristidis gloriam.*

Doch auch hierin wird er zu hart beurteilt, weil man ihn zu isoliert betrachtet. Seine Zeitgenossen rühmen sich, wenn sie einmal ähnliche Träume haben, des Gottverkehrs genau so, und jene christlichen Rhetoren, die die Wunder ihrer Heiligen aufschreiben, Sophronios oder Basilios von Seleukia, fühlen sich nicht minder geehrt durch die Gnade der Heiligen, die ihnen beim Schreiben erscheinen, sie ermuntern, sie strafen durch Krankheit, wenn sie nachlässig sind, und wenn sie wieder eifrig sind, sie genesen lassen. Mit oft den gleichen Wendungen preisen Heiden und Christen die unerschöpfliche Gnade und Hilfe ihrer Schutzpatrone. Und wenn man weitergeht zu späteren Gliedern in der Reihe der Seelengeschichten, die für uns ihren Anfang mit den ἱεροὶ λόγοι des Aristides nehmen, wenn man die ekstatischen Konfessionen so vieler in ihrem Gott lebender Mystiker oder schwärmerischer Nonnen vergleicht — denken die etwa geringer von der Ehre, die ihnen widerfährt durch den gleichsam persönlichen Verkehr mit Gott, dessen sie in zahlreichen Visionen und Erscheinungen gewürdigt werden? Freilich, so naiv eitel wie Aristides sind sie nicht, ihre Konfessionen sind durch christliche Demut temperiert, aber eben doch nur temperiert. In solchen Aufzeichnungen, von der Mystik der Spätantike über die intensiven Seelengeschichten der deutschen und romanischen Mystik bis herab etwa zu Katharina Emmerich, liegen wesensähnliche Erscheinungen vor. Diese ekstatischen Konfessionen muß man als Parallelen zu Aristides viel eher heranziehen, als den Pietismus. So gottselig verschlafen ist Aristides denn doch nicht, und auch nicht so himmelblau, wie er bei Welcker aussieht; freilich jenes Aschgrau, in dem ihn die modern philologische Vulgata darzustellen beliebt, ist nicht minder irreführend. Wer die ἱεροὶ λόγοι als ein 'seltsames Gemisch von blödem Aberglauben, naiver Eitelkeit und hysterischer Sorge um den eigenen Leib' charakterisiert, sagt nichts Unrichtiges, er sagt aber auch nichts, was der historischen Bedeutung irgendwie entspräche. Man formuliert damit die Anstöße, die der moderne Rationalismus an diesen Literaturprodukten nimmt — es sind ja die gleichen Einwände, die so oft gegen jede mystische und ekstatische Literatur erhoben werden.

Die Religiosität des Aristides ist in seinem Verhältnis zu Asklepios nicht erschöpft, wenngleich dies bei weitem das Hervorstechendste und für ihn persönlich Bedeutsamste war. Nicht ganz so vertraut steht er mit Sarapis, obwohl auch dieser ihm oft im Traum erscheint und ihn einmal bei der Überfahrt nach Alexandria aus dem Sturm des Meeres rettete. Als das Verderben schon gewiß erschien, da zeigte sich Sarapis, streckte die Hand aus und beschwichtigte die Elemente: der bewölkte Himmel ward heiter, das Land zeigte sich und glücklich gelangte man an.

Schwerer ist das Urteil, wo wir auf die Götterreden allein als Quelle angewiesen sind. Was darf man davon als Ausdruck persönlicher Überzeugung fassen, was ist Gemeingut der rhetorischen Predigt in Prosa? Denn diese tritt nun an die Stelle der alten Vershymnen und entspricht diesen in Aufbau und Themen durchaus. Tendenz all dieser Predigten ist es, den Gott, welcher jeweils gefeiert wird, möglichst zu steigern, alle anderen gleichsam als matte Folie zu nehmen, von der er sich dann um so leuchtender abhebt. So wird z. B. im Athenahymnus ihr Vater Zeus als Requisit benutzt, um ihre Macht zu steigern, und umgekehrt dient in dem λόγος auf Zeus die Tatsache der mutterlosen Geburt der Athena dazu, um die Allmacht des Zeus in helleres Licht zu setzen. Es ist dies ein Verfahren, das mich an die Tendenz mancher orphischen Hymnen erinnert, auch dort ist man bestrebt, die jeweils gefeierte Gottheit zu möglichst dominierender Stellung zu erheben. Man überträgt dieselben Aussagen bald auf diese bald auf jene, steigert die gerade gefeierte Gottheit gewissermaßen zum Allgott, in dem die anderen teils enthalten sind, teils von ihm abhängen, und es verschlägt dabei nichts, daß ein- und dieselbe Gottheit bald die Hauptrolle spielt, bald als Statist im Gefolge einer anderen figuriert. Ganz ähnliche Tendenzen zeigen die Götterreden des Aristides. Auch sonst lassen sich gelegentlich Übereinstimmungen zwischen den orphischen Hymnen und der sakralen Rhetorik und Poesie des Aristides nachweisen. Eine noch nicht beachtete möchte ich hier kurz darlegen, weil sie uns zu dem Zeushymnus des Aristides führt. Das ist nicht nur ein an sich bedeutsames Dokument, sondern, wie mir scheint, auch für die persönliche Religiosität des Aristides wichtig.

Ich beginne, was man dem Philologen gestatten möge, bei einer Einzelheit, dem Worte αὐτοπάτωρ als göttlicher Prädikation. Es bezeichnet Gott als den, der 'sich selbst Vater' ist, sich selbst geschaffen hat, wie αὐτογόνος, und erscheint gleich den andern zugehörigen Bildungen μονοπάτωρ, προπάτωρ, αὐτογένεθλος, αὐτοφυής des öfteren in der Sprache der spätantiken Religionen, bei Heiden und Christen. Die Gelehrten, die zuletzt darüber gehandelt haben, bringen kaum mehr Beispiele als schon bei Lobeck stehen. Es handelt sich vorwiegend um Autoren des IV. Jahrh., die Christen Gregor von Nazianz, Gregor von Nyssa, Athanasios, Epiphanios. Kaum älter als 300 ist eine Stelle aus den Pseudoklementinischen Rekognitionen, wo der griechische Terminus im lateinischen Text zitiert wird. Besonders wichtig ist ein Hymnus des Synesios, wo Gott angerufen wird als

> πατέρων πάντων
> πάτερ, αὐτοπάτωρ,
> προπάτωρ, ἀπάτωρ
> υἱὲ σεαυτοῦ.

Auf heidnischer Seite steht Iamblich und, zunächst nicht fest datiert, der orphische Hymnus auf Physis. Man hat es tatsächlich fertiggebracht, zu sagen, da der viel bessere Dichter Synesios die orphischen Hymnen doch nicht plündere, müsse also αὐτοπάτωρ aus Synesios entlehnt sein, wobei man sich nicht daran stieß, den Orphiker beim christlichen Bischof eine Anleihe machen zu lassen, wo doch, die Möglichkeit einer so späten Datierung einmal zugegeben, Iamblich näher gelegen hätte. Der schreibt freilich keine Verse. In Wahrheit liegt die Sache aber ganz anders. Der Versuch, die orphischen Hymnen nach Synesios, Proklos, Nonnos zu datieren, ist so glänzend mißlungen, daß er wieder als verdienstlich bezeichnet werden darf: diese Datierung ist damit für alle Zeiten erledigt. Wenn in der Verwendung des Wortes αὐτοπάτωρ christlich neuplatonische, neupythagoreische, orphische Spekulation übereinstimmt, so weist das zurück auf ein älteres Stadium, von dem aus dieser Begriff dann in die verschiedenen Ströme hinübergeleitet wurde. Man hat hier wohl mit Recht die Hermetik genannt. Aber wir müssen noch weiter zurück. Das Wort steht nämlich im Zeushymnus des Aristides. Damit sind wir im II. Jahrh. Jedoch auch Aristides hat den Begriff nicht geschaffen, sondern übernommen. Betrachten wir die Stelle im Zusammenhang, oder vielmehr gleich den Zeushymnus als Ganzes. Ὕμνον Διός, καὶ ταῦτα ἄνευ μέτρου nennt ihn Aristides selbst gleich in den ersten Zeilen des Proömiums, das die subjektive Veranlassung zum Hymnus auseinandersetzt. Dann nach einer Anrufung der Musen — Aristides konkurriert ja mit den Poeten — beginnt die Doxologie des Zeus βασιλεύς τε καὶ Σωτήρ:

'Zeus hat das All geschaffen, sein Werk ist alles, was da ist, die Erde und die Flüsse und das Meer und der Himmel, und was darinnen und darüber ist, und die Götter und die Menschen, und alles was Atem hat, und alles was den Blicken sich darbietet und was nur der Geist erfassen kann. Zuerst aber hat er sich selbst geschaffen (ἐποίησεν δὲ πρῶτος αὐτὸς ἑαυτόν). Nicht in Kreta ist er in duftiger Höhle aufgezogen, nicht wollte Kronos ihn hinabschlingen, und nicht war Zeus gefährdet noch möchte er es jemals werden, und nichts gibt es Älteres als Zeus, so wenig als die Söhne älter sein mögen als die Väter und das Erschaffene als die Schöpfer — nein: er ist der Erste und der Älteste und der Urheber des Alls, er selbst aus sich selbst geworden (ἀλλ' ὅδε ἐστὶ πρῶτός τε καὶ πρεσβύτατος καὶ ἀρχηγέτης τῶν πάντων, αὐτὸς ἐξ αὐτοῦ γενόμενος). Wann er aber ward, kann keiner sagen, vielmehr er war von Anfang an und wird in Ewigkeit sein: er sich selbst Vater und zu groß, um aus einem anderen zu entstehen' (ἦν τε ἄρα ἐξ ἀρχῆς καὶ ἔσται, αὐτοπάτωρ τε καὶ μείζων ἢ ἐξ ἄλλου γεγονέναι). — Nebenbei bemerkt: die Ewigkeitsformel, 'Zeus war von Anfang an und wird immer sein', die hier zweigliedrig ist, erscheint häufiger als Trikolon. Zwei Beispiele mögen genügen, jener Orakelvers dodonäischer Seherinnen, den Pausanias überliefert:

Ζεὺς ἦν, Ζεὺς ἔστι, Ζεὺς ἔσσεται, ὦ μεγάλε Ζεῦ

und eine andere Fassung in der spätantiken Tübinger Theosophia:

Ἦν Ζεὺς ἔστι τε νῦν Ζεὺς κ' ἔσσεται, ὦ μεγάλε Ζεῦ.

39*

Also auch hier Paarung und Dreiung wie im christlichen Formelschatz, und hier besonders sinnvoll, einmal als polares Gegensatzpaar, Gott anfangs- und endlos, dann angelehnt an die drei Zeitstufen die dreigliedrige Form: Zeus war, ist und wird sein. Dies in Parenthese, und nun wieder zurück zur Doxologie des Aristides. Hoffentlich empfindet man trotz der Unterbrechung die Klimax, die nun ihren Gipfel erreicht:

'Gleichwie er die Athena aus seinem Haupte erzeugte und der Ehe nicht bedurfte, um sie zu erzeugen, so hat er zuvor selbst sich selbst aus sich selbst erschaffen (αὐτὸς ἑαυτὸν ἐξ ἑαυτοῦ ἐποίησεν) und hat keines andern bedurft um zu sein, sondern: von ihm begann alles zu sein ... So also ist der Anfang von allem Zeus und von Zeus ist alles' (οὕτω δὴ ἀρχὴ μὲν ἀπάντων Ζεύς τε καὶ ἐκ Διὸς πάντα).

Ich mußte die ganze Stelle vortragen, damit man einmal höre, wie die Hymnen klingen; denn gesprochen müssen sie werden, rhythmisch, lebendig, so wie sie wirken sollten. Wer sie achselzuckend mit dem Schlagwort 'Rhetorik' abtut, mag konsequent sein, und die großen Festpredigten der Kirchenredner des IV. Jahrh. mit nicht zu verschiedenem Maßstab messen. Dann aber mußte ich die ganze Stelle auch unserer speziellen Frage wegen anführen: man sieht, der Begriff αὐτοπάτωρ ist unlöslich in die Klimax dieser Doxologie als vorletztes Glied eingefügt, und wir dürfen also für ihn die gleiche Provenienz annehmen wie für die ganze hier vorliegende Zeusauffassung. Woher stammt sie?

Derjenige Gelehrte, der sich zuletzt eingehender mit den Hymnen befaßt hat, H. Baumgart — das sind genau 40 Jahre her — konstatierte mit Befremden geradezu pantheistische und selbst monotheistische Auffassungen (im Sarapishymnos sind sie noch stärker), die im Ausdruck bisweilen Anklänge an die alttestamentliche Sprache zu enthalten schienen. Er dachte dabei an die Schöpfungsgeschichte, die nun folgt. Ich kann nur stark gekürzt einiges anführen: Zuerst schuf Zeus die Erde als Feste, deren Wurzeln und Stützen die Felsen und Gebirge sind; dazwischen breitete er Ebenen und in die Mitte das Meer, und um die Länder und die Menschen freundschaftlich miteinander zu verbinden, schlingt er Flüsse hindurch, die vom Land zum Meer gehen und von da auf unbekannten Wegen wieder zurückfließen. Überall flicht er nun Inseln hinein, Meeresstraßen und Landengen, so daß Meer und Land sich gegenseitig umschlingen. Darüber wölbt er den Äther und schmückt den Himmel mit Gestirnen und gießt das Licht über das Ganze aus. Dann erschafft er die lebenden Wesen, wie sie für jeden Ort passen, und verteilt alles; den Göttern gab er den Himmel zur Wohnung, den Menschen die Erde, den Wassertieren das Meer und den Vögeln die Luft.

'Der rastlose Gang der Sonne über der Erde und unter der Erde ist ihr von Zeus bestimmt ... und der Lauf des Mondes und der Reigen der Gestirne ist von Zeus geordnet' (Διός ἐστιν διάκοσμος). Über allem steht er, lenkt und leitet es. 'Das Geschick aber, wohl weiß er, wie er es verteile. Denn er selbst verteilt es, und das ist unentrinnbare Bestimmung, was Zeus einem jeden erteilt, dem alle erschaffenen Dinge gehören. Ihm entgehen nicht die Gipfel der

Berge, nicht die Quellen der Flüsse, nicht die Städte, nicht der Sand auf dem Grunde des Meeres, nicht die Gestirne, nicht hindert ihn die Nacht und nicht naht sich der Schlaf seinen gewaltigen Augen, die allein die Wahrheit schauen.'

Ich gestehe, daß mir das schön erscheint, Kraft und Großzügigkeit atmet. Es ist ja auch ein Größerer als Aristides, dessen erhabene Zeusauffassung hier nachklingt: Poseidonios. Die stoische Färbung, hier und in einer Menge von Einzelheiten, die ich nicht ausheben kann, ist unverkennbar; diese pantheistischen und monotheistischen Anklänge, dieser vermeintlich alttestamentliche Charakter, das alles weist gebieterisch auf die Religionsphilosophie der mittleren Stoa hin. Ebenso die Ablehnung der mythischen Geburtsgeschichte, die etymologische Ausdeutung des Gottesnamens: Zeus, $\Delta i \alpha$ nennt man ihn, weil durch ihn alles geschaffen ist, $\Delta i \alpha$ $\pi \varrho o \sigma \alpha \gamma o \varrho \varepsilon \acute{\upsilon} \sigma \alpha \nu \tau \varepsilon \varsigma$, $\dot{\varepsilon} \pi \varepsilon \iota \delta \acute{\eta} \pi \varepsilon \varrho$ $\delta \iota' \cdot \alpha \dot{\upsilon} \tau \grave{o} \nu$ $\ddot{\alpha} \pi \alpha \nu \tau \alpha$ $\gamma \acute{\iota} \gamma \nu \varepsilon \tau \alpha \iota$ $\tau \varepsilon$ $\varkappa \alpha \grave{\iota}$ $\gamma \acute{\varepsilon} \gamma o \nu \varepsilon$. Zweimal betont Aristides ausdrücklich das $\dot{o} \mu \acute{\omega} \nu \upsilon \mu o \nu$ von $\Delta i \alpha$ und $\delta \iota \acute{\alpha}$, und in $\Delta \iota \acute{o} \varsigma$ $\dot{\varepsilon} \sigma \tau \iota \nu$ $\delta \iota \acute{\alpha} \varkappa o \sigma \mu o \varsigma$ klingt es ebenfalls an. Ferner Ewigkeitsformeln, Allmachtsformeln, Verwendung von Serien von Epikleseis, zum Teil den gleichen wie im Olympikos des Dion von Prusa, all das läßt sich mit Sicherheit als stoisches Gut erweisen. Das ursprüngliche Pathos und Ethos dieser Gedanken klingt noch vernehmlich durch, und die künstlerische Kraft mancher Bilder weist zurück auf jene große Persönlichkeit, die die Synthese zwischen Griechentum und Römertum, zwischen orientalischem und hellenischem Empfinden vollzog, auf Poseidonios. Wir würden seine Nachwirkung annehmen dürfen, auch wenn wir nicht die Schrift $\Pi \varepsilon \varrho \grave{\iota}$ $\varkappa \acute{o} \sigma \mu o \upsilon$ hätten, deren eindrucksvollen Schluß ein Zeushymnus ganz verwandter Art wie der des Aristides bildet. Es ist allgemein zugestanden, daß dort Poseidonios erhalten ist, und von seiner Macht und Melodie vernehmen wir einen fernen Nachhall — mehr nicht — auch noch im Hymnus des Aristides.

Wie weit darf man nun diese Zeuspredigt des Aristides als Ausdruck auch seiner persönlichen Überzeugung betrachten? Ist es nur virtuose Prunkrede, an der nichts echt ist, als der gewählte Attizismus? Glaubt Aristides das, oder sagt er nur so, weil es gut klingt? Ich wüßte keinen Grund, der es ausschlösse, daß Aristides diese Auffassung des Zeusideals nicht auch wirklich teilte. Man hat gemeint, wenn dem so wäre, dann müßte diese Anschauung auch sonst konsequent zur Geltung kommen. Von Asklepios spricht Aristides immer, von diesem Zeus aber selten. Das ist doch nur zu leicht verständlich: steht man mit dem erhabenen Weltenherrn, dem Schöpfer der Götter und Menschen auf Du und Du? Das kann man mit Asklepios, der auf Erden erscheint, in seinen zahlreichen Heiligtümern leibhaftig gesehen wird, dort hilft und heilt und mit dem Aristides sich fast jede Nacht über alles mögliche unterhält. Der ist der Mittler zwischen den Menschen und dem Allerhöchsten. So faßt es auch Aristides auf. Er polemisiert im Zeushymnos gegen Homer, der in der $\vartheta \varepsilon \tilde{\omega} \nu$ $\dot{\alpha} \gamma o \varrho \acute{\alpha}$ Zeus die übrigen Götter daran hindern läßt, für die Menschen zu sorgen, zu welchem Zwecke sie doch Zeus gerade erschaffen habe: $\dot{\varepsilon} \pi o \acute{\iota} \varepsilon \iota$ $\vartheta \varepsilon o \grave{\upsilon} \varsigma$ $\mu \grave{\varepsilon} \nu$ $\dot{\alpha} \nu \vartheta \varrho \acute{\omega}$-$\pi \omega \nu$ $\dot{\varepsilon} \pi \iota \mu \varepsilon \lambda \eta \tau \acute{\alpha} \varsigma$, $\dot{\alpha} \nu \vartheta \varrho \acute{\omega} \pi o \upsilon \varsigma$ $\delta \grave{\varepsilon}$ $\vartheta \varepsilon \tilde{\omega} \nu$ $\vartheta \varepsilon \varrho \alpha \pi \varepsilon \upsilon \tau \acute{\alpha} \varsigma$ $\tau \varepsilon$ $\varkappa \alpha \grave{\iota}$ $\dot{\upsilon} \pi \eta \varrho \acute{\varepsilon} \tau \alpha \varsigma$, 'er schuf die Götter, auf daß sie für die Menschen sorgen, und die Menschen, auf daß sie die Götter verehren und ihnen dienen'. Und im Zeushymnos wird ja das Verhältnis des Asklepios zu Zeus und den Menschen ausdrücklich formuliert: 'Apollon verkündet den Menschen den Ratschluß des Zeus, und Asklepios heilt diejenigen, welche Zeus geheilt wissen möchte (καὶ Ἀσκληπιὸς ἰᾶται οὓς ἰᾶσθαι Διὶ φίλτερον). So ist Asklepios, wie auch die andern Götter, Mittler zwischen den Menschen und dem höchsten Herrn Himmels und der Erde. Er kann ihnen darum so viel näher stehen, und zu ihm kann man ein so schwärmerisches Freundschaftsverhältnis gewinnen, wie es Aristides zu seinem Schutzpatron hat, und wie es später Proklos und Julian haben. Ganz entsprechend ist das Verhältnis etwa des Paulinus von Nola zum heiligen Felix, dem er sechzehn Jahre hindurch alljährlich ein Gedicht darbrachte, das beim Fest des Heiligen vorgetragen wurde. Wie Aristides dem Asklepios alles zu verdanken bekennt, so Paulinus dem heiligen Felix. Aber zu Gott Vater derartig zu sprechen wie zu seinem Schutzpatron, das fällt Paulinus ebensowenig ein, wie Aristides daran denken würde, dem Vater der Götter sich zu nähern wie seinem δεσπότης Ἀσκληπιός. Δεσπότης sagt er, nebenbei bemerkt, weil er klassisch reden will; würde er dem Sprachgebrauch seiner Zeit folgen, müßte er κύριος Ἀσκληπιός sagen, wie Papyri und Inschriften tun.

Asklepios als Mittler zwischen dem höchsten Gott und den Menschen ist eine Vorstellung, die also bei Aristides klar zu Tage liegt. Ihren reinsten Ausdruck hat sie aber erst später gefunden, in einer Stelle, die vielleicht das eindrucksvollste Bekenntnis der spätantiken Asklepiosreligion ist: 'Zeus erzeugte aus sich selbst ... den Asklepios. Dieser fuhr vom Himmel auf die Erde nieder und kam in einfacher Menschengestalt bei Epidauros zum Vorschein; er wuchs auf und reichte nun auf seinen Wanderungen allerorten seine hilfreiche Rechte ... Er kommt nicht zu jeglichem unter uns, und doch bessert er die sündigen Seelen und heilt die Krankheiten des Leibes.'

Das ist bewußtes und gewolltes Kontrastbild zu dem Heiland des Christentums. Der es zeichnet, schreibt bei weitem nicht so reines Attisch wie Aristides, stilisiert lange nicht so gut, und doch berührt uns dies Bekenntnis tiefer als aller Überschwang des Aristides. Denn es spricht ein Mensch, der ihm als Persönlichkeit weit überlegen war: Julian der Abtrünnige. Und ganz unwillkürlich, weil wir die Tragik seines vergeblichen Kampfes kennen, erscheint uns jenes Bekenntnis gleichsam umleuchtet von einem letzten abendlichen Schein, der dem Untergang vorausgeht. Asklepios mußte sterben: siegreich blieb der Kyrios Christos.

BIRRENSWARK

Ein britannisches Numantia

Von Adolf Schulten

(Mit einer Tafel und drei Abbildungen im Text)

Dem grünen Rasen, welcher den britannischen Inseln ihren landschaftlichen Reiz verleiht[1]), wird zugleich die Erhaltung manches römischen Lagers verdankt. Wenn man am Hadrianswall entlang wandert — eine der schönsten archäologischen Wanderungen, die es gibt —, staunt man über die vielen römischen Kastelle. Anderswo unter der Erde verschwunden, sind sie hier, vom grünen Rasen bedeckt, über der Erde erhalten geblieben. Aber auch in den anderen Teilen des Landes, besonders auf den weiten Heiden und Weiden Schottlands, hat sich eine Menge römischer und britannischer Erdwerke mit Wall und Graben, *tutulus* und *clavicula*, erhalten. Das große, prächtige Werk des Generals Roy: The military antiquities of the Romans in Britain (London 1793) konnte die Pläne von mehr als 50 über der Erde erhaltenen größeren und kleineren Lagern und Kastellen mitteilen.

Eine der interessantesten Anlagen dieser Art sind die vier eine britannische Burg auf dem Hügel von Birrenswark[2]) in Südschottland einschließenden Kastelle: eine vollständige römische Circumvallation, ein britannisches Gegenstück zu Alesia und Numantia. Die 'Society of Antiquaries of Scotland' hat sich das Verdienst einer freilich nur provisorischen Untersuchung[3]) der denkwürdigen Reste erworben, und in ihren 'Proceedings' (1899 S. 198 f.) eine vortreffliche Darstellung des topographischen Befundes und der Grabungsergebnisse geliefert. Da Birrenswark außerhalb Englands ganz unbekannt zu sein scheint[4]), lohnt es sich wohl, aus dem englischen Bericht und eigener Anschauung ein Bild dieses britischen Numantia zu entwerfen.

1. Überreste von Circumvallationen

Die 'circumvallatio', die Einschließung einer Stadt durch einen aus Mauer oder Wall bestehenden durch Lager oder Kastelle verstärkten Ring, haben die

---

[1]) Schon Mela (III 6, 53) preist Irland als '*luxuriosa herbis*'.

[2]) Auf der englischen Generalstabskarte (1 : 10560; Dumfriesshire, Sheet LI, NE) heißt der Hügel 'Burnswark'. Der Name ist der einer neben dem Ostlager gelegenen Farm.

[3]) Es wurde nur drei Monate mit drei Mann gegraben.

[4]) Wie denn überhaupt die archäologischen Zeitschriften Englands in Deutschland nicht genügend bekannt sind (vgl. E. Krüger, Bonner Jahrbücher 1903 S. 2).

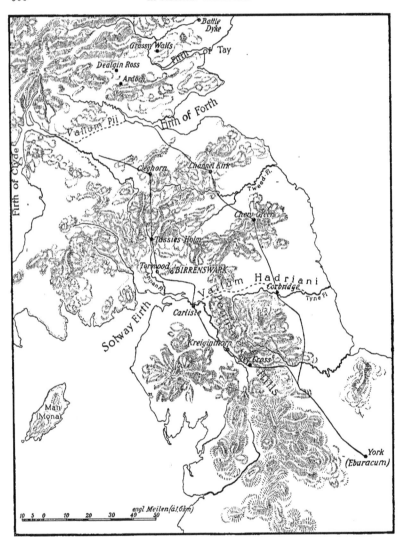

Römer wie so viele Elemente ihres Kriegswesens von den Griechen entlehnt,
bei denen wir die περιτείχισις schon im Peloponnesischen Kriege, gegen Platää
(429 vor Chr.) und Syrakus (415 vor Chr.), angewandt finden. Aber kein Volk
hat sich dieses Kriegsmittels so oft und mit solchem Geschick bedient wie die
Römer. Die Circumvallation war ihrer bedächtigen, den Krieg mit möglichst geringem Einsatz an Menschen und Material, aber dafür mit größter Aufbietung

von Arbeit — Schanzen, Märschen u. dgl. — betriebenen Kriegführung[1]) kongenial.

Von römischen Circumvallationen sind, da die C. als vorübergehende Anlage in der Regel nur aus Erde und Holz gebaut wurde, nur wenige Spuren erhalten. Wegen dieser Seltenheit und als Denkmäler römischer Kriegskunst verdienen die erhaltenen das größte Interesse. Ich kenne nur vier mehr oder weniger gut erhaltene Circumvallationen: die im Jahre 134—133 von Scipio erbaute von Numantia, die im Jahre 52 von Cäsar angelegte von Alesia, die wunderbar erhaltene C., durch die im Jahre 70 nach Chr. der Legat des Vespasian Silva die Felsenburg Masada am Toten Meer bezwang[2]) und *last not least* den Gegenstand dieses Aufsatzes: die Circumvallation von Birrenswark. Während aber die Gräben der Cäsarischen Einschließungswerke bei Alesia und die Mauern der Scipionischen Lager um Numantia wieder mit Erde bedeckt worden sind — nur eines der sieben Scipionischen Lager, Peña Redonda, ist offen geblieben —, ist die Circumvallation von Masada und Birrenswark noch jetzt über der Erde sichtbar. Bei Masada kann man den Steinwall, der die tapfere Feste in einem Ring von 3000 m umgibt, in seiner ganzen Ausdehnung verfolgen, zwei Lager und sechs Redouten unterscheiden und sogar im Inneren der Lager die Baracken der Mannschaft mit ihren Herden und Lagerstätten erkennen; in Birrenswark sind vier Lager und Stücke der Wälle zu sehen. Masada ist in der Öde der Wüste, Birrenswark auf den üppigen Wiesen Schottlands erhalten geblieben, während die Circumvallationen von Numantia und Alesia vor den Bedürfnissen des Ackerbaues wieder haben in die Erde zurückkehren müssen.

Wie Numantia, Alesia, Masada, zieht auch B. schon von ferne den Blick auf sich. Es wurde mir von Mr. Simpson, einem um die Erforschung des Hadrianswalles verdienten Archäologen gezeigt, als wir an einem klaren Augusttage auf den das Dorf Gilsland am Hadrianswall überragenden Höhen standen. Scharf hob sich trotz einer Entfernung von 50 km der kleine Tafelberg von B. von seiner flachen Umgebung ab. Durch Mr. Simpsons Erzählung von den römischen Lagern und den merkwürdigen in ihnen gefundenen Schleuderbleien wurde mein Interesse erregt; im Museum von Edinburgh konnte ich die Funde sehen und erhielt von Mr. Alex. Curle mündliche Mitteilungen und den Bericht über die erste Ausgrabung; bald darauf stand ich selbst auf der Stätte von Birrenswark.

---

[1]) *Sedendo Romanus vincit!*

[2]) Die (zum Teil sehr unsicheren) Ergebnisse der Ausgrabungen Napoleons III. sind veröffentlicht in seiner 'Histoire de Jules César' II 316—323 und Atlas, Tafel 25—28. Über die Aufdeckung der Belagerungswerke von Numantia wird im 3. Bande meines Numantiawerkes berichtet werden (vgl. die vorläufigen Berichte im Arch. Anz. 1905—1912). Den besten Plan von Masada findet man in 'The Palestina Exploration Found', Western Palestina, Map, sheet 26 und Memoires III 421 (1883). Zuletzt untersuchte v. Domaszewski Masada und teilte einige Details aus den Lagern mit (N. Heidelberger Jahrbücher 1899 S. 141). Ältere Beschreibungen und Pläne findet man bei: De Saulcy, Voyage autour de la Mer Morte (1853) I 221 (mit Plan 1 : 10000); E. G. Rey, Voyage dans le Haouran (1857—58) S. 294 f.; Tuch, Masada (1863); Zeitschr. des deutschen Palästinavereins 1907 S. 117 f.

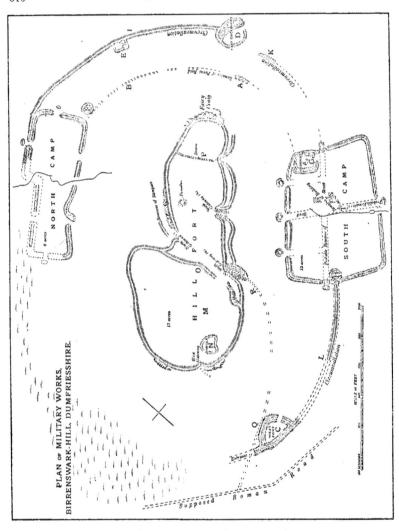

2. Topographie von Birrenswark

B., das jedermann in der Gegend kennt, liegt nördlich des England und Schottland trennenden Solway-Busens und des Vallum Hadriani, 35 km nordwestlich von Carlisle. Es ist von Lockerbie, einer Station der Bahn von Glasgow nach Carlisle, bequem zu erreichen. Man marschiert zuerst dreiviertel Stunde in südöstlicher Richtung auf der breiten Landstraße nach Carlisle, folgt dann jenseits der Bahn einem nach links, Osten, abzweigenden Wege und erreicht

nach einer weiteren halben Stunde den merkwürdigen Hügel, der schon längst
den Blick des Wanderers gefesselt und schon von ferne auf seinem Gipfel die
Wälle der alten britannischen Burg gezeigt hatte. Die Heerstraße führt vorbei
an schmucken Farmen; abseits der großen Straße wird es einsamer, nur hie
und da ein Hof, sonst nur weite Wiesenflächen, auf denen Kühe und Schafe
weiden. Aus dieser grünen Einsamkeit steigt der Fels von B. empor, zuerst allmählich, dann sich zu einer steilen Kuppe erhebend. Der Hügel hat die Form
eines Tafelberges mit zwei durch eine flache Einsenkung verbundenen Kuppen,
an denen vielfach der rote Sandsteinfels sichtbar ist. Der Gipfel liegt 300 m
über dem Meere, aber nur 70 m über seiner nächsten Umgebung (Taf. Abb. 3).[1])
Am Fuße des Hügels erheben sich aus den Wiesen die wohlerhaltenen Profile
alter Erdwerke. Staunend steht man vor vier römischen Lagern und dem sie
verbindenden Wall — vor einer vollständigen Circumvallation, einem kleinen
Gegenstück zu den großen Einschließungswerken von Alesia und Numantia.

Von den vier Lagern liegt das größte und am stärksten befestigte Hauptlager im Süden, das zweite größere Lager ihm diametral gegenüber im Norden,
ein drittes und viertes kleineres Lager im Osten und Westen. Die diametrale
Lage der beiden Hauptlager kehrt bei Circumvallationen häufig wieder, z. B.
bei Numantia und Masada. Bei Birrenswark entspricht sie nicht sowohl der
Symmetrie als dem Terrain, denn nur im Norden und Süden ist der Hügel an-
greifbar. Die vier Lager sind oder besser waren — denn heute sind die von
den früheren Besuchern gesehenen Reste der Circumvallation durch Ent-
wässerungsgräben fast ganz zerstört — durch eine 10 Fuß breite, gepflasterte
Straße und einen Wall, die eigentliche Circumvallation, verbunden. Die Straße
setzt an der vorderen Seite, die C. bei dem schmalen Nord- und Westlager
an der Hinterseite, bei dem breiten Südlager in der Mitte an, so daß die Lager
vorspringen und beim Angriff auf die C. als flankierende Bastionen dienten,
wie man es auch bei Alesia und Numantia findet. Diese die Lager verbindende
chaussierte Straße ist eine Singularität, die sich aus dem sumpfigen Boden erklärt. Das Intervall zwischen Straße und Circumvallation ist an der erhaltenen
Stelle (beim Ostlager) 70 m. Der Umfang der C. beträgt nur 2700 m, etwas
weniger wie bei Masada (3000 m), während es bei Alesia 16000, bei Numantia
9000 m sind. Zur Zeit der Ausgrabungen, im Jahre 1899, war sowohl Circumvallation wie Straße beim Ostlager erhalten, die C. allein teilweise zwischen
Süd- und Westlager, ganz zwischen Nord- und Ostlager, wo man sie auch
heute noch erkennt. Zwischen dem West- und Nordlager sind nie Reste der C.
gesehen worden. Da dieser Teil noch heute sumpfig ist und im Altertum wohl
ganz unzugänglich war, hat hier die C. wohl von jeher gefehlt. Die C. besteht
aus einem flachen Wall und dem entsprechenden Graben.

Das Nord-, Ost-, Westlager ist von den feindlichen Mauern nur 170—200 m
entfernt, und die Distanz der Nordseite des Südlagers beträgt sogar nur 100 m,

---

[1]) Man sieht im Vordergrund des Bildes unten den hinteren, oben den vorderen Wall
des Westlagers.

also weniger als Pfeilschußweite. Der 70 m hohe Berg überragt die Lager nur
um 30 m, so daß sie auf halber Höhe liegen, die Front nach oben, ganz in
Widerspruch mit der alten Lagerregel, welche das Lager 'in declivi' zu bauen
vorschreibt. In so enger Umklammerung hielten die römischen Belagerer den
Feind in der kleinen Bergfeste umschlossen.

3. Die Burg (s. Taf. Abb. 3)

Die britannische Burg hat von Osten nach Westen eine Ausdehnung von
etwa 600, von Norden nach Süden von 230 m und eine Fläche von 7 ha,
genau so viel wie die Altstadt von Numantia. Das Plateau des Hügels besteht
aus zwei Kuppen und einer mittleren Einsenkung. Dieser natürlichen Einteilung
folgend hat man die Burg in drei Teile geteilt. Der Hügel fällt steil zu den
Lagern ab, so daß ein Sturm große Mühe machte. Völlig unzugänglich ist die
in einer schroffen Felswand ('Fairy craig') abstürzende Ostseite. Am geringsten
ist die Steigung auf der Südseite, wo deshalb zwei Tore und der Hauptzugang
der Burg liegen, und die Römer ihr Hauptlager errichtet haben. Die Burg ist
von einem der natürlichen Peripherie des Hügels folgenden Wall umgeben, der
beim mittleren, am meisten ausgesetzten Teil, in der Mulde, verdoppelt ist. Die
Wälle sind flach und waren mit Steinen belegt. Ein Graben fehlt, da ihn der
steile Abhang ersetzte. Die Burg hat vier Tore: zwei auf der Süd-, je eines
auf der Nord- und Westseite. Der Hauptweg führt aus dem Westtor der Südseite in sanftem Abstieg am römischen Westlager vorbei in die Ebene und
mündet hier in einer wohl schon vorrömischen Straße. Die Tore sind meist in
der üblichen Weise durch die nach innen umgebogenen Wallenden geschützt.
Vor den Südtoren, gegen die der römische Sturm gerichtet gewesen sein muß,
wurden 32 Schleuderbleie gefunden, 20 vor dem einen Tor, 12 vor dem anderen.
Sie rühren offenbar von römischen Sturmangriffen her. Auch zwei Geschützkugeln lagen in der Burg. Wasser holten die Verteidiger aus einer Quelle, die
in der Nähe des Nordwalles entspringt und durch einen Seitenwall mit der
Burg verbunden war. Man findet in dem Werk des Generals Roy noch andere
Beispiele britischer Burgen. 'Wood Castle' (Tafel VIII) ist kreisförmig und hat
zwei Wälle, also die bei Ringwällen so häufige konzentrische Befestigung;
'Castle Over' (Tafel XXVI) ist ein dreifacher Ringwall von ovaler Form; auf
Tafel XL sieht man drei Ringwälle im Tal des Temeflusses, auf Tafel XLVII
einen doppelten Ringwall mit Vorburg, auf Tafel XLVIII eine fünffache Um-
wallung. Den antiken Namen von Birrenswark kennen wir nicht, dagegen wohl
den des Stammes, dem diese Gegend gehörte. Nach Ptolemaios (II 3, 6)[1] waren
es die Selgovae, deren Name in dem der Solway-Meeresbucht fortzuleben scheint.
Die Selgovae werden in den Kriegsberichten nicht genannt.

4. Das Südlager (s. Taf. Abb. 1)

Das Südlager ist das größte und am stärksten befestigte der vier Lager.
Seine Fläche ist 5 ha, die Länge der Seiten: im Norden 850 Fuß, im Süden

---

[1]) Der Cosm. Ravennas (S. 437, 3) hat Segloes.

Birrenswark. Nordwall des Südlagers mit den 3 Hügeln (von oben)

2

3

Birrenswark
Das Westlager (vom Hügel aus)

Birrenswark
Der Hügel Birrenswark (vom Westlager aus)

900 Fuß, im Osten 600 Fuß, im Westen 700 Fuß. Die Form des Lagers ist
die eines Rechtecks mit leichten, wohl durch das Terrain veranlaßten Abweichungen von der Geraden, besonders einer Ausbiegung auf der Westseite.
Wahrscheinlich sind die Maße der Südseite (900 Fuß) und der Westseite
(700 Fuß) die normalen, sollte das Lager 900 ⨯ 700 Fuß messen. Das Maß
900 Fuß kommt noch bei anderen Römerlagern in England vor.[1]) Das Südlager steigt .mit dem Hügel stark bergan, so daß die Front (Norden) 23 m
höher als die Hinterseite (Süden) liegt. Als das Haupt- und Sturmlager sollte
es dem Gegner möglichst nahe auf den Leib rücken. Das geht so weit, daß der
Nordwall vom Feinde nur 100 m, bedeutend weniger als Pfeilschußweite, entfernt ist. Offenbar hatte man nicht mit Bogenschützen und Schleuderern, sondern nur mit Speerwurf zu rechnen.[2]) Sonst wäre die Besatzung, da das Lager
völlig eingesehen werden kann, ihres Lebens nicht sicher gewesen.

Der dem Feind zugewandte und zunächstliegende Nordwall hat eine Höhe
von 5, eine untere Breite von 35 Fuß, während die anderen Wälle nur 20 Fuß
breit sind. Der zum Teil in den Fels eingeschnittene Graben ist 16 Fuß breit,
8 Fuß tief[3]) und hat die gewöhnliche, spitze Form; die Außenseite des Walles
und die Contreescarpe des Grabens ist mit flachen Steinen belegt, die wie die
Dachpfannen übereinander geschoben sind. Wall und Graben sind ausgezeichnet,
fast mit ihrem alten Profil, erhalten. Der Nordwall hat drei Tore, während die
anderen Seiten nur je eines besitzen. Besonders merkwürdig ist auf der Nordseite die Form des Torschutzes, des aus Hyginus bekannten und besonders in
den Lagern um Numantia und in Schottland häufigen 'tutulus'. Der tutulus besteht hier nicht wie sonst aus einem geraden Wall, sondern aus einem runden,
von besonderem Graben umgebenen Tumulus, dessen Durchmesser an der
Basis 50 Fuß und dessen Höhe 10 Fuß (Abb. 2) ist. Man möchte annehmen,
daß diese Hügel hölzerne Türme getragen haben, von denen aus der das
Lager stürmende Feind in der wirksamsten Weise beschossen werden konnte.
Solche runden tutuli finden sich noch in dem Lager bei. Rey Croß (Roy,
Tafel XVII S. 73), das an der Heerstraße von York nach Carlisle, da, wo sie
das Penninegebirge überschreitet, liegt; sonst kommt diese Form meines Wissens
weder in England, noch sonst vor. Die drei Hügel heißen im Volksmunde 'The

---

[1]) Bei den Lagern Rey Croß und Kreiginthorp an der Straße Carlisle-York (Roy
a. a. O. Taf. XVII) und bei Dealgin Ross nördlich des Piuswalles (Taf. XI). Man findet diese
und die anderen im Text genannten Lager in der vorzüglichen Karte des alten Britanniens
in Murrays 'Handy Classical Maps' (London, John Murray), auf der die beigegebene Karten-
skizze beruht.

[2]) Als Waffen der Britannier nennt Dio Cassius (LXXVI 12) Lanzen und Schwerter,
Tacitus (Agricola 36) lange Schwerter und kleine Rundschilde (caetrae). ˙

[3]) Im englischen Bericht wird als Breite des Walles die horizontale Entfernung zwischen dem inneren Wallrand und dem äußeren Grabenrand (58 Fuß), als Höhe des Walles
die senkrechte Entfernung von der Wallkrone bis zur Grabensohle (11 Fuß), als Breite des
Grabens der horizontale Abstand der Wallmitte von der Contreescarpe, als Tiefe der Abstand der Grabensohle von der Wallkrone angegeben. Aber man muß die Breite vielmehr
auf der (hier schrägen) Terrainlinie, die Höhe vom gewachsenen Boden bis zu ihr messen
und nur die künstliche Erhöhung als Wall, die künstliche Vertiefung als Graben ansehen.

three Brethren', galten wohl als Gräber dreier Brüder, von denen man sich
irgendeine Geschichte zu erzählen wußte. Die *tutuli* der anderen Wälle sind
oval, weichen also ebenfalls von der gewöhnlichen Form ab; ihre Länge ist
45 Fuß. Die Nordtore haben die der Breite der Straßen des polybianischen
Lagers entsprechende Breite von 50 Fuß (17 m), die anderen Tore nur 35 Fuß.
Die Torwege sind gepflastert. Durch die Lage, die Stärke der Befestigung und die
Zahl der Tore wird das Südlager als das Angriffslager bezeichnet. Die Zahl und
Breite der Tore ist deutlich auf den Sturm gegen die feindliche Burg berechnet,
die auf dieser Seite zwei Tore hat, also zum Angriff hier am meisten geeignet war.

      Sehr auffallend sind zwei 'Redouten' im Inneren des Südlagers, eine größere,
quadratische in der Nordostecke und eine kleinere, mehr rundliche am Westtor.
Die Nordredoute ist so an den Nord- und Ostwall angesetzt, daß sie nur auf
der West- und Südseite einer eigenen Befestigung bedurfte. Diese besteht in
einem Graben mit doppeltem Wall, indem die Grabenerde teils nach außen,
teils nach innen aufgeworfen wurde. Die große Redoute hat 100×70 Fuß,
die kleine 80×80 Fuß. Im Inneren der großen Redoute findet man noch ein
kleines, 30×30 Fuß großes Rechteck und zwei runde Hütten (Durchmesser
15 Fuß). Mindestens diese Einbauten dürften nachrömisch sein und von späteren
Benutzern des Lagers herrühren. Vielleicht sind aber die ganzen Redouten
nachrömisch; ich kenne wenigstens kein anderes Beispiel solcher an den Lager-
wall angebauter Redouten. Nach Spuren eines 'Praetorium' hat man vergeblich
gegraben, natürlich, da die Lager offenbar Sommerlager mit Zelten waren.
Zahlreiche Spuren von Pflasterung lassen vermuten, daß das Südlager ganz
oder zum Teil gepflastert war, wie es der feuchte Boden verlangte. Eine Quelle,
deren Abfluß durch das Südtor läuft, versorgte die Besatzung mit Wasser. Im
Inneren des Lagers fand man Schleuderbleie, Geschützkugeln und ein Stück
Terrasigillata.

5. Das Nordlager

      Das Nordlager hat die Maße 1000 Fuß (Nord- und Südseite), 400 Fuß
(Osten), 300 Fuß (Westen). Das beabsichtigte Maß scheint 1000×400 Fuß
gewesen zu sein. Die Fläche bleibt mit 3 ha bedeutend hinter der des Südlagers zurück, auch die Befestigung ist schwächer. Der dem Feind zugekehrte
Südwall ist 20 Fuß breit und 5 Fuß hoch (gegen 35 und 5 Fuß bei dem Südlager), der Graben, welcher hier eine Berme hat, wie beim Südlager 16 Fuß
breit, 8 Fuß tief. Der Nordwall ist doppelt, aber flach. Das Lager hat auf der
Nord- und Südseite zwei, auf den anderen Seiten je ein Tor. Während die
übrigen Tore den ovalen *tutulus* haben, ist das westliche der beiden Fronttore
im Süden durch eine nach außen umgebogene '*clavicula*' gedeckt. Die *clavicula*
ist in England nicht selten; sie findet sich noch im Lager 'Chapel Rigg' am
Hadrianswall, in dem Agrippalager 'Dealgin Ross' nördlich des Piuswalles
(Roy, Tafel XI) und im Lager 'Pikering Moor' in Yorkshire. Sonst kommt sie
wohl nur literarisch, bei Hygin, vor. Auch in diesem Lager sind Geschützkugeln gefunden worden.

6. Das Westlager (s. Taf. Abb. 2)

Das Westlager ist nur 2,3 ha groß. Es hat die Form eines gleichschenkligen Dreiecks, dessen Basis die Südseite bildet (Abb. 3). Die Seiten messen 80 × 70 × 70 m. Wie die Nordredoute des Südlagers und der Nordwall des Nordlagers hat dieses Lager einen doppelten Wall. Es besitzt zwei Tore, ein nur vier Fuß breites und durch Umbiegung der Wallenden gedecktes auf der Westseite und ein anderes im Osten, nach dem Südlager zu.

7. Das Ostlager

Das Ostlager hat die Form eines platten Kreises von 70 m Durchmesser. Seine Fläche ist etwa 3,8 ha. Es hat nur einen schwachen Wall und einen kaum noch sichtbaren Graben (so daß der Bericht diesen ganz leugnet). Das Lager ist durch einen Querwall in zwei Hälften geteilt, von denen die östliche gepflastert ist. Man möchte annehmen, daß der gepflasterte Teil als Stall für Pferde und Zugtiere gedient und die Bagage gefaßt hat.

8. Fundstücke

Bei dem geringen Umfang der Grabungen war die Zahl der Fundstücke gering. Aber unter ihnen sind solche von großem Interesse. Das gilt vor allem von 67 römischen Schleuderbleien. Die Bleie wiegen 18—60, meist aber gegen 35 g. Sie haben teils die gewöhnliche Olivenform, teils aber ahmen sie genau eine wirkliche Eichel nach, eine Form, die nur hier vorkommt (s. Abb.). Sie muß als Spielerei, nicht  als die ursprüngliche Form der 'glans' gelten, da glans die allgemeine Bedeutung von Kernfrucht, nicht nur die spezielle von Eichel hat und die große Masse der olivenförmigen glandes zeigt, daß die Schleuderbleie nicht der Eichel sondern der Olive nachgeahmt sind. Außerdem wurden 11 kleine Steinkugeln, wahrscheinlich Katapultenkugeln, gefunden. Sie zeigen vier Kaliber von 1000, 600, 400, 200 g und einen Durchmesser von 4—6 cm, gehören also der leichtesten Klasse der Feldgeschütze an.[1]) Aus dem roten Sandstein der Gegend geformt, sind die Steinkugeln wohl an Ort und Stelle hergestellt worden. Ganz ebenso bestehen die in den Scipionischen Lagern um Numantia gefundenen Geschützkugeln aus dem weißen Sandstein dieser Gegend. Die Kugeln sind mit der Hacke zubehauen und haben zum Teil eine Abplattung zum Auflegen auf die Schußrinne, was sich ebenfalls bei den Scipionischen Kugeln findet.

Außer diesen Projektilen fand man eine eiserne Lanzenspitze, mehrere Äxte, vier Schleifsteine (8—10 cm lang), eine bronzene Patera, Glasperlen, Ringe und einen Intaglio mit stehender Figur. Keramik ist nur sehr wenig ge-

---

[1]) 700—800 g wiegen die leichtesten bei Numantia gefundenen Geschützkugeln, 4000 —5000 g die schwersten.

funden worden, was auf eine kurze Dauer der Belagerung schließen läßt. Leider
wird eine Terrasigillata-Schüssel, obwohl sie den einzigen Anhalt zur Datierung
bietet, nicht abgebildet. Das übrige ist rohe, einheimische Ware, wie sie ja
auch sonst in römischen Lagern, z. B. in Haltern und in Numantia, vorkommt.

9. Die Zeit der Circumvallation

Während die Geschichte der Circumvallationen von Numantia, Alesia, Masada genau bekannt ist und eine ausführliche Überlieferung[1]) diesen Denkmälern ein besonderes Relief verleiht, meldet uns niemand von der Verteidigung
und Belagerung dieser Feste. Nicht einmal die Zeit kann mit Sicherheit bestimmt werden, solange die Scherben, die Leitmuscheln des Archäologen,
fehlen. General Roy (a. a. O. S. 74) möchte die Lager der Zeit Hadrians und
der 6. Legion zuschreiben, weil sie mit den auf der großen Straße von Carlisle nach York, dem Standquartier der 6. Legion seit Hadrian, gelegenen Lagern
'Rey Cross' und 'Kreiginthorp' übereinstimmen.[2]) Allerdings möchte man das
Lager 'Rey Cross' wegen der runden *tutuli* in dieselbe Zeit wie B. setzen, aber
es ist noch zu beweisen, daß es von Hadrian herrührt. Bessere Gründe lassen
sich dafür anführen, daß die C. von Birrenswark von Agricola herrührt. Man
findet an den beiden Heerstraßen, die vom Hadrianswall zum Piuswall, der
Nordgrenze des von Agricola eroberten Gebiets, führen[3]), vier auffallend übereinstimmende Lager: drei an der West-, eines an der Oststraße (der 'Watling
Street'). An der westlichen, von Carlisle ausgehenden Straße liegen von Süden
nach Norden die Lager: 1. 'Torwood Moor' (bei Lockerbie), 2. 'Tassies Holm',
3. 'Cleghorn'; an der östlichen, von Corbridge ausgehenden Straße 4. das
Lager 'Channel Kirk'. Daß diese Lager alle in dieselbe Zeit gehören, scheint
sich aus folgenden Übereinstimmungen zu ergeben: 1. haben die Lager dieselben Maße, nämlich 1800×1250 Fuß (24 ha)[4]); 2. haben sie alle an der
Längsseite zwei Tore, an den Schmalseiten eines; 3. haben die Tore *tutuli*;
4. sind die Lager Torwood und Tassies Holm 14, Tassies Holm und Cleghorn
28 Milien voneinander entfernt, also, da 14 Milien (= 21 km) der normale
Tagemarsch sind, Etappenlager einer Heerstraße. Die vier Lager gehören mithin in dieselbe Zeit und zu denselben Straßen und sind wahrscheinlich bei Erbauung der Straße angelegt worden. Da nun aber Agricola diese Straßen angelegt und ferner niemand außer ihm gleichzeitig auf den beiden Straßen
operiert und Lager gebaut haben dürfte, darf man die vier Lager ihm zuschreiben. Nun liegt aber Birrenswark in nächster Nähe der westlichen Straße
und stimmt außerdem in manchem mit den vier Lagern überein. Dieselben

---

[1]) Für Numantia Appian, Iber. 90—97; für Alesia Cäsar, B. G. VII 68—89; für Masada
Josephus, Bell. Iud. VII 8—9.

[2]) Er hält die britannische Burg für römisch, für das Kernwerk der römischen Be-
festigungen an ihrem Fuße.

[3]) Die Straßen sind genau beschrieben von Roy S. 102 f.

[4]) So Torwood und Cleghorn; bei Channel Kirk und Tassies Holm mißt die allein erhaltene Schmalseite 1250 Fuß.

tutuli wie bei den vier Lagern kehren auch bei B. wieder, so daß es ihnen gleichzeitig sein kann, und die *clavicula* des Nordlagers findet sich sonst nur noch bei dem Lager Dealgin Ross, das, nördlich des Piuswalles gelegen, sicher dem Agricola zuzuschreiben ist. Es ist also sehr wahrscheinlich, daß der auf der westlichen Straße vordringende Heeresteil des Agricola unterwegs diese Burg erobert hat. Die runden *tutuli* des Südlagers finden sich nur in dem an der Straße York-Carlisle gelegenen Lager Rey Cross. Auch diese Straße wird von Agrippa gebaut sein, da er zuerst die römische Herrschaft über die Linie Deva (Chester)-Eburacum (York) ausdehnte. Das Normalmaß der Länge des Südlagers 900 Fuß stimmt mit dem des Agricolalagers Dealgin Ross nördlich des Piuswalles überein. Da Agrippa im Jahre 80 das Land zwischen Solway Firth und Firth of Tay unterwarf[1]), dürfte Birrenswark im Jahre 80 n. Chr. belagert worden sein.

Man wird also mit ziemlicher Wahrscheinlichkeit die Circumvallation von Birrenswark dem Agricola zuschreiben dürfen. Dann würde wie die von Alesia und Numantia auch sie von einem berühmten Namen zeugen. Die sichere Entscheidung aber kann nur die Keramik bringen. Da mithin die Hauptfrage noch ungelöst ist, muß eine weitere und abschließende Ausgrabung als dringend erwünscht bezeichnet werden und zwar eine baldige, da die wertvollen Reste durch die Drainagegräben immer mehr zerstört werden.

---

[1]) Tacitus, Agr. 22: *tertius expeditionum annus* (80 n. Chr.) *novas gentes aperuit, vastatis usque ad Tanaum (aestuario nomen est) nationibus.* Damit sind die nördlich der (vorher, Kap. 17, genannten) Briganten und des Solway sitzenden Stämme gemeint.

GOETHES GEDICHT 'DER GOTT UND DIE BAJADERE'

Von Karl Reuschel[1])

Am Ende des Geburtstagsgrußes 'Ilmenau' ruft der Dichter seinem Herzog die Worte zu:

> So wandle Du — der Lohn ist nicht gering —
> Nicht schwankend hin, wie jener Sämann ging,
> Daß bald ein Korn, des Zufalls leichtes Spiel,
> Hier auf den Weg, dort zwischen Dornen fiel;
> Nein! streue klug wie reich, mit männlich stäter Hand,
> Den Segen aus auf ein geackert Land;
> Dann laß es ruhn! die Ernte wird erscheinen
> Und Dich beglücken und die Deinen.

Das Gleichnis Christi wird in diesen Versen durch einen für Goethes Stellung zur Bibel bedeutsamen Zug bereichert; wenn der Same teilweise nicht auf gute Ackerkrume fiel, so trug der Sämann die Schuld, weil er 'schwankend ging'. 'Mein Verhältnis zu der christlichen Religion' — wir dürfen hinzufügen: und zu ihren Überlieferungen — 'lag blos im Sinn und Gemüth', sagt Goethe im 14. Buch von Dichtung und Wahrheit. Der 'decidierte Nichtchrist' erfreute sich an den Schönheiten des Evangeliums, und er hielt sich für berechtigt, den poetischen Gehalt auf seine Art umzuformen.

In der neueren Literatur über die Ballade vom Gott und der Bajadere werden die christlich-biblischen Züge des Gedichtes betont, so von Nicola Tumparoff[2]) und namentlich von Ernst Braun[8]), der die Geschichte von der Sünderin, die den Herrn salbt und seine Füße mit den Flechten ihres Haares trocknet, eine wichtige Stoffquelle nennt und die Abweichungen von Sonnerats Bericht auf den Einfluß dieser Magdalenenszene zurückführen will; erwiesen ist ihm weiter der Anklang an die Bibel in dem Schlußgedanken: 'Es freut sich die Gottheit der reuigen Sünder.'

Auch die Form der Ballade, meines Wissens von allen Beurteilern mit Ausnahme Viktor Hehns für zweckmäßig und vollendet erklärt, wird seit kurzem auf ein christliches Vorbild bezogen. Elsa Sprengel hat den Zusammenhang mit dem Kirchenliede 'Eins ist not' im höchsten Maße wahrscheinlich gemacht.[4])

---

[1]) Vortrag, gehalten auf der 52. Versammlung deutscher Philologen und Schulmänner zu Marburg am 2. Oktober 1913.

[2]) Dr. Nicola Tumparoff, Goethe und die Legende. Berlin 1910 (= Berliner Beiträge zur germanischen und romanischen Philologie XLI, Germanische Abteilung Nr. 28).

[3]) Goethe-Jahrbuch 1913 XXXIV 203—206.   [4]) Ebd. 1911 XXXII 184—186.

Beide Hypothesen — die von der Form und die vom christlichen Inhalt — habe ich im vergangenen Jahre in einem Vortrage des Dresdner Literarhistorischen Abends, bevor Ernst Brauns Aufsatz erschienen war, und ohne Kenntnis der kleinen Untersuchung Elsa Sprengels ausgesprochen und innerlich vereinigt. Seither sind mir die Ergebnisse jenes Vortrags noch sicherer geworden. In einer Stadt, die an die heilige Elisabeth mahnt, die mit der Reformation so eng verwachsen ist und in der ein Vilmar lehrte, mag es angezeigt sein, das Christliche in der Bildung Goethes hervorzuheben und die Erkenntnis der tiefsinnigsten und schönsten deutschen Legendendichtung zu fördern.

Der junge Schweizer Geistliche Johannes Linder besuchte Goethe 1830 auf einer Reise, die auch herrnhutischen Brüdergemeinden galt.[1] Seine Schüchternheit — Menschenfurcht heißt er sie selber — war zu groß, als daß er dem Apollo von diesen Eindrücken berichtet hätte. 'Ich habe die Brüdergemeine überschlagen, und gerade durch die Erwähnung derselben würde ich meinem Minister, wie ich nachher hörte, besonders interessant geworden sein.' Wie dankbar wären wir dem jungen Theologen, besäßen wir durch ihn ein Gespräch mit Goethe über das Herrnhutertum, ein Urteil aus Goethes letzten Jahren! Vielleicht wäre gleich einer alten, halbverklungenen Sage erste Freundschaft mit heraufgekommen. Von der Zinzendorfischen Richtung hatte sich der Olympier längst entfernt, als er im Jahre 1808 das Geburtstagsgedicht an Silvie von Ziegesar aus Karlsbad sandte:

> Nicht vom Gnadenthale, nicht von Herrenhut,
> Wo beim Liebesmahle Thee man trinkt für Blut.

Leidend an Körper und Seele, ein Opfer seiner jugendlichen Unmäßigkeit, war er aus Leipzig zurückgekehrt ins Elternhaus. Für die geistlichen Ermahnungen des Fräuleins von Klettenberg bot sich ein geackert Land. Susanna Katharina erfüllte ihn mit frommem Sinn; überzeugt, daß er in der Gnadenwahl sei, blieb sie nachsichtig, wenn er sich zu sehr als Weltkind zeigte. Ihr religiöses Empfinden bewegte sich im ganzen auf herrnhutischen Bahnen, ohne daß sie dabei das Urteil verlor. Mit der mütterlichen Freundin verehrte der junge Goethe den gottseligen Grafen Zinzendorf. Im September 1769 wohnte er der Synode in Marienborn bei. Auch nach Straßburg wirkt der Segen frommer Gemeinschaft. Zu den dortigen Pietisten fühlt sich Goethe, wennschon er mit ihnen zum Tisch des Herrn tritt, in keinem näheren Verhältnis, weil sie 'seinem Grafen' so feind sind. Noch fast vier Jahre später bekennt Lavater (7. Jenner 1774): 'das ist auch Harmonie, und Homogenität, daß Goethe Zinzendorf ehrt.'[2] Den Begriff der Homogenität hatte Susanna von Klettenberg schon in ihrem Aufsatze über den Charakter der Freundschaft gebraucht.[3] Die so verschiedenen Menschen lernen sich im Jahre 1774 persön-

---

[1] Goethe-Jahrbuch 1911 XXXII 197—199.

[2] Goethe und Lavater. Briefe und Tagebücher herausgegeben von Heinrich Funck, Weimar 1901 (= Schriften der Goethe-Gesellschaft 16), 16.

[3] Heinrich Funck, Die schöne Seele . . . Leipzig 1911, S. 141: '. . . daß unter der unzahlbaren Menge und bei einer allgemeinen Verschiedenheit doch insbesondere hier und da

lich kennen: Susanna von Klettenberg, gottinnig-herzensfromm, Lavater mit
seiner sinnlichen Christusliebe und Goethe der Himmelsstürmer, dem die christliche Lehre nur schönes Symbol scheint, der sich bereits innerlich von pietistisch-
herrnhutischem Wesen befreit. Angesichts des Todes einer geliebten Schwester,
Maria Magdalene verehelichten von Trümbach, war der Seelenbund mit dem
jungen Freunde geschlossen worden, der sich aus dem Welttreiben nach Seelen-
wärme, innerem Mittelpunkt sehnte; der Eindruck einer kränklichen und durch
ihre Krankheit im Glauben noch überzeugter gewordenen Christusanhängerin
hatte sich dem Jüngling tief eingeprägt und in sechs Jahren froher und quälen-
der Erlebnisse befestigt. Jetzt wachen die Klettenberg und Lavater im Wonne-
gefühl, daß ihr Freund und bewunderter Schützling von Gott geführt wird,
über ihm; der Tod stört einen Bund zu dritt noch im selben Winter. Vergessen hat Goethe die verklärte Mahnerin nicht. Ihr Bild trägt er im Herzen,
mit aller Frische taucht es wieder auf, als er zwei Jahrzehnte später die 'Bekenntnisse einer schönen Seele' niederschreibt. Das Ebersdorfer Gesangbuch,
hallisch-pietistisch und herrnhutisch gefärbt, ist nach den 'Bekenntnissen' für
Susanna von Klettenberg das Mittel der Erweckung geworden. Mit Liedern auch
aus diesem Ebersdorfer Gesangbuch hat Frau Rat die Sterbende getröstet.[1]
Vollendeter drückt keines der Kirchenlieder das brünstige Christusverlangen
einer Cordata aus als das aus dem Hallischen Geistreichen Gesangbuch in das
Ebersdorfer übergegangene: 'Eins ist noth! Ach! HErr, dis Eine.'[2] In der
dritten Strophe: 'Wie Maria war beflissen auf des Einigen genieß, da sie sich
zu JEsu füßen voller andacht niederließ' findet sich der Hinweis auf Lukas
10, 39, auf die Geschichte von Maria und Martha. Susanna von Klettenberg
hatte ihren Jesusglauben in den schönen, an diese Stelle anknüpfenden Versen
ausgesprochen[3]): 'Laßt mir mein Marienteil, Lasset mich zu Jesu Füßen Un-
verrückte Ruh genießen; Davor sind mir Kronen feil.' Das Lied 'Eins ist
noth' scheint nachzuwirken in einem anderen Liede Susannas: 'Seele! willst du
Jesum finden' (Die schöne Seele S. 215. — Der Vers 'Laß, was irdisch ist, dahinten' auch ebd. S. 207, 2. Str. 'Laß, was irdisch ist, verschwinden'.) Es gab
Lavaters Christusinnigkeit den rechten Ausdruck. Denn was ist es anders als
das poetische Bekenntnis einer Transsubstantiation mit Christo, eben dessen,
was der Züricher nach Goethes Zeugnis[4]) forderte? Am 10. August 1782 berichtet Lavater an den Weimarer Freund[5]), dem er kurz vorher die weh-
mütigen Worte zugerufen hat[6]): 'Lieber, wenn ich genau noch bin, was ich
vor 9 Jahren war — warum bist du es nicht mehr?', er habe in Wisloch vor
Lutheranern, Reformierten, Katholiken und einigen Juden eine Predigt gehalten
über das: Eins ist Noth! Goethe ist damals im Herzen mit Charlotte von Stein

---

Menschen gefunden werden, in deren Geistern eine gewisse Übereinstimmung, eine Ähnlichkeit (Homogeneum) liegt.'

[1]) Goethe und Lavater S. 252 ff.
[2]) Ebersdorfer Gesangbuch (Zweyte und vermehrte Auflage 1745) Nr. 232.
[3]) Die schöne Seele S. 199.   [4]) Tag- und Jahreshefte 1794 Nr. 86.
[5]) Goethe und Lavater S. 219.   [6]) Ebd. S. 208.

so verbunden, daß er die räumliche Trennung nur schwer ertragen kann. So schreibt er am 25. August an die, die in abgelebten Zeiten seine Schwester oder seine Frau gewesen sein muß: 'Wenn Lavater predigt ei n s ist n oth! So fühl ich auch das Eine das mir Noth ist, dich meine Geliebte mir fehlen. Wie eine süse Melodie uns in die Höhe hebt, unsern Sorgen und Schmerzen eine weiche Wolcke unterbaut, so ist mir dein Wesen und deine Liebe.' Sollte er sich nicht der herrlichen Weise, des tief ins Gemüt eindringenden Rhythmus von Johann Heinrich Schröders Lied erinnert haben? Es scheint mehr als Zufall, daß in Dichtung und Wahrheit bei der Schilderung von Lavaters und Basedows Besuch und bei ihrer Charakteristik von dem Reformpädagogen bemerkt wird[1]): 'Basedow brachte das Einzige mit, was Noth sei, nämlich eine bessere Erziehung der Jugend.' So fest war die Assoziation 'Lavater — eins ist noth' geworden, daß sie sich bei dem Gedenken an die Tage, wo zwischen dem Propheten rechts und dem Propheten links das Weltkind in der Mitten saß, von selbst einfand.

Zu Anfang des Jahres 1795 schrieb Goethe die 'Bekenntnisse einer schönen Seele', das religiöse Buch seines 'Wilhelm Meister'. Das Zusammenleben mit der Klettenberg und mit Lavater, jene Gemeinschaft der Heiligen, erstand ihm mit vollkommener Deutlichkeit. Daß er aber des Wundertäters aus Zürich nur beiläufig erwähnte, hatte seine Ursache in dem Bruche, der längst eingetreten war. Erst 1797, nachdem die Bekenntnisse längst erschienen waren, vernichtete Goethe die Briefe, die er von Cordata seit der Wetzlarer Zeit erhalten hatte. Der Boden schien bereitet für das Aufsprießen des Samenkorns der Ballade vom Gott und der Bajadere, die in kürzester Frist vom 6. bis zum 10. Juni im Wetteifer mit Schiller erwuchs. Daß dem Dichter die Erhebung der Gefallenen unter dem Rhythmus des Liedes von der Vereinigung der suchenden Seele mit Christus erfolgte, kann es uns noch wundern? Nicht ohne Grund wurde anstelle des niederen Gottes Dewendren der höchste der indischen Götter gesetzt, hatte doch auch Lavater den Messias Christus über dem göttlichen Christus ganz vernachlässigt[2]), wie er auch schon 1774 Goethe schrieb: 'Ich habe keinen Gott, als Jesus Christus; — Sein Vater! Großer Gedanke — ist mir nur in ihm; ist mir in allem — wäre mir nirgends, wär' er mir nicht in ihm' (Goethe und Lavater S. 26).

Die Jesusliebe Susannas von Klettenberg und Lavaters führte also zu der Wahl des Metrums unter dem Einflusse des Liedes 'Eins ist noth!' Ob die Umbildung der Strophe, wie Elsa Sprengel annimmt, bewußt oder unbewußt geschah, wie ich glauben möchte, wird nicht zu entscheiden sein.

Für die Verknüpfung der Ballade mit dem Schröderschen Liede kommt aber ein Weiteres in Betracht. Nochmals sei an die dritte Strophe erinnert: 'Wie Maria war beflissen.'

Die von Ernst Braun ermittelte Situationsverwandtschaft der Bibelstelle von der den Herrn salbenden Sünderin mit der Ballade scheint durch die Verse

---

[1]) DW. 14. Buch.   [2]) G. von Loeper, Anm. 539 zu DW.

'Wie Maria war beflissen' ausgeschlossen zu sein. Der gelehrte Protestantismus
hält drei Frauen, die zu Jesu Anhängerinnen zählten, sorgfältig auseinander:
Maria von Bethanien, die Schwester des Lazarus und der Martha, Maria von
Magdala, die der ersten Unterredung mit dem auferstandenen Christus gewürdigt wurde, und die Sünderin von Lukas 7. Doch wird die von Besessenheit
geheilte Maria von Magdala im allgemeinen Sprachgebrauch selbst der Prote-
stanten als die gefallene, die dem Herrn den Liebesdienst erwies, bezeichnet.
Wir reden von Magdalenen als von Mädchen, die ihre Ehre verloren haben.
Für den Katholiken sind gewöhnlich Maria von Bethanien, Maria von Magdala
und die ungenannte Sünderin eine und dieselbe Person. 'Dies darf als die in
der Kirche vorwiegende Meinung bezeichnet werden', sagt Kaulen.[1]) Goethe
hat sicher den Unterschied nicht gemacht: Maria, die Schwester der Martha,
und die Büßende waren ihm eins. Die Evangelisten stimmen nicht überein. Bei
Markus (14, 3—9) und bei Matthäus (26, 7—13) wird Jesus im Hause Simons
des Aussätzigen von einem Weibe gesalbt, dessen sündhafte Vergangenheit nicht
erwähnt ist. Bei Johannes (12, 3—8) salbt Maria in Bethanien, die treue
Freundin des Herrn, seine Füße. Nur Lukas spricht von der Sünderin. Es ist
also auch für den bibelfesten Laien, noch dazu, wenn er über Kombinations-
gabe verfügt, die vorherrschende katholische Ansicht sehr naheliegend. So hätten
wir denn in dem Liede 'Eins ist noth' nicht bloß die Form, sondern auch
eine Stoffquelle für den Gott und die Bajadere.

Noch einen Schritt vorwärts möchte ich gehen. Es läßt sich wahrscheinlich machen, daß Goethe bei der Abfassung der Ballade unter dem Eindrucke
der ergreifend schönen Paraphrase der Stelle von der reuigen Sünderin in
Buch IV von Lavaters Jesus Messias (Nr. XIII) stand.

'Das Wohnen der einzelnen Bajaderen am Ende der Stadt in besonderen
Hütten, die sie beim Besuche von Fremden erleuchten, hört (!) wohl rein dem
Dichter an', sagt Düntzer.[2])

Lavaters Simon lädt den Herrn ein mit Zweifeln im Herzen:

Ist Er ein göttlicher Mann vom Himmel gesandt? Der Messias
Kannst Du nicht seyn! Der Messias betritt nicht die Hütten der Sünder ...

— — — — — — — — — — — — — — — — —

Und ein Weib vernahm mit freudeschlagendem Herzen,
Daß Er gewürdigt hatte den Pharisäer, des Brodes
Zu genießen bei ihm, — und erhob, ergriffen von Gott, hoch
Ihre bebenden Arme gen Himmel ... Ja, hingeh'n will ich!
Sünder hat Er begnadigt — wie, sollt' Er die Sünderin von sich
Stoßen? ... Ich werfe mich Ihm zu Füßen ... Sein göttliches Wort hat
Tief verwundet mein Herz! Ein Blick von Ihm kann mich heilen!
Ja, du Blick der Erbarmung, wie ich dich sahe! Du wirst mich
Tragen, wie auf Flügeln! — So sagte sie, eilt' und umfaßte

---

[1]) In Wetzer und Weltes Kirchenlexikon, 2. Auflage, 8. Band.
[2]) Goethes lyrische Gedichte. Erläutert von Heinrich Düntzer. Zweite, neu bearbeitete
Auflage. Zweiter Band, Leipzig 1876, S. 441.

Ihr alabastern Nardengefäß! — Nicht sich, ach nicht sich mehr,
Nicht ihr wallendes Haar, die röthliche Wange, den Nacken
Und Busen zu salben — nur Den, den Gott mit der Fülle
Seines Geistes gesalbt —. den Einzigen, dem sie nicht Namen
Fand, wie sehr sie auch suchte. — Sie ging mit dem Schritte der Demuth
Und des Muthes . . .

_____ _____ _____ _____ _____ _____ _____

Eilend drängte sie sich von hinten zu Jesus — und goß schnell
Von dem duftenden Oele, bereitet aus edlen Gewürzen,
Ueber des Göttlichen Haupt. Der Wohlgeruch füllte des Saales
Hohe Wölbung; füllte das Haus! Sie sank zu den Füßen
Des Begnadigers! Also sah' sie Sein freundliches Auge . . .
Ach! Er duldet's! Er duldet's! — Du kennst mich, sagte sie leise,
Du verstoßest mich nicht! So sagte sie — küßte die Füße,
Netzte mit strömenden Thränen der Wehmut, Thränen der Wonne
Und der zerschmelzenden Scham, mit Thränen, wie inniger, wärmer
Niemals rannten herab vom Auge sterblicher Sünder,
Ach, die duldenden Füße des Sündenbegnadigers! Trocknet'
Dann mit dem wallenden Haar' die thränenbefeuchteten Füße!
Goß dann wieder auf sie den Balsam! . . . Weinete lauter,
Freier, herzlicher immer. — Ihr heiligen Füße betratet,
Ach! wie manche Hütte des Elends — verschmähtet die Schwelle
Nicht zu betreten, die Sünder betraten! . . .

Die Zweifel Simons werden noch größer.

Kennt Er die Sünderin? Weiß Er,
Daß sie willig sich gab der geilen Umarmung? Wie kann Er
Zuseh'n? Dulden und schweigen?

Endlich umschreibt Lavater Lukas 7, 44:

Erblicktest du, Simon, dies Weib hier?
Sieh'! Ich kam in dein Haus . . . Nicht gabst du mir Wasser, die Füße
Von dem Staube der Reise zu waschen . . . Die Sünderin netzte
Mit den heißesten Thränen mir unaufhörlich die Füße,
Trocknete sie mit den Haaren ihres Hauptes.

Als ihr die Vergebung zuteil geworden ist, heißt es:

Und sie ließ ihr Gefäß, stand auf, erhob in die Höhe
Ihre himmelstrebenden Hände! Dankt' und verstummte!
Gieng! Sie wußte nicht, wie? Ob wiederkehren, zurücksehn!
Gieng — wohin? In die Kammer, wo Sünden auf Sünden, wo Thränen
Sie auf Thränen gehäuft — und sank auf ihr Angesicht nieder. —

Ist auch der Gott und die Bajadere ein Bruchstück von Goethes Lebens-
beichte? August Wilhelm Schlegel nahm es an, denn er schrieb am 24. September 1797: 'Mit der Bajadere haben Sie Ihr Geheimniß ein wenig verraten:
wir lassen es uns nun nicht ausreden, daß Sie der Gott Mahadöh selbst sind, der
jetzt, ich weiß nicht in der Wievielsten Verwandlung auf der Erde umhergeht.'[1])

_____

[1]) Goethe und die Romantik I (Schriften der Goethe-Gesellschaft 13) S. 7.

An das venetianische Epigramm:

> Lange sucht' ich ein Weib mir, ich suchte, da fand ich nur Dirnen.
> Endlich erhascht' ich Dich mir, Dirnchen, da fand ich ein Weib

als an eine Vorstufe der Ballade ist längst gedacht worden, und das Verhältnis zu Christianen hat doch wohl Schlegel im Auge gehabt. Ohne das Erlebnis wäre vielleicht Sonnerats Anregung nicht auf fruchtbaren Boden gefallen.

Wenn wir das Zeugnis des Dichters in dem 1822 verfaßten Aufsatz 'Bedeutende Förderniß durch ein einziges geistreiches Wort' beachten, dann können wir nicht glauben, daß erst die Bekanntschaft mit Sonnerats Reisen auf den Stoff hingelenkt habe. Dieses Werk ist 1783 erschienen. Aber schon Friedr. Heinr. von der Hagen hat im 2. Bande seiner Germania auf eine etwas ausführlichere, deutsch bereits 1663 veröffentlichte Fassung der Legende hingewiesen.

Freilich, daß auch dieser Stoff 40—50 Jahre ausgetragen worden sei, ist trotz Goethes Versicherung unmöglich. Für den decidierten Nichtchristen konnte das psychologische Thema des Gedichtes nicht die Fassung haben wie für einen Christusverehrer nach Art eines Lavater. Aber die Überzeugung, im Stande der Erwählten zu sein, hat Goethe sicher mit Cordata geteilt, wenn sie auch mehr unbewußtes Gefühl war. Es ist bemerkenswert, daß wir aus den Jahren 1782 und 1783 die Daten besitzen, die auf eine Konzeption der Ballade hindeuten: die Briefstelle Lavaters, den schwärmerischen Ausdruck der Liebe zu Charlotte von Stein, das Erscheinen des Teiles der Messiade Lavaters, in dem sich die Salbung Jesu erzählt findet, endlich Sonnerats Reisen. Vollkommene Hingabe an ein Höheres, das Streben des reinen Herzens, sich selbst zu entäußern, wie oft hatte Goethe das empfunden! 'Wir heißen's fromm sein'! Liebe in ihrer schönsten Form ist Frömmigkeit.

Solcher sel'gen Höhe

> Fühl' ich mich teilhaft, wenn ich vor ihr stehe. (Elegie aus dem Jahre 1823.)

Frau von Stein war für Goethe das Ideal. Und wenn er getreu nach Johann Heinrich Schröder und nach Lavater 1823 'Eins und Alles' predigt, da ist ihm der Grundgedanke der 'Braut von Korinth' und des 'Gottes und der Bajadere' gegenwärtig:

> Im Grenzenlosen sich zu finden,
> Wird gern das Einzelne verschwinden,
> Da löst sich aller Überdruß;
> Statt heißem Wünschen, wildem Wollen,
> Statt läst'gem Fordern, strengem Sollen,
> Sich aufzugeben, ist Genuß.

Die liebende Bajadere gibt sich selbst auf; mit ausgestreckten Armen springt sie in den heißen Tod; feurige Arme heben sie empor. Gott kommt dem Menschen, der sich selbst überwunden hat, entgegen. Und wie Ganymed wird sie umfangend umfangen, eins mit dem Geliebten, in dem sie ihr Alles fand.

DER GEGENWÄRTIGE STAND DER VÖLKERPSYCHOLOGIE

Von Alfred Vierkandt

Die große Wundtsche Völkerpsychologie samt ihren kleineren Geschwistern[1]
hat gewiß dahin gewirkt, daß diese vielumstrittene Disziplin gegenwärtig in
weiteren Kreisen mindestens Beachtung gefunden hat. Daß damit eine klare
Auffassung von ihr, eine wohlbegründete Stellungnahme zu der Frage ihrer Berechtigung und ihrer Ziele, eine Einsicht in die ihren Inhalt ausmachenden
Probleme im Publikum verbunden sei, wird man schwerlich behaupten können.
Vielmehr ist die hohe Autorität Wundts einer Einsicht in den ganzen Sachverhalt eher ungünstig. Denn eine solche Autorität hat die Neigung, gleichsam
überzustrahlen auch auf solche Gebiete, für die sie in Wirklichkeit keinen Anspruch auf Geltung besitzt. Auch die Kritik, die Wundts Völkerpsychologie erfahren hat, ist im allgemeinen nicht dazu angetan, den Leser über den Sachverhalt völlig aufzuklären. Von den verschiedensten Seiten hört man den geradezu monumentalen Wert des Werkes preisen, ohne zu erfahren, worauf er
eigentlich beruht; von einem wirklichen kritischen Eindringen ist in der Regel
nicht die Rede. Bezeichnend dafür ist, daß, soweit dem Verfasser bekannt, bis
auf wenige Ausnahmen[2] alle Kritiken eine fundamentale Tatsache des Werkes
völlig verschwiegen haben: Wundt hat das Programm der Völkerpsychologie,
das er aufgestellt hat, selber gar nicht durchgeführt.

Die folgenden Zeilen versuchen dem Leser eine Einführung zu geben in
den gegenwärtigen Stand der betreffenden Probleme und der gesamten wissenschaftlichen Bewegung, die hier in Frage kommt. Es handelt sich hier freilich
nicht um eine fertige Wissenschaft. Aber man darf denen nicht beistimmen,
die deswegen alle einschlägigen Bemühungen für dilettantisch und wertlos
halten. Es muß auch den Wissenschaften gegenüber eine neue Auffassung des
geschichtlich-kulturellen Lebens zur Geltung kommen — eine Auffassung, die
neben dem Fertigen auch dem Werdenden gerecht wird. Die Zeit ist vorüber,

---

[1] Wilhelm Wundt, Elemente der Völkerpsychologie. Grundlinien einer psychologischen
Entwicklungsgeschichte der Menschheit. Leipzig, W. Engelmann 1912. — Derselbe, Probleme
der Völkerpsychologie, Leipzig 1911.

[2] Carlo Sganzini, Die Fortschritte der Völkerpsychologie von Lazarus' bis Wundt
(Bern 1913) S. 244 f. Vgl. auch Pflaum, Die individuelle und die soziale Seite des seelischen
Lebens (Wiesbaden 1906) S. 16. Auch der vortreffliche Überblick, den Max Frischeisen-
Köhler in seinem Aufsatz 'Der gegenwärtige Stand der Sprachphilosophie' in der Germa-
nisch-romanischen Monatschrift (März 1912) über die Grundgedanken des einschlägigen
Teiles der Wundtschen Völkerpsychologie gibt, hat die im Text betonte Tatsache unbeachtet
gelassen.

in der alle wissenschaftliche Tätigkeit sich auf eine Reihe fester in sich abgeschlossener Disziplinen bezog, die völlig selbständig und abgeschlossen nebeneinander standen, so etwa, wie man Briefe in die verschiedenen Abteilungen eines Fächerwerkes steckt. Neben den Wissenschaften alten Schlages gibt es heute Grenzdisziplinen von schwankender Abgrenzung, sodann Forschungseinheiten (wie z. B. das Gebiet der Gehirnforschung) und endlich wissenschaftliche Bestrebungen, die sich um Sammelnamen wie Soziologie, Sexualforschung usw. gruppieren. Dem wissenschaftlichen Leben der Gegenwart kann man nur gerecht werden, wenn man überall nach den Kräften und Tendenzen fragt, die seiner Bewegung zugrunde liegen.

Im folgenden soll zunächst (I) von dem Programm der Wundtschen Völkerpsychologie, sodann (II) von der tatsächlichen Art ihres Inhalts und endlich (III) von den anderweiten Leistungen und den Hauptproblemen auf dem einschlägigen Gebiete die Rede sein. Ausdrücklich bemerkt sei, daß keinerlei Werturteil über Wundts Werk abgegeben werden soll. Der Zweck der folgenden Zeilen, soweit sie sich mit diesem befassen, ist vielmehr lediglich der, zu zeigen, daß sein Inhalt der Problemstellung nach betrachtet keine Einheit bildet, und insbesondere keine neue besondere Disziplin darstellt, vielmehr in dieser Beziehung unter mehrere voneinander durchaus verschiedene Rubriken fällt.

I

Die Völkerpsychologie hat es nach Wundt zu tun mit der 'Analyse jener Erscheinungen, die aus der geistigen Wechselwirkung einer Vielheit von Einzelnen hervorgehen', oder anders ausgedrückt mit den 'Erscheinungen, bei deren Entstehung neben den subjektiven Eigenschaften des menschlichen Bewußtseins noch die besonderen Bedingungen des gemeinsamen Lebens in Betracht kommen'. Sie ist in anderer Wendung 'eine Erweiterung und Fortsetzung der Psychologie auf die Phänomene gemeinsamen Lebens'. In den 'Elementen' heißt es S. 3: 'Die Aufgabe der Völkerpsychologie ist uns in allen den geistigen Erzeugnissen gegeben, die aus der Gemeinschaft des menschlichen Lebens hervorgehen und die nicht aus den Eigenschaften des einzelnen Bewußtseins allein zu erklären sind, weil sie die Wechselwirkungen vieler voraussetzen.'

Den Kern dieser Bestimmungen können wir uns in folgender Weise klarmachen: der Mensch ist seiner Natur nach ein durch und durch soziales Wesen, und so sind auch alle seine Bewußtseinsvorgänge von seiner Umgebung irgendwie mittelbar oder unmittelbar abhängig. Nicht immer braucht jedoch diese Abhängigkeit beachtet zu werden; vielmehr lassen sich innerhalb der Psychologie im Hinblick auf die soziale Natur des Menschen zwei Gruppen von Problemen unterscheiden. Bei der einen kann von der sozialen Natur des Menschen abgesehen und er als ein isoliertes Wesen behandelt werden: hier haben wir es mit der 'gewöhnlichen' Psychologie zu tun. Bei der anderen Gruppe aber darf von jener Abhängigkeit nicht abstrahiert werden, vielmehr muß das Seelenleben der Einzelnen im Zusammenhang der Gemeinschaft untersucht werden: 'Die Gemeinschaft führt für die Wirksamkeit der Kräfte und Anlagen

neue Bedingungen mit sich, durch welche eigentümliche Erscheinungen auftreten, deren Verständnis immer eine Berücksichtigung beider Faktoren, des
individuellen und des allgemeinen, erfordert.'[1] Dies ist das Gebiet der 'Völkerpsychologie'. Drei Gruppen von Problemen lassen sich hier unterscheiden:
erstens können die Tatsachen des Seelenlebens beschrieben werden, soweit
Wechselwirkungen und Beeinflussung durch die Umgebung sie spezifisch färben;
zweitens handelt es sich um die Erklärung solcher Bewußtseinsvorgänge, für
deren Zustandekommen der Mechanismus der Wechselwirkung oder überhaupt
der Beeinflussung wesenhaft ist; drittens kann man nach dem seelischen Mechanismus fragen, der gewissen Tatsachen der Kultur, z. B. der Sprache, der Sitte,
der primitiven Kunst usw. zugrunde liegt, sofern dabei wiederum Wechselwirkungen wesentlich sind. Hier würden freilich nicht mehr die seelischen Vorgänge selbst, sondern gewisse 'Objektivationen' in Frage kommen, mithin statt
der Psychologie eine Anwendung derselben vorliegen. Beispiele für die hier
angedeuteten verschiedenen Gruppen von Problemen wird der Leser im dritten
Teil kennen lernen. Hier handelt es sich nur um die Formulierung der Aufgabe, die Wundt selber sich gestellt hat. Wir haben nach ihr, um es zu wiederholen, Untersuchungen zu erwarten über solche seelischen Vorgänge besonderer
Art, die auf Wechselwirkungen beruhen, und Aufklärung darüber, wie diese
Wechselwirkungen oder das Verhältnis der Gemeinschaft ganz spezifische Wirkungen in der Seele des Einzelnen hervorbringen.

Tatsächlich kommt das Seelenleben im Zusammenhang der Gemeinschaft
bei Wundt nur an ein paar Stellen in Frage. So bei der Behandlung des Laut-
wandels. Hier unterscheidet Wundt zwei Typen, die als singulärer und regu-
lärer einander gegenübergestellt werden. Bezeichnend für unser Problem ist, daß
bei dieser Abgrenzung neben einem logischen und einem psychophysischen auch
ein soziologischer Gesichtspunkt zur Anwendung kommt. In dieser Beziehung
besteht der Hauptunterschied zwischen ihnen in den verschiedenen Graden von
Bedeutung, die das Individuum für beide besitzt. Bei dem einen Typus überwiegen durchaus die kollektiven Kräfte, während bei dem anderen das einzelne
Individuum eine relativ größere Bedeutung besitzt. Eine entsprechende Unterscheidung hat Wundt auch für den Bedeutungswandel durchgeführt. Es sei
hinzugefügt, daß ganz allgemein bei dem Kulturwandel zwischen den beiden
Typen des regulären und des singulären Wandels unterschieden werden kann.[2]
Bei diesen Untersuchungen befinden wir uns also mitten im Zusammenhange
des Gemeinschaftslebens. Freilich wenn wir nun fragen, in welcher Weise dadurch die seelischen Vorgänge der einzelnen besonders gefärbt werden, so erhalten wir darauf kaum eine Antwort. Das Interesse der einschlägigen Untersuchung liegt vielmehr durchaus auf der objektiven Seite. Eben die Tatsachen des Laut- und Bedeutungswandels selbst sollen aus dem Mechanismus
der Wechselwirkung der Individuen begreiflich gemacht werden. Genau be-

---

[1] Wundt, Logik, 3. Aufl. III 38. Man vergleiche dazu die ähnliche, aber auf völlig
selbständigen Gedankengängen beruhende Formulierung bei Simmel, Soziologie S. 561.
[2] Vgl. meine 'Stetigkeit im Kulturwandel' S. 112.

trachtet, kann daher nicht von Psychologie selbst, sondern höchstens von der
Anwendung einer solchen die Rede sein.

Teils dieselben, teils verwandte Fragen hat Wundt dann in dem dritten
Aufsatz der 'Probleme der Völkerpsychologie' behandelt. Er polemisiert hier
namentlich u. a. gegen Hugo Schuchardts 'Individualistische Theorie der Neubildung von Wörtern'. Danach entstehen neue Wörter allgemein so, daß in
einem kleinen Kreise zufällig ein Einzelner etwa im Scherz oder Spiel eine
neue Bezeichnung 'erfindet' und diese sich dann allmählich ausbreitet. Diese
Auffassung wird manchem Leser wohl recht einleuchtend erscheinen. In der
Tat erheben sich gegen sie jedoch alle die Bedenken, die überhaupt gegen
Zufalls- und Erfindungstheorie bestehen: woher soll die Resonanz der Umgebung
bei einem rein zufälligen Einfall kommen? Und wenn diese nicht nötig ist, wie
kommt es dann, daß wir nicht jeden Tag mit neuen Wörtern überflutet werden,
da doch fortgesetzt hier und da einmal im kleinen Kreise eine neue Wendung
oder ein neuer Ausdruck gebildet wird? Wundt lehnt demgemäß Schuchardts
Standpunkt ab; aber er begnügt sich in der Hauptsache mit der Behauptung
seiner Verfehltheit: eine eingehende Begründung sucht man vergebens. Sie
würde in der Tat mitten in die Probleme einer Theorie der Wechselwirkungen
hinein- und damit zugleich allerdings über das Gebiet der rein psychologischen,
selbst der 'gemeinschaftspsychologischen' Fragen hinausführen.

Auch die allgemeinen Erörterungen über das Wesen der mythologischen
Erzählung gehören hierher. In ihr soll in einer eigenartigen Weise das Individuelle mit dem Kollektiven verquickt sein, und durch diesen Einschlag
des Kollektiven unterscheidet sich die mythologische Kunst von der freien
Kunst ebenso, wie an anderer Stelle eine mythenbildende und eine dichterisch
freie Phantasie einander gegenübergestellt sind. Das Eigentümliche der mythologischen Erzählung liegt darin, daß das Dichterische an ihr individualistischer,
das Mythologische aber kollektivistischer Natur ist. Die mythologische Denkweise ist nämlich ein Erzeugnis der Gesamtheit. Freilich nur in dem Sinne,
daß für die Entstehung jedes ihrer Gebilde eine relativ große Anzahl von Individuen gleichzeitig und unabhängig voneinander in Betracht kommen, und
daß jeder einzelne Beteiligte durch einen andern ersetzt gedacht werden kann.
Eine Vorstellung wie z. B. die, daß die Sonne beim Untergang von den Wolken
oder der Erde oder dem Meer verschlungen wird, ist in diesem Sinne ein Kol-
lektivgebilde. Wenn aber daraus eine Erzählung geschaffen wird, in der eine
Verschlingung als ein einmaliger konkreter Vorgang auftritt, so rührt diese von
einem einzelnen Dichter her. Bei jeder mythologischen Erzählung hat sich demgemäß die Phantasie in zweierlei Weise betätigt: als kollektive Phantasie steht
sie der Anschauung nahe und ist eng an sie geknüpft, während die dichterische Phantasie kraft ihrer höheren Entwicklung sich völlig frei bewegen
kann.[1] 'Bei der mythologischen Erzählung', sagt demgemäß Wundt, 'können

---

[1] S. besonders 'Völkerpsychologie' 1. Aufl. II 3 S. 12. 18. 311 f.; vgl. dazu sowie überhaupt für das Folgende meine Literaturberichte im 'Archiv für die gesamte Psychologie'
Bd. 7, Lbr. S. 251, Bd. 10, Lbr. S. 49 und Bd. 23, Lbr. S. 1 f.

wir unmittelbarer als in der Sprache in die Werkstätte des geistigen Zusammen-
wirkens der Einzelnen mit den in der Gemeinschaft verbreiteten Anschauungen
hineinblicken.' Tatsächlich ist die weitere Behandlung der Mythen der Naturvölker bei Wundt aber nicht darauf gerichtet, derartige Einblicke zu gewinnen.
Vielmehr ist sie statt dessen ganz dem Objektiven, d. h. den Mythen selbst und
den in ihnen enthaltenen Motiven zugewandt.

II

Damit sind in der Hauptsache aber die Fälle erschöpft, in denen von Problemen einer Gemeinschaftspsychologie gesprochen werden könnte. Nur ein geringer Teil des Werkes gehört hierher. Was macht im übrigen seinen Inhalt
aus? Wir können ihn in vier Gruppen einteilen: 1. Psychologie im Sinne der
'Individualpsychologie' (d. h. der 'gewöhnlichen' Psychologie); 2. Anwendungen
der Psychologie; 3. Vorwissenschaftliche Seelenerkenntnis; 4. Ethnologie und
Sprachwissenschaft. Wir betrachten jetzt diese Gruppen der Reihe nach.

1. Von der Eigenart des Seelenlebens auf der tiefsten Stufe der heutigen
Menschheit handelt Wundt in den 'Elementen' S. 68 ff. An den Tatsachen der
Sprache charakterisiert er das Denken als ein ausgesprochen gegenständliches
— vielleicht könnte man besser sagen als ein durchaus anschauungsnahes, bei
dem alle logische Verarbeitung völlig zurücktritt vor der einfachen rein asso-
ziativ aneinanderreihenden Wiedergabe äußerer Tatsachen. Hier wird ein eigenartiger Typus des Seelenlebens geschildert. Anders ist der Sachverhalt bei der
Erörterung S. 109 ff. über die intellektuellen und moralischen Eigenschaften des
Primitiven. Hier wird an der Hand einiger Beispiele betont, daß seine Intelligenz nicht als gering angeschlagen werden darf, und daß dasselbe von seinen
moralischen Eigenschaften gilt, sofern die äußeren Lebensbedingungen einigermaßen günstig sind. Diese Erkenntnisse gehen grundsätzlich nicht über dasjenige Maß des Erkennens innerer Zustände hinaus, das wir auch im täglichen
Leben fortgesetzt üben und das unter ein anderes Rubrum als dasjenige der
Psychologie fällt. Echt psychologisch ist dagegen wieder die Zergliederung
der mythologischen Denkweise bei Wundt. Von der Romantik her ist noch
heute die Neigung vielfach verbreitet, die mythologische Denkweise auf geheimnisvolle spezifische Kräfte einer Urzeit zurückzuführen, die in den späteren
Stadien verblaßt waren. Wundt betont demgegenüber mit Recht, daß sie lediglich entwicklungsgeschichtlich, als Eigentümlichkeit tieferer Stufen der Menschheit zu erklären ist: 'Die Anfänge des menschlichen Denkens, die wir als die
mythologische Stufe desselben bezeichnen', sind 'nichts Spezifisches, den ent-
wickelteren psychologischen Funktionen fremd gegenüber Stehendes, sondern
sie sind lediglich diese Funktionen selbst in der ursprünglichen . . . Form ihrer
Betätigung.'[1]) Die Art, wie Wundt diesen Satz durch eine Zergliederung der
mythologischen Denkweise und eine Charakteristik ihrer einzelnen Eigentümlichkeiten begründet, müssen wir hier übergehen. Natürlich ist das Psychologie,

---

[1]) Völkerpsychologie 1. Aufl. II 1 S. 589.

aber zugleich ist es Individualpsychologie, denn die Tatsache der Gemeinschaft kommt bei der Untersuchung gar nicht zur Geltung, vielmehr ist die Gesamtheit bei ihr gleichsam durch ein einziges Individuum repräsentiert. Die Entwicklung derartiger Typen bildet aber eine Ausnahme. Z. B. bei der Behandlung der Zauberei vermissen wir schmerzlich die allgemeine Charakteristik derjenigen Denkweise, die sich eben in der Zauberei betätigt und die nach ihrem Wesen mit der mythologischen eng verwandt ist. Es kommt hier in Betracht u. a. die Neigung zu falschen anthropozentrischen Kausalauffassungen, die einer starken Selbstüberschätzung entspringt, die Neigung, alle körperlichen Eigenschaften unmittelbar dinglich aufzufassen, alle Handlungen und Leistungen unmittelbar mit der Vorstellung der sie erzeugenden Persönlichkeit ohne Beobachtung der sie vermittelnden Zwischenglieder zu verknüpfen usw. — kurz gewisse Eigentümlichkeiten in der Struktur und in dem Zusammenhang des Seelenlebens, von denen weiter unten die Rede sein wird. Auf diese Tatsachen ist Wundt nicht eingegangen. Seine Untersuchung hat wieder die objektive Seite, d. h. eben die äußeren Tatsachen der Zauberei, vorangestellt. Und so ist es mit seinem Werke überall. Der Schwerpunkt liegt durchgängig auf dem Objekt, auf den Wortbedeutungen, der Syntax, den verschiedenen Kunstformen, den verschiedenen Vorstellungen von der Seele, den einzelnen Zauberriten usw. Auf das Innere selbst ist überwiegend nur zum Zweck der Erklärung und des Verständnisses und zwar in den meisten Fällen nicht einmal auf besondere Typen des Seelenlebens zurückgegriffen. Vielleicht hat gerade diese Tatsache erheblich dazu beigetragen, daß das Werk in den Kreisen der Vertreter der Geisteswissenschaften so viel Ansehen und Verbreitung gewonnen hat; eben hier wird man auch für die grundsätzliche Frage weniger Interesse haben, wieweit in ihm wirklich Psychologie und von welcher Art enthalten ist.

2. Von einer Anwendung der Psychologie ist in großem Maßstabe bei der Behandlung der Sprache zu sprechen, da wo die Lehre von den Ausdrucksbewegungen zum Verständnis der ursprünglichen Bedeutung der Wörter von Wundt herangezogen wird. Auf den Zusammenhang der Sprache mit den Ausdrucksbewegungen die Aufmerksamkeit gelenkt zu haben, ist gewiß ein großes Verdienst Wundts. Die Ausdrucksbewegungen gehören zu der natürlichen Ausstattung des Menschen, und die aus ihnen hervorgegangenen Gebärdensprachen haben diesen 'natürlichen' Charakter in hohem Maße bewahrt. Wenn statt dessen die Lautsprachen einen natürlichen Zusammenhang zwischen Laut und Bedeutung fast nirgends mehr erkennen lassen, so muß das auf eine geschichtliche Entwicklung zurückgeführt werden, die diesen ursprünglichen Zusammenhang zerstört hat. Wundt sucht an einer Reihe von Beispielen nachzuweisen, daß sich Spuren eines solchen Zusammenhanges noch heute feststellen lassen. Hier liegt in der Tat eine Anwendung der Psychologie vor, aber man beachte dabei, daß die Lehre von den Ausdrucksbewegungen an sich durchaus in das Gebiet der Individualpsychologie gehört, so wie sie auch Wundt selbst in seiner allgemeinen Psychologie ausführlich vorgetragen hat. Ähnliches gilt von der Lehre von der Phantasie, wie sie Wundt im Anfange des der Kunst gewid-

meten Bandes behandelt. Hier ist von den einfachsten Formen der Phantasietätigkeit, wie sie sich bei der Wahrnehmung und im kindlichen Spiele äußern,
die Rede. In den späteren Kapiteln wird auf gewisse hier festgestellte Tatsachen gelegentlich zur Lösung von Problemen Bezug genommen; insbesondere
auf die Tatsache, daß die Phantasietätigkeit überall von äußeren Anregungen
und Reizen abhängig ist, wenn auch durchaus nicht von ihnen allein bestimmt
wird. Auch hier haben wir eine Anwendung der Psychologie vor uns, aber in
dieser Psychologie tritt wieder nur das einzelne Individuum uns entgegen.

Eine sehr wichtige und sehr verdienstvolle Anwendung der Psychologie besteht
sodann in der fortgesetzten Kritik, die Wundt an der von ihm so genannten Vulgärpsychologie übt, da wo deren Anschauungen den Erklärungsversuchen der
Forscher zugrunde liegen. Hier handelt es sich um gewisse Grundvoraussetzungen
über die Natur des Seelenlebens und damit nicht nur um ein psychologisches, sondern
zugleich um ein wesentlich philosophisches Problem. Und gerade in der Kritik
falscher Grundvoraussetzungen, die in der Regel gar nicht klar zum Bewußtsein
kommen, ist Wundt ein Meister. So ist auch seine fortgesetzte Bekämpfung der
Irrtümer der Vulgärpsychologie ein großes Verdienst, weil das allgemeine Denken
und so auch dasjenige der Gelehrten, soweit sie nicht Psychologen und Philosophen
sind, noch vielfach in sie verstrickt ist. Ihr Grundfehler liegt in einer Überschätzung der intellektuellen Seite des Menschen und zugleich der Bedeutung
des Individuums: sie führt alles Handeln auf klare Erkenntnis und klare Ziel-
setzung zurück und schreibt dem Menschen ein viel zu hohes Maß von Voraus-
sicht, schöpferischer Fürsorge und Einsicht zu. Nach dieser Anschauung soll
z. B. der Jäger zum Viehzüchter geworden sein, weil ihn eines Tages der Trieb
anwandelte, die Tiere als Haustiere zu halten statt sie zu jagen, indem dieses
Verhalten ihm nämlich als bequemer und ergiebiger erschien. Ebenso soll der
Nomade den Pflug erfunden und dann, statt die Rinderherden zum Zweck des
Milchgenusses herumzuführen, den Ochsen an ihn gespannt haben usw. Wie
nach dieser alten Anschauung die ganze Entwicklung der Stufen der Ernährung auf einer klugen Vorausberechnung und fortgesetzten Erfindung beruht,
und wie unmöglich diese ganzen Anschauungen sind, hat Wundt sehr schön in
den 'Elementen' S. 287 ff. auseinandergesetzt und dieser überlieferten Anschauung die Forschungen und Aufstellungen Eduard Hahns als die richtigen gegenübergestellt.[1) Andrerseits fehlt jener Vulgärpsychologie das Verständnis für
die Abhängigkeit des einzelnen von seiner Umgebung und die Grenzen, die ihm
dadurch gezogen sind. Einen so grundlegenden und weitverbreiteten Komplex
von Sitten und Vorstellungen wie den Totemismus erklärt in diesem Sinne eine
alte Theorie daraus, daß einzelne Menschen Spottnamen für manche andere
Stämme erfunden hatten, wobei sie sich der Namen gewisser Tiere bedienten,
und daß diese Benennung sich einbürgerte und hieraus dann alle die Vorstellungen und Riten von der Verwandtschaft der Menschen mit den Tieren

---

[1) Eduard Hahn hat diese Anschauungen neuerdings in einer kurzen populären Darstellung zusammengefaßt: 'Von der Hacke zum Pflug' (Wissenschaft und Bildung Bd. 127),
Quelle & Meyer, Leipzig 1914.

entstanden seien. Zwei Gruppen verfehlter Theorien sind es, die auf diesen falschen Voraussetzungen erwachsen: die Erfindungstheorien und die Zufallstheorien. Sie beruhen auf zweierlei Reihen von Irrtümern: in soziologischer Hinsicht verkennen sie die Tatsache der Resonanz, d. h. die Tatsache, daß irgend welche individuellen Leistungen einen Widerhall bei ihrer Umgebung finden müssen, damit sie für das geschichtliche Leben von Bedeutung werden können; selbst von der Mode im modernen Leben weiß man bekanntlich, daß durchaus nicht jede Modeerfindung sich 'lancieren' läßt. In psychologischer Hinsicht wird die Tatsache des allgemeinen Zusammenhangs des Seelenlebens überall da verkannt, wo man ein plötzliches unvermitteltes Auftauchen neuer Gedanken, neuer Zielsetzungen oder auch völlig neuer dichterischer und anderweiter künstlerischer Motive für möglich hält — eine Tatsache, die in einem früheren Bande dieser Zeitschrift Richard M. Meyer vorzüglich beleuchtet hat.[1]

Von dem Intellektualismus der Vulgärpsychologie nachteilig beeinflußt ist auch derjenige Anschauungskreis, der vielfach als Theorie des Animismus bezeichnet wird, diejenige Anschauung über Ursprung und Ursache des Seelenglaubens und Seelenkultus, die bis um die Wende des Jahrhunderts allgemein geherrscht hat, seitdem aber durch andere Anschauungen, die vor allem die Bedeutung der Zauberei betonen, erheblich zurückgedrängt ist. Der Seelenglaube ist nach dieser Anschauung als eine Art Entdeckung oder Erfindung entstanden, als eine Erklärung der Traumbilder oder aus dem Staunen und Schrecken über die Erscheinung des Todes. Der sogenannte Seelenkultus aber soll vor allem dem Verlangen entspringen, die abgeschiedene Seele zu versöhnen, von der man annimmt, sie sei über den Abschied vom Leben und die Trennung von seinen Gütern unzufrieden. Wieviel an schöpferischer Kraft der Erfindung, wieviel an kluger Überlegung und feinsinniger phantasievoller Einfühlung wird hier dem Menschen der Vorzeit zugemutet! Leider hat Wundt gerade an dieser Stelle die Waffen der Psychologie nicht im vollen Umfange angewendet. Er hat die Bekämpfung zum Teil statt dessen auf das objektive Gebiet verlegt und hat hier in sehr verdienstvoller Weise den Begriff der 'Körperseele' aufgestellt, deren Vorstellung eine Vorstufe für die Vorstellung von der frei beweglichen Seele bilden soll; damit hört der Glaube an die letztere auf eine Schöpfung aus dem Nichts zu sein.

3. An vielen Stellen des Wundtschen Werkes ist zwar auch von inneren, d. h. seelischen Zuständen die Rede; trotzdem kann man dabei aber weder von Psychologie noch von ihrer Anwendung sprechen. Vielmehr fallen diese Erörterungen in das Gebiet dessen, was man als vorwissenschaftliche Seelenkenntnis bezeichnen kann. Damit ist diejenige Art Verständnis des Inneren gemeint, die auch der Laie besitzt und die fortgesetzt von ihm im täglichen Leben angewendet wird; der Politiker, der Unternehmer, der Erzieher, sie alle bauen ihre Handlungen auf gewissen Voraussetzungen über die Natur der von ihnen zu beeinflussenden Menschen und über die besondere Art ihrer Inter-

---

[1] Neue Jahrb. 1912 XXIX 645 f. Ein Versuch einer grundsätzlichen Widerlegung der Zufalls- und Erfindungstheorien in meiner 'Stetigkeit' S. 95 f. 130 f.

essen, ihrer Vorstellungen und Wünsche, ihrer Beeinflußbarkeit usw. auf, mögen ihm diese Voraussetzungen nun zum Bewußtsein kommen oder nicht. Wenn man in diesem Sinne sagt, ein tüchtiger Lehrer oder ein tüchtiger Kriminalist müsse ein guter Psychologe sein, so gebraucht man das letztere Wort dabei offenbar in einem ganz anderen Sinne, als wenn man an die Wissenschaft der Seelenkunde denkt. In eben diesem Sinne kann man auch den Dichter als einen genialen Seelenkenner preisen hören. Und auch der Historiker, sowie jeder, der sich überhaupt mit den Geisteswissenschaften befaßt, muß eine gewisse Gabe der Einfühlung und der Intuition besitzen. Denn darum handelt es sich hier wesentlich. Die hier gemeinte Seelenkenntnis besteht in dem, was man das Verständnis des Menschen nennt. Es handelt sich dabei einerseits um die Interpretation, andrerseits um die Erklärung aller der Akte, durch die sich ein inneres Leben nach außen hin kundtut. Auch allgemeine Urteile über menschliche Eigenschaften, menschliche Typen und generelle Zusammenhänge der inneren Vorgänge können auf diesem Wege entstehen. Alles das aber ist keine Psychologie im Sinne einer Wissenschaft aus den folgenden Gründen. Erstens ist diese Art Seelenkenntnis vorwiegend durch praktische Zwecke bestimmt, nämlich durch Interessen, die der objektiven Welt, d. h. der Außenwelt zugewendet sind. Man will, wie eben schon angedeutet, die Leistungen, das Verhalten, die Kundgebungen und das Schaffen des Menschen erklären. Das Subjekt wird dabei lediglich zu diesem Zwecke betrachtet. Soweit aber das Subjekt um seiner selbst willen betrachtet wird, fehlen zweitens dieser Art Erkenntnis die spezifischen Mittel der Wissenschaft, insbesondere die wissenschaftlichen Begriffe, d. h. hier die spezifisch psychologischen Begriffe. Was ist unter solchen zu verstehen? Gemeint sind Begriffe, die vom Standpunkt des Subjekts, oder, anders ausgedrückt, vom Standpunkt des unmittelbaren Erlebens als solchem aus gebildet sind. Die hier gemeinte vorwissenschaftliche Denkweise (d. h. die vor der Wissenschaft der Psychologie ausgebildete Denkweise) kennt aber nur eine Art von Begriffen, nämlich solche, die vom Standpunkt des Objektes oder der Außenwelt gebildet sind. An den menschlichen Gedanken interessiert sie z. B. nur der Inhalt oder, genauer gesagt, der Stoff. Sie fragt nur: was wird gedacht, welche Vorstellungen befinden sich in den betreffenden Individuen? Und diese Vorstellungen sind dabei lediglich als eine Art Abbild äußerer Tatbestände gedacht. Die Psychologie als Wissenschaft dagegen fragt in erster Linie: wie wird gedacht? In anschaulicher oder in unanschaulicher Weise, mit Hilfe der Sprache oder ohne sie? usw. Hier kommt es nicht auf den Stoff an, sondern auf das Erlebnis, oder wie man auch sagt, auf den Akt. Und entsprechend ist es auch im Bereiche der Gefühle, der Gemütsbewegungen und der Willenszustände. Das vorwissenschaftliche Denken betrachtet alle seelischen Zustände nur von der rein stofflichen Seite her, insofern sich eben äußere Tatbestände gewissermaßen in ihnen spiegeln. Es bleibt dieses Denken an den Gebilden der Außenwelt orientiert und kann so auch das Innenleben nur nach Maßgabe der in diesem Zusammenhange gebildeten und für sie berechneten Begriffe erfassen. Es ist für dieses Denken nicht die Rede von der Eigentümlich-

keit der inneren Vorgänge in rein seelischer Hinsicht: nicht was sie für die
Seele bedeuten, wie sie aus ihrem Wesen hervorgehen und in ihren Zusammenhang sich einreihen, sondern lediglich, was sie für die Außenwelt bedeuten und
inwiefern sie eine Grundlage für Stellungnahme, Verhalten und Handeln abgeben, kommt hier in Frage.

Von der hier gemeinten Art Seelenerkenntnis ist nun Wundts Völkerpsychologie überall durchdrungen. Geben auch den Hauptstoff seiner Untersuchung die objektiven Tatsachen der Sprache, der primitiven Kunst und der
primitiven Religion ab, so begnügt er sich doch selbstverständlich nicht mit
der Feststellung dieser Tatsachen als solcher, soweit sie unmittelbar zu beobachten sind, sondern überall reihen sich daran die beiden Aufgaben der Interpretation und der Erklärung, die natürlich überall auf das Gebiet des Innen-
lebens hinüberführen. Dabei wird nun vielfach die eigentliche Psychologie selbst
angewendet, besonders, wie vorher erwähnt, in der fortgesetzten Kritik der
Vulgärpsychologie. Aber bei dem überwiegenden Teil der einschlägigen Erörterungen ist doch von dem Seelenleben in keiner anderen Weise die Rede, als
es bei jedem Historiker oder Religionsgeschichtler der Fall ist, immer von
dessen etwaigen prinzipiellen Irrtümern abgesehen.

Wir wollen das Gesagte kurz an dem wesentlichen Inhalt der 'Elemente
der Völkerpsychologie' erläutern. Wenn auf dem Titelblatt als erläuternder Zusatz hinzugefügt ist: 'eine psychologische Entwicklungsgeschichte der Menschheit', so gibt auch dieser Zusatz den Sachverhalt nicht unmißverständlich wieder.
In Wirklichkeit gibt das Werk eine Schilderung der wesentlichsten Kulturstufen
der Menschheit, wobei vorausgesetzt wird, daß es universell verbreitete Stufen
für die Entwicklung der Kultur gibt. Das Buch ist also durchaus der objektiven Welt, nicht dem Seelenleben zugewendet. Es ist auch nicht etwa seine
Absicht, in erster Linie die seelische Eigenart der verschiedenen Stufen zu erforschen, ihre jedesmalige besondere Art zu denken, zu fühlen usw. Wohl ist
in einzelnen Kapiteln davon die Rede; überwiegend aber nur im Sinne der vor-
wissenschaftlichen Seelenkenntnis, wie wir schon oben an einigen Proben zeigten.
Und das Hauptgewicht liegt überhaupt nicht auf dieser Charakteristik der Innen-
seite der Stufen. Beiläufig sei dabei noch auf einen Punkt aufmerksam gemacht.
Fast nirgend ist von Wechselwirkungen, von einer Gemeinschaft als Vorbedingung
oder wesentlichen Ursache der geschilderten Tatsachen die Rede. Wo die objektiven Tatsachen aus dem Innenleben abgeleitet werden, geschieht es immer
so, daß nur von dem Inneren oder der Seele schlechtweg die Rede ist, ohne
eine Unterscheidung mehrerer Personen und ohne Aufdeckung eines Zusammenhanges zwischen ihnen, kurz so, als ob dem geschichtlichen Leben gleichsam
ein einziges großes Individuum zugrunde liege. Das Programm einer Gemeinschaftspsychologie ist also auch in dieser Beziehung nicht verwirklicht.

4. Der größte Teil der Untersuchungen Wundts beschäftigt sich, wie schon
gesagt, mit objektiven Tatsachen, mit Tatsachen der Sprache, der primitiven
Kunst und primitiven Religion. Demgemäß fällt der größte Teil seiner Untersuchungen in das Gebiet teils der Sprachwissenschaft, teils der vergleichenden

Völkerkunde. Auf den letzteren Punkt sei noch ausdrücklich kurz hingewiesen. Bei der Völkerkunde muß man zwischen einer beschreibenden und einer vergleichenden Disziplin (Ethnographie und Ethnologie) unterscheiden. So lebhaft das wissenschaftliche Leben in der ersteren, so schwach entwickelt ist es wenigstens in Deutschland in der letzteren. Die vergleichende Betrachtung, die Aufstellung großer Typen und die Erörterung ihrer Ursachen und Entwicklungsstufen wird vielfach namentlich in unserem Vaterlande mit Mißtrauen betrachtet und als Dilettantismus aufgefaßt. Die Frage nach der Berechtigung dieser Zweifel kann hier nicht erörtert werden. Es sei statt dessen nur darauf hingewiesen, wie sich neben den historischen heute überall allmählich die systematischen Geisteswissenschaften nach Art der Sprachwissenschaft, der Kunstwissenschaft und der Religionswissenschaft zu entwickeln beginnen; und zu diesen steht die vergleichende Völkerkunde ja in naheliegenden Beziehungen. Jedenfalls wird es mehr als einen bedeutenden Ethnographen geben, der Wundt Dank weiß für die großzügige Orientierung in dem unübersehbaren Stoffmeer, die sein Werk auf alle Fälle bedeutet.

III

Ist nun die Völkerpsychologie ein bloßes Phantom? Unsere bisherige Betrachtung ist vorwiegend negativ verlaufen. Von einer Psychologie als Wissenschaft fanden wir wenig bei Wundt und noch weniger von den besonderen Problemen einer Gemeinschaftspsychologie; und dabei gilt Wundt in weiten Kreisen als der Repräsentant der Völkerpsychologie schlechtweg. Daraus auf die Nichtigkeit der ganzen Problemstellung zu schließen, wäre jedoch voreilig. Von einer Völkerpsychologie als Wissenschaft kann wenigstens in der Gegenwart freilich nicht die Rede sein, wohl aber gibt es schon heute eine sehr bedeutsame völkerpsychologische Bewegung, die durch eine Reihe hervorragender Arbeiten und bedeutender Fachmänner vertreten wird. Ihre Bestrebungen präzise zu formulieren ist schwer, weil hier noch alles im ersten Werden begriffen ist. Wir müssen und können uns mit einer provisorischen Formulierung begnügen. Es gibt, können wir sagen, eine Reihe von Ansätzen zu einer besonderen Art Psychologie, die unmittelbar für die Probleme der Geschichte und Gesellschaft in Frage kommt. Ob es sich hier um eine besondere Disziplin handelt, und in welchem Verhältnis diese dann zu der 'gewöhnlichen' Psychologie steht, und wie sie sich gegen die Soziologie abgrenzt — derartige Fragen sind cura posterior, und das gleiche gilt erst recht von der Frage nach ihrem Namen: ob man an der alten Bezeichnung festhalten, ob man sie mit Dilthey als beschreibende Psychologie, oder ob man das Ganze oder wenigstens Teile von ihm mit Felix Krüger als Entwicklungspsychologie oder als Sozialpsychologie oder als historische Psychologie bezeichnen soll.

Im folgenden sollen die wesentlichsten Richtungen dieser Bewegung kurz geschildert werden.[1]) Mit ihrer Feststellung ist zugleich eine öfter aufgeworfene

---

[1]) Näher ausgeführt ist das im folgenden nur Angedeutete in der demnächst erscheinenden Schrift des Verfassers: 'Soziologie und Psychologie' (Einzelheft des Sammelwerkes: Die Soziologie und ihre Grenzgebiete), Leipzig 1915.

Frage beantwortet. Vielfach ist die Ansicht verbreitet, für die Bedürfnisse der
Geisteswissenschaften wie auch des täglichen Lebens genüge die vorwissenschaftliche Seelenkunde. Die wissenschaftliche Seelenkunde oder gar die Ausbildung eines besonderen Zweiges derselben sei für diesen Zweck völlig ent-
behrlich oder jene sogar unanwendbar. Hier sei nur im Vorbeigehen auf einen
Punkt aufmerksam gemacht, der von vornherein gegen diese Anschauung spricht.
Die Wissenschaft erhebt sich über die Erkenntnisse des täglichen Lebens doch
nicht nur durch ihren Umfang und ihre Planmäßigkeit, sondern auch durch
ihren kritischen Charakter: sie befreit das Denken von den Vorurteilen, mit
denen das naive Denken überall behaftet ist. Sollte die vorwissenschaftliche
Seelenkenntnis von solchen Vorurteilen frei sein, und sollten diese die Erkenntnis der Wahrheit nicht stellenweise in verhängnisvoller Weise trüben?
Wir brauchen den Leser nur an unsere frühere Bemerkung über Wundts Bekämpfung der Vulgärpsychologie zu erinnern, um den Sachverhalt außer Frage
zu stellen.

1. Eine wichtige Richtung unserer Bewegung ist auf die Feststellung von
Typen des Seelenlebens gerichtet. Innerhalb verschiedener Kulturen und
Zeitalter treten uns ebenso wie bei den Geschlechtern und den Lebensaltern
verschiedene derartige Typen entgegen. Der Psychologe versucht sie zu charakterisieren nach dem, was man wohl die Struktur des Seelenlebens nennt. Jeder
einzelne seelische Vorgang läßt einen Zusammenhang erkennen, sofern eine
ganze Reihe von Ursachen bei ihm beteiligt, eine ganze Reihe früherer Erlebnisse bei ihm wieder wirksam werden, und sofern sein vorstellungsmäßiger Inhalt sich aus einer Reihe von Bestandteilen zusammensetzt: um die Art dieses
ganzen Zusammenhanges, dieses Aufbaues, dieser Verkettung und Verwendung
handelt es sich bei der sogenannten Strukturpsychologie. Ein Beispiel: Wenn
ein Techniker bei uns eine hervorragende Brücke baut, so sind wir uns darüber
klar, daß diese Leistung zu einem Teil auf einem erworbenen Können beruht,
das auch anderen zugängig ist. Unser Denken trennt demgemäß dieses Können
von seiner Persönlichkeit. Anders das naive Denken, wenn es z. B. in dem Arzte
einen Menschen erblickt, der nahezu alles kann: hier verschmilzt die Vorstellung des mit dem Berufe verbundenen besonderen Könnens mit der der Persönlichkeit. Der Nimbus, den der Zauberer auf tieferen Stufen besitzt, beruht
offenbar zum Teil eben auf dieser Verschmelzung. Und der letzte Grund für
diese liegt wieder in einem Mangel an Analyse, der dem Denken auf tieferen
Stufen eigen ist. Fachmännisch ausgedrückt: das Bewußtsein bildet auf verschiedenen Stufen seine 'Komplexe' in verschiedener Weise. Unsere Fähigkeit
der scharfen Sonderung ist erst eine junge geschichtliche Erwerbung; auf
tieferen Stufen fließen die durch naheliegende Assoziationen zusammengebrachten
Vorstellungen viel mehr ineinander. Und so strahlen insbesondere auch Gefühle,
die eine Leistung hervorrufen, viel mehr auf die Persönlichkeit als Ganzes über,
so daß auch die Art der Wertbildung einen mehr komplexen Charakter besitzt.[1]

---

[1] Die hier angedeuteten Probleme sind neuerdings namentlich durch Felix Krüger
und seine Schüler, ferner durch Wertheimer und von den Ethnologen durch Thurnwald

Ähnliche Untersuchungen lassen sich über die Art der Willenstätigkeit anstellen. Ein bekannter Vorwurf rechnet die Trägheit zu den Schwächen der Naturvölker. Wie viel Unheil aus diesem Urteile in der Praxis des Koloniallebens entstanden ist, daran sei nur erinnert. Man sieht hier so recht, wie die vorwissenschaftliche Seelenkenntnis auch für die Praxis des Lebens nicht überall ausreicht. In Wirklichkeit muß man hier zwischen Fleiß und Tätigkeit unterscheiden: Die Individuen der Naturvölker sind allerdings nicht fleißig in unserem Sinne, wohl aber sind sie sehr tätig in einem Sinne, der uns ferner liegt. Ihre Beschäftigungsweise, um es kurz anzudeuten, hat einen mehr spielmäßigen, mehr unsteten Charakter, und ist von den augenblicklichen Gefühlen und Stimmungen mehr abhängig. Der populären Meinung ist die Vorstellung geläufig, daß der Mensch immer nach Zwecken handelt. In Wahrheit gibt es aber neben der Zwecktätigkeit auch eine Spiel- und Ausdruckstätigkeit. Spieltätigkeit ist da vorhanden, wo das Tun lediglich aus der Freude an ihm selbst, ohne jede Rücksicht auf die davon ausgehende persönliche oder sachliche Wirkung erfolgt. Von Ausdruckstätigkeit aber sprechen wir, wo ein Tun, ebenfalls ohne daß es auf eine Erzielung bestimmter Affekte in einer objektiven Welt gerichtet wäre, gleichsam zwangsmäßig als Bekundung innerer Zustände, nämlich eben als Ausdruck von Gefühlen oder von Vorstellungen erfolgt. Beide Arten der Tätigkeit können nun eine charakteristische Mischung mit der Zwecktätigkeit eingehen: in diesem Falle sprechen wir von gemischter Zwecktätigkeit gegenüber der reinen Zwecktätigkeit. Alle tieferen Stufen der Gesittung sind nun durch das Überwiegen der gemischten Zwecktätigkeit gekennzeichnet, während die reine Zwecktätigkeit in der Hauptsache erst ein Ergebnis unserer modernen Kultur ist. Auf den bedeutsamen Einschlag der Spieltätigkeit in die Arbeit der Naturvölker hat bekanntlich schon Karl Bücher aufmerksam gemacht. In gleicher Weise muß aber auch dabei der Ausdruckstätigkeit gedacht werden. Auch entwicklungsgeschichtlich sind beide von der größten Bedeutung. Die Anfänge der Kunst wurzeln vorwiegend in ihnen, und wenigstens zum Teil gilt dasselbe für die Zauberei. Darauf hat, soweit die Kunst in Frage kommt, schon Wundt mehrfach hingewiesen; und neuerdings hat ein Schüler Lamprechts diesen Gedanken systematisch durchgeführt.[1])

2. Wir kommen nun zu denjenigen Fällen, in denen nach einem Zusammenhange zwischen den einzelnen Gruppen von Bewußtseinsvorgängen gefragt wird. Zunächst erörtern wir die Frage, auf welchen seelischen Grundlagen bauen sich unsere Urteile oder besser gesagt unsere Überzeugungen auf? Die populäre Meinung antwortet hierauf: ein Urteil muß 'eigentlich' logisch

---

(Beihefte zur Zeitschrift für angewandte Psychologie Nr. 6 bes. S. 111 f.) und durch Preuß untersucht. Der letztere hat insbesondere in seiner jüngsten Veröffentlichung über die 'Geistige Kultur der Naturvölker' (Teubner 1914) die Zauberei in der eben angedeuteten Weise erklärt. — In diesem Zusammenhang ist auch zu nennen das bedeutende Werk: Lévy-Bruhl, Les Fonctions mentales dans les sociétés inferieures, Paris 1910.

[1]) Karl Schröter, Anfänge der Kunst, Leipzig 1914. Vgl. auch Th. W. Danzel, Die Anfänge der Schrift, Leipzig 1912, sowie meinen Aufsatz über 'Ausdrucks-, Spiel- und Zwecktätigkeit' in den 'Geisteswissenschaften' I 955.

richtig sein; es kommt nämlich dadurch zustande, daß man seine verschiedenen
Bestandteile zunächst probeweise verknüpft und diese Verknüpfung dann auf
ihre Richtigkeit prüft und gegebenenfalls bejaht. Folgerichtig erklärt dieser
Rationalismus solche Fälle, bei denen ein Urteil offenbarerweise durch außer-
logische Kräfte zustande kommt, für abnorm. Er spricht in diesem Falle davon,
ein solches Urteil (d. h. von seinem Standpunkt aus eine Trübung der gesunden
Urteilskraft) sei nur durch 'Suggestion' begreiflich — ein in weiten Kreisen
geteilter Standpunkt, der in dem bekannten Werke von O. Stoll über 'Hypno-
tismus und Suggestion in der Völkerpsychologie' in klassischer Form vertreten
ist. Dieser Autor kann sich z. B. die bekannte holländische Tulpenmanie, bei
der im Spekulationsfieber für einzelne Tulpensorten unglaubliche Summen auf
der Börse bezahlt wurden, wegen der offenbaren Verblendung der Handelnden
nur durch Suggestion in dem eben genannten Sinne erklären. Als ob man nicht
alle Tage beobachten könnte, daß auch der einzelne Mensch für sich gelegentlich sich ganz übertriebenen Hoffnungen hingibt und ganz unvernünftige Handlungen darauf aufbaut. Daß unsere Überzeugungen in den meisten Fällen nicht
erst auf Grund eines logisch-kritischen Abwägens entstehen, zeigt die Selbstbeobachtung. In Wirklichkeit entstehen sie in den meisten Fällen auf bestimmte
Anlässe hin, ohne daß wir uns der Entstehung irgendwie bewußt wären. Schon
die Erfahrungen des täglichen Lebens zeigen, daß dabei eine Reihe außerlogi-
scher Ursachen wirksam sind, besonders die Beeinflussung durch andere in Gestalt ihrer Meinungskundgebung, die Analogie, die Anschauung und endlich der
Affekt. Nur auf den letzteren Einfluß sei hier mit wenigen Worten hingewiesen,
weil er gar nicht hoch genug angeschlagen werden kann und noch lange nicht
genügend gewürdigt ist. Schon ein antikes Wort sagt, daß wir leicht glauben,
was wir wünschen. Im besonderen sei nur an die ungeheure Rolle des Selbst-
gefühls dabei erinnert: wie sehr sind wir bestrebt, die Dinge uns überall so
zurechtzulegen, daß ihm geschmeichelt wird. Insbesondere steigern wir gern
in unserer Auffassung alles, was ihm entspricht und setzen ebenso gern herab,
was ihm widerspricht. Im letzteren Sinne hat man in der Theorie der nervösen
und psychischen Störungen von einer förmlichen Entwertungstendenz gesprochen.

Sehr interessant ist die Tendenz zur Selbsterhaltung, die sich bei einmal
gebildeten Überzeugungen oder Systemen von solchen feststellen läßt. Hat sich
einmal ein solches, z. B. hinsichtlich der Wirkungskraft einer magischen Mani-
pulation bei einer Gruppe gebildet, so drängt eine ganze Reihe von Kräften
darauf hin, daß dieses auch durch widersprechende Tatsachen nicht erschüttert
wird. Falsche Beobachtungen, falsche Deutungen und Erklärungen, einseitige
Auslese durch das Gedächtnis und endlich suggestive Wirkungen geben zusammen einen förmlichen Mechanismus ab, der in dieser Richtung arbeitet.[1]
Verwandt damit ist ein Mechanismus, den man nach seiner Wirkung als
'Hineinhandeln' bezeichnen kann. Schreibt man z. B. einem Menschen bestimmte

---

[1] Vgl. m. 'Selbsterhaltung der religiösen Überzeugungssysteme' in der Vierteljahrsschrift für wissenschaftliche Philosophie und Soziologie XXVI 205 f.

Charaktereigenschaften zu und behandelt ihn demgemaß, so hat dieses Verfahren häufig die Wirkung jene Eigenschaften, falls sie bis dahin noch nicht bestanden haben, tatsächlich hervorzurufen. Das kommt besonders für schroffe Herrschaftsverhältnisse in Betracht, die bei den Beherrschten durch diesen Mechanismus gewisse ungünstige Eigenschaften leicht hervorrufen können.[1]

Die Tatsachen des Klassenstaates oder allgemeiner des Klassencharakters aller höheren Kultur bieten eine Fülle von Problemen für die Psychologie der Überzeugung. Wir denken dabei an das, was man wohl als die 'Ideologie' dieser Zustände bezeichnet: gewisse Überzeugungen über Wert und Unwert der bestehenden Verhältnisse und herrschenden Anschauungen haben letzthin Ursachen, die dem naiven Menschen gar nicht zum Bewußtsein kommen. Sie sind nämlich verankert in den tatsächlichen wirtschaftlich-gesellschaftlichen Verhältnissen. Hierher gehören eine ganze Reihe von sittlichen, religiösen und politischen Überzeugungen. Von solchen Überzeugungen, wie denen von der Heiligkeit des Eigentums oder der Familie, läßt sich vielfach beobachten, daß sie je nach Maßgabe der wirtschaftlichen und gesellschaftlichen Verhältnisse sich einstellen oder ausbleiben. Auch von den juristischen Deduktionen, die den richterlichen Urteilen zugrunde liegen, ist entsprechendes zu sagen. Vielfach sind sie nur anscheinend durch die reine Logik bestimmt, in Wirklichkeit aber auf dem Umwege des Gefühls von den sogenannten realen Verhältnissen beeinflußt. Der Mechanismus der Selbsttäuschung, die hierbei stattfindet — denn um eine solche handelt es sich natürlich, nicht etwa um bewußte Sophistik — ist bis jetzt wenig aufgeklärt.[2]

3. Es sei hier weiter auf gewisse Fälle hingewiesen, in denen wenigstens mit der Möglichkeit zu rechnen ist, daß scheinbar zufällige seelische Vorgänge auf einem tieferen Zusammenhange beruhen. Daß der Inhalt von Träumen nicht immer zufällig ist, steht fest. Nach den bekannten Untersuchungen Freuds und seiner Schüler müssen wir insbesondere als möglich annehmen, daß unterdrückte Wünsche und sogenannte verdrängte Erlebnisse sie vielfach in ihrem Inhalte bestimmen. Wo derartige Zusammenhänge vermöge der Gleichartigkeit der Verhältnisse in den verschiedenen Individuen einen kollektiven Charakter haben, da ist weiter die Möglichkeit vorhanden, daß solche Träume auch in den künstlerischen und anderen geistigen Schöpfungen sich offenbaren. In diesem Sinne hat man bekanntlich die Ödipussage auf gewisse kindliche Träume zurückführen wollen.

Der ebenerwähnte Vorgang der Verdrängung ist wahrscheinlich im Zusammenhang der Gesellschaftsordnung des Klassenstaates für deren innere Ausgestaltung von Bedeutung. Ein ausgeprägtes Herrschaftsverhältnis kann bei den

---

[1] Vgl. die interessanten Andeutungen über diesen Mechanismus bei Gustav Steffen, Die Irrwege sozialer Erkenntnis, Jena 1913, S. 125.

[2] Sehr wichtig hierfür ist eine Unterscheidung wie die zwischen echten und unechten Gefühlen, oder allgemeiner zwischen Echtheit und Unechtheit gewisser Bewußtseinszustände, wie sie Pfänder macht in seinem Aufsatz 'Über Gesinnungen' in den Jahrbüchern für Philosophie und phänomenologische Forschung Bd. I.

Unterworfenen einen Haß hervorrufen, der seinerseits durch die gleichzeitig mit jenem verbundene Furcht und innere Lähmung verdrängt wird. Nach außen hin erscheint dann das Verhalten der Unterworfenen lediglich als Ausdruck freiwilliger Unterordnung, während es innerlich auf einer Verbindung von Lähmung und verdrängtem Haß beruht. Man hat den 'Heiligen' in der gleichnamigen Novelle von Konrad Ferdinand Meyer als Beispiel für ein derartiges inneres Verhalten ansprechen wollen. Die hier gemeinte Gesinnung hat Nietzsche bekanntlich als Ressentiment bezeichnet. Er hat, wie man weiß, die ganze christliche Moral aus ihm ableiten wollen, indem er sie als eine Art sublimierte Rache der Abhängigen auffaßte. Umgekehrt hat man neuerdings die moderne altruistische Moral und die ganzen mit ihr zusammenhängenden humanitären Bestrebungen ebenso erklären wollen.[1] Probleme sind hier sicher vorhanden, aber sie sind heute schwerlich spruchreif.

4. Wir haben endlich zu sprechen von einer Reihe von Tatsachen, bei denen die Beeinflussung des Einzelnen durch seine Umgebung für sein seelisches Verhalten von entscheidender Bedeutung ist; oder anders ausgedrückt von solchen Vorgängen, bei denen Wechselwirkungen innerhalb einer Gruppe eine solche Bedeutung besitzen. Wir gehen von einem Beispiele aus. Bei vielen Naturvölkern herrscht bei den Mahlzeiten ein gewisser Kommunismus; auch der Vorübergehende oder Fremde, der an ihrer Zubereitung oder bei Gewinnung ihres Rohstoffes nicht beteiligt war, hat vielfach ebenfalls Anteil an ihnen. Ein australischer Forschungsreisender warnt einmal davor, diese Sitte als bloßen Ausfluß altruistischer Neigung aufzufassen (obwohl eine solche jedenfalls mit in Frage kommt): es liegt hier eine Sitte vor, und diese oder die sie vertretende Gesamtheit verlangt vom Einzelnen ein solches Verhalten.[2] Die Sitte der Blutrache ist durchgängig ähnlich zu beurteilen. Der bloße Impuls der Rache würde allein für ihre Entstehung und Aufrechterhaltung schwerlich ausreichen, besonders wo sie einem mächtigeren Feind gegenüber zur Anwendung kommt. Wir wissen aber aus vielen Zeugnissen, daß die Blutrache eine ausgesprochene Sitte ist, d. h. daß die Gesamtheit von der betroffenen Teilgruppe nachdrücklich ihre Befolgung verlangt. Wir sehen hier einen Gegensatz zweier verschiedener Erklärungsweisen einer Sitte, die wir als die psychologische und die soziologische Erklärung unterscheiden können. Die naive Vorstellung denkt nur an die psychologische Erklärung. Sie fragt nur: warum handelt der Einzelne im gegebenen Falle so, welche Motive dazu sind in seinem Bewußtsein vorhanden? Die soziologische Erklärung aber geht gar nicht von dem Handelnden, sondern von dem Zuschauenden aus. Sie fragt: warum verlangt der Zuschauende von dem Handelnden ein bestimmtes Verhalten? Sie setzt mit anderen Worten eine bestimmte Druckwirkung der Gruppe auf den Handelnden voraus. In diesem Begriff der Druckwirkung verdichtet sich der ganze Unterschied beider Erklärungsweisen, und in ihm auch der Gegensatz

---

[1] Max Scheler, Über Ressentiment und moralisches Werturteil. Zeitschrift für Pathopsychologie I 268 f.

[2] Eylmann, Die Eingeborenen der Kolonie Südaustralien S. 36.

von dem, was man individualistische, und dem, was man kollektivistische Erklärung nennen kann, sofern die eine Erklärung mit einem Individuum auskommt und die Gruppe sich überhaupt als ein einzelnes Individuum vorstellen kann, während für die andere eine Vielheit von Individuen mit verschiedenen Rollen, nämlich denen des Zuschauers und des Handelnden, wesentlich ist.

Bei der Erklärung von Sitten und Riten hat man stets mit der Möglichkeit einer soziologischen Erklärung zu rechnen. Vielleicht ist tatsächlich nicht eine einzige von ihnen rein psychologisch oder individualistisch in dem hier gemeinten Sinne zu erklären. — Worin besteht aber eigentlich jene Druckwirkung im einzelnen und wie ist sie zu erklären? Diese Frage hat neuerdings der englische Psychologe Mac Dougall in einem meisterhaften Werke beantwortet, nachdem bereits früher Gabriel Tarde von der soziologischen Seite aus dasselbe Problem behandelt hatte, indem er den Willen zum Gehorsam als eine wesentliche Eigenschaft der menschlichen Natur hinstellte, ohne die sich die Erfolge genialer führender Persönlichkeiten nicht erklären lassen.[1]) Auch Wundt hat in seiner 'Ethik' bereits die Bedeutung der Druckwirkungen für das sittliche Verhalten beleuchtet, indem er eine Reihe von Stufen für die Motive des sittlichen Handelns aufstellte, die gleichsam von außen nach innen führen: den äußeren Zwang, bei dem die Rücksicht auf die äußeren Folgen bestimmend ist; den inneren Zwang, der vor allem in den Tatsachen der Nachahmung, der Autorität und der Gewohnheit besteht; und endlich die Antriebe des Pflichtgefühls und des idealen Vorbildes. Überall, wo das sittliche Verhalten nicht aus unmittelbarer reiner Neigung hervorgeht, ist es bekanntlich durch ein inneres 'Sollen' gekennzeichnet. Dieses Sollen ist ein Entwicklungsprodukt und seine Vorstufen bestehen in einem Müssen, das auf äußeren Nötigungen beruht. Das Sollen ist ein innerer Zustand, in dem der Einfluß der Umgebung auf das Bewußtsein des Einzelnen, auch von seiner Entwicklungsgeschichte ganz abgesehen, gleichsam unmittelbar lebendig ist. Denn jedes Sollen bedeutet ja gewissermaßen eine Zweiteilung des Ich, indem ein forderndes Ich einem beeinflußten Ich gegenübertritt, ähnlich wie die Gruppe mit ihrer charakteristischen Druckwirkung es dem Einzelnen gegenüber tut.[2])

---

[1]) William Mac Dougall, An introduction to Social Psychology, London o. J. (1908). G. Tarde, Les lois de l'imitation, Paris 1895.

[2]) Über dieses Verhältnis des Einzelnen zur Gruppe vgl. die meisterhaften Analysen bei Émile Durkheim, Les Formes élémentaires de la vie religieuse. Paris 1912. Über die Bedeutung der Wechselwirkungen für die Zauberei siehe auch die vortreffliche Untersuchung von Hubert et Mauß, Esquisse d'une théorie générale de la Magie, in L'année Sociologique 1902/03.

Das Erbe der Alten. Schriften über Wesen und Wirkung der Antike, gesammelt und herausgegeben von O. Crusius, O. Immisch, Th. Zielinski. Heft VII: Caesar, von Adolf von Mess (188 S.). — Heft VIII: Kaiser Julianus, von Johannes Geffcken (VIII, 174 S.). Leipzig, Dieterichsche Verlagsbuchhandlung 1913 und 1914. Geh. 3.80 Mk. und 4 Mk.; geb. 4.80 Mk. und 5 Mk.

Nachdem das letzte (VI.) Heft dieser Sammlung das römische Kaisertum als Ganzes in seiner Entstehung, seiner Entwicklung und seinen weltgeschichtlichen Wirkungen geschildert hat (vgl. Neue Jahrb. 1913 XXXI 369), führen uns die beiden neuen Hefte in Caesar seinen Begründer, in Julian seinen letzten Träger von wirklich antiker Gesinnung vor. v. Meß entwirft mit ebensoviel Sachkunde als Begeisterung ein Bild von Caesars politischer Wirksamkeit, wobei mit vollem Rechte die persönlichen Züge stark betont werden, aber auch der ganze zeitgeschichtliche Hintergrund wirkungsvoll zur Geltung kommt. Nicht nur der Text, sondern besonders auch die ihm folgenden Anmerkungen zeugen von der eindringenden selbständigen Quellenforschung des Verfassers, die dem für jeden gebildeten Laien lesbaren Buche auch einen wissenschaftlichen Eigenwert verleiht, wie von seiner Belesenheit in neuerer Literatur und Geschichte, mit der er gerne Parallelen zieht. Aus vielem erwähne ich nur, was über die auf Asinius Pollio zurückgehende Überlieferung gesagt wird, die bei Appian und in Plutarchs Biographien wenigstens indirekt vorliegt, nachdem sie durch eine griechische universalhistorische Quelle, die dem Pompejanischen Lager angehört, hindurchgegangen ist. Zu den interessantesten Partien des Buches gehört die Darstellung von

Caesars Verhältnis zur Catilinarischen Verschwörung, die 'das Sprungbrett war für den Retter der Nation und für die notwendige Reform an Haupt und Gliedern'. Mit großer Objektivität ist auch Cicero und sein politischer Standpunkt gezeichnet: ohne falsche Apologetik werden hier auch die bedenklichen Äußerungen des Redners an Atticus über eine von ihm geplante Verteidigung des Catilina (ad Att. I 1 und 2) erwähnt und ein bis vor kurzem fast vergessenes Schriftstück, die pseudosallustische, wahrscheinlich aus dem Schoß der Überreste der Catilinarischen Partei hervorgegangene Invektive gegen Cicero erörtert. Sehr eingehend wird Caesars Statthalterschaft in Gallien behandelt und bei der Einzelschilderung der Kämpfe manchmal fast etwas zu lange verweilt. Der scheinbar beschränkt nationalrömische Standpunkt der Commentarii de b. G. wird aus der politischen Absicht des Verfassers erklärt, die Offensive, die er tatsächlich ergriffen hatte, zu verdecken, weil er nur zur Defensive nach Gallien geschickt war. Den Charakter von Caesars Monarchie findet v. Meß in der Legitimität des alten Königtums, an das Caesar bewußtermaßen wieder anknüpfte. Der Stil des Buches trägt zuweilen eine gar zu moderne Färbung: das Konsulat wird zur 'Präsidentschaft', der Senat zum 'hohen Haus', der Praetor urbanus zum 'obersten Gerichtspräsidenten', Caesar bezieht das 'Pontifikalpalais', die schroffsten Gegner Caesars in der Senatspartei heißen 'die Ultras', die Catilinarier 'Desperados' usw. Auch mit dem Prädikat 'dämonisch', mit dem Catilina ebenso wie Caesar geehrt wird, hätte etwas sparsamer umgegangen werden dürfen. Doch tun diese Kleinigkeiten der gewandten Darstellung und ihrem gediegenen Inhalt keinen wesentlichen Eintrag.

Während dem Verfasser der Caesarstudie die Bewunderung für seinen Helden die Feder führt, steht Geffcken seinem Stoffe wesentlich kühler gegenüber, ja bei aller Objektivität, deren er sich befleißigt, hat man mitunter das Gefühl, als suche der Verfasser eine gelinde Antipathie gegen Julian mit einiger Mühe zu überwinden. Julian gehört zu denjenigen geschichtlichen Persönlichkeiten, bei deren Darstellung es sich für den Schriftsteller nur schwer vermeiden läßt, selbst nach gewissen Richtungen Farbe zu bekennen. Das hat einst 'der Rationalist D. Fr. Strauß' in seiner Schrift über Julian getan, und wenn die beabsichtigte Parallele mit Friedrich Wilhelm IV. vielleicht auch zu einiger Verzeichnung des Bildes führte, so ist doch mit den Bezeichnungen 'selbstbefriedigter Rationalismus' oder 'gewissenloser Liberalismus' der Gedanke von Strauß nicht abgetan, daß für uns — man sollte denken: vor allem für uns Humanisten — 'trotz aller Verzerrung dasjenige, was Julian festzuhalten suchte, mit demjenigen verwandt ist, was uns die Zukunft bringen soll: die freie Menschlichkeit des Griechentums, die auf sich selbst ruhende Mannhaftigkeit des Römertums, zu welcher wir aus der langen christlichen Mittelzeit und mit der geistigen und sittlichen Errungenschaft von dieser bereichert uns wieder herauszuarbeiten im Begriff sind'. Man lese des zum Zeugnis, was Adolf Harnack (Sokrates und die alte Kirche, 1901) über die Frage: Sokrates oder Christus? sagt und H. Maier in seinem Buch über Sokrates (1913 S. 628) aufgenommen hat. Mit derartigen grundsätzlichen Fragen gibt sich Geffcken, dessen Hochschätzung der Mystik nur da und dort durchschimmert, nicht ab: er begnügt sich, ein rein geschichtliches Bild zu zeichnen. Er hat sich die Aufgabe gestellt, 'den Kaiser nicht nur als Christenfeind oder Philosophen, sondern auch als Regenten, als Soldaten, als Menschen zu erfassen'. Zur Lösung dieser Aufgabe befähigt den Verfasser seine vorzügliche Kenntnis der Zeitgeschichte und nicht zum wenigsten der Religionsgeschichte: nur sie ermöglicht es, die komplizierte Seelenver-

fassung eines Julian zu verstehen und darzustellen. Wie aus dem Philosophenzögling der Feldherr und Regent wird, wie der lang verhaltene Haß gegen den christlichen Kaiser Constantius, den Mörder seiner Familie, in Julian allmählich die Feindschaft gegen das Christentum als solches gebiert und in Verbindung mit der Gefährdung seiner Stellung als Statthalter und seiner alten Vorliebe für den Hellenismus zum Übertritt zur alten Religion führt: das alles ist vortrefflich geschildert. Auch den gesetzgeberischen Bestrebungen Julians wird Geffcken vollauf gerecht. Etwas summarisch werden die Alemannenkriege behandelt: über Ammian XVIII 2, 15 z. B. geben auch die sonst sehr reichhaltigen und sorgfältigen Anmerkungen keine Auskunft, die, wie Geffcken im Vorwort mit Recht hervorhebt, auch zur Exegese von Julians eigenen Schriften eine Reihe von Beiträgen liefern. Am wichtigsten ist das Kapitel über Julians Religionspolitik, wo Geffcken der irrigen Vorstellung entgegentritt, daß es sich bei Julian um 'künstliche Galvanisierung eines Leichnams' gehandelt habe, und die Zähigkeit des noch vielfach lebendigen Heidentums betont sowie die Gleichartigkeit der rhetorischen Bildung bei Heiden und Christen, um deren willen gerade das Rhetorenedikt des Kaisers christlicherseits so hart empfunden wurde. Auch daß in Julians Wesen und Wirken die mystischen und abergläubischen Züge aufgedeckt werden, ist nicht mehr als billig. Er mag treffend 'eine Art Kirchenvater des Hellenismus' genannt werden; wenn ihm aber jede Toleranz, jeder Liberalismus abgesprochen wird, so steht dieses Urteil mit manchen Partien von Geffckens eigener Darstellung im Widerspruch. Zum Schlusse gedenkt der Verfasser noch der Schilderungen Julians in der Neuzeit, in der gelehrten Literatur wie in der Dichtung bis auf Ibsen und Mereschkowski. Wer sich über das Tatsächliche in Julians Leben und Geschichte unterrichten will, dem sei das Buch bestens empfohlen: es ist in der Tat *sine ira et studio* von einem vortrefflichen Kenner geschrieben. Das Urteil über Julian und sein Werk mag sich dann auf Grund der Tatsachen der Leser selbst bilden.

WILHELM NESTLE.

Urkunden und Siegel, in Nachbildungen für den akademischen Gebrauch herausgeg. von G. Seeliger. II. Papsturkunden, bearbeitet von A. Brackmann. 16 Tafeln mit Textband (32 S.). — IV. Siegel, bearbeitet von F. Philippi. 11 Tafeln mit Textband (34 S.). Leipzig und Berlin, B. G. Teubner 1914. Zusammen 10 Mk.

Vor uns liegen zwei stattliche Hefte, das eine mit Nachbildungen ausgewählter Papsturkunden, das andere mit solchen einer stattlichen Reihe mittelalterlicher Siegel, und die Freude über diese Vermehrung der Anschauungsmittel beim Unterricht historischer Hilfswissenschaften wird durch die Ankündigung gesteigert, daß noch zwei weitere Hefte mit Kaiserurkunden und mit sog. Privaturkunden folgen sollen. Das neue Unternehmen wird von G. Seeliger geleitet, der selbst die Kaiserurkunden herausgeben wird, während als Mitarbeiter für die Papsturkunden A. Brackmann, für die Privaturkunden O. Redlich und L. Groß, für die Siegel F. Philippi sich zur Verfügung gestellt haben. Den Wert der Sammlung eingehend zu würdigen hieße Eulen nach Athen tragen: sicherlich wird sie im Kreise der Lehrer und der Hörer gleich aufrichtig willkommen geheißen werden, wenngleich sie alle an das für den Handgebrauch etwas unbequeme Format der Tafeln (Höhe 46 cm, Breite 36 cm) sich erst werden gewöhnen müssen, übertrifft es doch das der beliebten 'Schrifttafeln' von Arndt-Tangl, mehr noch das der 'Tabulae in usum scholarum' (herausgeg. von J. Lietzmann und seinen Mitarbeitern), ohne natürlich das von Sybels und Sickels 'Kaiserurkunden in Abbildungen' oder Pflugk-Harttungs 'Specimina selecta' zu erreichen.[1]) Wichtiger ist die

Tatsache, daß die auf den Tafeln vereinten Nachbildungen wirklich diesen Namen verdienen, daß ferner die ausgewählten Stücke dem Benutzer deutliche Vorstellungen vom Aussehen, sei es der Urkunden sei es der Siegel gewähren. In der Tat stehen die Reproduktionen auf der Höhe des technischen Könnens unserer Tage: haarscharf tritt der Papyrus oder das Pergament, das Siegel aus Gold, Blei oder Wachs vor das Auge des Beschauers, und wir gedenken dabei jener schlichten, unlebendigen 'Schrifttafeln', mit deren Hilfe uns einst W. Arndt vor 25 Jahren in die Geheimnisse der mittelalterlichen Paläographie einweihte. Wie viel plastischer sind jetzt die Schriftzüge der Urkunden, die Legenden und Bilder der Siegel wiedergegeben; man glaubt sie mit Händen greifen zu können, und dem heranwachsenden Historiker, der sich sträubte, die Tafeln mit emsigem Bemühen zu studieren, müßte *aes triplex circa pectus* gelagert sein.

Es wird sich empfehlen, jedes Heft im einzelnen zu würdigen. Das der Papsturkunden umfaßt 16 Tafeln, deren jede wiederum Urkunden im Ganzen oder in ihren Teilen vergegenwärtigt. A. Brackmann hebt ausdrücklich hervor, daß seine Auswahl nur einen Überblick über die Hauptformen geben könne, nicht also über alle Formen insgesamt, die jemals in der päpstlichen Kanzlei zur Anwendung gelangten. Der Reichtum des Anschauungsmaterials bleibt gleichwohl bewundernswert. Von päpstlichen Urkunden aus dem XI. Jahrh. bis zu solchen aus dem XVIII. Jahrh. sind Proben gegeben, von Stücken auf Papyrus wie auf Pergament, von allen Arten mit der Summe subtiler Unterscheidung nach Benennung, Beurkundung und

---

[1]) A. Chrousts 'Monumenta palaeographica' konnten wir zurzeit nicht einsehen und auf ihr Format hin messen. Bei obiger Aufzählung kam es nicht auf eine vollständige Bibliographie neuerer Reproduktionen an, sondern nur auf einige wenige, die allgemein als bekannt vorausgesetzt werden dürfen. — Das Buch von H. Bauckner und J. Hösl, Schrift und Urkunde im Geschichtsunterricht (München 1914), will für Schulzwecke Anschauungsmittel liefern; für den wissenschaftlichen Unterricht in Paläographie und Diplomatik kann es natürlich nicht ge-

nügen. Ob es sich freilich empfiehlt, den Unterrichtsstoff der Schulen noch mehr mit Detail zu belasten, wird manchem sehr fraglich erscheinen, zumal wenn er der Forderung auch der Quellenlektüre durch die Schüler auf unseren Gymnasien usw. gedenkt. Allen solchen Bestrebungen gegenüber halten wir es mit der ererbten Weisheit tüchtiger Pädagogen, die in den Worten: *Ne quid nimis* oder *Multum, non multa* gipfelt, sollten wir gleich als rückständig bezeichnet werden.

Besiegelung, von Eintragungen in die Handschriften der Register, von Kanzleivermerken, Suppliken usw. Das knappe Textheft beschreibt jedes Faksimile und gibt Hinweise auf die Literatur, nicht aber — mit der einzigen Ausnahme von Tafel I — die vollständige Transkription, und dies Verfahren ist um so mehr zu billigen, als es sich um ein Hilfsmittel des Unterrichts, also auch des privaten Studiums, handelt. Der Ehrgeiz des Benutzers, selbst alles zu lesen oder auch zu entziffern, soll geweckt, nicht aber die bequeme Brücke des Sichverlassens auf den gedruckten Text zollfrei betreten werden dürfen. Der Herausgeber hofft, daß seine Veröffentlichung für die Vorlesungen über Papstdiplomatik die rasche Erledigung der äußeren Merkmale herbeiführen, die Behandlung der formular- und rechtshistorischen Fragen eingehender gestalten möchte. Dies Ziel wird nicht zuletzt derjenige mit Freuden begrüßen, der aus seiner Studienzeit sich erinnert, wie viele kostbare Stunden auf die Äußerlichkeiten der Papsturkunden verwandt zu werden pflegten, ohne daß je ein Faksimile oder ein Original vorgelegt wurde, nicht minder der, dem der Wunsch gegenseitigen Gebens und Nehmens von Diplomatik und Rechtshistorie aus der Seele gesprochen ist.

F. Philippis Heft umfaßt nur elf Tafeln, von denen die letzte dazu bestimmt ist, die Arten der Anbringung von Siegeln an oder auf Urkunden zu vergegenwärtigen; während Siegelstempel des XIV. und XV. Jahrh. im Textheft (S. 5) abgebildet werden, fehlen leider Abbildungen von Siegelkapseln aus Holz oder Metall, für die wir im Wiesbadener Staatsarchiv eigenartige Proben zu Gesicht bekamen. Zeitlich gehören die reproduzierten Siegel dem VIII. bis XVI. Jahrh. an, räumlich dagegen den Gebieten des heutigen Deutschen Reiches, der deutschen Länder der österreichischen Krone, vereinzelt nur der Niederlande oder der Schweiz. Ihre Anordnung richtet sich nach den Siegelführern. Auf ausgewählte Siegel von Kaisern, Kaiserinnen, Hofrichtern und Landfriedensvereinigungen folgen Bildnissiegel weltlicher Fürsten und Herren, von Frauen der höheren Stände, Wappensiegel von Fürsten und Grafen, Siegel von Adeligen,

Bürgern, Bauern und Juden, von Städten und weltlichen Korporationen, Päpsten und Konzilien[1]), von Stiftern, Domkapiteln, Bischöfen, Klöstern und Universitäten. Da die Abbildungen nicht chronologisch geordnet werden konnten, war ihre Gruppierung nach den Siegelinhabern allein statthaft. Jedes Siegel begegnet in einer Umgebung, die eben durch den Charakter des Siegelführers bestimmt ist; man überschaut z. B. die Entwicklung der Siegel von Kaisern, ohne durch die Bilder anderer Siegel unterbrochen oder abgelenkt zu werden. Zugrunde gelegt sind Abgüsse aus Gips, dessen 'helles Weiß und stumpfer Glanz die schärfste Beleuchtung aushält und so auch die schärfsten Bilder zu erzielen ermöglicht'; die Kaisersiegel z. B. erscheinen viel deutlicher als in dem großen Werke von O. Posse, dem galvanoplastische Abgüsse zur Verfügung standen. Die einzelnen Bilder sind, bis auf geringe Ausnahmen, in Originalgröße gegeben, so daß ihre Gesamtheit — man wird verzeihen, daß wir keine Zählung vornahmen — nicht nur den Sphragistiker und Diplomatiker, sondern auch den Freunden von Heraldik, Epigraphik, Ikonographie, Trachten- und Kunstgeschichte treffliche Dienste leisten werden. Der Textband gibt mit gutem Grund nur ganz kurze Siegelbeschreibungen, Notizen über ihr Alter und ihre Legenden, bis nach der gedrängten Beschreibung der letzten Tafel (s. oben!) dankenswerte Personen- und Sachregister den Abschluß bilden. Fast gleichzeitig mit Philippis Heft erschien das Buch von W. Ewald (Siegelkunde, München und Berlin 1914, mit 328 Abbildungen auf 40 Tafeln), wenig früher der Abriß der Sphragistik von

---

. [1]) Auf Tafel IX vermissen wir neben dem Siegel des Basler Konzils das des Konstanzer, da das Pisaner Konzil kein Siegel führte; vgl. Th. Ilgen in Meisters Grundriß I, S. 327 und die stillschweigende Korrektur in der 2. Auflage desselben Grundrisses I, 4 S. 11. Das Siegel des Konstanzer Konzils bedarf noch einer näheren Prüfung; ein Abguß von ihm aus dem Karlsruher Generallandesarchiv in meinem Besitz stimmt nicht mit der Beschreibung in Ulrich von Richentals Chronik des Konzils herausgeg. von Buck, S. 66 f. überein.

Th. Ilgen (in Meisters Grundriß der Geschichtswissenschaft I, 4. 2. Aufl. Leipzig
und Berlin 1913) —, neben beiden wird
die neue Veröffentlichung ihren Platz behaupten und mit ihnen dazu beitragen, die
Siegelkunde aus dem Bannkreis des Lin-
neismus sphragisticus herauszuführen, eben
weil sie weiteren Interessen zu dienen vermag als allein denen des Liebhabers von
Form, Farbe und Stoff der Siegel. Im
Rahmen der ganzen Sammlung Seeligers
entlastet sie die Hefte für die Urkunden
wie der Kaiser so der Päpste und für die
Privaturkunden, und auch deshalb wäre
es erfreulich, die noch fehlenden Hefte bald
veröffentlicht zu sehen. ,

Schon jetzt freilich stellt sich der
Wunsch ein, weitere Anschauungsmittel
von gleicher Vollendung zu erhalten, nicht
so sehr für Handschriften, für die Arndt-
Tangls 'Schrifttafeln' und Ehrle-Liebaerts
'Specimina codicum Latinorum Vaticano-
rum' völlig ausreichen — auch der 'Palaeo-
graphia latina I' von M. Ihm sei dankbar
gedacht; wir beschränken uns auch hier
auf Hilfsbücher für den akademischen Unterricht —, sondern für mittelalterliche
Epigraphik, Numismatik und Genealogie.
Auf den beklagenswerten Tiefstand gerade
der Inschriftenkunde brauchen wir nicht
noch einmal hinzuweisen (vgl. Neue Jahrb.
1910 XXV 530 Anm. 1), und wir werden nicht durch den Hinweis auf das
aus anderen Interessen heraus entstandene, an sich sehr verdienstliche Buch von
E. Diehl (Inscriptiones latinae, Bonn 1912)
widerlegt. Fast möchte man noch mehr
bella epigraphica wünschen, wie sie jetzt
Th. Ilgen durchzukämpfen hat (vgl. zuletzt
in der Westdeutschen Zeitschrift XXXII,
1913, S. 366 ff.), um aus ihnen eine Inschriftenkunde hervorgehen zu sehen wie
einstmals aus den *bella diplomatica* des
XVII. Jahrh. die Urkundenlehre von J. Ma-
billon. Münzabbildungen würden wie dem
Numismatiker so dem Kunst- und Wirt-
schaftshistoriker willkommen sein, zumal
da ihre Auswahl bei A. Luschin von Eben-
greuth (Allgemeine Münzkunde und Geld-
geschichte, München und Berlin 1904,
mit 107 Abbild.) sich zu sehr nach der
Stoffverteilung in diesem Buche richtet.
Für Stammbäume und Stammtafeln möchte

man an Reproduktionen aus Handschriften
denken, aber auch an die sog. Aufschwö-
rungen, die jetzt in den Archiven behaglich schlummern und nicht nur den Genea-
logen und Heraldiker fesseln; zu unserer
freudigen Überraschung konnten wir feststellen, wie anschaulich durch sie auch
Probleme der Rechtsgeschichte werden, als
wir vor einiger Zeit mehrere Photographien
von Ahnenproben aus dem Archiv des
Merseburger Domkapitels vorlegen durften.
Ein Werk dieser Art müßte sich nicht allzu ängstlich an die herkömmlich statuier-
ten Grenzen des Mittelalters halten, sondern sich jenes größeren Ausmaßes freuen,
das E. Troeltsch dem Mittelalter eingeräumt
hat. Halten wir aber inne mit Wünschen,
um nicht gegenüber der jetzt vorliegenden
Sammlung undankbar zu erscheinen, während ihr Urheber und seine Mitarbeiter
allein auf Dank und Lob Anspruch haben.

ALBERT WERMINGHOFF.

GEORG MENTZ, DEUTSCHE GESCHICHTE IM ZEIT-
ALTER DER REFORMATION, DER GEGENREFOR-
MATION UND DES DREISSIGJÄHRIGEN KRIEGES
1493—1648. EIN HANDBUCH FÜR STUDIERENDE.
Tübingen, Mohr 1913. VIII, 479 S. 7 Mk.

Nach Rankes unvergänglicher Leistung
und neben v. Bezolds und Ritters klassischen Darstellungen will Mentz ein Handbuch bieten, das vor allem die politische
Geschichte der deutschen Reformation und
ihrer Folgezeit übersichtlich und treu, in
unveralteter Auffassung, lesbarer Form und
mit weiterführenden Literaturnachweisen
darstellt. Auf Herausarbeitung des historisch Bedeutsamen, auf Zuverlässigkeit im
Tatsächlichen und klare Orientierung über
die besonderen Schwierigkeiten des Gebiets
ist demgemäß die größte Sorgfalt verwendet. Dabei kann es nicht ausbleiben,
daß der kritische Leser zumal im letzten
Punkte gelegentlich auch einmal anders
denkt als der Verfasser. Besonders schwer
wird es immer sein, den feststehenden Besitz der historischen Wissenschaft abzu-
grenzen gegen das Gebiet, das noch als
umstritten gelten muß. Die frühreforma-
torischen Vorgänge in der Wittenberger
Gemeinde 1522 werden S. 127 f. so geschildert, als habe mit der Widerlegung
von Barges Aufstellungen in allen wesent-

lichen Punkten die Debatte ihr Ende erreicht und als werde es etwa bei W. Köhlers Ansichten endgültig bleiben. Die Kontroverse ist aber nach W. Köhlers und Mentz' Äußerungen bereits weitergegangen, und Barge hat Hist. Vierteljahrsschrift 1914 S. 1 ff. erwägenswerte neue Gesichtspunkte aufstellen können. Umgekehrt erwartet Mentz S. 147 die endgültige Aufhellung der Bauernartikel von der Zukunft; hier ist aber doch in der Hauptsache wenigstens, in der Frage der zwölf Artikel, Klarheit geschaffen, nachdem erwiesen ist, daß der von Stolze verfochtene, von Mau wieder aufgenommene oberrheinische Ursprung der Artikel auf einer unmöglichen Auffassung der Textverhältnisse beruht und nachdem Alfred Stern seine alte These, Hubmaier sei der 'Verfasser' der Zwölf Artikel, endgültig hat fallen lassen. Immer aber trifft Mentz seine Entscheidungen mit so viel kühler Besonnenheit, daß man gern von ihm lernt, auch wo man sich einmal nicht überzeugen lassen kann. So führt sein ganzes Buch wie ein rascher gerader Weg durch die verschlungenen Massen der Ereignisse, mit seiner klaren, kritischen Art ist es berufen, Gebhardts tatsachenhäufendes Handbuch abzulösen. Zur ersten Orientierung wird sein Werk künftig in erster Linie zu empfehlen sein, aber auch der wissenschaftliche Nachbar des Gebiets wird sich gern bei einem so kundigen und korrekten Führer Rat holen. ALFRED GÖTZE.

PSYCHISCHES UND ROMANTISCHES IN EINIGEN DRAMEN KLEISTS

Heinrich v. Kleist ist der einzige Romantiker, der streng dramatische Komposition kennt. Aber indem er das Romantische straff einspannt, überspannt er des öfteren das Psychologische.

Im 'Prinzen von Homburg' verwendet er z. B. das Romantische als Ausgangspunkt und zugleich als das lösende Element. Das steht hier in keinem befreienden Verhältnis zu den geschilderten Seelenkämpfen.

Am Eingang des Schauspiels läßt sich der Kurfürst verleiten, die nachtwandlerische Veranlagung des Prinzen zu einem Scherz zu benutzen, der die äußere Veranlassung zu seiner Zerstreutheit bei der Paroleausgabe wird. Der Prinz überhört infolgedessen die Befehle. Im Grunde ist also der Kurfürst selbst an seinem Ungehorsam schuld. Am Schluß der dramatischen Verwicklung glaubt daher der Herrscher, sein Versehen nicht besser sühnen zu können, als daß er den Prinzen durch denselben Scherz dem Leben wiedergibt. Einem Dichter wie Heinrich v. Kleist kann man wohl kaum zutrauen, daß er die Schlußszene lediglich um des schönen Theatereffektes willen schrieb. Vielleicht wollte er die ans Licht gezogenen Seelenregungen milde verschleiern. Wie dem auch sei, die Schwierigkeit bietet das Verhalten des Kurfürsten. Er will einmal ein Exempel vor der Armee statuieren und zum andern den übermütigen Prinzen, den er liebt und schätzt, erziehen. Darum läßt er ihn verurteilen, und darum macht er ihm den Ernst des Urteils fühlbar. Kleist zeigt uns den Prinzen in allen Stadien vom unerschütterlichen Vertrauen auf die Gnade des Oheims zur tiefen Verzweiflung, zur feigen Erniedrigung bis zur endlichen Überzeugung, daß der Urteilsspruch gerecht sei. Er, der lebensmutige Sieger von Fehrbellin, überwindet in heißen Kämpfen den schlimmen Feind, die Todesfurcht. Mit einem durch derartige Prüfungen geläuterten Menschen treibt man keinen, wenn auch noch so milden, so versöhnenden Scherz. Es war eine allzuharte Probe, den Prinzen mit verbundenen Augen unter den Klängen des Trauermarsches auf den Standplatz zu führen, und in dem Augenblick, da er den Todesschuß erwartet, ihm die Nachtwandlerszene zu wiederholen und ihm auf diese Weise die Begnadigung mitzuteilen. Seine Seele erträgt denn auch die Erschütterung nicht, er fällt in Ohnmacht. Man könnte einwenden, der Kurfürst habe dem Prinzen den Wiedereintritt in das Leben durch eine traumhafte Darstellung erleichtern wollen, aber dann hätte es anders geschehen müssen. Seelisch hatte der Prinz das Opfer seines Selbst gebracht, es war nicht gerechtfertigt, ihn auch noch die Äußerlichkeiten der Todesvorbereitung durchmachen zu lassen. Wenn Gott von einem Abraham den Sohn fordert und ihn das Opfer bis an den letzten

Augenblick bringen läßt, so können wir es ertragen, weil wir einem Gotte gestatten, uns auf die Probe zu stellen. Einem Menschen gestehen wir die Prüfung nur bis an eine gewisse Grenze zu, und diese Grenze hat der Kurfürst durch die Art der Begnadigung überschritten. Auch die Selbstüberwindung des Prinzen verliert durch diese Szene dramatisch an sittlichem Ernst. Kleist glaubt, sich auch äußerlich der schärfsten Kontraste bedienen zu müssen, um seine Menschen zum Bewußtsein ihrer selbst zu bringen.

Eine starke Kontrastwirkung bietet er im 'Käthchen von Heilbronn'. Der Graf vom Strahl und Käthchen sind durch den Traum zu gemeinsamem Leben bestimmt, zwei Menschen, die zusammengehören. Käthchen lebt in dem Zustande unbewußter Liebe, aus dem sie erst erwacht, als der Graf sie zum Weibe begehrt und ihr seine Liebe erklärt. Da verwandelt sich das 'mein hoher Herr' in das jubelnde 'mein Friedrich', 'mein Angebeteter'. In diesem Augenblick höchster Seligkeit bittet er sie, bei seiner morgigen Hochzeit die Göttin zu spielen und alle Frauen zu überstrahlen. Das Festspiel habe er selbst erdacht. Es ist ein zweideutiger Scherz, den das bescheidene Käthchen zu ihren Ungunsten auslegen mußte. Nach all den vielen Beweisen treuester Hingebung verlangt er auch noch dieses Opfer der Selbstverleugnung. Es ist brutal, Käthchens Erhöhung auf diese Weise mit dem Racheakt an Kunigunde zu verbinden, und doch tut er es als Liebe zu ihr, und doch ist er kein unedler Mensch. Ein naives Volksmärchen konnte so schließen, aber nicht Kleists Schauspiel, das er zwar ein romantisches Ritterschauspiel nennt, das aber in seinen Charakteren zuviel Psychologisches gibt,

um uns diesen Schluß auf der Bühne nicht unangenehm fühlbar zu machen.

Der Graf vom Strahl wie der Kurfürst glauben das Käthchen und auch den Prinzen durch einen romantisch ausgedachten Akt der Erhöhung für alles erduldete Leid zu entschädigen, ohne selbst auch nur im geringsten zu empfinden, welche neue Qual sie ihnen zunächst dadurch zufügen.

Ganz anders ist die Sachlage in 'Penthesilea'. Hier spielt sich der uralte Kampf der Geschlechter, der Kampf zwischen Mann und Weib in Achill und Penthesilea ab, die beide vom Schicksal füreinander bestimmt sind. Wie zwei starke Pole ziehen sie sich an und stoßen sie sich ab. Achilles trägt in der Schlacht den Sieg davon. Aber Penthesilea kann ihre Niederlage nicht verwinden, darum nimmt sie aus tiefster, innerster Verzweiflung den Kampf auf Leben und Tod mit ihm an. Denn der Held flößt ihr Liebe und Haß zugleich ein. Aber dieser Widerstreit der Gefühle treibt sie in den Wahnsinn. Hier ist es das Weib, das Brutalitäten begeht, und zwar tierischster, gräßlichster Art und im Fieber des Irrsinns. Es ist die Nachtseite der menschlichen Seele, die sich vor uns auftut, und das Erwachen gibt Penthesilea nicht frische Kraft zu neuem Leben. Als sie sieht und begreift, was sie getan, geht sie gebrochen an Leib und Seele in den Tod. Die Nacht des Wahnsinns wirkt hier entschieden besänftigend; denn ohne sie könnten wir Penthesileas Gebaren überhaupt nicht ertragen.

Die unnatürlichen Seelenregungen der Amazonen werden durch die romantische Nachtseite gemildert, während im 'Prinzen von Homburg' wie im 'Käthchen von Heilbronn' die heitere Romantik dem Psychischen entschieden Abbruch tut.

Luise Krieg.

THUKYDIDES UND DIE SOPHISTIK

Von Wilhelm Nestle

> Ἔστι δὲ τοῖς μύθοις ἐναντίος διὰ τὸ
> χαίρειν ταῖς ἀληθείαις.
>
> Marcellin. Vit. 48.

Wie Euripides den Dichter, so könnte man Thukydides den Geschichtschreiber der griechischen Aufklärung nennen. Und doch sind die beiden
Männer ganzlich verschiedene Naturen. Euripides, von der Leidenschaft der
Kritik beseelt, trägt sein Herz auf der Zunge und greift bald mit dem Eifer
des Propheten, bald mit dem Sarkasmus des Skeptikers die überlieferte Religion
an, für die er im Glück der Forschung und der Erkenntnis einen Ersatz sucht
(fr. 910). Thukydides hat ebenfalls mit der hergebrachten Religion gebrochen,
vielleicht noch gründlicher als Euripides, den mitunter noch eine stille Sehnsucht nach dem verlorenen Glauben anwandelt; aber der Geschichtschreiber enthält sich so gut wie ganz der religiös-philosophischen Polemik: er bringt seine
Ablehnung der Religion in geradezu schneidender Schärfe dadurch zum Ausdruck, daß er die Götter aus dem Weltgeschehen stillschweigend, aber vollständig ausschaltet. Das springt am deutlichsten in die Augen bei einem Vergleich mit Herodot. Auch dieser konnte sich der gewaltigen philosophischen
Zeitströmung nicht ganz entziehen; aber er bringt es nur zu einem zahmen
Rationalismus, der allzu wunderbare Vorgänge ins Begreifliche umdeutet. Die
sittliche Weltregierung der Gottheit bleibt für ihn unangetastet. Er betrachtet
die großen Katastrophen in der Geschichte mehr mit dem künstlerischen Blick
und dem religiösen Gemüt eines tragischen Dichters wie Aischylos oder Sophokles als mit dem kalten Auge und dem kühlen Blute des geschichtlichen
Forschers.[1] Anders Thukydides, der sich an einer berühmten Stelle (I 22, 4;
vgl. 21, 1) in bewußten Gegensatz zu diesem seinem, freilich nicht mit Namen
genannten, Vorgänger setzt, indem er versichert, es sei ihm bei seinem Werke
nicht um die augenblickliche Unterhaltung des Hörers oder Lesers zu tun, sondern darum, durch Feststellung der Wahrheit (τὸ σαφές) in ihm einen Besitz
für alle Zeiten zu schaffen. Dieser ausgesprochene und bewußte Wirklichkeitssinn, der sich in der pragmatischen Geschichtschreibung des Thukydides
kundgibt und zu dessen Erklärung wir wohl kaum auf das 'nordische Bar-
barenblut' in seinen Adern zu rekurrieren brauchen[2]), dieser Realismus der
Darstellung ist es, der ihn zum ersten Historiker im modernen Sinn

---

[1]) Vgl. H. Fohl, Tragische Kunst bei Herodot, Rostocker Inauguraldissertation, 1913.
[2]) v. Wilamowitz, Die Thukydideslegende, Hermes XII (1877) S. 337.

macht. Seine einzige Leidenschaft ist die Wahrheit, die ihm mit der feststell-
baren Wirklichkeit zusammenfällt. Aber diese Leidenschaft ist nicht ein flammen-
des, sondern ein verhaltenes, in der Stille und in der Tiefe glimmendes Feuer.
Er ist ferne davon, für seine Anschauungen, soweit sie das Metaphysische betreffen, Propaganda zu machen oder andere in den ihrigen zu stören. Ihm hat
das alles nichts, oder doch nicht viel zu bedeuten, und so beobachtet er als
der Skeptiker, der er ist, in diesen Dingen eine vornehme Zurückhaltung. Er
verkennt nicht, daß die Religion eine Macht in der Menschheit ist, und so berichtet er über religiöse Dinge ganz sachlich da, wo sie als geschichtliche
Motive erscheinen; aber wo er seine eigenen Ansichten entwickelt, vermeidet er
jede religiöse Ausdrucksweise: in der ganzen Einleitung zu seinem Werk (I 1—23)
kommt kein einziger religiöser Begriff vor, alles wird aus natürlichen Ursachen
abgeleitet. Wenn es daher jemals ein beredtes Schweigen gegeben hat, so ist
es dieses.

Mit dieser seiner persönlichen Zurückhaltung macht es uns Thukydides
nicht ganz leicht, seine Weltanschauung, wenigstens nach der positiven Seite
hin, zu erkennen. Und dazu kommt noch eine zweite Schwierigkeit: der philosophische Gehalt seines Werks steckt zum großen Teil in den Reden, die er
die führenden Persönlichkeiten halten läßt. Bei ihrer Komposition aber verfährt
er, wo ihm der wirkliche Wortlaut nicht zu Gebote stand, nach seinem eigenen
Zeugnis (I 22, 1) wie ein dramatischer Dichter: er entfaltet in ihnen, wie schon
die Alten bemerkt haben, eine große Kunst der Charakteristik, und Otfried
Müller hat daher sein Werk treffend 'ein geschichtliches Drama' genannt.[1]
Wir dürfen also die Ansichten, die von den redenden Personen entwickelt
werden, keineswegs ohne weiteres mit denen des Geschichtschreibers selbst
gleichsetzen. Wir würden dadurch ihn und uns in die größten Widersprüche
verwickeln. Denn diese, wie die Alten mit Recht betonen, von Thukydides neu
eingeführten δημηγορίαι spielen bei ihm eine wesentlich andere Rolle als die
in Herodots Geschichtswerk eingelegten Gespräche.[2] Dieser läßt uns darin,
ähnlich dem tragischen Dichter in seinen Chorliedern, hinter die Kulissen der
Menschenwelt in die Werkstatt der Gottheit schauen. Thukydides erweist sich
auch hier als Realist: er folgt der tatsächlichen Übung in der Volksversammlung und baut seine Reden als ein gelehriger Schüler der Sophistik zum
größten Teil auf dem Prinzip des ἀντιλέγειν auf. Damit ist uns auch schon
die Richtung gewiesen, in der wir seine Welt- und Lebensanschauung zu suchen
haben, und manchmal schaut uns, wie wiederum schon die Alten bemerkt
haben, trotz aller Kunst durch die vorgenommene Maske des Redners' das klare
und ernste Auge des Geschichtschreibers selbst entgegen.[3]

Gemeinsam mit der Sophistik ist dem Thukydides zunächst das negative

---

[1] Marc. Vit. 50: δεινὸς ἠϑογραφῆσαι. O. Müller, Griech. Lit.-Gesch. herausg. von
E. Heitz (1882) II 1 S. 141.

[2] Marc. Vit. 38. Vgl. mein Programm: Herodot und die Sophistik (Schöntal 1908
Nr. 766) S. 4; R. Hirzel, Der Dialog (1895) I 38 ff. 43 ff.

[3] Dionys. Hal., De Thucyd. iud. 40. 45. 46. 49.

Merkmal der Abkehr von der spekulativen Philosophie. Zwar hat ihn
das Altertum, wie den Euripides, zum Schüler des Anaxagoras gestempelt und
für einen Atheisten erklärt (Marc. Vit. 22); aber gerade von der dem Klazomenier eigentümlichen Lehre von der Tätigkeit des Νοῦς findet sich bei Thukydides nicht die geringste Spur und ebensowenig von sonst einer der spekulativen Lehren der vorsokratischen Denker. Dagegen hat er sich allerdings die
physikalischen Ergebnisse der vorsokratischen Philosophie, das Naturwissenschaftliche im engeren Sinn zu eigen gemacht: das beweist die völlige Unbefangenheit, womit er den Naturvorgängen gegenübersteht. Er verzeichnet ge-
wissenhaft, wie er dies zum voraus ankündigt (I 23, 3), Erdbeben und Überschwemmungen[1]), Vulkanausbrüche, Sonnen- und Mondfinsternisse[2]); ja, er erwähnt sogar Gewitter: offenbar wenn sie tatsächlich verhängnisvolle Folgen
hatten oder wenn ihnen der Volksglaube eine besondere Bedeutung beimaß.
Aber nie gilt ihm ein solcher Naturvorgang als etwas Wunderbares[3]) oder erblickt er darin eine Strafe des Himmels für begangenes Unrecht: letzteres erwähnt er nur einmal als die Auffassung der Spartaner bei einem großen Erdbeben nach ihrem an den Heloten verübten Frevel (I 128, 1), und an anderer
Stelle macht er eine wegwerfende Bemerkung über die Gewohnheit, in solchen
Dingen üble Vorzeichen zu sehen (II 8, 3). Wenn man bedenkt, wie unerhört
noch einem Archilochos (fr. 71 Crus.) eine Sonnenfinsternis erschien und welch
verhängnisvolle Bedeutung noch ein Nikias mit der Mehrzahl der athenischen
Krieger einer Mondfinsternis beimaß, so läßt sich die tiefe Wirkung nicht
verkennen, welche die wirklich wissenschaftlichen Beobachtungen der ionischen
φυσικοί auf Thukydides ausgeübt haben, der denn auch dem sonst von ihm
hochgeschätzten Staatsmann und Feldherrn wegen seines Aberglaubens ein Wort
des Tadels nicht ersparen kann (VII 50, 4. 77, 2). Nirgends aber zeigt sich der
naturwissenschaftliche Sinn des Thukydides glänzender als in der Beschreibung der Pest (II 47 ff.; III 87), die er selbst gehabt hatte. Man hat beobachtet, daß sein medizinischer Sprachgebrauch mit dem der koischen Ärzteschule übereinstimmt, und es ist wahrscheinlich, daß ihm die ältesten uns unter
dem Namen des Hippokrates überlieferten Schriften nicht fremd waren.[4])

---

   [1]) Thuk. I 101, 2. 128, 1; II 8, 2 f. 27, 2; III 87. 89; IV 52, 1; V 45, 4. 50, 5; VI 95, 1;
VIII 6, 5. 41, 2.

   [2]) Thuk. III 116 (Ätnaausbruch des Jahres 425); II 28 (wozu vgl. Plut. Per. 36; Cic.
Resp. 16, 25); IV 52, 1; VII 50, 4. Die schrecklichen Vorzeichen der sizilischen Expedition
(Plut. Alk. 18. Nik. 13) ignoriert Thukydides. W. Roscher, Leben, Werk und Zeitalter des
Thukydides (Klio I 1842) S. 142. 221 f.

   [3]) Thuk. II 77, 4 und 6. 93, 4; VI 70, 1; VII 79, 3 mit dem bezeichnenden Beisatz:
οἷα τοῦ ἔτους πρὸς μετόπωρον ἤδη ὄντος φιλεῖ γίγνεσθαι. W. Schmid im Rhein. Mus. L
(1895) S. 311.

   [4]) Dahin gehört der Gebrauch von καρδία in der Bedeutung 'Magen', στηρίζειν vom
Eindringen einer Krankheit II 49, 3. Grote, Geschichte Griechenlands (Deutsche Ausg. 1882)
III 434, 7. — Auch das ἐκ τῶν πόνων τὰς ἀρετὰς κτᾶσθαι I 128, 1 erinnert an Hippokrates
Περὶ ἀέρων, ὑδάτων τόπων 24; vgl. Herod. VII 102; IX 122. [Offenbar ist die Beziehung
am Schlusse der ersten Rede des Nikias VI 14 auf den ärztlichen Grundsatz ὠφελεῖν ἢ μὴ
βλάπτειν Epidem. I 11 (II 634 f. L.). J. I.]

Wie für den großen Arzt, so geht auch für Thukydides alles, was geschieht,
natürlich zu, und er verwahrt sich einmal ausdrücklich gegen den Glauben an
übernatürliche Eingriffe in den Weltlauf, den der Spartaner Brasidas mit seinem
Volke teilte (IV 116): d. h. der athenische Geschichtschreiber war von der unverbrüchlichen Gesetzmäßigkeit alles Geschehens überzeugt. Wenn nun
diese in dem Gespräch der Melier und Athener von den letzteren (V 105) als
φύσεως ἀνάγκη bezeichnet wird, so dürfen wir darin ohne Zweifel die eigene
Anschauung des Thukydides erkennen. Der Ausdruck selbst aber, der auch in
dem ketzerischen Gebet der Hekabe in den Troades des Euripides (884 ff.)
neben einigen anderen philosophischen δόγματα erscheint, weist mit größter
Wahrscheinlichkeit auf Demokritos, dessen angeblichem Lehrer Leukippos
der Satz zugeschrieben wird (fr. 2 D.): οὐδὲν χρῆμα μάτην γίνεται, ἀλλὰ πάντα
ἐκ λόγου τε καὶ ὑπ' ἀνάγκης. Demokritos selbst aber setzt sich nur mit Anaxagoras in Beziehung, in dessen Alter seine Jugend gefallen sei (fr. 5) und an
dessen System er durch Streichung des Nus die Korrektur anbrachte, durch
die der ganze Kosmos zu einem gesetzmäßig verlaufenden Mechanismus wurde.
Daß der Abderite auch nach Athen kam, sagt er selbst (fr. 116); ob Thukydides ihn persönlich kennen lernte, wissen wir nicht; aber daß er von seinem
Geiste nicht nur einen Hauch verspürt hat, sondern daß ihm der Grundgedanke
seiner Weltauffassung in Fleisch und Blut übergegangen ist, das bezeugt die
ganze Art seiner Geschichtschreibung.

Denn das Charakteristische an ihr ist eben die Übertragung dieser rein
wissenschaftlichen, verstandesmäßigen Weltbetrachtung auf das Menschenleben. Und daß ihn nun dieses noch mehr anzieht als die außermenschliche
Natur, daß das Denken und Handeln der Menschen im Mittelpunkt seines Inter-
esses steht, das ist die positive Eigenschaft, die er mit der Sophistik gemein
hat. Zwar nennt Thukydides so wenig einen Sophisten als einen Philosophen
mit Namen; aber sein Werk zeigt sich nach Form und Inhalt geradezu gesättigt von dem Geist dieser Zeitströmung, und Nietzsche hat vollkommen
recht, wenn er von Thukydides sagt, daß 'in ihm, dem Menschendenker,
jene Kultur der unbefangensten Weltkenntnis zu einem letzten herrlichen Aus-
blühen komme, welche in Sophokles ihren Dichter, in Perikles ihren Staatsmann, in Hippokrates ihren Arzt, in Demokrit ihren Naturforscher hatte: jene
Kultur, welche auf den Namen ihrer Lehrer, der Sophisten getauft zu werden
verdient'.[1]) Man wende dagegen nicht ein, daß sich die skeptische Richtung der
Sophistik und das Wahrheitsstreben des Thukydides ausschließen. Denn wenn
man auch neuerdings den skeptischen Einschlag der Sophistik vielleicht etwas

---

[1]) Morgenröte 168 (TA. V 166). Statt Sophokles könnte man hier eher Euripides erwarten; doch ist dem Sophokles der Sinn für die Härte der Tatsachen nicht abzusprechen,
was besonders der Oidipus Tyrannos zeigt. Daran denkt hier Nietzsche, der ein andermal
(Was ich den Alten verdanke 2 TA. X 345) Thukydides als 'die letzte Offenbarung jener
starken, strengen, harten Tatsächlichkeit, die dem älteren Hellenen im Instinkte lag', bezeichnet. Weitere Äußerungen über ihn in meiner Abhandlung 'Fr. Nietzsche und die
griech. Philosophie' Neue Jahrb. 1912 XXIX 570 f.

zu unterschätzen geneigt ist[1]), so bezieht sich doch jedenfalls die Skepsis der
Sophistik auf das, was hinter der Erscheinungswelt liegt, auf das Metaphysische,
und mindestens ebenso, ja noch mehr charakteristisch für sie ist, daß sie sich
einfach auf den Boden der Erfahrung stellt und praktische Ziele, die Beherrschung des Lebens durch Denken, Reden und Handeln, verfolgt. Insofern
sie also eine ganz auf die verstandesmäßige Erkenntnis gegründete Rationali-
sierung des Lebens und der Kultur anstrebt, darf man wohl sagen, daß die
Seele der Sophistik der Intellektualismus ist. Genau in diesen Bahnen bewegt sich aber auch die Geschichtschreibung des Thukydides, der darauf ausgeht, 'aus den Geschehnissen eine Mechanik und Statik der Geschichte zu entwickeln, die (wie er selbst sagt I 22, 4) für den Staatsmann praktischen Wert
haben soll, weil die Situationstypen sich im Ablauf des öffentlichen Lebens
wiederholen müssen'.[2]) Wenn daher schon die Alten ihn mit den Sophisten
Gorgias und Prodikos und mit Antiphon von Rhamnus in Beziehung gebracht
haben, so haben sie, wenn auch hinsichtlich der beiden erstgenannten Männer
wesentlich der Stil des Werkes die Grundlage für die Schlußfolgerung bildete,
doch jedenfalls die Geistesverwandtschaft des Thukydides mit der Sophistik
richtig erkannt (Marc. Vit. 36. 22).

Dieser Intellektualismus des Thukydides zeigt sich ganz unzweideutig in
seiner Beurteilung des menschlichen Handelns. Da wird nirgends mit
den Begriffen 'gut' und 'böse' operiert, da ist nicht die Rede von ὕβρις oder
ἄτη, da gibt es keine Strafe des Übermuts, des Leichtsinns oder des Verbrechens,
überhaupt keine moralische Beurteilung des Handelns, so reichlich dazu auch
die Gelegenheit sowohl bei einzelnen Persönlichkeiten als auch beim Verhalten
ganzer Bevölkerungen sich bieten würde, sondern immer stellt der Geschichtschreiber sein Urteil auf die Alternative 'richtig oder unrichtig' im Sinne von
'klug oder unklug' ein und sucht dem Leser die menschlichen Handlungen als
psychologisch notwendig darzustellen, ganz entsprechend dem Grundsatz Spinozas:
'neque ridere neque flere nec detestari sed intellegere'.

Die ganze Terminologie seines Urteils bewegt sich in Bezeichnungen,
welche die genannten verstandesmäßigen Gegensätze zum Ausdruck bringen. Zwar
das Wort σοφία kommt bei Thukydides gar nie, σοφός und σοφιστής nur je einmal
(III 37, 4 und 38, 7) im Munde des Sophistengegners Kleon vor und daher in
verächtlichem Sinne, ebenso σοφίσματα in einer Rede des Hermokrates (VI 77, 1).
Dagegen bezeichnet Thukydides die Gesamtheit der geistigen Fähigkeiten sehr
gerne mit dem Wort γνώμη (I 33, 3. 70, 6. 91, 5; II 38, 3). Es ist dieselbe
Eigenschaft, die den Ödipus des Sophokles das Rätsel der Sphinx lösen ließ
(OT. 398), auf die sich bei Euripides Agamemnon verläßt (Hel. 757) und die
in den sophistischen Kreisen, bei Antiphon, Kritias, dem Verfasser der Schrift

---

[1]) So nach meinem Dafürhalten H. Maier, Sokrates (1913) S. 225 f. Jedenfalls hatte die
sophistische Skepsis gar nichts mit geschichtlichen Fragen zu tun, ähnlich dem Kantischen
Kritizismus, der auch noch ganz auf die Naturforschung eingestellt ist, da die Geschichte
im XVIII. Jahrh. noch zu den 'belles lettres' gehörte. Windelband, Präludien[4] I 153 f.

[2]) W. Schmid in Christs Griech. Lit.-Gesch.[6] (1912) I 486.

Περὶ τέχνης und in den sogenannten Dialexeis[1]) als das eigentliche Organ der Erkenntnis gilt. Sie ist es auch bei Thukydides, mit der allein sich die τύχη meistern läßt (II 87, 3; IV 64, 1; V 75, 3). Der γνώμη nahe steht die ξύνεσις, die verstandesmäßige Einsicht in die Verhältnisse (II 62, 5. 97, 6; III 37, 4; IV 18, 5). Der Festredner bei der öffentlichen Leichenfeier der Gefallenen soll γνώμη μὴ ἀξύνετος sein (II 34, 6), und damit wird diese Eigenschaft dem Perikles, wie anderweitig dem Archidamos (I 79, 2), dem Brasidas (IV 85, 3), Hermokrates (VI 72, 2) und Phrynichos (VIII 27, 2) zugeschrieben. Ausfluß eines klugen Geistes ist der λογισμός, die Berechnung (II 11, 7. 40, 3; III 83, 2; IV 108, 4) und die εὐβουλία (I 78, 4; II 97, 6; III 42, 1. 44, 1, εὔβουλος I 84, 3), die Wohlberatenheit. Hierzu gehören nun die entsprechenden Gegensätze, unter denen der Begriff der ἀμαθία, des geistigen Unvermögens und zugleich der praktischen Ungeschicklichkeit voransteht (I 68, 1. 142, 8; II 40, 3. 62, 1; III 37, 3. 42, 3; IV 59, 2; VII 36, 5, ἀμαθής I 84, 3. 140, 1; III 37, 4. 87, 2; IV 41, 3; VI 39, 2). Zu ihr gesellt sich die ἀβουλία (I 32, 4; V 75, 3, ἄβουλος I 120, 5), die Ratlosigkeit, die ἀξυνεσία (I 122, 4; III 42, 3; VI 36, 1), die Torheit, nebst häufiger Verwendung des zugehörigen Adjektivs ἀξύνετος (I 142, 8; III 42, 2 f.; IV 17, 3; VI 39, 2), die ἄνοια (II 61, 1; III 42, 1. 48, 2; VI 89, 6), die Sinnlosigkeit und die ἀπαιδευσία (III 42, 1), die Unbildung. Endlich kann man dazu noch die Adjektiva ἄλογος (I 32, 3; V 105, 4; VI 46, 2. 85, 1), verkehrt und unwahrscheinlich, und ἀλόγιστος (I 37, 1; III 45, 6. 82, 4; VI 59, 1) unüberlegt, sowie das nur ein einziges Mal vorkommende Substantiv ἀλογία (V 111, 2), Verkehrtheit, fügen.[2]) Überblickt man diese Terminologie, so fällt außer dem schon berührten Gebrauch von γνώμη vor allem der Gegensatz von εὐβουλία und ἀβουλία in die Augen. Um diesen Gegensatz dreht sich das Verhalten des Rationalisten Kreon in Sophokles Antigone (1050 ff.): gerade wie der auf seine γνώμη pochende Oidipus, so wird der verstandesstolze, sich im Besitz der εὐβουλία glaubende Kreon von dem altgläubigen Dichter als ἄβουλος entlarvt. Protagoras aber, den wir uns schon zur Zeit der Kolonisation von Thurioi (444) in Athen wirksam denken müssen, gibt bei Platon (318 E; vgl. 333 D), um das Ziel der sophistischen Erziehung befragt, zur Antwort: τὸ δὲ μάθημά ἐστιν εὐβουλία περὶ τῶν οἰκείων, ὅπως ἂν ἄριστα τὴν αὑτοῦ οἰκίαν διοικοῖ καὶ περὶ τῶν τῆς πόλεως, ὅπως τὰ τῆς πόλεως δυνατώτατος ἂν εἴη καὶ πράττειν καὶ λέγειν. Wir sehen hier also Sophokles wie Thukydides sich der Ausdrucksweise der Sophistik, speziell des Protagoras, bedienen, freilich in entgegengesetztem Sinn: für den Dichter beruht die εὐβουλία auf der Frömmigkeit im hergebrachten Sinn, für den Geschichtschreiber auf der richtigen verstandesmäßigen Berechnung der Verhältnisse.

Noch ein anderes Wort gehört in diesen Zusammenhang, dessen Sinn bei Thukydides eine höchst bedeutsame Wandlung durchgemacht hat: das Wort

---

[1]) Antiphon fr. 1. 2. 3 (Diels); Kritias fr. 5, 1. 6, 19. 25, 12. 39. 40; Περὶ τέχνης 2. 11 (vgl. Th. Gomperz, Apologie der Heilkunst S. 55 ff.); Dialex. 9, 2.

[2]) Weiteres bei Classen-Steup, Ausgabe⁴ I S. XLVII ff. und E. A. Bétant, Lexicon Thucydideum (Genevae 1843).

$\pi\varrho\acute{o}\nu o\iota\alpha$. Dieses hat neben der Bedeutung menschlicher Vorsicht bei Aischylos (Ag. 682), Sophokles (Antig. 283; Trach. 822; OT. 978) und bei Herodot (III 108) auch noch den Sinn der göttlichen Vorsehung, den es dann in der hellenistischen Zeit bei der Stoa geradezu vorwiegend bekommt.[1]) Bei Thukydides dagegen kommt das Wort, wie auch bei Euripides (Hek. 569), nur im Sinne menschlicher Vorsicht und Berechnung vor (II 62, 5. 65, 13. 89, 9; IV 108, 4; VI 13, 1; VIH 57, 2), und ganz entsprechend gebraucht Thukydides die Verba $\pi\varrho o\nu o\varepsilon\tilde{\iota}\nu$ und $\pi\varrho o\gamma\iota\gamma\nu\acute{\omega}\sigma\varkappa\varepsilon\iota\nu$. Genau denselben Sinn hat das Wort ausschließlich in den uns erhaltenen Reden des von Thukydides (VIII 68) hochgeschätzten oligarchisch gesinnten Staatsmanns Antiphon von Rhamnus (I 5. 25. 27; V 6. 21. 59. 91; VI 19). Dazu kommt eine merkwürdige Notiz bei Origenes (Contr. Cels. IV 25), daß 'der Redner ($\varrho\acute{\eta}\tau\omega\varrho$)' Antiphon in der Schrift $\Pi\varepsilon\varrho\grave{\iota}\;\dot{\alpha}\lambda\eta\vartheta\varepsilon\acute{\iota}\alpha\varsigma$ 'die Vorsehung aufhebe' ($\tau\grave{\eta}\nu\;\pi\varrho\acute{o}\nu o\iota\alpha\nu\;\dot{\alpha}\nu\alpha\iota\varrho\tilde{\omega}\nu$ fr. 12 D.). Das könnte man so verstehen, daß Antiphon an Stelle der göttlichen Vorsehung die menschliche Berechnung gesetzt habe. Dies würde in der Tat mit dem Sprachgebrauch bei dem Redner Antiphon stimmen. Dann müßte man aber entweder annehmen, daß dieser Redner mit dem gleichnamigen Sophisten, dem sonst die Schriften $\Pi\varepsilon\varrho\grave{\iota}\;\dot{\alpha}\lambda\eta\vartheta\varepsilon\acute{\iota}\alpha\varsigma$ und $\Pi\varepsilon\varrho\grave{\iota}\;\dot{o}\mu o\nu o\acute{\iota}\alpha\varsigma$ zugeschrieben werden, identisch sei[2]), oder daß bei Origenes eine Verwechslung vorliege. Wie dem nun auch sein mag, daß auch der Redner Antiphon der Sophistik nahestand, beweist der Stil seiner Reden; wir sehen also auch hier im einen wie im andern Falle den Thukydides an der Seite der Sophistik.

Aus dem sophistischen Intellektualismus entspringt aber auch der Geist der Kritik, der das ganze Werk des Thukydides beherrscht. Diese beschränkt sich bei ihm nicht auf das Mißtrauen gegenüber einzelnen besonders auffallenden oder wunderbaren Überlieferungen, sondern sie ist eine grundsätzliche und methodische. Als sein Ziel bezeichnet er die $\zeta\acute{\eta}\tau\eta\sigma\iota\varsigma\;\tau\tilde{\eta}\varsigma\;\dot{\alpha}\lambda\eta\vartheta\varepsilon\acute{\iota}\alpha\varsigma$ (I 20, 3), eine möglichst objektive Darstellung der Vorgänge ($o\dot{v}\chi\;\dot{\omega}\varsigma\;\dot{\varepsilon}\mu o\grave{\iota}\;\dot{\varepsilon}\delta\acute{o}\varkappa\varepsilon\iota$ I 22, 2), und dies ist ihm auch in einem kaum zu überbietenden Grad gelungen. Mit bewußter Absicht scheidet er alles Mythische und ebenso alles Anekdotenhafte aus und stellt im Unterschied von dem unkritischen Verfahren der sogenannten Logographen (I 21. 97, 2) und vollends der sagenfrohen Dichter (I 11, 3. 21, 1), zu denen vor allen auch Homer gehört (I 9, 3. 10, 3; II 41, 4; VI 2, 1), dem $\mu\upsilon\vartheta\tilde{\omega}\delta\varepsilon\varsigma$ das $\sigma\alpha\varphi\acute{\varepsilon}\varsigma$ gegenüber: letzteres eine Bezeichnung, welche sich wiederum in den Gerichtsreden des Antiphon (V 67) im Gegensatz zu bloßen Vermutungen ($\dot{\alpha}\varphi\alpha\nu\grave{\eta}\varsigma\;\lambda\acute{o}\gamma o\varsigma$, $\pi\varepsilon\varrho\grave{\iota}\;\tau\tilde{\omega}\nu\;\dot{\alpha}\varphi\alpha\nu\tilde{\omega}\nu\;\varepsilon\dot{\iota}\varkappa\acute{\alpha}\zeta\varepsilon\iota\nu$ V 59. 65) findet. Diese in seiner Wahrheitsliebe wurzelnde Ablehnung des Mythischen rühmen an ihm

---

[1]) Auch Xen. Mem. I 4, 6 gehört hierher, wo $\pi\varrho\acute{o}\nu o\iota\alpha$ ganz wie bei Herod. III 108 $\tau o\tilde{v}\;\vartheta\varepsilon\acute{\iota}o\upsilon\;\dot{\eta}\;\pi\varrho o\nu o\acute{\iota}\eta$ steht, womit Herodot die Idee des Protagoras bei Platon (320 B) von der Zielstrebigkeit der Natur ins Religiöse übersetzte. Die Behauptung Joëls (Der echte und der xenoph. Sokrates II 654), daß erst Antisthenes 'die $\pi\varrho\acute{o}\nu o\iota\alpha$ aus dem Praktischen ins Kosmische projiziert' habe, wird durch die angeführten älteren Stellen hinfällig.

[2]) So Joël a. a. O. S. 647 ff., wozu ich auch immer mehr neige. Nur fehlt $\pi\varrho\acute{o}\nu o\iota\alpha$ auffallenderweise in den Tetralogien trotz häufiger Gelegenheit.

auch schon die Alten, wie Dionysios von Halikarnaß (De Thucyd. iud. 6) und
Markellinos, der es hübsch mit den Worten formuliert hat (Vit. 48): ἔστι δὲ
τοῖς μύθοις ἐναντίος διὰ τὸ χαίρειν ταῖς ἀληθείαις.[1])

In seiner Rekonstruktion der hellenischen Urgeschichte hält er sich
weder an die Sage vom goldenen Zeitalter noch beteiligt er sich an den in den
philosophischen und sophistischen Kreisen seiner Zeit beliebten Spekulationen
über den Urzustand und die tierischen Anfänge des Menschen[2]), sondern er bedient sich der Methode der Rückschlüsse.[3]) Dahin gehört es, wenn er die Neigung der Sage, die Dinge zu vergrößern, durchschaut und z. B. an den Angaben Homers über die Größe von Agamemnons Heer und Flotte zweifelt
(I 10 f.) und überzeugt ist, daß der Peloponnesische Krieg alle früheren Kämpfe
der Hellenen an Umfang und Bedeutung übertreffe (I 1), ebenso wie auch
Perikles seinen Zug gegen Samos über den des Agamemnon gegen Troja gestellt haben soll.[4]) Aus den gegenwärtigen Verhältnissen barbarischer Völker
schließt er auf die Zustände der Hellenen in prähistorischer Zeit und weiß auch
einzelne Züge der Dichtung für die vergangenen Kulturzustände zu verwenden:
wie er z. B. aus der den Helden der Odyssee geläufigen Frage an ihre Gäste,
ob sie etwa Seeräuber seien (γ 71 ff.), schließt, daß Seeräuberei in der alten
Zeit eine Hauptquelle des Erwerbs gewesen sei (I 5, 1). In diesen und andern
Fällen steht im Hintergrunde doch der Glaube an einen Fortschritt in der
Geschichte, der von kleineren und einfacheren zu größeren und verwickelteren,
von roheren zu gesitteteren Zuständen führt: ein Gedanke, den wir als sophistischen Topos zweimal wörtlich gleich bei Antiphon, dem Redner, finden (V 14;
VI 2): ὁ γὰρ χρόνος καὶ ἐμπειρία τὰ μὴ καλῶς ἔχοντα ἐκδιδάσκει τοὺς ἀνθρώ-
πους und dessen Ergänzung der Satz des Gorgiasschülers Polos bildet: ἐμπειρία μὲν γὰρ ποιεῖ τὸν αἰῶνα ἡμῶν πορεύεσθαι κατὰ τέχνην, ἀπειρία δὲ κατὰ
τύχην[5]), Anschauungen, denen schon der alte Xenophanes präludiert mit den
Versen (fr. 18):

οὔ τοι ἀπ' ἀρχῆς πάντα θεοὶ θνητοῖς ὑπέδειξαν,
ἀλλὰ χρόνῳ ζητοῦντες ἐφευρίσκουσιν ἄμεινον.

Göttermythen kommen bei Thukydides überhaupt nicht vor. Von Heroen wird
Herakles I 24, 2 erwähnt, ohne daß sich entscheiden ließe, ob er ihn als geschichtliche Persönlichkeit betrachtet oder nicht. Jedenfalls sieht er als solche
an Hellen, den vermeintlichen Stammvater der Griechen (I 3) und die attischen
Heroen Kekrops, Erechtheus und Theseus (II 14. 15, 2). Die durch den Namen

---

[1]) Von Neueren vgl. Roscher, Thukydides S. 132 ff.; Poppo, Ausgabe I 1 S. 20 ff.;
Classen-Steup-Schmid, Ausgabe[4] I S. LII f.; Christ-Schmid, GLG.[6] I 488.

[2]) Vgl. Orphica fr. 247 (Abel); Eurip. Hik. 201 f.; Kritias, Sisyphos fr. 25; Moschion
fr. 6 und den Mythus in Platons Protagoras 320 C ff.

[3]) Th. Gomperz, Griech. Denker[3] I 403 f.; Roscher, Thukydides S. 132 ff. 244 f.; R. Schöll,
Die Anfänge einer politischen Literatur bei den Griechen (München 1890) S. 28.

[4]) Ion von Chios bei Plut. Per. 28, 3.

[5]) Wahrscheinlich aus der τέχνη des Polos. Platon Gorg. 448 C (vgl. meine Ausgabe,
Teubner 1909, S. 31).

des Thrakerkönigs Teres veranlaßte Erwähnung der Sage von Tereus (II 29, 3)
erklärt sich vielleicht aus der Polemik gegen einen Logographen oder gegen
eine darüber in Athen verbreitete Ansicht; die Geschichte des Alkmaion, des
weniger bekannten Doppelgängers des Orestes, erzählt er vermutlich, um eine
besondere lokalgeschichtliche Form ·der· Sage mitzuteilen (II 102, 4 ff.), vielleicht
auch angeregt durch die Bühnenbearbeitung des Euripides, dessen 'Alkmaion
in Psophis' 438 aufgeführt wurde.[1]) Bezeichnenderweise werden die Erinyen
δείματα genannt (vgl. Krit. Sisyphos fr. 25,14). Ob die Kyklopen und Laistry-
gonen wirklich alte Völker waren, die einst Sizilien bewohnten, läßt Thukydides dahingestellt (VI 2) und ebenso die Herkunft der Kerkyraier von den
Phaiaken (I 25, 4). Wie diese homerischen Völker, so ist auch die Charybdis
bei Thukydides schon lokalisiert, zwischen Rhegion und Messina (IV 24, 5).
Der Troische Krieg gilt ihm an sich als geschichtlich; aber über Einzelheiten wie die Schwierigkeiten der Verproviantierung eines so großen Heeres
stellt er kritische Erwägungen an (I 9 ff.; II 68,3; IV 120,1). Homer betrachtet
er auch als Verfasser des Hymnus auf den delischen Apollon (III 104, 4—6),
und die Ermordung des Hesiod im Heiligtum des Zeus Nemeios (III 96, 1)
ist ihm eine geschichtliche Tatsache. Große Sorgfalt widmet er der Richtigstellung der Überlieferung über die Peisistratiden, auf die er zweimal zu
sprechen kommt (I 20, 2 und VI 54 ff.), das zweite Mal gegen seine Gewohnheit in einer langen Episode.

Vollends kritisch oder vielmehr ablehnend steht Thukydides, wie schon
oben angedeutet wurde, der transzendenten Welt der Religion gegenüber, und
der Eifer, mit dem die Philologen der ersten Hälfte des XIX. Jahrhunderts
und auch noch Classen sich bemühen, den Thukydides als einen frommen Mann
zu erweisen oder doch wenigstens den Glauben an das Walten einer Gottheit
oder an eine 'sittliche Weltordnung' für ihn zu retten, berührt uns heute beinahe komisch. Um den Wandel der Anschauung zu kennzeichnen, stelle ich
statt vieler nur zwei Äußerungen einander gegenüber. Wilhelm Roscher macht
ihn im Jahr 1842 zu einem Gesinnungsgenossen des Aristophanes und schreibt
ihm 'Abscheu gegen die neumodige Weisheit der Sophisten' zu, 'in denen man
die Verderber der Religion, zugleich auch der Kunst, der Sitte, des ganzen
Staats erkannt hatte'. Dagegen spricht Rudolf Schöll im Jahr 1889 von der
'Entgötterung der Natur und Geschichte', die 'sich im Zusammenwirken der
ernsten Forschung wissenschaftlicher Geister unter der eifrigen Propaganda der
Sophisten auf dem Boden Athens vollzog' und der entsprechend 'das Walten
der Gottheit in der Geschichte bei Thukydides keine Stelle findet'.[2]) Es kann

---

[1]) Hyp. zur Alkestis. Wann der 'Alkmaion in Korinth' aufgeführt wurde, weiß man
nicht. Zum 'Alkmaion in Psophis' vgl. F. Schöll, Über zwei sich entsprechende Trilogien des
Euripides (Sitzungsberichte der Heidelberger Ak. d. W. 1910, 15. Abh.) S. 20.

[2]) W. Roscher, Thukydides S. 227 f.; Bockshammer, Die sittlich religiöse Weltanschauung des Thukydides (Progr. Urach 1862); Classen⁴, Einleitung S. XLII f. mit einer
modifizierenden Bemerkung von Steup S. XLIII Anm. 66; Bergk, Gesch. d. gr. Lit. IV 288.
Selbst E. Zeller, Phil. d. Gr. II 1 S. 22 redet noch vom 'Walten der Gottheit und der sittlichen Weltordnung'. K. O. Müller, Gesch. d. griech. Lit. II 1 S. 157. Gründlich gebrochen

wirklich kein Zweifel darüber bestehen, welche dieser beiden Meinungen im
Rechte ist, und die Worte, mit denen Platon im Theaitetos (162 D) den Protagoras den einleitenden Satz seiner berüchtigten Schrift über die Götter
(fr. 4 D.) umschreiben läßt, könnte man ebensogut dem Thukydides in den Mund
legen: δημηγορεῖτε συγκαϑεζόμενοι ϑεοὺς εἰς τὸ μέσον ἄγοντες, οὓς ἐγὼ ἔκ τε
τοῦ λέγειν καὶ τοῦ γράφειν περὶ αὐτῶν, ὡς εἰσὶν ἢ ὡς οὐκ εἰσίν, ἐξαιρῶ.
Denn es ist schon eine Seltenheit, wenn Thukydides die Götter überhaupt erwähnt. Er tut das in rein erzählender Form: so wenn er von dem Tempel
spricht, den die Thebaner der Hera erbauen (III 68), von dem Kult des Hephaistos auf Hiera, einer der Liparischen Inseln (III 88), von dem Heiligtum
des Zeus Nemeios, in dem Hesiod ermordet worden sein sollte (III 96, 1); nur
leise wird angedeutet, daß der Volksglaube den Ausbruch der Pest, die tatsächlich aus Afrika in den Piräus eingeschleppt worden war (II 44, 1 f.), auf
Apollon zurückführte (I 118, 1; II 54, 4), ohne daß jedoch der Name dieses
Gottes genannt wird, der unter dem Beinamen Σμινϑεύς als Erreger der
Seuchen galt (A 39 mit Schol.). Verhältnismäßig am häufigsten kommen die
Götter in den Reden vor, aber selbst hier in rund 200 Kapiteln nur an dreizehn Stellen.[1]) Hier dienen dann religiöse Motive dem Geschichtschreiber mitunter zur Charakteristik der handelnden Persönlichkeiten, und es ist gewiß
gleichermaßen wohlberechnete Absicht, wenn er den frommen Spartanerkönig
Archidamos den Feldzug mit einem Gebet eröffnen läßt (II 74), wie wenn er
den Perikles in keiner der drei ihm in den Mund gelegten Reden der Götter
gedenken läßt, außer etwa mit der abgeblaßten Redewendung (II 64, 2): φέρειν
χρὴ τὰ δαιμόνια ἀναγκαίως.[2]) Er selbst aber rechnet die Erwähnung der ϑεοὶ
πατρῷοι in der von Nikias vor der Entscheidungsschlacht bei Syrakus an
seine Offiziere gerichteten Ansprache zum altväterischen Brauch (ἀρχαιολογεῖν
(VII 69, 2).

Ebenso zurückhaltend und kühl sachlich verfährt Thukydides bei der Erwähnung von Kulthandlungen. Er berichtet darüber dann, wenn sie von
irgendwelcher Bedeutung für den Gang der Ereignisse sind: so über das Κυλώ-
νειον ἄγος (I 126 f.) und sein Gegenstück, das spartanische ἄγος von Tainaron
(I 128), wobei schon die Alten die Ironie durchfühlten, mit der hier der Mißbrauch der Religion zu politischen Zwecken an den Pranger gestellt wird[3]);
über die auf einen Orakelspruch hin vorgenommene Reinigung von Delos
(III 104); über die Weigerung der Böoter, nach der Schlacht bei Delion die
Toten herauszugeben, was als ἀσέβεια galt (IV 98)[4]); über die Heroisierung des
Brasidas in Amphipolis (V 11, 1); über den Hermenfrevel in Athen, den nach

---

hat mit dieser Ansicht H. Meuß, Thukydides und die religiöse Aufklärung, Fleckeisens
Jahrb. f. kl. Philol. CXLV (1892) S. 225 ff.; Th. Gomperz, Griech. Denker[3] I 399 ff.; Christ-
Schmid, Gesch. d. griech. Lit.[6] I 486, 7; R. Schöll, Die Anfänge einer politischen Literatur
bei den Griechen (München 1890) S. 13. 27.

[1]) Steup a. a. O. S. 229.   [2]) Vgl. Eurip. Phoin. 382: δεῖ φέρειν τὰ τῶν ϑεῶν.

[3]) Schol. zu I 126, 1: τοῦ διηγήματος τοῦ κατὰ τὸν Κύλωνα τὴν σαφήνειάν τινες ϑαυ-
μάσαντες εἶπον, ὅτι λέων ἐγέλασεν ἐνταῦϑα, λέγοντες περὶ Θουκυδίδου.

[4]) Vgl. Eurip. Hik. 16 ff. und meinen Euripides S. 314.

der Meinung des Geschichtschreibers seine Mitbürger gar zu wichtig nahmen (VI 27, 3: μειζόνως ἐλάμβανον; II 53. 60. 61); über die angebliche Entweihung der Mysterien (VI 28, 1. 53, 1 f.; VIII 53, 2) und die Versuche, diese Verletzungen der Religion zu sühnen.

Vom Standpunkt der griechischen Volksreligion aus hat Sophokles nicht so unrecht, wenn ihm die Religion mit der Mantik steht und fällt (OT. 863 ff.). Das Verhältnis zur Mantik bildet in der Tat ein Kennzeichen für den religiösen Glauben oder Unglauben des antiken Menschen im populären Sinn. Und hier läßt uns nun Thukydides nicht im mindesten im Zweifel darüber, daß er den Glauben an Weissagungen völlig ablehnt und ihn, wenn er ihn auch bei sonst schätzenswerten Persönlichkeiten wie Nikias trifft, als eine Schwäche betrachtet (VII 50, 4). Er verschmäht auch den damals weitverbreiteten Kompromiß, zwischen den Orakeln eines Gottes wie des delphischen Apollon und den Sprüchen des ersten besten χρησμολόγος in der Weise zu unterscheiden, daß man die letzteren preisgab, aber den Glauben an die ersteren festhielt.[1]) Daß Delphi im Peloponnesischen Krieg für Sparta Partei genommen habe, wird (I 123; vgl. 118, 3 und II 54, 4) ganz deutlich gesagt und auf die Bestechung der delphischen Promantis durch Pleistoanax (V 16, 2) unverkennbar angespielt. Bei Gelegenheit der Pest erwähnt Thukydides (II 54, 2 f.) den Orakelspruch: ἥξει Δωριακὸς πόλεμος καὶ λοιμὸς ἅμ' αὐτῷ mit der Bemerkung, man habe bald λοιμός, bald λιμός gehört; nun sei natürlich die erste Fassung durchgedrungen; 'aber ich glaube, wenn später einmal ein anderer dorischer Krieg kommt und in seinem Gefolge eine Hungersnot, dann wird man natürlich die andere Wendung zitieren'. Das heißt doch nichts anderes als: man deutet in die Orakel immer das hinein, was wirklich geschieht. So hebt er denn auch nachdrücklich hervor, daß der Pest gegenüber alle religiösen Mittel (Orakel und Opfer) versagten (II 47, 4), daß der Kultus völlig vernachlässigt worden (II 52, 3) und eine schwere moralische Depression eingetreten sei (II 51, 4), die zur Auflösung aller Ordnung geführt habe (II 53, 1). Beim Beginn des Kriegs schwirrte es in Griechenland von Orakelsprüchen (II 8, 2), und ebenso konnte, als sich der Unwille des Volks gegen Perikles erhob, jedermann die Orakelsprüche hören, die er wünschte (II 21, 3). Zu einem vollständigen Fiasko der Mantik gestaltete sich die sizilische Unternehmung, welche die Wahrsager mit so hochtönenden Prophezeiungen eingeleitet hatten, die aber mit der schwersten Katastrophe endigte (VIII 1), und die den mantikgläubigen, freilich anfangs widerstrebenden Führer als ein Opfer seines Glaubens mit verschlang (VII 50, 4). Die orakelgläubigen Freunde eines Diopeithes, zu denen auch Kleon und Nikias gehört hatten[2]), hatten am Ende des Kriegs nur die eine Genugtuung, daß der Krieg wirklich einer umlaufenden Weissagung entsprechend dreimal neun Jahre gedauert hatte (V 26, 3). Einmal gibt Thukydides eine eigene Deutung eines Orakelspruchs (II 17, 1 f.). Es gab einen Spruch:

---

[1]) Soph. Oid. Tyr. 354 ff. 370 f. 435 f. 461 f. 497 ff. 711 f. 724 f.; Eurip. El. 399 f.; Phoin. 954 ff.

[2]) Kock zu Aristophanes' Rittern 1085.

τὸ Πελασγικὸν ἀργὸν ἄμεινον, d. h. das Pelasgikon in Athen[1]) sei unbenützt
besser. Trotzdem habe man diesen Stadtteil den vom Lande hereingeflüchteten
Bewohnern aus Not zum Aufenthalt angewiesen und das darauf folgende Unglück dann als Strafe dafür angesehen. Thukydides meint nun, die Sache habe
sich umgekehrt verhalten: das Orakel habe gewußt, daß im Falle eines Kriegs
die Besiedlung des Pelasgikon nötig werden würde, und deshalb erklärt, es sei
besser, wenn das Pelasgikon nicht benützt werde. Hiernach ist kein Zweifel
darüber möglich, daß die Athener in dem Gespräch mit den Meliern (V 103)
die eigene Meinung des Geschichtschreibers wiedergeben, wenn sie die Mantik
zu den trügerischen Hoffnungen rechnen, welche die Menschen ins Verderben
stürzen in Fällen, wo vernünftige Überlegung noch Rettung bringen könnte.

Mit dieser grundsätzlichen Verwerfung der Mantik wandelt Thukydides in
den Bahnen der griechischen Aufklärung. Schon der alte Xenophanes hatte
gänzlich mit ihr gebrochen (Cic. De div. I 3, 5), und von Protagoras ist dasselbe mehr als wahrscheinlich: gegen ihn richtet sich vielleicht die Verteidigung
der Mantik bei Herodot (VIII 77).[2]) Daß auch Anaxagoras ihr entsagt hatte,
lehrt die hübsche Geschichte von dem einhörnigen Widder, den der auch von
Thukydides mehrfach erwähnte Seher Lampon (V 19, 2. 24, 1) auf die alleinige
Leitung des Staates durch Perikles deutete, während der Naturforscher die
physiologische Ursache der Abnormität durch Öffnung des Schädels nachwies
(Plut. Per. 6). Die Art aber, wie Thukydides selbst sich das Zustandekommen
von Orakeln vorstellt, soweit sie nicht reiner Schwindel sind, ist durchaus rationalistisch: verständige Einsicht in die Verhältnisse ermöglicht allein einigermaßen eine Berechnung kommender Ereignisse, genau wie Agamemnon in der
Helena des Euripides (757) sagt:

γνώμη δ’ ἀρίστη μάντις ἥ τ’ εὐβουλία

und wie der ungläubige Oidipus des Sophokles das Rätsel der Sphinx gelöst
hat (OT. 398) γνώμη κυρήσας οὐδ’ ἀπ’ οἰωνῶν μαθών. Damit vergleiche man
die Charakteristik, die Thukydides gerade von dem Staatsmann gibt, der es so
ausgezeichnet verstand, aus der Deutung dunkler Orakelsprüche für seine Politik
Kapital zu schlagen, von Themistokles: Thukydides nennt ihn (I 138, 3) τῶν
τε παραχρῆμα δι’ ἐλαχίστης βουλῆς κράτιστος γνώμων καὶ τῶν μελλόντων
ἐπὶ πλεῖστον τοῦ γενησομένου ἄριστος εἰκαστής. Nichts anderes als diese
Fähigkeit, den Verlauf der Dinge klug vorauszuberechnen, sah aber in der
Mantik auch der Sophist Antiphon, der sie in einem uns erhaltenen Apo-
phthegma definiert als ἀνθρώπου φρονίμου εἰκασμός und sie in einem sarkasti-
schen Witzwort bitter verhöhnte.[3]) Dazu kommt noch eine weitere merkwürdige
Übereinstimmung zwischen Thukydides und Antiphon. Der Geschichtschreiber
rechnet den Glauben an die Mantik unter die irrationalen und daher trüge-

---

[1]) Judeich, Topographie von Athen (1905) S. 107 ff., besonders 113.
[2]) S. meinen Euripides S. 109 und mein Programm: Herodots Verhältnis zur Philosophie und Sophistik (1908) S. 16.
[3]) Diels, Vorsokratiker[3] II 291 Nr. 8 und 9.

rischen Hoffnungen (ἀφανεῖς ἐλπίδες V 103. 113) und warnt wiederholt vor der
Gefährlichkeit der Hoffnungen (III 45, 5; IV 17, 4 f. 65, 4). Ebenso tut Euripides (Hik. 479 f.), und wiederum lesen wir bei Antiphon (fr. 58 D.): ἐλπίδες
δ' οὐ πανταχοῦ ἀγαθόν· πολλοὺς γὰρ τοιαῦται ἐλπίδες κατέβαλον εἰς ἀνηκέστους
συμφοράς.[1]) Wir finden also die merkwürdigste Übereinstimmung, teilweise sogar mit wörtlichen Anklängen, zwischen Thukydides, Euripides und Antiphon
in der rationalistischen Umdeutung der Mantik und in der Ansicht von der ver-
führerischen Gefährlichkeit der Hoffnung. Da nun auch die von Euripides in
den Hiketiden bekundeten politischen Ansichten auf Antiphon zu weisen
scheinen[2]), so ist die Wahrscheinlichkeit sehr groß, daß hier der Dichter und
der Geschichtschreiber von Antiphon abhängig sind. Antiphon selbst mag bei
diesem τόπος sich an Stellen alter Dichter wie Hesiod und Theognis angeschlossen haben: denn es war gewiß ein ergiebiges Thema für einen sophistischen Redewettkampf, ob die Hoffnung etwas Schlimmes sei, wie Hesiod behauptete, oder etwas Gutes, wie Theognis meinte.[3]) Thukydides steht mit seiner
Überzeugung auf der Seite des Dichters von Askra.

Im Anschluß an Thukydides' Stellung zum Kultus mag noch erwähnt
werden, daß die Säkularisierung von Tempelschätzen, zu der ja schon
Hekataios von Milet vor dem ionischen Aufstand geraten hatte (Her. V 36), in
der Zeit des Thukydides etwas Gewöhnliches ist und daher ohne weitere Bemerkung erzählt wird (I 143; II 13, 4; I 121, 3: an letzterer Stelle in der Form
einer Anleihe).

Aber auch abgesehen von Thukydides' Haltung gegenüber der positiven Religion findet sich bei ihm auch nicht die leiseste Spur von dem Glauben
an eine sittliche Weltordnung, an eine Gerechtigkeit des Weltlaufs, wie
sie noch Aischylos für seinen Ζεὺς παναίτιος (Ag. 1485) zu retten suchte, während schon Sophokles sie preisgab, obwohl er dennoch am Götterglauben festhielt. Beweis dafür ist das Schicksal eines Volkes und eines Mannes, das Thukydides unter diesem Gesichtspunkt betrachtet: die Melier leiden mit ihrem
Glauben an die Gerechtigkeit der göttlichen Weltregierung (V 104. 112, 2) vollkommen Schiffbruch, und der fromme Nikias, der sich noch in seiner letzten
Rede auf seine Frömmigkeit und Rechtlichkeit beruft (VII 77, 2 f.) und sich
einen etwaigen Mißerfolg nur daraus erklären könnte, daß die Athener als
'irgendeinem der Götter verhaßt' (τῳ θεῶν ἐπίφθονοι) zu Felde gezogen seien,
geht samt Heer und Flotte elend zugrunde (VII 86, 5).

Allerdings bleibt auch für Thukydides ein irrationaler Rest alles Geschehens
übrig, der für die praktische Berechnung wie für die wissenschaftliche Erklärung gleich unzugänglich ist: das ist die τύχη. Diese ist ihm aber nichts

---

[1]) Vgl. Edgar Jacoby, De Antiphontis sophistae Περὶ ὁμονοίας libro (Berlin 1908) S. 40.
[2]) Ferd. Dümmler, Prolegomena zu Platons Staat (Basel 1891) S. 20. — Euripides S. 303.
[3]) An Hesiod, Erga 96 ff. erinnert Schol. zu Thuk. III 45, 3, wozu vgl. Schol. zu VI 23, 3.
Bei Hesiod ist die Hoffnung ein Übel: Nietzsche, Morgenröte 38; Antichrist 23 (TA. V 43;
X 383). Das hat schon Theognis 1135 ff. nicht mehr verstanden. Dagegen erinnert Sophokles
in einem Chorlied der Antigone 615 ff. an den fragwürdigen Doppelcharakter der Hoffnung.

weniger als eine Göttin oder auch nur das Schicksal etwa im Sinn der homerischen Moira oder nach der Auffassung der Tragiker, sondern einfach der Zufall. Ein sehr folgenschweres Ereignis, die Landung des Demosthenes in Pylos, deren absichtliche Ausführung er bei seinen Mitfeldherrn nicht hatte durchsetzen können, wird von einem Sturm 'durch Zufall' (κατὰ τύχην IV 3, 1) herbeigeführt. Wie der Geschichtschreiber selbst in der Erzählung, so machen auch die bei ihm als Redner auftretenden Personen von diesem Begriff ganz denselben Gebrauch. Es hat mitunter seine Berechtigung, die Schuld an einem Unglück auf den Zufall (τύχη) zu schieben: 'denn es kommt vor, daß der Gang der Ereignisse nicht minder unberechenbar ist als die Gedanken der Menschen' (I 140, 1). Man muß nicht glauben, das Glück immer auf seiner Seite zu haben und die Zufälle des Kriegs ausschließen zu können (IV 18, 4). Gewiß wird man dem Zufall durch verständige Berechnung (γνώμη s. S. 653 f.) entgegenzuwirken suchen, und so treffen wir die Begriffe τύχη und γνώμη oft als Gegensätze (II 87, 2 f.; IV 64, 1; V 75, 3); aber eben weil die erstere das Unberechenbare ist, läßt sie sich nicht beherrschen (ἧς οὐκ ἄρχω IV 64, 1). Das Glück (εὐτυχῆσαι, εὐπραγία) ist etwas Unsicheres, das nicht in der Macht des Menschen steht (IV 17, 4 f.).[1])

Es ist also wirklich kein Grund vorhanden, das Urteil des Markellinos (Vit. 22) zu bestreiten, daß Thukydides ἄθεος ἠρέμα gewesen sei. Ganz ähnlich wie Thukydides zwischen τύχη und γνώμη unterscheidet Protagoras bei Platon (323 D) zwischen dem, was φύσει τε καὶ τύχῃ τοῖς ἀνθρώποις γίγνεται und dem, was ἐξ ἐπιμελείας καὶ ἀσκήσεως καὶ διδαχῆς erworben wird; ein Gedanke, der sicher dem Protagoras selbst angehört, da er mit einem anderweitig überlieferten Bruchstück des Sophisten genau übereinstimmt (fr. 3 D), und der die allgemeine Unterscheidung von Zufall und bewußter Absicht nur auf die Erziehungsfrage im besonderen überträgt. Und genau so wie Thukydides und Protagoras läßt, wohl ebenfalls in Anlehnung an den letzteren, Sophokles die ungläubige Iokaste (im OT. 977 ff.) denken: τὰ τῆς τύχης κρατεῖ.

Die Natur ist für Thukydides wie für alle außerhalb des orphisch-pythagoreisch-platonischen Kreises stehenden griechischen Denker eine Einheit, und deshalb herrscht im Menschenleben dieselbe unverbrüchliche Gesetzmäßigkeit wie in der außermenschlichen Natur. Diese Art der Betrachtung nennt Thukydides die 'menschliche Auffassung' (ἀνθρώπειος τρόπος I 76, 2; ἀνθρώπειος λόγος V 89) und auch die ἀνθρωπεία εἰς τὸ θεῖον νόμισις (V 105, 1 f.) besteht eben darin, daß man das θεῖον als bloße δόξα vollkommen aus dem Spiele läßt und sich an den naturgesetzlichen Verlauf der Dinge (φύσις ἀναγκαία) hält. Denn auch im Menschenleben gibt es Gesetze, denen der Mensch als Wesen seiner Gattung unterworfen ist. Und eben der Mensch als Gat-

---

[1]) Weitere Stellen bei Classen-Steup, Ausgabe[4] S. XLIV f.; mit der hier gegebenen Deutung der τύχη als 'einer nach einer höheren Ordnung waltenden Macht' kann ich mich nicht einverstanden erklären. Im Munde und im Sinne der Melier V 104 und 112, 1 ist dies ἡ τύχη ἐκ τοῦ θείου freilich; aber das Vertrauen darauf wird ja durch den Gang der Ereignisse eben ad absurdum geführt. — Über die τύχη handelt gut Bockshammer a. a. O. S. 13 f.

tungswesen ist es, der Thukydides interessiert, während die Einzelpersönlichkeit in seiner Geschichtsdarstellung auffallend zurücktritt. Daher kommt es auch, daß viele der Reden in seinem Geschichtswerk nicht einmal einer bestimmten Person in den Mund gelegt sind, sondern Mehrheiten wie 'den Korinthern', 'den Kerkyraiern', 'den Athenern', 'den Meliern' usw. Soweit aber Einzelpersonen reden oder auch, was selten genug der Fall ist, direkt charakterisiert werden, geschieht es immer nur nach der politischen Seite hin; der ethische Gehalt der Gesamtpersönlichkeit bleibt ganz außer Betracht: bei Themistokles (I 138) ebenso wie bei Archelaos von Makedonien (II 100, 2), in dem die Sokratiker den Typus des Tyrannen sehen[1]), bei Perikles wie bei Alkibiades, bei Kleon wie bei Nikias.[2])

Das also hat Thukydides mit der Sophistik gemein, daß ihn der Mensch als solcher interessiert und daß er ihn einfach als Naturwesen auf Grund der Erfahrung wissenschaftlich betrachtet. Mit dem, was man schon die innere Mythologie des Menschen genannt hat, ist Thukydides vollständig fertig. Seine Auffassung und seine Darstellung ist durchaus empirisch-psychologisch. Es sind nur wenige Fälle, aus denen sich erkennen läßt, daß Thukydides sich auch die psychischen Vorgänge als durchaus gesetzmäßig verlaufend denkt, aber sie genügen, um das festzustellen.

Den Schrecken, der die Flucht der Perser bei Marathon verursachte, führt Herodot (VI 105) auf die Einwirkung des Gottes Pan zurück, und diese Vorstellung ist ja sprichwörtlich geworden. Auch Thukydides kennt diese Erscheinung bei großen Heeresmassen (IV 125, 1; VII 80, 3), aber er erklärt sie natürlich, d. h. psychologisch. 'Auch sie befiel', so heißt es bei der Schilderung des Rückzuges von Syrakus, 'eine verwirrende Angst, wie es bei allen und namentlich bei sehr großen Heeren vorzukommen pflegt, daß sie in Furcht und schreckende Aufregung geraten, zumal, wenn sie bei Nacht, in Feindesland und in nur geringer Entfernung vom Feinde marschieren'. Was also bei Herodot als der wunderbare Eingriff eines Gottes erscheint, das wird hier als ein Gesetz der Massenpsyche auf den Begriff gebracht.[3])

Bei der Erzählung der Schlacht bei Mantineia im Jahr 418 v. Chr. lesen wir (V 70) die Bemerkung: 'Die Spartaner rückten langsam heran unter den Klängen eines Marsches der aus zahlreichen Flötenspielern gebildeten Musik, die keinen religiösen Zweck hatte (οὐ τοῦ θείου χάριν), sondern bewirken sollte, daß die Leute beim Vorrücken gleichmäßig im Takt Schritt halten und die Glieder die Richtung nicht verlieren, was beim Angriff großer Heere zu ge-

---

[1]) Platon, Gorg. S. 470 D ff.; Antisthenes bei Diog. L. VI 18.

[2]) Ivo Bruns, Das literarische Porträt der Griechen im V. und IV. Jahrh. v. Chr. G. (1896) S. 9 ff. 64 ff.

[3]) Vgl. W. Schmid, Das Alter der Vorstellung vom panischen Schrecken, im Rhein. Mus. L (1895) S. 310 f. gegen v. Wilamowitz, Hippolytos S. 193 (zu Eur. Rhesos 36); W. H. Roscher, Ephialtes (Abh. d. Sächs. Ges. d. W. philol.-hist. Kl. XX 2, 1900) S. 71, 218. Ich verweise noch auf das Epigramm des Simonides von Keos 121 (Crus.). Thuk. VII 80, 3 gebraucht denselben Ausdruck δείματα wie auch von den Erinyen in der Alkmaionsage II 102, 4.

schehen pflegt.' Hier wird also unter ausdrücklicher Ablehnung der religiösen
Deutung dieser Sitte die psychologische Wirkung der Musik auf die zum
Angriff vorgehenden Truppen festgestellt und zwar nach einem rein erfahrungs-
mäßig gewonnenen psychophysischen Gesetze. Auf die im Kreise des Damon, des
Musiklehrers des Perikles, und weiterhin in der Sophistik, bei den Pytha-
goreern und Platon viel erörterte Frage nach den moralischen Wirkungen der
Musik und der verschiedenen Tonarten im besonderen geht Thukydides dagegen
nicht ein.[1])

Eine dritte hierher gehörige Stelle findet sich in der gegen Kleon gerichteten Rede des Diodotos (III 45). Hier gibt die Verhandlung über die Bestrafung des abgefallenen Mytilene Veranlassung, die Frage nach der Wirkung
der Strafe aufzuwerfen. Die bisherige Erfahrung zeige, so führt hier Diodotos
aus, daß auch die schärfsten Strafen, selbst die Todesstrafe, nicht genügen, um
den Menschen, seien es nun einzelne oder Gemeinschaften, vom Verbrechen
($\dot{\alpha}\mu\alpha\varrho\tau\dot{\alpha}\nu\epsilon\iota\nu$) abzuhalten. Man müßte also entweder noch ein wirksameres Ab-
schreckungsmittel ($\delta\acute{\epsilon}o\varsigma$) finden als den Tod, oder die Dinge werden bleiben,
wie sie sind: immer werden wieder gewisse Lebenslagen, wie die Not der Ar-
mut oder die Überhebung des Reichtums und des Machtgefühls, unwidersteh-
liche Antriebe zu Übertretungen bilden. Dabei haben Hoffnung und Begierde
sowie die zufällige Versuchung ihre Hand im Spiele. Es ist ein 'völlig aus-
sichtsloses Beginnen und daher ein törichter Glaube, man könne den Menschen
von Handlungen, zu denen er sich nun einmal von Natur getrieben fühlt, durch
den Druck der Gesetze oder durch andere Schreckmittel abbringen'. Das einzig
richtige Verhalten sei daher, zumal im vorliegenden Fall, Vorsicht ($\dot{\epsilon}\pi\iota\mu\acute{\epsilon}\lambda\epsilon\iota\alpha$)
im eigenen Verhalten und Vorkehrungen ($\varphi\upsilon\lambda\acute{\alpha}\sigma\sigma\epsilon\iota\nu$ $\varkappa\alpha\grave{\iota}$ $\pi\varrho o\varkappa\alpha\tau\alpha\lambda\alpha\mu\beta\acute{\alpha}\nu\epsilon\iota\nu$)
gegen mögliche Verfehlungen (c. 46). Diese Theorie wird mit solcher Wärme
und Entschiedenheit vorgetragen, daß man schon deswegen vermuten möchte,
der Geschichtschreiber sei mit dem Redner einverstanden. Doch lassen wir dies
vorderhand dahingestellt und heben wir die charakteristischen Züge dieser
Theorie heraus. Deren sind es in positiver Hinsicht vier: 1. Die Neigung zum
Verbrechen liegt in der menschlichen Natur ($\pi\epsilon\varphi\acute{\upsilon}\varkappa\alpha\sigma\iota$ $\tau\epsilon$ $\ddot{\alpha}\pi\alpha\nu\tau\epsilon\varsigma$ $\varkappa\alpha\grave{\iota}$ $\dot{\iota}\delta\acute{\iota}\alpha$ $\varkappa\alpha\grave{\iota}$
$\delta\eta\mu o\sigma\acute{\iota}\alpha$ $\dot{\alpha}\mu\alpha\varrho\tau\acute{\alpha}\nu\epsilon\iota\nu$). 2. Diese Natur des Menschen ist stärker als jedes Gesetz
($\varkappa\alpha\grave{\iota}$ $o\dot{\upsilon}\varkappa$ $\ddot{\epsilon}\sigma\tau\iota$ $\nu\acute{o}\mu o\varsigma$, $\ddot{o}\sigma\tau\iota\varsigma$ $\dot{\alpha}\pi\epsilon\acute{\iota}\varrho\xi\epsilon\iota$ $\tauo\acute{\upsilon}\tauo\upsilon$. $\varkappa\alpha\tau\acute{\epsilon}\chi\epsilon\tau\alpha\iota$ [sc. $\dot{\epsilon}\varkappa\acute{\alpha}\sigma\tau\eta$ $\xi\upsilon\nu\tau\upsilon\chi\acute{\iota}\alpha$ $\dot{o}\varrho\gamma\tilde{\eta}$
$\tau\tilde{\omega}\nu$ $\dot{\alpha}\nu\vartheta\varrho\acute{\omega}\pi\omega\nu$] $\dot{\upsilon}\pi$' $\dot{\alpha}\nu\eta\varkappa\acute{\epsilon}\sigma\tauo\upsilon$ $\tau\iota\nu\grave{o}\varsigma$ $\varkappa\varrho\epsilon\acute{\iota}\sigma\sigmao\nu o\varsigma$). 3. Diese menschliche Natur
war immer so und wird immer so bleiben (45 Ende). 4. Es hat allein einen
Sinn, dem Verbrechen durch vernünftige Haltung und Behandlung vorzubeugen.
In negativer Hinsicht liegt in dieser Theorie ein Dreifaches: es wird die Bedeutung der Strafe als Vergeltungs-, als Abschreckungs- und als Besserungs-
mittel gleichermaßen abgelehnt.

Die Frage nach der Bedeutung der Strafe wurde in der Sophistenzeit viel
erörtert. Die populäre Vorstellung war selbstverständlich die Vergeltungstheorie,

---

[1]) Plat. Laches 180 D. 197 D. 200 A; Resp. III 400 B ff.; IV 424 C; Alk. I 118 C; Iso-
krates, Or. XV 236; Plut. Perikles 4. — Grenfell-Hunt, The Hibeh Papyri (London 1906)
Nr. 13 S. 45 ff.; vgl. auch Plat. Prot. 326 A B.

die sich in Athen noch im IV. Jahrh. sogar auf leblose Gegenstände erstreckte, die einen Menschen getötet hatten. Von Protagoras, mit dem sich Perikles einmal eingehend über die Frage des auch von Antiphon zum Gegenstand seiner zweiten Tetralogie gewählten φόνος ἀκούσιος unterhalten haben soll, wissen wir, daß er die Vergeltungstheorie zurückwies und die Strafe nur als Mittel zur Besserung und Abschreckung anerkannte. In der letzteren Auffassung traf Kritias mit ihm zusammen, der einfach ein Machtmittel darin sieht, um die Menge im Zaum zu halten. Für Sokrates endlich war sie, wenn wir Platon folgen dürfen, lediglich ein Mittel zur Besserung, ein Heilmittel der kranken Seele.[1]) Es läßt sich leicht erkennen, daß die von Diodotos vorgetragene Ansicht mit keiner dieser Theorien übereinstimmt, daß sie in einem ebenso entschiedenen Gegensatz zur populären Vergeltungslehre wie zu dem Vernunftoptimismus des Sokrates und zu dem praktischen Utilitarismus eines Protagoras oder Kritias steht. Sie ist ihrem Wesen nach pessimistisch und streckt vor der Übermacht der zum Bösen neigenden menschlichen Natur resigniert die Waffen. Dabei ruht sie auf psychologischer Grundlage und zwar auf der unerschütterlichen Überzeugung von der Macht der Affekte, deren folgerichtige Durchführung in der Ethik Spinozas ihr modernes Seitenstück hat. Finden sich von dieser Auffassung auch sonst in der griechischen Literatur des V. Jahrh. Spuren? Diese Frage kann man wenigstens hinsichtlich ihrer psychologischen Grundlage bejahen. In Platons Protagoras (352 B—E) wird die Ansicht, daß man der Lust, der Leidenschaft oder auch dem Kummer trotz der Erkenntnis des Guten beim Handeln unterliegen könne, geringschätzig als die Meinung der πολλοί verworfen; auch ist hier das ganze Problem in die Beleuchtung des Sokratischen Satzes vom Tugendwissen gerückt. Unabhängig davon tritt sie uns bei Euripides entgegen (fr. 920):

η φύσις ἐβούλεθ᾽, ᾗ νόμων οὐδὲν μέλει.

An anderen Stellen setzt auch er das Wissen des Guten (bezw. Bösen) in Gegensatz zu der Übermacht der Leidenschaft, so an einer auch im Wortlaut an das ἀνήκεστον κρεῖσσον des Thukydides leise anklingenden Stelle der Medea (1077 ff.):

νικῶμαι κακοῖς.
καὶ μανθάνω μὲν οἷα δρασείω κακά,
θυμὸς δὲ κρείσσων τῶν ἐμῶν βουλευμάτων,
ὅσπερ μεγίστων αἴτιος κακῶν βροτοῖς.[2])

Ob und von wem diese Ansicht theoretisch formuliert wurde, wissen wir nicht. Man könnte sich denken, daß dies in derjenigen Gruppe von Sophisten geschehen wäre, die sich in der Richtung des Thrasymachos und Kallikles bewegte: denn ihr Evangelium läuft doch auch darauf hinaus, die Überlegenheit

[1]) Plut. Per. 36; Demosth. Contr. Aristocr. 76; E. Szanto, Ausgew. Abh. (1906) S. 117; Rohde, Psyche³ I 262, 2. 275, 2; II 78, 2 (in Abdera); Plat. Prot. 324 A ff.; Th. Gomperz, Griech. Denker I 358 f. 409; Antiphon, Tetral. B; Krit. Sis. fr. 25 (D.); Plat. Gorg. 478 D. 525 B.
[2]) Vgl. noch Eur. Hipp. 379 ff. nachgeahmt von Seneca, Phaedr. 177 ff.; Eur. fr. 841. Die Medeastelle nachgeahmt von Ovid, Met. VII 19 ff. Im christlichen Gedankenkreis gehören hierher Marc. 13, 18 (Matth. 26, 41); Ev. Joh. 13, 17; Paulus, Römer 6, 18.

der φύσις über jede Art von νόμος, also auch den der Strafe, zu verkünden. Nur ist der Unterschied der, daß diese Betätigung der φύσις hier als das anerkannte Vorrecht des starken Menschen erscheint, während in der Darstellung des Thukydides die Wirkungslosigkeit der Strafgesetze als eine zwar unabänderliche, aber bedauerliche Erfahrungstatsache betrachtet wird.

Diese Erörterung über die Strafe leitet uns von selbst über zur Frage der Erziehung, deren Kernpunkt darin liegt, ob dabei das Ausschlaggebende die natürliche (intellektuelle und moralische) Anlage (φύσις) oder der Geist und Charakter bildende Unterricht (παιδεία, διδαχή, μελέτη, ἄσκησις) sei. Die Sophistik nimmt dazu keine einheitliche Stellung ein: Kritias (fr. 9) und, wie es scheint, auch Antiphon (fr. 60), schreiben der Erziehung und Übung den größeren Einfluß zu. Andere, wie der sogenannte Anonymus Iamblichi (fr. 1, 2) und Euripides in seiner das Bildungsproblem behandelnden Tragödie 'Phoinix', legen den Hauptnachdruck auf die natürliche Veranlagung (fr. 810):

μέγιστον ἄρ' ἦν ἡ φύσις· τὸ γὰρ κακὸν
οὐδεὶς τρέφων εὖ χρηστὸν ἂν θείη ποτέ.[1]

Protagoras nimmt eine Mittelstellung ein mit dem Satze (fr. 3): φύσεως καὶ ἀσκήσεως διδασκαλία δεῖται. Schon nach dem bisher Ausgeführten werden wir uns nicht wundern, wenn wir Thukydides auf der Seite derjenigen finden, welche die φύσις als das Wesentliche betrachten. So beruht die Größe des Themistokles auf seiner angeborenen Genialität (I 138): der Kraft seiner Natur (φύσεως ἰσχύς), seiner angeborenen Klugheit (οἰκεία ξύνεσις), seiner machtvollen Begabung (φύσεως δύναμις), zu der kein besonderer Unterricht (οὔτε προμαθὼν οὐδὲν οὔτ' ἐπιμαθών) und nur wenig Übung (μελέτης βραχύτητι κράτιστος) zu treten brauchte, verdankte er seine Erfolge.[2] Auf dem Charakter (τρόποι), nicht auf der systematischen Übung (μελέτη) beruht auch die Überlegenheit des Atheners über den Spartaner (H 39, 4. 41, 2). Es ist daher nur folgerichtig, wenn auch die Peloponnesier die Überlegenheit über Athen, die sie sich zuschreiben, auf die φύσις begründen und behaupten, dieser Mangel könne seitens der Athener durch keine διδαχή ausgeglichen werden (I 12, 4).[3] Und ebenso behaupten die Führer der peloponnesischen Flotte (II 87, 4), die εὐψυχία könne durch keine τέχνη ersetzt werden. In äußeren Fertigkeiten, wie z. B. dem Rudern und dem sonstigen Manövrieren mit Schiffen ist gewiß auch die Übung nicht zu unterschätzen, die dann zur Erfahrung (ἐμπειρία II 85, 2) und Geschicklichkeit (ἐπιστήμη II 87, 4; VII 62, 2. 63, 2. 64, 2), ja gewissermaßen zur anderen Natur wird. Aber im Grunde kann niemand auf die Dauer seine Natur verleugnen. Das zeigt

---

[1] Parodiert von Eupolis, Demoi fr. 91 (Kock). Croiset (Revue de philologie XXXIV 213 ff.) setzt den Phoinix in die Jahre 440—432 v. Chr.

[2] Ivo Bruns, Lit. Portr. S. 70.

[3] Ganz allgemein behaupten dies in merkwürdiger Übereinstimmung der Sophist Euenos (Plat. Ap. 20 B) bei Aristot. Eth. Nik. VII 11 S. 1152a 31 ff.: Φημὶ πολυχρόνιον μελέτην ἔμεναι, φίλε, καὶ δὴ Ταύτην ἀνθρώποισι τελευτῶσαν φύσιν εἶναι und Demokritos fr. 33 (D.): ἡ φύσις καὶ ἡ διδαχὴ παραπλήσιόν ἐστι· καὶ γὰρ ἡ διδαχὴ μεταρυσμοῖ τὸν ἄνθρωπον, μεταρυσμοῦσα δὲ φυσιοποιεῖ. Dazu noch fr. trag. adesp. 516: μελέτη χρονισθεῖσ' ἐς φύσιν καθίσταται.

sich selbst in der Politik: das zeitweilige Zusammengehen von Athen und Sparta, so meinen die Thebaner, war etwas Widernatürliches.[1]) Hermokrates erklärt Athen für den geborenen Feind von Syrakus (φύσει πολέμιον IV 60, 1), und derselbe Staatsmann spricht in Kamarina (VI 79, 2) von natürlicher Gegnerschaft und natürlicher Zusammengehörigkeit.[2]) Will man auf jemand einwirken, so muß man seine Natur kennen: so weiß Nikias wohl, daß die freiheitliebende Natur der Athener sich nicht gerne befehlen läßt, daß sie lieber Angenehmes, als bittere Wahrheiten hören, daß ein besiegter Feldherr von ihnen das Schlimmste gewärtigen muß (VII 14, 2 und 4. 48, 4: ἐπιστάμενος τὰς Ἀθηναίων φύσεις). Auch die Geschlechter haben ein jedes seine besondere Natur: die Frauen in Kerkyra greifen παρὰ φύσιν in den Kampf ein (III 74, 1); denn ihre Natur bestimmt sie nicht zum öffentlichen Auftreten, und die Tüchtigkeit der Frau (γυναικεία ἀρετή II 45, 2) bewährt sich in der stillen Zurückgezogenheit des Hauses. Zu dieser letzteren allerdings gemeingriechischen Auffassung von der Aufgabe der Frau hat schon Plutarch (De mul. virt. 242 f.) einen Ausspruch des Gorgias (fr. 22 D.) verglichen, den auch Platon (Men. 71 DE) verschiedene Gattungen von ἀρετή unterscheiden und diejenige der Frau darin finden läßt, daß sie ʻdas Haus gut verwalte, es im Innern in Ordnung halte und ihrem Manne gehorsam sei' (fr. 19 D.).[3])

Der für die Sophistik so charakteristische Gegensatz φύσει — νόμῳ im Sinn von Naturrecht und positivem oder konventionellem Recht findet sich merkwürdigerweise bei Thukydides nirgends.[4]) Dagegen kommt das Wort νόμος in der Bedeutung ʻSitte' häufig genug vor. Mehrfach ist die Rede von gemeinsamen Sitten der Hellenen (I 41, 1; III 9, 1. 58, 3. 59, 1. 67, 6; IV 97, 2. 98, 2), einmal sogar von einem allgemein menschlichen Brauche (III 56, 2); πάτριοι νόμοι steht IV 118, 3 im Sinn von altem religiösem Brauch und Recht; VIII 76, 6 wird damit die von den Oligarchen umgestoßene demokratische Verfassung bezeichnet; zweimal wird νόμος von Begräbnissitten gebraucht (II 34. 52, 4), einmal von einem Brauch bei Koloniegründungen (I 24, 2), einmal im musikalischen Sinn (V 70) und einmal als Zusammenfassung für gesetzliche Ordnung überhaupt (I 77, 3). Es gilt νόμῳ als eine Ehre, in Olympia zu siegen (IV 16, 2). Auch der θεῖος νόμος, dessen Geringschätzung (III 82, 6) erwähnt wird, ist nichts anderes als ein religiöser Brauch[5]), und unter den von Perikles

---

[1]) Thuk. III 64, 4. Hier ist der Wortlaut (ἃ δὲ ἡ φύσις ἀεὶ ἐβούλετο, ἐξηλέγχθη ἐς τὸ ἀληθές) merkwürdig ähnlich dem S. 665 angeführten fr. 920 des Euripides.

[2]) Thuk. VI 79, 2: φύσει πολέμιοι — φύσει ξυγγενεῖς. Vgl. Hippias bei Platon, Protag. 337 D.

[3]) Hierzu v. Wilamowitz im Hermes XI (1876) S. 294. Das Wort ἀρετή gebraucht Thukydides in den geläufigen Bedeutungen. Bétant s. v.; J. Ludwig, De voce ἀρετή (Diss. Lips. 1906) S. 22 f. 26 f. 51.

[4]) Nur in dem schon von den Alten für unecht erklärten Kapitel III 84 (Schol.: τὰ ὠβελισμένα οὐδενὶ τῶν ἐξηγητῶν ἔδοξε Θουκυδίδου εἶναι) steht § 2: τῶν νόμων κρατήσασα ἡ ἀνθρωπεία φύσις.

[5]) Meuß a. a. O. S. 231. Zur Sache H. Weil, Revue des études grecques VI (1893) S. 317 f.; P. Decharme, La critique des traditions religieuses chez les Grecs (1904) S. 153 f.; Andoc. De myst. 6 f.

(II 37, 3) genannten νόμοι ἄγραφοι ist nichts anderes als die volkstümliche Sittlichkeit, d. h. die sogenannte gute Sitte, zu verstehen.[1]) Im Unterschied von Herodots Geschichte liegt es bei Thukydides im Wesen seines Themas, daß er sogenannte νόμιμα βαρβαρικά nur selten anführt. Doch flicht auch er gelegentlich kulturgeschichtliche Bemerkungen ein (vgl. S. 656): so über den Einfluß des Orients auf die griechische Kultur (I 6, 6), über die rückständige Kultur der Skythen (II 97, 6), über den noch barbarischen Stamm der Eurytaner in Ätolien (III 94 ἀγνωστότατοι γλῶσσαν καὶ ὠμοφάγοι) oder über den barbarischen Charakter der Thraker (VII 29, 4). Sprachliche Beobachtungen interessieren ihn: wie die Sprachenmischung in Sizilien (VI 5, 1) oder die Hellenisierung der Sprache der Ambrakioten (II 68, 5), und er erwähnt die Übersetzung eines persischen Briefs ins Griechische (IV 50, 2). Auch geographische Bemerkungen finden sich: so über das Festwerden der Echinaden (II 102, 3) und die Angaben über die Größe Siziliens (VI 1). Die großartigste kulturgeschichtliche Schilderung aber, die wir bei Thukydides finden, ist die Darstellung der attischen Kultur in der Leichenrede des Perikles (II 35 ff.), zu der die Schilderung der Greuel der Parteikämpfe in Kerkyra und die daran geknüpfte Betrachtung über die Zersetzung der sittlichen Begriffe in Griechenland (III 82 f.) das düstere Gegenbild liefert.[2])

Fragen wir uns nun aber, weshalb der Gegensatz von νόμος und φύσις bei Thukydides durchaus nicht mit der Schärfe hervortritt wie bei der Sophistik, so liegt der Grund nicht darin, daß er ihn nicht kannte, sondern darin, daß der Geschichtschreiber tiefer dachte als die meisten Sophisten. Der νόμος ist auch ihm, wie der Sophistik, das Werk der Menschen; aber da diese selbst ein Erzeugnis der Natur sind, so ist auch die Sitte nichts anderes als ein mittelbares Erzeugnis der Natur.[3]) Das ganze Wesen des Menschen, nach seiner geistigen wie nach seiner körperlichen Seite ist vom Naturgesetz beherrscht: das ist die Überzeugung des Thukydides. Es ist z. B. ein Naturgesetz, daß der Arme und Geringe den Reichen und Vornehmen beneidet (VI 16, 2; vgl. II 45, 1), und es ist ebenso ein Naturgesetz, daß der Stärkere über den Schwächeren herrscht (I 76, 2 f.; IV 61, 5): πέφυκε γὰρ τὸ ἀνθρώπειον διὰ παντὸς ἄρχειν τοῦ εἴκοντος. Dieser Grundsatz wird, was besonders zu beachten ist, hier im Munde des Hermokrates genau so von denen anerkannt, die sich von der Expansionspolitik der Großmacht Athen bedroht sehen, wie von deren eigenen Vertretern. Unter den letzteren erklärt der Gesandte Euphemos (VI 85, 1): 'Für einen Herrscher oder einen herrschenden Staat ist nichts unvernünftig, was ihm Vorteil bringt.' Freilich weiß Thukydides auch wohl, daß die politische Macht und Größe immer etwas Vorübergehendes ist, daß auf jede Blütezeit der Niedergang folgt (πάντα γὰρ πέφυκε καὶ ἐλασσοῦσθαι II 64, 3), und daß die

---

[1]) R. Hirzel, Ἄγραφος νόμος (Abh. d. sächs. Ges. d. W. philol. hist. Kl. XX 1, 1900) S. 20. 22.

[2]) Ivo Bruns, Lit. Portr. d. Griechen S. 33 f.

[3]) Diesen Gedanken hat auch der Anonymus Iamblichi fr. 6, 1; vgl. Platon, Prot. 322 BC und Kallikles im Gorg. XXXIX 483 E.

geschichtlichen Situationen sich wiederholen (I 22, 4). Das wird immer so sein: denn die menschliche Natur bleibt stets dieselbe (ἕως ἂν ἡ αὐτὴ φύσις ἀνθρώ-πων ᾖ III 82, 2). Und diese menschliche Natur ist für Thukydides vollständig in dem diesseitigen Leben beschlossen. So nahe es der Anlaß der Peri-kleischen Leichenrede legen würde, so wird doch nirgends auch nur ein flüch-tiger Blick über das Grab hinübergeworfen: weder die volkstümlichen Hades-vorstellungen, noch die Hoffnungen, die der Staatskult der eleusinischen My-sterien den Eingeweihten verhieß, noch der damals in Athen wohlbekannte Glaube der orphischen Sekten wird auch nur mit einem Worte gestreift.[1]) Die Weltanschauung des Thukydides ist durchaus diesseitig.

Es wird, soviel ich sehe, allgemein angenommen, daß sich Thukydides über seine Welt- und Lebensanschauung nirgends im Zusammenhang ausspreche. Wenn ich aber nicht irre, so tut er es an einer der berühmtesten Stellen seines Werkes, die auch in der Form ganz einzigartig ist, doch: in dem Gespräch der Melier und Athener (V 85—113). Man kann wohl den Charakter dieses Dialogs kaum schwerer verkennen, als es Classen tut mit der Annahme, er gehe auf protokollarische Aufzeichnungen im Ratsarchiv zu Athen zurück.[2]) Warum verschweigt denn Thukydides, wenn er solche vor sich hatte, uns die Namen der Gesandten Athens und der Regierungsvertreter von Melos, die doch gewiß in den Urkunden standen? Und wann in aller Welt hat man jemals bei politischen Verhandlungen in solcher Weise, wie es hier geschieht, Fragen der Weltanschauung mit hereingezogen außer etwa bei den der christlichen Ära vorbehaltenen Religionskriegen? Da hat denn doch Dionysios von Halikarnaß zutreffender geurteilt, der gerade hier eine Abweichung des Geschichtschreibers von seinem in der Einleitung aufgestellten Grundsatz erkannte, seine Personen das jeweils Passendste sagen zu lassen (I 22, 1), da athenische Gesandte niemals eine derartige atheistische Lebensanschauung zur Schau getragen hätten, und der daher auch den fingierten Charakter dieser Reden vollständig richtig erkannte.[3]) Darin haben ihm denn auch die meisten neueren Gelehrten zugestimmt[4]), und ich meine, Thukydides selbst hat, soweit es seine zurückhaltende Art gestattete, alles getan, um dies dem Leser bemerklich zu machen. Dahin gehört vor allem die Form dieses Gesprächs. Es ist nicht nur, wie viele andere, ein Kollektiv-dialog, den keine bestimmten Personen führen, sondern es ist auch ein wirk-licher Dialog mit Weglassung aller erzählenden Verbindungsglieder. Ferner läßt Thukydides (85) die Redner selbst hervorheben, daß sie nicht in einer ξυνεχὴς ῥῆσις sprechen wollten, d. h. nach der sonst bei ihm üblichen Art, daß stets eine lange Rede und Gegenrede aufeinander folgt. Drittens hat er die Unwahr-

---

[1]) Dabei ist es ohne Belang, ob man II 45,1 die Worte τὸν γὰρ οὐκ ὄντα — ἐπαινεῖν und nachher τοῖς ζῶσιν mit Steup streicht oder nicht. Übrigens ist für die Tilgung kein stichhaltiger Grund vorhanden.

[2]) Classen-Steup, Ausgabe⁴ I S. LVIII; richtiger R. Hirzel, Der Dialog I 47.

[3]) Dion. Hal. De Thucyd. iud. 39—41.

[4]) Roscher, Thukydides S. 269; Grote, Geschichte Griechenlands (Deutsche Ausgabe) IV 85 ff.; Christ-Schmid, Griech. Lit.-Gesch.⁶ I 489.

scheinlichkeit dieser Unterhaltung dadurch gemildert, daß er sie nicht in der
Volksversammlung, sondern in engerem Kreise, vor der melischen Regierungs-
behörde, sich abspielen läßt, worin man fast geneigt sein könnte eine Andeutung zu finden, daß das, was hier gesprochen werde, nicht für das Ohr der
großen Menge, sondern nur für die Wissenden berechnet sei, für den gewählten
Kreis politisch geschulter Leser, den Thukydides von Anfang an bei der Abfassung seines Werks im Auge hatte (I 22, 4). Endlich ist das Charakteristische
an diesem Dialog, daß ein verhältnismäßig unbedeutender geschichtlicher Anlaß
dazu benutzt wird, nicht etwa bloß, um allgemeine politische Grundsätze zu
entwickeln, sondern um zwei Weltanschauungen einander gegenüberzustellen.
Thukydides verfährt hier ganz ähnlich wie bei der Leichenrede des Perikles.
Schon Dionysios von Halikarnaß hat die Frage aufgeworfen, warum der Geschichtschreiber den großen Staatsmann diese gewaltige Rede bei einem so
geringfügigen Anlaß halten lasse: denn es habe sich um nicht mehr als zehn
oder fünfzehn gefallene attische Reiter gehandelt (De Thuc. iud. 18). Und man
hat die Antwort auf diese Frage darin gefunden, daß Thukydides, der grundsätzlich keine Zustandsschilderungen gibt, nach wohldurchdachtem künstlerischem
Plan den Glanz der attischen Kultur bei dieser Gelegenheit in der Form einer
Rede des größten athenischen Staatsmanns dem Leser vor Augen führt.[1]) Ebenso
ergreift Thukydides, der seine Erzählung grundsätzlich nicht mit Polemik gegen
andersartige Anschauungen belastet, hier die Gelegenheit einer diplomatischen
Verhandlung, um einmal in der Form der Wechselrede den Gegensatz herauszustellen zwischen der hergebrachten volkstümlichen Vorstellung von
der Art des Weltlaufs und von seinen wirklichen Gesetzen. Die hergebrachte Meinung vertreten die Melier, die Bewohner einer kleinen, unscheinbaren Insel; die harten Gesetze der Wirklichkeit enthüllen die Athener, die
Bürger der geistigen Metropole Griechenlands. Auf wessen Seite der Geschichtschreiber die gewichtigere Autorität sieht, kann schon hiernach, ganz abgesehen
von dem Gang der Ereignisse, der den Athenern recht gibt, nicht zweifelhaft sein.

   Die Dialogform aber, zu der Thukydides hier greift, bot ihm höchstwahrscheinlich die Sophistik. Der Mythus des Prodikos von Herakles am Scheide-
weg kam ihr schon nahe. Von Hippias wissen wir, daß er in seinem 'Troischen
Dialog' ein Gespräch zwischen Nestor und Neoptolemos über die Aufgaben
eines jungen Adligen, eine Art Ritterspiegel, verfaßt hatte. Am nächsten aber
liegt es, bei dieser auf dem Prinzip des ἀντιλέγειν (V 112, 1) aufgebauten
ἅμιλλα λόγων an die Ἀντιλογίαι des Protagoras zu denken, über deren
Inhalt wir freilich mit einiger Wahrscheinlichkeit nur das wissen, daß darin
der Begriff des δίκαιον verhandelt wurde, schwerlich ohne Heranziehung geschichtlicher Beispiele.[2]) Gerade dieser Begriff aber bildet auch den Kern-

---

   [1]) Ivo Bruns, Lit. Portr. der Griechen S. 32 ff.
   [2]) Prodikos bei Xen. Mem. II 1, 21 ff.; Hippias bei Plat. Hipp. mai. 286 A; Protagoras
Diog. L. IX 51; ἀντιλέγειν noch oft bei Thukydides; Bétant s. v.; Aristoxenos über die
Ἀντιλογίαι bei Diog. L. III 37. fr. 5 (D.). Vgl. mein Herodotprogramm (Schöntal 1908 Nr. 766)
S. 29 f.; H. Gomperz, Sophistik und Rhetorik (1912) S. 179 ff.

punkt (89) des Thukydideischen Dialogs, und nach dem von Protagoras aufgestellten eristischen Prinzip werden zwei λόγοι, der θεῖος λόγος und der ἀνθρώπειος (105, 2) oder der δίκαιος und der ἄδικος λόγος, wie in den 'Wolken' des Aristophanes (889 ff.), einander gegenübergestellt.

Was nun den Inhalt des Gesprächs betrifft, so ist die eigentliche politische Frage, ob die Melier in dem Krieg, wie sie möchten, neutral bleiben können, von ganz untergeordneter Bedeutung. Ebenso nebensächlich ist es, daß sie sich auf die Hilfe der Lakedaimonier verlassen (112, 1). Die Hauptsache ist vielmehr, daß sich die Melier auf ihr gutes Recht berufen, die Athener dagegen ihnen kühl erklären, in der Politik handle es sich nicht um das Recht, sondern um die Macht; daß ferner die Melier auf die Gerechtigkeit des Weltlaufs vertrauen, während die Athener ihnen klarzumachen suchen, daß man in der Politik nicht mit Hoffnungen, sondern nur mit Realitäten rechnen dürfe und daß für jeden Staat nur sein Vorteil das Ausschlaggebende sein könne und dürfe. Durch diese Herausstellung prinzipieller Gegensätze erhebt sich das Gespräch weit über den besonderen Anlaß in die Sphäre des Allgemeinen und wird zum Kampf zweier Weltanschauungen. Dieser dreht sich um die beiden Fragen: 1. Was ist gerecht im Verkehr der Menschen untereinander? und 2. Gibt es eine transzendente göttliche Gerechtigkeit?

Die Vertreter des ἀνθρώπειος λόγος (89) bei der Beantwortung dieser beiden Fragen sind die Athener. Sie erklären hinsichtlich der ersten Frage: von Gerechtigkeit könne immer nur zwischen ungefähr gleich Mächtigen die Rede sein. Fehle dieses Gleichgewicht der Macht, so tue selbstverständlich der Überlegene, was er könne, und der Schwächere müsse sich fügen (89).[1]) Auch bei dem Verhältnis Athens zu unterworfenen oder nicht unterworfenen Staaten kommt keineswegs ein Recht (δικαίωμα 97), sondern lediglich die Macht (δύναμις) in Betracht, vermöge deren die einen ihre Freiheit zu wahren wissen, die andern nicht. Auch die Melier selbst sollten ihr Verhalten nicht nach irgendwelchen moralischen Gesichtspunkten (ἀνδραγαθία 101) einrichten, sondern sich sagen, daß sie vor einer Lebensfrage (σωτηρία) stehen: ob sie nämlich einem weit überlegenen Gegner Widerstand leisten wollen und können.

Die Entscheidung — und damit kommen die Athener auf die zweite Frage — sollten sie ἀνθρωπείως, nur im Blick auf die φανεραὶ ἐλπίδες, d. h. nach rationaler Berechnung, treffen und sich nicht durch die Flucht in das Gebiet des Unberechenbaren (ἀφανεῖς ἐλπίδες, χρησμοί) ins Verderben stürzen (103). Die Athener bleiben bei der ἀνθρωπεία εἰς τὸ θεῖον νόμισις, d. h. sie betrachten das Göttliche (τὸ θεῖον) als δόξα, als bloße Vermutung, mit der man nicht rechnen kann. Im Bereich der menschlichen Erfahrung gilt das Gesetz, daß jede Macht ihre Herrschaft ausdehnt, soweit sie kann (ἄρχειν οὗ ἂν κρατῇ). Dies Gesetz der φύσις ἀναγκαία hat immer geherrscht und wird immer herrschen

---

[1]) So erklärt auch ganz richtig der Schol. z. St: ὁ ἀνθρώπινος λογισμός, φασί, τότε τὸ δίκαιον ἐξετάζει, ὅταν ἴσην ἰσχὺν ἔχωσιν οἱ κρινόμενοι· ὅταν δὲ οἱ ἕτεροι προέχωσιν ἰσχύϊ, προστάττουσι πᾶν τὸ δυνατὸν καὶ οἱ ἥττονες οὐκ ἀντιλέγουσιν.

(105, 1 f.). Ihm gegenüber kann auch die Berufung auf das Ehrgefühl (αἰσχύνη) bei mangelnder Macht nicht in Betracht kommen (111, 3). Die einzig vernünftige Politik ist daher: 1. dem Gleichmächtigen nicht nachgeben, 2. mit dem Mächtigen sich freundlich stellen, 3. dem Schwächeren gegenüber maßvoll verfahren (111, 4).

Anders die Melier. Hinsichtlich der ersten der beiden oben gestellten Fragen vertreten sie den δίκαιος λόγος, d. h. sie wollen auch in der Politik den Grundsatz des Rechtes im absoluten Sinn, ohne Rücksicht auf die Machtverhältnisse, festgehalten wissen: sie lehnen es ab, den Grundsatz des ξυμφέρον anzuerkennen (90) und fühlen sich durch das Vorgehen der Athener vom Boden des Rechts (τῶν δικαίων λόγων 98) verdrängt.[1]) In Beziehung auf die zweite Frage aber bekennen sie sich zum θεῖος λόγος, d. h. zum Glauben an eine göttliche Weltregierung (πιστεύομεν τῇ μὲν τύχῃ ἐκ τοῦ θείου μὴ ἐλασσώσεσθαι, ὅτι ὅσιοι πρὸς οὐ δικαίους ἱστάμεθα 104; vgl. 112, 2). Dafür müssen sie sich von seiten der Athener eine äußerst herbe Kritik gefallen lassen, die in dem zweimaligen Vorwurf einer unvernünftigen Denkweise (ἄλογος διάνοια 105, 4; ἀλογία τῆς διανοίας 111, 2) gipfelt.

Die Ereignisse, die Thukydides (116) mit dürren Worten berichtet, bestätigen die Richtigkeit der Anschauungen der Athener.

Der Dialog verläuft in einer geradezu furchtbaren Logik; aber er ist keineswegs sophistisch im Sinne von spitzfindig, sondern es ist die unerbittliche Logik der Tatsächlichkeit, die hier spricht. Es ist aber allerdings keine Frage, sondern längst bemerkt worden, auf welchem Boden die hier von den Athenern beliebte Betrachtungsweise gewachsen ist: wie die Form, so führt uns auch der Inhalt des Gesprächs auf sophistische Quellen. Die Grundlage des ganzen Gedankenganges bildet die Überzeugung von der unverbrüchlichen Gesetzmäßigkeit alles Geschehens, der φύσις ἀναγκαία (105, 2). Diese Idee kann an sich wohl, wie oben (S. 652) gezeigt wurde, auf Demokrit zurückgehen; aber sie ist von der Sophistik übernommen und aus der Physik in die Psychologie übertragen worden. Bei Euripides (Troad. 886) kann die ἀνάγκη φύσεως im physikalischen Sinn gemeint sein; aber sogar schon in den 'Wolken' des Aristophanes (1075 ff.) nimmt der ἄδικος λόγος seine Zuflucht zu den φύσεως ἀνάγκαι im psychologischen Sinn. Die Art, wie hier die Verantwortung für sittliche Ausschreitungen damit abgelehnt wird, daß man sich auf die Macht des Naturtriebs beruft, hat ihre genaue Parallele in des Gorgias' Verteidigung der Helena (6. 19): Hier wie dort wird der Fehltritt als die gesetzmäßige Folge der größeren Macht des Gottes, des Eros, gegenüber dem schwächeren Menschen (ἥττων) hingestellt, und dies ist nur wieder ein besonderer Fall des allgemeinen Naturgesetzes, daß das Stärkere über das Schwächere herrscht. Man vergleiche folgende Stellen:

---

[1]) Für den Sinn ist es gleichgültig, ob man hier (und VI 64, 1) mit dem Laur. ἐκβιβάσαντες oder mit den anderen Handschriften ἐκβιάσαντες liest.

GORGIAS

Hel. 6: πέφυκε γὰρ οὐ τὸ κρεῖσσον ὑπὸ τοῦ ἥσσονος κωλύεσθαι, ἀλλὰ τὸ ἧσσον ὑπὸ τοῦ κρείσσονος ἄρχεσθαι καὶ ἄγεσθαι καὶ τὸ μὲν κρεῖσσον ἡγεῖσθαι, τὸ δὲ ἧσσον ἕπεσθαι.

THUKYDIDES

I 76, 2: ἀεὶ καθεστῶτος[1] τὸν ἥσσω ὑπὸ τοῦ δυνατωτέρου κατείργνυσθαι. IV 61, 5: πέφυκε γὰρ τὸ ἀνθρώπειον διὰ παντὸς ἄρχειν τοῦ εἴκοντος. V 89: δυνατὰ δὲ οἱ προύχοντες πράσσουσι καὶ οἱ ἀσθενεῖς ξυγχωροῦσιν.

Aus diesem Grundsatz folgt nun mit zwingender Logik der von den Athenern aufgestellte Begriff der Gerechtigkeit (89): daß davon nur unter der Voraussetzung eines Gleichgewichts an Macht die Rede sein könne und daß im übrigen, wie es die Melier ganz richtig verstehen (90), an Stelle des δίκαιον das ξυμφέρον trete. Dies letztere stimmt genau mit der Definition des δίκαιον als τὸ τοῦ κρείττονος ξυμφέρον, die Thrasymachos in Platons 'Staat' (I 12 S. 338 C ff.; vgl. Ges. 714 C) gibt. Und wenn wir nun aus Aristoteles (Rhet. II 23 S. 1400 b) hören, daß Herodikos (wohl der Bruder des Gorgias, im gleichnamigen Dialog 448 B) mit Anspielung auf seinen Namen zu dem Chalkedonier sagte: ἀεὶ θρασύμαχος εἶ, so ist es wohl auch nicht zu gewagt, eine Anspielung auf diese Lehre des Thrasymachos darin zu sehen, daß der δίκαιος λόγος bei Aristophanes (Wolken 889 f.) seinen Gegner dem Publikum mit den folgenden Worten vorstellt:

χώρει δευρί, δεῖξον σαυτὸν
τοῖσι θεαταῖς, καίπερ θρασὺς ὤν,

und daß er diese Bezeichnung nachher (915) nochmals wiederholt. Freilich teilten diese Anschauungen auch andere, und gerade in der Schule des Gorgias mit ihrem formalistisch rhetorischen Prinzip und ihrer sittlichen Indifferenz scheint sie sich eingebürgert zu haben: so bekennt sich zu diesem νόμος φύσεως, für den er eine berühmte Strophe Pindars ins Feld führt (fr. 169), der Platonische Kallikles (Gorg. 493 E), und wenn wir der Schilderung Xenophons (An. II 6, 21 ff.) trauen dürfen, so hätte der Thessalier Menon, ebenfalls ein Schüler des Gorgias, die radikalsten Folgerungen daraus gezogen. Daß diese Anschauung endlich auch in den 'Antilogien' des Protagoras erörtert wurde, macht der Dialog der beiden λόγοι bei Aristophanes mit seiner wiederholten Hervorhebung der Kunst des ἀντιλέγειν (901. 938. 1040) und der Fertigkeit τὸν ἥττω λόγον κρείττω ποιεῖν (803 ff. 990. 1038; vgl. Aristot. Rhet. II 24 S. 1402 a 23) mehr als wahrscheinlich. Nehmen wir dazu noch die Ausführungen über die φανεραὶ und ἀφανεῖς ἐλπίδες (103, 2. 111. 113), die wir oben (S. 661) auf Antiphon zurückzuführen versuchten, so ist es unverkennbar, daß dieser ganze Dialog nach Form und Inhalt aufs stärkste von der Sophistik beeinflußt ist.

Damit soll natürlich nicht gesagt sein, daß Thukydides die Sophisten in unselbständiger Weise nachgeahmt habe; aber daß ihm gewisse Ideen derselben sehr zu denken gaben, das beweist schon der Umstand, daß sie, wie teilweise

---

[1] Zum Ausdruck καθεστῶτος vgl. E. Norden, Agnostos Theos (1913) S. 372, 1. Auch dies könnte ein Anklang an Protagoreische Ausdrucksweise sein.

schon früher (S. 661. 666) gezeigt wurde, an verschiedenen Stellen seines Werkes wiederkehren. Hierher gehört vor allem noch die Schilderung der politischen Schreckensherrschaft in Kerkyra (III 82 f.). Die dort vorgefallenen Ereignisse erscheinen dem Geschichtschreiber für die politische Verwilderung im Krieg typisch (γιγνόμενα μὲν καὶ ἀεὶ ἐσόμενα, ἕως ἂν ἡ αὐτὴ φύσις ἀνθρώπων ᾖ III 82, 2); denn der Krieg ist ein Lehrer der Gewalttätigkeit (βίαιος διδάσκαλος). Und so griffen denn diese Zustände mit der Zeit in ganz Griechenland um sich. Die Folge war eine gänzliche Umänderung der bisher geltenden Anschauungen (ὑπερβολὴ τοῦ καινοῦσθαι τὰς διανοίας 82, 3), eine völlige Umwertung der sittlichen Werte (τὴν εἰωθυῖαν ἀξίωσιν τῶν ὀνομάτων ἐς τὰ ἔργα ἀντήλλαξαν τῇ δικαιώσει 83, 4): maßvolles Handeln (σῶφρον) nannte man Unmännlichkeit (ἄνανδρον), verständige Zurückhaltung (ξυνετόν) bezeichnete man als Indolenz (ἀργόν). Das ganze Verhältnis wurde zu einem Wetteifer in rücksichtslos kluger Berechnung (ξυνέσεως ἀγώνισμα) unter Beiseitesetzung aller sittlichen Bedenken: man wollte lieber für einen gewandten Schurken (κακοῦργος δεξιός) als für einen rechtschaffenen Dummkopf (ἀμαθὴς ἀγαθός) gelten (82, 7). Die Triebfeder zu allem aber war der Wille zur Macht (πλεονεξία 82, 6 und 8) und dementsprechend das einzige Ziel der Eigennutzen, der weder vor dem Recht (δίκαιον), noch vor dem Staatswohl (πόλει ξύμφορον) Halt machte. An die Stelle der εὐσέβεια trat die εὐπρέπεια λόγου. Zwischen den streitenden Parteien wurde der neutrale Mittelstand[1]) zerrieben. Kein Versprechen und kein Eidschwur galt mehr für heilig; nur die Stärke, Gewalt und Gesinnungslosigkeit hatte Erfolg (83, 2).

Das ist genau dieselbe Umwertung aller Werte, die Kallikles in Platons 'Gorgias' (492 AB) vornimmt und die Menon in Xenophons Anabasis (II 6, 21 ff.) seinem Handeln zugrunde legt[2]): jene Theorie vom Recht des Stärkeren, die Euripides in den 'Phoinissai' (503 ff.) seinem Eteokles leiht und im 'Kyklops' (316 ff.) travestiert. Charakteristisch dafür ist das Schlagwort ἀνανδρία, womit die hergebrachte Moral gebrandmarkt wird.[3]) Auch Aristophanes setzt sie in den 'Wolken' voraus, und der Ἄδικος λόγος führt zu ihrer Unterstützung die Fesselung des Kronos durch Zeus ins Feld (901 ff.)[4]), woraus Pheidippides weiterhin folgert, daß es auch erlaubt sei, den eigenen Vater zu schlagen (1399 ff.). Dennoch wäre es ein Irrtum, diese Lehre als ein Gemeingut aller Sophisten anzusehen: wie später von Platon im 'Gorgias' und im ersten Buch des 'Staats', so wird sie auch von dem rechten Flügel der Sophistik selbst bekämpft (Anonymus Iambl. fr. 6. 7 D.).

Hier erhebt sich die wichtige Frage nach der persönlichen Stellung des

---

[1]) Schol. zu III 82, 8: τὰ δὲ μέσα τῶν πολιτῶν ἤγουν οἱ μέσοι πολῖται. τουτέστιν οἱ μηδετέρῳ μέρει προστιθέμενοι, μήτε τῷ τῶν δημοκρατικῶν μήτε τῷ τῶν ὀλιγαρχικῶν, ἀλλ' ἡσυχάζοντες καὶ μὴ θέλοντες στασιάζειν. Die μέσοι πολῖται haben auch den Beifall des Euripides: vgl. meinen Euripides (1901) S. 303 f.

[2]) Sorof im Hermes XXXIV (1899) S. 568 ff.

[3]) Euripides S. 487 Anm. 112. In ganz unverfänglichem Sinn steht dagegen ἀνανδρία bei Thuk. I 83, 1 im Mund des Archidamos.

[4]) Bitterauf in der Zeitschrift für Bayr. Gymn. 1910 S. 330.

Thukydides zu dieser Lehre vom Recht des Stärkeren. Billigt er sie
oder verwirft er sie? Das läßt sich nicht mit einem Worte sagen. Roscher
schon hat richtig bemerkt, 'Thukydides scheue sich, den Rechtsbegriff in seiner
Geschichte anzuwenden. Seine Redner brauchen ihn nur zum Vorwand ..., und
diejenigen, welche er selbst am höchsten achtet, ein Perikles, ein Diodotos,
brauchen ihn gar nicht'.[1]) So viel ist jedenfalls sicher: Thukydides verfällt
auch hier nicht ins Moralisieren; er steht auch hier als scharfer Beobachter auf der hohen Warte des Geschichtforschers und Psychologen. Als der
Intellektualist, der er ist, versteht er, daß unter gewissen Voraussetzungen
selbst solche Ausschreitungen wie die in Kerkyra unvermeidlich sind (III 82, 2);
aber er behält sich solchem Treiben gegenüber zwar nicht ein moralisches Urteil — denn dies hätte bei seiner Überzeugung von der unbedingten Notwendigkeit alles menschlichen Handelns keinen Sinn —, wohl aber ein Geschmacks-
urteil vor. Er erblickt in solchen Vorgängen Symptome der Verwilderung
($\varkappa\alpha\varkappa o\tau\varrho o\pi\iota\alpha$), und er bedauert, daß 'der einfältige Sinn, der mit allem Edlen
eng verwandt ist, lächerlich gemacht wurde und verschwand' (III 83, 1). Daß
sich diese Anerkennung des Wertes edler und unverkünstelter Gesinnung ($\tau\grave{o}$
$\varepsilon\breve{v}\eta\vartheta\varepsilon\varsigma$) gegen die Brutalität des Thrasymachos richtete, der die $\delta\iota\varkappa\alpha\iota o\sigma\acute{v}\nu\eta$
eine $\pi\acute{\alpha}\nu\nu$ $\gamma\varepsilon\nu\nu\alpha\acute{\iota}\alpha$ $\varepsilon\grave{v}\acute{\eta}\vartheta\varepsilon\iota\alpha$ nannte, läßt sich kaum verkennen[2]), und seine Gleichsetzung der $\grave{\alpha}\delta\iota\varkappa\acute{\iota}\alpha$ mit der $\varepsilon\grave{v}\beta ov\lambda\acute{\iota}\alpha$ (Plat. Staat I 348 D) hat ihre sachliche
Parallele in dem $\xi v\nu\acute{\varepsilon}\sigma\varepsilon\omega\varsigma$ $\grave{\alpha}\gamma\acute{\omega}\nu\iota\sigma\mu\alpha$ des Thukydides. Dabei darf man aber
nicht übersehen, daß Thukydides, wenn auch Roheiten im Kampf der Parteien
nicht nach seinem Geschmack waren, mit der Sophistik doch wieder darin
einig war, daß im politischen Leben, zumal im Verhältnis verschiedener
Staaten zueinander nur die Macht, nicht das Recht zu berücksichtigen
sei. Die oben angeführte Definition des $\delta\iota\varkappa\alpha\iota o\nu$, die das Gleichgewicht der
Macht zur Voraussetzung hat (V 89), wäre durchaus seiner würdig, wenn sie
nicht etwa von Protagoras herrührt (s. S. 673). Nietzsche schreibt sie ihm unbedenklich zu: 'Die Gerechtigkeit nimmt ihren Ursprung unter ungefähr gleich
Mächtigen, wie dies Thukydides (in dem furchtbaren Gespräche der athenischen
und melischen Gesandten) richtig begriffen hat: wo es keine deutlich erkenn-
bare Übergewalt gibt und ein Kampf zum erfolglosen gegenseitigen Schädigen
würde, da entsteht der Gedanke, sich zu verständigen und über die beiderseitigen
Ansprüche zu verhandeln.... Gerechtigkeit ist also Vergeltung und Austausch
unter der Voraussetzung einer ungefähr gleichen Machtstellung.'[3]) Ich glaube,
daß wir Nietzsche beistimmen müssen, wenn er hierin die eigene Ansicht des
Thukydides sieht, und auch das von den Athenern (V 105) angeführte Naturgesetz von der Herrschaft des Überlegenen hat, wie schon gezeigt wurde (S. 673),
so zahlreiche Parallelen in anderen Stellen seines Werkes, daß wir nicht umhin
können, dies als seine eigene Anschauung in Anspruch zu nehmen.[4]) Dazu

---

[1]) Roscher, Thukydides S. 266.   [2]) Ivo Bruns, Lit. Portr. der Griechen S. 65 f.
[3]) Nietzsche TA. III 93 (Menschliches — Allzumenschliches I 91); vgl. noch IX 323
und über Kerkyra IV 217; über Thukydides persönlich IV 272; V 166; VIII 487; X 344 f.
[4]) Roscher, Thukydides S. 264; Zeller, Philos. d. Griechen³ II 1 S. 23.

kommt noch die Beurteilung und Charakteristik einiger geschichtlicher
Persönlichkeiten. Ich stelle voran den König Archelaos von Makedonien,
dessen skrupellose Tyrannennatur wir aus Platons 'Gorgias' (470 D ff.) kennen.
Von allen seinen Schandtaten erfahren wir bei Thukydides keine Silbe, der
vielmehr seinen Regierungshandlungen uneingeschränktes Lob zollt (II 100, 2 ff.).
Und nicht nur der gewalttätige Demagoge Kleon (II 36, 5) erklärt, daß es
sich nicht immer mit der Politik vereinigen lasse, rechtschaffen zu bleiben (*àv-
δραγαϑίζεσϑαι* III 40, 4), sondern genau ebenso hält es Perikles (II 63, 2) für
geboten, zur Erhaltung der Herrschaft allenfalls auch den Weg des Rechts zu
verlassen; es ist genau derselbe Grundsatz, den die Athener gegenüber den Meliern (V 101) ins Feld führen. Und unter dem *φιλοσοφεῖν ἄνευ μαλακίας*, das
Perikles als einen Ruhmestitel Athens nennt (II 40, 1), werden wir demnach
eine unbefangen wissenschaftliche Auffassung des Lebens verstehen müssen,
durch die sich aber der Staatsmann keine moralischen Bedenklichkeiten in den
Kopf setzen läßt. Genau dies versteht der Platonische Kallikles unter *μαλακία
ψυχῆς* (Gorg. 491 B; vgl. 485 C ff.), die er als eine Folge der Philosophie
fürchtet: die Abnahme des Selbstbewußtseins, des kraftvollen Wollens und die
Lähmung des Handelns durch moralische Skrupel; und nicht umsonst wird im
'Gorgias' Perikles zu den Staatsmännern gerechnet, die, auf der Wage sokratisch-
platonischer Sittlichkeit gewogen, zu leicht befunden werden (515 E. 519 A).
Endlich sehen wir den Diodotos in der schon früher erwähnten Rede, in der
er das Problem der Strafe aufrollt, sich zu dem Grundsatz bekennen, daß angesichts der verwirrten politischen Verhältnisse gerade der Redner, der das
Beste wolle, sich genötigt sehe, die Menge durch Trug (*ἀπάτῃ* III 43, 3) für sich
und seine Pläne zu gewinnen. Das ist nichts anderes als die in der Sophistenzeit viel verhandelte Lehre von der *δικαία ἀπάτη*, die Plutarch auf Gorgias
zurückführt (fr. 23 D.).[1]) Und auf niemand anderes als auf diesen Sophisten
deutet gerade in diesem Zusammenhang auch Thukydides hin, wenn er den
bildungsfeindlichen Kleon die Athener tadeln läßt, daß sie in der Volksversammlung nicht anders zuhören als beim Vortrag eines Sophisten, ohne Verantwortlichkeitsgefühl, lediglich hingerissen von dem berückenden Wohlklang
der Rede (III 38, 2. 4. 7: *σοφιστῶν ϑεαταῖς εἰκότες*. 40, 3), und wenn er demgegenüber in Diodotos der Sophistik einen Verteidiger erstehen läßt (III 42 ff.).
Denn gewiß hat Thukydides dieses Rededuell über Wert oder Unwert der Sophistik absichtlich in die Verhandlungen über die Bestrafung des abgefallenen
Mytilene verflochten: war es doch eben in diesem Jahr 427 v. Chr., daß Gorgias als Gesandter seiner Vaterstadt Leontinoi nach Athen kam, um dessen
Bundesgenossenschaft zu gewinnen (Diodor XII 53; Thuk. III 86, 3). Auch hier
stellt sich Thukydides sichtlich auf die Seite der neuen Bildung.[2])

   Zu der ganzen Anschauungsweise des Thukydides, die sich uns hieraus er-

---

[1]) Plut. De glor. Ath. V 348 C; Xen. Mem. IV 2, 14 ff.; Platon, Staat I 331 C; Dialex. 3, 2.

[2]) Zu *καινότης τοῦ λόγου* (III 38, 5) Schol.: *ταῦτα πρὸς τοὺς Ἀϑηναίους αἰνίττεται
οὐδέν τι μελετῶντας πλὴν λέγειν τε καὶ ἀκούειν καινόν.* Vgl. Act. 17, 21 und hierzu E. Norden,
Agnostos Theos (1913) S. 335.

geben hat, legt sich eine neuzeitliche Parallele nahe: Macchiavellis Buch
vom Fürsten[1]), 'dem wir (nach einem Ausspruch Bacons) Dank schuldig sind,
weil er uns offen und ohne Umschweife gesagt hat, wie die Menschen gewöhnlich handeln, nicht wie sie handeln sollen'. Wie bei Thukydides, so ist auch
bei Macchiavelli, der sich, wie er in einem Brief an Francesco Vettori schreibt,
nicht schämt, mit den Alten zu verkehren, der Standpunkt ein rein politischer
und außermoralischer, für beide ist Vergrößerungssucht der Staaten etwas Na-
türliches (c. 3). Gewalt gehört zur Behauptung der Herrschaft (c. 6). Unbedingt moralisch zu handeln ist in der Politik unmöglich; man muß es auch
über sich gewinnen, nicht gut zu handeln, wenn es gilt, sich zu behaupten
(c. 15). Der Zweck, die Herrschaft zu erhalten, rechtfertigt jedes Mittel (c. 18).
Zu jedem dieser Sätze ergeben sich die Parallelen aus Thukydides nach den
bisherigen Ausführungen von selbst; und wie der athenische Geschichtschreiber
von den Schandtaten des Archelaos schweigt und nur seine Politik in Betracht
zieht und zwar, um sie zu loben, genau so verfährt der Florentiner bei Cesare
Borgia: wir erfahren mit keinem Worte von seinen Verbrechen, nur seine politischen und militärischen Maßnahmen werden gewürdigt und durchweg als
klug und richtig anerkannt (c. 7). Und wie endlich Thukydides nicht zum
wenigsten für praktische Staatsmänner Geschichte schreibt, so empfiehlt Macchiavelli (c. 14) seinem Fürsten das Studium der Geschichte, um praktische
Lehren daraus zu ziehen.

Fragen wir noch nach dem politischen Parteistandpunkt des Thukydides, so lag es weder im Wesen der Sophistik, eine bestimmte Richtung
zu bevorzugen, wenn sie sich auch in der Hauptsache an die oberen Schichten
der Bevölkerung wandte, noch war Thukydides Doktrinär genug, um auf
irgendeine politische Theorie sich einzuschwören: er ist durch und durch Real-
politiker. Politische Utopien haben in seiner Gedankenwelt keine Stelle. Persönlich eine feine aristokratische Natur, wahrt er sich doch selbst dem bestehenden politischen Dualismus zwischen Oligarchen und Demokraten gegenüber seine Freiheit.[2]) Hinsichtlich der inneren Politik spricht er sich an
einer bekannten Stelle (VIII 97, 2) mit aller wünschenswerten Deutlichkeit aus.
Die Verfassung, wie sie im Jahr 411 nach der Absetzung des oligarchischen
Rats der 400, nach Einsetzung der 5000 zum Hoplitendienst auf eigene Kosten
befähigten Bürger in ihr Stimmrecht und nach Abschaffung der Diäten (μισϑοί)
in Athen bestand, erklärt er für die beste, die er erlebt habe: μετρία γὰρ ἥ τε
ἐς τοὺς ὀλίγους καὶ τοὺς πολλοὺς ξύγκρασις ἐγένετο. In diesem Kompromiß
sieht er die Ursache des folgenden politischen Aufschwungs, der durch die von
Kritias beantragte Rückberufung des Alkibiades[3]) und die Schlacht bei Ky-
zikos gekennzeichnet wird. Er will also keine einseitige Parteiherrschaft im

---

[1]) Angedeutet, aber nicht ausgeführt haben diese schon Roscher, Thukydides S. 267, 1;
Th. Gomperz, Griech. Denker[3] I 408; Eduard Schwartz, Charakterköpfe aus der antiken
Literatur[3] I (1910) S. 33 und Nietzsche, Was ich den Alten verdanke 3 (TA. X 344).

[2]) Vgl. Edmund Lange, Thukydides und die Parteien, Philologus LII (1894) S. 616 ff.

[3]) Kritias fr. 4. 5 (D.).

Staate, sondern er will die innere Politik auf das Gleichgewicht der Machtverhältnisse begründet sehen: eine Demokratie mit starken Garantien gegen
ein Übergewicht der Masse, aber auch gegen die Ausbeutung durch eine Pluto-
kratie. Nicht eine mechanische Gleichheit, sondern eine angemessene Proportion
in der Verteilung der politischen Rechte mit Rücksicht auf Intelligenz und
finanzielle Leistungsfähigkeit schwebt ihm vor. Das ist es, was er unter ὁμόνοια
versteht, diesem Schlagwort der Zeit, das Thukydides bei der außerordentlichen
Volksversammlung in Munichia anwendet, die die Versöhnung der Parteien
einleitete (VIII 68, 1), und das im Titel einer Schrift des Sophisten Antiphon
erscheint[1]), von dem es mir immer wahrscheinlicher wird, daß er mit dem von
Thukydides so achtungsvoll charakterisierten Staatsmann gleichen Namens aus
dem Demos Rhamnus (VIII 68, 1) identisch ist. Jedenfalls lag die von Thukydides gebilligte Form der Staatsordnung, in welcher die durch das Unglück
mürbe gewordene Masse sich ducken mußte (ἑτοῖμοι ἦσαν εὐτακτεῖν VIII 1, 4),
ungefähr auf derselben Linie wie die in jener leider bis auf wenige Bruchstücke verlorenen Schrift wahrscheinlich angestrebte Herrschaft der μέσοι πολῖται,
für die auch Euripides und der Anonymus Iamblichi eintritt[1]) und von deren
Untergang in Kerkyra Thukydides mit Bedauern erzählt (III 82, 8). Die Demokratie in Athen entsprach, zum mindesten nach Perikles' Tod, nicht diesem
Ideal, und so ist es kein Wunder, daß wir bei Thukydides mitunter einer ziemlich abfälligen Kritik dieser Staatsform begegnen. Es mag die Denkweise des
Alkibiades selbst bezeichnen sollen, wenn dieser in einer in Sparta gehaltenen
Rede die Demokratie einen 'ausgemachten Unsinn' (ὁμολογουμένη ἄνοια
VI 89, 6) nennt. Wenn aber Thukydides das Hauptverdienst desselben Mannes
in seiner Mitwirkung bei der Herstellung jener ihm so sympathischen Misch-
verfassung erblickt und in ihm den einzigen Mann sieht, der damals imstande
war, die Masse drunten zu halten (κατασχεῖν τὸν ὄχλον VIII 86, 4)[2]), so schauen
wir dabei dem Geschichtschreiber selbst ins Herz. Über das Mißtrauen des
Demos gegen die oligarchischen Hetärien macht er sich manchmal lustig: so,
wenn er sagt, daß die Untersuchung über den Hermenfrevel sich gleich gegen
die Aristokratie (χρηστοί VI 53, 2; vgl. οἱ σώφρονες τῶν ἀνθρώπων IV 28, 5)
gerichtet habe und die Sache zu einer Verschwörung gegen die demokratische
Verfassung aufgebauscht worden sei (VI 28, 2. 60, 1). Am merkwürdigsten
aber ist, daß Vorwürfe, die Thukydides gelegentlich selbst mit einer verächt-
lichen Bemerkung wie ὅπερ φιλεῖ ὅμιλος ποιεῖν (II 65, 4; vgl. IV 28, 3: οἷον
ὄχλος φιλεῖ ποιεῖν) gegen den Demos erhebt, daß er wankelmütig sei und kein

---

[1]) Vgl. Antiphon fr. 44a ff. (Diels). Die Schrift Πολιτικός fr. 72—77 (D.) hat leider
noch dürftigere Reste hinterlassen; fr. 73 geht auf Alkibiades, und die Schrift ist wohl
identisch mit den von Ath. XII 525 B erwähnten λοιδορίαι κατ' Ἀλκιβιάδου; v. Wilamowitz
im Hermes XI (1876) S. 295 ff.; F. Dümmler, Prolegomena zu Platons Staat (Basel 1891)
S. 20 ff. — Euripides S. 303 f. 340 f. — Anonymus Iambl. fr. 6 f.

[2]) Vgl. das angebliche Grabepigramm des Kritias und Genossen: Σῆμα τόδ' ἐστ' ἀνδρῶν ἀγαθῶν, οἳ τὸν κατάρατον Δῆμον Ἀθηναίων ὀλίγον χρόνον ὕβρεως ἔσχον. Schol. zu
Aeschin. Adv. Tim. 39; v. Wilamowitz, Aristoteles und Athen S. 177 A. 79.

Verantwortlichkeitsgefühl habe (vgl. auch VIII 1, 1), im Munde des Erzdemo-
kraten Kleon wiederkehren (III 37 ff.), der in seiner wie bittere Ironie wirkenden Kritik der Demokratie dieser noch weiter die Fähigkeit abspricht, über
andere Staaten zu herrschen, und dafür Neigung zu Verfassungsänderungen und
die Schwäche, sich durch wohlgesetzte Reden beschwatzen zu lassen, vorwirft.
Verhältnismäßig am objektivsten werden die Vorzüge und Nachteile der Demokratie und Oligarchie in der Rede des Athenagoras in Syrakus (VI 38, 3 ff.)
gegeneinander abgewogen, wenn auch der Vergleich, dem Parteistandpunkt des
Redners entsprechend, zugunsten der Demokratie ausfallen muß. Hier wird
gegen die Demokratie eingewendet, sie sei οὔτε ξυνετὸν οὔτε ἴσον (39, 1). Der
erste Vorwurf stimmt mit dem vorhin erwähnten des Alkibiades, der zweite
trifft das mechanische Gleichheitsprinzip, dem von gegnerischer Seite die Forderung einer proportionalen Abstufung der Rechte entgegengehalten wurde.[1]
Die Gefahr der Oligarchie wird darin gefunden, daß sie nur einen kleinen Teil
des Demos ausmache und nur auf den Vorteil dieser Minorität ausgehe. Die
Leitung sollte in der Hand der Intelligenz liegen, aber die Entscheidung bei
der Masse.

Daß aber Thukydides selbst entschieden aristokratische Sympathien hat,
dafür spricht der wohlgefällige Seitenblick, den er gelegentlich (VIII 24) auf
die oligarchisch organisierten Gemeinwesen von Sparta und Chios wirft. Der
maßvollen Regierung dieser Insel zollt er hohes Lob, und da er hier Sparta
noch über Chios stellt, so bekommen auch die anderweitigen Ausführungen
über den Geist dieses Staates, obwohl sie aus dem Munde des Königs Archidamos kommen (I 84), ein größeres Gewicht, als es sonst der Fall wäre. Die
Geschichte der Oligarchie der Vierhundert im Jahre 411 v. Chr. in Athen erzählt Thukydides allerdings mit der größtmöglichen Objektivität, und wie er die
Oligarchen gegen Übertreibungen der Gegner in Schutz nimmt (VIII 74, 3), so
mißbilligt er auch manche Maßregeln ihrer Regierung (64, 5) und· erkennt an,
daß beide Parteien gewaltsam verfuhren (48, 6. 65 ff. 76, 1). Auch ist er sich
der Schwäche einer aus einer Demokratie hervorgegangenen oligarchischen Regierung und der Gefahren, die einer solchen von ehrgeizigen Mittelparteilern,
wie dem κόϑορνος Theramenes, drohen, wohl bewußt (VIII 89). Um so be-
merkenswerter ist die uneingeschränkte Anerkennung des Mannes, der nach
Thukydides' eigener Darstellung die Seele der oligarchischen Erhebung war,
des Antiphon von Rhamnus (VIII 68). Natürlich gilt das Urteil, wie immer
bei Thukydides, dem Politiker, und es ist wieder rein auf die Frage nach der
Richtigkeit oder Unrichtigkeit seines Handelns eingestellt, nicht auf seine sittliche Persönlichkeit. Diese bleibt hier geradeso außer Betracht wie bei Archelaos und allen andern, und das neuerdings gefundene Bruchstück der von Thukydides so hoch bewunderten Verteidigungsrede des Rhamnusiers ist nicht ge-

---

[1] Platon nennt das die ἰσότης γεωμετρική im Unterschied von der ἀριϑμητική Gorg.
508 A, vielleicht nach pythagoreischem Vorgang; vgl. dazu Eurip. Phoin. 541 ff. Weiteres
in meinem Kommentar zum Gorgias (Teubner 1909) S. 144 f. und bei M. Pohlenz, Aus
Platons Werdezeit (1913) S. 154, 1.

rade geeignet, uns Achtung für seine sittliche Persönlichkeit einzuflößen.[1]
Auch mit andern Teilnehmern an der oligarchischen Verschwörung wie Pei-
sandros (VIII 53f.), mit gewissen Vorbehalten auch Theramenes (68, 4) und
selbst Phrynichos, dessen kompromittierendes Treiben allerdings offen dargelegt wird (50—52. 68, 3), scheint Thukydides zu sympathisieren (27, 5).
Jedenfalls hat er auch für den letztgenannten höchst fragwürdigen Charakter
kein tadelndes Wort, und seine Ermordung wird sichtlich mißbilligt (92, 2).
Alkibiades erscheint zwar von Anfang an als Egoist (VI 12, 2), erhält aber ein
Lob als Feldherr (VI 15, 2) und als der einzige Mann, der imstande war, die
στάσις von 411 zu einem guten Ende zu führen (VIII 48, 4. 86, 4). Selbst
Nikias, obwohl in Weltanschauungsfragen der Antipode des Thukydides, findet
als konservativer Aristokrat die warme Anerkennung des Geschichtschreibers
(VII 86, 5). Endlich spricht auch das lebhafte Interesse, das Thukydides der
Familie und der Regierung der Peisistratiden entgegenbringt, auf die er
zweimal zu sprechen·kommt (I 20, 2; VI 54f.) und denen er eine der wenigen
Episoden‑‑seiner Erzählung widmet, wenn auch nicht für verwandtschaftliche
Beziehungen, wie das Altertum meinte (Marc. Vit. 18), aber für eine gewisse
Vorliebe des Geschichtschreibers für die Aristokratie. Und bei seiner Verwandt-
schaft mit der Familie Kimons[2]), in deren Erbbegräbnis er beigesetzt wurde
(Vit. 32), und dem großen Reichtum, den ihm seine Besitzungen in Skap-
tehyle in Thrakien gewährten (Vit. 14f.), ist dies auch keineswegs ver-
wunderlich.

    Trotzdem bemüht sich Thukydides auch der in Athen nun einmal be-
stehenden demokratischen Verfassung gerecht zu werden. Dem demokratischen Durchschnittspolitiker gegenüber kann er allerdings seine Antipathie
nicht überwinden: die Animosität gegen Kleon (III 36, 6; IV 39, 3), die
·namentlich in der Beurteilung seines erfolgreichen Unternehmens gegen Sphak-
teria hervortritt, ist unbestreitbar, wobei es ganz dahingestellt bleiben kann, ob
sie wirklich darin ihren Grund hatte, daß Kleon die Verbannung des Thukydides veranlaßt hätte (Vit. 46).[3]) Hyperbolos wird (VIII 73, 3) als ein aus-
gemachter Schurke bezeichnet, und für Thrasybulos, der als ein entschiedener
Gegner der Oligarchie erscheint, hat Thukydides wenigstens kein Wort der Anerkennung übrig. Nur von zwei Staatsmännern der demokratischen Partei spricht
er mit wirklicher Hochachtung: von Themistokles (I 138)[4]) und Perikles.

---

[1]) Auch die Worte ἀρετῇ οὐδενὸς δεύτερος dürfen nicht im moralischen Sinn· verstanden
werden, wie Lange (a. a. O. S. 647 f.) gegen Müller-Strübing (Aristophanes und die historische Kritik, 1873, S. 636) sich vergebens nachzuweisen bemüht. In dem Bruchstück des
Genfer Papyrus (J. Nicole, L'apologie d'Antiphon 1907) 'versuchte er sich in einer Weise
herauszulügen, die uns anwidern muß'. v. Wilamowitz im Hermes XLIII (1908) S. 603. Zum
Titel Περὶ μεταστάσεως vgl. Thuk. IV 76, 2: μεταστῆσαι τὸν κόσμον.

[2]) v. Wilamowitz im Hermes XII (1877) S. 339.

[3]) Th. Gomperz, Griech. Denker³ I 411; E. Lange a. a. O. S. 650.

[4]) Vgl. hierzu v. Wilamowitz im Hermes XII (1877) S. 364, der die Worte οὔτε προμαθὼν οὔτε ἐπιμαθών als Polemik gegen die Anekdote von Mnesiphilos (Her. VIII 57; Plut.

Freilich darf man den berühmten Epitaphios (II 35 ff.) nicht einfach als eine Verherrlichung der athenischen Demokratie auffassen, sondern vielmehr als eine Darstellung der attischen Kultur im Munde des Perikles und als eine aufrichtige Bewunderung des Geistes, in dem dieser hervorragende Staatsmann die bestehende Verfassung zu handhaben und die Gefahr, die in ihrem Prinzip lag, vermöge der Macht seiner Persönlichkeit zu paralysieren wußte: bestand doch unter ihm die Demokratie nur dem Namen nach und in Wirklichkeit die Herrschaft des ersten Mannes (II 65, 9). Sein heroisches Prototyp ist Theseus, der, wie der Nus des Anaxagoras die Welt ordnete, διεκόσμησε τὴν χώραν (II 15, 2).[1] Man hat bemerkt, daß zwischen dem Epitaphios und der ersten Rede des Perikles bei Thukydides auf der einen Seite und der pseudoxenophontischen Schrift 'Vom Staat der Athener' eigenartige Beziehungen bestehen.[2] Teils stimmen beide überein, so z. B. in der Betrachtung, daß die Verteidigung Attikas viel leichter sich bewerkstelligen ließe, wenn es eine Insel wäre (I 143, 5; Resp. Ath. II 14 ff.); teils sind die Beziehungen polemischer Art, wie gerade im Epitaphios, wo (II 38) die zahlreichen öffentlichen Feste Athens in ihrer wohltätigen Wirkung auf das Volksleben gegen Angriffe, wie sie die genannte Schrift (II 9; III 2, 8) enthält, in Schutz genommen werden. Aus dieser Polemik möchte ich aber nicht schließen, daß Thukydides über diese Dinge wesentlich anders denke als der ausgesprochen oligarchisch gesinnte Verfasser der Schrift vom Staate der Athener. Denn den Perikles mußte er diese Gewohnheiten, wenn er nicht ganz aus der Rolle fallen sollte, seinem eigenen Grundsatze gemäß in demokratischer Beleuchtung darstellen lassen.

Mochte aber auch Thukydides nicht ganz einverstanden sein mit dem von Perikles entwickelten Begriff der Freiheit und Gleichheit (II 37, 1 f.) und mit der Heranziehung aller Bürger zur Teilnahme an der Staatsverwaltung (40, 2), seiner auswärtigen Politik hat er sicher zugestimmt. Auch sie wollte Thukydides nicht von den Gefühlen der Zu- oder Abneigung beherrscht, sondern wie die innere auf das Gleichgewicht der Macht begründet wissen: τὸ δὲ ἀντίπαλον δέος μόνον πιστὸν ἐς ξυμμαχίαν läßt er (III 11, 1) die Gesandten von Mytilene in Olympia erklären, was gewiß seiner eigenen Ansicht entspricht

Them. 2) und gegen das Pamphlet des Stesimbrotos auffaßt, worin Themistokles zum Schüler des Anaxagoras und Melissos gemacht war.

[1] διακοσμεῖν noch I 20, 2; II 100, 2; VI 54, 5. 57, 1; διάκοσμος IV 93, 5 ebenfalls in politischem Sinn; bei Demokritos bekanntlich in physikalischem wie bei Anaxagoras διακοσμεῖν.

[2] Diese Beziehungen sollten einmal im Zusammenhang untersucht werden, was jetzt durch Kalinkas Kommentar zur Resp. Ath. (Teubner 1913) sehr erleichtert ist, aber hier zu weit führen würde. Sie erstrecken sich auch auf andere Reden als die des Perikles: vgl. z. B. Thuk. III 37, 3 f. und I 84, 3 mit Resp. Ath. I 5 und 7; Thuk. III 38, 3 ff. mit Resp. Ath. II 17; Thuk. I 77, 1 mit Resp. Ath. I 16 ff. und III 2. Über die Schrift vgl. W. Roscher, Thukydides S. 248 ff. 526 ff.; R. Schöll, Die Anfänge einer politischen Literatur bei den Griechen (1890) S. 14 ff.; W. Schmid im Rhein. Mus. XLIII (1888) S. 630 und in Christs Gesch. d. griech. Lit.⁶ I 477; E. Meyer, Gesch. des Altertums IV 372 f.; meine Ausführungen in den Neuen Jahrb. 1903 XI 184 ff. und 1909 XXIII 6; M. Pohlenz, Aus Platons Werdezeit (1913) S. 238 ff., besonders S. 242, 1. 249 f.

(V 89). Im Vordergrund steht hier das Verhältnis zu Sparta. Trotz seiner
Abneigung gegen die radikale athenische Demokratie kann man den Thukydides keiner unparteiischen Spartanerfreundlichkeit zeihen. Sosehr er sich des
scharfen Gegensatzes zwischen dem fortschrittlichen und unternehmungslustigen
athenischen und dem konservativen und etwas schwerfälligen spartanischen
Charakter bewußt ist (VIII 96, 5), so weiß er zwar auch die Vorzüge des
letzteren zu würdigen (I 70 f. 84, 3 f. 85, 1) und unterläßt es nicht, die unbeugsame Standhaftigkeit der Lakedaimonier im Unglück zu rühmen (V 75, 3).
Aber die kriegerische Auseinandersetzung zwischen Athen und Sparta hält er
wie Perikles für unvermeidlich und den Kriegsplan des letzteren für durchaus
richtig (II 65, 5). Gewiß ist der Friede das Beste; kann aber ein Staat ohne
Krieg nicht mit Ehren bestehen, so muß er den Krieg wählen (I 120, 3;
VI 80, 5). In dieser Lage war Athen; denn die Aufrechterhaltung seiner See-
herrschaft ($\vartheta\alpha\lambda\alpha\sigma\sigma\kappa\rho\alpha\tau\epsilon\tilde{\iota}\nu$) war eine Lebensfrage (II 41, 4). Etwas anderes
aber war die imperialistische Eroberungspolitik, die zu dem sizilischen Unter-
nehmen führte: sie bedeutete geradezu einen Abfall von den Grundsätzen des
Perikles (II 65, 10 ff.). Sie hat daher nicht die Billigung des Geschichtschreibers.
Die Verantwortung für diese Katastrophe trifft nach seiner Meinung ganz allein
das souveräne Volk, das sie mit Unrecht auf die politischen Führer und auf
die Seher abzuwälzen suchte (VIII 1). Ein panhellenischer Gedanke in der Art
des Gorgias (Philostr. Vit. soph. I 9, 5) findet sich bei Thukydides noch nicht,
auch nicht in dem Hinweis der platäischen Gesandten auf die nationale Be-
deutung der Schlacht bei Platää (I 71, 2). Von Vaterlandsliebe ($\tau\grave{o}$ $\varphi\iota\lambda\acute{o}\pi\text{o}\lambda\iota$) ist
nur einmal im Mund des Alkibiades unmittelbar die Rede (VI 92, 4). Thu-
kydides macht darüber keine großen Worte; aber man spürt auch ohne solche,
daß sie sein ganzes Werk durchweht. Das Wohl des einzelnen wird lediglich
verbürgt durch das Wohl des Staates.[1]

Wir hatten schon mehrfach Gelegenheit, den Einfluß zu berühren, den die
Sophistik auch auf die Form des Thukydideischen Geschichtswerks ausgeübt
hat. Wenn irgend jemand, so hat Thukydides seinen eigenen Stil geschrieben;
ist er doch, wo nicht der erste, so doch einer der ersten Schriftsteller gewesen,
der sich der attischen Sprache für die Prosadarstellung bedient hat: auch dies
ein Ausfluß seines Wirklichkeitssinns. Aber er hat sich dabei, ohne irgendwie
in schablonenhafte Nachahmung zu verfallen, alle die Kunstmittel zunütze gemacht, welche die Bildung seinerzeit ihm bot; und wenn die Alten (Vit. 22. 36)
ihn zu Antiphon, Gorgias und Prodikos in Beziehung setzen, so tun sie das
vor allem unter dem Eindruck seines Stils. In erster Linie aber wäre Protagoras zu nennen gewesen, der die Kunst der Eristik methodisch ausbildete,
und dessen Prinzip des $\dot{\alpha}\nu\tau\iota\lambda\acute{\epsilon}\gamma\epsilon\iota\nu$ den zahlreichen Redeturnieren zugrunde
liegt, welche die Geschichtserzählung des Thukydides so eigenartig beleben. Die
Einführung dieser kunstvoll ausgearbeiteten Reden ($\delta\eta\mu\eta\gamma\text{o}\rho\acute{\iota}\alpha\iota$ Vit. 38) wurde

---

[1] So Perikles II 60, 2 f. in merkwürdiger Übereinstimmung mit Soph. Ant. 187 ff. und
Demokrit fr. 252: an allen drei Stellen $\dot{o}\rho\vartheta\acute{o}\varsigma$ (Ant. 190, $\dot{o}\rho\vartheta\tilde{o}\tilde{v}\nu$ 167), $\dot{o}\rho\vartheta\text{o}\tilde{v}\sigma\vartheta\alpha\iota$ (Thuk.),
$\dot{o}\rho\vartheta\omega\sigma\iota\varsigma$ (Demokrit) von der richtigen Lenkung des Staats.

von den Alten als eine Stilneuerung empfunden, und Thukydides trieb das eristische Prinzip, wie wir sahen, an einer Stelle sogar bis zum vollkommenen Dialog mit Weglassung der erzählenden Bindeglieder. Zuweilen läßt er die Redner selbst auf die λόγων ἀγῶνες und auch auf das Bedenkliche, das ihnen anhaftet, hinweisen (III 38, 3. 67, 6).[1]

Der eigentliche Begründer der griechischen Kunstprosa aber war Gorgias, und die σχήματα Γοργίεια, die θεατρικὰ σχήματα, wie sie Dionysios von Halikarnaß nennt, finden sich, wie man längst festgestellt hat, bei Thukydides in großer Menge. Vor allem schwelgt er geradezu in Antithesen; aber auch die παρισώσεις, der symmetrische Bau der Satzglieder, und die παρομοιώσεις, der Gleichklang korrespondierender Wörter, sind sehr häufig.[2] Doch verfällt dabei Thukydides nie in ein so geziertes Wortgeklingel wie der Sophist von Leontinoi, sondern weiß mit diesen Kunstmitteln Maß zu halten. Aber nichts ist für die Unmöglichkeit, damals ohne sie auszukommen, bezeichnender, als daß selbst der grimmige Sophistengegner Kleon die Sophistik nicht anders als mit ihren eigenen Mitteln bekämpfen kann (III 37 ff.).

Auch die Synonymik des Prodikos hat deutliche Spuren im Stil des Thukydides hinterlassen: so z. B. in der letzten Rede des Perikles (II 62, 3 f.), wo φρόνημα und καταφρόνησις nicht nur dem Ausdruck nach, sondern auch begrifflich unterschieden werden: ein Fall, der lehrreich ist für die von den Alten offenbar nicht ohne Grund gezogenen Verbindungslinien von der prodikeischen Synonymik zu den sokratischen Definitionen.[3]

Nach Hermogenes (De id. II 11, 7) soll auch Antiphon von Rhamnus auf den Stil des Thukydides eingewirkt haben, und ebenso will man Spuren des Einflusses des gleichnamigen Sophisten bemerken.[4] Eine solche glaubten wir oben (S. 661) auch in sachlicher Beziehung in der Ausführung über die ἐλπίδες (V 103) zu erkennen. Solche τόποι κοινοί, die bekanntlich auch eine Erfindung der Sophisten sind und in ihren τέχναι figurierten, finden sich auch noch an einigen anderen Stellen bei Thukydides: so über Krieg und Frieden (I 120, 3 f.), über τύχη und γνώμη (II 87, 3) oder über die Bedeutung eines und desselben Mannes als Freund und Feind (τὸν ὑφ' ἁπάντων προβαλλόμενον λόγον VI 92, 5). Auch zur Gnomologie zeigt Thukydides einige Neigung (IV 17, 4; V 84 ff.);

---

[1] Vgl. Plat. Prot. 335 A ; Gorg. Hel. 13; Eur. Med. 546; Hik. 428; Or. 491; Diktys fr. 347, 3; ἀγώνισμα Thuk. I 22, 4; VII 70, 3; ἀντιλογία und ἀντιλέγειν sehr häufig; Bétant s. v.

[2] Dionys. Hal. De Thuc. iud. 24. 46; Ad Ammaeum 2. 17. L. Spengel, Artium scriptores (1828) S. 59 ff. gibt zahlreiche Beispiele. Nach Schol. zu Flat. Gorg. 450 B ist κύρωσις ein von Gorgias gebrauchter Provinzialismus: Thuk. VI 103, 4. Diels, Vorsokr.³ II 241, 24 (Anm.) bestreitet die Behauptung des Schol. Aber warum soll Thuk. das Wort nicht von Gorgias übernommen haben? — v. Wilamowitz, Griech. Lesebuch I 135; E. Norden, Antike Kunstprosa (1898) I 95 ff. Zu φιλοκαλεῖν II 40, 1 vgl. Gorg. Epitaph. fr. 6 φιλόκαλος; W. Süß, Ethos (1910) S. 54.

[3] Auch hierzu vgl. Spengel a. a. O. und Hermann Mayer, Prodikos von Keos (Rhetorische Studien herausg. von E. Drerup I 1913) S. 60 ff.

[4] Diels, Gött. Gel. Anzeigen 1894 I 299. Vgl. z. B. Antiphon fr. 83 (ἀδυνασία) und Thuk. VII 8, 2; VIII 8, 4; Norden, Antike Kunstprosa I 97, 1.

44*

manchmal stellt er eine Sentenz an den Schluß einer Rede (III 48, 2); einmal ·
(ἄνδρες γὰρ πόλις VII 77, 7) scheint er ein altes Dichterwort zu paraphrasieren.[1]) Endlich finden wir bei ihm zuweilen Personifikationen (wie III 82, 2,
ὁ δὲ πόλεμος βίαιος διδάσκαλος) und metonymische Wendungen (wie II 43, 3,
πᾶσα γῆ τάφος).[2])

Alles das rechtfertigt das Urteil Spengels, insbesondere über die Reden:
daß sie 'ganz aus der Kunst der alten Sophistik geflossen seien und ihre Abstammung überall sichtbar zur Schau tragen'. Aber Thukydides ist nicht ein
bloßer Nachahmer der Sophistik, sondern er hat die Formen, die sie ihm geliehen, mit seinem eigenen Geist erfüllt. Er ist original, wie nur jemals ein
Schriftsteller, und sein Stil, wie Nietzsche gesagt hat, 'der Stil der Unsterblichkeit'.[3])

So atmet denn das Geschichtswerk des Thukydides nach Inhalt und Form
den Geist der Sophistik, und wenn wir auch keinen einzigen Vertreter
dieser Richtung darin mit Namen genannt finden, so sind wir doch auf unverkennbare Spuren des Protagoras und Gorgias, des Thrasymachos und Prodikos
und der beiden Antiphon (wenn sie nicht Einer sind) gestoßen; nur von
Hippias ließ sich eine bestimmte Einwirkung nicht nachweisen. Es sind
größtenteils dieselben prinzipiellen Fragen, die die Sophistik und Thukydides
bewegen: nach den Gesetzen des Staatslebens, nach den Bedingungen der Herrschaft, nach dem Wesen der Gerechtigkeit, nach der Bedeutung der Religion
für das Volksleben, nach dem Nutzen und der Schädlichkeit der Hoffnung,
nach dem Sinn und der Wirkung der Strafe, nach dem Verhältnis von Natur-
anlage und Erziehung.[4]) Aber während die Sophistik diese Probleme meist nur
als willkommene Gegenstände ihres Scharfsinns betrachtete und behandelte, so
daß sie sich im wesentlichen mit der Fragestellung begnügte, ohne eine positive Antwort zu geben, sehen wir bei Thukydides das Schauspiel der gegeneinander in die Schranken tretenden Redner von dem festen Hintergrund der
persönlichen Überzeugung des Schriftstellers sich abheben. Und diese
Überzeugung ist verankert in einer Idee, die er, wie mir scheint, aus der Philosophie Demokrits sich zu eigen gemacht hat: der Idee der unverbrüchlichen Gesetzmäßigkeit alles Geschehens im Menschenleben ebenso wie
draußen im unendlichen Weltall. Dieser Gedanke verleiht seinem Wesen und
seiner Darstellung die erhabene Ruhe, die sich auch angesichts der schwersten
Schicksalsschläge behauptet; sie dämpft das Feuer der Leidenschaft und ermöglicht eine objektive Schilderung von Völker- und Parteikämpfen, an denen
das Herz des Geschichtschreibers gewiß nicht unbeteiligt war; sie legt der

---

[1]) Alk. fr. 35 (Crus.); Aisch. Pers. 349; Soph. Ant. 737 ff.; Oid. tyr. 56 f.

[2]) Vgl. dazu das angeblich von Thuk. verfaßte Grabepigramm des Euripides (Vit. 35 ff.)
und hierzu v. Wilamowitz im Hermes XII (1877) S. 358, 44.

[3]) Spengel, Über das Studium der Rhetorik bei den Alten (1842) S. 27 f. — Zusammenfassend Blaß, Att. Bereds.[2] I 203 ff. — Nietzsche IV (TA.) 272.

[4]) Vgl. hierzu auch R. W. Livingstone, The Greek genius and its meaning to us (Oxford
1912) S. 214 f.

Kritik andersgearteter Formen der Weltanschauung einen strengen Zügel an und stimmt die Polemik herab zu einem überlegenen Lächeln, das wir — selten genug — über die ernsten und strengen Züge dieses meist in eherner Ruhe verharrenden Antlitzes gleiten sehen. Skeptiker gegenüber dem Transzendenten, wie der ihm nächstverwandte Protagoras in seiner Schrift 'Über die Götter' (fr. 4 D.), stellt sich Thukydides auf den festen Grund der Erde und begnügt sich, mit dem Scharfblick seines Geistes das Menschenleben, wie es sich im Diesseits abspielt, zu durchdringen, gleich dem sinnigen und verständnisvollen Zuschauer, der, auf den Stufen des Theaters sitzend, den kunstvollen Bau einer Tragödie zu erfassen sucht. Ein echter Grieche, wird er davon ergriffen und erschüttert; aber das große Spiel der Welt mit seinen Höhen und Tiefen macht ihn weder zum Sittenprediger noch zum Pessimisten, sondern es erscheint ihm, wie dem großen Denker von Ephesos, als ein nach immanenten Gesetzen verlaufender künstlerischer Vorgang. Und wenn wir den feingeschnittenen Mund seiner Büste betrachten, so ist es uns, als müßten sich diese Lippen ein klein wenig öffnen und leise die Worte flüstern, die wir auf einem der Silberbecher von Boscoreale neben dem Bilde des toten Sophokles lesen: σκηνὴ ὁ βίος.[1]

[1] Héron de Villefosse, Le trésor d'argenterie de Boscoreale (Paris 1895) S. 13 ff. 41 f. pl. VII. — Fondation E. Piot, Monuments et mémoires V (Paris 1899) S. 58 ff. pl. 7 f.

DIE LAOKOONGRUPPE

Von Richard Foerster

(Mit zwei Tafeln und einer Abbildung im Text)

An Hugo Blümner zum 9. August 1914

Lieber Freund!

Das Herannahen Deines 70. Geburtstages weckte in mir den wohlbegreiflichen Wunsch mit einem literarischen Angebinde vor Dich zu treten. In der Schar Deiner andern zu einer Festschrift vereinten Freunde und Schüler zu erscheinen, vereitelten zeitliche Umstände. So muß ich allein kommen mit einer δόσις ὀλίγη τε φίλη τε. Was aber möchte ich Dir lieber bringen als eine Arbeit aus unserm gemeinsamen Studiengebiete, der Laokoonforschung? Erinnere ich mich doch lebhaft, welche Befriedigung es mir bereitete, als Du mir Deine völlige Zustimmung zu den Ergebnissen mitteiltest, zu welchen ich in meinem vor acht Jahren zum vierhundertjährigen Gedächtnis der Aufdeckung der Laokoongruppe geschriebenen Aufsatze gekommen war. Und es würde mich aufrichtig freuen, wenn ich Deine Zustimmung auch zu den folgenden zum Teil zur Rechtfertigung jener Ergebnisse gemachten Ausführungen gewänne.

Dein

Richard Foerster.

I

Daß der Laokoon nicht erst unter Titus entstanden, sondern ein Werk hellenistischer Kunst und innerhalb dieser Hauptvertreter des Barock sei, ist heute die Ansicht der meisten Fachgenossen. Nach Stimmen aber, welche sich in letzter Zeit haben hören lassen, liegt die Gefahr vor, daß mit der Ansetzung innerhalb der hellenistischen Epoche zu weit herabgegangen wird. Dieser Gefahr ist Wilh. Klein, Geschichte der griech. Kunst III 311 ff. in seiner Behandlung der Gruppe unterlegen, wenn er annimmt, daß diese von vornherein für Rom bestimmt, vielleicht sogar dort entstanden sei. 'Sie sollte Roms Größe dankbar huldigen, indem sie das Ursprungszeugnis der mythisch-heroischen Abstammung, die sie den Hellenen auf das innigste verbindet, monumentalisierte.' 'Die Rhodier waren die Besteller des Werkes, aber das psychologische Moment, das sie durch eine ihren Traditionen entsprechende Stiftung künstlerisch verherrlichten, war der Regierungsantritt des Augustus.' 'Denn, die alte, aber auch der Gruppe zugrunde liegende Form der Sage setzt den Tod des Laokoon und seines Sohnes in enge Verbindung mit dem Auszug des Äneas auf den Ida und mit seiner Errettung. Der Götterliebling erkennt in dem furchtbaren Ereignis die Andeutung vom nahen Falle Trojas und befolgt den Wink der Gottheit, indem er sich und die Seinigen dem drohenden Unheil entzieht und für die große Aufgabe aufspart, die ihm mit der Gründung Roms und seinem Sohne Julus mit der Gründung des Julischen Geschlechts vorherbestimmt ist, dessen Stern damals glänzend aufgegangen war.'

Ja noch mehr! Mit seiner falschen Interpretation hat Vergil auf die Wand-
malerei eingewirkt. 'Es gibt mehr als eine malerische Umschöpfung der Gruppe
im Geiste Vergils.' Welche sind es? Erstens das pompejanische Wandgemälde des dritten Stils[1]), 'welches sich eng an Vergil anschließt und dabei Taf
eine deutliche Reminiszenz an die Hauptfigur der Gruppe aufweist'. Wenn
Klein zur Begründung anführt: 'Den Zusammenhang mit der Gruppe erweisen
schon die zwei Altäre des Bildes, deren einer von ihr, der zweite von Vergil
stammt', so erübrigt sich eine Erörterung. Nur an das ἄλσος von Tithronion
mit Altären des Apollon (Paus. X 33,6) sei erinnert. Aber keine der beiden anderen
Behauptungen hält Stich. Der Vorgang vollzieht sich im Gemälde in einem
τέμενος, bei Vergil im Freien in der Nähe des Meeres.[2]) Im Gemälde hat die
eine Schlange den einen Sohn getötet und wendet sich nun gegen den Vater,
während der andere Sohn gegen die andere Schlange ankämpft; bei Vergil umschlingen beide Schlangen die Söhne und wenden sich dann zusammen gegen den
Vater. Im Gemälde sucht dieser Schutz auf den Stufen des Altars, bei Vergil
eilt er mit Waffe den Söhnen zu Hilfe. Aber auch die Erinnerung an die Gruppe
ist im Gemälde nur eine vermeintliche. Abgesehen davon, daß Laokoon in der
Gruppe völlig entblößt ist: im Gemälde hat er an den Stufen des Altars Schutz
gesucht, in der Gruppe will er sich von dem Altar erheben. Das Gemälde ist
weder von Vergil noch von der Gruppe abhängig, sondern geht, wie die große
Mehrzahl der pompejanischen Wandgemälde, auf ein Tafelgemälde hellenistischer
Zeit zurück. Darin treffe ich jetzt zu meiner Freude mit Rodenwaldt[3]) zusammen.

Aber auch ein zweites Gemälde soll uns eine Vorstellung von jener malerischen Umschöpfung der Gruppe im Geiste Vergils geben: Die von mir[4])
herausgegebene Zeichnung von Filippino Lippi in den Uffizien geht nach
Klein[5]) auf ein stadtrömisches Wandgemälde zurück, welches das Mittelglied
zwischen der Gruppe und dem pompejanischen Gemälde bildet. Auch ich habe
seinerzeit den Gedanken erwogen, daß die Zeichnung Lippis, der den römischen
Wandmalereien, besonders in den Grotten, ein fruchtbares Studium zugewendet
hatte, auf ein römisches Wandgemälde zurückgehe, ihn aber bald wieder verworfen. Denn einerseits ist Lippi ganz dem Vergil gefolgt bis auf zwei Neben-
sachen: er läßt die eine Schlange den Söhnen den Untergang bereiten und dann
sich gegen den Vater wenden, während die andere von vornherein diesen angegriffen hat, und er hat als Verkörperung des Schreckens eine weibliche Figur
— ob die Frau des Laokoon, ist fraglich — hinter den Altar gestellt. Andrerseits zeigt nicht nur die Architektur, sondern auch die Gestalt des Laokoon
selbst durchaus filippineske Erfindung. Vom pompejanischen Bilde aber entfernt
sich die Zeichnung in der Gesamtkomposition und in Einzelheiten so stark, daß
es unmöglich ist, beide auf eine Vorlage zurückzuführen.

Die Annahme eines hellenistischen Wandgemäldes hat keinerlei Bedenken

---

[1]) Mau, Ann. d. J. 1875 t. O. Fivel, Gaz. arch. IV pl. II.
[2]) Dies betont auch Ehwald, Philologus LIII 740.
[3]) Die Komposition der pompejanischen Wandgemälde, Berlin 1909, S. 263.
[4]) Arch. Jahrb. VI 185.   [5]) So auch Österr. Jahresh. XIII 147.

gegen sich. Heute steht fest, daß es Darstellungen des Laokoonmythus aus
früherer Zeit als die Gruppe gab. Der etruskische Skarabäus des British
Museum[1]) beweist, daß es mindestens im V. Jahrh. eine Gruppe gab, welche
den Vater und beide Söhne in unentrinnbarer Schlangenumstrickung zeigte.

Auch der Vasenmalerei war der Stoff nicht fremd. Ja wenn Klein,
Arch. Zeit. 1880 S. 189 und von neuem Kunstgesch. III 313 recht hätte, wäre
der Mythus schon in einer Vase der besten Zeit, dem rotfigurigen Kantharos
von Nola im British Museum E 155 (Cecil Smith, Catal. of the Greek and
Etruscan Vases in the Brit. Mus. III 143) zur Darstellung gelangt. Aber es
ist mir jetzt, wie einst[2]), unmöglich, in dem mit gezücktem Schwert auf dem
Altare Knieenden einen anderen als einen Mörder zu sehen, dessen Opfer soeben
der neben dem Altar von Thanatos gehaltene Jüngling geworden ist. Der Entweihung des Altars durch den Mörder sucht der steinwerfende Alte — nicht
Anchises, der Bruder des Laokoon — zu wehren. Der Mörder wird der rasende
Ixion sein[3]), der erste Stammesbrudermörder, ὃς πρῶτος ἐμφύλιον ἄνδρα ἀπέ-
κτεινεν (Schol. z. Apoll. Rhod. III 62), wie auf der Rückseite der Beleidiger
der Hera, ganz so wie Pindar, Pyth. II 30 ff. die doppelte Verfehlung hervorhebt: αἱ δύο δ᾽ ἀμπλακίαι φερέπονοι τελέθοντι· τὸ μὲν ἥρως ὅτι ἐμφύλιον
αἷμα πρώτιστος οὐκ ἄτερ τέχνας ἐπέμιξε θνατοῖς· ὅτι τε μεγαλοκευθέεσσιν ἔν
ποτε θαλάμοις Διὸς ἄκοιτιν ἐπειρᾶτο. Die Schlange beachtet er gar nicht. Sie
ereilt den Mörder unvermutet. Übereinstimmung mit der überlieferten Fassung
ist nicht zu fordern.

Wohl aber ist der Mythus auf einem Vasenbilde aus dem Anfange des
IV. Jahrh., an dem Klein mit Stillschweigen vorübergegangen ist, zu finden.
Das ist das apulische rotfigurige Vasenbild, von welchem Jatta 1898 fünf
Stücke zerstreut im Boden in der Nähe eines Grabes in Ceglie del Campo bei
Bari fand und in den Monumenti antichi pubblicati per cura della R. Accademia
dei Lincei IX tav. XV S. 1—12 veröffentlichte.[4]) Allerdings herrscht bei dem
fragmentarischen Charakter über seine Deutung Meinungsverschiedenheit, ja in
neuester Zeit ist das Recht seiner Beziehung auf den Laokoonmythus bestritten
worden, ohne Grund, wie wir bald sehen werden.

Auch hier geht die Handlung, wie im pompejanischen Bilde, im Temenòs
des Apollon vor sich. Der Dreifuß und das von zwei Schlangen umwundene
Agalma des Gottes schließen jeden Zweifel aus. Der Gott selbst ist nicht im
Temenos, sondern auf einer Anhöhe außerhalb desselben, ja wie die Stellung
der Füße zeigt, kommt er erst auf ihr an. Studniczka (Arch. Jahrb. 1907
S. 140) freilich versetzt sie in das Temenos, aber was soll eine Anhöhe im
Temenos? Neben ihm steht seine Schwester Artemis. Sie sind Augenzeugen
des Vorgangs. Und welcher ist dieser? Die Schlangen haben ihr Werk getan
und schwelgen im Genusse der bereits abgebissenen Glieder? Wem gebören
diese? Nicht dem Laokoon selbst.

---

[1]) Arch. Jahrb. 1906 S. 14.   [2]) Verb. d. Görl. Philologenvers. S. 306.
[3]) Ebenso Cecil Smith a. a. O. und Class. Rev. IX 277.
[4]) Danach Arch. Jahrb. 1906 S. 15 und 1907 S. 139.

Abb. 1. Vasenbild (nach Mon. ant. Accad. dei Linc. IX t. XV)

Abb. 3.

Abb. 3 u. 4. Bronzestatuette von
Belâtre im Louvre (n. Photographie)

Abb. 2. Wandgemälde aus Pompeji (nach Ann. d. Inst. 1875 t.

Dieser ist tot am Boden liegend zu denken, wie ich meine, an der rechten, der Eingangsseite des Temenos, von der die Schlangen gekommen sind, wie Studniczka meint, an der linken Seite, unterhalb des Apollon und der Artemis. Aber da Studniczka dort den Rumpf des einen der getöteten Söhne noch umschlungen vom Schwanzende annimmt, ist für den ausgestreckt liegenden Vater kein Platz mehr. Auch entspricht es nicht dem Augenschein, daß das Gesicht Apollons mit strafendem Ernste sich nach dem Priester hinabwende. Eher ist neben jenem Rumpfe noch der des andern Sohnes anzunehmen. Diesen aber läßt Studniczka das Heil in der Flucht suchen in der Annahme, daß der Vasenmaler hierin dem Arktinos gefolgt sei. Indessen schließt die Verlegung des Vorganges ins Heiligtum des Apollon und die Rolle, welche die Gemahlin des Laokoon spielt, die Version des Arktinos aus. Denn bei diesem spielte sich die Katastrophe im Freien ab, beim Freudenmahle aller sich der Kriegsgefahr entrückt wähnenden Troer, dem das Opfer nur vorangegangen war. Gerade das war das Charakteristische, daß der Untergang des Vaters und des einen der Söhne mitten in den Freudenjubel fiel. Und die Frau des Laokoon — nennen wir sie Antiope — war bei Arktinos gar nicht genannt. Hier spielt sie die Hauptrolle. Nicht will sie dem andern Sohne das Entkommen ermöglichen. Die Schlangen denken ja nicht mehr an einen Angriff oder Verfolgung. Sie halten das Bild des Gottes umwickelt und geben sich dem Genusse hin, anders als die Schlangen Vergils *sub pedibusque deac clipeique sub orbe teguntur*, oder des Quintus Smyrn. XII 478 οἳ δ᾽ ἄρ᾽ Ἀθήνης προφρονέως τελέσαντες ἀπεχθέα Τρωσὶν ἐφετμὴν ἄμφω ἀϊστώθησαν ὑπὸ χθόνα. Nein, Antiope ist auf die Kunde vom Unheil herbeigeeilt, und wie sie Augenzeugin des Gräßlichen geworden ist, greift sie in blinder Wut und Verzweiflung zum ersten besten schweren Gegenstande, der ihr in die Hand kommt, und führt mit aller Kraft einen Streich gegen die obere in weitem Bogen sich zur Wehr setzende Schlange. Das führt uns durchaus auf die ans Heiligtum des thymbräischen Apollon geknüpfte erotische Version hin. Und wer war ihr Vertreter? Der aus dem Mythologischen Handbuch schöpfende Danielische Servius zu Aen. II 201 gibt uns die Antwort: *sane Bacchylides de Laocoonte et uxore eius vel de serpentibus a Calydnis insulis venientibus atque in homines conversis dicit.* Studniczka selbst scheint sich ähnlichen Erwägungen nicht verschlossen zu haben. Denn am Schlusse seines Aufsatzes heißt es: 'Doch mag zwischen Vase und Epos immerhin ein Mittelsmann gestanden sein, vielleicht der den Großgriechen naheliegende Bakchylides, der älteste uns bekannte Zeuge für den Frevel, den Laokoon mit seinem Weib in dem ihm anvertrauten Apollonheiligtum beging.' Aber gerade die Version des Arktinos, welche den einen Sohn gerettet werden ließ, und die erotische des Bakchylides schließen sich aus. Bakchylides hat nicht an sie, sondern an die des andern alten Epos, wahrscheinlich die Kleine Ilias des Lesches, angeknüpft, über die die Epitome des Apollodor 5, 17 berichtet: δύο δράκοντες διανηξάμενοι διὰ τῆς θαλάσσης ἐκ τῶν πλησίον νήσων τοὺς Λαοκόωντος υἱοὺς κατεσθίουσιν, diejenige Version, die gerade das aussagt, was das Vasenbild vorführt: τοὺς υἱοὺς κατεσθίουσιν.

Ich behaupte nicht, daß Bakchylides der einzige literarische Gewährsmann ist, der für das Vasenbild in Frage kommt, halte vielmehr an der im Arch. Jahrb. 1906 S. 18 vorgetragenen Ansicht fest, daß Sophokles dem Bakchylides gefolgt ist und daß auch an seinen *Λαοκόων* als Quelle für das Vasenbild gedacht werden kann.[1]) Wohl aber behaupte ich, daß die erotische Version dem Vasenbild zugrunde liegt.

Aber noch haben wir nicht der neuesten Ansicht gedacht, welche das Recht der Deutung des Vasenbildes aus dem Laokoonsmythus überhaupt bestreitet. Deonna, Revue des études anciennes t. XIII, 1911 (Annales de la faculté des lettres de Bordeaux et des Universités du Midi, 4. sér. XXXIIIᵉ Année S. 417 ff.) hat zwar keine Gründe gegen jene Deutung vorgebracht, aber eine völlig abweichende ihr gegenübergestellt: '*Ne s'agirait-il pas plutôt d'une de ces scènes assez fréquentes sur les vases, où une femme, Hélène*[2]), *Cassandre cherche protection auprès de la statue de la divinité? La mère des victimes serait elle même la victime; elle ne courrait pas au devant du danger, elle le fuirait, et le péril qui la menacerait serait derrière elle. Elle lève le bras au dessus de sa tête, non point pour brandir une arme ou pour tenir un pan de son vêtement, mais pour arracher à l'étreinte brutale de l'ennemi sa chevelure.*' Aber wie ist es möglich in dieser Figur eine vor einem Verfolger Fliehende zu sehen? Durfte sie von diesem auch nicht die geringste Notiz nehmen? Und hatte sie in diesem Falle wirklich keine andere Sorge als die um ihre Frisur? Und dazu diese Haltung der Arme? Und wenn Deonna fragt: '*Le peintre n'aurait-il pas eu sous les yeux une image analogue, où le serpent d'Apollon, au lieu d'entourer le support, comme c'est souvent le cas, entourait le corps même du dieu?*' so ist zu antworten: diese Schlangen sind doch wahrlich nicht solchen gleichzustellen, die an einem Altare oder Agalma hausen oder die Basis umwinden, sondern fressen menschliche Glieder, und die obere wendet sich in mächtigem Bogen gegen die heranstürmende weibliche Figur. Danach ist es unmöglich, diesen Gedanken auch nur weiter zu verfolgen.

Noch kann ich das Vasenbild nicht verlassen, ohne einer vermeintlichen Parallele zur Anwesenheit des Apollon und der Artemis bei dem Vorgange in einem Kunstwerke neuerer Zeit zu gedenken. Es handelt sich um ein Bild des Künstlers, den man in neuester Zeit mit allen Mitteln zum größten Maler hat pressen wollen, zum Vater des Impressionismus, des 'Überkünstlertums', 'des Mysteriums, das nur einmal in der Weltgeschichte vorkommt', um das Laokoonbild des Greco, das sich zurzeit als Leihgabe eines Kunstfreundes in der alten Pinakothek zu München befindet. Ich bewundere allerdings auch die Malweise,

---

[1]) Da es sich hauptsächlich um die Frage dreht, ob *τὰ περὶ τοὺς Λαοκοωντίδας σημεῖα* bei Dion. Hal. I 48 Laokoon und seine Söhne bedeuten kann, führe ich zu den früher bemerkten Analogien noch zwei Stellen für *Πριαμίδαι* = Priamos und seine Söhne an: Eur. Cycl. 177: *πάντα γ' οἶκον Πριαμιδῶν ἐπέρσαμεν* und Julian, Or. II 74 C: *ἀνατρέψαι τῶν Πριαμιδῶν τὴν ἀρχὴν καὶ τὴν βασιλείαν.*

[2]) Wie die Helena der Bologneser Vase (Reinach, Répert. des vases I 218) von frappierender Ähnlichkeit mit der Antiope sein soll, ist mir unerfindlich.

Abb. 1. Laokoon von George von Hoeßlin
Photographie-Verlag von Franz Hanfstaengl, München

Abb. 2. Laokoon von Theotokopuli (El Greco) in München. Photographie

kann aber im übrigen nicht in die Verhimmelung einstimmen, welche auch die
gegenständliche Behandlung der Darstellung gefunden hat, halte vielmehr an
dem Urteile fest, welches ich bei der Veröffentlichung des Bildes in dem Aufsatze 'Laokoon im Mittelalter und in der Renaissance' im Jahrbuch der Königl.
Preuß. Kunstsammlungen 1906 S. 27 in die Worte zusammenfaßte: 'Theotokopuli — dies ist der eigentliche Name des Künstlers — hat den Laokoon mar-
tyrisiert und hispanisiert. Kein Künstler hat sich von der antiken Auffassung
des Laokoon so weit entfernt, als gerade der von Kreta, der Nachbarinsel der
Künstler der vatikanischen Gruppe, gebürtige «Grieche». Der Kreislauf war vollendet. Die Zeit für neue Laokoonbildungen war um.'

An dem letzten Satze allerdings kann ich nur mit Einschränkung festhalten,
seitdem ich den im ersten Jahrzehnt dieses Jahrhunderts in Rom entstandenen
Laokoon von George von Hoeßlin kennen gelernt habe. Denn diesem
Künstler ist es allerdings gelungen, dem Mythus eine neue und doch antike
Auffassung abzugewinnen. Ihm schien der ältere Sohn der vatikanischen Gruppe
in Gesichtsausdruck und Haltung der rechten Hand ein Warner für den Vater
zu sein. Und nun ging er einen Schritt weiter und ließ es zur Verwünschung
des Vaters durch die Söhne kommen, denen im Augenblick der Katastrophe
die dunkle Ahnung zur fürchterlichen Gewißheit wird, daß an ihnen, wenn auch
spät, sich die göttliche Strafe für den Frevel des Vaters im Heiligtum Apollons
vollzieht. Ich darf das Bild[1]) hier veröffentlichen und beschreiben.

Noch ist das Meer ruhig, aber von dunkler Farbe. Ein Wetter ist im Anzuge. Taf
Schon schieben sich die dunklen Wolken zwischen die hellen. Die Flamme der
auf dem Altar stehenden Opferschale wird von einem Windstoß niedergeschlagen.
Der Altar ist schon von den zwei dem Meere entstiegenen Schlangen umwickelt.
Schon haben diese ihres Rächeramtes an den Söhnen gewaltet. Der jüngere
liegt am Boden, kaum imstande sich aufrecht zu erhalten. Sein Auge ist im
Brechen, der Mund noch geöffnet, die linke Hand geballt. Der ältere ist auch
schon gebissen und preßt krampfhaft die Wunde mit der rechten Hand zusammen, den linken Arm aber mit der geballten Faust streckt er gerade aus,
und den Lippen des zurückgeworfenen Kopfes entströmen Verwünschungen.
Der Vater denkt nicht an seine Rettung, sondern nur an jene Worte mit ihrer
entsetzlichen Seelenqual. Er verschließt beide Ohren, wagt nicht den Kopf zu
erheben, vermag aber auch nicht zu entfliehen, sondern bleibt, verzweiflungsvoll
zur Seite blickend, wie gebannt stehen. So hat der Künstler dem Beschauer
den Anblick des Schrecklichsten, die Folter des Todes, erspart und doch die
erschütterndste Tragödie geschaffen.

Doch nun zum Bilde des 'Greco'. Der Künstler hat sich gerade an die
älteste Version, die des Arktinos, gehalten, wenn wir auf Cossío (El Greco,
Madrid 1908, S. 361) und August L. Mayer (Münchner Jahrb. d. bild. Kunst
1912 S. 360) hören. Doch vergeblich würde man auf die Frage Antwort suchen,
woher der Künstler diese Version überhaupt gekannt habe, da diese doch zum

---

¹) Vgl. das Weitere in meinem Aufsatz in 'Volkstümliche Kunst' Jahrgang 1914 S. 74—76.

ersten Male 1788 das Licht der Öffentlichkeit erblickte. Und auch der ältere Sohn
ist dem Verderben geweiht, trotzdem er, wie ein Jongleur, die Schlange im
Bogen hält: ihr Biß wird ihn doch im nächsten Augenblick erreichen. Der
Künstler hatte — vielleicht neben einem Madrider Relief[1]) — nur Kenntnis
von der Vergilschen Beschreibung. Aber, sagt Cossío und ihm folgend zwar
nicht Mayer, wohl aber Kehrer (Die Kunst des Greco, München 1914, S. 81):
'Apollon und Artemis sind Zuschauer des Vorganges!' Wohl fehlen diese bei
Vergil, aber auch bei Greco. Denn der völlig nackte Mann und die nur mit
einem Schoßtuch bekleidete weibliche Figur entbehren aller göttlichen Attribute und sind nichts als menschliche Zuschauer. Der Künstler konnte der Füll-
figuren auf der rechten Seite, um ein Gegengewicht gegen den älteren Sohn
der linken Seite zu gewinnen, nicht entbehren. Sie sind gar nicht in die eigentliche Komposition hineingezogen, wirken, wie Kehrer selbst richtig bemerkt, wie
ein Sonderbild.

Um nach dieser Abschweifung zum pompejanischen Wandbilde zurückzukehren, so steht, wie bemerkt, der Annahme eines hellenistischen Bildes, welches
die, kurz gesagt, apollinische Version darbot, nichts entgegen.

Über den künstlerischen Wert dieser Vorlage hat Mau[2]) gering geurteilt.
Anders Léon Fivel, der bald nach Mau das Bild von neuem veröffentlicht und
besprochen hat.[3]) Er findet das Bild unter dem Einflusse zwar nicht des vatikanischen Laokoon, wohl aber eines Werkes der Bronzeplastik, von dem eine
verkleinerte geringe Nachbildung in der Bronze von Belâtre (Dép. Indre) im
Louvre (De Ridder, Bronzes antiques du Louvre t. I, Paris 1913, n. 1065 pl. 62
3. 4 mit Text S. 130) vorliege. Sie gelangt hier nach einer Photographie von
Giraudon zur Abbildung. Zunächst muß ich bestreiten, daß eine solche Übereinstimmung im Motive beider Figuren vorliege, daß ein gemeinsames Vorbild
anzunehmen sei. Daß ihn nur eine Schlange umschlingt und dabei oben eine
große Schleife macht, daß er den rechten Arm hebt, flatterndes Gewand und
einen Kranz im Haar hat, sind doch keineswegs Beweise für ein gemeinsames
Original. Gegen ein solches aber spricht die völlige Verschiedenheit des
Motivs. Der Laokoon des Wandbildes stürmt die Stufen eines Altars herauf,
der Laokoon von Belâtre eilt nach vorn, zunächst wohl um der Gefahr zu entgehen, aber vergebens. Die Schlange hat ihn doch ereilt und im Nu umstrickt
und gebissen. Nun sucht er sie mit dem linken Arm zu pressen und wirft, was
in Fivels Abbildung nicht genügend erkennbar ist, die rechte Seite des Körpers
zurück. Und was tut der rechte Arm? De Ridder gibt Verstümmelung der
Hand an. Aber diese ist, wie Herr Ét. Michon und mein Schüler, Stud.
Theodor Lehmann, zusammen an dem Original feststellten, nicht so erheblich,
daß sich nicht mit Sicherheit sagen ließe: sie hielt keine Waffe, auch keinen
Stein, sie hielt überhaupt nichts. Die innere Fläche ist dem Beschauer zuge-
kehrt. Die Hand war also vor Schmerz und Entsetzen erhoben. Vielleicht
wenn, wie wahrscheinlich, in der Vorlage auch die Söhne vorhanden waren, vor

---

[1]) Arch. Jahrb. VI 180.　　[2]) Ann. d. J. 1875 S. 276 ff.　　[3]) Gaz. arch. IV pl. II S. 9 ff.

Entsetzen über den Anblick, welchen diese dem Vater darboten. Denn sein Blick
geht nach der rechten Seite und herab. Also auch die Schlange hielt die Hand
sicher nicht, wie dies für das Wandbild vorauszusetzen ist. So trifft für das
Wandbild durchaus nicht zu, was Fivel sagt: *'on peut restituer avec certitude
d'après la statuette le mouvement du bras droit manquant.'* Auch die Art wie und
die Stelle wo der linke Arm die Schlange packt, ist verschieden; desgleichen
die Gewandung: der Laokoon des Gemäldes ist völlig gewandet, ja auch mit
Stiefeln versehen, der von Belâtre nackt bis auf ein flatterndes Stück Chlamys.

Aber auch die Bronze an sich betrachtet macht mir nicht den Eindruck
eines Laokoontypus, der älter wäre als der vatikanische. Die Gemme des
V. Jahrh. zeigt doch, daß die Entwicklung sich nicht etwa nur von der Sonder-
stellung zur Gruppierung vollzogen hat. Gerade die Auflösung der Gruppe in
Einzelfiguren ist das Werk der späteren Kunst.

Auch wäre nicht leicht zu erklären, wie eine Nachbildung einer der vatikanischen Gruppe zeitlich voraufliegenden Bronzegruppe gerade nach Belâtre
gekommen wäre. Mir ist viel wahrscheinlicher, daß diese Bronze von geringer
Arbeit, zwar unabhängig von der vatikanischen Gruppe und von Vergil, wohl
aber unter dem Einflusse einer späteren dichterischen Schilderung entstanden
ist. Dies läßt ihr allerdings eine besondere Bedeutung.

II

Ich habe aus den von mir im Faksimile veröffentlichten Künstlerinschriften[1]),
besonders der zuletzt von Blinkenberg und Kinch in Lindos gefundenen, wahrscheinlich zu machen gesucht, daß die vatikanische Gruppe um 50 v. Chr. entstanden ist, und halte an diesem Ansatz bis auf weiteres fest. Nur über eine der
Inschriften möge hier eine kurze Bemerkung gestattet sein. Es ist die Inschrift
von Capri (Kaibel, Inscr. Gr. Sic. Ital. 898). Sie ist inzwischen von ihrem vor-
maligen Besitzer an den amerikanischen Künstler Coleman verkauft worden und
befindet sich heute im Metropolitan Museum zu New York. Herr Professor James M. Paton, der darüber in den Transactions and Proceedings of the
Philological Association vol. XXIX (1898) Proceedings p. XXXIII berichtete,
hat die große Freundlichkeit gehabt, als er jüngst nach Breslau kam, mir eine
Durchreibung nicht nur der Inschrift, sondern auch der Oberfläche der Basis,
an deren Vorderseite die Inschrift steht, mitzubringen. Danach ist das kleine
Kunstwerk des Athanodoros, welches die Basis trug, vorn (6 cm) schmäler als
hinten (8,5 cm) gewesen. Es würde großen Reiz haben, daraus einen Schluß
auf die Deutung des Werkes zu ziehen. Aber es ergeben sich der Möglichkeiten
zu viele. Wenn ich trotzdem zwei namhaft mache, Isis mit daneben ruhender
Sphinx (Reinach, Rép. de la stat. I pl. 990, 2588 C) und Isis mit danebenstehen-
dem Harpokrates (München, Glyptothek 130; Reinach ebd. pl. 992, 2589), so geschieht dies deshalb, weil sich gerade eine Isis Athenodoria in Rom befand.[2])

Eine andere Frage ist: wann ist die Laokoongruppe nach Rom gelangt?

---

[1]) Arch. Jahrb. VI 191 ff.; XXI 24.   [2]) Arch. Jahrb. VI 195 f.

Mit steigender Zuversicht behaupte ich: durch den, in dessen Hause sie ihr
erster Verkündiger, Plinius, sah, also Titus. Wäre sie schon zur Zeit des
Augustus oder des Nero in Rom gewesen, bliebe unerklärlich, daß sie ohne
Wirkung geblieben ist auf die Schilderung des Vergil, des Ovid (Ibis 483), des

Petron in der Troiae halosis
(c. 89)[1]), trotzdem letzterer,
wie Ehwald[2]) bemerkt hat,
außer Vergil noch eine andere Quelle zu Rate gezogen
hat. Wäre das Werk durch
Nero nach Rom gelangt und
im Goldenen Hause aufge-
stellt worden, dann war zu
erwarten, daß es nachmals
durch Vespasian im Templum
Pacis oder einem andern der
von ihm errichteten Gebäude
Aufstellung gefunden hätte.
Denn der Laokoon gehörte
doch wahrlich zu den *claris-*
sima quaeque, von denen Plinius, N. h. XXXIV 84 spricht:
ex omnibus quae rettuli cla-
rissima quaeque in urbe iam
sunt dicata a Vespasiano prin-
cipe in templo Pacis aliisque
eius operibus violentia Neronis

Basis des Athanodoros im Metropolitan Museum zu New York
(Verkleinerung)

in urbem convecta et in sellariis[3]) *domus aureae disposita.* Ausgeschlossen
ist auch, daß Vespasian bei dieser Gelegenheit das Werk seinem Sohne, dem
Kronprinzen[4]) Titus geschenkt habe. Aber auch zugegeben, daß, wie neuerdings
Weege in seiner sonst so schönen Arbeit über das Goldene Haus, Arch. Jahrb.
XXVIII (1913) S. 237 ff., behauptet hat, die Gruppe im Goldenen Hause Neros
Aufstellung fand, unmöglich konnte sie doch dort bleiben, als Trajan über
demselben seine Thermen errichtete.[5]) Denn damit war doch jenes unter-

---

    [1]) Vgl. Arch. Jahrb. XXI 27.   [2]) Philol. LIV 377.
    [3]) Vgl. auch XXXVI 111: *quorum agri quoque minorem modum optinuere · quam sel-*
laria istorum.
    [4]) Kronprinz, nicht Kaiser war Titus, als Plinius, nicht erst im Jahre 79, die Gruppe
in seinem Hause sah, wie ich gegen Weege, Arch. Jahrb. XXVIII 237 bemerke.
    [5]) Weege, Ein Saal in Neros Goldenem Hause, Berlin 1912, S. 39 sagt allerdings: 'Da
wir durch Plinius wissen (Hülsen, Topogr. S. 275; Amelung, Vat. Kat. II 187), daß Titus
einfach einen Teil des Goldenen Hauses des Nero bewohnt hat, so werden wir auch das
Zimmer, in dem Plinius den Laokoon stehen sah, als einen von Titus noch bewohnten Raum
in Neros domus aurea anzusehen haben.' Aber wo steht etwas derartiges bei Plinius? Nirgends. Wenn Weege ferner sagt: 'Mit mehr Recht folgert Klein aus dem pompejanischen

irdisch geworden. Weege selbst hat sich gegen diesen Einwand nicht verschlossen. Aber die Art wie er ihn zu entkräften sucht, ist unannehmbar. 'Vielleicht', sagt er, 'wurde der Raum für die Thermen mit benutzt, was seine Lage nicht gerade verbietet.' Dann blieb die Gruppe doch in dem unterirdischen Versteck. 'Daß der Raum vermauert war, bezeugt der früheste Berichterstatter über den Fund. Vielleicht erfolgte die Vermauerung schon in trajanischer Zeit.' Dann wäre der Laokoon durch Trajan selbst in sein unterirdisches Burgverließ gebracht worden. Aber auch jener Fundbericht spricht gegen Weege. Wer wird denn jenen Saal, in dem die Gruppe nach Weege stand, eine *camera*[1]) nennen? Desgleichen ist ausgeschlossen, 'daß Giuliano da Sangallo, der die Statue noch an ihrem Fundort sah, seinen Entwurf für ihre neue Aufstellung in Anlehnung an die vorgefundene Antike machte' (S. 234). Dieser Entwurf (Thode, Die Antiken in den Stichen Marcantons Taf. V) atmet ja nichts als den Geist der Renaissancearchitektur und ist nur für die Neuaufstellung bestimmt. Weder wird die Gruppe so in eine Nische hineingepreßt, noch auf einer runden Basis gestanden haben.

Wenn Plinius die Gruppe im Hause des Titus sah, so war dieser ihr Besitzer. Und was liegt nun näher, als daß dieser sie in Rhodos, wo er im Jahre 69 war, erworben oder 'geschenkt' erhalten hat. Wissen wir doch einerseits, daß Rhodos sich der εὔνοια gegen ihn rühmte[2]) und daß andererseits Zurückhaltung im Begehren und Nehmen nicht seine starke Seite war. Sueton, der doch sonst mit dem Lobe des Kaisers nicht kargt, sagt (c. 7): *suspecta et rapacitas.* Dem Fehlen von Zeugnissen aus früherer Zeit steht seitdem eine Fülle von Nachbildungen gegenüber.

Wo das Haus des Kronprinzen Titus lag, wissen wir nicht. Daß es auf dem Palatin lag, wie ich früher annahm, ist allerdings angesichts des auf *qui est in Titi imperatoris domo* (§ 37) sofort (§ 38) folgenden *similiter Palatinas domos Caesarum replevere* nicht wahrscheinlich. Auch was mit der Gruppe nach dem Tode des Titus geschah, wissen wir nicht. Wohl aber, daß man sie in der Stunde der Gefahr vor äußeren oder inneren Feinden in das unterirdische und vermauerte Gelaß brachte, aus dem ihr um 1506 nach tausendjähriger Verborgenheit Auferstehung zuteil ward.

Gemälde bezw. seinem stadtrömischen Vorbilde, daß jedenfalls schon vor 50 n. Chr. der Laokoon in Rom gewesen sei', so findet dies durch meine obige Auseinandersetzung seine Widerlegung.

[1]) So der Fundbericht des Anonymus vom 31. Januar 1506: 'uno Romano questi dì ha trovato tre figure ex lapide pario in una camera antiquissima subterranea bellissima pavimentata et incrustata mirifice, et haveva murato lo usso.' (Vgl. Jahrb. d. K. Preuß. Kunstsammlungen 1906 S. 149.) Dieser Bericht bildet die Grundlage für alle Kombinationen. Der Bericht über die erste Auffindung der Gruppe, erstattet von Luigi di Andrea Lotti di Barberino an Lorenzo Medici aus Rom am 13. Februar 1488, ergibt sich nur in der Schilderung der Gruppe selbst. Übrigens ist dieser Bericht doch nicht so, wie Weege a. a. O. S. 34 sagt, von niemandem in neuerer Zeit berücksichtigt worden. Jacob Burckhardt, Beiträge z. Kunstgesch. von Italien, Basel 1898, S. 351 hat ihm eine besondere Erörterung gewidmet.

[2]) CIG. XII 58. Arch. Jahrb. 1906 S. 28.

DAS PROBLEM DER *HISTORIA AUGUSTA*

Von Ernst Hohl[1])

Daß die sechs sogenannten *Scriptores historiae Augustae*, die nach ihren eigenen Andeutungen in diokletianisch-konstantinischer Zeit die dreißig uns erhaltenen Biographien römischer Kaiser des zweiten und dritten Jahrhunderts abgefaßt haben wollen, höchstens den äußeren Formen und Formeln, doch nicht dem Geiste nach in den Spuren des Klassikers der Kaiserbiographie, des Sueton, wandelten, hat man längst erkannt, und so hat es an scharfen Urteilen über die trostlose Unfähigkeit dieser späten Epigonen nicht gefehlt. Aber von einem eigentlichen Problem der *Historia Augusta* kann doch erst seit einem Vierteljahrhundert die Rede sein.

Denn vor 25 Jahren, im Jahre 1889, erschien über die *Historia Augusta* die entscheidende Abhandlung von Hermann Dessau, die geradezu eine neue Epoche kritischer Forschung zu der so viel geschmähten und doch immer wieder dankbar benutzten historischen Quelle heraufgeführt hat.[2]) Auf Grund eines erdrückenden Anklagematerials wurden die *Scriptores* vor das Forum des Historikers gezogen und ihnen dort ganz andere Dinge zur Last gelegt als bloße Unfähigkeit. Denn als Fälschung, als bewußte, absichtliche Fälschung, begangen gegen das Ende des vierten Jahrhunderts von einem einzelnen, suchte Dessau das Corpus zu entlarven. Erst in theodosianischer Zeit nämlich, nicht in der diokletianisch-konstantinischen, wie doch verschiedene Winke der Biographien oder Viten dem gutgläubigen Leser vorspiegeln, also gegen Ausgang des vierten Jahrhunderts, nicht schon um seinen Anfang herum, seien die Viten der *Historia Augusta*, die von Hadrian bis auf Carinus, den Vorgänger Diokletians gehen, niedergeschrieben. War es doch Dessaus Scharfblick und Gelehrsamkeit gelungen, zahlreiche Hinweise auf Familien, die in theodosianischer Zeit in Blüte standen, aufzudecken; ja, an einer Stelle ließ sich sogar feststellen, daß die erst 360 abgefaßte Schrift *Caesares* des Aurelius Victor zugrunde gelegt war. Gerade diese letztere Beobachtung Dessaus, die an sich schon, da eine spätere Interpolation durch den Zusammenhang ausgeschlossen ist, hinreicht, um die von den *Scriptores* selbst behauptete Abfassungszeit ihres Werkes über den Haufen zu werfen, ist den Gläubigen, wie sie die *Historia Augusta* erstaunlicherweise bis herab auf unsere Tage wieder und wieder findet, besonders fatal, und so ist es kein Wunder, wenn die Versuche, die von Dessau entdeckte, von Mommsen und Leo bestätigte Benutzung einer Schrift aus dem dritten Viertel des vierten Jahrhunderts in einem Werk, das doch aus der ersten Hälfte jenes Jahrhunderts spätestens stammen will, hinweg zu interpre-

---

[1]) Auf Grund der öffentlichen Antrittsvorlesung an der Universität zu Straßburg am 2. Mai 1914.

[2]) Hermes XXIV 337 ff.

tieren, kein Ende nehmen wollen: nur daß freilich die schillernden Seifenblasen solcher Interpretationskünste an der handfesten Tatsache rasch genug zerplatzen.[1])

Angesichts der hervorragenden Stellung nun, die den *Scriptores* als geschichtlichen Zeugen für die römische Kaiserzeit allen Skrupeln im einzelnen zum Trotz eben doch einmal eingeräumt war, mußte Dessaus überraschender und mit so viel Wucht und Geschick geführter kritischer Vorstoß großes Aufsehen erregen: der Glaube an die Lauterkeit dieser Quelle schien in den Grundfesten erschüttert. Wenn allerdings eine so gründliche Umwertung, wie sie Dessau vorschlug, auch den Widerspruch herausforderte, so ist das wohl zu verstehen: es mußte immerhin schwerfallen, eine Quelle, aus der man bisher unbekümmert nach alter Gewohnheit geschöpft hatte, nun mit einem Male als vergiftet anzuerkennen. So war eine lebhafte Erörterung für und wider gar nicht zu vermeiden, und frühzeitig ergriff Theodor Mommsen selbst das Wort und zwar, um ein Kompromiß vorzuschlagen: Zwar der Grundstock der *Historia Augusta* stamme wirklich aus diokletianisch-konstantinischer Zeit; da aber auch die von Dessau aufgedeckten und beanstandeten Anachronismen als solche anzuerkennen seien, so müsse die aus verschiedenen Schriften ursprünglich um 330 zusammengestellte Sammlung später, eben in theodosianischer Zeit, der Überarbeitung durch einen weiteren Redaktor, den sogenannten 'Theodosianischen Fälscher', der noch eine beträchtliche Rolle in der sich anschließenden Literatur zu spielen hatte, unterworfen worden sein.[2])

Das Wichtigste an Mommsens Behandlung der Sache ist nun gewiß nicht das von ihm empfohlene Kompromiß: das war ein Ausweg aus dem schwierigen Dilemma, der wohl im ersten Augenblick als gangbar erscheinen mochte; die spätere Forschung hat diesen Ausweg dann freilich immer mehr verbaut und versperrt. Entscheidend war vielmehr das an Dessau von Mommsen gemachte Zugeständnis von Spuren des ausgehenden vierten Jahrhunderts. Dieser Stellungnahme des Altmeisters gegenüber waren die Bemühungen derer, die noch immer die eigenen chronologischen Angaben der *Scriptores* für bare Münze nahmen und zu retten suchten, was nicht mehr zu retten war, die Anstrengungen der *Historia-Augusta*-Theologen, wenn ich so sagen darf, von vornherein mit Unfruchtbarkeit geschlagen.

Vor allem wollte man gegen Dessaus These von dem einen Fälscher die Ergebnisse der Sprachstatistik ausspielen. Heutzutage ist man gegen eine allzu rücksichtslose Handhabung dieses wichtigen, doch nicht ungefährlichen Instruments durch Erfahrungen gewitzigt worden. Auf jeden Fall entbehrt das Unternehmen, dem doch recht gleichfarbenen und eintönigen stilistischen Hintergrund der *Historia Augusta* in schärferem Umriß die Linien verschiedener schriftstellerischer Individualitäten abzugewinnen, völlig der überzeugenden Kraft: denn einerseits besteht die Möglichkeit, daß die Sprache der Vorlagen mitunter abgefärbt hat, andererseits könnten kleine Varianten in der affektierten eigenen Ausdrucksweise der angeblichen sechs *Scriptores* auf Rechnung des Fälschers,

[1]) Vgl. meine Miszelle, Rhein. Mus. LXVIII (1913) S. 316 ff.
[2]) S. jetzt Ges. Schriften VII (1909) S. 302 ff.

der mit solchen Mittelchen seiner Fiktion zu Hilfe kommen wollte, zu setzen
sein. Ein wirklich zuverlässiges Ergebnis hat meines Erachtens die Sprachstatistik
nicht gezeitigt.

Viel wertvoller war die eifrige historische Einzelanalyse der Viten, zu der
Mommsen alsbald, in richtiger Erkenntnis dessen, was not tat, aufgerufen hatte. Ihr
ist es zu verdanken, wenn die von Dessau vor 25 Jahren vorgetragene Anschauung nicht mehr als kühne Hypothese, als unerhörte Ketzerei, erscheint,
sondern immer mehr sicheren Boden gewinnt. Während vor dreizehn Jahren
Friedrich Leo, als er der *Historia Augusta* ihren Platz innerhalb des mit
sicherer Meisterhand entworfenen Gesamtbildes der griechisch-römischen Biographie anwies[1]), noch an Mommsens Vermittlungsvorschlag festhielt, haben
sich seitdem die für Dessau ohne wesentlichen Vorbehalt abgegebenen Stimmen
in erfreulicher Weise gemehrt.

Freilich der jüngst verstorbene Hermann Peter, der — wie bei aller
schuldigen Pietät gegen die Person, doch um der Sache willen gesagt werden
muß — weder als Herausgeber, noch als Erklärer des schwierigen Textes eine
glückliche Hand hatte, behauptete bis zuletzt den schroff konservativen Standpunkt, datierte also nach wie vor mit den *Scriptores* selbst die einzelnen Viten
in die diokletianisch-konstantinische Zeit. Noch im Jahre 1911 erklärte Peter,
daß er die 'Vermutung' Dessaus und Seecks von einer raffinierten Fälschung
aus dem Übergang des vierten zum fünften Jahrhundert, wie er sich ausdrückt,
widerlegt zu haben glaube.[2])

In Otto Seeck nämlich hatte Dessau alsbald einen nur zu begeisterten
Bundesgenossen gefunden; denn die Zahl der anachronistischen Anstöße vermehrte
Seeck zwar mit Sachkenntnis, im übrigen jedoch förderte er durch einen über
das Ziel hinausschießenden Eifer die Sache Dessaus viel weniger, als er selbst
wohl glauben und wünschen mochte. Wenn irgendwo, so muß der *Historia
Augusta* gegenüber die *nesciendi ars*, die Kunst des bescheidenen und sich
bescheidenden Nichtwissens, geübt werden, muß man auf ungestüme Fragen,
auch wenn sie noch so bestimmt lauten, mit leisen Andeutungen und
schwankenden Möglichkeiten antworten. Statt dessen will Seeck auch die letzten
Schleier lüften und schmeichelt sich neuerdings sogar, die Abfassungszeit der
Sammlung bis aufs Jahr genau bestimmen zu können: sie sei entstanden im
Jahr 409/10, in Gallien. Auf seine Gründe kann ich hier nicht eingehen; aber
schon der Titel des betreffenden Aufsatzes 'Politische Tendenzgeschichte im
V. Jahrhundert'[3]) verrät auf den ersten Blick, daß sein Verfasser von unzu-
treffenden Voraussetzungen ausgeht: mit dem Ansinnen einer systematisch
durchgehaltenen Tendenz im Dienste eines bestimmten politischen Glaubens-
bekenntnisses tut Seeck den *Scriptores*, die er doch sonst keineswegs mit Kose-
namen bedenkt, noch viel zu viel Ehre an, und auch den Geschmack ihres
Leserpublikums verkennt er aufs gründlichste. Zudem führen die von Dessau

---

[1]) S. die griechisch-römische Biographie nach ihrer literarischen Form, Leipzig 1901.
[2]) S. Wahrheit und Kunst, Geschichtschreibung und Plagiat im klassischen Altertum
S. 411 Anm. 3.   [3]) S. Rhein. Mus. LXVII (1912) S. 591 ff.

aufgezeigten Spuren gar nicht in den Beginn des V., sondern in den Ausgang des IV. Jahrh. Bei der bestechenden Zuversichtlichkeit, mit der Seeck
seine zwar geistreichen, aber trotzdem — oder vielleicht gerade deshalb — nichts
weniger als richtigen Einfälle vorträgt, ist es doppelt zu begrüßen, daß vor
kurzem auch Otto Hirschfeld[1]), unter stillschweigender Ablehnung Seecks, an
Dessaus Seite getreten ist.

Es ist nämlich Hirschfeld geglückt, auf die von Mommsen längst gestellte,
doch immer noch offene Frage nach dem *cui bono* der auffallenden Verherrlichung der konstantinischen Dynastie in der Vita des Claudius II. eine bündige
Antwort zu finden: Der Kaiser Gratianus, der mit Constantia, der Tochter
Konstantins II., etwa 375—380 vermählt war, habe — selbst von geringer
Herkunft — unzweifelhaft ein Interesse daran gehabt, an das frühere konstan-
tinische Herrscherhaus anzuknüpfen. Auf Mommsens Kompromiß — und das
ist besonders bedeutsam — leistet auch Hirschfeld mit diesem schönen Beitrag
ausdrücklichen Verzicht.

Neben dieser maßgebenden Zustimmung zu Dessaus These ist freilich ein
bedauerlicher Rückgang historischer Einsicht an zwei leicht zugänglichen Stellen
zu verzeichnen, die verhängnisvollerweise gerade von solchen aufgesucht werden
dürften, die nach einer ersten Einführung in das Problem der *Historia Augusta*
begehren: denn sowohl Kroll in seiner Neubearbeitung der Teuffelschen Literaturgeschichte, als auch Diehl in der Real-Encyklopädie sind dem heutigen Stand
der Frage vieles schuldig geblieben. Während Kroll sich wenigstens ein eigenes
zusammenfassendes Urteil versagt, freilich nicht einmal genügend Literatur verzeichnet, bringt Diehl, wenn man von einer nicht unnützlichen Materialsamm-
lung und reichlicheren Literaturangaben absieht, im wesentlichen nichts als eine
sehr überflüssige Appretur der von Peter schon vor mehr als zwanzig Jahren
gegen Dessau und Mommsen erhobenen Einwände, die inzwischen nicht stichhaltiger geworden sind.

Ich, meinerseits, ergreife mit um so größerer Freude die mir hier gebotene
Gelegenheit, das Problem der *Historia Augusta* in die Beleuchtung zu rücken,
die ich auf Grund einer langen Beschäftigung mit dem rätselvollen Stoff für
die richtige halten muß; mein persönliches Verdienst dabei ist gering genug,
weiß ich doch nichts Besseres zu tun, als mich grundsätzlich zu der Auffassung
Dessaus zu bekennen.

Es ist im Charakter des Problems begründet, wenn sich zu seiner Lösung
die historische Betrachtungsweise der philologischen verschwistern muß; hat
doch die ganze Frage sowohl eine historische, als auch eine literargeschicht-
liche, philologische Seite. Ja, nach der rein philologischen Seite hin ist zur
Stunde noch nicht einmal dem Bedürfnis einer genügenden textkritischen Ausgabe der *Historia Augusta* entsprochen, denn daß auch die zweite Ausgabe
Peters vom Jahre 1884 nicht abschließend ist, hat sich allmählich mit wachsender Deutlichkeit gezeigt. Nicht nur, daß der Text von Peter im wesentlichen

---

[1]) S. Kleine Schriften, Berlin 1913, S. 887 ff.

auf das Zeugnis zweier Handschriften gestellt ist, von denen gerade die bevorzugte nichts weiter ist als eine glatte Abschrift der anderen, wie Mommsen
zuerst entdeckte und Dessau eingehender nachwies; es ist überdies eine ganze
Klasse von Handschriften, die sogenannte Σ-Familie, die eine selbständige,
wenngleich vielfach verderbte Überlieferung enthält, von Peter zum Schaden
seines Textes ungebührlich vernachlässigt.[1]) Man hat sich zwar neuerdings die
größte Mühe gegeben, die Unabhängigkeit dieser von mir vor Jahresfrist wieder
aus Licht gezogenen Σ-Klasse zu bestreiten und also den Stand der Textkritik um
dreißig Jahre zurückzuschrauben[2]); aber dieses Unterfangen ist völlig aussichtslos.

Es bleibt also bei meiner früheren Forderung, wonach der künftige Text
allenthalben Σ zu berücksichtigen hat. Mancher Nutzen wird daraus entspringen.
Sogar ganze Sätze und Satzteile, die in der sonstigen Überlieferung verschwunden sind, deren Echtheit jedoch unantastbar ist, lassen sich aus Σ zurückerobern, um von Verbesserungen im einzelnen ganz zu schweigen.

Allerdings hat die Gesamtüberlieferung, die letzten Endes auf einem einzigen Exemplar beruhen muß, das sich in die karolingische Renaissance herüber-
rettete, uns aber verloren ist, aufs schwerste gelitten, und die schlimmsten Verluste sind ganz unersetzlich. So fehlen die Biographien einiger Kaiser des
III. Jahrh., des Philippus Arabs und seiner Nachfolger, ganz, die der Valeriani
und Gallieni sind verstümmelt. Aber auch die Anfangsviten der Sammlung
scheinen verloren zu sein; denn so wie jetzt, mit Hadrian, kann die ursprüngliche Sammlung nicht wohl begonnen haben. Allerdings bedeutet die Thronbesteigung dieses Kaisers eine Zäsur; bringt sie doch einen Systemwechsel, den Übergang von der Offensive des Kaiserreichs zur Defensive.[3]) Indes eine solche Erwägung ist dem Geist der Kaiserbiographie völlig fremd. Der Zwang der
Gattung, dem sich auch größere Geister der Antike beugten, verlangte vielmehr
den Anschluß an Sueton, den als vorbildlich empfundenen Begründer der Kaiserbiographie. Es ist danach äußerst wahrscheinlich, daß das Corpus in vollständiger Gestalt spätestens mit Nerva einsetzte, als dem Nachfolger Domitians,
des letzten Flaviers, mit dem Sueton passend abgeschlossen hatte. Verloren
wären also die Biographien Nervas und Trajans. Möglich ist sogar, daß die
ganze Reihe von Cäsar, dem ersten Kaiser *de facto* oder doch von Cäsar dem
Sohn, dem ersten Augustus *de iure* an, gegeben war; gewisse Stellen in erhaltenen Viten der *Historia Augusta* spielen jedenfalls auf eine vollständige
Serie an: aber aus dem seltsamen Zwielicht, in dem Wahrheit und Dichtung
beständig ineinander zu fließen drohen, wollen sich keine klaren Linien herausheben. Sicher ist jedoch, daß die Art, wie jetzt die *Vita Hadriani* mit dem
Stammbaum ihres Helden den Leser ohne weiteres *in medias res* hineinführt,

---

[1]) Vgl. meine 'Beiträge zur Textgeschichte der Historia Augusta', Klio XIII (1913)
S. 258 ff. 387 ff.

[2]) Susan H. Ballou, The manuscript tradition of the Historia Augusta, Leipzig und
Berlin 1914.

[3]) Vgl. E. Kornemann, Kaiser Hadrian und der letzte große Historiker von Rom,
Leipzig 1905.

nicht von Anfang an beabsichtigt war. Gleich die folgende Vita, die doch nur einem ephemeren Thronkandidaten, dem früh verstorbenen Adoptivsohne Hadrians, Aelius, gewidmet ist, sticht von jener schlichten Sachlichkeit auffallend ab, indem sie zu Beginn und am Ende keinen Geringeren als den Kaiser Diokletian selbst anredet, natürlich mit Hilfe einer billigen Fiktion, die man nicht immer wieder ernst nehmen sollte. Wir dürfen wohl annehmen, daß die ursprüngliche und vollständige Sammlung durch eine Art Widmungsschreiben eingeleitet war, gemäß dem Vorgang Suetons, der seine Biographien dem Prätorianerpräfekten Septicius Clarus zugeeignet hatte. Das betreffende Schreiben Suetons ist freilich zugleich mit dem Anfang der ersten Biographie, der des Cäsar, des *divus Iulius*, verlorengegangen; aber die Tatsachen selbst stehen fest.

Wie nun ein solches 'Vorwort' zur *Historia Augusta* auch gelautet haben mag, es besteht immerhin die Möglichkeit, daß es eine Art redaktioneller Bemerkung enthielt, etwa erklärte, wie der Herausgeber des Corpus dazu kam, aus verschiedenen biographischen Arbeiten von mindestens sechs Autoren die vorgelegte Auswahl zu treffen, und nach welchen Grundsätzen er dabei verfuhr. Wie in dem einführenden Brief und Prolog zu den Schilderungen des Trojanischen Kriegs durch den lateinischen Diktys die romantische und eben frei ersonnene Geschichte des literarischen Fundes erzählt wird, so mag *mutatis mutandis* auch der einstige Herausgeber der *Historia Augusta* in der zweiten Hälfte des IV. Jahrh. eine ähnliche Einleitung gegeben haben, und es ist nicht sein Fehler, wenn diese nicht auf uns gekommen ist. Nun ist es gewiß ein undankbares Geschäft, sich über den möglichen Inhalt eines möglichen Vorworts den Kopf zu zerbrechen, aber es ist doch ganz gut, sich einmal klarzumachen, wie sehr anders sich die vollständige Sammlung unseren Blicken darböte. Und wenn man Anstoß daran nehmen wollte, daß ein Fälscher sich verschiedene falsche Verfassernamen zugelegt haben soll, den schriftstellerischen Ehrgeiz dagegen, auch den eigenen Namen auf die Nachwelt zu bringen, einer merkwürdigen Schrulle habe aufopfern müssen, so besteht solchen, übrigens ohnehin wenig gewichtigen Bedenken gegenüber doch immerhin die Möglichkeit, daß in dem postulierten Vorwort der Betreffende als Herausgeber der Sammlung sich ganz ohne Maske zeigte; ob er freilich nun auch wirklich von dieser Möglichkeit einer Demaskierung Gebrauch machte, das ist eine Frage für sich.

Man wird wohl mit Recht vermuten, daß der wahre Charakter der *Historia Augusta*, wäre sie nur vollständig erhalten, früher enthüllt worden wäre. Es war eine seltsame Laune des Zufalls der Überlieferung, mit dem 'Theodosianischen Fälscher' gewissermaßen gemeinsames Spiel zu machen und so dessen Überführung allzulange hintanzuhalten.

Mit Nachdruck wurde das psychologische Rätsel betont, das in der Entstehung der Sammlung aus einem Fälscherinstinkt heraus liegen sollte. Ist aber dieses Rätsel so groß? Man stelle sich einen Literaten theodosianischer Zeit vor, einen Mann mit einem mäßigen rhetorischen Schulsack, einen Typus, wie man sich etwa die gallischen Schulmeister denkt, in deren Händen der Jugendunterricht lag, ein Temperament, das über seinen eigenen Kreis hinausstrebte

und insgeheim nach literarischen Lorbeeren gierte, so gering seine innere Berechtigung, so ungenügend selbst die äußere Legitimation, wie sie ihm seine unterge-
ordnete soziale Stellung für eine solche Laufbahn mitgeben konnte, sein mochte.
Eine solche Existenz entschließt sich in der zweiten Hälfte des IV. Jahrh. eine
Sammlung von Kaiserbiographien zu verfassen. Die Sammlung soll nicht weiter
als bis auf den Vorgänger Diokletians reichen, also rund hundert Jahre vor
der Gegenwart abbrechen. Weshalb diese Beschränkung? Gewiß nicht, weil es
für die Kaiser der Folgezeit an geeigneten Quellen fehlte. Die mochten hier
reichlicher fließen, als für manche Herrscher des III. Jahrh., die aber nichts-
destoweniger in der *Historia Augusta* ihre Vita bekommen sollten. Zum Überfluß scheint sich aus Aurelius Victor und Eutrop, also Schriftstellern aus der
zweiten Hälfte des IV. Jahrh., ein biographisches Werk erschließen zu lassen,
die fälschlich sogenannte 'Kaiserchronik', die offenbar bis ins IV. Jahrh. hinein
fortgesetzt war.[1]) Wenn der unbekannte Skribent, dem wir die *Historia Augusta*
'verdanken', dessenungeachtet so früh schon abschloß, so war es vielleicht eine
gewisse gegensätzliche Stellung zum Christentum, die ihn hindern mochte, sich
auch noch über Konstantin, der das Christentum zur Staatsreligion erhob, zu
äußern, wie es doch unvermeidlich war, wenn er nicht schon vor der ganzen
diokletianisch-konstantinischen Epoche Halt machte. Wenigstens ist die unfreund-
liche, teils kühle, teils ablehnende Haltung unseres Corpus dem Christentum
gegenüber längst aufgefallen. Wenn sich auch nicht genau feststellen läßt, wie
viel davon auf Rechnung der jeweiligen Vorlage zu schreiben ist, die Tatsache
der Abneigung bleibt davon unberührt. Und ist es nicht bezeichnend, daß der
sogenannte Vopiscus, der letzte in der Reihe der angeblichen sechs *Scriptores*,
dem Apollonius von Tyana, den die heidnische Antike dem Christengott gegenüberzustellen liebte, seine besondere Verehrung bezeigt und sogar eine Biographie dieses sonderbaren Heiligen verspricht?[2]) Wer aber lediglich ältere
Viten herausgab, die einer Zeit zu entstammen scheinen, in der das Christentum
noch nicht offiziell war, der hatte ein Recht, die persönliche Haftung für den
Inhalt abzulehnen. Ihrem Wesen nach hat nun die Kaiserbiographie unleugbar
einen aktuellen Zug an sich: die Leser wünschten gewiß, daß der Autor möglichst nahe an seine eigene Zeit herankommt: diesem Wunsche hatten ja auch
Sueton und sein Nachfolger aus dem III. Jahrh., Marius Maximus, Rechnung
getragen. Auch unter diesem Gesichtspunkt konnte der Kunstgriff einer Fiktion
sich als praktisch erweisen: wer in theodosianischer Zeit eine Biographienserie
veröffentlichen wollte, die etwa ein Jahrhundert früher abbrechen sollte, der
handelte eigentlich sehr weltklug, wenn er sich die Maske eines sorgfältigen
Herausgebers älterer Werke vorband. Er konnte sich etwa als glücklichen Finder
verschollener Schriften, aus denen er nun eine Auslese auf den Markt bringt,
vorstellen. Seine Publikation hat er damit aufs beste empfohlen; das frühe Ab-

---

[1]) Vgl. A. Enmann, Philologus IV. Suppl.-Bd. (1884) S. 337 ff.

[2]) Vita Aureliani 24, 9. [Vgl. die verwandten, etwa gleichzeitigen Bestrebungen des
Nicomachus, der die Apolloniusbiographie des Philostratus ins Lateinische übersetzt (s. Schanz,
Gesch. der röm. Lit. IV 1² (1914) S. 91 und 513). Korrekturzusatz.]

brechen war auf die natürlichste Weise von der Welt begründet: die Reklame
war auch nicht schlecht, und als angeblicher Herausgeber hatte er aus der Not
eine Tugend gemacht, indem den letzten Biographien, die noch von Zeitgenossen
der geschilderten Persönlichkeiten herzurühren schienen, eine besondere Aktua-
lität verliehen war. Im übrigen konnte er sich inhaltlich sehr viel erlauben,
da er als Verfasser der einzelnen Viten ja unter falscher Flagge segelte und
also die eigentliche Verantwortung den schriftstellerischen Phantomen auf-
bürdete, die er selbst erst geschaffen hatte. Das ist nun leider alles reine Vermutung, aber eine Vermutung, die man sich gefallen lassen muß, nachdem
einmal die psychologische Wahrscheinlichkeit der sogenannten 'Fälschung' in
Frage gezogen war. Ich hoffe mindestens gezeigt zu haben, daß man sich den
ganzen Vorgang 'psychologisch' mundgerecht machen kann, sofern man sich nur
entschließt, ein bißchen Phantasie aufzuwenden. Daß der tatsächliche Hergang dem
eben gezeichneten auch wirklich gleichen müßte, will ich entfernt nicht behaupten.

Wenn aber unser Herausgeber seine leichtgläubigen Leser wirklich mystifiziert
hat — und daran kann ich in der Tat nicht zweifeln —, so ist es klar, daß er als
Urheber der ganzen Fiktion auch hinsichtlich der famosen Anreden an Diokletian und Konstantin freie Hand hatte. Daß der Autor sein Publikum kennt,
beweist schon die Wahl des Stoffes der Kaiserbiographie; aber er wußte auch
genau, welchen Eindruck er als vorgeblicher Offiziosus mit solchen Mätzchen,
wie den Apostrophen an die beiden großen Regenten, auf den harmlosen Leser
machte. Es soll ja auch heute noch Leute geben, die mit einem andachtsvollen
Schauder nach Büchern greifen, in denen ein angeblicher, natürlich geheimnis-
voll anonymer 'Hofmann' Intimes aus hohen Regionen auszuplaudern verheißt.
Daß also unser sogenannter 'Fälscher' seine einzelnen Marionetten, nämlich die
sechs fingierten Kaiserbiographen, mit Beziehungen zu hohen und höchsten
Herrschaften, zum Hof und zur Gesellschaft ausstaffiert, das verrät bloß, daß
der Biedere sein Geschäft verstand und sehr viel weniger dumm war, als es
zunächst den Anschein gewinnt. Menschenkenntnis dürfen wir diesem dunkeln
Ehrenmann nicht abstreiten. Und ein Desaveu hatte er ja überdies nicht zu
gewärtigen, da die Betroffenen längst tot waren. Die ganze 'Aufmachung' wird
demnach nichts anderes sein, als eine geschickte Spekulation auf den Leser-
instinkt, und es ist eigentlich rührend, daß es noch immer Leute gibt, die diesen
unsoliden Kulissenzauber mit einer ehrlichen Hausteinfassade verwechseln. So kann
man neuerdings wieder von den *Scriptores* als vermutlichen 'höheren Beamten'
lesen, die 'ihre Werke am Throne niederlegen'.[1] So dauerhaft ist der Flitter-
staat, mit dem der Herausgeber seine selbstgeschnitzten Puppen aufgeputzt hat.

Handelt es sich nun bei dem allem um eine richtige 'Fälschung?' — Um
diese nicht unwichtige Frage beantworten zu können, müssen wir zuvörderst
den eigentlichen Zweck der Sammlung ins Auge fassen. Da ist es nun klar, daß
wir es keinesfalls mit einem exakten Geschichtswerk zu tun haben; die gelegentlichen, übrigens sehr elementaren geschichtstheoretischen Erwägungen, in denen

---

[1] S. Teuffels Geschichte der römischen Literatur, neubearbeitet III⁶ (1913) S. 186.

sich die *Historia Augusta* gefällt, vermögen daran nichts zu ändern. Zur
eigentlichen Geschichtschreibung gehört die Sammlung also nicht, sondern zur
Biographie, und das bedeutet für das antike Gefühl einen noch größeren Unterschied als für uns. Es handelt sich demnach um eine ziemlich anspruchslose
Literaturgattung. Wenn man geradezu von 'Volksbüchern' gesprochen hat, so
trifft das die Sache insofern nicht ganz, als mindestens im V. Jahrh. sogar die
hohe Aristokratie, nicht bloß das Volk, die Sammlung las; ja man schämte
sich in diesen Kreisen nicht einmal, sie aufs unverfrorenste abzuschreiben![1])
Und die schon berührten Anspielungen auf angesehene Häuser theodosianischer
Zeit haben doch auch nur einen Sinn, wenn ihr Urheber seinem Elaborat Eingang auch in einer gehobenen gesellschaftlichen Schicht verschaffen wollte.
Trotzdem gibt aber der Ausdruck 'Volksbücher' einen gewissen Begriff, der
einen guten Kern enthält. Denn vor allem will man eben unterhalten sein,
will allerhand Intimes hören. Und für Anekdoten vom Hof war der gewöhnliche Sterbliche zu allen Zeiten empfänglich, um so eher, wenn sie von Gewährs-
männern stammten, die es ihrer Stellung nach wissen mußten; ob von Kammer-
herren oder Kammerdienern, das macht nicht viel aus, und daß solche Ge-
schichtchen wahr sein müßten, hat noch nie jemand ernsthaft verlangt. Wenn der
Herausgeber nun den einen Autor, Spartian, so einführt, daß man in ihm einen
Freigelassenen des Diokletian vermutete, einen anderen, den Vulcacius Gallicanus, dagegen mit dem Clarissimat bekleidet, also mit Senatoren rangieren
läßt, so sind das nichts als geschickte Praktiken, die aber immerhin seine
Menschenkenntnis beweisen; natürlich war man in neuerer Zeit so entgegen-
kommend, den erwähnten Vulcacius Gallicanus, ein reines Phantasiegeschöpf,
mit einem historischen Konsul, Ovinius Gallicanus, zu identifizieren.

Aber zurück zu der Frage: liegt eine 'Fälschung' im eigentlichen Wort-
sinn vor? Ich glaube nicht, oder vielmehr, ich halte die Frage für schief gestellt. Gewiß ist das Ganze eine Mystifikation und wimmelt von erdichteten
Aktenstücken und Erfindungen aller Art. Aber wir haben doch gar kein Recht,
so ohne weiteres den strengen Maßstab des kritischen Historikers anzulegen,
den Verfasser vor einen Gerichtshof zu laden, der gar nicht zuständig ist.
Einem historischen Roman sehen wir auch alles Mögliche und selbst einiges
Unmögliche nach; ja wir verlangen geradezu eine blühende Phantasie, die sich
umgehemmt zu entfalten vermag. Nun ist die *Historia Augusta* zwar nicht
gerade ein historischer Roman; aber sie ist ein Stück Unterhaltungsliteratur.
Nach unseren Begriffen liegt hier freilich ein Versuch am untauglichen Objekt
vor, und von Sueton her ist man philologische Gewissenhaftigkeit gewöhnt, so
sehr sich auch in seinem Werk allerhand skandalöser Klatsch in wenig würdiger Weise breitmacht. Daß vollends den Urheber der *Historia Augusta* weder
persönlicher noch historischer Takt auszeichnete, das ist eine leidige Tatsache,
mit der wir uns eben abzufinden haben.

Ganz ohne Humor ist übrigens der Herausgeber nicht. Wenigstens scheint

---

[1]) Symmachus (Konsul 485) in seiner römischen Geschichte (s. das Zitat bei Jordanis,
Getica 15).

er sich mitunter über sich selbst und über das kurze Gedächtnis seiner ober-
flächlichen Leser lustig zu machen; oder ist es nicht eine ganz hübsche Persi-
fiage, wenn der sogen. Vopiscus in der Vita des Kaisers Tacitus eine Art Protokoll über die Senatssitzung, in der jener auf den Thron erhoben wurde, mitteilt, um gleich in der nächsten Biographie, der des Probus, eine Einzelheit aus
eben jener Sitzung zweifelnd zu erwähnen, weil er — das betreffende Senats-
konsult nicht gefunden habe?[1]) Auch die Selbstironie, mit der sich derselbe
Vopiscus vom Stadtpräfekten Tiberianus, auf dessen vorgebliche Bekanntschaft
er sich nicht wenig zugute tut, eine Art Freibrief zum Lügen unter Berufung
auf die Irrtümer auch berühmter großer Historiker ausstellen läßt, paßt in
diesen Zusammenhang. Ebenso gehört die Beteuerung, allem rhetorischen und
stilistischen Ehrgeiz entsagen zu wollen, die gerade da gegeben wird, wo sich
die *Historia Augusta* bemüht, alle ihre Kunstmittel aufzubieten, in dieses
Kapitel. Ja, diese Heuchelei erstreckt sich sogar auf das moralische Gebiet, indem zwar eine bürgerliche Ehrbarkeit und Wohlanständigkeit proklamiert,
dessenungeachtet aber kräftig gezotet wird.

Wenn man sich aber erst einmal eine derartige Betrachtungsweise der
Historia Augusta anerzogen hat, dann wird man ganz von selbst für allerhand
Anspielungen feinhöriger. So sind die sechs Autornamen zwar erfunden; aber
es ist möglich, daß der wahre Sachverhalt in ihnen mehr oder weniger ver-
steckt angedeutet ist. Z. B. scheint der Name des Gallicanus eine Annahme
zu bestätigen, die sich bereits aus anderen Gründen wahrscheinlich machen läßt,
daß nämlich Gallien die Wiege dieser Schriftstellerei sein dürfte[2]); auch den
Namen des Vopiscus darf man wohl als einen redenden erklären, wie ich das
früher versuchte.[3]) Wenn übrigens derselbe Vopiscus als einziger unter den
sechs Biographen noch nach seiner Herkunft als *Syracusius* bezeichnet wird, so
mag auch darin ein halbes Geständnis der Pseudonymität liegen. Denn daß der
sogen. Vopiscus eher aus Gallien als aus Sizilien stammen dürfte, ist nicht zu
leugnen. Nun ist es aber Tatsache, daß gerade Syrakus als angebliche Heimat
pseudonymer Schriftsteller im Altertume berühmt war, ähnlich wie in der Neuzeit Frankfurt als Ursprungsort von Nachdrucken. Es ist ja bekannt und galt
dem Altertum als sicher, daß Xenophon seine eigene Anabasis unter dem
Namen eines gewissen Themistogenes aus Syrakus zitierte. Daß auch der Name
des angeblichen Vorgängers des Vopiscus, des Trebellius Pollio, keinen Anspruch
auf Authentizität erheben darf, liegt auf der Hand. Interessant ist, wie die Erfindung weiterwuchert, indem der angebliche Trebellius sich noch einen Usurpator oder 'Tyrannen', wie die *Historia Augusta* dafür sagt, aus den Fingern
saugt und ihn durch den ihm verliehenen Namen Trebellianus geradezu als
Geschöpf des Trebellius bezeichnet. Und mit dieser Erfindung, so willkürlich
sie ist, hat Trebellius Glück gehabt; denn dieser unhistorische Trebellianus, den
es nie gegeben hat, ist von irgendeinem späten Leser etwa im V. Jahrh. sogar

---

[1]) Vita Taciti 3 ff. und Vita Probi 7, 1. Vgl. dazu meine Bemerkung in 'Vopiscus und
die Biographie des Kaisers Tacitus', Klio XI (1911) S. 294.
[2]) Vgl. Klio XI (1911) S. 319 f.   [3]) Vopiscus und Pollio, Klio XII (1912) S. 481 f.

in den Text des Eutrop[1]) eingeschwärzt worden, wahrscheinlich *bona fide*. In dem Exemplar des Eutrop, das Orosius benutzte, kam Trebellianus noch nicht vor, und ebensowenig kennt die griechische Eutropübersetzung das Phantom. Daß auch die von der *Historia Augusta* erwähnten Autoren in vielen Fällen frei erfunden sind, ist nicht zu bezweifeln; auch fehlt es hierfür nicht an Parallelen; man braucht sich ja nur an die Schwindelzitate der *Origo gentis Romanae* zu erinnern, um von Fulgentius und anderen zu schweigen.

Wie skrupellos die *Historia Augusta* bei ihren Erfindungen verfährt, dafür ein Beispiel. In der *Vita Maximinorum* des Julius Capitolinus werden die Eltern des Maximinus, des ersten Barbaren auf dem Kaiserthron, genannt: Micca und Hababa sollen sie geheißen haben.[2]) Gewiß seltsame Namen, die in der Tat reichlich barbarisch klingen. Die Hauptquelle der Vita ist nun der uns glücklicherweise im Original erhaltene griechische Historiker Herodian, und mit seiner Hilfe ist es uns möglich, dem Julius Capitolinus in die Karten zu sehen. So lesen wir bei dem griechischen Autor, daß der Kaiser von μιξοβάρβαροι, will sagen, von halbbarbarischen Eltern, abstamme.[3]) Ihre Namen nennt Herodian nicht und zwar aus dem triftigsten Grunde: kein Mensch außer dem Kaiser selbst, dem Sohn, mochte sie wissen, und ihn hat sicher niemand danach gefragt. Aber wer ein richtiger Kaiserbiograph sein will, der muß unbedingt den Namen seines Helden kennen: das können die Leser eigentlich verlangen; wir tun es in ähnlichen Fällen auch; ja wir sehen am liebsten gleich eine ganze Stammtafel. Capitolinus braucht also die Namen, und in dieser Verlegenheit läßt er sich durch den Wortlaut Herodians inspirieren und macht mit unglaublicher Unverfrorenheit aus μιξοβάρβαροι das prachtvolle Namenpaar Micca und Hababa. Denn wenn man früher annahm, Capitolinus sei bloß das Opfer eines Mißverständnisses des griechischen Textes geworden, so wie umgekehrt Ptolemäus aus den harmlosen lateinischen Worten *sua tutanda* des Tacitus die nicht zu lokalisierende Stadt Σιατουτάνδα gemacht hat, oder wie man in Frankreich aus dem Generalstab einen General Staff, und aus der preußischen Landwehr eine Stadt dieses Namens irrtümlich heraushörte, so ist diese nachsichtige und versöhnlich stimmende Erklärung nicht länger haltbar.[4]) Denn gleich nachher[5]) operiert Capitolinus selbst mit dem Begriff *semibarbarus*, also dem vollkommenen Äquivalent zu dem μιξοβάρβαρος des griechischen Textes. Danach ist es einfach ausgeschlossen, daß ein immerhin menschlicher Irrtum vorliegt. Es handelt sich vielmehr unbedingt um eine runde Erfindung, deren Entstehung sich in diesem hübschen Fall in einer so lehrreichen Weise aufdecken läßt. Das Bezeichnendste aber ist, daß Capitolinus sogar die Keckheit hat, zu versichern, Maximinus habe zwar ursprünglich die Namen selbst verraten, doch gleich nach seiner Thronbesteigung ihre Geheimhaltung angeordnet! Damit ist also — nicht ganz ohne Humor — das Geständnis abgelegt, daß wir es mit einer reinen Fiktion zu tun haben und niemand den genauen Sachverhalt kannte.

---

[1]) Vgl. Klio XIV (1914) S. 380 ff.   [2]) Vita Maxim. 1, 6.   [3]) Herodian. VI 8, 1.
[4]) Ich hatte ihr früher, im Anschluß an F. Gräbner, zugestimmt, s. Klio XI (1911) S. 287 Anm. 4.   [5]) S. Vita Maxim. 2, 5.

Ob man wohl hoffen darf, daß über derlei Scherzen auch den Blindgläubigen endlich die Augen aufgehen?

Wer sich solche typischen Fälle vergegenwärtigt, der wird sich sagen, daß als unmittelbare historische Quelle die *Historia Augusta* an sich noch sehr viel weniger in Betracht kommt, als etwa für die deutsche Geschichte die Sammlungen Eduard Vehses, den man doch sicher unrecht täte, wollte man ihn mit den *Scriptores* auf dieselbe Stufe stellen. Wenn man bedenkt, wie ernst der freilich etwas beschränkte Sueton im ganzen doch seine Aufgabe nahm und daß auch noch sein Nachfolger Marius Maximus besser zu sein scheint als sein Ruf, der durch die üble Gesellschaft der *Historia Augusta*, die ihn so häufig zitiert, gelitten hat, so erkennt man mit Bedauern, wie schwer die ganze Gattung der Kaiserbiographie durch die *Historia Augusta* gegen Ende des IV. Jahrh. kompromittiert wurde. Nur die Schablone ist geblieben, das letzte Fünkchen Geist ist verglommen. Dabei geht die schematische Nachahmung Suetons so weit, daß der sogen. Vopiscus in seiner — der letzten — Biographiengruppe sogar Vater und Großvater als Augenzeugen aufführt, lediglich weil Sueton — und er natürlich mit dem besten Gewissen — das vorgemacht hatte.

Die erhaltenen Biographien unter die sechs Autoren neu aufzuteilen, das ist natürlich ein völlig nutzloser Sport. Die Anstöße, die man an der Zuteilung in den Handschriften genommen hat, sind übrigens recht alt; sie beginnen schon im XIV. Jahrh. mit Coluccio Salutati.[1]) Die Unstimmigkeiten spotten indes allen Besserungsversuchen; sie erklären sich ja auch zur Genüge aus der Tatsache der Fiktion einer Sammlung aus verschiedenen Schriften: sie' machte den angeblichen Herausgeber sorglos und überdies ist es bei der nicht geringen Ausdehnung des Corpus nur zu begreiflich, wenn es nicht ohne Inkonsequenz abgeht. So inkonsequent, daß sie den Namen Konstantinopel nicht regelmäßig durch Byzanz ersetzt hätte, ist aber selbst die *Historia Augusta* nicht. Es hätte doch ein ganz besonderer Grad von Gedankenlosigkeit dazu gehört, einerseits die Entstehung der einzelnen Biographien um die Wende des III. zum IV. Jahrh. vorzuspiegeln, andererseits aber naiverweise einen Namen zu gebrauchen, der erst im zweiten Viertel des IV. Jahrh. in Aufnahme kam. Und doch hat man sich nicht gescheut, eben diese Vermeidung des offiziellen Namens der neuen Reichshauptstadt zugunsten der angeblichen Entstehungszeit der Viten auszuspielen.[2]) Als ob es ein Kunststück wäre, einen so über alle Begriffe plumpen Anachronismus denn doch noch glücklich zu vermeiden! Nicht einmal dem Herausgeber der *Historia Augusta* kann ich die groteske Gedankenlosigkeit zutrauen, in einer Sammlung, deren einzelne Stücke er als um die Wende des III. zum IV. Jahrh. entstanden einführt, nicht wenigstens den Namen Konstantinopel, der auch den oberflächlichsten Leser stutzig machen mußte, zu unterdrücken.

Als unmittelbare Quelle läßt sich nun, wie gesagt, die *Historia Augusta*

---

[1]) Vgl. seinen Briefwechsel (Epistolario di Coluccio Salutati, herausgeg. von Fr. Novati, Rom 1891 ff.).

[2]) Im Anschluß an Peter soeben wieder Diehl bei P.-W.-Kr. VIII (1913) Sp. 2105 f.

leider nicht ohne weiteres verwerten. Wohl aber besteht die Möglichkeit, daß
sie mitunter ihrerseits aus lauteren Quellen gespeist ist. Gerade um dieser Möglichkeit willen gilt es, jede einzelne Notiz, für sich und im Zusammenhang, auf
ihren Wert hin zu prüfen, wie das ja Mommsen gleich nach dem Erscheinen
von Dessaus Abhandlung gefordert hat. Wer freilich ohne genaue Kenntnis der
in den einzelnen Stücken vielfach ganz verschiedenen Quellenverhältnisse lediglich für Einzelangaben das Zeugnis der *Historia Augusta* heranziehen wollte,
der begibt sich in Gefahr, aufs gröblichste getäuscht zu werden. Die römische
Topographie kann davon ein Lied singen. Aber selbst aus den Anmerkungen
eines so fundamentalen Werkes wie des Mommsenschen Staatsrechts müssen
wohl manche der *Historia Augusta* entlehnte Belegstellen als historisch wertlos
gestrichen werden. Zu Nutz und Frommen des arglosen Benutzers, der nur
einen flüchtigen Ausflug in ein ihm unbekanntes Gebiet wagt, hat freilich die
Ausgabe Peters durch ein ziemlich kompliziertes Zeichensystem eine Art War-
nungstafeln aufzurichten versucht. Mit wenig Glück, denn Peter ging von verkehrten Anschauungen aus. So wie sich die Forschung inzwischen entwickelt
hat, ist gar nicht mehr daran zu denken, daß man mit bloßen Zeichen auskommen könnte. Es wird sich deshalb die von mir in Angriff genommene Ausgabe notgedrungen darauf zu beschränken haben, den Text möglichst rein und
vollständig herzustellen, muß jedoch davon absehen, des Herausgebers eigene
Ansicht von der relativen Brauchbarkeit einzelner Angaben zum Ausdruck zu
bringen. Denn ohne eine sorgfältige Begründung ist das einfach unmöglich, da
der Anschein subjektiver Willkür unvermeidlich wäre. Erst ein ausführlicher
sachlicher Kommentar, wie ihn die Heidelberger Akademie auf von Domaszewskis
Anregung hin plant, wird hier ganze Arbeit tun können. Dort bietet sich die
Gelegenheit, die Unmenge historischer Detailfragen auf breiter Grundlage zu
lösen, was eben nur geschehen kann, wenn das sonstige Material aus Schriftstellern, Inschriften, Papyri und Münzen herangezogen wird. Man kann dem
Kommentar nur wünschen, daß auch von ihm das Wort gelten möge *la sauce
vaut mieux que le poisson*. Hoffentlich wird aber auch die sprachliche Seite nicht
ganz vernachlässigt; denn wie wichtig die *Historia Augusta* als Dokument des Spät-
lateins mit seinen Übergangserscheinungen ist, das lernt man neuerdings würdigen.
      Auch auf den Satzschluß ist Rücksicht zu nehmen. So glatt, wie in der
ersten Entdeckerfreude Paul von Winterfeld[1]) noch glauben durfte, liegt die
Sache allerdings nicht. Der verdiente Forscher hat die Lage in der *Historia
Augusta* entschieden allzu optimistisch aufgefaßt; er benutzte nämlich für die
Vita Hadriani die Satzschlußregeln gewissermaßen als Magnet, an dem nach
seiner Ansicht von selbst hängen bleibe, was späteren Ursprungs sei. Er glaubte
mit solchem Talisman auf die einfachste Weise die Autobiographie Hadrians,
die letzten Endes irgendwie zugrunde gelegt ist, aussondern zu können. Aber
so spielend geht das Exempel leider nicht auf; ja es ist nicht einmal sicher,
ob Hadrian, der große Philhellene, nicht doch sein Leben in griechischer Sprache
geschrieben hat. Die Klauseln des Vopiscus haben neuerdings eine zwar sorg-

---

[1]) Rhein. Mus. LVII (1902) S. 549 ff.

fältige, aber doch an starken Übertreibungen krankende Behandlung gefunden.[1]) So wie sich das Problem der Autorschaft inzwischen verschoben hat, ist die isolierte Betrachtung der Viten des Vopiscus kaum zu rechtfertigen. Auch scheint mir in der *Historia Augusta* der akzentuierte Rhythmus den quantitierenden in erheblicherem Maße zu ersetzen, als jene Untersuchung zugesteht.

Wertvoller ist ein neuer numismatischer Beitrag, wie ihn im letzten Jahr eine Berliner Dissertation geliefert hat.[2]) In besonnener Weise werden hier die einzelnen Münztermini geprüft und anachronistische Anstöße auch von der numismatischen Seite her beobachtet. Es ist erfreulich, daß der Verfasser von seinem Spezialgebiet aus sich ebenfalls zu dem Glauben an die Abfassung der *Historia Augusta* in der zweiten Hälfte des IV. Jahrh. bekennt. Bezeichnend ist sein Nachweis, daß genaue Angaben über bestimmte Münzen gerade da auftreten, wo sich die reine Erfindung besonders breit macht. Das stimmt mit der früheren Festellung überein, daß fingiertes Aktenmaterial in der *Historia Augusta* in demselben Verhältnis anschwillt, in dem das tatsächliche Wissen um die historischen Vorgänge zusammenschrumpft.

Nur von einer fortschreitenden historischen Analyse steht die völlige Lösung des Problems zu erwarten. Denn mit der überzeugenden These Dessaus, daß die *Historia Augusta* eine Gesamtfälschung (und doch wohl am ehesten eben die Arbeit eines einzelnen) sei, ist noch nicht alles aufgeklärt. Mußte doch die Tätigkeit des Herausgebers je nach dem Stand der ihm zufließenden Quellen oder der Vorarbeiten sehr verschiedene Formen annehmen. Es ist z. B. gar kein Zweifel, daß das Bild der zweiten Hälfte der Viten dem der ersten nicht entspricht. Gerade in den letzten Biographien (sowie in den sogenannten 'Nebenviten', die nicht den eigentlichen Kaisern gewidmet sind) läßt sich die Fiktion nach ihrem Wesen und ihren Mitteln am ehesten greifen: hier gilt es den archimedischen Punkt für die ganze Frage zu finden.[3]) So ist denn die Quellenforschung heute so nötig wie nur je: jede einzelne Biographie kann neue Fragen stellen, zu neuen Antworten verhelfen. Nichts wäre verkehrter, als in Bausch und Bogen zu urteilen, das Problem über einen Leisten zu schlagen. Daß in der *Historia Augusta* mitunter neben wertlosem auch vorzügliches Material steckt, ist unzweifelhaft; hat man doch aus der ersten Reihe der Viten ein bedeutendes geschichtliches Werk zu rekonstruieren versucht. Man glaubte, rein biographische Teile auf weiten Strecken von rein historischen trennen zu können und gerade in den letzteren die Reste eben jenes wichtigen Geschichtswerks zurückgewonnen zu haben. Ich muß gestehen, daß ich die genaue Durchführung einer solchen

---

[1]) Susan H. Ballou, De clausulis a Flavio Vopisco Syracusio . . . adhibitis, Diss. Gießen (Weimar) 1912. Eine Probe (nach S. 8): Vita Aureliani 13, 3 wird so skandiert: *corónăs mŭrālēs quáttŭŏr, corónăs uăllārēs quínquĕ, coronăs năuālēs dŭās, coronas cĭuĭcās dŭās* u. s. f. — also lauter termini technici in der genau üblichen Form; wie müßte denn diese Liste (sie geht noch weiter) ohne 'Satzschluß' lauten? Und wie denkt man sich eigentlich die Arbeitsweise des Autors, wenn hier 'Satzschluß' (— wo 'schließt' denn der 'Satz'? —) beabsichtigt sein soll?

[2]) Karl Menadier, Die Münzen und das Münzwesen bei den ShA., Diss. Berlin 1913.

[3]) Vgl. Klio XII (1912) S. 476.

Scheidung für schwieriger halte, als man zunächst denken mochte. Möglicherweise ließen sich aus Sueton, also sicher einer rein biographischen Quelle,
nicht wenige Stücke aus dem Zusammenhang herausschneiden, ohne daß ihnen
ein Mensch ansehen würde, daß sie nicht aus einer historischen Darstellung
stammen. Daß wirklich eine annalistische Quelle in der *Historia Augusta* benutzt
ist, wage ich nicht zu leugnen. Aber es wird vor allem nötig sein, die Ansprüche eines Vielgenannten, des Marius Maximus, zu revidieren. Wenn früher
in der ersten Hälfte der *Historia Augusta* so ziemlich alles von Marius Maximus
herrühren sollte, so ist er neuerdings als Gewährsmann unterschätzt worden
— eine begreifliche Reaktion, aber begreiflich auch nur als Reaktion. Sollte
nicht auch hier die Wahrheit in der Mitte liegen? Die *Historia Augusta*,
mag sie auch sonst von gefälschten Akten wimmeln, ein echtes Stück enthält
sie sicher in den Senatsakten der *Vita Commodi*.[1]) Woher könnte aber dieses
Dokument eher stammen, als aus dem Werk des Marius Maximus, den ich bis
zum erbrachten Gegenbeweis für den inschriftlich bezeugten Beamten unter
Elagabal und Severus Alexander halten muß, und von dem als über Sueton
hinausgehende Neuerung die Beigabe von besonderen Aktenanhängen berichtet
wird? Die Frage nach Marius Maximus, wie er wirklich war, nicht wie ihn die
Historia Augusta hinzustellen beliebt, sollte einmal ernsthaft aufgeworfen werden.
Es gilt aber der *Historia Augusta* gegenüber, die eine wahre Proteusnatur besitzt, sich freizumachen von mitgebrachten Voraussetzungen. Ein starrer Schematismus, ein selbstsicheres Pochen auf eine methodische Panacee ist gerade
auf unserem Gebiet besonders unangebracht: *Vestigia terrent*.[2])

So stehen wir also noch mitten in der Forschung. Aber es besteht heute
— und ich darf das noch einmal mit allem Nachdruck betonen — die begründete Aussicht, daß die kühne These Dessaus nunmehr nach fünfundzwanzig
Jahren in den eisernen Bestand der Wissenschaft um die Quellen der römischen
Kaiserzeit aufgenommen wird. So niederschmetternd der Gedanke an eine 'Fälschung' — wir haben den Begriff jetzt modifiziert — im ersten Augenblick
wirken mochte, so segensreich war trotz allem Dessaus Erkenntnis. Hat sie
uns doch gezeigt, wie es um die Quellen der Kaiserzeit beschaffen ist. Nun gilt
es, das Brauchbare in mühsamer Kleinarbeit herauszusuchen und nach jedem
sich bietenden Ersatz zu greifen.

Inschriften, Papyri, Münzen, das ist neben den Schriftstellerzeugnissen das
Hauptmaterial für eine Geschichte der römischen Kaiserzeit, wie sie zu den
schwersten, aber auch schönsten Aufgaben der Alten Geschichte zählt. Einer
solchen 'Reichsgeschichte'[3]) gegenüber wird dann der Verzicht auf gewisses
biographisches Detail aus dem Leben der Kaiser nicht schwer fallen. Im übrigen
bewährt sich auch an der *Historia Augusta* die Einsicht, daß Nichtwissen besser
ist als Scheinwissen.

---

[1]) Das hat J. M. Heer (Philologus IX. Suppl.-Bd.) erwiesen.
[2]) Sehr wertvoll sind die Ausführungen von W. Weber, Gött. Gel. Anz. Dez. 1908.
[3]) Vgl. K. J. Neumann, Entwicklung und Aufgaben der Alten Geschichte, Straßburg
1910, S. 24.

ANZEIGEN UND MITTEILUNGEN

NEUERE GOETHE-SCHRIFTEN

Von Harry Maync

I

Richard M. Meyers Goethe-Biographie liegt seit kurzem auch in einer wohlfeilen Volksausgabe vor (Berlin, G. Bondi 1913), die zugleich das 13.—18. Tausend des beliebten Buches darstellt. Es ist hier wieder, ohne Textauslassungen, auf einen einzigen Band zurückgegangen. Aber nur äußerlich zeigt diese vierte Ausgabe des Werkes eine veränderte Form. Innerlich hat der Verf. nichts Wesentliches zu ändern gefunden. Einige Zusätze und Besserungen haben das Buch auf den neuesten Stand der Forschung gebracht. Es wird nun in noch weitere Kreise dringen, als schon bisher. Über Art und Wert dieser Biographie habe ich mich in Jahrgang 1906 dieser Zeitschrift eingehend ausgelassen, in dem historisch-kritischen Überblick 'Die deutsche Goethe-Biographie'; diese Studie ist übrigens vor kurzem abgerundet, überarbeitet und bis auf die Gegenwart fortgeführt in einem zweiten Abdruck als selbständiges Büchlein erschienen: 'Geschichte der deutschen Goethe-Biographie. Ein kritischer Abriß' (Leipzig, H. Haessel 1914).[1]

Von den wertvollen 'Supplementen', die die kostbar ausgestattete Propyläenausgabe bringt, haben wir früher bereits die schöne Ikonographie 'Goethes Bildnisse' hier gewürdigt. Eine weitere Ergänzung stellen die Bände 'Goethe als Persönlichkeit' dar, deren erster, die Jahre

1749—1797 umfassend, von Heinz Amelung besorgt, jüngst erschienen ist (München, Georg Müller 1914). Die Sammlung ist ein Gegenstück zu dem Werke 'Schillers Persönlichkeit' von Hecker und Petersen und bringt in chronologischer Folge eine reiche Sammlung von Berichten, Briefen und anderen Zeugnissen der Zeitgenossen, die mit Goethe in Verkehr gestanden oder ihn wenigstens gekannt haben. Es gewährt einen intimen Reiz, Goethe im Urteil der Mitlebenden abgespiegelt zu sehen, auch da, wo kleine Geister und Gegner des Großen wie der klatschhafte Allerweltsmann Böttiger (vgl. Nr. 135!) zum Worte kommen. Natürlich handelt es sich um eine bloße Auswahl aus den zahllosen Dokumenten, die zur Verfügung stehen. Wir werden auf die Sammlung nach ihrem Abschluß noch einmal zurückkommen.

Ein Thema von verwandter Art bearbeitet kundig ein Büchlein von Julius Kühn: 'Der junge Goethe im Spiegel der Dichtung seiner Zeit' (Heidelberg, Carl Winter 1912). Er durchmustert, chronologisch vorgehend, die wichtigsten dichterischen Werke aus der Zeit des jungen Goethe, in denen dieser selbst gestaltet ist, in denen er als handelnde oder redende Person auftritt: Werke von Lenz, Klinger und H. L. Wagner, von Goué und dem gehässigen Hottinger, dazu aus der ersten Weimarischen Zeit Goethe behandelnde Schriften von Wieland, Einsiedel, Frau v. Stein und Fritz Jacobi. Ein ergiebiges Thema, aus dem der Verf., über ausgebreitete Kenntnisse verfügend, viel herausgeholt hat.

Ernst Schulte-Strathaus, der Herausgeber des erwähnten ikonographischen Ergänzungsbandes zur Propyläen-

---

[1] Ich habe dort auf S. 50 ff. Meyers wissenschaftlicher Eigenart und seiner hohen Begabung gerecht zu werden versucht und darf aus Anlaß des inzwischen erfolgten jähen Todes dieses verdienstvollen Kollegen auf meine Würdigung verweisen.

46

ausgabe, hat uns, ebenfalls im G. Müller-schen Verlage (München und Leipzig 1913), ein schätzbares bibliographisches Werk be-schert: 'Bibliographie der Original-ausgaben deutscher Dichtungen im Zeitalter Goethes'. Bisher liegt nur die erste Abteilung des ersten Bandes vor, der sich noch nicht mit Goethe selbst, sondern mit Zeitgenossen wie Hamann und Herder, Lavater und Merck, Lenz und Klinger, Heinse und Schubart befaßt. Wir haben es hier nicht mit einer bloß trocken katalog-mäßigen Bibliographie zu tun gleich unserm unentbehrlichen Goedeke, sondern mit einer, die sich zugleich an die Anschauung wen-det. Wie das schon Könnecke in seinem 'Bilderatlas zur Geschichte der deutschen Nationalliteratur' gelegentlich getan hat, gibt hier Schulte-Strath viele Titelblätter wichtiger Drucke im Faksimile, mit Vignetten wieder. Und wo er sich auf die übliche bibliographische Bezeichnung be-schränkt, druckt er nicht einfach die alten überlieferten und vielfach fehlerhaften An-gaben wieder ab, sondern er hat sich be-müht, jedes Buch, womöglich in mehreren Exemplaren, selbst in die Hand zu be-kommen, um es nach eigener Anschauung getreulich zu beschreiben. Diesen biblio-graphischen Beschreibungen sind sehr dan-kenswerte allgemeine Angaben über die Geschichte der Drucke und die literarhisto-rische Forschung beigefügt und, was ganz besonders nützlich, ein Hinweis darauf, in welcher Bibliothek sich ein Exemplar der betreffenden Ausgabe befindet.

Der dritte Teil von Hans Gerhard Graefs uns unentbehrlich gewordenem Werke 'Goethe über seine Dichtungen': 'Die lyrischen Dichtungen', dessen 1. Band unser letzter Bericht anzeigte, behandelt in der inzwischen erschienenen 1. Hälfte des 2. Bandes Goethes Äußerungen über seine lyrischen Dichtungen aus den Jahren 1815 bis 1826 (Frankfurt a. M., Rütten und Loening 1914). Der 2. Halbband, der die chronologische Übersicht, die Ta-bellen und — als Wichtigstes! — die Re-gister bringen soll, steht ebenfalls in naher Aussicht; nach Abschluß des Ganzen be-halten wir uns noch ein Gesamturteil vor.

Unter einigen zu besprechenden Mono-graphien über Goethesche Werke nimmt den ersten Rang ein das Buch Max Wundts: 'Goethes Wilhelm Meister und die Entwicklung des modernen Lebensideals' (Berlin, G. J. Göschen 1913). Angeregt durch die Ausgabe des Ur-Meister macht hier ein Philosoph den ersten wohlgelungenen Versuch, das große Ganze der 'Wilhelm-Meister'-Dich-tung wissenschaftlich zu umfassen. Auf breiter ideengeschichtlicher Grundlage er-richtet er seinen Bau. Die biographische Entstehungsgeschichte behandelt der anti-germanistische Verfasser grundsätzlich nur ganz nebensächlich, oder vielmehr, er über-nimmt einfach berichtend, was die Literar-historiker zu diesem Thema an schlechthin Unentbehrlichem bereits beigebracht haben; daß er seine Gewährsmänner nirgends nennt, überhaupt die zahlreichen Vorarbeiten[1]), auf die er sich naturgemäß stützt, nicht zitiert, mag befremden. Das gilt z. B. auch von Erich Schmidts genialem Jugendbuche 'Richardson, Rousseau, Goethe', dessen Linien Wundt stillschweigend nachzieht. Nicht als ob er nicht des Eigenen genug zu sagen hätte; im Gegenteil, sein Buch ist eine durchaus selbständige Leistung von schöner Geschlossenheit. Im wesentlichen läßt er Goethes Dichtung aus sich selber sprechen; von innen nach außen führt sein Weg, nicht umgekehrt. Zu rühmen ist, wie dieser Philosoph die Klippe des Ideen-historikers vermeidet, unterzulegen und zu konstruieren. Besonnen und sicher schreitet er langsam seine Bahn, überall historisch weit ausgreifend, nirgends sich auf Pole-mik einlassend. Auch die durchsichtige Gliederung seines gutgeschriebenen Buches ist zu rühmen. Er hebt damit an, das

---

[1]) Zu diesen Vorarbeiten ist auch das Buch Hans Berendts: 'Goethes Wil-helm Meister. Ein Beitrag zur Ent-stehungsgeschichte' (Dortmund, Fr. W. Ruhfus 1911) zu zählen. Es verrät gute Gaben und gute Kenntnisse, gelangt auch zu brauchbaren Einzelergebnissen, war aber schon bei Erscheinen überholt, insofern es die Veröffentlichung des ganzen 'Ur-Meister' nicht abwartete, sondern sich mit den Bil-leterschen Proben begnügte. Die Folge davon waren allerlei Hypothesen, die mit der kurz darauf erfolgten Veröffentlichung der 'Thea-tralischen Sendung' in nichts zerfielen.

XVIII. Jahrh. im Spiegel des Romans überhaupt zu betrachten, sodann behandelt er
die literarische Revolution und das deutsche
Theater, und nun erst hat er den Boden
fest genug abgesteckt, um Goethes Roman
einläßlich zu würdigen und seine große
geschichtliche Bedeutung aufzuzeigen. Die
'Theatralische Sendung', die 'Lehrjahre'
und die 'Wanderjahre' werden sodann
nacheinander in umfangreichen Darlegungen
durchmustert, analysiert und in Beziehung
zueinander gesetzt. Besonders gelungen ist
die Analyse der 'Sendung'. Wenn Wundt hier,
schon dem Titel nach, eine wahre, erfolg-
gekrönte Mission als anfängliche Tendenz
annimmt oder Eugen Wolffs Hypothesen
entschieden ablehnt, berührt er sich eng
mit meinen früheren Ausführungen. Weiter
legt er dar, wie aus der 'Sendung' die
'Lehrjahre' werden, oder mit anderen Worten aus dem biographischen Roman ein
Bildungsroman, aus dem subjektiven Werk
ein objektives. Eine weitere abschließende
Phase der Goetheschen Ideenwelt bedeuten
alsdann die 'Wanderjahre', entsprechend
dem neuen XIX. Jahrh., das als ein Jahrhundert der Tat auf das Jahrhundert des
Schauens folgt. Als Dichtung scheint mir
Wundt die 'Wanderjahre' denn doch etwas
zu hoch einzuschätzen; zugegeben, daß die
Technik im Roman lockerer sein darf als
in den anderen Dichtgattungen, aber nun
die lässige Technik beinahe zum Kunst-
prinzip und Ideal der epischen Dichtung
zu erheben, geht wohl nicht an. Ein
eigener Anhang zeigt, daß Goethe beim
Abschluß der 'Wanderjahre' doch nicht so
sorglos vorgegangen ist, wie Eckermanns
bekannte, bisher stets auf Treu und Glauben hingenommene Darstellung behauptet,
daß die eingelegten Aphorismen nicht nach-
trägliche Zutat sind, sondern von vornherein ins Auge gefaßt waren.

Von Viktor Hehns Nachlaßbuche
'Über Goethes Hermann und Dorothea' haben Albert Leitzmann und Theodor Schiemann jüngst die 3. Auflage besorgen können (Stuttgart und Berlin, J. G.
Cottasche Buchhandlung 1913). Hehn behielt aus selbstkritischen Bedenken das
Buch im Pulte, und in der Tat steht es
hinter den 'Gedanken über Goethe' zurück,
mit denen es in einigen Abschnitten wört-

lich übereinstimmt; dennoch war es der
Herausgabe durchaus wert, und mit Recht
empfehlen es die Herausgeber unsern Gym-
nasiallehrern, die aus den feinen Analysen
viel für ihre besonderen Zwecke entnehmen
können. Wissenschaftlich Neues enthält
das Buch ja nicht, doch behalten z. B. die
Ausführungen über Goethes epische Veranlagung oder die stilistischen und metrischen Ausführungen immer ihren Wert.
Neben einigen Parerga aus Hehns Nachlaß
fügt Leitzmann in seinem Anhang auch
eigene Literaturnachweise ein.

Wie in allen unseren letzten Berichten,
so ist auch diesmal wieder ein Buch zu
verzeichnen, das es mit Goethes Beiträgen zu den Frankfurter Gelehrten Anzeigen von 1772 zu tun hat
(Borna-Leipzig, Kommissionsverlag von
Robert Noske 1913). Sein Verfasser ist
Otto Modick. Er ist mit der Art der Beweisführung auch in der 2. stark über-
arbeiteten Auflage von Morris' Buche nicht
einverstanden und möchte seinerseits den
Beweis erbringen, daß Stilkritik als strenge
Methode möglich sei. Aber über Wahr-
scheinlichkeitsbeweise, und das liegt in der
Natur der Sache und des behandelten Materials, kommt auch er vielfach nicht hinaus.
Er rechnet 29 Beiträge Goethes heraus;
der nächste Forscher wird uns wieder eine
andere Zahl als letztes rundes Ergebnis
einer noch strengeren Methode überreichen.
Das Wertvollste in Medicks übrigens recht
gediegenem Buche ist dessen zweite Hälfte,
die nach der knappen 'Beweisführung' der
ersten ein 60 Seiten umfassendes 'Glossar'
bringt, das in der Tat als ein dankens-
werter 'Beitrag zur Kenntnis der Sprache
des jungen Goethe' anzusprechen ist.

II

Auch diesmal wieder nimmt die Faust-
Literatur den größeren Teil des Berichts in
Anspruch.

Unter den Faust-Kommentaren nimmt
sowohl seiner geschichtlichen wie seiner
sachlichen Bedeutung wegen derjenige
Kuno Fischers immer einen hohen Rang
ein. Er erschien, ein nur einbändiges Büchlein, zuerst 1878, um sich erst in der 2.
und 3. Auflage (1887 und 1893) zu seinem
endgültigen Umfang auszuwachsen. Das

46*

Werk stellt die große, zugleich analytische
und synthetische Leistung einer bedeutenden, ideenreichen Persönlichkeit dar. Die
so weit über das Ziel hinausschießende
allegorische Auslegungsweise der Hege-
lianer scharf zurückweisend, hat doch auch
Kuno Fischer den 'Faust' nachdrücklich
als Philosoph interpretiert. Nicht als Historiker der Literatur und nicht als Philolog.
Vielmehr hat er sich gerade zu den Philologen in offenen Gegensatz gestellt. Rein
philologische Probleme wie die Behandlung
von Sprache und Stil oder metrische Untersuchungen kümmern ihn nicht. In selbst-
bewußter Eigenwilligkeit hat er denn auch
von dem, was die philologisch-historische
Faust-Forschung in den letzten Jahrzehnten
an fruchtbaren Neuergebnissen so reichlich
zutage gefördert hat, nicht genügend Notiz
genommen. Nicht einmal die Auffindung
des Ur-Faust — und das bildet den
schwächsten Punkt seiner Position — hat
ihn zu einer gründlichen Überarbeitung
seiner betreffenden Ausführungen veranlassen können. Es steht daher mit seinem
Faust-Kommentar ähnlich wie mit Her-
man Grimms 'Vorlesungen über Goethe'
— er veraltet rasch mehr und mehr, ja
ist in rein sachlich-wissenschaftlicher Hinsicht längst überholt und lebt sein eigentliches Leben nur noch als eigenartige Per-
sönlichkeitsleistung. So wie ihn K. Fischer
bei seinem Tode hinterlassen hat, konnte
ihn nur der gute Kenner der übrigen Faust-
Forschung voll ausnutzen, während es miß-
lich war, ihn dem Anfänger zu sachlicher
Belehrung in die Hand zu geben. Daran
kann auch keine spätere Bearbeitung, die
nicht zur Umarbeitung wird, etwas ändern.
Aber näherbringen kann sie uns das schöne
Buch, kann auch die Brücken zur exak-
teren Faust-Forschung schlagen, die zu
schlagen der Verf. selbst verschmäht hat.
Das ist jetzt geschehen durch Viktor
Michels; der die neueste Auflage von
Fischers Faust-Werk (Bd. 1 und 2 in 7.,
Bd. 3 und 4 in 4. Auflage; Heidelberg,
Carl Winter) besorgt hat. Fischers Aufbau etwa umzustoßen, seine Methode mit
der eigenen zu amalgamieren, konnte ihm
nicht in den Sinn kommen. Er hat sich
begnügt, wirkliche Irrtümer zu verbessern,
neue Tatsachen in Fußnoten anzuführen,

neuen Vermutungen aber, wie er im Vorwort betont, keinen Raum zu gewähren. In
den Nachworten zu den einzelnen Bänden
legt er genauere Rechenschaft über sein
Vorgehen ab, dem wir im allgemeinen zu-
stimmen müssen. Am meisten bleibt gegen
Fischers 1. Band: 'Die Faustdichtung vor
Goethe' einzuwenden.

Die vorige Auflage des Kuno Fischerschen Faustwerkes war von Ernst Traumann besorgt worden. Allmählich aber hat
sich der Schüler von seinem Lehrer weg-
entwickelt und legt nun einen eigenen um-
fänglichen Kommentar vor. Sein zwei-
bändiges Werk: 'Goethes Faust. Nach
Entstehung und Inhalt erklärt' (München, C. H. Becksche Verlagsbuchhandlung
1913 und 1914) ist analysierender, nicht
registrierender Art und faßt neben der
gesamten neueren Faustforschung anderer
auch eigene Studien zusammen. Wenn
Traumann ebenso für den Fachgelehrten
wie für den gebildeten Laien sein Buch
schreiben wollte, so hat er sich damit
einigermaßen zwischen zwei Stühle gesetzt.
Dem Fachgelehrten bringt er im ganzen
denn doch wohl zu wenig Neues und er-
müdet ihn nicht selten durch die große
Breite und namentlich durch einige Überschwänglichkeit in seiner Prosaparaphra-
sierung der großen Dichtung; ferner bedurfte ein fachwissenschaftlicher Kommentar zahlreicher Belege und Nachweise,
als die knappen Anhänge der beiden
Bände bieten. Dem gebildeten Publikum
mutet Traumann mit seinen 800—900
Seiten quantitativ wohl ein wenig viel zu;
indessen von diesem großen Umfange abgesehen wird er doch dem gebildeten Leser
sehr gerecht, gerade durch sein eingehendes
Verweilen bei den geistigen und künstlerischen Zusammenhängen, den warmen Ton
seines guten Stils, die Ablehnung aller
Polemik und aller philologischen Klein-
erklärung. Diesem Leser tut es auch nicht
weh, wenn der Verf. allerlei beibringt, was
die Forschung als sachlichen Irrtum oder
abzulehnende Hypothese bezeichnen muß:
die Konzeption der Szene 'Auerbachs Keller' in der Leipziger, der Szene 'Wald und
Höhle' in voritalienischer Zeit und noch
vieles, was schon Morris im Euphorion
XX 212 ff., Witkowski im Literarischen

Echo XV, Petsch in der Deutschen Lite-
raturzeitung XXXIV 2408 ff. aufgezählt
haben. Immerhin sind solche Fehler und
schiefen Behauptungen nicht so schwerwiegend und einschneidend wie etwa K. Fischers alte, nunmehr auch von Traumann
abgelehnte Ansicht, daß Mephisto von Haus
aus ein Diener des Erdgeistes gewesen sei.
Darum sieht man jetzt den Traumannschen
Kommentar lieber als den Fischerschen in
den Händen der Nichtfachleute und Anfänger; das zu Negierende tut keinen
erheblichen Schaden, und des Positiven
enthält das angenehm zu lesende Buch
genug. Ein gutes literarhistorisches Haus-
buch gleich der Bieseschen Literaturgeschichte desselben Verlages wird es zweifellos bei vielen — namentlich bei solchen,
denen Minors gelehrter Kommentar des
ersten Teils zu viel zumutet — eine sehr
günstige Aufnahme finden und zahllosen
Menschen die gewaltige Dichtung näherbringen und erschließen helfen. Sollte eine
bald zu erwartende zweite Auflage der
Fachkritik genügend Rechnung tragen, so
könnte das Buch auch allen Fachstudenten
bedingungslos empfohlen werden; möchte
eine Überarbeitung doch auch eine Anzahl
von Stellen treffen, die nicht mehr Erklärung, sondern bloße schönselige Phrase
darstellen!

Von der stellenweise geradezu störenden
Überschwänglichkeit des Faustbewunderers
Traumann, der auch für minder Gelungenes
in Goethes Dichtung noch höchste Töne
findet, sticht seltsam ab Robert Riemann:
'Goethes «Faust». Eine historische
Erläuterung' (Leipzig, DieterichscheVer-
lagsbuchhandlung 1911). Auf 60 Seiten
verficht er temperamentvoll und scharfsinnig seine wohl von wenigen geteilte
Auffassung, daß der 'Faust' kein Ewig-
keitswerk, sondern nur eine Zeit-
dichtung sei; Goethes bedeutendstes Drama
sei der 'Tasso', sein größtes Werk überhaupt seine Lyrik. Größe im einzelnen kann
auch Riemann dem 'Faust' nicht absprechen, aber nahe Fühlung mit dem modernen Gefühlsleben besäßen nur die
zuletzt entstandenen Teile dieser 'Über-
gangsdichtung', während uns (?) die verzweifelten Monologe Fausts im ersten Teil
'zweifellos' (!) am meisten fremd geworden

seien. Im geraden Gegensatze zu dieser Auffassung erklärt Willi Splettstößer im
Vorwort seines Buches 'Der Grundgedanke in Goethes Faust' (Berlin,
G. Reimer 1911): 'Unsere Zeit trägt ausgesprochen ·Faustischen Charakter.' Der
Verf. gesellt sich zu den vielen Einheits-
fanatikern in Bezug auf die Faustdichtung.
Trotz Goethes bekannter Ablehnung, eine
runde 'Idee' in seinem 'Faust' verkörpert
zu haben, will er darin einen solchen durchaus einheitlichen Grundgedanken aufgedeckt
haben. Hinsichtlich seines Grundgedankens,
hinsichtlich auch der Verherrlichung des
Pantheismus, ruhe der 'Faust' — so faßt der
Verf. am Schluß seine Ergebnisse knapp
zusammen — 'völlig im Spinozismus', nur
überschreite Goethe in der Verwendung
des Entwickelungsbegriffes die Grenzen des
Spinozistischen Systems; auch als die Tragödie der Willensfreiheit wird das Werk
wohl gekennzeichnet. In einer Szene für
Szene kommentierenden Analyse sucht der
Verf. aufzuzeigen, wie Goethe diese Idee
folgerecht durchgeführt habe. Die Art der
Beweisführung, die sich nicht selten ins
Konstruieren versteigt, wie das ganze Ergebnis wird wenige zu überzeugen imstande sein, doch verdient manche treffende
Einzelbemerkung Beachtung.

Wenig Freude erlebt man an dem
dickleibigen Buche 'Herder als Faust'
(Leipzig, Felix Meiner 1911), das Günther
Jacoby zum Verfasser hat. Daß Herdersches Gut in weitem Ausmaß im 'Faust'
enthalten sei, daß der jugendliche Herder
etwas Faustisches an sich gehabt habe, ist,
wie das Vorwort selbst hervorhebt, längst
von anderen erkannt und belegt worden;
ich hebe nur die Abhandlungen 'Herder
im Faust' in Scherers Buch 'Aus Goethes
Frühzeit' und 'Herder und der junge
Goethe' in Minors und Sauers 'Studien zur
Goethe-Philologie' hervor. Aber nach Jacobys Ansicht sind diese längst nicht weit
genug gegangen. Er stellt vielmehr die
These auf, daß Herder geradezu Goethes
Faust ist, wenigstens der Faust des 1. Teils
bis zum Auftritt in Auerbachs Keller. Im
'Faust' haben wir, so postuliert der Verf.,
'die Verdichtung ·des menschlichen Eindrucks Herders und einer Fülle von Anregungen zu sehen', die zu Beginn der sieb-

ziger Jahre des XVIII. Jahrh. von Herder auf Goethe übergingen. Es genüge durchaus nicht zu sagen, im 'Faust' sei Herdersches Gut enthalten, seien Worte und Gedanken Herders übernommen, nein: 'nicht nur Worte und Gedanken, sondern Fausts äußere und innere Erlebnisse' seien Herders Erlebnisse. Jacoby täuscht sich denn auch nicht in seiner im Vorwort ausgesprochenen Erwartung, daß diese seine These 'zähen Widerstand' finden werde; es war ihm nach Abschluß seines Buches offenbar selbst nicht mehr recht geheuer. Er hat ein zu wenig glücklicher Stunde empfangenes 'Aperçu' ausgepreßt bis zum letzten Tropfen. Ganz und gar eingeschworen auf ein vorweg bestimmtes Ziel, das nun einmal erreicht werden soll oder muß, geht er, mit Scheuklappen angetan und ohne nach rechts wie nach links zu blicken, in einseitig befangener Voreingenommenheit Schritt vor Schritt seines Weges, auf der einen Seite Goethes 'Faust', auf der anderen Herders 'Sämtliche Werke' aufgeschlagen; kaum einen Goetheschen Vers läßt er passieren, ohne ihn in Herderexzerpten zu ersticken, in 'Parallelen', die zuweilen so völlig aller Beweiskraft entbehren, daß man sich erstaunt an den Kopf greift ob solchen Mangels an Kritik. Schlechthin alles muß sich der These fügen. Jene 'Parallelensuche', die Erich Schmidt schon in seiner Ur-Faust-Einleitung an den Pranger gestellt hat, feiert hier wahre Orgien. Fast 500 Seiten gebraucht der Verf., um sein Thema abzuhandeln! Hoffentlich wirkt die wohl ziemlich einstimmig ablehnende Fachkritik auf seine Selbstkritik und veranlaßt ihn, im eigensten Interesse das noch viel umfangreichere Manuskript über Herder und Goethe, 'von der das vorliegende Buch nur ein Teil ist', im Pulte zu behalten. Schon jetzt müssen wir bedauernd feststellen, daß hier ein großer Aufwand umsonst vertan ist. Immer wieder müssen wir bei der Lektüre dieses Buches fragen: und Goethe selbst? War er denn wirklich so leer in sich, daß er nur, indem er Herder abschrieb, etwas zuwege brachte? Was bleibt denn eigentlich im 'Faust' für ihn und von ihm? Ist denn seine größte Dichtung eigentlich ein Schlüsseldrama oder ein Selbstbekenntnis

höchsten Stils? Und die Faust-Gestalt nach Auerbachs Keller? Haben wir es mit einem Tragelaphen zu tun, einem Gebilde, das Kopf und Rumpf von verschiedenen Gestalten borgt? Jacoby ist Philosoph von Fach. Er möge ja nicht glauben, daß ihn die Literaturwissenschaft deswegen voreingenommen ablehnt. Wir fühlen uns den Faustforschern Vischer und Fischer dauernd verpflichtet und verehren Dilthey als denjenigen, der unserer Wissenschaft neue Wege und fruchtbarste Anregungen gewiesen hat. Aber wer literarhistorisch arbeiten will, muß sich doch auch mit den literarhistorischen Methoden vertraut machen. Darin indessen läßt es der Verf. vor allem an sich fehlen, wie er denn auch mit der weiteren Fachliteratur über den 'Faust' viel zu wenig vertraut ist, um nicht wieder und wieder zu entgleisen.

Peccatur et intra muros et extra! Denselben Vorwurf gegen Methode und Ergebnisse treffen Agnes Bartscherer und ihr trotz allem Fleiße verunglücktes Buch 'Paracelsus, Paracelsisten und Goethes Faust' (Dortmund, Fr. Wilh. Ruhfus 1911). Die Verf. verficht mit gleicher 'Unentwegtheit' die These, 'daß Faust dem Paracelsus nachgestaltet ist', daß im 'Faust' in erster Linie die Gedankenwelt des Paracelsus und seiner Nachfolger festgehalten sei. Daß Goethe während der Konzeption seiner Dichtung sich mit dieser Gedankenwelt befaßt hat, wissen wir aus 'Dichtung und Wahrheit', und die Faustforschung ist auch bereits diesen Anregungen nachgegangen. Aber A. Bartscherer glaubt das nun wieder ins Maßlose übertreiben zu sollen. Von einer Untersuchung des schwierigen ersten Monologs ausgegangen, sucht sie an der Hand der Schriften des Paracelsus und der Paracelsisten zu beweisen, daß die in Goethes Dichtung niedergelegten Anschauungen über Magie, Alchymie, Dämonologie usw. dort ihre Quelle haben und daß die historische Persönlichkeit des Paracelsus selbst als 'bedeutendstes Vorbild' für den Goetheschen Helden gedient habe. Mancher kleinere Einzelnachweis ihres Buches ist — und dasselbe gilt von Jacoby — zweifellos verdienstlich und von der Faustforschung unter dem 'Haben' zu buchen, aber im ganzen schießt auch sie — gleichfalls nicht unbedenkliche Lücken des literarhistorischen Wissens verratend (ich moniere nur das mißverstandene 'von vorne herein' auf der ersten Seite) — weit über das Ziel hinaus, häuft auch sie, wild durch Saat und Stoppel streifend, gelehrte Excerpte, die wenig oder nichts beweisen oder doch nur die grenzenlose Befangenheit der Verfasserin. Ihr Buch und das Jacobysche führen sich gegenseitig *ad absurdum* und heben einander auf. Sieht der eine im 'Faust' nichts als Herder, so die andere nichts als Paracelsus. In des einen dickem Faustbuche begegnet der Name Paracelsus nur ganz nebensächlich in zwei Fußnoten, und die andere wagt auf Grund ihrer 'Untersuchungen' zu behaupten (S. 37), daß Goethe seinen Faust, so wie wir ihn kennen, geschaffen haben könnte, auch wenn er von Rousseau, Hamann, Herder nie eine Silbe gehört, nie mit letzterem in Straßburg in Berührung gekommen wäre, auf nichts anderes gestützt als auf seine eigenen, durch seine Briefe bezeugten Erfahrungen in Leipzig und auf das Studium der Schriften des Paracelsus und der Paracelsisten in der darauffolgenden Frankfurter Zeit. Wir alle haben in der Schule den mathematischen Satz bewiesen: Sind zwei Größen einer dritten gleich, so sind sie einander selbst gleich. Hätten Jacoby und Bartscherer recht, so gäbe es die drei Gleichungen: Faust = Herder, Faust = Paracelsus und Herder = Paracelsus!

Binnen Jahresfrist hat Agnes Bartscherer ihrem ersten Faustbuche ein zweites folgen lassen: 'Zur Kenntnis des jungen Goethe' (Dortmund, Fr. Wilh. Ruhfus 1912). Seinen Hauptbestandteil macht die erste Abhandlung 'Magie und Zauberei im ersten Teil von Goethes «Faust»' aus, also eine Neubearbeitung des früheren Themas. Die Verf. bekennt selbst, darin 'einer gewissen Einseitigkeit der Auffassung' ihres ersten Buches abhelfen zu wollen. Es ist ihr inzwischen selbst zum Bewußtsein gekommen, daß eben doch nicht alles im 'Faust' Paracelsischen Ursprungs sei; jetzt bezieht sie in ihre Darlegungen als neue Quellen vor allem Shakespeares 'Sturm' und Hermann Türcks (konstruierende) 'Neue Faust-Erklärung' (1911)

hinein. Hat die Verf. so auch ihre Kenntnisse erweitert, ihre Methode erweist sich als um nichts gebessert.

Diese 'Methode' des uferlosen Unterlegens wollen wir doch den ebenso ahnungslosen wie selbstsicheren Dilettanten überlassen, von denen uns ein Musterbeispiel entgegentritt in dem anspruchsvollen Buche von Else Frucht 'Goethes Vermächtnis' (München u. Leipzig, Delphinverlag o. J., 2. Aufl.), dem der Verleger ein sensationelles Streifband 'Ein unentdecktes Werk Goethes?' mit auf den Weg gibt. Dieses aus tausend Goethezitaten und ebensoviel 'Wortschällen' eigener Fabrik bestehende Buch macht sich anheischig zu beweisen, 'daß dem «Faust» noch etwas abzugewinnen, oder vielmehr abzuringen sein muß, was bisher der Welt verborgen geblieben'. Mit 'freudiger Begeisterung' und dem Aufgebot einer verblüffenden Rabulistik macht die Verf. nun die 'Entdeckung', daß das Lokal der 'Klassischen Walpurgisnacht' bis ins kleinste genau dem Ilmpark und Goethes Gartenhäuschen nachgebildet ist. Der Peneios ist die Ilm, der Olymp das Horn oder der Rosenberg; wo irgend das Wort 'Stern' begegnet, muß es eine geheime Beziehung zu dem 'Stern' des Weimarer Parks haben; das 'seltsame Doppelwesen' Kanzler-Erzbischof ist Goethe selbst, der erwähnte Orpheus ist Schiller, von noch abgeschmackteren Phantastereien, die mit Wissenschaft nichts zu tun haben, ganz zu schweigen. Jetzt also erst haben wir den wahren 'Faust' der Esoteriker, dank dem Scharfsinn der Frau Frucht, die Goethes 'Vermummungssystem', dem sie hohe Bewunderung zollt, als erste auf die Spur gekommen ist. Daß es Goethe beleidigen heißt, ihm ein derart kindisches Versteckspiel in die Schuhe zu schieben, daß es seine größte Dichtung erniedrigen heißt, wenn man sie zu einer bloßen Schlüsseldichtung macht, und daß endlich der vermeinte Schlüssel durchaus nichts Bedeutsames erschließt, kommt der red- und schönseligen Verfasserin niemals zum Bewußtsein. Wer mag dem Verleger geraten haben, dieses Buch zu übernehmen! Hoffentlich findet sich kein anderer, der uns mit in Aussicht gestellten weiteren Frucht-Schalen behelligt.

Manche unbewiesen gebliebene Hypothese und Konstruktion enthält neben manchem fein Durchgeführten auch das im allgemeinen höher als die vorgenannten Bücher stehende Werkchen von Wilhelm Hertz: 'Goethes Naturphilosophie im Faust' (Berlin, Mittler & Sohn 1913), das sich anheischig macht, durch naturwissenschaftliche und naturphilosophische Betrachtung eine Lücke im Organismus der Faustforschung auszufüllen. Auch Hertz erliegt dabei zuweilen der aller philosophischen Ausdeutung künstlerischer Gebilde drohenden Gefahr, hinter rein poetisch Gemeintem eine verschleierte Begriffswelt zu erkennen; der zweite Teil des 'Faust' ist ihm im Grunde nichts als ein System der Naturphilosophie. So sucht er zu erweisen, daß die Mütter lediglich Verkörperungen der Goetheschen Urphänomene darstellen; dabei hätte er, die allgemeine Auffassung ablehnend, nach den Büchern von Maaß 'Goethe und die Antike' und E. Rotten 'Goethes Urphänomene und die Platonische Idee' nicht mehr sagen dürfen, daß Platons Lehre niemals (!), am wenigsten aber in den letzten Lebensjahren, in Goethes Gedankenwelt eine bedeutsame Rolle gespielt habe. Und so vieles Einleuchtende sich in den dem Homunkulus geltenden Kapiteln findet, geradezu zu sagen, Homunkulus 'ist' eine nach vollkommener Menschwerdung strebende Entelechie oder Monade, widerstrebt mir. Noch weniger überzeugend erscheinen mir Hertzens Bemühungen zu erweisen, daß Helena nicht als Bild, sondern 'persönlich' nach Sparta zurückkehre; das Werden des Homunkulus sei eine symbolische Darstellung des naturgesetzlichen Entstehens der vom Dichter geforderten wahren Helena als leibhaftiger Griechin (S. 89). Im allgemeinen aber bietet Hertz zur Erklärung der Schlußszenen sowohl des zweiten wie des dritten Aktes des zweiten Teiles wertvolle Beiträge.

Wie erstaunlich sich die Goetheforscher, namentlich die philosophisch gerichteten, widersprechen können, zeigt neben dem 'Faust' wohl vor allem das 'Märchen', das von jeher ein rechter Tummelplatz tiefsinniger Aus- oder vielmehr Unterlegung war. Ich habe vor zehn Jahren im Anhang meiner Ausgabe des 'Märchens' (Heine-

manns 'Goethe', Bd. X) alle diese einander oft geradezu grotesk gegenüberstehenden Deutungen übersichtlich zusammengestellt. Etwas Ähnliches, aber in viel größerem Maßstabe, unternimmt der gelehrte Sorbonneprofessor Ernest Lichtenberger in seinem gehaltvollen und anregenden Buche 'Le Faust de Goethe. Essai de critique impersonelle' (Paris, Félix Alcan o. J.). Sein sich aus den drei Büchern 'Le poème', 'La genèse du poème', 'L'esprit du poème' zusammensetzendes Werk ist im wesentlichen unpersönliche Berichterstattung. Für alle wichtigen Fragen der Faustforschung stellt er systematisch und gruppenweise deren hauptsächlichste Beantwortungen zusammen; ohne selbst Partei zu ergreifen, überläßt er es dem Leser, sich mit dem Für und Wider auseinanderzusetzen, aus all dem krausen Durch- und Gegeneinander ein neutrales Bild zu konstruieren. Wirklich positive Ergebnisse werden allerdings durch solche bloßen Überblicke nicht gewonnen, wie es ja unbedingte Lösungen ästhetischer Fragen überhaupt nicht geben kann. Aber lehrreich und nützlich ist dieses ausgereifte Buch eines hervorragenden Kenners darum doch, und gerade der Kenner wird sich an seiner Hand in Bezug auf die eigenen Ansichten und Zweifel prüfend berichtigen und befestigen können. Das Buch erzieht zur Selbstkritik auf einem Gebiete, wo die Selbstsicherheit so bedenklich wuchert; es zeigt, daß viele Wege nach Rom, die verschiedensten Stand- und Gesichtspunkte zu haltbaren Ergebnissen führen; es lehrt, daß alle Kunstinterpretation dogmatische Starrheit meiden, sich vielmehr größter Liberalität befleißigen muß. Schade, daß Lichtenberger auf genaue Zitierung seiner Gewährsmänner verzichtet, sondern meist nur *les uns* und *les autres* einander gegenüberstellt. Dieses Streben nach Neutralität führt insofern zu Ungerechtigkeiten, als natürlich in vielen Fällen eine einzelne bedeutende Persönlichkeit weit schwerer ins Gewicht fällt als ein Dutzend Nachtreter; durch Abstimmung und Mehrheitsbeschlüsse sind Fragen der Faustdichtung natürlich nicht zu lösen, abschließende Entscheidungen nicht zu gewinnen.

Der verstorbene Bremer liberale Geistliche Julius Burggraf hat seinen früheren Predigten über Schiller und über Schönaich-Carolath einen Band 'Goethepredigten (Kanzelreden über Goethes Faust und Iphigenie)' (Gießen, Töpelmann 1913) folgen lassen. Sie sind aus seinem Nachlaß herausgegeben worden und zwar von seinem Freunde K. Rösener, der an die letzten sechs die letzte Hand gelegt hat. Wir nennen den 'Faust' wohl unser weltliches Evangelium, und wir freuen uns, daß eine freie, vorurteilslose Richtung, der urewigen Verwandtschaft zwischen Religion und Kunst bewußt, ihn auch in der Kirche behandelt. Burggrafs Goethe-Predigten sind natürlich kein wissenschaftliches, sondern ein Erbauungsbuch, und es stünde uns schlecht an, dem Verfasser Fehler und Mißverständnisse der Goetheforschung anzukreiden. Seine Vorträge sind ferner nicht etwa Vorträge über Goethes Religion, sondern Goethes Gedankenwelt, vor allem die des 'Faust' und der 'Iphigenie', geben nur den allgemeinen Hintergrund für christliche Betrachtungen ab. Eine starke und freie Persönlichkeit taucht mit dichterischer Einfühlung in diese Werke hinein. Er gibt nicht eine systematisch fortschreitende Faust-Erklärung, sondern knüpft nur an einzelne Worte und Gedankenreihen an. Seine Forderung ist, daß 'in des Lutherglaubens ernste Tiefen möglichst viel eingehe von der nicht biblischen und nicht lutherischen Höhenluft des deutschen Dichteridealismus — der Luthersinn allein genügt nicht mehr für die Kirche der Zukunft'.

Welche wertvollen Dienste bei Untersuchungen über Dichtungen, die in mehreren Fassungen vorliegen, Paralleldrucke zu leisten imstande sind, zeigen etwa Bächtolds Ausgaben des 'Götz' und der 'Iphigenie' oder die Wiedergabe der 'Hymnen an die Nacht' in Minors Novalis-Ausgabe. Ein solcher Paralleldruck ist uns nun endlich auch für den ersten Teil des 'Faust'

beschert worden, herausgegeben und mit einer knappen Einleitung versehen von Hans Lebede (Berlin, Wilh. Borngräber o. J.). Dieser synoptische Druck stellt Ur-Faust, Fragment und 'der Tragödie ersten Teil' übersichtlich nebeneinander, so daß Plus- und Minusstellen auf den ersten Blick sich bemerkbar machen und auch im übrigen alle Vergleiche auf die bequemste und zuverlässigste Art anzustellen sind; nur vermißt man schmerzlich Vers- und Zeilenzählung. Papier und Druck der schön und gediegen ausgestatteten Ausgabe großen Formates verdienen alles Lob.

Erwähnt sei ferner ein gefälliger Neudruck von Wilhelm Müllers freilich nicht kongenialer Übersetzung des Marloweschen Doktor Faustus in Walzels 'Pandora' (München, E. Rentsch 1911). Jedenfalls überbietet dieser neue Abdruck den recht ungenau geratenen in Reclams Universalbibliothek, vor dem er auch die seiner Zeit dem Buche mitgegebene Vorrede Achims v. Arnim voraus hat. B. Badt hat dem Ganzen noch eine allgemein orientierende Einleitung voraufgeschickt.

Das Buch von Willy F. Storck: 'Goethes Faust und die bildende Kunst' (Leipzig, Xenienverlag 1912) bietet eine an sich dankenswerte Zusammenstellung der in Betracht kommenden Werke in 57 Bildbeigaben; leider ist nur im Format vielfach so klein, daß manche Zusammenhänge gar nicht deutlich werden. Der begleitende Text bringt nichts Neues, ja ist von recht auffallender Unselbständigkeit und Abhängigkeit den wirklichen Erforschern dieser Dinge gegenüber. Wenn der Verfasser am Schlusse in der Bibliographie beiläufig bemerkt: 'Morris hatte bisher die vollständigste Verarbeitung des Materials gegeben. Seine Art der Betrachtung, dem Gange der Handlung folgend, glaubte ich auch meiner Studie zugrunde legen zu müssen', so heißt das den wahren Sachverhalt recht harmlos darstellen.

THEODOR BIRT, RÖMISCHE CHARAKTERKÖPFE, EIN WELTBILD IN BIOGRAPHIEN (MIT 24 BILD-NISSEN). Leipzig, Quelle & Meyer 1913. VI, 340 S.

CARL BARDT, RÖMISCHE CHARAKTERKÖPFE IN BRIEFEN, VORNEHMLICH AUS CÄSARISCHER UND TRAJANISCHER ZEIT. Leipzig und Berlin, B. G. Teubner 1913. XI, 434 S.

Beide Bücher verfolgen denselben Zweck, anschauliche und eindrucksvolle Bilder be-deutender Persönlichkeiten auf quellen-mäßiger Grundlage für einen weiteren Leser-kreis zu liefern. Birt geht dabei von dem Grundgedanken aus, daß die großen Men-schen die Geschichte machen, nicht die Massen, 'die wohl fühlen, was not täte, aber nichts vermögen'. Er tritt also in bewuß-ten Gegensatz zu der modernen Auffassung, die die einzelne maßgebende Persönlich-keit hinter der Masse zurücktreten läßt und im Grunde nur Abstraktionen gibt. Aber die Wege, die sie zu diesem Ziele einschlagen, sind ganz verschieden. Birt gibt eine Reihe selbständiger, sorgfältig ausgearbeiteter Biographien. Doch bilden sie ein Ganzes, eine römische Geschichte, ein 'Weltbild'; ja er bringt einen klaren inneren Zusammenhang in diese Kaiser-geschichte, die so leicht sich in Personen-geschichte auflöst, denn er verfolgt die sittliche Entwicklung von der tiefsten Ent-artung der römischen Aristokratie, aus der eben die Monarchie mit Notwendigkeit hervorgeht, bis zur Läuterung der Herr-scher zu voller bewußter 'Humanität' auf der Grundlage der stoischen Sittenlehre, die Seneca für das praktische Leben in zahlreichen Einzelschriften ausbildet und schließlich Marc Aurel in seinem Selbst-bekenntnis Εἰς ἑαυτόν zusammenfaßt.

Birt geht von dem älteren Scipio aus, dem ersten großen Vertreter der griechi-schen Bildung, auf deren Grundlage über-haupt die Persönlichkeit in Rom sich ent-wickeln konnte, und stellt ihm den M. Porcius Cato als Vertreter des alten Römer-tums gegenüber. In einer Reihe von Per-sönlichkeiten führt er die römische Revo-lution vor, die beiden Gracchen, Sulla, Lucullus, schließlich Pompejus, Cäsar, Marcus Antonius. Vermissen kann man in dieser Reihe M. Tullius Cicero, der zwar kein großer Staatsmann war, aber doch ein ehrlicher Patriot, und seine Überzeu-gung mit seinem Tode besiegelte; die alte unbillige Beurteilung, die auf Drumann zurückgeht und durch Mommsen allge-mein verbreitet wurde, dürfte doch jetzt überwunden sein. Den von Mommsen ver-götterten Cäsar setzt er viel nüchterner auf; nicht als den Begründer der Monarchie, denn sein Werk hat keinen Bestand ge-habt, sondern als den genialen skrupellosen Parteiführer und Militär, dessen Erbe in dem Streben, sich auszuleben, Marc Anton gewesen ist. Pompejus erscheint hier vor allem als Soldat von Jugend auf, der wohl die Ehre will, aber nicht die Macht, neben dem Senat höchstens die Würde des Ober-befehlshabers, etwa das friedliche Neben-einander beider Gewalten, wie es Cicero in seiner Programmschrift De republica aufgestellt hat. Verwirklicht hat dieses Programm aber erst Augustus, der seine älteren, herzlos brutalen Triebe in erstaun-liebem Grade überwunden hatte, und dessen Humanität 'echtes und innerliches Eigen-tum geworden war'. Aber seine nächsten Nachfolger versanken wieder in die alten Sünden. Über sie geht Birt kurz hinweg, nur Claudius schildert er näher, der ein Opfer seiner elenden Erziehung, seines schwachen Charakters und seiner sitten-losen Umgebung wurde, dessen Regierung aber unter der Leitung des Narcissus bleibende Leistungen aufzuweisen hat (die Aqua Claudia, den Anfang zur Eroberung Britanniens). Noch einmal kommt die alte Verderbnis zur Herrschaft unter Nero, dem Kunstnarren und Wagenlenker, dessen Charakter Seneca nicht zu ändern ver-mochte. Seinem kläglichen Sturze 68 folg-ten die Wirren des Dreikaiserjahres; aus ihnen ging 69 der Gründer einer neuen Dynastie hervor, Flavius Vespasianus, ein derber Soldat ohne höhere Bildung aus dem noch unverdorbenen Mittelstände der kleinen italischen Landstadt Reate, in der er immer heimisch blieb. Aber die Seele dieser Regierung war von Anfang an sein älterer Sohn Titus, der erste, der als Monarch Senecas Ideal verwirklichte, *amor et deliciae generis humani.*

Die Trauer um ihn war um so tiefer, als sein Bruder und Nachfolger Domitianus die ärgste Tyrannei wieder aufleben ließ und das aufsteigende geistige Leben wieder in Banden schlug. Erst die Adoptivdynastie des Nerva, der eine Reihe ausgezeichneter, schon erprobter Männer durch Adoption zur Nachfolge berief, zuerst Provinzialen an die Spitze stellte und so die Erblichkeit sicherte, ohne die schnelle Entartung des herrschenden Geschlechts mit in Kauf nehmen zu müssen, brachte für ein Jahrhundert jetzt das Ideal Senecas zur Herrschaft mit den trefflichen Männern Trajan, Hadrianus, Antoninus Pius, Marc Aurel, eine Zeit der höchsten Machtfülle und einer Blüte und allgemeinen Verbreitung der Kultur, wie sie seitdem der Kreis der Mittelmeerländer nicht wieder gesehen hat. Besonders eingehend schildert Birt Hadrian in seiner unersättlichen Wanderlust, seiner tiefen Verehrung für das Griechentum, seiner Baulust und seiner mystischen Religiosität, die in einer eigentümlichen Unsterblichkeitsreligion gipfelte. Mag diese Zeit keine ihr ebenbürtige Geschichtschreibung uns hinterlassen haben, ihre Kunstwerke wie die Hadriansvilla bei Tivoli, das Pantheon in Rom in seiner jetzigen Gestalt, das Trajansforum mit seiner Riesensäule, der bald darnach die Marcussäule auf der Piazza Colonna sich an die Seite stellte, die Moles Hadriani (die Engelsburg) vergegenwärtigen uns ihren Geist und ihre Leistungen so lebendig, wie keine frühere Zeit.

Aber Marc Aurel, dessen Denkmal auf dem Kapitol ihn uns noch in seiner Milde und Hoheit zeigt, mußte gegen seine Neigung ein gewaltiger Kriegsfürst werden, um die längst drohende Germanengefahr zu beschwören, und hinterließ einen Sohn, der die volle Entartung eines edlen Geschlechts, in dem die Krone erblich war, zeigt. Ihm folgte fast ein Jahrhundert lang die Zeit, da die Provinzialheere um die Kaiserkrone und die Herrschaft Italiens rangen, ideenlose Kämpfe, die mit dem Siege illyrischer Barbarenkaiser endeten und die antike Kultur dem Untergange entgegenführten. —

Einen ganz andern Weg hat Bardt zu demselben Ziele eingeschlagen. Er läßt seine Persönlichkeiten selbst zu Worte kommen in ihren Briefen. Das nötigt ihn freilich, auf die ältere Zeit zu verzichten und seinen Anfang zu machen mit den beiden Bruchstücken der Cornelia an ihren Sohn Gajus-Gracchus, deren grundlos bestrittene Echtheit jetzt wohl allgemein anerkannt ist, und die einen tiefen Blick gestatten auf das Verhältnis der Mutter zu ihrem letzten Sohne (S. 3 ff.). Eine wahre Fülle der Briefe beginnt erst mit dem Briefwechsel Ciceros, den seine Stellung und Tätigkeit mit einer Menge bedeutender Männer in geschäftliche und persönliche Verbindung brachte. Einleitend macht Bardt darauf aufmerksam, daß die Briefe wie heute in ihren Äußerungen keineswegs immer die wirkliche Meinung des Schreibers ausdrücken, sondern oft genug von den Rücksichten auf die konventionelle Höflichkeit bestimmt sind. Sie zerfallen der Zeit nach in drei Gruppen: vor dem Bürgerkriege 63—50, während des Bürgerkrieges 49—47 und unter Cäsarischer Herrschaft 46—44. Eine Charakteristik Ciceros, die ihn billig abwägend nach seinen Vorzügen und Schwächen beurteilt, ohne auf seine ausgebreitete und mannigfaltige schriftstellerische Tätigkeit, deren Wirksamkeit auch heute noch nicht abgeschlossen ist, näher einzugehen, macht den Anfang. Einzelne seiner Beziehungen werden noch besonders behandelt, so Pompejus und Cicero, Cicero und Cäsar, Ciceros Statthalterschaft von Kilikien; vor allem aber wird eine Reihe von Persönlichkeiten, mit denen Cicero in Briefwechsel stand, besonders charakterisiert, wie Pomponius Atticus, M. Terentius Varro, M. Marcellus, Severus Sulpicius Rufus, Q. Cäcina, Q. Cicero u. a. m. Chronologische Übersichten erleichtern das Verständnis der großen Zusammenhänge, inmitten deren diese Menschen stehen.

So bietet das Buch eine Fülle von Porträtköpfen dar, lebendige Menschen der verschiedensten Art aus einer politisch überaus bewegten reichen Zeit. Ganz anders als in dieser Cäsarischen Zeit stellt sich die römische Gesellschaft in dem Briefwechsel 'aus Trajanischer Zeit' dar. Dort die wilden Kämpfe der sterbenden Republik und der aufkommenden Monarchie, hier die anerkannte und als friedenbahnende Macht empfundene Monarchie und ein reges geistiges Leben, das vieler Interessen völlig beschäftigt. Die Übersetzung liest sich tadellos.   OTTO KAEMMEL.

OTTO EDUARD SCHMIDT, AUS DER ZEIT DER
FREIHEITSKRIEGE UND DES WIENER KON-
GRESSES. 87 UNGEDRUCKTE BRIEFE UND UR-
KUNDEN AUS SÄCHSISCHEN ADELSARCHIVEN
HERAUSGEGEBEN UND GESCHICHTLICH VER-
BUNDEN. Leipzig und Berlin, B. G. Teubner
1914.

Die vorliegende Veröffentlichung ist
die dritte der Einzeldarstellungen 'Aus
Sachsens Vergangenheit', welche die König-
lich Sächsische Kommission für Geschichte
herausgibt. Das veröffentlichte Material
stammt zum großen Teil aus dem Archiv
des Schlosses Siebeneichen: in Briefen
hoher Offiziere und Beamter zumeist aus
dem sächsischen Adel, unter denen der
Oberst Dietrich von Miltitz und der Geheime Finanzrat Julius Wilhelm von Oppel
hervorragen, zieht die für Sachsen so
schwere Zeit vom März 1813 bis Juni
1815 am Leser vorüber, und durch Beigaben von geschichtlichen Übersichten,
Lebensnachrichten der Briefschreiber und
16 bereits bekannten Briefen ist ein lebens-
volles Bild der Stimmungen und Bestrebungen der führenden Kreise Sachsens in
jenen zwei Jahren entstanden. Der Verfasser ist bestrebt zu zeigen, daß vor und
nach der Völkerschlacht, wie unter russi-
scher und preußischer Verwaltung während
der qualvoll sich hinziehenden Diplomaten-
arbeit des Wiener Kongresses es in Sachsen
nicht an edlen Vertretern deutscher Vaterlandsliebe gefehlt hat, die tatkräftig für
den Anschluß ihres Landes an die Verbündeten und später für seine Unteilbar-
keit eintraten. Die Bestrebungen dieser
Männer, Heer und Bevölkerung zum
Kampfe gegen Napoleon zu gewinnen, ihr
Schmerz über die verfehlte Politik ihres
Königs, ihr mannhafter Widerstand gegen
den Teilungsplan, kurz das ganze vergeb-
liche Bemühen, den alten kursächsischen
Staat selbst mit Preisgabe des Königs zu
erhalten und in ein neues Deutschland im
Anschluß an Preußen hinüberzuretten, all
das wird sehr deutlich aus dieser Brief-
sammlung, die sogar 14 noch ungedruckte
Briefe des Freiherrn vom Stein bringt.

Nur über zwei der Briefschreiber kann
man anderer Ansicht sein als der Verfasser: über Minister Graf Senfft und
General v. Thielmann. Ob wohl der eine
Brief aus Prag vom 30. April 1813 (Nr. 19)
genügt, über Senffts Gesinnungswandel ein
sicheres Urteil abzugeben? Ein Staatsmann, der aufrichtig Sachsen von Napoleon
lösen wollte, mußte bei Metternich unbedingt die Veröffentlichung des Wiener
Vertrags durchsetzen. Des Generals von
Thielmann von den besten Patrioten und
den fähigsten Offizieren Sachsens gebillig-
ter Versuch, durch Übergabe Torgaus und
des sächsischen Heeres den Anschluß des
Königs an die Verbündeten zu erzwingen,
hätte, wenn er glückte, den Gang des
Krieges nach der Schlacht bei Lützen verändert und Sachsens Integrität sowohl vor
der russischen Diplomatie wie vor den
Zentralisten (v. Stein) gesichert; daß er
mißglückte, lag an dem Widerstand, den
von Thielmann bei den älteren Offizieren
seines nach dem russisch-polnischen Feldzug neugebildeten Heeres fand. Während
der Preuße Yorck Offiziere und Soldaten
für sich hatte, stand v. Thielmann fast
allein; denn die Offiziere und Soldaten,
die ihn als Führer verehrten, waren in
Rußland zugrunde gegangen. Seine Gegner
waren noch nicht reif für das deutsch-
patriotische Unternehmen des Generals,
der für die Rettung Sachsens nutzlose
Übertritt des größten Teils der sächsischen
Truppen am 18. Oktober gab diesem nachträglich recht. So gehört schließlich von
Thielmann in die Reihe der deutschen
Männer, die vergebens den Bann Napoleons
zu brechen suchten. Seine mit einer 'Lüge'
ermöglichte Flucht zu den Verbündeten
darf man ihm nicht zum Vorwurf machen.

O. E. Schmidts Buch ist eine Bereicherung unserer jetzt mehr als früher ge-
pflegten Heimatgeschichte, und es ist zu
wünschen, daß es auch, wie der Verfasser
hofft, zu einer Berichtigung der Ansichten
über Sachsens Haltung in jenen Jahren
hinleite.

ERNST MÄSCHEL.

(18. Dezember 1914)

SACHREGISTER

Von Dr. Walther Laible